DAAD -
Lektorenappavat
1991

Deutsche Literatur in Schlaglichtern

Deutsche Literatur in Schlaglichtern

Herausgegeben von
Bernd Balzer und Volker Mertens
in Zusammenarbeit
mit weiteren Mitarbeitern
und Meyers Lexikonredaktion

MEYERS LEXIKONVERLAG
Mannheim/Wien/Zürich

Redaktionelle Leitung: Gerhard Kwiatkowski
Redaktion: Cornelia Schubert M.A., Maria Schuster-Kraemer M.A.
Mitarbeiter: Dr. Ursula Albert, Matthias Dannenberg M.A.,
Prof. Dr. Horst Domdey, Dr. Karl-Heinz Hartmann,
Dr. Manuel Köppen, Dr. Monika Lemmel,
Birgit Neugebauer M.A., Dr. Reiner Matzker,
Prof. Dr. Ursula Schulze, Prof. Dr. Hans Schumacher,
Dr. Klaus Siebenhaar, Andreas Solbach

CIP-Titelaufnahme der Deutschen Bibliothek
Deutsche Literatur in Schlaglichtern/hrsg. von Bernd Balzer
u. Volker Mertens. In Zs.-Arb. mit weiteren Mitarb. u.
Meyers Lexikonred. [Mitarb.: Ursula Albert ...].
Mannheim; Wien; Zürich: Meyers Lexikonverl., 1990
ISBN 3-411-02702-9
NE: Balzer, Bernd [Hrsg.]; Albert, Ursula [Mitverf.]

Alle Rechte vorbehalten
Nachdruck, auch auszugsweise, verboten
© Bibliographisches Institut & F.A. Brockhaus AG, Mannheim 1990
Satz: Bibliographisches Institut & F.A. Brockhaus AG (Diacos Siemens)
und Mannheimer Morgen Großdruckerei und Verlag GmbH
Druck und Einband: Klambt-Druck GmbH, Speyer
Printed in Germany
ISBN 3-411-02702-9

Vorwort

Schlaglichter leuchten Augenblicke aus, isolieren einzelne Momente aus einem komplexen Ablauf, erlauben damit deren genauere Betrachtung, ignorieren dafür andere teilweise oder vollständig. Schlaglichter schaffen Kontrast, heben Naheliegendes vor einem im dunkeln bleibenden Hintergrund deutlicher ab. Dabei bestimmt der Standort der „Lichtquelle" ganz wesentlich das Bild; die Perspektive der Darstellung wird von der persönlichen, durchaus subjektiven Auffassung des Darstellenden geprägt. Nicht (unerreichbare) „Objektivität" ist also angestrebt, sondern Nachvollziehbarkeit, die beglaubigt ist durch den jeweiligen Stand der Forschung.

Mehr als 1 000 Jahre deutscher Literatur behandelt der vorliegende Band. 1 000 Jahre Literaturgeschichte, die zugleich aufs engste verbunden ist mit Kultur-, Sozial- und politischer Geschichte, lassen sich in diesem Rahmen nicht mit dem Anspruch auf Vollständigkeit (auch nicht annähernd) darstellen. Die „Schlaglichter" bedeuten aber nicht nur Reduktion sondern Orientierung, dienen somit als „Landmarken".

Die deutsche Literaturgeschichtsschreibung hat schlagwortartige Begriffe geprägt: „Minnesang", „Volksbücher", „Junges Deutschland", „Jugendstil", „Gruppe 47"; sie sind hier für die Auswahl und die Bezeichnung von „Schlaglicht"-Artikeln genutzt, um zunächst ein punktuelles Interesse zu befriedigen, aber sie sind dann auch Wegweiser zu den größeren literatur- und sozialgeschichtlichen Zusammenhängen, indem sie in den literarischen, bildungsgeschichtlichen, sozialen und politischen Kontext gestellt sind, der sie mitdefiniert und den sie mitbestimmen; die

„Schlaglichter der deutschen Literatur" stehen so zwischen Lexikon und Literaturgeschichte, Nachschlagewerk und Abhandlung. Entsprechend ist das Aufbauprinzip ein literarhistorisches, das mit der linearen Chronologie einer allgemeinen Geschichte nicht überall zur Deckung kommt: Die 22 Kapitel sind 21 literarischen Epochen gewidmet, deren Grenzen fließend sind, sein müssen. Zeitüberschneidungen sind immer wieder notwendig: „Gleichzeitigkeit des Ungleichzeitigen" ist zu beachten; so waren um 1830 die „Klassik" noch nicht, die „Romantik" noch längst nicht zu Ende, „Vormärz" oder auch „Biedermeier" aber schon 15 Jahre auf der Tagesordnung. Die geographische oder politische Aufteilung der Literatur nach 1945 in die zwei Kapitel „Nachkriegszeit, Gegenwart" und „DDR-Literatur" ist ein gesondertes, dort erläutertes Problem. Epochencharakteristiken und -grenzen sind gewiß zweifelhaft; sie sind dennoch unverzichtbar als Ordnungskategorien für eine sonst nicht überschaubare Menge von Personen und Erscheinungen; sie sind vertretbar, wenn die Fragwürdigkeit beim Gebrauch solcher Begriffe mitgedacht wird.

Das Werk läßt sich von seiner Anlage her sowohl als fortlaufende Darstellung lesen wie auch als Nachschlagewerk benutzen: Innerhalb der einzelnen Kapitel sind die „Schlaglichter" selbständig, abgeschlossen und enthalten sämtliche Informationen, die im gegebenen Rahmen unverzichtbar sind. Zugleich sind sie aber in einen Zusammenhang gestellt, der meist chronologisch definiert ist, sich aber auch auf Gattungs-, Stil- oder Gruppierungsverwandtschaften beziehen kann. Dabei sollen, wo immer möglich, bereits die Titel der einzelnen „Schlaglichter" die Zusammenhänge oder die spezifische Charakterisierung aufzeigen. Das ausführliche Inhaltsverzeichnis macht diese Beziehungen im Überblick sichtbar. Zugang zur gesuchten Information findet der Leser weiterhin über das Register: Auf beiden Wegen gelangt er zu einem „Schlaglicht", das ein wesentliches Moment des literarischen Prozesses beleuchtet. Jedes dieser „Schlaglichter" ist an der Stelle im jeweiligen Epochenkapitel zu finden, die seinem Ort in der Literaturgeschichte entspricht. Wer sich beispielsweise über Heinrich Heine informieren will, wird vom Personenregister zu den zwei Schlaglichtern 14.13 („Das ‚Ende der Kunstperiode' – der junge Heine") und 14.25 („‚Denk ich an Deutschland' – der späte Heine") im Kapitel „Vormärz" gewiesen und findet dort zum einen die Verbindung zu Ludwig Börne (14.14) und dem Jungen Deutschland (14.15), zum anderen die zu Ferdinand Freiligrath (14.26) und den „wahren Sozialisten" (14.27). Persönliche, literarische und historische Beziehungen und Zusammenhänge werden so kenntlich gemacht und – das wenigstens ist die Intention der Verfasser – Interesse zum Weiterfragen geweckt.

Jedes Kapitel beginnt mit einer kurzen „Einführung", in der die epochebildenden Aspekte skizziert werden. Viele „Schlaglicht"-Texte sind durch zum Teil farbige Illustrationen zusätzlich erläutert. Eine der Kapitelaufteilung folgende Bibliogaphie will Hinweise auf leicht zugängliche weiterführende Literatur, für den Bereich der älteren deutschen Literatur auch auf Textausgaben geben. Das Register enthält sämtliche im Textteil vorkommenden Personennamen mit Lebensdaten und Textverweisen.

Wir danken allen Mitautoren und den Mitarbeitern der Redaktion, die zum Erscheinen dieses Werkes beigetragen haben.

Mannheim, im Frühjahr 1990
Verlag und Herausgeber

Inhalt

Kapitel 5
Späthöfische und andere Literatur im 13. Jahrhundert

Von Volker Mertens

Kapitel 6
Alte und neue Formen im 14. Jahrhundert

Von Volker Mertens

Kapitel 7
Literatur im ausgehenden
Mittelalter (15. Jahrhundert)

Von Ursula Schulze

Kapitel 8
Literatur im Zeitalter
der Reformation
(16. Jahrhundert)

Von Ursula Schulze

Kapitel 11
Sturm und Drang (1770–1785)

Von Matthias Dannenberg

Kapitel 12
Weimarer Klassik (1775–1832)

Von Monika Lemmel

Inhalt

Kapitel 13
Romantik (1788–1835)

Von Hans Schumacher

Kapitel 16
Naturalismus (1880–1895)

Von Karl-Heinz Hartmann

Kapitel 17
Fin de siècle

Von Manuel Köppen

Kapitel 18
Die Literaturrevolution des Expressionismus (1910–1925)

Von Reiner Matzker

Kapitel 19
Literatur der Weimarer Republik (1918–1933)

Von Andreas Solbach

Kapitel 20
Literatur im Dritten Reich (1933–1945) und Exilliteratur

Von Klaus Siebenhaar

Kapitel 21
Nachkriegszeit, Gegenwart

Von Bernd Balzer

Kapitel 22
DDR-Literatur

Von Horst Domdey

Inhalt

Kapitel 1
Beginn und Entwicklung der Schriftlichkeit bis zum Jahre 1000

Einführung

Die deutsche Literatur des althochdeutschen Zeitraums ist, wie die gesamte mittelalterliche Literatur, aber noch ausschließlicher als die spätere, in einem System zu sehen, das von den Polen Deutsch-Latein beziehungsweise Mündlichkeit-Schriftlichkeit bestimmt wird. Die von der Kirche verwaltete Bildungswelt ist lateinisch. Das Christentum als Buchreligion hat das Lesen und Schreiben zur heiligen Aufgabe gemacht. So bewahrt es auch die antiken Traditionen, entwickelt sie weiter, wandelt sie ab, faßt die neuen Heilswahrheiten in Sprache und Denkmuster der lateinischen Autoritäten. Es entsteht eine Literatur des „getauften" Lateins, die die antike an Umfang und Vielfalt weit übertrifft. Dieses Latein ist keine „tote" Sprache: es bildet neue Wörter, neue Bedeutungen, neue (rhythmisierte) Versformen, neue literarische Typen. Es ist philosophisch-theologische Wissenschaftssprache, hochliterarische Dichtersprache sowie von den Volkssprachen überformte Umgangssprache bis hin zum „Küchenlatein". Schriftlichkeit ist lateinische Schriftlichkeit. Deutsches ist die Ausnahme. Neben dieser gelehrten Schriftkultur steht die mündliche, volkssprachliche Kultur, die Kultur des Volkes und der politischen Machtträger, der Adelshöfe. Mündlich ist das Recht, mündlich ist die heroische Hofliteratur, auch die des heidnischen Kults. Wie wir aus der „oral-poetry"-Forschung (Erforschung der mündlichen Sprachkunst) wissen, unterscheidet sich mündliche Dichtung grundsätzlich von schriftlicher: in mündlicher Dichtung wird das Werk mit Hilfe von erlernten Bauformen, Motivschablonen, Sprachformeln im Augenblick des Vortrags realisiert – je nach der Si-

tuation und den Möglichkeiten des Sängers in unterschiedlicher Form. Dieser selbst versteht sich als Verwalter eines kollektiven Erbes an Erinnerungen und Wissen. Mit dem Übertritt in die Schriftlichkeit verwandelt sich die Existenzform der mündlichen Dichtung, denn die Fixierung widerspricht ihrer Eigenart. Verschiedene Übergangsformen sind möglich: von der schriftlichen Niederlegung einer bestimmten Vortragsfassung bis zur bewußten Nachahmung mündlichen Stils. Diese mündliche Adelsliteratur, die parallel zur Schriftliteratur bis ins hohe Mittelalter lebendig war, ist nur aus wenigen Reflexen zu erschließen. Bedeutendstes Zeugnis ist das „Hildebrandslied" (▷ 1.3), das in seiner schriftlichen Fassung in einem Gemisch aus verschiedenen Dialekten (langobardisch, bairisch, sächsisch) erscheint. Die Heldenlieder, die Karl der Große (▷ 1.8) aufzeichnen ließ, sind verloren. Schon sein Versuch, sie bewahren zu wollen, ist von einem Außenverständnis motiviert: die Sammlung sollte die Bedeutung und die Eigenständigkeit der deutschen Kultur im Vergleich zur lateinischen belegen – sie mußte dafür jedoch das fremde schriftliche Medium wählen. Die erhaltenen deutschen Texte bilden den Anfang des jahrhundertelangen Prozesses der Anverwandlung des antiken und christlichen Erbes ins Deutsche: es wird bis weit ins hohe Mittelalter hinein keine autonome deutsche Literatur geben. Jeder, der deutsche Literatur niederschrieb, gehörte der lateinisch-klerikalen Bildungswelt an. Die frühe Entwicklung der volkssprachlichen Literatur muß im Zusammenhang mit der Konsolidierung des Frankenreichs gesehen werden, vor allem der Ein-

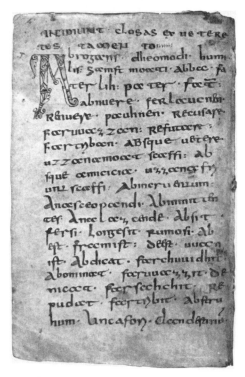

Das älteste althochdeutsche Denkmal, der „Abrogans"
(Codex 911, Ende des 8. Jh.; St. Gallen, Stiftsbibliothek)

heitspolitik Karls des Großen. Sie führte zu einer Intensivierung der Bemühungen, der nicht klerikal gebildeten Adelsschicht eine eigene christliche Unterweisung und Literatur zu geben. Das war im christlichen Verständnis deshalb möglich, weil sich das Wort Gottes gerade an den einfachen Menschen richtet. Die Sprache der Bibel ist die einfache Rede („sermo humilis"), das heißt die Volkssprache, die damit eine eigene geistliche Würde bekommt.

Die Überlieferung der ältesten deutschen Literatur ist vielfach fragmentarisch. Die Handschriften mit volkssprachlichen Texten waren meist gering geachtet, was oft an Pergamentqualität, Format und Ausstattung deutlich wird. Sie wurden eher für lateinische Texte „verbraucht", für Bucheinbände zum Beispiel. Daher haben wir viele Texte nur in Fragmenten auf Buchdeckeln und in Buchrücken, auch als Einträge auf Anfangs- und End-

blättern (wie das „Hildebrandslied"). Manches Aufgezeichnete wird verloren sein. Aber auch unabhängig davon bietet die althochdeutsche Literatur den Eindruck fehlender Kontinuität, Entwicklungszusammenhänge gibt es kaum, die Leistungen der Früheren sind den Späteren unbekannt, so zum Beispiel die Übertragungen des Isidor-Übersetzers den Tatian-Übersetzern (▷ 1.10) oder Notker dem Deutschen (▷ 1.14). Die Schicht der Bildungsträger ist dünn, die Übermittlungswege sind, trotz aller Verflechtungen der Klöster, trotz der Beweglichkeit der Höfe, weit und unsicher. So haben wir eine Reihe von Zentren wie Fulda und Weißenburg (durch die Person Otfrids von Weißenburg [▷ 1.13] verbunden), die Reichenau, Sankt Gallen und Freising, in denen wichtige Werke entstehen, die aber meist keine „Schulen" bilden, sondern nur kurze Phasen der literarischen Aktivität markieren. Das Wort von der „Gleichzeitigkeit des Ungleichzeitigen" gilt für die althochdeutsche Literatur in besonderem Maße. Daher konnten die existierenden Ansätze auch ins Leere laufen und einen Neuanfang nach anderthalb Jahrhunderten nötig machen.

1.1 Spärliche Indizien

Die heimische deutsche Literatur war mündliche Literatur. Die schriftliche Aufzeichnung gehört in den Bereich von Kirche und Wissenschaft beziehungsweise der Schule. Das breite Spektrum des mythischen und heldischen Liedes sowie der Gebrauchslyrik, wie Opfer- und Orakel-, Zauber- und Rechtsspruch, Schlachtlied und Totenklage, ist nur aus Andeutungen, oder aus eher zufällig in den Bannkreis der Schriftkultur geratenen Texten zu erschließen. Von „deutscher" Literatur sprechen wir seit dem 9. Jahrhundert, in dem die verschiedenen germanischen Stämme (Franken, Alemannen, Sachsen und Baiern) mit ihren eigenen germanischen Dialekten im fränkischen Reich den romanischen Reichsangehörigen gegenüber als sprachlich verwandt verstanden wurden. Die Zeit vorher, die „vordeutsche", umfaßt die gleichen Stämme während der Völkerwanderungszeit. Noch früher wäre eine „altgermanische" Li-

teratur anzusetzen. Nach Tacitus („De origine et situ Germanorum", genannt „Germania", etwa 98 n. Chr. erschienen) hatten die Germanen Lieder von der Erschaffung der Welt und der Menschen und auch Lieder von großen Helden (Kapitel 26). Tacitus erwähnt auch den Schlachtgesang („barditus"), der den Mut der Krieger reizt (Kapitel 3). – Die Götter- und Heldenlieder (▷ 1.2) der „Edda" repräsentieren in viel jüngerer Form die erstgenannten Typen. Der Zauberspruch (▷ 1.6) ist mit den „Merseburger Zaubersprüchen" in schriftlicher Aufzeichnung vertreten. In der altenglischen Literatur sind Merkverse („thula") überliefert, vergleichbar denen, die Tacitus (Kapitel 40) zitiert. Wir haben dort auch Rechtsverse und Gnomisches. Die Klage über die Niederlage von Maldon 991 („Battle of Maldon") repräsentiert einen älteren Typ des Schlachtliedes. Aus dem Rechtsbereich sind einzelne Wörter in die lateinischen Fassungen der germanischen Volksrechte aus der Völkerwanderung eingegangen, teils statt lateinischer Terminologie, teils als Verdeutlichung, um den Zusammenhang mit dem lebenden Recht herzustellen. Die in merowingischer Zeit um 510 kodifizierte „Lex Salica" (erste Aufzeichnung des [sal]fränkischen Volksrechts) enthält besonders viele volkssprachliche Termini; wir sprechen von den „Malbergischen Glossen", weil sie als Sprache des „Malloberge", des Gerichtshügels (durch den Zusatz „malb") gekennzeichnet sind. Runeninschriften spielen im (späteren) deutschen Sprachgebiet eine sehr geringe Rolle, sie gehören in den sowohl heidnischen wie christlichen sakralen Bereich (zum Beispiel auf Kommunionlöffeln).
Nicht weniger bedeutsam als die Gattungstradition ist die Formtradition, die wir im Fall der stabreimenden Langzeile noch in der schriftlichen Überlieferung greifen können. Der Stabreim benutzt den gleichklingenden Anlaut (Alliteration) als Gestaltungsprinzip, er baut auf einer gemeingermanischen Spracheigentümlichkeit auf: dem Stärkeakzent auf der ersten Silbe eines Wortes. Der Stabreim kann daher die sinntragenden Wörter eines Verses auszeichnen und die anderen in frei gefüllten Senkungen (nicht betonten Silben) unterbringen. In den südgermanischen Zeugnissen ist die Langzeile die gegebene Form: zwei Kurzzeilen (Halbzeilen) zu

je zwei Hebungen (betonte Silben) werden durch den Stab (der zwei oder drei, nicht aber vier Hebungen markiert) gebunden. Im Unterschied zu dem in regelmäßigen Proportionen gebauten antiken Vers ist der germanische Vers Ausdruck der Sinnstruktur des Textes, was ein affektbetontes Pathos zur Folge hat. Der Stabreim hatte rituelle Bezüge zur Orakelfindung und zum mythischen Wahrspruch. Wohl deshalb wurde er im späten 9. Jahrhundert für christliche Gehalte durch den Endreim ersetzt (▷ 1.13), der den von Gott in Maß und Zahl wohlgeordneten Kosmos im kleinen repräsentiert.

1.2 Heldenlieder

Die Vortragsform des „Hildebrandsliedes" (Stabreim, Formelschatz, Stilzüge) weist auf eine verbreitete Tradition des Heldenlieds, die nahezu ausschließlich mündlich existierte. Geistliche Dichter polemisieren immer wieder gegen volkssprachliche Lieder mit unchristlichen Inhalten, so Alkuin, der Leiter der karlischen Hofschule, mit der berühmten rhetorischen Frage: „Was hat Ingeld [germanischer Held] mit Christus zu tun? Eng ist das Haus, beide kann es nicht haben" (Brief 124, im Jahre 797). Karl der Große (▷ 1.8) ließ, wie sein Biograph Einhard im Kapitel 29 der „Vita Caroli Magni" (um 830) berichtet, „die rohen und uralten Lieder, in denen die Taten und Kämpfe der alten Könige besungen waren, niederschreiben und dem Gedächtnis erhalten". Man hat etwa zwanzig Lieder aus verschiedenen langobardischen, angelsächsischen und friesischen Stoffkreisen erschließen wollen: die Nibelungen, Dietrich von Bern, Ermanarich und die Hunnenschlacht. Im altenglischen fragmentarischen „Finnsburglied" (berichtet über die Feindschaft zwischen Dänen und Friesen, die bei einem Besuch des Dänenkönigs Hnæf bei dem Friesenkönig Finn in Finnsburg wieder ausbricht), dem neben dem „Hildebrandslied" ältesten erhaltenen germanisch-heroischen Lied (8. Jahrhundert), werden ähnliche Themen wie im „Burgundenuntergang" des „Nibelungenliedes" (▷ 4.27) gestaltet: Besuch bei der Schwester, Kampf zwischen Bruder und Schwager, das Problem von Gefolgschaftseid und Sippentreue. Die breiteste Überlieferung bietet die altisländische „Lieder-Edda" (auch „poetische", „ältere Edda" oder „Saemundar-Edda" genannt; Handschrift um 1270), die auch die Lieder mit den ältesten historischen Bezügen auf die Ostgoten im 4. Jahrhundert (Tod Ermanarichs, Kampf mit den Hunnen) enthält. In diese Zeit setzt man die Entstehung der ältesten Heldenlieder, die erhaltenen Fassungen sind jedoch deutlich jünger. Diese älteste Heldendichtung war historische Erinnerung zur Verständigung über Normen und Werte der Kriegergesellschaft. Ob die bei Tacitus (▷ 1.1) in der „Germania" (Kapitel 2) erwähnten „carmina antiqua" (= alte Lieder) ausgeformte Episodenlieder oder eher Namenslisten in Form von Merkversen waren, ist umstritten. Mit dem Übergang zur Schriftlichkeit verändert sich poetische Form und Erzählweise. Beides paßt sich der christlich und antik bestimmten Bildungswelt an. Der Stabreim weicht dem Endreim (▷ 1.13), der Darstellungsstil nimmt Elemente der antiken Epik auf (die Beschreibung tritt an die Stelle des Dialogs). Das kurze, dramatisch zugespitzte Lied wird durch das längere, erzählende Epos, wie es schon Anfang des 8. Jahrhunderts im altenglischen „Beowulf" vorliegt, ersetzt: noch in Stabreimen, aber darstellerisch und in der moralisierenden Dimension (Kampf des Helden mit dem Ungeheuer) schon von der geistlichen Bibelepik überformt. Ob zwischen den kurzen Heldenliedern im Stil des „Hildebrandsliedes" (▷ 1.3) oder der „Lieder-Edda" und den Großepen wie dem „Nibelungenlied" sogenannte Kleinepen standen, ist nicht beweisbar. Man rechnet mit mündlichem Weiterleben der Heldenlieder bis zum Auftauchen in der schriftlichen Überlieferung der spätmittelalterlichen sogenannten Balladen („Jüngeres Hildebrandslied", „Ermenrikes Dot" und andere). Mit dem Einzug in die Schriftkultur ist eine soziale Veränderung der Produzentenschicht verbunden: für das alte mündliche Heldenlied ist es der Hofsänger (Skop) als Mitglied der Kriegergemeinschaft; die Aufzeichnung erfolgt im Milieu der geistlichen Kultur durch gebildete (Hof-)Kleriker. Die mündliche Vermittlung geht über an den fahrenden Berufsdichter, den „Spielmann" (▷ 3.7), der, keinem bestimmten Stand angehörend, als rechtlos galt.

1.3 „Hildebrandslied"

Das „Hildebrandslied" ist das einzige Zeugnis des germanischen Heldenlieds in der deutschen Literatur (in der altnordischen haben wir mit den Liedern der sogenannten „älteren Edda" eine größere Zahl von Beispielen). Es ist auf der ersten und letzten Seite einer theologischen Handschrift aus der Mitte des 9. Jahrhunderts unvollständig (68 Verse) überliefert. Das fehlende Liedende, nur wenige Verse, könnte auf dem später erneuerten Innenblatt des hinteren Deckels gestanden haben. Das Lied ist vermutlich zu Beginn des 8. Jahrhunderts in Oberitalien am langobardischen Hof entstanden. Ob die Aufzeichnung in Fulda (▷ 1.4) im Zusammenhang mit der Kulturpolitik Karls des Großen (Liedersammlung) stand (▷ 1.8) oder theologisch motiviert war (negatives Exempel des Verwandtenmords), ist umstritten. Die historische Dietrichsage bildet den Hintergrund. Sie ist allerdings bereits umgedeutet: Theoderich ist vor dem Haß Odoakers ins Exil am Hunnenhof geflohen und kehrt nach dreißig Jahren zurück, um sein Reich zurückzuerobern (in der Realität hatte Theoderich Odoakers Reich erobert und diesen im Jahre 493 getötet). Hildebrand, Dietrichs Waffenmeister, und sein Sohn Hadubrand stehen sich an der Grenze als Vertreter zweier feindlicher Heere gegenüber. Hadubrand nennt seinen Namen. Der Vater weiß nun, daß sein Gegner sein Sohn ist. Er bietet ihm zur Versöhnung goldene Armreifen an. Der Sohn vermag den totgeglaubten Hildebrand nicht als seinen Vater zu erkennen, er vermutet eine List und beharrt auf dem Kampf. Hildebrand ruft den „waltant got" an: „Welaga nû waltant got wêwurt skihit" (= Wehe waltender Gott, Wehgeschick geschieht nun). Nach allgemeiner Ansicht enthielt der verlorene Schluß den Sieg des erfahrenen Kämpfers Hildebrand über den Sohn. Der Hauptteil des Liedes besteht aus dem großen Dialog zwischen Vater und Sohn, in dem der tragische Konflikt Hildebrands zwischen Sippenbewußtsein und Vaterliebe einerseits und Kriegerpflicht und -ehre andererseits entfaltet wird. Die christlichen Elemente (Gottesanrufung) bleiben an der Oberfläche, grundlegend ist ein Schicksalsbewußtsein, das germanisch-heidnische und antike Traditionen (Fatum) aufgenommen hat. – Das „Hildebrandslied" ist in germanischen Stabreimversen (▷ 1.1) abgefaßt: der gleichklingende Anlaut bindet zwei Halbzeilen (Anvers und Abvers) zu einer vierhebigen Langzeile, in der die Verteilung der Stäbe im Anvers frei ist, während der Abvers nur auf der ersten Hebung den Stab trägt. Die rhythmische Füllung ist frei und von großem Ausdrucksreichtum. Die Vortragsform realisierte wohl bestimmte musikalische Modelle. Die Verschriftlichung des ursprünglich nur mündlich lebenden Textes reproduzierte dessen formale Gestalt anscheinend nur unvollkommen. Träger dieser Dichtung war die germanische Gefolgschaft an den Fürstenhöfen, vorgetragen wurde sie von Berufsdichtern, die als Mitglieder der Gemeinschaft galten. Ihr Ziel war die Vergewisserung der heldischen Traditionen und Werte zur Stabilisierung dieser Gefolgschaft. Der tragische Triumph der Gefolgschaftstreue und Kriegerehre entspricht der Haltung des Kriegeradels in der Völkerwanderungszeit; in der Klage Hildebrands über das Schicksal äußert sich nicht Distanz gegenüber den Traditionen, sondern heroische Steigerung durch das Bewußtsein der Tragik.

1.4 Christliche Mission

Die Goten, die keltischen Iroschotten und die Angelsachsen waren vor den germanischen Völkern des Frankenreiches christianisiert worden, mit allen dreien ergaben sich im Verlauf einer langen Missionierungstätigkeit intensive Berührungen, die sich sprachlich niederschlugen. Von einer gotischen Mission haben wir keine historische Kenntnis, aber eine Anzahl von christlichen Wörtern ist aus dem Gotischen ins Bairische und von dort bis ins heutige Deutsch gelangt: „Pfingsten", „taufen", „Pfaffe" (= Geistlicher [nicht abwertend]), „Barmherzigkeit" und althochdeutsch „wîh" (= heilig) in „Weihnachten" und „Weihrauch". Im Zuge der irischen Mission im 6. und 7. Jahrhundert mit Kloster- bzw. Bistumsgründungen in Würzburg, Regensburg und Salzburg bildet sich eine „süddeutsche Kirchensprache" heraus: für spezifisch christliche Haltungen müssen Wörter gefunden werden, die die heidnischen Assozia-

nen der überkommenen Bezeichnungen vermeiden. Aus dem Irischen selbst ist nur das Wort „Glocke" übernommen, alle anderen Neuprägungen benutzen einheimisches Sprachmaterial mit neuer Sinngebung, wie die noch heute lebendigen Wörter aus dem affektiven Bereich: „Freude", „Trost", „dulden", „trauern"; auch das Wort „Beichte" (= [Schuld]-Anerkenntnis) könnte unter irischem Einfluß seine christliche Bedeutung bekommen haben. Die Sprache der Missionare und Prediger scheint im 8. Jahrhundert fertig ausgebildet gewesen zu sein (aus dem Angelsächsischen wurde nur „heiliger Geist" und „Heiland" übernommen), die deutsche Sprache der Gelehrten war aber erst am Anfang. Der stärkste Einfluß auf die Entwicklung einer deutschen geistlichen Literatur ging von der angelsächsischen Mission aus, deren bedeutendster Vertreter Bonifatius (eigentlicher Name Winfrid, genannt „Apostel der Deutschen") war, der die deutsche Diöze-

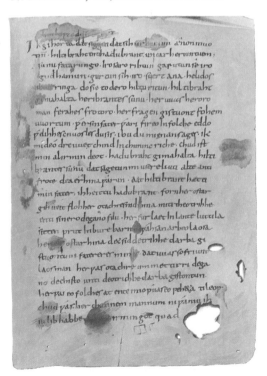

Die erste Seite des „Hildebrandsliedes" (Handschrift des 9. Jh.; Kassel, Landesbibliothek)

sanverfassung einrichtete und zahlreiche Klöster gründete. Seine wichtigste Gründung, das Koster Fulda (744), wurde in karolingischer Zeit zu einem Zentrum, wo angelsächsischer Einfluß und ältere deutsche Traditionen zusammenkamen. Hrabanus Maurus, Leiter der Klosterschule Fulda (804–822) und Abt (bis 842), war Schüler des Angelsachsen Alkuin, des führenden Kopfes im Bildungswesen bei Karl dem Großen (▷ 1.8). Kontakte mit dem Angelsächsischen sind im „Heliand" (▷ 1.12), im „Wessobrunner Schöpfungsgedicht" und „Muspilli" (▷ 1.11), insulare Einflüsse auf die deutsche gelehrte Terminologie im „Althochdeutschen Tatian" (▷ 1.9) greifbar. Schüler des Klosters Fulda war Otfrid von Weißenburg (▷ 1.13). Äbte von Sankt Gallen und der Reichenau wurden dort ausgebildet und trugen die Impulse der Bemühungen des Klosters Fulda in ihre Klöster weiter. Die Bemühungen um eine deutsche theologische Sprache kamen vor Ende des 9. Jahrhunderts jedoch zum Stillstand und wurden erst hundert Jahre später durch Notker den Deutschen (▷ 1.14) wieder auf höchstem Niveau aufgegriffen.

1.5 Versuche, deutsch zu schreiben

Die ersten Versuche deutscher Schriftlichkeit gehören in den Bereich des Lateinunterrichts, es sind Wörterbücher und Glossare. Das älteste erhaltene Schriftwerk deutscher Sprache ist der sogenannte „Abrogans" (Abb. S. 20), die Übertragung eines spätlateinischen Synonymenwörterbuchs, benannt nach dem ersten Stichwort „abrogans" (= bescheiden). Die Übertragung erfolgte etwa um die Mitte des 8. Jahrhunderts, vielleicht in Freising unter dem Bischof Arbeo (Amtszeit 765–783). Erhalten sind drei Handschriften vom Ende des 8./Anfang des 9. Jahrhunderts. Zweck des Glossars, das etwa 3 670 althochdeutsche Wörter umfaßt, war wohl die Erlernung ausgefallener lateinischer Wörter zur Bereicherung des Stils. Neben dem „Abrogans deutsch" steht der sogenannte „Vocabularius Sancti Galli" (Handschrift um 790), der nach Sachgebieten geordnet und in Fulda nach angelsächsischem Vorbild um 775 entstanden

ist. Diese beiden Formen der Wörterbücher, alphabetische und sachliche Ordnung, begründen eine Tradition, die bis in die Zeit des Buchdrucks reicht; die älteren Texte leben weiter in Form von Bearbeitungen, Ineinanderschiebungen mit Neuübersetzungen und ähnlichem. Neben den Wörterbüchern stehen die Glossierungen lateinischer Texte: die deutschen Übersetzungen werden über lateinische Wörter (Interlinearglossen), an den Rand (Marginalglossen) oder in den Text (Textglossen) geschrieben. Die ältesten Glossierungen betreffen die Kanones, die kirchlichen Gesetzesregelungen, wie sie für Aufbau und Festigung der Kirchenorganisation gebraucht wurden. Daneben stehen pastorale Schriften: die Predigten Gregors I., des Großen, und sein „Liber regulae pastoralis" (Richtlinien der Seelsorge). Die Bibelglossen bilden den größten Anteil, sind aber zumeist jünger. Schließlich werden auch antike Autoren im Rahmen der Ausbildung in der lateinischen Grammatik und Rhetorik glossiert. Die ersten zusammenhängenden Übersetzungsversuche sind sogenannte Interlinearversionen, in denen jedes lateinische Wort seine deutsche Übersetzung über der Zeile erhält. Diese dem Sinnverstehen des lateinischen Textes untergeordnete Übersetzungsweise wird vor allem in den Klöstern Reichenau und Murbach (Elsaß) gepflegt. Ältestes Beispiel ist die Interlinearversion der auf Benedikt von Nursia zurückgehenden „Benediktregel" (Anfang des 9. Jahrhunderts), überliefert in einer Abschrift (heute in Sankt Gallen), in der die deutschen Wörter unabhängig vom lateinischen Text (der eine andere Fassung darstellt) abgeschrieben sind (Abb. S. 26). Die deutsche Version ist also separat verbreitet worden. Die Hauptgrundlage des liturgischen Gesangs, die Psalmen, erfuhren ebenfalls Interlinearübersetzungen, die nur in Bruchstücken erhalten sind. Von größerer Bedeutung ist die interlineare Wiedergabe von 26 ambrosianischen Hymnen (Lieder des lateinischen Stundengebets), die „Murbacher Hymnen". Die dichterische Eigenart der Vorlage ermöglichte dem auf der Reichenau zu Anfang des 9. Jahrhunderts tätigen Übersetzer eine poetische Nachbildung des blockhaften Zeilenstils in bildkräftiger Sprache, die sich mitunter des heimischen Stabreims bedient: hier ist ein Übergang von der dem Verständnis des Lateinischen untergeordneten zur eigenständigen deutschen Version.

1.6 Zauberspruch

Zaubersprüche existieren in vielen Kulturen und zu allen Zeiten, sie gelten daher als sogenannte „einfache Formen". Aus althochdeutscher Zeit gibt es zwei Texte, die germanische Mythologie benutzen: die beiden „Merseburger Zaubersprüche", aufgezeichnet im 10. Jahrhundert, aber zweifellos (viel?) älter. Beide benutzen den „Analogiezauber": ein mythischer Vorgang wird erzählt und auf die Gegenwart übertragen, die eigentliche Zauberformel erscheint als Abschluß des mythischen Vorgangs und als Beschwörung des Spruchsprechers zugleich. Der erste Spruch gilt der Befreiung Gefangener, erzählt wird von „Idisen", „ehrwürdigen Frauen", die Fesseln lösen; der zweite gilt der Heilung eines Pferdes, dessen verrenkten Fuß verschiedene germanische Götter beschwören, Wotan heilt ihn schließlich mit der Zauberformel. – Der Übergang vom germanischen Zauberspruch zum christlichen Segen (▷ 1.7) ist fließend. Rein magisch ist der „Wurmsegen" aus dem 9. Jahrhundert, der nur durch drei Vaterunser am Schluß verchristlicht wird. In anderen Sprüchen erscheinen die germanischen Götter in der mythischen Erzählung lediglich durch christliche Figuren ersetzt (Christus heilt das Pferd des Stephanus), die Struktur des Analogiezaubers mit magischem (Segens-)Spruch ist die gleiche.

1.7 Christlicher Segen

Der Segen, die Heils- und Heilungswirkung der göttlichen Gnade, kann nicht, wie im Zauberspruch (▷ 1.6), magisch beschworen, sondern muß erbeten werden. Die Befehlsform wird allmählich ersetzt durch Überredung und Bitte. Die Grundstruktur des alten Zauberspruchs bleibt dennoch lange erhalten. Der „Lorscher Bienensegen" aus dem 10. Jahrhundert ruft in der ersten Zeile Christus an, hat aber in der Bannung des entflogenen Bienenschwarms noch magische Züge:

„Sitze, sitze, Biene, dir gebot es die heilige Maria". Mit der Wendung an Christus und Maria entsteht eine Art Gebet, das die Wirkung nicht mehr (vornehmlich) vom magischen Wort erwartet. Der „Bamberger Blutsegen" (aufgezeichnet im 12. Jahrhundert) arbeitet mit dem Mittel der Analogie. Passion Jesu und Taufe im Jordan werden auf die Stillung des fließenden Blutes bezogen. Segenssprüche, die die Macht Gottes für magische Wirkungen halb beschwören, halb erbitten, gibt es aus althochdeutscher Zeit gut zwanzig. Wir finden allerdings Aufzeichungen in großer Zahl noch im späten Mittelalter, wobei die Grenze zum medizinischen Rezept fließend wird.

1.8 Die „Bildungsreform" Karls des Großen

Als Karl im Jahre 768 seine Herrschaft über das Frankenreich antrat, war es sein Ziel, die germanischen Stämme im Ostteil seines Reiches zur Einheit zusammenzuschließen. Daher bemühte er sich um die Förderung und Pflege der gemeinsamen christlichen Religion, einer gemeinsamen Bildung und der gemeinsamen Sprache. So suchte er die Liturgie zu vereinheitlichen und ließ sich vom Papst die verbindlichen Formulare schicken. Bei Paulus Diaconus, der als Geschichtsschreiber, Philologe und Theologe ein wichtiges Mitglied seines Gelehrtenkreises war, bestellte er ein lateinisches Predigtbuch, das offiziell in allen Kirchen des Reiches eingeführt wurde. Karls Hof wurde zum Zentrum von Gelehrten aus allen Teilen des Reiches – viele Mitglieder seiner Hofkapelle (Hofschule) gingen nach einigen Jahren als Bischöfe oder Äbte an andere Orte des Reiches und verbreiteten so die neue lateinische Hofkultur. Unter Karl kam es zur Anlage einer großen Hofbibliothek mit christlichen und antiken Autoren, in den Hofskriptorien wurden repräsentative Handschriften in großer Anzahl verfertigt. Die Pflege der Schrift führte zur Herausbildung einer einheitlichen Schriftform, der sogenannten karolingischen Minuskel, die noch in unserer heutigen Buchdrucktype, der Antiqua, fortlebt. Die vielfältigen Bestrebungen in den Klöstern und Bistümern, das Deutsche zu einer Schriftsprache zu machen, werden unter Karl zusammengefaßt und weitergeführt. Die geforderte geistliche Unterweisung sollte sich in der Volkssprache vollziehen: Die den Geistlichen aufgetragene Sonntagspredigt, die Ablegung des Glaubensbekenntnisses und der Beichte, der Empfang der Taufe, das gemeinsame Gebet; dafür entstanden volkssprachliche Texte. In den Kloster- und Domschulen sollten die Schüler die Psalmen, die Schrift, den (liturgischen) Gesang, die Berechnung der Kirchenfeste und die (lateinische) Grammatik lernen, dies fordert die „Admonitio generalis" (= Allgemeine Aufforderung) von 789. Das Deutsche wurde benötigt, um das Latein verständlich zu machen. In diesem Zusammenhang gehören die ersten Übersetzungsbemühungen, die die deutsche Sprache um Lehnwörter und

Lehnübersetzungen bereichern und die die ersten Schritte auf dem Weg tun, der das Deutsche fähig machen sollte, die gleichen Begriffe zu erfassen und die gleichen Beziehungen auszusagen wie das Lateinische. Dieser angestrebten Gleichstellung des Deutschen mit dem Lateinischen, der im Politischen Karls Kaisertum entspricht, sollte die geplante deutsche Grammatik dienen, die sein Biograph Einhard erwähnt (▷ 1.10) – es sollte noch Jahrhunderte dauern, bis es tatsächlich zu einer deutschen Grammatik kam. Auch die Sammlung der alten einheimischen Lieder von den Taten und Kriegen der Könige, die Einhard nennt, dient der Aufwertung der deutschen Sprache und der deutschen Vergangenheit: Heimisches Erbe und zeitgenössische Gegenwart sollten neben das antike Erbe und dessen Gegenwart in der Bildungswelt der Kirche treten. Die Mehrzahl der althochdeutschen Denkmäler ist direkt oder indirekt von den Impulsen abhängig, die Karl und seine Berater gegeben haben. In der späteren Zeit wurde die offizielle Geltung der deutschen Sprache wieder geringer: ein Jahrhundert später gilt sie wieder einmal als „barbarische Sprache", die unfähig zu differenzierterem Ausdruck sei.

1.9 „Deutsch"

Im Zuge der Teilung des fränkischen Großreiches schworen der Herrscher des Ostreiches, Ludwig (II.), der Deutsche, und der Herrscher des Westreiches, Karl (II.), der Kahle, am 14. Februar 842 die „Straßburger Eide" (von dem Geschichtsschreiber Nithard überliefert) als Bündnis gegen ihren Bruder, Kaiser Lothar (I.): Ludwig in romanischer, Karl in deutscher Sprache („teudisca lingua"), um sich den Gefolgsleuten des Bündnispartners verständlich zu machen – deutsch ist hier der rheinfränkische Dialekt, der am karolingischen Hof gesprochen und von den Angehörigen der anderen Stämme (Alemannen, Baiern, Sachsen) auch verstanden wurde. „Deutsch" heißt allgemein „germanische Volkssprache". Zunächst im Unterschied zum Latein, wie aus dem ältesten Beleg, einem Bericht über eine Synode in England im Jahre 784, zu entnehmen ist, nach

Ausschnitt aus der Interlinearversion der „Benediktregel" (Codex 916, Anfang des 9. Jh.; St. Gallen, Stiftsbibliothek)

dem die Beschlüsse lateinisch und in der Volkssprache, das heißt „theodisce" (hier also angelsächsisch), vorgelesen wurden. Das Wort „theodisce" (zum [eigenen] Volk gehörig) ist ein Lehnwort aus dem Germanischen, abgeleitet von „theudo" (= das Volk) in Abgrenzung zum Fremden, Romanischen („Welschen"). Karl der Große (▷ 1.8) benutzt dieses Wort im Sinn seiner innen- und kulturpolitischen Integration immer wieder in seinen Erlassen als Bezeichnung für die Volkssprachen im östlichen Reichsteil. Es ist lange nur im offiziellen Bereich, damit in der lateinischen Form, belegt, auch Otfrid von Weißenburg (▷ 1.13) verwendet es so. Zuerst taucht das Wort in deutscher Sprache um 1000 bei Notker dem Deutschen (▷ 1.14) auf: „in diutiscum" (= auf deutsch) wolle er lateinische Begriffe wiedergeben. Außerhalb des eigentlich gelehrten Bereichs erscheint das Wort im „Annolied" (wahrscheinlich zwischen 1080 und 1085 im Kloster Siegburg [bei Köln] entstanden; ▷ 3.3): deutsch ist hier nicht nur die Sprache, auch die Menschen und das Land werden „deutsch" genannt. Im Kapitel 2 der um 1150 abgeschlossenen „Kaiserchronik" (▷ 3.3) wird „deutsch" als Ausdruck eines gemeinsamen sprachlichen und auch politischen Bewußtseins der „deutschen" Stämme gebraucht.

1.10 Theologie deutsch

Die frühesten Zeugnisse einer eigenständigen deutschen Übersetzungsprosa liegen in einer Gruppe von Texten vor, die in engem Zusammenhang mit der Hofschule Karls des Großen (▷ 1.8) kurz vor 800 entstanden sind: die sogenannte Isidor-Übersetzung und die Sammlung der „Monseer Fragmente" (aus dem bayrischen Kloster Monsee), heute „Monsee-Wiener Fragmente" genannt. Die Sammlung enthält Übersetzungen von Werken, die in der kirchenpolitischen Situation am Ende des 8. Jahrhunderts von Bedeutung waren: den Traktat „De fide catholica contra Iudaeos" des Isidor von Sevilla, das Matthäusevangelium, eine Augustinus-Predigt und eine weitere Predigt im Sinn der „Admonitio generalis" (▷ 1.8) sowie den Traktat „De vocatione gentium" (= Von der Berufung der Völker), der das Recht der Volkssprachen vor Gott vertritt. Die deutsche Wiedergabe des Lateins ist präzise und von großem Sprachgefühl getragen. Der Übersetzer erlaubt sich Zusätze von Partikeln und Attributen, er variiert in der Wahl der deutschen Wörter für bestimmte lateinische; deutsche Wortstellung wird bevorzugt, lateinische Konstruktionen werden aufgelöst. Das orthographische System ist konsequent, was wahrscheinlich ein Beitrag zur wissenschaftlichen Beschäftigung mit der deutschen Grammatik war, wie sie Karl angestrebt hatte. So könnte die Isidor-Übersetzung selbst ein Muster gewesen sein, dem die anderen Übersetzungen folgten; eigentlich „Schule" gemacht hat dieses Werk allerdings nicht. Zur Erklärung für die sprachliche Perfektion der Übersetzung hat man auf die Tradition der volkssprachlichen Predigt verwiesen, wie sie von den Kapitularien Karls gefordert wurde: ein volkssprachlicher Kanzelstil, wie er dann in Predigten des 11. Jahrhunderts in Erscheinung tritt.

Gegenüber dem Rang der Isidor-Übertragung steht der eine Generation jüngere „Althochdeutsche Tatian" zurück: eine Übersetzung der Evangelienharmonie „Diatessaron" (Zusammenfassung der vier Evangelien) des Syrers Tatian aus dem 2. Jahrhundert, die auch im „Heliand" (▷ 1.12) benutzt wurde. Das Werk ist wohl in Fulda unter Hrabanus Maurus (▷ 1.4) entstanden. Otfrid von Weißenburg (▷ 1.12) zählte zu seinen Schülern. Die Tatian-Übersetzung war wohl ein Gemeinschaftswerk mehrerer Übersetzer. Ihr Ziel war eine dem Lateinischen weitgehend entsprechende, fast interlineare Wiedergabe, wie sie bei einem „heiligen" Text angemessen schien. Bedeutsam ist vor allem die Fülle des deutschen kirchlichen Wortschatzes und die Tatsache, daß hier das erste Leben Christi in deutscher Sprache vorgelegt wurde, was Otfrid zu seiner poetischen Fassung geführt haben mag. Bis zur ersten deutschen Bibelübersetzung im 14. Jahrhundert (das Matthäusfragment aus den „Monsee-Wiener Fragmenten" ist eine Ausnahme) wird der Text der heiligen Schrift den Laien immer in interpretierender Erschließung dargeboten: in den Leben-Jesu-Darstellungen in Prosa und Vers ebenso wie in den Nacherzählungen der Evangelien und ihrer Auslegung in den volkssprachlichen Predigten. Die theologisch gebildeten Bearbeiter und Prediger sahen es als Verpflichtung, das Gotteswort in verständlicher Form den Laien anzubieten – und dazu gehörte mehr als die bloße Übersetzung.

1.11 Dichtung von Schöpfung und Weltuntergang

Zwei althochdeutsche Stabreimgedichte von der Schöpfung und dem Ende der Welt sind nur in Bruchstücken erhalten, beide weisen in Wortwahl und Wortformen Berührungen mit dem Angelsächsischen auf, so daß man an Fulda, die Vermittlungsstelle schlechthin (▷ 1.4), als Entstehungsort gedacht hat. Das Schöpfungsgedicht wird irreführend „Wessobrunner Gebet" genannt (Handschrift Anfang des 9. Jahrhunderts aus dem bayrischen Kloster Wessobrunn). Nur neun Zeilen sind überliefert. Sie schildern den Zustand vor der Schöpfung mit Vorstellungen, die in dem Lied „Völuspá" (= Der Seherin Gesicht) aus der „Edda" (▷ 1.2) ihre Parallele finden. Da dieses seinerseits schon christlich überformt zu sein scheint, sollte man nicht mit germanischen Vorstellungen im „Wessobrunner Gebet" rechnen; der Stil allerdings orientiert sich an der heimischen Tradition.

Fast ein Gegenstück dazu ist das um 900 aufgezeichnete, aber ältere Gedicht vom Weltuntergang „Muspilli". Der Titel stammt von dem ersten Herausgeber Johann Andreas Schmeller (* 1785, † 1852) und bezieht sich auf den Vers 57. Die Bedeutung des Wortes „Muspilli" ist nicht eindeutig geklärt, es bezeichnet wohl den „Weltbrand" oder den Schrecken des Jüngsten Gerichts (in der „Edda" entfachen „Muspells Söhne" den Weltbrand – eine vielleicht bereits christlich überformte mythische Vorstellung). Die 103 Verse umfassen den Mittelteil, eine Vision von der Endzeit, für die Vorstellungen aus der Bibel (Apokalypse) und den Apokryphen (jüdische und frühchristliche Schriften, die nicht in den Kanon der Bibel aufgenommen wurden) benutzt werden. Engel und Teufel kämpfen um die Seele des Sterbenden, Himmel und Hölle werden ausgemalt (individuelles Gericht), dann folgt das Jüngste (allgemeine) Gericht: die Welt geht unter, Elias kämpft mit dem Antichrist, die Erde ver-

brennt, der Herr erscheint zum Gericht. Wie in den späteren Visionsgedichten geht es vor allem um eine geistliche Mahnung zu Umkehr und Buße. Sie bedient sich der heimischen Form der stabreimenden Langzeile, weil sie sich an den Kriegeradel des Karolingerreiches richtet. Die Uneinheitlichkeit des Gedichts in inhaltlich-thematischer und stilistisch-sprachlicher Hinsicht ist neuerdings als Ausdruck einer politischen (Reichsteilung) und literarischen Umbruchszeit nach dem Tod Ludwigs (II.), des Deutschen, 876 interpretiert worden. – Abb. S. 30.

1.12 „Heliand"

Ein vornehmer Sachse, so heißt es in einem alten lateinischen Dokument, dem sogenannten Vorwort des „Heliand" (1562 von dem deutschen Theologen Matthias Flacius, genannt Illyricus, aus einer heute verlorenen Handschrift publiziert), habe von Kaiser Ludwig (ob von Ludwig [I.], dem Frommen, oder eher seinem Sohn Ludwig [II.], dem Deutschen [▷ 1.9], ist ungeklärt) den Auftrag erhalten, das Alte und das Neue Testament dichterisch in die Volkssprache zu übertragen. Das Ergebnis ist der altsächsische „Heliand" (= Heiland) in etwa 6 000 stabreimenden Langzeilen. Der Schluß ist verloren. Wer der Autor war, ist unbekannt, wo er gewirkt hat, umstritten. Man hat an Fulda (▷ 1.3) gedacht, an die Abtei Werden (Ruhr), an den Raum zwischen Elbe und Weser, ohne zu einem gesicherten Ergebnis zu kommen. Die Erzählung vom Leben Jesu beruht auf der Evangelienharmonie des Syrers Tatian, die (in anderer Fassung) in althochdeutsche Prosa übertragen wurde (▷ 1.10). Die Dichtung ist in sogenannte „Fitten" (Kompositionseinheiten) eingeteilt, in der 71. Fitte bricht der Text mitten in der Emmaus-Erzählung (nach Lukas, 24, 13–35) ab. Da jedoch in einer anderen Handschrift auch ein Stück aus der Himmelfahrts-Erzählung überliefert ist, läßt sich vermuten, daß sie, wie bei Tatian, den Abschluß des Werkes bilden sollte. Im Unterschied zum „Evangelienbuch" Otfrids von Weißenburg (▷ 1.13) tritt die theologische Kommentierung stark zurück, nur bei der Heilung der Blinden (nach Matthäus 20, 29–34) findet sich eine ausführlichere Exegese.

Von besonderem Interesse ist die lange als „Germanisierung des Christentums" empfundene Darstellungsweise: die Bezeichnung der Männer, auch der Jünger, mit germanischen Heldenwörtern („Held", „Degen"), des Pilatus als „Herzog", Galiläas als „Gau", des Ölbergs als „Holm", Nazareths als „Burg". Das ist jedoch nur die traditionsgebundene formelhafte Dichtersprache, die zur Darstellung der neuen christlichen Inhalte benutzt wird.

Die Idealisierung der Darstellung Jesu und seiner Jünger im Hinblick auf Macht und Herrlichkeit Gottes und seiner Gefolgsleute, gehört, ebenso wie die Ersetzung eines jüdischen Umfelds durch ein heimisches, in den Bereich der Anpassung der christlichen Lehre an das Publikum, wie sie schon in der spätantiken Bibelepik geübt wurde. Von einer grundsätzlichen „Germanisierung" kann nicht die Rede sein. Die spezifisch christlichen, unkriegerischen Tugenden der Friedfertigkeit und Demut stehen im Mittelpunkt. Der Majestät Gottes wird das Leiden Jesu gegenübergestellt, seine Erlösungstat bildet das Ziel der Darstellung. Das im „Heliand" dominierende Bild des heldischen, mächtigen und triumphreichen Gottessohnes ist nicht unbiblisch: es verabsolutiert im Hinblick auf das Publikum eine vorgegebene Dimension des Gottesbildes. Dieses Publikum ist in der sächsischen Adelsschicht zu suchen: die heimische altheroische Epik sollte durch den Gesang vom neuen Heros Christus verdrängt werden, die Darstellungsweise vermittelte den Zuhörern das Gefühl, in ihm dem wahren Helden zu folgen. Notenzeichen (Neumen) in der Münchener Handschrift aus dem 9. Jahrhundert sprechen für musikalischen Vortrag, vielleicht bei adligen Kanonikern, vielleicht auch bei adligen Herren nach dem Vorbild geistlicher Gemeinschaften. Stilistisch entspricht der breite, prunkvolle Variationsstil, die Aufschwellung der Langzeilen, das Überfluten des Satzes über die Zeilengrenzen („Bogenstil" im Unterschied zum „Zeilenstil") in seinem hymnischen Feierklang dem repräsentativen Gestus der Dichtung, zugleich fordert der langsame Gang der Erzählung zur verinnerlichenden Betrachtung des Heilsgeschehens auf.

Unter dem Einfluß des „Heliand" entstand eine altsächsische Darstellung vom Paradies, Sündenfall, Engelsturz, Brudermord, von Abraham und Loth, die als „Altsächsische Genesis" bezeichnet wird. Sie ist nur in Fragmenten erhalten. Der größere Teil (617 Zeilen) ist in angelsächsischer (altenglischer) Übersetzung in ein altenglisches Genesisgedicht eingefügt worden. Dies wird heute zum Anlaß genommen, eine früher behauptete Abhängigkeit der altsächsischen Bibeldichtung von der altenglischen Tradition zu relativieren. Beide Traditionen stehen nebeneinander und haben einander wechselseitig beeinflußt. Die Nachwirkung der altsächsischen Dichtung blieb gering, die Überlieferung reicht nur bis ins 10. Jahrhundert. Ob Otfrid den „Heliand" kannte, ist umstritten.

1.13 Otfrid von Weißenburg

Das nach Umfang und Anspruch gewichtigste Werk der althochdeutschen Literatur ist das zwischen 863 und 871 entstandene, aus fünf Büchern bestehende „Evangelienbuch" („Liber evangeliarum theodisce conscriptus") des Benediktiners Otfrid aus dem Kloster Weißenburg im Elsaß. Es handelt sich um eine interpretierende Nacherzählung der Evangelien, über deren Zielsetzung sich der Autor selbst im lateinischen Widmungsbrief an Erzbischof Liutbert von Mainz äußert: er wolle die Evangelien in fränkischer Sprache erzählen, um den Laien die heilige Schrift und das Gesetz Gottes zu vermitteln, damit werde auch der weltliche Gesang („laicorum cantus obscenus") durch Würdigeres verdrängt. Die Anregung für sein Werk schreibt er der Bitte einiger Brüder und einer Frau, der nicht identifizierten „Matrona Judith", zu. Die wichtigste Neuerung gegenüber der Tradition der volkssprachlichen Dichtung ist die Einführung des Endreims und des Reimpaarverses anstelle der stabenden Langzeile (▷ 1.1): statt der Bindung sinntragender Wörter in rhythmisch frei gefüllten langen Zeilen rein lautlich passende Silben am Wortende in strengen schematischen Zeilen. Otfrid orientiert sich am lateinischen Hymnenvers, der ihm der Würde des Gegenstandes angemessener zu sein scheint als der germanische Stabreimvers, der für den „unheiligen Laiengesang" galt. Die Durchführung des neuen Verses mit Endreim hat ihm große Schwierigkeiten gemacht, aber nur zu Anfang hat er sich

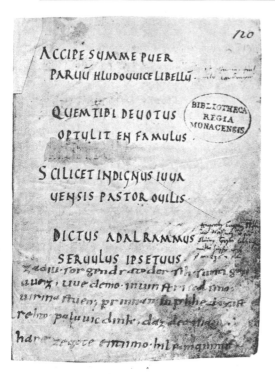

ACCIPE SUMME PUER
PARUU HLUDOUUICE LIBELLU

QUEM TIBI DEUOTUS
OPTULIT EN FAMULUS

S CILICET INDICNUS IUUA
UENSIS PASTOR OUILIS

DICTUS ADALRAMMUS
SERUULUS IPSE TUUS

120

BIBLIOTHECA REGIA MONACENSIS

Das „Muspilli" auf dem breiten unteren Rand einer lateinischen Handschrift aus dem Besitz König Ludwigs des Deutschen (um 900; München, Bayerische Staatsbibliothek)

auf den Gleichklang des auslautenden Vokals beschränkt, später die Stammsilbenvokale mitgereimt ohne genaue konsonantische Entsprechung. „Reine" Reime (vollständige lautliche Übereinstimmung zweier Wörter in Vokalen und Konsonanten) nehmen im Verlauf des Werkes zu, sind aber nicht prinzipiell angestrebt. Ein regelmäßiger Wechsel von Hebung und Senkung ist selten verwirklicht und durch Verschmelzung von Silben (Synalöphe) oft nur sprachwidrig zu realisieren. Die Verse waren im kirchlichen Lektionston (mit Gesangstimme) vorzutragen, der Beginn des „Evangelienbuches" ist mit linienlosen Neumen (Notenzeichen) versehen.
Die fünf Bücher erzählen von Christi Geburt und Jugend, seiner Lehre und seinen Wundern, seinem Leiden, von Auferstehung und Himmelfahrt und vom Jüngsten Gericht. Die Fünfzahl steht für die fünf Sinne des Menschen, die durch die Vierzahl der Evangelien

„geheilt" werden. Otfrid ist weniger an der Erzählung als an ihrer heilsgeschichtlichen Bedeutung interessiert. In den epischen Bericht fließt daher die Lehre ein, die in den dem Bericht immer wieder angefügten Kapiteln „Spiritaliter" beziehungsweise „Mystice" und „Moraliter" als zumeist allegorische Interpretation dominiert. Otfrid verstand sich in erster Linie als lateinisch gebildeter Theologe (er hat selbst lateinische Bibelkommentare zusammengestellt), der sein Wissen weitervermitteln wollte. Quellen der Lehre des „Evangelienbuchs" waren die Evangelienpredigten Gregors I., des Großen, und andere bibelexegetische Schriften der Karolingerzeit. Otfrid war kein selbständiger Bibelinterpret, sondern verließ sich, wie andere Theologen auch, auf Gewährsmänner, seine Leistung lag in der angemessenen Auswahl, ihrer strukturierenden Aufbereitung und sprachlichen Gestaltung für den Adressatenkreis. Dieser bestand vermutlich aus den adligen Konversen (Laienbrüdern) im Kloster. Vielleicht gab es auch am Königshof Ludwigs (II.), des Deutschen, dem eine Widmungsvorrede gilt, eine Tischlesung nach klösterlichem Muster, bei der das „Evangelienbuch" vorgetragen wurde. Ob die theologische Exegese dort rezipiert werden konnte, bleibt offen. Die geringe Nachwirkung von Otfrids Werk wird mit der Position zwischen lateinischer Theologie und volkssprachlicher Form, für die es nur ein begrenztes Publikum gab, zusammenhängen. Die Wiener Handschrift (Wien, Österreichische Nationalbibliothek, cod. 2687) stammt aus dem Kloster Weißenburg und wurde von Otfrid selbst korrigiert. Eine solche „Ausgabe letzter Hand" ist ein Sonderfall bei der Überlieferung mittelalterlicher Literatur. Wiederentdeckt wurde Otfrids Werk von dem deutschen Benediktiner und humanistischen Gelehrten Johannes Trithemius. Die erste neuzeitliche Ausgabe erstellte Matthias Flacius, genannt Illyricus, aus dem Geist der Reformation zum Beweis der alten Tradition volkssprachlicher Bibelübersetzung und -exegese.

1.14 Notker der Deutsche

Am Ende der althochdeutschen Zeit glaubt Notker (III.) von Sankt Gallen, „Labeo" (= der Breitlippige) oder „Teutonicus" (= der Deutsche) genannt, mit seinen deutschen Übersetzungen eine Pioniertat zu leisten, was zwar nicht zeitlich, wohl aber hinsichtlich des Umfangs und der sprachlichen Qualität seiner Übertragungen zutrifft. Notker, adliger Herkunft, wurde um 950 geboren und ist am 29. Juni 1022 in Sankt Gallen an der Pest gestorben. Seine lateinischen und althochdeutschen Werke sind von seiner Tätigkeit als Magister und seiner pädagogischen Intention bestimmt. Daher beziehen sich die Schriften auf das Studium der Sieben Freien Künste (Artes liberales) sowie der Bibel und Theologie. Seine Übersetzung von „De consolatione Philosophiae" (= Trostbuch der Philosophie) des römischen Philosophen und Theologen Boethius († 524) ist als Grundlegung der philosophischen Ethik ebenso wichtig wie die Übersetzung von Martianus Capellas „De nuptiis Mercurii et Philologiae (= Von der Hochzeit Merkurs mit der Philologie), einer Art Systematik der Freien Künste, die als Musterbuch rhetorischer und poetischer Techniken gleichermaßen geschätzt war. Die Übersetzungen literarischer antiker Werke, wie zum Beispiel der anonymen Sammlung von Lebensweisheiten, der „Disticha Catonis" (= Catos Distichen), oder Vergils „Bucolica" sowie der Komödie „Andria" (= Das Mädchen von Andros) des Terenz, sind verloren. Das gilt auch für seine beiden theologischen Werke, eine Abhandlung über die Dreifaltigkeit (nach Augustinus?) und einen Hiob-Kommentar. Erhalten ist die kommentierende Übertragung des Psalters.

Notkers Übersetzung versteht sich als Bildungsvermittlung mit Hilfe der Volkssprache. Er bietet satzweise nach dem lateinischen Text eine deutsche Übertragung und, darauf folgend, einen ausführlichen Kommentar in althochdeutsch-lateinischer Mischsprache, der die lateinischen Begriffe als bekannt voraussetzt und vermutlich die Unterrichtssprache spiegelt. Über die Verständnisvermittlung hinaus gelangt Notker zu einer eigenen volkssprachlichen Schulung durch die Verwendung von Beispielversen und Sprichwörtern, durch prägnante Formeln, zum Teil mit Stabreim. In der Terminologie trägt Notker den kontextbezogenen Differenzierungen Rechnung: für ein und dasselbe lateinische Wort verwendet er, je nach Zusammenhang, eine Menge unterschiedlicher deutscher Wörter.

Notkers Übersetzung von Boethius' „De consolatione Philosophiae" (Zürich, Zentralbibliothek)

In der Syntax bleibt er dem Latein nahe. Er benutzt zwar die deutsche Wortstellung, versucht aber, die deutsche Sprache durch Akkusativ mit Infinitiv, lateinische Partizipialkonstruktionen und den absoluten Ablativ zu bereichern. Im Bereich der Schreibung wird systematisiert: Notker schreibt am Wortanfang b, d, g nach stimmhaftem, p, t, k nach stimmlosem vorhergehenden Wortauslaut, am Satzanfang immer p, t, k: das ist das „Notkersche Anlautgesetz". Notkers Leistung als Lehrer, der die Notwendigkeit und den Sinn eines muttersprachlichen Unterrichts demonstriert hat, ist kaum zu überschätzen. Er begründete damit eine Tradition in Sankt Gallen, wie vor allem die Überlieferung seiner Schriften beweist. Die Psalter-Übertragung wirkte bis ins 14. Jahrhundert nach, indirekt vielleicht noch bis zu Martin Luther.

1.15 Das „Ludwigslied" – ein christliches Heldenlied

Am 3. August 881 errang der junge westfränkische König Ludwig III. bei Saucourt (an der Mündung der Somme) einen Sieg über die

Ausschnitt aus dem
„Ludwigslied"
(Handschrift des 9. Jh.;
Valenciennes,
Bibliothèque de la Ville)

Normannen. Bald danach entstand das „Ludwigslied", ein christliches Heldenpreislied von 59 Kurzpaarversen Länge. Zuerst wird das Leben des Helden unter Gottes Führung charakterisiert. Gott selbst hat dem Vaterlosen zusammen mit seinem Bruder Karlmann den Frankenthron verliehen. Um ihn zu erproben, läßt Gott das Frankenvolk von „Heiden" überfallen. Ludwig reitet selbst mit Speer und Schild den Nordmännern entgegen, wobei er ein heiliges Lied singt, in das alle mit „Kyrie eleison" einfallen. Vorbild für Gottes Verhältnis zu dem erwählten Helden und seinem Volk, den Kampf und den Triumph über die Gegner ist das Alte Testament. Die Bewährung Ludwigs wird heilsgeschichtlich gedeutet. Die Dichtung greift mit dem Heldenpreis einen germanischen Typus auf, wie er in den skaldischen Liedern im Altnordischen sichtbar wird, füllt ihn jedoch mit der christlichen Vorstellung vom Gottesstreiter. Die Adelsgesellschaft, noch stark einem altheldischen Wertsystem verhaftet, erhält im „Ludwigslied" ein religiöses Programm: Kämpfertum im göttlichen Auftrag und unter der Führung des von Gott erwählten Königs. Der Verpflichtung der westfränkischen Führungsschicht auf dieses neue Ideal dient das „Ludwigslied".
Der unbekannte Verfasser war vermutlich ein Kleriker aus der Umgebung des Königs, dem die dichterische Technik des Stabreims und der Wortschatz der heimischen Heldendich-

tung vertraut war. Die Thematik des Gottesstreitertums wirkt im französischen Heldenepos, der Chanson de geste, weiter (▷ 3.5).

1.16 Geistliches Lied

In der Liturgie der Kirche hatte Volkssprachliches nur wenig Raum. Deutsches Sündenbekenntnis und Taufgelöbnis aus der Liturgie des Ostersonnabends sind aus karolingischer Zeit erhalten, ebenso das Vaterunser. Die Mitwirkung der Laien am Gesang beschränkte sich anscheinend auf „Rufe" zum Abschluß der Predigt, wie sie später überliefert sind: ein „Kyrie eleison" oder eine ähnliche Anrufungsformel als Antwort auf eine Liedzeile des Vorsängers. Diese Struktur hat jedenfalls das um 900 aufgezeichnete „Petruslied": drei Strophen mit je zwei Versen für den Vorsänger, auf die das Volk mit „Kyrie eleison, Christe eleison" antwortet (▷ 1.15). Die beiden ersten Strophen nennen die Schlüsselgewalt, die Gott Petrus gegeben hat, die dritte formuliert den litaneiartigen Gebetsanruf. Ein solches Lied konnte gut bei einer Prozession am Petrusfest gesungen werden. Die Aufzeichnung ist mit linienlosen Neumen (Notenzeichen) versehen, sie findet sich in einer lateinischen Handschrift aus Freising. Zwei weitere Heiligenlieder vertreten den komplexeren Hymnentyp: das

„Georgslied" und der (nur in lateinischer Fassung überlieferte) „Lobgesang auf den hl. Gallus" des Mönchs Ratpert. Das unvollständig im 10. Jahrhundert aufgezeichnete „Georgslied" (57 Verse) entfaltet die Legende des „Heiligen vom unzerstörbaren Leben" als Beweis für Gottes Macht in den Gläubigen. Georg wirkt Wunder aus seinem Glauben, wird dreimal getötet (enthauptet, zerstückelt, verbrannt) und zum Leben erweckt. Das Lied ist in ungleich lange Strophen mit Kehrreim gegliedert. Wieder ist an eine Verteilung zwischen Vorsänger und Volk zu denken. Umstritten ist der Ort der Entstehung, da der Georgskult im ganzen Frankenreich verbreitet war. Man hat an die Reichenau (Übertragung der Georgsreliquien, 896) oder an die Reichsabtei Prüm (Eifel) gedacht. – Ekkehart IV. von Sankt Gallen, geboren um 980, gestorben um 1060 in Sankt Gallen, hat den deutschen Gallushymnus des Benediktiners Ratpert ins Lateinische übertragen, um die schöne Melodie zu erhalten. Sie war typisch für die zeitgenössischen Sankt Gallener Hymnen. Der Gallushymnus erzählt die Lebensgeschichte des

Heiligen mit den Wundern am Grabe und fügt sich damit ganz in die lateinische Legendendichtung ein. Die Form, soweit sie sich aus der lateinischen Übertragung erschließen läßt, war wesentlich strenger als die des „Georgsliedes": regelmäßige Strophen aus fünf Reimpaaren. Die Bemerkung Ekkeharts, Ratpert habe das Lied als „Gesang für das Volk" verfaßt, kann angesichts von Melodie und Text nur „vor dem Volk" heißen. Vortragende müssen im Gesang geschulte Kleriker gewesen sein, Zuhörer die adligen Gäste des Klosters, denen ein christlicher Heldengesang in gelehrten Darstellungsformen, aber in der Laiensprache vorgetragen wurde. Die Tatsache, daß nur die Übertragung ins Lateinische die Melodie bewahren konnte, zeigt die Randstellung die Deutsches in der gelehrten Mönchskultur einnahm.

1.17 „Waltharius" – germanische Heldensage als christliche Satire

Ein gebildeter Mönch der Karolingerzeit, dessen Muttersprache deutsch war, faßte eine germanische Heldensage in 1 456 lateinische Hexameter und brachte seine ganze lateinische Bildung ein in die Darstellung, die den Stil von Vergils „Äneis" imitiert und auf antike Autoritäten zitathaft anspielt (Vergil, Statius, Prudentius). Der Stoff stammt aus der Völkerwanderungszeit. Am Hof des Hunnenkönigs Attila leben drei vornehme Geiseln als Vertreter dreier unterworfener Länder: Hagen vom Rhein, Hiltgund von Burgund und der Blutsbruder Hagens, Walther von Aquitanien. Nachdem Hagen entflohen ist, betäuben Walther und Hiltgund, die von Kindheit an miteinander verlobt sind, die Hunnen beim Gelage und entkommen mit dem sogenannten Hunnenschatz. Der Frankenkönig Gunther, der sich den Schatz aneignen will, verfolgt die beiden mit seinen Kriegern, unter denen auch Hagen ist. Nach vergeblichen Friedensangeboten besiegt Walther in elf Einzelkämpfen, die ausführlich im klassischantiken Stil geschildert werden, die Gefolgsleute Gunthers. In den Nächten wachen Hiltgund (die sich durch Singen wachhält) und Walther abwechselnd. Inzwischen hat Gun-

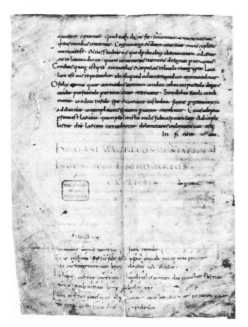

Das „Petruslied". Die Strophen enden „kyrie eleyson xpe (Christe) eleyson" (Handschrift des 9. Jh.; München, Bayerische Staatsbibliothek)

ther auch Hagen für den Kampf gewonnen, Walthers Freundschaftsmahnung bleibt wirkungslos. In den folgenden Kämpfen verliert Gunther ein Bein, Hagen ein Auge und Walther die rechte Hand, so daß sie nicht mehr weiterkämpfen können. Sie versöhnen sich. Walther zieht in seine Heimat, heiratet Hiltgund und herrscht, vom Volke geliebt, dreißig Jahre lang. Die Erzählung von Heimkehr und Brautgewinnung folgt einem internationalen Erzähltyp: zwei Fragmente eines altenglischen Heldenliedes („Waldere"), altnordische und mittelhochdeutsche Anspielungen belegen die Existenz der germanischheroischen Sage, die dem Verfasser wohl in Form eines Heldenliedes vorlag, in dem vielleicht der Konflikt Hagens zwischen Freundes- und Lehenstreue eine Rolle spielte. Der alte Stoff, die alte Heldensage ist jedoch nicht nur stilistisch, sondern auch von der Darstellungsabsicht in die gelehrt christliche Welt hereingeholt. Kritik an der Schatzgier Walthers und Gunthers wird ausdrücklich formuliert. Schon bei der detaillierten Schilderung der blutigen Kämpfe (eine antike, keine germanische Tradition), vollends aber den Verstümmelungen der drei Helden gewinnt das Epos satirische Dimensionen: das Streben nach Gold, dem Symbol der Königsmacht, um den Preis körperlicher Integrität erscheint als Pervertierung der Weltordnung. Das Ge-

lächter über den sinnlosen Heroismus der adligen Krieger vereint die gelehrte Zuhörerschaft im Kloster im Bewußtsein ihres rechten Weges der Gewaltlosigkeit. Der Bearbeiter zeigte, was er mit seinen Mitteln dem heimischen Stoff abgewinnen konnte. Das Ergebnis war keine trockene Lehre, sondern ein Virtuosenstück mit christlicher Didaxe. Umstritten ist die Verfasserfrage, da es zwei anscheinend widersprüchliche Zeugnisse gibt. Ekkehart IV. von Sankt Gallen ($\triangleright$ 1.16) berichtet, Ekkehart I. habe als „Schulaufgabe" das Leben des Waltharius Starkhand („Waltharius manu fortis") beschrieben, er selbst habe das Werk später überarbeitet. In einigen der zwölf Textzeugen ist ein Prolog überliefert, in dem ein Geraldus einem Bischof Erchembold das Werk überreicht. Vielleicht war es der Sankt Gallener Schulvorsteher Gerald, der das Werk seines Schülers Ekkehart I. dem Straßburger Bischof Erchanbald übersandte. Anlaß für den Autor könnte das Vordringen der Ungarn bis nach Sankt Gallen 926 gewesen sein. Der „Waltharius" ist ein Jugendwerk, eine „Schülerarbeit" gewiß nicht in der Handhabung des Formalen und Erzählerischen, sondern im Bewußtsein, Schüler des Alten zu sein und mit von ihnen erlernten Fähigkeiten einen Stoff der mündlichen Adelsliteratur christlich umdeuten zu können.

Kapitel 2
Neubeginn mit deutscher
Schriftlichkeit (1050–1200)

Einführung

Wenige Epocheneinschnitte sind so evident wie der zwischen der althochdeutschen Literatur und der frühmittelhochdeutschen: nach dem Tode Notkers des Deutschen (▷ 1.14) schweigt für etwa 50 Jahre die Überlieferung. Dafür kann kaum der Verlust von Texten verantwortlich sein: die althochdeutsche Literatur selbst war vom Phänomen der fehlenden Kontinuität geprägt, das hier seinen Höhe- und Endpunkt erreicht. Die Ansätze, die vor allem der „Bildungsreform" Karls des Großen (▷ 1.8) zu danken waren, haben nicht zu einer kontinuierlichen Pflege der volkssprachlichen Schriftliteratur geführt. Das klerikale Latein und die mündliche Adelsliteratur stehen wieder unverknüpft nebeneinander. Die Gründe dafür sind nicht leicht zu benennen. Es können nicht nur die fehlenden Impulse seitens der zentralen Macht oder die stärkere Orientierung der Gebildeten an der Antike gewesen sein, die zur „ottonischen Pause" geführt haben. Eher greifen wir die Gründe für den Neuanfang mit deutscher Schriftlichkeit, der nunmehr eine Kontinuität begründen wird. Da sind einerseits die mächtigen geistlichen Impulse aus der klösterlichen Reformbewegung: die kluniazensische Reform, die in Deutschland erst um 1070/80 mit den Klöstern Siegburg, Sankt Blasien und vor allem mit Hirsau (Abt Wilhelm) bedeutenden Einfluß durch ihren religiösen Erneuerungs- und Unabhängigkeitswillen gewann, dann die Reformorden selbst, die Zisterzienser (gegründet 1098) und Prämonstratenser (gegründet 1120). Auf der anderen Seite sind es die Kämpfe zwischen kaiserlicher und päpstlicher Gewalt: die alte Einheit von Weltlichem und Geistlichem zerbricht, die Rollenverteilung der Gewalten wird neu definiert. Im „Dictatus Papae" (kirchenpolitische Leitsätze Papst Gregors VII.) von 1075 soll der Primat des Papstes über den Kaiser begründet werden. Im Investiturstreit (1075–1122) wird die politische Auseinandersetzung geführt, in der das alte Reichskirchensystem untergeht und der deutsche König mit der Aufgabe des Rechts auf die Amtseinsetzung der Bischöfe auch einen Teil der sakralen Dimensionen des Königtums verliert. Durch die Einrichtung des Gottesfriedens (im Deutschen Reich 1085 in Bamberg und Mainz) und des Mainzer Reichslandfriedens (unter Heinrich IV., 1103) ändert sich die Rechtspraxis: es wird nicht nur die Fehde eingedämmt, sondern die Verfolgung des Rechtsbrechers wird von einer Angelegenheit der Betroffenen zu einer der Zentralgewalt. Insgesamt ist ein Auseinanderfallen traditioneller Gegebenheiten zu beobachten, einerseits eine Zunahme von geistiger Mobilität, von rationaler Differenzierung, was andererseits Verunsicherung bedeutet. Das Bedürfnis der Laien nach Sinnvermittlung in ihrer eigenen Sprache scheint zu wachsen, so daß die Heilsgeschichte das beherrschende Thema einer neuen Literatur ist, die von Geistlichen für die Bedürfnisse der adligen Laien geschaffen wird. Daneben beginnt das Fachschrifttum in deutscher Sprache.

2.1 Geistliche Unterweisung

Belehrung der Laien über die Erlösungstaten Jesu und die Konsequenzen für die Lebensführung gehören zur beständigen Aufgabe

der Priester. In althochdeutscher Zeit war die Übersetzung lateinischer Predigten („Monsee-Wiener Fragmente"; ▷ 1.10) vermutlich als Handreichung für den Prediger oder als Vorlesestoff für die klösterliche Tischlektüre bestimmt – zwei Verwendungsformen, die bei gleichen Texten prinzipiell möglich waren. Solche Predigten sind aus dem 11. und 12. Jahrhundert häufiger tradiert: die (unvollständig überlieferten) „Wessobrunner Predigten", eine theologisch anspruchsvolle Sammlung, wohl noch vor 1050 entstanden, und für ein Nonnenkloster bestimmt (geistliche Frauen bleiben für lange Zeit die wichtigsten Adressaten volkssprachlicher Predigtliteratur); die „Wiener Bruchstücke" (Mitte des 12. Jahrhunderts) sind zum Teil in lateinisch-deutscher Mischprosa abgefaßt, was eine Zweckbestimmung als Mustersammlung für die Hand des Predigers nahelegt; die „Klosterneuburger Predigtentwürfe" stellen vermutlich Predigtkonzepte, eventuell für den eigenen Gebrauch, dar. Im 12. Jahrhundert entstehen weitere Sammlungen, die wir teils in Fragmenten, teils in späteren Überlieferungen greifen können. So ergibt sich das Bild einer regen Produktion volkssprachlicher Predigtsammlungen, die vielfältig untereinander verflochten sind. Die gängigste Predigtform besteht in der Erzählung des liturgisch vorgegebenen Evangelientextes beziehungsweise der Legende des Tagesheiligen mit oft allegorischen Interpretationen auf die Heilswahrheiten und daran angeschlossenen Ermahnungen. Für die Auslegungen werden lateinische Schriftkommentare und Predigten von der Zeit der Kirchenväter bis zu den bedeutenden Autoren der mittelalterlichen Gegenwart benutzt. Die Predigt des 11. und 12. Jahrhunderts formuliert einfachere theologische Aussagen schon ganz selbstverständlich in deutscher Sprache. Bis zu einer eigenen volkssprachlichen Theologie ist allerdings noch ein weiter Weg (▷ 6.16).
Die belehrenden Texte in gereimter Form, oft als „Reimpredigten" bezeichnet, treten aus der Bindung der gottesdienstlichen Unterweisung heraus, sie stehen in Konkurrenz zur weltlichen, noch vorwiegend mündlichen Dichtung und entsprechen einem Bedürfnis von Autor und Publikum, die christlichen Werte in der Form der Katechese, der Christenlehre, repräsentativ zu artikulieren. In

dem Gedicht „Vom Rechte" (um 1150) bezieht sich der Autor (vermutlich ein Mönch eines Reformordens) auf das Recht als Prinzip der Schöpfung, das die Lebensordnung, hier konkret der Dorfgemeinschaft, bestimmen soll. Die dörfliche Lebenswelt, die vielfach auch für den Adel galt, kommt hier erstmals in der deutschen Literatur in das Blickfeld. Das damit verbundene Gedicht „Die Hochzeit" führt am Beispiel der Hochzeit zwischen dem Herrn im Gebirge und der Jungfrau aus dem Tal eine mehrfache allegorische Deutung durch: Gott wendet sich zur Seele, die Hochzeitsfeier ist das ewige Leben, und der Weg dorthin steht für das Streben nach dem Himmelreich. Diese Form der Auslegung ist aus der lateinischen Bibelinterpretation übernommen, schon Otfrid von Weißenburg (▷ 1.13) hatte das getan, hier aber wird erstmals in der Volkssprache ein für die Auslegung erfundener Vorgang (die Hochzeit) und nicht eine Bibelstelle Anlaß zur Heilslehre. Die farbige Vorstellung der Hochzeit nützt den erzählerischen Reiz für den Transport der folgenden Unterweisung. Die Allegorie mit weltlicher Lehre wird später bei Gottfried von Straßburg (▷ 4.24) und dann in der Minneallegorie des 13. und 14. Jahrhunderts (▷ 6.7) ein gelehrtes Darstellungsmittel.

2.2 Geistliche Weltkunde – „Physiologus"

Die Schöpfung Gottes selbst, die Natur, ist dem Gläubigen Möglichkeit der geistlichen Erkenntnis: im „Buch der Natur" haben, wie der sogenannte „Physiologus" (= Naturforscher, Naturphilosoph) lehrt, vor allem die Tiere eine spirituelle Bedeutung. Das Werk, zuerst in griechischer Sprache Ende des 2. Jahrhunderts in Alexandria entstanden, drang bald in die Sprachen der Alten Welt (Äthiopisch, Syrisch, Koptisch, Arabisch, Armenisch) ein und wurde mehrfach, erstmals im 4. Jahrhundert, ins Lateinische übertragen. Eine dieser Fassungen wurde die Grundlage für zwei deutsche Prosaübersetzungen: eine ältere, unvollständige aus dem späten 11. Jahrhundert mit der Erklärung von 12 Tieren, eine jüngere, um 1120 angefertigt, mit 30 Tieren, die auch in Versen bearbeitet wurde

(„Millstätter Physiologus"). Die Tiere, einheimische und fremde, reale und fabulöse (Einhorn, Sirene, Phönix) werden durch kennzeichnende Eigenschaften beschrieben, die dann eine heilsgeschichtliche oder moralische Deutung erfahren – zum Beispiel das Einhorn, das sich nur im Schoß einer Jungfrau fangen läßt, bezeichnet Christus, der nicht wahrgenommen oder gesehen werden konnte, ehe er nicht aus der Jungfrau Mensch geworden war. Die Rezeption der „geistlichen Zoologie" erfolgte weniger aus der deutschen, mehr aus der lateinischen Tradition und äußerte sich vor allem in der bildenden Kunst: in Buchillustrationen, auf Glasfenstern, in der Architekturplastik, auf Teppichen. In der Predigt und der belehrenden Literatur kommen Tiermotive aus dem „Physiologus" als bekannte Chiffren vor. Entsprechende Vorstellungen (der nährende Pelikan, der Phönix aus der Asche, die Sirenenklänge) sind bis heute sprichwörtlich geblieben. Neben der geistlichen Weltkunde entstehen im 11. und 12. Jahrhundert auch die ersten Zeugnisse eines volkssprachlichen Fachschrifttums auf dem Gebiet der Heilkunde: das „Innsbrucker Arzeneibuch", das „Innsbrucker (Prüler) Kräuterbuch" und das „Prüler Steinbuch", das die therapeutisch-magischen Kräfte von zwölf Steinen beschreibt. Die Texte sind von Klerikerärzten für die Bedürfnisse der Therapie an der Klosterpforte verfaßt und werden im 13. Jahrhundert von anspruchsvolleren Rezeptaren verdrängt (▷ 5.25).

2.3 „Hohe-Lied"-Kommentare

Das „Hohe Lied" („Canticum Canticorum") ist nach den Psalmen der am häufigsten kommentierte Bibeltext des Mittelalters: die alttestamentlichen Lieder von der Liebe zwischen Braut und Bräutigam werden in unterschiedlicher Weise auf die geistliche Beziehung zwischen Gott und der Menschheit, ja der einzelnen Seele ausgelegt. Umgekehrt stehen Sprache und Bildwelt des „Hohen Liedes" in weltlichem Kontext für die Überhöhung der Geschlechterliebe zum innerweltlichen Heilsgeschehen in Analogie zum spirituellen Heil. Um 1065 verfaßt der in Fulda (▷ 1.4) ausge-

bildete Abt Williram von Ebersberg (Oberbayern) eine großangelegte Darstellung des „Hohen Liedes", die eine lateinische Nachdichtung des Textes mit Kommentar in gereimten Hexametern und eine deutsche, Bibeltext übersetzende und kommentierende Prosa, umfaßt. Beide Teile sind aufeinander bezogen und sollen die Spannweite des heiligen Wortes zeigen, die in der Laiensprache Deutsch wie in der Gelehrten- und Dichtersprache Latein entfaltet wird. Der deutsche Text ist also nicht Verständnishilfe für den Ungelehrten, sondern eine rhetorische Erweiterung („amplificatio") für den Kleriker. Entsprechend wurde der Text auch breit rezipiert (über 20 Handschriften) und bis ins 15. Jahrhundert abgeschrieben. Die Widmung an Kaiser Heinrich IV. zeigt nicht den geplanten Wirkungskreis an, sondern zielt auf Förderung und Beförderung des Verfassers. Die Sprache des deutschen Textes enthält, wie die Notkers des Deutschen (▷ 1.14; fraglich, ob Williram ihn gekannt hat), lateinische Ausdrücke. In der Wiedergabe des hymnischen Tonfalls des Ausgangstextes erreicht sie eine Ausdruckskraft, die den besten Leistungen der althochdeutschen Zeit gleichkommt. Nicht der gelehrten Theologie und Frömmigkeit, sondern einem stärker persönlichen religiösen Erleben ist die ein Jahrhundert jüngere „Hohe-Lied"-Erklärung gewidmet, die nach dem Bibliotheksort der wichtigsten Handschrift „Sankt Trudperter Hohes Lied" heißt und für ein benediktinisches Nonnenkloster bestimmt war. Der Autor benutzt die Übersetzung Willirams, bringt aber in die Auslegung die neue Frömmigkeit des 12. Jahrhunderts, wie sie sich vor allem bei Bernhard von Clairvaux äußert, ein: die Gegenwart Gottes in der Seele, die das intellektuelle Denken übersteigt und in suggestiver Sprache verkündigt wird. Die Braut des „Hohen Liedes" ist hier nicht mehr nur die Christenheit, sondern die Gottesmutter Maria und dann jede reine Seele, wie vor allem die Braut Gottes, die Klosterfrau, es ist. Auf ihre innere Erfahrung des Heilswirkens Gottes, die Freude, die seine Liebe bringt, das Leid des Ungenügens und der Einsamkeit in der Welt richtet sich die Auslegung. Die Liebessprache des Bibeltextes gibt dem Deutschen eine gefühlhafte Intensität, die die weltliche Dichtung erst deutlich später gewinnt. Die Religiosität der

37

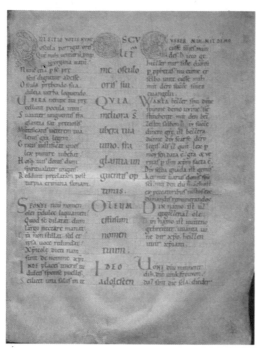

Anfang der Paraphrase des „Hohen Liedes" von Williram von Ebersberg; in der Mitte der Bibeltext, links die lateinischen Verse, rechts die deutsche Übersetzung und Auslegung (um 1065; München, Bayerische Staatsbibliothek)

geistlichen Frauen wird eine der wichtigsten Triebfedern für die Entwicklung einer deutschen geistlichen Literatur von Rang bleiben (▷ 5.21).

2.4 Altes Testament – deutsch

Das Alte Testament als Beginn der christlichen Heilsgeschichte ist schon in der zweiten Hälfte des 11. Jahrhunderts Gegenstand poetischer Nacherzählung geworden – beginnend mit der Schöpfungsgeschichte, fortgesetzt mit dem Auszug Israels aus Ägypten und, als christliche Interpretation der Schöpfung, zwischen beide eingeschoben, der „Physiologus" (▷ 2.2). Dieses Programm bietet der Wiener Codex 2721 (Anfang des 12. Jahrhunderts), die älteste der frühmittelhochdeutschen Sammelhandschriften. Ergänzt wird es durch Endzeitvisionen in der jüngeren „Mill-

stätter Handschrift" (heute in Klagenfurt) und um weitere alttestamentliche und theologische Texte erweitert zu einer heilsgeschichtlichen Gesamtkonzeption in der „Vorauer Handschrift" aus dem Ende des 12. Jahrhunderts. Die „Altdeutsche Genesis" benutzt als Textgrundlage das 1. Buch Mose, stellt aber durch die Einfügung der Geschichte vom Engelsturz (nach einer lateinischen Bibeldichtung), den Ausblick auf die Erlösungstat Christi und das Auftreten des Antichrist schon die große heilsgeschichtliche Perspektive her. Die erzählten Ereignisse werden in das gesellschaftliche Umfeld der Zuhörer gestellt, die alttestamentlichen Patriarchen erscheinen wie hochmittelalterliche Adlige. Die „Genesis" bot eine gute Voraussetzung für diesen Anpassungsvorgang, da die Geschichten von jüdischen Kriegern und Königen sich leichter auf die sozialen Verhältnisse projizieren ließen als die von Jesus und seinen Jüngern. So tritt neben dem erbaulichen auch der erzählerische Aspekt stark hervor: die Josephs-Geschichte erfährt hier ihre erste Darstellung in deutscher Sprache. Ähnliches gilt für die zusammen mit der „Genesis" überlieferte „Altdeutsche Exodus" aus der Zeit um 1120: hier werden die vielen Gesetzesvorschriften des biblischen Buchs einfach ausgelassen und die Kämpfe zwischen dem jüdischen und ägyptischen Heer zeitgenössisch stilisiert. An eine Beziehung zum Kreuzzugsgedanken ist allerdings zu diesem Zeitpunkt (vor dem zweiten Kreuzzug, der erste noch ohne deutsche Beteiligung) kaum zu denken. Angesprochen wird allerdings ein adliges Laienpublikum, „mine herren", sagt der Autor, vielleicht meint er die adligen Konversen (Laienbrüder), die sich im 12. Jahrhundert vermehrt dem mönchischen Leben zuwandten. In der „Vorauer Handschrift" erscheinen „Genesis" und „Exodus" in neuer Übersetzung (nur die Josephs-Geschichte ist übernommen), ergänzt bereits im Hinblick auf die neutestamentliche „Erfüllung" der erzählten Ereignisse durch Teile der anderen Bücher Mose. Die „Vorauer Bücher Mosis" (um 1130/40) werden ergänzt durch die Erzählung über den Propheten Balaam (nach dem Buch Numeri [= 4. Buch Mose] 22–24, mit allegorischer Ausdeutung der Stiftshütte) und das „Marienlob", das sich an die auf Maria bezogene Prophezeiung des Jesaja anschließt und so den vorausdeutenden Charakter des Alten Testaments ausdrücklich bestätigt. Die Erzählung von Judith und ihrer Tötung des Holofernes galt dem Mittelalter als vorbildliche Darstellung des Glaubenseifers und des bedingungslosen Einsatzes gegen das Böse. In der „Vorauer Handschrift" stehen gleich zwei Judith-Gedichte. Die „Ältere Judith" (nach 1100) ist eine christliche Heldenballade in unregelmäßigen Strophen und sprunghaftem Erzählstil, der unverkennbar Anregungen aus der mündlichen Literatur aufgreift. Die „Jüngere Judith" (nach 1150) erzählt dagegen in 1 820 Kurzversen die biblische Quelle recht getreu nach. Von einer zusammenfassenden gereimten Bibelparaphrase, die Schöpfung, Leben Jesu, Taten der Apostel enthielt und sie um Legendarisches (Martyrium der Jünger, Geschichte des hl. Kreuzes) ergänzte, sind nur Bruchstücke erhalten: die „Mittelfränkische Reimbibel" ist ein Zeugnis dafür, daß nach 1100 eine umfassende christliche Weltgeschichte abgefaßt wurde, die über die Bibel hinausgeht und damit auf die Einbeziehung weltlicher Geschichte, wie sie eine Generation später in der „Kaiserchronik" (▷ 3.3) erfolgt, vorausweist.

2.5 Frau Ava

Die erste namentlich bezeugte Autorin der deutschen Literaturgeschichte hat einen Zyklus von vier heilsgeschichtlichen Dichtungen verfaßt, die in 3 388 Reimpaarversen den Zeitraum von der Geburt des Täufers Johannes bis zum Ende der Zeiten umgreifen: „Johannes", „Leben Jesu", „Antichrist" und „Jüngstes Gericht". Avas Werk ist in zwei Handschriften überliefert. In der älteren, der „Vorauer Handschrift" (▷ 2.4), fehlt der „Johannes", dafür steht dort aber am Schluß die Selbstnennung der Autorin mit Bitte um Gebetsgedenken für sie und ihre beiden Söhne, deren einer bereits tot sei. Frau Ava wird mit einer Einsiedlerin (Incluse) Ava identifiziert, deren Tod 1127 in den „Melker Annalen" genannt wird. Mit ihrem Eremitendasein kann ihr Werk in Verbindung gebracht werden: Einsiedler galten als Gott besonders nahe Menschen, sie wurden von der Bevölkerung geehrt und um Lehre und Rat gebeten.

Seite aus der „Millstätter Genesis". Adam gibt den Tieren den Namen (1180–1200; Klagenfurt, Landesarchiv)

Eine solche Christenlehre aus Laienmund stellt das Werk Avas dar, man könnte es auch als gereimte Laienpredigt bezeichnen. Ava orientiert sich an der Abfolge der Evangelienlesungen (Perikopen) der Weihnachts- und Osterzeit und wählt somit aus der Heiligen Schrift die Textstellen aus, die in den sonntäglichen Meßfeiern den Laien in der Predigt vorgetragen und ausgelegt wurden. Sie erzählt mit deutlichem Interesse an den Geschehnissen und ihrer Heilsbedeutung, eigentliche Auslegung kommt nur selten vor. Besondere Aufmerksamkeit widmet sie den Frauengestalten: Maria bei der Verkündigung und den Büßerinnen. Ob bei der (nicht-biblischen) Erwähnung von Ochs und Esel an der Krippe Brauchtümliches oder bei der Darstellung der Osterereignisse geistliche Spieltradition dahintersteht, ist umstritten. Frau Ava, die wohl adliger Herkunft war, bezeugt mit ihrem Werk die den adligen Männern überlegene kulturelle und geistliche Bildung der Frau im hohen Mittelalter.

2.6 „Ezzolied"

Am Beginn der frühmittelhochdeutschen Dichtung steht mit dem „Ezzolied" ein großer heilsgeschichtlicher Hymnus, dessen Bedeutung bereits von den Zeitgenossen empfunden wurde. Der späteren Bearbeitung in

er gûte biscoph gunter.
uone babenberch.der hiez
machen ein uil gût werhc-
er hiez die sîne phaphen ein
gût lieht machen.eines liedes si begun-
den want si du bûch chunden.ez zo
begunde scriben.wille want die wîse-
dv er die wîse dŷ gewan dŷ ihten si sibe
alle munechen uon ewen zû den ewen
got gnade ir aller sêle; Ich wil iw
eben allen.eine uil ware rede uor tûn,
uon dê minem sînne,uon dem rehten
anegenge.uon dem genaden also ma-
nech ualt du uns uth den bûchen sint ge-
zalt.uoller genesi unt uz libro regum
der werlt al ze genaden;

Beginn der Einleitungsstrophe des „Ezzoliedes" (Handschrift vom Ende des 12.Jh.; Vorau, Stiftsbibliothek)

der „Vorauer Handschrift" (▷ 2.4) ist eine Einleitungsstrophe vorangestellt, in der die Entstehung des Liedes berichtet wird: Bischof Gunther von Bamberg (ein Freund der deutschen Heldendichtung, wie wir von seinem Domscholaster erfahren; ▷ 5.16) ließ aus Anlaß der Annahme der Augustinusregel durch die Bambergischen Domgeistlichen (um 1160) ein Lied machen. Ezzo verfaßte den Text, Wille die Melodie (die nicht erhalten ist). Eine andere Nachricht besagt, das Lied sei auf einer Pilgerfahrt ins Heilige Land (1064/65) entstanden. Sicher ist jedenfalls die Entstehung im für deutsche Traditionen aufgeschlossenen Bamberger Gelehrtenkreis nach der Jahrhundertmitte. Unklar ist die Zweckbestimmung. Die erste Strophe der älteren, unvollständig aufgezeichneten Fassung (nur sieben Strophen) spricht als Publikum die „adligen Herren" an. Gemeint ist wohl die Hofgesellschaft des Bischofs, geistliche und weltliche Herren, die das repräsentative Unternehmen, in deutscher Sprache von den Heilstaten Christi („de miraculis Christi") zu singen, aus ihrer Verwurzelung in der mündlichen Adelskultur zu würdigen wußten. Die Rekonstruktion des „Ur-Ezzo" aus den 34 Strophen der Vorauer Bearbeitung hat zwar zu keinem allgemein akzeptierten Ergebnis geführt, der Ablauf des Werkes, die Nennung

der heilsgeschichtlichen Taten Gottes von der Schöpfung bis zur Auferstehung, ist jedoch unstrittig. Das Lied mündet in einen Kreuzhymnus. Geschehnisse werden nicht erzählt, sondern preisend aufgerufen in klangvollen Sprachformeln (mit lateinischen Grundwörtern), intensiviert durch klanglichen und stilistischen Schmuck (Stabreim, Wiederholungen) aus der heimischen Tradition. Rang und Eigenart des „Ezzoliedes" werden deutlich im Blick auf andere heilsgeschichtliche Dichtungen wie die Anfang des 12.Jahrhunderts entstandene „Summa theologica": eine systematische Glaubenslehre, ebenfalls für adlige Laien, aber ohne den archaisch-dekorativen Glanz des Ezzo-Hymnus.

2.7 Die letzten Dinge

Tod, Gericht, Himmel und Hölle sind in der alt- und frühmittelhochdeutschen Literatur ein ebenso wichtiges Thema wie in der bildenden Kunst der Romanik: das Weltgericht wird als Warnung und Verheißung für den Gläubigen meist im Tympanon des Westportals abgebildet. Der Prosatext „Himmel und Hölle" (um 1170/80) stellt beide Jenseitsorte auch sprachlich-stilistisch gegeneinander: die Himmelsburg aus Gold und Edelsteinen bedeutet allegorisch die Herrschaft der Liebe und der Tugenden der Heiligen, die Hölle erscheint in reihender Aufzählung von Pech, Schwefel, Dunst und Finsternis als Ort umgeformter Scheußlichkeiten. Der Himmel wird in anderen Gedichten („Himmlisches Jerusalem", um 1140; „Himmelreich", um 1180) ebenfalls allegorisch gedeutet. Auch die Visionsliteratur beschäftigt sich mit Himmel und Hölle („Visio Sancti Pauli") ebenso wie die frühmittelhochdeutsche Predigt. Die Beschäftigung mit dem Transzendenten bildet ein Gegengewicht zur aufkommenden weltlichen Literatur in der Volkssprache mit ihrer Ausrichtung auf diesseitig-höfische Werte.

2.8 Mahnung zur Buße

Buße, Umkehr aus dem Leben in Sünde zur Orientierung an den christlichen Werten, ist eine zentrale Kategorie des Christentums, die

Weltgerichtsdarstellung
im Tympanon des
Südportals von
Saint-Pierre (um 1120)
in Moissac (Südfrankreich)

Bußpredigt eine der wichtigsten Aufgaben des Seelsorgers. Deutschsprachige Mahnungen zur Buße wird es seit Beginn der Mission gegeben haben, verschriftlicht wurden sie zuerst im Rahmen der Liturgie. Zum Ritus der Osternacht (beziehungsweise des Gründonnerstags oder Palmsonntags) gehört das Sündenbekenntnis, die Absage an den Teufel und das Bekenntnis des Glaubens. Entsprechende Texte („Altdeutsche Beichten") sind schon früh in der Volkssprache formuliert worden und werden, oft im Zusammenhang mit der Predigt, weiter tradiert und neu gefaßt. Eine persönliche Auseinandersetzung mit dem Phänomen der Buße tritt zuerst in der lateinischen Dichtung auf: vom 9. bis zum 12. Jahrhundert entstehen poetische Sündenbekenntnisse, die die Klage über Verfehlungen sowie die Äußerung von Heilsbedürftigkeit als allgemeinmenschliche und individuelle Situation thematisieren. In Anlehnung an diesen gelehrten Typus entstehen seit 1050/60 auch deutsche Texte: der „Rheinhauer Paulus", die Sündenklage im Mund einer historischen Person, und, persönlicher, die „Millstätter Sündenklage" (1130/40). Sie beginnt mit der Erweckung der Reue aus Furcht vor Gericht und Verdammnis, die ausgemalt werden, dann folgt das Sündenbekenntnis, in dem die einzelnen Körperteile wegen ihres Fehlver-

haltens angeklagt werden (die Füße zögern auf dem Weg zum Guten, aber eilen die Treppe hinauf zur Dirne), am Schluß steht die Bitte um Vergebung, indem Gottes Barmherzigkeit beschworen wird. Die vergleichbare „Vorauer Klage" aus der Mitte des 12. Jahrhunderts ist ein Zeugnis der in dieser Zeit aufblühenden Marienfrömmigkeit: Maria ist die Mittlerin bei Gott, an die sich der Sünder vertrauensvoll wenden kann. Älter (Ende des 11. Jahrhunderts) und allgemeiner ist das „Memento mori", eine Mahnung zur Buße in 142 Reimpaaren: die Vergänglichkeit der Welt, ihre Ungerechtigkeit verweisen den Menschen auf das jenseitige Heil. Die Klage über die irdische Rechtsungleichheit ist verschieden gedeutet worden: als radikale Weltflucht oder auch als Aufruf an die Reichen und Mächtigen zu einer besseren, sozial verantwortlichen Lebensführung. Vielleicht besteht ein Zusammenhang mit der Gottesfriedensbewegung (in Deutschland seit 1085: Bamberg, Mainz; ▷ 2.1), in der die Kirche versucht, dem Verfall des Fehderechts zur bloßen Willkür Einhalt zu gebieten und neben den weltlichen Unrechtsfolgen auch geistliche und kirchenrechtliche Strafen durchzusetzen. In diesem Sinn ließe sich das „Memento mori" als Begründung für den Gottesfrieden aus der Conditio humana, der

41

menschlichen Grundsituation, verstehen: die Gleichheit aller vor dem Tode und dem Gericht Gottes ist Mahnung an die Mächtigen, die Rechtsgleichheit auf Erden nicht zu verletzen, sondern herzustellen. Als Autor nennt sich ein Noker, das könnte der Abt Notker des 1089 gegründeten Reformklosters Zwiefalten sein, da die Reformbewegung (▷ 2, Einführung) den Gottesfrieden besonders propagierte. Der Aufruf zur Buße, primär eine Aufforderung zum Bedenken des persönlichen Heils, bleibt also nicht ohne soziale Konsequenzen.

2.9 Mariendichtung

Im Zuge einer persönlicher werdenden Frömmigkeitshaltung gewinnt die Gestalt der Jungfrau und Gottesmutter Maria an Bedeutung im religiösen Leben. Ihre wichtige Rolle in der Heilsgeschichte war schon in der Zeit der Kirchenväter fixiert, in der Evangeliendichtung, zum Beispiel bei Otfrid von Weißenburg (▷ 1.13), trat sie entsprechend hervor. Die „Hohe-Lied-Auslegung" (▷ 2.3) interpretiert die Braut als Maria. Die besondere Aufmerksamkeit, die Frau Ava (▷ 2.5) ihr widmet, ist Zeichen einer besonderen weiblichen Frömmigkeit. Zu Beginn des 12. Jahrhunderts entstehen erstmals in deutscher Sprache selbständige Mariendichtungen in Anlehnung an die lateinischen Hymnen und Sequenzen. Das „Melker Marienlied" (um 1120 oder 1150) umfaßt 14 Strophen, in denen Maria mit den biblischen Vorausdeutungen

und Bildern benannt wird: das Lied konzentriert sich noch ganz auf Marias Mitwirkung bei der Heilsgeschichte, stellt sie weder als Vorbild der Tugenden noch als Fürbitterin dar, ein persönlich-affektiver Ton fehlt weitgehend. Anscheinend gehört das Lied in den Umkreis der Liturgie von Mariä Verkündigung (25. März), der Vortrag erfolgte wohl durch einen Vorsänger, die Gemeinde fiel mit dem Refrain „Sancta Maria" ein. In der „Mariensequenz" aus Seckau (nach der Jahrhundertmitte), wohl für den gleichen liturgischen Anlaß bestimmt, ist das lateinische Vorbild, die Sequenz „Ave praeclara maris stella", die auch die Melodie vorgibt, formal deutlich. Obwohl nur 38 Verse erhalten sind, zeichnet sich eine stärkere Vermenschlichung des Marienbildes ab. Deutlicher tritt diese Tendenz in der „Mariensequenz" aus dem Kloster Muri (um 1180), die dem gleichen lateinischen Vorbild folgt und vielleicht für das Fest Mariä Lichtmeß (2. Februar) bestimmt war: das Sprechen in biblischen Bildern tritt gegenüber einer stärker szenischen Darstellung zurück, die Bitte um Mittlerschaft bei Christus, abgeleitet aus der Mutter-Kind-Beziehung, wird zentrales Thema. Im „Arnsteiner Mariengebet" (Mitte des 12. Jahrhunderts) spricht eine Frau: der Mittelteil des sonst heilsgeschichtlich-liturgisch bestimmten Hymnus besteht aus einem Gebet um Marias Hilfe für die Autorin (Ichform), für die weiblichen Stände und für die Verwandten. Innerhalb eines „offiziellen" Rahmens äußert sich hier die Dimension persönlicher Frömmigkeit, die in der Folgezeit in der Mariendichtung wirksam wird.

Kapitel 3
Vor- und frühhöfische Literatur
(1050–1170)

Einführung

Die im traditionellen Bildungsmonopol der Kirche aufgehobene schriftlich-gelehrte Kultur einerseits und die alte mündliche Literaturtradition des Adels andererseits beginnen einander zu durchdringen. Eine weltliche schriftliche Literatur in deutscher Sprache entsteht. Während Auftraggeber und Publikum schon vielfach dem Laienadel angehörten, entstammen die Autoren dem Bildungsraum der Kirche und bringen ihre literarischen Techniken in die Bearbeitung ein. Musterbeispiel ist der Pfaffe Konrad, der das altfranzösische „Rolandslied" (▷ 3.5) zunächst in das ihm vertraute Latein und dann für seinen Mäzen, Herzog Heinrich den Löwen, und seinen Hof in Regensburg ins Deutsche übertrug. Lockerer ist die Verbindung zur klerikalen Welt bei den Autoren der sogenannten „Spielmannsepik" (▷ 3.7): hier werden bisher nicht verschriftlichte Themen mit allerlei gelehrt-literarischen Traditionen vermischt, buchepisch gestaltet. Mit dem mittelmeerischen und orientalischen Raum dieser Werke wird neue Welterfahrung einbezogen. Die Bindung an die heils- beziehungsweise reichsgeschichtlichen Abläufe wird zunehmend gelockert. Die Zentrierung auf den „interessanten" Helden, der nicht mehr nur Gottes Handeln in der Geschichte realisiert und auch nicht als moralisches Exempel fungiert, wird größer: er wird zum Kristallisationspunkt von Erzählung. Die Bindung an Typus und Exempel wird nicht aufgegeben; Weltliches aber strömt in immer größerem Maß ein. Die geistliche beziehungsweise historische Sinngebung wirkt, wie im „Alexanderlied" (▷ 3.4) oder im „König Rother" (▷ 3.9), eher als Klammer, denn als Grundlage der Darstellung: der Vorstoß in literarisch-erzählerische Freiräume wird durch den Rückgriff auf heilsgeschichtliche und politische Konzeptionen mehr oder minder stark abgesichert. Die „Spielmannsepik" bildet das wichtige Bindeglied zwischen der Geschichtsepik und dem höfischen Roman, in dem dann eine eigenständige laikale Sinngebung mit weitgehend fiktionalen erzählerischen Mitteln unternommen wird.

3.1 Geschichte und Legende

Schon die Bibeldichtung des 11. Jahrhunderts war prinzipiell offen für die Einbeziehung von Legendarischem: die heilsgeschichtliche Wahrheit äußerte sich nicht nur in der Bibel, sondern auch in frühchristlichen Berichten, die von der Kirche nicht authentisiert waren (Apokryphen), sowie in den Erzählungen vom Leben und den Wundern der Heiligen. Nicht die Wahrheit des Faktischen war entscheidend, sondern die Wahrheit der Botschaft, der christlichen Heilslehre, die in den verschiedensten Berichten anschaubar wurde. Prinzipiell gilt das auch für die Einstellung zur weltlichen Geschichte, die in die Heilsgeschichte einbezogen ist. Es gibt verschiedene Modelle, die weltlichen Ereignisse zu integrieren. So die Sechs-Weltalter-Lehre in Analogie zu den sechs Schöpfungstagen oder die Vier-Weltreiche-Lehre nach dem Traum des Propheten Daniel (Daniel 7): die Gegenwart seit Christi Geburt beziehungsweise seit Gründung des Römischen Reiches wird als die jeweils letzte Epoche vor dem

Weltende verstanden. Das Ineinander von Geschichte als Walten Gottes und Wirken des Bösen hat Augustinus mit der Lehre vom Gottesstaat (Civitas Dei) und Teufelsstaat (Civitas diaboli) zu fassen gesucht, wobei die aktuelle irdische Wirklichkeit einen „gemischten Staat" (Civitas permixta) bildet, in dem Heils- und Weltgeschichte nicht eindeutig zu scheiden sind. Im 11. Jahrhundert wird weltliche Geschichte in Aneignung der lateinischen Geschichtsschreibung zu einem der großen Themen der volkssprachlichen Literatur, daneben und mit ihr vermischt steht die Legende als erzählerische Entfaltung der Problematik von Heiligkeit und Leben in der Welt. Die Legende als „christlicher Roman" hat eine alte Tradition: in der Spätantike nimmt sie Erzählmotive aus dem hellenistischen Roman (Apolloniusroman) auf und gibt sie an das Mittelalter weiter. Aus beidem, der historischen und der legendarischen Epik, wird sich dann im letzten Viertel des Jahrhunderts die neue Gattung des höfischen Romans speisen, die ihrerseits wieder auf die älteren Typen einwirkt.

3.2 „Annolied"

Geschichtsschreibung und Legende sind in dem um 1080 (andere Datierung: nach 1105) entstandenen „Annolied", das in 828 Versen das Leben und Wirken des Erzbischofs Anno II. von Köln (Amtszeit 1056–1075) zum Gegenstand hat, verschmolzen. Der erste Teil stellt den Verlauf der Heilsgeschichte nach dem Weltalter-Schema (▷ 3.1) dar. Der zweite Teil, der Weltreiche-Gliederung folgend, ist stärker weltlich orientiert: beide führen zur Stadt Köln und zu Anno II., der von Kaiser Heinrich III. gegen den Willen der Kölner zum Erzbischof ernannt worden war. Seine Taten – vorübergehende alleinige Reichsregierung, die Auseinandersetzung mit den Kölnern, seine Versuche, sich in den reichspolitischen Wirren durchzusetzen – münden in die Vision des offenstehenden Himmels, seinen Tod und in das Wunder am Grab. Damit kann er zum Heilsvorbild für die Menschen werden, die ihn anrufen und ihm zum Paradiese nachfolgen. Der Dichter zieht die große heilsgeschichtliche Linie durch – von

der Weltschöpfung bis zur Endzeit. Die Integration von Heils- und Weltgeschichte ist jedoch nicht mehr möglich; weder in der Darstellung noch in der Person Annos, der sich als christlicher Idealherrscher nicht durchzusetzen vermag, sondern scheitert. Sein Streben nach Vollkommenheit findet zwar den individuellen Lohn, führt aber die Welt nicht zum Frieden. Sprachlich greift das Lied in der knappen, wuchtigen Formelbildung, in den Alliterationen, in der Abgeschlossenheit der 49 Strophen heldenepische mündliche Traditionen auf. Die Komposition mit ihrer zahlensymbolischen Gliederung ist Zeugnis der klerikalen Bildung des Verfassers. Die Anlehnung an die weltliche Heldendichtung ist Anpassung an die Zielgruppe der adligen „Lantherrin" (Strophe 39). Die Intention des „Annoliedes" geht über das Legendarische, über das Leben und den Tod Annos als individuelles Heilszeichen, hinaus. Das Lied wurde mutmaßlich unter dem Kölner Erzbischof Sigewin (Amtszeit 1078–1089) abgefaßt. 1083 verkündete Sigewin einen Gottesfrieden. Für diese politische Absicht sollte das „Annolied" als Auftragswerk, vermutlich von einem Mönch aus dem Kloster Siegburg (Gründung und Grablege Annos) verfaßt, wohl bei den Kölner Patriziern werben und ein gemeinsames Selbstverständnis unter Stadt und Bistum unter der Führung des Erzbischofs fördern. Das „Annolied" gehört zu den früh wiederentdeckten Zeugnissen mittelalterlicher Dichtung: es wurde 1639 von Martin Opitz nach der einzigen, heute verschollenen Handschrift herausgegeben. – Abb. S. 46.

3.3 „Kaiserchronik"

Die wirkungsmächtigste Geschichtsdichtung des hohen Mittelalters ist die vermutlich am Welfenhof in Regensburg um und nach 1140 entstandene „Kaiserchronik": sie war im 12. und 13. Jahrhundert weit verbreitet, wurde in andere Chroniken aufgenommen und im 14. Jahrhundert noch in Prosa übertragen. Gegenstand ist die in 17 283 Versen dargestellte Geschichte des Römischen Reiches von der Gründung Roms bis zum Jahre 1147. Der Text endet unvermittelt, er bricht mitten im Satz ab. Die wichtigsten historischen Situationen sind die Herrschaft Cäsars mit der Eingliederung der deutschen Stämme, die Einführung des Christentums unter Konstantin I., dem Großen, und das Kaisertum Karls des Großen. Im Zusammenwirken mit Papst Leo III., der als Karls leiblicher Bruder angesehen wird, erreicht die Vorstellung eines christlichen Reichs auf Erden ihren Höhepunkt: das Reich ist somit die Verwirklichung von Gottes Willen, in dieser überpersonalen Wahrheit sind auch die schlechten Kaiser, römische wie christliche, aufgehoben. Im Sinn dieser Wahrheit wird Legendarisches in breitem Umfang eingeschmolzen: die Petrus-Legende zeigt die Überlegenheit des christlichen Glaubens in Konfrontation mit dem Zauberer Simon (Simon Magus), die Crescentia-Legende (1 500 Verse) die Kraft der verfolgten Frau aus ihrem Glauben (ein Motiv, das später in der Genoveva-Legende gestaltet wird). Die legendarischen Partien (unter anderem Veronika, Faustinian, Silvester) gehen auf zum Teil bereits vorgeformtes Material zurück und kommen auch als eigene Bearbeitungen vor. Der oder die Verfasser (man rechnet mit mindestens zwei Autoren) haben unterschiedliches Material in einen großen Erzählzusammenhang integriert, vornehmlich aus dem Bereich der Legendenliteratur, wenig aus der Chronistik. Die Quellen sind oft frei behandelt; wenn sich hier schon Romanhaftes ankündigt, so versteht das Werk sich selbst doch als Geschichtsdichtung im Sinn der Propagierung des römisch-deutschen Kaisertums als diesseitiger Ordnungsmacht. Zielgruppe ist vermutlich der Laienadel gewesen, der auf das Reich verpflichtet werden sollte.

Alexander läßt sich von Greifen in die Lüfte tragen. Darstellung am Chorportal des Freiburger Münsters (um 1200)

3.4 „Alexanderlied"

Das erste Werk der deutschen Literatur, das eine volkssprachliche romanische Vorlage benutzt, ist das „Alexanderlied" des Pfaffen Lamprecht (1 533 Verse). Er verwendet die um 1120 entstandene Alexanderdichtung des Alberic von Pisançon (Albéric de Besançon), den ältesten volkssprachlichen Alexanderroman und zugleich das erste Werk mit antikem Stoff. Erstmals wurde hier ein antiker Held,

ein Heide, zur Hauptgestalt einer Erzählung. Die Alexandertradition war, im Orient wie im Abendland, lang und bedeutend. Die Grundlage des mittelalterlichen Alexanderbildes formten die verschiedenen lateinischen Versionen vom 4. bis 10. Jahrhundert. Die Bewertung des Helden ist doppelgesichtig: einerseits gilt er als idealer Herrscher im Krieg und in der Bildung, andererseits ist er Sinnbild der Hinfälligkeit menschlicher Existenz. Alberic übernimmt die positive Sicht Alexanders und Lamprecht folgt ihm darin zwar weitgehend, scheint aber mehr klerikale Distanz zu haben. Da Alexander in der Bibel erwähnt wird (1. Makkabäerbuch), ist er Teil der Heilsgeschichte, im Rahmen des Schemas der vier Weltreiche (▷ 3.1) steht er für die Ablösung der persischen Herrschaft durch die griechische, also am Beginn des dritten Weltreichs. Entsprechend endet das „Alexanderlied" auch mit dem Tod des persischen Großkönigs Darius. In diesem Sinne ist auch die Stellung des Liedes in der „Vorauer Handschrift" (▷ 2.4) zwischen den alttestamentlichen Bibeldichtungen (Judith) und dem „Leben Jesu" der Frau Ava (▷ 2.5) zu verstehen. Die (heils)geschichtliche Dichtung des Pfaffen Lamprecht wurde bald nach ihrem Abschluß (oder Abbruch?) zu einem exemplarischen Heldenroman umgeformt und deshalb zu einem vollständigen Alexanderleben ergänzt, das in zwei Bearbeitungen, dem „Straßburger Alexander" (7 302 Verse) aus der 2. Hälfte des 12. Jahrhunderts (um 1170) und dem „Basler Alexander" (in einer Handschrift des

45

15. Jahrhunderts) erhalten ist. Die Straßburger Version modernisiert die archaische Formkunst des Pfaffen Lamprecht, sie bringt viel neues Erzählmaterial und interpretiert Alexander als Exempel der Eitelkeit und Vergänglichkeit menschlicher Größe, was keine grundsätzliche Kritik am heroischen Herrscherideal bedeutet, wohl aber eine Relativierung. Dominierend bleibt der Eindruck der Faszinationskraft des antiken Helden. Der „Straßburger Alexander" ist ein wichtiges Bindeglied zwischen der vorhöfischen Reim- und Erzählkunst und dem höfischen Roman im letzten Viertel des Jahrhunderts.

Seite aus der Lebensbeschreibung des heiligen Anno, Gründer von fünf Kirchen und Klöstern (Siegburger Handschrift vom Anfang des 12. Jh.; Darmstadt, Hessische Landes- und Hochschulbibliothek)

3.5 „Rolandslied"

Um 1170 übertrug der Pfaffe Konrad in Regensburg am Hof Heinrichs des Löwen die französische „Chanson de Roland" (um 1100) in deutsche Verse. Die Vorlage ist der älteste und wichtigste Zeuge der „matière de France", des nationalfranzösischen Erzählstoffs um Karl den Großen und seine Nachfolger, der Chanson de geste. Das sich herausbildende französische Nationalbewußtsein bildet zusammen mit der Festigung der Königsherrschaft den Hintergrund des Werks, in dem der Kampf für den rechten Glauben und Kampf für Frankreich zusammenfallen: die Kriege Karls in Spanien, die Statthalterschaft Rolands, der Verrat und sein Tod, die Rache des Kaisers und das Gericht über den Verräter erscheinen in transzendentaler Perspektive, die Helden sind Lehnsleute Gottes, Märtyrer im Tode. Bei der Übertragung wurde die nationale Identifikation durch eine reichspolitische ersetzt: das Lied stellt das ideale Zusammenwirken von Kaiser und Fürsten dar, wobei die sakrale Würde des Kaisertums ebenso herausgestellt wird wie die entscheidende Rolle der Fürsten bei Beschlußfassung und Kriegführung. Der ausführliche Epilog des Werkes stellt den Auftraggeber Heinrich (den Löwen) als königsgleichen Herrscher dar und artikuliert damit das Selbstbewußtsein und den Anspruch der Welfen auf Ausübung königlicher Macht auf ihrem Territorium, dem Kaiser ebenbürtig. Die Heidenkampfideologie, die auf Vernichtung der „Ungläubigen" zielt („Kinder des Teufels"), ist von der Kreuzzugspropaganda zum zweiten Kreuzzug (1147–49) beeinflußt, sie hat jedoch zur Abfassungszeit des Liedes am ehesten in den Kämpfen Heinrichs gegen die heidnischen Slawen Aktualität. Die breite Überlieferung am Ende des 12. Jahrhunderts kann gut mit der Kreuzzugssituation zusammenhängen. Der bewußt archaische Stil des „Rolandsliedes" ist Ausdruck des traditionalistischen welfischen Selbstverständnisses. Der Pfaffe Konrad verwendet sowohl Stilmuster als auch Erzählmuster der heilsgeschichtlichen Dichtung, übernimmt sogar Versgruppen aus der „Kaiserchronik" (▷ 3.3), obwohl gerade diese Dimension zugunsten einer an den Personen und ihrem christlichen Heldentum orientierten Perspektive zurücktritt und damit – über das Reichspolitische hinaus – dem adligen Berufskämpfer eine ideale Verbindung von heroischem Handeln und christlicher Aufgabe präsentiert wird. Das „Rolandslied" ist im 13. Jahrhundert vom Stricker (▷ 5.7) in höfischem Sinne überarbeitet worden und in gekürzter Form in den „Karlmeinet", eine um 1320–40 entstandene sagenhafte Lebensgeschichte Karls des Großen, eingegangen.

3.6 „Ruodlieb"

Der erste Roman in Deutschland ist ein Werk in lateinischer Sprache: der „Ruodlieb". Etwa 2300 Verse sind in einer zerschnittenen Handschrift aus der 2. Hälfte des 11. Jahrhunderts (wahrscheinlich das Autograph des Dichters) erhalten, die Reihenfolge der Erzählteile ist ebenso umstritten wie die Frage des Gesamtumfangs. Der Autor erzählt die Geschichte des jungen adligen Kriegers Ruodlieb, der auszieht, um am Hof eines fremden Königs Ruhm und Auskommen zu finden. Er zeigt sich versiert in höfischen Künsten wie Jagd, Musik und Schachspiel und tritt in Verhandlungen mit einem feindlichen Heer als kluger Friedensstifter auf. Von der Mutter in die Heimat zurückgerufen, vermittelt ihm der König, der ihn reich beschenkt, zum Abschied wichtige Lebensregeln, die er auf dem Weg zurück teilweise mißachtet, wodurch er in schwierige Situationen gerät. Die Suche nach einer Frau scheitert zunächst an dem freizügigen Lebenswandel, den die ihm zugedachte Braut vor seiner Rückkehr geführt hat, soll aber gemäß einer Prophezeiung in der Heirat mit einer Königstochter (Heriburg) ihre Erfüllung finden, wenn deren Vater und Bruder besiegt sind. Der doppelte Weg, Aufstieg, erstes Scheitern und schließliche Etablierung auf höherem Niveau, wirkt wie ein Vorklang der Artusromane (▷ 4.19), wobei jedoch das für die Artusdichtungen wesentliche Thema der Liebe als gesellschaftlicher und ethischer Macht im „Ruodlieb" noch keine Rolle spielt. Die Geschlechterbeziehung ist einerseits als ökonomisch-politisch, andererseits als erotisch frei im Sinne aristokratischer Privilegien dargestellt. Die zeitgenössische Wirklichkeit kommt sowohl in der Darstellung des bäuerlich-feudalen Umfelds als auch in der des Lebens am Königshof erstaunlich deutlich ins Bild, wenngleich überformt und stilisiert von literarischen Traditionen. Diese sind in der lateinischen Lehr- und Hofdichtung, in der Legenden- und Bibelepik zu suchen. Für die

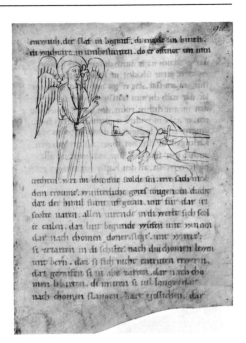

Seite aus dem „Rolandslied". Karl der Große erhält durch einen Engel Stärkung von Gott (Handschrift vom Ende des 12. Jh.; Heidelberg, Universitätsbibliothek)

Struktur der Erzählung spielt das über den Apolloniusroman vermittelte Vorbild des hellenistischen Romans eine wichtige Rolle (▷ 3.1). Autor war vermutlich ein Benediktiner aus Tegernsee, als Publikum vermutet man die Adligen am salischen Königshof, denen das Bündnis von Königtum und (niederem) Landadel poetisch sinnfällig gemacht werden sollte. Der Aufstieg des kleinadligen Helden vollzieht sich im Dienst am Königshof und in der Aneignung christlicher Adelstugenden: nicht heroisches Kriegertum, sondern Mitwirkung an der Rechts- und Friedensordnung wird propagiert. Auch darin greift der „Ruodlieb" dem höfischen Roman (▷ 4.20) vor. In der lateinisch-klerikalen Tradition sind Erzählmöglichkeiten realisierbar, die in der Volkssprache noch keinen Ausdruck finden. Trotz seiner schmalen Überlieferung und mangelnden direkten Nachwirkung ist dieser lateinische weltliche Roman symptomatisch für die Ausformung der weltlichen Adelsliteratur nach Programm und Darstellung durch die klerikal Gebildeten.

3.7 Spielmann und Kleriker

Die volkssprachliche Dichtung mit geistlichem und weltlichem Inhalt ist wegen des schriftliterarischen Bildungsmonopols Angelegenheit der geistlich Gebildeten, der Kleriker in den Klöstern und auch an den geistlichen und weltlichen Höfen. Daneben gab es ein weites Spektrum weltlicher Berufsunterhalter, vom angestellten Hofsänger bis zum fahrenden Possenreißer. Fahrende Kleriker gehörten auch dazu, wir besitzen Zeugnisse, daß Spielleute Latein konnten. Die Fähigkeit zum Vortrag von Musik und Dichtung war einerseits eine aristokratische – dies wird in der literarischen Darstellung von Ausbildung und Leben adliger Helden, von Volker im „Nibelungenlied" (▷4.27) bis zu Tristan (▷4.23) deutlich – andererseits eine gegen Entgelt ausgeübte Berufstätigkeit, gegen die namentlich im kirchlichen Schrifttum heftig polemisiert wird. Dichtungsvortrag war nur eines der Unterhaltungsangebote, Musik, vor allem Instrumentalmusik, mimische Vorführungen, Akrobatik und ähnliches gehörten dazu. Mit dem undifferenzierten Spielmannsbegriff werden also, was die soziale Schicht betrifft und im Blick auf die dichterische Produktion ganz uneinheitliche Phänomene bezeichnet. Die Literatur, die man mit dem Spielmann in Zusammenhang bringt, ist, sowohl stilistisch wie inhaltlich, durch einen Gestus der Mündlichkeit gekennzeichnet. Man hat fünf frühhöfische Erzählungen („Herzog Ernst", „König Rother", „Salman und Morolf", „Oswald" und „Orendel") als „Spielmannsepen" bezeichnet, weil sie sich durch eine andere Erzählhaltung und eine neue Thematik vom bisherigen Buchliteratur deutlich abheben: die erfolgreiche Bewährung eines adligen Helden in Welt und Gesellschaft ist meist mit dem Erwerb einer fernen, gefährlichen Frau („Brautwerbungsschema") sowie einer Entfaltung der mittelmeerischen und orientalischen Welt verknüpft. Die Erzählweise ist bestimmt durch engen Publikumskontakt, wie er in Anreden, Wahrheitsbeteuerungen, übertreibendem Ausdruck und Freude an derber Komik zum Ausdruck kommt. Wohl nicht erst mit der schriftliterarischen Fixierung kommen die volkstümlichen Erzählstoffe unter den Einfluß gelehrter und geistlicher literarischer Ty-

pen, vor allem der Legende. Man wird damit rechnen müssen, daß die erhaltenen Fassungen (zum Teil erst aus dem Spätmittelalter) nicht direkt mündliche Vortragsformen spiegeln, sondern diese – in unterschiedlichem Maße – schriftlich stilisiert haben. Die Existenz mehrerer Fassungen des „Oswald" (▷3.8) und „Herzog Ernst" (▷3.10) ist jedenfalls das Ergebnis literarischer Bearbeitungsvorgänge und nicht das unterschiedlicher mündlicher Traditionen. Die stilistischen Kennzeichen der Mündlichkeit dienen der Anpassung der buchepischen Werke an die von der mündlichen Tradition geprägten Erwartungen des Laienadels.

3.8 Die Legendenromane – „Oswald", „Orendel", „Salman und Morolf"

Geistlich-legendarische Erzähltradition formt das Erscheinungsbild der drei „Spielmannsepen" (▷3.7) „Oswald", „Orendel" und „Salman und Morolf". Alle drei sind in Aufzeichnungen aus dem 15. Jahrhundert überliefert, da sie anscheinend nach ihrer Entstehung in der zweiten Hälfte des 12. Jahrhunderts nicht in den Kanon der höfischen Unterhaltungsliteratur gelangten. Die Geschichte des englischen Königs Oswald, der eine heidnische Prinzessin gewinnt, ihren Vater bekehrt und dann mit ihr in keuscher „Josefsehe" lebt, existiert in zwei Fassungen: der „legendarischen" Wiener und der „spielmännischen" Münchner Fassung. Letztere gilt von der literarischen Komposition her als Repräsentant der ältesten Gestalt. Der klerikal gebildete Autor schöpft aus mündlicher Erzähl- und Motivtradition, die vom christlich-asketischen Ideal geprägte Umdeutung des Brautwerbungsschemas gibt eine radikale Antwort auf die Frage nach der Möglichkeit weltlichen gottgefälligen Lebens und war daher für die höfische Gesellschaft anscheinend nicht akzeptabel. Im „Orendel" wird das gleiche Eheideal an dem Paar Orendel – Bride vorgeführt. Roter Faden der Erzählung ist hier die Geschichte des ungenähten Grauen Rocks Christi in Trier. Die Niederlegung dieser Reliquie im Hauptaltar des Doms 1196 könnte den Anlaß für die Abfassung des „Orendel" gegeben haben. Der Autor kannte die deutsche Heldendichtung und den späthellenistischen Apolloniusroman (▷ 3.1) und relativiert in der Gestalt seines Helden sowohl das alte heroische wie das neue höfische Adelsideal aus dem Geist der Legende. Weiter davon entfernt sich das strophische Gedicht „Salman und Morolf" (Abb. S. 50), dessen Grundlage eine jüdische Salomolegende ist. Hier ist die Partnerin des Helden, Salme, keine ihm bedingungslos zugeordnete, entsagende Frau, sondern eine gefährliche Schönheit, die zweimal mit ihrer ausdrücklichen Zustimmung von Heiden entführt und zweimal zurückgewonnen, aber dann von Bruder Salmans, Morolf, getötet wird: die dämonische Macht der Geschlechterliebe ist nur durch Gewalt zu bannen. Morolf ist eine zwiespältige Gestalt: edler Held und listiger Intrigant, zynischer Weiser und Possenspieler. Er stammt aus einer Überlieferung, in der die lebensfremde „Weisheit" Salomos durch die Lebensklugheit eines Mannes aus dem Volk verlacht wird. Aus der Tradition der Lebenslehre stammt das späte Spruchgedicht „Salman und Markolf" (14. Jahrhundert), der Zusammenhang mit dem Lehrspruch ist wohl auch der Grund für die strophische Form des „Salman"-Romans.

3.9 „König Rother"

Als exemplarisches Brautwerbungsepos (▷ 3.7) mit höfischen Momenten gilt der „König Rother", der nach der Mitte des 12. Jahrhunderts in Bayern entstanden ist: Rother wirbt um die Prinzessin von Konstantinopel, zuerst durch Boten, inkognito selbst, er entführt sie; ihrem Vater, dem Kaiser von Byzanz, gelingt es jedoch, sie zurückzuholen. Mit Heeresmacht zieht Rother dann nach Byzanz, versöhnt sich mit dem Kaiser und kehrt mit der Gattin zurück; ihr Sohn ist Pippin, der Vater Karls des Großen. Ein alter Heldensagenstoff (die Osantrixsage in der „Thidrekssaga", einem altwestnordischen Prosaroman über den Sagenhelden Dietrich) wird mit diesem aufgesetzten Bezug in die Reichsgeschichte eingebunden. Welche Analogien zur zeitgenössischen Wirklichkeit bestehen, ist schwer zu entschlüsseln: die Bezüge zwischen Rom und Byzanz, die Gestalt des Normannenkönigs Roger II. (Regierungszeit 1105–1154), der für seinen Sohn um die byzantinische Prinzessin warb, die staufische und welfische Berufung auf Karl, die Huldigung an das bayerische Grafengeschlecht Tengelinge, in dem man ebenso wie in den Wittelsbachern oder den Welfen in Regensburg die Auftraggeber gesehen hat. Der Gesellschaftsentwurf des „König Rother" ist konservativ. Die Königsherrschaft funktioniert noch im Zusammenspiel mit den prinzipiell gleichberechtigten Großvasallen auf der Grundlage persönlicher Treuebindung. Die Liebesthematik ist der politischen durchaus untergeordnet, nur bei der Schuhprobe in der Kemenate der Prinzessin, in deren Verlauf Rother sein Inkognito lüftet, ist moderne höfische Intimität und Emotionalität zu spüren. Die Erzählkunst des unbekannten Dichters steht durch die Großstruktur des „doppelten Kursus" mit Scheinerfolg – Katastrophe – Erfolg, die Tendenz zu steigernder und kontrastierender Wiederholung, die Charakterisierung der Rollentypen durch literarische und historische Bezüge sowie die größere Gewandtheit in Formulierung und Reim über der der anderen „Spielmannsepen". Über gesellschafts- und reichspolitische Züge, die Präsentation von idealem Königtum und Vasallität dominiert die Erzählfreude mit Spannung und Drastik, die den „König Rother" zum herausragenden Beispiel frühhöfischer Unterhaltungsliteratur macht, dessen Beliebtheit durch die frühe Überlieferung (Handschrift noch im 12. Jahrhundert) bezeugt wird.

3.10 „Herzog Ernst"

„Das deutsche Buch vom Herzog Ernst" erbittet ein Graf von Andechs in einem Brief (vor 1186) an den Abt von Tegernsee: diese Erwähnung bezieht man auf die älteste deutsche Gestaltung der reichspolitischen „Empörersage", „Herzog Ernst A", die um 1160/70 entstanden und nur in Bruchstücken überliefert ist. Vollständig liegt eine höfische Bearbeitung vom Anfang des 13. Jahrhunderts („Herzog Ernst B") vor: Herzog Ernst von Bayern empört sich gegen Kaiser Otto, seinen Stiefvater. Er wird geächtet, unternimmt eine Kreuzfahrt, begegnet den Wundern des Orients und versöhnt sich nach erfolgreicher Heimkehr mit dem Kaiser: der Diamant aus dem orientalischen Magnetberg schmückt von da an die Kaiserkrone. Der erzählerische Reiz der Orientabenteuer (Kranichschnäbler, Plattfüßer und Langohren, Pygmäen und Riesen) wird einerseits von der Darstellung des Konflikts zwischen der zentralen und der herzoglichen Gewalt mit einem Plädoyer für eine harmonistische Lösung (Orientfahrt als Bußfahrt) überlagert, andererseits von der „geographischen" Wissensvermittlung vor dem Hintergrund der durch die Kreuzzüge geweckten Orientinteressen. Historische Grundlage der Empörersage ist der Aufstand (953/954) Liudolfs (Herzog von Schwaben), des ältesten Sohnes Kaiser Ottos I., des Großen, und, darin eingeschmolzen die Erhebung Herzog Ernsts II. von Schwaben (1026/27) gegen seinen Stiefvater Kaiser Konrad II. Ob diese Geschehnisse in einem historischen Lied des 11. Jahrhunderts gestaltet waren und/oder in einer lateinischen Prosa, die die Grundlage für „Herzog Ernst A" gebildet hatte, ist strittig. Vom 13. Jahr-

hundert an entstanden weitere Herzog-Ernst-Dichtungen: die „böhmische" Fassung (D) mit antikaiserlicher Tendenz nach der Jahrhundertmitte, eine Liedfassung (G) im 14. Jahrhundert (55 Strophen) und eine mehrfach gedruckte Prosafassung (F) im 15. Jahrhundert. Zwischen 1212 und 1218 schrieb Odo von Magdeburg im Auftrag des Erzbischofs von Magdeburg eine lateinische Hexameterfassung (E) mit Polemik gegen Kaiser Otto IV. Wenig später entstand eine lateinische Prosa auf der Basis von Fassung A. Die breite Rezeption der Thematik zeugt von ihrer immer wieder neuen politischen Aktualisierbarkeit ebenso wie von dem Interesse an einem Helden, der die Grenzen und Möglichkeiten des Handelns in den mittelalterlichen Feudalordnung aufzeigt.

3.11 „Graf Rudolf"

Von einem frühhöfischen Orientroman aus der Zeit um 1170/85 sind nur Fragmente einer zerschnittenen Handschrift erhalten: etwa 1400 Verse. Sie berichten von dem jungen Grafen Rudolf von Arras, der auf Kreuzfahrt ins Heilige Land geht und im Dienst des christlichen Königs an der Belagerung von Askalon teilnimmt. Später ist Rudolf am Hof des Sultans, liebt dessen Tochter Beatrise und entführt sie (?). Nachdem sich Beatrise in Konstantinopel hat taufen lassen, leben sie glücklich in Flandern. Vorlage war ein nicht erhaltenes französisches Heldenlied (Chanson de geste). Die Welt der Kreuzzüge wird, ähnlich wie in den „Spielmannsepen" (▷ 3.7–3.10), entfaltet ohne Betonung der religiösen Gegensätze: so kann Rudolf sowohl dem christlichen König wie dem Sultan dienen. Heidenkampfideologie, wie sie das gleichzeitige „Rolandslied" (▷ 3.5) prägt, liegt fern: beide Seiten sind durch gemeinsame höfisch-kulturelle Werte verbunden und lediglich politisch-militärische Gegner. Das Phänomen der leidenschaftlichen Liebe überlagert das alte politische Brautwerbungsschema (▷ 3.7). Das Bild des Ritters hat schon höfische Idealität: der „Graf Rudolf" stellt das eigentliche Bindeglied zwischen dem „spielmännischen" Brautwerbungsroman und dem neuen höfischen Roman dar.

Morolf, als Pilger verkleidet, findet die entführte Salme. Illustration aus dem Spielmannsepos „Salman und Morolf" (Papierhandschrift des 15. Jh.; Stuttgart, Württembergische Landesbibliothek)

Der Kampf mit den Kranichschnäblern. Illustration aus der Prosafassung (F) der Herzog-Ernst-Dichtung (Druck bei Anton Sorg in Augsburg)

Das Publikum könnte im Westen des Reichs, im Kontaktraum zur französischen Ritterkultur (Rheinland) zu suchen sein.

3.12 Weltliche Kultur und geistliche Kritik – Heinrich von Melk

Der in der zweiten Hälfte des 12. Jahrhunderts entstehenden neuen weltlichen Kultur einen Spiegel vorzuhalten, um ihre Eitelkeit und Nichtigkeit vor den ewigen Werten aufzuzeigen, unternimmt das Gedicht „Von des tôdes gehugede" (= Vom Bedenken des Todes) von dem „armen chnecht Hâinrîch", der (ohne zureichende Begründung) als Heinrich von Melk bezeichnet wird. In 1042 Reimpaarversen werden die Sünden angeprangert, wird im Stil alttestamentlicher Straf- und Bußpredigten zur Umkehr aufgerufen. Ergänzt wird dieses Gedicht durch das „Priesterleben", in derselben Handschrift überliefert, von ähnlicher Tendenz, aber nicht unbedingt vom gleichen Verfasser. Den Priestern, den Pfaffen, die sich mit der Geliebten beim Wein vergnügen und den Wanderer von der Tür weisen lassen, wird ihr weltliches Leben vorgehalten. In der Konfrontation mit dem Tod erfahren die Laien, was es mit ihren Werten auf sich

hat: der Sohn am Grab des Vaters, die Frau an der Leiche ihres Geliebten, der jetzt nicht mehr schön frisiert mit ihr verliebte Blicke tauscht und dessen Zunge jetzt nicht mehr den Damen schmeicheln und Liebeslieder („trutliet") singen kann. Man bezieht diese Aussage auf die beginnende Minnekultur, die unter dem Blickwinkel des Geistlichen als Hurerei erscheint. Die satirische Darstellung gibt beiden Gedichten große Eindringlichkeit. Es wird deutlich, daß die klerikale Kritik an der Laienkultur, die lange Tradition hat, mit literarischen Mitteln auf das Literarischwerden der Adelskultur reagiert. Die dichterische Leistung des Autors in der Anschaulichkeit der epischen oder dramatischen Situationen, in den Stilmitteln der Kontrastierung und affektiven Anrede und der fortgeschrittenen Vers- und Reimtechnik, zeigt, wie hoch der literarische Anspruch der Rezipienten eingeschätzt wird. Breite Nachwirkung haben beide Gedichte anscheinend nicht gehabt: die höfische Literatur integriert die Auseinandersetzung um vergängliche weltliche und unvergängliche geistliche Werte in die eigene Diskussion, so zum Beispiel in der höfischen Legendendichtung (▷ 4.20) und im Gralsroman (▷ 4.21).

Kapitel 4
Die hochhöfische Zeit
(1170–1230)

Einführung

Die Literatur an den Fürstenhöfen, die noch bis weit in die zweite Hälfte des 12. Jahrhunderts hinein nicht nur von den Autoren, sondern auch von den Themen her durch die lateinisch-geistliche Sphäre bestimmt war, entwickelt eine immer größere Eigenständigkeit. Das ist vornehmlich das Resultat des engen Kontakts mit der französischen Kultur. Dort war eine eigenständige volkssprachliche Schriftlichkeit schon eher da: die Troubadourlyrik im Süden seit etwa 1100, die Chanson de geste (Heldenepos) im gleichen Zeitraum („Chanson de Roland"), der Antikenroman (Roman mit antikem Erzählstoff; ▷ 4.4) seit der Jahrhundertmitte und der Artusroman seit etwa 1170. Stoffe und Formen dieser Literatur wurden von etwa 1160 an übernommen: zuerst die Lyrik und die Chanson de geste, dann in schneller Folge der Antikenroman mit der „Eneit" Heinrichs von Veldeke (▷ 4.4) und der Artusroman mit dem „Erec" Hartmanns von Aue (▷ 4.19). Man darf sich vorstellen, daß die französischen Romane den deutschen Autoren bald nach ihrem Entstehen vorlagen, vermittelt durch Mäzene, die verwandtschaftliche Bindungen in das Nachbarland hatten und dort oft machtpolitische Interessen vertraten. Frankreich war aber nicht nur führend in der Literatur, sondern auch in der Wissenschaft: Paris war der Hauptort der theologischen und damit auch der philosophischen Studien. Die Methode der Dialektik, der logischen Überprüfung der Argumentation, dringt im 12. Jahrhundert in die Theologie ein und macht das Studium zu einer umfassenden Schule der Intellektualität und Rationalität. Deutsche Studenten wandern an die französischen Bildungsstätten, vergleichbare Institutionen entwickeln sich in Deutschland jedoch nicht. Das Fehlen einer der französischen vergleichbaren intellektuellen Schulung macht sich bei der Übernahme der volkssprachlichen Literatur bemerkbar: was bei den französischen Autoren intellektuelles Spiel ist, tendiert bei den deutschen zum ethischen Programm. Das ist bei der Aneignung der Lyrik und Epik im einzelnen zu beobachten; der Vorgang der Anpassung (Adaptation) der französischen Werke an das weniger literarisch-intellektuell gebildete Publikum ist ein komplexes Phänomen, das nicht als bloße „Übersetzung" verstanden werden kann. So wurden auch literarische Formen nicht rezipiert, die ein besonders differenziertes literarisches Bewußtsein voraussetzen, wie etwa das Streitgedicht oder die Satire.

Die großen Werke um und bald nach 1200 entwickeln nun auf der Basis französischer Vorlagen eigenständige und gleichwertige Gesellschafts- und Weltentwürfe, die durch die Prägnanz der erzählerischen und sprachlichen Gestaltung Höhepunkte der deutschen Literatur bilden: Wolframs „Parzival" (▷ 4.21), der „Tristan" Gottfrieds von Straßburg (▷ 4.24) und auch das aus der heimischen Tradition erwachsene „Nibelungenlied" (▷ 4.27). Wir sprechen von der mittelhochdeutschen „Klassik": ein problembehafteter Begriff. Zwar werden diese Autoren schon eine Generation später als Vorbilder angesehen, ein Schema von Blüte und Verfall oder von Muster und Nachahmung verstellt jedoch den Blick auf die im 13. Jahrhundert geleistete Verarbeitung der literarischen Traditionen in anderem gesellschaftlichen und

52

politischen Kontext. Richtig ist allerdings, daß mit der Literatur des genannten Zeitraums ein literarisches Bewußtsein geschaffen und literarische Reihen begonnen wurden und für lange Zeit eine Kontinuität laikaler literarischer Entwürfe auf hohem Niveau entstand.

4.1 Mainzer Pfingsten

Als „Gründungsereignis" der höfischen Kultur im deutschen Reich darf in exemplarischer Weise der Hoftag Kaiser Friedrichs I. Barbarossa 1184 in Mainz gelten. Er findet seine Widerspiegelung in der Schilderung Heinrichs von Veldeke im Epilog seines Äneasromans (▷ 4.4) als ein Fest, das alles bisher Dagewesene in den Schatten stellte. Zu den traditionellen Repräsentationsformen von Festkrönung und Festmahl gesellten sich neue, aus Frankreich übernommene: die Schwertleite der Söhne des Kaisers mit Übergabe der Waffen und Verpflichtung auf die ritterlichen Werte, ein Ritterspiel ohne Waffen, an dem der Kaiser selbst teilnahm (das Turnier fiel einem Naturereignis zum Opfer). Gewiß gehörte auch der Vortrag von Dichtung dazu: Minnelyrik, dargeboten von dem Deutschen Friedrich von Hausen (▷ 4.5) und dem Franzosen Guiot von Provins, die beide ein Lied auf die gleiche Melodie verfaßten, vielleicht auch vom Kaisersohn selbst, der als Minnedichter bezeugt ist. An neuester Epik gab es die fast fertiggestellte „Eneit" Heinrichs von Veldeke und vielleicht schon den „Erec" Hartmanns von Aue (▷ 4.19). Das Festmahl sollte nicht nur durch den Luxus von Speisen und Getränken beeindrucken, sondern auch durch verfeinerte Tischsitten nach westlichem Vorbild. Das Hoffest sollte den Führungsanspruch der regierenden Staufer auch im kulturellen Bereich demonstrieren und zugleich integrierend auf die anwesenden Großen des Reichs wirken, die in der Aneignung der französischen Ritterkultur dem Kaiserhof schon voraus waren. Die kulturelle Selbstdarstellung der Führungsschicht hat immer einen politischen Aspekt: zur fürstlichen Idealität zählte die „milte", die Freigebigkeit, die gegenüber den fahrenden Künstlern exemplarisch bewiesen wurde, indem man ihr Auftreten honorierte. Dazu gehörte

nun auch der eigene „Auftritt" in öffentlicher Orientierung an der selbstbewußten Adelskultur Frankreichs. Wenn man sie übernahm, so vermittelte man den eigenen Vasallen und Ministerialen das Bewußtsein, einem dem Neuen aufgeschlossenen Herren zu dienen, der den Dienst selbst als ehrenvolle Aufgabe ansah: davon sprachen jedenfalls die Dichtungen (▷ 4.3).

4.2 Höfe und Gönner

Die mittelalterliche Literatur ist in aller Regel Auftragsdichtung: das gilt nicht nur für die des frühen, sondern auch für die des hohen Mittelalters. Nicht in allen Fällen hat die Gönnerforschung unstrittige Ergebnisse erzielen können, da nicht immer den Mäzenen explizit gehuldigt wurde; aber ein Bild der maßgebenden Höfe zeichnet sich ab. Ein frühes Zentrum war Regensburg. „Kaiserchronik" (▷ 3.3) und „Rolandslied" (▷ 3.5) zeugen vom Patronat der welfischen Herzöge, die Architektur und Buchmalerei vor allem in ihrem sächsischen Herrschaftsgebiet, in Braunschweig, förderten: der Burglöwe von 1166, der Sankt-Blasius-Dom (seit 1173) und das für diese Kirche bestimmte, besonders reich geschmückte Gmundner (Helmarshausener) Evangeliar (um 1188) sind die bedeutendsten Zeugnisse. Heinrich der Löwe förderte die Geschichtsschreibung, daher schrieb man ihm im 13. Jahrhundert den Auftrag für den „Lucidarius" zu (▷ 5.25); sein Sohn war vielleicht der Auftraggeber der ältesten deutschen Tristandichtung Eilharts von Oberge (▷ 4.23). Am Kaiserhof förderte man vor allem den Minnesang: Kaiser Heinrich VI. war selbst Minnesänger, die Lyriker, die den neuen provenzalischen Stil in Deutschland durchgesetzt haben, wirkten am Stauferhof (▷ 4.7). Friedrich I. Barbarossa regte die lateinische Geschichtsschreibung und politische Preisdichtung an, unter seinem Sohn, Kaiser Heinrich VI., entstand wohl der Artusroman von Lanzelet (▷ 4.22). Neben den Welfen und Staufern waren die Babenberger in Österreich besonders aktiv bei der Repräsentation von Herrschaft durch Förderung von Literatur: die älteste höfische Liebeslyrik (▷ 4.6) kann im Zusammenhang mit ihrem Hof gesehen

Kaiser Heinrich VI. (Miniatur aus der „Manessischen Handschrift", 1. Hälfte des 14. Jh.; Heidelberg, Universitätsbibliothek)

werden, mit großer Wahrscheinlichkeit waren Reinmar der Alte (▷ 4.9) und Walther von der Vogelweide (▷ 4.11) am Wiener Hof. Unter Herzog Friedrich II., dem Streitbaren, wurde der Babenberger Hof mit Neidhart und dem Tannhäuser (▷ 4.17) noch einmal zum Mittelpunkt höfischer Lyrik. Das bedeutendste Zentrum um die Jahrhundertwende aber war der Hof der thüringischen Ludowinger. Schon Landgraf Ludwig III. von Thüringen hat Heinrich von Veldeke (▷ 4.4) gefördert, sein Bruder und Nachfolger, Landgraf Hermann I. von Thüringen, wurde dann zum „klassischen" Mäzen der Dichter: Walther von der Vogelweide hat sein Lob gesungen (▷ 4.15), Wolfram von Eschenbach wohl einen Teil seines „Parzival" (▷ 4.21), gewiß aber seinen „Willehalm" (▷ 4.25) für ihn geschrieben, Herbort von Fritzlar den ersten deutschen Trojaroman (▷ 5.17) als Vorgeschichte des Äneasromans Heinrichs von Veldeke für den Landgrafen verfaßt; auch die deutsche Übertragung von Ovids „Metamorphosen" durch Albrecht von Halberstadt

(▷ 5.17) verlegt man nach Thüringen. Der Ruhm Hermanns machte ihn selbst zur Gestalt der Dichtung: in der Gedichtsammlung „Wartburgkrieg" wird im „Fürstenpreis" (um 1250/60) ein Sängerkrieg um das Lob des Landgrafen Hermann dargestellt; nach chronikalischen Angaben soll der Wettstreit im Jahre 1205 oder 1206 stattgefunden haben: darin spiegelt sich die mäzenatische Rolle des Ludowingers. Eine wichtige Rolle bei Anregung und Auftrag für höfische Dichtung haben die adligen Damen gespielt. Sie waren gebildeter als die Männer, beherrschten Schreiben und Lesen, und im Zusammenhang mit der Entstehung der höfischen Kultur vergrößerte sich ihr Einfluß. Bei der Übernahme westlicher Geselligkeits- und Unterhaltungsformen spielten sie wahrscheinlich die entscheidende Rolle, und die Dichter richteten ihre Werke auf das Interesse der Frauen an modischer Kleidung, feinen Umgangsformen und emotionaler Sensibilität aus. Die höfischen Autoren sagen gelegentlich selbst, daß sie mit einem weiblichen Publikum rechnen. Daß Frauen als Auftraggeberinnen seltener bezeugt sind, hängt mit dem offiziellen Repräsentationscharakter der Dichtungen zusammen, bei der eigentlich literarisch-ästhetischen Bildung dürfte jedoch die führende Rolle den adligen Frauen zukommen.

4.3 Adel und Ministerialität

Während der Adel vom König über die Landesfürsten bis zu den nichtfürstlichen Freiherrn vornehmlich mäzenatisch der Literatur verbunden war, stammen die Autoren mehrheitlich aus der Ministerialität (Dienstmannschaft). Nur der Minnesang hatte von Anbeginn eine fürstliche Tradition (Herzog Wilhelm IX. von Aquitanien), adlige Minnesänger hat es bis in die Spätzeit gegeben, sie bilden sogar die Mehrheit der 140 Dichter, die in der „Manessischen Handschrift" („Große Heidelberger Liederhandschrift"; ▷ 6.2) mit ihren Werken vertreten sind. Die Spruchdichtung war hingegen Angelegenheit der fahrenden Berufsdichter. Der Vortrag von Lyrik gehörte anscheinend zu den Herrschaftszeichen, war adlige Repräsentation; hier wirkten vermutlich alte Traditionen nach. Da Lesen und Schreiben aber nicht zum adligen Bildungsprogramm zählten, war das Verfassen epischer Gedichte Angelegenheit der Geistlichen und der geistlich gebildeten Ministerialen. Sie bilden die oberste Schicht der Unfreien innerhalb der adligen Hausgenossenschaft („familia"). Sie wurden nur zu vornehmen Diensten herangezogen: zum Kriegsdienst zu Pferd („Ritter") und zum Hofdienst. Die Privilegien der Ministerialen und das Ansehen, das sie durch den Herrendienst erwarben, waren so groß, daß sogar freie Herren in die Ministerialität eintraten, wie vermutlich der Vater des Lyrikers Friedrich von Hausen (▷ 4.5), der dann einer der wichtigsten Diplomaten Kaiser Friedrichs I. Barbarossa war (▷ 4.7). Die Könige und später auch die Landesfürsten übertrugen den Ministerialen wichtige Herrschaftsfunktionen, so daß sich die führenden Dienstleute in ihrer Lebensweise kaum vom Adel unterschieden, und ein mächtiger Königsministeriale einem kleinen Freiherrn oft sozial überlegen war. In der Glorifizierung des Dienstes im Minnesang und im sozialen Lernprozeß der Artushelden (▷ 4.19) hat man (nicht unwidersprochen) Einflüsse ministerialischer Ideologie sehen wollen. Daß die höfische Dichtung mit ihrer Verschmelzung von klerikaler Schriftkultur und mündlicher Adelsliteratur von der sozial und in der Bildung beweglichsten Schicht, der Ministerialität, entscheidend geprägt ist, darf man festhalten. Ein Vertreter dieser Gruppe ist der Epiker und Lyriker Hartmann von Aue, der sich selbst als Ministeriale (Dienstmann) und Ritter vorstellt: kraft seiner Bildung („gelêret" nennt er sich) besitzt er die Kompetenz zur Dichtung (Prolog zum „Iwein"; ▷ 4.19) und kraft seines Rittertums kann er Waffentaten darstellen und beurteilen. Die Verbindung von beidem ist eher ungewöhnlich, die Mehrzahl der Epiker dürfte dem geistlichen Stand angehört und eine Ausbildung auf einer Dom- (seltener Kloster-)schule genossen haben. Wolfram von Eschenbach (▷ 4.21) stilisiert sich selbst als „ungebildeten" Laien und behauptet („Parzival", 115, 27) von sich selbst, er könne keinen Buchstaben (schreiben). Damit will er seine spezielle Kompetenz für ritterliche Dichtung gegenüber den klerikalen „Schreiberlingen", die mit Kampf keine Erfahrung haben, herausstreichen. Gottfried von Straßburg (▷ 4.24), gelehrter Kleriker, polemisiert in seinem „Tristan" gegen den nicht regelgerechten Stil Wolframs. An den drei großen Epikern Hartmann, Wolfram und Gottfried zeigt sich, wie die neue volkssprachliche Buchepik zwischen den herkömmlichen Bildungsinstitutionen und altadligen Traditionen stand.

4.4 Das „erste Reis" – die „Eneit" Heinrichs von Veldeke

„Er pfropfte das erste Reis in deutscher Sprache", sagt Gottfried von Straßburg (▷ 4.24) in seinem „Tristan" (Vers 4738 f.) über Heinrich von Veldeke. Heinrich war ein geistlich gebildeter Ministeriale der Grafen von Loon

Dido und Eneas beim Mahl (oben); Eneas erzählt vom Fall Trojas (unten). Illustration zu dem Epos „Eneit" Heinrichs von Veldeke (Berliner Veldeke-Handschrift, Anfang des 13. Jh.; Berlin, Staatsbibliothek Preußischer Kulturbesitz)

(Looz) in der Nähe von Maastricht. Er hatte als erstes Werk eine volkssprachliche Dichtung über den heiligen Servatius (um 1160) geschrieben, den Patron des Doms von Maastricht. Auftraggeber waren die Frau seines Dienstherrn, Agnes von Loon, und, durch sie vermittelt, der Domkustos von Maastricht. Ob die Gräfin Agnes auch die Auftraggeberin des ersten deutschen höfischen Romans, „Eneit", eine Adaption des altfranzösischen Äneasromans, gewesen ist, wissen wir nicht. Wir erfahren jedenfalls aus dem Epilog, daß der Autor das noch unvollendete Werk der Gräfin Margarethe von Kleve anläßlich ihrer Hochzeit (1174?) mit Landgraf Ludwig III. von Thüringen zur privaten Lektüre lieh. Graf Heinrich, der Bruder des Bräutigams, entwendete das Werk bei dieser Gelegenheit, neun Jahre später erhielt Veldeke das Manuskript zurück, um es im Auftrag des späteren (seit 1190) Landgrafen Hermann I. von Thüringen zu vollenden. Der Prestigewert des neuen höfischen Romans war also offensichtlich sehr hoch: die Vorlage (um 1160 wohl am anglonormannischen Hof König Heinrichs II. von England entstanden) hatte als erstes Werk der französischen höfischen Dichtung ideales Rittertum in Waffentaten, Festen und in der neuen Emotionalität der Geschlechterliebe dargestellt, dies in einer aktualisierenden Umdichtung des römischen Geschichtsepos, der „Aeneis" Vergils. Veldeke hat die höfischen Elemente noch verstärkt, aber zusätzlich die weltgeschichtliche Dimension, die Nachfolge des von Äneas gegründeten Römischen Reiches durch den deutschen Kaiser, ausgeführt: damit schließt er sein Werk einerseits an die Tradition der Geschichtsepik an (▷ 3.1), andererseits artikuliert er den Anspruch der Deutschen auf höfisch-ritterliche Vorbildlichkeit. Zukunftsweisend wird vor allem die gegenüber der Vorlage ausgebaute Liebeshandlung: der unglücklichen Geschichte von Eneas und Dido ist die glückliche von Eneas und Lavinia gegenübergestellt. Im Hinblick auf die Liebessymptomatik ist Veldeke stark Ovid verpflichtet; Liebe erscheint in dieser Tradition als irrationale Macht, nicht, wie in der späteren Literatur, als vom höfisch geschulten Verstand beherrschbare ethische Kraft. Durch die Schilderungen ritterlicher Kämpfe und höfischer Feste sowie die Darstellung seelischer

Vorgänge ist der Äneasroman zum „Gründungswerk" der höfischen Literatur in Deutschland geworden.

4.5 Was ist Minne?

„Was kann das sein, das jeder ‚Minne' nennt?" fragt der Lyriker Friedrich von Hausen in einem Lied und antwortet: „Ich glaube nicht, daß man diese Empfindung darstellen kann". Minne, die höfische Liebe, ist das große Thema der neuen Literatur seit etwa 1170, je nach literarischer Gattung verschieden behandelt: in der Lyrik als Dienst um eine höhergestellte Dame, aber auch als schneller Sinnengenuß („Pastourelle"; ▷ 4.13), im höfischen Roman als Ehe, aber auch als Ehebruch. Das Wort „Minne" heißt ursprünglich „(liebendes) Gedenken, Begehren", es entfaltet seine Bedeutungen im religiösen Bereich (Liebe Gottes und Liebe zu Gott), im rechtlichen Bereich (gütliche Einigung), im Bereich der Geschlechterliebe (Beischlaf). Mit der höfischen Literatur wird es zum Programmwort für die Ritualisierung der Erotik in Minnesang und Frauendienst. Die Anwesenheit von Frauen am Hof, ihre überlegene Bildung, ihre daraus resultierende kulturelle Führungsrolle führen zur Konzentration auf die Geschlechterliebe als ein Phänomen, in dem sich individueller und gesellschaftlicher Anspruch treffen. Zudem war dieses Thema den Geistlichen eigentlich nicht angemessen, so daß der Laienadel daraus ein eigenes, Gesellschaft und Welt deutendes Muster entwickeln konnte. Sprechen über Minne war öffentliches Selbstverständigungsritual der Adelsgesellschaft und, durch das Aufzeigen von Sensibilität und Rationalität im Umgang damit, Ausweis ihres Führungsanspruchs. Minne ist also zuallererst ein soziales Phänomen, eine Metapher für einen Gesellschaftsentwurf. Lebensrealität entsprach dem wohl kaum, allerdings mochte die subjektivierende Darstellung gesellschaftlicher Probleme im Bild der Geschlechterbeziehungen auf diese zurückwirken: die zuerst in Südfrankreich gefundenen kulturellen Chiffren für die menschliche Grunderfahrung des Eros wurden bald weitgehend übernommen und wirkten lange, zum Teil bis heute, weiter.

Das Wort „Minne" verlor schon im Lauf des 13. Jahrhunderts seine gesellschaftsethische Dimension, es bezeichnete dann im Süden und Osten des deutschen Sprachgebiets nur noch Sexuelles und wurde gemieden. Im 18. Jahrhundert versuchten die Dichter des Göttinger Hainbundes (▷ 11.14) eine Wiederbelebung des Wortes, das dann in der Literatur auch bis zum Ende des 19. Jahrhunderts benutzt wurde.

4.6 Die frühen Sänger

Fünfzehn Strophen eines Sängers „von Kürenberg" überliefert die „Manessische Liederhandschrift" („Große Heidelberger Liederhandschrift"; ▷ 6.2); man hält sie für das älteste Zeugnis deutscher adliger Liedkunst, entstanden im Donauraum (bei Linz beziehungsweise Melk) um 1160. Dazu stellen sich einige jüngere „donauländische" Sänger: Dietmar von Aist, die Burggrafen von Regensburg und Rietenburg, Meinloh von Sevelingen (Söflingen bei Ulm). Die Strophen des Kürenbergers, davon sieben Frauenrollenlieder, zeigen eine Fülle von Situationen und Haltungen: die Frau auf der Zinne, der singende Ritter, der Liebhaber am Bett der Schlafenden, der Abschied, das Verbergen der Liebe vor der Gesellschaft, die kecke Werbung. Am meisten interpretiert ist das zweistrophige „Falkenlied": Klage der Frau um den Geliebten (oder Klage des Mannes?), der Falke als Bild des/der Entflohenen (oder als Bote?). Die Strophen geben symbolische Szenen, Reflexion kennen sie noch kaum: sie fassen sie in sentenzenhafte Formeln. Die Strophenform gleicht der des „Nibelungenliedes" (▷ 4.27), sie stellt sich damit in die Tradition der mündlichen Adelsliteratur. Ob volkstümliche Mädchenlieder die Grundlage der höfisch stilisierten Strophen bilden, ist umstritten, ebenso der Einfluß der Troubadourkunst, der sich dann nur in der Thematik, noch nicht in der Aussageweise und Formkunst zeigt. Die stilisierten Liebesbriefe und Liebesverse in der Klosterkultur des 11. und 12. Jahrhunderts greifen vielleicht auf volkstümliche Lieder, die auch dem „donauländischen" Minnesang zugrunde liegen könnten, zurück; in der Tegernseer Briefsammlung aus dem 12. Jahrhundert wird am Schluß eines lateinischen Briefes die alte deutsche Liebesformel „Dû bist mîn, ich bin dîn" zitiert. Dietmar von Aist benutzt in seinem „Wechsel" (monologische Mannes- und Frauenstrophe wie aus der Erinnerung) vielleicht ebenfalls ältere einheimische Formen („Uf der linden obene"), während für sein Tagelied (Abschied der Liebenden nach gemeinsamer Nacht; ▷ 4.13) meist – wie für die ganze Gattung – romanischer Ursprung angenommen wird („Slâfestu friedel ziere"). Bei dem Rietenburger Burggrafen und bei Meinloh von Sevelingen wird der Einfluß der provenzalischen Troubadourlyrik vor allem in der Übernahme des Frauendienst-Konzepts deutlich.

4.7 Deutscher und romanischer Sang

Die provenzalische Troubadourlyrik beeinflußt seit etwa 1170 die deutsche Liebesdichtung sowohl formal wie inhaltlich: die alte Langzeilenstrophe (▷ 1.1) wird durch die dreigliedrige Kanzonenstrophe (doppelter Aufgesang – Abgesang) verdrängt, schwierige Reimschemata werden nachgeahmt und reine Reime (vollständige lautliche Übereinstimmung zweier Wörter in Vokalen und Konsonanten) zunehmend verbindlich; inhaltlich wird die Vorstellung der unerreichbar hohen Herrin und das Paradox der immer begehrenden, aber sexuell unerfüllten Liebe übernommen. Das bedeutet eine Vereinseitigung der umfassenderen troubadouresken Reflexionen über Liebe und eine Umdefinition eines sozialen Konzepts des Frauendienstes in ein ethisches: die Werbung des Mannes um die sittlich höher stehende Frau wird nahezu identisch mit dem Streben nach Tugend. Friedrich von Hausen, Diplomat im Dienst Friedrichs I. Barbarossa, und andere Sänger des Stauferhofes, darunter Kaiser Heinrich VI. selbst, sind führend in der Übernahme der romanischen Kunst. Der vermutlich zweisprachige Sänger Rudolf von Fenis (Graf Rudolf II. von Neuenburg [in der heutigen Westschweiz]) schafft sogar freie Nachdichtungen von Troubadourliedern, während die Übernahme sonst auf Strophenformen (und Melodien?) und allgemeinere Anregun-

Seite aus den „Carmina Burana" (Handschrift um 1230; München, Bayerische Staatsbibliothek)

4.8 Vaganten und Ritter

Die Handschrift der „Carmina Burana", der „Lieder aus Benediktbeuern" von etwa 1230, bewahrt neben mehr als 200 lateinischen Liedern 47 deutsche Strophen; es ist die älteste Überlieferung deutscher weltlicher Lyrik. Zehn Strophen stammen von Minnesängern, darunter Reinmar der Alte (▷ 4.9) und Walther von der Vogelweide (▷ 4.11). Die meisten sind anonyme Schöpfungen der Zeit um 1200, nur wenige gelten als vorhöfische Zeugnisse. Die Handschrift ist an einem geistlichen Hof, vielleicht dem des Bischofs von Seckau (Steiermark), entstanden und reflektiert die bedeutende Rolle, die den Bischofshöfen bei der kulturellen und literarischen Entwicklung zukam. Hier wirkten wandernde Kleriker (Vaganten) mit Kontakt zur Sphäre der fahrenden Berufskünstler und Kenntnis der antiken Literatur, aber auch die Hofkleriker und die Bischöfe dichteten selbst. In der lateinischen Lyrik, die seit dem 11. Jahrhundert zunehmend weltliche Themen aufgriff (Zeitkritik, Situation des Dichters, Liebe, Wein und Spiel), war der inhaltliche Bezug zur antiken Bildungswelt präsent, formal hatte sie sich teilweise vom antiken Versmaß gelöst: es gab Gedichte („rhythmi") mit dem „deutschen" Prinzip von Hebung und Senkung (statt dem antiken der Silbenlänge) und Endreim (▷ 1.1).

Die lateinische weltliche Lyrik hat in Frankreich die volkssprachliche stärker beeinflußt als dies in Deutschland der Fall war, da hier Lateinkenntnisse auf den Klerus beschränkt waren, der im Minnesang eine vergleichsweise geringe Rolle spielte: Heinrich von Veldeke (▷ 4.4) und Hartmann von Aue (▷ 4.19) gehören zu den Ausnahmen. Auch Walther von der Vogelweide dürfte Latein gekonnt haben; er erweitert das traditionelle Minnesangrepertoire durch Modelle aus der lateinischen (Vaganten-)Lyrik. Typisch für den deutschen Minnesang ist der nicht schriftkundige Adlige, der der höfischen Gesellschaft nicht als Literat gegenübertritt, sondern als Teil von ihr agiert, während in Frankreich Berufsdichter mit Kontakt zur geistlichen Bildungswelt häufiger waren. Daher fehlen in Deutschland gelehrte Ausführungen über die Liebe ebenso wie der spielmännische Herrenpreis oder die Thematisierung von Konkur-

gen begrenzt bleibt. Heinrich von Veldeke (▷ 4.4), klerikal gebildet, ist stärker von den nordfranzösischen Höfen beeinflußt. Bei ihm ist die Werbung nicht zum reinen Tugendstreben umgedeutet, sondern auf die sexuelle Erfüllung ausgerichtet: im Frauendienst soll der Mann lernen, sein Begehren zu kultivieren, Selbstzucht und Beständigkeit als Voraussetzung der Erhörung zeigen. – Die Problematisierung des weltlichen Heilskonzepts „Minne" (▷ 4.5) setzt mit dem Barbarossa-Kreuzzug 1189/90 ein: Gottesdienst und Frauendienst scheinen einander zu widerstreiten, der Vorrang von diesseitiger und transzendenter Orientierung wird neu diskutiert – teils im Sinn der Unterordnung des Minnedienstes (Friedrich von Hausen), teils im Sinn einer Kritik am einseitigen Frauendienst (Hartmann von Aue; ▷ 4.3, 4.19). Für die Generation der Sänger um 1190/1200 tritt das romanische Vorbild deutlich zurück oder ist nur als allgemeine Anregung präsent, so in der Bildsprache Heinrichs von Morungen (▷ 4.10) oder in der Übernahme der Wächterfigur in das Tagelied bei Wolfram von Eschenbach (▷ 4.13).

renzsituationen: diese finden wir in der von Berufsdichtern getragenen Sangspruchdichtung (▷ 4.14).

4.9 Reinmar der Alte

Vermutlich am Hof der Babenberger Herzöge in Wien (▷ 4.2) wirkte von etwa 1180 bis bald nach 1200 der Minnesänger Reinmar, den die Handschriften den „Alten" nennen (in Abgrenzung vom jüngeren Spruchdichter Reinmar von Zweter), ob er „von Hagenau" heißen darf (nach einer Stelle im „Tristan" Gottfrieds von Straßburg; ▷ 4.24), ist zweifelhaft. In seinen mehr als fünfzig Liedern (Echtheit oft umstritten) hat er dem Frauendienst eine neue ästhetische Qualität gegeben: er zieht die radikale Konsequenz aus der vorgegebenen Erfolglosigkeit der Werbung und stellt die Seelenanalyse des werbenden Sängers in den Mittelpunkt der Lieder. Das Leid, das „trûren" (= Trauern), das die Ernsthaftigkeit des Werberituals beglaubigt, wird zum Kennzeichen seiner Liebesauffassung. Der Liebende erwirbt nicht, wie im klassischen Frauendienst, ethische Tugenden, sondern entwickelt eine differenzierte Emotionalität. Die unerfüllte Liebe und die Möglichkeit, sie zur Entfaltung seelischer Regungen und ihrer vollkommenen Darstellung zu nutzen, wird in Männer- und Frauenrollenliedern thematisiert. Letztere sprechen das Liebesverlangen direkter aus als die Männerlieder, in denen die Spannung des Sängers zwischen Liebesleid und gesellschaftlicher Freude, die durch das Lied hergestellt wird, vielfältig reflektiert erscheint. Die hochgetriebene Ästhetisierung des Frauendienstes führt zur Auseinandersetzung mit Walther von der Vogelweide (▷ 4.11), der ein breiteres Spektrum an Liebeskonzeptionen dagegen stellt. Die „Reinmar-Walther-Fehde" ist nur in wenigen Liedern greifbar, Polemik lediglich in Walthers Lied „Ein man verbiutet âne pfliht" (in Melodie und Strophenform von Reinmars „Ich wirbe um allez daz ein man"), in dem Walther Reinmars übertriebenes Lob der eigenen Dame verspottet. Ob Walther als Reinmars „Schüler" gelten darf, ist strittig; in seinem Nachruf (Lied 83,1) bewundert er dessen Kunst, distanziert sich aber vom Menschen.

Die Reinmar-Forschung hat sich lange mit dem Echtheitsproblem der überlieferten Lieder beschäftigt und nur formal perfekte und inhaltlich auf Trauer beschränkte gelten lassen; inzwischen wird Reinmar eine größere Spannweite zugestanden, die auch das Experiment umfaßt, das Konzept der Entsagung vor allem in den Frauenliedern zu überschreiten, dies bei Wahrung der grundsätzlichen gesellschaftlichen Grenzen der Liebesauffassung.

4.10 Heinrich von Morungen

Als thüringischer Ministeriale im Dienst des Markgrafen von Meißen ist Heinrich von Morungen um 1220 an seinem Lebensende bezeugt, er ist im Leipzig Thomaskloster begraben. Damit wird erstmals ein Minnesänger im ostmitteldeutschen Raum greifbar, der durch Heinrich von Veldeke (▷ 4.4) an der Epik bereits bedeutenden Anteil gehabt hatte. Morungens Kunst nimmt nicht nur geographisch eine Sonderstellung ein. Im Unterschied zur intellektuell-reflektierenden Differenzierung des Liebesphänomens bei Reinmar dem Alten (▷ 4.9) wendet er sich in seinen 33 Liedern der ästhetischen Erscheinung zu, der Faszination durch die Schönheit der Herrin, die transzendente Qualitäten bekommt, die sich in den typischen Gestirnsvergleichen äußern. Dadurch wird die vorgegebene Unerreichbarkeit der Herrin nicht sozial oder ethisch, sondern ästhetisch im Sinn neuplatonischer Idealität gefaßt. Darüber hinaus erhält die Faszination durch die Frau dämonische Qualitäten: die Herrin wird als Venus, als dämonische Elbe angesprochen, deren Liebe tödlich ist. Sein Tagelied (143,22) faßt er als Wechsel von Männer- und Frauenstrophen aus der Erinnerung und verbindet die Einsamkeitssituation mit der Vision der Liebeserfüllung. In seinem Narzißlied (nach provenzalischem Vorbild) wird die Selbstreflexion des Dichters, seine Identitätsfindung in der Minne zum tödlichen Abenteuer. Sein Sängertum wird nicht mehr nur gesellschaftlich, sondern existentiell gefaßt: „wan ich durch sanc bin zer werlde geborn" (= denn ich bin um der Sangeskunst willen geboren, 133,13). Morungens Anregungen kommen von den Troubadours, aus der antiken Tradition, der christlichen Gotteslehre und Mariologie: die Analogie des Liebesheils zur religiösen Heilslehre dient seiner existentiellen Begründung. Wegen seiner Bildhaftigkeit und seiner selbstverständlichen Formkunst steht Morungen der neuzeitlichen Vorstellung von Lyrik (wie sie vornehmlich durch Goethe geprägt wurde) besonders nahe; seine Nachwirkungen im Mittelalter waren allerdings gering.

4.11 Walther von der Vogelweide

Wenn ein Dichtername des Mittelalters dem Gebildeten noch heute etwas sagt, so ist es der Walthers – als „Sänger des Reiches" und Kritiker des Papsttums, als Dichter des unmittelbaren, reinen Gefühls: alles das sind unbrauchbare Klischees des 19. und 20. Jahrhunderts. Walther muß aus der literarisch-sozialen und politischen Situation seiner Zeit verstanden werden. Er kommt aus einer Zwischenschicht nach Stand und Bildung: vermutlich nachgeborener Sohn eines kleinen Adligen (oder Ministerialen?) mit lateinischer Bildung, aber ohne kirchliche Funktion, also ein Mann ohne Lehen oder Pfründe, der Berufsdichter wurde. Seine Heimat ist unbekannt (Österreich vermutlich, Tirol unbeweisbar), sein Name vielleicht ein sprechender Künstlername. Ausweis seiner Stellung ist das einzige außerliterarische Zeugnis seiner Existenz: die Erwähnung Walthers in den Reiserechnungen des Passauer Bischofs Wolfger von Erla am 12. November 1203, als er fünf Solidi für einen Pelzrock erhielt, eine Gabe, die den Sänger in die obere Gruppe der fahrenden Vortragskünstler einordnet. Weitere Lebensdaten Walthers sind aus den Bezügen seiner Sangspruchdichtung auf die politischen Ereignisse von der Doppelwahl 1198 (Philipp von Schwaben – Otto IV.; ▷ 4.16) bis zum Kreuzzug Friedrichs II. (1228/29) zu erschließen: „Reichston" und „Philippston" für König Philipp von Schwaben (1198–1208), „Ottenton" für Kaiser Otto IV. (1212), Hinwendung zu Friedrich II. (1213/14) und Werbung für dessen Kreuzzug. 1225 klagt er um den ermordeten Reichsverweser Erzbischof Engelbert von Köln. Aus der Zeit nach 1230 gibt es keine politischen

Bezüge mehr. Die Nachricht von Walthers Grab im Lusamgärtlein des Neumünsters in Würzburg stammt aus der Mitte des 14. Jahrhunderts (Michael de Leone) und ist in ihrer Glaubwürdigkeit nicht allgemein anerkannt. Walther begann als Minnesänger am Babenberger Hof in Wien (▷ 4.2) und pflegte diese adlige Standeskunst mit etwa 70 Liedern vom Beginn seiner Laufbahn um 1190 bis zum Ende gegen 1230 (▷ 4.12). Seit 1198/99 wirkte er an verschiedenen Höfen als Sänger politischer Sangsprüche, zunächst vor allem am staufischen Hof König Philipps, für den als Walthers politischer Erstling der berühmte Sangspruch im „Reichston" entstand: „Ich saz ûf eime steine" (Abb. S. 62) – der Sänger in der Positur des Sehers und Deuters, der in der politischen und gesellschaftlichen Unordnung der Zeit zur Krönung Philipps rät (1198). In drei Liedern („Kreuzlied", „Palästinalied", sogenannte „Elegie") behandelt Walther das Kreuzzugsthema in seinen geistlichen Aspekten mit politischer Zielrichtung. In 13 Spruchtönen aus mehr oder weniger locker verbundenen Sangspruchstrophen äußert sich Walther und benutzt dabei alle traditionellen Spruchsängerrollen vom Lohnbegehren über die Lebenslehre bis zum Schelten, im Rahmen politischer Publizistik und Agitation (▷ 4.14–4.16) oft miteinander verschränkt. Er erweitert damit die traditionellen Aussagemöglichkeiten des Sangspruchs in ungekannter Weise – dabei kam ihm seine lateinische Bildung ebenso zustatten wie bei seiner entsprechenden Ausweitung des klassischen Minnesangrepertoires. Zu den religiösen Liedern zählt der formal aufwendige, theologisch aber eher einfache Leich (eine lange Reihe ungleicher Strophen). Walther war in politischen wie in Minneangelegenheiten weniger ein Programmatiker als ein großer Rhetoriker: mit seiner Fähigkeit zur klaren, oft dialektischen Argumentation, zur oft polemischen Pointierung, zu Wortspiel und Wortwitz übertrifft er Zeitgenossen und Nachfolger. Die Flexibilität in der dichterischen Rollenwahl führt ihn darüber hinaus zu Äußerungen einer modern anmutenden Subjektivität, auf die auch seine Beliebtheit im 19. und 20. Jahrhundert zurückzuführen sein mag.

4.12 Hoher Sang und Mädchenlied

Die in diesen Begriffen angesprochene Spannweite der Liebesthematik realisiert am prägnantesten Walther von der Vogelweide (▷ 4.11) in seinem Werk. Das „klassische" Minnelied richtet sich an eine typisierte adlige Frau, sie wird als dem Sänger gesellschaftlich überlegen gedacht, und die Beziehung zu ihr erscheint oft im Bild des Vasallendienstes: der Sänger bietet der Dame seinen Dienst, gelobt die Treue, erbittet die Huld und versucht andererseits, auch die Erfüllung ihrer lehnsherrlichen Pflichten einzuklagen. Weil die Dame so hoch steht, bleibt sie unerreichbar: das ist der Grund für die immer wiederholte Liebesklage. Im aussichtslosen Dienst entwickelt der Sänger seine gesellschaftlichen und ethischen Tugenden: die Minne ist ein Erziehungsprogramm. Der „Hohe Sang" (Walther von der Vogelweide) mit Frauenpreis, Liebesbitte und -klage feiert dieses Modell der „hohen Minne". Daneben, weniger dagegen, setzt Walther seine „Mädchenlieder": die Begegnung mit der Frau niederen Standes, bei der es einen idealen Gleichklang von liebendem Begehren und unkomplizierter Hingabe gibt; schönstes Beispiel ist Walthers Lied „Unter der linden", daneben das „Lied von der Traumliebe" (▷ 4.13). Literarische Modelle dafür liefern das Frauenlied des frühen und hohen Minnesangs, in dem die Sehnsucht nach Vereinigung geäußert werden darf, und die lateinische Vagantenlyrik, die unbekümmert sexuelle Freuden besingt. Im Mädchenlied artikuliert sich eine extreme Position des höfischen Liebesdiskurses: die Problematisierung der „Ständeklausel" des Minnesangs durch das Hereinbringen der Gegenseitigkeit und der sexuellen Erfüllung der Liebe, die nur bei nicht adligen Frauen möglich ist. Neidhart (▷ 4.17) wird die Thematisierung ständischer Differenzen systematisieren.

4.13 Tagelied und Pastourelle

Die höfische Liebeslyrik ist zur Hauptsache reflektierende Liedkunst, die erzählenden Lieder nehmen eine Sonderstellung ein. Das wichtigste erzählende Genre („genre objectif") ist das Tagelied, das den Abschied eines Liebespaares nach gemeinsamer Nacht zum Gegenstand hat. Tagelieder gibt es auf der ganzen Welt; für das höfische Tagelied ist konstitutiv, daß es die Grenzen der Liebeskonzeption aufzeigt: das sexuelle Zusammensein des unverheirateten Paares als gesellschaftlich verbotenes Glück. Das älteste deutsche Tagelied des Dietmar von Aist (▷ 4.6) ist von der Alba (= Morgendämmerung) der Troubadours noch kaum beeinflußt; die folgende Sängergeneration versucht, das Tagelied in die höfische Konvention zu integrieren: Reinmar der Alte (▷ 4.9) mit dem „Tagelied des Einsamen" (154, 32) und Heinrich von Morungen (▷ 4.10) mit dem Tagelied aus der Erinnerung, dem „Tagelied-Wechsel". Das einzige Tagelied (88,9) Walthers von der Vogelweide (▷ 4.11) ist als Tageliedparodie gedeutet worden wegen seines Charakters als argumentierendes Gespräch zwischen Ritter und Dame. Den Höhepunkt bilden die fünf Tagelieder Wolframs von Eschenbach, die in zum Teil biblisch überhöhter Sprache die Liebe mit der Intensität eines existentiellen Erlebnisses darstellen. Durch die Einführung der zum Aufbruch mahnenden Wächterfigur (nach provenzalischem Vorbild) vergrößert Wolfram die situative Spannung. Sein 4. Tagelied, in dem er die Ehe wegen ihrer Ungefährlichkeit im Vergleich zur illegitimen Tageliedliebe preist, ist sowohl als Absage an das Tagelied wie auch als Bestätigung dafür interpretiert worden, daß die leidenschaftliche Liebe nur als außergesellschaftliche möglich ist. Im 13. Jahrhundert nimmt die Tageliedproduktion stark zu, es kommt zu Variationen wie dem Abendlied (Serena), dem bäuerlichen Tagelied mit parodistischem Charakter, und später dringt Tageliedmotivik auch in das religiöse Lied ein. Im Unterschied zum Tagelied ist die Pastourelle, die von der Begegnung eines Ritters mit einer Frau niederen Standes (Hirtin) erzählt, in Deutschland nie heimisch geworden. Walther von der Vogelweide benutzt für zwei seiner bekanntesten Lieder, das „Lindenlied" (39,11) und das „Lied von der Traumliebe" („Nemt, frouwe, disen kranz"), das Pastourellenmodell: in ersterem wird eine von ständischen Voraussetzungen befreite Liebesbegegnung als Frauenrollenlied thematisiert, im zweiten erscheint

Ausschnitt aus dem Sangspruch „Ich saz ûf eime steine"
Walthers von der Vogelweide („Manessische Handschrift",
1. Hälfte des 14. Jh.; Heidelberg, Universitätsbibliothek)

sie als Utopie im Traum – die höfische Liebesauffassung wird von der Grenzsituation
her bestätigt. Bei Neidhart (▷ 4.17) wird die
Ständeproblematik ins Burleske gewendet,
pastourellenartige Gedichte finden wir dann
bei Gottfried von Neifen (1230/35; ▷ 5.1).
Anregungen dafür kamen aus der provenzalischen und lateinischen Lyrik (deutsch-lateini-
sche Pastourelle „Ich was ein chint so wol getan" in den „Carmina Burana"; ▷ 4.8). Die
geringe Beliebtheit liegt wohl in der fehlenden ständischen Idealität (die im Tagelied gegeben ist): die (in der Realität gängigen) sexuellen Beziehungen zwischen Adligen und
unfreien Frauen wurden als ungeeignetes
Modell für die Darstellung idealer erfüllter
Liebe angesehen.

4.14 Lebenslehre im Sangspruch

Weltliche Lieder mit der Thematik von Herrscherlob und Herrscherkritik, Lebenslehre
und Politischem gehören zum Repertoire der
lateinischen Autoren des 11. und 12. Jahrhunderts, parallel dazu stehen die Sirventes
(Lieder eines „sirven", eines Dienenden) in
der provenzalischen Lyrik. Die älteste deutsche Sangspruchdichtung (abgesehen von
einigen Einzelstrophen) stammt aus der

2. Hälfte des 12. Jahrhunderts: die 51 Strophen teilt man einem älteren Dichter, Herger,
und einem jüngeren, Spervogel, zu. Beide
sind Berufsdichter, ihre Themen Gönnerpreis, Lebenslehre als Bekräftigung von
Adelstugenden, beim älteren Autor auch Religiöses. Walther von der Vogelweide (▷ 4.11)
übernimmt alle diese Themen und gibt seinen
Sangspruchstrophen die formale Perfektion
der Minnelieder. Er erweitert die politische
Dimension und wird damit zum Begründer
der politischen Lyrik (▷ 4.15) in deutscher
Sprache. Traditionell sind die Themen von
Herrenpreis und Lohnforderung, von Lebensweisheit und Sängerexistenz. Walther
verbindet letzteres mit religiösen Dimensionen im „Frau-Welt-Lied" (100, 24) und im
„Alterston" (66, 21) sowie in der sogenannten
„Elegie" (124, 1), in der Gesellschaftskritik,
Altersreflexion und Kreuzzugswerbung sich
durchdringen. Walther spricht auch im Minnesang oft spruchdichterisch-didaktisch;
kennzeichnend für ihn ist die Vermischung
der vorher getrennten Typen. Im 13. Jahrhundert bleibt der Sangspruch die wichtigste
Liedgattung der Berufsdichter. Politisches
tritt, gemessen an Walther, zurück: Reinmar
von Zweter (▷ 5.4) vertritt in seinen 229 Strophen (in einem Ton, dem „Frau-Ehren-Ton")
die Ideale der „alten" Zeit wie Freigebigkeit
(„milte"), rechtes Maß und Ehre (Ansehen),
daneben steht Religiöses wie beim Bruder
Wernher (etwa 80 Strophen). Die Vortragsform der Sangspruchdichtung unterschied
sich nicht von der der Liebeslyrik; typisch ist
die mehrfache Verwendung einer Strophen-
form/Melodie für eine Reihe inhaltlich unabhängiger Spruchstrophen bis hin zu einem
„Personalton" des Sängers wie bei Reinmar
von Zweter (▷ 5.4). Walther bildet mit seiner
großen Zahl von Spruchtönen und seiner ge-
legentlichen thematischen Verkettung eine
Ausnahme; von „politischen Liedern" sollte
man dennoch nicht reden.

4.15 Politische Lyrik

In den Kreuzliedern der Minnesänger spielte
Politisches hinein, Ziel war jedoch die Diskussion der Liebesproblematik. Walther von
der Vogelweide (▷ 4.11) knüpft mit seinen

ersten politischen Sangsprüchen, dem 1. und 2. Spruch im „Reichston" aus dem Jahre 1198, an das Modell der Lebenslehre an: in Spruch 1 betrachtet er in der Pose des Denkers („Ich saz ûf eime steine") die gestörte soziale Ordnung, das Fehlen von Friedens- und Rechtssicherung, und folgert daraus, Philipp von Schwaben müsse die Krone ergreifen; im 2. Spruch vergleicht er die Weltordnung in den Tierreichen mit der Störung im Reich der Menschen und zieht die gleiche Konsequenz. Im 3. Spruch (1201) wendet er sich gegen den Papst, der die Kirche ins Verderben führe. In zwei Sprüchen des „1. Philippstons" feiert er mit religiösen Untertönen den Glanz König Philipps und gibt ihm damit die Aura des göttlichen Königsheils. Später wandte sich Walther von Philipp ab und schloß sich Philipps Gegner, dem Welfen Otto IV., an: er begrüßt ihn als Herrn des Reiches auf dem Hoftag 1212. Er geht, vielleicht schon 1213, zu Friedrich II. über, seine Parteiwechsel motiviert er gut spruchdichterisch mit der fehlenden Freigebigkeit der Herren. 1220 scheint ihm Friedrich das lang erbetene Lehen (Grundbesitz oder Geld) gegeben zu haben. Auch später formuliert Walther noch politische Propaganda für Friedrich im Zusammenhang mit seinen Kreuzzugsplänen. Daneben gibt es Bezüge auf kleinere Höfe – den Landgrafenhof von Thüringen, den Meißner Hof, die Babenberger in Österreich, den Herzog von Kärnten, den Reichsverweser Erzbischof Engelbert von Köln. Walther gehörte als politischer Sänger nicht zum Beraterkreis seiner Auftraggeber, er gab auch keine Programme vor. Seine Aufgabe war es vielmehr, die Zielsetzungen propagandistisch zu „verkaufen", und vor allem, das Selbstverständnis der Anhänger des Auftraggebers zu stärken. Durch seine Formulierungsgabe, seine Fähigkeit zu prägnanter Zuspitzung konnte er griffige „Schlagzeilen" finden, die ihre Wirkung auf die Zeitgenossen nicht verfehlt haben.

4.16 Kaiser und Papst

Der plötzliche Tod Kaiser Heinrichs VI. in Messina am 28. September 1197 stürzte das Reich in eine schwere Krise und befreite das Papsttum von einem Regenten, der auf dem besten Wege gewesen war, es in Abhängigkeit vom Imperium zu bringen. Mit Innozenz III. kam ein juristisch und politisch höchst fähiger Papst auf den Thron; er versuchte, den Kirchenstaat unabhängig zu machen und ein beanspruchtes Prüfungs- und Entscheidungsrecht bei der deutschen Königswahl (als der, der den Kaiser krönt) zur Etablierung einer päpstlichen Universalgewalt zu nutzen. Die Situation der Doppelwahl Philipps von Schwaben und Ottos IV. von 1198 bot die Möglichkeit dafür: Innozenz unterstützte zuerst Otto gegen den Staufer Philipp, als dieser seine Versprechen nicht einhielt, bannte er ihn ebenso wie später Gregor IX. Kaiser Friedrich II. (1227). Walther von der Vogelweide (▷ 4.11; 4.15) hat in den Diensten der drei Herrscher die politischen Ansprüche des Papsttums, das Eingreifen in die Wahlsouveränität der Fürsten und die Ableitung der kaiserlichen Gewalt aus päpstlicher Machtvollkommenheit, abgewiesen und das Verhalten Innozenz' als im Widerspruch zum Evangelium stehend kritisiert. Walther beharrt auf der Selbständigkeit und Unabhängigkeit des Kaisers, wie es das „Gleichnis vom Zinsgroschen" (11, 18) beweist. In drei Spruchstrophen des Unmutstons erreicht die Schelte ihren Höhepunkt: der Papst ist habgierig und verlogen, der neue Judas; er nimmt nicht die Bibel, sondern Zauberbücher aus der Hölle als Richtschnur, er reißt als Wolf unter Schafen viele ins Verderben (33, 1; 11, 21). Walthers propagandistisches Talent wird in den beiden „Opferstocksprüchen" von 1213 deutlich: er parodiert den Papst, der das Reich zerstören und sich bereichern will, mit beißendem Spott und inszeniert einen Dialog mit dem Opferstock als päpstlichem Gesandten. Walthers antipäpstliche Sprüche müssen erfolgreich gewesen sein, denn der Domherr von Aquileja, Thomasin von Zerklaere (Circlaere), beklagt, er habe tausend Menschen den Verstand verwirrt („Der wälsche Gast", Vers 11 091 ff.). Die Papstkritik hat Walthers Popularität im 19. Jahrhundert vor dem Hintergrund des Kulturkampfes begründet; heute sieht man, daß nicht seine politischen Überzeugungen, sondern die Interessen seiner Auftraggeber die Aussage seiner Lieder bestimmten; auch das evangelisch-biblische Frömmigkeitsideal, an dem Walther die Realität der päpstlichen Politik mißt, stammt aus der traditionellen Kirchenkritik in lateinischer Sprache: Walther zeigt sich hier wiederum als Sänger, der die lateinischen Traditionen zu integrieren verstand.

4.17 Neidhart und Neidharte

Die Welt der Bauern als die traditionelle Gegenwelt zur Hofkultur wird in einer umfangreichen Liedproduktion seit etwa 1215/20 in den Mittelpunkt gestellt. Sie stammt von Neidhart und seinen Nachahmern. Neidhart ist zugleich Sängerrolle und Verfassername, die Herkunftsbezeichnung „von Reuental" allerdings wohl allegorisch gemeint (= von Jammertal). Die Lieder zeigen den höfischen Sänger im Gegensatz zur dörflichen Welt voller Derbheit, Rohheit, Zügellosigkeit und Gemeinheit; in den Sommerliedern ist der Sänger der von den Bauernmädchen umschwärmte Liebhaber, in den Winterliedern scheitert er an den Bauernburschen. Die Sommerlieder thematisieren in einfachen Formen den Frühling, den Tanz im Freien; die Winterlieder beginnen im „hohen" Stil mit winterlicher Natur und Liebesklage, sie verwenden die klassische Kanzonenform (Abb. S. 66). Der Sänger fühlt sich an diese beiden Formtypen gebunden und bringt auch Themen wie Kreuzfahrt und Weltabsage in sie ein. Die prinzipiell offene Reihung der Strophen, die für den Minnesang insgesamt charakteristisch ist, reizte schon Zeitgenossen zum Weiterdichten: es entstehen Trutzstrophen, in denen Neidhart angesprochen wird, die Darstellung der Bauernprügeleien und sexuellen Zudringlichkeiten wird erweitert. Die produktive Rezeption, die bis zu Schwank und Spiel geht, macht eine Trennung von „echt" und „unecht" vielfach schwierig, sie wird mit Hilfe der Überlieferung (durch Erklärung der ältesten Handschrift zur Richtschnur) nur unbefriedigend gelöst. Zu Neidhart-Liedern sind insgesamt 55 Melodien, zur Hauptsache im 15. Jahrhundert, überliefert, die begrenzte Aussagen über Neidharts musikalische Eigenart erlauben: sie scheint Tanzliedhaftes in der Melodiebildung zu bevorzugen, bleibt aber im Rahmen der weltlichen höfischen Liedkunst. Aus Neidharts Liedern wurden biographische Stationen erschlossen:

Herkunft aus Südbayern (Berchtesgaden?), erstes Wirken am Herzogshof in Landshut, Übersiedlung nach Österreich zu Herzog Friedrich II., dem Streitbaren (seit 1230), Zuerteilung eines Hauses in Mödling (oder Melk) im Jahre 1236 (?), die Unterstützung der Balkanpolitik Friedrichs in den dreißiger Jahren, 1237 (oder 1242?) wäre das letzte verifizierbare Datum. Umstritten ist der Bezug auf reale gesellschaftliche Konflikte in Neidharts Liedern: es handelt sich wohl kaum um Kritik an bäuerlichen Emporkömmlingen oder der unhöfischen Realität am Hof selbst, eher um literarisches Spiel in der bäuerlichen Travestierung der Minne, um die leer gewordene Konvention des höfischen Sanges neu zu beleben und damit die Gebrauchsfunktion zu bestätigen. Damit mag eine Verherrlichung altadliger Gewalt- und Sexualprivilegien verbunden sein, wie sie nach historischen Zeugnissen am Wiener Hof ausgeübt wurden. Die Frivolität Neidharts und des Tannhäuser (▷ 5.2), der ebenfalls am Wiener Hof wirkte, sollte in der bäuerlichen Transposition ohne Verletzung der höfischen Regeln als stilisiertes „Gegenbild" konsumierbar gemacht werden. Die Spannung von Inhalt und Vortragsanlaß war immer an die konkrete höfische Situation gebunden; die Neidhartrezeption dagegen löst sich davon und tendiert zur Komik des spätmittelalterlichen Schwanks.

4.18 „Reinhart Fuchs" – antistaufische Zeitkritik

Menschliche Haltungen und Handlungen zu entlarven ist das Ziel der mittelalterlichen Tierdichtung, die kurz vor 1150 ihren ersten Höhepunkt im lateinischen „Ysengrimus" des Magister Nivardus erreichte. In Nordfrankreich erscheinen in der 2. Hälfte des 12. Jahrhunderts einzelne Fuchsgeschichten („branches"), die sich im 13. Jahrhundert zu einem Episodenroman, dem „Roman de Renart", zusammenfügen. Auf der Basis einiger früher „branches" schuf im letzten Jahrzehnt des 12. Jahrhunderts ein elsässischer Autor, Heinrich der Glichesaere (Glîchezâre = der Gleißner, Heuchler, vielleicht nach seinem Helden benannt), den Roman

„Reinhart Fuchs" (über 2 000 Reimpaare). Heinrich verfaßt eine bewußte Parodie auf den höfischen Roman mit seiner utopischen Gesellschaftsharmonie: Reinhart hat vier „Qualifikationsabenteuer" mit kleineren Tieren, die ihm mißlingen, dann schließt er sich mit dem Wolf Isengrin zu einer Partnerschaft auf Lug und Trug zusammen. Vor dem König Vrevel, dem Löwen, angeklagt, gelingt es ihm, die Königsboten hereinzulegen und, als er endlich auf dem Hoftag erscheinen muß, erneut zu siegen: er verspricht dem kranken König Heilung, für die Kur müssen seine Widersacher Fell oder Fleisch drangeben. Seine Freunde versorgt Reinhart mit Ehrenstellungen, den nunmehr genesenen König bringt er mit Gift um: über den Herrscher, den Garanten von Frieden und Recht, triumphiert der skrupellose Betrüger. Alle sind korrupt, verlogen, aggressiv in diesem Zerrbild der hochmittelalterlichen Gesellschafts- und Rechtsordnung. Die Kritik richtet sich jedoch nicht gegen das soziale und politische System, sondern gegen dessen Mißbrauch. Sie meint die Herrschaft der Stauferkaiser Friedrich I. Barbarossa und Heinrich VI., wie aus zeitgeschichtlichen Parallelen hervorgeht. Der Auftraggeber ist im elsässischen Adel zu suchen, der sich durch die Regierungspraxis der Staufer in seinen Rechten gekränkt fühlte. „Reinhart Fuchs" zeigt nur die Negativität, er entwirft kein Gegenbild einer gerechten Welt, aber diese Utopie ist der Anspruch, an dem die entartete Welt zu messen ist: der Roman entlarvt die politische Realität als Pervertierung des Ideals. Kritisch sieht der Autor auch die Welt der höfischen Kultur: die öffentliche Schändung der Wölfin durch Reinhart parodiert den Minnekult, der Roman selbst travestiert die schöne Scheinwelt der arthurischen Ideale. Reimtechnisch und in der anspruchslosen, aber bildkräftigen Sprache schließt sich der Autor (der wohl Kleriker war) an die sogenannte Spielmannsdichtung an, er schlüpft damit in die Rolle der fahrenden Berufsdichters, zu dessen traditioneller Aufgabe die Sittenkritik und die politische Schelte ebenso gehörte, wie zu seinen Darstellungsmitteln die Tierfabel. Der spätmittelalterliche niederdeutsche „Reynke de Vos" (1498) und mit ihm Goethes Epos „Reineke Fuchs" (1794; ▷ 12.7) geht auf anderen Wegen auf den „Roman de Renart" zurück.

4.19 Artus deutsch – Hartmann von Aue

Seit dem Beginn des 12. Jahrhunderts sind in England volkstümliche Legenden von König Artus bezeugt, der im 5. Jahrhundert als britischer Heerführer gegen die Sachsen gekämpft haben soll. Bei Geoffrey of Monmouth („Historia Regum Britanniae", 1136/38) ist er Vertreter eines modernen höfischen Herrscherideals; diese Rolle wird in der Geoffrey-Bearbeitung des anglonormannischen Dichters Wace, dem „Roman de Brut" von 1155, noch erweitert: herrscherliches Selbstverständnis äußert sich vor allem in höfischer Repräsentation, nicht mehr, wie in der Heldenepik, vornehmlich im Kampf. Dieses Bild wird entscheidend für die Artusromane: Chrétien de Troyes begründet die Romantradition mit „Érec et Énide" (um 1170). Er erzählt nicht eine vorgegebene Geschichte nach, will auch nicht, wie Geoffrey und Wace, Historie bieten, sondern bringt verschiedene Erzählmotive in einen festen Strukturrahmen, um in der Fiktion eine Problematik der höfischen Gesellschaft für die Hörer erfahrbar zu machen. Sinnträger werden die Ritter der Tafelrunde, der König gibt nur die Rahmeninstanz, tragendes Element ist das ritterliche Abenteuer als bewußt gesuchte Bewährung. Das Thema des ersten Artusromans ist die Integration des höfischen Individuums in die Gesellschaft, dargestellt an der modernen Liebesproblematik: der Artusritter und Königssohn Érec gewinnt durch Waffentat die schöne Énide, er zieht sich ins private Glück zurück, vernachlässigt seine Herrscherpflichten und fällt in Schande. Als er die Situation erkennt, bewährt er sich und seine Ehe auf einer Abenteuerfahrt und kann dann als idealer Herrscher gekrönt werden: persönliche Vollkommenheit wird identisch mit gesellschaftlicher Harmonie, in die auch die Liebe, anders als im „Tristan" (▷ 4.23), gegen den sich Chrétien wendet, integrierbar ist. Etwa zehn bis fünfzehn Jahre nach Chrétien hat Hartmann von Aue mit seinem „Erec" eine freie Übertragung geschaffen; er handelt die gleiche These ab wie Chrétien, steigert jedoch noch die Vorbildlichkeit der Helden und die existentielle Bedeutung der Krise. Hartmann war Ministeriale; für welchen

Herrn er gearbeitet hat, ist umstritten: in Frage kommt ein südwestdeutsches Adelsgeschlecht, vielleicht die Herzöge von Zähringen (bei Freiburg). Auch Hartmanns zweiter Artusroman, der „Iwein" (um 1200), geht auf Chrétien („Yvain", um 1177–81) zurück: der Held gewinnt durch ein Abenteuer, bei dem er den Herrn eines Brunnens tötet, dessen Frau, Laudine, weil sie, schutzlos, einen starken Landesherrn braucht. Er vernachlässigt jedoch seine Herrscherpflicht auf Turnierfahrten und wird von Laudine verstoßen. Vor Schmerz vorübergehend wahnsinnig geworden, beweist er schließlich auf einer Abenteuerfahrt seine Fähigkeit zum Schutz der Bedrängten und zur Wahrung der Rechtsordnung, so daß Laudine ihn wieder annehmen kann – ungewollt zuerst, dann aber bereitwillig. Wieder also geht es um den Lern- und Integrationsprozeß für den richtigen Herrscher, deutlich ist die Relativierung des Artusreiches: Iweins eigentliches Ziel ist Laudine und die Herrschaft an ihrer Seite. Der Artusroman ist in Frankreich die Literatur der Großvasallen. Handlungsträger ist nicht der zentrale Herrscher, der König, sondern ein Ritter des Hofes. Propagiert wird ein neues adliges Selbstverständnis: nicht die Herkunft allein macht den Herrscher, sondern die Fähigkeiten müssen entfaltet und bewährt werden. Im Fall Hartmanns hat man darin die Mentalität der Ministerialen (Dienstgedanke) sehen wollen; wahrscheinlicher ist ein christlich bestimmtes Programm ritterlich-höfischen Selbstverständnisses, das, im Interesse des Landesfürsten, alle Mitglieder seines Hofes unter seiner Führung auf ein gemeinsames Ideal und Mitwirkung bei den Aufgaben von Rechts- und Friedenssicherung verpflichten sollte.

4.20 Höfische Legende

Mit dem Auftreten der höfischen Romanliteratur verliert die Legende als erzählerische Gattung an Bedeutung. Die erste Dichtung Heinrichs von Veldeke (▷ 4.4), die Servatiuslegende (um 1160), steht noch ganz im Bann der kirchlich-kultischen Verwendung (Sankt Servas in Maastricht). Für ein weltlich-höfisches Publikum dagegen schrieb Hartmann

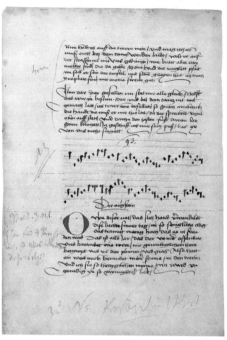

Erste Strophe des Winterliedes „Owe diser not" von Neidhart (Berliner Neidhart-Handschrift, um 1465; Berlin; Staatsbibliothek Preußischer Kulturbesitz)

von Aue (▷ 4.3; 4.19) um 1186/90 seinen „Gregorius" auf der Grundlage eines altfranzösischen Legendenromans, der „Vie de saint Grégoire". Der Papst Gregorius, dessen Leben erzählt wird, ist keine historische Gestalt, sondern eine religiös beispielhafte Romanfigur: hochadliger Herkunft, Sproß inzestuöser Geschwisterliebe, wird er ausgesetzt und im Kloster erzogen, wendet sich aber dem Rittertum zu. Er befreit seine Mutter aus feindlicher Belagerung, heiratet sie unwissend und büßt, als das Verhängnis aufgedeckt wird, siebzehn Jahre als Eremit auf einem Felsen im Meer. Gerade wegen seiner Buße wird er zum Papst bestimmt, und er führt dieses Amt in vorbildhafter Weise, so daß seine Mutter bei ihm Rat sucht, zunächst ohne ihn zu erkennen. Hartmann behandelt in dieser Sünden- und Gnadengeschichte das Problem der Sinngebung weltlich-ritterlicher Existenz: Buße und Eremitentum waren im 12. Jahrhundert verbreitete Reaktionen auf existentielle Erschütterungen. Durch die Übertragung ins Literarische ist die Sinnfindung auch ohne lebensgeschichtliche Konsequenzen zu erreichen: durch Nachvollzug der Erzählung in der Betrachtung des beispielhaften Helden und Heiligen. Die zweite legendenhafte Erzählung Hartmanns, „Der arme Heinrich" (um 1200), zeigt eine ähnliche „Rettung" der weltlichen Existenz: der Freiherr Heinrich wird vom Aussatz befallen, er kann nur durch das Blutopfer eines reinen Mädchens geheilt werden. Die Tochter eines Bauern ist dazu bereit, aber beim Anblick des zum Opfer entkleideten Mädchens verzichtet Heinrich und wird dafür von Gott gnadenhaft geheilt; mit Zustimmung seiner Verwandten heiratet er die ständisch Unfreie: ein utopischer Märchenschluß. Das Gnadenwunder sanktioniert eine weltliche Lebensform, die das Bewußtsein von der Verantwortung vor Gott einschließt. Anscheinend kommt eine soziale Komponente hinzu: die ständisch problematische Ehe Heinrichs, die als gottgewollt und von der Gesellschaft akzeptiert dargestellt wird. Der Gedanke der Freiheit aller Gotteskinder konnte in einer ständisch differenzierten Hofgesellschaft einigend wirken. Die Vorstellung, die beiden Legenden Hartmanns zugrunde liegt, daß die weltliche Existenz in hohem Maße von ungewollter Schuld gefährdet ist, scheint die höfische Gesellschaft um 1200 bewegt zu haben: davon handelt auch der „Parzival" Wolframs von Eschenbach.

4.21 Der „Parzival" Wolframs von Eschenbach

Der erfolgreichste deutsche Versroman des Mittelalters (fast 90 Textzeugen, darunter ein Druck) und der in der Neuzeit meistinterpretierte ist der „Parzival" Wolframs von Eschenbach (Abb. S. 70), die Nacherzählung und Vollendung von Chrétiens de Troyes unvollendetem „Conte du Graal" („Perceval", 1181–88). Nach 1200 entstand in einem längeren komplexeren Schaffensvorgang der fast 25 000 Verse lange Doppelroman von dem Weg des „tumben", unerfahrenen Parzival zum Gralskönigtum und des untadeligen Ritters Gawan in die Ehe. Wolfram hat die Geschichte von Parzivals Vater Gahmuret vorangestellt und den Schluß nach dem Struktur-

modell von Hartmanns „Iwein" (▷ 4.19) neu geschaffen. Parzival, von seiner Mutter Herzeloyde nach dem Rittertod seines Vaters im Wald fern jeder Ritterschaft erzogen, erwirbt sich diese in einem mühevollen Prozeß, dennoch stellt er bei einem Besuch auf der Gralsburg Munsalvaesche die Frage nicht, die den Gralskönig Anfortas von seinen Leiden erlöst und ihm selbst die Herrschaft gebracht hätte. Er muß erst in innerer Einkehr beim Einsiedler Trevrezent die Gefahr des ritterlichen Lebens, schuldlos schuldig zu werden, begreifen und seine Schuld auf sich nehmen, gleichzeitig seinen Platz in der Gralsgenealogie erkennen, ehe er dann ein zweites Mal zum Gral kommen und die Frage stellen darf, die nunmehr eine Mitleidsfrage ist: Anfortas wird geheilt und Parzival, wie es ihm nach Einsicht und Erbfolge zusteht, Gralskönig. Parallel dazu läuft das Schicksal Gawans, das eng mit

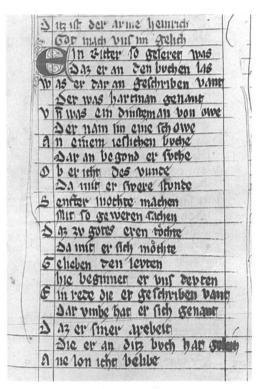

Beginn des „Armen Heinrich" Hartmanns von Aue mit der Selbstdarstellung des Dichters (Handschrift des 14. Jh.; Heidelberg, Universitätsbibliothek)

dem Artushof verknüpft bleibt: der arthurische Musterritter geht durch Kämpfe und Liebesbeziehungen, um mit der schwierigen Partnerin Orgeluse nach einem Erlösungs- und Befreiungsabenteuer (Schastelmarveile, die Wunderburg) die Ehe eingehen können. Wolfram ist Chrétiens Erzählung im Großen gefolgt, hat vieles aber auch anders gestaltet und macht dafür einen (erfundenen?) Provenzalen Kyot verantwortlich, so für den Gral, der bei Chrétien eine flache (Speise-)Schüssel, bei ihm aber ein Stein himmlischer Herkunft ist (der Bezug zur Abendmahlsschale gehört einer anderen Tradition bei Robert de Boron, „Roman de l'estoire dou Graal" [1180?, 1210?] an). Der „Parzival" enthält mehrere Deutungsebenen; er ist außer als auf Spannung und Enthüllung wirkungsvoll angelegter Abenteuerroman auch als Familienroman mit einem komplexen Verwandtschaftsgefüge, als Liebesroman mit fast allen denkbaren Partnerkonstellationen, als weltanschaulicher Thesenroman über das Verhältnis von weltlichem (arthurischem) Rittertum, menschlicher Selbstverantwortung und göttlichem Willen, schließlich als Zeitroman mit Anspielungen auf politische Ereignisse und Probleme am Anfang des 13. Jahrhunderts zu lesen. Wolfram scheint den Roman an verschiedenen mitteldeutschen Höfen, unter anderem in Thüringen, vorgetragen zu haben; seine Vieldimensionalität eröffnete verschiedene Rezeptionsmöglichkeiten, wurde aber anscheinend von Gottfried von Straßburg (▷ 4.24) als gewollte Dunkelheit kritisiert. Seit der Wiederentdeckung Mitte des 18. Jahrhunderts stand einseitig der Gott- und Gralsucher Parzival im Mittelpunkt des Interesses, das dann durch Richard Wagners „Bühnenweihfestspiel" von 1882 („Parsifal") dominiert wurde.

4.22 Lancelot

Der Roman vom „Karrenritter" Lancelot, den Chrétien de Troyes im Auftrag der Gräfin Marie von Champagne um 1180 geschrieben hat („Lancelot ou le chevalier de la charrette"), wurde nie ins Deutsche übertragen: die Geschichte vom Ritter der Königin Guenièvre (Ginover), der Frau des Königs Artus, die entführt und von Lancelot befreit wird

(bei der Verfolgung besteigt er einen Henkerskarren), war wegen der ehebrecherischen Liebesbeziehung, die als vorbildliche Verwirklichung höfischer Liebe dargestellt wird, schwer in die auf ethische Verbindlichkeit ausgerichtete höfische Literatur einzubringen. Schon Chrétien war an dem Problem, die Dialektik von Liebe und Gesellschaft mit den Mitteln des Artusromans zu lösen, gescheitert, und hatte die Fertigstellung des Romans Godefroi de Leigny überlassen. Der Lancelot-Stoff wurde in anderer, trivialerer Gestalt übernommen: im „Lanzelet" (um 1195) nach einer anglonormannischen Vorlage, die durch Hugo von Morville, Geisel für Richard Löwenherz am Königshof, vermittelt wurde. Der „Lanzelet" vertritt ein einfacheres Romanmodell ohne Krise des Helden mit fortschreitendem Aufstieg, Integration in die Gesellschaft und Übernahme der Herrschaft, wofür Lanzelet durch Abstammung und Leistung qualifiziert ist. Die Liebe wird ihm nicht zum Problem, dreimal wechselt er die Partnerin, die vierte ist die richtige, zu ihr kehrt er nach einem weiteren Liebesabenteuer zurück: das reflektiert traditionelle altadlige Freiheiten des Mannes und ist von höfischer Emotionalität und Humanität nur oberflächlich berührt.

In Frankreich entsteht zwischen 1210 und 1220 der „Lancelot-Graal-Zyklus" (▷ 5.15), eine Folge von fünf Prosaromanen, deren mittlerer Chrétiens „Karrenritter" integriert: hier wird die höfische Liebe, höchster Wert vor der Welt, in der transzendenten Perspektive zur Sünde, an der das Artusreich zerbricht; nur die Wendung zu Gott verspricht Rettung. Der „Lancelot-Graal-Zyklus" wurde zum Ausgangspunkt der wirkungsmächtigsten Kompilation der Artusliteratur, Thomas Malorys „Le morte Darthur" (gedruckt 1485, deutsch „Der Tod Arthurs", erschienen 1913). Ins Deutsche wurden im 13. Jahrhundert die drei letzten Teile des Zyklus übertragen: der „Prosa-Lancelot" (▷ 5.15) fand jedoch keine große Resonanz.

4.23 Tristan und die Liebe

Die Geschichte von der ehebrecherischen Beziehung zwischen Tristan und Isolde galt schon dem Mittelalter als beispielhafte Liebesgeschichte, für die neuere Zeit ist sie durch Richard Wagners Oper „Tristan und Isolde" (1859) zum Mythos der leidenschaftlichen Liebe schlechthin geworden. Die Ursprünge führen in die keltische Überlieferung, einen keltischen „Tristan" gibt es allerdings nicht. Die ältesten erhaltenen Tristandichtungen stammen aus dem letzten Drittel des 12. Jahrhunderts: der fragmentarisch erhaltene Tristanroman des Franzosen Béroul, das Episodengedicht „Chievrefeuil" (= Geißblatt) der Marie de France (um 1170), der fragmentarische „Tristan" des Anglonormannen Thomas d'Angleterre (um 1180) und der „Tristrant" des Eilhart von Oberge (um 1190). Letzterer ist die Übertragung einer nicht erhaltenen französischen Vorlage, der sogenannten „Estoire de Tristan", die auch die Quelle für Béroul und Thomas d'Angleterre war. Man hat ältere Vorstufen der „Estoire de Tristan" zu rekonstruieren versucht, die mit irischen literarischen Typen zusammenhängen sollen: eine Fluchtgeschichte („aithed"), die den Liebe-Loyalitäts-Konflikt thematisiert, und eine Seefahrtgeschichte („immram"). Die als sekundär betrachtete Isolde-Weißhand-Thematik gehörte allerdings schon zur „Estoire": Der elternlose Tristan gewinnt die Liebe seines Onkels Marke und kämpft für ihn gegen den Iren Morolt, dabei wird er verwundet. Er fährt nach Irland, weil nur die blonde Isolde ihn heilen kann. Geheilt kehrt er nach Cornwall zurück, fährt wieder nach Irland, um Isolde für Marke zu werben und erringt das Recht auf ihre Hand durch Tötung eines Drachens. Auf der gemeinsamen Überfahrt trinken Tristan und Isolde den (eigentlich für Marke bestimmten) Liebestrank, der sie während seiner Wirkungszeit unlösbar verbindet. Nach der Hochzeit Markes mit Isolde versuchen sie, am Hof ihre Liebe mit vielen Listen leben zu können, sie fliehen schließlich in den Wald; als die Trankwirkung nachläßt, kehrt Isolde zu Marke zurück, Tristan geht ins Exil. In der Bretagne hilft er der Herrscherfamilie und heiratet die Tochter, Isolde Weißhand, vollzieht jedoch die Ehe nicht. Mehrfach kehrt er inkognito nach Cornwall zurück; als die blonde Isolde ihn dort schwer kränkt, vollzieht er seine Ehe mit der weißhändigen Isolde. Bei einem Abenteuer wird er verletzt, er schickt zur blonden Isolde um Heilung, ihr Kommen soll durch weiße Segel signalisiert werden. Die weißhändige Isolde meldet fälschlich schwarze Segel, Tristan stirbt, dann auch die blonde Isolde neben ihm. Aus ihren getrennten Gräbern wachsen eine Rose und eine Weinrebe, die sich ineinander verschlingen. Bei Eilhart dient der Liebestrank zur Entschuldigung des Paares, der versöhnliche Schluß mit der Verzeihung Markes und dem Pflanzenwunder bestätigt den Ausnahmecharakter der leidenschaftlichen Liebe: der Konflikt ist also nicht gesellschaftstypisch. Das „moderne" Liebesthema wird zwar literarisch aufgenommen, aber ideologisch neutralisiert. Im 15. Jahrhundert wurde Eilharts Werk in Prosa umgeformt und sechzehnmal gedruckt (1484–1664): hier wird versucht, das Geschehen menschlich verständlich zu machen und Tristan als nach zeitgenössischen juristischen Grundsätzen schuldlos darzustellen. Hans Sachs schrieb 1551 sechs Meisterlieder nach dem Prosaroman und eine „Tragedia" (1553) mit der Warnung vor „unordentlicher" Liebe am Schluß. In Frankreich entstand in Anknüpfung an den „Lancelot-Graal-Zyklus" (▷ 4.22) ein Prosaroman von Tristan („Tristan en prose", 1225/35), der im Italienischen, Spanischen und vor allem im Englischen in Thomas Malorys „Le morte Darthur" (gedruckt 1485, deutsch „Der Tod Arthurs", erschienen 1913) rezipiert wurde.

4.24 Gottfried von Straßburg

Der Tristanroman Gottfrieds entstand um 1210/15 für einen unbekannten Gönner (Dietrich) vermutlich in Straßburg. Der Dichter, dem spätere Erzähler den akademischen Meistertitel geben, gehört zu den gebildetsten Autoren seiner Zeit. Seine gedankliche Komplexität und sprachliche Sensibilität hat die Rezipienten bis heute fasziniert. Gottfried nimmt als Quelle den unvollständig erhaltenen Tristanroman des Thomas d'Angleterre (▷ 4.23); von diesem sind jedoch zur Hauptsache Partien überliefert, die zum Schluß gehören, den Gottfried nicht mehr fertiggestellt hat: sein Roman „Tristan und Isolt" bricht ab bei den Überlegungen seines Helden, ob er Isolde Weißhand heiraten soll. Die Geschichte von Riwalîn und Blanscheflur, Tri-

Die Versöhnung Parzivals mit seinem Halbbruder Feirefiz. Illustration zum „Parzival" Wolframs von Eschenbach (Münchner Parzival-Handschrift aus der 1. Hälfte des 14. Jh.; München, Bayerische Staatsbibliothek)

stans Eltern, nimmt bei Gottfried einen bedeutenden Platz ein: in ihr wird das Thema der heimlichen Liebe vorbereitet und gleichzeitig die Erklärung für Tristans Wurzellosigkeit gegeben. Neben seine kämpferischen Fähigkeiten (Morolt-, Drachenkampf) tritt seine intellektuelle und künstlerische Kraft, mit der er Marke, den Hof und schließlich Isolde bezaubert. Seine Intellektualität erlaubt ihm eine Distanz zu den anerkannten gesellschaftlichen Rollen und Werten, die in der Liebesbeziehung zu Isolde zu einer Spaltung in eine öffentliche und eine heimliche Rolle führt: die Liebe, als höchster höfischer Wert, ist nicht mehr in die höfische Gesellschaft integrierbar, wie das der Artusroman behauptet hatte (▷4.19). Beispielhaft deutlich wird dies in der „Minnegrottenepisode". Die Verbannung im Wald ermöglicht den Liebenden eine ideale Existenz in der als höfischer Tugendtempel allegorisch erklärten Liebesgrotte, aber das Fehlen des öffentlichen Bereichs erscheint ihnen als Mangel: als höfische Menschen sind sie auf die Anerkennung, die „êre", angewiesen. Das In- und Gegeneinander der Ansprüche spiegelt sich in der Sprache des Romans, die bei aller äußeren Klarheit von Antithesen und Relativierung der Begrifflichkeit geprägt ist, deren Klangverliebtheit die Rationalität der Aussage ins Ästhetische transzendiert und einen fast mystischen Nachvollzug der Liebe durch die Zuhörer er-

möglichen soll. Daher ist eine eindeutige, widerspruchsfreie Interpretation nicht möglich, allenfalls eine Beschreibung der sprachlichen und darstellerischen Komplexität. Gottfrieds wohl nicht absichtlich unvollendetes Werk wurde um 1230/35 von Ulrich von Türheim (▷5.12) und um 1260/80 von Heinrich von Freiberg (▷5.12) fortgesetzt: da beide sich vorwiegend an Eilhart von Oberge (▷4.23) orientieren, ergeben sich starke konzeptionelle Widersprüche zu Gottfrieds Werk. Richard Wagners auf Gottfrieds Roman basierende Oper „Tristan und Isolde" (1865) hat seine Rezeption auch in der Wissenschaft lange entscheidend geprägt.

4.25 Der „heilige" Willehalm

Die französischen Heldenepen (Chansons de geste) behandeln die Kämpfe zwischen den christlichen Franzosen und den arabischen Moslems als nationalen Glaubenskrieg: diese Programmatik wurde im deutschen „Rolandslied" (▷3.5), der Übersetzung der „Chanson de Roland", durch Betonung der religiösen Komponente verändert. Bei der Übertragung der Chanson de geste „Aliscans" (nach 1150) aus dem Zyklus um Guillaume d'Orange (Wilhelm von Orange) geht Wolfram von Eschenbach viel differenzierter vor. Zwar macht auch er aus dem nationalen Helden einen Glaubensstreiter, einen Heiligen, und ruft ihn so im Prolog an, aber die heidnische Seite wird als menschlich und kulturell gleichwertig dargestellt. Willehalms Frau Gyburg, Tochter des Heidenfürsten Terramer, weist in ihrer „Schonungsrede" auf die Gotteskindschaft aller Menschen, selbst der Ungetauften hin, auch ihnen gegenüber gilt die Pflicht zur Nächstenliebe und das Tötungsverbot. Wolfram zeigt allerdings in der Darstellung von Einzelkämpfen und Massenschlachten, daß das nicht durchführbar ist. Der „Willehalm" ist unvollendet: nach der zweiten Alischanz-Schlacht, die durch den jungen riesenhaften Rennewart für die Christen entschieden wird, läßt Willehalm die toten Araberfürsten einbalsamieren und ihren Verwandten übergeben. Ist diese versöhnliche, aber ohnmächtige Geste gegenüber der grausamen Realität des Krieges Wolframs beabsichtigter resignativer Schluß? Oder wollte er gemäß der Vorlage berichten, daß Renne-

wart, der für die Franzosen kämpfende Sohn Terramers, Bruder Gyburgs, sich taufen läßt und die Tochter des französischen Königs heiratet? Und sollte das eine utopische Versöhnung sein oder – wie in den folgenden Chansons de geste – der Beginn neuer Kämpfe? Die späteren Ergänzungen des „Willehalm", die Fortsetzung „Rennewart" durch Ulrich von Türheim (1240/50; ▷ 5.12) und die Vorgeschichte durch Ulrich von dem Türlin (1260/70) nehmen das kritische und utopische Potential von Wolframs Erzählung wieder zurück zugunsten der herkömmlichen Glaubenskrieg-Vorstellungen. Der „Willehalm", dessen Vorlage Wolfram von Landgraf Hermann I. von Thüringen erhielt, ist nicht nur in der Problematisierung von Gewalttat und Glaubensgerechtigkeit ein epochales Werk, sondern auch in der Erzähltechnik mit der Darstellung gleichzeitiger Ereignisse und in seinem „übertreibenden" Stil, der in weiterer Steigerung heldenepischer Eigenarten grotesk-komische Züge annimmt

Ausschnitt einer Seite des „Willehalm" Wolframs von Eschenbach (Handschrift aus der 1. Hälfte des 13. Jh.; München, Bayerische Staatsbibliothek)

und damit die Unangemessenheit des sprachlichen „heldischen" Gestus gegenüber der furchtbaren Realität demonstriert.

Im Unterschied zum „Parzival" (▷ 4.21) gibt es keine gestaltbare Utopie, keinen Gral, sondern nur die Möglichkeit, die menschliche Unvollkommenheit „auszuhalten" in Hoffnung auf Gott. Die mittelalterliche Rezeption des „Willehalm" als Werk herrscherlicher Repräsentation und Legitimation bedeutet zwar eine Verkürzung der Problematik, belegt aber auch, daß sich ein laikales Bewußtsein von Heils- (und Unheils-)geschichte etabliert hat.

4.26 Nordische und deutsche Nibelungen

Die „heroische" Zeit, an deren Geschehnissen sich das geschichtliche Selbstverständnis der germanischen Stämme immer wieder entzündet, ist die Völkerwanderungszeit: sie liefert den Stoff für die Heldenlieder und Heldenepen der nordischen Völker, der Angelsachsen und der Deutschen. Historische Ereignisse werden mit Hilfe bestimmter Schemata umgeformt zur Sage, diese wiederum im Heldenlied literarisch gestaltet. Die Ereignisse, die dem deutschen „Nibelungenlied" (▷ 4.27) zugrunde liegen, sind im 5. und 6. Jahrhundert angesiedelt: der Untergang des burgundischen Reiches mit König Gundahari in den Kämpfen mit Römern und hunnischen Hilfstruppen (435/38) und die Ermordung des Merowingers Sigibert, des Gatten der Brunihildis. Beide Ereignisse haben nichts miteinander zu tun, die Verbindung der Sagen liegt erst im „Nibelungenlied" vor. 14 Lieder der sogenannten „Älteren Edda", die zwar erst in der Mitte des 13. Jahrhunderts aufgezeichnet wurden (▷ 1.2), aber Indizien für ein meist deutlich höheres Alter aufweisen, behandeln den Nibelungenstoff: das „Alte Atlilied" (9. Jahrhundert) erzählt von der Einladung des Hunnenkönigs Atli an seine Schwäger Gunnar und Högni, die die Warnung ihrer Schwester Gudrun bewußt mißachten. Atli will von ihnen den Nibelungenhort erpressen, sie lassen sich eher töten und werden von Gudrun an Atli gerächt. Später – nicht erst im „Nibelungenlied" – wurden die Rollen der Schwester und Atli/Etzels

vertauscht: sie rächt den Tod ihres Mannes an ihren Brüdern. Die älteste erhaltene Version von Siegfrieds Tod ist das „Alte Sigurdlied" (Alter umstritten: 8.–11. Jahrhundert): Sigurd gewinnt (für Gunnar) Brünhild, die ihn aus Eifersucht ermorden läßt, vermutlich, weil er Gunnars Schwester Gudrun geheiratet hat. Andere Lieder kreisen um die Jungsiegfried-Abenteuer: Drachenkampf, Hornhaut, Erwerb eines Tarnmantels und eines Schatzes. Das „Jüngere Sigurdlied" (13. Jahrhundert) stellt Brünhild in den Mittelpunkt: sie veranlaßt den Mord an Sigurd und läßt sich, um im Tode mit ihm vereint zu sein, gemeinsam mit ihm verbrennen; vorher weissagt sie den Untergang der Burgunden. Weitere altnordische Bearbeitungen aus dem 13. Jahrhundert betten den Nibelungenstoff in andere Zusammenhänge ein: die „Völsungasaga" in die Sippengeschichte der Völsungen und die vom „Nibelungenlied" abhängige „Thidrekssaga" in die Geschichte Dietrichs von Bern. Nach der Wiederentdeckung der „Edda" im 18. Jahrhundert setzte die Rezeption der nordischen Nibelungen zu Beginn des 19. Jahrhunderts mit Friedrich de la Motte Fouqués Dramentrilogie „Der Held des Nordens" („Sigurd, der Schlangentödter", „Sigurd's Rache", „Aslauga", 1808–1810) ein; über die Verarbeitung in Richard Wagners „Ring des Nibelungen" (1854–74) haben sie die Vorstellung von Siegfried stark geprägt.

4.27 Das „Nibelungenlied"

Mit einem Hinweis auf die „alten maeren", die Erzählungen aus alter Zeit, die Erstaunliches von Helden berichteten, beginnt das um 1200 in schriftlicher Form gestaltete „Nibelungenlied": es versteht sich als Erzählung und Reflexion auf Geschichte, grenzt sich ab vom höfischen Roman, auch durch die Anonymität und die sangbare Form seiner fast 2 500 Vier-Langzeilen-Strophen (Abb. S. 74). Im ersten Teil (1.–19. Aventiure [= Erzähleinheit]) wird die Geschichte von Siegfrieds Tod berichtet: Kriemhilds Aufwachsen in Worms, ihr vorausdeutender Falkentraum (zwei Adler töten einen von ihr aufgezogenen Falken), Siegfrieds Erziehung, sein Auftreten am Wormser Hof (die Jungsiegfried-Aben-

teuer sind nur angedeutet), die Werbung um Kriemhild, für deren Erfolg ihr Bruder Gunther Siegfrieds Hilfe bei seiner Werbung um Brünhild zur Voraussetzung macht. Ihr wird von Siegfried Gunthers Stärke vorgespielt und eine Abhängigkeit Siegfrieds von Gunther, die später im Streit zwischen Kriemhild und Brünhild thematisiert wird: diese behauptet, Siegfried sei Leibeigener Gunthers. Kriemhild beschimpft ihre Schwägerin als „Beischläferin eines Unfreien", nämlich Siegfrieds, der in der Hochzeitsnacht Brünhild für Gunther körperlich bezwungen hatte, ohne ihr sexuell zu nahen. Die ständische Beleidigung ihrer Königin Brünhild motiviert die Burgunden zur Rache; Hagen führt sie aus. Nach dem Mord raubt er Kriemhild den Nibelungenhort, weil sie damit eine Machtposition gewinnen kann. Die erhält sie jedoch, als Etzel um sie wirbt: sie folgt ihm ins Hunnenland und lädt ihre Brüder zu Besuch; nur Hagen durchschaut ihren Racheplan. In Etzelnburg gibt er durch die Ermordung des Etzelsohns den Anlaß zum Kampf, der mit der Tötung der Burgunden endet: von den einzig Überlebenden, Gunther und Hagen, fordert Kriemhild den Hort, läßt erst Gunther töten und erschlägt Hagen mit eigener Hand, als er sie verhöhnt. Daß sie als Frau den tapfersten Helden erschlägt, provoziert Hildebrand, den Waffenmeister Dietrichs von Bern, sie in Stücke zu schlagen.
Die Verbindung der beiden Geschehnisstränge ist sowohl strukturell wie in der Motivation vielfach gelungen, dennoch bleiben nicht passende Details, widersprüchliche Begründungen, blinde Motive, auch wenn man berücksichtigt, daß die Vorstellungen von Homogenität und Kausalverknüpfung in einer Erzählung Maßstäbe des 19. Jahrhunderts sind. Die Diskrepanzen liegen begründet in der weitgehend festgehaltenen Erzählmotivik des alten Stoffes und ihrer teilweisen neuen Deutung. So ist das gesellschaftlich-politische Motiv im Frauenstreit, der Standesbetrug, eine Sinngebung aus der Problematik der Entstehungszeit, und bei der archaischen Hortforderung am Schluß wird die alte Bedeutung von Macht und Stand überlagert durch eine Symbolik, die alle Kränkungen Kriemhilds, vor allem die als persönlichste verstandene Tötung ihres Geliebten, einschließt: „vriedel", Geliebter, so nennt sie Siegfried, als sie sein Schwert zur Tötung Hagens ergreift. Die Reflexion auf Geschichte im „Nibelungenlied" erweist diese als Unheilsgeschichte. So hat man es als Gegenentwurf zum höfischen Heilsoptimismus des Artusromans verstanden und in die Nähe des „Willehalm" (▷ 4.25) gerückt: allerdings ist dessen christlich-religiöser Horizont nicht gegeben. Diesen stellt eine andere, vielleicht ältere Fassung des Nibelungenstoffes bereit: die „Klage", im Zusammenhang mit dem „Nibelungenlied" überliefert, aber von anderem Geist. Sie versucht, Begründungen zu finden, spricht Kriemhild als Verkörperung der Treue von Schuld frei und sieht in Hagen den Urheber alles Bösen.

Die Wiederentdeckung des „Nibelungenliedes" in der Mitte des 18. Jahrhunderts stand zunächst unter dem Zeichen der Gleichwertigkeit deutscher literarischer Vergangenheit mit der anderer Völker („deutsche Ilias"). Im Zusammenhang mit den Befreiungskriegen (1813–15 gegen Napoleon I.) wurde das „Nibelungenlied" zum deutschen Nationalepos, in dem man später spezifisch „deutsche" Werte verkörpert finden wollte wie Treue, Einsatzbereitschaft und Kampfkraft. Während im Mittelalter das „Nibelungenlied" eher als Beispiel von Treulosigkeit und Verrat galt, wurde es bei L. Uhlands Vorlesungen (1830/31) als Beispiel „deutscher Treue", der „Nibelungentreue" (Reichskanzler von Bülow, 1909) angesehen; seit Richard Wagners Operntetralogie „Der Ring des Nibelungen" (▷ 4.26) wurden die Momente von Schicksalstrotz und Untergangssucht assoziiert.

4.28 „Kudrun" – eine Utopie

Unmittelbar im Anschluß an das „Nibelungenlied" (▷ 4.27) ist in dem 1504–1516 für Kaiser Maximilian I. hergestellten „Ambraser Heldenbuch" die „Kudrun" aufgezeichnet: ein Heldenroman in 1705 Strophen, deren Form aus der Nibelungenstrophe abgeleitet ist. Der Autor bleibt anonym, die Datierung ist ungeklärt, man rechnet mit dem zweiten Drittel des 13. Jahrhunderts. Der Stoff der dreiteiligen Geschichte ist, zumindest was den Mittelteil angeht, älter: die Geschichte von Kudruns Mutter Hilde, eine Brautwer-

Ausschnitt einer Seite des „Nibelungenliedes" in der Handschrift C, der Hohenems-Laßbergischen Handschrift (Pergament, vor 1220 geschrieben; Donaueschingen, Fürstlich Fürstenbergische Hofbibliothek)

bungserzählung (▷ 3.7), ist im Norden und durch Anspielungen in Deutschland im 12. Jahrhundert bezeugt. Auch die Geschichte Kudruns, die vielleicht erst vom Autor mit Hilfe literarischer Schemata erfunden wurde, wird vom Brautwerbungsmodell bestimmt: der abgewiesene Werber Hartmut entführt sie, ihr Vater fällt bei der Verfolgung, Kudrun weigert sich, in die Ehe einzustimmen und muß Demütigung und Erniedrigung ertragen, am Meeresstrand Wäsche waschen. Nach 13 Jahren wird sie von ihrem Verlobten Herwig befreit. Den Schluß bildet ein großangelegtes Versöhnungswerk Kudruns: drei Ehen zwischen den verfeindeten Parteien stiftet sie zur Versöhnung – ein Stück mittelalterlicher Realpolitik. Kudrun erscheint als Gegenbild zu Kriemhild, gegen die Rächerin steht die Versöhnerin, gegen den Untergang der Burgunden der Neuanfang. Dieser Entwurf scheint wenig Resonanz gefunden zu haben: die späte Überlieferung bezeugt es. Die Wäsche waschende Dulderin Kudrun wurde dafür zu einer Lieblingsgestalt des 19. und frühen 20. Jahrhunderts im Geschlechtsrollentypik vermittelnden Jugendbuch.

Kapitel 5
Späthöfische und andere
Literatur im 13. Jahrhundert

Einführung

Seit der Mitte des 12. Jahrhunderts war die volkssprachliche Literatur aus dem Bannkreis der Kirche herausgetreten und hatte in der Kultur der Adelshöfe eine herausragende Stellung eingenommen. Getragen war sie von adligen Dilettanten und geistlich gebildeten Hofbeamten, der fahrende Berufsdichter bildete eher die Ausnahme. Im Lauf des 13. Jahrhunderts wird die Hofliteratur weiter gepflegt, ihre Bedeutung für die adlige Selbstdarstellung scheint jedoch in der Regel geringer zu werden. Der Adel bleibt allerdings der wichtigste, auf vielen Gebieten der einzige Auftraggeber volkssprachlicher Literatur. Zentren der literarischen Adelskultur (▷ 4.2) sind die Höfe der Staufer und der Babenberger in der ersten Jahrhunderthälfte, dann der thüringisch-meißnische Hof, der bayerische und der Hof der Habsburger in Wien und der Przemysliden in Prag. Die höfische Literatur setzt die Traditionen der als „klassisch", das heißt stilbildend empfundenen Autoren aus der Zeit vor und während der Jahrhundertwende fort. Berufsdichter sind es jetzt, die die literarischen Entwürfe dieser Generation in Lyrik und Epik im Sinn literarischer „Meisterschaft" perfektionieren, vervollständigen und erweitern, in einigen Fällen entsteht im literarischen Spiel eine Art „Literatur der Literatur" (▷ 5.11). Daneben wird, stärker als bisher, die ausdrückliche Lehre und Wissensvermittlung zum erklärten Ziel von Lyrik, Kleinerzählung und Epik. Darin artikuliert sich einmal die alte Tradition des Berufsdichtertums, Lebensregeln zu vermitteln, sie verbindet sich dann mit dem neuen Anspruch der Laien auf dieses Gebiet der gelehrt-klerikalen Literatur. „Laienemanzipation" ist das

Schlagwort für die Bestrebungen, die Volkssprache für Recht und Fachkunde, Gotteslehre und -erfahrung zu benutzen. Letzteres ist eine Wirkung der großen Frömmigkeitsbewegung, die im 12. Jahrhundert mit der Besinnung auf die „evangelischen" Lebensformen in Besitz- und Bedürfnislosigkeit begonnen hatte. Während die Integration dieser Bestrebungen in die Amtskirche bei Petrus Waldes (Bekehrung um 1173) und den Waldensern nicht gelang, wurde die religiöse Armutsbewegung des Franz von Assisi durch Gründung des Franziskanerordens (1223) kirchlich anerkannt, ebenso wie die Verbindung von Armut und wissenschaftlichem Studium, die der spanische Priester Domingo de Guzmán (der heilige Dominikus) aus Caleruega forderte: 1216 wurde der Dominikanerorden bestätigt. Beide Orden griffen in der ersten Jahrhunderthälfte rasch aus, sie gründeten ihre Klöster in den Städten und wandten sich in ihrem fundamental-religiösen Engagement an alle Menschen: Adlige, Städter und Bauern. Neben den Bettelorden und ihren Frauenklöstern waren die Beginen (▷ 5.21), in Gemeinschaft lebende fromme Frauen, die wichtigsten Vertreterinnen der neuen Frömmigkeit. Nicht nur die geistliche Literatur ist von diesen Idealen stark beeinflußt, auch in der Märendichtung des Stricker (▷ 5.7) und im volkssprachlichen Drama spürt man ihre Wirkung. Neben die Höfe als Kulturzentren treten im 13. Jahrhundert die Städte. Ihre Führungsschicht war mit dem landsässigen Adel eng verbunden und orientierte sich an der Adelsliteratur; eine „bürgerliche" Literatur gibt es zu dieser Zeit noch nicht. Doch der Bündelung unterschiedlicher Interessen auf engem Raum, der Entwicklung von rationaler Planung im Handel, von technischer Perfektion im Gewerbe entsprechen literarische Erscheinungen wie Vielseitigkeit und bewußte Meisterschaft, die Tendenz zum Enzyklopädischen und der Umgang mit großen Stoffmassen. Diese Phänomene finden wir jedoch nicht nur bei in der Stadt tätigen Autoren. Sie sind eine Begleiterscheinung der Tatsache, daß sich die schreibenden Laien anschicken, die sich erweiternde und verändernde Welt in ihrer Sprache zu ergreifen und festzuhalten.

5.1 Minnesang – gelehrt, virtuos und heiter

Der Minnesang in der Generation nach den „Klassikern" Reinmar dem Alten ($\triangleright$ 4.9) und Heinrich von Morungen ($\triangleright$ 4.10) ist durch eine Tendenz der „Objektivierung" gekennzeichnet: das verfügbare inhaltliche und formale Inventar wird für ein Publikum von Literaturkennern „durchgespielt"; in der Beherrschung und im Arrangement der Traditionen erweist sich die Kunst des Sängers. Die durch Walther von der Vogelweide ($\triangleright$ 4.11) eingebrachte Ausweitung der Themen bleibt relativ folgenlos, während die Neidhartsche Wendung zum bäuerlichen Szenelied ($\triangleright$ 4.17) vielfach aufgenommen und fortgeführt wird. Als das wichtigste Zentrum des „nachklassischen" Minnesangs gilt der Stauferhof König Heinrichs VII.: man spricht (im Unterschied zur ersten, der Schule Friedrichs von Hausen [$\triangleright$ 4.7]) von der „zweiten staufischen Schule". Ihr ältester Vertreter ist Burkhard von Hohenfels (bezeugt 1212–42): seine 18 Minnelieder umfassen neben „klassischer" und neidhartscher Thematik auch gelehrt-allegorisierende Darstellungsformen als Ausweis der Objektivierung der Minnethematik. Der jüngere Gottfried von Neifen (bezeugt 1234–55) war anscheinend der Modeautor des Stauferkreises; in seinen 51 Liedern demonstriert er virtuos die totale Verfügbarkeit der Tradition: sie bestehen aus brillant arrangierten Versatzstücken (der „rote Mund" gilt als Kennmarke Neifens), daneben stehen drei Pastourellen als Thematisierung des Erotischen. Ulrich von Winterstetten, den man mit einem mächtigen schwäbischen Ministerialen identi-

fiziert, der zwischen 1241 und 1280 urkundet, steigert den Neifen-Stil ins Manieristisch-Dekorative, dichtet aber auch Tagelieder und Lieder im Neidhart-Stil ($\triangleright$ 4.17). Typisch für ihn ist der Refrain und der stark tänzerische Charakter seiner Lieder; mit seinen fünf Leichs (langen Gedichten aus unregelmäßigen Strophen) belebt er dieses virtuose Genre am Stauferhof wieder; in der Hausen-Schule war es von Friedrich von Hausen ($\triangleright$ 4.5) selbst (nicht erhalten), Ulrich von Gutenburg und Heinrich von Rugge vertreten worden. Außer diesen drei Großen vermutet man noch eine größere Anzahl kleinerer Dichter im staufischen Umkreis (Hiltbold von Schwangau, der Markgraf von Hohenburg, Otto von Botenlouben), selbst Herzog Konradin, dem letzten Staufer (hingerichtet 1268), schreibt die „Manessische Liederhandschrift" („Große Heidelberger Liederhandschrift") zwei (unbedeutende) Minnelieder zu.

5.2 Frivoler Sang am Wiener Hof – der Tannhäuser

Die Wiener Neidhart-Mode ($\triangleright$ 4.17) mit ihrer freien Behandlung des sexuellen Bereichs findet neben anonymen Nachahmern ihre wichtigste Fortsetzung durch den Tannhäuser, der Berufssänger am Hof Herzog Friedrichs II., des Streitbaren (1230–1246), war, und nach dessen Tod ein Wanderleben geführt zu haben scheint (Abb. S. 78). Neben seinen Liedern und Sangspruchreihen stehen sechs virtuose Leichs, in denen er die verschiedensten Themen meist parodistisch in eine Tanzsituation montiert: er häuft literarische Anspielungen, Reiseliedmotive, Pastourellenformeln, französische Modewörter, zitiert Neidhartsche Situationen und Mädchennamen, und bindet den berufsdichterischen Gönnerpreis auf Herzog Friedrich in diesen Rahmen ein. Zum vierten Leich ist die Melodie erhalten, die in ihrer Reihung von Kurzformeln den Tanzcharakter unterstreicht. Der Wiener Hof war wegen seiner freizügigen Feste berüchtigt, die Tatsache, daß der Tannhäuser dazu die Lieder gesungen hat, scheint die Übertragung der Venusbergsage auf ihn begünstigt zu haben. Sie erfolgte wohl nach 1300 und manifestiert sich in der spätmittelalterlichen Tannhäuserballade (spätes 15. Jahrhundert). Die Überlieferung eines (nicht authentischen) Bußlieds des Tannhäusers in der „Jenaer Liederhandschrift" (2. Drittel des 14. Jahrhunderts) gilt als erster Reflex der Sage, die ursprünglich eine Büßerlegende von Sünde, Reue und Erlösung war, in der Ballade jedoch kirchenkritische Züge (Absolutionsverweigerung durch den Papst) erhalten hat. Diese wurde in die Sammlung „Des Knaben Wunderhorn" (1806–08; ▷ 13.22) aufgenommen, von dort und von Heinrich Heines Abdruck (und dessen eigener Ballade) kannte sie Richard Wagner und benutzte sie für seine romantische Oper „Tannhäuser und der Sängerkrieg auf der Wartburg" (1845).

5.3 Gespielter Minnesang – Ulrich von Lichtenstein

Der bedeutende steirische Ministeriale Ulrich von Lichtenstein, der zwischen 1240 und 1275 in der Landespolitik eine wichtige Rolle spielte, hat etwa 60 Minnelieder geschrieben, um die er später (um 1255) eine fiktive Autobiographie in Versen, den „Frauendienst", komponierte.

Die Lieder umfassen klassischen Frauenpreis und Liebeswerbung, aber auch Minneabsage und Frauenschelte, Tanzlieder im Stil Gottfrieds von Neifen (▷ 5.1) sowie Reflexionen über richtige und falsche Minne, angeregt durch Walther von der Vogelweide (▷ 4.11). Sie werden eingebettet in eine ideale Minne-Lebensgeschichte mit teilweise extremen Werbungsgesten (Trinken des Handwassers der Dame, Operation an der Lippe, Abhacken eines steifen Fingers, Verkleidungen, Turnierfahrten), die durch die mitagierenden Personen, Angehörige des österreichisch-steirischen Adels, in die Realität eingebunden sind. Anscheinend konnte der „Frauendienst" als repräsentative kulturelle Selbstdarstellung dieser Führungsschicht gelten, und es ist denkbar, daß einige der geschilderten Vorgänge, wie die Turnierfahrten im Kostüm der Frau Venus und des König Artus, wirklich existierende spielerische Geselligkeitsformen abbilden. Literarisches Vorbild für Ulrich waren wohl die Vidas (Lebensgeschichten) und Razos (Erklärungen von Ge-

dichten) der Troubadours, die er von den oberitalienischen Höfen kennen mochte; auch französische Romane mit Liedeinlagen wie der „Roman de la rose ou de Guillaume de Dôle" (um 1210) von Jean Renart oder der „Veilchenroman" („Roman de la violette", um 1228) von Gerbert de Montreuil kommen als Anregungen in Frage.

Das im „Frauendienst" zutage tretende „Nachspielen" des Minnesangs ist als Verständigungsritual einer Führungsschicht zu verstehen und hatte als solches auch eine politische Dimension, die hier als Selbstbehauptung gegenüber dem Herzogshof definiert werden kann.

5.4 Politik und Lehre – Sangspruchdichtung

Die Vielfalt der Formen und Themen im Sangspruch Walthers von der Vogelweide (▷ 4.11) erreicht keiner der späteren Dichter. Unter ihnen ist Reinmar von Zweter der bedeutendste: etwa 250 Strophen, alle in einem Ton („Frau-Ehren-Ton"), behandeln Zeitgeschehen und Herrscherlob, Lebens-, Glaubens- und Minnelehre, dazu kommen einige Strophen in anderen Tönen (vielleicht unecht) und ein religiöser Leich. Reinmar war ein fahrender Berufsdichter (am Rhein geboren, in Österreich aufgewachsen, sagt er von sich), der in der 2. Hälfte des 13. Jahrhunderts an Adelshöfen tätig war, darunter dem Hof König Wenzels I. von Böhmen (1230–1253) und Kaiser Friedrichs II. Einige Strophen lassen sich auf die Verkündigung des Mainzer Reichslandfriedens 1235 beziehen: der rhetorisch prunkvolle Kaiserhymnus (Strophe 136), die Propagierung der Allgegenwart des richtenden Kaisers („der Wald hat Ohren, das Feld Gesicht", Strophe 137), die Abschreckung der Friedensbrecher (Strophe 138, 139) und der Preis des Kaisers als des Heilers des kranken Reiches (Strophe 140).

Gleichzeitig wirkt in Österreich der Sangspruchdichter Bruder Wernher unter anderem im Dienst der von der Politik des Herzogs Friedrich II. bedrohten Landherren. Die Mehrzahl seiner Strophen ist unpolitisch: rechtes Leben, Tugendlehre, Lasterschelte aus religiöser Begründung für ein adliges Pu-

Der Tannhäuser (Miniatur aus der „Manessischen Handschrift", 1. Hälfte des 14. Jh.; Heidelberg, Universitätsbibliothek)

auf"), Gast („Fremder"), Helleviur („Höllenfeuer"). Für die Spruchsänger wird neben dem Anspruch auf formale Meisterschaft und moralisches Richtertum der Anspruch auf Gelehrsamkeit zur Abgrenzung vom anspruchslosen literarischen Unterhalten zunehmend wichtiger. Die Ausbreitung gelehrten Wissens, vor allem im Zusammenhang mit Glaubens- und Morallehre, ist Reflex der Laienemanzipation. Bisher den Klerikern vorbehaltene Gelehrsamkeit wird nunmehr von den Laien beansprucht und von den Sangspruchdichtern ebenso wie von anderen Literaten vermittelt.

5.5 Freidanks „Bescheidenheit"

Lebenslehre und geistliche Mahnung ist das Thema der Spruchdichtung eines fahrenden Berufsdichters der sich „Frîdanc" nennt (vielleicht ein sprechender Name: „einer, der Gedanken frei äußert"). Sein Werk besteht aus zumeist zweizeiligen Reimpaarsprüchen, die in epigrammatischer Pointierung Tiefsinniges wie Banales formulieren; daneben stehen Vierzeiler und auch längere Sprüche, insgesamt etwa 4 500 Verse. Da „Freidank" bald zur Gattungsbezeichnung geworden ist, bleibt die Scheidung in authentische und „unechte" Sprüche unsicher; die Handschriften überliefern sie in unterschiedlicher Zusammenstellung und Reihenfolge. Als Titel taucht immer wieder ein Vierzeiler auf: „Ich bin genant bescheidenheit ..."; „Ich heiße Verständigkeit ... Freidank hat mich mit schwachen Kräften gemacht." Mittelhochdeutsch „bescheidenheit" bedeutet das Bescheidwissen und verständig Urteilen: das will der Autor mit seiner aus den verschiedensten Quellen (Bibel, Antike, mittelalterliche Wissenschaft, Volksweisheit) geschöpften Lehre ermöglichen. Die Freidank-Sprüche wurden bis ins 16. Jahrhundert in Handschriften und Drukken verbreitet und stellen ein Kompendium laikaler Lebensweisheit dar. In der Allgemeingültigkeit ihrer Formulierungen waren sie von der Entstehungssituation leicht abzulösen. Eine Ausnahme bilden die Akkon-Sprüche, die Freidank vielleicht aus eigener Teilnahme am Kreuzzug Friedrichs II. (1228/29) formulierte: Kritik am Verhalten

blikum. Von dieser Position kommen auch seine zeitgeschichtlichen Stellungnahmen; Höfisches hat bei ihm keinen Stellenwert mehr.

Der Marner, ebenfalls Berufsdichter, der um 1270/80 als blinder Greis ermordet worden sein soll, hat neben Minnesang und Sangspruchdichtung auch lateinische Gedichte verfaßt. Sein Themenspektrum umfaßt Religiöses (Gebet, Marienlob), moralische Lehre, politische Zeitkritik, Herrenpreis, Kunstreflexion und Rivalenschelte, letzteres ist ein Reflex der zeittypischen Tendenz zum Rangstreit um die Meisterschaft. In seinen Spruchtönen dichteten verschiedene spätere Sänger, sie lebten zum Teil fort bis in die Meistersangtradition (▷ 7.13) und er galt dort als einer der zwölf alten Meister. Neben diesen Hauptmeistern wirkte eine große Zahl weiterer Berufssänger, zum Teil mit sprechenden Namen wie Rumelant („Räum das Land"), Sing uf („Sing der Kreuzfahrer, Parteinahme für die Politik des Kaisers gegen den Papst. Für das Jahr 1233 melden die Annalen des Zisterzienserstifts Kaisheim (bei Donauwörth) den Tod eines „magister Fridancus". Der geistliche Mahner und Lehrer Freidank könnte sein Leben im Kloster beschlossen haben.

5.6 Ständelehren – Thomasin und Winsbeke

Die Vermittlung von Lebenslehre für den weltlichen Adel geschieht nicht nur in der Kleinform des Sangspruchs (▷ 5.4), sondern auch in der Großform des enzyklopädisch-moralischen Lehrgedichts. Dessen erster Vertreter ist – nach der ohne Resonanz gebliebenen Tugendlehre des Wernher von Elmendorf (um 1170/80) – der italienische Kleriker Thomasin von Zerklaere (Circlaere), der am Hof des Patriarchen Wolfger von Aquileja lebte. Er schrieb die mehr als 14 700 Verse in zehn Monaten (1215/16), obwohl Deutsch nicht seine Muttersprache war. Deshalb gab er seinem Werk den Titel „Der wälsche Gast" (Vers 89), der Fremdling aus der Romania, das heißt hier: aus Italien. Er wendet sich an die jungen Adligen am Hof und gibt ihnen in zehn Büchern eine höfische Verhaltenslehre, eine allgemeine Tugendlehre und Richtlinien für die Herrschaftsausübung: für Rechtsprechung (Buch 9) und „milte", das heißt Freigebigkeit, als Repräsentation sozial gerechter Herrschaft (Buch 10). Er kritisiert Kaiser Otto IV., ruft Friedrich II. und die deutschen Ritter zum Kreuzzug auf und nimmt Papst Innozenz III. vor den Angriffen Walthers von der Vogelweide (▷ 4.11) in Schutz. Sein Werk diente nach Ausweis der oft aufwendig illustrierten Handschriften als adliges Repräsentationsobjekt, wobei ein Inhaltsverzeichnis (in Prosa) eine inhaltliche Rezeption immerhin möglich machte. Weitaus weniger umfassend sind die sogenannten Winsbekischen Gedichte, drei strophische Lehrdichtungen zu den Themen Ehe und Minne sowie Ritter- und Fürstenlehre. Der „Winsbeke", als Gespräch zwischen Vater und Sohn, bietet eine Aufforderung zum Frauendienst, dann eine moralische und praktische Ritterlehre mit Anweisungen für den Turnierkampf und die richtige Lebensführung. Die „Winsbekin", ein Gespräch zwischen Mutter und Tochter, warnt vor falscher Liebe und führt zur rechten Ehe. Der „König Tiro(l) von Schotten" will den adligen Herren die rechte Herrschaftsausübung vermitteln: Pflege von Frieden und Recht, Respekt vor den Rechten der Untertanen, auch den Frauen.

In den Lehrdichtungen erscheint die adlige Gesellschaft als weitgehend homogen auf ein gemeinsames Standesideal verpflichtet, interne Widersprüche und Konflikte werden nicht thematisiert: so konnten die Werke dazu dienen, am Hof ein einheitliches Bewußtsein aller an der Herrschaft auch nur mittelbar Beteiligten zu erzeugen.

Ausschnitt aus Freidanks „Bescheidenheit" (Heidelberger Handschrift vom Ende des 13. Jh.)

5.7 Didaktische Exempel – die Mären des Stricker

Das Aufkommen der exemplarischen Kleinerzählung in den zwanziger Jahren des 13. Jahrhunderts ist mit einem Autor verbunden, der außerdem einen Artusroman (▷ 5.11), eine Neubearbeitung des „Rolandsliedes" (▷ 3.5) und einen Schwankroman („Der Pfaffe Amis") verfaßt hat: dem Stricker. Er war Berufsdichter, wirkte vorwiegend in Österreich und schrieb seine Kurzerzählungen („Mären") für weltliche Adelshöfe, geistliche Höfe und Frauenklöster. Eine erzählte Geschichte dient als Beispiel für eine Lehre, die am Schluß, im Epimythion, meist ausdrücklich formuliert wird. Er propagiert

O Er bifchof fprach ir kunnent vil/ vorumb ich
mit enbeten wil Ir mullent mich do mit eten
vnd einen efel die buch leten. Seyt ir de bim
el gemeffen hant/ vnd die wege die dar gant. Do zu de
mete vnd die erden /nu wil ich innen werden. Wie ich
euch kunne wider fton/ habent ir das alles gethon.
Das ir mir hie hant vor etzelt / fo thunt ir wol was ir
welt. Nu wil ich fchowen ouch do by/ob de and alles
war fy Leret ir de efel wol/fo nym ich alles de fur vol
Das ir mir hant gefait ee/vnd mercke de es recht ftet.

Seite aus dem Schwankroman „Der Pfaffe Amis" des Strik-
ker in der ersten gedruckten Ausgabe von 1482

christliche Glaubens- und Morallehre
(Mahnung zur Buße, Warnung vor Lastern,
Hinweis auf Heilsmittel) und vernünftiges,
abwägendes Verhalten in realen Situationen
und sozialen Beziehungen auf der Basis einer
hierarchischen Gesellschaft und einer patriarchalischen Ordnung. Diese wird vor allem
in den Ehestandsmären exemplifiziert. Der
Stricker stützt die politische Ordnung und die
Herrschaft der Amtskirche (Kritik an den
Ketzern); die Erzählungen geben Beispiele
für die Schwierigkeit, sich in der Welt zu
orientieren, und bieten als Hilfe für die Bewältigung die traditionellen Werte. Die
schnelle Beliebtheit der Märendichtung liegt
nicht nur im belehrenden, sondern auch im
unterhaltenden Charakter der Erzählungen
begründet, der oft ein die abgeleitete Lehre
übersteigerndes Irritationsmoment enthält.
Man hat Verbindungen des Strickers zu den
neuen Bettelorden sehen wollen und einen
Einfluß ihrer Volkspredigt mit dem breiten
Einsatz von Exempelgeschichten angenommen. Die Kleinerzählungen wären dann im
Rahmen der Laienemanzipation (▷ 5, Ein-

führung) als Laienpredigt zu verstehen: als
Anspruch der Weltleute, ihre Glaubens- und
Lebenslehre selbst in literarischer Gestalt zu
formulieren.

5.8 Helmbrecht

Die Verserzählung vom Aufstieg und Sturz eines Bauernsohnes, die ein sonst unbekannter
fahrender Dichter Wernher der Gartenaere
(= Gärtner) wohl um 1270 in Bayern oder
Österreich gedichtet hat, ist die künstlerisch
bedeutendste moralische Erzählung des deutschen Mittelalters. Sie exemplifiziert den Zerfall der Ordnung am Bauernsohn Helmbrecht, der nicht in seinem Stand bleiben will:
in ritterlicher Ausstaffierung (symbolisch gefaßt in einer bestickten Seidenhaube) verläßt
er gegen die Warnungen des Vaters den Hof,
geht in den Dienst eines Burgherrn, zieht
mordend und raubend als „Slintezgeu"
(= Verschling-das-Land) umher, prahlt bei
einer kurzen Rückkehr mit seinen „Erfolgen"
und verheiratet seine Schwester mit einem
Kumpanen. Bei der Hochzeit wird seine
Bande von den Gerichtsbeamten verhaftet,
Helmbrecht kommt als einziger mit einer Ver-
stümmelungsstrafe davon, wird aber von den
Bauern gehängt, nachdem sein Vater ihn von
von der Schwelle gewiesen hat.
Wernher macht – im Interesse des Auftraggebers – für die Störung der Ordnung den Auf-
stiegswillen der Bauern verantwortlich, ohne
die Grundlage dafür aufzudecken: das Interesse des Burgherrn an kriegerischer Konfliktlösung und seine Benutzung der Bauern für
dieses Vorgehen. Der Ausbruch aus der Stan-
deshierarchie wird nicht nur grausam bestraft, sondern, indem er als Verstoß gegen
das vierte Gebot, das der Elternliebe, dargestellt wird, als widergöttlich verdammt. Die
Verklärung der bestehenden Gesellschaftsordnung als gottgegeben erfolgte vermutlich
im Dienst eines Landesfürsten – vielleicht des
bayerischen Herzogs oder auch des Königs
Rudolf von Habsburg. Wernhers Erzählkunst
zeigt sich in der Strukturierung der Handlung
nach dem Vorbild des Artusromans (Auszug – Heimkehr – erneuter Auszug – zweite
Heimkehr; ▷ 4.19), der Geradlinigkeit der
Handlungsführung, der meisterhaften Ver-

wendung des Dingsymbols der Haube und der an klassischen Meistern, Gottfried (▷ 4.24) und Wolfram (▷ 4.21), geschulten Sprache.

5.9 Ein „Großerzähler" – Rudolf von Ems

Der Reichsministeriale Rudolf von der Burg Hohenems (Vorarlberg) war als Autor zunächst für kleinere Herren in seiner weiteren Heimat tätig, bevor er zum führenden Erzähler am Stauferhof aufstieg und mit der „Weltchronik" (um 1250) sogar eine Art Welt- und Fürstenspiegel für König Konrad IV. verfassen konnte. Sein frühestes Werk, um 1220 entstanden, ist der Exempelroman „Der gute Gerhard" um einen Kölner Kaufmann, der als Beispiel christlicher Demut und wahrer adliger Gesinnung dargestellt wird: er schlägt sogar um des Seelenheils willen die Königswürde aus und wird damit Kaiser Otto in seinem Hochmut gegenübergestellt. Es geht hier nicht um den Preis des Kaufmanns, sondern um Adelslehre, die kontrastiv an einem vorbildlich handelnden Kaufmann aufgezeigt wird – allerdings ist seine Figur wohl nur an einem Ort denkbar, in dem dem Fernhandel schon hohe Bedeutung zukommt: hier ist an Konstanz zu denken. Der Legendenroman „Barlaam und Josaphat" bearbeitet einen ins Christliche transponierten indischen Legendenstoff (Buddhalegende) von der Bekehrung des Prinzen Josaphat mit ausführlicher Darlegung der christlichen Lehre; Rudolf schrieb ihn um 1225/30 für das Zisterzienserkloster Kappel (Kanton Zürich). Um 1230 begann er einen Alexanderroman (unvollendet, über 21 600 Verse) als ideale Lebensgeschichte eines vorbildhaften Herrschers, als Fürstenspiegel; wahrscheinlich hat er am Stauferhof daran gearbeitet, denn König Konrad erscheint als Nachfolger Alexanders im Herrscheramt. Um 1240 verfaßte Rudolf im Auftrag des Erziehers und Beraters des Königs, Konrad von Winterstetten, den Liebesroman „Willehalm von Orlens" nach (verlorener) französischer Quelle. Die Erzählung von der Kinderliebe Willehalms und Amelies, ihrer Trennung und abenteuerlichen Wiedervereinigung wird benutzt zur Demonstration vorbildhafter adliger Lebensführung und Herrschaft. Die Erzählung ist, ausdrücklicher als der klassische höfische Roman, zum Fürstenspiegel geworden. Willehalm wird durch seine Verbindung mit den Königen von Jerusalem in die Ahnenreihe König Konrads eingegliedert. In der „Weltchronik" unternahm Rudolf eine Gesamtdarstellung der Geschichte von der Schöpfung bis zur Gegenwart; er kam in über 33 000 Versen nur bis zum Tod König Salomos (Abb. S. 82). Rudolf gliedert nach den Weltaltern (▷ 3.1) und beschreibt Heils- und Profangeschichte parallel; beide Stränge sollten in der Gestalt König Konrads zusammengeführt werden, wie aus dem großen Königspreis (Vers 21 555 ff.) hervorgeht – ein Schema, das schon der Autor des „Annoliedes" am Ende des 11. Jahrhunderts verwendet hat (▷ 3.2). Die „Weltchronik" gehört zu den besonders prachtvoll und häufig überlieferten Texten, da sie sich besonders zur Demonstration adlig-herrscherlichen Selbstverständnisses eignete. Sie wurde ergänzt, umgearbeitet und ging sowohl in spätere Weltchroniken wie in Reimbibeln ein, da sie ja biblischen Stoff bearbeitet. Rudolf ist nach dem Umfang seines Werkes, der ihm zugrunde liegenden breiten Quellenkenntnis und der stilistischen Durcharbeitung, die an den Klassikern, vor allem Gottfried von Straßburg (▷ 4.24) geschult ist, Repräsentant eines professionellen Großerzählertums, das gegenüber dem Typ des „Ritter-Erzählers" (Wolfram von Eschenbach; ▷ 4.21) eine neue Entwicklung im Literaturbetrieb darstellt; Voraussetzung dafür ist die kontinuierliche Förderung durch Gönner, die der literarischen Äußerung einen hohen Stellenwert für die kulturelle Selbstdarstellung beimessen.

5.10 Vielseitigkeit als Programm – Konrad von Würzburg

Der vielseitigste Berufsdichter des 13. Jahrhunderts ist Konrad von Würzburg. Für Gönner aus Adel, Geistlichkeit und Stadtpatriziat schrieb er drei Romane („Engelhard", „Partonopier und Meliur", „Trojanerkrieg"), drei Legenden („Silvester", „Alexius", „Panta-

Die Bundeslade im Tempel Dagons.
Ausschnitt einer Seite der „Weltchronik" Rudolfs von Ems (Pergamenthandschrift aus dem Jahr 1365; Donaueschingen, Fürstlich Fürstenbergische Hofbibliothek)

leon"), vier Versnovellen, ein Preisgedicht auf Maria („Die goldene Schmiede"), eine Preis- und Ehrenrede, ein allegorisches Gedicht, Minnelieder, Sangsprüche und zwei Leichs. Er stammte aus Würzburg, fand seine ersten Gönner im fränkischen Adel (Kurzerzählung „Der Schwanritter"; ▷ 5.13), warb mit der Preisrede „Das Turnier von Nantes" für die Wahl Richards von Cornwall zum deutschen König (1257) und war später in Straßburg und Basel tätig, wo er 1287 starb. Die Versnovelle „Heinrich von Kempten" schrieb er für den Straßburger Domprobst und sein tausend Reimpaare umfassendes Mariengedicht „Die goldene Schmiede" (= Geschmeide), das die ganze Tradition der Marienverehrung in Symbolen und preisenden Vergleichen aufnimmt, vielleicht für den Straßburger Bischof Konrad III. von Lichtenberg, den Vollender des Straßburger Marienmünsters. Sein Gönner für den „Silvester" war Domherr in Basel, die beiden anderen Legenden wurden von Patriziern der Stadt in Auftrag gegeben. Der Bürgermeister Peter Schaller ließ sich den Liebesroman „Partonopier und Meliur" nach einer französischen Quelle schreiben und die Abfassung des „Trojanerkriegs" (▷ 5.17) veranlaßte wiederum ein Domherr. Konrad war dank seiner Vielseitigkeit in der Lage, die Bedürf-

nisse der städtischen kulturtragenden Schicht zu erfüllen, die sich anscheinend auf alle literarischen Gattungen und Formen erstreckten. Die deutsche Literatur besaß in diesem Rahmen einen hohen Prestigewert, dem, wie die Patrizier so auch die Auftraggeber aus der Geistlichkeit huldigten. Die Städte waren wichtige Machtzentren der königlichen, fürstlichen oder geistlichen Herrschaft, ihre Führungsschicht stammte aus dem landsässigen Adel oder war mit ihm aufs engste verwandtschaftlich, politisch und wirtschaftlich verbunden; daher zeigen sich auch ganz ähnliche literarische Interessen. Die Konzentration von Macht und Besitz auf dem engen Raum der Stadt fördert die kulturelle Konkurrenz der Familien; Konrad vermochte sie auf verschiedene Weise zu bedienen. „Bürgerliche" Programmatik sucht man daher in seinen Werken vergebens: der „Heinrich von Kempten" preist ritterliche Kühnheit, der „Partonopier" breitet anhand einer Feen-Liebesgeschichte adlige Lebensformen aus, der Trojaroman ist auf die adligen Muster von Minne und Aventiure hin entworfen. Konrads stilistische Vielseitigkeit und Gewandtheit, die er in der Konkurrenz zu anderen Berufsdichtern entwickelt hat, und mit der er sich behaupten konnte (er starb in guten wirtschaftlichen Verhältnissen), kann als erfolgreiche Anpassung an die städtische Situation gesehen werden.

5.11 Wandlungen des Artusromans

Der Artusroman des 13. Jahrhunderts setzt die Diskussion der gesellschaftlichen Problematik, die in den Romanen Hartmanns (▷ 4.19) und Wolframs (▷ 4.21) unter den Aspekten von rechter Herrschaft, Liebe und Ehe und transzendenter Legitimation des ritterlichen Ideals erfolgt war, nicht in gleicher Weise fort. Die neuen Romane sind teils einsinnig didaktisch, teils vornehmlich erzählerisch und literarisch orientiert. Außerdem sind sie nicht mehr Übertragungen französischer Vorlagen, sondern freie Kombinationen aus Motiven französischer und deutscher Artusliteratur. So beruft sich der „Wigalois" (1210/20) des Wirnt von Grafenberg auf mündliche Vermittlung. Wigalois, der Sohn Gawans, ist ein Held ohne Krise: sein Weg zur rechten Herrschaft ist, da er mit Gottes Hilfe erfolgt, ohne Probleme. Das erotisch-gesellschaftliche Thema spielt keine Rolle mehr. Mit mehr als 30 000 Versen ist die „Crône" („Aller aventiure crône [= Aller Abenteuer Krone]) des Heinrich von dem Türlin (um 1230) der umfangreichste aller Artusromane: in mehreren Abenteuerfahrten werden Motive aus der gesamten Artusliteratur variiert und neu kombiniert zu einer unüberschaubaren, mythisch grundierten Welt, in der der Held Gawein, nur auf sein Glück gestellt, reüssiert. Gawein gelingt sogar die schwerste aller Aventiuren, die Gralssuche. In der gleichen Zeit entstand mit dem „Daniel vom blühenden Tal" des Stricker (▷ 5.7) ein Artusroman, der Motive der arthurischen Tradition (▷ 4.19) und solche der Spielmannsepik (▷ 3.7) und des „Tristan" (▷ 4.23) integriert. Der Stricker setzt deutlich parodistische Akzente, er schreibt für ein literaturkundiges Publikum fast so etwas wie einen „Roman des Artusromans". Anstoß daran hat der Pleier genommen, der um 1260/70 mit seinem „Garel von dem blühenden Tal" eine Korrektur des „Daniel" nach dem Modell des „Iwein" und mit dem Ersatz gattungsfremder

Kampf der Trojaner gegen die Griechen. Seite aus Konrads von Würzburg „Trojanerkrieg" (Papierhandschrift von 1430–40; Berlin, Staatsbibliothek Preußischer Kulturbesitz)

Motive durch die klassischen schuf. Auch seine beiden anderen Artusromane, „Meleranz" und „Tandareis und Flordibel", stellen den Artushof als Hort höfischen Verhaltens heraus und bieten die rückwärts gewandte Verklärung der alten Ideale. Erzählerisch neu ist die Einbindung von Elementen des hellenistischen Liebesromans (▷ 6.10) beziehungsweise des Märchens. Der anonyme „Wigamur" (um 1250) benutzt bekannte Schauplätze, Figuren und Motive – so ist Wigamur der „Ritter mit dem Adler" wie Iwein der „Ritter mit dem Löwen". Auch Konrad von Stoffeln bindet seinen Titelhelden Gauriel, den „Ritter mit dem Bock", ähnlich in die Gattungstradition ein. Am Ausgang des Mittelalters verbindet Ulrich Füetrer mit dem „Buch der Abenteuer" in einer Summe arthurischen Erzählens alle Traditionen.

5.12 Fortsetzer und Ergänzer

Drei bedeutende klassische Romane waren unvollendet geblieben: der „Tristan" Gottfrieds von Straßburg (▷4.24), der „Willehalm" Wolframs von Eschenbach (▷4.25) und sein „Titurel". Da vor allem diese beiden Autoren bald als große Vorbilder galten, die nachgeahmt wurden – so schließt sich Konrad von Würzburg (▷5.10) stilistisch an Gottfried an – entstand auch der Wunsch, die unvollendeten Werke fortzusetzen. Im Kreis der staufischen Herren um Heinrich VII. und König Konrad wirkte der Augsburger Ministeriale Ulrich von Türheim: im Auftrag Konrads von Winterstetten (▷5.9) schrieb er zuerst (um 1240) die Fortsetzung von Gottfrieds „Tristan", dann die von Wolframs „Willehalm" (über 36 000 Verse, „Rennewart" betitelt). Da ihm anscheinend die Quelle Gottfrieds, Thomas d'Angleterre, nicht zugänglich war, stützte er sich auf Eilhart von Oberge (▷4.23) und – vielleicht – eine unbekannte französische Quelle. Er berichtet von Tristans Hochzeit mit Isolde Weißhand, einem Brief der blonden Isolde, der durch ein Reh überbracht wird, einem Besuch Tristans bei ihr, seiner Verwundung und seinem Tod, weil die Weißhändige fälschlich das schwarze Segel meldet. Isolde stirbt an seiner Bahre, Marke läßt die Liebenden in Cornwall begraben, aus ihren Gräbern wachsen Rose und Rebe. Ulrich bewundert einerseits die Treue des Helden, lehnt andererseits aber die Ehebruchsliebe als sündhaft ab. Auch Heinrich von Freiberg, der um 1260/80 eine neue Tristanfortsetzung wohl für den Prager Hof schrieb, hat das Werk im Sinn konventioneller Moral vollendet: der Tod der Liebenden soll vor sündhafter Liebe warnen. Heinrich will im Sinn der spätmittelalterlichen Tendenz zur Vollständigkeit eine Summe der Tristan-Abenteuer bieten und zieht daher auch die bei Eilhart berichteten Episoden heran, die Ulrich übergangen hatte. Dieser Wunsch nach einem „vollständigen" Tristan scheint auch die Motivation für die Fortsetzung gewesen zu sein. In den Handschriften wird Gottfrieds „Tristan" in der Regel mit einer der beiden Fortsetzungen überliefert. In ähnlicher Weise wie in den Tristan-Ergänzungen wird auch das utopische Potential des „Willehalm" im „Rennewart" zurückgenommen: die Kämpfe Rennewarts und die seines Sohnes Malifer mit den Heiden werden in alter Schwarz-Weiß-Manier und ohne die Problematisierung Wolframs (▷4.25) gezeichnet. In der um 1260/70 entstandenen Vorgeschichte des „Willehalm", der „Arabel" Ulrichs von dem Türlin, liegt das Interesse auf der Liebesgeschichte Willehalms und Arabels und ihren erotischen Aspekten. In ihrer Konventionalität waren beide „Willehalm"-Ergänzungen sehr erfolgreich: acht der zwölf Handschriften überliefern den dreiteiligen Zyklus. Eine Ergänzung und Modernisierung erfuhr auch das alte „Rolandslied" (▷3.5). Um 1220/30 hat der Stricker (▷5.7) die Geschichte als Legende von Karl dem Großen erzählt und ihm damit die Gestalt gegeben, die für die Folgezeit verbindlich wurde: über 40 Handschriften tradieren Strickers „Karl". Die Ergänzung durch sämtliche greifbaren Karlsgeschichten liefert ein Jahrhundert später der „Karlmeinet" (= Der kleine Karl der Große) in über 35 000 Versen.

5.13 Der Schwanritter

Der Stoff vom Ritter, der, von einem Schwan in einem Kahn gezogen, der Herzogin (von Brabant) als Kämpfer im Gerichtskampf beisteht, sie unter der Bedingung des Frageverbots heiratet und sie nach Bruch des Tabus verläßt, ist erstmals um 1200 in der altfranzösischen Heldendichtung „Le chevalier au cygne" behandelt. Die Märchenforschung spricht bei diesem Stoff von der „gestörten Mahrtenehe", der scheiternden Verbindung eines jenseitigen Wesens mit einem Menschen, wie er in vielen Varianten in allen Literaturen begegnet. Bei Wolfram von Eschenbach (▷4.21) ist der Schwanritter Loherangrin, der Sohn Parzivals („Parzival", Vers 824,1–826,30). Konrad von Würzburg (▷5.10) schrieb um 1255 auf der Grundlage der altfranzösischen Fassungen seine gut 1 600 Verse lange Kurzerzählung „Der Schwanritter" für die fränkischen Grafen von Rieneck(-Loon), die sich auf den Schwanritter zurückführten. Sein namenloser Held hilft der Herzogin von Brabant gegen ihren Bruder, der ihr Land beansprucht und das weibliche Erbrecht bestreitet. Hochzeit und Frageverbot sind durch eine Textlücke nicht überliefert; die Frage wird schließlich gestellt um der Legitimation der Kinder willen. In den achtziger Jahren des 13. Jahrhunderts schrieb ein Autor, der sich „Nouhusius" nennt, den „Lohengrin" in 768 zehnzeiligen Strophen („Klingsors Schwarzer Ton"). Als Erzähler wird Wolfram von Eschenbach eingeführt und sein „Titurel" sowie der „Jüngere Titurel" (▷ 5.14) Albrechts als stilistisches Modell benutzt. Die Schwanritter-Geschichte ist in eine Art Reichschronik (Quelle: „Sächsische Weltchronik"; ▷ 5.18) eingelassen, in der tatsächliche und erfundene Geschehnisse um Kaiser Heinrich I. im Sinne einer Herausstellung des imperialen Prinzips geschildert werden. Der gottgesandte Lohengrin bewährt sich als Helfer des Kaisers. Damit wird die zeitgenössische Zentralgewalt, König Rudolf von Habsburg, verherrlicht und ihr der göttliche Beistand impliziert in Aussicht gestellt. Der Autor benutzt die Schwanritter-Geschichte nicht, wie Konrad von Würzburg, zur dynastischen Legitimation, sondern für eine reichspolitische Tendenzdichtung, die durch die Sage erzählerisch attraktiv gemacht wird. Richard Wagner kannte beide Schwanrittergeschichten und präparierte aus ihnen die mythische Grundlage (Mahrtenehe-Motiv) für seine romantische Oper „Lohengrin" heraus (Uraufführung 1850).

5.14 Der „Jüngere Titurel" – „das höchste der deutschen Bücher"

Die etwa 170 Strophen umfassenden beiden Fragmente des „Titurel" Wolframs von Eschenbach wurden in den Jahren 1260/70 Grundlage eines Großepos von 6207 Strophen, des sogenannten „Jüngeren Titurel" (Abb. S. 86). Der Erzähler spricht in der Maske Wolframs und nennt sich erst kurz vor Schluß des Werkes: Albrecht (wohl nicht „von Scharfenberg"). Er hat sein Werk für mehrere Gönner, Markgraf Heinrich III., den Erlauchten, von Meißen, und seine Söhne sowie Herzog Ludwig II. von Oberbayern geschrieben. Er paßt die Bruchstücke Wolframs ein in die Geschichte der Gralsherrschaft von Anfang an: die Kindheit Sigunes und Schio-

natulanders (Wolfram I), beider Liebe, der Auftrag Sigunes, für sie das Brackenseil (eine kostbare bestickte Hundeleine) zu gewinnen (Wolfram II), Schionatulanders Fahrt an den Artushof, in den Orient, sein Tod, die Geschichte Parzivals und Loherangrins, die Überführung des Grals nach Indien. In der „Auserzählung" der Lücken der älteren Romane fügt sich der „Jüngere Titurel" zum nachklassischen Artusroman, im Anspruch auf eine geschichtsmythische Totalität und eine umfassende Didaxe geht er weit darüber hinaus. Anders als im Artusroman ist die Lehre der Geschichte nicht im Abenteuerweg symbolisch verschlüsselt, sondern wird in Exkursen und immer wieder eingestreuten Ermahnungen ausdrücklich formuliert – so wie auch das Brackenseil mit einer ausführlichen Lehre bestickt ist, die in einer Kernszene am Artushof verlesen wird. Die Didaxe bezieht sich auf den in der Gralsgeschichte konkretisierten Heilsentwurf, in dem auch der Tod des Helden aufgefangen ist. Die eigentliche Leistung Albrechts liegt auf sprachlich-stilistischem Gebiet in der Entwicklung des sogenannten „geblümten" Stils. Er knüpft in der Technik der Umschreibung, des Spiels mit grammatischen und lautlichen Entsprechungen an Wolfram an und steigert diese Mittel zu einem rätselhaft-prunkvollen Sprachgestus von großer Faszinationskraft. Die sangbare Strophe (Melodie überliefert) verweigert sich einem zusammenhängenden Erzählfluß, sie entfaltet punktuell ritterliche Lehre und höfisches Dekor. Sie wurde häufig nachgeahmt, ihre Sprache wurde zum Vorbild für den „geblümten" Stil vor allem der Minneallegorien. Das Werk galt dem Spätmittelalter als das „höchste der deutschen Bücher" (Jakob Püterich von Reichertshausen), etwa 60 Handschriften und ein Druck erzeugen eine Wertschätzung, die der „Jüngere Titurel" auch nach der Wiederbelebung der mittelalterlichen Literatur in der Romantik genoß. Die Schwierigkeit des Textverständnisses und das lange Fehlen einer verläßlichen Ausgabe haben allerdings die angemessene Rezeption dieses Hauptwerks der Epik des 13. Jahrhunderts bisher stark behindert.

Ausschnitt einer Seite des „Jüngeren Titurel" Albrechts (Handschrift vom Anfang des 14. Jh.; München, Bayerische Staatsbibliothek)

5.15 Der „Prosa-Lancelot"

Während in Deutschland der Vers das sprachliche Gewand der Epik bis ins 15. Jahrhundert hinein war, begann man in Frankreich schon um 1200 damit, Gralsgeschichten auch in Prosa zu erzählen: die Prosa dient als Ausweis ihres heilsgeschichtlichen Anspruchs, denn Bibel und lateinische Weltchronik sind Prosawerke. Zwischen 1210 und 1220 entstand der „Lancelot-Graal-Zyklus", eine riesige Kompilation von fünf Prosaromanen, die Artus- und Gralsgeschichte integriert: 1. „Estoire del Saint Graal" (Geschichte der Abendmahlsschüssel bis zu ihrer Überführung nach Britannien), 2. „Estoire de Merlin" (Geschichte des Zauberers Merlin, die Zeugung von Artus, seine Jugend, die Anfänge seiner Herrschaft), 3. „Lancelot du lac ou Lancelot propre" (Jugend Lancelots, Liebe zu Ginevra, der Gemahlin des Königs

Artus, ihre Entführung und Befreiung [▷ 4.22], Zeugung des Gralshelden Galaad durch Lancelot und die Tochter des Gralskönigs), 4. „Queste del Saint Graal" (Suche nach dem Gral, Erfolg Galaads, Rückführung des Grals in das Heilige Land, Tod Galaads), 5. „Mort le roi Artu" (Untergang der Artuswelt als Folge der Liebe Lancelot-Ginevra, Tod von Artus, die Überlebenden gehen in den geistlichen Stand). Das Riesenwerk wurde vermutlich in Zisterzienserkreisen von mehreren Verfassern unter der Leitung eines „Architekten" geschrieben, es zeigt die Nichtigkeit weltlichen Rittertums vor den vorgegebenen Wahrheiten des Christentums. Der Zyklus wurde in Frankreich häufig tradiert und in viele europäische Sprachen übersetzt; da er die Grundlage von Thomas Malorys „Le morte Darthur" (gedruckt 1485) wurde, hat er bis in die Neuzeit das Bild von Artusreich und Gralsmysterium bestimmt. – Schon vor 1250 wurde eine erste Übersetzung in deutsche Prosa unternommen, die den Hauptteil des 3. Romans („Lancelot propre") umfaßt, die Vermittlung ging über eine niederländische Übersetzung. Später, um 1300, wurden dann auch die „Queste" und die „Mort le roi Artu" übertragen. Vielleicht waren es auch in Deutschland Zisterzienser, die aus ihrer Prosatradition von Predigt und Heilslehre in der Lage waren, die französische Prosa nachzuschaffen. Die Unterwerfung des Artusstoffes unter die Heilsgeschichte mit Hilfe der Gralstradition führt zu einer erzählerischen Kritik an der arthurisch-höfischen Utopie. Der höfische Weltentwurf, für den die Lancelot-Ginevra-Liebe steht, wird im Mittelteil in seiner (begrenzten) Vorbildlichkeit entfaltet, die ausdrückliche Relativierung geschieht in der Grals-Perspektive der „Queste". Erst im Untergang des Artusreichs und der Wendung zum geistlichen Leben in der „Mort le roi Artu" artikuliert sich geistliche Weltverneinung uneingeschränkt. Die Wirkung des deutschen „Prosa-Lancelot" war viel begrenzter als die des französischen Originals, aber nicht ganz unbedeutend: es gibt acht Handschriften beziehungsweise Bruchstücke, und noch 1467 fertigte Ulrich Füetrer eine kürzende Bearbeitung an.

5.16 Alte und neue Mären – Dietrich von Bern

Die berühmteste Gestalt der deutschen Heldensage, Dietrich von Bern (= Verona), lebte lange in mündlicher Überlieferung, ehe sie Hauptfigur eines schriftliterarischen Heldenepos wurde. Im althochdeutschen „Hildebrandslied" (▷ 1.3) haben wir ein Heldenlied aus dem Dietrichkreis, von Bischof Gunther von Bamberg aus der Mitte des 11. Jahrhunderts (▷ 2.6) wird sein Interesse an getanzten Dietrichballaden tadelnd berichtet, selbst die Bauern sollen von Dietrich gesungen haben. Im „Nibelungenlied" (▷ 4.27) tritt er als Vertriebener an Etzels Hof auf, in den sogenannten historischen Dietrichepen aus der 2. Hälfte des 13. Jahrhunderts, „Dietrichs Flucht", „Rabenschlacht" und „Alpharts Tod", werden die Situationen von Vertreibung, Exil und Heimkehr auserzählt: Dietrich (in ihm lebt die Erinnerung an den Gotenkönig Theoderich) wird von seinem Onkel Ermenrich (Ermanarich) vertrieben, er geht an den Hunnenhof und unternimmt verschiedene vergebliche Versuche, sein Reich zurückzuerobern, schließlich gelingt nach 30 (auch: 32) Jahren die Heimkehr. Die historischen Ereignisse um die Gotenherrschaft im 4./5. Jahrhundert sind in vielfältiger Umformung in diese Sage hineingegangen, wobei bestimmte heroische Schemata die historischen Tatsachen überformten. „Dietrichs Flucht" berichtet, wie Ermenrich, durch den ungetreuen Sibech veranlaßt, Dietrich ins Exil treibt, die „Rabenschlacht" zeigt zwar Dietrich als Sieger über Ermenrich, da aber die Söhne Etzels im Kampf um Ravenna (= Raben) getötet werden, zieht Dietrich sich wieder zurück. In „Alpharts Tod" wird der Dietrichheld Alphart von Ermenrichs Helden Witege und Heime unritterlich getötet. Neben dieser „historischen" steht die aventiurehafte Dietrichepik, Erzählungen von verschiedenen gefährlichen Abenteuern Dietrichs: im „Eckenlied" (vor 1250) erschlägt er den jungen Riesen Ecke, der im Minnedienst kämpft, im „Sigenot" (vor 1300) wird Dietrich selbst gefangen und von Hildebrand befreit. „Virginal" handelt von der Befreiung der Zwergenkönigin Virginal aus der Gewalt des Heiden Orkise und von Drachen- und Riesenkämpfen Dietrichs. Im „Laurin" (um 1300) geht es um die Auseinandersetzung mit dem Zwergenkönig, die Zerstörung seines Rosengartens und die Befreiung von Dietrichs Schwester; im „Rosengarten" (vor 1300) kämpfen Dietrich und seine Helden gegen die zwölf Hüter des Rosengartens, der von Kriemhilt gehegt wird – Siegfried unterliegt hier Dietrich. Der „Wunderer" (wohl erst 15. Jahrhundert) erzählt, daß Dietrich den wilden Wunderer tötet, der die Glücksgöttin (Frau Saelde) verfolgt hatte. Ob die Dietrich-Abenteuer, die meist in Südtirol spielen, an Volkssagen anknüpfen, ist zweifelhaft – allenfalls ist das für den Rosengarten anzunehmen (Sage, die das Alpenglühen erklärt). Die aventiurehafte Dietrichepik ist als Umsetzung der höfischen Aventiure in den heroischen Kontext und damit als Reaktion auf den arthurischen Roman zu erklären. Dies geschieht mit typischen Erzählschemata: dem „Herausforderungsschema" und dem „Befreiungsschema", in dem die Aventiure als sozial sinnvolle Tat erscheint. Die Dietrichepik reagiert somit unterschiedlich auf die kämpferische Aventiureideologie: affirmativ in den Befreiungen, kritisch in den sinnlosen Herausforderungen, wie zum Beispiel im „Eckenlied". In den weiteren Umkreis dieser Texte gehören auch die heldischen Abenteuerromane „Biterolf und Dietleib" sowie „Ortnit" und „Wolfdietrich". Dietleib sucht seinen Vater Biterolf, findet ihn am Hof Etzels, zieht mit ihm gegen die Burgunden und erhält die Steiermark. Der Autor verarbeitet Motive aus dem „Nibelungenlied", der Walther-Sage („Waltharius"; ▷ 1.17), dem „Rosengarten" und anderen Epen für ein literaturkundiges Publikum. „Ortnit" und „Wolfdietrich" (1230/50) integrieren Motive der Spielmannsepik (▷ 3.7) und der Legende mit heldenepischem Personal: Brautwerbungsfahrten, Mittelmeerszenerie, Zwerge und Drachen; die Helden gehören zu den Ahnen Dietrichs, mit ihnen und mit der gattungstypischen Strophenform sind die Erzählungen in die Heldenepik eingebunden. Die Erzählungen sind überwiegend anonym, oft existieren mehrere Fassungen nebeneinander: darin äußert sich die größere Nähe zur Mündlichkeit. Beliebt war die Heldenepik vornehmlich an bayerisch-österreichischen Adelshöfen, ihre Popularität reicht bis in das 15. und 16. Jahrhun-

dert, wie an zahlreichen Drucken (Helden-
bücher; einzeln „Eckenlied", „Sigenot",
„Laurin", „Rosengarten", „Wunderer") und
an der Verwendung der Stoffe für Schauspiele („Wunderer", „Rosengarten") deutlich
wird.

5.17 Antike als Warnung und Vorbild

Das erste deutsche höfische Epos, der Antikenroman „Eneit" (▷ 4.4) Heinrichs von Veldeke, erhielt schon am Anfang des 13. Jahrhunderts eine Vorgeschichte mit der Übertragung des altfranzösischen „Roman de Troie"
von Benoît de Sainte-Maure durch Herbort
von Fritzlar. Sein „Liet von Troie" entstand
für den gleichen Mäzen, Hermann I. von Thüringen (Landgraf 1190–1217). Herborts Werk
geht jedoch gegenüber den höfischen Zentral-
werten Ritterkampf und Minne deutlich auf
Distanz. Die Kämpfe um Troja, mit realistischen Zügen geschildert, gelten zwar noch als
Medium ritterlicher Bewährung, aber auch
als sinnloses Kräftemessen und die Liebe, die
als Anlaß dazu erscheint, ist Torheit. Herbort
sieht das weltliche Rittertum mit dem kritischen Blick des Klerikers, vielleicht entspricht das der gleichzeitigen Kritik Wolframs am Heidenkampf im „Willehalm"
(▷ 4.25). Eine umfassende Präsentation des
Trojastoffes bietet Konrad von Würzburg
(▷ 5.10) in seinem „Trojanerkrieg" (um 1280).
Er zieht außer Benoît noch lateinische Quellen, so den angeblichen Augenzeugenbericht
aus trojanischer Sicht, das „Tagebuch" des
Phrygiers Dares, heran (Homer war unbekannt). Er beginnt mit Herkules' Traum, dem
Urteil des Paris, erzählt die Jugend Achills,
den Raub der Helena und den Beginn der
Kämpfe; dann, nach über 40 000 Versen,
bricht der Roman ab, ein Unbekannter hat
die Geschichte in knapp 10 000 Versen zu
Ende erzählt. Für Konrad sind alle Helden
vorbildlich, er nimmt für keine Seite Partei;
der Roman dient zur Vermittlung des gesamten historischen Wissens von diesem Ereignis
und der Entfaltung höfischer und ritterlicher
Idealität. Etwa gleichzeitig schuf ein wesentlich talentloserer Erzähler (namens Wolfram?) in der Nordschweiz den sogenannten

„Göttweiger Trojanerkrieg", in dem den tro-
janischen Helden Abenteuer nach dem Muster der Spielmannsepik (▷ 3.7) und des Artusromans (▷ 4.19) zugeschrieben werden.
Auch die beiden Alexanderromane des
13. Jahrhunderts sind durch das Streben nach
Vollständigkeit gekennzeichnet: der „Alexander" des Rudolf von Ems (▷ 5.9) und die
„Alexandreis" des Ulrich von Etzenbach
(28 000 Verse), der in der 2. Hälfte des
13. Jahrhunderts am Prager Hof wirkte. Beide
idealisieren ihren Helden zum beispielhaften
Herrscher, wobei Rudolf (er bricht bei Vers
21 643 ab) ihn in heilsgeschichtlicher Sicht als
herausragendes Werkzeug Gottes (und Vorbild für Konrad IV.) darstellt, Ulrich dagegen
eher auf höfische Repräsentation in Rittertat
und Minne zielt. Alexander ist vermutlich
als Vorbild und Legitimation des Böhmen-
königs Ottokar II. (1253–1278) entworfen,
sein Tod in der Schlacht auf dem Marchfeld
scheint zum Wendepunkt der Interpretation
des Alexanderlebens geworden zu sein: die
Greifen- und Meerfahrt des Helden werden
als Maßlosigkeit und Hochmut, sein Tod als
Verweis auf die Eitelkeit der Welt verstanden.
Der Stoffkreis der antiken Thebensage (Ödipus, „Sieben gegen Theben"), der in Frankreich um die Mitte des 12. Jahrhunderts im
„Roman de Thèbes" (nach der „Thebais" des
Statius) gestaltet und im 13. Jahrhundert auch
in Prosa umgesetzt wurde, ist in Deutschland
nicht rezipiert worden.
Ohne größere Wirkung blieb die Übertragung
von Ovids „Metamorphosen" in 20 000 Versen durch Albrecht von Halberstadt (um
1190/1210 in Thüringen), in der die Götter als
Abgötter und die Verwandlungen als Märchen erscheinen. Der Text erlebte eine Wiederauferstehung im 16. Jahrhundert, als Jörg
Wickram (▷ 8.17) ihn überarbeitete und 1545
zum Druck brachte.

5.18 Geschichte der Welt

Historisches Wissen und Sinn der Geschichte
für die aktuelle Gegenwart will die mittelalterliche Geschichtsepik vermitteln – so,
nach den Vorgängern „Annolied" (▷ 3.2) und
„Kaiserchronik" (▷ 3.3) die „Weltchronik"
des Rudolf von Ems (▷ 5.9). Sie legitimiert

den Anspruch der Staufer auf die Herrschaft und soll dem Adressaten, König Konrad IV., das geschichtliche Wissen vermitteln, das ihn seine Stellung in der Welt- und Heilsgeschichte verstehen läßt. Rudolfs Riesenunternehmen blieb unvollendet wie auch die „Christherre-Chronik" eines anonymen Autors, der für Markgraf Heinrich III. von Meißen (1247–1288) geschrieben hat: er bricht im biblischen „Buch der Richter" ab. In den Handschriften ist sie meist, wie auch die Rudolfs, mit Fortsetzungen überliefert. Die „Christherre-Chronik" ist stärker geistlich orientiert als Rudolfs „Weltchronik", die mehr weltliches Wissen integriert. Die erste vollständige Weltchronik (um 1280) stammt von dem Wiener „Ritterbürger" Jans (Jans Enikel; Abb. S. 90). In fast 30 000 Versen berichtet er von Weltgeschichte von der Schöpfung bis zum Tod Kaiser Friedrichs II., ausführlich referiert er biblische und antike Geschichte, knapper wird die Zeit seit Christi Geburt dargestellt. Im Unterschied zu den älteren Werken tritt die heilsgeschichtliche Perspektive zurück, die erzählerische Ausgestaltung durch Geschichten und Anekdoten hingegen in den Vordergrund, wobei er sich nicht scheut, Spektakuläres und Anrüchiges über Kaiser und Päpste zu berichten. In seinem „Fürstenbuch" (4258 Verse) stellt er die Geschichte der Babenberger Herrschaft und der Stadt Wien dar: die alte Zeit wird als große Vergangenheit beschworen. Die Perspektive der städtischen Oberschicht Wiens wird in der Ausrichtung an der Lebensform des Herzoghofes, aber auch in ihren wirtschaftlichen Interessen artikuliert. Die „Babenberger Renaissance" richtet sich nicht gegen die regierenden Habsburger, sondern wurde von ihnen benutzt, um ein landesstaatliches Selbstbewußtsein zu konstituieren: in diesem Zusammenhang gehört auch das „Fürstenbuch", das einerseits den Führungsanspruch des Herzogs bestätigt, andererseits die Bedeutung der städtischen Oberschicht herausstellt. Die Ausrichtung der „Weltchronik" an österreichischen Interessen verhinderte nicht ihre Rezeption in anderen Gebieten und ihre Integration in „Weltchronik" – Summen, Mischformen aus Jans' und Rudolfs Werk und der „Christherre-Chronik", die dann die Basis für das Großunternehmen Heinrichs von München (▷ 6.11) ergaben.

Prosachroniken, wie es sie in Frankreich schon um 1200 gibt, sind im Deutschland des 13. Jahrhunderts noch selten: die „historischen" Einleitungen zum „Deutschenspiegel" („Buch der Könige") und zum „Schwabenspiegel" („Buch der Könige des Alten und Neuen Bundes"), vor allem aber die „Sächsische Weltchronik", die die Geschichte von der Erschaffung der Welt bis um 1225/30 erzählt. In die mutmaßlich älteste Fassung (um 1260/70) sind Auszüge aus der „Kaiserchronik" in Versen eingeschoben, die späteren Bearbeiter formen sie in Prosa um und reduzieren die Erzählungen auf das Faktische: eine gegenläufige Tendenz zur novellistisch-erzählerischen Anreicherung bei Jans. Dessen Werk dürfte eher als Geschichtenbuch, die „Sächsische Weltchronik" hingegen als historische Begründung gegenwärtiger Rechtszustände gelesen worden sein: beide Möglichkeiten sind in der mittelalterlichen Geschichtsepik grundsätzlich angelegt.

5.19 Geschichte des Heils und der Heiligen

Die heilsgeschichtliche Epik, wie wir sie als Bibelepik seit Otfrid von Weißenburg (▷ 1.13) kennen, spielt im 13. Jahrhundert praktisch keine Rolle mehr: Heilsgeschichte ist erzählerisch gestaltet in die höfische Epik („Prosa-Lancelot"; ▷ 5.15), in die Antiken-Epik („Alexander"; ▷ 5.17), vor allem aber in die Weltchronik (▷ 5.18) eingegangen. Das Interesse an den „heiligen" Stoffen richtet sich auf das „Auserzählen" von Lebensgeschichten: der Kindheit Jesu, des Marienlebens, der Heiligenlegenden. Vielleicht noch dem Ende des 12. Jahrhunderts gehört die gut 3000 Verse lange „Kindheit Jesu" des Konrad von Fußesbrunnen an. Er benutzt das frühchristliche apokryphe Pseudo-Matthäus-Evangelium und erzählt von der Jugend Marias, der Verkündigung, der Geburt und den Drei Königen, der Flucht nach Ägypten und der Rückkehr mit den Wundern des Jesuskindes. Die Sprache ist geprägt vom höfischen Stilideal, ein entsprechendes Publikum sollte angesprochen werden. Das Interesse an der Gestalt Mariens, hier auch an dem Verhältnis von Mutter und Kind, wird typisch für die

ie wurden all frezzen
Des chan ich nicht verzeren

n welt ir auch der gothait
volgen das ist mir laid

Opfer wart von herzen fro
Vnd lobt got von himel do

A von so furcht mir ser
Ir verlieset frum vnd er

Die Speisung der Israeliten mit Wachteln. Darstellung aus der „Weltchronik" des Jans (Handschrift des 14. Jh.; München, Bayerische Staatsbibliothek)

geistliche Dichtung des Jahrhunderts. Von Konrad von Heimesfurt stammt die Erzählung von der Himmelfahrt Mariae (um 1225); das „Rheinische Marienlob" (über 5 000 Verse, um 1230) ist im Kölner Raum für Nonnen verfaßt und beschwört in prunkvoller rhetorischer Sprache das Lob der Gottesmutter in ihren Symbolen, ihren Namen, ihren Freuden, ihrer Erhabenheit, ihrer Schönheit und ihrer Glückseligkeit als Königin des Himmels – ein Vorläufer der „Goldenen Schmiede" des Konrad von Würzburg (▷ 5.10). Um 1250 entstand in Bayern oder Österreich die lateinische Summe der erzählenden Mariendichtung mit der „Vita beatae Virginis Mariae et salvatoris rhythmica" (= Leben der seligen Jungfrau Maria und des Heilands in Versen): erzählt wird in etwa 8 000 Vagantenzeilen die Jugend und die Vermählung Mariens, Verkündigung und Kindheit Jesu, Leben Jesu bis zum Tode und zur Klage Mariens, Auferstehung und Himmelfahrt Jesu, Tod und Himmelfahrt der Gottesmutter. Um 1270/80 wurde das lateinische Gedicht von Walther von Rheinau („Marienleben") nachgedichtet und in freierer Form von Bruder Philipp dem Karthäuser bearbeitet (nach 1300). Der theologischen Auslegung gewidmet ist die „Hohe-Lied"-Dichtung des Magdeburger Bürgers Brun von Schönebeck, geschrieben unter geistlicher Anleitung als verdienstvolles gutes Werk für sein Seelenheil im Lauf eines Jahres (1275/76). Er stützt sich auf die lateinische „Hohe-Lied"-Interpretation

des Honorius Augustodunensis, die den biblischen Text auf die Liebe zwischen Gott und Maria, der Menschenseele und der Kirche auslegt. Die Einleitung, die das „Hohe Lied" in die Geschichte der Liebe zwischen Salomo und der Tochter des Pharao einbettet, ist am besten bewältigt; mit der Verdeutschung der gelehrten Theologie des Honorius ist der Laie Brun deutlich überfordert: ein Fall, der die Grenzen der „Laienemanzipation" (▷ 5, Einführung) deutlich aufzeigt. Auf ganz anderem Niveau steht der Franziskaner Lamprecht von Regensburg, der um 1250 den lateinischen Traktat von der Tochter Syon in etwa 4 300 deutsche Verse gebracht hat. Die Tochter Syon ist die Seele, die den Weg zu Gott zurückgelegt, den Berg Sion (Burgberg von Jerusalem) erklommen hat. Die mystische Gotteserfahrung, die nicht über kirchliche Institutionen vermittelt werden kann, wird mit Hilfe von Allegorien dargestellt, sie gipfelt in der Hochzeit der Seele mit Gott in der Tradition der „Hohe-Lied"-Auslegung. Vor seinem mystischen Verstraktat hatte Lamprecht die „offizielle" Franziskusvita des Thomas von Celano verdeutscht. Gehört diese Legende in die franziskanische Seelsorge, so ist der „Heilige Georg" des Reinbot von Durne für den Hof des Bayernherzogs Otto II. (1231–1253) geschrieben: er imitiert den Stil Wolframs von Eschenbach in der Darstellung des vorbildlichen Gottesstreiters Georg und der Kette von Martyrien des „Heiligen vom unzerstörbaren Leben" (der Drachenkampf gehörte noch nicht zur Legende). Die Doppellegende „Heinrich und Kunigunde" des Ebernand von Erfurt dürfte um 1220 im Zusammenhang mit der Heiligsprechung Kaiser Heinrichs II. und seiner Gemahlin entstanden sein. Der Auftraggeber, der Zisterzienserbruder Reimbote, war an der Kanonisierung (1200) beteiligt gewesen, und das Werk sollte dieses Verdienst dokumentieren und die Fürsprache der Heiligen sichern. Private Frömmigkeit und öffentlicher Anlaß verbinden sich hier in einer für die Legendendichtung typischen Weise.

5.20 Gotteslehre und Moral – die Predigt

Um die Mitte des 13. Jahrhunderts beginnt eine neue Phase der volkssprachlichen Predigtliteratur. Die ältere Form ist die Sammlung von Musterpredigten für die Pfarrseelsorge (▷ 2.1), wie sie vom „Predigtbuch des Priesters Konrad" oder den „Oberaltaicher Predigten" (beide um 1200) vertreten werden. In ihnen dominiert die allegorische Auslegung des Evangelientextes und die allgemeine Morallehre. Diese Form hält sich bis ins späte Mittelalter, wenngleich der theologische Anspruch in Sammlungen wie der des sogenannten „Schwarzwälder Predigers" (vor 1300) höher ist. Um 1250 entsteht parallel eine neue Art der Predigtsammlung, die von vornherein für die erbauliche Lektüre, sei es im (Frauen)kloster als Tischvorlage oder als Privatlektüre für Nonnen, Laienbrüder und Weltleute gedacht ist. So die für Klosterfrauen bestimmte Sammlung des sogenannten „Sankt Georgener Predigers" (aus dem Rheinland, Ende des 13. Jahrhunderts). Die Heiligung des Menschen wird mit Vorstellungen beschrieben, die aus der Mystik Bernhards von Clairvaux kommen: die Überschreitung der menschlichen Erkenntnisfähigkeit in der Schau von Gottes Gewalt und Weisheit, Freude und Güte, Schönheit und Ewigkeit. Eher untypisch für die Predigt des 13. Jahrhunderts ist die bedeutendste Predigergestalt dieses Zeitraums, der Franziskaner Berthold von Regensburg, der als wirkungsmächtiger Redner seit 1240 bezeugt ist; Zeitgenossen sprechen übertreibend von bis zu

Berthold von Regensburg bei der Predigt (Federzeichnung einer Wiener Handschrift von 1447)

zweihunderttausend Zuhörern. Von seiner Predigtweise geben die erhaltenen deutschen Predigten einen guten Eindruck, da sie von seinen Augsburger Mitbrüdern auf der Basis seiner lateinischen Aufzeichnungen in seinem Stil abgefaßt wurden. Er erscheint darin als Buß- und Sittenprediger, der das Fehlverhalten der einzelnen Stände geißelt, wie die betrügerischen Praktiken der Markthändler oder die Putzsucht und Begehrlichkeit von Männern und Frauen. Er arbeitet mit erzählerischen Mitteln, mit rhetorischen Fragen und Ausrufen, aber auch mit einem überschaubaren, wohldisponierten Aufbau. Seine Predigten faszinieren heute, weil sie einen Blick auf die Lebensrealität vornehmlich der städtischen Mittel- und Unterschichten erlauben. Die Wirkung der verschriftlichten Predigten war jedoch eher gering, da sie das typische Publikum der Lesepredigten, die Nonnen und die weiblichen Laien, nicht ansprachen. Diese griffen eher zu den praktisch-seelsorgerlichen Schriften von Bertholds Lehrer, David von Augsburg (bezeugt 1246–1272), dem

Begründer eines franziskanischen Schrifttums in deutscher Sprache, mit den „Sieben Staffeln des Gebets". Hier wird Hilfe für das geistliche Leben gegeben, und das entsprach den Bedürfnissen eher als die harte (aber auch unterhaltsame) Sinnenkritik Bertholds.

5.21 Die religiöse Frauenbewegung und Mechthild von Magdeburg

Schon im 12. Jahrhundert hatten im Rahmen der religiösen Laienbewegung die Frauen eine wichtige Rolle gespielt (▷ 2.3). Die Orientierung des Lebens am Evangelium, die Wahl einer Lebensform zwischen Ordens- und Laienstand bot ihnen eine Gleichstellung mit den Männern, die ihnen in der Ehe verweigert war. Aus dieser Armutsbewegung entstanden gegen Ende des Jahrhunderts religiöse Frauengemeinschaften. Lambert von Lüttich († 1177) wird als einer der Förderer genannt, 1216 gestattete Papst Honorius III. das Zusammenleben dieser frommen Frauen (meist unverheiratet oder verwitwet), die man, vermutlich nach ihrer Kleidung aus ungefärbter Wolle (frz. „beige"), „Beginen" nannte. Sie widmeten sich dem Gebet, der Betrachtung und Askese und karitativer Tätigkeit; ihren Lebensunterhalt sicherten sie durch textile Handarbeit, durch Bettel, später auch durch Lese- und Schreibunterricht. Die Frauen kamen zumeist aus dem städtischen und ländlichen Adel und aus der städtischen Mittelschicht. Die ersten Zentren entstanden in Nordfrankreich und den Niederlanden, hier entfaltete sich auch eine eigene Beginenmystik: die Darstellung der Gotteserfahrung, die zur Mitteilung drängt, damit sie für die Gemeinschaft als Vorbild und Gnadengabe fruchtbar wird. Die Volkssprache wird nicht aus Not gewählt, weil die Frauen kein Latein können, sondern weil sie als religiöse Sprache weniger festgelegt ist als das Latein, unverbrauchter, offener für den Ausdruck subjektiver religiöser Erfahrung. Die vom Hohen Lied geprägte Vorstellung der Geschlechterliebe als Möglichkeit, die Gotteserfahrung zu erleben und wiederzugeben, spielt für die Frauenmystik eine besonders große Rolle, so in den auf die weltliche Liebeslyrik zurück-

greifenden „strophischen Gedichten" und „Mengelgedichten" der Niederländerin Hadewijch. Die bedeutendste Mystikerin in deutscher Sprache, Mechthild von Magdeburg, war Begine; sie starb 1282 im Zisterzienserkloster Helfta, wo sie seit 1270 lebte. Sie hatte anscheinend eine Art geistliches Tagebuch geführt, und unter der Betreuung des Dominikaners Heinrich von Halle gab sie diese Aufzeichnungen in überarbeiteter Form an die Öffentlichkeit. Es sind ihre Erfahrungen der Einheit mit Gott (das Buch, sagt sie, habe sie als Ungebildete verfaßt, später: Gott selbst sei der Autor), aber auch der Entfremdung von Gott, die sie als Leid und Nachvollzug der Passion Christi und damit wieder als Nähe zu Gott zu verstehen lernt. Sie benutzt zur Darstellung alle denkbaren literarischen Formen und Inhalte – Erzählung, Gebet und Hymne, Legende, Bibel und Offenbarung. Die Einheitserfahrung äußert sich häufig in Vorstellungen der Geschlechterliebe, der Brautmystik, also der durch die Tradition geprägten Erlebnismöglichkeit, der Mechthild allerdings eine fast schockierende Intensität gibt. In der Aufzeichnung und Weitergabe an die Mitschwestern wird der subjektiven Religiosität Mechthilds das soziale Moment mitgegeben: im Nachvollzug ihrer Erfahrungen können auch sie der Gnade teilhaftig werden. Wir besitzen Mechthilds „Fließendes Licht der Gottheit" nicht im niederdeutschen Original, sondern nur in einer alemannischen Bearbeitung aus der Zeit um 1345, die zudem noch schlecht überliefert ist (Abb. S. 95). Aber selbst in dieser Überformung ist es in seiner Bildkraft das erstaunlichste Zeugnis mittelalterlicher Laienfrömmigkeit in deutscher Sprache.

5.22 Geistliches Spiel

Das aus der Osterliturgie der Kirche entstandene geistliche „Spiel" vom Besuch der drei Marien am Grabe Jesu und der Verkündigung der Auferstehung ist zuerst gegen Ende des 10. Jahrhunderts bezeugt: man spricht wegen der engen Verbindung mit der Liturgie hier von kultbezogener „Osterfeier" im Unterschied zum (publikumsbezogenen) „Osterspiel", ohne daß eine eindeutige Grenze zu ziehen wäre. Der „Feier"-Typus bleibt jedenfalls neben dem „Spiel" weiterbestehen und bis ins 18. Jahrhundert lebendig. Um 1200 gibt es eine umfangreiche lateinische Spieltradition mit breiter Ausmalung des Ostergeschehens durch die Aufnahme von Szenen um die Grabeswächter, den Salbenkauf der Marien, die Höllenfahrt Christi und die Befreiung der Patriarchen. Nach dem Vorbild von Osterfeier und -spiel entwickelt sich das lateinische Weihnachtsspiel mit der Darstellung weiterer Szenen (Unschuldige Kinder: Herodesspiel; Dreikönigsspiel). Vor allem in Frankreich entstehen im 12. Jahrhundert lateinische Spiele zu verschiedenen biblischen Themen und mit dem „Jeu d'Adam" von Jean Bodel um 1200 auch das erste volkssprachliche Spiel. Die Spiele benutzen liturgische Gesänge verschiedener Herkunft, aber auch die dialogischen Partien wurden (in einer Art Lektionston) gesungen. In dem um 1220 aufgezeichneten lateinischen „Benediktbeurer Passionsspiel" (Handschrift der „Carmina Burana"; ▷ 4.8) stehen umfangreiche deutsche Partien: Strophen der Maria Magdalena, in denen sie die Männer verführen will, Schminke kauft, aber auch, nach ihrer Bekehrung, Gott um Gnade bittet, dann die Klage von Maria, der Mutter Jesu, unter dem Kreuz und die Bekehrung des Longinus (des Soldaten, der Jesu Seite durchsticht). Diese Szenen sollten anscheinend besonders intensiv vergegenwärtigt werden: die Bekehrung der Sünder, das Mit-Leiden der Passion. Die Mischung von Latein und Deutsch war den Teilnehmern von der Messe her vertraut: liturgisches Latein und deutsche Predigt, der hier die deutschen Strophen in ihrem Appellcharakter entsprechen.

In der Spielüberlieferung lassen sich zwei Typen unterscheiden: die spielnahe Handschrift als Regie- oder Souffliierbuch, oft in Rollenform oder im handlichen Hochformat, und die Lesehandschrift, die das Spiel als Lesedrama präsentiert – sei es als Reflex einer Aufführung oder als eigens für die Lektüre entworfener Text. Das „Benediktbeurer Passionsspiel" ist stark literarisiert, die Notenzeichen (linienlose Neumen) der Gesänge sind nicht für die praktische Umsetzung im Spiel, sondern für verstehendes Lesen („inneres Hören") oder andeutendes Vortragen bestimmt gewesen.

5.23 Das „Osterspiel von Muri"

Vielleicht für eine Aufführung in einer Kirche in Zürich war das „Osterspiel von Muri" (1240/60) bestimmt, von dem etwa die Hälfte des Textes (612 Verse) auf den Fragmenten einer Souffliierrolle erhalten ist; es fehlen Anfang und Schluß. Erhalten sind Wächterszene, Auferstehung (mit einem Donnerschlag markiert), Bestechung der Wächter durch Pilatus, Krämerszene, Höllenfahrt Jesu und Befreiung der Patriarchen, der Salbenkauf der drei Marien, der Besuch am Grabe, Magdalena mit Jesus als Gärtner („Hortulanus-Szene"). Die Überlieferung scheint ein rein deutsches Rededrama zu repräsentieren, mit nur zwei Gesängen in lateinischer Sprache, aber wahrscheinlich sind die lateinischen Gesänge lediglich nicht aufgezeichnet und auch die deutschen Teile rezitativisch vorgetragen worden. Bei der Rolle der Maria Magdalena erscheint mehrfach der Name Antonius: wahrscheinlich der Darsteller, denn Frauenrollen wurden von Männern übernommen. Höhepunkt des Spiels ist die Hortulanus-Szene: Magdalena betrachtet Passion und Auferstehung, äußert in affektiver Sprache ihre Liebe zu Jesus und ihren Abscheu vor ihren Sünden, für die sie um Vergebung bittet. Magdalena als „Sünderheilige" entspricht einem Leittypus der Zeit, ihre Bekehrung steht exemplarisch für die Bekehrung der Zuhörer und ihre Betrachtung der Erlösungstat Jesu für die nun jedem Gläubigen zu leistende Nachfolge Christi: so fügt sich das geistliche Spiel in die aktuelle Bewegung der Laienfrömmigkeit.

5.24 Deutsches Recht

Nach der althochdeutschen Übersetzung der „Lex Salica" (Rechtsbuch der Salfranken) vom Anfang des 9. Jahrhunderts (▷ 1.1) entstand erst um 1225/35 wieder ein Rechtsbuch in deutscher Sprache: der „Sachsenspiegel" („Spegel der Sassen") des Adligen Eike von Repgow (Reppichau bei Dessau). Anders als die „offizielle" Rechtsaufzeichnung in karlischer Zeit ist es hier eine gelehrte juristische Privatarbeit, angefertigt für den Grafen Hoyer von Falkenstein. Eike will das beste-

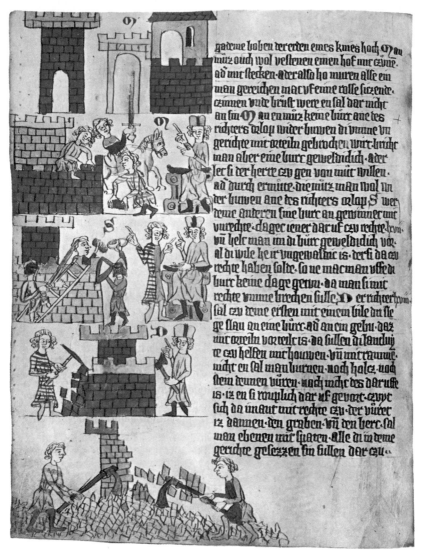

Seite aus dem „Sachsenspiegel" des Eike von Repgow (obersächsische Handschrift um 1320; Heidelberg, Universitätsbibliothek)

hende Gewohnheitsrecht aufzeichnen, aber er mißt es an den christlichen Glaubenswahrheiten, da er Gott als den Ursprung des Rechts betrachtet. Dementsprechend ist sein Werk als universales Rechtsbuch angelegt, das alle Lebensbereiche regelt. Im ersten Teil behandelt es das Landrecht, das Recht der Freien im allgemeinen, im zweiten das Lehnsrecht, die Grundsätze der Lehnsvergabe und -nutzung. Der „Sachsenspiegel" führt das Territorialitätsprinzip durch, das als neues Verständnis der landesherrlichen Macht gilt, an Stelle des alten als „Personenverbandsstaat": das Recht gilt für alle auf dem Territorium und ist nicht an die Stammeszugehörigkeit der Personen gebunden. Damit soll der neuen politischen Zielsetzung, die Herrschaften zu geschlossenen Territorien auszubauen, die nötige rechtliche Stabilität gegeben werden. Die Wahl der Volkssprache statt des Lateins (Eike schrieb zuerst auf Latein und übersetzte dann) soll die Allgemeinverständlichkeit sichern, wie sie auch der etwa gleichzeitig entstandene „Mainzer Reichslandfriede" (1235), der lateinisch und deutsch ausgefertigt wurde, verwirklichen will. Der „Sachsenspiegel" hat schon im 13. Jahrhundert die Rechtsprechung erheblich beeinflußt; etwa 250 Handschriften sind erhalten, zum Teil mit Illustrationen, die die Rechtssätze in anschauliche Bilder überführen. In einzelnen Gebieten galt der „Sachsenspiegel" bis ins 20. Jahrhundert als zusätzliche Rechtsquelle. In Süddeutschland entstanden auf der Basis von Eikes Rechtsbuch eigene „Spiegel": der „Deutschenspiegel" (Augsburg 1274/76) und der „Schwabenspiegel" (ebenda 1275/76), der mit über 400 Handschriften meist überlieferte deutsche Text des Mittelalters. Die Redaktion, die Elemente des römischen Rechts integriert, ist vermutlich im Umkreis der Augsburger Franziskaner entstanden, die die Lesefassungen der Predigten Bertholds von Regensburg (▷ 5.20) herstellten: das Ziel, christliche Grundsätze in grundsätzlichen und alltäglichen Entscheidungen wirksam werden zu lassen und alle Belange des Lebens zu regeln, stimmt zu dem umfassenden Anspruch franziskanischer Lebenslehre.

5.25 Fachkunde deutsch

Die erste geistliche Naturkunde in deutscher Sprache ist der „Physiologus" (▷ 2.2), in deutlich größerer Spannweite stellt sich der sogenannte „Lucidarius" dar (um 1200, die angebliche Auftraggeberschaft Heinrichs des Löwen ist Fiktion): auf der Basis verschiedener lateinischer Quellen, vornehmlich des „Elucidarium" des Honorius Augustodunensis (*um 1080, †1150) spricht er in drei Büchern in Dialogform (Meister – Jünger) von Gott, Schöpfung und Erscheinung der Welt, Sündenfall und Erlösung (I), von der Kirche,

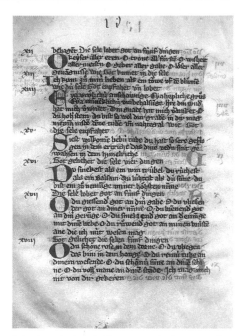

Seite einer Abschrift der Übersetzung der Vision „Das fließende Licht der Gottheit" Mechthilds von Magdeburg (Handschrift um 1345; Einsiedeln, Stiftsbibliothek Benediktinerabtei)

der Liturgie und den Sakramenten (II) und von den Letzten Dingen (III). Das Werk wurde in verschiedenen Bearbeitungen (Drei-Bücher- oder Zwei-Bücher-Fassung) eines der wichtigsten geistlich-enzyklopädischen Bücher: etwa 70 handschriftliche Textzeugen sind bekannt und 108 Drucke vom Jahre 1479 bis 1892. Wenig erfolgreich war hingegen die deutsche Übersetzung einer dem Aristoteles zugeschriebenen Lebens- und Gesundheitslehre, den sogenannten „Secreta secretorum", eine angebliche Geheimlehre („Heimlichkeit der Heimlichkeiten"), die tatsächlich eine Übersetzung des arabischen „Sirr-al Asra" war. Hildegard von Hürnheim, Zisterzienserin in Kaisheim (bei Donauwörth), verdeutschte 1282 diesen Text unter Anleitung ihres Verwandten Rudolf von Kaisheim, aber ihren Anspruch auf eine Übersetzung in „höfischer" Sprache konnte sie nicht einlösen, und so blieb ihre Nachwirkung gering und auf klösterliche Kreise beschränkt, während das große naturkundliche Werk des

14. Jahrhunderts, das „Buch der Natur" des Konrad von Megenberg (▷ 6.21), in Adels- und Bürgerkreisen viel gelesen wurde. Ein heilkundliches Fachschrifttum in deutscher Sprache gibt es schon in althochdeutscher Zeit (▷ 2.2) in Form von Rezepten, zusammenfassende Rezeptare entstehen seit etwa 1180: das „Innsbrucker Arzneibuch", für die Patientenberatung an der Klosterpforte gedacht, das „Arzenîbuoch Ipocratis", beide nach Krankheiten „vom Scheitel bis zur Sohle" geordnet, dann das „Innsbrucker Kräuterbuch", das nach den Pflanzen geordnet ist.

Eine medizinische Enzyklopädie stellt der um 1200 entstandene „Bartholomäus" dar: er enthält die Diagnose aus der Harnbeschau, Rezepte für die Therapie und pharmazeutische Abhandlungen. Er wurde zum wichtigsten deutschsprachigen medizinischen Handbuch des 13. und 14. Jahrhunderts, die Textüberlieferung ist dementsprechend gebrauchsbezogen und durch Ergänzungen und Neuzusammenstellungen charakterisiert. Während diese Werke sich noch auf die alte Klostermedizin stützen, bildet die „Universitätsmedizin" der Schule von Salerno die Basis des „Deutschen salernitanischen Arzneibuchs", das für handwerklich ausgebildete Laienärzte bestimmt war und ihnen das gelehrte Wissen erschließen sollte. Diese frühen Texte wurden lange weitertradiert, und gingen in Teilen noch in die Drucküberlieferung ein. Die Fachliteratur anderer Wissensgebiete erscheint erst im 14. Jahrhundert in deutscher Sprache.

Kapitel 6
Alte und neue Formen im 14. Jahrhundert

Einführung

Die Literatur des 14. Jahrhunderts ist gekennzeichnet durch Vielfalt der Typen, Themen, Zentren und Literaturträger. Die alten Typen wandeln sich und neue kommen hinzu. Zu Liebeslyrik und Sangspruch und ihrer experimentellen Weiterentwicklung tritt das Reimpaargedicht (▷ 6.8), das alle denkbaren Gegenstände in lehrhafter Behandlung aufnimmt; die Minnerede und Minneallegorie (▷ 6.7) bearbeiten das Thema der höfischen Liebe in neuer Form; der Roman nimmt empfindsame und märchenhafte Züge an (▷ 6.10) und bekommt Konkurrenz durch die umfangreichen episch entfalteten Allegorien (▷ 6.9). Religiöse Thematik, in der höfischen Literatur eher am Rand, wird in den verschiedenen Gattungen zentral, aber auch weltliche Lehre nimmt bedeutend zu: die didaktische Dimension, Wissensvermittlung von Laien für Laien, wird zu einer der herrschenden Tendenzen; die Prosa wird die geeignete Darbietungsform. Der Heilsvergewisserung dienen die religiösen Prosatexte; angesichts der politischen, sozialen und persönlichen Unsicherheiten (die Pestepidemien) stellt sich die Sinnproblematik immer dringlicher. Das Jahrhundert ist auf hoher politischer Ebene eines der Spaltungen: die Papstschismen, Doppelwahlen beim Königtum; die Königswürde ist zwischen Wittelsbachern, Luxemburgern und Habsburgern umkämpft. Die Städte versuchen, sich aus der landesherrlichen Oberhoheit zu befreien, und in den Städten selbst kämpft die handwerkliche Mittelschicht (Zünfte) um Anteil am Stadtregiment, meist ohne Erfolg. Der Zustrom in die Städte hält an, dort sind die Aufstiegsmöglichkeiten am größten, andererseits versuchen die Etablierten, Patrizier, Kaufleute und Handwerker, die soziale Öffnung nicht zu groß werden zu lassen. In den Städten haben sich, nicht ohne Widerstand seitens des Stadtklerus, die Bettelorden mit ihren Klöstern niedergelassen, die Mönchs- und Nonnenkonvente und die freien Gemeinschaften werden zu wichtigen Zentren geistigen und geistlichen Lebens. Daneben sind die Höfe der weltlichen und geistlichen Fürsten Mittelpunkte der Kultur. Prag unter Kaiser Karl IV. (1346–1378) wird richtungsweisend durch die Gründung der ersten deutschen Universität (1348), aber an Bedeutung für die deutsche Literatur ist wenig greifbar. In Wien ist neben dem Habsburger Hof die Stephansschule, die 1365 zur Universität wurde, geistiges Zentrum, aber auch hier herrscht die lateinische Sprache. Zwar wurde die Kluft zwischen lateinisch Gebildeten und Laien langsam geringer, Übersetzungen entstanden in vielen Fachgebieten, doch die grundsätzliche Trennung beider Welten blieb bestehen. Im Elsaß ist Straßburg ein Mittelpunkt volkssprachlicher Literatur: der Chronistik (▷ 6.11) und vor allem der deutschen Mystik (▷ 6.15). Viele Denkmäler aber lassen sich nur schwer lokalisieren, man hat mit literarischer Betätigung auch außerhalb der „Zentren" zu rechnen. Die Repräsentation, eine der Hauptfunktionen der höfischen Literatur, ist nur noch eine unter mehreren anderen, andere Gruppen „gebrauchen" Literatur stärker inhaltsbezogen. Das trifft vor allem für die geistliche Prosa zu, die die Hauptmasse des Überlieferten ausmacht und wo sich auch das eigentlich Epochemachende ereignet: die deutschsprachige Mystik. Das deutsche

14. Jahrhundert ist arm an großen Namen und Werken, aber die drei „Mystiker" Meister Eckhart ($\triangleright$ 6.16), Johannes Tauler ($\triangleright$ 6.17) und Heinrich Seuse ($\triangleright$ 6.18) haben überdauert. Der Zeitraum gilt als das dunkle Jahrhundert der deutschen Literatur: gerade die wichtigen neuen Typen, geistliche Prosa, Reimpaardichtung und Drama, sind noch nicht im ganzen Umfang erschlossen, und die Vermittlung mit sozial- und bildungsgeschichtlichen Daten ist angesichts der starken regionalen Differenzen kaum geleistet und wohl auch schwer zu leisten.

Johannes Hadlaubs Strophen über die Familie Manesse als Sammler von Liedern (Ausschnitt aus der „Manessischen Handschrift", 1. Hälfte des 14. Jh.; Heidelberg, Universitätsbibliothek)

6.1 Minnesangs Ende – die „Manessische Handschrift"

„Wo fände man so viele Lieder ... wie sie [hier] in Zürich in Büchern stehn?", beginnt das Lied 8 des Minnesängers Johannes Hadlaub, der Anfang des 14. Jahrhunderts in Zürich bezeugt ist. „Der Manesse hat sich darum bemüht, daß er die Liederbücher jetzt besitzt", fährt Hadlaub fort, und die Forschung hat diese Aussagen dahingehend interpretiert, daß sie sich auf das Zustandekommen der umfangreichsten und schönsten mittelhochdeutschen Liedersammlung beziehen: die „Große Heidelberger Liederhandschrift", die wegen der mutmaßlichen Beteiligung des Züricher Patriziers Rüdiger II. Manesse († 1304) bei ihrer Wiederentdeckung im 18. Jahrhundert durch Johann Jakob Bodmer „Manessische Handschrift" genannt wurde. Sie sammelt auf 425 Großfolioseiten 140 Sänger und

hat für 137 von ihnen eine ganzseitige Miniatur. Dieses Großunternehmen, das sich zwar auf ältere Sammlungen stützen konnte, aber, da es weit über sie hinausgeht, eine umfangreiche Sammlertätigkeit und einen beträchtlichen Geldaufwand erforderte, ist vermutlich eine Tat von Ostschweizer Adligen aus hoher Geistlichkeit, Landadel und Stadtpatriziat, die durch politische, wirtschaftliche und literarische Interessen miteinander verbunden waren und, vielleicht bei gemeinsamen Treffen am Manesse-„Hof" in Zürich, den Minnesang als traditionelle Standeskunst sammelnd und nachschöpfend pflegten, sich selbst als Literaturkundige inszenierten. Das wird in Hadlaubs 51 Liedern und drei Leichs deutlich: er verfügt über die gesamte Tradition von der hohen Minnekanzone zu den „objektiven" Typen wie Tagelied, Herbstlied und Erntelied. In seinen „Erzählliedern" („Romanzen") inszeniert der Autor Minnesituationen nach literarischen Vorbildern und verweist damit auf das für die Spätzeit typische Ineinanderspielen von Literatur und Leben ($\triangleright$ 5.3), der auch die Konservierung des Minnesangs in der Handschrift zu verdanken ist: ständisch geordnet, mit Kaiser Heinrich VI. an der Spitze, wies sie die Beschäftigung mit dem Minnesang noch einmal als Adelskunst aus und gab dem prohabsburgischen Bündnis ihrer Initiatoren die Weihe der Tradition.

6.2 Heinrich Frauenlob – Dichter der spekulativen Theologie

Den Meistersingern ($\triangleright$ 7.13) galt er als Begründer ihrer Kunst, gelehrten Zeitgenossen als der Fürst volkssprachlicher Dichtung, er wurde im Kreuzgang des Mainzer Doms unter großen Ehren beigesetzt: Heinrich von Meißen, genannt Frauenlob, weil er für die Ehre der Frauen eingetreten ist und in seinem „Marienleich" den kunstvollsten Marienpreis in deutscher Sprache geschrieben hat. Er war Berufsdichter im Dienst hoher Adliger: König Rudolfs I. von Habsburg (1273–1291) und König Wenzels II. von Böhmen (1283–1305), nord-, ost- und mitteldeutscher Fürsten, und er beschloß sein Leben in Mainz bei Erzbischof Peter von Aspelt, den er aus seiner Prager Zeit kannte, am 29. November 1318. Er dichtete über 300 Sangsprüche in zehn verschiedenen Tönen (Melodie und Strophenform) mit den Themen von Herrenpreis und Politik, Moral und Minne, vor allem aber von Glaubens- und Gotteslehre. Frauenlob erhebt den Anspruch, Laientheologe zu sein und die Geheimnisse des Glaubens zu vermitteln. Besonders geschieht das in seinen Hauptwerken, den Leichs. Vor allem der „Marienleich", vielleicht für den Prager Hof verfaßt, will in hochgetriebener Bildlichkeit die überragende Rolle Mariens für die Erlösung, ja für Weltschöpfung und Welterhaltung fassen: sie verschmilzt mit der Weisheit Gottes und schließlich mit Gott selbst. Gegenüber der sprachlichen und gedanklichen Kühnheit, dem universalen Anspruch des „Marienleichs", ist der späte „Kreuzleich" kürzer und konventioneller. Der „Minneleich", wohl ebenfalls aus der Prager Zeit, transzendiert die Verehrung der irdischen Frau, die als lebensspendendes Prinzip, als Ursache aller Freude und als Führerin zu Ehre und Minne gefeiert wird, zur himmlischen, zur Gottesmutter. Die bewußte Komplexität der Sprache, die dem Rang ihres Gegenstandes durch die Flucht aus platter Verständlichkeit in Rätsel und Mysterium entsprechen will, hat schon im Mittelalter Bewunderer und Gegner gefunden. Komplizierte Satzkonstruktionen, seltene Reime, ausgefallene Wörter und Neubildungen, kühne Metaphern und Bilder machen Frauenlob zum Meister des „geblümten" Stils. Die zahlreichen Nachdichter in seinen Tönen (über 1 000 Strophen in der „Colmarer Liederhandschrift") verfügen nicht über seine sprachlich-dichterische Kompetenz, sondern bemühen sich um eine zugänglichere Sprache. Frauenlobs Werk hingegen stellt das dichterische Gegenstück zur wissenschaftlichen Bemühung um eine spekulative Theologie und Mystik in deutscher Sprache dar.

6.3 Heinrich von Mügeln – der „wahre Meister"

Als Laie über das Wissen von der Wahrheit zu verfügen und dieses in meisterlicher Weise ins Wort zu bringen, ist der nicht ohne Pathos

Seite aus der Dichtung „Der Meide Kranz" Heinrichs von Mügeln mit einer Personifikation der Astronomie (Handschrift von 1407; Heidelberg, Universitätsbibliothek)

vorgetragene Anspruch des lateinisch gebildeten Berufsdichters Heinrich von Mügeln, aus dem Meißnischen stammend und an den Königshöfen Böhmens und Ungarns, am Wiener Hof und beim österreichischen Adel in der Zeit zwischen 1346 bis 1371 tätig. Für Kaiser Karl IV. schrieb er „Der Meide Kranz" (2 593 Verse), eine allegorische Dichtung über die zwölf Künste, deren höchste, die Theologie, von der „Natur" gekrönt wird. In einem Wettstreit der zwölf Tugenden mit der „Natur" entscheidet die Theologie, daß alle Tugenden von Gott stammen: Wissenschaft und Künste, Natur als Schöpfung und die Tugenden sind in hierarchischer Ordnung von Gott abhängig. Die Ungarnchroniken, eine in lateinischen Versen, eine in deutscher Prosa, sind für König Ludwig I. von Ungarn beziehungsweise Rudolf IV. von Österreich verfaßt. Am nachhaltigsten gewirkt hat er durch seine Sangspruchdichtung, über 400 Strophen in vier Tönen, die teilweise zu vielstrophigen Gedichten (Spruchketten) zusammengeschlossen sind. Seine Themen reichen von der Welt- und Gotteslehre über Marienpreis und Kunstlehre bis zur Fabel. Der Gestus des Wissenden, der Bedeutendes vorträgt, äußert sich in seiner prätentiösen Sprache, seinem „geblümten" Stil, mit dem er sich in die Nachfolge Frauenlobs (▷ 6.2) stellt. Was bei diesem jedoch sprachliche Spekulation ist, wird bei Mügeln zur äußeren Manier, zu preziösem Pomp. In der starken Betonung der Laiengelehrsamkeit, der Ausbreitung des Wissens aus der wissenschaftlichen Tradition seit der Antike, der „handwerksmäßigen", aufwendigen sprachlichen Verarbeitung ist er eine Leitfigur, die zum Vorbild für den frühen Meistersang (▷ 7.13) werden konnte: er galt als einer der zwölf alten Meister.

6.4 Geistliche und weltliche Liedkunst – der Mönch von Salzburg

Zeugnis einer geselligen Musizierpraxis am geistlichen Fürstenhof des Erzbischofs Pilgrim II. von Salzburg (1365–1396) ist der Komplex von über 100 Liedern, die in Handschriften des 15. Jahrhunderts mit dem Namen „Mönch (von Salzburg)" verbunden sind. Die Identifikation eines Autors (ein Benediktiner mit Namen Hermann oder Johannes oder mehrere Verfasser?) bleibt offen, die Angabe „Mönch" wurde bald zur Gattungssignatur. Unter den 49 geistlichen Liedern sind 27 reimende Übertragungen lateinischer Hymnen und Sequenzen, zwei Lieder, darunter das noch lebendige „Josef lieber neve mein", können im Gottesdienst Verwendung gefunden haben. In den zwanzig Marienliedern wird, trotz aufwendigen Reimschmucks und Metaphorik, der dunkle Stil Frauenlobs (▷ 6.2) zugunsten einer größeren Verständlichkeit gemieden. Man wird an unterhaltsam-erbauliches gemeinschaftliches Musizieren denken, weniger an Aufführungen im Rahmen der Liturgie der Kirche. Die 56 weltlichen Lieder sind nahezu ausnahmslos Liebeslieder. Motive des Minnesangs (Tagelied, Pastourelle, Liebesklage, Schönheitspreis,

Liebesabsage, Schelte der Neider) werden zwar in stereotyper Form verwendet; die wenig artifizielle, stärker gemütvolle Haltung weist allerdings voraus auf das Gesellschaftslied des 15. Jahrhunderts. Die Musik ist, von geringen Ausnahmen abgesehen, einstimmig, die Melodiebildung lehnt sich in der häufigen Dur-Melodik an Volkstümliches an und war in Entstehungszeit und -raum wohl von besonderem, noch heute nachvollziehbarem Reiz für die höfische Gesellschaft. In ihrer stark gemeinschafts- und geselligkeitsbezogenen Kunst sind die Lieder des Mönchs der Gegenpol zu den subjektbezogenen Oswalds von Wolkenstein (▷ 6.6) und darin ein für die Folgezeit charakteristischer Typus.

6.5 Geißlerlieder

In der Mitte des 13. Jahrhunderts ging von Italien eine religiöse Bewegung aus, die die öffentliche Geißelung als Bußritual pflegte und sich auch nördlich der Alpen ausbreitete. Kirchliche Verbote führten zum Erlöschen der Bewegung, aber während der großen Pest (seit 1348) trat sie an verschiedenen Orten in rascher Folge und in großem Ausmaß neu auf. Die Bußübungen sollten das Ausbrechen der als Sündenstrafe verstandenen Epidemie verhindern. Alle Teile der Bevölkerung vom Adel bis zu den Bauern schlossen sich den Prozessionen an, die zunächst vom Klerus unterstützt, dann aber wiederholt offiziell verboten wurden (seit 1349), da sie unter anderem mit den Judenpogromen (fälschlich) in Zusammenhang gebracht wurden. Die $33\frac{1}{2}$ Tage (Christi Lebenszeit) dauernde Prozession vollzog sich nach festgelegten Ritualen, in denen Sündenbekenntnis, Selbstgeißelung und Predigt eine wichtige Rolle spielten. In den Chroniken sind eine Anzahl von Liedern überliefert, die während des Geißelrituals gesungen wurden und die Sünde und Buße, die Passion Jesu und den Preis Mariens zum Gegenstand haben. Die überlieferten Melodien gehören zum Typ der Wallfahrts- und Pilgerlieder und lehnen sich teilweise an liturgische Gesänge an. Wegen der starken Beteiligung der Mittel- und Unterschichten an den Prozessionen mit der Aufhebung gesellschaftlicher Unterschiede (Anrede als Bruder) hat man in den Liedern „Volkstümliches" sehen wollen. Sie sind jedoch wahrscheinlich planvoll von Klerikern geschaffene Gesänge, die volksnahe geistliche Traditionen benutzen. Dennoch greifen wir in ihnen, ähnlich wie in den zögernd entstehenden Gemeindeliedern, eine nicht ständisch gebundene Liedkultur.

6.6 Oswald von Wolkenstein

Eine Ausnahmeerscheinung unter den Dichtern des 14. Jahrhunderts ist Oswald von Wolkenstein (* Schloß Schöneck im Pustertal [?] 1376/78, † Meran 2. August 1445). Aus einem bedeutenden Tiroler Adelsgeschlecht stammend, im politischen Dienst König Sigismunds, als Sänger ein adliger Dilettant, der seine Lieder in prachtvollen Handschriften gesammelt hat (Abb. S. 102). Seine Lebensgeschichte ist durch urkundliche Zeugnisse gut rekonstruierbar, sie geht in die verschiedensten Brechungen in seine 130 Lieder ein. In diesen „inszeniert" er sein Leben für seine adligen Standesgenossen und weist sich als Kenner und Könner in der Abwandlung traditioneller Themen und Formen sowie in der Musik seiner Zeit aus. In seinen mehrstimmigen Liedern (insgesamt 39) rezipiert er die französische und italienische Kunst, seine einstimmigen Lieder halten sich im Rahmen der Tradition einstimmiger Liedkunst. In den Refrains wird der Gesellschaft Anlaß gegeben, sich an der Aufführung zu beteiligen. Thematisch schließt sich Oswald in seinen Tageliedern an die Liedtraditionen an, auch zu der Übertragung der Motivik in die bäuerliche Situation als Streitgespräch zwischen Bäuerin und Magd (Lied 48) gibt es Parallelen. Die Liebeslieder sind gekennzeichnet durch ein Zurücktreten der gesellschaftlichen Dimension; Liebe wird als Einverständnis, Gewährung und Entbehrung in der Trennung gefaßt, was mit einer deutlichen Zeichnung des Erotischen einhergeht. Dieses wird in den „objektiven" Liedtypen besonders ausgespielt: in Pastourellen und anderen dörflich-ländlichen Szenen. In seinen geistlichen Liedern (Gebete, Passionslieder, Marienpreis, Übersetzungen lateinischer Sequenzen) steht Oswald der „berufsmeisterlichen" Sangspruchdichtung (▷ 5.4) nahe, aber in den

Sündenklage- und Weltabsageliedern geht er in der Einbeziehung eigener Lebenserfahrung über die Muster deutlich hinaus. Eine geringe Rolle spielt Didaxe und Weisheitslehre, sowie Politisches (gegen die Hussiten, Lied 27, 134), das in seine „autobiographischen" Erzähllieder versteckt hineinspielt: Situationen auf seinen Reisen (wo die Politik kunstvoll ausgespart, aber oft mitgedacht wird), seine Lage auf seiner Burg Hauenstein, seine Gefangenschaften in der Auseinandersetzung um sein Erbe. Oswalds Liedschaffen bedeutet einerseits eine Summe der mittelalterlichen und zeitgenössischen Möglichkeiten in literarischer – und weniger musikalischer – Hinsicht, andererseits ist sein Umgang damit bei aller Gebundenheit doch von einer Experimentierfreude, die über die Vorbilder deutlich hinausführt und – auch ohne Projektion auf die Biographie – eine Gestalt von ungewöhnlichem Erlebnisreichtum, bemerkenswerter literarischer Objektivierungs- und sprachlicher Ausdrucksfähigkeit erkennen läßt. Oswalds Nachwirkung war zu seiner Zeit gering; seit der „Wiederentdeckung" zu Beginn des 19. Jahrhunderts ist das Interesse an seiner Gestalt auch außerhalb der Wissenschaft gewachsen und hat mit Dicter Kühns „Ich, Wolkenstein. Eine Biographie" (1977) zu einer problematischen Vermarktung in den kulturellen Medien geführt.

6.7 Minnerede und Minneallegorie

Mit dem Ende des Minnesangs wird das Thema der Geschlechterliebe nicht mehr vornehmlich im Lied, sondern im Lehrgedicht entfaltet. Vorläufer sind das „Klagebüchlein" (um 1175–80) Hartmanns von Aue (▷ 4.19) und die „Frauenehre" (um 1230) des Strickers (▷ 5.7). Das „Frauenbuch" (1257) Ulrichs von Lichtenstein, als Streitgedicht zwischen Ritter und Dame, reflektiert, ähnlich wie sein „Frauendienst" (▷ 5.3), vielleicht gesellige Formen im österreichischen Adel. Die „Minnelehre" (2550 Verse) des Johann von Konstanz (bezeugt 1281–1312) gehört wohl in den Umkreis der Zürcher Minnesangfreunde und -sammler (▷ 6.1): sie bietet die Lehre einmal in einer beispielhaften Werbungsge-

Oswald von Wolkenstein (Bildnis in einer illuminierten Handschrift des 15. Jh.; Innsbruck, Universitätsbibliothek)

schichte (mit Briefwechsel) und einer allegorischen Traumerzählung, in der Eigenschaften und Gefahren der Liebe dargestellt werden. Allegorie und Personifikation sind die wichtigsten Darstellungsmuster der zahlreichen Minnereden des 14. Jahrhunderts: kleinere Reimpaargedichte, vielleicht als Widmungstexte in geselligem Zusammenhang entstanden und oft in Sammlungen überliefert. Interessanter als diese meist stereotypen Werke sind die großen Minneallegorien. Allegorische Dichtung gibt es seit der Spätantike (Prudentius Clemens: „Psychomachia" [= Kampf der Tugenden und Laster]), sie gehört bis ins 13. Jahrhundert dem lateinischgelehrten Bereich an (allegorische Bibelauslegung ist die Standardmethode der Entschlüsselung des geistlichen Sinns; ▷ 2.2). In Frankreich entstand um 1230–35 mit dem „Rosenroman" („Roman[z] de la Rose") des Guillaume de Lorris (fortgesetzt um 1270 von Jehan Clopinel [Chopinel] de Meun[g]) die epochale allegorische Erzählung des Mittelalters (über 300 Handschriften, Übersetzungen ins Italienische, Englische und Niederlän-

dische), die erstaunlicherweise in Deutschland nicht rezipiert wurde. Einen eigenständigen Versuch in der allegorischen Liebeslehre unternimmt um 1340 im Würzburger Raum einanonymer Autor mit der „Minneburg" im schweren „geblümten" Stil (▷ 6.2). Die Burg ist zuerst Allegorie der Minne (1. Kapitel), dann der Frau, die bestürmt wird (4. Kapitel) und Zufluchtsort der Liebe vor den Neidern (5. Kapitel), den Schluß bildet ein Minnegericht. Nur die erste Allegorie wird ausführlich ausgedeutet (2. und 3. Kapitel), in den anderen sprechen die Personifikationen für sich. Die allgemeine Lehre wird durch drei Einschübe („underbint") auf die persönliche Werbungssituation des Autors bezogen. Etwa zur gleichen Zeit benutzt der oberpfälzische Hadamar von Laber für sein Werk „Die Jagd" in 565 Titurelstrophen das Jagen nach edlem Wild als Modell für die Werbung um die Frau, wie es schon bei Burkhard von Hohenfels im Minnelied auftaucht (▷ 5.1). Schionatulanders Jagd nach dem Brackenseil im „Jüngeren Titurel" (▷ 5.14) könnte zusätzliche Anregung gegeben haben, denn stilistisch nimmt Hadamar dieses Werk als Vorbild. Da er seine Allegorie nicht ausdrücklich interpretiert, sondern nur in den Namen der Hunde Hinweise gibt, läßt er die Bedeutung mancher Situation in der Schwebe. Die Lehre vom richtigen und falschen Jagen beziehungsweise Werben entwirft eine Liebeskonzeption, in der körperlicher Besitz der Dame als unwürdig, die Beständigkeit im Leid aber als wertvoll erscheint. „Die Jagd" ist die meistüberlieferte deutsche Minneallegorie (18 Textzeugen). Die Allegorie als traditionelles Mittel, Bedeutungen zu verschlüsseln und zu entschlüsseln, kommt zwei Tendenzen des 14. und 15. Jahrhunderts entgegen: einmal dem gern beanspruchten Gestus der Bedeutung und Gelehrsamkeit, dann aber erlaubt sie innerhalb des festen poetologischen Modells das Experimentieren.

6.8 Lehrhafte Reimrede – der Teichner

Als Lehre von einem „schlichten Laien" für Leute seines Standes verstehen sich die über 700 Reimpaarreden (von insgesamt etwa

69 000 Versen), die von (oder im Stil von) Heinrich dem Teichner (*um 1310, †vor 1377) stammen. Seine Themen umfassen Geistliches, so die (streng kirchliche) Lehre von Gott, Schöpfung und Erlösung, der Kirche und den Sakramenten, und Weltliches: Stände- und Morallehre, Pfaffen- und Frauenschelte. Die lebenspraktische Orientierung

Heinrich der Teichner am Schreibpult (getuschte Federzeichnung in einer schwäbischen Handschrift von 1472; Berlin, Staatsbibliothek Preußischer Kulturbesitz)

dominiert den Inhalt und die Form, die jeden literarischen Aufwand (wie Allegorie, „geblümten" Stil) vermeidet. Er nähert sich damit der einfachen Predigt, seine theologischen und literarischen Kenntnisse hat er vielleicht als Laienbruder in einem Kloster erworben. Seine Reimpaarreden entstanden zum Teil wahrscheinlich für städtische Bruderschaften (Wien?): Organisationen, die kulturelle, wirtschaftliche oder sozial-karitative Ziele verfolgten und gemeinsame Mahlzeiten und religiöse Übungen veranstalteten. Im Rahmen dieser Zusammenschlüsse, die zu

den bedeutendsten organisierten Formen des sozialen Lebens in der Stadt gehörten, konnte religiöse und soziale Lehre in dichterischer Form Selbstvergewisserung und Verbreitung der eigenen Überzeugungen sein. Die Bruderschaften sieht man als tragendes Moment für die Herausbildung des frühen Meistersangs (▷ 7.13) an, der ebenfalls Laienbildung vermitteln wollte, aber den Anspruch an die poetische Technik programmatisch vertritt. Die Teichnerreden, die mit „Also sprach der Teichner" signiert sind, sind breit überliefert; die Zusammenfügung thematischer und formaler Versatzstücke, wie sie immer wieder begegnet, war als Arbeitsweise des Autors von Nachfolgern leicht zu übernehmen, so daß die Scheidung „echter" und „unechter" Texte dem speziellen Werkcharakter nicht gerecht wird. Als Phänomen der umfassenden Laienlehre in gebundener Sprache sind die Reimreden in ihrer poetischen Unergiebigkeit signifikantes Beispiel einer bewußt „ungelehrten" belehrenden Literatur.

6.9 Allegorische Lehre in epischer Breite

Die umfangreichste mittelhochdeutsche Lehrdichtung (über 24 000 Verse), „Der Renner" (vollendet 1300) des Hugo von Trimberg, will die lateinische Bildung einem ungelehrten Laienpublikum darbieten: das sagt der Autor gegen Ende seines Werkes (Vers 24 543 ff.). Er war Magister und Rektor der Schule am Bamberger Gangolfstift, er hat vor dem „Renner" lateinische Werke verfaßt, gehört also der klerikalen Bildungswelt an. Der Hauptteil besteht aus einem allegorisch eingekleideten Katalog der sieben Hauptsünden („superbia" – Hochmut, „avaritia" – Geiz, „gula" – Völlerei, „luxuria" – Üppigkeit/Unkeuschheit, „ira" – Zorn/Haß, „invidia" – Neid, „acedia" – Trägheit). Darauf folgt eine allgemeine Lebenslehre mit Hinweis auf die Heilsmittel, den Abschluß bildet eine Mahnung an den Tod. Dieses Schema ist mit Bildungsgut vor allem aus den Freien Künsten und der Theologie aufgefüllt, er verdeutlicht seine Sittenlehre durch Beispiele aus Fabel und Schwank. Der Titel (er stammt aus dem 14. Jahrhundert) soll die diskursive (= hin- und her„rennende") Darstellungsweise charakterisieren.

Ebenfalls um 1300 entstand eine allegorische Ständelehre, in der das Schachspiel das Funktionieren der sozialen Ordnung abbildet: das lateinische „Schachbuch" des Jacobus de Cessolis. Die Figuren werden bestimmten Ständen zugeordnet: König–Königin an der Spitze, Läufer–Richter, Springer–Ritter, Turm–Landvogt, die Bauern–Handwerker, Gewerbetreibende und Bauern. Jacobus illustriert, stärker noch als Hugo von Trimberg, seine Lehren durch Beispielerzählungen, die er zur Hauptsache antiken Autoren entnimmt. Das „Schachbuch" wurde im 14. Jahrhundert drei- oder viermal in deutsche Prosa und viermal in Reimpaarverse übertragen. Die wichtigste Übersetzung ist das „Schachzabelbuch" Konrads von Ammenhausen (19 336 Verse), abgeschlossen 1337. Er erweitert noch um Beispielerzählungen und eine Reihe von handwerklichen Berufen, deren betrügerische Praktiken er im Detail referiert und kritisiert. Konrad – er war Mönch und Leutpriester in Stein am Rhein – scheint hier ein städtisches Publikum anzusprechen: in der Stadt war die Notwendigkeit, das Miteinander unterschiedlicher ständischer Gruppen darzustellen und zu begründen, besonders ausgeprägt und wurde von Autoren erfüllt, die mit Lehre von Amts wegen befaßt waren und – anders als der Teichner (▷ 6.8) – im Rahmen dieser Tätigkeit nicht nur die Motivation, sondern auch die Zeit für umfangreiche Lehrdichtungen fanden. Ihr Publikum dürfte in den städtischen Oberschichten zu suchen sein.

6.10 „Empfindsame" Romane

Der älteste deutsche Minneroman mit dem Schema Liebe-Trennung-Wiedervereinigung, das letzten Endes aus dem späthellenistischen Liebesroman stammt, ist „Flore und Blanscheflur" von Konrad Fleck (um 1220?): eine rührende Geschichte von Kinderliebe, Verkauf der Blanscheflur, abenteuerliche Suche Flores und Wiedervereinigung nach tödlichen Gefahren (Abb. S. 106). Konrad benutzt eine französische Vorlage, den viel gelesenen Roman „Floire et Blanchefleur", und zwar

in der „aristokratischen" beziehungsweise „sentimentalen" Version (im Unterschied zur „populären" beziehungsweise „abenteuerlichen"). Stärker sind die ritterlichen Momente in „Partonopier und Meliur" (1277) von Konrad von Würzburg (▷ 5.10), ebenfalls nach einem französischen Roman des 12. Jahrhunderts („Partonopeus de Blois"). Hier handelt es sich um ein Feenmärchen: Meliur, Tochter des Kaisers von Konstantinopel, aber mit übernatürlichen Eigenschaften, holt den Grafensohn Partonopier als Geliebten auf ihre Burg, man macht ihn ihr abspenstig, er bricht das Tabu der Begegnung im Dunkeln ohne Licht und wird verstoßen. In einem Turnier kann er sie wieder erringen. Der mit hohem darstellerischem und sprachlichem Raffinement erzählte Roman konzentriert sich auf die seelischen und ästhetisch-sinnlichen Momente der Liebe, räumt aber auch der kämpferischen Bewährung Partonopiers viel Raum ein. In der Folgezeit wird der gesellschaftliche Bezug, der im „Partonopier" noch da ist, weiter reduziert zugunsten der Darstellung von Liebesbeglückung und Trennungsleid in ihrem personenbezogenen Erlebnischarakter und der Entfaltung des Wunderbaren und Abenteuerlichen um des erzählerischen Reizes willen – nicht, wie im Artusroman (▷ 4.19), eingebunden in einen Qualifikationsweg des Helden. Der „Apollonius von Tyrland" (über 20 000 Verse) des Heinrich von Neustadt (um 1290) nimmt die lateinische Übersetzung („Historia Apollonii regis Tyri", wahrscheinlich 6. Jahrhundert) des spätgriechischen Originals (2. oder 3. Jahrhundert, verlorengegangen) als stoffliche Grundlage. Apollonius gewinnt seine Frau Lucina, verliert sie samt der gemeinsamen Tochter und findet diese als reine Jungfrau im Hurenhaus, jene im Dianatempel in Ephesus. Weit über sein Vorbild hinaus (12 000 Verse zusätzlich) füllt Heinrich die Suche mit Abenteuern unterschiedlicher literarischer Herkunft an, ohne, trotz der dreifachen Heirat des Apollonius, das Ziel, die Vereinigung der Familie, aus den Augen zu verlieren. Er bietet ein Abenteuerkompendium, das auch sprachlich die unterschiedlichsten Schichtungen, von der traditionellen höfischen Sprache bis zum Umgangston, umfaßt. Heinrich war Arzt in Wien und benutzte seinen Roman (und die religiöse Dichtung „Gottes Zukunft") wohl zur Selbstdarstellung in der bürgerlich-städtischen Oberschicht. Für wen der anonyme Schweizer Autor um 1300 den „Reinfried von Braunschweig" (7 600 Verse) schrieb, wissen wir nicht. Es ist ein zweiteiliger Minne- und Abenteuerroman, der in der ersten Hälfte die Gewinnung der Yrkane durch den Helden, ihre Verleumdung wegen zuchtloser Liebe und die Reinigung durch gerichtlichen Zweikampf mit viel Interesse am Liebesgeschehen darstellt, der zweite Teil führt den Helden auf Wunderfahrt durch den Orient, wofür der „Herzog Ernst" (▷ 3.10) und die Sage von Heinrich dem Löwen benutzt wurde, während die Verleumdung im ersten Teil auf den „Engelhard" (▷ 5.10) Konrads von Würzburg zurückgreift. Der Schluß des in der Tradition der höfischen Klassiker erzählten Romans ist verloren. Der „Wilhelm von Österreich" (vor 1314) des Johann von Würzburg bindet die Geschichte von Kinderliebe und Trennung an einen österreichischen Königssohn (den österreichischen Herzögen Leopold I. und Friedrich dem Schönen ist das Werk gewidmet). Nach einem mit Liebe und Rittertat angefüllten Leben wird Wilhelm erschlagen, Aglye stirbt den Liebestod: letzte Steigerung der „empfindsamen" Liebeskonzeption, die sich in viel Reflexion und 14 Liebesbriefen rhetorisch ausbreitet. Die Überlieferung mit Prunkhandschriften (die bis zum Druck einer Prosafassung 1481–1520 führt) zeigt, daß der Adel dieses Werk gelesen hat: Liebe ist interessant als in vielen Aspekten beschreibbares und rhetorisierbares Phänomen, ist kein Welt- und Gesellschaftsentwurf mehr, wie im klassischen höfischen Roman. Die an Konrad von Würzburg geschulte Sprache stellt den „Wilhelm" in die Tradition späthöfischen Erzählens, die Liebesreflexionen und Briefe konnten als Schule der „Empfindsamkeit" und konkreter als Muster des gesellschaftlichen Umgangs aufgenommen werden und sind damit Zeugnisse der spätmittelalterlichen Gefühlskultur. Der letzte dieser Romane ist der anonyme „Friedrich von Schwaben" (um 1320). Es ist ein Märchenroman, der das Thema der verzauberten und zu erlösenden Geliebten gleich zweimal bearbeitet: der Held Friedrich scheitert beim erstenmal, weil er das Tabu, die in eine Hindin verwandelte Angelburg nicht anzublicken, mißachtet, darauf wird sie zu einer Taube, deren Federhemd

aufgenommen werden muß, während sie in einem Brunnen badet. Von Interesse ist vor allem die Gestaltung der Zeiterfahrung: die Helden leben nicht mehr in epischer Zeitlosigkeit, sondern der weiträumige Zeitplan der Erlösung wird zur Erfahrung von Vergänglichkeit. Der Autor greift auf die „Klassiker" zurück, erzählt aber ohne stilistisches Raffinement. Der Roman ist kein Werk mehr für Literaturkenner, sondern für Leser, die sich vom Wunderbaren des Märchenstoffes faszinieren lassen.

6.11 Chronik in Vers und Prosa

Die im 13. Jahrhundert noch dominierende Weltchronik (▷ 5.18) wird im 14. Jahrhundert abgelöst durch die regional ausgerichtete Chronik, daneben steht die immer weitere Zunahme der Prosa als Sprachform, die geschichtliche Wahrheit unmittelbarer verbirgt als der Vers. Ausklang und Summe der Universalchronistik ist die in der 1. Hälfte des 14. Jahrhunderts zusammengetragene „Weltchronik", die mit dem Namen Heinrichs von München verbunden ist: eine Kompilation aus der „Weltchronik" Rudolfs von Ems (▷ 5.9), der „Christherre-Chronik" (▷ 5.18), Bruder Philipps „Marienleben", dem „Trojanerkrieg" Konrads von Würzburg (▷ 5.10) und vielen anderen Werken, deren Zusammenstellung je nach Handschrift variiert (Umfang 56 000–100 000 Verse). Es handelt sich also um ein geschichtliches „Hausbuch" in prinzipiell offener Form, so daß auch der Schluß in jeder Fassung anders ist: einige enden mit den antiken Kaisern, andere mit Karl dem Großen, wieder andere mit Friedrich II. Bis zu diesem Zeitpunkt führte auch die verlorene Weltchronik Ottokars von Steiermark („aus der Geul"), die mit seiner „Steirischen (Österreichischen) Reimchronik" (um 1300/20) das monumentalste Beispiel (100 000 Verse) der Landeschronistik geliefert hat: Weltgeschichte vom Tod Kaiser Friedrichs II. (1250) bis zum Jahre 1309 aus österreichisch-steirischer Perspektive und mit Konzentration auf die Landesgeschichte. Dabei konnte sich Ottokar nicht mehr auf Vorgänger verlassen, sondern mußte das Material selbst zusammentragen, ordnen und deuten.

alfo flore mit finen dienern uff faß vnd wolt riten
gegen babolonie So blancfcheflur was

Flore auf der Suche nach seiner Geliebten. Illustration zu dem Versroman „Flore und Blanscheflur" von Konrad Fleck (getuschte Federzeichnung in einer Handschrift von 1430–40; Heidelberg, Universitätsbibliothek)

Königshofen (abgeschlossen um 1400). Von ihren sechs Kapiteln (das sechste ist ein Register) befassen sich nur zwei mit Straßburg; sie wendet sich an den „klugen Laien", den gebildeten Stadtbürger und bietet ihm im universalhistorischen Rahmen Erzählungen von einer farbigen Fülle, die sie zu einem beliebten „Hausbuch" (über 50 Handschriften, ein Druck) werden ließ. Die Orientierung in der Welt, die für die Zeit um und nach 1200 noch weitgehend an der höfischen Idealität der Romane erfolgte, wird im späteren Mittelalter zunehmend in der Chronik gesucht: die Nähe zur erlebten Tradition und Realität gibt eine bessere Möglichkeit zur Selbstidentifikation in einer sich politisch und sozial stark wandelnden Welt.

6.12 Deutsche Urkunden

Deutschsprachige Schriftlichkeit im Rechts- und Geschäftsleben ist jünger als andere Arten literarischer Kommunikation in der Volkssprache. Erst in der 2. Hälfte des 13. Jahrhunderts gingen Fürsten, hoher und niederer Adel, geistliche und weltliche Institutionen, Regierende und Privatpersonen dazu über, Rechtsordnungen, Verträge sowie verschiedenste Abmachungen nach lateinischem Muster auch in deutscher Sprache schriftlich festzuhalten, und zwar mit formularisch durchgestalteten Texten: den Urkunden. Indem diese Schriftstücke die beteiligten Personen (Aussteller und Empfänger) benennen, den Sachverhalt, um den es geht, ausführen, ein genaues Datum tragen und durch ein oder mehrere Siegel beglaubigt sind, besitzen sie rechtsgültigen Charakter. Man konnte sie in Streitfällen vor Gericht als Beweisstücke benutzen. Sie wurden zu objektiv tradierbaren Dokumenten der zuvor mündlich in deutscher Sprache geführten Verhandlungen und waren nicht mehr allein an die Zeugenschaft lebender Personen gebunden.

Das formale Gerüst der deutschen Urkunden war zwar an lateinischen Modellen orientiert, die eine lange, bis in die Antike zurückreichende Tradition besaßen, doch hat man nicht aus dem Lateinischen übersetzt, sondern die Sprache des mündlichen deutschen Rechts aufgenommen. Vor 1350 sind nur we-

Er strukturiert es nach geographischen und zeitlichen (annalistischen) Prinzipien und deutet in heilsgeschichtlichen Perspektiven, ohne jedoch die traditionellen Schemata (Zeitalter- oder Weltreichslehre; ▷3.1) zu übernehmen. Er zeichnet ein weitgehend realitätsnahes Bild seiner Zeit (Reichs- und Landesherrschaft, Stadt und Wirtschaft) im Dienst der steirischen Landherren. Stadtbürgerliches Interesse vertritt die gereimte „Kölner Chronik" („Boich van der stede Colne", 1270) des Gotfrid Hagen; geschrieben für die Patrizier und Fernkaufleute, orientiert sie sich noch an den feudaladligen Werten und Lebensformen als Vorbildern für die städtische Oberschicht. Stadt- und Weltgeschichte verbinden die beiden Straßburger Chroniken: die des Fritsche Closener (Abschluß 1362) und die des Jakob Twinger von

nige deutsche Urkunden entstanden. Der Mainzer Reichslandfriede von 1235, den der Staufer Kaiser Friedrich II. in einer krisenreichen Zeit nach dem Aufstand seines Sohnes Heinrich (VII.) erlassen hat, ist das erste Reichsgesetz, das in lateinischer und deutscher Fassung existiert. Der deutsche Text diente zur Grundlage für entsprechende Friedensordnungen unter König Rudolf von Habsburg (1281 und 1287) und seinen Nachfolgern. Doch etabliert wurde das Deutsche in der kaiserlichen Kanzlei erst im 14. Jahrhundert.

Urkunde König Albrechts I. vom 23. Juli 1299 (Koblenz, Landeshauptarchiv)

Die Herstellung von deutschen Urkunden war eingebunden in einen allgemeinen Prozeß zunehmender Schriftlichkeit und Laienbildung. Die Vielfalt und Kompliziertheit rechtlicher und wirtschaftlicher Beziehungen, der Ausbau der Verwaltung in Territorien und Städten erforderten schriftlich-urkundliche Verfahrensweisen und Verständlichkeit für die Partner, die kein Latein konnten. Den Leseunkundigen wurden die Urkunden gegebenenfalls vorgelesen.

Die deutsche Beurkundung setzte zunächst im Oberrheingebiet und in der Schweiz ein, verbreitete sich schnell in Österreich und allmählich nach Norden; im niederdeutschen Gebiet urkundete man erst im 14. Jahrhundert

volkssprachig. Frühe Konzentrationen sind in den Städten Zürich, Freiburg, Konstanz, Basel, Straßburg, Salzburg und Wien zu beobachten.

Die beurkundeten Sachverhalte blieben über die Jahrhunderte gleich und sind vielfältig. Neben Gesetzen für das Reich und einzelne Territorien stehen Stadt- und Marktrechte, Befriedungen von Fehden und Streitigkeiten, Schiedssprüche, Kauf-, Tausch-, Schenkungs-, Leihverträge und ähnliches. Aufgrund der Vielfalt der beteiligten Parteien und einbezogenen Gegenstände bieten die Urkunden Einblick in Bereiche des Lebens, die in der sonstigen Literatur nur begrenzt auftauchen.

6.13 Heilsdichtung und Legende im Deutschen Orden

Die deutschsprachige Bibel- und Legendendichtung um 1300 ist zur Hauptsache mit dem Deutschen Orden verbunden, dem 1198/99 gegründeten ritterlichen Laienorden: sie war bestimmt für die Tischlesung in den Ordenskonventen, vornehmlich im preußischen Ordensstaat. Als Versdichtung knüpft sie an die Tradition der adligen Vortragsliteratur an, in ihrer geistlichen Thematik vermittelt sie Bibelwissen und dient der Erbauung und Bestätigung der Ordensidee als der geistlichen Ritterschaft. Als ältestes Werk gilt die „Judith" (1254), in der ersten Hälfte des 14. Jahrhunderts folgen die „Historien der alden ê" (Geschichten aus dem Alten Testament, 6165 Verse) und die Bearbeitung einzelner alttestamentlicher Bücher, wie der für die Gottesstreiter-Idee besonders geeigneten „Makkabäer" (um 1330). Den neutestamentlichen Stoff las man im Deutschen Orden in den Dichtungen Heinrichs von Hesler: das „Evangelium Nicodemi" (5392 Verse), ein legendarisch aufgefüllter Passionsbericht nach der apokryphen (von der Kirche nicht als authentisch betrachteten) lateinischen Fassung, und die „Apokalypse" (über 23000 Verse), eine interpretierende Wiedergabe der Geheimen Offenbarung des Johannes. Zweiter Schwerpunkt neben der Bibeldichtung ist die Legende: das „Passional" und das „Väterbuch" (um 1300). Die Legenden der Märtyrer

(„Passiones") und das Leben der Altväter, der frühchristlichen Heiligen, waren in den Klöstern traditionelles (lateinisches) Tischlesungsthema. Das „Passional" (110 000 Verse) beginnt mit einem ausführlichen Marienleben (Maria war die Patronin der Ordensritter), es folgen Heiligenlegenden, die der Autor aus verschiedenen Quellen, vornehmlich aber der vor 1264 entstandenen „Legenda aurea" (= goldene Legende) des Jacobus de Voragine (* um 1228, † 1298) entnommen hat. Die Lektüre der Heiligenleben sollte die Vielfalt der Heilswege zeigen, den Glauben an die Macht Gottes stärken und die Gewißheit erzeugen, daß ein kompromißlos an christlichen Werten ausgerichtetes Leben seinen Lohn im Jenseits erhalten würde. Es ist bezeichnend, daß die Verslegende ihre letzte umfassende Realisierung für eine adlige Lebensgemeinschaft, den Deutschen Orden, fand. Die Laienfrömmigkeit brauchte diese Form nicht mehr, sie benutzte für die Privatlektüre geistliche Prosa, ebenso wurden in den Frauenklöstern erbauliche und legendarische Prosatexte gelesen. Die aristokratisch-repräsentative Versform galt für diese Inhalte nunmehr als ungeeignet, und so entstehen im 14. Jahrhundert auch die ersten Prosalegendare („Elsässische Legenda aurea", um 1350; „Der Heiligen Leben", vor 1400) neben einem immer stärker anwachsenden theologischen und erbaulichen Schrifttum in deutscher Sprache.

6.14 Prediger und Lehrer

Das Bedürfnis der Laien nach Orientierung und Sinnfindung führt zu einem rapiden Anwachsen der geistlichen Prosaliteratur, sei es für den vermittelten Gebrauch in der Hand des Predigers und Seelsorgers, sei es für die unmittelbare Lektüre. Beide Funktionen können vom gleichen Text ausgeübt werden. Predigtsammlungen, die in der einen Handschrift noch zur Predigtvorbereitung eingerichtet sind, zeigen in der anderen bereits die Ausrichtung für die erbauliche Lektüre: für die Tischlesung (vor allem in Frauenkonventen) oder für die Einzellektüre der Klosterfrauen oder frommen Laien. Der Übergang von der Lesepredigt zur abhandelnden Dar-

stellung eines theologischen Problems im Traktat ist fließend. Die lesenden Laien kommen vor allem aus den städtischen Oberschichten, auch aus dem Landadel. Die Predigtlesebücher, die häufig Predigten verschiedener Herkunft beziehungsweise Autorschaft sammeln, wollen Schule des Glaubens und rechten Lebens sein; vor allem im Bereich der Seelsorge für die Klosterfrauen heißt das: des geistlichen Lebens in der Übung der Tugenden, der entsagenden Askese, der Nachfolge Christi in der Betrachtung des Leidens und endlich der Einswerdung mit Gott; spekulative Mystik nehmen sie in unterschiedlichem Umfang auf. Ein Beispiel für nur punktuelle Integration ist der Engelberger Prediger, der um 1350 ein Predigtlesebuch für Benediktinerinnen verfaßte und auf einem Stufenweg zu einem Leben in der Gottesliebe (aber ohne die „unio mystica", die mystische Vereinigung) führen will. Die Übersetzungen lateinischer theologischer Schriften umfassen eher als die „hohe" Theologie (etwa der 1266–73 entstandenen „Summa theologica" des Thomas von Aquin) vor allem die „praktischen", die anwendungsbezogenen Glaubenslehren; sie sind häufig im Zusammenhang mit der seelsorgerlichen Ausbildung zu sehen und wollen Muster und Schulung für die volkssprachliche Glaubensunterrichtung geben. An der lateinischen Terminologie bildet sich eine deutsche theologische Fachsprache heraus, die dann eine eigenständige pastoral orientierte Theologie in deutscher Sprache ermöglichte, wie sie sich nach den Anfängen im 13. und 14. Jahrhundert in der Folgezeit reich entfaltet.

6.15 Gotteserfahrung in deutscher Sprache – „deutsche Mystik"

Die Erfahrung des Göttlichen in der menschlichen Seele als Erleuchtung und Ekstase ist ein universales Phänomen, das im Christentum eine lange Tradition hat. Zur Formulierung mystischer Erfahrungen in deutscher Sprache kommt es erstmals im 13. Jahrhundert bei Mechthild von Magdeburg (▷ 5.21); mystische Theologie, die sich an der Interpretation vor allem des Hohen Liedes festmacht, hat mit dem „Sankt Trudperter Hohen Lied" (▷ 2.3) schon ältere Traditionen. Mit dem Ende des 13. Jahrhunderts beginnt eine umfassende Produktion volkssprachlichen mystischen Schrifttums sowohl im Bereich der Vermittlung mystischer Erfahrung und der dazu führenden Lebensformen von Askese und Betrachtung, wie in der mystischen Theologie, in der die sinnliche und intellektuelle Erfahrung „spekulativ" überschritten werden soll. Beide Ansätze, Erfahrungsmystik und spekulative Mystik, vermischen sich vielfach. Das Festhalten mystischer Offenbarungen und Erfahrungen, das im 13. Jahrhundert mit der Frömmigkeit der Beginen (▷ 5.21) verbunden ist, ist auch im 14. Jahrhundert das wichtigste Thema der geistlichen „Frauenliteratur" (▷ 6.19), bleibt aber nicht darauf beschränkt.

Die „theologische" Mystik der großen Dominikaner, Meister Eckhart (▷ 6.16), Johannes Tauler (▷ 6.17) und Heinrich Seuse (▷ 6.18), steht zwar in engem Zusammenhang mit der Seelsorge für die Frauenklöster des Ordens, spricht aber die religiösen Bedürfnisse weiter Kreise an, sowohl bei Welt- und Ordensgeistlichen wie bei Beginen und Laien. Die Wahl der Volkssprache ist nicht nur durch die Bildung der Autorinnen beziehungsweise der Adressatenkreise bedingt, sondern reflektiert die größere Offenheit, die geringere Bindung an theologische Traditionen, die das Deutsche besitzt. Die historischen und sozialen Rahmenbedingungen für die Entfaltung der deutschsprachigen Mystik sind vielfältig: die Entwicklung der Städte mit ihrem stark reglementierten Zusammenleben auf engem Raum, die frühkapitalistischen Tendenzen in Handel und Gewerbe mit dem Zwang zu Planung und Rationalität, die Erfahrung unmittelbarer Lebensbedrohung durch die Pest (1348–52), der ein Drittel der Bevölkerung zum Opfer fiel und in deren Umkreis Judenpogrome und Ketzerverfolgungen ausbrachen. Die Heilsorientierung, die die traditionelle kirchliche Praxis bot, hatte sich schon lange als zu wenig individuell und zu wenig existentiell erwiesen. Das Bedürfnis nach einer radikalen persönlichen Religiosität war Auslöser der vielfältigen religiösen Bewegungen seit dem 12. Jahrhundert gewesen, und deren Traditionen fließen in die mystische Bewegung ein, die sich im 14. Jahrhundert ak-

tualisiert als Antwort auf die sozialen und geistigen Zwänge des städtischen und ökonomischen Umfelds und die Lebensunsicherheit: als Wendung nach Innen zur Unmittelbarkeit von Gotteserfahrung als Selbsterfahrung (und umgekehrt). Die Mystikerinnen und Mystiker bewegen sich deshalb in ihrer Praxis und ihrer Lehre immer wieder im Grenzbereich zwischen kirchlicher Duldung und Ablehnung: das wird in den realen Gefährdungen des Beginenlebens, wie der Verbrennung der Marguerite Porète in Paris im Jahre 1310, ebenso deutlich wie im Inquisitionsprozeß (1326–29) gegen Meister Eckhart (▷ 6.16), der mit seiner Verurteilung endete.

6.16 Meister Eckhart – der „Lesemeister"

Der akademische Meister-(Magister-)titel Eckharts von Hochheim (bei Erfurt oder bei Gotha) reflektiert die eine Seite der Laufbahn des Dominikaners: um 1260 geboren, studiert er 1277 in Paris, wird dort 1293/94 Lektor und 1302/03 Magister auf dem für Nichtfranzosen vorgesehenen theologischen Lehrstuhl der Universität Paris, 1311–13 wird er zum zweiten Mal dorthin berufen. Seine lateinischen Werke („Opus tripartitum"), die vornehmlich Bibelkommentare (Genesis, Exodus, Buch der Weisheit, Johannes) und Predigtentwürfe umfassen, gehören in den Zusammenhang seiner akademischen Lehrtätigkeit. Die deutschen Werke sind Reflex seiner Ordensämter: des Priorats in Erfurt (nach 1294), der Leitung der Ordensprovinz Sachsen (1303–11), der Aufsicht über die süddeutschen Schwesternkonvente als Vikar des Ordensgenerals (1314–22), dazu kommt seine Predigt in Köln (seit 1323) während seiner Tätigkeit als Magister an der dortigen Ordenshochschule. Seine deutschen Werke umfassen drei Traktate: „Reden der Unterscheidung", „Buch der göttlichen Tröstung" und „Von Abgeschiedenheit" (zweifelhaft) sowie etwa hundert Predigten, die auf Diktat oder redigierte und autorisierte Nachschriften zurückgehen. Während die lateinischen Schriften eher systematisierte Lehre enthalten, zielen die deutschen auf die Herstellung einer (Prediger und Hörer) gemeinsamen Erfahrung göttlicher

Dominikanermagister
an einer Universität
(Illustration in einer
Handschrift des 15. Jh.;
Bologna,
Universitätsbibliothek)

Wahrheit auf der Basis der spekulativen Theologie. Eckhart faßt sie vornehmlich in fünf Themen: 1. die „Abgeschiedenheit", der Verzicht auf sich selbst und alle Dinge, nicht als asketische Praxis, sondern gerade als Preisgeben der Individualität, selbst von geistlicher Strategie als Voraussetzung zur Gleichwerdung mit Gott; 2. das „Hineinbilden" des Menschen in die letzte Tiefe Gottes, formuliert als immerwährende „Gottesgeburt in der Seele" in Analogie zur Menschwerdung Christi; 3. das „Seelenfünklein" („Bürglein", „Grund" und anderes) als göttlicher (und als solcher ungeschaffener) innerster Teil der Seele; 4. die Lauterkeit und Herrlichkeit Gottes als grenzenloses Sein, in das die Seele und das in die Seele „hineingebildet" ist; 5. der „abgeschiedene" Mensch, der am göttlichen Leben teilhat, ist frei für spontanes Handeln und Wirken, dafür ist der Prediger selbst Zeuge. Eckhart wendet sich damit sowohl gegen eine nur asketische Praxis wie gegen eine reine Betrachtungs- und Erlebnismystik. Sein notwendiger Verzicht, das Mysterium Gottes durch Definitionen zu fassen (da Gott die „Verneinung" ist und sprachliche Aussagen über sich verneint), sein Sprechen in Analogien und Bildern führte zum Miß- und Nichtverstehen seiner Aussagen, die das Inquisitionsverfahren von 1326–29 zur Folge hatten, vor dessen Abschluß Eckhart Anfang 1328 in Avignon, wohin er sich zur Rechtfertigung begeben hatte, verstarb.

Eckhart erfuhr sowohl große Zustimmung als Seelsorger und Lehrer, so in den von ihm betreuten Schwesternkonventen, bei den Zuhörern seiner Predigten und bei seinen Schülern, deren wichtigster Heinrich Seuse (▷ 6.18) war, als auch scharfe Ablehnung, vor allem seitens niederländischer Mystiker wegen angeblicher Ketzerei und der Resonanz, die seine Lehre bei freigeistigen Bewegungen fand (▷ 6.18). Eckharts mystische Theologie und seine sprachlichen Ausdrucksmittel sind nicht voneinander zu trennen, da die „Empfängnis des inneren Wortes" (Gottesgeburt in der Seele) zum „äußeren Wort", zur Predigt führt, andererseits die Kreatürlichkeit des Sprechenden das reine innere Wort verdunkelt. Die Wahl der Volkssprache als gegenüber dem Latein weniger traditionsbelastete Aussageform ist die Konsequenz dieser Problematik. Eckhart baut auf der älteren theologischen Sprache mit ihren Abstrakta (auf heit/keit, -unge) auf und erweitert sie, vor allem auch in den Negationsbildungen auf ent-, un-, niht-, abe-, über-, er schafft neue Wörter („Seelenfünklein" und verwandte Bezeichnungen) und findet zu einer sehr charakteristischen eigenen Sprache vor allem in den Paradoxa, den Quasitautologien (Doppelsetzungen) und der Bildlichkeit, die in der späteren populärmystischen Literatur versatzstückhaft gebraucht werden konnte.
Die Eckhart-Rezeption in der Neuzeit ist zwiespältig, er wurde, von evangelischer wie

katholischer Seite, als Häretiker verurteilt, aber auch als aktueller Führer zu geistlichem Leben von den verschiedensten Richtungen in Anspruch genommen, vielfach als spezifisch „deutscher" Theologe verherrlicht bis hin zur nationalsozialistischen, rassistischen Vereinnahmung (A. Rosenberg, „Der Mythus des 20. Jahrhunderts", 1930). Seine Lehre, deren Erschließung Aufgabe der Wissenschaft ist, gibt bis heute geistige Impulse.

6.17 Johannes Tauler – der „Lehrmeister"

Im Unterschied zum theologisch-gelehrten Meister Eckhart ist Johannes Tauler Seelsorger und Prediger einer Lebenslehre im mystischen Geist. In Straßburg um 1300 geboren, hat er nach dem Eintritt in den Dominikanerorden und dem üblichen Studium in seiner Heimatstadt mit ihren sieben Dominikanerinnenklöstern und zahlreichen Beginengemeinschaften gewirkt; um ihn bildete sich ein Kreis frommer Laien, der „Gottesfreunde", die mit ähnlichen Gruppen andernorts in Verbindung standen. Tauler war ihnen Anreger und Vorbild in der Einheit von Lehre und Leben. Nach seinem Tod am 16. Juni 1361 in Straßburg wurde er zum wirkmächtigsten Lehrer der Mystik durch seine etwa 80 nachgelassenen Predigten, von denen ein umfangreiches Corpus (unter Integration anderer mystischer Predigten) noch dreimal (1498, 1521, 1543) gedruckt wurde. Taulers Lehre ist weit weniger systematisierbar als die Eckharts. Sie ist in besonderem Maße auf das christliche Leben in Demut und Selbsteinkehr bezogen, auf die Reinigung von der Sünde, auf das Bestehen der Versuchungen in Einfachheit und Schlichtheit des Glaubens. Das Leben des Gottesfreundes wird so als Weg zur Gotteserfahrung gesehen, die sich in der Tiefe der Seele – von Tauler als „Gemüt" und „Grund" bezeichnet – als Verschmelzung mit dem göttlichen Abgrund gnadenhaft vollzieht. Das setzt Eckharts Lehre vom „Seelenfünklein" voraus, bindet sie jedoch ein in eine asketisch-mystische Praxis, die auf älteren Traditionen wie der Stufenlehre beruht (▷ 5.20). Taulers Sprache verzichtet auf die spekulativen Anstrengungen Eckharts, ist der

Heinrich Seuse, dargestellt auf einer Seite aus einer Gesamtausgabe seiner „Mystischen Schriften" (Papierhandschrift des 15. Jh.; Einsiedeln, Stiftsbibliothek Benediktinerabtei)

gängigen Predigtsprache näher, ebenso wie auch die gern gebrauchte allegorische Darstellungsweise sich aus der Predigttradition herleitet. Er wurde daher zum Vorbild der mystische Dimensionen einbeziehenden Prediger des späten 14. und des 15. Jahrhunderts. Sein Werk wurde noch bis ins 19. Jahrhundert als religiöse Erbauungsliteratur rezipiert.

6.18 Heinrich Seuse – der „Liebesmeister"

Heinrich Seuse (Suso), um 1295 in Überlingen oder Konstanz geboren, 1366 in Ulm gestorben, ist unter den drei großen Mystikern der „empfindsamste", der sein eigenes Leben, seine Erfahrungen am unmittelbarsten in die Lehre einbringt. Er hat nach dem Eintritt in den Dominikanerorden ein 17 Jahre langes

111

Studium durchlaufen, hat dann den Kloster-konvent in Konstanz wissenschaftlich betreut (1328 bis etwa 1335), sich der Seelsorge in den Frauenklöstern gewidmet und wurde um 1348 nach Ulm versetzt. Seine Schriften hat er in dieser Zeit in musterhafter Weise im „Exemplar" zusammengestellt: die Vita (den „Seuse"), das „Büchlein der ewigen Weis-heit", das „Büchlein der Wahrheit" und das „Briefbuch". Das „Büchlein der Wahrheit" (1326–28) ist das Ergebnis seiner Begegnung mit Eckhart in Köln und als Verteidigung des Meisters angelegt: in Form eines Dialogs zwi-schen Meister und Jünger wird das Thema des Ursprungs des Seins im Grund der Gott-heit und die Rückkehr des Menschen dorthin abgehandelt; abgewehrt wird eine ungezü-gelte falsche Freiheit, wie sie sektiererische Gemeinschaften, etwa die Brüder und Schwe-stern vom freien Geiste, unter Berufung auf Eckhart (▷ 6.16) propagierten. Das „Büchlein der ewigen Weisheit" (um 1328) ist ein Erbau-ungs- und Anleitungsbuch für die praktische Mystik, die sich in Betrachtung und Nach-vollzug des Leidens Christi vollzieht. Darstel-lungsform ist wieder der hier stark emotio-nale Dialog zwischen dem Diener der Weis-heit und der Weisheit selbst, die als Braut und als Christus erscheinen, wodurch die emotio-nale Dimension der Brautmystik als Leidens-mystik eingebracht wird, was sich in einer entsprechend emphatischen Sprache äußert. Die erweiternde lateinische Übersetzung, das „Horologium sapientiae" (= Stundenbuch der Weisheit, um 1334), wurde zu einem der meistverbreiteten geistlichen Bücher des spä-ten Mittelalters (über 200 vollständige Hand-schriften, 15 Drucke). Seine Autobiographie, der „Seuse", erhält eine entstehungsge-schichtliche Stilisierung: die geistliche Freun-din des Autors, Elsbeth Stagel im Kloster Töß, habe gegen Seuses Willen Tagebuchno-tizen in die Form einer Lebensgeschichte ge-bracht, später sei sie von ihm selbst neu be-arbeitet worden. Dadurch und durch einen lehrhaften Schlußteil wird die eigene Vita als Beispiel heiligmäßigen Lebens legitimiert. Die Autobiographie soll als Andachts- und Lehrbuch, exemplifiziert durch wirkliche Ge-schehnisse aus dem Leben des Autors, die-nen. Die Lebensgeschichte wird von zwei lite-rarischen Mustern überformt: dem der Le-gende und dem des höfischen Romans. Seuse

stellt sich als „Abenteurer" und Minneritter dar, der der ewigen Weisheit dient. Er schil-dert seine kompromißlose Askese (mit deut-lich selbstquälerischen Zügen), seine Visio-nen, seine Leiden in der Welt (versinnbild-licht in der „Fußtuchszene": ein Hund zerrt ein zerrissenes Tuch im Klosterhof herum – so wird er leiden), seine Seelsorge für Nonnen und Dirnen, seine Verfolgungen und Ver-dächtigungen auch skurriler Art. Das Vorbild, die „Confessiones", die „Bekenntnisse" des Augustinus (397/98), ist zwar immer wieder präsent, Seuse ist jedoch viel empfindsamer, sentimentaler, viel mehr auf Gemütsbewe-gung und -erregung ausgerichtet. Die Auto-biographie als geistliche Selbstfindung wird jedoch objektiviert in ihrem Verständnis als vorbildliche Nachfolge Christi. Wegen seines „süßen" Stils ist Seuse in der Neuzeit kriti-siert worden; im Spätmittelalter wurde er von allen Mystikern am breitesten (und teils auch trivialsten) rezipiert: seine Verbindung von mystischer Theorie und Praxis in einer gestei-gerten, fast erotischen Affektivität, traf das Bedürfnis nach subjektiver Erlebnishaftigkeit im religiösen Bereich.

6.19 Die Frauen und die Frömmigkeit

Die „religiöse Frauenbewegung" hatte schon im 13. Jahrhundert eigene Formen der Fröm-migkeit (▷ 5.21) entwickelt, so daß die Entste-hung der deutschen geistlichen Schriften der Prediger und Mystiker aus ihrer Aufgabe der Seelsorge für die Frauenklöster („cura monia-lium") als Prozeß wechselseitiger Beeinflus-sung verstanden werden muß. Die gelebte Spiritualität der Beginengemeinschaften und der (häufig aus ihnen entstandenen) Frauen-klöster wirkte nicht nur motivierend, sondern in ihrer Liebesmystik und den Visionen, den asketischen Praktiken und den Betrachtungen auch bereichernd auf die Lehre und Schriften der männlichen Seelsorger. Eckharts Lehre von der Freiheit des „abgeschiedenen" Men-schen (▷ 6.16) ist ohne diese Anregungen nicht denkbar.

Die Literatur der Frauenklöster umfaßt vor allem den Typ der geistlichen Vita, des bei-spielhaften Lebenslaufs. Sie sind in chronikalischem Sinn in „Schwesternbüchern" gesammelt oder auch als Einzelgeschichten überliefert. Bekannt sind Sammlungen von Nonnenleben vornehmlich aus südwestdeutschen Dominikanerinnenklöstern, aufgezeichnet zum Vorbild für die Schwestern und als Ausweis der Begnadung des Klosters. Die Viten mit ihren meist stereotypen Formen der Askese, der gnadenhaften Visionen und Entrükkungen sind literarisch geprägt von der Heiligenlegende, die in den Frauenklöstern zur Tischlektüre gehörte, und die, zusammen mit den Anweisungen der Seelsorger, den bildlichen Darstellungen in den Kirchen, den brauchtümlichen Frömmigkeitsformen („Kindelwiegen") die Erlebnis- und Darstellungsmuster lieferten. Den oft extremen Formen der Askese, des Leidens, der Krankheit, entsprechen die Verzückungen und Ekstasen, die Vereinigungen der Seele mit Gott, die Wunder, wie Licht- und Schwebephänomene als jeweils extreme Ausformungen körperlich-geistiger Zustände, in denen sich mystisches Erleben konkretisiert. Dieses Ringen um die Erfahrung von Gottes Gnade ist eine besondere, durch die frömmigkeitsgeschichtlichen Traditionen erklärbare Ausprägung der allgemeinen Sinnfindungsnöte im 14. Jahrhundert. Die Frauenklöster boten nicht nur wirtschaftliche Sicherheit, waren nicht nur gut zur Abschiebung von Unverheirateten und Witwen, sondern garantierten im klösterlichen Gehorsam doch Freiheit vor männlicher Bevormundung und Verfügung. Neben sozialen Zwängen waren oft freiwillige Entschlüsse der Grund für den Eintritt in das Kloster. Es war ein Ort der „gottsuchenden Seelen" und konnte das Bedürfnis nach existentieller religiöser Erfahrung anscheinend oftmals befriedigen, sie vollzog sich im Rahmen einer weiblichen Mentalität, die durch die Tradition geprägt ist und nicht durch vordergründige Psychologisierung („Hysterie") erklärt werden kann.

6.20 Kirche und Stadtplatz – das geistliche Spiel

Das geistliche Spiel, das ursprünglich mit der Liturgie eng verbunden ist, löst sich im Laufe des 14. Jahrhunderts sowohl formal und in-haltlich, wie auch im Hinblick auf den Aufführungsort aus dieser Bindung. Neben die lateinischen Spiele treten mischsprachige und rein deutsche; komische und possenhafte Szenen nehmen breiteren Raum ein, und die Aufführung wird von der Kirche auf einen Platz in der Stadt verlagert. Die Themen der Spiele sind vornehmlich Ostern und Passion; für Weihnachten, Fronleichnam, Mariä Himmelfahrt sind aus dem 14. Jahrhundert nur wenige volkssprachliche Texte überliefert, Alttestamentliches nur aus dem niederdeutschen Bereich (Paradiesspiel, Jakob und Esau). In den Osterspielen entfaltet sich die Komik vor allem in den Salbenkrämer-, Grabeswächter- und Höllenfahrtszenen (▷ S.22): das Lachen bewirkt Befreiung von Todes- und Teufelsfurcht und, trivialer, in der Krämerszene die Abwertung betrügerischer Gewerbepraktiken und der Hoffart der Salben, das heißt Schminke und Aphrodisiaka kaufenden Magdalena. Die Verlagerung des Aufführungsortes und die Eigenart der Inszenierung läßt sich an der „Frankfurter Dirigierrolle", einem fragmentarischen Regiebuch für ein zweitägiges Passionsspiel (zwischen 1315 und 1345) studieren: die Aufführung fand auf dem Samstagsberg (Teil des heutigen Römerbergs) statt. Auf einer Simultanbühne mit verschiedenen „Spielorten" („loca"), die mit ansatzweise realistischen Dekorationen (zum Beispiel Bäume für den Ölberg) gekennzeichnet sind, treten zumeist kostümierte Darsteller mit entsprechenden Requisiten auf, daneben gibt es noch die herkömmlichen geistlichen Gewänder. Das Geschehen wird durch Massenszenen, Gänge, demonstrative Gestik verdeutlicht. Die Vortragsweise der lateinischen Teile ist liturgischer Gesang, die deutschen werden entweder gesprochen oder im rezitativischen Sprechgesang dargeboten. Das Spiel, von dem zwei Aufführungen erschlossen werden können, ist zur Verdeutlichung seiner religiösen Absicht als Rahmenspiel angelegt: Augustinus läßt die Passion aufführen, um die Juden zu bekehren, was auch gelingt. Hier ist ein mischsprachiges Spiel, dessen lateinische Teile aus der Kenntnis des Zusammenhangs und durch die theatralische Realisierung allgemein verständlich waren, auf dem Stadtplatz aufgeführt worden; in anderen Fällen versucht die Kirche der Verweltlichung des volkssprachlichen

Spiels durch Rückbindung an das Latein und an den Kirchenraum zu steuern. Die Überlieferung der Spiele im 14. Jahrhundert ist sehr lückenhaft, da es sich vielfach um Gebrauchstexte handelte, die nicht bewahrt wurden, zudem ist die Erforschung der Texte noch längst nicht abgeschlossen, so daß die sehr unterschiedlichen örtlichen Spieltraditionen nur teilweise bekannt sind. Dabei gehört das geistliche Spiel im Verständnis der Zeit zu den besonders wirkmächtigen Gattungen, wie aus einem mehrfach tradierten Vorfall hervorgeht: bei einer Aufführung des Thüringischen „Zehnjungfrauenspiels" (nach Matthäus Kapitel 25: die fünf klugen und die fünf törichten Jungfrauen) im Jahre 1321 wurde Landgraf Friedrich der Freidige von der Verdammung der Törichten trotz der Fürsprache Mariens so sehr erregt, daß er einen Schlaganfall erlitt. Der Bezug des Spiels auf das Bedürfnis nach Heilsvergewisserung wird durch den Vorfall (und den Glauben der Zeitgenossen daran) nachhaltig deutlich.

6.21 Deutsche Fachliteratur

Das Bedürfnis der nicht lateinisch Gebildeten nach fachkundlichem Wissen wächst im 14. Jahrhundert weiter, und die Produktion von Übersetzungsliteratur auf diesem Gebiet nimmt zu. Die große natur- und weltkundliche Enzyklopädie des Zeitraums ist das „Buch der Natur" (nach 1348–50, erweiterte Zweitfassung 1358–62) Konrads von Megenberg, das zur Hauptsache eine Übersetzung der Naturenzyklopädie des Thomas von Cantimpré (entstanden um 1227–42) darstellt. Konrad gibt in acht Büchern eine Übersicht und Deutung der belebten und unbelebten Welt, wobei die allegorische und moralische Ausdeutung nach dem Beispiel des „Physiologus" (▷ 2.2) eine bedeutende Rolle spielt, aber die Darstellung der Fakten dominiert. Diese sind weitgehend der Tradition entnommen, werden aber schon ansatzweise kritisch referiert und gelegentlich durch eigene Beobachtungen ergänzt oder korrigiert.
Der Text, der für die Schüler der Wiener Stephansschule (▷ 6, Einführung) bestimmt war, und zunächst in Adelskreisen rezipiert wurde (die Zweitfassung ist Herzog Rudolf IV. von

Österreich gewidmet), wird in der Hand der Geistlichkeit zur Predigtvorbereitung (Beispiele) genutzt und im 15. Jahrhundert auch in der städtischen Oberschicht als „Hausväterbuch" benutzt. Die zweite Übersetzungsarbeit Konrads ist ein astronomisch-kosmographisches Buch, die „Deutsche Sphaera" (um 1350), auf der Basis der um 1230 entstandenen „Sphaera mundi" (= Gestalt der Welt)

Kolorierter Holzschnitt zu dem Bericht über „Meerwunder" im „Buch der Natur" Konrads von Megenberg (Druck bei Hanns Bamler in Augsburg, 1475; Rom, Vaticana)

des englischen Mathematikers Johannes de Sacro Bosco (John Holywood), dem Standardlehrbuch der Astronomie auf der Basis griechischer und arabischer Sternkunde. Dargestellt ist das aristotelisch-ptolemäische Weltbild (Erde im Zentrum) und die Kugelgestalt der Erde, die bis ins 16. Jahrhundert umstritten war. Erdkundliches Wissen vermitteln die Reiseberichte, die zunächst geistliche Pilgerfahrten dokumentieren, aber auch als Handreichung zukünftiger Reisender dienen sollten. Zunächst in der Regel lateinisch abgefaßt, wurden sie seit der Mitte des 14. Jahrhunderts ins Deutsche übersetzt. Die praktischen Künste hatten schon früher ihre deutschen Schriften (▷ 5.25), so die Tierheilkunde mit dem „Roßarzneibuch" Meister Albrants, ursprünglich für höfische Kreise geschaffen, aber bald weit verbreitet bis hin zu den Hufschmieden, der Gartenbau mit dem „Pelzbuch" (pelzen = pfropfen) Gottfrieds von Franken aus der Mitte des 14. Jahrhunderts, zuerst lateinisch, dann deutsch, aus älterer Literatur und eigenem Erfahrungswissen zusammengestellt. In der Heilkunde wird die griechisch-arabische Tradition rezipiert und in dem bedeutendsten Arzneibuch, dem des Ortolf von Baierland, mit dem älteren Gut aus Salerno verbunden (▷ 5.25): mit einer allgemeinen Gesundheitslehre, Anleitungen zur Diagnose, Therapie innerer Krankheiten und einer Wundarznei war es bis zum Buchdruck (1477 und öfter) das umfassendste medizinische Lehrbuch. Daneben stand das ebenfalls auf arabischer Tradition beruhende lateinische „Regimen sanitatis" (= Ordnung der Gesundheit) des Konrad von Eichstätt (vor 1340), das zum Ausgangspunkt verschiedener deutscher Fassungen wurde. Hier wird als Folge der Pestepidemien seit 1348 die Vorbeugung gegen die Pest zum wichtigen Bestandteil. Die Fachliteratur des 14. Jahrhunderts zeigt sich in der Spannung zwischen gelehrter Buchtradition und Erfahrung, wobei in den praktischen Künsten und Wissenschaften das Erfahrungswissen immer stärker die Lehrbücher bestimmt, ohne aber die Bindung an die meist noch antiken Anschauungen zu erschüttern.

Kapitel 7
Literatur im ausgehenden Mittelalter (15. Jahrhundert)

Einführung

„Wann endet das Mittelalter?" ist eine oft gestellte Frage, die verschiedene Antworten erfahren hat; denn Periodisierungen von Geschichte und Literaturgeschichte fallen je nach den zugrundegelegten Bestimmungskategorien unterschiedlich aus. So hat man die Grenze zwischen Mittelalter und Neuzeit im 15., im 16., ja auch im 18. Jahrhundert gesehen, und man hat eine besondere Zwischenperiode von dreieinhalb Jahrhunderten angesetzt. In jedem Fall gibt es mehr oder weniger sinnvolle Argumente, woraus hervorgeht, daß zwischen den Epochen keine scharfen Zäsuren, sondern weite Übergangszonen zu finden sind.

Das 15. Jahrhundert hat kein einheitliches Gesicht. Alte Traditionen leben neben Neuerungen im Bereich von literarischen Stoffen, Formen und Anliegen fort. Mittelalterliche Literatur wurde in Sammlungen von Liedern, Epen, Schwänken und Legenden zusammengefaßt; geistliche Spielkultur wurde zu mehrtägigen Aufführungen von Heilsgeschichtsspektakeln gesteigert. Diese Erscheinungen übergreifen das Jahr 1500, das als Jahrtausendmitte keine magische Grenze bildet.

Die wichtigste Neuerung der Epoche, die den literarischen Prozeß am stärksten verändert hat, war die Erfindung des Buchdrucks. Sie betraf nicht allein die Verbreitungsmöglichkeiten, sondern auch die Literatur selbst. Neue Formen, wie das Flugblatt, entstanden, andere, wie der Prosaroman, wurden besonders gefördert.

Für die geistige und literarische Orientierung gewann die Rezeption des italienischen Humanismus größte Bedeutung. Er bewirkte ein zunehmendes Interesse am sprachkünstlerischen Eigenwert der Literatur, an antiken Texten und ihrer Beschaffenheit, er führte zur Kultivierung eines neulateinischen Stils und der deutschen Prosa, die sich besonders im Rahmen einer neuen Novellen- und Briefkunst entfalteten. Folgt man dem Bewußtsein der Humanisten selbst, die den Begriff „Mittelalter" für den Zeitraum zwischen der eigenen Gegenwart und der Antike zuerst verwendet haben, so ging das Mittelalter im 15. Jahrhundert zu Ende, denn sie meinten, in einer Zeit des Umbruchs und Neubeginns zu leben. Das damals prinzipiell entworfene Dreigliederungsschema – Altertum, Mittelalter, Neuzeit – hat sich allerdings zur Periodisierung der Geschichte erst am Ende des 17. Jahrhunderts durchgesetzt. Für die Beschreibung der charakteristischen Phänomene von Literatur und Geschichte ist die Epochenbezeichnung nicht entscheidend und in gewissem Maße auch austauschbar, aber dem Selbstverständnis der Zeitgenossen lassen sich durchaus zeittypische Signale entnehmen.

Auf breiterer Ebene brachte die konziliare Bewegung des 15. Jahrhunderts mit den großen, mehrere Jahre dauernden Konzilen in Konstanz (1414–1418) und in Basel (1431 bis 1449) Unruhe und Veränderungen zum Ausdruck sowie das Bemühen, diese zu regulieren beziehungsweise durchzusetzen. Es ging um die Stellung des Papstes, die Zustände in der Kirche und die Sicherung des rechten Glaubens, also Abwehr von Ketzerei. Die internationalen Kontakte auf den Konzilen belebten den geistigen Austausch.

Im Zusammenhang mit den innerkirchlichen Konflikten und weiterreichenden Auseinandersetzungen wuchs im damaligen Deutschen

Reich die Zahl der Universitäten. Nach Prag (1348), Heidelberg (1386), Köln (1388), Erfurt (1389/92) erhielten im Laufe des 15. Jahrhunderts Würzburg, Leipzig, Greifswald, Freiburg im Breisgau, Basel, Ingolstadt, Trier, Mainz und Tübingen eigene Universitäten, Wittenberg 1507 und Frankfurt/Oder 1506. Dort wurden vielfach humanistische Studien betrieben und von da aus in die fürstlichen und städtischen Kanzleien sowie in Klöster weitergetragen.

Eine das Jahrhundert beherrschende Persönlichkeit hat es nicht gegeben, wohl aber viele bedeutende Schriftsteller, überhaupt läßt sich die Zahl der geistig und literarisch Tätigen allmählich kaum mehr im einzelnen erfassen. Nikolaus von Kues, der als der größte Philosoph des Jahrhunderts gilt, und Erasmus von Rotterdam, der bedeutendste Humanist, der Philologie, Philosophie und Theologie verbunden hat, entwickelten in ihren Schriften ein Ideenpotential, das am stärksten in die Zukunft weist. Sie zeigen exemplarisch die Verzahnung von Mittelalter und Neuzeit. Insgesamt bildet die Vielfalt der am literarischen Prozeß Beteiligten, der Kommunikationsorte wie der Themen und Formen das eigentliche Charakteristikum des ausgehenden Mittelalters.

7.1 Literaturexplosion

Versteht man unter Literatur – wie es für das Mittelalter üblich und sinnvoll ist – nicht nur Belletristik, sondern auch Gebrauchstexte aller Art, so wurde die Literaturproduktion im späten Mittelalter schier unüberschaubar. Es entstanden Schriften zu den verschiedensten Themen und Zwecken in allen Lebensbereichen. Dabei wurde in Form und Inhalt Überkommenes aufgenommen, umgearbeitet und zerdehnt, angereichert mit neuen Erfahrungen und aktuellen Problemen. Prosa trat vielfach an die Stelle gereimter Verse. Viele Schriften sind weniger vom Texttyp als von ihrer Gebrauchsfunktion her zu bestimmen und zu gruppieren.

Korrespondierend zu den Textmengen wuchs die Zahl der lesenden und hörenden Rezipienten, und zwar in den verschiedenen Ständen und Berufsgruppen. Literarische Bildung und Tätigkeit waren nicht mehr Monopol der Geistlichen, es gab einen neuen Typ von weltlichen Gelehrten in verschiedenen Berufen, Fürstenhöfe zogen Gelehrte und Literaten heran. Adlige wurden selbst literarisch tätig, Handwerker dichteten, und es gab schreibende Frauen in verschiedenen Gesellschafts- und Berufskreisen. Autoren und Publikum konzentrierten sich in den bevölkerungsreichen Städten des ganzen deutschsprachigen Raumes, ohne daß man generell der Literatur in der Stadt spezielle, etwa „bürgerliche" Züge zusprechen kann.

Daß in dieser Entwicklung mit der Erfindung des Buchdrucks eine neue Herstellungstechnik und gesteigerte Verbreitungsmöglichkeiten entstanden, erscheint wie die Erfüllung einer inneren Notwendigkeit. Zwar hatten Handschriftenherstellung und Handschriftenhandel im 15. Jahrhundert bereits „fabrikmäßige" Formen angenommen, wie sich in der Werkstätte des Diebold Lauber in Hagenau (Elsaß) zeigt, und die Verwendung von Papier statt Pergament seit dem 14. Jahrhundert hatte eine erhebliche Verbilligung gebracht, aber es war doch immer noch die Manufaktur von teuren Einzelstücken. Das neue Medium nahm die Literaturmassen auf, verbilligte den Preis, entwickelte aber zugleich auch eine produktionsstimulierende und -steuernde Eigendynamik.

7.2 Der Buchdruck – ein neues literarisches Medium

Um 1440 erfand Johannes Gutenberg in Mainz den Buchdruck: die mechanische Vervielfältigung von Texten durch bewegliche Lettern (Buchstabentypen), die aus Metall gegossen, auswechselbar und wiederverwendbar waren, die in Zeilen gesetzt, zu Platten gerahmt, mit Druckerschwärze aus Ruß und Leinöl eingefärbt und mit einer Presse auf Papier abgedruckt wurden, zunächst in einer Auflagenhöhe von 200 bis 300, dann bis zu über 1000 Exemplaren. Diese Erfindung brachte für die schriftliche Kommunikation einen kaum zu überschätzenden Umschwung, sie leitete für den Literaturbetrieb eine neue Zeit ein. Gedruckte Schriften kamen vor die Augen von Menschen, die ganz selten, viel-

Ausschnitt der ersten Druckseite der 42zeiligen lateinischen Gutenbergbibel mit dem Hieronymus-Brief als Prolog (Mainz, 1456)

teldeutschland, 1482 in Wien. Die Frühdrucke (bis 1500 „Inkunabeln", Wiegendrucke, genannt) orientierten sich anfangs weitgehend am Erscheinungsbild der handgeschriebenen Bücher. Gedruckt wurden zunächst vorwiegend hochgeschätzte, bekannte Texte in lateinischer Sprache, vor allem kirchliche Gebrauchsliteratur. Als erstes gedrucktes Buch gilt die zweiundvierzigzeilige „Gutenbergbibel" von 1456. Vorangegangen waren 1454 die Mainzer Ablaßbriefe, die die neuen funktionalen Möglichkeiten signalisieren, aktuelle Texte massenhaft in Umlauf zu bringen. Die ersten gedruckten Bücher in deutscher Sprache waren „Der Ackermann aus Böhmen" des Johannes von Tepl (▷ 7.19) und Ulrich Boners Fabelsammlung „Der Edelstein" (beide Bamberg 1460 und 1461). Die erste deutsche Bibel erschien 1466 in Straßburg. Eine medienbedingte Neuheit bildeten die kleinformatigen illustrierten Einblattdrucke und mehrblättrigen Flugschriften. Sie enthielten aktuelle Nachrichten, Kalender, Sprüche, Lieder und behandelten Tagesthemen aus Politik, Religion und Sozialbereichen auf tendenziöse, plakative Weise um meinungsbildend zu wirken.

Das Druckerei- und Verlagswesen, das heißt Buchherstellung nicht mehr für auftraggebende Kunden, sondern auf Lager für erst zu werbende Käufer, war ein risikoreiches Gewerbe, so daß der Einsatz des neuen Mediums von Anfang an ökonomischen Erwägungen unterstellt werden mußte. Wegen der hohen Investitionen wollte man möglichst nur drucken, was sich auch verkaufen ließ. Dazu war es notwendig, Publikumsinteressen zu sondieren und zu erregen. Mit gedruckten Buchanzeigen betrieb man Werbung, Buchführer zogen durch die Lande auf Märkte und in Wirtshäuser.

leicht nur in der Kirche, ein Buch gesehen hatten, Lesekundige und Gebildete konnten sich Bücher, ja eine Bibliothek anschaffen. Erasmus von Rotterdam pries die „hervorragendste der Künste" aus der Perspektive des Gelehrten als Möglichkeit, mit den beredten und heiligen Männern der Vergangenheit nun jeder Zeit in lebendigen Kontakt zu kommen. Für breite Bevölkerungsschichten eröffnete sich eine Fülle von Mitteilungen und Meinungen und legte den Grund zu einem ständig wachsenden Informations- und Bildungsbedürfnis. Doch diese tiefgreifenden Wirkungen kamen erst allmählich zum Tragen, während sich die „schwarze Kunst" schnell über Deutschland und Europa verbreitete. Zahlreiche Offizinen (Druckereien) entstanden in den 60er Jahren des 15. Jahrhunderts in süddeutschen Städten (unter anderem in Straßburg, Bamberg, Augsburg, Nürnberg) und in Köln, seit den 80er Jahren in Nord- und Mit-

7.3 Wort und Bild

Die Einführung der Holzschnitt- und Kupferstichtechnik war in der 1. Hälfte des 14. Jahrhunderts der Erfindung des Buchdrucks vorausgegangen. So gab es vervielfältigte Bilder als Einzelbilder und zu „Blockbüchern" verbunden, bevor man gedruckte „Lesebücher" kannte. Wegen der größeren Anzahl möglichcr Abzüge waren es Holzschnittdrucke. Wenige schriftliche Zusätze wurden mit eingeschnitten oder handschriftlich hinzugefügt, nach 1500 auch eingedruckt. Inhaltlich dienten diese „Bilderbücher" der Erbauung und Belehrung. Als Biblia pauperum (Armenbibel) und Speculum salvationis (Heilsspiegel) zeigten sie die Geschichte Christi in Bezug zu Ereignissen und Gestalten des Alten Testaments, die gemäß theologischer Tradition in einem Verhältnis von Verheißung und Erfüllung gesehen wurden (natürlich in Fortführung handschriftlicher Vorbilder), sie brachten Bilder zum allgegenwärtigen Thema des Todes im Totentanz und zum Weltende nach der biblischen Apokalypse.

Neben diesen relativ selbständigen Bildreproduktionen, deren Entwerfer und Holzschneider meist unbekannt blieben, kam es beim Buchdruck von Anfang an zu einem Zusammenwirken von Wort und Bild. Seit 1460 wurden Holzschnitte als Illustrationen verwendet. Über 20 000 Originalholzschnitte sind aus den Frühdrucken bekannt, das heißt für diese Bücher entworfene Bilder. Bereits die Bamberger Ausgabe des „Ackermann aus Böhmen" (▷ 7.19) von 1460 war illustriert; reich bebildert wurden die lateinischen und deutschen Bibeldrucke (besonders berühmt ist die Kölner Quentellbibel von 1479). Fast alle bedeutenden Künstler der Zeit nahmen die neue Technik auf. Der junge Albrecht Dürer hat die meisten Illustrationen zu Sebastian Brants „Narrenschiff" (zuerst Basel 1494; ▷ 7.22) in Zusammenarbeit mit dem Autor entworfen, und die Bilder trugen wesentlich zu dem ungeheuren Erfolg des Buches bei. Michael Wolgemut und Wilhelm Pleydenwurff statteten gemeinsam das Erbauungsbuch „Der Schatzbehalter oder Schrein der wahren Reichtümer des Heils und der ewigen Seligkeit" und die Schedelsche „Weltchronik" (Nürnberg 1491 beziehungsweise 1493) mit großformatigen Bildern aus. Für den „Theuerdank" Kaiser Maximilians I. (Augsburg 1517; ▷ 7.26) arbeiteten Hans Burgkmaier d. Ä., Hans Schäufelein und Leonhard Beck. Lucas Cranach d. Ä. bebilderte Luther-Schriften. Für die „Septemberbibel" von 1522, die in etwa 3 000 Exemplaren herauskam, schuf er 21 Holzschnitte mit zum Teil satirischen, antipäpstlichen Zügen (das Tier aus dem Abgrund trug die Papstkrone,

und im Untergang Babylons sah man die Engelsburg), sie mußten in der zweiten Auflage revidiert werden.

Die Bilder (zum Teil handkoloriert) hatten großen Anteil an der Aufnahme und Verbreitung der gedruckten Bücher, sie reizten zum Kauf an, verliehen dem gedruckten Wort Anschauung, setzten eigene zusätzliche Akzente, und sie förderten sicher auch das Lesen.

Das Jüngste Gericht. Illustration aus der deutschen Ausgabe der Schedelschen „Weltchronik" (Druck mit Holzschnitten von Michael Wolgemut und Wilhelm Pleydenwurff bei Anton Koberger in Nürnberg, 1493)

7.4 Der Prosaroman – die Erzählform der Zukunft

Im Mittelalter wurde fast ausschließlich in gereimten Versen erzählt. Die rhythmisch gebundene Reimform stützte beim mündlichen Vortrag den Repräsentationscharakter der li-

119

terarischen Veranstaltung zu einer Zeit, in der die stille Einzellektüre noch weithin die Ausnahme bildete. Unterhaltende, erzählende Prosa taucht deutschsprachig erst in der ersten Hälfte des 15. Jahrhunderts auf, während im religiösen Bereich wie im Rechts- und Geschäftsleben schon früher Prosatexte in Gebrauch gekommen waren. Französische Vers- und Prosavorlagen sowie ältere deutsche Versepen wurden übertragen und an die veränderte Form adaptiert, die Schaffung auch stofflich neuer Erzählwerke blieb die Ausnahme. Doch eine solche für den Literaturwissenschaftler interessante Unterscheidung nach den Quellen war für das Publikum des 15. Jahrhunderts unwichtig, da es die Werke insgesamt als Novitäten aufnahm.

In der Literaturgeschichtsschreibung versuchte man, die neue Erzählprosa des 15./16. Jahrhunderts mit dem romantischen, weitreichenden Begriff „Volksbuch" zu erfassen, hat sich aber heute weitgehend auf den Terminus „Prosaroman" geeinigt, freilich im Bewußtsein, daß die gemeinten Werke nicht dem Gattungstyp „Roman" späterer Zeit entsprechen, sondern allenfalls als Anfangsstation auf dem Weg zum Roman des 18. und 19. Jahrhunderts verstanden werden können, auch ohne direkte Kontinuität anzuzeigen. Die Prosaromane des 15. Jahrhunderts bilden den Ausgangspunkt jener Erzählliteratur, die sich in unendlich vielen inhaltlichen und strukturellen Varianten – trivial und anspruchsvoll – durch den Buchdruck verbreitet, zum Lektürestoff für alle Schichten entwickelte, die im Laufe der Zeit Lesefähigkeit erwarben. Doch diese soziale Breitenwirkung war ein Langzeitprozeß. Die neue Romanprosa begann in höfischen Kreisen, die auch zuvor die literarische Kommunikation getragen hatten. Die literarischen Ansprüche dieser Trägerschicht hatten sich verändert, jeden elitären Charakter verloren und enthielten damit die Voraussetzungen für eine breite Rezeption. Prinzipiell sind die Werke aus Hofkreisen kaum zu unterscheiden von denen anonymer Verfasser, die wohl zum Teil von Akademikern in verschiedenen Berufen und städtischen Beamten stammten. Die verbindende Gemeinsamkeit der Prosaromane liegt in ihrer Form: einer relativ einfachen, weithin parataktischen Erzählweise, wobei das Geschehen zusammengedrängt in einer manch-

mal drastischen, oft formelhaften Sprache dargestellt wurde, ohne Ambitionen, eventuell vorhandene literarisch-ästhetische Konzepte zu bewältigen. Übernommen wird lediglich der Stoff und in die neue Rezeptionsform eingepaßt, so bei „Tristrant und Isalde" (nach Eilhart von Oberge, nicht nach Gottfried von Straßburg), „Wigoleis" (nach Wirnt von Grafenberg), dem „Buch vom heiligen Wilhelm" (nach Wolfram von Eschenbach, Ulrich von dem Türlin und Ulrich von Türheim), „Wilhelm von Österreich" (nach Johann von Würzburg) und „Herzog Ernst" (nach einer lateinischen Vorlage und daraufhin in komplizierterem deutschen Stil).

Bevorzugt wurden Stoffe ferner Zeiten und Länder ohne aktuelle Zeitbezüge, erst die einleitende oder abschließende Betonung eines Exempelcharakters schlägt den Bogen zum Publikum. Als typische Elemente für die Romanausformung kann man werten: die Weite der erzählten Zeiträume, das Auftreten von Kontrastpersonen (Held und Widersacher), bezugnehmende Handlungssequenzen, Kombination verschiedener Texttypen.

Nach den Handschriften und Drucken zu urteilen, war das Interesse an der neuen Erzählliteratur erheblich, auch wenn sie im Rahmen der gesamten Literaturproduktion des 15./16. Jahrhunderts nur einen kleinen Teil ausmacht.

7.5 Zwei romanschreibende Frauen – Elisabeth von Nassau-Saarbrücken und Eleonore von Österreich

Elisabeth von Nassau-Saarbrücken (* Vézelise bei Nancy[?] um 1394, † Saarbrücken 17. Januar 1456), eine französische Herzogstochter aus Lothringen, mit einem deutschen Grafen verheiratet, seit 1429 als Witwe allein regierend, hat die ersten deutschen Prosaromane geschrieben: „Herpin", „Loher und Maller", „Sibille" und „Huge Scheppel". Es sind freie Übersetzungen französischer Versepen, die dem Sagenkreis um Karl den Großen zugehören. Man kann sie für Darstellungen aus der Geschichte des mittelalterlichen Reiches gehalten und folglich auch Elisabeths Bücher als historische Romane gelesen. Ob die Gräfin für die in gewandter deutscher Prosa und in einfachem sachlichen Stil formulierten Texte einen fremden Redaktor herangezogen hat, ist unbekannt. Das größte Interesse fand „Huge Scheppel", von dem aus der Zeit zwischen 1500 und 1794 zehn Drucke existieren. Darin wird die sagenhafte Geschichte des Metzgerenkels Hugo Capet erzählt, der die Tochter des letzten Karolingers heiratete und die neue Königsdynastie der Kapetinger begründet hat. Die Gewinnung von Frau und Herrschaft, ein Zentralmotiv des höfischen Versromans, ist hier in eine Welt gesellschaftlicher Umschichtung transponiert, in der finanzkräftiges Bürgertum und Rittertum sich gegen den korrupten Hochadel verbinden. Huge selbst verkörpert diese Verbindung, denn seine Mutter war Metzgertochter, doch sein Vater ein Ritter. Die Abenteuer des jungen Mannes in mehreren Ländern, aus denen zehn uneheliche Söhne hervorgehen, sein Schutz der Königswitwe und ihrer Tochter durch kampfmächtige Abwehr zahlreicher Fürsten, seine Hochzeit, Königskrönung und siegreiche Überwindung aller Neider bilden die Handlungsteile des Romans. Aufstieg durch Leistung und Bewährung in Bedrängnis sind die exemplehaften Lehren, die aus der aktionsreichen Unterhaltungsstory hervorgehen, in der Liebschaften, auf sexuelle Befriedigung reduziert, fast ohne wertende Kommentierung aneinander gedrängt sind, allenfalls von einem mildernden Floskelnetz überzogen, aber nicht von einem ethischen Konzept durchdrungen. So bot der neue Romantyp Welt und Geschichte für ein stoffhungriges Publikum, doch Reflexionsmedium über Probleme gesellschaftlichen Selbstverständnisses – wie die Versromane um 1200 – war er kaum.

Zu dieser derben Heldengeschichte bildet „Pontus und Sidonia" das eher sentimentale Pendant eines Liebesromans, der Trennung und Wiedervereinigung zweier Liebender mit Verlust und Rückgewinnung des ererbten Reiches verknüpft. Der galicische Königssohn Pontus wird durch den heidnischen Sultan von Babylon vertrieben, findet in Klein-Britannien die Königstochter Sidonia, doch ein verleumdender Widersacher trennt das liebende Paar. Vor der Versöhnung und glücklichen Herrschaft über Galicien und Britannien liegen Klosteraufenthalt, Zwei-

kämpfe, Abenteuer in England und immer wieder Zeichen der Treue, die Pontus Sidonia sendet. Liebe und ethische Qualitäten der höfischen Tradition bestimmen die konzentrierte Darstellung in deutlichem, aber wohl nicht gezieltem Kontrast zu der Romanwelt Elisabeths von Nassau-Saarbrücken.

Von zwei verschiedenen Prosafassungen des „Pontus"-Romans aus dem 15. Jahrhundert stammt die kürzere, von 1483 bis ins 18. Jahrhundert immer wieder gedruckte Version von Eleonore von Österreich (* in Schottland 1433, † Innsbruck 20. November 1480). Sie war eine schottische Prinzessin, seit 1448 mit Siegmund von Tirol verheiratet. Das Herzogspaar gestaltete den Hof nach italienischem Vorbild durch zahlreiche Kontakte zu einem Literaturzentrum. Heinrich Steinhöwel hat Eleonore 1473 seine Übersetzung von G. Boccacios „De claris mulieribus" (= Berühmte Frauen; ▷ 7.20) gewidmet und sie selbst den „erluchten Wyben" preisend eingereiht. Daß Eleonore ihre literarische Tätigkeit selbständig ausgeübt hat, erscheint sicher hinsichtlich ihrer Initiative, einen französischen Prosatext zu übertragen, hinsichtlich der sprachlichen Ausformung des Romans jedoch fraglich.

7.6 Melusine als Ahnfrau

Das nixenhafte Märchenwesen Melusine wurde zur Titelgestalt eines der beliebtesten Prosaromane des 15./16. Jahrhunderts, von dem 16 Handschriften und 26 verschiedene Drucke erhalten sind. Thüring von Ringoltingen, ein Berner Ratsherr, hat die französische Geschlechtersage des Hauses Lusignan in der Fassung von Couldrette (um 1400) für den Markgrafen Rudolf von Hochberg ins Deutsche übertragen (1456 abgeschlossen). In dieser Literaturtradition ist das „Meerwunder" (ursprünglich eine mythische Tiermenschengestalt zwischen überirdischer und irdischer Welt) kein dämonisches Wesen, das in gefährliche Abgründe lockt, sondern eine gute Fee, die Reichtum und Glück beschert. Doch bleiben ihre Gaben für den Mann, der sie liebt, heiratet und damit aus ihrem zwiegestaltigen Dasein erlösen könnte, an das Verbot gebunden, nicht nach ihrer Herkunft zu forschen:

Melusine entschwebt als geflügeltes Fischweib. Holzschnitt aus der „Melusine" des Thüring von Ringoltingen (Druck bei Johann Bämler in Augsburg, 1479)

Graf Reymund soll nie an einem Samstag zu ihr kommen; das ist der Tag, an dem sie ihre fischschwänzige Meerfrauengestalt annehmen muß. Mit dem anfangs bereitwillig gegebenen Versprechen ist das Ende des Glückes vorprogrammiert; denn es treibt den Menschen, insbesondere unter dem Druck anderer, das Verborgene aufzudecken. In diesem Sinne konnte die Geschichte der Meerfee zeichenhaft für den Wandel des Glückes gedeutet werden, den Thüring von Ringoltingen im eigenen Leben durch den Verlust seines beträchtlichen Vermögens erfahren hatte. Darüber hinaus macht der Autor, gestützt auf kirchenväterliche Autorität, irdisches Glück als Vorzeichen ewiger Verdammnis überhaupt suspekt. Wie sein Vorwort, das Arrangement des Stoffes und der chronikalisch gedrängte Stil zum Ausdruck bringen, meinte Thüring, eine Familiengeschichte zu erzählen, die er für wahr hielt und deren märchenhafte Züge er mit der Vorstellung rechtfertigte, daß Gottes Wunder in der Welt alle Fiktion überträfen. „Got ist wunderbar in synen wercken. Das bewiset sich eygentlich an düsser frömden figur und hystorie." Aus diesem Verständnis vermochte der Autor Melusine mit ihren Zauberkräften zu einer im christlichen Glauben lebenden, frommen Frau, Mutter und Königin zu adaptieren. Schuld und Versagen sieht er auf der Seite des Mannes, der bei der Jagd seinen Oheim getötet und nicht dafür Buße getan hat, der sein Versprechen nicht hält und das entdeckte Geheimnis im Zorn zur Beschimpfung Melusinas benutzt, so daß er sie forttreibt. Einsicht, Buße in Rom und der Rückzug ins Kloster Montserrat eröffnen ihm dann den Weg zum Heil. Gemäß der Geschlechtersage wird noch die Geschichte der zehn Söhne des Paares erzählt, die Adels- und Königshäuser begründen. Sie sind alle mit körperlichen Entstellungen geboren, die als Zeichen innerer Defekte und immanenter Heilsgefährdung des glanzvollen Adels verstanden werden konnten.

Thüring sah in seiner Historie und mit ihr in der Romanliteratur überhaupt einen Wert, der sich aus der Vergänglichkeit der Dinge heraushebt. Er hat seinem Publikum Unterhaltung und Lehre mit einem „melancholischen" Blick auf die Welt geboten, gemessen an der Resonanz des Romans, offenbar in der rechten Mischung.

7.7 Fortunatus und die Faszination des Geldes

Im „Fortunatus" (um 1500 entstanden und bis zum Ende des 18. Jahrhunderts 26mal gedruckt) wird der neue Literaturtyp „Prosaroman" (▷ 7.4) erstmals als Reflexionsmedium für konkrete Probleme der zeitgenössischen Wirklichkeit genutzt: Bewältigung der weltbeherrschenden Macht des Geldes im Einzelleben. Gerade in diesem Fall – und das ist bemerkenswert für das Literaturverständnis – verwendet der anonyme Autor, der wohl in Augsburg im Zentrum der kapitalkräftigen Fugger und Welser tätig war, eine Geschichte, deren fiktiven Charakter er ausdrücklich betont. Sie ist für den Roman erfunden, nicht übernommen, und verbindet märchenhafte, allegorische und novellistische Elemente mit einem hohen Maß an Realitätshaltigkeit. Fortunatus, Sohn eines verarmten zyprischen Kaufmanns, zieht nach Flandern und England, wo er Erfolge erringt, dann aber völlig verarmt. Dem Elenden begegnet in einem Wald die Gestalt der Fortuna und läßt ihn wählen, worauf er künftig sein Glück gründen wolle: Weisheit, Reichtum, Stärke, Gesundheit, Schönheit, langes Leben. Fortunatus entscheidet sich für den Reichtum, doch nicht märchenhaft allgemein, sondern konkret: „das ich alweg gelts gnug hab". Dem entspricht denn auch die Erfüllung. Er bekommt ein Säckel, das, sooft er hineingreift, zehn Goldstücke enthält in der jeweiligen Landeswährung. So ist Fortunatus lebenslang versorgt. Er durchzieht die Zentren Europas (Deutschland ausgenommen), läßt sich dann in Zypern nieder, hat Frau und Kinder. Später erlangt er mit List vom Sultan von Alexandrien noch ein Wunschhütlein, mit dem man an jeden beliebigen Ort fliegen kann, ein Ausdruck zeitgenössischer Reiselust.

Doch der Autor hat das Märchenglückmodell des Menschen, der haben kann, was er will, und der hingelangen kann, wo er will, nur entworfen, um diesen Reichtum als Unwert zu entlarven. Angesichts des Todes seiner Frau, der ihm auch die eigene Sterblichkeit vor Augen bringt, erscheinen Fortunatus seine Schätze nutzlos. Trauer und Krankheit bewirken sein baldiges Ende. An seinen Söhnen, die Säcklein und Hütlein erben, wird die Sinnlosigkeit der Wunschtraumerfüllung noch weiter verdeutlicht. Andolosia führt ein zügelloses Leben, verliert das Säckel und wird ermordet, Ampedo zerstört das Hütlein und stirbt aus Leid.

Im Nachwort erläutert der Verfasser: Fortunatus hätte einst die Weisheit wählen müssen, Reichtum hätte er dann ohnehin bekommen, denn durch Vernunft sei Besitz zu erringen, wie das große Beispiel des weisen und reichen Salomo zeige. Reichtum wird also nicht generell verworfen, sondern für erstrebenswert erklärt, wenn er durch Vernunft erworben und verwaltet ist. Diese Moral fügt sich nicht selbstverständlich an die Darstellung von Fortunatus' Leben; für das Publikum wird ein in Gang gebrachter Identifikationsprozeß mit den Helden abrupt zerstört. So bricht eine Diskrepanz zwischen Lebenspraxis und ethischen Wertkategorien auf. Je nach Voraussetzung konnten die Ansichten über den vernünftig gehandhabten Reichtum als Kritik, aber auch als Rechtfertigung der reichen

Augsburger Familien gelesen werden, vorhandene Analogien zwischen Fortunatus und den Fuggern sind sicher nicht zufällig. Der Autor schließt seinen märchenhaften Modellfall mit einer antimärchenhaften Wendung: Fortuna, die solche Wahlchance gab, ist in der Welt nicht mehr zu finden, das heißt, der Mensch ist auf die Vernunft angewiesen.

Fortunatus mit dem Wunschsäcklein. Titelblatt der Erstausgabe des „Fortunatus"-Romans (Holzschnitt von Jörg Breu d. Ä., Druck bei Johann Otmar in Augsburg, 1509)

7.8 Till Eulenspiegel

Ulenspegel: „Schleier der Eule", „Torenspiegel", „Wisch den Hintern" sind Bedeutungsmöglichkeiten eines sprechenden Familiennamens, den der Verfasser – wohl Hermann Bote aus Braunschweig – um 1500 dem Antihelden eines Romans gegeben hat, der als Schalksnarr in seinen Streichen menschliche Dummheit entlarvt, aber auch von diabolischer Bosheit getrieben ist.
Die 96 Historien reichen von Till Eulenspiegels Geburt im Dorf Kneitlingen (im Braunschweigischen) bis zu seinem Tod in Mölln

Ein kurtzweilig lesen von Dyl Vlenspiegel geboren vß dem land zu Bruußwick. Wie er sein leben volbracht hatt.xcvi.seiner geschichten.

Titelblatt des „Eulenspiegel"-Buches (Druck bei Johannes Grüninger in Straßburg, 1515)

(in Lauenburg) im Jahr 1350, so daß sich sein tolles Treiben in einem realen Rahmen bewegt. Er zieht durch ganz Deutschland, kommt sogar nach Rom zum Papst. Obgleich als Bauernsohn geboren, wird Eulenspiegel zum sozialen Außenseiter, der mit seinen betrügerischen Streichen und absichtlichen Mißverständnissen, die aus sprachlichen Zweideutigkeiten entwickelt sind, alle Geburts- und Berufsstände der Lächerlichkeit preisgibt, der bisweilen auch selbst hereingelegt wird. Aufs ganze gesehen bleibt aber der Schalk der Überlegene, der die Schwächen und Laster der Menschen bloßlegt.

In den oft bösen Satiren scheint kaum Versöhnlichkeit auf. Auch wenn anzunehmen ist, daß Bote das städtische Bürgertum belustigen und vor Außenseitern warnen wollte, weiß man nicht recht, ob er an die Einsicht der Habgierigen, Lügner, Eitlen, Faulen, Rachsüchtigen, Unbarmherzigen glaubte, die zum

Spielball von Eulenspiegels Treiben werden, oder ob er nicht eher meinte, daß die Welt, der er einen übertrieben vergrößernden Spiegel vorhielt, letztlich unverändert bleibt wie der Schalk selbst. Dieser verspritzt noch auf dem Totenbett Galle und stirbt, ohne Buße zu tun; denn „wie eines Menschen Leben ist, so ist auch sein Ende". Den geldgierigen Priester, der zur letzten Beichte kommt, läßt er in eine mit Menschendreck gefüllte Kanne greifen, auf der oben ein paar Goldstücke liegen. Einen Kasten voll Steine gibt er als Hinterlassenschaft aus, über der der Streit derer ausbricht, die dem Verstorbenen christliche Wohltaten im Grunde nur aus Gewinnsucht erwiesen. Im Grab liegt der Schalk, der die Welt auf den Kopf gestellt hat, verkehrt herum auf dem Bauch oder – in einer anderen Historie – steht er auf den Füßen.

Ob ein Ulenspegel, wie Hermann Bote es in seiner Weltchronik notiert und in den Roman übernommen hat, 1350 in Mölln gestorben ist, also wirklich gelebt hat, wird sich nicht sichern lassen, verschiedene Sagen sind offenbar zusammengeflossen. Auf jeden Fall ist die bekannte Schalksfigur das Produkt von Botes 96 Historien, in denen er Eulenspiegel mit Worten, Dingen und Menschen satirische Scherze treiben läßt.

Der Eulenspiegelroman war jahrhundertelang anonym geblieben, bis 1971 mit hoher Wahrscheinlichkeit Hermann Bote als Autor identifiziert werden konnte. Der in städtischen Fehden verwickelte Braunschweiger Zollschreiber gehörte dem niederdeutschen Sprachgebiet an, doch der Roman erschien hochdeutsch in den ältesten erhaltenen Drukken aus Straßburg von 1510/11 (fragmentarisch), 1515 und 1519. Aus dem 16. Jahrhundert sind 35 deutsche Publikationen und viele Übersetzungen bekannt, die bis in die Gegenwart zu rund 350 deutschen und 280 fremdsprachigen Ausgaben angewachsen sind. Damit sind die Eulenspiegelgeschichten zu einem Stück Weltliteratur geworden.

7.9 Liederbücher

Lieder singen, Lieder schenken, Lieder sammeln gehörte zu den Geselligkeits- und Kommunikationsformen des späten Mittelalters in den Städten und in Adelskreisen. Das bezeugen mehr als 20 Sammelhandschriften des 15. Jahrhunderts, die Texte und Melodien verzeichnen, die teilweise gleiche Lieder in unterschiedlichen Fassungen neben Unikaten enthalten, die nur selten Verfassernamen nennen, manchmal Widmungen zu einer Liedsendung oder einem Neujahrswunsch bringen. Die Sammlungen haben unterschiedlichen Umfang und verschiedene Schwerpunkte, in einigen stehen außer den Liedern unbekannter und bekannter Dichter des 14. und 15. Jahrhunderts, darunter Oswald von Wolkenstein (▷ 6.6) und Heinrich von Laufenberg (▷ 7.11), auch didaktische und erzählende Texte.

Das „Lochamer-Liederbuch" entstand in Nürnberg um 1450 und besitzt die frühesten mehrstimmigen Melodien zu deutschen Texten, doch die meisten der 44 deutschen Lieder sind auch hier einstimmig notiert. In dem 1454 abgeschlossenen „Augsburger Liederbuch" hat ein unbekannter Sammler 97 weltliche Liedtexte ohne Melodien zusammengetragen. Das um 1470 für die Grafen von Eppstein-Königstein aufgezeichnete „Königsteiner Liederbuch" umfaßt die umfangreichste weltliche, mit Melodien ausgestattete Liedersammlung des 15. Jahrhunderts. Das „Liederbuch der Klara Hätzlerin" wurde 1471 von der einzigen Frau geschrieben, die als Handschriftenkopistin namentlich bekannt geworden ist. 128 Lieder, die auf 77 Reimpaargedichte folgen, erscheinen ohne Melodien. Für die musikalische Aufführungspraxis angelegt war das um 1480 entstandene „Glogauer Liederbuch". Unter seinen 292 Stücken befinden sich 70 deutsche Lieder, davon aber nur 11 mit vollständig ausgeschriebenem Text. Die Beschränkung auf die Anfangsworte und die Zusammenstellung mehrerer Quodlibets aus verschiedenen Texten und Weisen zeigen, wie bekannt einzelne Lieder waren und daß man spielerisch mit ihnen umgehen konnte.

Liebe in ihren verschiedensten Äußerungsformen – Werbung, Sehnsuchtsklage, Abschiedsschmerz, Absage – bildet fast in allen Büchern das dominierende Thema der weltlichen Lieder. Die seit der Minnelyrik des 12. Jahrhunderts immer wieder variierten Motive begegnen in einer Fülle zwar ähnlicher, doch vielfach abgewandelter, reizvoller Formulierungen. „All mein gedencken, die ich hab, die sind bei dir" ist aus dem „Lochamer-Liederbuch" bekannt und hat die Jahrhunderte überdauert. Zu dem ebenfalls dort überlieferten „Ich far dahin, wann es muß sein, ich schaid mich von der liebsten mein" existieren mehrere geistliche Kontrafakturen, das heißt im gleichen Melodie- und Strophenbaurahmen wurden die Motive ausgetauscht, der Abschied von der Geliebten wurde zum Abschied vom Leben, von der Welt. Solche Wechselbilder sind der Extremfall ständiger Umformung, die die Lieder im Gebrauch erfuhren. Gesellige Gesangskunst war „work in progress".

Neben den ernsten, wehmütigen, auch glücklich bewegten Liebesliedern stehen lustige, deftige und schwankhafte Stücke, wie „Ich spring an disem ringe" und das permanent verlängerbare „Die frewelein von Francken", das nacheinander die Frauen aller Landschaften preist. Die Strophe „Es fur ein pawr gen holz mit sciner hawen", die von einem betrogenen Ehemann und einem buhlenden Pfaffen singt, gelangte schlagerartig über die deutsche Sprachgrenze hinaus.

Mit der Bezeichnung „Gesellschaftslieder" für eine große Zahl der gesungenen Texte versucht man seit A. H. Hoffmann von Fallersleben ihre Funktion zu erfassen: Sie dienten der unterhaltenden Lebensgestaltung im kleineren und größeren Kreis, durch sie wurden Emotionen kultiviert und Gemeinschaft erfahrbar.

7.10 Volkslied und Ballade

Der von Herder eingeführte, von den Romantikern aufgenommene und von Jacob Grimm mit den Vorstellungen von der dichtenden Volksseele befrachtete Begriff „Volkslied" ist unter Ausklammerung dieser entstehungspsychologischen Implikationen auf einen bestimmten Texttyp anwendbar, der in den spätmittelalterlichen Liederhandschriften erstmals sichtbar wird. Das Volksliedhafte ist durch einfache, leicht rezipierbare Strophenformen charakterisiert, durch lockere Sinnstruktur, sinnlich anschauliche, formelartige Wendungen und Wiederholungen, Naturbilder und Gefühlsumbrüche. Metaphorik, Andeutung und Mehrdeutigkeit tragen zu dem Zauber der Texte bei, der sie den Autoren des beginnenden 19. Jahrhunderts, die in der Antithetik von Volks- und Kunstlyrik dachten, besonders „poetisch" erscheinen ließ. Eine variantenreiche, anonyme Überlieferung signalisiert den typischen Aneigungsprozeß des „Zersingens" (zum Beispiel „Der Wald hat sich entlaubet"; „Ach Gott wie weh tut Scheiden"; „Ach Elslein, liebes Elslein"). In „Des Knaben Wunderhorn" (1806–08; ▷ 13.22) die von A. von Arnim und C. Brentano herausgegebene Sammlung „alter deutscher Lieder", sind Neufassungen aus der spätmittelalterlichen Tradition eingegangen. (Brentano hat das „Königsteiner Liederbuch" [▷ 7.9] selbst besessen.)

Neben locker gefügten Texten gab es den Typ des erzählenden, balladenhaften Liedes, das ebenfalls volksliedartige Züge besitzen konnte, doch eher zum Vortrag als zum gemeinsamen Singen gedacht war und zu zahlreichen Strophen anwachsen konnte. Erzählt wurden in solchen Liedern Stoffe antiker, germanischer und deutscher Sagen, Legenden und Geschichten von Minnesängern, auf die man bekannte Sagenmotive fixierte (Heinrich von Morungen [▷ 4.10], Reinmar von Brennenberg, Tannhäuser [▷ 5.2]).

Aktuelle Ereignisse wurden in sogenannten Zeitungsliedern oder historischen Liedern aufgegriffen. Sie dienten der Information und Kommentierung und nahmen im Laufe der Zeit retrospektiven, historischen Charakter an. Die Geschichte der Schweizerischen Eidgenossenschaft vom 14. bis ins 16. Jahrhundert ist auf diese Weise liedhaft dokumentiert. Während die älteren Lieder namenlos blieben, traten seit dem 15. Jahrhundert bestimmte Verfasser, zum Teil Berufsdichter hervor, rund 40 Namen sind bekannt, unter anderem Hans von Anwil, Hans Auer, Matthias Zoller, Hans Viol, Veit Weber. Sie haben Schlachten und die „Entstehung der Eidgenossenschaft" besungen. Auch in Österreich, Schwaben, Franken und in Norddeutschland wurde Zeitgeschichte ins Lied gebracht. Die Eroberung Konstantinopels durch die Türken 1453 führte zu einer bis ins 18. Jahrhundert fortgesetzten Reihe von Türkenliedern. Die historischen Lieder sind Vorläufer, Pendants, aber auch Übergang zu chronikalischer Erfassung der Geschichte.

7.11 Geistliche Lieder – Heinrich von Laufenberg

Eine „Geistliche Ermahnung zum frommen Leben" (1509 in Mainz erschienen) forderte Singen bei der Arbeit und beim Gebet, im Haus und in der Kirche, überall als gottgefällige Form des Beisammenseins. Es gab keine strenge Trennung zwischen weltlichen und religiösen Liedern. Beide lebten im Gebrauch und in der Tradition zusammen, das zeigen die gemeinsame handschriftliche Überlieferung und die Kontrafakturen. Dichter, wie der Mönch von Salzburg (▷ 6.4) und Oswald von Wolkenstein (▷ 6.6), haben beide Arten gepflegt. Doch im Rahmen klösterlicher Gemeinschaften und bei ihrer Betreuung konzentrierte man sich sammelnd und dichtend auf geistliche Lieder. Das „Wienhäuser Liederbuch" von 1470 enthält eine Sammlung mystischer niederdeutscher Gesänge für die Nonnen des Heideklosters. Ebenfalls aus einem Zisterzienserinnenkloster ist in der 2. Hälfte des 15. Jahrhunderts das „Hohenfurter Liederbuch" hervorgegangen.

Der bedeutendste geistliche Liederdichter des 15. Jahrhunderts war Heinrich von Laufenberg (* Rapperswil [Kanton Sankt Gallen] oder Freiburg im Breisgau um 1390, † Straßburg 31. März 1460), ein Freiburger Priester, der sich gegen Ende seines Lebens in das Straßburger Johanniterkloster zurückzog. Zwischen 1413 und 1458 hat er 90 deutsche Lieder verfaßt, die eine 1870 verbrannte Straßburger Handschrift mit Datierungen enthielt. Sie waren wohl für den Lebensraum von Kloster, Stift und Schule bestimmt und sind überwiegend Ausdruck volkstümlicher Frömmigkeit. In sprachlicher Gewandtheit ist Heinrich die deutschsprachige Aneignung lateinischer Formtraditionen ebenso gelungen wie die Übertragung weltlicher Motive und Wendungen in geistlichen Kontext. Er hat lateinische Hymnen und Sequenzen übertragen, weltliche zu religiösen Tageliedern kontrafaziert und zweisprachige Mischtexte geschaffen. Ein Drittel seiner Lieder ist in preisender, emotionaler Zuwendung der Jungfrau Maria gewidmet. Das Himmelreich wird sehnsuchtsvoll als ewige Heimat besungen. Eine Reihe von Weihnachtsliedern (zum Beispiel „In einem Kripplein lag ein Kind") erscheinen im Ausdruck ihrer gefühlshaften Religiosität etwa gleichzeitigen Darstellungen der bildenden Kunst des Oberrheins verwandt.

7.12 Vertreter einer aussterbenden Zunft – Muskatblüt und Michel Beheim

Der Typ des Berufsdichters, der wie einst Walther von der Vogelweide (▷ 4.11) und zahlreiche Nachfolger von Adelshof zu Adelshof, von Burg zu Burg, von Stadt zu Stadt zog und aktuelle politische Ereignisse, Lebenserfahrung und Moral, Religion und Liebesthematik in sangbaren Versen vortrug, ausgewählt und zugeschnitten auf den jeweiligen Gönner und Herrn, wurde im 15. Jahrhundert selten. In einen anderen sozialen Rahmen übertragen, übernahm der Meistersang Funktionen der Wanderliteraten (nach 1480 sind städtische Singschulen nachweisbar), während an vielen Höfen andere Interessen vorherrschten.

Muskatblüt (in der 1. Hälfte des 15. Jahrhunderts bei Konrad von Weinsberg, in Nürnberg, Mainz und Konstanz nachweisbar) gehört zu jenen Wanderdichtern. Er war stolz auf sein Wissen, doch kein Gelehrter im humanistischen Sinne, eher ein parteilich engagierter Autor, der seine Tätigkeit nicht als Broterwerb, sondern als Dienst an der „Wahrheit", die er verkünden wollte, verstand. In den 95 unter seinem Namen überlieferten Liedern wandte er sich gegen die Hussiten, trat für das Konstanzer Konzil ein und propagierte den Kreuzzug des Deutschen Ordens gegen die Polen, betrieb Ständekritik und zeigte soziales Engagement. Die Marienverehrung besitzt in seinen geistlichen Gedichten besonderes Gewicht, und von dieser Voraussetzung aus begründete er auch den dienenden Lobpreis der Frau in seinen Liebesliedern, die an das höfische Minnekonzept erinnern.

Michel Beheim war ein ähnlicher Literatentyp, doch viel produktiver und weiter herumgekommen. Als Sohn eines Webers wurde er am 27. September 1416 in Sulzbach bei Heilbronn geboren, wo er auch 1474 (?) starb. Er

Anfangsblatt der von Michel Beheim um 1470 eigenhändig geschriebenen Sammlung seiner Gedichte. Nach einer Selbstvorstellung des Dichters folgt das Gedicht „Von dem Heiligen Geist" (Heidelberg, Universitätsbibliothek)

kam an die Höfe Kaiser Sigismunds und des Markgrafen von Brandenburg sowie nach Norddeutschland, Dänemark, Norwegen, Bayern, Prag, Wien, Heidelberg. Im Dienst Friedrichs III. nannte er sich „des römischen Kaisers teutscher poet und tichter". Beheim hat eine Unmenge von Versen verfaßt: Über 400 Lieder, ein geistliches Liederbuch und drei Reimchroniken. Das „Buch von den Wienern" (1462/65) schildert gleichsam chronologisch zum Vorsingen den Aufstand der Wiener Bürger gegen Friedrich III. aus der Position der fürstlichen Seite. Obwohl Beheim inhaltlich eigene Erlebnisse einbrachte, besitzt sein Stil kaum personale Züge. Was heute weithin wie anspruchslose Eintagspublizistik wirkt, zur Belehrung, Unterhaltung und Information, war seinerzeit nichts Alltägliches. In selbstbewußter Darstellung seiner Leistung hat Beheim seine Werke eigens gesammelt und bewahrt.

7.13 Meistersang

Seit der ersten Hälfte des 15. Jahrhunderts schlossen sich in verschiedenen, meist süddeutschen Städten (Mainz, Straßburg, Colmar, Nürnberg, Ulm, Freiburg im Breisgau, Steyr, Iglau, Breslau und andere) Bürger der Mittelschicht, vornehmlich Handwerker, zu Gesellschaften zusammen, die sich das Vortragen und Dichten von „Meisterliedern" zum Ziel setzten. Die Meistersinger selber verlegten die erste Gesellschaft nach Mainz, aber genauere frühe Zeugnisse (vor 1450) gibt es nur für Nürnberg. Als Vorbilder verehrten sie die „zwölf alten Meister", Sangspruchdichter von Walther von der Vogelweide (▷ 4.11) über Heinrich Frauenlob (▷ 6.2) bis zu Heinrich von Mügeln (▷ 6.3). Deren Tradition der lehrhaften Dichtung setzten die Meistersinger fort, allerdings auf religiöse Themen konzentriert. Sie stehen damit in der Bewegung der geistlichen Laienbildung, und ein Zusammenhang der frühen Meistersingerschulen mit religiösen Bruderschaften (▷ 6.8) ist zu vermuten.

Die Gesellschaften hielten sich an bestimmte Kunstregeln, die in Tabulaturen (sogenannten Schulzetteln) festgehalten und deren Einhaltung von Merkern überwacht wurde, die auch die richtige Behandlung der religiösen Themen überprüften. Die Mehrzahl der Lieder wurde in vorgegebenen „Tönen" (Einheit des Schemas von Metrum und Reim und der Melodie) abgefaßt, die überwiegend von älteren Meistern stammten, doch auch neue kamen hinzu. Die „Töne" wurden im Lauf der Zeit immer länger und komplizierter, es gab im 16. und 17. Jahrhundert Töne mit über 100 Zeilen, die mittlere Länge jedoch um 20 Zeilen. Das korrekte Memorieren und Vortragen fremder Lieder, dann eigener Texte in vorgegebenen Tönen war Inhalt der Versammlungen (Singschulen), die teils öffentlich in der Kirche, teils ausschließlich für die Mitglieder stattfanden. Während in der Kirche nur religiöse Themen vorgetragen wurden, versifizierte man zu dem „Zechsingen" Erzähl- und Schwankstoffe, Rätsel und populäres Wissen. Für die besten Vorträge wurden Preise (Schulkleinod beziehungsweise Zechkranz) verliehen. Es gab wenig, was nicht in den mehr als 16 000 erhaltenen Meisterliedern abgehandelt wurde. Die Meister-

singergesellschaften bestanden zum Teil bis ins 18. und 19. Jahrhundert fort (Memmingen bis 1875). Als bedeutendster Meistersinger gilt der Nürnberger Hans Sachs (▷ 8.11).

Die Musik des Meistersangs ist einstimmig, Instrumentalbegleitung war untersagt. Sie orientierte sich an der Tradition des mittelalterlichen Strophenliedes und des liturgischen Gesanges: die Melodiebildung ist durch „Koloraturen" beziehungsweise „Melismen", also Vieltonfolgen auf einer Silbe, gekennzeichnet und hebt sich dadurch als Kunstgesang vom zeitgenössischen Kirchenlied ab. Auch zum Gesellschaftslied mit ebenfalls eher einfacher Melodiebildung und rhythmischem Vortrag besteht keine Verwandtschaft. Das Meisterlied wurde langsam und feierlich-deklamierend vorgetragen, um die Wortverständlichkeit zu sichern. Neben dem Liedvortrag widmeten sich die Meistersinger dem Theaterspiel (Nürnberg seit 1551 bis 1608, Augsburg ebenfalls seit der Jahrhundertmitte, Straßburg nach 1600, Memmingen seit Ende des 17. Jahrhunderts).

Das populäre Bild des Meistersangs wird durch Richard Wagners Oper „Die Meistersinger von Nürnberg" (Uraufführung 1868) bestimmt, der als Quelle die Darstellung aus der Spätphase, Johann Christoph Wagenseils „Buch von der Meister-Singer holdseligen Kunst" (1697), zugrundeliegt. Wagner zeichnet ein Bild des Meistersangs in der Erstarrung; seine Vorstellung, die Meistersinger wären eine in der Stadt geschätzte und bedeutsame Gruppierung, trifft nicht zu, passender ist die Satire in A. Gryphius' Komödie „Absurda Comica. Oder Herr Peter Squentz" von 1658.

7.14 Geistliche Spiele

Ausgewählte Szenen des Lebens Jesu von der Geburt bis zur Auferstehung und Himmelfahrt wurden im späten Mittelalter auf Tafelbildern, Kirchenfenstern und Kirchenportalen vielfältig dargestellt, sie führten der Gemeinde die biblischen Geschichten vor Augen, auf denen die christliche Erlösungsbotschaft beruht. Entsprechende Szenen veranschaulichen die geistlichen Schauspiele in lebenden Bildern mit Wort, Musik, Körperbewegung und Dekorationen, um die Gläubigen in das vergegenwärtigte Geschehen teilnehmend, verstehend, mitleidend, auch abwehrend und lachend hineinzuziehen. Erhaltene Spieltexte und historische Dokumente bezeugen für das ausgehende Mittelalter eine Aufführungspraxis von Kärnten, Tirol, der Schweiz bis in den niederdeutschen Raum. In großen Städten entwickelten sich weiterwirkende Traditionen. Der Rat der Stadt genehmigte die Veranstaltungen, die sich über mehrere Tage erstrecken konnten, und finanzierte sie mit. Teile der Bürgerschaft, Bruderschaften und Zünfte organisierten Aufführungen, spielten mit und schufen die Dekorationen. Die anfangs geistliche Leitung ging in Laienhand über.

Die Bezugstermine im Kirchenjahr und die lokalen Bedingungen bestimmten die Spielkonzepte. So gibt es Oster-, Weihnachts-, Passions-, Fronleichnams-, Dreikönigs- und Heiligenspiele. Durch die offene Form des epischen Theaters bestand grundsätzlich die Möglichkeit einer Reihung von zusätzlichen Szenen zu umfangreichen Heilsspielen, die unter der Bezeichnung „Passionsspiel" im Extremfall von der Schöpfung bis zum Jüngsten Gericht reichen. Auch eine Szenenauswahl war möglich.

Gespielt wurde in der Kirche, vor der Kirche und auf Stadtplätzen (zum Beispiel auf dem Römer in Frankfurt). Auf einer Simultanbühne mit Spielständen für Himmel, Hölle und die irdischen Orte waren nach prozessionsartigem Einzug von Anfang an alle Spieler anwesend. Die Bühne und ihre Requisiten sollten keine geschlossene Illusion bewirken, sondern hatten Sinnbildcharakter.

Die Spiele des 15./16. Jahrhunderts unterscheiden sich in der Regel von den früheren Texten durch größeren Umfang und durch den Zusammenhang von Traditionsgruppen in Hessen, Tirol und im alemannischen Raum. Die hessische Tradition ist bereits für das 14. Jahrhundert durch die „Frankfurter Dirigierrolle" (Regiebuch mit Szenenanweisungen und Texteinsätzen) nachweisbar und im „Frankfurter Passionsspiel" (1493) weiterentwickelt. Sie umfaßt wie andere Spiele der Gegend neben der Passion vorangehende Szenen der Wundertätigkeit Jesu. Die Tiroler Spielgruppe, die durch Stücke und Aufführungszeugnisse aus Bozen, Sterzing, Hall und

Brixen repräsentiert ist, konzentriert sich in drei Spielen auf Gründonnerstag, Karfreitag und Ostern. Diese Tradition ist durch zwei Organisatoren besonders bekannt, die auch Spiele gesammelt haben: der Maler Vigil Raber aus Sterzing und der Bozener Lehrer und Musiker Benedikt Debs. Den Schwerpunkt im alemannischen Raum bildet die Luzerner Spieltradition, die aus Texten für Aufführungen des 16. Jahrhunderts und aus Zeugnissen des Spielleiters Renwart Cysat bekannt ist, aber ins 15. Jahrhundert zurückreicht. Aus einer „Historiy von der urstende" von wenigen Stunden wurde ein zweitägiges Spiel von der Erschaffung des Menschen bis zu den Erscheinungen des Auferstandenen. Abgeleitet aus der Luzerner Entwicklung ist das „Donaueschinger Passionsspiel" (Ende des 15. Jahrhunderts), das umfangreiche Regieanweisungen besitzt (Abb. S. 130). Das selbständige „Augsburger Passionsspiel", das sich auf die Passion und Ostern konzentriert, bildete die Grundlage für die 1634 gegründeten, bis in die Gegenwart bestehenden Oberammergauer Passionsspiele.

7.15 Das „Redentiner Osterspiel"

Für die multimedialen Heilsspektakel des späten Mittelalters war der Text nur eine Dimension der Aufführungen, und nur ausnahmsweise erfuhr er eine anspruchsvolle ästhetisch-literarische Durchgestaltung. Solche Ausnahme liegt in dem niederdeutschen „Redentiner Osterspiel" vor, das in einer Abschrift von 1464 überliefert ist und in den Ostseeraum (Wismar-Lübeck) gehört, Beziehungen zu einem thüringischen Text des 14. Jahrhunderts sind erkennbar.

Anders als bei den Passions- oder Heilsspielen gilt für die Osterspiele als sicher, daß sie aus den lateinischen liturgischen Osterfeier herausgewachsen sind. Lateinische Textteile wurden in den vom Gottesdienst gelösten Spielen beibehalten, und sie kommen noch in den Osterszenen vor, die mit dem umfassenden Heilsgeschehen der großen Spektakel verbunden sind. Aus den traditionellen Szenen der Osterspiele (Bewachung des Grabes Christi, Besuch der drei Marien am Grab mit dem Salbenkauf bei einem Krämer, Höllenfahrt Christi mit der Erlösung der Altväter, Lauf der Jünger zum Grab, Erscheinung des Auferstandenen) hat der Verfasser des „Redentiner Osterspiels" eine souveräne Auswahl getroffen. Er hat statt der üblichen Reihung eine zusammenhängende Komposition erreicht, die thematisch deutlich die Erlösung durch die Auferstehung Christi und die noch in der Gegenwart wirksame Gefährdung der Menschen durch den Teufel darstellt. Der erste Teil beschränkt sich auf die „Wächterszene", die Auferstehung selbst und die Befreiung der Patriarchen aus der Hölle. Geschickt und sinnreich erfunden sind die Gestalt eines Turmwächters, der das Grab und die Gegend überblickt, der die anmaßenden, als Grabwächter ausgesandten „Ritter"

des Pilatus foppt, und der Traumzustand, in den die Wächter während der Auferstehung durch Engelsgesang versetzt werden. Der zweite Teil ist dem Bemühen Luzifers gewidmet, die entvölkerte Hölle wieder mit Seelen zu füllen. Im Verbund mit der Höllenfahrt erscheinen derartige ständesatirische Teufelsszenen öfter, doch sind sie nirgends so umfangreich zu einem Spielteil von rund 1 000 Versen ausgebaut. Im Auftrag Luzifers führt Satan die Sünder verschiedener Berufsstände (Bäcker, Schuster, Schneider, eine Wirtin und andere) wegen betrügerischer Berufspraktiken in die Hölle, doch er scheitert an einem gewitzten Pfaffen, der sich nicht vor dem Teufel fürchtet und auf die größere Macht Gottes vertraut.

Die parodistische Darstellung der „Ritter" am Grab wie auch die Satire und Komik des Teufelsspiels sind dem ernsten Tenor und der Glaubenszuversicht des Gesamtspiels untergeordnet: Christus besiegt den Teufel auch in der Gegenwart, und die Kirche verfügt über Mittel, den Satan abzuwehren, der erfolglos versucht, das Erlösungswerk Christi zu zerstören.

Dem unbekannten Autor ist es eindrucksvoll gelungen, etwas von der Auferstehung, die in den Spielen meist ohne sprachliche Mittel dargestellt wird, in Worte zu fassen. Der Erzengel Michael ruft Christus aus dem Grab herauf und beschwört dabei eine unvergängliche Lichtgestalt.

Doppelseite aus dem „Donaueschinger Passionsspiel" mit einem Ausschnitt der Ölbergszene; Sprechtexte in schwarzer und Bühnenanweisungen in roter Schrift (Papierhandschrift des 15. Jh.; Donaueschingen, Fürstlich Fürstenbergische Hofbibliothek)

7.16 Fastnachtspiele

Die Fastnacht vor Aschermittwoch, mit dem die Fastenzeit im Kirchenkalender beginnt, bot Raum für festliche Veranstaltungen (Umzüge, Masken-, Renn- und Stechspiele), die im 14. und 15. Jahrhundert wie in Europa so auch in verschiedenen deutschen Städten nachweisbar sind. Im Rahmen dieser Fastnachtsunterhaltung entstanden einfache Formen von Gebrauchsliteratur: die Fastnachtspiele, Texte von 100 bis 600 Versen, die zur Aufführung bestimmt waren und später auch zum Lesen gedruckt wurden.

Nürnberg und Lübeck waren Zentren dieses Spiels. Aus Nürnberg sind bis zum Jahre 1500 über 100 Texte erhalten, aus Lübeck ein Verzeichnis mit 73 Titeln für die Jahre 1430 bis 1515, aber nur ein vollständiger Text, „Henselyns boek von der rechtferdickeyt". Ungeklärt ist das Verhältnis der beiden Traditionen zueinander. Eine Wirkung der wirtschaftlich und kulturell bedeutenden niederländischen Städte, wo es allegorische Spiele (Moralitäten) gab, erscheint einleuchtend. So wäre an eine Ausstrahlung von Norden nach Süden zu denken. Doch die Art der Spiele und ihre Veranstalter waren in beiden deutschen Städten verschieden.

In Lübeck organisierten Mitglieder der patrizischen Zirkelbrüderschaft die Textherstellung und die jährlichen Aufführungen auf einer aufgebauten, wohl fahrbaren Bühne. Die Stücke mit allegorischem, historischem und mythologischem Personal zielten auf ernsthafte, wenn auch satirisch aufbereitete Belehrung. So ist „Henselyn" ein weiser Narr, der im Auftrag eines Vaters drei Söhne in der Welt unter allen Ständen die Gerechtigkeit suchen läßt; sie finden sie nirgends und werden schließlich auf sich selbst verwiesen.

In Nürnberg waren Wirtshäuser der Spielort, Handwerksgesellen zogen mit einem Spielführer in der Stadt herum. Dieser mußte vorher die Genehmigung des Rates der Stadt einholen (der auf diese Weise die Spiele zensierte), er war für die Einstudierung und mitunter auch für den Text verantwortlich, wie von dem Meistersinger Hans Folz bezeugt ist. Die heute geläufige Vorstellung von dem Texttyp „Fastnachtspiel" beruht wesentlich auf der Nürnberger Überlieferung. Die Verfasser schöpften aus dem Stoffreservoir schwankhafter Verserzählungen, speziell aus Neidhartschen Bauernschwänken (▷ 4.17), aus Minneallegorien (▷ 6.7) und Ständesatiren, hinzu kommen politische und religiöse Motive. Zum Personenarsenal gehören der dumme, animalische, selten auch schlaue Bauer, die böse, zänkische, begehrliche Ehefrau, der trottelige Ehemann, Liebhaber aller Art, scharlatanhafte Ärzte, Richter, Juden und andere. In den zotigen Späßen der Männergesellschaft (auch die Frauenrollen wurden in der Regel von Männern gespielt) waren die Frauen bevorzugtes Objekt der Belustigung, die es selbst mit dem Teufel in der Hölle aufnahmen. Neben den derbkomischen Spielen mit ihrer Verspottung menschlichen Fehlverhaltens, mit fäkalischen und sexuellen

Titelseite zu dem Fastnachtspiel „Von dem König Salomon und Markolf" des Hans Folz (undatierter Nürnberger Druck von Johannes Stück)

Obszönitäten stehen einige ernsthafte Stücke, die im Fastnachtstreiben kontrastive Zeichen setzten, etwa an das Weltende mit der Gestalt des Antichrist erinnerten, Verfehlungen der Reichsstände anklagten, und den türkischen Sultan mit Protesten gegen seine Einmischung in Europa konfrontierten. Theologische Erörterung über den Vorrang des christlichen vor dem jüdischen Glauben benutzte man zum Vorwand für gehässige Judenverhöhnung.

Die Gestaltung der Stoffe bewegte sich in einfachen Formen. Nach dem Prolog durch einen Ausschreier folgte die Revue der Personen, die unverbunden oder rivalisierend ihren Part vortrugen (Reihenspiel), oder es wurde eine kleine Geschichte im Zuge der Aufführung entwickelt, etwa ein Kauf oder eine Gerichtsszene (Handlungsspiel), und eine kurze Handlung konnte mit Revueteilen durchsetzt sein (Mischtyp). Diese Formen tauchen chronologisch nebeneinander auf. Schon bei dem ersten namentlich bekannten Fastnachtspielverfasser, Hans Rosenplüt, genannt der Schnepperer, sind Reihen- und Handlungsspiel zu finden. Doch blieben die Zuordnungen der meist anonym überlieferten Spiele recht unsicher. Namhafte Autoren, wie Hans Sachs, Peter Probst und Jakob Ayrer, führten die Nürnberger Tradition im 16. Jahrhundert weiter. In Tirol, in der Schweiz und im Elsaß wurden nach 1500 ebenfalls Fastnachtspiele verfaßt und aufgeführt. Auch wenn diese Gebrauchskunst den Anfang weltlicher Spiele in deutscher Sprache repräsentiert, führt von ihnen kein Weg zum Drama der Neuzeit.

7.17 Heinrich Wittenwilers „Ring"

Der Bauer diente seit dem 13. Jahrhundert als literarische Kontrastfigur zum höfischen Ritter. Folgenreich hatte der Liederdichter Neidhart (▷ 4.17) mit seinen rohen und zugleich anmaßenden Dörpern den Verfall der Ordnung in der Welt signalisiert, und die negativen Vorzeichen vor der Bauernwelt blieben in der Folgezeit die Regel. Doch entstanden dabei auch mehrfach gebrochene Bilder mit komischen, ambivalenten, moralisierenden Effekten.

Heinrich Wittenwiler, wahrscheinlich ein Jurist am Konstanzer Bischofshof, hat in seinem wohl im Umfeld des Konstanzer Konzils (nach 1414) entstandenen „Ring" das „törpelleben" als eine Art Fastnacht-Narren-Spiel inszeniert, das am Sonntag Estomihi, dem Sonntag vor dem Fastnachtdienstag, einsetzt und bis zum Aschermittwoch reicht. Er hat einen Bauernschwank mit belehrenden Einschüben zu einem epischen Großformat von fast 10 000 Versen erweitert beziehungsweise – aus der Perspektive des Verfassers – eine umfassende („ze ring umb") Belehrung über Leben und Welt (daher der Titel „Ring") durch den Bauernschwank aufgelockert. Die sprachliche Gestalt, eine Mischung aus ostalemannischer Literatursprache und bäuerlichen Dialekten, gibt Rätsel auf. Sie könnte ein parodistisches Konstrukt oder der Versuch eines übermundartlichen Ausgleichs sein.

Sprechende Namen und drastische Beschreibungen der Gestalten parodieren die höfischen Motive der Geschichte, die dreiteilig angelegt ist: Bertschi Triefnas aus Lappenhausen im Tal Grausen liebt Mätzli Rüerenzumpf aus Nissingen. Er ist tölpelhaft, sie ist häßlich. Am Anfang stehen Werbung und Minnedienst im bäuerlichen Milieu. (Neidhart erscheint als Turnierteilnehmer.) Eheberatung und Eheschließung bilden den Mittelteil, dabei sind christliche Glaubens- und Tugendlehre – durchaus in ernsthaftem Tenor – dem Bauern Lastersack in den Mund gelegt. Das Hochzeitsfest schließlich artet zum blutigen Krieg der Dörfer der Brautleute aus. Auf beiden Seiten werden Hilfstruppen herbeigerufen, außer den Schweizern sind Riesen, Zwerge, Hexen und Sagenhelden beteiligt. Alle Dorfbewohner und die Braut kommen zu Tode, nur Bertschi bleibt am Leben und zieht sich als Einsiedler in den Schwarzwald zurück. Es ist eine groteske Geschichte, in der Schwank und Lehre, Ernst und Scherz verwirrend miteinander verschränkt sind.

Wittenwilers Bauernepos läßt sich kaum auf eine moralisierende Formel bringen, will man es nicht auf die Demonstration von allgemeiner Vergänglichkeit und närrischem Wesen der Welt verkürzen. Trotz offener Deutungsfragen gilt der „Ring" als großartige Leistung literarischer Satire. Wenn sie heute im Rückblick auf das uneinheitliche, an Extremen reiche 15. Jahrhundert gern als wesentlicher literarischer Repräsentant des späten Mittelalters gesehen wird, so ist zu bedenken, daß das Werk beim mittelalterlichen Publikum wohl kaum Resonanz gehabt hat. Es existiert nur eine Handschrift aus dem Entstehungskreis, und sie wurde nicht gedruckt. Der Reiz der Verschlingung von ernster Didaxe und parodistischer Verzerrung für den heutigen Leser war wohl im 15. Jahrhundert eher verwirrend, man suchte die klare Wegweisung auch im Negativbeispiel.

7.18 Humanistische Perspektiven

Das Studium der Literatur als vornehmsten Weg zur Entfaltung eines geistig autonomen, harmonischen – in seinen Leidenschaften ausgeglichenen – nationalbewußten Menschen forderte das Bildungsprogramm des Humanismus, das in Italien im 14. Jahrhundert entwickelt und aus der römischen Antike abgeleitet wurde. In Cicero, dem verehrten und allgemein nachgeahmten Vorbild klassischer Latinität fand man zugleich auch den Lehrmeister jener Verbindung von Literatur und Humanitas. Francesco Petrarca war die prägende Persönlichkeit der humanistischen Bewegung, deren Vertreter und Schriften angehende deutsche Gelehrte an italienischen Universitäten kennenlernten und die im deutschsprachigen Raum mehrschichtig rezipiert wurden: durch sprachlich-ästhetische Erneuerung des Schreibstils, durch Übersetzungstätigkeit und durch Produktion neulateinischer Literatur.

In Prag, am Hof Kaiser Karls IV., wo der italienische Freiheitskämpfer Cola di Rienzo 1350–52 als politischer Flüchtling Zuflucht fand und wo sich 1356 Petrarca selbst aufhielt, wurden die ersten humanistischen Anregungen aufgenommen. Der kaiserliche Kanzler Johann von Neumarkt übersetzte die Augustinus zugeschriebenen „Soliloquia ad Deum" („Buch der Liebkosungen", 1356) für Karl IV. und später ein Werk des Hieronymus, er verfaßte Musterbriefe, die an der neuen lateinischen Rhetorik orientiert waren, und versuchte danach auch die deutsche Kanzleiprosa zu formen, die in der 1440 nach Wien verlegten Hofkanzlei weiterentwickelt und von Johannes von Tepl im „Ackermann aus Böhmen" (▷ 7.19) zu literarischer Wirkung gebracht wurde.

Auf diesen böhmischen Frühhumanismus folgte Mitte des 15. Jahrhunderts im deutschen Sprachbereich ein neuer humanistischer Aufschwung, zunächst aktiviert von dem Italiener Enea Silvio Piccolomini, dem späteren Papst Pius II., der über ein Jahrzehnt (1443–55) Sekretär Kaiser Friedrichs III. gewesen ist, in Wien 1451/52 die erste Vorlesung über antike Autoren hielt, in Frankfurt zum Dichter gekrönt wurde und insgesamt mehr als 20 Jahre in Deutschland lebte. Er vermittelte sprachliche Eleganz, ein neues Lebensgefühl sowie die jüngste Erzählkunst Italiens. Die drei bedeutendsten Übersetzer, Niklas von Wyle (▷ 7.20), Heinrich Steinhöwel (▷ 7.20) und Albrecht von Eyb (▷ 7.20) standen unter seinem Einfluß.

In Entsprechung zu Enea Silvio hat der Wanderhumanist Peter Luder, der 1456 an der Heidelberger Universität seine Lehrtätigkeit begann, die „studia humanitatis" programmatisch und praktisch etabliert. Als Beschäftigung mit den antiken Autoren, getragen von dem Interesse am Menschen und allem Menschlichen, wurden sie zu einem speziellen Studiengebiet, das zu der metaphysischen Ausrichtung der Spätscholastik in Gegensatz geriet. Einer der Hauptvertreter der philologischen Interessen des Humanismus war Willibald Pirckheimer, der letzte Sohn einer Nürnberger Familie, in der die Humanismusrezeption über mehrere Generationen eine eigene Tradition besaß. Den enzyklopädisch gebildeten Mann hat Kaiser Maximilian I. als „gelehrtesten Doctor, der im Reich ist" bezeichnet, seine Tätigkeit konzentrierte sich, abgesehen von diplomatischen und städtischen Aufgaben, auf Übersetzung und Kommentierung. Wie Erasmus von Rotterdam (▷ 7.27) hat er eine große Zahl griechischer Werke durch lateinische Übersetzungen zugänglich gemacht und auch deutsche Übertragungen hergestellt. Für seinen langjährigen Freund Albrecht Dürer, der zwei Jahre vor ihm starb, schrieb er eine von starker Betroffenheit zeugende Totenklage.

Die Umsetzung der Beschäftigung mit antiker Literatur in eigenschöpferische, neulateinische Produktivität vollzog sich in der zweiten Hälfte des 15. Jahrhunderts, zum Teil parallel zu der Rezeption der römischen und griechischen Autoren; beides blieb im 16. Jahrhundert weiter lebendig.

7.19 Der Ackermann und der Tod

Ermahnung und Vorbereitung auf den Tod, Leben im Blick auf die Ewigkeit waren literarische Dauerthemen des Mittelalters. Sie wurden besonders aktiviert durch den Schrecken des Schwarzen Todes, die Pest, die seit Mitte des 14. Jahrhunderts in immer neuen Wellen Europa heimsuchte und etwa 30 % der Bevölkerung hinraffte. Übermäßige Buße, aber auch übersteigerter Festrausch und Pogrome waren Reaktionen der völlig hilflosen Menschen, die die Wege der Infektion nicht kannten. Selbstpeinigung als vermeintliche

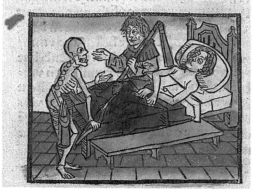

Streitgespräch mit dem Tod am Totenbett der Ehefrau des Ackermanns. Seite aus dem „Ackermann aus Böhmen" des Johannes von Tepl (Baseler Druck von 1474 mit kolorierten Holzschnitten; Berlin, Staatsbibliothek Preußischer Kulturbesitz)

Schutzmaßnahme für sich selbst und für andere resultierten aus der biblischen Vorstellung vom Tod als der Sühne Sold. Den Tod, der ins Leben einbricht, der alle Menschen ohne Rücksicht auf Stand und sozialen Status ergreift und als Spielmann zum Tanz führt, gestalteten in Wort und Bild die „Totentänze". Die „Ars moriendi", das Sterbebüchlein, zuerst lateinisch, dann auch in deutscher Sprache, war zunächst seelsorgerliches Hilfsmittel, dann verbreitete Laienlektüre.
Ganz anders hat Johannes von Tepl (* Sitbor oder Tepl [heute Teplá] um 1350, † Prag 1414), Mitarbeiter in der Prager Kanzlei, Stadtschreiber und Schulrektor im böhmischen Saaz, das Thema des Todes behandelt. In dem Streitgespräch „Der Ackermann aus

Böhmen", einem Meisterwerk früher deutscher Kunstprosa, fordert ein Mensch den Tod vor Gottes Gericht und klagt ihn prozeßgerecht an, weil er ihm seine geliebte Frau ermordet und geraubt habe; der Tod weist die Klage zurück. Bei keinem der beiden Kontrahenten ist hier von Sünde als Voraussetzung des Todes die Rede, er erscheint von Gott frei verfügt als natürliches Schicksal, mit dem sich der Mensch schließlich abfinden muß. In einem 1933 gefundenen lateinischen Begleitbrief spricht Johannes von Tepl von einer „Invektive gegen das Fatum des unausweichlichen Todes". Der Mensch (Johannes versteht sich als schreibender Ackermann) begehrt leidenschaftlich auf gegen die ihm gesetzte Grenze, indem er sich der Schönheit seiner Geschöpflichkeit bewußt ist, indem er seine verstorbene Frau preist, während der Tod den Menschen allgemein und die Frau insbesondere verhöhnt und für nichtswürdig erklärt. Von Gott erfährt die Haltung des Menschen eine positive Würdigung, ihm wird „Ehre" zugesprochen, dem Tod aber der „Sieg" und seiner Argumentation Wahrheit. Damit gibt es in dem fundamentalen Thema eine neue Perspektive, die dem Menschen die Wertschätzung des ihm überlassenen Lebens zugesteht. Indem aber nicht nur die natürliche Gewalt des Todes, sondern auch seine pessimistische Weltwertung anerkannt werden, überwindet der Autor die mittelalterliche Sicht nicht, doch relativiert er sie, wenn er Gott sprechen läßt: „ir habet beide wol gefochten; den twinget leit zu klagen, disen die anfechtung des klagers die warheit zu sagen. Darumb, klager habe ere! Tot, habe sige!" Die aus dem Lateinischen übernommene, erstmals in deutscher Sprache geübte rhetorische Kunst blieb lange unübertroffen und viel bewundert, wie 16 erhaltene Handschriften und 17 Drucke bezeugen.

7.20 Übersetzungsliteratur – Niklas von Wyle, Heinrich Steinhöwel, Albrecht von Eyb

Eine Brücke von der humanistischen Gelehrtenlektüre in lateinischer Sprache zur breiteren Literaturrezeption in deutscher Sprache wurde durch Übersetzung lateinischer und italienischer Schriften geschlagen, die das neue Themenspektrum ausschnitthaft repräsentieren. Diese volkssprachige Vermittlung leisteten vor allem drei Vertreter des Frühhumanismus aus dem alemannisch-schwäbischen Raum: Niklas von Wyle, Heinrich Steinhöwel und Albrecht von Eyb. Ihr Bemühen um eine adäquate deutsche Sprachgestaltung führte auch zu Überlegungen über das Übersetzungsverfahren und zu einer Übersetzungstheorie. Ob man „von Wort zu Wort", das heißt in enger Anlehnung an die lateinische Vorlage mit Nachbildung ihrer syntaktischen Strukturen, oder „von Sinn zu Sinn", das heißt freier in geläufigen deutschen Satzkonstruktionen und Wendungen übersetzen sollte, war die kontroverse Frage. Die beiden Konzepte, die prinzipiell bereits in der Antike diskutiert wurden, bezogen sich auf unterschiedliche Ziele: stilistische Schulung zur Verfeinerung, ja Latinisierung der deutschen Literatursprache einerseits und verständliche Vermittlung der Inhalte zur Unterhaltung andererseits.

Niklas von Wyle (* Bremgarten [Aargau] um 1410, † wahrscheinlich Zürich nach 1478) praktizierte die Wort-zu-Wort-Methode und erläuterte sie einleitend zu seinen „Translatzen" (1478), in denen er 18 seit 1461 einzeln herausgebrachte „Teutschungen" zusammengefaßt hat. Als Esslinger Stadtschreiber und Lehrer übersetzte Wyle zunächst für Unterrichtszwecke und entwickelte dann zunehmend im Kontakt zu adligen Adressaten und Auftraggebern (Pfalzgräfin Mechthild von Rottenburg, Graf Eberhard von Württemberg, dessen Kanzler er 1469–78 war) auch weitergehende literarische Ambitionen, die sich in der repräsentativen Auswahl von humanistischen Texttypen (Novelle, Brief, Rede, Traktat) und inhaltlichen Aspekten (Liebe und Ehe, Bildung, Politik, Moral, Weltanschauung) niederschlagen. Mehrere Übersetzungsvorlagen stammen von Gian Francesco Poggio Bracciolini und Enea Silvio Piccolomini, dem er die stärksten Anregungen verdankt. Eneas Liebesgeschichte „Euryalus und Lukretia" (1444 entstanden [„De Eurialo et Lucretia"], 1462 übersetzt), der Prototyp einer Renaissancenovelle, die das natürliche Recht auf Liebe gegen soziale Widerstände psychologisierend darstellt, eröff-

net die Sammlung. Wyles Bemühen um sprachliche Erneuerung und seine verfremdende Kunstsprache waren eine kühne Gelehrteninitiative im humanistischen Geist, die jedoch wenig Anklang fand, während Heinrich Steinhöwel, der von Sinn zu Sinn übersetzte und sich in der sprachlichen Gestaltung wie in der Wahl seiner Vorlagen stärker an die vorhandene mittelalterliche Tradition anlehnte, gerade aus diesem Grunde große Resonanz erreichte. Weniger programmatisch als Wyle, wollte er mit seinen Übersetzungen belehren, erbauen und unterhalten. Steinhöwel (* Weil der Stadt 1412, † Ulm 1482 oder 1483) war Literat und Arzt in Ulm und beim Grafen Eberhard von Württemberg, Teilhaber an der Zainerschen Druckerei in Ulm und stand im Kontakt zu den literaturinteressierten Höfen seiner Zeit. Außer Vorlagen von F. Petrarca („Griseldis") und G. Boccaccio („De claris mulieribus") übertrug er unter anderem Fazetien von Poggio Bracciolini und Tierfabeln, die er in seinem „Esopus" (seit 1476 in zahlreichen Druckauflagen erschienen) aus verschiedenen Quellen zusammengestellt und mit anderen Erzählungen zu einer wirkungsreichen „Kurzgeschichten-Sammlung in Prosa" kombiniert hat.

Wie sehr die Qualität der Sprache, ihre Gewandtheit und Lebendigkeit, für den Erfolg der Übersetzung verantwortlich war, zeigt auch der Vergleich zu der ersten Gesamtübertragung von Boccaccios „Decamerone", die 1472/73 unter dem Pseudonym Arigo in Ulm erschien (eine Identifizierung des Übersetzers mit Heinrich Schlüsselfelder steht neuerdings wieder in Frage). Das Meisterwerk italienischer Renaissanceliteratur fand darin sprachlich und atmosphärisch keine adäquate Umsetzung und hatte erst nach einer gründlichen Umarbeitung 1535 Erfolg.

Albrecht von Eyb (* Schloß Sommersdorf bei Ansbach 24. August 1420, † Eichstätt 24. Juli 1475), ein fränkischer Adliger, der in Italien studierte, dort viele Kontakte pflegte und später in Bamberg als Domherr und Rechtsberater lebte, hat in Übersetzungen, Bearbeitungen wie selbst gestalteten Texten eine Synthese aus tradierter Sprachform und rhetorisch-stilistischen Anstrengungen gefunden. Die von ihm aufgenommenen Themen und Texttypen zeugen von vielseitigem Interesse an gelehrten wie lebenspraktischen und moralischen Themen. Sein „Ehebüchlein" (1472), das die Ehe verteidigt, indem es argumentierend und unterhaltend moralische, soziale, geschlechtsspezifische Gesichtspunkte aus einseitig männlicher Perspektive behandelt, war sein größter Erfolg. Seine deutschen Prosafassungen von Komödien des Plautus und Ugolino von Pisa (um 1474) sind literaturgeschichtlich von größter Bedeutung, indem sie erstmals das antike Drama in die deutsche Literatur einbringen.

7.21 Berühmte Frauen in misogynen Geschichten

Humanistische Bildung und Lebensformen, persönlich-biographisches und literarisches Interesse an Frauen, Kontakte mit kunstsinnigen Fürstinnen und Widmung von Dichtwerken an sie haben die frauenfeindlichen Wertungsmuster, die von der Antike über das Mittelalter tradiert und variiert wurden, kaum entkräftet und auf keinen Fall ausgegrenzt. Sie wurden von den großen Italienern des 14. Jahrhunderts, F. Petrarca und G. Boccaccio, genauso benutzt wie von deren Übersetzern, den deutschen Humanisten des 15. Jahrhunderts. Boccaccio hat berühmte Frauen in „De claris mulieribus" (entstanden 1360–62) dichterisch porträtiert und den berühmten Männern (Petrarcas „De viris illustribus", entstanden 1338 bis nach 1351, und Boccaccios „De casibus virorum illustrium", entstanden etwa 1355–60) an die Seite gestellt. Doch unter dem Anschein, daß Frauen wie Männer gleichberechtigt vorgeführt werden, durchzieht die Geschichten von Eva bis zu Johanna, der Königin von Jerusalem und Sizilien, eine starke misogyne Tendenz. Die Frauen werden als schwach, unbeständig, ihrer Triebhaftigkeit wie anderen Lastern hilflos ausgeliefert gezeigt. Eine tugendhafte Frau bildet die Ausnahme, die die Regel bestätigt. Heinrich Steinhöwel (▷ 7.20) hat Boccaccios Buch mit Kürzungen und Vereinfachungen unter dem Titel „Von den sinnrychen erluchten Wyben" (Ulm 1473) übersetzt und Eleonore von Österreich, der Gemahlin Herzog Siegmunds von Tirol, gewidmet. Die Exempel der Unbeständigkeit weiblicher Schicksale waren wie die Vorlage zur Beleh-

rung und Unterhaltung gedacht. Dabei änderten sich die anthropologischen Grundmuster von Frauen- und Männerbildern nicht. Sie wurden durch die erfolgreiche Übersetzung und Rezeption von Renaissancenovellen nachdrücklich verfestigt und auf einer anderen Ebene, der ehedidaktischen Literatur, zum Beispiel in Albrecht von Eybs „Ehebüchlein" (1472; ▷ 7.20), argumentativ traktiert. Besonders beliebt war die Geschichte der Griseldis: Ein adeliger Herr, von seinen Vasallen gegen seinen Willen zur Ehe gedrängt, heiratet eine arme Bauerntochter, die er grausamen Prüfungen unterwirft, indem er angeblich ihre Kinder tötet und sie zugunsten einer anderen Frau verstößt; doch schließlich stellt er die Ehe wieder her, nachdem die Frau Gehorsam, Demut und Leidensbereitschaft bewiesen hat. Von dieser Griseldis handelt die 100. Novelle in Boccaccios „Decamerone", die von Petrarca ins Lateinische übersetzt wurde unter dem Titel „De obedientia ac fide uxoria mythologia" (= Sage von Gehorsam und Treue der Ehefrau, entstanden 1373). Nach Erhart Grosz, der seine deutsche „Grisardis" (1432) als Exempel der Ehezucht benutzte, hat Heinrich Steinhöwel 1471 an Petrarca angeknüpft und die Grundlage für mehr als 15 Volksbuch-Ausgaben geschaffen (Abb. S. 138). Die Geschichte bot die Möglichkeit zu verschiedenen Deutungen (der alte Petrarca verstand sie als Exempel des unbedingten Gehorsams gegenüber Gott), doch die Grundkonstellation des – aus welchen Gründen auch immer – grausam vorgehenden Ehemanns und der leidenden Frau, die sich unter Qualen bewähren soll, blieb konstant.

7.22 Ein Schiff voller Narren – Sebastian Brant

Sebastian Brants „Narrenschiff" (zuerst 1494 und dann in zahlreichen Auflagen erschienen), ein Bestseller am Ausgang des Mittelalters, bildet den Kulminationspunkt des vielfach gestalteten Narrenthemas.
Narrheit meint Torheit, mangelndes Wissen, worauf es im eigenen Leben ankommt, und mangelnde Einsicht in die Weltzusammenhänge. Sie gilt als Ausdruck von Sünde, ist

vom Menschen selbst verschuldet und soll durch einen moralischen Prozeß und Vernunft überwunden werden. Darüber hinaus wurde sie zur Chiffre der gestörten Ordnung und einer kaum mehr durchschaubaren, verwirrten Welt, für die die satirische Verzerrung als adäquate literarische Ausdrucksform erscheint. Das Schiff galt in mittelalterlicher Symbolik unter anderem als Zeichen des menschlichen Lebens, das durch die Welt segelt. Alle Menschen sind bei Brant Narren, auch und gerade wenn sie sich klug vorkommen. Er will sie nach Narragonien verfrachten. Was die Fahrt in das Phantasieland bedeutet, ob die Narren verbannt, ob sie geheilt werden sollen, bleibt unklar. Auf jeden Fall ermöglicht die Einschiffung, sie alle literarisch zu versammeln. In der Vorrede nennt der Autor die belehrende Absicht seiner Satire: zu Nutzen und heilsamer Lehre, zur Ermahnung und Förderung der Vernunft, Weisheit und guter Sitten. Jeder soll in dem „Narrenspiegel" erkennen, wer er ist, denn die Erkenntnis der eigenen Narrheit ermögliche den Weg zur Weisheit. „In diesen Spiegel sollen schauen / Die Menschen alle, Männer, Frauen / Die Männer sind nicht Narren allein, / Man findet auch Närrinnen viel." Im Schiff vornan sitzt der Autor selbst, in die Rolle des Büchernarren geschlüpft, der „Von unnützen Büchern" umgeben, aus ihnen keine für sein Leben wirklich nützlichen Lehren gezogen hat („Wer viel studiert, wird ein Phantast"). Der Reigen der Narren in den 112 Kapiteln repräsentiert die traditionellen Kardinalsünden (Hochmut, Geiz, Völlerei, Wollust, Neid, Zorn, Trägheit) und Verstöße gegen die Zehn Gebote, doch sind diese vielfach differenziert und in Narrenpersonen verlebendigt. Neben Habsucht, Ehebruch, Gotteslästerung usw. handelt das Buch zum Beispiel „Von zu viel Sorgen", „Von unnützem Lärm in der Kirche", „Von neuen Moden", „Vom Tanzen", „Von Beobachtung des Gestirns", „Vom unnützen Studieren". Problematisiert wird mehrfach die durch den Druck ausgelöste Bücherflut. Auf diese Weise entsteht ein zeitkritischer Sittenspiegel, der Vorstellungen des Alten und Neuen Testaments, antiker und mittelalterlicher Schriften aufnimmt und an die Narrenfigur bindet. Sicher hat der Fastnachtsnarr mit Kappe und Schellen Pate gestanden. Die Kritik greift so weit aus, daß die

Titelbild der Straßburger Ausgabe von Sebastian Brants „Narrenschiff" (Druck von 1494 mit Holzschnitten von Albrecht Dürer)

Zeitgenossen in dem Werk ein Pendant zu Dantes „Divina Commedia" gesehen haben: eine „Divina Satyra".

Sebastian Brant (* 1457 oder 1458, † Straßburg 10. Mai 1521) war ein aus Straßburg stammender, humanistisch gebildeter Jurist, der stolz als „Doktor beider Rechte" signierte, zeitweise war er in Basel tätig, ab 1503 in Straßburg als geschäftsführender Stadtschreiber und kaiserlicher Rat Maximilians I. Das „Narrenschiff" wie seine anderen Schriften orientierten sich an der alten Ordnung der Welt und der Kirche, suchten sie zu bewahren und die mittelalterliche Reichsidee wieder zu beleben. Doch ist dieses Bemühen pessimistisch überschattet von eschatologischen Bildern: „Der Antichrist kommt herangefahren", der das Ende der Welt signalisiert, das Schiff der Narren droht unterzugehen.

Die Ausstattung des Buches mit Holzschnitten Albrecht Dürers, die mit eigenen Versunterschriften versehen sind, erlaubt es, auch die Bilder selbständig sinnvoll anzuschauen. Diese vom Autor geplante vereinfachte Re-

Allo fürt er fie auß dem hauß offenlich vnd zeiget he alermenig!die ift mein weib(fprach er)die ift ewer Frow/ die föllen ü eren!die föllet ir lieb haben!vnd ob ir mich lieb haben /fo haben die tür die aller türiften vñ beften

Kolorierter Holzschnitt aus Heinrich Steinhöwels Novelle „Griseldis" (Druck bei Georg Zainer in Augsburg, um 1475)

zeptionsmöglichkeit war mit bestimmend für den großen Erfolg des Buches, das zugleich einen weiter benutzten Texttyp begründet hat: die „Narrenliteratur".

7.23 Ein großer Prediger – Johannes Geiler von Kaysersberg

Die Predigt bot der Kirche auch im Spätmittelalter die wirksamste Möglichkeit, das Kirchenvolk in großer Breite anzusprechen und Glaubensinhalte, Morallehre, Lebensanweisungen aller Art, aktuelle Stellungnahmen und Kritik zu vermitteln. Doch dieses „Massenmedium" war primär unliterarisch, auch wenn es einerseits handschriftlich überlieferte Musterpredigten und andrerseits nachträgliche Sammlungen gehaltener Predigten gab. Sie beruhen auf der Ausarbeitung oft lateinisch gehaltener Konzepte beziehungsweise auf der Nachschrift gehörter Predigten, und selten sind sie von dem Prediger selbst redigiert.

Auch Johannes Geiler von Kaysersberg (* Schaffhausen 16. März 1445, † Straßburg 10. März 1510), den wirkungsmächtigsten spätmittelalterlichen Prediger, kennen wir überwiegend in dieser sekundären Brechung, auch wenn er einige Schriften, insbesondere

Übersetzungen und Briefe, selbst zum Druck gebracht hat. Der studierte Theologe gab zugunsten seiner Predigertätigkeit in Straßburg eine begonnene Universitätslaufbahn auf. Er predigte seit 1478 lebenslang am Münster, wo extra für ihn eine Predigerstelle eingerichtet worden war, aber auch an anderen Kirchen der Stadt und in Nonnenklöstern sowie für kurze Zeit in Augsburg.

Seine große Wirkung erzielte Geiler durch intensiven Bezug auf seine Hörer, den er in Inhalt und Form mit didaktisch-rhetorischen Fähigkeiten und großer Belesenheit herzustellen wußte. Er nahm geläufige Vorstellungen und Gegenstände des Alltags metaphorisch auf und benutzte dabei eine anschaungsreiche, drastische Sprache, zum Beispiel verglich er das Herz des Menschen mit einem von Maden wimmelnden Käse. Thematisch ging es ihm um grundlegende Katechese, moralische Lebensanweisungen und um kritische Auseinandersetzung mit Kirche und Gesellschaft, wobei er vor keinem Stand Halt machte. Traditionelle allegorische Deutungen von Tieren, Gegenständen und menschlichen Tätigkeiten sind zum Teil zu langen bilderreichen Assoziationsketten ausgedehnt, die mit unterhaltsam spielerischen Mitteln auf ein ernsthaftes Ziel und maßvolle konservative Reformen ausgerichtet sind. Geiler benutzte zwar die üblichen biblischen und kirchlich tradierten Predigtstoffe, nahm darüber hinaus aber auch neuere religiöse Schriften auf, vor allem von Johannes Gerson (ein mystisch orientierter Reformer, den Geiler auch übersetzt hat), und er machte ein weltliches literarisches Werk, Sebastian Brants „Narrenschiff" (▷ 7.22) zur Grundlage mehrerer Predigtreihen.

Geiler hatte breite Resonanz und auch praktischen Erfolg, indem die Beseitigung verschiedener kirchlicher Mißstände durch Ermahnungen seiner Predigten bewirkt wurde. Über Straßburg hinaus galt er als einflußreicher Mann, den selbst Kaiser Maximilian I. als Ratgeber heranzog und der mit dem oberrheinischen Humanistenkreis, insbesondere Sebastian Brant und Jakob Wimpfeling, in Verbindung stand. Er selbst wirkte kaum als selbständiger Theologe, sondern eher als gebildeter, maßvoller, seelsorgerlicher Praktiker. Daß man später in ihm einen Vorläufer der Reformation gesehen und seine Schriften auf den Index gesetzt hat, beruht auf einer quasi reformatorischen Rezeption seiner Schriften, die Geilers Absichten nicht entspricht.

7.24 Neulateinische Literatur – ein gelehrtes Spiel

Elitäres Selbstverständnis und geistiges Weltbürgertum der Humanisten äußerten sich wesentlich auch im Gebrauch der nationenübergreifenden lateinischen Sprache in einer Zeit, da die volkssprachige Literatur überall zunahm. Latein war mit wenigen Ausnahmen das bevorzugte Organ humanistischer Dichtung. Rezeption und Edition der römischen Autoren hatten das aktive Sprachvermögen derart geschult, daß stilistische Differenzierungsmöglichkeiten die Nachahmung und Parodie des Personalstils bestimmter Autoren und die Absetzung von einem verwahrlosten Mönchslatein erlaubten. Anders als in Italien und Frankreich ergab sich in Deutschland dabei nur geringe Wirkung auf die volkssprachige Literatur. Die neulateinische Dichtung, die lyrische, dramatische und epische Texte umfaßt, blieb ein gelehrtes Spiel, das man mit antiken Formen, Zitaten und Anspielungen betrieb. Übersetzungen ins Deutsche waren primär dazu gedacht, zum Verständnis lateinischer Werke hinzuführen.

In der humanistischen Lyrik, in Oden, Elegien, Epigrammen, dominiert nach antikem Vorbild die Liebesthematik. Sinnenfreude und Subjektivität charakterisieren ein neues Lebensgefühl. Die Gedichte entstanden oft aufgrund von biographischen Eindrücken, die stilisiert wurden; sie sind huldigend und klagend Herrschern und Gönnern, allen voran Kaiser Maximilian I. (▷ 7.26), gewidmet, auch auf Städte, Landschaften und das Vaterland bezogen. Konrad Celtis bietet mit seinen lyrischen Werken das kunstvollste Beispiel. In den 1502 veröffentlichten „Quattuor libri amorum ..." (= Vier Bücher Liebesgedichte) hat er sinnliche Liebe und „amor philosophiae" mit Landschafts-, Natur- und Reisebildern zu vier romanhaften Gedichtzyklen verbunden.

Das antike Drama wollten die Humanisten nicht nur durch Lektüre und dichterische Nachahmung, sondern auch durch Auffüh-

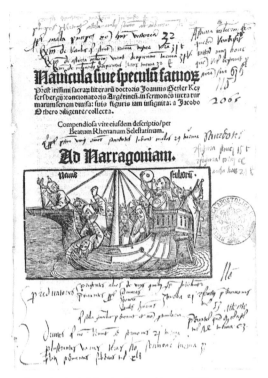

Titelseite des durch Sebastian Brants „Narrenschiff" angeregten Predigtzyklus „Navicula sive speculum fatuorum" von Johannes Geiler von Kaysersberg mit zeitgenössischen Anmerkungen (1511; Rom, Vaticana)

rungen an Höfen, Universitäten, in der Schule und in Freundeskreisen verlebendigen. Komödien von Plautus und Terenz standen im Mittelpunkt des Interesses. Außerdem wurden in den zeitgenössischen Adaptationen italienische Anregungen aus der beginnenden Commedia dell'arte aufgenommen. Unter den zahlreichen Stücken war Johannes Reuchlins „Henno" (1497) besonders erfolgreich, wofür Aufführungen, Drucke und auch deutsche Bearbeitungen (zuerst 1502) zeugen. Antike Form- und Figurenkonstellationen wurden in einen gegenwartsnahen Rahmen übertragen und mit gängigen Schwankstoffen gefüllt. Gleichzeitig kamen auch ernste Staatsaktionen auf die Humanistenbühne. Kurze Erzählformen wurden von den humanistischen Literaten mit Vorliebe verwendet. In seinen Fazetien hatte der italienische Humanist G. F. Poggio Bracciolini 1471 einen

Titelblatt des zweiten Teils der „Epistolae obscurorum virorum" mit einer Darstellung der Dunkelmänner als Gelehrte (Kölner Druck von 1517)

wirkungsreichen Literaturtyp geschaffen, den unter anderen Heinrich Bebel aufnahm und mit Schwankstoffen zu Anekdoten in einfacher lateinischer Diktion ausgestaltete, die großen Anklang fanden und die Entstehung deutscher Schwanksammlungen (▷ 8.16) bewirkten. In satirischen Texten konnte sich die humanistische Weltsicht besonders geistreich entfalten und für Insider diejenigen decouvrieren, die geistige Freiheit, Toleranz und Lebensbejahung nicht besaßen und nicht gelten lassen wollten. Aus der Anprangerung von Engstirnigkeit und Mißständen ergab sich zunächst die Vorbereitung reformatorischer Anliegen, später aber auch die Ablehnung extremer Positionen.

7.25 „Dunkelmännerbriefe"

Einen Höhepunkt humanistischer Satire bilden die 1515–17 erschienenen „Epistolae obscurorum virorum" („Dunkelmänner-

briefe"). Sie demonstrieren Möglichkeiten einer auf reale Vorkommnisse bezogenen literarischen Fiktion von großem, zum Teil boshaftem Raffinement, wie sie später im Konfessionsstreit aufgenommen wurden. Es handelt sich um erfundene Briefe zwielichtiger Anhänger der Scholastik, die dem Kölner Professor Ortwin Gratius über Ereignisse aus der Gelehrtenwelt berichten und im Streit um die Erhaltung beziehungsweise Vernichtung jüdischen Schrifttums eine antihumanistische Position zum Ausdruck bringen.

Auseinandersetzung mit dem Judentum – wie mit der nichtchristlichen antiken Welt – gehörte in mehrfacher Hinsicht zu den humanistischen Anliegen. Durch die Erarbeitung von systematischen Kenntnissen der althebräischen Sprache wurden die Voraussetzungen zur Lektüre des Alten Testaments und anderer jüdischer Schriften in der Originalsprache geschaffen. Johannes Reuchlin (* Pforzheim 22. Februar 1455, † Stuttgart 30. Juni 1522) hat die erste althebräische Grammatik (1506) verfaßt und sich für die Erschließung und Erhaltung jüdischen Schrifttums eingesetzt. Dagegen betrieb Johannes Pfefferkorn, ein Christ gewordener Kölner Jude, die allgemeine Vernichtung jüdischer Schriften, fand insbesondere bei den Kölner Dominikanern Unterstützung und erwirkte ein entsprechendes kaiserliches Mandat. Reuchlin und andere Humanisten wandten sich gegen diese antijüdische Kampagne, denn sie waren grundsätzlich offen für den Wert anderer Religionen, ohne dabei den biblisch-paulinischen Rahmen zu verlassen, da für die Zusammenführung aller Religionen letztlich die Bekehrung der Juden vorausgesetzt wurde.

Reuchlin hat 1514 die Stellungnahmen seiner Anhänger als „Epistolae clarorum virorum" (= Briefe berühmter Männer) publiziert. Darauf beziehen sich die aus dem Erfurter Humanistenkreis hervorgegangenen „Dunkelmännerbriefe", deren 1. Teil (1515) von Crotus Rubeanus und deren 2. Teil (1517) überwiegend von Ulrich von Hutten verfaßt ist. Die fingierten Schreiber waren wirkliche und erfundene Gegner Reuchlins, denen eine geistreiche Mischung von tatsächlich vorgebrachten Argumenten, Anspielungen und zeitgenössischem Klatsch in satirischer Verzerrung zur Entlarvung ihrer Ignoranz untergeschoben wurde.

An der Frage des Umgangs mit dem Judentum schieden sich die humanistischen von den klerikalen Geistern. Reuchlin wurde der Ketzerei angeklagt, die Auseinandersetzung über die kirchlich-inquisitorischen Instanzen bis nach Rom gebracht und dort zunächst vertagt. Daß sie 1520 gegen Reuchlin entschieden wurde, erklärt sich als Abwehrvotum gegen die inzwischen brisant gewordenen reformatorischen Aktivitäten.

7.26 Kaiser Maximilian

Ein deutscher Kaiser, dessen Leben bis an die Reformationszeit heranreicht, der das Reich erneuert und Reformen auf verschiedenen Gebieten durchgeführt hat, der die Zurückdrängung der Türken in Aussicht stellte, hat in der Literaturgeschichte nicht nur als Mäzen, sondern auch als Autor einen – freilich problematischen – Platz. Maximilian I. (* Wiener Neustadt 22. März 1459, † Wels [Oberösterreich] 12. Januar 1519) unterhielt einen glänzenden Hof, zog bedeutende Gelehrte und Künstler auf verschiedenen Gebieten heran, er ließ mittelalterliche Erzählwerke im „Ambraser Heldenbuch" sammeln und wollte sich selbst zum Helden autobiographisch fundierter, groß angelegter Erzählwerke stilisieren, zu denen er Konzept und Textmaterial lieferte. Der „Theuerdank" (seit 1505 projektiert, 1517 gedruckt) ist der Versuch, einen letzten ritterlichen Abenteuerroman zu schaffen, als Selbstdarstellung Maximilians gedacht. Der Titelheld strebt – wie der Name sagt – nach den höchsten Werten, ist den Widrigkeiten der Welt ausgesetzt und muß wie Christus viel leiden. Der übersteigert erscheinende Vergleich steckt die Dimension ab, in die Maximilian sich rückte. In der Hofkirche zu Innsbruck hat er sagenhafte und historische Helden überlebensgroß in Bronze um sein künftiges Grabdenkmal stellen lassen (Cäsar, Dietrich von Bern, König Artus und andere). Er sah in renaissancehaftem Selbstbewußtsein die Weltgeschichte in sich münden. Doch die literarische Realisierung entspricht nicht dem hochgesteckten Ziel. Die in Versen erzählte Geschichte der Werbung um die Königin Ehrenreich (gemeint war Maria von Burgund), die Überwindung der Feinde Fürwittig, Unfalo, Neidelhart durch Vernunft, Tugend und göttliche Lehre bringt eine inadäquate Verbindung von allegorischem Entwurf und anekdotisch gefaßten Erfahrungen auf der Jagd, auf Reisen und im Alltag. Ein Kriegszug gegen die Feinde der Christenheit (die Türken) soll die letzte, nicht dargestellte Bewährung Theuerdanks vor der Heirat mit der errungenen Dame sein. Mehrere Autoren sind an diesem Werk beteiligt, das auf Vorstellungen und Diktaten des Kaisers beruht, die Endredaktion führte Melchior Pfinzing, ein Nürnberger Geistlicher und Gelehrter, aus. Berühmte Künstler der Zeit haben das Werk mit Holzschnitten ausgestattet. „Der Weißkunig", eine weitere allegorische Selbstdarstellung Maximilians, die sein Geheimschreiber Marx Treitzsaurwein redigiert hat, und die mit 251 Holzschnitten illustriert ist, wurde erst 1775 gedruckt.

Kontur und Bedeutung dieses vielseitig tätigen, zwiespältigen Herrschers an der Wende vom Mittelalter zu einer neuen Zeit sind in seinen literarischen Werken nur bedingt erfaßt; beachtenswert blieben sie als kaiserliche „Bilderbücher".

7.27 Erasmus von Rotterdam

Das Porträt des bedeutendsten Humanisten Erasmus von Rotterdam ist durch Zeichnungen und Gemälde von Hans Holbein d. J. als Prototyp des Gelehrten über die Jahrhunderte bis heute bewahrt. Erasmus stammte aus den damals zum deutschen Reich gehörenden Niederlanden. Er wurde am 27. oder 28. Oktober 1469 (1466?, 1467?) in Rotterdam geboren, war Priester und Augustinerchorherr, doch von seinen Verpflichtungen befreit. Er verbrachte Studienjahre in Paris, besuchte Italien, lebte zeitweise in England und seit 1521 ständig in Basel, wo er am 12. Juli 1536 starb. Mit vielfältigen internationalen Kontakten vertrat er den Humanismus in seiner philologischen und ästhetischen Dimension und gab ihm darüber hinaus eine bei anderen oft vermißte philosophische und religiöse Vertiefung. Er nahm theologische Traditionen (besonders patristische und mystische Vorstellungen) auf und durchdrang sie

141

Erasmus von Rotterdam (Gemälde von Hans Holbein d. J., 1523; Basel, Öffentliche Kunstsammlung)

für die Neuzeit richtungweisend in vernunftmäßigem Verständnis.

Neben seiner Bemühung um den lateinischen Stil hat er die Aneignung griechischer Sprachkenntnisse in Gang gebracht, hat Lukian (einen syrischen Schriftsteller aus dem 2. Jahrhundert) wiederentdeckt und den frühen griechischen Kirchenvätern, bei denen sich Antike und Christentum verbinden, besonderes Interesse gewidmet. Als größte Leistung gilt die 1516 erschienene kritische, kommentierte Ausgabe des griechischen Neuen Testaments, die Luther später seiner Übersetzung zugrunde legte. In dieser Arbeit sind humanistische Wissenschaft und theologische Aufgabe zusammengeführt, die intellektuelle Freiheit des Menschen wird benutzt, um die Texte, die Gottes Wort vermitteln, wissenschaftlich kritisch zu sichten. Eine neue christliche Ethik, die die Vernunft zur freien, auf Gott ausgerichteten Selbstverwirklichung des Menschen einsetzt, war Erasmus' zentrales Anliegen, das er als Erziehungsprogramm in dem „Enchiridion militis christiani" (= Handbuch des christlichen Streiters) 1502 und in „De libero arbitrio" (= Über den

freien Willen) 1524 in Auseinandersetzung mit Martin Luther entworfen hat. Von dem gleichen Anliegen bestimmt, doch in andere Formen gekleidet, sind die „Colloquia familiaria" (= Vertraute Gespräche) von 1519 und vor allem das ironisch-satirische, Thomas Morus gewidmete Meisterwerk „Moriae encomion sive stultitiae laus" (= Lob der Torheit), das 1509 in Paris und 1511 in Straßburg erschien. Das griechische Wort „moria" wie das lateinische „stultitia" bezeichnen die menschliche Narrheit, doch in einem neuen Sinne als wahre Weisheit, die Lebensenergie verleiht, die letztlich auch als religiöser Antrieb wirkt und den Menschen zu Gott führt. Die Torheit, die Erasmus ihr eigenes Lob verkünden läßt, zeigt ihre Herrschaft in allen Lebensaltern, menschlichen Beziehungen, Berufen und Ständen. Dadurch werden in geschickter Verschränkung Attacke und Apologie von scholastischer Theologie, sittenlosen Klerikern, veräußerlichter Frömmigkeit wie geistig-sittliches Streben und mystische Sehnsucht des Menschen ermöglicht.

Die Schriften des Erasmus haben auf die Reformatoren starke Wirkung ausgeübt. Er selbst hat sich trotz seiner Kritik an kirchlichen Mißständen, an dogmatischen Zwängen und der Veräußerlichung der Religion nicht von der alten Institution getrennt. Er wollte die spirituelle Einheit der Kirche erhalten und hoffte auf ihre innere Erneuerung. Doch in geistiger und anthropologischer Hinsicht hat er viel mehr als Luther mittelalterliche Vorstellungen überwunden und neue Perspektiven eröffnet. Er hat den Menschen als Wesen aus Geist, Seele und Fleisch begriffen, das über sein Leben frei entscheiden kann. Das vernunftgemäße und Gottes Gnadenwirken entsprechende Entscheidungsziel sah er in der Vereinigung mit Gott als dem höchsten Glück. Erasmus' christliche Philosophie, die dem Menschen große Würde zusprach, konnte mit ihrem intellektuellen Anspruch niemals zu solcher Popularität gelangen wie die – allerdings oft unzulässig vereinfachte – Theologie Martin Luthers. Erasmus wurde vorgeworfen, daß er sich durch elitäre Flucht in die Utopie den zeitgenössischen Erfordernissen, Freiheit und Gerechtigkeit durchzusetzen, entzogen hätte.

Kapitel 8
Literatur im Zeitalter der Reformation (16. Jahrhundert)

Einführung

Wenn aus der Trias Renaissance, Humanismus und Reformation, die man oft zur Charakterisierung des 16. Jahrhunderts benutzt, allein die Reformation als Signum für eine Epoche der Literaturgeschichte herausgehoben wird, so ist das dadurch gerechtfertigt, daß in jener Zeit alle kulturellen und geistigen Bereiche mit dieser religiösen, kirchengeschichtlichen Bewegung in Verbindung standen, allerdings ohne eine einheitliche Prägung zu besitzen. Die umfassende Wirkung der Reformation war nur möglich, weil vielfältige religiöse, soziale und durch Entdeckungen hervorgerufene Beunruhigungen in sie einmündeten. Breite Schichten waren ergriffen von Ängsten vor physischer Bedrohung und vor dem Jenseits, von Melancholie, übersteigerter Frömmigkeit und religiösem Wahn, andererseits erfüllten wissenschaftliche Reflexion, Erkenntnisdrang, Entdeckungs- und Lebensenthusiasmus eine kleine Gruppe von geistig und literarisch Tätigen. Die Reformation hat auf diese verschiedenen Bewegungen reagiert beziehungsweise von ihnen profitiert.

Die Renaissance als Wiedergeburt der Antike mit ihren menschenbildlichen, bildungsmäßigen und politischen Implikationen war eine italienische Erscheinung, deren deutsche Rezeption seit dem 15. Jahrhundert im Humanismus erfolgte und mit diesem auch in der Reformationszeit lebendig blieb. Die Humanisten der zweiten und dritten Generation setzten sich mit den lutherischen Vorstellungen auseinander, zunächst positiv, dann eher kritisch. Den Höhepunkt der von F. Petrarca ausgehenden bildungsgeschichtlichen Entwicklung stellte Erasmus von Rotterdam

(▷ 7.27) dar. Seine wissenschaftlich-philologische Leistung hat in die Reformation hineingewirkt, während seine vernunftorientierte, neue christliche Philosophie verworfen wurde.

Martin Luther (Gemälde aus der Werkstatt von Lukas Cranach d. Ä., um 1525/26; Münster, Westfälisches Landesmuseum für Kunst und Kulturgeschichte)

Martin Luther war mit seinen Schriften und der Ausstrahlung seiner Persönlichkeit die dominierende und richtungweisende Gestalt der Epoche. Die literarische Tätigkeit, die er sprachgewaltig ausübte, stand ganz im Dienst seines religiösen Anliegens, das heißt seines

143

Bemühens um ein neues Verhältnis des Menschen zu Gott. Indem er dem menschlichen Vernunftstreben dabei keine Kraft zutraute, sondern den Menschen in seiner Sündhaftigkeit allein auf Gott angewiesen sah, war er im mittelalterlichen Denken verankert und nicht offen für das neue autonome Menschenbild. Doch gegen die spätmittelalterlichen bedrükkenden Ängste vermochte er durch die sichere Zuversicht auf die Gnade Gottes eine aufrichtende Lebenshoffnung zu vermitteln, die allenthalben auch in die Literatur eingegangen ist.

den Städten Basel, Straßburg, Schlettstadt, Heidelberg, Stuttgart, Tübingen, außerdem in Mitteldeutschland mit den Universitäten Wittenberg, Leipzig, Erfurt, dem Haupttätigkeitsraum Luthers und seiner Freunde. Nürnberg blieb weiterhin ein kulturelles Zentrum. Im niederdeutschen und niederländischen Gebiet wirkten vor allem humanistische, neulateinisch schreibende Persönlichkeiten. Die Zweisprachigkeit gehört zu den Kennzeichen der Epoche und wurde öfter von ein und demselben Autor praktiziert.

8.1 Engagierte Literatur

Die reformatorischen Auseinandersetzungen sind durch schriftliche Aktivitäten in Gang gekommen und haben wiederum eine Fülle von Schriften ausgelöst. Ohne den Buchdruck (▷ 7.2), der mit seinen Auflagenhöhen den Umlauf beschleunigte und die Wirkungsräume vergrößerte, wäre die Massenbewegung der Reformation nicht zustandegekommen.
Die evangelisch-lutherische Lehre verlangte nach Verkündigung, Verbreitung des biblischen Textes und Auslegung in allen Lebensbereichen. Im Rahmen der neuen Kirche wurde versucht, die geistige Tradition des Mittelalters zu adaptieren, veränderte Lebensformen, Menschenbilder und Moral zu propagieren und zu festigen. Die alte Kirche mußte Bewahrtes nachdrücklich in Erinnerung bringen, rechtfertigen und ihrerseits Anpassungen vornehmen. Zu all dem diente die Literatur, insbesondere die Bibelübersetzung (▷ 8.2; 8.3), Streitschriften und Traktate (▷ 8.7), Predigten, Dialoge (▷ 8.8), Satiren, Kirchenlieder (▷ 8.4; 8.5) und Dramen (▷ 8.13; 8.14), die in der Schule oder in einem neu geschaffenen Bürgertheater aufgeführt wurden. Fastnachtspiele (▷ 7.16; 8.12) wurden veränderten Intentionen nutzbar gemacht. Schwänke, Schwanksammlungen (▷ 8.15; 8.16) und Romane (▷ 8.17) sollten unterhalten und belehren, sie konnten neue Glaubens- und Moralvorstellungen sowie Elemente einer veränderten Umwelt aufnehmen.
Die räumlichen Schwerpunkte der Literatur des Reformationszeitalters lagen im Südwesten Deutschlands und in der Schweiz mit

8.2 Deutsche Bibelübersetzungen vor Martin Luther

Die Übertragung der Bibel in die deutsche Sprache ist kein revolutionärer Akt der Reformation, sondern sie hat eine lange Geschichte, die im weiteren Sinne im 8. Jahrhundert mit der Missionierung der deutschen Stämme (▷ 1.4; 1.10; 1.12), im engeren, traditionsbildenden Sinne im 13. Jahrhundert begann. Übersetzt wurden über die Jahrhunderte immer nur Bibelteile: Evangelienharmonien (Zusammenstellungen aus den vier Evangelien; ▷ 1.10; 1.13), einzelne, auch nicht kanonisierte Bücher, wie das Nikodemusevangelium (das unter anderem die Höllenfahrt Christi berichtet), aus dem Alten Testament vor allem der Psalter; so hat auch Luther zuerst eine Reihe von Psalmen übertragen. Die frühesten Übersetzungen waren zum Gebrauch in geistlichen, mönchischen Kreisen mit ihren speziellen religiösen Lebensformen bestimmt. Die Laien aller Stände kamen vor allem im Gottesdienst mit dem Bibelwort in Berührung, und zwar in den Lesungen der für das Kirchenjahr festgelegten Ausschnitte (Perikopen) und in der Predigt, soweit sie biblische Textstellen auslegte oder zitierte. Die gottesdienstlichen Perikopen wurden seit dem 13. Jahrhundert ins Deutsche übersetzt. Für die Laien war das eine vermittelte Begegnung mit dem in der Bibel niedergelegten Gotteswort, das die Geschichte und Heilsbestimmung des Menschen sowie Anweisungen zur Lebensführung enthielt. Im Zuge verschiedener Frömmigkeitsbewegungen artikulierte sich in Europa ein Bedürfnis nach unmittelbarem Zugang zu dem Wort Gottes, in

Frankreich bereits im 12. und 13. Jahrhundert, in England und Deutschland rund 100 Jahre später. Eine deutschsprachige Gesamtbibel ist zuerst aus der ersten Hälfte des 14. Jahrhunderts für Kloster Königsfelden (Schweiz) chronikalisch bezeugt. Handschriften, vollständig oder fragmentarisch, sind vor 1400 von einer Gesamtübersetzung nicht erhalten.

Bemühungen um einen nationalsprachlichen Bibeltext, der eine selbständige Lektüre für den Lateinunkundigen ermöglichen sollte, wurden kirchlicherseits wiederholt problematisiert. So gab es denn auch keine kirchlich autorisierte Fassung, sondern mehr als zwölf verschiedene Übersetzungsversionen in über 60 Handschriften. Mit Hilfe der neuen technischen Verbreitungsmöglichkeiten des Buchdrucks setzte sich schließlich eine bis zur Lutherbibel dominierende Fassung durch: die Mentelbibel, benannt nach dem Drucker Johann Mentelin, der sie 1466 in Straßburg herausbrachte. Sie erschien dann in revidierter Form bei Günther Zainer in Augsburg 1476 und bei Anton Koberger in Nürnberg 1483 und erlebte bis zum Ende des Jahrhunderts mehr als zehn Ausgaben. Es war keine eigens für den Druck hergestellte, sondern eine etwa 100 Jahre früher geschaffene Übersetzung, die sprachlich nicht den Stand der zweiten Hälfte des 15. Jahrhunderts repräsentierte und die humanistischen Forschungen zur biblischen Textgrundlage nicht berücksichtigte. Auch die Überarbeitungen für die späteren Drucke konnten diese Mängel nicht grundsätzlich beseitigen. Was Zainer als „rechte gemeine teutsch" ausgab, war ein absatzfördernder Sprachausgleich auf oberdeutscher Grundlage in einer Zeit, die noch keine einheitliche neuhochdeutsche Schriftsprache kannte. Aus heutiger Sicht, das heißt retrospektiv von Luthers Bibelsprache, besaßen die Frühdruckbibeln keine spirituelle Aura und keine sprachliche Prägnanz, aber sie faßten die Tradition zusammen, auf der Luthers Leistung ruht.

Waren mit dem Buchdruck die technischen Voraussetzungen für eine zahlreiche Verbreitung der Bibel geschaffen, so erhielt doch erst durch die Reformation der Umgang mit der Heiligen Schrift eine neue Qualität. Luther sicherte ihr ein allgemeines, schichtenübergreifendes Verständnis, indem er sie in eine lebendige, kraftvolle Sprache seiner Gegenwart übertrug, und er gab der Lektüre eine besondere Glaubensgrundlage: Das Lesen des Bibelwortes führte den Christen zur direkten Begegnung mit Gott.

8.3 Die Lutherbibel

Martin Luthers Bibelübersetzung ist die wichtigste literarische Leistung der Reformation. Ihre Bedeutung liegt in verschiedenen Bereichen: Sie hat die Grundlage für die evangelische Worttheologie geschaffen; ihre Diktion und sprachliche Gestalt haben auf die deutsche Literatur und Sprache in den folgenden Jahrhunderten nachhaltige Wirkung ausgeübt (jedenfalls in den nichtkatholischen Gebieten), und sie diente zur Orientierung für deutsche Bibelübertragungen in anderem konfessionellem Rahmen (katholisch und reformiert) sowie sogar für fremdsprachige Übersetzung (W. Tyndale).

1522 kam in Wittenberg der Druck des auf der Wartburg übersetzten Neuen Testaments (sogenannte „Septemberbibel") heraus. 1534 erschien die gesamte Heilige Schrift deutsch. Die über 20 Auflagen, die Neues und Altes Testament bis zu Luthers Tod erfuhren, wurden von ihm und einem Helferkreis, zu dem unter anderem Philipp Melanchthon gehörte, ständig überarbeitet und verbessert.

Luther benutzte als Textgrundlage für seine Übersetzung nicht mehr die in der katholischen Kirche kanonisierte lateinische Vulgata, sondern kritische Ausgaben des griechischen beziehungsweise hebräischen Textes, die von bedeutenden Humanisten, darunter Erasmus von Rotterdam, erarbeitet worden waren. Mit dem Bemühen um Texttreue und der Hochschätzung des Wortes zeigt sich Luther den philologischen Grundsätzen des Humanismus verpflichtet, er hat sie in religiöse Dimensionen transponiert. Das Wort war für ihn die alleinige Quelle der Erkenntnis und der Offenbarung Gottes. In direkter Begegnung mit dem Bibelwort und zwar in verständlicher volkssprachiger Gestalt sollte jeder Laie die Heilige Schrift unmittelbar verstehen und erfahren können, was Gott ihm zu sagen hatte, ohne daß er länger der gelehrten Interpretation der Kirche bedurfte. Mit diesen Vorstellungen hat Luther die Trennung von der Tradition vollzogen und die Theologie des Wortes zur Grundlage für die lutherische Kirche gemacht, die sich evangelisch nennt, weil sie vor allem aus der biblischen Botschaft leben will.

In der Übersetzungskontroverse der Humanisten, ob man Wort für Wort oder Sinn für Sinn übersetzen sollte, hat Luther sich für die Sinnentsprechung entschieden, und er artikulierte diesen am Originaltext in Verbindung mit seinem übergreifenden Bibelverständnis gewonnenen Sinn in einer lebendigen, anschaulichen und emotional ausgerichteten, allgemein verständlichen Sprache.

„Man muß die Mutter im Hause, die Kinder auf der Gassen, den gemeinen Mann auf dem Markt drum fragen, und den selbigen auf das Maul sehen, wie sie reden und darnach dolmetschen", erläutert er rückblickend sein Verfahren in dem „Sendbrief vom Dolmet-

Titelblatt der ersten vollständigen Ausgabe von Martin Luthers Bibelübersetzung (Druck 1534 in Wittenberg mit Holzschnitten von Lucas Cranach d. Ä.)

schen" (1530), in dem er sich gegen Vorwürfe der Verfälschung verteidigt. Bei allem Bemühen um breite Verständlichkeit war Luthers Bibelsprache wohl durchdacht und durchgeformt, also keineswegs ein niedriges Umgangsidiom.

Neben der sprachinhaltlichen Gestaltung des Bibeltextes wurde die Benutzung einer an der sächsischen Kanzleisprache orientierten, teilweise normierten Sprachform mit überregionalen Zügen folgenreich für die neuhochdeutsche Schriftsprache, die Luther zwar nicht – wie man früher meinte – geschaffen, aber doch wesentlich beeinflußt hat.

Luthers Leistung, daß er dem „einfachen Mann" die Bibel sprachlich verständlich gemacht hat, verbunden mit der Verheißung, dadurch die Begegnung mit Gott zu vermitteln, war ein wahrhaft revolutionärer Akt. Das literatur- und sprachgeschichtlich bewunderungswürdige Ergebnis barg allerdings eine Luthers Absichten zuwiderlaufende Gefahr. An die Stelle der alten Vulgata trat im Laufe der Zeit ein neuer sanktionierter Text, dessen anfängliche Lebendigkeit in einer sich verfestigenden orthodoxen lutherischen Kirche zu erstarren drohte.

8.4 „Ein feste Burg ist unser Gott"

Das deutsche Kirchenlied, das im Gottesdienst von der Gemeinde gesungen wird, gehört neben der volkssprachigen Bibel zu den Errungenschaften der Reformation, die die neue Kirche charakteristisch geprägt haben. Auch für diese literarisch-musikalische Gebrauchskunst ist Martin Luther verantwortlich. Wenn das Luther-Lied „Ein feste Burg ist unser Gott", das später zum Festlied des Reformationsfeiertages und zum Signum der Reformation überhaupt wurde, die „Marseillaise des 16. Jahrhunderts" genannt worden ist, so hat der Vergleich insofern Berechtigung, als mit dem Singen dieses wie anderer Lieder in der Aufbruchszeit für die Glieder der neuen Kirche ein identitätsbildendes Gemeinschaftsgefühl vermittelt wurde.

Deutsche Lieder der christlichen Gemeinde gab es auch vor der Reformation, sie gehörten zum kirchlichen Leben, hatten aber keinen festen Platz in der Liturgie, diesen hat ihnen erst Luther gegeben. Damit die Gemeinde aktiv am Gottesdienst beteiligt wurde, sollte sie Lieder singen, die sich auf das liturgische Geschehen und die wechselnden Themen des Kirchenjahres bezogen. In dieser Zielsetzung hat Luther insgesamt 36 Kirchenlieder geschaffen (24 davon wohl in den Jahren 1523/24), und er hat Freunde und Bekannte dazu angeregt, gleiches zu tun.

Luthers Lieder gründen sich auf lateinische Hymnen, die er übersetzt, um- und weitergedichtet hat (zum Beispiel „Komm, Gott Schöpfer, Heiliger Geist"), sie paraphrasieren Psalmen („Ein feste Burg"), Gebete beziehungsweise Katechismusteile („Vater unser im Himmelreich", „Dies sind die heiligen zehn Gebot"), sie fügen vorhandenen deutschen Gesängen weitere Strophen hinzu („Christ ist erstanden") und formen weltliche in geistliche Lieder um („Vom Himmel hoch, da komm ich her"). Doch die Feststellung der Um- und Nachdichtung ist kein qualitätsminderndes Kriterium. Die meisten Lieder besitzen in ihrer sprachlichen Prägnanz, in der anschaulichen Metaphorik und Bildlichkeit wie in der komprimierten Formulierung zentraler lutherischer Glaubens- und Bekenntnisinhalte einen unverwechselbaren Stil. Viele beginnen einprägsam mit einem Vers, der betend an Gott gewandt, lobpreisend, auffordernd oder bekennend einen zentralen Gedanken umfaßt: „Aus tiefer Not schrei ich zu dir", „Verleih uns Frieden gnädiglich", „Christum wir sollen loben schon", „Nun freut euch, lieben Christen gmein", „Wir glauben all an einen Gott". Damit zeugen die Lieder genau wie die Bibelübersetzung von großer sprachlicher Ausdruckskraft. In der Form hat sich Luther am Volkslied orientiert und überwiegend siebenzeilige, dreiteilige Strophen verwendet, die aus zweistolligem Aufgesang und Abgesang bestehen. Diese sogenannte Luther- oder Reformationsstrophe ist dann in den evangelischen Kirchenliedern der Folgezeit weiter benutzt worden. Die Melodien hat Luther, der musikalisch gebildet und interessiert war, aus älterem Liedgut übernommen beziehungsweise sie stammen von ihm selbst. Verbreitet wurden die ersten lutherischen Lieder auf Einblattdrucken, zum Teil zusammen mit älteren Gesängen, seit 1529 in Buchform. Das „Wittenberger Gemeindegesangbuch" und das „Leipziger Gesangbuch", 1542 von Valentin Babst in einer schönen illustrierten Ausgabe herausgebracht, bilden den Anfang einer spezifischen Literaturgattung der evangelischen Kirche.

8.5 Geistliche Lieder

Ein großer Teil der Lieder in den heutigen evangelischen Kirchengesangbüchern stammt aus dem 16. Jahrhundert. Daran wird die Produktivität der von Luther (▷ 8.4) angeregten Dichter sichtbar, und es wird deutlich, daß in diesem Bereich die neben der Bibelübersetzung am nachhaltigsten wirkende literarische Aktivität in der neuen Kirche lag. Wichtig ist allerdings, daß die Lieder über die Jahrhunderte aus der Verbindung von Text und Melodie lebten. Viele Dichter haben die Weisen selbst geschaffen. Herausragend durch die Menge und die Qualität ihrer Lieder sind Nikolaus Herman aus dem engeren Wittenberger Kreis („Die helle Sonn leucht jetzt herfür" und andere) und Michael Weiße, der zu den Böhmischen Brüdern gehörte. Er hat 1531 durch Übersetzung tschechischer und Sammlung deutscher, zum Teil eigener Lieder ein umfangreiches Gesangbuch herausgegeben („New Gesengbuchlen", darin: „Gelobt sei Gott im höchsten Thron" und andere). Unter den frühen Liederdichtern des Luther-Kreises war auch eine Frau, Elisabeth Cruciger, die „Herr Christ, der einig Gotts Sohn" verfaßt hat. Von Luthers musikalischem Berater Johann Walter stammt unter anderem „Wach auf, wach auf, du deutsches Land" (1561), das Sendungsbewußtsein der Reformation, Bußruf und nationale Aufbruchsstimmung miteinander verbindet. Neben den strengen lutherischen Verkündigungsliedern wurden Lieder mit stärker persönlichem Charakter geschaffen, die einen mehr verinnerlichten Glauben zum Ausdruck bringen, so von dem Deutschordensmeister Albrecht von Preußen und von dem „Apostel der Schwaben" Ambrosius Blaurer. Diese Tendenz verstärkte sich in der zweiten Jahrhunderthälfte durch eine Vielzahl von erbaulichen Andachtsliedern. Aber auch aus dieser Zeit gibt es kleine Liedkunstwerke, wie zum

Beispiel Philipp Nicolais „Wachet auf, ruft uns die Stimme" und „Wie schön leuchtet der Morgenstern" (beide von 1599).
Auf katholischer Seite entstanden ebenfalls Gesangbücher, zum Beispiel von Michael Vehe in Halle („New Gesangbuchlin", 1537) und von Johann Leisentritt in Bautzen („Geistliche Lieder und Psalmen", 1567), die evangelische Versionen alter Gesänge mit aufnahmen. Umgekehrt ist das berühmte Trierer katholische Weihnachtslied „Es ist ein Ros entsprungen" (um 1587, 1. Druck 1600) in das evangelische Gesangbuch eingegangen.

8.6 Weltliche und politische Lieder

Weltliche Lyrik erscheint im 16. Jahrhundert in gedruckten, zum Teil umfangreichen Sammlungen: 1539 bis 1556 hat Georg Forster in Nürnberg „Gute alte und neue teutsche Liedlein" fünfbändig ediert. 1582 kam in Frankfurt am Main das sogenannte „Ambraser Liederbuch" mit 262 Stücken heraus. Sie enthalten viele Lieder, deren Entstehung nicht genau zu bestimmen ist, die ältere Versionen aufnehmen, abwandeln beziehungsweise die Grundlage für später neugefaßte Texte bieten. So bekannte Volkslieder wie „Es waren zwei Königskinder", das „Heideröslein", „Wie schön blüht uns der Maien", „Weiß mir ein Blümlein blaue" tauchen hier auf. Die Fülle der Liebeslieder führt immer noch die alten Liedtypen und den Motivschatz des höfischen Minnesangs aus dem 12. und 13. Jahrhundert weiter (▷ 4.5–4.17), freilich in eine zeitlose, sozial vereinfachte Sphäre übertragen: Werbe-, Klage-, Abschieds- und Tagelieder; und es gibt sozial die liebesbedrohende Gegenmacht der „Klaffer" (mißgünstige Schwätzer), die abzuwehren ist. Mit Naturelementen werden Bilder evoziert, die emotionale Grundstimmungen schaffen, die metaphorisch gemeint, aber oft nur vage entschlüsselbar sind. Sie zeigen Prototypen deutscher Volksliedkunst, anonym tradierte Lieder unbekannter Verfasser, die in Motivik, Stil und stolliger Strophenform Grundmuster variieren und immer wiederkehrende menschliche Beziehungen und Tätigkeiten

besingen (Liebe – auch Sexualität, Fressen, Saufen, Berufe). Hinzu kommen Balladen, die in sangbarer Form Geschichten neu erzählen von alten Helden und Sagengestalten wie Hildebrand (aus dem Kreis um Dietrich von Bern; ▷ 1.2; 1.3), dem Hürnen Seyfried (Siegfried mit der Hornhaut), von Kudrun (▷ 4.28), dem Tannhäuser (▷ 4.17) und dem Edlen Moringer.
Inhaltlich zeitgebunden, doch als Informationsmedium weiter gebräuchlich waren die politisch-historischen Lieder, die zu aktuellen Ereignissen, Personen und Problemen engagiert und polemisch Stellung nahmen, besonders in der ersten Jahrhunderthälfte. Sie berichten, preisen oder diffamieren: Luther, seine Freunde und Gegner, Fürsten der Zeit, einschließlich Kaiser Karl V., Reichstage, die Türken, die Aktivitäten der Bauern und der Wiedertäufer, kriegerische Auseinandersetzungen bis zum Augsburger Religionsfrieden 1555, der mit dem Grundsatz, daß die jeweiligen Herrscher die Religion ihres Herrschaftsbereichs bestimmen, die Aufspaltung des deutschen Reiches in katholische und evangelische Teile begründete. Nur einige der Verfasser sind bekannt.
Hierher gehört auch – ohne in seinem volksliedhaften Stil die Gruppe insgesamt zu repräsentieren – Ulrich von Huttens Lied „Ich habs gewagt mit sinnen", in dem er 1521 seine Entscheidung für die Reformation und den politischen Kampf als humanistischer, ritterlicher Aktivist in deutscher Sprache zum Ausdruck brachte, während – abgesehen von dem „Gesprächsbüchlein" (1521) – seine Literatursprache sonst lateinisch geblieben ist.

8.7 Reformationspublizistik

Die öffentliche Meinung durch Druckschriften weiträumig zu mobilisieren, ist eine „Entdeckung" der Reformation; in dieser Zeit gewinnt die deutschsprachige Publizistik erstmals Bedeutung, und Martin Luther ist mit einer gewissen Berechtigung als der erste „Journalist" bezeichnet worden. Seine berühmten 95 Thesen gegen den Ablaß, mit deren Anschlag an die Schloßkirche zu Wittenberg am 31. Oktober 1517 der Beginn der Reformation datiert wird, zündeten erst, nachdem sie – gegen seine ursprüngliche Absicht – gedruckt und übersetzt worden waren. Dann liefen sie in wenigen Wochen in ganz Deutschland um, und ihre Publizität drang auch in andere europäische Länder. Auf die ausgelöste Resonanz reagierte Luther 1518 erläuternd mit dem „Sermon von Ablaß und Gnade". Diese erste reformatorische Flugschrift erschien bis 1520 in 25 Ausgaben und entfachte eine Volksbewegung. Sie enthielt eine zentrale Botschaft der theologischen Überlegungen Luthers: der Mensch ist allein auf Gottes Barmherzigkeit angewiesen, nicht auf die Vermittlung der Kirche. 1520 verfaßte Luther dann drei Schriften, die das politische, dogmatische und ethische Programm der Reformation enthielten: „An den christlichen Adel deutscher Nation" richtete er seine Reformvorschläge, weil er den Appell an die Kirche inzwischen für aussichtslos halten mußte. In dem „Präludium über die Babylonische Gefangenschaft der Kirche", in lateinischer Sprache für Theologen gedacht, trug er seine Reduktion der Sakramente auf Taufe und Abendmahl vor, und „Von der Freiheit eines Christenmenschen" enthielt seine Lehre von der Rechtfertigung allein durch den Glauben. Indem Luther die Heilige Schrift zur höchsten Autorität erklärte, stellte er von der Kirche beanspruchte Funktionen in Frage. Luthers Gegner replizierten im gleichen Druckschriften-Medium, und es kam geradezu zu einer publizistischen Eruption. Rund 3000 Flugschriften erschienen zwischen 1518 und 1525. Neben den Äußerungen namhafter Verfasser (Luther, Ulrich von Hutten, Johann Eberlin von Günzburg, Hans Sachs, Erasmus von Rotterdam, Thomas Münzer, Thomas Murner und andere) sind viele Schriften anonym geblieben, wohl oft um die fingierte Absender- oder Rednerrolle nicht zu durchbrechen. So sandten der Teufel und Gott selbst Briefe, und es kamen Bauern, Mönche und Vertreter verschiedener Stände zu Wort. Die Stimmen der reformatorischen Seite sind weit in der Überzahl. Als literarische Gattung sind die Texte schwer zu definieren, denn sie besitzen verschiedene, sich teilweise durchdringende Formen und Redehaltungen: Briefe, Predigten, Traktate, Dialoge, Verserzählungen; es wird mit realen Personen und fiktiven Rollen operiert; es wird ernsthaft argumentiert, parodiert, satirisch

und allegorisch dargestellt, oft in Kombination mit Bildern. Die sprachlichen und gestalterischen Qualitäten dieser Literatur sind unterschiedlich, gemeinsam ist den meisten das leidenschaftliche Engagement für die eigene Sache. Religiöse, politische, gesellschaftliche Anliegen wurden artikuliert und oft miteinander verknüpft. Ein ständeübergreifender, zum Teil utopischer Aufschwung, das eigene Leben und die Gesellschaft zu gestalten, zeichnet sich ab, der allerdings dort, wo Literatur in praktisches Handeln umgesetzt wurde, auf das sie eigentlich zielte, in Konfrontation mit der historischen Realität oft zusammensank.

Titelblatt zu Martin Luthers wesentlicher Reformationsschrift „Von der Freiheit eines Christenmenschen" (Wittenberg 1520)

8.8 Karsthans – der „gemeine man"

Im selben Jahr 1520, in dem Luthers drei Programmschriften (▷ 8.7) erschienen, verfaßte der gelehrte und rhetorisch gewandte Thomas Murner eine erste Entgegnung, die er bezugnehmend auch „An den großmächtigsten und durchlauchtigsten Adel deutscher Nation"

Karst Hanns.

Titelblatt der Flugschrift „Karsthans". Der Bauer mit seiner Hacke, neben dem sein Sohn, ein Student, steht, führt ein Streitgespräch mit dem katzenköpfigen Thomas Murner und Mercurius (Straßburg 1521)

adressierte. Den „gemeinen man" (das heißt den einfachen Menschen), dem Luther den christlichen Glauben verständlich machen und dem er ein unmittelbares Verhältnis zu Gott eröffnen wollte, schmähte Murner als unverständigen „Hanß karsten", das heißt Bauern (Karst = Feldhacke). Damit gab er Anstoß zu dem anonymen Dialog „Karsthans" (Straßburg 1521). In dieser literarisch bedeutsamen Satire avancierte der verächtlich gemachte Bauer zur positiven Symbolfigur des einfachen, frommen Mannes aus dem Volk, der die Reformation mitträgt und dessen kluge Einfalt dem gelehrten Theologen letztlich überlegen ist. Der bibelfeste Bauer vertritt im Gespräch mit seinem studierenden Sohn die evangelisch-lutherische Seite, Murner erscheint als mauzender Kater Murr, der zurückweicht, als Luther kommt. Dieser macht dem Bauern klar, daß nicht der Dreschflegel, sondern nur die Heilige Schrift die Waffe des Christen sein darf.

Ähnlich belehrte in dem „Gesprächsbüchlein Neu Karsthans" (Straßburg 1521) Franz von Sickingen einen klagenden Bauern, der sich gewaltsam gegen kirchliche Bedrückungen wehren will. Der Text stammt wohl von dem

in Straßburg die Reformation vorantreibenden Martin Butzer. Vermittelt durch den idealisierten Sickingen, einen Vertreter des niederen Adels, prägte sich hier die politische Hoffnung auf das Eingreifen des Kaisers, die „Reformation von oben" aus, die nach 1525 – verschoben auf die Landesfürsten – problematische Wirklichkeit wurde. In der allegorischen Flugschrift „Die göttliche Mühle" (1521) ist der Bauer neben geistigen Größen der Zeit mit Bild und Erläuterung einbezogen: Christus schüttet das Korn des Gotteswortes in die Mühle, Erasmus von Rotterdam mahlt es, Luther backt Brot daraus, und Karsthans, „der die Heilige Schrift jetzt auch versteht", wehrt mit seinem Dreschflegel die Pfaffen ab. Mit anderen Namen, „Kunz und Fritz", treten lutherische Bauern in einem Dialog von Urbanus Rhegius auf, und der Apostelfürst persönlich erklärt einem Landmann in dem „Dialog zwischen Petrus und einem Bauern" (1523) den evangelischen Glauben, der von dem gottgesandten Engel Luther gepredigt wird.

Der karikierte Murner, fortan als katzenköpfige Gestalt in den Flugschriften gezeigt, reagierte 1522 mit einer grotesken Narrenrevue „Von dem großen Lutherischen Narren" und wurde zum markantesten antireformatorischen Publizisten. Wie andere Vertreter auf beiden Seiten ging er von anfangs ruhiger Argumentation zu übersteigerten gedanklichen und sprachlichen Formen über.

8.9 Schriften im Bauernkrieg

Die Symbolfigur des friedfertigen Karsthans (▷ 8.8) erwies sich in der geschichtlichen Realität des Bauernkrieges (1524/25) als Fiktion. Die Vorstellung von der Freiheit aller Christen, die Luther auf das Verhältnis jedes Menschen zu Gott bezogen hatte, wurde auf konkrete gesellschaftliche Situationen übertragen und als Aufforderung zum Kampf verstanden. Bedingt durch die wirtschaftliche Lage und die sozialen Strukturen, hatte es schon im 15. Jahrhundert Bauernunruhen gegeben, deren Ziele jetzt endgültig durchgesetzt werden sollten: Aufhebung der Standesunterschiede (Beseitigung noch bestehender Leibeigenschaft) und der Frondienste. Flugschriften spielten in der Agitations- und Kampfphase eine entscheidende Rolle, obwohl die agierenden Bauern selbst Analphabeten waren. Sie nahmen die bewegenden Ideen, die schriftlich fixierten Forderungen und Reaktionen hörend auf, indem ihnen die Texte vorgelesen wurden. Formuliert waren die speziell die Bauern betreffenden Schriften von gebildeten Leuten, die selbst nicht aus der Bauernschaft stammten. Die „Zwölf Artikel der Bauernschaft in Schwaben" (1525, von Süddeutschland ausgehend, innerhalb eines halben Jahres in 25 Ausgaben verbreitet) enthalten ein maßvolles, knapp zusammengefaßtes Grundprogramm unter Berufung auf das „Wort Gottes": „Aus der Heiligen Schrift ergibt sich, das wir frei sind." Diese und ähnliche Texte liefen in ganz Deutschland um.

Thomas Münzer (Müntzer) betrieb in Wort und Tat die Radikalisierung der Bauernbewegung. Überzeugt von seiner Erleuchtung durch den Geist und dem Nahen des Gottesreiches hat er eine „urchristliche" beziehungsweise „kommunistische" Gesellschaftsutopie entworfen und wurde zum Führer der Bauern in Mitteldeutschland. In seiner „Fürstenpredigt" propagierte er 1524 die Tötung von Regenten, Geistlichen und Mönchen, die ihn und seinen Glauben für ketzerisch erklärten. Er beschimpfte Luther, vor allem wegen seiner Forderung zum Gehorsam gegenüber der Obrigkeit als „Bruder Mastschwein und Bruder Sanfte Leben". Weitere Manifeste gerieten zu rasenden Kampfaufrufen.

Luther reagierte auf die Bauernaufstände 1525 in drei Schriften mit sich steigernder Heftigkeit: zunächst mit einer „Ermahnung zum Frieden" an Fürsten und Bauern, dann mit einem erschreckenden, blutigen Totschlag fordernden Nachwort „Wider die räuberischen und mörderischen Rotten der Bauern", das er in dem „Sendbrief von dem harten Büchlein wider die Bauern" noch zu rechtfertigen suchte. Die maßlose Unbarmherzigkeit dieser Äußerungen resultierte wohl daraus, daß einerseits die Bauern sich auf ihn und die von ihm zugänglich gemachte Bibel beriefen und daß andrerseits von der katholischen Partei seine Theologie für die Bauernaufstände verantwortlich gemacht wurde. Begründet war seine Haltung durch sein Verständnis von der Obrigkeit als von Gott eingesetzt, deren Ungerechtigkeit man leidend ertragen müsse in der Hoffnung auf Veränderung durch Christus selbst. Auch Philipp Melanchthon äußerte sich prinzipiell wie Luther und verbot jede gewaltsame Erhebung. Doch es gab auf reformatorischer Seite auch eine besonnene Argumentation für den Widerstand gegen ungerechte Obrigkeit (ein Anonymus: „An die Versammlung gemeiner Bauern", 1525); und diese Frage wird in der evangelischen Kirche bis ins 20. Jahrhundert kontrovers diskutiert.

Die militärische Praxis der Bauern war weit weniger geordnet als die schriftliche Programmatik der Artikel, Luthers Antischriften entzogen der Bewegung die religiöse und moralische Kraft. So wurden die kämpferischen Bauern von den Heeren der Landesfürsten geschlagen und teilweise vernichtet. Th. Münzer wurde 1525 mit 300 Anhängern bei Mühlhausen enthauptet. Der grausame Ausgang der Bauernaufstände brachte auch das Ende der reformatorischen Volksbewegung. Religiöse Anliegen wurden auf einer anderen Ebene erörtert und gelangten in die politische Verfügungsgewalt der Fürsten – die Flugschriften versiegten.

8.10 „Die Wittenbergisch Nachtigall"

Das 700 Verse umfassende Reimpaargedicht „Die Wittenbergisch Nachtigall" (1523 in sechs Einzeldrucken erschienen), wohl das bekannteste Werk des Schuhmachers Hans Sachs, gibt ein herausragendes Beispiel dafür, wie Luthers Lehre und sein persönliches Wirken aufgenommen und literarisch bearbeitet wurden, wie überhaupt das Bewußtsein vermittelt wurde, daß eine neue Zeit angebrochen sei.

Sachs wendet sich an alle „Liebhaber evangelischer Wahrheit" und erklärt einleitend mit einer Prosavorrede seine Absicht, „dem gemeinen man" die Summe der lutherischen Lehre darzulegen. In der Art eines geistlichen Tagelieds entwirft er ein allegorisches Bild des anbrechenden Tages, in dem die Nachtigall den Sonnenaufgang ankündigt; die Schafe haben sich von ihrem Hirten abgewendet und sind der Stimme des Löwen in die Wüste gefolgt; dieser trachtet der Nachtigall nach dem Leben; die Frösche quaken, die Wildgänse schreien, doch kein Tier kann die Sonne aufhalten und die verfolgte Nachtigall zum Schweigen bringen. Die Nachtigall bedeutet „Doctor Martinus Luther", und das Gedicht hat ihm den Beinamen „Die Wittenbergische Nachtigall" eingebracht. Der Löwe

Titelillustration des Erstdrucks der „Wittenbergisch Nachtigall" von Hans Sachs (Druck von 1523)

steht für Papst Leo, die Schafe für die christliche Gemeinde, Christus ist der Hirte und die Sonne das Evangelium. In ausführlicher Auflösung der Allegorie werden die Mißstände der römischen Kirche, falsche Frömmigkeitsformen und die Entstellung von Luthers Lehre in plastischen Aufreihungen zusammengestellt und auf den erklärenden Nenner der Habsucht gebracht, um dann weg von der abwegigen Werkgerechtigkeit auf den allein seligmachenden Glauben an Christus zu kommen, wie er durch Luthers Bibelübersetzung und hundert deutsche Schriften in vier Jahren (real wohl etwa 75) offenbar geworden sei. Als getreuer „Schüler" Luthers fügt Sachs zahlreiche Bibelworte in das Gedicht ein. Er bietet einen Extrakt der lutherischen Lehre,

wie er sie in den Flugschriften vorfand, allerdings in einer eingänglichen Vereinfachung, die dem Leser beziehungsweise Hörer eine klare Glaubensausrichtung und zuversichtliche Lebensführung ermöglichte. Sachs verkündigt einen gnädigen Gott: wer an ihn glaubt, der ist schon gerettet, seine Werke sind Gott wohlgefällig, ob er schläft, trinkt oder arbeitet, und die Liebe zum Nächsten sowie die Werke der Barmherzigkeit ergeben sich als selbstverständliche Folge. Ob die Aussparung weiterer theologischer Aspekte Sachs' eigenes Verständnis des evangelischen Glaubens spiegelt oder adressatenbezogen kurz gefaßt ist, muß freilich offen bleiben. So jedenfalls wurde Luther im Volk verstanden.

8.11 Hans Sachs – der dichtende Schuster

Hans Sachs (* Nürnberg 5. November 1494, † ebenda 19. Januar 1576) war ein wohlhabender Nürnberger Bürger. Nach dem Besuch der Lateinschule, einer Handwerkslehre und Wanderschaft lebte er als Schuhmachermeister, und er machte Verse en gros. In seinen 82 Lebensjahren sind über 6 000 Dichtungen zusammengekommen. Er hat selbst ordentlich darüber Buch geführt und neun Jahre vor seinem Tod auf der Grundlage von 33 handgeschriebenen Bänden eigener Werke in einem gereimten Lebensabriß die Summe gezogen. Die Weltliteratur, Stoffe und Motive aus der Bibel, der Antike, dem Mittelalter sowie Ereignisse der eigenen Zeit hat er in unermüdlicher Belehrungs- und Formulierungsfreude, ja Formulierungssucht für die Bürgerstube adaptiert. Er war der Meister der Meistersinger (über 4 000 Gesänge stammen von ihm), außerdem hat er gängige Literaturformen aufgegriffen und Lieder, Schwänke, Fabeln, Fastnachtspiele, Dramen und eine Menge nicht genau typisierbarer „Spruchgedichte" verfaßt. Nur selten haben inneres Engagement und sprachliche Gestaltung zu einem so überzeugenden Ergebnis geführt wie in der „Wittenbergisch Nachtigall" (▷ 8.10). Gelungen ist es ihm besonders dort, wo er aktuelle konfessionelle Themen behandelt hat, wie zum Beispiel in vier Prosadialogen von 1524, die mit bis zu sieben und elf Auflagen im gleichen Jahr großes Interesse fanden. Ohne Schärfe bringt er den neuen Glauben im Alltagszusammenhang ins Gespräch, verteidigt ihn gegen Angriffe, aber wendet sich auch kritisch gegen Anhänger der Reformation, wo sie sündhaftes Leben (Habgier und Wucher) sowie ein Verhalten, das andere Menschen verletzt, mit dem neuen Glauben bemänteln. Als Vertreter der reformatorischen Position läßt er nicht nur in der „Disputation zwischen einem Chorherren und Schuchmacher", sondern auch in den anderen Dialogen den Schuster Hans auftreten. Sein lutherischer Glaube zielt auf ein wohlgeordnetes bürgerliches Zusammenleben mit gegenseitigem Verständnis und Hilfsbereitschaft, theologisch-religiöse Vorstellungen liegen ihm ferner.

Im Rahmen seiner Meisterlieder überwiegen weltliche, aus Schwänken, Fabeln, Novellen bekannte Erzählinhalte; auch wenn inzwischen Prosafassungen existierten, hat er sie wieder in Verse gebracht. Das gleiche gilt für seine Spruchgedichte und Fastnachtspiele, in denen viele Stoffe der Meisterlieder wiederverwendet sind. Wo Sachs Laster und Schwäche des Alltagslebens in derb komischer Art auf Einfältige und Gewitzte verteilt vorgeführt und kommentiert hat, erscheinen sein moralischer Belehrungsdrang und der Texttyp – Fastnachtspiel (▷ 8.12) und schwankhaftes Versgedicht – adäquat vermittelt. Da gelingen auch dramatische Effekte und komische Schlußpointen (zum Beispiel „Das Narren schneyden", 1536; „Der farent schueler ins paradeis", 1550; „Das heysz Eysen", 1551; „Das Kelberbrüten", 1551). Sachs benutzte dazu feststehende Typen aus dem sozialen Umkreis des städtischen und bäuerlichen Lebens (törichte Bauern, böse Frauen, dumme Ehemänner, liebeslüsterne Pfaffen, schlaue Scholaren), behandelt sie mit Nachsicht für menschliche Schwächen und schließt immer mit einer simplen Moral. In seinen „Comedi" und „Tragedi", deren Aufführungen er in Nürnberg seit der Jahrhundertmitte mit den Meistersingern selbst arrangierte, werden Geschichten von Kain und Abel, aus der Orestie, von Paris und Ulysses, Siegfried, Artus, Tristan und Isolde aus verschiedensten Vorlagen zu Erzählstücken ohne Eigencharakter und ohne dramatische Effekte egalisiert. Die großen Stoffe der Weltliteratur wirken, auf faktische Momente zu-

sammengerafft, in Sachsschen Knittelversen heute eher unfreiwillig komisch. Ob sie bei den Nürnberger Bürgern ernsthaftes Staunen und Offenheit für die „Moral von der Geschicht"' erregten, ist schwer zu ermessen. „Hans Sachsens poetische Sendung", die Goethe beschworen hat, war ein nüchterner Auftrag, in unablässigem Belehrungsstreben an Geschichten aller Art moralische Formeln zu knüpfen und sie selbstbewußt zu signieren:

„Würck buß und kere dich zu Gott
Auff das dir nach dem leibling todt
Dort ewigs leben aufferwachs!
Das wünschet uns allen Hans Sachs."

8.12 Vom Fastnachtspiel zum Reformationsdrama

Feiern zur Fastnacht wurden weiter veranstaltet, auch als die Fastengebote im Zuge der Reformation ihre Geltung verloren. Dementsprechend haben neben katholischen eine Reihe protestantischer Autoren die Tradition ihrer Städte fortgesetzt und Fastnachtspiele verfaßt: am produktivsten waren in Nürnberg Hans Sachs (85 Stücke) und Jakob Ayrer (36 Stücke). Doch gegenüber den älteren Spielen bekamen die Stücke des 16. Jahrhunderts veränderte Züge. Die Verfasser gestalteten neben schwankhaften Stoffen jetzt stärker aktuelle, speziell reformatorische Anliegen und formulierten ausdrücklich ein lehrhaftes Fazit, während sie Obszönitäten seltener aufnahmen. Fastnachtreihen als moralisierende Späße hat der Elsässer Jörg Wickram in Anlehnung an literarische Vorlagen von Pamphilus Gengenbach und Sebastian Brant geschrieben: „Das Narrengiessen" (1538 gedruckt) zeigt, wie grundlos die Furcht eines alten Narren vor dem Aussterben seines Geschlechts ist, und wie sinnlos seine Ausgabe für den Guß von drei Narrenfiguren, weil letztlich die ganze Welt von Toren wimmelt (Buhler, Trinker, Spieler usw.), so daß der Stoff ausgeht, sie alle mit Narrenkappen zu bekleiden. „Weiberlist. Ein new Faßnacht Spil, darinn angezogen werden etliche fürneme menner, so durch list der weiber betrogen worden seind" (1543) führt einen Liebesnarren vor, der trotz der Warnung durch das Aufgebot der Weisen aus Geschichte und Literatur

(Salomo, David, Samson, Herkules, Paris, Odysseus, Vergil, Aristoteles) einer Frau erliegt. Wo zentrale Punkte reformatorischer Kritik, etwa Polemik gegen die römische Kirche den Stoff bestimmen, wie bei dem Berner Ratsherren und Maler Niklaus Manuel, gerät das Fastnachtspiel zum satirischen Lehrstück. „Der Totenfresser" (1524 gedruckt) prangert drastisch die viel kritisierten Praktiken der Geistlichen an, die sich an Sterbenden mit dem Versprechen, ihr Seelenheil zu befördern, bereichern. In grotesken Bildern erscheint der Papst mit seinem Hofgesinde zum Antichrist verzerrt, während das Volk, das sich auf die Bibel beruft und dem reinen Evangelium zum Sieg verhelfen will, den lutherischen Gegenpart bildet. Den „Unterschied zwischen dem Papst und Christum Jesum" führt Manuel in einem anderen Spiel mit plastischen Bildern vor Augen: der dornengekrönte Christus mit Zeichen der Demut, von Armen und Kranken umgeben, steht dem militant pompösen Aufzug des Papstes gegenüber. In seinem „Ablaßkrämer" (1525) greift Manuel ein zentrales Kritikthema der reformatorischen Anfänge auf: Richardus Gygenstern von Hinderlist betreibt Ablaßhandel auf dem Lande, doch die betrogenen Bauern überfallen ihn und nehmen ihm das Geld wieder ab. Unter Folterungen muß er seine Übeltaten bekennen. Hans von Rüte hat in Bern Manuels Spieltyp fortgeführt, so in „Heydnisch und päpstliche Abgöttereyen" (1532 gedruckt). Hier werden Heiligenverehrung und Bilderkult als Ausdruck heidnischer Verführung denunziert, die das Papsttum übt und deren sich der Teufel bedient. Erst der Berner Bär (das Wappentier der Stadt) vermag die unbelehrbaren Geistlichen zu vertreiben.

„De parabell vam vorlorn Szohn" von Burkhard Waldis, 1527 in Riga aufgeführt, gestaltet das biblische Gleichnis als Exempel der Rechtfertigung allein durch den Glauben. Für fastnachtmäßiges und komödienhaftes Spiel bietet der erste Teil des Stückes mit dem Lasterleben des Ungeratenen Raum. Dann wird der verlorene und bekehrte Sohn zur positiven Beispielfigur, während sein frommer Bruder in Werkgerechtigkeit selbstgefällig erstarrt, wodurch der Autor zugleich mönchisches Leben in Frage stellt.

Die Verbindung von Spaß und Ernst, das Auftreten schwankhafter Typen neben biblischen Figuren führte von der Fastnachtsunterhaltung zum selbständigen Drama.

Titelblatt des Dramas „De parabell vam vorlorn Szohn" von Burkhard Waldis. Der Vater nimmt den demütig Heimkehrenden gnädig auf (Riga 1527)

8.13 Der reiche Mann und „Jedermann"

Als mit dem Reichstag von Augsburg 1530 nach einem Jahrzehnt konfessioneller Kämpfe eine relative Beruhigung eingetreten war, entwickelten sich in verschiedenen Gegenden (besonders in Sachsen, in der Schweiz, im Elsaß und in Franken) dramatische Dichtungen und Theaterspiele. Sie lebten aus diversen Impulsen, nahmen auch mittelalterliche Themen wieder auf, gestalteten bestimmte Stoffe über die konfessionellen Grenzen hinweg und zeigten, wie im Blick auf den Tod die Frage nach dem rechten Leben

154

und dem künftigen Schicksal des Menschen weiterhin bewegend blieb. Im Bereich eines sich ausbildenden Schul- und Bürgertheaters (▷ 8.14) standen neue lateinische und deutsche Stücke in wechselseitiger Korrespondenz. Das läßt sich an der Dramatisierung neutestamentlicher Gleichnisse wie auch alttestamentlicher Stoffe besonders verfolgen. 1529 tauchte in Zürich ein anonymes Bürgerspiel „Von dem rychen Mann und dem armen Lazaro" auf mit grellem Kontrast von Himmel, wo der Arme hingelangt, und Hölle, wohin Tod und Teufel den Reichen befördern. Bei dem Gastmahl des reichen Mannes sind verschiedene Stände versammelt, sie alle lassen den Gastgeber im Tode allein. 1541 verfaßte Georgius Macropedius, ein niederländischer Dramatiker, einen lateinischen „Lazarus mendicans", aus dem wiederum deutsche Bearbeitungen hervorgingen; 1590 veranstaltete Georg Rollenhagen in Magdeburg eine große Schüleraufführung dieser Geschichte.

Angesichts des Todes befindet sich der Reiche in der gleichen Situation wie der berühmte Jedermann, den Gott mitten aus dem Leben durch den Tod vor seinen Richtstuhl fordert und der vergeblich Hilfe und Begleitung bei Freundschaft, Verwandtschaft, Besitz und anderem sucht, bis schließlich – so in der spätmittelalterlichen Fassung – die Gestalt der „guten Werke" der Seele beisteht. Dem „Jedermann"-Szenarium liegt eine englische Moralität (das ist ein Drama, in dem allegorische Figuren, personifizierte Begriffe agieren) des 15. Jahrhunderts zugrunde: „The somonynge of Everyman" (= Die Vorladung Jedermanns), gedruckt 1509. Daneben existierte eine bereits 1495 gedruckte flämische Fassung („Elckerlijc") von Petrus Dorlandus von Diest, die an der Vermittlung nach Deutschland beteiligt ist. Das Spiel wurde zunächst ins Lateinische übertragen, 1540 taucht in Köln die erste deutsche Fassung auf, der eine Reihe von Variationen folgen. Im Geiste der Reformation mußte die Hoffnung auf die Werkgerechtigkeit uminterpretiert werden, und an die Stelle der Allegorien traten realitätsnahe Gestalten. Die radikalste Aktualisierung des Stoffes hat ein niederdeutscher Prediger, Johannes Stricker, in „De düdesche Schlömer" (1584) vollzogen. Bei ihm erscheint Jedermann als holsteinischer Landjunker: ein Fresser, Säufer und Ehebrecher,

umgeben von seiner Ehefrau, Familie und Nachbarn. Mahnung und Schrecken gehen nicht nur vom Tod, einem Engel, einem Narren und Moses aus, sondern auch von einem streitbaren Prediger, alias Johann Stricker. Während soziale Anklagen beim armen Lazarus und bei den mehr allegorisch gestalteten Spielen meist im allgemeinen verblieben, zielt Stricker auf seine konkrete zeitgenössische Umgebung. Man hat ihn verstanden und aus seiner Pfarrei vertrieben. Er starb 1598 in Lübeck.

8.14 Biblische Bilderbogen auf der Bühne

Die deutschen Dramen, die seit den 30er Jahren des 16. Jahrhunderts in großer Zahl entstanden, haben durch die Beschäftigung mit antiken Komödien und durch Aufführungen von Terenz- und Plautus-Stücken entscheidende Anregung empfangen, dennoch spiegeln sie kaum deren Aufbauprinzipien, sondern stellen weithin eine Form epischen Theaters dar. Sie bringen Bilderbögen einer bekannten biblischen oder antiken Geschichte auf die Bühne, in der die Personen als Sprachrohre fungieren. Einsinnig auf gut oder böse festgelegt, wurden die Figuren nicht in menschliche Konflikte verstrickt und vermittelten entsprechend ungebrochen Verhaltensnormen und religiöse Vorstellungen an die Zuschauer, ohne diese zu einem Mitleids- oder Reflexionsprozeß zu aktivieren. Die wichtigsten Lehrbereiche des Dramas waren Ehe und Familie. Dabei spielte bisweilen noch die Zurückweisung mönchischer Lebensideale eine Rolle, überwiegend ging es aber darum, neue Leitbilder einer reformatorischen Sozialordnung vorzuführen. Die gehorsame, treue Ehefrau wurde zur Standardfigur. Als schöne Susanna trat sie in zwanzig verschiedenen deutschen und lateinischen Versionen auf. Nach der biblischen Vorgabe verkörpert sie den Typ der keuschen, unschuldig verleumdeten, doch letztlich rehabilitierten Frau. Bereits vor der Reformation fand der Stoff Interesse. 1532 verfaßte Sixt Birck eine dramatische, in Basel gespielte „Historie". Familien- und Gerichtsszenen dienen als Präsentationsrahmen für die treue

Ein Geistlich spiel / võ
der Gotfurchtigen võ keusch-
en Frawen Susannen / gantz lustig
vnd fruchtbarlich zu lesen.

Titelblatt des Dramas „Susanna" von Paul Rebhuhn; rechts die lauernden Alten, links die Gerichtsverhandlung (Druck von 1536)

Ehefrau. Paul Rebhun, ein Freund Luthers, schuf ein „geistlich Spiel", „Susanna", das 1535 in Kahla bei Jena aufgeführt wurde. Neben der ehelichen Treue stellt er Susannas Frömmigkeit heraus. Sie vertraut darauf, daß Gott ihre Unschuld an den Tag bringt. Auch der biblische Judith- und Esther-Stoff wurden zur Veranschaulichung des reformatorischen Frauenideals aufbereitet, dabei konnte man mit den Feinden der Juden zeitgenössische Bedrohungen assoziieren, die man von der päpstlichen Partei und den Türken ausgehen sah. Zu den großen biblischen Stoffen, die vielfältig auf die Bühne gebracht wurden, gehört außerdem die Josephsgeschichte. Sie bot verschiedene Aspekte zur Ausgestaltung auf evangelischer und katholischer Seite in deutscher und lateinischer Sprache. Die religiöse Deutung, die nach mittelalterlicher Tradition Joseph als Präfiguration Christi zukam, trat zurück gegenüber der Familienge-

schichte des von seinem Vater Jakob geliebten, von seinen Brüdern beneideten und verkauften Sohnes, der später die Versöhnung herbeiführt. Die Geschichte der vergeblichen Werbung von Potiphars Frau um den schönen jungen Mann, sein Fall und Aufstieg in Ägypten eigneten sich besonders als Dramensujet. Von über 20 Stücken gilt als am besten gelungen Thiebolt Garts „Joseph" von 1540, der in Schlettstadt zur Aufführung gelangte. Darin kommt die religiöse Dimension des Stoffes ebenso zum Tragen wie die Gewalt menschlicher Leidenschaft.

Die Bühne als Kanzel entdeckt zu haben, gehört zu den literarischen und kulturellen Errungenschaften der Reformation, die weiterwirkten, doch liegt das vielfältig geförderte deutsche Schul- und Bürgerdrama weitab von der in Europa im 16. Jahrhundert aufkommenden großen Dramatik eines Shakespeare und Lope de Vega.

8.15 Schwänke – kurzweilige Geschichten

Unterhaltung für ein breites Publikum wurde im 16. Jahrhundert durch die Schwankliteratur geboten, und – nach Zahl und Auflagen der gedruckten Bücher zu urteilen – auch ausgiebig rezipiert. Schwank bezeichnet einen lustigen Streich sowie dessen Erzählung. Geschichten, die derb und witzig mit einer Schlußpointe komische Begebenheiten darstellen, in denen Dumme überlistet werden und Schlaue triumphieren, waren im Mittelalter, in der Renaissance und darüber hinaus in ganz Europa verbreitet. Meist sind Schwänke im Alltagsleben mit seinen Widrigkeiten angesiedelt, sie schlachten menschliche Schwächen und die Elementartriebe aus. Es gab quasi einen internationalen Vorrat solcher Geschichten, die in verschiedenen Ausformungen immer wieder benutzt und variiert wurden. Besondere Impulse kamen aus Italien durch G. Boccaccios „Decamerone" (entstanden 1348–53, gedruckt 1470) und G. F. Poggio Bracciolinis „Fazetienbuch" („Liber facetiarum", entstanden 1438–52, gedruckt 1471; Fazetie ist eine witzige Kurzerzählung); sie wurden ins Deutsche übersetzt, bearbeitet und auch vergröbert.

Verbunden mit einer Moral, konnten Schwänke wie Mirakel, Parabeln und Fabeln auch belehrend eingesetzt werden, was über Jahrhunderte in der Predigt praktiziert wurde. Johannes Pauli hat 1522 eine Sammlung solcher „Predigtmärlein" unter dem Titel „Schimpf(= Spaß) und Ernst" herausgegeben, die in den folgenden 200 Jahren mehr als 50mal gedruckt wurde. Gelöst aus dem Predigtkontext, gewannen die Geschichten mit und ohne moralisierenden Anhang unterhaltende Selbständigkeit.

Die Sammlungen scherzhafter Kurzerzählungen regten fortwährend zu Erweiterungen und Nachahmungen an. Obwohl die Art der Geschichten sehr ähnlich bleibt, obwohl bestimmte Figuren und Motive, wie der gehörnte Ehemann, die leichtsinnige und die böse Frau, der liebeslüsterne Pfaffe, der einfältige Bauer, Säufer, Fresser, Geizhälse und Habgierige überall begegnen, gibt es neben den Einzelerzählungen im 16. Jahrhundert zwei buchmäßige in Prosa gefaßte Typen: die lockere Reihung zur Schwanksammlung und die Bindung an eine Trägerfigur oder an einen übergreifenden Rahmen zum Schwankroman.

Jörg Wickrams „Rollwagenbüchlin" von 1555 steht am Anfang einer Flut ähnlicher Sammlungen. Er widmete es einem Colmarer Freund ausschließlich zu „guter kurtzweil", um es im Reisewagen auf der Fahrt nach Straßburg zu benutzen, adressiert die „kurtzweilig und schimpflichen schwenk" aber zugleich auch an einen großen allgemeinen Leserkreis. Von den 67 Titeln der ersten Ausgabe zielen viele auf die verkommenen Pfaffen und Mönche, die sich geldgierig, hartherzig, ungebildet, ungläubig und buhlerisch gebärden und so auf schwankhafte Weise den reformatorischen Vorwurfskatalog gegen die Geistlichkeit belegen. Handwerker, Wirte, Bauern und Landsknechte, auch Edelleute und Juden gehören zum verspotteten Personal.

Bereits 1556 erschien die „Gartengesellschaft" von Jakob Frey, einem Elsässer wie Wickram. 1558 kam das „Rastbüchlein" von Michael Lindener heraus, 1559 das „Nachtbüchlein" von Valentin Schumann, die beide aus Leipzig stammten; weiteres folgte. Kompositorisch anspruchsvoller wirken die Schwankromane, in denen, wie im „Eulen-

spiegel" (erster erhaltener Druck von 1515), die Geschichten einer Person, die als Spaßmacher wirklich existiert hat, biographisch zugeordnet sind; dabei mischen sich tatsächlich veranstaltete Streiche mit solchen, die aus der Erzähltradition stammen. „Claus Narr", ein sächsischer Hofnarr, und „Hans Clawert", ein Berliner Schlosser, wurden zu solchen verbindenden Trägerfiguren in 1572 und 1587 erschienenen Büchern.

8.16 Laleburger und Schiltbürger

Wie die Schwanksammlungen und -romane (▷ 8.15) enthält auch das 1597 wohl in Straßburg gedruckte „Lalebuch" überkommene schwankhafte Erzählungen, doch sind sie weiter von der Wirklichkeit abgerückt, auf ein übergeordnetes Ziel hin ausgewählt und eingefaßt in die Geschichte einer Dorfgemeinschaft, der Laleburger („Lale" ist von dem griechischen Verb „laleīn" = „reden" abgeleitet, hier im Sinne von „Rat geben"). Laleburg liegt bei Uthen im Reich Utopien, wo der Kaiser Udeys herrscht. Die Namen und Umschriften griechischer Wörter und bedeuten: bei der Stadt Nicht im Nirgendland mit dem Kaiser Niemand – doch nirgendwo meint überall. Der unbekannte Verfasser des „Lalebuchs" treibt ein geistreich-witziges Spiel mit der Dummheit als einem allgemein menschlichen Wesenszug.

Zwei für die Gestaltung bestimmende Gedanken umrahmen das Werk. Am Anfang steht die traditionelle Vorstellung, daß natürliche und das heißt auch ständische Ordnungen konstant seien und nicht gestört werden dürften: kein guter Baum trägt schlechte Frucht. Doch die Geschichte handelt von der Pervertierung der Ordnung, der Zerstörung des Wesens, denn die ursprünglich weisen Laleburger, die als Fürstenratgeber fungierten, ziehen sich – auf Verlangen ihrer Frauen – von dieser Aufgabe zurück; wieder heimgekehrt geben sie vor, dumm zu sein, gebärden sich als Narren, und schließlich werden sie dazu. Vernunft im Kleinen erzeugt Absurdität im Großen. Der Hauptteil des Buches erzählt ihre närrischen Taten, wie sie ein dreieckiges, fensterloses, unbeheizbares Rathaus bauen, wie sie Salz aussäen, wie sie den Kaiser auf ver-

Titelblatt des 1597 wohl in Straßburg gedruckten „Lalebuchs"

rückte Weise empfangen, wie sie ihre Glocke versenken und schließlich mit einer Katze ungewollt ihr ganzes Dorf anzünden, fliehen und wegziehen. Am Schluß sind die Lalen zwar verschollen, „doch ist jhr Thorheit vnd Narrey vberblieben vnnd vielleicht mir vnd dir auch ein guter theil darvon worden."

Die Bildungsvoraussetzungen, um den Kunstcharakter des „Lalebuchs" und seine zahlreichen, insbesondere auf die Antike bezogenen Anspielungen zu erfassen, sind ungleich höher als für das Verständnis anderer Schwankromane. Ch. M. Wielands Abderiten (in dem gleichnamigen Roman von 1774) und G. Kellers Leute von Seldwyla (in der Novellensammlung von 1856, erweitert 1873/74) sind spätere literarische Nachfahren der Laleburger.

Ein Jahr nach dem „Lalebuch" erschien eine vereinfachte Neufassung unter dem Titel „Die Schiltbürger", in der die Namen und die Vorrede verändert wurden, wodurch der antikische Anspielungshorizont aufgegeben ist und das Gesamtkonzept verloren ging. „Schilt" meinte „Wappen", die Schiltbürger sind Wappennarren; erst im 17. Jahrhundert wurde aus Schiltburg Schilda bei Meißen, und unter diesem Namen sind die absurden Streiche sprichwörtlich geworden. Bis ins 20. Jahrhundert setzten sich mehr oder weniger bearbeitete Neuauflagen fort.

8.17 Jörg Wickrams Romane

Wenn statt locker gereihter, austauschbarer Geschichten eine durchkomponierte Geschichte vorliegt und wenn diese mit ihren funktionalen Teilen und Figuren insgesamt Sinn vermittelt, sind für die literaturwissenschaftliche Gattungsbestimmung Romanmerkmale gegeben. Die Anfänge des neuzeitlichen Romans mit neuen Stoffelementen und Erzählweisen zeichnen sich im 16. Jahrhundert ab, vor allem bei Jörg Wickram (* Colmar um 1505, † Burgheim am Rhein [Elsaß] vor 1562).

Wickram, ein Colmarer Handwerker, arbeitete zunächst als Goldschmied und Maler, dann in der städtischen Verwaltung. In der Vielfalt seiner literarischen Tätigkeit ist er mit H. Sachs vergleichbar. Er hat die Colmarer Meistersingerschule gegründet, von ihm stammen Schwänke (▷ 8.15), Fastnachtspiele (▷ 8.12), Dramen, eine Bearbeitung von Ovids „Metamorphosen" und fünf Romane. Er entwickelte sie aus der Abhängigkeit von französischen Vorlagen und Ritterromanmotivik („Ritter Galmy", 1539; „Gabriotto und Reinhart", 1551) zu zunehmend selbständigen, im Aufbau wohldurchdachten Texten, die bürgerliche Lebensformen und Mentalität repräsentieren. Das Milieu von städtischem Gewerbe und Handel ist am stärksten in dem Roman „Von guten und bösen Nachbarn" (1556) ausgeprägt, in dem Wickram die Geschichte von zwei bürgerlichen Familien über drei Generationen verfolgt, die als Kaufleute und Goldschmiede ehelich und geschäftlich miteinander verbunden sind. Das Schicksal der Menschen ist von ihren eigenen Entscheidungen bestimmt, aber die Darstellung zielt letztlich auf einen Idealtypus des friedlichen bürgerlichen Lebens, also noch nicht auf die Entfaltung von individueller Persönlichkeit. „Der Jungen Knaben Spiegel" (1554) erzählt als eine Art Erziehungsroman den Weg eines Bauernsohns und eines Adeligen in gegenläufiger Symmetrie. Der Bauernsohn steigt durch Fleiß und Leistung auf und heiratet in die Grafenfamilie ein, während der Grafensohn fällt und erst nach Abwegen dorthin zurückfindet, wo er hingehört. Auch in „Der Goldtfaden" (entstanden 1554, gedruckt 1557) führt Wickram Personen unterschiedlicher ständischer Herkunft zusammen: einen Hirtensohn Leufried und eine Grafentochter Angliana. (Den Goldfaden von der Geliebten näht sich Leufried auf die Brust.) Bewährung insbesondere durch kriegerische Taten ermöglicht das ständische Avancement des Helden mit Ritterschlag und Heirat. Motive höfisch-ritterlicher Erzählwerke sind hier zu einer neuen, mehr zeitgemäßen Story verarbeitet.

Der Goldtfaden.

Ein schöne lieblliche vnd kurtzweilige Histori von eines armē hirten son/Lewfrid genant/welcher auß seinem fleißigen studieren/vnd erbarkeit/vnd Ritterlichen thaten eines Grauen Tochter vberkam/allen Jungen knaben sich der tugendt zubefleißsen/fast dienstlich zu lesen/Newlich der tag geben durch Jörg Wickram von Colmar.

Getruckt zu Straßburg bey Jacob Frölich.

Leufried zähmt einen Löwen. Titelseite zu Jörg Wickrams Roman „Der Goldtfaden" (Colmar 1557; München, Bayerische Staatsbibliothek)

Wickram verkündet mit seinen Figuren und Geschichten – wie die Dramen der Zeit – bestimmte Ideen: Es gibt eine Karriere durch Leistung, unabhängig von geburtsständischen Voraussetzungen. Praktische Leistungsfähigkeit und moralische Qualitäten gehen zusammen. Die als möglich vorgeführte Aufhebung der Standesunterschiede durch persönliche Leistung mag aus der Perspektive eines elsässischen Bürgers nicht unrealistisch sein, war aber, auf die Gesamtgesellschaft in Deutschland bezogen, Mitte des 16. Jahrhunderts eine eher utopische Vorstellung.

8.18 Grobian und die monströs verzerrte Welt

Erschien bei Hans Sachs die Welt heil oder jedenfalls heilbar durch das permanente lebenserhaltende Vertrauen auf Christi Erlösungswerk, so bildet seine positive Haltung nur einen Ausschnitt aus der literarisch formulierten Weltsicht des 16. Jahrhunderts. Angst und Melancholie, groteske Verzerrung der Welt und Teufelsphantasien verdunkeln auch das Reformationszeitalter, und ihre übersteigerte Komik erscheint nicht befreiend, sondern bedrängend und unheimlich.

Sebastian Brant hatte den „neuen Heiligen Grobian" als Signum für nationale Umgangsformen und für die literarische Kommunikation in sein „Narrenschiff" (▷ 7.22) aufgenommen. Die Darstellung einer verkehrten, von Grobheit und Unflat erfüllten Welt sollte als Lehre ex negativo wirken, doch wurde sie dabei auch zum derb unterhaltenden Selbstzweck. Friedrich Dedekind hat eine groß angelegte lateinische Morallehre, „Grobianus" (1549), verfaßt, die unter anderem Kaspar Scheidt (1551) ins Deutsche übersetzte.

Literarische Phantasien der animalischen Welt gehen über die anthropomorphisierten Tiere der äsopischen Fabeln weit hinaus. Ungeziefer, als Schöpfungswerk des Teufels verstanden, wird in sich selbst und die Menschen zerstörenden Exzessen gezeigt. Zwar steht Georg Rollenhagens Epos „Froschmeuseler" (1595) in der antiken Tradition des „Froschmäusekriegs" (Parodie der „Ilias" aus dem 3. Jahrhundert v. Chr.), wuchs aber über die Vorlage hinaus zu einer monströsen Zeitsatire, die auf alle Bereiche des Lebens in Staat und Kirche zielte. Der Verfasser hat alles mögliche Fabelgut und zeitgenössische Ereignisse – Tierfiguren für den Kaiser, den Papst und Luther – verarbeitet und endet in einer entsetzlichen „Schlacht", in der Krebse die Mäuse vernichten. Dann werden die Getöteten von Tieren des Waldes gefressen – ein trostloses, gar nicht mehr komisches Ende, eine Transposition der allesvernichtenden Macht des Krieges in die Sphäre der Kleintiere, doch als Spiegel für die große Welt der Menschen entworfen.

Ein groteskes Vergnügen am Ungeziefer prägt sich in Johann Fischarts „Flöhhaz, Weibertraz" (1573) aus. Auch das Interesse am Floh hat eine literarische Vorgeschichte, aber Fischart gestaltet es zu einer Abscheu erregenden Geschichte zunächst aus der Flohperspektive, dann als Verurteilung der Flöhe, die den Menschen zum Tier, ein Mädchen zum „hauend wilden Schwein" machen, was ausführlich und konkret geschildert wird. Bedenkt man, wie etwa im 12. Jahrhundert Alanus ab Insulis die Schöpfungswelt als Bilderbuch göttlicher Wahrheit, die Rose als Zeichen des menschlichen Lebens betrachtet hatte, so wird hier deutlich, daß die Vorstellung eines geordneten Zusammenhangs aller Dinge verloren gegangen ist.

8.19 Johann Fischarts groteske „Sprachorgien"

Johann Fischart (* Straßburg um 1546, † Forbach um 1590) muß als der größte deutsche Sprachkünstler des 16. Jahrhunderts gelten. Er hat Flandern, Frankreich, Italien und England bereist, eine umfassende humanistische Bildung erworben und war als promovierter Jurist am Gericht in Speyer und Forbach bei Saarbrücken tätig. In seinen nur 44 Lebensjahren hat er eine Reihe von Schriften verfaßt, die ganz außerhalb seiner Berufssphäre liegen: protestantische Verteidigungs- beziehungsweise Kampfgedichte, einen Beitrag zur Eheliteratur, Übersetzungen und groteske Unterhaltungsliteratur. Sein Hauptwerk ist die „Affentheurliche und Ungeheurliche Geschichtsschrift ..." (1575, 1582 unter dem Titel „Affentheurlich Naupengeheurliche Geschichtklitterung ..."), eine freie Nachdichtung von F. Rabelais' „Gargantua". Fischart hat die zeitsatirische Geschichte von drei Riesengenerationen auf die dreifache Länge gebracht, und dabei ist der Werdegang des Riesen Gargantua, der sich in der Welt austobt, den König Bittergroll besiegt, schließlich eine Abtei gründet, um dort zu heiraten und gottgefällig zu leben, von grotesk phantastischen Geschichten, Exkursen und Wortkaskaden („Mentzer-Kletten" nach Fischarts Beinamen Mentzer = Mainzer) völlig überwuchert. Maßlosigkeit kennzeichnet das Werk in jeder Hinsicht und in einer Weise, die das Vorstellungsvermögen übersteigt, obwohl Fischart

Titelblatt der „Affentheurlich Naupengeheurlichen Geschichtklitterung ..." von Johann Fischart (1582)

mit exakten Zahlenangaben aufwartet. So bewegt sich die Riesengestalt Gargantua auf Schuhsohlen aus elfhundert Kuhhäuten, in seinem Urin ersaufen 260 418 Männer. Es ist eine Horrorfiktion, in der Detailgenauigkeit mit nachvollziehbaren gesteigerten Abstrusitäten verbunden ist. Grobianische Motive aus allen Elementarbereichen menschlichen Lebens werden aufgehäuft und in schier endlos wirkenden Assoziationsströmen über den Leser ergossen. Monströse Formulierungen entstehen, die Sprachspiele verselbständigen sich. Die bewußt gestaltete, manchmal wohl auch zwanghaft in der Sprachproduktion entstehende Unförmigkeit des Ganzen bezeichnete Fischart selbst als Spiegel der Welt, aber seine Rechtfertigung fängt das verwirrende Opus nicht auf. Was über ein paar

Seiten als Sprachorgie anziehen mochte, dürfte auch bei andersartigem Apperzeptionsvermögen im 16. Jahrhundert über hunderte von Seiten kaum gefesselt haben, das Werk machte wohl eher ratlos und blieb resonanzlos.

8.20 Teufelsliteratur

Eine erfolgreiche, allerdings kurzlebige literarische Erscheinung der zweiten Hälfte des 16. Jahrhunderts sind die „Teufelsbücher". Sie stammten aus der Feder lutherischer Pfarrer in Mittel- und Norddeutschland und sollten – einheitlich in der moralischen Absicht, unterschiedlich in der Form (Traktat, Predigt, Sendschreiben, Lehrgedicht, Kompendium) – das Wirken des Teufels im Alltagsleben bekämpfen. In den Sünden und Lastern der verschiedenen Lebensbereiche glaubte man Spezialteufel am Werk, die ihr verführerisches Unwesen trieben. Dies wurde mehr oder weniger drastisch vorgeführt und unter Berufung auf Autoritäten mit Zitaten antiker Schriftsteller, der Bibel, der Kirchenväter und Luthers kommentiert. Auf diese Weise sollte sich die Belehrung ex negativo ergeben. Doch der Erfolg der Bücher beruhte wohl weniger auf der Resonanz ihrer Moral als auf dem Unterhaltungswert der satirischen Darstellungen und auf der Faszination, die alles ausübte, was mit dem Teufel zusammenhing. Literarisch waren der Teufel und seine Helfer im späten Mittelalter vor allem aus den geistlichen Spielen geläufige Gestalten, die die Hölle bevölkerten und in ausgedehnten ständesatirischen Szenen Seelenfang betrieben. In einer selbständigen Ständerevue „Des Teufels Netz" (1420) hatte der Teufel sieben Knechte, die die Todsünden repräsentierten, und in besonderer Weise die Geistlichkeit einfingen. Diese literarische Tradition, an die die Teufelsbücher anknüpften, wurden von einem beunruhigenden Teufels-, Hexen- und Dämonenglauben getragen, der alle Gesellschaftsschichten erfüllte. In der reformatorischen Auseinandersetzung führte er quer durch die literarischen Gattungen zur Verteufelung der jeweiligen konfessionellen Gegenseite. Dabei wurden etwa die Lutheraner zu Kindern des Teufels, der Papst zum Antichrist und die päpstliche Kirche zum Teufelswerkzeug. Daß solche Deklarationen nicht nur metaphorische Bedeutung besaßen, zeigt der in diesen Zusammenhang gehörende Hexenglaube mit seinen praktischen mörderischen Konsequenzen.

Auch für Martin Luther war der Satan von leibhaftiger Lebendigkeit (auf der Wartburg soll er ihm sein Tintenfaß entgegengeschleudert haben), doch sah er den Widersacher Gottes, der die Menschen geistig und seelisch vielfältig bedrängte, letztlich der göttlichen Allmacht unterworfen. Luther hat die Namen einer Reihe von Spezialteufeln bereitgestellt, indem er Laster personifizierend mit Teufelsnamen belegte: Saufteufel, Werkteufel, Hofteufel, Wallfahrtsteufel usw. (Die Trunksucht hat er übrigens als nationales Laster herausgestellt: „Unser deutscher Teufel wird ein rechter Weinschlauch sein und muß Sauf heißen".) Eine besondere Textsorte hat Luther nicht begründet und auch nicht angeregt. Sie prägt sich zuerst 1552 in dem „Saufteufel" von Matthäus Friedrich aus. Bis zum Ende des 16. Jahrhunderts sind fast 40 verschiedene Teufelsbücher von über 30 Autoren erschienen, einige in mehreren Auflagen. Ein Sammelband „Theatrum diabolorum", den Sigmund Feyerabend 1569, 1575 und 1587 herausbrachte, bezeugt den Erfolg der Bücher, in denen sich Teufelsglaube und Moraldidaxe orthodoxer Lutheraner verbanden.

8.21 „Historia von D. Johann Fausten"

Die Geschichte von „dem weitbeschreyten Zauberer und Schwartzkünstler" erschien 1587 in Frankfurt. Bereits das Titelblatt des Druckes nennt die charakteristischen Momente: Es handelt sich um eine historische Person, einen gottlosen Menschen, um seinen Pakt mit dem Teufel und dessen Folgen bis zum wohlverdienten Lohn; auf der Grundlage seiner hinterlassenen Schriften soll den Lesern ein abschreckendes Beispiel gegeben werden. Doch sichere historische Spuren sind gering. Ein Georg oder Johann[es] Faust, wohl ein Bauernsohn aus Württemberg, zog durch Deutschland als Scharlatan und Quacksalber, lebte vom Horoskopstellen

HISTORIA

Von D. Johañ

Fausten/dem weitbeschreyten
Zauberer vnd Schwartzkünstler/
Wie er sich gegen dem Teuffel auff eine be-
nandte zeit verschrieben / Was er hierzwischen für
seltzame Abentheuer gesehen/ selbs angerich-
tet vnd getrieben / biß er endtlich seinen wol verdienten Lohn
empfangen.

Mehrertheils auß seinen eygenen
hinderlassenen Schrifften/ allen hochtragen-
den/fürwitzigen vnnd Gottlosen Menschen zum schrecklichen Beyspiel/abscheuwlichem Exempel/vnnd trew-
hertziger Warnung zusammen gezo-
gen/ vnd in Druck ver-
fertiget.

IACOBI IIII.
Seyt Gott vnderthänig/widerstehet dem
Teuffel/so fleuhet er von euch.

CVM GRATIA ET PRIVILEGIO.

Gedruckt zu Franckfurt am Mayn/
Durch Johann Spies.

M. D. LXXXVII.

Titelblatt des „Faustbuchs" mit dem vor dem Teufel
warnenden Bibelwort als richtungweisendem Motto
(Frankfurt am Main, 1587)

(1520 beim Bischof von Bamberg) und ähnlichen Künsten, er geriet in Konflikt mit städtischen Behörden (wurde 1528 aus Ingolstadt, 1532 aus Nürnberg ausgewiesen), er hatte Kontakt zu mehreren Universitäten, ohne daß man Genaues über sein Studium weiß. Deutlich ist allein die literarische Gestalt, deren Lebensgeschichte der unbekannte Verfasser mit verbindlicher temporaler Struktur entworfen und mit verschiedenartigem Erzählgut aufgefüllt hat, vor allem mit dem signifikanten Teufelspakt. Faust schließt ihn nach seinem Studium in Wittenberg, denn die Wissenschaft vermag seinen Erkenntnisdrang nicht zu befriedigen, er will „alle Gründe am Himmel und Erden erforschen". Der Abge-

sandte des Teufels disputiert mit Faust über seine weitreichenden Fragen, er weiß Antworten auf alles, doch sie verfälschen die Wahrheit, leugnen die Vergänglichkeit der Welt und des Menschen. Mephostophiles (so im Buch gedruckt) führt Faust in die Hölle, zu den Gestirnen, in viele Länder und Städte, ja bis zum Paradies. In einem schwankhaften Teil vollbringt Faust verschiedenste Zauberkunststücke, verkehrt mit Hexen und läßt vor seinen Studenten die antike Helena erscheinen. Mit ihr zeugt er dann einen Sohn. Nach 24 Jahren ist der Pakt abgelaufen, Faust wird vom Teufel geholt.

Das Ende wirkt zwiespältig wie die Gestalt und die Geschichte insgesamt, obwohl der Erzähler aus einer streng lutherischen Position klare Wertungen gibt und mit einem Bibelwort schließt, das zur Wachsamkeit vor dem Teufel aufruft. Verteufelt wird Fausts grenzenloser naturwissenschaftlicher Wissensdrang – der Fürwitz – durch die Behauptung einer von Gott gesetzten Grenze und im Glauben an das konkrete Umgehen des göttlichen Widersachers. Indem aber das Erkenntnisstreben als menschliches Bedürfnis vehement aufbricht, zeigt sich gleichsam auf einer anderen Ebene jener Gegensatz zwischen Humanismus und Reformation, der in der Vorstellung vom freien Willen des Menschen bei Erasmus von Rotterdam einerseits und in Luthers Ansicht von der Unfreiheit durch die Sünde andrerseits zum Ausdruck gekommen war.

Fausts Verdammnis ist für den Erzähler wohl eindeutig, wie nicht zuletzt die grausige Verstümmelung des Toten zeigt („Das Hirn klebte an der Wandt"), doch Klagen und Reue, Selbstbezichtigung und Bekenntnis der teuflischen Verbindung in einer Abschiedsrede an seine Studenten enthalten Momente für eine neue Bewertungsmöglichkeit, eine Hoffnung auf Fausts Erlösung; doch wurden in Deutschland erst rund 200 Jahre später in Goethes „Faust" aufgenommen.

Kapitel 9
Barock (17. Jahrhundert)

Einführung

Spricht man vom Barock als einer Epoche der Literaturgeschichte, so setzt man als Zeitpunkt des Beginns dieser Periode in der deutschen Literatur gewöhnlich das Jahr 1624, das Erscheinungsjahr des „Buchs von der Deutschen Poeterey", der auf den ersten Blick so unscheinbar wirkenden, als Programmschrift für die neue deutsche Literatur kaum zu überschätzenden Schrift von Martin Opitz. Mit diesem Büchlein wird auch für die deutsche Literatur, wie zuvor schon für die romanischen Literaturen, die Grundlage für deren Erneuerung auf humanistischer Basis geschaffen.

Diese das gesamte 17. Jahrhundert umfassende Epoche wird geprägt von den Erfahrungen des Dreißigjährigen Krieges und seinen verheerenden Folgen für Bevölkerung und Wirtschaft. Der Westfälische Frieden (1648) hatte mehr als 300 völkerrechtlich souveräne Klein- und Kleinststaaten geschaffen. Auf Reichsebene siegte das ständische Prinzip und überließ dem Reich nur noch eine passive Macht, während auf Landesebene langsam der Absolutismus durchgesetzt wurde, jedoch nur in einzelnen Territorien mit wirklichem Erfolg. Da das ständische Prinzip als Ordnungsgarant versagt hatte, lag nahe, einer anderen Staatsform, der des Absolutismus, die Rolle zuzuweisen, einen Weg aus den chaotischen Zuständen zu suchen. Orientierungspunkt war politisch wie kulturell Frankreich.

Im Zuge der Durchsetzung absolutistischer Herrschaft, die ohne eine straffe Verwaltung, ein stehendes Heer und ein hochsystematisiertes Rechtswesen auf der Grundlage des römischen Rechts bei gleichzeitiger Ablösung tradierter Gewohnheitsrechte nicht möglich gewesen wäre, kommt den bürgerlichen Gelehrten, die über die notwendigen Kenntnisse vor allem verwaltungstechnischer und rechtlicher Art verfügten, eine ganz neue Funktion zu. Sie finden nun Beschäftigung, Auskommen und soziales Ansehen im Dienst der Fürsten. Sie sind es, die sich auch als Dichter hervortun und mit ihren Schriften einerseits den entstehenden Staat und seinen Fürsten legitimieren, andererseits sich selbst durch diese Schriften für den Dienst empfehlen und sich so eine Stellung am Hof zu sichern versuchen. Im Spannungsverhältnis zwischen Reich und Territorien vertreten die Dichter nicht ausschließlich die Sache der Territorialstaaten, sondern dienen und huldigen, aus dem Wunsch heraus, den labilen Status quo der nationalen Einheit zu erhalten und zu festigen, auch dem Reichsgedanken.

Die deutsche Literatur des Barock, die in zeitlich abgestufter Folge unterschiedlichen Gattungen den Vorzug gab (Lyrik in den 30er und 40er Jahren des 17. Jahrhunderts, Drama – vor allem Trauerspiel – in den 50er und 60er Jahren, Roman erst ab etwa 1660), ist Repräsentationskunst, ist eine am humanistischen Bildungsideal orientierte, an der Rhetorik ausgerichtete, einem rigiden Ordnungsstreben unterworfene Literatur einer Bildungselite, die ihre Werke explizit von früheren volkssprachigen literarischen Äußerungen absetzt.

Erst gegen Ende des 17. Jahrhunderts, nach einer ersten Konsolidierung des absolutistischen Regiments, zu einem Zeitpunkt, da die vorher ins Abseits gedrängten Landadligen, um nicht zu völliger Einflußlosigkeit verdammt zu werden, die notwendige Bildung erworben hatten und so die Funktionen der bürgerlichen Gelehrten in den Verwaltungen übernehmen konnten, wurden die bürgerlichen Schriftsteller, denen Aufstiegsmöglichkeiten und Anerkennung innerhalb des Systems nunmehr versagt waren, in die Opposition gedrängt. Diese Distanz zum Hof ermöglichte erst die Entwicklung bürgerlichen Selbstbewußtseins, das seinen Niederschlag in den Forderungen der Aufklärung fand.

9.1 „Barock": Schimpfwort – Stil – Epoche

Zahllos sind die Versuche, den Begriff „Barock" zu definieren beziehungsweise ihn etymologisch abzuleiten. Einige Bezugsbegriffe scheinen vor anderen von Einfluß zu sein, zum Beispiel das italienische Substantiv „barocco", das aus der Terminologie der scholastischen Logik stammt. Die schon im 16. Jahrhundert in Italien nachweisbare negative Bewertung dieses Begriffs, der metaphorisch als Bezeichnung für abwegige oder skurrile Einfälle verwendet wird, läßt sich mit der Auflehnung gegen die Scholastik in der Renaissance erklären. Ganz andere Bedeutung hat das portugiesische Adjektiv „barroco", das eine unregelmäßige Perle bezeichnet. Im 18. Jahrhundert bereits finden sich Belege für die Bedeutungserweiterung des Begriffs, der – nun auch im positiven Sinne – „extravagant" oder „bizarr" bedeutet. Die Interpretation, die von einer Verquickung der Bedeutungsfelder des italienischen Substantivs und des portugiesischen Adjektivs ausgeht, scheint einiges für sich zu haben und anderen Herleitungsversuchen, zum Beispiel vom italienischen „parrucca" (= Perücke) oder der toskanischen Bezeichnung für einen Wuchervertrag („barocco", „barocchio") überlegen zu sein. Selbstverständlich bezeichneten die Künstler dieser Epoche ihre Werke selbst nicht als „barock"; sowohl die Stil- als auch die Epochenbezeichnung sind das Werk späterer Generationen. Besonders im 19. und frühen 20. Jahrhundert wurde die Literatur des 17. Jahrhunderts als schwülstig, pathetisch, rhetorisch bewertet und abgelehnt, der Begriff als Schmähwort verwendet und vor allem auf die Werke des Hoch- und Spätbarock bezogen. Die Kunstprodukte der Zeit zwischen 1600 und 1700 wurden lange nur als Ausdruck des Verfalls der Renaissance gesehen, der Barock selbst nicht als eigene Epoche betrachtet. Erst H. Wölfflin arbeitete zu Beginn des 20. Jahrhunderts für die Kunstgeschichte die grundsätzlichen Unterschiede zwischen Renaissance und Barock heraus, die dann sein Schüler F. Strich für die Literatur fruchtbar machte. Wölfflins Begriffspaare linear/malerisch, Fläche/Tiefe, Klarheit/Unklarheit waren in ihrer Allgemeinheit dazu geeignet, mehr als nur die Unterschiede zwischen Renaissance und Barock zu beschreiben; sie lösten sich als kunsthistorische Grundbegriffe von ihrer historisch konkreten Bindung und wurden auf andere Epochen übertragbar und übertragen. Somit verwischte dieser Stilbegriff das Historisch-Eigentümliche der Kunstproduktion der Zeit. Der zeitweise synonym verwendete Begriff „Manierismus", der sich ebenfalls in der Kunstgeschichte als Gegenbegriff zur Klassik entwickelte, hat sich mittlerweile für die Bezeichnung des Stilprinzips durchgesetzt, so daß der Begriff „Barock" wieder entlastet wurde und nun meist nur noch als pauschaler Epochenbegriff den Zeitraum zwischen 1620 und 1700 bezeichnet.

9.2 Memento mori und Carpe diem – das antithetische Lebensgefühl des Barock

Die außerordentlich bilderreiche Sprache der Barockdichtung, die mit lautmalerischen Mitteln und immer neuen Vergleichen versucht, ihre Gegenstände angemessen zu beschreiben, die aufwendige Theatermaschinerie, mit der vollkommene Illusion erzeugt werden soll, verschlungene Treppenhäuser und Stuckverzierungen, die es dem Betrachter unmöglich machen, auf den ersten Blick wirkliche, funktionale Architektur von gemalter zu unterscheiden, deuten auf Sinnenfreude, Daseinslust – doch der Schein trügt. Diese Phänomene dokumentieren unterschiedliche Reaktionsweisen auf eine tiefe Verunsicherung. Einerseits wird versucht, die Dinge begrifflich zu fixieren, ihr Wesen zu erfassen, ande-

Theater des Barock.
Szene auf der 1663 von
Joseph von Furttenbach
eingerichteten Bühne des
Heidelberger Schlosses

rerseits ist, da die Welt als Schein, ihr Wesenskern als dem Menschen verborgen gesehen wird, nur noch die Potenzierung dieses Scheins möglich. Beide Ansätze verweisen den Betrachter auf dasselbe: das Individuelle, Zufällige hat angesichts der völligen Nichtigkeit des irdischen Seins keine Bedeutung. Es muß der „Poeterey“, die „anfangs nichts anderes gewesen als eine verborgene Theologie“, wie M. Opitz sagt, darum gehen, den Menschen den Heilsplan Gottes zu vermitteln. Die Welt der Erscheinungen existiert nicht um ihrer selbst willen, sondern dient dem Menschen, um in ihr Gottes Willen und die Harmonie der göttlichen Schöpfung zu erkennen (▷ 9.11; 9.12). Dieser Weltflucht, der Verzweiflung über die Vergänglichkeit des Irdischen („memento mori“ = gedenke des [deines] Todes), „vanitas“ (= Leere, Wahn, Eitelkeit) auf der einen Seite steht das Motto „carpe diem“ (= nütze den Tag) gegenüber. Es soll aber nicht als Aufforderung verstanden werden, die Freuden des Irdischen, so lange es noch möglich ist, ohne Rücksicht auf Konsequenzen zu genießen, sondern dieser Wahlspruch soll lehren, den Tag in gottgefälligem Sinne zu nutzen. Diese Formeln beschreiben allerdings nur sehr plakativ und ungenau die Spannungen, die durch das Infragestellen fundamentaler christlicher Lehrsätze, die Erfahrungen des Dreißigjährigen

Krieges und die damit einhergehenden Verunsicherungen und Umwälzungen erzeugt wurden, und täuschen über die tatsächlich höchst unterschiedlichen Erscheinungen hinweg, die den Barock zu einer nichts weniger als einheitlichen Epoche machen.

9.3 Theatrum mundi – die Welt als Bühne

Keine andere Metapher als die des Theaters für die Welt entspricht sinnfälliger der Grunderfahrung der „vanitas“ (▷ 9.2) des 17. Jahrhunderts. Wer spielt Theater? Wer führt Regie? Wer sieht zu? Die Metapher erlaubt mehrere Deutungsmöglichkeiten und ist sowohl mit der christlichen Tradition als auch mit der höfischen Praxis der Repräsentation verquickt. Die christlich-theonome Deutung interpretiert Gott als Regisseur, Autor und einzigen Zuschauer des Stückes, die Menschen als Marionetten dieses Spielmachers. Die Grenzen von Realität und Metaphorik verschwimmen jedoch. Die reale Theaterbühne wird zum Repräsentationsforum von Welt. Mit abenteuerlichen Maschinen, Kulissen und Prospekten wird alles nur Denkbare, vorgestellt, totaler Schein, vollkommene Illusion von Realität erzeugt. Aber nicht nur auf dem Theater, in allen literarischen Gattungen, nicht zuletzt in der Schäferdichtung (▷9.35; 9.36), werden Rollenspiel und Unmöglichkeit der Erkenntnis des wahren Seins zum Thema. Das Rollenspielen selbst, soziales Handeln wird in den Mittelpunkt gerückt. Die richtige Verkörperung der Rollenhaltung, also eines Nichtprivaten, eines Repräsentativen ist gemeint, wenn über gutes oder schlechtes Spielen geurteilt wird. Diese auf die weltliche Ebene gerichtete Deutung der Theatermetapher gewinnt in der Ordnung des höfischen Repräsentations- und Zeremonienwesens ungeahnte Bedeutung. Der Hof selbst ist ebenso Mikrokosmos wie die Theaterbühne. Die Götter dieser Welt, die Herrscher, sind in ihrer Machtvollkommenheit Spielleiter, die Höflinge müssen nach ihren Anweisungen spielen. Theatralisierung des höfischen Lebens findet nicht nur durch die Veranstaltung von Theater und Festen statt, sondern der gesamte höfische Alltag ist inszeniert, um Pracht und Macht des Hofes zu veranschaulichen. Im höfischen Kontext ist die Schauspielkunst auf den persönlichen, innerweltlichen Erfolg des Spielers gerichtet. Religiöse wie anthropologische Deutung der Theatermetapher zeigen, daß im großen Welttheater wie in der kleineren Welt des Hofes die einmal fixierten Rollen angemessen ausgefüllt werden müssen, daß in beiden Bereichen Individuelles nichts, Rollenkonformität alles gilt, um die jeweils unterschiedlichen Ziele – ewiges Leben beziehungsweise soziale Anerkennung und Erfolg – zu erreichen.

9.4 Gelehrte Autoren – gelehrte Leser: der literarische Markt

Hauptsächlich die Buchmeßkataloge der Messen von Frankfurt am Main und Leipzig geben Aufschluß über die Anzahl und Art der gedruckten Literatur. Meist nicht berücksichtigt sind in diesen Katalogen die amtlichen Publikationen, die Gelegenheitsdrucke (▷9.16), regionale Drucke sowie die Publikationen aus dem süddeutschen Raum und vor allem auch das sogenannte Volksschrifttum, das jedoch mit Sicherheit einen sehr großen Anteil der Druckerzeugnisse darstellte. Die Untersuchung der Meßkataloge, die, unter-

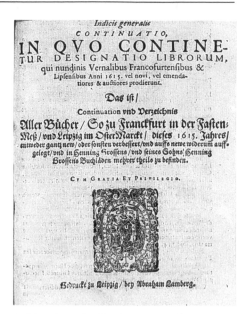

Titelblatt des Buchmeßkatalogs der Frankfurter Fastenmesse und des Leipziger Ostermarktes von 1615

teilt nach Sprachen und den vier Universitätsfakultäten, die Adressatengruppen schon deutlich werden lassen, ergibt, daß über die Hälfte der jährlich etwa 500 erschienenen Werke in Lateinisch abgefaßt und schon deshalb der Lektüre breiterer Schichten entzogen waren. Diese Vorherrschaft der lateinischen Sprache verringerte sich erst zu Beginn des 18. Jahrhunderts. Betrachtet man die Buchproduktion unter inhaltlichen Gesichtspunkten, so bilden die Werke mit theologischer Thematik mit 40–50 % die weitaus größte Gruppe, gefolgt von Büchern aus den Bereichen Jurisprudenz, Geschichte, Philosophie und Medizin, während Werke der Dichtung kaum 5 % Anteil an der Gesamtproduktion ausmachen, wobei nur der kleinste Teil deutschsprachig ist.

Der allergrößte Teil der in den Meßkatalogen verzeichneten Bücher richtet sich also an ein gelehrtes Publikum. Gelehrte schreiben und Gelehrte lesen die Werke, so daß Erzeuger und Verbraucher praktisch identisch sind. Berechnungen, orientiert an den Studentenzahlen der Zeit, ergeben eine Zahl von etwa 50 000 potentiellen Lesern. Berücksichtigt man, daß viele der Konsumenten hauptsächlich die jeweils für sie relevante Fachliteratur lasen, so kann man nur wenige tausend Leser überhaupt als mögliches Publikum für schöngeistige Literatur erwarten. Bücher waren zudem unerschwinglich teuer. Die gedruckten Bogen eines umfangreichen höfisch-historischen Romans (▷ 9.31), wie zum Beispiel des „Arminius" von D. C. von Lohenstein, kosteten ungeheftet und ungebunden 8 Reichstaler, einen Betrag, der ungefähr dem Monatsgehalt eines niederen Beamten entsprach. Das Publikum dieser gelehrten, literarisch anspruchsvollen Barockdichtung beschränkte sich also auf Fürsten, Teile des Adels, Patrizier und einige Gelehrte. Diese kleine Trägerschicht läßt sich auch aus den Widmungen und Vorreden der Werke ableiten. Unter den Autoren finden sich überdurchschnittlich viele Beamte der kaiserlichen, landesherrlichen oder städtischen Verwaltungen, die zumeist Juristen waren. Erklären läßt sich dieser Sachverhalt nicht zuletzt durch die historisch spezifische Bedeutung des Beamtentums für die Etablierung absolutistischer Regierungen (▷ 9, Einführung). Die sich auf den regierenden Adel ausrichtenden, um sozialen Aufstieg und Nobilitierung bemühten bürgerlichen Beamten entwickelten keine Standeskultur, sondern trugen zu einer Hofkultur bei, die ihr Zentrum und ihren permanenten Referenzpunkt im Fürsten selbst hatte.

9.5 Literarische Zentren

Wesentliches Merkmal des Heiligen Römischen Reiches deutscher Nation im 17. Jahrhundert war die Kleinstaaterei. Die über 300 einzelnen Territorien, die kleine, politisch und wirtschaftlich höchst unterschiedlich strukturierte Einheiten bildeten, standen der Entwicklung einer einheitlichen „deutschen" Kultur und Literatur entgegen. Die Sprache, die man als einende Größe annehmen könnte, war weder als Literatursprache etabliert noch war sie schon einheitlich an einer hochsprachlichen Norm orientiert. Dialektale Färbungen finden sich in der Literatur noch bis ins 18. Jahrhundert hinein und sind vor allem in gereimter Dichtung durch heute als nicht mehr rein empfundene Reime nachweisbar. Doch war Literaturproduktion wie Literatur-

rezeption in allen Territorien an dieselben Institutionen (Schule, Universität, Höfe, Kirche) und Personengruppen (▷ 9.4) gebunden. Ebenso bilden die christliche Weltanschauung, die humanistische Bildung sowie die adlig-höfische Kultur die unabdingbaren Bezugsfelder aller Autoren. Die Dichter lernten sich auf den Universitäten oder in Dichtergesellschaften (▷ 9.15) kennen, tauschten Werke aus und widmeten sie sich gegenseitig, so daß die literarische Intelligenz durchaus überterritorial verbunden war. Doch diese einenden Elemente führten nicht zu einer einheitlichen Literaturproduktion. Regional wie zeitlich lassen sich durchaus unterschiedliche Ausprägungen der gemeinsamen Grundlagen feststellen. Die verschiedenen Zentren zeichnen sich jeweils durch die Pflege und Entwicklung einzelner Gattungen beziehungsweise durch thematische Schwerpunkte aus (Oper [▷ 9.30] und höfisch-historischer Roman [▷ 9.31] in Wolfenbüttel, Trauerspiel in Schlesien [▷ 9.26–9.28], Schäferdichtung in Nürnberg [▷ 9.36]).

9.6 „Von etlichen sachen die den Poeten vorgeworffen werden; vnd derselben entschuldigung"

So lautet die Überschrift des dritten Kapitels von M. Opitzens „Buch von der Deutschen Poeterey". Ein ganzes Kapitel von insgesamt nur acht widmet Opitz der Verteidigung der Poeten und der Dichtung schlechthin. Opitz verteidigt die Dichtkunst gegen die traditionellen, auf Platon zurückgehenden Vorwürfe, Literatur verbreite Lügen und rege durch das Vorführen lasterhafter Handlungen zu deren Nachahmung an. Er behauptet, die Dichtung beinhalte alle anderen Künste und Wissenschaften, der Dichter müsse über alle Dinge Bescheid wissen, denn er müsse über alles schreiben können, und er stellt den Dichter sogar über den Philosophen, denn auch der Dichter versucht, dem Wesen der Dinge nahezukommen, schreibt aber unterhaltsamer als der Philosoph. Opitz unternimmt es nicht nur, durch eine Aufwertung der Dichtung diese zu legitimieren und die deutsche Sprache für literaturfähig zu erklären, sondern bemüht sich auch, den von ihm allein anerkannten Typ des tugendhaften und gelehrten Dichters gegen die weniger gelehrten, weniger moralisch hochstehenden Vielschreiber abzusetzen. Opitz, ein Gelehrter, der auf Ämter angewiesen ist, empfiehlt sich mit diesem Text in erster Linie auch als Gelehrter für den Fürstendienst, nicht zuletzt mit dem Argument, daß Dichter es sind, die den Nachruhm der Fürsten zu bewahren vermögen.

Titelblatt der Erstausgabe von Martin Opitz' „Buch von der Deutschen Poeterey" (1624)

9.7 Die „Wolredenheit" – zur Rolle der Rhetorik

Fußend auf der antiken Redekunst, auf Aristoteles, Cicero und Quintilian, wurden im 17. Jahrhundert zahlreiche Rhetoriklehrbücher verfaßt. Die Rhetorik, eine der Sieben Freien Künste (Artes liberales; ▷ 9.25), war wichtiges Unterrichtsfach in den Schulen, und jeder Gelehrte war mit ihren Grundprinzipien und -regeln vertraut und wendete sie an. Die Rhetorik stellt Regeln für die Abfas-

sung von Reden zur Verfügung. Der Redner, ganz gleich, ob er eine Gerichtsrede, eine politische Entscheidungsrede oder eine Lob- oder Tadelrede abfassen will – so die drei Redegattungen („genus iudiciale", „genus deliberativum", „genus demonstrativum") –, hält sich an das tradierte Schema. Nachdem er sich das Thema gewählt hat beziehungsweise ihm das Thema aufgetragen worden ist, muß er seinem Redeziel dienliche Argumente finden („inventio"), diese sodann ordnen („dispositio") und schließlich in eine angemessene und wirkungsvolle sprachliche Form bringen („elocutio"). Beim Suchen der Argumente hilft die Topik (= Lehre von der Topoi, den allgemeinen Gesichtspunkten für die Erörterung eines Themas, einerseits Fragen nach dem wo, wie, warum usw. eines Redegegenstandes, andererseits Gemeinplätze, geprägte Wendungen, Zitate, Bilder). Ziel des Redners ist die Überzeugung seiner Zuhörer; Überzeugungen, Überreden kann er entweder mit Hilfe rationaler Argumente, indem er an die Vernunft der Hörer appelliert („docere") oder aber, indem er die Gefühle der Zuhörer sanfter („delectare") oder stärker („movere") anspricht.

Das Lehrgebäude der Rhetorik erfuhr im Verlauf des 17. Jahrhunderts mannigfaltige Abänderungen. Vorstellungen und Anliegen, wie sie zum Beispiel im Zusammenhang mit dem neuen Staats- und Politikverständnis formuliert wurden, fanden sich in diesem System nicht angemessen berücksichtigt, und auch für den höfischen Umgang, das Complimentierwesen, mußte das System angepaßt werden. So folgen die Rhetoriken zwar üblicherweise dem überlieferten Aufbau, aber gerade in den Abweichungen machen sich Veränderungen im sozialen Gefüge und neue Kommunikationsformen bemerkbar.

Am Beispiel des „aptum", der Angemessenheit des sprachlichen Ausdrucks, einer der „virtutes elocutionis" (= Tugenden des sprachlichen Ausdrucks [Stilqualitäten], zu denen noch grammatikalische Richtigkeit [„puritas"], Kürze [„brevitas"], Deutlichkeit [„perspicuitas"] und der Redeschmuck [„ornatus"] gehören), ist dieser Wandel besonders deutlich zu erkennen. In den Rhetoriken und Poetiken zu Beginn des 17. Jahrhunderts, die sich an der antiken wie an der Humanistenrhetorik orientierten, stand dieser

Begriff in engem Zusammenhang mit der Stillehre. Der statisch gedachten Rangordnung der Dinge sollte der ihnen jeweils angemessene Ausdruck entsprechen. Schon in den Schriften von J. P. Titz und J. M. Meyfarth wird diese Kategorie unter dem Begriff der „elegantia" gefaßt. Zierlichkeit heißt nun die Zentralkategorie, die nicht mehr vor allem die Hierarchie der Gegenstände, sondern die stilistische Vollkommenheit meint. Bei Ch. Weise, gegen Ende des Jahrhunderts, erfährt der Begriff des „aptum" eine ganz andere Deutung. Weise versteht unter der Angemessenheit vor allem die Berücksichtigung der Redesituation; der Redner muß seine Rede an den Erwartungen der Zuhörer ausrichten, um sein Ziel zu erreichen. Das Politisch-Gesellschaftliche ist zur Orientierungsgröße geworden und bestimmt die Gestaltung eines Textes.

Nichts Geschriebenes oder öffentlich Gesprochenes ist im 17. Jahrhundert ohne das rhetorische System denkbar. Zahlreiche Sonderrhetoriken für das Briefeschreiben, für Predigten usw. geben davon Zeugnis, daß die Rhetorik in allen Bereichen schriftlicher Äußerungen grundlegendes Regelsystem war.

9.8 Dichten ist lernbar – Poetiken

Wenn M. Opitz (▷ 9.13) von der Dichtung sagt, sie sei „anfangs nichts anders gewesen als eine verborgene Theologie / vnd vnterricht von Göttlichen sachen", so macht er in diesem Satz auch eine Aussage über das Weltverständnis, von dem ganz unmittelbar das Dichtungsverständnis abhängt (▷ 9.11). Die Dichtung soll auf ihre Weise die Menschen einnehmen und überreden, auf ihre Weise die theologischen Wahrheiten verbreiten. Unterrichten ist die wichtigste Aufgabe der Dichtung, und so deckt sie sich im Ziel mit der Rhetorik. Die Poetiken, die im 17. Jahrhundert so zahlreich entstehen, richten sich folglich in ihrem Aufbau nach den Rhetoriken. Die poetische Rede unterscheidet sich von der rhetorischen in erster Linie dadurch, daß sie gebunden, das heißt in Versen abgefaßt ist. Dies ist auch der Grund, warum sich in den frühen Poetiken keine Bemerkungen zum Roman finden.

Die Poetiken beschäftigen sich vor allem mit der Gattungslehre, die meist im Teil der „dispositio" (▷ 9.7) abgehandelt wird und in der festgelegt ist, welchen Gegenständen welche Gattung angemessen ist und welche Stillage dieser entspricht. Ganz wesentliche Teile sind auch die Reim- und Verslehre (▷ 9.14). Oft gehen die Verfasser so weit, ihren Werken ganze Reimlexika anzufügen beziehungsweise Listen der Stamm- und Grundwörter, die oft im einzelnen mit ihren poetischen Verwendungsmöglichkeiten, ihren zahlreichen emblematischen (▷ 9.12) und allegorischen (▷ 9.11) Bedeutungsmöglichkeiten beschrieben und erläutert werden und so von potentiellen Dichtern zur bildlichen Ausgestaltung eines Werkes oder als Katalog verwertbarer Beispiele und Gleichnisse genutzt werden können.

Dichtung ist eine „ars", eine Kunst, die man lernen kann. Immer wieder wird das Ackergleichnis angeführt, das sich auch noch im 18. Jahrhundert zum Beispiel in Gottscheds „Critischer Dichtkunst" (▷ 10.6; 10.7) findet: Ein guter Acker (das heißt ein begabter Dichter), der nicht gepflegt, nicht nach den Regeln der Ackerbaukunst bearbeitet wird, wird keine Frucht oder nur wenig tragen, hingegen trägt selbst ein karger Boden Früchte, wenn er nur den Regeln gemäß gründlich bearbeitet wird. Die Regeln, die „ars", stehen also über der natürlichen Begabung, dem „ingenium". Barockdichtung ist nie Ausdruck individuellen Erlebens, des unmittelbaren, ganz eigentümlichen Weltempfindens eines dichterischen Genies, sondern ist immer von Regeln bestimmter, auf Allgemeines zielender Ausdruck vorgegebener, vorgeformter Inhalte, für deren Wahrheit die Bibel und die antiken Schriftsteller gleichermaßen als Autoritäten bürgen. Für den Barockdichter gibt es „nichts Neues unter der Sonne". So dient alles Geschehene und alles Existierende als Sinnbild, wird zum Material für die immer wieder unter christlicher Norm vorzunehmende Weltdeutung.

9.9 Spracharchitektur – das barocke Gedicht

In Barockgedichten fällt zuerst der eigentümliche Stil auf, der als insistierend, summativ beschrieben werden kann. Mit immer wieder neuen Bildern und Vergleichen wird nach allen Regeln der Amplifikationskunst (Begriff der Rhetorik [▷ 9.7], der die differenzierte Betrachtung eines Gegenstandes unter verschiedenen Gesichtspunkten bezeichnet) der behandelte Gegenstand beschrieben und definiert. So schreibt A. Gryphius (▷ 9.27) in seinem Sonett „Menschliches Elende":
„Was sind wir Menschen doch? ein Wohnhauß grimmer Schmertzen.
Ein Ball des falschen Glücks / ein Irrlicht diser Zeit.
Ein Schauplatz herber Angst / besetzt mit scharffem Leid /
Ein bald verschmeltzter Schnee und abgebrante Kertzen."
Diese Stileigentümlichkeit kennt zahlreiche Variationen: Häufungen durch Wortvariationen oder Vergleichsketten, Umschreibungen, Spielreime oder Correlativi wie zum Beispiel „Die Sonn' / ein Pfeil / der Wind / verbrennt / verwundt / weht hin" oder Parallelisierung im Konklusionsschema wie zum Beispiel G. Ph. Harsdörffers
„Pfeile fliegen flügelschnell /
Wasserfluten rinnen hell /
Winde können nirgend bleiben /
die ihr Lauffen hastig treiben:
Doch der Lauff der Eitelkeiten
weiß so plötzlich fortzuschreiten /
daß nechst ihr sehr langsam sind
Pfeile / Wasser / und der Wind."
An diesem Beispiel zeigt sich auch ein weiteres Merkmal: die Pointe. Diese oft unerwarteten Wendungen, die ungewöhnlichen Deutungen von Beobachtetem werden bis in die Extreme der verrätselten Concetti (besonders ausgefallene Gedankenspiele, Bilder) getrieben, verdichtet in Oxymora, die Gegensätzliches in einen Begriff fassen. Beliebt sind auch Wortfügungen, die ein Konkretum und ein Abstraktum verketten: „Liebes-Milch", „Herz-Bekehrungs-Saft". Alle diese Stilmittel sind Ausdruck der in der begrifflichen Fixierung ihre Grenze findenden Suche nach dem Wesenhaften, den Universalien.

9.10 Alexandriner, Sonett – der Kanon lyrischer Formen

Die Faszination des Antithetischen, auf der Wortebene im Oxymoron (▷ 9.9) ausgedrückt, findet auf der Versebene im zweigeteilten Alexandriner eine Entsprechung. E. Ch. Homburgs „Epigramma" beginnt:
„Ist Liebe Zuckersüs / wie daß sie bitter schmecket?
Ist Liebe bitter Gall / wie daß sie Lust erwecket?
Ist Liebe lauter Fewr / wie daß sie Thränen bringt?"
Dieser auch im Trauerspiel verwendete Vers wurde als die dem Deutschen angemessene Entsprechung des Hexameters verstanden. Ähnlich ideal für die antithetische Darstellung ist auf Gedichtebene das Sonett. Die 14 Verse, üblicherweise auf vier Strophen – zwei Quartette und zwei Terzette – verteilt, legen eine Gliederung in These (erstes Quartett), Antithese (zweites Quartett), Vergleich und Synthese (in den Terzetten) beziehungsweise Parallelführung und Schlußpointe in einem abschließenden Couplet nahe. Ebenso beliebte Gedichtformen waren die pindarische Ode, insgesamt ebenfalls streng strukturiert (Strophe, Antistrophe und metrisch abweichende dritte Strophe), mehr Variationsmöglichkeiten im Rhythmus zuließ als der üblicherweise im Sonett verwendete Alexandriner, das Madrigal (weltliches Lied mit festem Strophen- und Reimschema: drei Terzette und zwei anschließende Reimpaare) mit der Spezialform des Rondeaus (Gedichtform mit meist 13 Zeilen, die Anfangsworte des ersten Verses werden in der Mitte des achten und am Ende des dreizehnten wiederholt), das durch die Wiederholungen einzelner Worte oder ganzer Strophen den Eindruck der Gleichförmigkeit erzeugt, oder die Sestine (aus sechs sechszeiligen Strophen und einer dreizeiligen Geleitstrophe bestehendes reimloses Gedicht, bei dem die Schlußworte jedes Verses einer Strophe in den anderen Versen in veränderter Reihenfolge wiederkehren). Der Ordnungsdrang, der mit Hilfe strenger Strophen- und Versformen der überquellenden Bilderflut Herr werden will, findet im Barock noch eine weitere eigentümliche Ausdrucksform: das Figurengedicht. Der Druckspiegel des Bildes

Das Horn der Glückseligkeit.

Schöne Früchte:
Blumen / Korn /
Kirschen / Äpffel/
Birn'/ und Wein/
Und was
sonst mehr
kan seyn/
sind hier
in diesem
HORN/
das Glück/
auf daß
es uns
erquick'/
hat selbst
es so
mit Hüll
und Füll
erfüllt.
wol dem/
dem es
ist
mild.

Das Figurengedicht „Das Horn der Glückseligkeit" von
Johann Steinmann (1653)

stellt selbst den im Gedicht besprochenen
Gegenstand – ein Kreuz, ein Füllhorn, ein
Herz – dar.

9.11 Das allegorische Zeitalter

Die Stileigentümlichkeiten (▷9.9; 9.10) sind
Ausdruck einer bestimmten Weltsicht. Die
Welt ist als Schöpfung Gottes sichtbare Of-
fenbarung seiner Schöpfungskraft und seines
Willens, den es zu erkennen gilt. Diese Welt,
einmal geschaffen, ist statisch. Dem Men-
schen ist aufgegeben, mit Hilfe der ihm an die
Hand gegebenen Möglichkeiten – dem Wort
Gottes in der Schrift und der Natur selbst –,
Gottes Willen zu erforschen und sich nach
Maßgabe des Erkannten gottwohlgefällig zu
verhalten, um das ewige Seelenheil im Jen-

seits zu erlangen. Es gibt also „richtig" und
„falsch", gemessen an der absoluten Norm
des göttlichen Willens, den der Mensch, nach
dem Sündenfall behindert durch die Affekte,
wenn auch durch die Vernunft mit einem Ab-
glanz des Göttlichen ausgestattet, nur begrenzt erkennen kann. Dem Menschen stellt
sich die Welt der Erscheinungen als Chaos
dar, aber er weiß, daß Gott sie in vollkomme-
ner Harmonie geschaffen hat, die der Mensch
nur nicht zu erkennen vermag. Er kann allenfalls das Seiende begrifflich fassen, die
Universalien, das Gemeinsame der veränderlichen, kontingenten Erscheinungen heraus-
finden, ohne daß mit der begrifflichen Annäherung an die Welt der Erscheinungen
schon Einsichten in die rationale Ordnung
der Schöpfung selbst möglich wären. Konsequenz dieser Vorstellung der sich in den Dingen real reflektierenden geordneten Schöpfung ist, daß die Welt und die einzelnen
Dinge voll von Sinnbezügen und Bedeutungen sind, die es freizulegen gilt. Sie werden
nicht um ihrer selbst willen, sondern ihres
Verweisungscharakters wegen betrachtet.
Diese Vorstellung hat Folgen für die Gestaltung literarischer Texte. Die Dinge selbst stehen sinnbildlich, allegorisch für anderes. Erst
durch das begriffliche Erfassen des jeweils
Wesenhaften, durch das Rückführen auf die
Universalien und die sich anschließende
christliche Ausdeutung des Gefundenen werden die Dinge wichtig. Die Allegorie ist wesentliches Gestaltungsmittel der Epoche. Sie
bietet die Möglichkeit, sprachlich Zuweisun-
gen vorzunehmen, zu ordnen, zu deuten. Sie
ist literarisch-formales Ausdrucksmittel für
die Auffassung von der Uneigentlichkeit der
chaotischen Welt der Erscheinungen, deren
Eigentliches nur von Gott aus als klar strukturierte rationale Ordnung deutlich wird. Hier
wird im Detail versucht, Ordnung zu schaffen
und Bedeutungszusammenhänge herzustellen.

9.12 Die sprechende Natur – Emblematik

In fast allen Texten des 17. Jahrhunderts finden sich Bilder, die dem modernen Leser unverständlich sind. Meist beziehen sie sich, oft

OBDVRANDVM ADVER-
SUS URGENTIA.

Nititur in pondus palma et consurgit in arcum
Quo magis et premitur hoc mage tollit onus.
Fert et odoratas, bellaria dulcia glandes,
Quis mensas inter primus habetur honos.
I puer et reptans ramis has collige, mentis
Qui constantis erit, premia digna feret.

Emblem über die Stärkung durch Widerstand. Die durch
ein Gewicht beschwerte Palme wird gerade durch ihre
Bürde zu stärkerem Wachstum angeregt

in der Form eines Vergleichs, auf ein Tier,
eine Pflanze, Beobachtungen in der Natur,
aber auch auf mythologische, biblische oder
historische Figuren oder Ereignisse. Diese
verkürzten „Embleme" dienen als Argumentationshilfen, Exempel, Beweise für Aussagen
über diskutierte Sachverhalte. Die Emblematik, wurzelnd in der mittelalterlichen Symbolik und bereichert durch Einflüsse der ritterlichen Abzeichenmode des Spätmittelalters
(Impresenkunst) und der Renaissance-Hiero-
glyphik, entwickelte sich in der Renaissance
und verbreitete sich schnell über ganze Europa; das erste der schier unzählbaren Em-
blembücher, der „Emblematum liber" des
Italieners Andrea Alciati wurde 1531 in Augsburg gedruckt – und erfuhr eine Vielzahl von
Auflagen. Das Emblem selbst, das in sich Elemente der bildenden Kunst und der Sprache
vereint, abbildet und deutet, besteht aus drei
Teilen: dem Bild („pictura") im Mittelpunkt
und den beiden es umschließenden Teilen der

„inscriptio", einer kurzgefaßten Überschrift,
oft ein Bibelvers oder ein Sprichwort, und der
„subscriptio", ein oft als Epigramm formulierter, die Bedeutung des Bildes auslegender
Text. Aus dem Abgebildeten wird eine allgemeine Lebensweisheit oder eine Verhal-
tensregel abgeleitet. Die „inscriptio", auch
„Motto" genannt, spricht das Tertium com-
parationis der beiden in einem verweisenden,
gleichnishaften Verhältnis stehenden Aussagen in Bild und erläuterndem Text aus.
Die Beziehungen, die zwischen Natur und
menschlichem Verhalten gesehen werden,
werden nicht erfunden, sondern als in den
Dingen selbst Befindliche freigelegt, entdeckt.

9.13 Der Vater der deutschen Dichtung – Martin Opitz

Martin Opitz wurde am 23. Dezember 1597 in
Bunzlau geboren. Als Kind einer wohlhabenden protestantischen Bürgerfamilie besuchte
er ab 1614 das Magdalenäum in Breslau
und das Gymnasium in Beuthen (1616), um
sich dann in Frankfurt/Oder (1618/19) und
schließlich (1619) in Heidelberg dem Jurastudium zu widmen. Dort lernte er G. M. Lin-
gelsheim kennen, der eine führende Rolle in
diesem damaligen Mittelpunkt des westdeutschen Kalvinismus spielte. Schon früh war
Opitz mit der niederländischen Dichtung bekannt geworden und hatte auch schon lateinische und deutsche Verse geschrieben, als er
1620 nach Leiden, damals ein wichtiges Zentrum der Gelehrsamkeit, zu D. Heinsius reiste. 1621 kehrte er nach Schlesien zurück.
1624 erschien ein Band seiner Gedichte und
sein „Buch von der Deutschen Poeterey"
(▷ 9.6; 9.14), das aus zwei Gründen wichtig
wurde: Opitz fordert – vor allem in der Vorrede – eine deutsche volkssprachige Dichtung
auf gelehrt-humanistischer Basis und er bemüht sich, die deutsche Sprache für literaturfähig zu erklären, sie den bereits anerkannten
„Hauptsprachen" Griechisch, Hebräisch und
Latein gleichzustellen. Dabei setzt er die neu
zu schaffende Literatur scharf von der bis dahin gebräuchlichen volkssprachigen Dichtung ab. Opitz gab den Dichtern aber nicht
nur eine Poetik an die Hand, sondern stellte,

meist durch Übersetzungen, vor allem für die hohen Gattungen (zum Beispiel Trauerspiel und höfisch-historischer Roman) Vorbilder zur Verfügung, die für die Entwicklung der jungen deutschen Literatur prägend waren. So übersetzte er Dramen von Sophokles und Seneca d. J., ferner J. Barclays „Argenis" (1626–31), die für die Entwicklung des höfisch-historischen Romans von Bedeutung wurde (▷ 9.31), und O. Rinuccinis Schäferoper „Dafne" (1627; vertont von H. Schütz), während er mit seinen eigenen Gedichten Vorbilder für die Lyrik und mit seiner Prosaekloge „Schäfferey von der Nimfen Hercinie" (1630) das erste Exemplar dieser so eigenwilligen, nur in Deutschland nachgeahmten Variante des schäferlichen Genres lieferte (▷ 9.35).

1627 erhielt er den Adelstitel „von Boberfeld". Er war 1626–32 Sekretär des Burggrafen Karl Hannibal von Dohna, der wesentlich an der Durchführung der Gegenreformation in Schlesien beteiligt war, und reiste in seinem Auftrag nach Paris – auch dieses Dienstverhältnis zeugt davon, daß das persönliche Glaubensbekenntnis den Dienst bei einem andersgläubigen Herrn nicht ausschloß. 1633–35 war er in diplomatischen Diensten der protestantischen Herzöge von Liegnitz und Brieg, 1636 königlich polnischer Geschichtsschreiber am Hofe zu Danzig, wo er am 20. August 1639 an der Pest starb.

9.14 Das Ende des Silbenzählens – die Versreform

„Nachmals ist auch ein jeder verß entweder ein iambicus oder trochaicus; nicht zwar das wir auff art der griechen vnnd lateiner eine gewisse grösse der sylben können inn acht nemen; sondern das wir aus den accenten vnnd dem thone erkennen / welche sylbe hoch vnnd welche niedrig gesetzt soll werden." Die so schlicht ausgesprochenen Worte markieren eine kaum zu unterschätzende grundsätzliche Entscheidung gegen das silbenzählende Verfahren, das im Mittelalter den deutschen Vers vom natürlichen Sprechrhythmus abgetrennt hatte. M. Opitz hat dieses Versgesetz nicht „erfunden". Schon lange vor ihm wurden Probleme der Prosodie (Teilbereich der

Metrik, Länge und Kürze der Silben, Akzent, Tonhöhe und Wortgrenze betreffend) und Metrik, die sich vor allem durch den Versuch der Übernahme antiker metrischer Muster ergaben, diskutiert. Opitz löst das Problem, das die unterschiedlichen Systeme aufwerfen, die entweder Länge und Kürze einer Silbe, also Quantität, oder Akzent beziehungsweise Fehlen eines Akzents, also Qualität, als Meßgrößen des Metrums verwenden, praktisch, seinem Vorbild D. Heinsius folgend, der bereits die Übereinstimmung von Versakzent und natürlichem Wortakzent beachtete. Die Opitzschen Versgesetze waren unmittelbar nach ihrer Formulierung so einflußreich, daß Autoren ihre älteren Gedichte oft nach Maßgabe dieser Regeln umarbeiteten. Ganz deutlich läßt sich dies an den zwei Fassungen der ersten Strophe eines Gedichts von G. R. Weckherlin ablesen.

„Die spiegelmacher an das Frawenzimmer" (1616):

„Nymfen deren anblick mit wunderbarem schein
Kan vnser hertz zugleich hailen oder versehren;
Vnd deren angesicht / ein spiegel aller ehren /
Vns erfüllet mit forcht / mit hofnung / lust / vnd pein".

„Sonett" (1648):

„Ihr Nymfen / deren Blick mit wunderbarem Schein
Kan vnser hertz zugleich erlaben vnd versehren /
Vnd deren Angesicht / ein Spiegel aller ehren /
Erfüllet vns mit forcht / mit hofnung / lust vnd pein".

9.15 Sprachreinigung und Gesellschaftsspiel – Sprachgesellschaften

1617 gründete Fürst Ludwig von Anhalt-Köthen auf Schloß Hornstein in Weimar die „Fruchtbringende Gesellschaft", nach ihrem Leitemblem, dem „indianischen Palmbaum" (= Kokospalme), auch „Palmenorden" genannt. Diese Gesellschaft hat ihr unmittelbares Vorbild in der „Accademia della Crusca", der 1582 in Florenz entstandenen Sprachgesellschaft, die sich, wie ihr Name („crusca" = Kleie) deutlich markiert, die Sprachreinigung, das Trennen des Mehls von der Kleie, in Rückbesinnung auf klassische Maßstäbe zur Aufgabe gemacht hatte. Reinigung der Sprache, vor allem von französischen Einflüssen, ist auch erklärtes Ziel der „Fruchtbringenden Gesellschaft", die in ihrer Satzung nach einem ersten Punkt, der die erwünschten Charaktereigenschaften der zukünftigen Mitglieder beschreibt, unter dem zweiten Punkt vermerkt, den Gesellschaftern solle „vor allen Dingen obligen / unsere hochgeehrte Muttersprache / in ihrem gründlichen Wesen / und rechten Verstande / ohn Einmischung fremder ausländischer Flikkwörter / sowol in Reden / Schreiben als Gedichten / aufs allerzier- und deutlichste zu erhalten und auszuüben."

Titelkupfer von Matthäus Merian d. Ä. zu der Programmschrift der „Fruchtbringenden Gesellschaft" (1636)

In den bis 1680 existierenden „Palmenorden" wurden insgesamt 890, meist protestantische, adlige Mitglieder aufgenommen; Frauen waren ausgeschlossen, und Geistliche finden sich nur im Ausnahmefall. Die Mitglieder erhielten bei ihrer Aufnahme einen Gesellschaftsnamen, ein Bild, einen Spruch und ein das Bild deutendes Epigramm. Bürgerliche

waren nicht ausgeschlossen, befanden sich aber in der Minderzahl, und für viele literarisch tätige bürgerliche Gelehrte – selbst für einen M. Opitz (▷ 9.13) – war es nicht einfach, die Aufnahme (1629) zu erhalten. Eigene Werke entstanden unmittelbar durch die Sprachgesellschaft kaum; als Gemeinschaftswerke, wie sie in den italienischen Gesellschaften üblich waren, können höchstens die „Deutsche Rechtschreibung" (1645) von Ch. Gueintz und die „Teutsche Vers- oder Reim-Kunst" (1645) von J. G. Schottel gelten.

In weiteren Sprachgesellschaften wie der „Aufrichtigen Tannengesellschaft" (ab etwa 1633 in Straßburg) um J. M. Moscherosch, der „Teutschgesinnten Genossenschaft", von Ph. von Zesen (▷ 9.24) 1642 in Hamburg gegründet, oder dem heute noch existierenden „Löblichen Hirten- und Blumenorden an der Pegnitz" (1644 gegründet) in Nürnberg (▷ 9.36) fanden sich die Dichter aus den unterschiedlichen Gegenden in regionalen Gruppen zusammen, traten aber auch überregional untereinander in Kontakt. Doppelmitgliedschaften sind keine Seltenheit. Viele Werke, vor allem Übersetzungen, wurden durch die Sprachgesellschaften angeregt, in deren Folge viele Wortneubildungen entstanden, von denen einige (zum Beispiel „Augenblick" für „Moment") heute noch gebräuchlich sind.

9.16 Keiner stirbt, ohne besungen zu werden – Gelegenheitsdichtung

Die „Casualdichtung" blühte im 17. Jahrhundert in einem heute kaum mehr vorstellbaren Maße. Alle Gelegenheiten wurden benutzt, um die in meist relativ geringer Zahl gedruckten oder handschriftlichen Gedichte zu überreichen oder vorzutragen. Familienfeste – Taufen, Hochzeiten, Namenstage –, Begrüßungen, Abschiede, Krankheiten, Genesungen, jahreszeitlich abhängige Ereignisse, Magisterexamen und Doktorfeiern, Amtsantritte und Krönungen, Jubiläen und, von besonderer Wichtigkeit, Todesfälle wurden zum Anlaß genommen, um entweder selbst zu dichten oder Gedichte bei Dichtern in Auftrag zu geben. Die Gedichte wurden von den Verfassern oft unter Verzicht auf die Angabe des Anlasses in ihre Lyriksammlungen aufgenommen oder als Gelegenheitsschriften gesammelt und als solche eigenständig herausgegeben. Oft erwirtschafteten sich Dichter durch diese Aufträge ein ganz erkleckliches Nebeneinkommen (▷ 9.20). Auch in diesen Gedichten dient Individuelles immer nur als Anknüpfungspunkt für allgemeine Aussagen über Leben und Tod, Verantwortung im Amt, Liebe und Ehe, Vergänglichkeit und Ewigkeit. Gedichte sind fähig, Momente des Lebens festzuhalten, Vergängliches zu bewahren. Dichtung trägt aber auch dazu bei, das Ansehen der noch lebenden Gewürdigten zu heben. So loben sich Gelehrte gegenseitig, so loben Gelehrte, die ein Amt suchen, den Fürsten und seine Herrschaft. Trotzdem darf „Casualdichtung" im 17. Jahrhundert nicht mit liebedienerischer Lobhudelei verwechselt werden. Auch im Herrscherlob (Panegyrik) kann der Fürst durch die positive Formulierung von Ansprüchen an die Norm erinnert und durch die Vorschußlorbeeren auf die angesprochenen Ideale verpflichtet werden. So ist die „Casualdichtung" Ausdruck eines sehr engmaschigen Netzes sozialer Ansprüche und Repräsentationsbedürfnisse, finanzieller Abhängigkeiten und Hoffnungen, ist Mittel zur Selbstvergewisserung von Autoren wie Adressaten und trägt zur Verständigung über die Wertmaßstäbe einer Gesellschaft bei, die nicht zuletzt mittels der Literatur ihre Legitimation anstrebt.

9.17 „Lobet den Herren" – Kirchenlied und geistliche Lyrik

Die meisten auch heute noch bekannten Texte des Barock finden sich unter den Kirchenliedern. Die Grenzen zwischen geistlicher und weltlicher Dichtung sind in dieser Epoche fließend. Fast alle Autoren haben neben ihrer weltlichen Dichtung auch religiöse Werke verfaßt, viele, oft Geistliche, sind ausschließlich durch geistliche Dichtung bekannt. Religiöse Dichtung ist Gebrauchsdichtung, sei sie fester Bestandteil der Liturgie, Gemeindegesang oder Teil der häuslichen Andacht. Im protestantischen Kirchenlied,

dem durch seine Eingebundenheit in den Gottesdienst nur ein relativ eng begrenzter Themenbereich zur Verfügung steht – Bibelstellen- und Psalmenparaphrase, Perikopen (durch die Gottesdienstordnung festgelegte Evangelien- oder Epistelabschnitte, die Gegenstand der Predigt sind) des Kirchenjahres – findet ebenso wie in der weltlichen Lyrik eine Reform nach humanistischem, Opitzschem Vorbild statt. Das protestantische Kirchenlied, allen voran durch J. Heermann und P. Gerhardt vertreten, ist Andachtslyrik, die stark aus der zeitgenössischen Erbauungsliteratur schöpft. Die geistliche Lyrik übernimmt in der privaten Andacht dieselbe Rolle wie das Erbauungsschrifttum. Elemente mystischer und verinnerlichter Frömmigkeit, deren Bedeutung unter dem Einfluß des Pietismus gegen Ende des Jahrhunderts noch zunimmt, kommen diesem Verwendungszweck entgegen, wobei der für Gerhardt oft behauptete Fortschritt von der Wir- zur Ich-Dichtung nicht als Ausdruck subjektiver Befindlichkeit, sondern als Ausdruck des Menschen schlechthin verstanden werden muß. Das nicht an die Liturgie gebundene katholische Kirchenlied (F. Spee von Langenfeld, J. Khuen, J. Balde) ist in Themenwahl und Gestaltung freier als das protestantische und übernimmt in noch stärkerem Maße als dieses die barocke Bildlichkeit und die rhetorischen Mittel.

9.18 Mystik

Jakob Böhmes Sprachtheorie, die auch die Dichtungen späterer Mystiker beeinflußte, basiert auf seinem, die Signaturenlehre des Ph. A. Th. Paracelsus weiterführenden Weltbild. Am Anfang steht die pure Gottheit, die sich selbst – um sich selbst zu erkennen, da Erkenntnis nur in der Differenz möglich ist – in der göttlichen Weisheit der „Sophia" darstellt. Diese Unterscheidung ist Ausgangspunkt für die Vielfältigkeit des Seins. In der Vereinzelung der Engelwelt findet die Vielfalt der göttlichen Kräfte, die die „Sophia" repräsentiert, ihre Darstellung. Die Engel sind entweder vereint mit Gott oder setzen sich in Widerspruch zu ihm wie Luzifer. Der Mensch ist geschaffen, um die drei auseinandergetrete-

nen Prinzipien der göttlichen Welt, der Geist-Welt und der irdischen Welt wieder zusammenzuführen. In diesem Sinne repräsentiert der Urmensch, der weder Mann noch Frau ist, als Mikrokosmos die ursprüngliche Einheit des Makrokosmos. Der Urmensch ist zugleich Licht und Feuer, die sinnbildlich für Gottheit und „Schiedlichkeit" – von Gott Differentes, Natur – stehen. Mit dem zweiten Fall, Adams Hinwendung zum finsteren Prinzip, seinem Verlust der Identität mit dem Göttlichen, ist die Trennung besiegelt und der ständige Kampf zwischen Gut und Böse, der Kampf des Menschen um die Rückgewinnung der Einheit beginnt. Buchstaben und Silben sind wie alles andere Geschaffene Träger göttlicher Wahrheiten, die es zu erkennen gilt, und so deutet Böhme sie lautphysiologisch. Die Laute sind nicht, wie die Humanisten sie interpretieren, Naturnachahmung und Lautmalerei, sondern Offenbarungsträger. Diese mystische Natursprachenlehre wird bedeutsam für die Dichtungen seiner Anhänger D. Czepko, J. Ch. Knorr von Rosenroth, Qu. Kuhlmann, Angelus Silesius. Viele Mystiker deuten in der Nachfolge Böhmes Buchstaben und Wörter. Die oft abwegig anmutenden Deutungen sind keine manieristischen Spielereien, sondern Ausdruck der Suche nach Gotteserkenntnis. So interpretiert Czepko das Wort ICH:
„J. Gott. C. Christus. H. das ist der Heilge Geist:
Mensch, wann du sprichst: ICH: Schau, wo es dich hin weist."
Qu. Kuhlmann, dieser extreme Vertreter der schlesischen Mystik, der sich ebenfalls auf eine „lingua adamica" bezieht, eine auf Adam zurückgehende Ursprache, die zuläßt, aus der Lautform eines Wortes das Wesen des mit ihm bezeichneten Dinges abzuleiten, sah in seinem Namen den Beweis für seinen göttlichen Auftrag, als „Kühlender" gegen die teuflische Hitze der sündigen Welt zu wirken.

9.19 Kritik des à-la-mode-Wesens – Epigramm und Satire

Auch für den engen Zusammenhang von Epigramm und Satire steht M. Opitz (▷ 9.13) als

Gewährsmann, wenn er schreibt: „Das Epigramma setze ich darumb zue der Satyra / weil die Satyra ein lang Epigramma / vnd das Epigramma eine kurtze Satyra ist: denn die kürtze ist seine eigenschafft / vnd die spitzfindigkeit gleichsam seine seele vnd gestalt." Epigramme sind zwar nicht immer satirisch, doch kommen vor allem in ihnen die vom Opitz geforderten Merkmale der Spitzfindigkeit und der Kürze zum Tragen. Stark gattungs- und traditionsgebunden schöpft das satirische Epigramm aus dem reichen Motivschatz vor allem der Standes-, Typen- und Institutionensatire. In der satirischen Dichtung wurden in der ersten Hälfte des 17. Jahrhunderts vor allem von konservativ-christlichen Autoren traditionelle Ständesatire oder Lasterschelte auf die historisch-konkreten Zustände angewandt. F. von Logau, dessen unter dem Pseudonym Salomon von Golaw veröffentlichte Sammlung „Deutscher Sinn-Getichte Drey Tausend" (1654) die ganze Breite der Themen abdeckt, kritisiert die Gegenwart, deren herausragende Neuerung die veränderte Bedeutung des absolutistischen Hofes ist, beklagt den Verfall der alten, christlichen Tugenden und Werte, sieht im Hofschranzentum das alte Treueverhältnis zwischen Herrschenden und Beherrschten und damit die Grundlage für einen guten Staat, das alte statisch-patriarchalische System zerstört. Der erste Teil von J. M. Moscheroschs „Wunderliche und warhafftige Gesichte Philanders von Sittewaldt" (Gesamtausgabe 1650, 1. Teil 1640 unter dem Titel „Les Visiones ... Oder Wun-

Titelkupfer der Erstausgabe des ersten Teils „Les Visiones ..." der „Wunderlichen und warhafftigen Gesichte ..." des Johann Michael Moscherosch, 1640 veröffentlicht unter seinem Pseudonym Philander von Sittewalt

Das Gartenhäuschen
Heinrich Alberts, der
Versammlungsort des
Königsberger
Dichterkreises, auf dem
Titelblatt zu Alberts
„Musicalischer
Kürbs-Hütte ..." (1641)

derbahre Satyrische gesichte Verteutscht") ist
die erst wörtliche, dann immer freiere Übersetzung einer französischen Bearbeitung der
„Sueños" des Spaniers F. Gómez de Quevedo
y Villegas, in denen in Traumvisionen Fehl-
haltungen aller Art aufs Korn genommen
werden. Im zweiten Teil nimmt Philander
selbst die Rolle eines französischen Höflings
an; sein Aussehen und Verhalten, das ganze
à-la-mode-Wesen werden als närrisch dem
Gelächter preisgegeben. Moscherosch scheinen wie Logau die christlichen Werte als
Orientierungspunkte verloren. Moscheroschs
Werk beeinflußte den satirischen Roman
Grimmelshausens (▷ 9.33) wie auch die späteren Werke Ch. Weises (▷ 9.38).

9.20 Die Kürbishütte – der Königsberger Dichterkreis

Der Königsberger Dichterkreis bezeichnet
eine Gruppe von Bürgern, die sich um den
Dichter Simon Dach und den Komponisten
Heinrich Albert zusammenfanden, um gemeinsam zu musizieren und sich gegenseitig
Gedichte vorzutragen. Es handelt sich um
eine lose Dichtervereinigung, keine ausge-
sprochene Sprachgesellschaft (▷ 9.15), die
sich ohne Satzung und Regeln traf, sich aber
der Mode entsprechend Gesellschaftsnamen
gab. Neben S. Dach, von dem etwa 1 250 Gelegenheitsgedichte und -lieder erhalten sind,
gehörten der kurfürstliche Beamte Robert

Roberthin, der wohl mit als Initiator der
Gruppe gelten kann, sowie der später in Tübingen lehrende Christoph Kaldenbach dazu.
Dachs Gedichte erschienen zu seinen Lebzeiten nicht gesammelt, sondern nur in der
üblichen Form des Gelegenheitsschrifttums
(▷ 9.16) als Einzeldrucke. Infolge der Verto-
nung vieler Texte durch Albert, der sie in seinen acht Bänden „Arien" drucken ließ (erschienen zwischen 1638 und 1650), wurden
Dachs Werke und auch die Texte anderer
Königsberger bekannt und der Ruhm der
Gruppe begründet. Die Dichter trafen sich
meist in der „Kürbishütte" im Garten Alberts.
Deren Zerstörung – der Garten mußte einem
Straßenbau weichen – ist Gegenstand von
Dachs bedeutendem Gedicht „Klage über
den endlichen Vntergang vnd ruinirung der
Musicalischen Kürbs-Hütte vnd Gärtchens"
(1641). Der Kürbis, durch sein schnelles
Wachsen und Vergehen in der Emblematik
(▷ 9.12) als Sinnbild der Vergänglichkeit gedeutet, wurde auch für Alberts Kantate
„Musicalische Kürbs-Hütte, Welche vns erinnert Menschlicher Hinfälligkeit" titelgebend.
Albert hatte in die Kürbisse in seinem Garten
die Namen seiner Dichterfreunde nebst auf
die Vergänglichkeit hinweisende Epigramme
eingeritzt und diese auf Anregung Roberthins
vertont. S. Dachs Gelegenheitsgedichte sind
einerseits an den Dichtungsnormen der gelehrten Dichtung nach M. Opitz orientiert,
andererseits fehlt ihnen aber die barocke Gelehrsamkeit, die ausgefallene Bildersprache,
der schwere Stil vergleichbarer Texte. In Kö-

nigsberg, am Rande des Reiches, entwickelte sich innerhalb dieses Freundeskreises eine in ihrer Schlichtheit für den Barock ungewöhnliche Literatur, in der immer wieder Lebenswirklichkeit durchscheint.

Titelkupfer der ersten Gesamtausgabe von Paul Flemings Gedichtsammlung „Teütsche Poemata" (1642)

9.21 Petrarkismus und leichte Muse – die Leipziger Dichter

Spricht man von den Leipziger Dichtern, die noch weniger als die Königsberger (▷ 9.20) als geschlossene Gruppe gelten können, so muß man als ersten, weil bedeutendsten, Paul Fleming (* Hartenstein [Erzgebirge] 5. Oktober 1609, † Hamburg 2. April 1640) nennen. Fleming, an M. Opitz geschult, veröffentlichte 1631 einen Band lateinischer Liebesgedichte („Rubella seu suaviorum liber I" [= Rubella oder das Buch der Küsse]), der bereits den ganzen Formelschatz petrarkistischer Dichtung, der später auch seine deutschen Verse prägte, enthält. Aus den Werken F. Petrarcas war während der Renaissance und des Humanismus ein verbindlicher Kanon literarischer Elemente zur Beschreibung eines ebenso fixierten Themenkreises – körperliche Schönheit, Liebesklage, Frauenpreis usw. – herausgebildet worden. Diese literarischen Muster – keine persönlichen Liebeserlebnisse des Autors – sind es, die auch in der barocken Liebeslyrik immer wieder reproduziert werden. Flemings deutsche Gedichte wurden erst postum 1641 („D. Paul Flemings Poetischer Gedichten ...") und 1642 („Teütsche Poemata") von seinem Freund A. Olearius herausgegeben. Olearius war es auch, der für Fleming die Teilnahme an einer Gesandtschaftsreise nach Rußland und Persien (1633–39) als Hofjunker und Truchseß des Herzogs von Holstein-Gottorp vermittelte. Flemings Erlebnisse auf der Reise und die langen Jahre außerhalb des deutschen Literaturbetriebs trugen zur Entwicklung seines eigenen Stils bei. In seinen Liebesgedichten steht neben der Liebesklage und der Sehnsucht das Thema Treue im Mittelpunkt. Die von ihm bevorzugte Form der Ode läßt durch ihre größere Freiheit eine schlichtere Sprache zu als zum Beispiel das Alexandriner-Sonett und hilft, hohes Pathos zu vermeiden. Trotz des spürbar eigenen Tons bleibt auch Fleming der Tradition und der Norm verpflichtet und durchbricht sie nicht.

Die Leipziger Zeitgenossen traten vor allem durch Gesellschaftslieder, Trink- und Studentenlieder, petrarkistische Lyrik und Schäferdichtungen hervor. G. Finckelthaus, E. Ch. Homburg und Ch. Brehme, der Dresdner Hofdichter und Bibliothekar D. Schirmer, der für seine leichten, galanten Liebesgedichte bekannt ist, und der Schüler A. Buchners, Z. Lund, gehören zu den unter dem Begriff „Leipziger Dichter" bekannten Autoren.

9.22 Der erste „freie Schriftsteller" – Philipp von Zesen

Philipp von Zesen, am 8. Oktober 1619 in Priorau bei Dessau als Sohn eines protestantischen Pfarrers geboren, war wie Z. Lund

(▷ 9.21) Schüler A. Buchners. Zeit seines Lebens hat er nie ein Amt ausgeübt und stellt damit unter den Dichtern des Barock eine Besonderheit dar. Zesen gründete 1642 in Hamburg die „Teutschgesinnete Genossenschaft", eine stark an die „Fruchtbringende Gesellschaft" (▷ 9.15) angelehnte Sprachgesellschaft, die etwa 150 meist bürgerliche Mitglieder zählte. Zesen lebte mehrfach längere Zeit in Amsterdam und verbrachte die letzten Jahre bis zu seinem Tod am 13. November 1689 in Hamburg. 1653 wurde er geadelt. Er ist vor allem durch seine unermüdlichen Bemühungen im Bereich der Sprachreinigung, die manche heute komisch wirkenden Ergebnisse zeitigten, bekannt. So schlug er das Wort „Tageleuchter" als angemessene deutsche Bezeichnung für „Fenster" vor. Einige seiner Neologismen – zum Beispiel „Anschrift" für „Adresse" – sind aber bis heute gebräuchlich. Diese Eindeutschungen zeugen von Zesens Bestreben, die Ursprache zurückzugewinnen, die seiner Meinung nach die deutsche Natursprache war. In seinen Gedichten bemühte er sich, die Erscheinungen und Wirkungen der Dinge sinnlich wiederzugeben. Diese Ausrichtung auf die Klangwirkung hatte nachhaltige Konsequenzen, vor allem für den Rhythmus der Verse. Auffallend ist auch – anders als in manch anderen Barockgedichten, in denen zusammengesetzte Substantive den Versen Schwere geben – Zesens Vorliebe für Verben, die neben der variablen metrischen Gestaltung die bewegte Rhythmik unterstützen. Sein „Deutscher Helicon" (1640, veränderte Fassungen 1641, unter dem Titel „Hoch-deutscher Helikon" 1649 und 1656) war nach Opitzens „Buch von der Deutschen Poeterey" (1624) die beliebteste Poetik des Barock. Mit der „Adriatischen Rosemund" (1645) schuf Zesen den ersten deutschen Originalroman, einen Roman, der sich so leicht keiner der traditionellen Gattungen zuordnen läßt. Er wurde oft als autobiographischer Roman gedeutet, aber es ist weder ein Schlüsselroman noch ein Erlebnisroman. Denn auch die als autobiographisch eindeutig zu identifizierenden Umstände (erwähnte Reisen und Daten) werden nicht als individuell-eigentümliche berichtet, sondern zu überindividuellen, Sinnhaftigkeit verbürgenden Momenten innerhalb des Erzählzusammenhangs funktionalisiert. Die traurige Liebesge-

Titelblatt der Erstausgabe des Romans „Adriatische Rosemund" von Philipp von Zesen, 1645 veröffentlicht unter seinem Pseudonym Ritterhold von Blauen

schichte des protestantischen Deutschen und der katholischen Venezianerin, die aufgrund der unterschiedlichen Glaubensbekenntnisse nicht glücklich enden kann, wird an vielen Stellen durch gelehrte Einschübe unterbrochen, durch Geschichten, die erzählt, Reisen, die unternommen, Briefe, die geschrieben werden. Diese Elemente wie auch der Beginn mitten im Geschehen („in medias res") stellen diesen Roman in die Nähe des höfisch-historischen Romans (▷ 9.31), ungewöhnlich sind aber der private Rahmen und das traurige Ende der sich zu Tode grämenden Rosemund. Diese Elemente stellen den Text eher zur Gruppe der „Individualschäfereien" (▷ 9.35). Im „Assenat" (1670), an dem Zesen zwanzig Jahre arbeitete, verquickt er das Muster der höfischen Staats- und Liebesgeschichte mit dem biblischen Stoff von Joseph in Ägypten. Dieser Roman sollte der erste Teil einer biblischen Romantrilogie sein, dem aber nur noch „Simson" (1679) folgte, der Moses-Roman entstand nicht mehr.

9.23 Galante Lyrik – Christian Hoffmann von Hoffmannswaldau

Christian Hoffmann von Hoffmannswaldau (* Breslau 25. Dezember 1616, † ebenda 18. April 1679), der, schon 1646 in den Breslauer Rat gewählt, beim Reichstag in Regensburg (1653) und auf verschiedenen diplomatischen Reisen nach Wien die Interessen Breslaus vertrat und 1677 zum Ratspräses befördert wurde, übersetzte italienische und französische Dramen und Romane, verfaßte Gelegenheitsgedichte, Epigramme, Oden und Sonette. Daß Hoffmannswaldaus meist in den 40er und 50er Jahren entstandene Werke immer im Kontext der Dichtung des späten 17. Jahrhunderts gesehen werden, liegt an ihrer späten Rezeption. Eine Veröffentlichung war zunächst nicht geplant. Hoffmannswaldau begann erst, eine Ausgabe vorzubereiten, nachdem verfälschende Raubdrucke seiner Werke erschienen waren. Diese Ausgabe, betitelt „Deutsche Übersetzungen und Getichte", erschien 1679/80 kurz nach seinem Tode und enthält neben Übersetzungen seine „Helden-Briefe" sowie „Casualdichtungen" (▷9.16) und geistliche Oden. Seine galanten Oden und Sonette wurden noch später durch B. Neukirch in der von ihm herausgegebenen Sammlung „Herrn von Hoffmannswaldau und anderer Deutschen auserlesene und bißher ungedruckte Gedichte" (7 Bände, 1695–1727) publiziert. Diese „Lustgedichte" – als Teil des Systems höfischen Verhaltens haben sie öffentlichen, nicht privaten Charakter – kursierten vorher in Abschriften unter den Mitgliedern des Breslauer Patriziats; diese ständisch und regional begrenzte Gruppe schien Hoffmannswaldau als Publikum geeignet, nicht aber eine breitere Öffentlichkeit, deren „ungleiches" (unbilliges) Urteil er fürchtete. In unterschiedlichsten Vers- und Strophenformen, oft in aufgelockerten madrigalischen Versen (▷9.9), wendet Hoffmannswaldau den Formelschatz des Petrarkismus (▷9.21) in virtuoser Weise an, nicht jedoch um von Liebesklage und Entsagung zu sprechen, sondern um die Angesprochene zu überreden, zu verführen. Die reiche Metaphernsprache, der „Concettismus" (▷9.9), der immer wieder neue, verblüffende Bilder entstehen läßt, verstärkt das Uneigentliche dieser erotischen, oft frivolen Gedichte. Sie sind nicht Reflex von Erfahrungen, sondern die höfischen Normen und die Grenzen der Moral durch die stilisierte Darstellung nicht übertretendes Spiel, sind immer bewußt Kunstprodukt. – H. Mühlpfort, H. Aßmann Freiherr von Abschatz, J. Ch. Männling haben unter Hoffmannswaldaus Einfluß die galante Dichtung fortgeführt.

9.24 Die Bühne als Propagandainstrument – das Ordensdrama

Das Jesuitendrama, das oft stellvertretend für die Dramen aller katholischen Orden genannt wird, hat im 17. Jahrhundert in erster Linie propagandistische Funktion und war deshalb, um die Bekehrung Andersgläubiger zu bewirken, vor allem auf Publikumswirkung ausgerichtet. Das Theaterspiel war an die Institutionen der Jesuitengymnasien gebunden, Lehrer verfaßten die lateinischen Dramentexte, die von den Schülern aufgeführt wurden. Die Dramen sollten ursprünglich – wie das humanistische Schuldrama des protestantischen Gymnasien (▷9.25), von dem das Jesuitendrama anfangs beeinflußt gewesen war – dazu dienen, den Schülern praktische Erfahrungen der Deklamation und den selbstverständlichen Umgang mit der lateinischen Sprache zu vermitteln. Die Zuschauer erhielten Blätter mit den deutschen Zusammenfassungen der Handlung (Periochen). Die Stoffe entnahmen die Autoren meist dem Alten Testament beziehungsweise der Geschichte und Literatur der Antike – vor allem Seneca der Jüngere – und brachten sie in eine Form, die sich an dem durch die zeitgenössische Aristoteles-Interpretation entwickelten Regelapparat orientierte, der zum Beispiel von J. Pontanus in seinen „Poeticarum institutionum libri tres" (1594) fixiert worden war. J. Gretser, einer der bedeutendsten der frühen Jesuitendramatiker, schuf mit seinem „Dialogus de Udone Archiepiskopo" (1598) ein katholisches Gegenstück zum Faustbuch (▷8.21). Dieses wie auch die Dramen von J. Bidermann sollten aufrütteln und erschüttern. In seinem nach der Legende des hl. Bruno von Köln gestalteten „Cenodoxus" (Uraufführung 1602, gedruckt 1666), der so viel Erfolg hatte, daß er bereits 1635 ins Deutsche übersetzt wurde, schildert Bidermann die Geschichte eines heuchlerischen Doktors, der Wohltaten nur aus Eitelkeit und Ehrgeiz vollbringt, selbst aber glaubt, tugendhaft zu sein. Das göttliche Gericht, das nach seinem Tode das Urteil fällt, verdammt ihn. Dieses Urteil ruft der sich bei seiner Beerdigung aufrichtende Leichnam seinen früheren Freunden zu. Bruno, spontan bekehrt, fordert alle

Anwesenden auf, so, wie er es vorhat, die Welt zu verlassen und büßend als Einsiedler zu leben. – Schon bald überwanden A. Donati und J. Masen die engen Vorschriften von Pontanus. Musik und Ballett, durch den Einfluß der italienischen Oper (▷ 9.30) wichtig geworden, wurden – für Pontanus noch undenkbar – zugelassen und damit eine schon geübte Praxis theoretisch begründet. In den nach einigen wenigen Grundmustern gestalteten Dramen geht es immer um Irrtümer, Täuschungen, Fehleinschätzungen, den „error", dem die betroffenen handelnden Personen auf der einen Seite mit heroischer „constantia" (Beständigkeit), auf der anderen mit Verblendung und Hybris begegnen, indem sie sich gegen den Affekt zur Wehr setzen beziehungsweise ihm erliegen. Diese Reaktionsmuster werden in den polaren Gestalten von Märtyrer und Tyrann vorgeführt. In Wien erlebte das Jesuitentheater mit den „ludi Caesarei", den Kaiserspielen des Hofdramatikers N. Avancini seinen hochbarocken Höhepunkt. Christliche Unterweisung durch groß angelegte Allegorien verquickt sich in ihnen mit Panegyrik. Auch andere Orden pflegten das Drama, zum Beispiel die Benediktiner, deren wichtigster Dramatiker S. Rettenbacher vornehmlich antike Stoffe dramatisierte.

9.25 Protestantisches Schultheater

Die protestantisch-humanistischen Lateinschulen des 16. und 17. Jahrhunderts orientierten ihren Unterricht an den Sieben Freien Künsten (Artes liberales). Diese umfaßten neben dem Trivium der sprachlichen Künste – Grammatik, Rhetorik und Dialektik – das Quadrivium der mathematischen Künste – Arithmetik, Geometrie, Astronomie und Musik. Die Theateraufführungen waren in vielen Schulen fester Bestandteil der rhetorischen Stufenfolge des Lernens, die die Eloquenz zum Ziel hat und davon ausgeht, daß über das Lernen der Regeln („praecepta", „ars") zusammen mit vorbildhaften Beispielen („exempla") durch Übung („exercitatio") erst das eigene Nachahmen der Vorbilder („imitatio") möglich wird. Der Schwerpunkt des Theaterspiels lag auf dem Deklamatorischen, nicht auf dem Schauspielerischen. Dramen von Plautus und Terenz, aber vor allem auch Dramen, die eigens für die Aufführung als Teil des Lehrplans von Rektoren oder Lehrern geschrieben wurden und meist biblische Stoffe oder Moralitäten behandelten, standen auf dem Spielplan. Aus der römischen Antike wurde auch die fast dekorationslose „Badezellen"- oder Terenzbühne übernommen, eine einfache Simultanbühne, deren rückwärtigen Abschluß meist drei durch Säulen oder Pfeiler getrennte „Häuser" bilden, die entweder verhängt sind oder, geöffnet, Einblick in kleine Innenräume („Badezellen") gestatten. Neulateinische Stücke (zum Beispiel von Th. Naogeorgus) und deutsche Dramen (zum Beispiel von P. Rebhun und G. Rollenhagen) existierten nebeneinander, wobei das Deutsche langsam das Lateinische zu verdrängen begann.

Titelkupfer der Erstausgabe der 1679 aufgeführten Schulkomödie „Der bäuerische Macchiavellus" von Christian Weise (1681)

Vor allem in Straßburg, Ulm, Augsburg, Breslau, Dessau, Glogau und Zittau wurde das Schultheater gepflegt. Im 17. Jahrhundert wurden bei diesen meist jährlich in der Fastnachtszeit stattfindenden „Schulactus" üblicherweise drei Stücke aufgeführt: ein biblisches, ein historisches und eine Komödie. Ch. Weise, ab 1678 Rektor des Zittauer Gymnasiums, schrieb nahezu jährlich drei Stücke, von denen über dreißig gedruckt wurden. Die Institution Schule, an die die deutschsprachige Dramenproduktion gebunden war (daneben gab es nur Wandertruppen, die meist derbkomische Possen, Stücke englischer Komödianten oder Haupt- und Staatsaktionen aufführten, ferner die Hoftheater, die Maskeraden und Opern den Vorrang gaben, sowie das lateinische Jesuitentheater [▷ 9.24]), änderte sich in diesen zwei Jahrhunderten kaum, wohl aber Inhalt und Form der Dramen: vom moralisierenden Bibeldrama über das Märtyrer- und Tyrannendrama (▷ 9.27) und das historisch-politische Trauerspiel (▷ 9.28) zum Drama, in dem praktische Verhaltensregeln und Ratschläge für eine kluge Lebensführung vermittelt wurden.

9.26 Das schlesische Kunstdrama

Eine sehr bedeutsame, obwohl zahlenmäßig nicht sehr umfangreiche Textgruppe entstand im Zusammenhang mit dem deutschsprachigen Schultheater der beiden Breslauer Gymnasien, des Elisabethanums und des Magdalenäums: das schlesische Kunstdrama. Die bevorzugte Gattung des Trauerspiels - geprägt einerseits durch die Jesuiten (▷ 9.24), andererseits auch durch M. Opitz, der durch seine Übersetzung der „Troades" von Seneca dem Jüngeren („Die Trojanerinnen", 1625) auch für diese Gattung das vorbildhafte Muster zur Verfügung gestellt hatte - erfuhr unter den sich wandelnden Bedingungen Schlesiens und insbesondere Breslaus seine eigentümliche Ausformung in den Dramen von A. Gryphius (▷ 9.27), D. C. von Lohenstein (▷ 9.28) und J. Ch. Hallmann. Das barocke Trauerspiel, dessen Theorie zu einem Gutteil der zeitgenössischen Aristotelesrezeption zu verdanken ist, kennt nur adliges Personal für die tragenden Rollen und benutzt entspre-

chend der hohen Stellung des Personals und der Themen den hohen Stil und schweren Schmuck (▷ 9.7). Es ist „ein Spiegel derer / die in allem jhrem thun vnd lassen auff das blosse Glück fussen", so definiert Opitz (▷ 9.13) das Trauerspiel in seiner Vorrede zu den „Trojanerinnen"; das Trauerspiel ist ein Spiegel der gefallenen Welt und des in ihr den Schicksalsschlägen ausgelieferten Menschen. Es soll ihn über die Beschaffenheit der Welt aufklären und ihn dazu anleiten, beständig zu bleiben, den Unbillen zu trotzen. Das Trauerspiel gewöhnt den Menschen an Schicksalsschläge, härtet ab, damit er sie mit Gelassenheit ertragen kann. Der Mensch weiß sich in der göttlichen „providentia", der Vorsehung, aufgehoben; er kann zwar nicht erkennen, warum Dinge geschehen, kann auch den Stellenwert einzelner Ereignisse innerhalb des Geschichtsverlaufs nicht einschätzen, aber er kann darauf vertrauen, daß alles innerhalb des Heilsplanes notwendig ist und er selbst der göttlichen Gnade teilhaftig wird, wenn er tugendhaft sein Schicksal erträgt.

Das Trauerspiel führt die Vergänglichkeit der Welt vor und tut dies mit der Darstellung der exponierten Fürsten. Sie sind die Subjekte der Geschichte, die als „Götter dieser Welt" aus der Masse der Menschen herausragen und als solche zum Handeln gezwungen sind. An ihnen wird Weltverstrickung, „providentia" und ein zyklisch gleichbleibendes Geschichtsbild exemplarisch vorgeführt. Das Trauerspiel hat Exempelfunktion, und in eben der Weise, wie es historische Beispiele als Exempel benützt, benützen die in ihm handelnden Figuren Erscheinungen der Natur, im Emblem (▷ 9.12) verdichtet, als Exempel, als Argumentationshilfen in ihren Redeparts. Das Emblem ist auch auf höherer Ebene strukturbildend. Die Abhandlungen (Akte) und die Reyen (die die Abhandlungen beschließenden „Chöre") - in denen meist allegorische Figuren zu Wort kommen, die das Geschehen der Abhandlungen kommentieren und deuten - verhalten sich wie „pictura" und „subscriptio", und auch die Doppeltitel der barocken Trauerspiele sind entsprechend gebaut, indem der erste Teil, meist der Name der Hauptfigur, auf den Inhalt, der zweite Teil auf die Deutung des Geschehens verweist, zum Beispiel „Leo Armenius, Oder Fürsten-Mord" (1650) von A. Gryphius.

Szenenkupfer von
Johannes Using zu
Andreas Gryphius'
„Catharina von
Georgien ..." (1655)

9.27 Christlich-neustoizistisches Trauerspiel – Andreas Gryphius

Andreas Gryphius (* Glogau 2. Oktober 1616, † ebenda 16. Juli 1664) war ab 1650 lange Jahre Syndikus der glogauischen Landstände, nachdem er – nach Studium in Leiden (1638–43) und einer Bildungsreise nach Frankreich und Italien (1644–46) – in seine schlesische Heimat zurückgekehrt war. Neben mehreren Bänden Sonette und Oden und seinen frühen lateinischen Herodes-Epen ist er vor allem wegen seiner für die Breslauer Schulbühne (▷ 9.26) entstandenen Dramen bekannt. Aus einer christlich-stoischen Haltung heraus übt Gryphius Kritik an Gewaltpolitik wie an der religiösen Legitimation von Machtinteressen („Ermordete Majestät. Oder Carolus Stuardus König von Groß Brittannien", 1657), ohne jedoch Politik und Moral als einerseits dem öffentlichen, andererseits dem privaten Raum zugehörig voneinander zu trennen. Diese Bindung des Politischen an das Moralische, wobei dem politischen Handeln ein gewisses Maß an notwendiger Staatsklugheit zugestanden wird, führt notwendig zum Konflikt. Streng moralisch kann sich nur der verhalten, der nicht die Regierungsverantwortung trägt und behalten will, der im Loyalitätskonflikt zwischen Herrscher und Gewissen sich für das Gewissen entscheiden kann („Großmüttiger Rechts-Gelehrter, Oder Sterbender Aemilius Paulus Papinianus", 1659) beziehungsweise derjenige, dem, in einer Zwangssituation aller aktiven Handlungsmöglichkeiten beraubt, nur noch die Weigerung als Reaktionsmöglichkeit bleibt („Catharina von Georgien. Oder Bewehrete Beständigkeit", Uraufführung 1651, gedruckt 1657). In beiden Fällen aber bedeutet die kompromißlose „constantia" (▷ 9.26) den Tod. Der Märtyrerrolle steht notwendig die des Tyrannen gegenüber. Problematisch wird die klare Zuweisung zu diesen Rollenmustern, die gerade für Gryphius' Dramenfiguren geltend gemacht wurden, sobald dem die politische Verantwortung tragenden Tyrann ein dessen Sturz planender Gegenspieler gegenübersteht („Leo Armenius, Oder Fürsten-Mord", 1650). Tyrannis, politische Notwendigkeit von Herrschaft und das lutherische Verbot des Widerstands gegen den Fürsten, auch den Tyrannen, bilden den Rahmen für eine Diskussion nicht zuletzt um angemessenes politisches Verhalten. Implizit wird in den Dramen die Forderung deutlich, politisches und moralisches Handeln zu Deckung zu bringen, die jedoch in der gefallenen Welt als mögliche Realität nicht denkbar ist. Die Märtyrer sind positive Vorbilder, ihr Verhalten unerreichbarer, aber anzustrebender Orientierungspunkt für den Zuschauer.

9.28 Die Staatsräson als Handlungsmovens – Daniel Casper von Lohenstein

Daniel Casper von Lohenstein (* Nimptsch bei Reichenbach [Eulengebirge] 25. Januar 1635, † Breslau 28. April 1683) schrieb schon als fünfzehnjähriger sein erstes Trauerspiel „Ibrahim" (gedruckt 1653, seit der zweiten Ausgabe von 1689: „Ibrahim Bassa") für die Schulbühne in Breslau. Nach seinem Jurastudium in Leipzig und Tübingen und ausgedehnten Bildungsreisen, nach Tätigkeiten als Hofmeister, als Anwalt sowie als Regierungsrat des Fürstentums Oels nahm er 1670 eine Stelle als städtischer Beamter, als Syndikus der Stadt Breslau an, reiste in dieser Funktion mit diplomatischem Auftrag 1675 nach Wien und wurde noch im selben Jahr Obersyndikus. In seinen im wesentlichen vor seiner Tätigkeit als Syndikus entstandenen Dramen manifestiert sich die Reaktion auf den absolutistischen Staat, wie ihn ein später als A. Gryphius (▷ 9.27) Geborener erfuhr, der, obwohl Hintergrund und Werdegang ähnlich sind, zu ganz anderen Einschätzungen kam, die in der Forschung sogar zur Behauptung völliger Gegensätzlichkeit der Positionen dieser beiden Schlesier geführt haben, zutreffender jedoch als eine, in ihrer Bedeutung nicht zu unterschätzende, historisch bedingte Akzentverlagerung zu beschreiben sind. Nicht mehr die Nichtigkeit der Welt und das Bewahren der absoluten Tugendposition stehen im Mittelpunkt, sondern die Notwendigkeit politisch-klugen Handelns für den Herrscher. Der Herrscher, durch seine Funktion zum Handeln gezwungen, verfällt mit dem aktiven Eingreifen in den von Gott vorherbestimmten Geschichtsverlauf notwendigerweise der Hybris und wird so schuldig. In dieser Zwangssituation zwischen Erfüllung der Rollenanforderungen und Hybris muß der Herrscher in jedem Falle schuldig werden. Er kann die Tu-

gendposition nur sehr eingeschränkt wahren, indem er versucht, vernünftig und politisch klug im Interesse seines Staates zu handeln und dabei so weit wie möglich auch den moralischen Normen zu entsprechen. Affekte stehen dem klugen, vernünftigen Handeln nur in ihrer extremen Form entgegen und verhindern es. Lohenstein fordert daher deren Mäßigung. Der Herrscher, der seine Affekte unter Kontrolle behält und mit Hilfe der Vernunft das politisch-weltgeschichtlich Richtige zu erkennen trachtet, den historischen Verlauf zu deuten und entsprechend zu handeln versucht, verhält sich politisch klug. Da aber die Erkenntnisfähigkeit des Menschen seit dem Sündenfall nicht zuletzt durch die Affekte getrübt ist und diese immer wieder die Oberhand gewinnen, gelingt es den Herrschern kaum, sich angemessen zu verhalten. Trotz des häufigen Scheiterns wird geschichtswirksames Handeln als notwendig aufgewertet, auch wenn es sich, der Not der Politik gehorchend, machiavellistischer Mittel bedienen muß, die aus der Trennung des politisch-pragmatischen Handelns von der Ethik hervorgehen und als Mittel der politischen Praxis auch in vorgeblich anti-machiavellistischen Schriften immer wieder empfohlen wurden. Neben dieser Akzentverschiebung in der Bestimmung „richtigen" Handelns von der ethisch-moralisch kompromißlosen „constantia" bei Gryphius zum politisch vernünftigen Verhalten, der „prudentia" des klugen Politikers bei Lohenstein muß auf das anders geartete Geschichtsbild Lohensteins hingewiesen werden, vor dessen Hintergrund politisch-kluges Handeln erst sinnvoll wird. Lohenstein sieht im Handeln des Herrschers die Ausübung des freien Willens, durch den – ein Paradoxon für die menschliche Vernunft – die ewige Ordnung des göttlichen Verhängnisses sich realisiert. Dieses Verhängnis kann kein anderes Ziel haben als die Vereinigung von Macht, Tugend und Glückseligkeit, einen Zustand, in dem politisches Handeln überflüssig wird. Auf die Vier-Reiche-Lehre des Buches Daniel Bezug nehmend, sieht Lohenstein die Habsburger Monarchie als legitime Nachfolgerin des Römischen Reiches („translatio imperii"), des vierten und letzten Weltreiches an, und in seinen Werken, exemplarisch in der Zuschrift des Kaiser Leopold zu seiner zweiten Vermählung gewidmeten Dramas „Ibrahim Sultan" (1673), verschmelzen politische Klugheitslehre, Geschichtsutopie und Herrscherlob zu einer komplexen Einheit.

9.29 Komödie

Die Komödie ist, wie auch das Trauerspiel, über die streng beachtete Ständeklausel (nach der in der Tragödie die Hauptpersonen von hohem Stand sein mußten, während in der Komödie nur Personen niederer, das heißt bürgerlicher Herkunft das Geschehen tragen sollten; ▷ 11.1) in Personal, Thematik und Stil in engen Schranken fixiert. Beeinflußt von den Dramen der englischen Komödianten (Wandertruppen englischer Berufsschauspieler, die seit etwa 1590 durch Deutschland zogen), deren derb-drastische Mittel sie nutzten, gelten die moralisierend-lehrhaften Komödien Herzog Heinrich Julius' von Braunschweig-Wolfenbüttel als Vorläufer der Barockkomödien. Der „Vicentius Ladislaus" (1594) ist eine Variation des Miles-gloriosus-Motivs, des Motivs des aufschneiderischen „Heldens". Der Tölpel Vicentius, der in keiner Weise den höfischen Bildungs- und Verhaltensnormen entspricht, bekommt die Unangemessenheit seiner Ansprüche, die Folgen seines Fehlverhaltens – des Versuchs des Überschreitens der Standesschranken – schmerzhaft zu fühlen. Fehlverhalten wird auch in A. Gryphius' (▷ 9.27) Komödien, zum Beispiel „Horribilicribrifax. Teutsch" (1663), kritisiert. Hier wird innerhalb der Komödie selbst die Scheinhaftigkeit der angenommenen Rollen der Figuren entlarvt und Großsprecherei und Hochmut dem Gelächter preisgegeben.

Christian Reuter bildete seine Dramenfiguren ungewöhnlich deutlich realen Personen nach. In seinen Komödien werden jedoch ebenfalls Anmaßung und der übertriebene Wille zu sozialem Aufstieg („Schlampampe"-Dramen: „L'Honnête Femme Oder die Ehrliche Frau zu Plißine", 1695; „La Maladie et la mort de l'honnête Femme. Das ist: Der ehrlichen Frau Schlampampe Krankheit und Tod", 1696) kritisiert, aber nicht nur dies. In seiner Komödie „Graf Ehrenfried" (1700) geht er so weit, einen verarmten Adligen zum Gegen-

stand des Gelächters zu machen und in seiner Gestalt den Übertritt des Kurfürsten von Sachsen zum Katholizismus, den dieser vollzog, um für das Amt des polnischen Königs wählbar zu werden, als politischen Schachzug zu markieren. An keiner Stelle wird in den Barockkomödien die Ordnung selbst kritisiert. Es sind immer nur Verstöße gegen die als gottgewollt verstandene hierarchische soziale Ordnung, die verlacht werden. So tragen die Komödien zur Stabilisierung der Gesellschaft insgesamt und zur Fixierung von Verhaltensnormen, zur Ausgrenzung von Fehlverhalten im einzelnen bei.

Frau Schlampampe. Illustration zu Christian Reuters Komödie „L'Honnête Femme Oder die Ehrliche Frau zu Plißine" (1695)

9.30 Die Tendenz zum Gesamtkunstwerk – Oper und Singspiel

Die Oper, entstanden gegen Ende des 16. Jahrhunderts in Italien, konnte dort schon im frühen 17. Jahrhundert mit den Werken O. Rinuccinis und C. Monteverdis Höhepunkte verzeichnen. Rinuccinis Oper „Dafne" war es auch, die das Muster für die erste deutsche Oper und gleichzeitig das erste deutsche schäferliche Drama bot. H. Schütz komponierte die Musik, M. Opitz (▷ 9.13) bearbeitete das Libretto für das Werk, das 1627 aus Anlaß der Hochzeit des Landgrafen

Georg von Hessen-Darmstadt mit Sophie-Eleonore von Sachsen auf Schloß Hartenfels bei Torgau aufgeführt wurde. Auch für die heroische Oper schuf Opitz mit der Bearbeitung von A. Salvadoris „Judith" (1635) das prägende Muster. Die Oper ist eine in erster Linie höfische Kunst, denn nur an den Höfen, an denen entsprechende Mittel noch am ehesten zur Verfügung standen, konnten Opernaufführungen zu solchen Spektakeln gedeihen, die durch ihren immensen Aufwand und nicht zuletzt durch das preistreibende gegenseitige Abwerben besonders guter Künstler Unsummen Geldes verschlangen und der höfischen Gesellschaft zur Unterhaltung wie zur Selbststilisierung und Repräsentation dienten. Oft verfaßten die Mitglieder der Höfe selbst die musikalischen Festspiele und Maskeraden, wie zum Beispiel Herzogin Sophie Elisabeth von Braunschweig-Wolfenbüttel oder ihr Stiefsohn, Herzog Anton Ulrich von Braunschweig-Wolfenbüttel, und spielten selbst Rollen in den meist allegorisch-mythologischen Dramen, die in den Grenzbereich der Oper gehören. Jeder noch so kleine Fürst versuchte, ein Musiktheater zu etablieren, und verschuldete sich oft allein aus diesem Grund erheblich.

Auch die Singspiele S. Dachs („Cleomedes", 1635, oder „Sorbusia", 1645), G. Ph. Harsdörffers („Seelewig", 1644), A. Gryphius' („Majuma", entstanden 1653, gedruckt 1657) und anderer wurden für Fürsten geschrieben oder an Höfen aufgeführt. Die reichsstädtische Oper am Gänsemarkt in Hamburg bildete die Ausnahme. Sie war eine bürgerliche Einrichtung, die auf Anregung des im Hamburger Exil lebenden Herzogs Christian Albrecht von Schleswig-Holstein-Gottorf mit den Mitteln einiger Patrizier und auswärtiger Diplomaten finanziert wurde, und bildete ab 1677 eines der Zentren der Pflege des Musiktheaters. Librettisten wie Ch. H. Postel und B. Feind, Komponisten wie R. Keiser und G. Ph. Telemann sorgten für den überregionalen Ruf dieser Einrichtung. Hamburger Oper und höfische Opern existierten nicht nebeneinander her, sondern ein reger Austausch in beiden Richtungen führte dazu, daß dieselben Opern mehr oder weniger bearbeitet an mehreren Orten aufgeführt wurden. Zu Beginn des 18. Jahrhunderts flaute die Opernbegeisterung ab, das Hamburger Opernhaus

wurde 1738 geschlossen. Der Frühaufklärer Gottsched, der die Oper wegen ihres verschwenderischen Luxus und vor allem wegen ihres unnatürlichen Wesens, singende Menschen, wo nicht gar Fabelwesen und unwahrscheinliche Begebenheiten auf die Bühne zu bringen, verurteilt hatte, konnte aufatmen (▷ 10.6).

9.31 Heilsgeschichte und gesammeltes Wissen – der höfisch-historische Roman

Der höfisch-historische oder – in älterer Terminologie – auch heroisch-galante Roman, für dessen eigentümliche Ausprägung der später als regellos und unsittlich verurteilte „Amadisroman" (Autor und Originalsprache unbekannt, im 14. Jahrhundert in Spanien erwähnt; vor 1492 von dem Spanier G. Rodriguez de Montalvo übersetzt oder bearbeitet [gedruckt 1508]; erste deutsche Ausgabe 1569–94 in 24 Bänden) durch die Verquickung von Liebes-, Geschlechter- und Staatsgeschichte, aber mehr noch als dieser der formprägende spätantike Roman, vor allem Heliodors „Aithiopiká" (3. Jahrh. n. Chr.), als Muster zu nennen sind, unterscheidet sich von seinem Gegenstück, dem pikaresken Roman (▷ 9.32) in Personal, Thematik und Struktur. Im „hohen" Roman begegnen dem Leser nur hochgestellte, adlige Personen, die Handlung setzt mitten im Geschehen ein („in medias res"), die Vorgeschichten der beteiligten Personen werden durch Berichte nachgeholt. Ausgangspunkt bildet meist ein fürstliches Liebespaar, das durch widrige Umstände getrennt wurde und sich nun sucht. Die herumirrenden Hauptfiguren begegnen zahlreichen anderen Personen, die jeweils ihre Lebensgeschichten erzählen, täuschen sich oft selbst über ihre eigene Identität wie die der anderen und müssen eine Vielzahl von Bewährungsproben bestehen, bevor sich die vielfältigen verstrickten Haupt- und Nebenhandlungsstränge am Ende auflösen und die füreinander bestimmten Liebespaare sich finden. Mit der standhaften, immer in die Ehe mündenden Liebe, die stets geknüpft ist an dynastische Interessen, an die Schicksale der Reiche, deren Repräsentanten die Liebenden sind, erbringen die Helden exemplarisch den Beweis ihrer Tugend. Liebe ist in diesen Romanen kein privat-erotisches, sondern ein ethisch-gesellschaftliches Phänomen. Diese Gattung, zuerst durch Übersetzungen aus dem Französischen beziehungsweise durch die Übersetzung der ursprünglich lateinischen „Argenis" von J. Barclay durch M. Opitz (1626–31) in Deutschland rezipiert, findet hier nur zögernd Nachahmer. Idealtypisch verwirklicht wird die Gattung vor allem im ersten der beiden Romane Herzog Anton Ulrichs von Braunschweig-Wolfenbüttel. „Die Durchleuchtige Syrerinn Aramena" (5 Bände, 1669–73, etwa 3900 Oktavseiten) wurde von Anton Ulrichs Schwester Sibylla Ursula begonnen, von Anton Ulrich und S. von Birken überarbeitet und fertiggestellt. Die Irritationen und Täuschungen, denen die Personen dieses Romans ausgesetzt sind, sind nicht willkürliche Winkelzüge Fortunas, sondern sie stellen sich zum Schluß als notwendig in der planvollen göttlichen Ordnung, als Prüfungen für die Standhaftigkeit der Personen heraus. Das Romangeschehen erweist die Sinnhaftigkeit der göttlichen Ordnung, leistet Theodizee.

Im exemplarisch-fiktiven Romangeschehen der „Aramena" war eine Entwirrung der Handlungsstränge noch möglich. Vor ein unlösbares Problem war Anton Ulrich mit seinem zweiten Roman „Octavia. Römische Geschichte" (Urfassung 4 Bde., 1677–79, erweiterte 1. Fassung 6 Bde., 1685–1707, Nachdruck 1711) gestellt, der, auf aktuelle Ereignisse anspielend, die Sinnhaftigkeit des Geschichtsverlaufes erweisen sollte. Dieser Anspruch mußte den Rahmen des Romans sprengen, und so blieb das Mammutwerk, dessen sechs Bände der ersten Fassung schon fast 7000 Oktavseiten umfaßten, unvollendet (2. Fassung 1712–14 [6 Bände] und 1762 [7. Band] unter dem Titel „Die Römische Octavia"). Vor Anton Ulrich hatte sich A. H. Buchholtz der Gattung mit seinem religiös-erbaulichen Roman „Des Christlichen Teutschen Groß-Fürsten Herkules Und Der Böhmischen Königlichen Fräulein Valiska Wunder-Geschichte" (1659/60) und dessen Fortsetzung „Der Christlichen Königlichen Fürsten Herkuliskus und Herkuladisla ... anmu-

Titelkupfer zu Daniel Casper von Lohensteins Roman „Großmüthiger Feldherr Arminius oder Hermann ..." von Jakob von Sandrart (1689)

thige Wunder-Geschichte" (1665), die beide schon in den vierziger Jahren entstanden waren, genähert. Buchholtz setzt sich mit seinen mutigen und vor allem frommen Helden vom Vorbild des „Amadisromans" ab, schuf Erbauungsliteratur in Romanform zur christlichen Unterweisung. Die durchaus vorhandene politische Ebene bleibt dem Roman äußerlich. Auch Grimmelshausen (▷ 9.33) versuchte sich mehrfach in dieser Gattung. Zuerst mit der „Histori vom keuschen Joseph" (1667), der mit seiner einsträngigen Handlungsführung der Legende nahekommt, dann mit „Dietwalts und Amelinden anmuthige Lieb- und Leids-Beschreibung" (1670) und mit „Des Durchleuchtigten Printzen Proximi, und Seiner ohnvergleichlichen Lympidae Liebs- und Geschicht-Erzehlung" (1672). In D. C. von Lohensteins (▷ 9.28) Roman „Großmüthiger Feldherr Arminius oder Hermann ..." (1689/90), dessen letztes Buch nach Lohensteins Tod vermutlich von Ch. Wagner, einem Leipziger Theologen, vollendet wurde, sprengt in seiner universalhistorischen, enzyklopädischen Anlage wie schon die „Octavia" Anton Ulrichs den Gattungsrahmen. In mehreren Schichten überlagert sich die Darstellung der germanischen und römischen Geschichte mit dem Zeitgeschehen, indem eine Figur der Romanhandlung zugleich eine oder mehrere Personen der Zeitgeschichte bedeutet. Diese mehrfache Überlagerung des Handlungsgeschehens ist Ausdruck von Lohensteins Geschichtsbild. Lohenstein geht von einem „unerbittlichen Verhängnis" aus. Er löst sich von dem zirkulären Geschichtsbild, dem jedes Ereignis zum Exempel für die immer gleichen Konstanten der Geschichte wird, und versucht, den letztlich nur von seinem Ende her deutbaren Geschichtsverlauf auf der Grundlage der Viermonarchienlehre und der Vorstellung der „translatio imperii" (▷ 9.28) zu rekonstruieren und als in sich notwendig zu erweisen. Lange Exkurse über alle nur möglichen gelehrten Gegenstände machen diesen Roman zu einem enzyklopädischen Monstrum, dessen Anliegen schon bald nicht mehr verstanden wurde.

„Die Asiatische Banise, Oder das blutig – doch muthige Pegu" (1689) des Heinrich Anselm von Zigler und Kliphausen war wohl der beliebteste dieser Romane. Auch Zigler wählt einen im Kern historischen Stoff, die Auseinandersetzungen im Hinterindien des 16. Jahrhunderts, den er, um zu einem dem höfischen Roman angemessenen Ende zu gelangen, harmonisiert. Die geschilderten Umstände dienen dazu, mögliche Formen von Herrschaft darzustellen, die ganze Problematik der Staatsräson zu entfalten. Viele der Merkmale des höfisch-historischen Romans haben in diesem, für eine breitere Leserschicht geschriebenen, schmaleren Text Funktionsveränderungen erfahren. So dient er nicht mehr der Weltdeutung, sondern ist ein praktisches politisches Lehrbuch.

9.32 Der Picaro und seine Indienstnahme durch die Gegenreformation

Der pikareske Roman (von spanisch „pícaro" = Spitzbube, Schelm), das Gegenstück zum höfisch-historischen Roman (▷ 9.31), entstand im 16. Jahrhundert in Spanien. Im anonym erschienenen Schelmenro-

man „La vida de Lazarillo de Tormes y de sus fortunas y adversidades" (1554) erzählt ein armer Müllersohn seine Geschichte. In einer Reihe von Einzelepisoden berichtet er scheinbar naiv und unmittelbar von seinen Diensten für verschiedene Herren und von seiner Ehe mit der Geliebten eines Erzpriesters, die ihm sein Auskommen als Ausrufer in Toledo sichert. Die stillschweigende Duldung der Affäre seiner Frau ist für ihn die einzige Möglichkeit, seine zumindest in Ansätzen vollzogene Integration in die Gesellschaft nicht zu gefährden. Das Werk zielt mit seiner Kritik auf die altchristlich-spanische Gesellschaft, die sich abschließt gegen Neuchristen und Juden und deren Vertreter hochmütig und korrupt ihre Privilegien zu sichern suchen. Diese Kritik wurde vom zeitgenössischen Publikum so gut verstanden, daß das Werk bereits 1559 von der Inquisition verboten wurde. 1573 erschien ein gereinigter Text. In der Folge entstanden weitere pikareske Romane, die sich das Muster in jeweils eigener Weise anverwandelten und es variierten. Der „Guzmán de Alfarache" (1599–1604) von M. Alemán schildert scheinbar – in der Gestalt des bekehrten, als Galeerensträfling auf sein Leben zurückblickenden Guzmán – ein Negativbeispiel, an dem die Vorzüge tugendhaften Lebens exemplifiziert werden; doch die Vertreter der guten Gesellschaft, die den Außenseiter Guzmán verachten, sind die tatsächlich Kritisierten, die unter dem Deckmantel scheinheiliger Moral ungestraft Verbrechen begehen, während Guzmán für weit unbedeutendere Vergehen mit Galeerenhaft bestraft wird. Es gibt durchaus Meinungen, die im „Guzmán" nicht so sehr Kritik an der spanischen Gesellschaft erkennen wollen, als vielmehr ernstgemeinte religiöse Unterweisung.

1617 erschien in Augsburg eine Übersetzung des bereinigten „Lazarillo de Tormes" (eine ältere handschriftliche Übersetzung blieb wirkungslos). In ihr werden die Episoden locker aneinandergereiht und durch das Weglassen der Vorrede der spanische Text den üblichen Schwanksammlungen (▷ 8.15) angeglichen. Schon in dieser Übersetzung wird die gegenreformatorische Stoßrichtung des Bearbeiters durch das auffällige Weglassen kirchenkritischer Episoden, die Verstärkung der antihöfischen Kritik sowie die Betonung des Werts der Arbeit deutlich. Die moraltheologische Indienstnahme des Picaro zeigt sich auch schon in der ersten in Deutschland angefertigten Übersetzung eines pikaresken Romans, der „Guzmán"-Bearbeitung von Ä. Albertinus („Der Landstörtzer Gusman von Alfarache", 1615). Hier wird der Held auf seinem sündigen Weg siebenmal gewarnt und vollzieht im zweiten Buch, durch einen Einsiedler unterwiesen, die Umkehr in Reue, Bekenntnis und tätiger Buße. Albertinus geht es nicht um die Schilderung der Lebensgeschichte seines Helden, sondern um die Darstellung dogmatischer Positionen, der auch die gesellschaftskritische Thematik des Originals zum Opfer fällt.

Schon in der spanischen Literatur gibt es mit „La pícara Justina" (1605) von F. López de Úbeda ein weibliches Gegenstück zum Picaro, und auch in deren Übersetzung „Die Landstörtzerin Ivstina Dietzin Pícara genandt" (1620–27) wird die gesellschaftskritische Thematik zugunsten der Darstellung einer negativen Exempelfigur getilgt. Neben dem spanischen pikaresken Roman beeinflußte auch der französische „roman comique", der bereits Elemente des Schelmenromans mit Elementen des höfisch-historischen mischt, die deutsche Literatur, vor allem durch zwei Übertragungen der „Vraye histoire comique de Francion" 1623, erweitert 1626 und 1633) von Ch. Sorel aus den Jahren 1662 und 1668.

9.33 „Der Abentheurliche Simplicissimus Teutsch"

Schon lange hat man die Einschätzung des Dichters des „Simplicissimus", Johann Jakob Christoffel von Grimmelshausen (*Gelnhausen um 1621, †Renchen [Ortenaukreis] 17. August 1676), als ursprüngliches, unmittelbar schilderndes, bäuerliches Erzähltalent verworfen, nachdem dem Gastwirt und späteren Schultheißen nicht nur in seinen sogenannten Simplizianischen Schriften („Der Abentheurliche Simplicissimus Teutsch", 1669; „Trutz Simplex: Oder Ausführliche und wunderseltzame Lebensbeschreibung Der Ertzbetrügerin und Landstörtzerin Courasche", 1670; „Der seltzame Springinsfeld", 1670; „Das wunderbarliche Vogel-Nest",

1672–75), sondern auch in seinen weniger bekannten höfisch-historischen Romanen (▷ 9.31) und seinem „Ewig währenden Calender" (1670) durchaus fundierte Kenntnisse und der Einfluß ausgedehnter Lektüre nachgewiesen wurden. Mit dem „Simplicissimus Teutsch", dem heute wohl noch bekanntesten Werk der Barockzeit, schuf Grimmelshausen, die vielfältigen Einflüsse des pikaresken Romans, des „roman comique" und der Schwankliteratur nutzend, die fiktive Autobiographie eines Mannes im Dreißigjährigen Krieg. Simplicissimus erzählt sein Leben aus der Rückschau, so daß die scheinbar unmittelbare Erzählung immer wieder durch Erzählerkommentare unterbrochen werden kann. Er wird als Kind bei einem Überfall plündernder Soldaten von seinen Eltern getrennt, findet Aufnahme bei einem Eremiten, der ihn in der christlichen Lehre unterweist, dessen Tod ihn aber zwingt, sich selbst durchs Leben zu schlagen. Nach ersten Kontakten mit der Welt in Hanau durchläuft er viele Stationen: ist Knecht, steht im Dienst kaiserlicher Truppen, wird zu einer Heirat gezwungen, gelangt nach Paris, nach Wien, wird Hauptmann und kreuzt dabei immer wieder die Wege von Olivier, dem Räuber, und Herzbruder, dem tugendhaften Freund. Er lebt schließlich im Schwarzwald als Bauer und erfährt, daß der Einsiedler, der ihn erzog, sein richtiger, adliger Vater war. Nach einer Reise durch viele ferne Länder wird Simplicissimus schließlich Einsiedler. So endet das 5. Buch. Die „Continuatio des abentheuerlichen Simplicissimi ...", das 6. Buch, das ebenfalls 1669 erschien und Ausgangspunkt vieler unterschiedlicher Interpretationen ist, schildert eine erneute Reise, die wiederum mit dem Einsiedlerdasein des Simplicissimus, diesmal auf einer Insel, endet, wo er von holländischen Seeleuten gefunden wird und diesen seine Lebenserinnerungen mitgibt.

Einige Strukturmerkmale – die Außenseiterrolle, der Bericht „ab ovo" (das heißt in chronologischer Folge von Anfang an, im Gegensatz zur Erzählstruktur des höfisch-historischen Romans [▷ 9.31]), die Ich-Erzählung, das Episodische – erinnern an den pikaresken Roman (▷ 9.32). Einige Elemente lassen sich aber nicht so einfach durch dieses Muster erklären, so zum Beispiel die eigentlich adlige Abkunft des Helden, deren verzögerte Aufhellung und die komplexe Figurenführung. Auch die von Ä. Albertinus vorgeführte Struktur von Sünde-Bekehrung-Buße übernimmt Grimmelshausen nicht; Simplicissimus durchläuft aber ebenfalls drei Stadien, Unschuld-Sünde-Bekehrung. Schon allein diese Veränderungen gegenüber den Vorbildern sind interpretationsbedürftig.

Titelkupfer der Erstausgabe (1669) von Grimmelshausens „Simplicissimus". Das Fabeltier, ein Zwitterwesen aus Fisch, Vogel, Ente und Satyr, deutet auf die Episoden des Romans und zertritt die Masken menschlicher Torheit

Immer wieder wird der „realistische" Stil Grimmelshausens gewürdigt, der „Simplicissimus" gar als „realistischer" Roman bezeichnet. Wohl scheinen die Schilderungen genau beobachteter Erfahrungsrealität zu entstammen, aber sie sind nicht Selbstzweck, dienen nicht ausschließlich der Unterhaltung, sondern sind die „zuckerige Hülle" für eine unter ihr verborgene Wahrheit, der Spiegel, in dem sich die verkehrte Welt betrachten soll, wie die Leseanleitung im 6. Buch deutlich macht. Sie weist den Leser darauf hin, er solle sich nicht „der Hülsen genügen" und sich nicht einfallen lassen, „der Kernen nicht" zu achten. Diese Aussage sowie die vielen in die Romanhandlung eingestreuten Allegorien und Simplicissimus' eigene Tätigkeit als Emblematiker am Ende des 6. Buches läßt eine Deutbarkeit des Textes nach dem „vierfachen Schriftsinn" vermuten, einer unter den vielen bisher erprobten Interpretationsansätzen.

Neben der historischen Ebene der Romanhandlung, die einen Menschen zeigt, der versucht, im Dreißigjährigen Krieg zu überleben, kann man eine allegorische Ebene unterscheiden, auf der Simplicissimus als Verkörperung des Menschen schlechthin zu deuten ist. Sein Lebensweg ist zu sehen als Weg des Menschen vom vorbewußten paradiesischen Zustand über den sündhaften Zustand der gefallenen Kreatur zum letzten Stadium des Weisen, der sich seiner Welthaftigkeit, von der er sich nicht lösen kann, bewußt ist, die Welt selbst als positive Orientierungsmöglichkeit für die Erkenntnis Gottes annimmt und nützt. Gerade dieses Ende läßt aber viele Interpreten unzufrieden. Für sie hebt die formale Abrundung die Widersprüche zwischen „realistischer" Schilderung und moralisch-theologischer Deutung erst hervor. Die moralische Ebene wird am deutlichsten in den Worten des Einsiedlers zusammengefaßt, der Simplicissimus rät, sich selbst zu erkennen, böse Gesellschaft zu meiden und standhaft zu bleiben. Der anagogische oder heilsgeschichtliche Sinn läßt sich über zwei Zentralstellen erschließen. Einmal wird Simplicissimus in Beziehung zum Phönix, einem traditionell für Christus verwendeten Sinnbild, gesetzt, an der anderen Stelle, in der „Continuatio", tritt er den Holländern mit einem Feuerschein um den Kopf entgegen, dessen Ursache Leuchtkäfer in seinem Haar sind, die in der Emblematik auch als Zeichen für die Erleuchtung durch Gott stehen. Dieses Feuer kann Simplicissimus als Heiligen, wenn nicht sogar als Präfiguration Christi erscheinen lassen.

Der „niedere" Roman ist so zwar das Gegenstück zum „hohen" höfisch-historischen, aber beide sind Ausdruck desselben Weltverständnisses.

9.34 Verselbständigung der Erzählfreude – Johann Beer und Christian Reuter

Johann Beer (* Sankt Georgen im Attergau [Oberösterreich] 28. Februar 1655, † Weißenfels 6. August 1700) gilt als Nachfolger Grimmelshausens, doch sind seine Romane weit weniger auf moralische Belehrung angelegt. Schon in seinem ersten Roman „Der Simplicianische Welt-Kucker Oder Abentheuerliche Jan Rebhu" (1677–79) wird das Leben eines jungen Musikers erzählt, der nach einer Vielzahl von Abenteuern, Reisen und Liebeserlebnissen, nicht ohne mehrmals Ansätze zu Bekehrung und Umkehr zu zeigen, die aber formelhaft, ohne eigentliche Bedeutung, fast ironisch in die locker fließende Handlung eingestreut werden, als Schloßherr endet und daran stirbt, daß er einen Rebhuhnknochen verschluckt und erstickt. Reflexionen der Hauptfigur fehlen und eine Rückbindung des Geschehens an christliche Normen findet ebensowenig statt. Beer zeichnet in seinen Romanen eher komische Sittenbilder der Gesellschaftsgruppen, mit denen er seine Figuren zusammentreffen läßt, zum Beispiel den Landadels in den „Teutschen Winternächten" (1682) und der Fortsetzung „Die Kurtzweiligen Sommer-Täge" (1683).

Christian Reuters (getauft Kütten bei Halle/Saale 9. Oktober 1665, † Berlin [?] nach 1712) Roman „Schelmuffskys Warhaffte Curiöse und sehr gefährliche Reisebeschreibung zu Wasser und Lande" (1696/97) ist der letzte in der Reihe der Schelmenromane. Schelmuffsky ist der bürgerliche Narr, der versucht, den Adel imitierend, eine Kavalierstour zu unternehmen. Elemente des Reise- und Abenteuerromans fließen in die Handlung mit ein. Distanzlos berichtet Schelmuffsky von seinen Erlebnissen und entlarvt durch die Unangemessenheit der Sprache den angemaßten Anspruch auf galantes Wesen, wie auch die ganze Reise als Lügengeschichte enttarnt wird. Dieser Picaro steht einer fest gegründeten Welt gegenüber, und nicht diese ist es, die durch den Schelm kritisiert wird, sondern er als der einzige sich falsch verhaltende Schelm ist Gegenstand des Spotts.

9.35 Die Schäfer in Arkadien

Die Motive schäferlicher Dichtung gehen zurück auf die Idyllen Theokrits und die Eklogen Vergils. Die Liebesthematik, das Rollensprechen des Dichters unter der Maske des Schäfers und die Verwendung der idealen Welt Arkadiens für den historischen Kommentar, sei es als Kritik oder im Zusammenhang der Panegyrik, sind bei Vergil vorgebildet. Der neulateinische Schäferroman „Arcadia" (vollständig 1504 erschienen) von I. Sannazaro knüpft durch einen lockeren Erzählrahmen einzelne Hirtengespräche und Lieder aneinander. Wirklich epische Schäferromane entstehen erst später. Ihren Höhepunkt erreicht die Gattung mit der „Astrée" (1607–27, deutsch „Von der Lieb Astreae und Celadonis", 1619) des H. d'Urfé, einem Schlüsselroman, der sich die Struktur des spätantiken Romans zunutze macht (▷ 9.31) und in verfeinerter psychologischer Darstellung eine differenzierte preziöse Liebeslehre entwickelt.

Die wichtigsten Schäferromane wurden schon früh im 17. Jahrhundert ins Deutsche übersetzt. Doch obwohl diese großen Romane bekannt waren, blieben sie für die deutsche Schäferdichtung selbst relativ wirkungslos. Stattdessen entwickelten sich in Deutschland zwei ganz eigene Formen der Schäferei: die „Gesellschaftsschäferei" oder, in neuerer Terminologie, die Prosaekloge und die „Individualschäferei" oder der schäferliche Liebesroman. Auch hier war es wieder M. Opitz (▷ 9.13), der durch seine „Schäfferey von der Nimfen Hercinie" (1630) den formprägenden Text für den ersten Typus schuf, der dann vor allem von den Nürnberger Dichtern (▷ 9.36) nachgeahmt wurde. Dieser Typ der Schäferdichtung macht sich das Rollensprechen zunutze, indem er leicht erkennbar getarnt, tatsächlich lebende Personen sich – meist bei einem Spaziergang – unterhalten läßt und ihnen Gelegenheit gibt, ihre Kenntnisse über die unterschiedlichsten Themen zu beweisen. Diese Gattung war vorzüglich geeignet, den Verfasser durch die Art der stilisierenden Selbstdarstellung den hochgestellten Personen, denen der Text gewidmet war, zu empfehlen sowie Herrscherlob und Lob der Dichtung mit einzuflechten. Es handelte sich also nicht um zeitlose Idylle, sondern der schein-

bar aus dem historischen Ablauf herausge-
nommene Raum bot die Möglichkeit, über
allgemeine, aber auch über aktuelle Themen
zu reflektieren.

Die zweite Variante, die der „Individualschäfereien", hat aufgrund einer sozialhistori-
schen Zuordnung ihrer Autoren zu dem aus
der politischen Verantwortung gedrängten
Landadel, der sich in diesen Texten selbst stilisiert, eine Interpretation erfahren, die –
schon durch die nicht haltbare sozialhistori-
sche Zuordnung der Autoren – in weiten Teilen den Texten nicht gerecht wird.

Johann Thomas' „Schäferroman" „Keuscher
Liebes-Beschreibung Vom Damon vnd der
Lisillen" (1663) wurde zum Beispiel als Ausdruck bürgerlicher Privatheit und dort bereits
entwickelter Individualität gedeutet. Doch
diese Deutung findet neuerdings Kritiker, die
nachweisen, daß der in den anderen Untersuchungen überbewertete Erzählrahmen nur
dazu dient, konventionelle Gelegenheitsgedichte für eine Veröffentlichung ihres ursprünglichen Anlasses zu entledigen und
in einen Gesamtzusammenhang zu stellen.
Diese so unterschiedlichen Deutungen, die
gerade im Zusammenhang mit der Schäferdichtung besonders weit auseinandergehen,
erklären sich durch die relative Offenheit dieses Genres, in dem alle Themen diskutiert
werden können, was so für keine der anderen,
viel enger definierten Gattungen zutrifft.

9.36 Die Schäfer an der Pegnitz

Eine ungewöhnliche Dichtervereinigung ist
der „Löbliche Hirten- und Blumen-Orden an
der Pegnitz" („Nürnberger Dichterkreis").
G. Ph. Harsdörffer und J. Klaj gründeten unter den aus Ph. Sidneys „Arcadia" (1. Fassung
1580 [Erstdruck 1926], 2. [unvollendete] Fassung 1590, deutsch von M. Opitz, 1629) entlehnten Schäfernamen „Strefon" und „Cla-
jus" diese Vereinigung, zu der unter anderen
S. von Birken („Floridan"), J. M. Dilherr,
J. Rist, M. D. Omeis und der Komponist S. Th.
Staden gehörten. Die „Blumen-Hirten" oder
auch „Pegnitz-Schäfer" schrieben vor allem
pastorale Gelegenheitsdichtungen. Das erste
Gemeinschaftswerk, an das auch die Entstehung der Gesellschaft eng geknüpft ist, das

Titelblatt einer 1644 erschienenen Ausgabe des „Pegnesi-
schen Schäfergedichts" von Strefon (Harsdörffer) und Cla-
jus (Klaj)

„Pegnesische Schäfergedicht" (1641), wurde
von Harsdörffer und Klaj aus Anlaß einer
Hochzeit verfaßt und orientiert sich an Opit-
zens „Hercinie" (▷ 9.35). Diese gebildeten
Nürnberger kultivierten in immer neuen
Schäfereien das schäferliche Rollensprechen.
Hervorstechendes Merkmal ihrer Verse ist die
Lautmalerei, mit der möglichst genaue
Klangentsprechungen gesucht wurden:
„Es drummeln die küpfernen Drummel und
summen
Es paukken die heiseren Paukken und brum-
men
Es lüdeln und düdeln die schlirffenden Pfei-
fen."   (J. Klaj)
Der ungemein produktive Harsdörffer legt in
seinen acht Bänden „Frauen-Zimmer Ge-
sprech-Spiele" (1641–1649, ab Teil 3 nur als
„Gesprechspiele") den Grund für viele Formen von Gesellschaftsspielen. Seine Poetik
„Poetischer Trichter, Die Teutsche Dicht-
und Reimkunst ... in VI. Stunden einzugie-
ßen" (3 Teile, 1647–53) ist es, die als „Nürnberger Trichter" Geschichte machte. Anders
als Zesen (▷ 9.22) legte Harsdörffer vor allem

Wert auf den Reim als wichtigstem Unterscheidungskriterium für Vers und Prosa und nicht so sehr auf den Rhythmus. Trotzdem versuchten sich die Nürnberger in unterschiedlichen Versformen, bevorzugten aber vor allem den Daktylus. Neben den Schäfereien Birkens ist vor allem seine schon etwa 1650 entstandene, 1679 erschienene „Teutsche Rede-bind und Dicht-Kunst" wichtig. Sie ist die erste deutsche Poetik, die auch den Roman erwähnt (▷ 9.31).

Die Nürnberger Gruppe war die einzige, in die auch Frauen als gleichberechtigte Mitglieder aufgenommen wurden, zum Beispiel Maria Catharina Stockfleth (▷ 9.37). Birken meinte dazu 1670, daß es bewiesen sei, „daß die Natur dieses Geschlechte von der Tugend- und Weißheit-Fähigkeit nicht ausschließe." Diese Position erstaunt, bedenkt man die Rolle und Bildungssituation der Frau im Barock.

9.37 Die Frau als Autorin

Die Frauen im 17. Jahrhundert waren keine mündigen Subjekte, sie standen unter der Vormundschaft des Vaters und später des Ehemannes und konnten weder über sich noch über ihre Kinder frei entscheiden. Schulbildung, um die es generell für die breiteren Schichten nicht allzu gut bestellt war, gab es für Frauen kaum. Erschwerend wirkte auch das paulinische Gebot: „Weiber schweigen in der Gemeinde." So war Schreiben, angesichts des gelehrten Anspruchs der Barockdichtung, für Frauen ungleich schwerer als für Männer, die ja ihr Dichten auch erst legitimieren mußten (▷ 9.6). Und es wundert nicht, daß außer Catharina Regina von Greiffenberg und Anna Ovena Hoyers kaum schreibende Frauen bekannt geblieben sind. Es gab deren aber doch einige, wie die „Frauenzimmer-Lexika" von Ch. F. Paullini (1705), J. C. Eberti (1706) und G. Ch. Lehms (1715) bezeugen. Unter ihnen finden sich kaum Frauen, die sich der großen Gattungen annahmen. Romane schrieb neben Sibylla Ursula von Braunschweig-Wolfenbüttel (▷ 9.31) nur Maria Catharina Stockfleth. Es handelt sich dabei bezeichnenderweise um einen höfisch-schäferlichen Roman, der als Fortset-

zung des von ihrem Mann begonnenen Romans „Die Kunst und Tugend-gezierte Macarie" (1669–73) erschien. Auch große Dramen finden sich nur in einem Fall: Sibylla Schuster, wie die Stockfleth Pfarrfrau, verfaßte das religiöse Drama „Verkehrter Bekehrter und wider bethörter Ophiletes" (1685). Die Masse der von Frauen produzierten Dichtung ist nicht zufälligerweise geistliche Lyrik, oblag ihnen doch die christliche Erziehung ihrer Kinder. Noch gibt es zu diesen Autorinnen nur in Ausnahmefällen Einzeluntersuchungen.

9.38 Aufwertung des Innerweltlichen und Lockerung der Gattungskonvention im Spätbarock

Der „politische Roman" Ch. Weises (▷ 10.2) lehnt sich insofern an den pikarischen Roman (▷ 9.32) an, als auch er das Ziel verfolgt, mittels der in ihm vorgeführten negativen Verhaltensweisen den vernünftigen Leser auf das richtige Verhalten hinzuweisen. Aber Weise setzt nicht mehr die Welt als verkehrte insgesamt einer idealen, jenseitigen Welt entgegen, sondern läßt die Torheiten als Torheiten einzelner erscheinen, die durch kluges Verhalten korrigierbar sind. Es geht ihm darum, den Leser im richtigen pragmatisch-politischen Verhalten in der Welt zu unterweisen, das ihn für die Tätigkeit in den Verwaltungen befähigt und seinen Aufstieg und seine Integration ermöglichen hilft. Dabei ist nicht nur an den Aufstieg des einzelnen gedacht; immer bleibt auch im Blick, daß durch das kluge Verhalten der einzelnen der Staat gefördert wird.

Die Gattung des höfisch-historischen Romans (▷ 9.31) erlebt eine ebenso starke Transformation. Die Romane werden kürzer, stellen nicht mehr den Anspruch, Theodizee zu sein, sondern berichten in überschaubaren Geschichten unterhaltsam von Liebesabenteuern. Die Liebe hatte im höfisch-historischen Roman immer repräsentativen Charakter, in ihr spiegelte sich das Geschick der Staaten, der glücklich geschlossene Ehebund war Zeichen für eine neue glückliche Epoche der Geschichte. Im galanten Roman verliert die Liebe diese Funktion, den durch sie entstehenden Freuden und Kümmernissen fehlt die weltgeschichtliche Bedeutungsdimension. Richtiges Verhalten gegenüber der Geliebten, mutige Taten werden vorgeführt. J. Beers „Der verliebte Europeer" (1682) oder A. Bohses Romane stehen für diese Gruppe. Ch. F. Hunold variierte diese Form, indem er Tratsch- und Klatschgeschichten leicht verschlüsselt zu Papier brachte. In „Die Verliebte und Galante Welt" (1700) und „Die Liebenswürdige Adalie" (1702) wird Liebe zum Abenteuer, zum Anlaß für private Intrige. Der Roman ist nicht mehr Weltdeutung, sondern vor allem Unterhaltung. Die Verfasser sind nicht mehr an der Politik beteiligt, sondern betrachten die Höfe und das galante Wesen von außen.

Kapitel 10
Aufklärung (1680–1789)

Einführung

Kaum ein literarischer Epochenbegriff umfaßt so viele verschiedene, zum Teil einander widersprechende Bestimmungen, kaum einer gilt aber auch heute noch so sehr als Inbegriff einer vernunftgeleiteten Lebens- und Denkpraxis wie derjenige der Aufklärung. Eine sinnvolle Abgrenzung läßt sich daher weniger aus literarischen Daten als aus philosophisch-kulturgeschichtlichen Kriterien gewinnen. Rationalismus, Rokoko und Empfindsamkeit erscheinen so als verschiedenartige Versuche, die menschlichen Verstandes- und Gemütskräfte zu entwickeln und in verschiedenen Genres und Konfliktsituationen zu erproben. Die Verlagerung des Epochenbegriffs auf eine allgemeinere Ebene läßt allerdings die zeitlichen Begrenzungen in Bewegung geraten: hatte man lange Zeit den Beginn der Aufklärung um 1725 angesetzt, als Gottsched die erste moralische Wochenschrift (▷ 10.5) nach englischem Vorbild, „Die vernünftigen Tadlerinnen", herausgab, so erfaßt ein weiterer Aufklärungsbegriff bereits die Zeit ab 1680, die durch einen Rückgang der Legitimationskraft der Höfe und die Konsolidierung städtischer Zentren wie Leipzig und Halle gekennzeichnet ist. Zum Teil entwickeln sich die gelehrten Gesellschaften des Barock (▷ 9.15; 9.36) zu Foren eines neuen Selbstbewußtseins der Akademiker. Den demonstrativsten Bruch mit der am Lateinischen orientierten Wissenschaftstradition vollzieht der Philosoph und Jurist Christian Thomasius, als er 1687 beginnt, an der Leipziger Universität Vorlesungen in deutscher Sprache zu halten und so die Popularisierung wissenschaftlicher Erkenntnisse in die Praxis umzusetzen. Dies blieb jedoch für lange Zeit der entschie-

denste Vorstoß gegen die scholastische Gelehrsamkeit an deutschen Universitäten und Höfen. Thomasius mußte nach Halle flüchten. G. W. Leibniz, der ebenso wie Ch. Weise (▷ 10.2) und Thomasius in den 70er Jahren des 17. Jahrhunderts an der Universität Leipzig studiert hatte, gelang es nach vielen Rückschlägen im provinziellen Hannover erst 1700, seine Pläne für eine an der Bildung der Allgemeinheit orientierte Akademie zu realisieren. Die auf seine Anregung durch Friedrich III. begründete Kurfürstlich-Brandenburgische Societät der Wissenschaften, aus der 1711 die Preußische Akademie der Wissenschaften hervorging, blieb allerdings vorerst von diesem Ziel noch weit entfernt, fehlte doch außerhalb von Universität und Hof derjenige Stand, der „Lust und Liebe zu Weisheit und Tugend" als sein zentrales Anliegen betrachtete. Erst in der durch Ch. Wolff popularisierten Form des Leibnizschen Geschichtsoptimismus war die Grundlage für eine breite Aufklärung geschaffen. Aber auch Wolff wurde durch ein Komplott von Pietisten und Orthodoxen 1723 aus Halle vertrieben und ging nach Marburg, bevor er mit dem Regierungsantritt Friedrichs II., des Großen, 1740 eine Professur für Natur- und Völkerrecht in Halle antreten konnte. Aufklärung entwickelte sich unter diesen Umständen zunächst mehr als Einübung in politische Klugheit bei Hofe wie in den persönlichen Beziehungen denn als zielgerichtete emanzipatorische Strategie (▷ 10.2).
Genausowenig wie der Beginn ist auch das Ende der Aufklärung eindeutig faßbar. Dennoch stellen die Autoren des Sturm und Drang (▷ Kapitel 11) in den 70er Jahren des

18. Jahrhunderts die Utopie eines schrittweise erreichbaren vernunftgeleiteten Zusammenlebens zunehmend in Frage. Die schlechte Gegenwart wird zum Zeugen gegen die bessere Zukunft aufgerufen. Utopieverlust führt zu extremen Konfliktsituationen, die sich allerdings auch als Radikalisierung aufklärerischer Glücksversprechen deuten lassen (▷ 11, Einführung). Ihre beeindruckendste praktische Realisierung findet die Aufklärung in der Französischen Revolution, die deren Zukunftshoffnungen ebenso in die Tat umsetzt wie sie den Widerspruch zwischen Vernunftutopie und praktischer Politik zuspitzt. Die Spätaufklärung spaltet sich so in eine republikanische (▷ 10.24) und eine eher konservative Richtung auf, die nicht Revolution, sondern die Herstellung des „alten deutschen Rechts" fordert (▷ 10.21). Zu seinem philosophischen Abschluß gelangt der Prozeß der Aufklärung in den Systementwürfen des deutschen Idealismus, die die Utopie der Vernunft der Kunst oder der Philosophie überantworten.

10.1 Bürgerliche Aufklärung?

Die Kulmination der Epoche in der Französischen Revolution läßt Aufklärung als genuin bürgerliches Konzept erscheinen. Auch I. Kants Aufsatz „Beantwortung der Frage: Was ist Aufklärung?" von 1784 legt mit der Definition „Aufklärung ist der Ausgang des Menschen aus seiner selbstverschuldeten Unmündigkeit" und der Aufforderung „Habe Mut, dich deines eigenen Verstandes zu bedienen!" den Akzent auf individuelle Selbstbestimmung. Zudem präzisiert er die institutionellen Rahmenbedingungen: Meinungsfreiheit, Pressefreiheit, Religionsfreiheit. Hier allerdings waren auch im Staate Friedrichs II., des Großen, zahlreiche Defizite zu konstatieren, und die Vorstellung, der „Beruf zum freien Denken" werde auch auf die Regierungen übergehen, konnte nur eine vage Hoffnung bleiben, solange der Imperativ galt: „Räsoniert, soviel ihr wollt und worüber ihr wollt; nur gehorcht!" Angesichts eines bereits seit etwa hundert Jahren andauernden Aufklärungsprozesses verweist Kants resignierter Befund einerseits auf die uneingelösten Impulse der Frühaufklärer, andererseits

auf die historische Verspätung der deutschen Geschichte. Die Suche nach Formen vernünftigen Handelns vollzog sich bis zur Mitte des 18. Jahrhunderts in den ständischen Repräsentationsformen von Hof und gelehrter Gesellschaft; der „aufgeklärte Fürst" bildete den Hoffnungsträger für die „Glückseligkeit" seiner Untertanen. Sie wurde sehr viel weniger im eingreifenden Denken und Handeln gesucht, wie es Ch. Thomasius (▷ 10, Einführung) repräsentierte, als in der Ausbildung neuer zwischenmenschlicher Beziehungen, in denen der „Mensch" vom „Staatsbürger" isoliert blieb. Kants Schrift ist ein Reflex dieser Trennung, die erst in der Spätaufklärung ins Bewußtsein der Öffentlichkeit gelangte.

Die Kategorie „bürgerlich" blieb so lange Zeit gebunden an die Praxis innerfamiliärer Humanität und Geselligkeit, die das bürgerliche Lustspiel (▷ 10.8; 10.13) und den empfindsamen Roman (▷ 10.10) prägen. Der Appell an privat-empfindsame Tugenden ergeht dabei immer wieder – und meist erfolglos – an die Fürsten. Zwar sind empfindsame Züge auch in der englischen und französischen Literatur vorhanden – S. Richardsons Romane und D. Diderots „drame bourgeois" liefern Vorbilder für die deutschen Autoren – doch konnten sie in Westeuropa sehr viel mehr politisches Gewicht gewinnen als im nach wie vor in über 300 Territorien zersplitterten Deutschland. Verbündete sich in England die Aufklärung mit der konstitutionellen Monarchie, so fand sie in Frankreich wirksame Vertreter in Voltaire, Montesquieu, J.-J. Rousseau und Diderot, die über das Projekt der 1751–80 von Diderot und (bis Band 7) von J. Le Rond d'Alembert herausgegebenen „Encyclopédie" wie auch über enge Kontakte zu Adel und Klerus auf die politische Meinungsbildung Einfluß nahmen. Fragen gesellschaftlicher Moral konnten so sehr viel eher zum Politikum werden.

Bis zur Jahrhundertmitte waren diese Autoren in Deutschland kaum bekannt. Erst Lessing lenkte durch seine rege Rezensions- und Übersetzertätigkeit (▷ 10.11) das Interesse auf A. Pope, J. Thomson und S. Richardson ebenso wie auf Diderot und Voltaire. Im Blick auf die westeuropäischen Staaten entstand nun auch in Deutschland jener Typus des engagierten Literaten, der ohne Rücksicht auf Einsprüche von weltlicher und geistlicher

Obrigkeit den Aufklärungsprozeß populari-
sierte und radikalisierte. In der Gestalt des
Popularphilosophen (▷ 10.21) beginnt er aber
auch, sich gegen die „unteren Stände" abzu-
grenzen oder sie in sein Verhaltensmodell zu
integrieren.

10.2 „Privat-Klugheit" oder „Hof-Leben"? – Christian Weises Satiren

Einer der wirkungsvollsten Vermittler zwischen Spätbarock und Frühaufklärung ist der
„lausitzische Demosthenes" Christian Weise
(* Zittau 30. April 1642, † ebenda 21. Oktober
1708). Trotz vielseitiger Studien und frühzeiti-
gen Erwerbs der Magisterwürde gelang es
ihm nicht, in die Leipziger Gelehrtenhierar-
chie einzudringen. Er lernte als Sekretär des
Administrators des Erzbistums Magdeburg,
Graf Leiningen, in Halle die absolutistische
Verwaltungspraxis und die höfische Politik
kennen und hatte ab 1670 als Professor der
Politik, Eloquenz und Poesie am Gymnasium
in Weißenfels Gelegenheit, junge Adlige auf
die Beamtenkarriere vorzubereiten. Seit 1678
Rektor des Zittauer Gymnasiums, bereicherte
er vor allem das Repertoire der Schuldramen
(▷ 9.25), die er zunehmend zu Spiegelbildern
des praktischen Lebens machte. „Hauß-Poli-
tic", das Zentrum „bürgerlicher Klugheit",
wurde hier erfahrbar als Kritik an Habsucht,
Standesdünkel und eitlem Aufstiegsstreben,
wie sie später auch Gellert (▷ 10.9) übte.
Weises vier satirische Romane „Die drey
Hauptverderber in Deutschland" (1671), „Die
drey ärgsten Erz-Narren in der gantzen
Welt" (1672), „Die drey Klügsten Leute in der
gantzen Welt" (1675) und „Der politische
Näscher" (1676) konturieren deutlicher die
Gefahren, in die man sich bei Hofe begibt.
Mit Crescentio, dem Protagonisten des Romans „Der politische Näscher", demonstriert
Weise, wie gefährlich es ist, „aus der politischen Beförderungsschüssel" zu naschen und
in „politischen Hof-Suppen" zu rühren. Hof-
kritik üben die sehr erfolgreichen Romane
allerdings nur indirekt: die Prinzipien der
„Privat-Klugheit" sollen auch im Umgang
des Fürsten mit dem Volk gelten, damit beide
Stände „glückselig gemacht" werden können.

Titelkupfer
der ersten
Gesamtausgabe
der Gedichte von
Johann Christian
Günther (1735).
Die Schüssel
mit den
verschiedenen
Obstsorten
stellt die
Verschiedenartig-
keit seiner
Gedichte dar

10.3 Johann Christian Günther – freier Schriftsteller und Liebeslyriker

Die Kunst der „Privat-Klugheit" (▷ 10.2) gelang Johann Christian Günther, geboren am
8. April 1695 in Striegau als Sohn eines Stadt-
arztes, nicht. Beim „Vordichten" am Hofe
Augusts II., des Starken, soll er durchgefallen
sein, weil mißgünstige Hofschranzen ihm ein
Schlafmittel in den Trunk gemischt hatten.
Die Anekdote wirft ein bezeichnendes Licht
auf den Status eines Autors, der entweder
Hofpoet werden oder einen Mäzen finden
mußte, um von der Literatur leben zu können.
Beides mißlang Günther, und dieses Scheitern führte ihn zu einem unruhigen Wanderleben, das in einen frühen Tod am 15. März
1723 in Jena mündete.
Günthers poetische Produktion (die 1. Gesamtausgabe erschien postum 1724–35 in 4
Bänden) teilt sich auf in Gelegenheitsdichtung und Gestaltung aufbrechender Subjektivität, die in ihrer Direktheit die barocken Muster bereits hinter sich läßt. „Die Wollust leidet kein Exempel" – und so läßt Günther
Freude, Schmerz und Eifersucht als nachvoll-
ziehbare Eindrücke zu Wort kommen, ohne
Reim- und Verszwang und ohne den üblichen
Apparat mythologischer Anspielungen. An
die Stelle der antiken Nymphen tritt eine Leo-

Wie glücklich, wer, wie wir, von Stadt u: Hof entfernet,
Den Schöpfer im Geschöpf vergnügt bewundern lernet

Titelblatt zu Barthold Hinrich Brockes' „Irdisches Vergnügen in Gott" (Stich von Jacob Andreas Fridrich, 1746)

vielmehr in bester didaktischer Tradition das Gedicht praktischen Zwecken nutzbar. Die Hamburger B. H. Brockes und F. von Hagedorn, beide durch Vermögen und günstige Heiraten von politischen Rücksichten unabhängig, entfalteten in vielfachen Variationen den Gedanken von Gottes Allweisheit und Allgüte, die sich im Kirschblütenzweig ebenso manifestiert wie in der Gestalt der Fliege und der Ameise. Die neun Bände von Brockes' Gedichtsammlung „Irdisches Vergnügen in Gott" (1721–48) gaben zu zahlreichen Nachahmungen Anlaß, 1738 edierte Hagedorn, selbst eher der Fabel in der Tradition J. de La Fontaines zugewandt, eine Auswahl („Versuch in poetischen Fabeln und Erzehlungen") als Anleitung zum „vernünftigen Gottesdienst". Gegenüber der präzise beschreibenden kleinen Form entfaltete der Schweizer Botaniker und Mediziner A. von Haller in seinem Lehrgedicht „Die Alpen" (entstanden 1729, erschienen in: „Versuch Schweizerischer Gedichte", 1732) ein Panorama des Naturkreislaufs und der Lebensgewohnheiten des einfachen Volkes. In kulturkritischer Absicht hielt er die „Schüler der Natur" dem städtischen und höfischen Leben entgegen, „wo Neid und Eigennutz auch Brüder-Herzen trennen". Schillers Kategorien des Naiven und Sentimentalischen sind hier ebenso vorgeprägt wie J.-J. Rousseaus Rückkehr in eine empfindsam aufgeladene Natur. Hallers dramatische Naturbeschreibungen lieferten zudem ein Repertoire für Erfahrungsweisen des „Erhabenen".

nore, deren „Küsse/So geil, so kräftig und so süsse/Herz, Nieren, Mark und Bein bewegen." Zahlreiche Gedichte sind in Studentenkreisen sofort vertont und gesungen worden. Sie bereiteten in ihrer sprachlichen Geschmeidigkeit die Erlebnislyrik Goethes (▷ 11.12) vor.

10.4 „Hier herrschet die Vernunft, von der Natur geleitet" – didaktische Dichtung

J. Ch. Günthers (▷ 10.3) individualistischer Vorstoß blieb für lange Zeit unbeantwortet; die Lyriker des Jahrhundertbeginns machten

10.5 Von der Erbauungsliteratur zur moralischen Wochenschrift

Blieb der Prozeß der Aufklärung bis in die ersten Jahrzehnte des 18. Jahrhunderts hinein auf die direkte Kommunikation in Gelehrten- und Beamtenkreisen beschränkt, so leitete das Erscheinen der moralischen Wochenschrift „Der Vernünfftler", 1713/14 herausgegeben von J. Mattheson, einen Umschwung ein. Neben die intensive Lektüre der Bibel und der sie popularisierenden Erbauungsschriften tritt für das bürgerliche und kleinadlige Lesepublikum ein Medium, das auf

Fragen öffentlichen Interesses, der Moral wie des Familienlebens schnell und flexibel eingeht. Das Modell lieferte die 1711/12 von J. Addison und R. Steele und 1714 von Addison allein herausgegebene Zeitschrift „The Spectator". Meist war die Herausgabe einer solchen Zeitschrift eingebettet in weitere Aktivitäten: B. H. Brockes (▷ 10.4) gab in Hamburg den „Patrioten" (1724–26) mit einem elfköpfigen Gremium heraus, das die „Patriotische Gesellschaft" (seit 1716; 1714 gegründet als „Teutschübende Gesellschaft") bildete. Diese wiederum widmete sich in der Tradition der barocken Sprachgesellschaften (▷ 9.15) vor allem der Pflege und Erforschung der deutschen Sprache. Gottsched (▷ 10.6) gab zuerst in Halle, dann in Leipzig „Die vernünftigen Tadlerinnen" heraus (1725/26), 1727 folgte „Der Biedermann". Selbst wenn man die Zahl der Leser nicht allzu hoch schätzt – F. Nicolai bezifferte 1773 die Leser von Büchern auf etwa 20 000! – waren die moralischen Wochenschriften ein effektives Medium. In der direkten Ansprache an den Leser führten sie die Tradition der Erbauungsschriften fort, ersetzten deren religiöse Orientierung aber durch eine weltliche Moral. Der fiktive Autor ermutigt durch – wiederum fiktive – Zuschriften den Leser zu eigener Meinungsbildung und Kritik und weist auf wichtige Neuerscheinungen hin. Aber nicht nur einen gebildeten Leser wollten diese Publikationen heranbilden, sondern auch eine Leserin. Spezielle „Frauenzimmerbibliotheken" diskutierten Kindererziehung und Haushaltsfragen und verhalfen dem häuslichen Alltag zu neuer Dignität. Auch innerliterarische Wirkungen sind zu beobachten: die tugendhaften Frauen in Gellerts Lustspielen (▷ 10.9) zeichnen sich dadurch aus, daß sie neben der Bibel auch den „Spectator" lesen!

10.6 Schauspiele für eine wohlbestellte Republik – Johann Christoph Gottscheds Theaterreform

„Die Schauspiele und besonders die Tragödien sind aus einer wohlbestellten Republik nicht zu verbannen." Mit dieser 1729 in Leip-

zig gehaltenen programmatischen Rede Johann Christoph Gottscheds (*Juditten [heute zu Königsberg] 2. Februar 1700, †Leipzig 12. Dezember 1766) beginnt die Eroberung eines weiteren Forums für aufklärerische Ideen, des Theaters, das als „Schule der Geduld und Weisheit", „Vorbereitung zu Trübsalen" und „Aufmunterung zur Tugend" wirksam werden sollte. Der Vorwurf der Freigeisterei ließ nicht lange auf sich warten, existierten doch neben dem Hof- und Schultheater (▷ 9.25; 10.2) nur Wanderbühnen, deren Repertoire sich aus Hanswurstiaden, Improvisationen nach dem Vorbild der Commedia dell'arte und Bruchstücken von Shakespeare und Ch. Marlowe zusammensetzte.

Gottsched verbündete sich mit der Truppe der Friederike Caroline Neuber, genannt „die Neuberin", und schuf mit seinen Musterstücken und Übersetzungen von P. Corneille und J. Racine ein Repertoire für die deutsche Bühne. So sehr die Verbindung mit den ver-

Titelblatt der Erstausgabe von Johann Christoph Gottscheds „Versuch einer Critischen Dichtkunst vor die Deutschen" (1730)

achteten Komödianten das Theater auch aufwertete, so teuer war sie bezahlt: die Vertreibung des Harlekins und die Verpflichtung auf den französischen Klassizismus haben Gottsched für Klopstock, Herder, Lessing und Goethe zum Inbegriff des kleinlichen Pedanten und Imitators der Franzosen werden lassen. Nur aus seinem mechanischen Analogiedenken und aus dem Fehlen eines Repertoires in Deutschland läßt es sich erklären, daß Gottsched die Zukunft der deutschen Bühne im höfischen Klassizismus sah. Das viel kritisierte Rezept seines Hauptwerkes „Versuch einer Critischen Dichtkunst vor die Deutschen" (1730), das dem Zuschauer einen „moralischen Satz" am Beispiel „berühmter Leute" einprägen will, setzt prinzipielle Gleichheit bürgerlicher und adliger Empfindungsweisen voraus. Was die Gestalten der Mythologie im Großen erleiden, das relativiert für die bürgerlichen Zuschauer ihre eigenen Schicksalsschläge und erzieht sie zu jenem gelassenen Stoizismus, der weiß, daß man in der „besten aller Welten" lebt. Dem Nachahmungspostulat dienen auch die drei Einheiten von Ort, Zeit und Handlung (▷ 11.1) und die Ablehnung alles Erdichteten, Phantastischen.

Gottscheds Musterstücke „Der sterbende Cato" (1732), „Die parisische Bluthochzeit" (1745) und „Agis, König von Sparta" (1745) thematisieren – mit deutlichem Appell an die zeitgenössischen Fürsten – den Widerspruch zwischen dem geeinten Staat und der Schwachheit des einzelnen. Öffentliche Politik und private Moral bleiben deutlich getrennt. Die Gestaltung bürgerlicher Angelegenheiten überließ Gottsched, getreu der Ständeklausel (nach der in der Tragödie die Hauptpersonen nur von hohem, in der Komödie nur von niederem Stand sein durften), der Komödie, für die seine Ehefrau Luise Adelgunde Victorie Gottsched, genannt „die Gottschedin", mehrere Beispiele (unter anderem „Die Pietisterey im Fischbein-Rocke: Oder die Doctormäßige Frau", 1736) lieferte.

10.7 Anfänge der Literaturkritik – Opposition gegen Gottsched

Gottscheds literarisches und literaturkritisches Wirken wird von Anfang an begleitet von einer heftigen Opposition, die im Begriff der Kritik das Genre nennt, dem erst Gottsched selbst zum Durchbruch verholfen hatte. Auf die „Critische Dichtkunst" (▷ 10.6) antworteten die beiden Züricher J. J. Bodmer und J. J. Breitinger ihrerseits 1740 mit einer „Critischen Dichtkunst" und mit der „Critischen Abhandlung von dem Wunderbaren in der Poesie". Der zwischen Leipzig und Zürich geführte Streit um die Wirkungsweise der Literatur zog sich über Jahre hin und entbehrte nicht kleinlich-rechthaberischer Züge. Er trug jedoch zur Herstellung einer literarischen Öffentlichkeit und eines Diskussionsniveaus in der Ästhetik erheblich bei und zog zahlreiche weitere Autoren in seinen Sog. Gegen Gottscheds mechanistisches Nachahmungskonzept setzte Johann Elias Schlegel die Einbildungskraft. Die beiden Schweizer wollten die engen Gattungsgrenzen überwinden und zielten dabei auf die Bewegung des „Herzens" ab, weniger auf Einsicht und Verstand. Der Ästhetikprofessor Georg Friedrich Meier konkretisierte diesen Gedanken 1757 in den „Anfangsgründen aller schönen Wissenschaften" und gelangte zu der Maxime: „Je reicher und größer ein Gedanke ist, je richtiger, lebhafter, gewisser und lebendiger er ist, desto schöner ist er."

10.8 Anakreontik – die Rokokovariante der Aufklärung

Eine Gegenposition zu Gottsched ließ sich nicht nur durch ästhetische Gegenkonzepte, sondern auch durch Verkleinerung des poetischen Aktionsradius gewinnen, etwa in der Bildung empfindsamer Freundeskreise, die seit den 40er Jahren vor allem in Sachsen die Poesie zu individualisieren suchten. Der griechische Dichter Anakreon konnte den in Leipzig ansässigen „Bremer Beiträgern" (▷ 10.16) und J. W. L. Gleim mit seinem Freundeskreis in Halberstadt ebenso als Vorbild dienen wie dem Freundespaar J. P. Uz und J. N. Götz und den Hallensern I. J. Pyra und S. G. Lange. Er erschien als Vertreter jener Einheit von Poesie, Lebensgenuß und Freundschaft, die die dichtenden Pastoren- und Beamtensöhne vergeblich anstrebten. Die bitteren Züge in seiner Dichtung blieben dabei ebenso außer Betracht wie sein unstetes Leben. In ihren die Antike im Miniaturformat reinszenierenden Gedichten bauten die Anakreontiker zum einen den subjektiven Gefühlsausdruck weiter aus, zum anderen erschlossen sie durch Übersetzungen und Nachdichtungen Formen wie Ode und Elegie und schufen so Voraussetzungen für Klopstock (▷ 10.18) ebenso wie für den jungen Goethe (▷ 11.12). Wie wenig allerdings die poetische Individualisierung der Empfindungen über das wirkliche Leben aussagte, belegt ein ironisches Epigramm von Gleim: „Warum hat er von Wein und Lieb gesungen/ Und nicht getrunken und nicht geliebt!"

10.9 Christian Fürchtegott Gellert – der Anwalt der kleinen Leute

Schon die ersten, ab 1745 entstehenden Lustspiele („Die Betschwester", 1745; „Das Loos in der Lotterie", 1746; „Die zärtlichen Schwestern", 1747) Christian Fürchtegott Gellerts demonstrieren den sinkenden Kurswert regelpoetischer Vorschriften: „Wer recht gerührt, recht betrübt, recht froh, recht zärtlich ist, dem verstattet seine Empfindung nicht, an das Sinnreiche, oder an eine methodische Ordnung zu denken." Und so zeigen Julchen und Lorchen, Frau Orgon und Herr Damon, wie sich in der empfindsamen Familie Mitleid und Verzicht gegen Standesdünkel und Gewinnstreben durchsetzen. „Zärtlichkeit" vermittelt zwischen der Rationalität des Wirtschaftslebens und dem gefühlvollen Familienkreis; erstaunliche Erbschaften und Lotteriegewinne ermutigen die Tugendhaften, weitere gute Taten zu vollbringen. Selbst die Lasterhaften werden nicht, wie in der Typenkomödie der Gottschedin (▷ 10.6) verlacht, sondern durch die Macht des guten Vorbildes bekehrt. So wurde Gellert zur Identifikationsfigur für die kleinen Bürger und Beamten, die sich von Gottscheds Stücken (▷ 10.6) nicht mehr angesprochen fühlten. Auch biogra-

phisch repräsentiert Gellert ein immer typischer werdendes Karrieremuster. Als Sohn eines unbemittelten Theologen am 4. Juli 1715 in Hainichen geboren, trug er früh zum Unterhalt der fünfzehnköpfigen Familie bei. Das Theologiestudium in Leipzig mußte er abbrechen, um sich als Hauslehrer zu verdingen. 1744 konnte er sich in Leipzig mit einer Schrift über die Fabel habilitieren, 1751 erhielt er dort eine außerordentliche Professur für Poesie und Beredsamkeit. Die Distanz zwischen bescheidenem Landleben und großstädtischer Existenz blieb: Gellert suchte keinen Kontakt zur bürgerlichen Oberschicht. Seine Fabeln („Fabeln und Erzählungen", 1746–48; „Lehrgedichte und Erzählungen", 1754) Lieder („Lieder", 1743; „Geistliche Oden und Lieder", 1757, Abb. S. 202) und Briefe (1751) rückten kleine Gebrauchsgattungen in den Mittelpunkt, durch die er sich schon zu Lebzeiten eine Position als „Tugendlehrer Deutschlands" erobern konnte. Gellert starb am 13. Dezember 1769 in Leipzig.

10.10 Aufwertung des Romans

Auch den Roman nutzte Gellert für die bürgerliche Leserschaft. Hatte der politische Roman Ch. Weises (▷ 10.2) schnell an Bedeutung verloren, so stand der galante Liebes- und Briefroman (▷ 9.34) im Verdacht, ein Medium für die nur leicht verhüllte Darstellung sexueller Abenteuer zu sein. Gellert gelang es auch hier, der Moral zur Geltung zu verhelfen. Sein 1747/48 anonym erschienenes Werk „Das Leben der schwedischen Gräfin von G. ..." verwertet die unterhaltsamen Züge des Liebes-, Abenteuer- und Reiseromans, ordnet sie jedoch der Idee des empfindsamen Familiengemäldes unter. Trotz komplizierter Verwicklungen gelingt es den Protagonisten, jene Gelassenheit zu erwerben, die eine unmögliche Liebe in geschwisterliche Zuneigung verwandelt und unlösbare Situationen durch vernünftiges Handeln bewältigt. So wird der Roman zum Diskussionsforum für das Verhältnis zwischen Eltern und Kindern, Adligen und Bürgerlichen, Dienern und Herren – und nicht zuletzt preist er die weibliche Standhaftigkeit.
Gellert antwortete mit der „Schwedischen Gräfin" auch auf einen der meistgelesenen

Romane des 18. Jahrhunderts, J. G. Schnabels „Wunderliche Fata einiger Seefahrer ...“ (1731–43, 1828 herausgegeben unter dem Titel „Die Insel Felsenburg“). Sie hatte die Utopie der vernünftigen Menschengemeinschaft noch auf eine einsame Insel nach dem Modell von D. Defoes „Robinson Crusoe“ (1719/20, deutsch 1720/21, 1947 unter dem Titel „Robinson Crusoe“) verlegen müssen und als Gegenfigur der tugendhaften Gemeinschaft den adligen Bösewicht gebraucht, der nicht nur „Hurerei“ betreibt, sondern sich schließlich auch noch selbst umbringt. Gellert bedurfte solcher Gestalten nicht mehr; die Abenteuer der menschlichen Seele schienen ihm schicksalhaft genug.

Titelblatt der Erstausgabe der „Geistlichen Oden und Lieder" von Christian Fürchtegott Gellert (1757)

10.11 „Die Wahrheit durch ein Bild zu sagen" – Fabeln und Lehrgedichte

Mit Gellert gelangt auch die Fabel zu ihrem Höhepunkt. Bauern und Handwerker lasen seine 1746–54 in drei Teilen erschienenen Fabeln als Hausbücher neben der Bibel. Die aus der Antike tradierten Tiercharaktere und Handlungsschemata integrierte er in lebendige Verserzählungen, die oft die Grenzen der Tierfabel sprengen. Angelehnt an J. de La Fontaine entwickelte sich die Fabel zum Gleichnis der menschlichen Verhältnisse, das in Vor- und Nachsprüchen auf eine einprägsame Form gebracht wurde. Wie in den Lustspielen (▷ 10.9) und den moralischen Wo-

chenschriften (▷ 10.5) wurden Habgier und Luxus gegeißelt und Zufriedenheit mit dem eigenen Stand proklamiert. Gerade bei Gellert macht sich neben der kritischen Intention auch das Beharrungsvermögen der Gattung bemerkbar. Die Maximen sind einfach, Anpassungsbereitschaft und Bescheidenheit lassen sich leichter vermitteln als Kritikfähigkeit und grundsätzliche Erörterungen. So verlor die Fabel (wichtigste Vertreter neben Gellert F. von Hagedorn, J. W. L. Gleim, M. G. Lichtwer) in den 70er Jahren an Bedeutung. Lessing (▷ 10.12) war der einzige, der schon zur Jahrhundertmitte das Monopol des Gellertschen Fabeltypus angriff. In den 1759 zusammen mit 90 Beispielfabeln erschienenen „Abhandlungen über die Fabel" kritisierte er die „lustige Schwatzhaftigkeit", die von dem zentralen Lehrsatz ablenke, und forderte Rückbesinnung auf die antike Tradition. Lessings eigene Fabeln verdichten sich oft zum Epigramm, politische Positionen werden deutlich zugespitzt. Äsops Fabeln nutzt er als Material: die Geschichte vom Fuchs, dem der Rabe durch Schmeichelei ein Stück vergiftetes Fleisch ablistet, erhält die aggressive Pointe: „Möchtet ihr euch nie etwas anderes als Gift erloben, verdammte Schmeichler!"

10.12 Gotthold Ephraim Lessing – ein unpoetischer Dichter?

Nicht zufällig hat sich das Klischee vom „unpoetischen Dichter" Lessing bis heute gehalten, trifft es doch seine radikal kritischen Züge ebenso wie sein persönliches Schicksal. F. Schlegel (▷ 13.8) warf ihm aus romantischer Perspektive Mangel an Gefühl und Anschauung vor und kritisierte die „dramatische Algebra" seiner Stücke, die man nur „frierend bewundern" könne. Im wilhelminischen Kaiserreich geriet Lessings „männliche Unbeugsamkeit" zum Inbegriff „echten Preußentums". Lessing glaubte weder – wie Gottsched (▷ 10.6) – an die Erziehungsfähigkeit des Adels noch – wie Gellert (▷ 10.9) – an die moralische Autonomie der Kleinfamilie; er revidierte den bisherigen Aufklärungsprozeß und machte Drama, Lyrik und Literaturkritik zu Medien des Widerspruchs.

Den vorgezeichneten Lebensweg eines sächsischen Pfarrerssohnes verließ Gotthold Ephraim Lessing (* Kamenz [Oberlausitz] 22. Januar 1729, † Braunschweig 15. Februar 1781) schnell. Bereits in der Fürstenschule Sankt Afra in Meißen wurde sein „moquantes Wesen" kritisiert. So brach er das 1746 in Leipzig begonnene Theologiestudium 1748 ab und verfaßte Lustspiele für die Neubersche Truppe (▷ 10.6). Die folgenden Jahre sind durch umfangreiche Rezensenten- und Herausgebertätigkeit geprägt, die Lessings Ruhm als Kunstrichter Deutschlands begründete. Mit dem 1755 in Frankfurt/Oder uraufgeführten bürgerlichen Trauerspiel „Miß Sara Sampson" (▷ 10.14) und dem Briefwechsel mit M. Mendelssohn und F. Nicolai (▷ 10.13) weitete sich dieser Ruhm auch auf den Dramatiker Lessing aus. Der Aufbau eines deutschen Nationaltheaters in Hamburg, für das Lessing als Dramaturg tätig war, scheiterte jedoch nach knapp einem Jahr. „Wir haben kein Theater. Wir haben keine Schauspieler. Wir haben keine Zuhörer." So lautete 1769 die ernüchternde Bilanz. Die „Hamburgische Dramaturgie" (1767–69) zeichnet Anspruch und Wirklichkeit dieses Unternehmens nach und entwickelt Forderungen nach einer neuen Schauspiel- und Zuschaukunst, die auch die Werke D. Diderots und Shakespeares für das deutsche Publikum erschließt. Hatte Lessing bisher die Existenz des freien Schriftstellers geführt, so zwang ihm Geldnot für sein letztes Lebensjahrzehnt die Abhängigkeit vom Braunschweiger Hof auf: die 1770 angenommene Bibliothekarsstelle an der Herzog August Bibliothek in Wolfenbüttel bot weder hinreichendes Gehalt noch persönliche Freiheit; F. Mehring hat diese Zeit ein „langsames Sterben" genannt. Durch die Herausgabe bibelkritischer Manuskripte aus der fürstlichen Bibliothek verlagerten sich die Auseinandersetzungen Lessings zunehmend auf die Theologie und mündeten 1777/78 in den großen Streit mit dem Hamburger Hauptpastor J. M. Goeze („Anti-Goeze", 1778), nachdem Lessing in den Wolfenbütteler Beiträgen „Zur Geschichte und Literatur" (1773–81) Teile der „Apologie oder Schutzschrift für die vernünftigen Verehrer Gottes" von H. S. Reimarus, einer rationalistischen Bibelkritik, veröffentlicht hatte, ohne allerdings den Verfasser zu nennen. Ein

Gotthold Ephraim Lessing (Gemälde von Anton Graff, 1771; Wolfenbüttel, Herzog August Bibliothek)

herzogliches Publikationsverbot sollte Lessing mundtot machen; er antwortete 1779 mit der Parabel „Nathan der Weise" und 1780 mit der anonym erschienenen Prosaschrift „Die Erziehung des Menschengeschlechts". Der Prozeß der Aufklärung war so wieder einmal an seine institutionellen Grenzen gelangt.

10.13 „Sich fühlende Menschlichkeit" im Drama

In Lessings Mitleidstheorie gewinnt die Kunst einen Zugriff auf menschliche Verhaltendispositionen, der zuvor der Theologie vorbehalten war und bereits auf die Theatertheorie Schillers (▷ 12.18) vorausweist. Durch die Erregung von Mitleid soll die Kunst die Natur des Menschen, seinen ursprünglichen moralischen Trieb, freilegen. Im Briefwechsel mit M. Mendelssohn und F. Nicolai (1756/57) setzte Lessing seine Mitleidsauffassung von Gottscheds Privilegierung der klassischen französischen Tragödie ab

(▷ 10.6). Der Affekt der Bewunderung heroischer Taten sollte ersetzt werden durch die Schaffung von Anlässen, durch die „nur mein Mitleiden rege wird, und sich gleichsam gewöhnt, immer leichter und leichter rege zu werden".

Ihre endgültige Fassung erhielt die Mitleidstheorie in der „Hamburgischen Dramaturgie" (▷ 10.12), in der Lessing die Bedingungen präzisiert, unter denen das Mitleid theatralisch wirksam hervorgerufen werden kann: gemischter Charakter, Wahrscheinlichkeit der Handlung, Verzicht auf regelpoetische Vorschriften. Die Individualisierung der

Titelblatt der Erstausgabe des ersten Bandes der „Hamburgischen Dramaturgie" von Gotthold Ephraim Lessing (1767)

Handlung, in der die „Charaktere die Fakta hervorbringen", führt allerdings – vor allem im Vergleich mit D. Diderot – zur Dominanz des Individualschicksals, die zu Lessings eigener Theorie und zu seiner Realitätserfahrung in nachhaltigem Widerspruch steht. Ist schon die Disposition des Zuschauers zum Mitleid als sozialem Affekt durchaus zweifelhaft, so mußte sich Lessing nach dem Scheitern des Hamburger Projekts fragen, wo überhaupt ein Forum für die „sich fühlende Menschlichkeit" existierte.

Die Aporie des Ansatzes verweist in ihrem Vertrauen auf das Gefühl als Potential politischer Veränderung auf das Grundproblem der deutschen Aufklärung (▷ 10.1). Gewinnt sie mit dem Anspruch des „Allgemeinmenschlichen" die Oberhand in der künstlerischen Sphäre, so bedeutet die Individualisie-

rung des bürgerlichen Helden eine Verlagerung staatsbürgerlicher Handlungsfähigkeit auf die Ebene der privaten Moral.

10.14 Tränen oder Gespräche – Lessings bürgerliche Trauerspiele

Wie brüchig die Solidarität der gemeinschaftlich Fühlenden (▷ 10.13) war, zeigt die Rezeption der beiden Trauerspiele „Miß Sara Sampson" (1755) und „Emilia Galotti" (1772). Erregte das erste wahre Tränenströme, so verfiel die präzise Konstruktion des zweiten dem Verdikt des Gezierten, Affektierten und begründete das Klischee vom „unpoetischen Dichter" Lessing (▷ 10.12). In den Tränenströmen der Rührung ging aber unter, daß das empfindsame Familienmodell der „Miß Sara Sampson" auf einem Wettbewerb um Tugend aufbaut, der nicht minder unterdrückende Züge trägt als die patriarchalische Autorität, die hier nach wie vor wirksam bleibt. Die Personen werden geliebt oder bestraft aufgrund einer abstrakten Tugend, die sie weder als Individuen charakterisiert noch sie praktisch handlungsfähiger macht. Wie auch die Kritik an „Emilia Galotti" zeigt, wurden durch die Tränenschleier der Rührung Publikumsbedürfnisse getroffen. In diesem Drama versuchte Lessing dagegen, patriarchalisch abgesicherte Staats- und Familienherrschaft gegen ein dialogisches Ideal der Konfliktlösung zu setzen, was ihm den Vorwurf einbrachte, er habe sich „bloß mit Scharfsinn und Witz" geholfen. Eben darin aber konkretisierte sich aufgeklärtes Verhalten als Gegensatz zu den höfischen Prinzipien von Gewalt und Verführung. Die Komödie „Minna von Barnhelm" (1767) zeigte die geglückte Version einer solchen Verständigungsethik, das Trauerspiel „Emilia Galotti" die gescheiterte.

10.15 „Laut denken mit einem Freunde" – Lessings philosophische Schriften

Angesichts der durch das rührende Lustspiel Gellerts (▷ 10.9) vorgeprägten Publikumserwartung verlagerte Lessing seine Überlegungen zu einer politisch wirksamen Ethik auf indirektere Formen, etwa das Lesedrama „Nathan der Weise" (1779), den Dialog „Ernst und Falk. Gespräche für Freymäurer" (1778–80) und den Traktat „Die Erziehung des Menschengeschlechts" (1780). Wahrheit verbirgt sich nunmehr im symbolischen Gehalt der Ringparabel in „Nathan der Weise", die Familienhandlung nimmt die Perspektive der Menschheitsversöhnung voraus, endet aber nicht im rührenden Tableau. „Nichts geht über das laut Denken mit einem Freunde." Dieses Motto entfalten Ernst und Falk in ihrem um das Freimaurertum als Modell politischer Gemeinschaft kreisenden Dialog. Nationalstaaten erscheinen demgegenüber als Werkzeuge, die die schöpferische Tätigkeit des Menschen, seine „Glückseligkeit", befördern sollen. Im Gegensatz zur Staatskonzeption der frühen Aufklärung materialisiert sich hier der Staat nicht im klugen Herrscher, sondern in den institutionellen Möglichkeiten, die er der Ausübung der Vernunft zur Verfügung stellt. Den sicheren Wahrheiten der christlichen Orthodoxie wie der Popularaufklärung (▷ 10.21) konfrontiert Lessing ein dynamisches prozessuales Wahrheitsverständnis, das allerdings dem Individuum auch mehr abfordert als diese. So soll die praktische Ausübung der Vernunft zunächst nur dem engeren Kreis der Freimaurer vorbehalten bleiben; zu frühe Popularisierung ihrer Erkenntnisse würde in Schwärmerei münden. „Die Menschen werden erst dann gut regiert werden, wenn sie keiner Regierung mehr bedürfen. Drechseln läßt sich das nicht."

10.16 Friedrich Gottlieb Klopstock – der Dichter des „Messias"

Die Lebenszeit Friedrich Gottlieb Klopstocks (*Quedlinburg 2. Juli 1724, †Hamburg 14. März 1803) umfaßt wie die Herders (▷ 10.22; 11.2) und Wielands (▷ 10.19) nicht nur die Aufklärung, sondern reicht weit in die Klassik (▷ Kapitel 12) hinein. Klopstock war aber bereits seit seiner Jugend Inbegriff eines Dichtertypus geworden, der sich von adligen

Mäzenen völlig befreite und Autonomie des Dichtens anstrebte. Sein Forum war zunächst der Kreis der „Bremer Beiträger" (Gründer und Mitarbeiter, meist Leipziger Studenten, der 1744–48 in Bremen erscheinenden Zeitschrift „Neue Beiträge zum Vergnügen des Verstandes und Witzes" [kurz: „Bremer Beiträge"]; Herausgeber war K. Ch. Gärtner, seit 1747 N. D. Giseke; Mitarbeiter waren J. A. Cramer, J. A. Ebert, G. W. Rabener, J. A. und J. E. Schlegel, J. F.-W. Zachariae, Klopstock [seit 1746], Gellert und andere), der einen sentimentalen Freundschaftskult pflegte. Der Ehrgeiz des an den antiken Epen, aber auch an J. Milton geschulten Klopstock reichte jedoch weiter. Hatte er in seiner 1745 an der Fürstenschule Schulpforta gehaltenen Abiturrede ein großes nationales Epos gefordert, so machten ihn die 1748 in den „Bremer Beiträgen" publizierten ersten drei Gesänge des „Messias" (insgesamt 20 Gesänge, erschienen bis 1773) weithin berühmt und beschleunigten seinen Entschluß, das Theologiestudium aufzugeben und Schriftsteller zu werden. Bis heute ist Klopstock vor allem der Dichter des „Messias" geblieben (Abb. S. 206). Welches Interesse konnte ein religiöses Epos für ein Publikum entfalten, das sich anschickte, ständische und religiöse Grenzen gerade zu überschreiten? Wesentlich war die Wahl eines allgemeinen und durch intensive Lektüre verinnerlichten Sujets, das religiöse Erfahrung so subjektivierte, daß Leser und Zuhörer in die Dramatik von Erzählerbericht, Reflexion und Selbstaussage einbezogen wurden. Erhabener Gegenstand und „herzrührende Schreibart" steigerten sich derart, daß „Klopstock" zum Synonym für die Gemeinschaft empfindsamer Seelen werden konnte. Für Lotte und Werther in Goethes Briefroman „Die Leiden des jungen Werthers" (▷ 11.16) ist sein Name die „Losung", die „wonnevollste Tränen" und „Ströme von Empfindungen" auslöst.

Der Meſſias.

Erſter Geſang.

ing, unſterbliche Seele, der ſündigen Men-
ſchen Erlöſung,
Die der Meſſias auf Erden in ſeiner
Menſchheit vollendet,
Und durch die er Adams Geſchlechte die Liebe der Gottheit
Mit dem Blute des heiligen Bundes von neuem geſchenkt
hat.
Alſo geſchah des Ewigen Wille. Vergebens erhub ſich
Satan wider den göttlichen Sohn; umſonſt ſtand Judäa
Wider ihn auf; er thats, und vollbrachte die groſſe Ver-
ſöhnung.

Aber, o Werk, das nur Gott allgegenwärtig erkennet,
Darf ſich die Dichtkunſt auch wohl aus dunkler Ferne
dir nähern?
Weihe ſie, Geiſt Schöpfer, vor dem ich im ſtillen hier
bete;

O 2   Führe

Beginn des ersten Gesangs des „Messias" von Friedrich
Gottlieb Klopstock (1748)

10.17 „Deutsche Gelehrten-republik" und Bardendichtung

Die geistige Unabhängigkeit Klopstocks von
Adel und Klerus wurde gefördert durch das
Angebot des dänischen Ministers J. H.
E. Graf von Bernstorff, als „Hofraad" nach
Kopenhagen zu kommen. Im Gegensatz zu
ähnlichen Positionen bei deutschen Fürsten
bedeutete diese Stelle für viele Jahre
(1751–70) materielle Sicherheit ohne jede
Einschränkung durch Zensur. Kopenhagen
und die 1765 von Hamburger Bürgern – in
Anlehnung an eine frühere Gründung von
B. H. Brockes (▷ 10.5) – gegründete „Gesellschaft zur Beförderung der Künste und nützlichen Gewerbe", auch „Patriotische Gesellschaft" genannt (Gründer: H. S. Reimarus
[▷ 10.12] und sein Sohn J. A. H. Reimarus),

um Klopstock bildeten das Zentrum der deutschen Aufklärung. Im Absolutismus des dänischen Königreichs sah Klopstock das Zusammenwirken von Geist und Macht verwirklicht, das es in Deutschland erst zu schaffen
galt.
Klopstock leitete 1758–61 die von J. A. Cramer herausgegebene moralische Wochenschrift (▷ 10.5) „Der Nordische Aufseher"
und beschäftigte sich mit der Bardendich-
tung, den Gesängen der Barden, der keltischen Sänger und Dichter der Frühzeit, die
allerdings im Bewußtsein des 18. Jahrhunderts mit denen der altnordischen Skalden
identisch waren. Angeregt durch die ossiani-
schen Gesänge des Schotten J. Macpherson
(▷ 11.11), die Freundschaft mit H. W. von
Gerstenberg und durch Forschungen zur Geschichte der Germanen, glaubte er nun in der
germanischen Vorzeit jene patriotische Thematik zu finden, die den Feldzug gegen die
„polierte Nation" der Franzosen stützen
sollte. Die vermeintlichen Freiheitsgesänge
urgermanischer Herkunft setzte er in der besonders wirkungsvollen Ode „Der Hügel und
der Hain" (1771 in: „Oden und Elegien")
dem griechischen Parnaß entgegen. Diese
Ode wurde zum Bezugspunkt des Göttinger Hains (▷ 11.14). Im Gegensatz zu den
deutschtümelnden Barden des Hainbundes
verband Klopstock die Vorstellung einer germanischen landständischen Verfassung aber
mit dem Projekt einer „Deutschen Gelehrten-
republik" (Prosaschrift, 1774), dem Entwurf
einer patriotischen Vereinigung aller Gebildeten und Gegenmodell zur klassischen Ge-
lehrtenakademie. Das Werk erschien im
Selbstverlag und sollte durch ein Netz von
Verteilern ohne Zwischenhändler direkt verbreitet werden. Die Subskriptionsliste versammelte mit 3 600 Bestellern die gesamte literarische Intelligenz Deutschlands, und trotz
seines Scheiterns würdigte Goethe dieses
Unternehmen als Vorstoß zu einem neuen
Selbstbewußtsein des „Dichtergenies" und
seiner „unabhängigen Würde".

10.18 Die „enthusiastische Ode" – Klopstock und die Karschin

„Die ganze Seele bewegen" – dieses Ziel erreichte Klopstock nicht nur durch identifikationsstiftende Themen, sondern vor allem durch eine eindringliche, emotional aufgeladene Sprache, die im Leser spontan, ohne Einwirkung des zum Arsenal der Regelpoetik gehörenden „Witzes", Empfindungen entstehen ließ, die dem urteilenden Kunstrichter nicht mehr zugänglich sind. Auch Anna Louise Karsch, genannt „die Karschin" (* bei Schwiebus 1. Dezember 1722, † Berlin 12. Oktober 1791) trägt zum Brückenschlag zwischen der Regelpoetik der Aufklärung (▷ 11.1) und einer neuen lyrischen Sprache bei. Als 39jährige kommt sie 1761 nach Berlin und wird als „Kind des Volkes", das „nur die Natur gebildet hat", gefeiert. Die „dichtende Viehmagd" ohne Schulbildung ist für die Aufwertung eines von der Herrschaft des Verstandes befreiten, von „Natur" aus gegebenen „Genies" (▷ 11.3) von großem Interesse. Patriotische Hymnen auf Friedrich II., den Großen, machen sie berühmt. Die Karschin ist die erste deutsche Schriftstellerin, die allein von ihrer literarischen Arbeit lebt. Mit ihren „Auserlesenen Gedichten" (1764) verdient sie 2000 Taler, ein Erfolg, um den sie von vielen männlichen Kollegen beneidet wird. Eine neue lyrische Sprache klingt in den Gedichten an J. W. L. Gleim (▷ 10.8) an: hier wird durch die Engführung von Natur- und Gemütsbewegung, erlebendem und erzählendem Ich eine sprachliche Unmittelbarkeit erzielt, die an die Erlebnislyrik Goethes heranreicht (▷ 11.12).

Christoph Martin Wieland (Gemälde von Ferdinand Jagemann, 1806; Marbach a. N., Schiller-Nationalmuseum)

10.19 Christoph Martin Wieland – der „deutsche Voltaire"

1767 übergaben empörte Anhänger des Hainbundes (▷ 10.17; 11.14) Wielands Gedichte den Flammen; L. Ch. H. Hölty verfluchte den Dichter, der so viele unschuldige Mädchenseelen verdorben habe. Mit dieser spektakulären Aktion sollte ein Aufklärungsverständnis getroffen werden, das in diametralem Gegensatz zur pathetischen Deutschland-Dichtung der Klopstock-Nachahmer stand: Christoph Martin Wieland (* Oberholzheim [Landkreis Biberach] 5. September 1733, † Weimar 20. Januar 1813), auch er Pastorensohn, zwischen 1754 und 1760 Hauslehrer in Zürich und Bern, kultivierte das Ideal des heiter-skeptischen „homme de lettres" und orientierte sich mehr an D. Diderot und Voltaire als an den Helden der germanischen Vorzeit. Angeregt durch den kurmainzischen Minister Graf Stadion und Sophie von La Roche, kleidete Wieland in der „Geschichte des Agathon" (1766/67) seine eigene Entwicklung in die Form des höfischen Staatsromans. Der Weg des Schwärmers Agathon von der Verehrung des delphischen Mysteriums über die Aufgabe der Fürstenerziehung am Hofe von Syrakus zur Tugendrepublik von Tarent spiegelt Wielands Wandlung vom religiös inspirierten Klopstock-Verehrer über den freigeistigen Ratsherrn in der „freien Reichsstadt" Biberach (1760–69) zum Prinzenerzieher am Weimarer Hof (1772–75). Auf diesem Wege hatte er alle Illusionen über aufgeklärte Fürsten, empfindsame Moral und republikanische Ideale verloren. Sein Desillusionsroman sprengt daher die Grenzen des höfisch-historischen Romans (▷ 9.31) ebenso wie die des empfindsamen Erziehungsromans (▷ 10.10). Agathon entwickelt sich zum „felix aestheticus", zum in sich ruhenden glückselig-ästhetischen Menschen.

Wieland hat dieses Ideal auch in seiner eigenen Existenz nahezu verwirklichen können. Eine lebenslange Pension des weimarischen Fürsten erlaubte ihm, seit 1775 eine Existenz als freier Schriftsteller zu führen und sich der von ihm gegründeten Zeitschrift „Der Teutsche Merkur" (1774–89; 1773 gegründet als „Der Deutsche Merkur"; 1790–1810 fortgeführt unter dem Titel „Der Neue Teutsche Merkur"), den Übersetzungen von Horaz, Lukian und Cicero sowie satirischen Romanen und Verserzählungen zu widmen und so zum von Napoleon I. bewunderten „deutschen Voltaire" zu werden.

10.20 Die „reizende Philosophie" – Versepen und Romane

Wielands weitausgreifende Epen und Verserzählungen erobern der deutschen Literatur den Bereich der romanischen Tradition zurück, die vor allem von den Anhängern Klopstocks an den Pranger gestellt worden war (▷ 10.17). Der Roman „Der Sieg der Natur über die Schwärmerey, oder die Abentheuer des Don Sylvio von Rosalva" (1764) eröffnet eine Reihe kleinerer Versepen und Erzählungen, die sich in satirisch-humoristischer Form die Modelle des französischen Feenmärchens, des antiken Lehrgedichts („Musarion, oder Die Philosophie der Grazien", 1768) und der heroischen Rittererzählung („Der Neue Amadis", 1771) zu eigen machen. Wielands Stile, Epochen und Nationalsprachen umgreifende Vereinigung von „Kopf" und „Herz" findet ihren konzentriertesten Ausdruck im Versepos „Oberon" (1780), das die Form des italienischen Ritterepos mit Motiven aus den Werken G. Chaucers und Shakespeares, altfranzösischen und orientalischen Märchen verbindet. Doch sind die heroischen Ziele des höfischen Romans ersetzt durch eine Verquickung von Menschen-

und Götterhandlung, in der Liebe sich nicht durch heldenhafte Taten, sondern durch wechselseitiges Verständnis und erotische Erfüllung beweist. Des antiken Gewandes bedient sich Wieland in dem zwischen 1773 und 1781 entstehenden satirischen Roman „Die Abderiten" (1774, umgearbeitete und erweiterte Ausgabe 1781 unter dem Titel „Die Geschichte der Abderiten"). In dieser griechischen Vorform der „Schiltbürger" (▷ 8.16)

Szene aus Christoph Martin Wielands Roman „Die Abderiten" (Stich von Johann Heinrich Lips, 1796)

mischen sich Züge von Biberach, Erfurt (wo Wieland 1769–72 Professor für Philosophie war) und Weimar. Als wahre Philosophen erweisen sich Demokrit, Hippokrates und Euripides, die den Abderiten gegenübergestellt werden, weil sie die Dummheit der Abderiten nicht etwa rationalistisch bekämpfen, sondern durch übertriebenes Einverständnis erst recht zur Geltung bringen. Die deutschen Philister erkannten sich wieder, und Wieland konnte im 1781 hinzugefügten „Schlüssel zur Abderitengeschichte" naiv behaupten: „Der Erfolg bewies, daß ich unschuldigerweise Abbildungen gemacht habe, da ich nur Phantasien zu malen glaubte ...".

10.21 Philanthropen und Popularphilosophen

Der mit Hilfe der moralischen Wochenschriften (▷ 10.5) seit 1725 in Gang gesetzte Bewußtseinswandel verbreitete sich von den 70er Jahren an in pädagogischen Reformprojekten wie in einer massenhaft rezipierten Literatur, die den philosophischen Ertrag des Aufklärungsprozesses zu popularisieren suchte. Modellbildend für die Wandlung von der Fürstenerziehung zur Ausbildung einer bürgerlich-kaufmännischen Schicht wurde das von J. B. Basedow 1774 in Dessau gegründete Philanthropin, eine Bildungsanstalt, die auf ein „gemeinnütziges, patriotisches und glückseliges Leben" vorbereiten sollte. Kameralwissenschaften und Gelehrsamkeit wurden ersetzt durch Realien wie neue Sprachen, Geographie- und Geschichtsunterricht und einen allgemeinen Religionsunterricht, der die konfessionelle Zersplitterung Deutschlands ausgleichen sollte. Der Nachfolger Basedows, J. H. Campe, und der Begründer des Philanthropins in Schnepfenthal, Ch. G. Salzmann, verfaßten zum Unterrichtsgebrauch Fabeln und Erzählungen, die – wie Campes Übersetzung und Bearbeitung des Robinson-Crusoe-Romans von D. Defoe, „Robinson der Jüngere" (1779/80), – in den Kanon der Kinderliteratur eingegangen sind. Allerdings reduziert sich die Reichweite der Aufklärung hier und in den zahlreichen Volks- und Hausbüchern auf die Erziehung der unteren Schichten zu Selbstgenügsamkeit und Zufriedenheit.

Dialogische Formen und dezidiert praktische Intentionen prägen auch das Wirken der Popularphilosophen, die als Beamte, Lehrer oder Pfarrer die „Glückseligkeit" des Menschen in die Alltagspraxis zu übersetzen versuchten und sich daneben auch der Alphabetisierung des vierten Standes und der Erprobung neuer Umgangsformen zwischen den Schichten widmeten. „Über den Umgang mit Menschen" lautet der Titel des bekanntesten popularphilosophischen Werkes, das 1788 von A. Freiherr von Knigge verfaßt wurde. Entgegen einem weitverbreiteten Vorurteil handelt es sich hier nicht um ein „Benimmbuch", sondern um ein Panorama gesellschaftlicher Verhaltensweisen, unter denen

„der freie Herr Knigge" das Ideal des selbstbewußten, rechtschaffenen Bürgers hervorhebt. Dieses Ziel verfolgte auch die von J. J. Engel herausgegebene Zeitschrift „Der Philosoph für die Welt" (4 Bände, 1775–1803), in der fast alle bedeutenden Aufklärer, anonym oder unter Decknamen, publizierten.

Aus der empfindsamen Tradition der Aufklärung schöpfend, setzten sich die Popularphilosophen auch eine genauere Erforschung der menschlichen Gemütsbewegungen zum Ziel, so etwa K. Ph. Moritz (▷ 12.8) in 1783–98 in 10 Bänden publizierten „Magazin zur Erfahrungsseelenkunde", das in der Aufwertung der „unteren" Erkenntnisvermögen den Rationalismus von G. W. Leibniz und Ch. Wolff überwand und die Psychologie begründete.

Auch die Geschichtsschreibung veränderte sich: Th. Abbt, Professor für Philosophie in Frankfurt/Oder, wandte sich von der Regenten- und Ereignisgeschichte der „Logik der Geschichte" zu, die er in der Wechselwirkung von Politik und Gesellschaft, Kunst und Bildung verkörpert sah. Deutlichere politische Akzente erhielt die Geschichtsschreibung bei dem Verwaltungsjuristen und Diplomaten J. Möser, der über 20 Jahre hinweg Aufsätze zur Geschichte seiner Heimatstadt Osnabrück publizierte. Sie behandelten die Verfassungsgeschichte des deutschen Altertums und die Hanse, um daraus Impulse für die Umgestaltung der Gegenwart zu schöpfen.

Wegen solcher republikanischer Züge, zum Teil auch wegen offener Sympathien für die Französische Revolution (▷ 10.24), wurden die Popularphilosophen als „jakobinisch" abqualifiziert. Aber bereits Lessing monierte Trivialisierung und Verflachung, die sich ausbreitende „Lesewut" erfüllte fast alle Aufklärer mit Unbehagen, und Knigge selbst stellte in seinem satirischen Roman „Das Zauberschloß oder Geschichte des Grafen Tunger" (1790) die „goldne Aufklärung" als unverbindliche Ansammlung von schöngeistigen Damen, Scharlatanen und umherziehenden Künstlern dar.

10.22 Kritik des Vernunftoptimismus – Johann Georg Hamann und Johann Gottfried Herder

Als Sohn einer Königsberger Arztfamilie, Theologie- und Jurastudent und Hauslehrer hätte Johann Georg Hamann (* Königsberg 27. August 1730, † Münster 21. Juni 1788) die besten Voraussetzungen gehabt, die klassische Karriere eines Aufklärers zu machen. Seine bis in die Gegenwart hinein zwiespältige Stellung verdankt der „Magus aus dem Norden" der „Höllenfahrt der Selbsterkenntnis", die ihn 1758 bei einer Reise nach London traf und zum Zusammenbruch des aufgeklärten Weltbildes führte. Seitdem konnte Hamann den Glauben an die Vernunft nurmehr als „wohlfeilsten, eigenmächtigsten und unverschämtesten Selbstruhm" deuten; die Aufklärer erschienen ihm als „Lügen-, Schau- und Maulpropheten, Samariter, Philister und toller Pöbel". Die Schriften „Sokratische Denkwürdigkeiten" (1759) und „Wolken" (1761) rehabilitieren ein Ideal des Philosophen als Seher und Künder, das den Geniebegriff des Sturm und Drang (▷ 11.3) prägte. In der dezidiert religiösen Begründung der „Sinne und Leidenschaften" unterscheidet sich Hamann allerdings von der Genieästhetik und insbesondere von Herder.

Im Gegensatz zu Hamann, der sein Leben als Zöllner und Packhofverwalter in Königsberg beendete, gelang es Johann Gottfried Herder (▷ 11.2; 12.4), den Pfarrerberuf als Forum weitreichender kulturpolitischer Aktivitäten zu nutzen und zum Anreger der gesamten literarischen Diskussion in Deutschland zu werden. In den Schriften „Abhandlung über den Ursprung der Sprache" (1772) und „Auch eine Philosophie der Geschichte zur Bildung der Menschheit" (1774) entwickelte er ein Ursprungsdenken, das zur Dynamisierung der Sprachbetrachtung wie der Geschichtsschreibung beitrug. Mit der Abwendung von einer vernünftigen Zukunftsutopie und dem Ernstnehmen jeder Epoche als Wert „in sich selbst" konnte er sich allerdings weder gegen die Übermacht seines Lehrers Kant noch gegen die Weimarer Klassik durchsetzen.

Karikatur Georg Christoph Lichtenbergs (wohl von Georg Heinrich Wilhelm Blumenbach)

10.23 Georg Christoph Lichtenberg – streitbarer Aphoristiker

Georg Christoph Lichtenberg (* Ober-Ramstadt bei Darmstadt 1. Juli 1742, † Göttingen 24. Februar 1799) repräsentiert die andere Seite der Kritik am Vernunftglauben (▷ 10.22). Als Naturwissenschaftler gegenüber jeder voreiligen These skeptisch, attackierte er in seinen Satiren und Aphorismen realitätsferne „Skribenten" ebenso wie selbsternannte Genies. Zahllose bissige Bemerkungen finden sich in dem von Lichtenberg 1777–99 herausgegebenen „Göttinger Taschen-Calender" und in den „Sudelbüchern", acht Wachstuchheften, die seit 1765 „Pfennigswahrheiten", „verdaute und unverdaute Begebenheiten" und „vermischte Einfälle" sammelten. Während ein an J. Swifts Roman „Gulliver's travels" (1726, deutsch 1727/28, 1788 unter dem Titel „Gullivers sämtliche Reisen") orientierter satirischer Roman im Entwurfsstadium steckenblieb, vollendete Lichtenberg fünf Hefte „Ausführliche Erklärungen der Hogarthschen Kupferstiche" (1794–99), die die treffsichere Verletzung von Tabus in satirischen Kommentaren verschärfen.

Seit 1773 war der Züricher Pfarrer, Liederdichter und Volksaufklärer J. K. Lavater ins Visier Lichtenbergs geraten, hatte er doch M. Mendelssohn aufgefordert, zum Christentum überzutreten. Lichtenberg, geschworener Feind jeder Orthodoxie, antwortete mit der Satire „Timorus" (1773), die die Rhetorikmuster des gelehrten Disputs übersteigert und zur unerbittlichen Bekehrung der Juden auffordert. Im Stil der gelehrten Abhandlung attackierte er auch Lavaters „Physiognomische Fragmente zur Beförderung der Menschenkenntnis und Menschenliebe" (1775–78), die von Profil und Kopfform des Menschen auf seine seelischen Eigenschaften schließen wollten. Lichtenberg wandte diese Gedanken in „Fragmente von Schwänzen" (entstanden 1777, 1783 von Freunden Lichtenbergs im „Neuen Magazin für Ärzte" publiziert) auf Schweine- und Hundeschwänze an und gelangte so zu höchst überraschenden Ergebnissen hinsichtlich der „Sauheit" und der „Mannheit" der Probanden. In der „Antiphysiognomik" (1778) kritisierte er nochmals Lavaters schnell populär gewordene, wissenschaftlich jedoch unhaltbare Analogieschlüsse.

10.24 Reisende Republikaner

Vom räumlich wie politisch beschränkten Aufklärungsstreben der Popularphilosophen (▷ 10.21) unterscheiden sich die Reise- und Erfahrungsberichte deutscher Republikaner wie A. G. F. Rebmann, G. Forster und J. G. Seume. Selbst wenn die Haltung dieser Autoren zur Französischen Revolution beträchtlich schwankt und der Begriff „deutsche Jakobiner" in der Forschung viel von seiner Präzision eingebüßt hat, wird man diesen Autoren zumindest einen größeren Perspektivenreichtum und ein entschiedenes Plädoyer für einen konstitutionell verfaßten Staat zusprechen dürfen. An diesem Punkte unterscheiden sie sich deutlich von den rückwärtsgewandten Utopien Klopstocks (▷ 10.17) oder J. Mösers (▷ 10.21).

Die Reise wird in Forsters „Ansichten vom Niederrhein, von Brabant, Flandern, Holland, England und Frankreich" (1791–94) und Rebmanns Schrift „Holland und Frankreich in Briefen" (1797) zum Mittel, die revolutionären Ereignisse dem Leser unverstellt erfahrbar zu machen und Gedanken über die Zukunft Deutschlands zu entwickeln. Den schnell in Mode gekommenen „empfindsamen Reisen" nach dem Modell von L. Sternes Roman „The life and opinions of Tristram Shandy" (1760–67, deutsch 1774, 1952 unter dem Titel „Das Leben und die Ansichten Tristram Shandys") und den Fluchtversuchen in die künstlichen Paradiese der Südsee setzten sie „Tagelöhnerhütten und Winkelschenken", Armenanstalten und Zollschranken entgegen. Die Armut der unteren Schichten wird zum Indiz der schlechten Regierungsform, gute Landstraßen dagegen lassen auf eine gute Regierung schließen, die sich das Fortkommen der Bürger angelegen sein läßt. Beglaubigt durch die Briefform, sind diese Reisebeschreibungen dennoch nichts weniger als authentisch, versuchen sie doch, vor allem im Genre der Parisbriefe, die Errungenschaften der „republikanisierten" Großstadt ins rechte Licht zu rücken und die deutschen Herrscher zur Nachahmung aufzufordern. Allerdings macht sich auch bereits Kritik an der durch das Direktorium (ab 1795) beförderten Herrschaft von „Intriganten, Wucherern und diplomatischen Schelmen" bemerkbar. J. H. Campe, wie Klopstock und Schiller Ehrenbürger der Französischen Revolution, fand 1802 die Nutznießer der Revolution an der Macht, nicht die selbstbewußten Bürger, die er erwartet hatte. Die Erfüllung der aufgeklärten Utopie mündete in die Alleinherrschaft Napoleons I. und die Verschärfung von Zensur und Gegenreform in den deutschen Partikularstaaten, die erst unter seinem Diktat zur Einheit fanden.

10.25 Die unbefriedigte Aufklärung

Ein später Vertreter der „unbefriedigten Aufklärung" (A. W. F. Hegel) ist Johann Gottfried Seume (* Poserna [Landkreis Weißenfels] 29. Januar 1763, † Teplitz 13. Juni 1810).

Der Sohn eines verarmten sächsischen Fron-
bauern und Theologiestudent in Leipzig
wollte bereits 1781, nach einem Jahr halbher-
zigen Studiums, nach Paris wandern. Der
Fluchtversuch geriet zur Odyssee, auf der er
die Gewaltmaßnahmen des kleinstaatlichen
Absolutismus gründlich kennenlernte: Solda-
tenwerber des Landgrafen von Hessen, des
berüchtigten „Menschenmäklers", griffen ihn
auf und ließen ihn nach Kanada deportieren,
um gegen die amerikanische Unabhängig-
keitsbewegung zu kämpfen. Seumes Armee
kam allerdings nicht mehr zum Einsatz. 1783
nach Deutschland zurückgekehrt, wurde er,
„halb Soldat, halb Sklav", als Deserteur erneut aufgegriffen und zum gemeinen Soldaten degradiert. Erst 1787, nach weiteren
Fluchtversuchen und einer Hauslehrertätig-
keit in Emden, konnte er nach Leipzig zu-
rückkehren und 1791 zum Magister promo-
vieren. Als Offizier im russischen Heer befand er sich bei der zweiten Teilung Polens
1793 wiederum auf der falschen Seite. Eine sichere Existenz bot ihm zwischen 1797 und
1801 der Posten als Korrektor im Göschen-
Verlag in Grimma, bei dem er insbesondere
die Werke Klopstocks (▷ 10.16) und Wielands (▷ 10.19) zu betreuen hatte.
Das Bedürfnis, sich das „Zwerchfell auseinander zu wandeln", das er sich „über dem
Druck von Klopstocks 'Oden' etwas zusam-

men gesessen" hatte, motivierte ihn, 1801/02
den berühmten „Spaziergang nach Syracus"
und 1805 eine Fußwanderung nach Rußland,
Finnland und Schweden zu unternehmen.
Beide Wanderungen fanden literarischen
Niederschlag und dokumentieren die verlorenen Illusionen der Aufklärung. Hatten die
reisenden Republikaner am Ausgang des
18. Jahrhunderts noch mit vorsichtigem Optimismus (▷ 10.24) sozialen Fortschritt konstatiert und an die Reformbereitschaft auf-
geklärter Fürsten appelliert, so beschreibt
Seume unnachgiebig Armut, Elend und kor-
rupte Regierungen. Dem „Et in Arcadia ego"
Goethes (▷ 12.6) konfrontiert er die bittere
Erkenntnis, es sehe jetzt trauriger in Italien
aus als je zuvor.
Die Summe seiner Reiseerfahrungen zog
Seume in den „Apokryphen" (1807). Hier
verteidigt er zu einem Zeitpunkt, zu dem
kaum ein deutscher Intellektueller mehr an
Revolution glaubt, Freiheit als Naturrecht
und prangert die Despotie Napoleons I. an.
Die „Apokryphen" passierten die Zensur
nicht, die ehemaligen Protagonisten der Aufklärung und des Sturm und Drang (▷ Kapitel 11), darunter auch Herder (▷ 10.22; 11.2;
12.4), betrachteten Seume als Vertreter längst
vergangener Zeiten. Und nicht nur Goethe
fand den Reisebericht „Mein Sommer 1805"
(1806) zu „sansculottisch".

Kapitel 11
Sturm und Drang (1770–1785)

Einführung

„Sturm und Drang" – das klingt wie der Aufruf zu einer Revolte. Und so hat auch Goethe in seiner Autobiographie „Dichtung und Wahrheit" (▷ 12.20) rückblickend bezüglich der „Genieperiode", wie sie auch genannt wurde, als von „jener deutschen literarischen Revolution" gesprochen, an der er selbst mitgewirkt habe. Goethes Aussage enthält zwei wichtige Gesichtspunkte: 1. der Sturm und Drang war auf Deutschland beschränkt und hatte keine Entsprechung im übrigen Europa; 2. seine Vertreter waren literarisch und literaturtheoretisch sich artikulierende kritische Intellektuelle. Lange Zeit hat man zudem unter dem Einfluß von Goethes Revolutionsthese diese literarische Rebellion junger Autoren, die nach einem 1776 entstandenen Drama F. M. Klingers (▷ 11.8) üblicherweise die Epochenbezeichnung „Sturm und Drang" trägt, als eine revolutionär-irrationale Oppositionsbewegung gegen die rationalen Normen der Aufklärung verstanden. In jüngerer Zeit begreift man den Sturm und Drang nicht mehr nur als bloße Gegenbewegung, sondern als eine kritische Erweiterung der Aufklärung (▷ Kapitel 10), die in ihm nicht zu Ende geht, sondern in die der Sturm und Drang mit neuen Formen und Stoffen eingebettet ist. Die Aufklärung hat die Emanzipation, die Befreiung des Menschen, auf ihre Fahnen geschrieben. Kant versteht in seinem Aufsatz „Beantwortung der Frage: Was ist Aufklärung?" (1784) die aufklärerische Emanzipation als Selbstbestimmung durch Vernunft. Demgegenüber betonen die Stürmer und Dränger, daß eine den Menschen nur als Vernunftwesen in den Blick bringende emanzipatorische Argumentation letztlich zu neuer Unterdrückung führt, nämlich zur Unterordnung des individuellen menschlichen Gefühlsbereichs unter vernünftige Gesetze und damit nicht zur Aufhebung der Fremdbestimmtheit des ganzen Menschen. In der Nachfolge J.-J. Rousseaus, der in seinem „Discours sur l'origine et les fondements de l'inégalité parmi les hommes" (1754, deutsch 1756, 1955 unter dem Titel „Über den Ursprung der Ungleichheit unter den Menschen") den ganzheitlichen „Naturmenschen" vor der Vergesellschaftung dem degenerierten Menschen seiner Epoche gegenüberstellt und dabei zugleich die aufklärerische Fortschrittstheorie durch eine verfallsgeschichtliche Argumentation ersetzt, klagen die Stürmer und Dränger die Emanzipation des ganzheitlichen Menschen, die schöpferische allseitige Persönlichkeit für ihre Epoche ein. Diese Forderung beinhaltet zwangsläufig Gesellschaftskritik, Kritik an den Zuständen, die eine Ganzheitlichkeit des Menschen nicht zulassen.

Fast ebenso schwierig wie das Verhältnis von Aufklärung und Sturm und Drang ist der zeitliche Rahmen zu bestimmen. Üblicherweise werden aber J. G. Hamanns Schriften „Sokratische Denkwürdigkeiten" (1759) und „Kreuzzüge des Philologen" (1762), H. W. von Gerstenbergs „Briefe über Merkwürdigkeiten der Litteratur" (1766–70) und „Ugolino" (1768) sowie Herders Fragmente „Über die neuere Deutsche Litteratur" (1767) und seine „Kritischen Wälder" (1769) noch zum Vorfeld des Sturm und Drang gerechnet. Wäre Herders „Journal meiner Reise im Jahre 1769" nach dem Entstehen und nicht erst 1846 veröffentlicht worden, wäre wohl das Jahr 1769 als der Beginn der „Genieperiode" anzusetzen. So aber begreift man zumeist die Straßburger Begegnung Goethes mit Herder (1770/71) als den eigentlichen Ausgangspunkt eines neuen Verständnisses von Literatur, Individuum und Gesellschaft. Das Ende des Sturm und Drang ist unterschiedlich bestimmt worden. In dieser Darstellung werden, was nicht unumstritten ist, Schillers Jugenddramen (▷ 11.10) noch zur Spätphase des Sturm und Drang gerechnet, die so das Jahr 1784 noch mit einschließt.

11.1 „Ähnlich wie Schuhe" – Kritik der Regelpoetik und des französischen Klassizismus

Nicht nur für die Stürmer und Dränger, sondern für die gesamte Aufklärung war das Drama wegen der mit ihm verbundenen Möglichkeit zu öffentlicher Wirkung und Kritik die wichtigste literarische Gattung: die Dramen der Aufklärer wie die der Stürmer und Dränger können als wesentliche Beiträge zur Entwicklung einer bürgerlichen Öffentlichkeit verstanden werden. So sind auch die bedeutendsten theoretischen Schriften des Sturm und Drang dem Drama gewidmet. Die Ablehnung bestehender Normen als Ausdruck eines sich jeglicher Bevormundung verweigernden Emanzipationswillens tritt in ihnen prägnant zutage. Hauptangriffspunkt ist der französische Klassizismus, sind die Dramen von P. Corneille, J. Racine und Voltaire. Diese Kritik, die schon in Lessings dramentheoretischen Schriften (▷ 10.22; 10.23) begonnen hatte, wendet sich gegen die dramatischen Realisationen der am eindrucksvollsten in dem Lehrgedicht „L'art poétique" (1674, deutsch 1745, 1899 unter dem Titel „Die Dichtkunst") von N. Boileau-Despréaux im Anschluß an die Poetiken von Aristoteles und Horaz zum Ausdruck gebrachten Auffassung, die Dichtung könne normativ-rational „von außen" geregelt werden. Verworfen werden die Ständeklausel, die Stil- und Gattungstrennungsregel sowie insbesondere die Regel der drei Einheiten von Ort, Zeit und Handlung, die in der Nachfolge Boileaus in der ersten Phase der deutschen Aufklärung auch noch von Gottsched (▷ 10.9) unter Berufung auf

die Vernunft und die erzieherische Wirkung des Theaters theoretisch gerechtfertigt worden waren. Die Ständeklausel erhebt die Forderung, daß in der Tragödie die Hauptpersonen nur von hohem, in der Komödie dagegen nur von niederem Stand sein sollten. Denn der tragische Fall eines Helden wirke umso nachhaltiger auf die Zuschauer, je höher dessen sozialer Rang und Ansehen seien. Dies ist der Inhalt der sogenannten Fallhöhe. Die Einheit des Orts bedeutet die Unverrückbarkeit des Schauplatzes einer dramatischen Handlung. Es durfte demnach kein Szenenwechsel während eines Stückes stattfinden. Die Einheit der Zeit postuliert die Kongruenz von Spielzeit und gespielter Zeit. Dies besagt, daß die Handlung eines Stückes höchstens einen Zeitraum von 24 Stunden umfassen darf. Die Einheit der Handlung soll die Geschlossenheit und Konzentration der dramatischen Handlung gewährleisten. Weder Episoden oder Nebenhandlungen, die nicht kausal mit der Handlung verknüpft sind, noch Nebenpersonen waren erlaubt.

In seiner theoretischen Schrift „Anmerkungen übers Theater" (1774) attackiert J. M. R. Lenz (▷ 11.6), Mitglied des Straßburger Kreises um Goethe und Herder, die „erschröckliche, jämmerlichberühmte Bulle von den drei Einheiten". Die französischen Schauspiele haben Lenz zufolge die „Regeln des Aristoteles ... bis zu einem Punkt hinausgetrieben, der jedem Mann von gesunder Empfindung Herzensangst verursacht." Die „Helden, Heldinnen, Bürger, Bürgerinnen" der Franzosen besitzen „alle ein Gesicht, eine Art zu denken, also auch eine große Einförmigkeit in den Handlungen". Die radikale Ablehnung des klassizistischen Dramas und seiner theoretischen Voraussetzungen prägt auch jene Schrift, die von dem Straßburger H. L. Wagner übersetzt und 1776 unter dem Titel „Neuer Versuch über die Schauspielkunst" veröffentlicht wurde: L. S. Merciers Abhandlung „Du théâtre, ou Nouvel essai sur l'art dramatique", die 1773 anonym erschienen war. Mercier und sein sich mit ihm identifizierender Übersetzer Wagner begreifen das klassische Drama der Franzosen als ein höfisch-aristokratisches und setzen ihm die Forderung nach dem Schauspiel als „einem Gemälde des bürgerlichen Lebens" gegenüber. Angesichts Shakespeares (▷ 11.4), so Goethe

in seiner berühmten Rede „Zum Schäkespears Tag" (1771), zweifelte er „keinen Augenblick, dem regelmäßigen Theater zu entsa-
gen". Die überlieferten drei Einheiten bezeichnet er als „kerkermäßig ängstlich" und
als „lästige Fesseln unserer Einbildungskraft", um dann mit dem Ausruf „Französ-
chen, was willst du mit der griechischen Rü-
stung, sie ist dir zu groß und zu schwer" gegen
„alle französischen Trauerspiele" zu trump-
fen: sie sind „Parodien von sich selbst", sind
„einander ähnlich ... wie Schuhe und auch
langweilig mitunter".

Titelblatt der
Sammlung „Von
deutscher Art und
Kunst" von Johann
Gottfried Herder
(1773)

11.2 Individuelle Vollkommenheit – Herders Geschichtsverständnis

Die den Sturm und Drang prägende Ver-
abschiedung der klassizistischen, normativ-
rationalen Regelpoetik (▷ 11.1) findet ihre
geschichtsphilosophische Fundierung durch
Herder (▷ 12.4), neben Goethe der Kopf
jener Intellektuellengruppe in Straßburg.
Grundlegend für Herders Geschichtsverständnis kann die 1774 publizierte Schrift
„Auch eine Philosophie der Geschichte zur
Bildung der Menschheit" gelten, in der Herder bemerkt, daß „jede menschliche Vollkommenheit national, säkular, und ... individuell"

sci. Welche Auswirkungen diese Erkenntnis
jeweils individueller Vollkommenheiten in
dramentheoretischer Hinsicht hat, geht exemplarisch aus Herders 1771 geschriebenem
Aufsatz „Shakespear" hervor, den er 1773 innerhalb der von ihm herausgegebenen Sammlung „Von deutscher Art und Kunst" zusammen mit Beiträgen von Goethe, J. Möser und
anderen veröffentlicht. An die Stelle der un-
historisch an der Antike orientierten Nachah-
mungskonzeption des französischen Klassizismus tritt im „Shakespear"-Aufsatz die Einsicht in die Individualität und unvergleich-
bare Verschiedenheit jeder geschichtlichen
Epoche, der in ihr lebenden Menschen und
ihrer (künstlerischen) Hervorbringungen. „In
Griechenland entstand das Drama, wie es im
Norden nicht entstehen konnte", betont Herder. Die aristotelischen Regeln gelten für das
griechische Drama, aus dem sie nachträglich
abstrahiert worden sind, und haben sich im
antiken Griechenland ganz natürlich aus der
spezifischen historischen Situation ergeben.
Sie können nicht auf eine völlig andere geschichtliche Situation bedenkenlos übertragen werden, wie dies nach Auffassung Herders der französische Klassizismus getan hat.
So findet der von Gottsched (▷ 10.6) wegen
seiner angeblichen Regellosigkeit bekämpfte
Shakespeare seine theoretische Rechtfertigung. Shakespeare hat sich nicht an der Antike orientiert, er kann nur aus seiner Zeit und
aus der Geschichte Englands heraus wahrhaft verstanden werden. Herder bezeichnet
Shakespeare wie Sophokles als „Genie", als
„natürlich, groß und original". Shakespeare
ist Sophokles' „Bruder", bei dem an die Stelle
sklavischer Nachahmung die schöpferische
Eigenleistung tritt, der aus sich selbst frei etwas Unvergleichliches, „Originales" schafft.

11.3 Der „Genie"-Kult – das Menschenbild des Sturm und Drang

Das die Aufklärung kritisch erweiternde
Menschenbild des Sturm und Drang wird in
den zahlreichen Äußerungen zu seinem ästhetischen Zentralbegriff, dem Begriff des
Genies, besonders deutlich. Dieses Menschenbild bringt die Individualität jedes ein-

Phyſiognomiſche Fragmente,
zur Beförderung
der Menſchenkenntniß und Menſchenliebe,
von
Johann Caſpar Lavater.

Gott ſchuf den Menſchen ſich zum Bilde!

Erſter Verſuch.
Mit vielen Kupfern.

Leipzig und Winterthur, 1775.
Bey Weidmanns Erben und Reich, und Heinrich Steiner und Compagnie.

Titelblatt des ersten Teils der „Physiognomischen Fragmente zur Beförderung der Menschenkenntnis und Menschenliebe" von Johann Kaspar Lavater (1775)

zelnen in der Totalität und Einheit aller seiner Kräfte – Denken, Fühlen und Handeln – in den Blick. Bisher war die Selbstbestimmung des Menschen vor allem als Selbstbestimmung durch Vernunft verstanden worden, nun rückt das Konzept einer Befreiung der bisher verdrängten, die Individualität jedes Menschen prägenden Leidenschaften und Gefühle in den Vordergrund, ohne daß diese gegen die Rationalität ausgespielt werden. Rousseaus „Naturmensch" steht hinter dieser Konzeption, großen Einfluß üben zudem E. Youngs bereits 1761 unter dem Titel „Gedanken über die Originalwerke" in Deutschland erschienene „Conjectures on original composition" (1759) aus. „Wo Wirkung, Kraft, That, Gedanke, Empfindung ist, die von Menschen nicht gelernt und nicht gelehrt werden kann – da ist Genie! ... Das Göttliche ist Genie! ... Genie schafft!", ruft J. K. Lavater emphatisch in seiner Schrift „Physiognomische Fragmente zur Beförderung der Menschenkenntnis und Menschenliebe" (1775–78) aus. Das schöpferische Genie ist ein Gott im kleinen, gebunden nur an seine

geschichtlichen Voraussetzungen. Das Genie ahmt, wenn überhaupt, nicht mehr die Natur, sondern der Natur nach, nicht die geschaffene Natur („natura naturata"), sondern der schaffenden Natur („natura naturans"): es ist selbst schaffende Natur. Daß es sich hierbei nicht um ein elitäres Konzept handelt, geht aus Herders Abhandlung „Vom Erkennen und Empfinden der menschlichen Seele" (2. Fassung 1775) hervor: „Das Genie schläft im Menschen, wie der Baum im Keime: es ist das einzeln bestimmte Maß der Innigkeit und Ausbreitung aller Erkennungs- und Empfindungsvermögen dieses Menschen, wie es auch der Name sagt, seine Lebenskraft und Art." Die Genielehre prägt sich vor allem im ästhetischen Bereich aus, in Literatur und Literaturkritik. Die Stürmer und Dränger rebellieren mit dem Geniebegriff dabei keineswegs generell gegen ästhetische Gesetze und Formen: sie versuchen sie vielmehr als Ergebnisse geschichtlicher Entwicklung zu begreifen. Das Genie schafft in jedem Falle etwas für eine bestimmte Epoche Exemplarisches, Vorbildliches. Nicht Formlosigkeit, sondern individuelle Erfassung der „inneren Form" eines Gegenstandes in der genialen Produktion und kongenialen Rezeption eines Kunstwerks tritt an die Stelle von äußerlichen Reglementierungen.

11.4 Shakespeare als „Natur"- und „Charakter"-Dichter

In allen wichtigen dramentheoretischen Schriften des Sturm und Drang fällt im Zusammenhang mit dem Geniebegriff der Name Shakespeare. Er wird paradoxerweise zum Vorbild für eine literarische Bewegung, die sich von ihrem Selbstverständnis her, das sich auf das „Originalgenie" beruft, eigentlich jedem Vorbild verweigern müßte. Gerstenberg, Herder, Goethe, Lenz und Wagner begreifen Shakespeares Dramen als „Natur"-Dichtung. Gerstenberg findet „weit mehr Vergnügen an jener zwangfreien Natur [Shakespeares], als an einer sogenannten schönen Natur, die ... in goldnen Fesseln daherschreitet" („Briefe über Merkwürdigkeiten der Litteratur", 1766–70). Herder konstatiert in seinem „Shakespear"-Aufsatz (▷ 11.2) über das klassische Theater der Franzosen, daß das „Ganze ihrer Kunst ... ohne Natur [sei]", während Sophokles und Shakespeare „der Natur" treu geblieben seien. Für Goethe sind „Natur! Natur! nichts so Natur als Shakespeares Menschen" („Zum Schäkespears Tag", 1771). Wichtig ist das Zwangfreie, nicht ausschließlich rational Geregelte dieser „Natur". Bei H. L. Wagner (▷ 11.1) wird der Unterschied zwischen „Shackespear" und „unsern Tragödien" durch den Vergleich zwischen einem englischen und französischen Landschaftsgarten illustriert. Die zwangfreie Natur Shakespeares erlaubt die Darstellung individueller Charaktere. Lenz setzt in den „Anmerkungen übers Theater" (1774) „Natur" mit „Mannigfaltigkeit" gleich: Shakespeare zeige beispielhaft, daß „die Mannigfaltigkeit der Charaktere und Psychologien ... die Fundgrube der Natur [ist], hier allein schlägt die Wünschelrute des Genies an". Konsequenterweise verlangt Lenz nach einer „charakteristischen" Kunst, die das darstellt, was die Kunst der „schönen Natur" ausschließt. Auch Goethe bezeichnet in seinem Aufsatz „Von deutscher Baukunst" (1772) die „charakteristische Kunst" als „die einzige wahre". Konkret wird mit dieser Forderung einem größeren Realismus, einer „Natürlichkeit" in der künstlerischen Gestaltung, wie sie Shakespeare vorbildhaft bezüglich aller gesellschaftlichen Gruppen verwirklicht habe, das Wort geredet. Goethes „Götz von Berlichingen" (▷ 11.5) und Lenz' Komödien (▷ 11.6) „Der Hofmeister" und „Die Soldaten" zeigen die Realisierung dieser Forderung mit besonders eindringlicher Deutlichkeit.

11.5 „Selbsthelfer" und dekadente Gesellschaft – Goethes „Götz von Berlichingen"

Ihren praktischen Niederschlag findet die mit dem ganzheitlichen Menschenbild, der Rousseau- und der Shakespeare-Rezeption (▷ 11.4) verbundene Kunstauffassung des Sturm und Drang exemplarisch in Goethes 1773 in zweiter Fassung publiziertem Drama „Götz von Berlichingen mit der eisernen

Hand". Götz ist von Goethe in seiner Autobiographie „Aus meinem Leben. Dichtung und Wahrheit" als „Gestalt eines Selbsthelfers in wilder anarchischer Zeit" bezeichnet worden. Über Shakespeare hatte Goethe in der Rede „Zum Schäkespears Tag" (1771) bemerkt: „Seine Stücke drehen sich alle um den geheimen Punkt ..., in dem das Eigentümliche unseres Ich, die prätendierte Freiheit unseres Wollens, mit dem notwendigen Gang des Ganzen zusammenstößt." Dieses Verständnis Shakespeares läßt sich auf den „Götz" übertragen: Götz ist der große Kerl, das Genie, der das Faustrecht propagierende Selbsthelfer, der der als dekadent geschilderten neuen Epoche, an der sein natürliches Freiheitsbewußtsein schließlich scheitert, fremd gegenübersteht. Symbolisch ist Götz' Scheitern von Beginn an in seiner Verkrüppelung angelegt. Goethe setzt Rousseaus verfallsgeschichtliche Argumentation in die sinnliche Anschauung der Bühne um. Die Darstellung „charakteristischer" Individualität hatte Goethe der Kunst abverlangt (▷ 11.4). Realisierungen dieses Konzepts stellen die Personen des „Götz" dar. Jede Figur besitzt einen spezifisch eigenen Charakter. Die Vertreter des Bamberger Hofs sprechen gewählter als die Bauern oder die Zigeuner, deren Auftreten allein schon als eine literarische Sensation anzusehen ist. Götz selbst spart nicht mit genialischen Kraftausdrücken. Die individualisierende Prosasprache verleiht dem Stück Goethes gegenüber der Alexandrinerdichtung des französischen Klassizismus eine wesentlich realistischere Gesamtnote. Der in der Shakespeare-Rede angekündigte Kampf gegen das „regelmäßige Theater" wird im „Götz" in die Tat umgesetzt. In Shakespeares „Heinrich IV." hatte es „nur" sechsundzwanzig Szenenwechsel gegeben; in der ersten Fassung des „Götz" (1771) wechselt der Schauplatz des Geschehens neunundfünfzigmal, in der zweiten Fassung sind noch sechsundfünfzig Szenenwechsel zu zählen. Die Einheit der Zeit (▷ 11.1) besitzt für Goethe ebenfalls keine Bedeutung mehr.

11.6 Die determinierende „Begebenheit" – Komödientheorie und Komödienpraxis von Jakob Michael Reinhold Lenz

Die „Komödien" „Der Hofmeister oder Vorteile der Privaterziehung" (1774) und „Die Soldaten" (1776) von Jakob Michael Reinhold Lenz (*Seßwegen [Livland] 12. Januar 1751, † Moskau 24. Mai 1792) zeigen den gleichen Realismus in der Figurengestaltung wie Goethes „Götz" (▷ 11.5). Auch was die Ablehnung des französischen Klassizismus, die positive Bewertung Shakespeares und das Konzept einer charakteristischen Kunst betrifft, weiß sich Lenz mit anderen seiner Zeitgenossen einig. Dagegen bringt sein in den „Anmerkungen übers Theater" (1774) entwickeltes Tragödien- und Komödienverständnis, das die theoretische Grundlage für die beiden genannten Stücke bildet, etwas Neues in die ästhetische Diskussion seiner Zeit ein. Lenz schreibt: „Die Hauptempfindung in der Komödie ist immer die Begebenheit, die Hauptempfindung in der Tragödie ist die Person, die Schöpfer ihrer Begebenheiten." Wirft man einen Blick auf Lenz' Dramen – unter Einbeziehung seines dritten wichtigen Stücks „Der neue Menoza oder Geschichte des cumbanischen Prinzen Tandi" (1774) – so kommt man zu der Erkenntnis, daß er es offensichtlich nicht für möglich hielt, in seiner Epoche Tragödien gemäß der eigenen Definition zu schreiben. Die Zeit sollte für die Darstellung eines autonomen Menschen eigentlich reif sein, die Aufklärung sollte die Freiheit des Menschen ermöglicht haben, das Gegenteil aber ist der Fall. Den dramatischen Konflikten des „Hofmeister" und der „Soldaten", die Lenz beide als „Komödien" bezeichnet hat, liegen „Begebenheiten", äußere Umstände, zugrunde, die die auftretenden Charaktere determinieren: der Hofmeister Läuffer wird Opfer eines verfehlten Systems adliger Privaterziehung, der Offizier Desportes wird Opfer seiner Verpflichtung zur Ehelosigkeit, die Bürgerstochter Marie Wesener wird Opfer der eigenen und elterlichen Spekulation auf gesellschaftlichen Aufstieg. Lenz' aufklärerische Sozialkritik zeigt in ungewöhnlich scharfer Form, daß der Mensch angesichts der herrschenden gesellschaftlichen Verhältnisse eigentlich nur noch verstümmelt weiterleben kann.

11.7 Die verführte Unschuld als Kindsmörderin

Daß zwischen Aufklärung und Sturm und Drang ein enger Zusammenhang besteht, daß der Sturm und Drang aufklärerische Themen aber in radikalerer Form kritisch aufbereitet, zeigt sich in einem Motiv, das zahlreiche Vertreter der Genieperiode zu künstlerischer Gestaltung angeregt hat: dem Motiv der verführten Unschuld. Während Lessing in seinem Trauerspiel „Emilia Galotti" (▷ 10.14) eindeutig den dekadenten Adel für die Verführung der unschuldigen Emilia verantwortlich macht, präsentieren J. M. R. Lenz' „Soldaten" (1776), Goethes 1772–75 entstandener „Urfaust" (▷ 12.26) und H. L. Wagners Trauerspiel „Die Kindermörderinn" (1776) schon eine kritische Sicht der sozialen Schicht, aus der die verführte Unschuld stammt: des Bürgertums. Die Enge der bürgerlichen Verhältnisse im Hause des Galanteriehändlers Wesener und seine rigiden Moralvorstellungen bei gleichzeitig vorhandenen Aufstiegsambitionen zeigt Lenz als mitverantwortliche Ursachen dafür auf, daß die Tochter Marie überhaupt von dem adligen Offizier Desportes verführt werden kann. Zudem ist Lenz' Sicht des Adels äußerst differenziert. Zwar ist Desportes ein verbrecherischer Adliger, aber, wie Marie, ein Opfer der Verhältnisse. Und die Gräfin von La Roche ist keineswegs als negative Figur gezeichnet: sie ist aufgeklärt und human gesinnt, kümmert sich um Marie und macht sich Gedanken über eine Veränderung der Situation der Soldaten. Allerdings steht sie, wie der Geheime Rat von Berg im „Hofmeister" (1774), isoliert innerhalb einer Gesellschaft, die aus den Fugen geraten ist. Radikaler noch in der Behandlung des Themas ist Wagner in seinem Drama „Die Kindermörderinn". Der libertinären Dekadenz der adligen Offizierswelt wird auch hier die Enge einer (klein-)bürgerlichen Familie, der des Straßburger Metzgermeisters Humbrecht, gegenübergestellt. Der Realismus in Inhalt und Gestaltung ist so weit zugespitzt, daß die

Die

Kindermörderinn

ein

Trauerspiel.

Leipzig,
im Schwickertschen Verlage.
1776.

Titelblatt der Erstausgabe von Heinrich Leopold Wagners Trauerspiel „Die Kindermörderinn" (1776)

Verführung Evchen Humbrechts durch den Leutnant von Grönigseck in ein Bordell verlegt wird, daß die Handlung des Stücks genau neun Monate umfaßt, daß die Personen teilweise Straßburger Dialekt sprechen und das Stück in Evchens Mord an ihrem unehelichen Kind gipfelt, der auf der Bühne selbst dargestellt wird. Zudem werden Personen der untersten Gesellschaftsschicht, eine Prostituierte, eine Dienstmagd und eine Lohnwäscherin, präsentiert. Diese Darstellungsweise wirkte auf die Zeitgenossen ungeheuer provozierend. Nachdem selbst eine äußerst problematische Umarbeitung durch Karl Lessing 1777 in Berlin nicht gespielt werden konnte, sah sich Wagner veranlaßt, das Drama einschneidend zu verändern, um überhaupt eine Aufführung in Deutschland zu ermöglichen. Die Neufassung unter dem Titel „Evchen

Humbrecht oder ihr Mütter merkt's euch" weist als wichtigste Unterschiede die Streichung der ersten, im Bordell spielenden Vergewaltigungsszene und einen positiven Schluß auf. Sie wurde 1778 mit Erfolg in mehreren deutschen Städten gespielt. Wagner selbst bemerkte in der Vorrede zur Neufassung sarkastisch, daß er den Stoff des Stücks so verändert habe, „daß er auch in unsern delikaten tugendlallenden Zeiten auf unsrer sogenannten gereinigten Bühne in Ehren erscheinen dörfte."

11.8 „Sturm und Drang" – Friedrich Maximilian Klingers Dramatik

Zu Recht hat man den Sturm und Drang als Resultat von Gruppenbildungen bezeichnet. Neben der Straßburger Gruppe um Herder und Goethe konstituieren sich in den 70er Jahren des 18. Jahrhunderts zwei weitere „literaturrevolutionäre" Gruppierungen: die eine um J. H. Merck, den Herausgeber der „Frankfurter Gelehrten Anzeigen", der wichtigsten theoretischen Zeitschrift der Genieperiode; die andere um J. H. Voß und den „Göttinger Musenalmanach" (▷ 11.14). In engem Kontakt mit der Frankfurter Gruppe, zu der nach seinem 1771 erfolgten Weggang aus Straßburg auch Goethe und wenig später H. L. Wagner stoßen, steht der mit Goethe befreundete und wie er in Frankfurt (am 17. Februar 1752) geborene Friedrich Maximilian [von, seit 1780] Klinger (gestorben in Dorpat am 9. März 1831). Goethe beschreibt ihn in „Dichtung und Wahrheit" als begeisterten Anhänger von J.-J. Rousseaus Roman „Émile" (1762, deutsch „Emil, oder über die Erziehung", 1762–80). Enttäuscht von seinen 1774 in Gießen aufgenommenen juristischen Studien stürzt sich Klinger in die literarische Arbeit. In kurzer Zeit entstehen zwischen 1774 und 1776 seine Dramen „Otto" (1775), „Das leidende Weib" (1775), „Die Zwillinge" (1776), „Die neue Arria" (1776) und „Simsone Grisaldo" (1776). Der Einfluß Shakespeares, Rousseaus, Goethes und J. M. R. Lenz' ist unverkennbar. Sein 1775 anonym erschienener Erstling „Otto", ein Ritterstück, ist wesentlich von Goethes „Götz" (▷ 11.6)

Sturm und Drang.

Ein Schauspiel

von

Klinger.

1776.

Titelblatt der
Erstausgabe von
Friedrich Maximilian
Klingers Schauspiel
„Sturm und Drang"
(1776)

inspiriert. Auch hier ist die Handlung in die Vergangenheit verlegt, um die Gegenwart einer scharfen Kritik zu unterziehen; wie im „Götz" scheitert bei Klinger eine große geniale Natur, der Ritter Otto, an den Intrigen von Adel und Klerus.

Eine stark antifeudale Tendenz besitzt auch das zweite, ebenfalls anonym erschienene Drama Klingers, „Das leidende Weib". Es spielt wohl in einem für das damalige Deutschland typischen, von einem Fürsten willkürlich beherrschten Kleinstaat. Die Darstellung des Scheiterns der Heldin Malchen an ihrer nicht vom Gefühl bestimmten Ehe mit einem adligen Gesandten wird als erstes Ehebruchsdrama der deutschen Literatur angesehen. Klingers drittes und wichtigstes Stück, „Die Zwillinge", hat eine Konstellation zum Thema, die zur gleichen Zeit J. A. Leisewitz in seinem Drama „Julius von Tarent" (1776) und wenig später Schiller in „Die Räuber" (▷ 11.10) aufgreifen: die feindlichen Brüder. Das 1776 uraufgeführte „Trauerspiel" über den mit verbrecherischen Mitteln gegen das Erstgeburtsrecht seines heuchlerischen älteren Bruders Ferdinando rebellierenden adligen Ritter Guelfo hat vielfältige Deutungen hervorgerufen. Werden hier verbrecherische Charaktere dargestellt, die nur innerhalb eines Feudalsystems überhaupt denkbar sind? Wird mit Guelfo ein scheiterndes revolutionäres Kraftgenie präsentiert oder zeigt das Stück den tragischen Konflikt im Innern eines starken, verbürgerlichten Individuums?

Von ihrer Thematik her ähnlich gelagert wie die vorhergehenden Stücke sind die Dramen „Die neue Arria" und „Simsone Grisaldo",

wobei das erstere wiederum das Scheitern genialer Menschen, das letztere dagegen erstmals das siegreiche Bestehen eines kraftgenialischen Helden vorführt. Bedeutsam ist in „Die neue Arria" wie in dem 1777 entstandenen, aber erst 1780 anonym publizierten Trauerspiel „Stilpo und seine Kinder", daß Klinger auch den Frauengestalten der Donna Solina und der Antonia geniale Züge verleiht. Wenn Klinger auch zu den vergessenen Autoren der deutschen Literaturgeschichte zu zählen ist, so ist es doch der Titel seines Lieblingsstücks, das er unter dem Titel „Wirrwarr" geschrieben hatte und das später durch seinen Freund, den Schweizer Christoph Kaufmann, den spektakulären Titel „Sturm und Drang" (1776) erhielt, der zum Epochenbegriff geworden ist. Nach langen Irrwegen und vielen Konflikten, nach der Teilnahme am amerikanischen Unabhängigkeitskrieg, finden die Protagonisten Bushy und Berkley ihr Glück im revolutionären Amerika. Der Amerikahoffnung der deutschen Intellektuellen verleiht Klinger ihre für den Sturm und Drang repräsentative Gestalt.

11.9 Die Bühne als „Gerichtshof"

Wenn L. S. Mercier und sein Übersetzer H. L. Wagner im „Neuen Versuch über die Schauspielkunst" (▷ 11.1) auch aufklärerische Ansätze beispielsweise durch das Programm einer Moralisierung des ganzen Volkes fortführen, so radikalisieren sie diese jedoch dadurch, daß sie den Dramatiker ausdrücklich als „politischen Dichter" begreifen. Das Theater wird vor dem Hintergrund der republikanischen Staatsauffassung Merciers zum „obersten Gerichtshof" über absolutistische „Despoten" und „Tyrannen". Der Dichter soll die Unterdrückten schildern, und es ist seine Aufgabe, „jene natürliche Gleichheit wieder herzustellen", die Rousseau für den Anfang der Geschichte konstatiert.

Schiller knüpft in gemäßigterer Form an Merciers Definition mit seiner 1784 – also im Jahr der Veröffentlichung von Kants Aufklärungsaufsatz (▷ 10.1) – vor der Kurfürstlichen Deutschen Gesellschaft in Mannheim gehaltenen Vorlesung „Was kann eine gute stehende Schaubühne eigentlich wirken?" (erschienen 1785 in: „Rheinische Thalia"), die er 1802 unter dem Titel „Die Schaubühne als eine moralische Anstalt betrachtet" publizierte. Er betont: „Die Gerichtsbarkeit der Bühne fängt an, wo das Gebiet der weltlichen Gesetze sich endigt." Der Kritik verfallen fürstliche Willkür und an politischen Einzelinteressen orientierte Gesetzgebung, die unmoralisch sind. Das die Aufklärung bestimmende dialektische Verhältnis von Politik und Moral verändert sich in der „Schaubühnenrede". Dadurch, daß der Bühne eine richterliche Funktion außerhalb der an der Aufrechterhaltung des feudalabsolutistischen Status quo interessierten weltlichen Gerichtsbarkeit zugesprochen wird, schlägt die in der Frühaufklärung sich noch als unpolitisch verstehende moralische Abgrenzung der Kunst gegenüber feudaler Obrigkeit, ein Ergebnis der entstehenden bürgerlichen Öffentlichkeit, in direkte politische Anklage um. Die herrschenden gesellschaftlichen Zustände sind für Mercier und auch für Schiller die Legitimationsgrundlage für diese Verwandlung. „Wenn die Gerechtigkeit für Gold verblindet, und im Solde der Laster schwelgt, wenn die Frevel der Mächtigen ihrer Ohnmacht spotten, und die Menschenfurcht den Arm der Obrigkeit bindet, übernimmt die Schaubühne Schwert und Waage, und reißt die Laster vor ihren schrecklichen Richterstuhl", schreibt Schiller. Wie sehr seine Schrift in der Aufklärung wurzelt, zeigt sich darin, daß sie der Bühne ein Verdienst „um die sittliche Bildung" und „um die ganze Aufklärung des Verstandes" zuspricht. Schiller verwendet auch ausdrücklich die aufklärerische Lichtmetaphorik, als er im Anschluß an Mercier die Bedeutung des Theaters für die intellektuelle und moralische Aufklärung des ganzen Volkes hervorhebt: „Die Schaubühne ist der gemeinschaftliche Kanal, in welchen von dem denkenden bessern Teile des Volks das Licht der Weisheit herunterströmt, und da aus ihm in mildern Strahlen durch den ganzen Staat sich verbreitet. Richtigere Begriffe, geläuterte Grundsätze, reinere Gefühle fließen von hier durch alle Adern des Volks; der Nebel der Barbarei, des finstern Aberglaubens verschwindet, die Nacht weicht dem siegenden Licht."

11.10 „In Tirannos" – Schillers Jugenddramen

Wenn Schiller in der „Schaubühnenrede" (▷ 11.9) das Theater als Richterstuhl versteht und ihm dabei ausdrücklich eine sozialkritisch-politische Dimension zuspricht, radikalisiert er wirkungsästhetische Positionen der Aufklärung, denen er sich verpflichtet weiß. Gerade durch diese Forderung nach einer radikalen Sozialkritik, die er in seinen Jugenddramen „Die Räuber", „Die Verschwörung des Fiesco zu Genua" und „Kabale und Liebe" in die sinnliche Anschauung umsetzt, erweist er sich als zugehörig zum Sturm und Drang. Das Motto, das der Herausgeber der Ausgabe der „Räuber" von 1782 der Titelblatt-Vignette eines Löwen einfügte, „in Tirannos", akzentuiert diese politische Dimension der Schillerschen Jugenddramen. Nicht zu vernachlässigen ist allerdings, daß diese Sozialkritik auf schon in Schillers Zeit an der Hohen Karlsschule in Stuttgart (▷ 12.9) vollzogenen anthropologischen Überlegungen basiert, in deren Zentrum das Problem menschlicher Freiheit steht.

Titelblatt der zweiten verbesserten Auflage des Schauspiels „Die Räuber" von Schiller (1782). Die Vignette des Titelblattes zeigt einen nach links hochspringenden Löwen und die Einfügung „in Tirannos"

Schon in seinem 1781 anonym erschienenen dramatischen Erstling „Die Räuber", der das bereits bei F. M. Klinger und J. A. Leisewitz (▷ 11.8) anzutreffende Motiv der feindlichen Brüder wieder aufnimmt und bei seiner Mannheimer Uraufführung 1782, obwohl in einer gekürzten Bühnenfassung gespielt und handlungsmäßig ins 16. Jahrhundert verlegt, chaotische Zuschauerreaktionen auslöste, experimentiert Schiller mit der Darstellung von verschiedenen Realisationen menschlicher Freiheit und ihrem Verhältnis zur Gesellschaft. Karl Moor, ein genialischer „Selbsthelfer", ein Typ wie Goethes Götz (▷ 11.5), den es vor dem „tintenklecksenden Säkulum", vor dem „Kastraten-Jahrhundert" einer sich intellektuell vereinseitigenden Aufklärung ekelt, rebelliert im Namen einer ganzheitlichen Befreiung des Menschen gegen die bestehende Ordnung, die ihm keine Möglichkeit zur Entfaltung gibt und ihn, zum Verbrecher geworden, schließlich scheitern läßt. Sein Bruder Franz hingegen wird schon äußerlich als ein Bild höfischer Unnatur präsentiert. Er setzt alle möglichen verbrecherischen Mittel ein, um seinen erstgeborenen Bruder von der legitimen Nachfolge des alten Grafen Moor abzuhalten und selbst zu einer despotischen Machtausübung zu gelangen. „Die Räuber" sind aber viel zu vielschichtig, als daß sie sich in einer ausschließlich gesellschaftskritischen Perspektive verstehen ließen. Nicht umsonst hat kaum ein anderes Erstlingsdrama der Weltliteratur so viele verschiedene Deutungen erfahren. Religiöse und idealistisch-metaphysische Fragestellungen wie die Idee einer auf Liebe gegründeten göttlich-harmonischen Weltordnung werden angesprochen, der aufklärerische Materialismus, verkörpert in Franz Moor, wird einer Kritik unterzogen, und nicht zuletzt ist Schillers Stück auch ein Familiendrama, ein Drama, das auf die Konsequenzen eines Abfalls von göttlich gegebenen familiären Bindungen verweist und in diesem Sinne, wie Schiller in der „Vorrede" zu den „Räubern" schreibt, „mit Recht einen Platz unter den moralischen Büchern" einzunehmen verspricht.

Auch Schillers zweites Drama, das 1783 in Bonn uraufgeführte und 1784 in einer Bühnenbearbeitung in Mannheim gespielte „republikanische Trauerspiel" „Die Verschwörung des Fiesco zu Genua" (gedruckt 1783) widmet sich dem Thema des erhabenen Verbrechers, diesmal in Gestalt des vom republikanischen Verschwörer gegen den Dogen Andrea Doria zum Usurpator sich aufschwingenden Grafen von Lavagna, Fiesco. Neben der Absolutismuskritik interessiert Schiller

Unterredung zwischen Ferdinand und Lady Milford. Kupferstich von Daniel Chodowiecki zu Schillers „Kabale und Liebe"

auch hier in erster Linie der Konflikt in Fiesco selbst als ein Durchspielen menschlicher Handlungsmöglichkeiten.

„Kabale und Liebe", entstanden 1782/83 und uraufgeführt 1784 in Frankfurt am Main (gedruckt 1784), ist von Schiller selbst durch den Untertitel „Ein bürgerliches Trauerspiel" in eine Tradition gestellt worden, die in Deutschland vor allem durch Lessings Dramen „Miß Sara Sampson" und „Emilia Galotti" (▷ 10.14) etabliert worden ist. Der Bürger ist auch bei Schiller zur Tragik fähig (▷ 11.1). Der Titel des Stücks stammt nicht von Schiller selbst – er wollte es „Luise Millerin" nennen –, sondern von dem Schauspieler, Theaterdirektor und Dramatiker A. W. Iffland. Erich Auerbach hat „Kabale und

Liebe" als einen „Dolchstoß in das Herz des Absolutismus" bezeichnet; die Darstellung der intriganten Adligen bestätigt diese Aussage nur zu sehr. Im Mittelpunkt aber steht Luise. Sie sagt gleich zu Beginn des Stücks: „Der Himmel und Ferdinand reißen an meiner blutenden Seele." Damit ist der Konflikt in Luise angedeutet, dessen Präsentation Schiller vor allem interessiert haben dürfte. Luises Liebe und ihr religiöses Bewußtsein, das eng an ihre soziale Lage gebunden ist und ihr die Verbindung mit dem adligen Ferdinand untersagt, lassen sich nicht vereinen, eine Rettung ist nur im Tod, nicht im realen Leben möglich.

11.11 Ossian – „Lieder des Volks"

Nicht nur im Drama, sondern auch in der Lyrik stößt der Sturm und Drang zu neuen Formen und Stoffen vor. Entscheidende Anregungen gehen hier ebenfalls von Herder aus, von seinen durch Rousseau und Klopstock beeinflußten Darlegungen über das Wesen und den Ursprung der Volkspoesie. Im „Auszug aus einem Briefwechsel über Ossian und die Lieder alter Völker", entstanden 1771 in Bückeburg und publiziert 1773 in der Sammlung „Von deutscher Art und Kunst" (▷ 11.2), prägt er im Anschluß an Thomas Percys „Reliques of ancient English poetry" (1765), eine Sammlung von 45 altenglischen und altschottischen Balladen, den Ausdruck „Volkslied". Hiermit wird nicht nur eine spezielle lyrische Gattung bezeichnet, sondern eine neue Auffassung von Dichtung vertreten. Denn Herders Verdienst war, so Goethe in „Dichtung und Wahrheit", die Erkenntnis, „daß die Dichtkunst überhaupt eine Welt- und Völkergabe sei, nicht ein Privaterbteil einiger feinen, gebildeten Männer". Im Gegensatz zu den Dichtern des Barock (▷ 9.8; 9.22) und des Rokoko (▷ 10.8), denen die Lyrik als Ausdruck verfeinerter Gelehrsamkeit galt, begreift Herder die Poesie als „Muttersprache des menschlichen Geschlechts" (so sein Lehrer J. G. Hamann [▷ 10.22] in „Aesthetica in nuce", 1762). Wo die menschliche Natur sich ganzheitlich frei entfalten kann, bei ungebildeten, „wilden" Völkern, geht aus ihr notwendig Poesie hervor. Als beispielhaft in dieser Hinsicht gelten Herder die Gesänge, die der schottische Dichter James Macpherson ab 1760 veröffentlicht und als Übersetzungen alter gälischer Lieder des blinden Helden und Sängers Ossian ausgegeben hatte („Fragments of ancient poetry, collected in the highlands of Scotland", 1760, „Fingal, an ancient epic poem in six books", 1762, „Temora", 1763; Gesamtausgabe 1765 unter dem Titel „The works of Ossian"). Macpherson übersetzte später den englischen Text ins Schottisch-Gälische, um ein Original vorzutäuschen. Erst später stellten sie sich als freie, von Macpherson selbst verfaßte Bearbeitungen alter Sagenreste heraus, obwohl schon H. W. von Gerstenberg in seinen „Briefen über Merkwürdigkeiten der Litteratur" 1766 gegen ihre Echtheit Bedenken angemeldet hatte. Der Intention der Herderschen Ossian-Rezeption ist durch diese Tatsachen natürlich kein Abbruch getan. Ihm geht es um das „Lebendige", das ungeregelt „Wilde" als ursprüngliche, unmittelbare poetische Realisation der Totalität der menschlichen Natur. Die Sprache der „Wilden", bemerkt Herder in der sprachtheoretischen Weiterführung Rousseauscher gesellschaftskritischer Ansätze und unter Anknüpfung an seine eigenen philosophisch-anthropologischen Darlegungen aus der 1772 veröffentlichten „Abhandlung über den Ursprung der Sprache", ist nicht „durch Künstelei, sklavische Erwartungen, furchtsame Politik, und verwirrende Prämeditationen verdorben – über alle diese Schwächungen des Geistes seligunwissend, erfassen sie den ganzen Gedanken mit dem ganzen Worte, und dies mit jenem." Damit ist eine weitere wesentliche Perspektive der Herderschen Überlegungen freigelegt: die Kritik an einer von der (höfischen) Rationalität verdorbenen Gesellschaft. Nicht nur zu den „Wilden" der Vergangenheit aber gilt es sich hinzuwenden, sondern auch zu den unteren Schichten der gegenwärtigen deutschen Gesellschaft, zum Liedgut der Bauern und Handwerker: „Da wird uns im kurzen die Hütte zum Palast." Dort, beim „Volk", schlummern unerkannte poetische „Naivetät und Stärke". Herder fordert dazu auf, diese „Lieder des Volks" aufzuspüren und zusammenzufassen. 1778/79 gibt er unter dem Titel „Volkslieder" eine eigene Sammlung heraus.

11.12 „Wie herrlich leuchtet mir die Natur!" – Goethes „Sesenheimer Lieder"

Herders Hinwendung zum Volkslied (▷ 11.11) übt einen direkten Einfluß auf die Lyrik des jungen Goethe aus. Dichtete der Leipziger Student der Jurisprudenz noch ausschließlich im Ton von Rokokolyrik und Anakreontik (▷ 10.8), so treten in den Gedichten nach der Straßburger Begegnung mit Herder neue formale Eigenschaften in den Vordergrund. Statt der rhetorischen Geziertheit der Rokokosprache verwendet Goethe in den bedeutendsten der von der Beziehung zu Friederike Brion geprägten sogenannten „Sesenheimer Lieder" (entstanden 1770/71), dem „Heidenröslein", dem „Maifest" und dem Gedicht „Es schlug mein Herz; geschwind zu Pferde" (2. Fassung unter dem Titel „Willkomm und Abschied") eine volkstümliche Einfachheit des Ausdrucks, orientiert er sich an der Form des Volkslieds. Am „Heidenröslein", der Umdichtung eines Goethe wohl durch Herder bekannten neunstrophigen Volkslieds aus dem 16. Jahrhundert, fallen sprachlich in diesem Sinne der Refrain „Röslein, Röslein, Röslein rot,/Röslein auf der Heiden", vor allem aber die Elisionen ins Auge. Ihre Häufung geht offensichtlich auf Herder zurück, der eine erste, wesentlich weniger Elisionen enthaltende Fassung des Gedichts zusammen mit ausführlichen kommentierenden Bemerkungen im „Ossian"-Aufsatz (▷ 11.11) veröffentlicht hatte. Herder bemerkt dort: „... uns quälen diese schleppenden Artikel, Partikeln usw. oft so sehr und hindern den Gang des Sinns oder der Leidenschaft – aber wer unter uns wird zu elidieren wagen? Unsre Kunstrichter zählen ja Sylben, und können so gut skandieren!" Hier ist zwar von „Leidenschaft" die Rede, es wird aber deutlich, daß eine zukünftige, Elisionen verwendende Leidenschaftsdarstellung Ergebnis eines sehr bewußten Umgangs mit sprachlich-poetischen Mitteln sein muß. Diese Tatsache ist von nicht zu unterschätzender Bedeutung, denn insbesondere für die Liebesgedichte der „Sesenheimer Lieder" ist, um den Gegensatz zur anakreontischen Tradition zu kennzeichnen, vielfach der Begriff „Erlebnislyrik" verwendet worden. Abgesehen davon, daß auch

die „Sesenheimer Lieder" neben teilweise belangloser Gelegenheitsdichtung (▷ 9.14) noch Liebeslyrik im anakreontischen Stil enthalten („Lied das ein selbst gemaltes Band begleitete"), wäre es falsch, gerade die Liebesgedichte „Maifest" und „Es schlug mein Herz" nur als unmittelbare, rein gefühlsmäßig-spontane Realisationen eigenen Erlebens, als Produkte eines regellosen Schaffens ohne jeden rationalen Einschlag zu verstehen. Gegen diese Auffassung spricht zum Beispiel, daß „Es schlug mein Herz" ganz bewußt auf einen sentenzenhaften Schluß hin komponiert ist. Auch im „Maifest" erweist sich die scheinbar irrational-überschwengliche Feier des in dieser Form und Sprache bis dahin noch nie zum Ausdruck gebrachten Zusammenhangs von lyrischem Ich, Natur, Liebe und Dichtung als eine äußerst bewußt gestaltete. Zahlreiche Rückverweise und Korrespondenzen innerhalb des Textes lassen das Gedicht zu einem individuellen Ganzen werden, verweisen auf seine „innere Form" (▷ 11.2). Eine völlig andere Individualitäts- und Naturerfahrung also sprengt die bestehenden Grenzen der Lyrik: im „Maifest" erfährt das lyrische Ich die von ihm jubelnd besungene Natur als dynamisch-schaffende, als „natura naturans" (▷ 11.3), in der sich der Mensch frei von Zwängen bewegen, sich seines eigenen freien Wesens vergewissern kann. Zu dieser Vergewisserung gehört die Liebe, denn die ganze Natur ist von Liebe beseelt; sie ist gerade durch die gegenseitige Liebe ihrer Schöpfungen ein Ganzes. Betrachtet man die Verhältnisse damals und auch heute, wird man sich der utopischen Dimension dieser dichterischen Aussagen bewußt.

11.13 „Prometheus" und „Ganymed" – Goethes große Hymnen

Goethes Sturm-und-Drang-Lyrik ist ein dichterisch sich artikulierender Auf- und Ausbruch aus den Zwängen einer beengten Gesellschaft; immer, zumal in seiner ekstatischen Feier göttlicher Liebe und Natur als dem Eigentlichen des Menschen, wie der Geniekult von der Gefahr des Scheiterns bedroht, weil die soziale Realität dem durch die

Die letzte Strophe der Hymne „Prometheus" in Goethes eigener Handschrift

Poesie hervorgerufenen Gefühl des Einklangs von Mensch und Natur keineswegs entspricht. Auch nach der Rückkehr in seine Geburtsstadt Frankfurt nach der Zwischenstation Wetzlar verfaßt Goethe Gedichte in volksliedhaftem Ton, wie die Ballade „Der König von Thule" (1774). Daneben aber schlägt sich der schöpferische Ausbruch aus vorgegebenen Zwängen in einer völlig anders gearteten Lyrik nieder. Zusammen mit Gedichten über Kunst und Künstler (unter anderem „Künstlers Morgenlied", „Lied des physiognomischen Zeichners", „Kenner und Künstler", „Des Künstlers Erdewallen") entstehen in dieser Zeit zwischen 1772 und 1775, in der auch der „Urfaust" (▷ 12.26) niedergeschrieben wird, Hymnen in freien Rhythmen, eingeleitet durch „Wanderers Sturmlied", fortgesetzt durch lyrische Schöpfungen wie „Mahomets-Gesang", „Ganymed", „An Schwager Kronos" und „Prometheus", gipfelnd in der 1775 in Weimar entstandenen „Harzreise im Winter" (▷ 12.5). In Goethes wohl berühmtestem Gedicht, „Prometheus", gewinnt der Geniekult eine lyrische Gestalt und, durch seine mythische Einbettung, eine menschheitsgeschichtliche Perspektive. „Prometheus" ist auch der Titel eines von Goethe 1773 verfaßten, Fragment gebliebenen Dramas (erschienen 1830). Goethes Umdeutung des antiken Mythos in der „Prometheus"-Hymne und im Drama geht auf den für die ästhetische Diskussion des 18. Jahrhunderts wichtigen Earl of Shaftesbury zurück, der in seiner Schrift „Soliloquy" (1710) bemerkt, daß der Dichter ein „zweiter Schöpfer, ein wahrer Prometheus" sei.

Die wohl vor dem „Prometheus"-Gedicht verfaßte „Ganymed"-Hymne ist vielfach unter Berufung auf Äußerungen Goethes im 8. Buch von „Dichtung und Wahrheit" als Gestaltung der notwendigen Gegenbewegung zur durch Prometheus artikulierten Auflehnung gegen die Götter verstanden worden. Während Prometheus aus dem Gefühl eigener Kraft heraus gegen die Götter rebelliert, sich „verselbstet", besingt Ganymed in reimlosen, unregelmäßigen Versen ekstatisch die durch den anbrechenden Frühling in der Natur erfahrbare Vereinigung mit Gott als einen Prozeß der „Entselbstigung". Auch hierbei handelt es sich, wie in der „Prometheus"-Hymne, um die freie Umdeutung eines antiken Mythos: Ganymed, der von Zeus wegen seiner Schönheit in den Olymp entführt und zum Mundschenk der Götter gemacht wird, repräsentiert in Goethes Gedicht die Rückkehr des vereinzelten Ichs in die allumfassende göttliche Einheit. Der inhaltliche Zusammenhang zwischen dem „Maifest" (▷ 11.12) und der „Ganymed"-Hymne ist offensichtlich. Während Goethe dort jedoch das lyrische Ich in bewußt gestalteter volksliedhafter Unmittelbarkeit über die Einheit von Ich, Liebe, Gott und Natur sprechen läßt, verleiht er im „Ganymed" derselben Thematik eine menschheitsgeschichtliche Dimension dadurch, daß er ihre hymnische Darlegung an eine mythische Gestalt bindet.

11.14 „Der Bund ist ewig" – der Göttinger Hain

Am 12. September 1772 gründete in einem „Eichengrund" nahe bei Göttingen eine Gruppe von sechs jungen Lyrikern einen Freundschaftsbund, der sich an Klopstocks (▷ 10.17) „vaterländischer" Poesie orientierte. Klopstocks Ode „Der Hügel und der Hain" (1767), in der „Teutoniens Hain" über den griechischen „Hügel", den „Helikon", gestellt wird, lieferte ihnen Namen und Wahlspruch: „Der Bund ist ewig." Schon vor seiner feierlichen Gründung hatte H. Ch. Boie, der zusammen mit F. W. Gotter Ende 1769 zum ersten Mal den wenig später für die große Außenwirkung der Hainbündler so wichtigen „Göttinger Musenalmanach" herausgab, einige der zukünftigen Mitglieder des Hainbundes zu einem dichterischen Zirkel um sich versammelt, unter ihnen L. Ch. H. Hölty, J. M. Miller und J. F. Hahn. 1772 zog der eigentliche Kopf des Dichterbunds nach Göttingen: J. H. Voß. Bei der Gründungsfeier waren neben diesen vier Autoren noch G. D. Miller und J. T. L. Wehrs anwesend, während Boie, dem bald darauf der Ehrenvorsitz zuerkannt wurde, an ihr nicht teilnahm. Später wurden noch weitere Personen aufgenommen, unter ihnen J. A. Leisewitz (▷ 11.8), die Brüder Ch. und F. L. Graf zu Stolberg und 1774 auch Klopstock. Von den dichterischen Gruppierungen des Sturm und Drang besaß der Göttinger Hain den stärksten Zusammenhalt. Die Mitglieder trafen sich regelmäßig, gaben sich germanische, von Klopstock inspirierte Bardennamen und diskutierten, kritisierten und verbesserten gemeinsam ihre Dichtungen, bevor sie in ihrer endgültigen Fassung in das „Bundesbuch" eingetragen wurden. Entgegen seinem Wahlspruch sollte dieses bewußte, kollektive Dichten nicht von langer Dauer sein: schon 1775 löste sich der Hainbund auf, ohne daß die poetische Produktion seiner Mitglieder zum Erliegen kam.

An den zahlreichen Gedichten der Hainbündler fällt zunächst die Vielfalt der lyrischen Formen ins Auge. Neben volkstümlichen Liedern, Nachbildungen des mittelalterlichen Minnesangs, Romanzen und Balladen entstehen Idyllen, Elegien, Oden und Hymnen, wobei als Ausdruck der Auflösung überkommener Verbindlichkeiten die Grenzen zwischen ihnen fließend werden. Viele Gedichte sind von einem glühenden, teilweise übertriebenen Patriotismus geprägt, so der „Bundesgesang" und das „Vaterlandslied" Höltys, die Gedichte „Deutsches Trinklied" und „Der Patriot an sein Vaterland" J. M. Millers oder Voß' „Deutschland". Natürlich hat ihre vielfach gegen „Lutetien" (Frankreich) gerichtete patriotische Tendenz eine antifeudale Dimension, deren Gestaltung aber bisweilen den Rahmen des Erträglichen überschreitet. In Höltys Balladen „Adelstan und Röschen" und „Die Nonne" taucht das Motiv der verführten Unschuld (▷ 11.7) wieder auf. In sozialkritischer Hinsicht bedeutsam sind aber vor allem F. L. Graf zu Stolbergs „Freiheitsgesang aus dem zwanzigsten Jahrhundert" und die ersten beiden, „Die Leibeigenschaft" überschriebenen Idyllen von Voß, der wenig später Homers „Odyssee" (1781) und „Ilias" (1793) ins Deutsche übertrug. Heute noch am bekanntesten sind zweifellos die durch die Vertonungen Mozarts zu Volksliedern gewordenen Gedichte „Der alte Landmann an seinen Sohn" („Üb immer Treu und Redlichkeit") von Hölty und „Zufriedenheit" („Was frag ich viel nach Geld und Gut") von J. M. Miller.

11.15 „Sowohl in Palästen als Hütten" – Gottfried August Bürgers volkstümliche Dichtung

Gottfried August Bürger stand dem Göttinger Hain (▷ 11.14) sehr nahe, ohne zu seinen Mitgliedern zu gehören. Im „Göttinger Musenalmanach auf das Jahr 1774", der der neuen Dichtung nicht nur des Hainbunds zum Durchbruch verhalf, veröffentlichte er seine auch heute noch bekannte Ballade „Lenore" (1774), die sofort große Resonanz fand. Der „Göttinger Musenalmanach" enthielt Gedichte zeitgenössischer Autoren, unter ihnen außer den Göttingern Klopstock, Goethe, Herder, J. H. Merck, M. Claudius und Friedrich Müller, genannt Maler Müller, dessen bekannteste Werke, die Idyllen „Die Schafschur" (1775) und „Das Nußkernen" (1811) sowie das sich am Faustthema versuchende Dramenfragment „Fausts Leben dramatisiert" (1778) sind. Neben Goethe gilt der am 31. Dezember 1747 in Molmerswende (bei Hettstedt) geborene und am 8. Juni 1794 in Göttingen gestorbene G. A. Bürger als der Schöpfer der deutschen Kunstballade. Unter dem Einfluß Th. Percys und Herders (▷ 11.11) wandte sich Bürger der Ballade als einer volkstümlichen Gedichtform zu. Theoretisch rechtfertigt er die Volkstümlichkeit innerhalb des Kapitels „Herzensausguß über Volkspoesie" seiner 1776 entstandenen Abhandlung „Aus Daniel Wunderlichs Buch" und in der 1784 entstandenen Schrift „Von der Popularität der Poesie". Scharfe Kritik an einer gelehrten Dichtung ausschließlich für die höheren, gebildeten Stände wird vor allem in der erstgenannten Abhandlung geübt. „Sowohl in Palästen als Hütten" müsse ein Dichter „ein- und ausgehen". Es gelte die „Fundgrube" volkstümlicher Poesie künstlerisch zu nutzen, nicht „im ganzen" nachzuahmen. In diesem Sinne sind auch Bürgers Gedichte zu verstehen, als künstlerische, überwiegend in der Form der Ballade realisierte Bearbeitungen volkstümlicher (Sagen-)Themen in einer auch den unteren Schichten zugänglichen Sprache. Vielfach besitzen sie eine sozialkritische, gegen die Willkür des Adels gerichtete Dimension, so die Ballade „Der wilde Jäger" (1778), in der das bekannte Volkssagenmotiv mit der Kritik an der Landbewohner, Felder und Vieh vernichtenden adligen Jagd verbunden wird, so die Ballade „Des Pfarrers Tochter von Taubenhain" (1781), die das Thema der verführten Unschuld (▷ 11.7) noch einmal aufgreift, so in besonders scharfer Form das Gedicht „Der Bauer" (1775), dessen politische Radikalität in dieser Zeit wohl nur noch in Gedichten Ch. F. D. Schubarts, dem zehn Jahre von Herzog Karl Eugen auf der Festung Hohenasperg Inhaftierten, erreicht wird (vor allem in dem Gedicht „Die Fürstengruft", 1780). Bürgers Ballade „Frau Schips", 1777 entstanden, konnte wegen ihres antiklerikalen Inhalts zunächst in keiner Zeitschrift veröffentlicht werden. Auch in einer 1778 publizierten Sammelausgabe von Bürgers Gedichten erscheint sie auf den Rat seines Verlegers Dieterich hin nicht. Erst 1782 wurde sie im von 1779 bis 1794 von Bürger selbst herausgegebenen

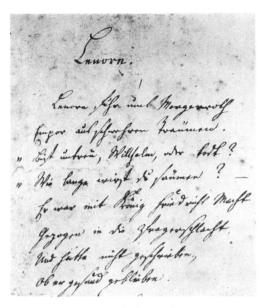

Die Ballade „Lenore" in Gottfried August Bürgers eigener Handschrift

„Göttinger Musenalmanach" unter dem Pseudonym M. Jocosus Serius abgedruckt. Die Gestaltung der Frau Schips stößt in ihrem Bemühen um Volkstümlichkeit bis in den vulgärsprachlichen Bereich hinein vor. Die Sprache der Gedichte Bürgers ist von seinen Zeitgenossen keineswegs nur positiv aufgenommen worden. Nicht allein in sprachlicher Hinsicht allerdings hat Schiller 1791 Bürgers „Volkspoesie" einer vernichtenden Kritik unterzogen. Die Rezension „Über Bürgers Gedichte" verwirft auch inhaltlich Bürgers Hinwendung zum niederen Volk und versteht sie als eine Anpassung an „die Fassungskraft des großen Haufens" ohne Bildungsabsicht. Schillers Rezension deutet mit ihrem Programm eines „bildenden Herniedersteigens" bereits voraus auf ein neues, das klassische Dichtungsverständnis (▷ Kapitel 12).

Werthers Abschied von Lotte. Kupferstich von Joseph ab Aqua zu Goethes Briefroman „Die Leiden des jungen Werthers" (Düsseldorf, Goethe-Museum)

11.16 „Wie froh bin ich, daß ich weg bin!" – das Werther-Fieber

„Wie froh bin ich, daß ich weg bin!": mit diesem Satz beginnt der erste Brief des Protagonisten von Goethes berühmtem Briefroman „Die Leiden des jungen Werthers", entstanden in den Monaten Februar bis Mai 1774. In diesem scheinbare Erleichterung ausdrückenden ersten Satz deutet sich das den ganzen Roman bestimmende Verhältnis Werthers zur ihn umgebenden Gesellschaft bereits an. Er ist ein Außenseiter, ohne ein Revolutionär zu sein. Immer wieder zieht er, der Melancholiker, sich aus der Gesellschaft zurück, obwohl er erkennt, daß „nichts gefährlicher [ist] als die Einsamkeit". Seine eingeschränkte Kom-

munikationsfähigkeit schlägt sich formal in Goethes Roman darin nieder, daß er monoperspektivisch komponiert ist, daß der fiktive Herausgeber dem Leser nur Briefe Werthers übermittelt. In dieser Hinsicht weicht Goethe von der durch S. Richardson („Pamela", 1740, deutsch „Geschichte der Pamela ...", 1772) und J.-J. Rousseau („La nouvelle Héloïse", 1764, 1761 unter dem Titel „Lettres de deux amants ...", deutsch „Die neue Heloise, oder Briefe zweier Liebenden", 1761–66) etablierten „Norm" des Briefromans ab. Zentrale Motive des Sturm und Drang sind in den „Werther" meisterhaft verwoben: die Begeisterung für Homer, Klopstock, Ossian und Lessings „Emilia Galotti" (▷ 10.14), die Hinwendung zu den unteren Schichten der Gesellschaft und das pantheistische Einheitsgefühl, das an einem „süßen Frühlingsmorgen ... mit ganzem Herzen" zu fühlende „Wehen des Allliebenden, der uns in ewiger Wonne schwebend trägt und erhält". Empfindsamkeit und Sturm und Drang gehen im „Werther" ineinander über. Bedeutsam ist aber vor allem, daß Goethe das totale Scheitern von Werthers Befreiung des Herzens dem Leser detailliert vor Augen führt. Werthers Erprobung neuer Erfahrungsbereiche in der Natur, in der Kunst, besonders aber in der Liebe zu Lotte, stößt überall auf nicht zu überwindende Grenzen, so daß als einziger Ausweg, um die „ewige Freiheit" zu realisieren, nur noch der Selbstmord bleibt.
Goethes erster Roman löste sofort eine Fülle von Reaktionen aus. Sie reichten von begeisterter Zustimmung bis zu völliger Ablehnung. Wertheriaden entstanden, von denen die satirische des Aufklärers F. Nicolai („Freuden des jungen Werthers ...", 1775) wohl am bekanntesten geworden ist. Auch die meisten der Romane des Sturm und Drang sind von Goethes „Werther" beeinflußt, vor allem die Briefromane „Der Waldbruder" (1776) von Lenz (▷ 11.6), „Siegwart. Eine Klostergeschichte" (1776) von dem Hainbündler J. M. Miller (▷ 11.14) und „Eduard Allwills Papiere" (1776) von F. H. Jacobi.

Kapitel 12
Weimarer Klassik (1775–1832)

Einführung

Während Corneille, Racine und Molière, die französischen Klassiker, im 17. Jahrhundert lebten, die spanischen Klassiker Lope de Vega und Calderón sowie der englische Klassiker Shakespeare im 16. Jahrhundert, gibt es „Klassik" – verstanden als Höhepunkt einer Nationalliteratur – in Deutschland erst an der Wende des 18. zum 19. Jahrhundert. Warum so spät? Ein Grund ist der Dreißigjährige Krieg: in Deutschland tobten Religionskämpfe, als in den Nachbarländern die Kultur aufblühte. Ein weiterer Grund ist, daß noch zur Zeit der deutschen Klassik der deutschsprachige Raum in zahlreiche Fürstentümer unterteilt war. Die im 18. Jahrhundert unmögliche politische Einigung des Landes sollte zunächst durch eine kulturelle Einigung ersetzt werden. Gerade die französischen Nachbarn und ihre Klassiker wurden Vorbild. Seit Gottsched (▷ 10.6) und Lessing (▷ 10.12–10.15) bemühten sich die Dichter um ein deutsches Nationaltheater, und noch Wilhelm Meister in Goethes Roman „Wilhelm Meisters Lehrjahre" (▷ 12.16) träumt anfangs von nichts anderem.
Napoleons I. Übergriffe geben dem Nationalgedanken Anfang des 19. Jahrhunderts neuen Auftrieb, und die einst von den Franzosen übernommene nationale Idee richtet sich nun gegen sie. Wen nimmt es wunder, daß der Freiherr vom und zum Stein und mit ihm fast alle Deutschen von den Dichtern Ermutigung im Kampf gegen die Franzosen fordern? Die 1814 entstehende vaterländische Lyrik eignet sich dann auch 100 Jahre später wieder, um Soldaten in den Kampf gegen die Franzosen zu schicken. Goethe lehnt solches Eingreifen in die Politik ab, Schiller lebt zu dieser Zeit

nicht mehr. Das bewahrt beide nicht davor, gemeinsam zu Nationaldichtern erklärt zu werden; es schützt sie weder vor Mißbrauch noch vor Mumifizierung durch Verehrung. Zunächst war es vor allem Schiller, der enthusiastisch gefeiert wurde. Aber gegen Ende des 19. Jahrhunderts verwandelten sich die zwei so gegensätzlichen Dichter in ein innig verbundenes Dioskurenpaar, das Hand in Hand (noch heute vor dem Weimarer Nationaltheater) für Einheit steht. Das macht Weimar zum Symbol der deutschen Einheit, und auch die erste deutsche Republik, die 1919 in Weimar ausgerufen wurde, profitierte vom Genius loci (▷ Kapitel 19).
Die Weimarer Klassik ist nicht denkbar ohne Kant und seine Zuspitzung des Humanitätsgedankens, der auf der Forderung beruht: „Handle nur nach derjenigen Maxime, durch die du zugleich wollen kannst, daß sie ein allgemeines Gesetz werde", konkret: „Handle so, daß du die Menschheit sowohl in deiner Person, als in der Person eines jeden andern jederzeit zugleich als Zweck, niemals bloß als Mittel brauchst". Herder (▷ 11.2; 12.4) war es, der den Nationalitätsgedanken mit einem alle Nationalitäten verbindenden Humanitätsideal versöhnte und damit den Humanitätsbegriff der „Klassik" prägte. Die Klassik ist Synthese aus dem Rationalismus und Optimismus der Aufklärung (▷ Kapitel 10) und dem Individualismus und Titanismus des Sturm und Drang (▷ Kapitel 11), indem sie durch Ausgewogenheit zwischen beiden beide zu überwinden sucht. Sie kann das, indem sie griechische Elemente lebendig werden läßt als Maßstab, womit die Weimarer Klassik zugleich die seit Renaissance und Ba-

rock währenden Auseinandersetzungen mit der Antike abschließt.

Die deutsche Klassik ist unter anderem beeinflußt von Johann Joachim Winckelmann, dem Begründer der modernen Archäologie, der durch seine Schriften „Gedanken über die Nachahmung der griechischen Werke in der Malerei und Bildhauerkunst" (1755) und „Geschichte der Kunst des Altertums" (1764) das Bild der Antike prägte. Für ihn waren Antike und Griechentum nicht nur Forschungsgegenstände, sondern Vorbild für zeitgenössisches Kunstschaffen: „Das allgemeine vorzügliche Kennzeichen der griechischen Meisterstücke ist eine edle Einfalt und eine stille Größe – sowohl in der Stellung als im Ausdruck. So wie die Tiefe des Meeres allezeit ruhig bleibt, die Oberfläche mag noch so wüten, ebenso zeigt der Ausdruck in den Figuren der Griechen bei allen Leidenschaften eine große und gesetzte Seele".

Durch die Orientierung der klassischen deutschen Literatur an den Kunstauffassungen der Antike, die als zeitlos gültige Norm begriffen werden, ist die Weimarer Klassik nicht nur Antwort auf literaturtheoretische Fragen, sondern auch in mehrfacher Hinsicht Antwort auf politische Krisen. Die Werke der deutschen Klassik entstehen in der Zeitspanne zwischen Französischer Revolution und dem Zusammenbruch des Heiligen Römischen Reiches deutscher Nation. Das heißt, daß inmitten politischer Umwälzungen, die als bedrohliche Auflösung empfunden werden, in der Kunst versucht wird, eine zeitlose Norm gegen eine bewegte Zeit zu setzen, die aber nicht wirklich zeitlos sein kann, da das Bedürfnis nach ihr durch die bewegte Zeit entstand. Aber Goethe und Schiller sprachen nicht von „Klassik". Das exklusive ästhetische Programm Goethes und Schillers wird erst nach 1850 als „Klassik" bezeichnet, unter anderem in der berühmten Berliner Goethevorlesung des Germanisten H. Grimm im Wintersemester 1874/75. Spätestens als Goethe, der wegen seiner Abneigung gegen den kollektiven Franzosenhaß bis zur Mitte des vorigen Jahrhunderts mißtrauisch als Feind des nationalen Gedankens betrachtet wurde, nun gerade wegen dieser seiner angeblich unpolitischen Haltung dem Bildungsbürgertum der Bismarckzeit als großes Beispiel bürgerlichen Wohlverhaltens ans Herz gelegt

wird, stellt sich Schillers 1802 gegenüber Ch. G. Körner geäußerte spöttische Skepsis als begründet heraus: „Es ist aber im Charakter der Deutschen, daß ihnen alles gleich fest wird, und daß sie die unendliche Kunst, so wie sie es bei der Reformation mit der Theologie gemacht, gleich in ein Symbolum hineinbannen müssen. Deshalb gereichen ihnen selbst treffliche Werke zum Verderben, weil sie gleich für heilig und ewig erklärt werden, und der strebende Künstler immer darauf zurückgewiesen wird. An diese Werke nicht religiös glauben, heißt Ketzerei, da doch die Kunst über allen Werken ist" (21. Januar 1802).

12.1 „Klassik" und „Weimarer Klassik"

In der Umgangssprache nennen wir etwas Vorbildliches, zeitlos Gültiges „klassisch". In dieser Bedeutung sprechen wir von den klassischen Dichtern Dante, Shakespeare, Racine, Molière, Calderón oder Goethe. Als Qualitätsurteil ist der Begriff auch in Musik, Malerei und allen anderen Künsten anwendbar, und auch Autoren des 20. Jahrhunderts wie Brecht (▷ 19.7) oder Thomas Mann (▷ 19.12) können als „moderne Klassiker" bezeichnet werden.

Im engeren Sinn ist der Begriff des Klassischen der Antike verpflichtet und meint zunächst „griechisch-römisch"; und zwar seit in der Renaissance Kultur und Kunst der Griechen und Römer in den Rang des Mustergültigen erhoben wurden. J. J. Winckelmann unterscheidet dann die griechische und römische Kunst genauer voneinander. In Deutschland werden durch die Griechen als die eigentlichen Träger des Klassischen angesehen. Schließlich gilt nur noch ihre Literatur und Kunst im 5./4. Jahrhundert vor Christus als klassisch. Die Kunst gilt als „klassisch", die den Stil der „griechischen Klassik" zum Maßstab nimmt: Schönheit (im Sinne von Gesetzmäßigkeit), Harmonie, Ausgewogenheit, Aufhebung des Besonderen im Typischen, Einklang zwischen dem Leiblichen und Geistig-Seelischen.

Der Begriff „Klassik" bezeichnet sowohl den jeweiligen Entstehungszeitraum der vorwiegend klassischen Dichtungen als auch die Qualität der Werke als Werke der Kunst, er wird also sowohl historisch als auch normativ gebraucht. Das macht den Begriff unscharf, schwer handhabbar und damit geeignet für Mißbrauch. Die Meinungen der Literarhistoriker sind entsprechend kontrovers. So gibt es zum Beispiel bezüglich der „Weimarer Klassik" verschiedene Auffassungen über ihre Dauer und den zu ihr gehörenden Personenkreis. Die Geistesgeschichte der zwanziger Jahre des 20. Jahrhunderts spricht vom „Geist der Goethezeit" (H. A. Korff) oder von der „Deutschen Bewegung" (R. Unger, P. Kluckhohn). Andere bezeichnen die Zeit von 1740 bis 1815 als „das klassische Zeitalter der deutschen Literatur" (V. Lange) oder sprechen vom „klassischen Jahrhundert 1750–1850" (F. Sengle und einige Marxisten). Weitere Zeiträume erlauben zwar eine Ausdehnung des Personenkreises, erschweren aber auch die Charakterisierung des Klassischen.

Für die sogenannte „Weimarer Klassik" bieten sich drei Möglichkeiten an: 1. die Zeit der intensivsten Zusammenarbeit Goethes und Schillers (1794–1805); 2. die Zeit von Goethes Reise nach Italien (1786–88) bis zu Schillers Tod (1805) oder 3. die Zeit von Goethes Ankunft in Weimar (1775) bis zu seinem Tod (1832).

12.2 Goethe

Johann Wolfgang [von, seit 1782] Goethe wurde am 28. August 1749 in Frankfurt am Main geboren. Er stammte aus wohlhabendem, bürgerlichem Elternhaus, studierte Jura wie einst sein Vater, Johann Caspar Goethe, zunächst in Leipzig und, nach einer langen Unterbrechung durch eine schwere Krankheit, in Straßburg, wo er Herders (▷ 11.2; 12.4) Bekanntschaft machte. Ferner fand Goethe Zugang zum Pietismus, lernte J. K. Lavater und das Fräulein von Klettenberg kennen. Ihr ist später das 6. Buch, „Die Bekenntnise einer schönen Seele", von „Wilhelm Meisters Lehrjahren" (▷ 12.16) gewidmet. Die Auseinandersetzung mit dem Pietismus hinterläßt Spuren im gesamten Werk Goethes. In den Frankfurter Jahren zwischen 1771 und 1775 hat er weniger als Rechtsan-

Johann Wolfgang von Goethe (Gemälde von Joseph Carl Stieler, 1828; München, Neue Pinakothek)

walt gewirkt als vielmehr zahlreiche seiner Dichtungen begonnen und entworfen. Sein Drama „Götz von Berlichingen" (1773; ▷ 11.5) machte ihn mit einem Schlag berühmt; in ganz Europa wurde er bekannt durch den Roman in Briefen „Die Leiden des jungen Werthers" (1774; ▷ 11.16).

1775 kam er, 26jährig, auf Einladung des 18jährigen Herzogs von Sachsen-Weimar, Karl August, der gerade die Regierungsgeschäfte übernommen hatte, nach Weimar. Kindheit, Elternhaus, Studium und Aufbruch nach Weimar schildert er als fast 70jähriger in seiner dichterischen Autobiographie „Aus meinem Leben. Dichtung und Wahrheit" (▷ 12.20). Die ersten 10 Weimarer Jahre (▷ 12.3; 12.5), die Goethe nie in einer Autobiographie beschrieb, waren bestimmt von politischen Tätigkeiten im weimarischen Staatsdienst. 1776 wurde er zum Geheimen Legationsrat ernannt, ab 1779 leitete er, inzwischen Geheimer Rat, die neugegründete Bergbaukommission sowie die Kriegs- und Wegebaukommission. Die dichterischen Arbeiten dieser Jahre bleiben, einige Gedichte ausgenommen, Entwurf, doch löste sich Goethe ausdrücklich vom Sturm und Drang (▷ Kapitel 11). Der Weg zur klassischen Dichtung bahnt sich an (▷ 12.5), gewinnt aber erst während der fast zwei Jahre dauernden Reise nach Italien 1786–88 seine entscheidende Ausprägung (▷ 12.6).

Eine besondere Rolle spielt für Goethe in den ersten Weimarer Jahren Charlotte von Stein. Sie ist seine Vertraute, sie erzieht ihn, sie macht ihn mit den Regeln des gesellschaftlichen Lebens bekannt, für sie schreibt er in Italien sein „Tagebuch", und für Iphigenie oder die beiden Leonoren im „Tasso" mag sie wohl ein Vorbild gewesen sein (P. Hacks schildert in seinem amüsanten Stück „Ein Gespräch im Hause Stein über den abwesenden Herrn von Goethe", 1976, einfühlsam die problematische Beziehung, die nach Goethes Rückkehr aus Italien in die Brüche geht). Bis dahin aber ist Frau von Stein die Vertraute seines zunehmend als Qual empfundenen Konfliktes zwischen Politik und Kunst, den er im „Tasso" (▷ 12.7) gestaltet. Zugleich wird sie selbst mit ihrem Einfluß zur immer größeren Belastung und Einengung für ihn. Von dem regen Briefwechsel zwischen Goethe und Charlotte von Stein sind nur seine Briefe erhalten, in denen er seine Situation in erschütternden Bildern zum Ausdruck bringt: „Heute in dem Wesen und Treiben [des Hofs] verglich ich mich einem Vogel, der sich aus einem guten Endzweck ins Wasser gestürzt hat, und dem, da er am Ersaufen ist, die Götter seine Flügel in Floßfedern nach und nach verwandeln. Die Fische, die sich um ihn bemühen, begreifen nicht, warum es ihm in ihrem Element nicht sogleich wohl wird".

Aus dieser Situation „flieht" er nach Italien, wo er auf „klassischem Boden" das Gefühl hat, eine „wahre Wiedergeburt" zu erleben (▷ 12.6). Dort entscheidet er sich vor allem zwischen Malerei und Dichtung, dort arbeitet er an der Herausgabe seiner ersten, mit dem Leipziger Verleger G. J. Göschen vereinbarten, achtbändigen Werkausgabe und beschließt, sich von den Staatsgeschäften entbinden zu lassen. Er bearbeitet die in Weimar entstandenen vorläufigen Fassungen von „Iphigenie auf Tauris", „Egmont" und „Tasso" (▷ 12.7), er macht Pläne zu „Faust" (▷ 12.26), doch das nordische Thema will unter südlichem Himmel nicht so recht gedei-

hen. Bei seiner Rückkehr nach Weimar, zwei Jahre später, fühlt er sich nicht mehr verstanden, doch begegnet ihm Christiane Vulpius, die seine Lebensgefährtin wird.

Die Auseinandersetzung mit der Französischen Revolution, die ein Jahr später ausbricht, hinterläßt Spuren in einigen Dramen und Epen (▷ 12.7). Er beschäftigt sich sein Leben lang mit Naturstudien (▷ 12.23), und bei einer Sitzung der Naturforschenden Gesellschaft in Jena bahnt sich 1794 die Freundschaft mit Schiller (▷ 12.13) an. Die bis Schillers Tod (1805) beiden verbleibende gemeinsame Zeit bezeichnet man heute als das klassische Jahrzehnt der deutschen Dichtung (▷ 12.1).

Schillers Tod, Krankheit und die politischen Ereignisse, Napoleons Kriege vor allem, stürzen Goethe in eine lang anhaltende Krise, bis er in seinem Spätwerk die klassische Dichtung im engeren Sinn überwindet. „Wilhelm Meisters Lehrjahre" (▷ 12.16) waren 1795/96 unter Schillers lebhafter Anteilnahme erschienen; bei der Fortführung des „Wilhelm-Meister"-Romans nach Schillers Tod verselbständigt sich eine Novelle, die in „Wilhelm Meisters Wanderjahre" (▷ 12.25) eingefügt werden sollte, zum Roman „Die Wahlverwandtschaften" (▷ 12.22). Goethe arbeitet an „Faust" (▷ 12.26), dessen 1. Teil 1808 vollendet wird, schreibt die „Farbenlehre" (▷ 12.23), der er unter all seinen Schriften die höchste Bedeutung beimißt. Die autobiographischen Schriften (▷ 12.20) entstehen; etwa 10 Jahre nach Schillers Tod beginnt er mit dem Gedichtzyklus „West-östlicher Divan" (▷ 12.24). „Faust II" (▷ 12.26) wird vor seinem letzten Geburtstag abgeschlossen und versiegelt, er sollte erst nach seinem Tode veröffentlicht werden. Goethe starb am 22. März 1832 in Weimar.

12.3 Warum ausgerechnet Weimar?

„Ein halbes Dorf ist das Weimar, in das Goethe 1775 einfährt, auf Feldwegen, die man kaum Straßen nennen kann ... Etwa sechstausend Einwohner hat das Nest, so viel wie Frankfurts Vorort Sachsenhausen ... Die Häuser sind bescheiden oder ärmlich, Schweine und Hühner treiben sich auf schmutzigen Straßen herum ... Das Schloß, das mit seinen Nebengebäuden fast ein Drittel der Stadt einnimmt, ist vor zwei Jahren ausgebrannt, eine Ruine mit schwarzen, bröckelnden Mauern ... Weimar hat kein Schloß – es dauert noch 15 Jahre, bis man an Wiederaufbau denken kann –...". Die fürstliche Familie, das junge Herzogspaar und die verwitwete Herzoginmutter Anna Amalia, die bis vor kurzem die Regentschaft geführt hat, so berichtet R. Friedenthal in seiner Goethebiographie (1963) weiter, sei anderweitig untergekommen. Kurze Zeit geht in Weimar (▷ 12.2) zusammen mit dem Herzog das „Genietreiben" weiter. Die Herzogin-Mutter Anna Amalia, die Jahre zuvor K. L. von Knebel und Wieland (▷ 10.19) als Erzieher ihrer Söhne nach Weimar geholt hatte, ist nun jeder Regierungsverantwortung enthoben und versammelt einen „Musenhof" um sich, zu dem Künstler ohne Ansehen ihres Standes Zutritt haben. Unter anderem gehört die Schauspielerin und Sängerin Corona Schröter dazu. Sie, Wieland, Knebel und Herder, der auf Goethes Veranlassung nach Weimar kommt, bilden Goethes engeren Freundeskreis. Wieland, Herder und Goethe sind es, die Schiller und andere anziehen, die Weimar und das benachbarte Jena für eine Weile zu einem kulturellen Zentrum im deutschsprachigen Raum machen.

12.4 Johann Gottfried Herder

Johann Gottfried [von, seit 1802] Herder, geboren am 25. August 1744 in Mohrungen (Ostpreußen), gestorben am 18. 12. 1803 in Weimar, war Dichter, Geschichtsphilosoph, Theologe und Literaturkritiker (Abb. S. 234). Er untersuchte Sprachen, Dichtungen und Kulturen einzelner Völker, wobei er deren jeweilige Geschichte und ihre Bedingtheit durch den jeweiligen Volkscharakter, durch Klima und Landschaft berücksichtigte. Herder (▷ 11.2) begegnete dem jungen Goethe schon 1770 in Straßburg. Nicht nur der Sturm und Drang ist ohne Herder nicht vorstellbar. Er hat auch entscheidend das Humanitätsideal der Klassik geprägt. 1776 wurde er durch Goethes Vermittlung Generalsuper-

intendent und Erster Prediger der Weimarer Stadtkirche. Goethe hat teil an Herders größtem Werk, den „Ideen zur Philosophie der Geschichte der Menschheit" (1784–91). Mit der frühen „Abhandlung über den Ursprung der Sprache" (1772) und den „Volksliedern" (1778/79, 1807 unter dem Titel „Stimmen der Völker in Liedern") wird Herder auch wegweisend für die Romantik, die Brüder Grimm (▷ 13.23) im besonderen. Die Jahre in Weimar wurden für Herder nicht glücklich. Sein Verhältnis zu Goethe war oft getrübt, und zu Schiller ergab sich keine Brücke. Wieland hatte ihm nichts zu bieten, und der Herzog entzog sich seiner Seelsorge. Seine Polemik gegen Kant verbitterte seine letzten Jahre. In den „Briefen zur Beförderung der Humanität" (1793–97) wandte er, der das klassische Humanitätsbewußtsein so entscheidend geprägt hatte, sich gegen das klassische Bildungsideal Goethes und Schillers und forderte im Gegensatz zu ihnen eine gegenwartsnähere, volksnähere und nationale Dichtung.

12.5 Goethes Abschied vom Sturm und Drang

Bald nach der Übersiedlung Goethes nach Weimar entstehen 1776/77 Werke, in denen Goethe eindeutig gegen den Naturenthusiasmus des Sturm und Drang beziehungsweise die Empfindsamkeit der „Werther"-Zeit (▷ 11.16) Stellung nimmt. In der Satire „Der Triumph der Empfindsamkeit" (zwischen 1776 und 1777) wird nicht nur der naturschwärmende Prinz, sondern auch die Literatur der Empfindsamkeit verspottet, ausdrücklich auch Goethes eigener „Werther"-Roman, den der Prinz in einer ausgestopften Puppe mit sich führt. Das Gedicht „Harzreise" wendet sich gegen Werthers Leiden, „heimliche Aufzehren seines eigenen Werths", seine Abkehr von der Welt, seinen einseitigen Rückzug in die Innerlichkeit. Im Feenspiel „Lila" wird die Empfindsamkeit einer einsamen, sich von der Gesellschaft isolierenden Frau mit fast modern anmutenden psychotherapeutischen Mitteln geheilt. Goethe versucht hier, seine eigene gesellschaftskritische und naturenthusiastische Haltung aus der Frankfurter Zeit zu überwinden.

233

Johann Gottfried Herder (Ausschnitt aus einem Ölgemälde von Sally von Kügelgen, um 1910, nach dem Herder-Porträt Gerhard von Kügelgens aus dem Jahr 1809; Frankfurt a. M., Goethe-Haus und Frankfurter Goethe-Museum)

Das Gedicht „Grenzen der Menschheit" ist als Gegenspiel zum Prometheus-Mythos (▷ 11.13) gestaltet: „Denn mit Göttern/Soll sich nicht messen/Irgend ein Mensch." Berührt er „mit dem Scheitel die Sterne,/Nirgends haften dann/Die unsichern Sohlen." Aber Goethe bleibt nicht bei der Kritik des Sturm und Drang stehen. Schon vor der Reise nach Italien sind in seinem Werk Phänomene begrifflich fixiert, die prägend für seine klassische Schaffensphase werden. Vor allem ist an das Humanitätsideal zu denken, wie es schon in der frühen Prosafassung der „Iphigenie" (▷ 12.6) Ausdruck findet. Freilich ist die damit einsetzende Überwindung des Sturm und Drang nicht die Ablösung des einen Ideals durch ein anderes. Vielmehr ist die Wendung mit heftigen inneren Krisen verbunden. Goethe hat bald das Gefühl, daß er im Leben und Treiben des Weimarer Hofs seine eigene dichterische Substanz verlieren könnte. Er weiß zwar, daß er zu einer geformteren, klareren Seelenverfassung und Lebensführung gelangen muß, aber andererseits fühlt er, daß er damit vielleicht gerade sein Bestes verliert in einem kalten, seelenlosen Gesellschafts- und Staatsleben. So sucht er

trotz seiner positiver gewordenen Haltung der gesellschaftlichen Welt gegenüber sein dichterisches Schaffen abzuschirmen, woraus sich eine völlig neue Konfliktsituation ergibt, die sich auch in der Struktur seiner damals entstehenden Dramen ausdrückt: Man sieht hier, wie die zwei Pole, inneres „Daimonion" – so nennt Goethe das jedem innewohnende individuelle Gesetz, nach dem er leben muß – und Gesellschaft, die im Sturm und Drang noch wie zwei sich ausschließende Kreise erscheinen, sich tief ineinander zu überschneiden beginnen und wie daraus eine ganz neue innere Tragik entsteht. Die Dichtungen werden zwar geformter, ruhiger und klarer, aber die innere Spannung steigert sich eher im Rahmen dieser klassisch-ebenmäßigen Sprachgebung. Vor allem beginnt der Zweifel am „Daimonion" des eigenen Helden, so bei Orest in „Iphigenie auf Tauris" (Uraufführung 1779), so bei Torquato Tasso (1790), deren „Daimonion" überwunden und gebändigt werden soll im Gegensatz zum Titanismus der Sturm-und-Drang-Gestalten. Letztlich sind diese Helden der klassischen Dramen, Tasso wie Orest, „Stürmer und Dränger", die den „Sturm-und-Drang"-Wahn überwinden und in die menschliche Gesellschaft zurückgeführt werden sollen. Die Gesellschaft beginnt dementsprechend positive Züge anzunehmen. So ist der Fürstenhof im „Tasso" eine Stätte, an der die schönen Künste gepflegt werden und die offen ist für Tassos Dichtungen. Andererseits ist Tasso noch einsamer, verzweifelter als selbst Werther. Er ist, wie Goethe sagte, ein „gesteigerter Werther" trotz aller „klassisch" ausgefeilten gebändigten Sprache. Die Überwindung der im Sturm und Drang gefeierten Subjektivität, meist als angestrebtes, selten als erreichtes Ziel, wird zum spannungsreichen Grundthema von Goethes klassischen Dichtungen. Die Konflikte in den noch unfertigen klassischen Dramen spiegeln Goethes äußere Weimarer Situation (▷ 12.2) wider. Das verdeutlicht vor allem Tasso, der geniale, maßlose Dichter, der seine eigene Existenz untergräbt und in Antonio mit dem tätigen Menschen, dem erfahrenen Welt- und Staatsmann, aneinander gerät. Dieser wiederum betrachtet neiderfüllt den Dichter und ist nicht einseitig positiv gezeichnet. Nicht nur in der „Iphigenie" manifestiert sich bereits vor der Italienreise Goethes Humanitätsglaube, der eng mit seinem klassischen Schaffen verbunden ist. So beginnt ein Ende 1783 entstehendes Gedicht mit der Forderung: „Edel sei der Mensch/Hülfreich und gut!" Das Fragment gebliebene Epos „Die Geheimnisse" (1784/85) zeigt ein neues Idealbild in der Gestalt des „Humanus"; er ist „der Heilige, der Weise,/Der beste Mann, den ich mit Augen sah." Daß aber Goethe das Ideal der Humanität auch mit ironischer Distanz betrachtet, zeigt seine Äußerung, „Iphigenie" sei geradezu „verteufelt human", ebenso wie seine Skepsis in einem Brief an Herder, daß die Humanität wohl siegen, dann aber „einer des anderen humaner Krankenwärter" werde.

In der Abhandlung „Über den Granit", die ebenfalls noch vor der Italienreise entstand, ist ein weiteres klassisches Element ausgeprägt im Dauernden und Beharrenden (Granit) gegenüber dem Wechsel der Erscheinungen der übrigen Natur und ihrem Werden und Vergehen. Himmel und Erde werden verknüpft, denn wenn der Mensch auf dem Granitgipfel steht, fühlt er sich dem Himmel am nächsten und ist zugleich den tiefsten Tiefen verbunden, eine Polarität, die für das „klassische Denken" entscheidend wird.

12.6 „Das Land der Griechen mit der Seele suchen"

Die Bedeutung der Italienreise 1786–88 für Goethe beurteilen die Forscher in seltener Einmütigkeit: Sie dokumentiere „Goethes Erfahrung der antiken Kunst, sein Suchen nach Einheit in Natur und Menschenwerk und damit seine ‚klassische‘ Ästhetik. Sie gilt als Zeugnis einer Lebenskrise und zugleich als paradiesisches Interludium zwischen den Jahren der Hingabe im weimarischen Staatsdienst und der Auseinandersetzung mit der Französischen Revolution, zwischen den Nachklängen des ‚Sturm und Drang‘ und den philosophischen Diskursen mit Schiller" (P. Boerner). Seine klassische Ästhetik gewinnt vor allem Kontur durch Betrachtungen der Bauwerke Palladios (* 1508, † 1580), von denen er sagt, er habe „nichts Höheres, nichts Vollkommeneres gesehen". Sein Ideal ist nicht die bloße Nachahmung der Antike, son-

dern Palladios Umgang mit der Antike, „der erst mit unglaublicher Mühe sich an den Alten heranbildet, um sie alsdann durch sich wiederherzustellen." Das ist von der Architektur auf die Dichtung übertragbar, denn in Palladios Anlagen sieht Goethe „etwas Göttliches", „völlig wie die Force des großen Dichters." Wieder in Weimar, legt er diesen Gedanken in einer kurzen, aber wichtigen Abhandlung, „Über einfache Nachahmung der Natur, Manier, Stil" (1789), nieder, die an den Künstler die Forderung stellt, weder bei bloßer Nachahmung zu verharren noch dem Gegenstand nur den eigenen Stempel aufzudrücken (Manier), vielmehr die Eigenleistung, die im Herausfiltern des Typischen besteht, die künstlerische Gestaltung also, vom Studium des Gegenstandes, von der Erkenntnis des Wesens der Dinge bestimmen zu lassen (Stil). „Wie einfache Nachahmung auf dem ruhigen Dasein und einer liebevollen Gegenwart beruht, die Manier eine Erscheinung mit einem leichten fähigen Gemüth ergreift, so ruht der Stil auf den tiefsten Grundfesten der Erkenntniß, auf dem Wesen der Dinge, in so fern uns erlaubt ist es in sichtbaren und greiflichen Gestalten zu erkennen". Wenn sich dies vom Künstler geforderte genaue Studium des Darzustellenden auf die Natur, etwa auf Pflanzen, bezieht, dann hat der Künstler den doppelten Gewinn, in den Bildungsgesetzen der Natur auch die der Kunst zu erkennen, die nach den Gesetzen der Natur entsteht. Auch dabei geht es nicht um Nachahmung der Natur, sondern darum, als Künstler wie die Natur zu schaffen. Goethes Naturstudien in Italien sind nicht von seiner Ästhetik zu trennen. In Palermo fiel ihm „die alte Grille wieder ein", ob er „nicht die Urpflanze" entdecken könne, und damit das Wesen der Pflanze „in sichtbarer und greiflicher Gestalt". Aus Italien zurückgekehrt, schreibt Goethe das Gedicht „Die Metamorphose der Pflanzen" (1790), worin er den Gedanken der Urpflanze weiter entfaltet. Enthält die Urpflanze alle Möglichkeiten der Pflanzenwelt, so ist die Metamorphose der Pflanzen die „stufenweise" Entwicklung aus ihrem „Samen", in dem bereits die ganze Pflanze mit „Blatt und Wurzel und Keim, nur halb geformt und farblos" beschlossen liegt. Dieses Prinzip der Metamorphose überträgt Goethe auf die Entstehung des Kunstwerks, die Bildung des Menschen, ja, auf die ideale geschichtliche Entwicklung der ganzen Gesellschaft, so daß mit dieser Sicht auch die Kritik an der Französischen Revolution nachvollzogen werden kann. Zur Komplexität des Italienerlebnisses gehört vor allem auch Goethes Studium des Volkslebens. In Wielands Zeitschrift „Der Teutsche Merkur" veröffentlicht er 1789 den Bericht „Das römische Carneval", in dem die Totalität des Lebens im Treiben der Masken geschildert ist, aber auch das Bedrohliche der Volksmasse als erste Auseinandersetzung mit der Französischen Revolution, die als gewaltsame Änderung eben nicht dem Metamorphosegedanken entspricht. Das unmittelbare lyrische Ergebnis der Italienreise sind die „Römischen Elegien" (zwischen 1788 und 1790 entstanden). Sie geben lebendiger als der erst nach dreißig Jahren entstehende Bericht „Italienische Reise" (ab 1816) die Bedeutung des Italienerlebnisses aus Goethes eigener Sicht wieder, des „klassischen Bodens" ebenso wie des erotischen Glücks, das er in Rom genoß, das aber zugleich das Glück mit Christiane Vulpius meint, die er wenige Tage nach seiner Rückkehr in Weimar kennenlernte.

12.7 Verzweifelte Bändigung unbändiger Verzweiflung – Goethes klassische Dramen und Epen

Das die klassischen Dramen Goethes tragende Gedankengut ist vor der Reise nach Italien schon größtenteils vorhanden, was die frühen Fassungen etwa der „Iphigenie auf Tauris" (Uraufführung 1779), des „Egmont" (1788) und des „Torquato Tasso" (1790) zeigen. Aber den klassischen „Schliff" erhalten diese drei Dramen durch die Formgebung: Wenn das Drama „Egmont" zwischen Prosa und jambischer Rhythmisierung wechselt, so kennzeichnet das den Übergang vom Sturm und Drang zum bewußter geformten klassischen Stil. Die „Iphigenie" wird in fünffüßige Jamben gegossen. Mit ihr wird der Blankvers, den Lessing in seinem Drama „Nathan der Weise" (▷10.12) in Deutschland endgültig bühnenreif gemacht hatte, zum Versmaß des klassischen deutschen Dramas, den auch

Schiller unter dem Einfluß von Wielands „Briefen an einen jungen Dichter" 1787 im „Don Carlos" anwendet. Herder erkannte, daß sich der Blankvers „mehreren Denk- und Schreibarten anschmiege und ein hohes Ziel der Deklamation werden könne". Zu Goethes klassischen Dramen gehören auch die weniger bekannten, „Der Groß-Cophta" (1792) und „Die natürliche Tochter" (1804), beides kritische Auseinandersetzungen mit der Französischen Revolution. Während „Der Groß-Cophta" ein Lustspiel um die Halsbandaffäre der Königin Marie Antoinette (1785) ist, versucht Goethe in dem Drama „Die natürliche Tochter" in klassischem Sinne das Wesen revolutionärer politischer Umwälzung zu gestalten. Dabei wird „die Vertreibung des Genius aus der Welt" (Emrich) zum eigentlichen Thema und zeigt Goethes Verzweiflung und Leiden an der Revolution. In diesem Drama

Egmont und Klärchen. Illustration zu Goethes „Egmont" (Stich von Johann Heinrich Lips nach einer Zeichnung von Angelika Kauffmann, 1787)

wird besonders deutlich, daß klassisch-ebenmäßige Form und Sprache keine Harmonisierung oder gar Verharmlosung der Aussage bedeutet, daß sie vielmehr oft verzweifelte Bändigung unbändiger Verzweiflung darstellt, so, wenn es von den politisch Mächtigen heißt: „... Leider sind auch sie/Gebunden und gedrängt. Sie wirken selten/Aus freier Überzeugung. Sorge, Furcht/Vor größerem Übel nöthiget Regenten/Die nützlich ungerechten Thaten ab." (Vers 1796ff.). Diese verzweifelte Einsicht ist keineswegs gestammelt, sondern Form und Gehalt widersprechen sich und sollen es, denn Goethes Absicht ist nach dem 1. Paralipomenon zu „Faust" (▷ 12.26), diese Widersprüche zwischen Form und Gehalt „statt sie zu vereinigen disparater zu machen". Zur klassischen dichterischen Auseinandersetzung mit Politik und Revolution gehören auch die Epen „Reineke Fuchs" (1794) und „Hermann und Dorothea" (1797). „Reineke Fuchs" ist eine politische Satire in Hexametern. In diesem homerischen Versmaß, das J. H. Voß ihm nahebrachte, schrieb Goethe auch das zweite Epos „Hermann und Dorothea". In der Art, wie Goethe hier die Not der Flüchtlinge schildert, zeigt sich seine tiefe Betroffenheit von den Erschütterungen der Zeit. Aber in dem Vergleich dieser Flüchtlinge mit dem Auszug des Volkes Israel unter Moses aus Ägypten wird die Revolution eingebunden in einen zeitlosen, weil sich immer wiederholenden geschichtlichen Vorgang. Das ermöglicht, sie zu verteidigen, sogar zu sprechen „von der begeisternden Freiheit und von der löblichen Gleichheit!", was im Drama „Die natürliche Tochter" nicht möglich war. Goethes Haltung zur Französischen Revolution ist zwar überwiegend, aber nicht nur, ablehnend und letztlich so ambivalent wie seine Haltung gegenüber ihrem Überwinder Napoleon.
Für die Versifikation seiner Dramen und Epen hat sich Goethe gerne des Rates sachkundiger Freunde bedient. Bei dem Epos „Hermann und Dorothea" war es W. von Humboldt (▷ 12.12), die „Iphigenie" aber hätte er nicht in Verse gesetzt ohne K. Ph. Moritz (▷ 12.8).

12.8 „... ein jüngerer Bruder von mir ..." – Karl Philipp Moritz

Karl Philipp Moritz wurde am 15. September 1756 in Hameln geboren und wuchs in ärmlichen Verhältnissen auf. Nach einer Hutmacherlehre in Braunschweig besuchte er 1771–76 das Gymnasium in Hannover und wurde 1778 Lehrer am Berliner Gymnasium zum Grauen Kloster. 1782 wanderte er durch England, und sein Bericht „Reisen eines Deutschen in England, im Jahr 1782" (1783) begründete seinen Ruf als Schriftsteller. Sein bekanntestes Werk ist der psychologische Roman „Anton Reiser" (1785–90), der stark autobiographischen Charakter trägt und unter

Titelseite des vierten Teils von Karl Philipp Moritz' Roman „Anton Reiser" (1786)

anderem hinsichtlich der Theaterbegeisterung des Helden einen Bezug zu Goethes „Wilhelm Meister" (▷ 12.16) hat. Bedeutsam ist auch das 1783–93 herausgegebene „Magazin für Erfahrungsseelenkunde", die erste psychologische Zeitschrift deutscher Sprache. Moritz, der 1789 Professor für Altertumskunde an der Kunstakademie in Berlin wurde, schrieb eine „Götterlehre oder Mythologische Dichtungen der Alten" (1791), die neben J. J. Winckelmanns Schriften (▷ 12.1) eine der meistgelesenen Informationsquellen nicht nur der Klassiker gewesen sein dürfte. 1786 waren sich Goethe und Moritz in Rom begegnet, was zu einer spontanen und recht produktiven Freundschaft führte. Für Goethe, der Moritz später in „Dichtung und Wahrheit" (▷ 12.20) mit einem jüngeren Bruder verglichen hat, „von der selben Art, nur da vom Schicksal verwahrlost und beschädigt, wo ich begünstigt und vorgezogen bin", ist Moritz' Abhandlung „Versuch einer deutschen Prosodie" (1786) nach eigener Aussage unerläßlich geworden für die Versifikation der „Iphigenie" (▷ 12.7). Moritz' Schrift „Über die bildende Nachahmung des Schönen" (1788), die Goethe später auszugsweise in seinen Reisebericht übernahm, hat die Ästhetik der deutschen Klassik mitgeformt. „Bildende Nachahmung" ist auch bei Moritz mehr als bloße Nachahmung. Karl Philipp Moritz starb am 26. Juni 1793 in Berlin.

12.9 Schiller

Johann Christoph Friedrich [von, seit 1802] Schiller wurde am 10. November 1759 in Marbach geboren. Sein Vater war der Militärarzt Johann Kaspar Schiller, seine Mutter war die Tochter des Löwenwirts in Marbach. Mit 14 Jahren mußte Schiller auf Geheiß des Herzogs Karl Eugen die Hohe Karlsschule besuchen, die „militärische Pflanzschule" des Herzogs. Starker Drill lastete in der kasernenmäßig geführten Anstalt auf den Schülern, die von Außenwelt und Elternhaus ferngehalten wurden. Während Schiller Jura und nach zwei Jahren auch Medizin studierte, vertiefte er sich unter anderem in die Lektüre Shakespeares und schrieb ab 1777 heimlich an den ersten Szenen der „Räuber" (▷ 11.10). 1780 konnte er die Karlsschule verlassen und lebte für zwei Jahre als „Regimentsmedicus" in Stuttgart, noch immer unter strenger Aufsicht des Herzogs. Zur Uraufführung der „Räuber", seines ersten Dramas, 1782, fuhr er ohne Erlaubnis nach Mannheim. Für eine zweite Reise nach Mannheim erhielt er Arrest, und noch im selben Jahr untersagte ihm der Herzog das „Komödienschreiben". Schiller floh im September 1782 mit seinem Freund, dem Musiker Andreas Streicher, zunächst nach Oggersheim und verbrachte dann den Winter

auf Einladung Henriette von Wolzogens in Bauerbach in Thüringen, wo er sein zweites Stück, „Kabale und Liebe", beendete und „Don Carlos" begann. Sowohl „Die Räuber" als auch „Kabale und Liebe" wurden in Mannheim zum großen Erfolg, während „Die Verschwörung des Fiesco zu Genua" (1783) zunächst kein Gehör fand. 1784 erkrankte Schiller in Mannheim schwer. Er nahm im April des folgenden Jahres eine Einladung Christian Gottfried Körners an, den er bis dahin nur aus Briefen kannte, und fuhr nach Leipzig. Körner wurde ein Freund fürs Leben, und Schiller verbrachte in seinem Haus zwei glückliche Jahre. Im Sommer 1787 kam er nach Weimar, traf dort von den drei „Weimarischen Riesen" Wieland, Herder und Goethe den wichtigsten nicht an: Goethe war in Italien. Mehr als ein Jahr später, am 7. September 1788, fand die erste Begegnung der beiden in Rudolstadt statt. Von Anfang an erkannte Schiller klar ihre charakteristischen Unterschiede und formulierte sie in zahlreichen Briefen. „... er ist mir (in Jahren weniger, als an Lebenserfahrungen und Selbstentwicklung) so weit voraus, daß wir unterwegs nie mehr zusammenkommen werden; und sein ganzes Wesen ist schon von Anfang her anders angelegt als das meinige, unsere Vorstellungsarten scheinen wesentlich verschieden ... Seine Philosophie mag ich auch nicht ganz; sie holt zu viel aus der Sinnenwelt, wo ich aus der Seele hole. Überhaupt ist seine Vorstellungsart zu sinnlich und betastet mir zuviel. Aber sein Geist wirkt und forscht nach allen Direktionen und strebt sich ein ganzes zu erbauen – und das macht mir ihn zum großen Mann."

Goethe sieht in ihm noch immer den Sturm- und-Drang-Dichter der „Räuber" (1781). Er selbst hatte den Sturm und Drang längst hinter sich (▷ 12.5; 12.6) und schreibt über seine Rückkehr aus Italien: „Man denke sich meinen Zustand! Die reinsten Anschauungen suchte ich zu nähren und mitzuteilen, und nun fand ich mich zwischen Ardinghello und Franz Moor eingeklemmt". Daß Schiller inzwischen auch der Dichter des „Don Carlos" war, übersah Goethe zu diesem Zeitpunkt. Ablehnung und Verschlossenheit auf Goethes und eine „ganz sonderbare Mischung von Haß und Liebe" auf Schillers Seite prägen zunächst beider Verhältnis zueinander. Sechs

Jahre lang sorgen ihre Unterschiede für Distanz, bevor sie 1794 von beiden als Ergänzung erkannt werden.

Schiller findet erst acht Jahre nach seiner Ankunft in Weimar zur dramatischen Dichtung zurück. Die Zeit dazwischen ist angefüllt mit historischen Studien, der Auseinandersetzung mit Kant und der ausgiebigen Beschäftigung mit Fragen der Ästhetik. 1789 kann Schiller in Jena Fuß fassen: er erhält eine Professur für Geschichte an der Universität (▷ 12.10), verlobt sich mit Charlotte von Lengefeld, die er im Jahr darauf heiratet, und er schließt Freundschaft mit Wilhelm von Humboldt (▷ 12.12), der seine Vorstellungen über ästhetische Erziehung und seine Vertrautheit mit dem klassischen Griechentum vertieft und ihm bald unentbehrlich wird. Diese gute Zeit in Schillers Leben ist kurz, denn schon zu Beginn des Jahres 1791 wirft ihn der erste Anfall der Krankheit nieder, von der er sich nie mehr erholen sollte. Das Gefühl der kurzen Frist, die ihm nur noch gegeben ist, treibt ihn von nun an zu ungeheurer Energie und Leistung an. Eine unerwartete und wertvolle Hilfe ist die dreijährige Pension, die ihm Erbprinz Friedrich Christian von Augustenburg und Graf Ernst von Schimmelmann bieten. Die folgenden Jahre widmet er dem intensiven Studium Kants. Der größte und wichtigste Teil seiner ästhetischen Schriften (▷ 12.11) entsteht in dieser Zeit.

1794 beginnt die Freundschaft Schillers und Goethes. Wie nun bis zu Schillers Tod zwei grundverschiedene Menschen mit äußerster Intensität zusammenarbeiten, dokumentiert ihr Briefwechsel, der die ganze Zeit begleitet und ein einzigartiges Dokument der deutschen Klassik ist (▷ 12.13). In diesen Jahren erschien von Schiller außer vielen Gedichten und Balladen (▷ 12.14) ab 1798 bis zu seinem Tod fast jedes Jahr ein neues Drama (▷ 12.18). Er arbeitete mit Goethe in der Theaterleitung (▷ 12.17) zusammen und gab 1796–1800 den „Musenalmanach" und 1795–97 die „Horen" heraus, die mit Wielands „Teutschem Merkur" (1773–1810; ▷ 10.19) und Goethes „Propyläen" (1798 bis 1800) die wichtigsten Publikationsorgane der Klassiker sind.

Im ungewöhnlich rauhen Winter 1804/05 waren beide Freunde schwer krank. Schiller setzte, wie schon in den Jahren zuvor, alle

Hoffnung auf die belebenden Kräfte des Frühlings. Doch erholte er sich nicht wieder und starb am 9. Mai 1805 in Weimar.

Friedrich von Schiller (Gemälde von Gerhard von Kügelgen, 1808/09; Frankfurt am Main, Goethe-Haus und Frankfurter Goethe-Museum)

12.10 „Ein Magazin für meine Phantasie" – Schiller als Historiker

Schiller hat den historischen Hintergrund all seiner Dramen spätestens seit dem „Don Carlos" (1787) mit großer Sorgfalt erarbeitet. So entstand gleichzeitig mit den „Briefen zum Don Carlos" (1788, in: „Der Teutsche Merkur") die „Geschichte des Abfalls der vereinigten Niederlande von der Spanischen Regierung" (1788). Die „Geschichte des Dreißigjährigen Krieges" (1793) als Hintergrund zu „Wallenstein" ist wohl das bekannteste Beispiel. Aber die historische Schriftstellerei diente vor allem der Sicherung des Lebensunterhaltes. Die „Geschichte des Abfalls der Niederlande" war so erfolgreich, daß sie ihm eine Geschichtsprofessur in Jena eintrug. Schillers Streben nach „Ganzheit", die ihm Goethe „zum großen Mann" macht und die den roten Faden seiner ästhetischen Schriften bildet, kommt auch in seiner Antrittsvorlesung „Was heißt und zu welchem Ende studiert man Universalgeschichte?" (1789) zum Ausdruck, sowohl im Kerngedanken, daß die ganze Weltgeschichte nötig sei, ein einziges Moment zu erklären, der gegenwärtige Zustand der Welt Resultat aller vorausgegangenen Stadien sei, Bruchstücke, die der philosophische Verstand zum System verkette, als auch in seiner Vorstellung von der Aufgabe des Historikers: „Eigentlich sollten Kirchengeschichte, Geschichte der Philosophie, Geschichte der Kunst, der Sitten und Geschichte des Handels mit der politischen in eins zusammengefaßt werden, und dies erst kann

Titelblatt der Erstausgabe des ersten Bandes von Schillers „Geschichte des Abfalls der vereinigten Niederlande von der Spanischen Regierung" (1788)

Universalgeschichte sein." Aber Schiller ist kein Historiker, „zu einem musterhaften Professor werde ich mich nie qualifizieren; aber dazu hat mich die Vorsehung ja auch nicht bestimmt ... Die Geschichte ist überhaupt nur ein Magazin für meine Phantasie, und die Gegenstände müssen sich gefallen lassen, was sie unter meinen Händen werden."

Im Rahmen seiner historischen Studien nähert sich Schiller auch der Antike. Natürlich kannte er J. J. Winckelmanns Schriften (▷ 12.1), natürlich auch die Antikensammlung im Mannheimer Schloß. Noch bevor er nach Weimar geht, schreibt er an Ch. G. Körner, was ihm das Studium der Antike bedeutet: „... die Alten geben mir jetzt wahre Genüsse. Zugleich bedarf ich ihrer im höchsten Grade, um meinen eigenen Geschmack zu reinigen, der sich durch Spitzfindigkeit, Künstlichkeit und Witzelei sehr von der wah-

ren Simplizität zu entfernen anfing. Du wirst finden, daß mir ein vertrauter Umgang mit den Alten äußerst wohltuend – vielleicht Klassizität geben wird." Dem gegenüber erklärt er in seiner Antrittsvorlesung, die Universalgeschichte „heilt uns von der übertriebenen Bewunderung des Altertums und von der kindischen Sehnsucht nach vergangenen Zeiten; und indem sie uns auf unsere eigenen Besitzungen aufmerksam macht, läßt sie uns die gepriesenen goldenen Zeiten Alexanders und Augusts nicht zurück wünschen." Zu Schillers Weg zum klassischen Dichter gehört so sehr wie das Studium der Antike die Auseinandersetzung mit Kant, die er 1791 beginnt (▷ 12.11) und die sich in seinen ästhetischen Schriften niederschlägt.

12.11 Schillers nachdenkendes Konstruieren der Klassik

In der Zeit theoretischer Besinnung zwischen „Don Carlos" (1787) und „Wallensteins Lager" (Uraufführung 1798) entstehen zunächst eine Reihe kleinerer Schriften, die deutlich von der Auseinandersetzung mit Kant geprägt sind und ihren Höhepunkt in dem Aufsatz „Über Anmut und Würde" (1793) finden, der seinerseits von Schiller später als Vorstufe zu seinen Briefen „Über die ästhetische Erziehung des Menschen ..." und seiner philosophisch-ästhetischen Abhandlung „Über naive und sentimentalische Dichtung" (beide 1795/96 in der Zeitschrift „Die Horen") bezeichnet wird.

Der Versuch, mit Hilfe der kritischen Philosophie und Ästhetik („Kritik der praktischen Vernunft", 1790) Kants ein ästhetisches Programm zu entwerfen, beginnt mit der Schrift „Über den Grund des Vergnügens an tragischen Gegenständen" (1792), die mit seiner mehr theatergeschichtlichen Arbeit „Die Schaubühne als eine moralische Anstalt betrachtet" (1802, ursprünglicher Titel „Was kann eine gute stehende Schaubühne eigentlich wirken?", 1785) nicht mehr viel gemein hat. Wie eine Fortsetzung liest sich der Aufsatz „Über die tragische Kunst" (1792) in dem Schiller seine Beobachtungen über das Phänomen der Rührung durch eine Untersuchung über das Wesen der Affekte präzisiert.

Im Rahmen seiner Vorlesung im Winter 1792/93 entstehen die Aufsätze „Über das Erhabene" (1801) und „Über das Pathetische" (1793), die sich unmittelbar an Kants „Kritik der Urteilskraft" orientieren. Schiller glaubte, den objektiven Begriff des Schönen, an dem Kant verzweifelt, gefunden zu haben, wie aus seinen Briefen an Körner („Kallias-Briefe") hervorgeht, die eng mit dem Thema des Essays verbunden sind. Hatte Kant „die Unmöglichkeit eines objectiven Princips für den Geschmack" behauptet, so glaubt Schiller, „ein bejahendes objectives Merkmal der Freyheit in der Erscheinung" gefunden zu haben und damit zugleich einer Begriffsbestimmung des Schönen näherzukommen. In diesem Kontext steht die Betrachtung „Über Anmut und Würde" (1793). Dabei meint Anmut die „Freiheit" der „willkürlichen Bewegungen", sie bedeutet Freiheit in der Natur, im sinnlichen Bereich. Ihre Ergänzung ist die „architektonische Schönheit", das heißt die statische Schönheit des menschlichen Körpers, der in seiner Zweckmäßigkeit der Vernunftidee entspricht. Diese Vernunftidee, die ganze Welt des Geistes, sucht Schiller mit der Welt der Sinne zu verbinden. Drei mögliche Verhältnisse gibt es zwischen dem sinnlichen Teil des Menschen und dem vernünftigen: Herrschaft der Sinne über die Vernunft, Herrschaft der Vernunft über die Sinne und die Harmonie beider. Nur diese Harmonie enthält die Bedingung für den Zustand, „wo Vernunft und Sinnlichkeit – Pflicht und Neigung – zusammenstimmen". Der Mensch „soll seiner Vernunft mit Freuden gehorchen". Damit plädiert Schiller für eine Ethik, die zugleich schön ist gegenüber der „imperatifen Form des Moralgesetzes" bei Kant, dessen Rigorosität Schillers Begriff der „schönen Seele", die jenem dritten harmonischen Zustand zugehört, mildert. Den Begriff der „Würde" erklärt Schiller als „Beherrschung der unwillkürlichen Bewegung", als Freiheit des Willens, der sich gegen Natur und Neigung richtet. Es wirkt wie eine unausdrückliche Rückkehr zu Kant, wenn Schiller in diesem Zusammenhang wieder auf jenen Fall zu sprechen kommt, in dem die „Gesetzgebung der Natur durch den Trieb ... mit der Gesetzgebung der Vernunft aus Principien in Streit gerät". Anmut und Würde sollen in jedem Menschen vereinigt sein: „Sind Anmuth und Würde, jene noch durch architektonische Schönheit, diese durch Kraft unterstützt, in derselben Person vereinigt, so ist der Ausdruck der Menschheit in ihr vollendet, und sie steht da, gerechtfertigt in der Geisterwelt, und freygesprochen in der Erscheinung."

Die Philosophie des Schönen, die Schiller in dieser Abhandlung unter systematischem Aspekt behandelt, stellt er in den Briefen „Über die ästhetische Erziehung des Menschen ..." in einen staats- und geschichtsphilosophischen Rahmen. Vor dem Hintergrund des Kantischen Gedankens, daß der Mensch niemals nur Mittel zum Zweck sein darf, sondern immer auch als Selbstzweck zu behandeln ist, unterscheidet Schiller zwei Staatsformen: den Staat der „Wilden", in dem der Mensch seinen Trieben und Bedürfnissen folgt und das jeweils Bestehende, historisch Gewachsene bejaht wird, und den Staat der „Barbaren", in dem ethisch-sittliche Gesetze mit Gewalt durchgesetzt werden und der Mensch als Idealist die Wirklichkeit seinen Ideen zu unterwerfen sucht.

Schiller aber ist weder gesonnen, die Wirklichkeit für die Idee zu opfern, noch die Idee an die Wirklichkeit zu verraten, und steht damit vor einer paradoxen Problematik, die nicht nur seine theoretischen Schriften durchzieht, sondern auch im Schuldproblem seiner Tragödien erscheint, daß es nämlich gerade der sittliche Mensch ist, der in der Durchsetzung seiner ethischen Forderungen am natürlichen Menschen und seiner Gesellschaft schuldig wird.

In Schillers Lösung wird das Durchhalten der Spannung deutlich. Das „lebendige Uhrwerk des Staates muß gebessert werden, indem es schlägt, und hier gilt es, das rollende Rad während seines Umschwungs auszutauschen", also die Gesellschaft von der Idee her zu verändern, ohne ihre Existenz zu gefährden. Das kann weder der natürliche noch der sittliche Mensch, sondern ein dritter Charakter, „der mit jenen beiden verwandt ist". Schiller nennt diesen dritten den „ästhetischen Charakter", in dem alles Sinnliche zugleich geistige Bedeutung hat. Der ästhetische Mensch verwirklicht sich im „Spiel" als der Möglichkeit zweckfreien Daseins, „er ist nur da ganz Mensch, wo er spielt". Das Ideal sieht er im Olymp der Götter in der griechischen Antike verwirklicht.

Dieser Gedanke führt zu Schillers letzter größeren theoretischen Abhandlung „Über naive und sentimentalische Dichtung" (1795/96 in der Zeitschrift „Die Horen"), seinem Beitrag zur „Querelle des anciens et des modernes", dem alten Streit, ob der Antike oder der Moderne der Vorzug gebühre. Das Phänomen des Naiven, des scheinbar Unbearbeiteten, Naturbelassenen, nicht von der Zivilisation Verfälschten, war schon vor Schiller verschiedentlich untersucht worden (Kant, Wieland, J. G. Sulzer). Schiller bezeichnet es als Idee des „Daseins nach eigenen Gesetzen", der „ewigen Einheit mit sich selbst". Wenn er über „alte und neue Dichter" hier „manches bemerken" will, verweist das zum einen auf eine durchaus kritische Auseinandersetzung mit der Antike, die auf der Seite des Naiven steht und zum anderen auf eine indirekte Auseinandersetzung mit Goethe, der für Schiller ebenfalls zu den naiven Dichtern zählt, während die moderne Literatur durchweg zur sentimentalischen Dichtung gehört, weil sie nicht von der Gegenwart erfüllt ist, sondern der Vergangenheit oder Zukunft lebt, zum Beispiel als Utopie oder Satire. Eine besondere Bedeutung kommt der Idylle zu, die als dritte und letzte Art der sentimentalischen Dichtung sich mit dem Naiven berührt, womit sich Schiller die Lösung des Problems bot, wie „die Kluft zwischen einer naiven und einer sentimentalischen Daseinsform überhaupt zu überwinden sei" (H. Koopmann).

12.12 Wilhelm von Humboldt und das klassische Bildungsideal

Zu den engeren Freunden, die an der Arbeit der beiden Weimarer Klassiker erheblichen Anteil hatten, gehörten außer Ch. G. Körner und den Brüdern Schlegel (▷ 13.8; 13.15) auch die Brüder Alexander und vor allem Wilhelm von Humboldt. Der Gelehrte und Politiker Wilhelm Freiherr von Humboldt (* Potsdam 22. Juni 1767, † Tegel 8. April 1835) schuf als Leiter des Preußischen Unterrichtswesens das humanistische Gymnasium und gründete 1809 die heute im Ostteil der Stadt befindliche Universität Berlin. Im Mittelpunkt seines Bildungsgedankens stand das in der Weimarer Klassik entwickelte Ideal einer auf der Antike gründenden harmonischen Humanität. Er gilt zugleich als Begründer der vergleichenden Sprachwissenschaft und der neueren Sprachphilosophie. Seine freundschaftliche und rege Teilnahme am zeitgenössischen Literaturbetrieb galt den „Jenaer-Berliner Dioskuren" A. W. Schlegel (ab 1788) und F. Schlegel (ab etwa 1794) und den „Weimarer Dioskuren", zunächst ab 1790 Schiller und ab 1794 auch Goethe. Er schrieb Beiträge für ihre Zeitschriften „Die Horen" und „Propyläen" (▷ 12.9). Von der engen Verbundenheit Humboldts mit dem Schaffen der beiden Dichter zeugt ihr erhaltener Briefwechsel. Darin läßt sich verfolgen, wie er beispielsweise Goethe als Ratgeber in Fragen der Verslehre praktisch helfend zur Seite stand bei der Entstehung des Epos „Hermann und Dorothea" (▷ 12.7), über das er selbst in seinen „Ästhetischen Versuchen" schreibt. Von größerer Wirkung als diese „Versuche" sind die 1830 entstandenen Porträts seiner Dichterfreunde, „Über Schiller und den Gang seiner Geistesentwicklung" und die Rezension des letzten Teils der „Italienischen Reise" (▷ 12.20) von Goethe.

12.13 Die „Weimarer Dioskuren" – Goethes und Schillers gemeinsame Arbeit

Im Sommer 1794 beginnt die entscheidende Annäherung zwischen Schiller und Goethe. Im Anschluß an eine Sitzung der Naturforschenden Gesellschaft in Jena ergab sich jenes von Goethe später beschriebene Gespräch über die „Urpflanze". Auf einen gleich darauf folgenden längeren Brief Schillers antwortet Goethe: „Ich darf nunmehr Anspruch machen, durch Sie selbst mit dem Gang Ihres Geistes, besonders in den letzten Jahren, bekannt zu werden. Haben wir uns wechselseitig die Punkte klar gemacht, wohin wir gegenwärtig gelangt sind, so werden wir desto ununterbrochener gemeinschaftlich arbeiten können." Die tatsächlich folgende gemeinsame Arbeit dokumentiert sich vor allem in ihrem Briefwechsel. Darin ermutigt Schiller Goethe zur Weiterarbeit zunächst an

242

Das Goethe-und-Schiller-Denkmal von Ernst Rietschel vor dem Nationaltheater in Weimar (1857)

das Gefühl der Isoliertheit, das ihn nach seiner Rückkehr aus Italien lähmte. Dankbar schreibt er an Schiller: „Sie haben mir eine zweite Jugend verschafft und mich wieder zum Dichter gemacht, welches zu sein ich so gut wie aufgehört hatte", und von Schiller ermutigt und mit aktiver Teilnahme begleitet, arbeitet er an „Wilhelm Meisters Lehrjahren" und „Faust". Nebenher bringt er als Theaterleiter die Weimarer Bühne zu kurzem Glanz.

12.14 Das „Balladenjahr"

Schiller hat das Jahr 1797 als das „Balladenjahr" bezeichnet. Nach den „Xenien" (▷ 12.13) wollten beide Dichter gemeinsam „große und würdige Kunstwerke" schaffen. Goethe schrieb unter anderem „Die Braut von Korinth", „Der Gott und die Bajadere", „Der Zauberlehrling" und andere, in denen er im Gegensatz zu seinen früheren naturmagischen Balladen, wie etwa dem „Fischer" oder dem „Erlkönig", nun das Geschehen einer sittlichen Idee unterordnete, was Schillers Einfluß verriet. Von Schillers Balladen entstanden unter anderem „Der Taucher", „Der Ring des Polykrates", „Die Kraniche des Ibykus", „Der Handschuh" und etwas später „Die Bürgschaft", „Der Kampf mit dem Drachen". Für Goethe sind Balladen zugleich dramatisch, lyrisch und episch. Die den Schillerschen Balladen gemeinsame Idee ist die Auseinandersetzung zwischen Freiheit und Schicksal beziehungsweise Notwendigkeit, die hier in anschauliche dramatische Bilder gegossen wird. Immer geht es um das Außergewöhnliche, das die Grenzen des Menschen zu sprengen droht, um die Hybris, die bestraft wird, oder, wie zum Beispiel in der „Bürgschaft", um die Bereitschaft, das Leben zu opfern für den sittlichen Imperativ.

„Wilhelm Meisters Lehrjahren" (▷ 12.16), dann am „Faust" (▷ 12.26). Schillers „Wilhelm-Meister"-Interpretation beleuchtet die Intensität der Zusammenarbeit ebenso wie die unterschiedlichen Auffassungen Goethes und Schillers, wenn Schiller das Fehlen einer „leitenden Idee" bemängelt. Weiter kreist ihr Briefwechsel um das Thema der literarischen Gattungen und andere künstlerische Fragen sowie auch um persönliche Dinge. „Über epische und dramatische Dichtung" (entstanden 1797, gedruckt 1827) ist eine gemeinsame ästhetische Schrift Schillers und Goethes. In den sehr boshaften „Xenien" (1796), bei denen kaum zu erkennen ist, von wem sie im einzelnen stammen, wehren beide gemeinsam die zeitgenössische Kritik, ihre „trivialen und eselhaften Gegner" ab. Zur selben Zeit wetteifern sie in der Balladenkunst (▷ 12.14).

Während Schiller nach langer Zeit theoretischer Besinnung jetzt seine großen Dramen (▷ 12.18) schreibt – „Wallenstein", „Maria Stuart", „Die Jungfrau von Orleans", „Die Braut von Messina", „Wilhelm Tell" und den unvollendeten „Demetrius" – sowie zur Form der Gedankenlyrik findet, überwindet Goethe

12.15 Klassische Lyrik

Zur klassischen Lyrik zählen nicht nur die Balladen. Zu ihr gehören Goethes „Römische Elegien" (1795), die – in antike Form gegossen – die Antike der Gegenwart, den Süden dem Norden gegenüberstellen und vor allem das römische Liebeserlebnis mit der Liebe zu

Christiane Vulpius verbinden, ebenso wie zwei kurze Gelegenheitsgedichte, „Wanderers Nachtlied" und „Ein Gleiches", die Höhepunkte sprachlicher Vollendung sind, das Versepos „Hermann und Dorothea" (1797) sowie die „Xenien".

Das klassische Thema Liebe, oft verbunden mit dem ebenso klassischen Thema Natur, wird von Goethe in dieser Zeit auch in der strengen Form des Sonetts behandelt. Während bei Goethe die Naturlyrik („An den Mond") überwiegt, findet Schiller zu der ihm eigenen Gedankenlyrik, in der er seine Ideen über den Gang der Menschheitsgeschichte niederlegt und die Aufgabe der Künstler gestaltet: „Der Menschheit Würde ist in eure Hand gegeben,/Bewahret sie!/Sie sinkt mit Euch! Mit Euch wird sie sich heben!/Der Dichtung heilige Magie/Dient einem weisen Weltenplane". Schillers Gedankenlyrik ist auf die Antike und auf die idealistische Philosophie ausgerichtet. Seine Themen sind Freiheit und Schicksal, Hybris und Schuld des Menschen, Erkenntnisleistung des Menschen als seine tragische Schuld („Das verschleierte Bild zu Sais").

Eine weitere häufige klassische Form der Lyrik ist die Elegie, worunter die Antike jedes Gedicht in Distichen (Folge von Hexameter und Pentameter) verstand. Properz, dessen Elegien vor allem das Thema Liebe variieren, wird Vorbild für Goethes „Römische Elegien" (1795). Zur Zeit der Klassik erweitert sich der Themenkreis zur Trauer über die Vergänglichkeit des Schönen und Sehnsucht nach dem Ideal, etwa in Schillers berühmter „Nänie": „Auch das Schöne muß sterben!..." Das griechische Wort „nenia" heißt „Klagelied"; die Klage wird unterstrichen durch das elegische Versmaß der Distichen, deren Rhythmus meisterhaft der Aussage der Elegie angepaßt ist. Gedankenlyrik in der Form der Elegie sind bei Schiller zum Beispiel „Das Ideal und das Leben", „Klage der Ceres", „Die Ideale" und „Der Spaziergang".

Die meisten klassischen Gedichte Schillers entstanden in der Zeit von 1795 bis 1799, wenige, wie „Der Antritt des neuen Jahrhunderts", noch später. Aber aus Schillers Lyrik ist nicht ohne weiteres eine klassische Phase auszugrenzen. Seine „klassische Lyrik verrät nicht weniger die Spannung zwischen Reflexion und Empfindung, zwischen Spekulation und Anschauung, zwischen Abstraktion und Einbildungskraft als die Lyrik der vorklassischen Zeit" (H. Koopmann).

12.16 Der Bildungsroman – „Wilhelm Meisters Lehrjahre"

Auf Schillers Anregung nimmt Goethe das Fragment „Wilhelm Meisters theatralische Sendung" wieder vor, das er seit der Italienreise kaum angesehen hatte, und gibt ihm nun unter Schillers Einfluß eine völlig neue Gestalt. War „Wilhelm Meisters theatralische Sendung" eine chronologisch fortschreitende Erzählung, so wählt Goethe nun eine der Antike, genauer Homer angenäherte Form, indem er die Kindheitsgeschichte Wilhelms rückblickend erzählen läßt. Da schlagen sich gemeinsame Überlegungen Goethes und Schillers zu den einzelnen Gattungen nieder, daß das Epische das Vergangene, das Lyrische das Gegenwärtige und das Dramatische das Zukünftige im Sinne von Entelechie oder Teleologie gestalte.

Die Bedeutung des Theaters ändert sich für Wilhelm. Aus „Wilhelm Meisters theatralischer Sendung" werden „Wilhelm Meisters Lehrjahre". Schien die Erstfassung auf die Theaterlaufbahn als Endzweck angelegt, so ist das Theater nun nur eine, wenn auch entscheidende Station in Wilhelms Entwicklung, dessen Ziel es ist, „mich selbst, ganz wie ich da bin, auszubilden", denn „das war dunkel von Jugend auf mein Wunsch und meine Absicht." Es entsteht der „klassische" Bildungsroman, der eng verbunden ist mit dem Entwicklungsroman, in dem aber weniger die Entwicklung des Helden im Laufe der Lebensschicksale im Vordergrund steht als vielmehr der Einfluß der Kulturgüter und der personalen Umwelt auf die seelische Reifung des Helden und seine harmonische Gesamtentwicklung. Der Roman erschien in 4 Bänden in den Jahren 1795 und 1796.

12.17 Der „Weimarer Stil" auf dem Theater

Goethe war seit seiner Ankunft in Weimar als Dichter, Regisseur und Schauspieler die treibende Kraft des Liebhabertheaters gewesen. 1791 überträgt ihm Herzog Karl August die „Oberdirektion" des neu gegründeten Weimarer Hoftheaters, das binnen weniger Jahre das planvollste Bildungsprogramm entwickelt, das je auf dem deutschen Theater in Angriff genommen wurde und das zur Keimzelle der klassischen Bühne in Deutschland wird. Die finanzielle Situation zwang Goethe allerdings, weit mehr Stücke A. von Kotzebues und A. W. Ifflands auf den Spielplan zu setzen als eigene Stücke oder etwa Stücke Shakespeares, Corneilles, Lessings und Schillers. Über den „Weimarer Stil", den Goethe anstrebte, geben sowohl sein Bericht „Weimarisches Hoftheater" als auch die berühmt-berüchtigten „Regeln für Schauspieler" (entstanden 1803, herausgegeben 1832) Auskunft, in denen Sprechtechnik, Rezitation und Deklamation, Körperhaltung, Zusammenspiel und stilisierende Tableau-Bildung bis ins kleinste bestimmt werden. „Nicht allein die Natur nachahmen, sondern sie auch idealisch vorstellen" lautete seine Forderung an die Schauspieler, die in der Darstellung „das Wahre mit dem Schönen" zu vereinigen haben. Die Gastspiele des legendären Schauspielers und Theatermachers A. W. Iffland waren prägend: „Die Weisheit, womit dieser treffliche Künstler seine Rollen voneinander sondert, aus einer jeden ein Ganzes zu machen weiß und sich sowohl ins Edle als ins Gemeine, und immer kunstmäßig und schön, zu maskieren versteht, war zu eminent, als daß sie nicht hätten fruchtbar werden sollen." Vor allem war Goethe bemüht, „die sehr vernachlässigte, von unsern vaterländischen Bühnen fast verbannte rhythmische Deklamation wieder in Aufnahme zu bringen." Das 1798 neu eingerichtete Schauspielhaus wurde mit Schillers „Wallensteins Lager" (▷ 12.18) eröffnet.

12.18 „Der Menschheit große Gegenstände" – Schillers klassische Dramen

Als Schiller 1796 die Arbeit an der „Wallenstein"-Trilogie („Wallensteins Lager", Uraufführung 1798; „Die Piccolomini", Uraufführung 1799; „Wallensteins Tod", Uraufführung 1799, gedruckt zusammen 1800) aufnahm, begann damit seine klassische Schaffensphase als Dramatiker, die durch seinen Tod zur Zeit der Arbeit am „Demetrius" ihr Ende fand. Der Prolog zu „Wallensteins Lager" enthält Programmatisches für sein kommendes Schaffen:

Die neue Ära, die der Kunst Thaliens
Auf dieser Bühne heut beginnt, macht auch
Den Dichter kühn, die alte Bahn verlassend,
Euch aus des Bürgerlebens engem Kreis
Auf einen höhern Schauplatz zu versetzen,
Nicht unwert des erhabenen Moments
Der Zeit, in dem wir strebend uns bewegen.
Denn nur der große Gegenstand vermag
Den tiefen Grund der Menschheit aufzuregen,
Im engen Kreis verengert sich der Sinn,
Es wächst der Mensch mit seinen größeren Zwecken.

Und jetzt an des Jahrhunderts ernstem Ende,
Wo selbst die Wirklichkeit zur Dichtung wird,
Wo wir den Kampf gewaltiger Naturen
Um ein bedeutend Ziel vor Augen sehn,
Und um der Menschheit große Gegenstände
Um Herrschaft und um Freiheit wird gerungen,
Jetzt darf die Kunst auf ihrer Schattenbühne
Auch höhern Flug versuchen, ja sie muß,
Soll nicht des Lebens Bühne sie beschämen.

„Der große Gegenstand" auf der Bühne, das ist eine Absage an das bürgerliche Trauerspiel (▷ 10.14), den „engen Kreis". „Der Menschheit große Gegenstände", das ist zugleich ihr Ringen um Herrschaft und Freiheit. Schillers klassische Dramen sind entsprechend zeitlich in prägnanten historischen Situationen der Länder angesiedelt, in denen das jeweilige Drama spielt. Das macht umfangreiche historische Studien nötig. Für „Wallenstein" gedachte Schiller von seinen Untersuchungen der „Geschichte des Dreißigjährigen Krieges" (▷ 12.10) zu profitieren. Für die folgenden Dramen wurden der Erbfolgekampf zwischen den Stuarts und den Tudors in England, der Kampf der Franzosen gegen die Engländer unter Karl VII. im Mittelalter, Freiheitskampf und Tyrannenmord der Schweizer und anderes zum „erhabenen Moment der Zeit", in dem seine Helden im Ringen um „Herrschaft und um Freiheit" siegen oder untergehen, „Anmut" oder „Würde" (▷ 12.11) zeigen und fast immer schuldig werden, sei es durch Selbstverschuldung, wie zum Beispiel Wallenstein, in dessen Person Freiheit wie auch Schuld zugleich angelegt sind, sei es im antiken Sinn als vorgegebene Schuld ohne Wissen des Helden, wie im Drama „Die Braut von Messina" (1803), in dem zwei Brüder, ohne es zu wissen, die

eigene Schwester lieben, sei es als tragische Schuld zum Beispiel der Jungfrau von Orleans.

Solche Zielsetzungen fordern eine bestimmte Dramaturgie: die „großen Gegenstände", „Freiheit", „Herrschaft", fordern fast immer viel Volk auf der Bühne, kämpfende Heere oder Volksversammlungen. Dramaturgisch wirksam ist in allen klassischen Dramen Schillers die Ausgewogenheit zwischen Massenszenen und einzelnen Dialogen, in der „Wallenstein"-Trilogie zum Beispiel zwischen den Lagerszenen und einzelnen Verhandlungen. Das gilt ebenso für die „Jungfrau von Orleans" (1801) und wird meisterhaft gehandhabt im „Wilhelm Tell" (1804). Monologe sind in Schillers Dramen selten, aber an exponierter Stelle. Nur das gedank-

246

liche Zentrum wird jeweils als Gipfel im Monolog präzise herausgeformt.

Zu Beginn seiner neuen dramatischen Schaffensphase wendet sich Schiller von Shakespeare als Vorbild ab (▷ 11.4) und den Griechen zu. So schreibt er an Goethe (2. Oktober 1797) über Sophokles' „König Ödipus": „Alles ist schon da, und es wird nur herausgewickelt." Während seine früheren Dramen gleich in medias res kommen, wird nun zu Beginn sorgfältig zum Beispiel das historische Ambiente ausgebreitet. Aus der Vorgeschichte ergibt sich die Spannung, so etwa in der „Jungfrau von Orleans" aus der Vision über den göttlichen Auftrag, in der „Braut von Messina" aus der Prophezeiung, durch sich verdichtende Gerüchte im „Wallenstein".

Für den Aufbau der klassischen Dramen Schillers trifft Gustav Freytags (▷ 15.7) Charakterisierung der Dramentechnik von 1863 zu, ein fünfstufiges pyramidenförmiges Schema mit (1) „Exposition", Steigerung durch (2) „erregende Momente" zur Verwicklung im (3) „Höhepunkt", (4) „fallende Handlung", unterbrochen durch ein retardierendes „Moment der letzten Spannung" und vorausweisendes Finale in der (5) Katastrophe beziehungsweise Lösung. Dem entspricht die in der englischen und deutschen Klassik übliche Einteilung in fünf Akte.

Schillers Drama „Maria Stuart" (1801), in dem er den Weg der leidenden, erst ganz zum Schluß zur eigenen inneren Freiheit gelangenden verurteilten Königin in den Rahmen eines weltgeschichtlich bedeutsamen Ringens stellt, ist dramentechnisch wohl das gelungenste Stück Schillers.

Das letzte, Fragment gebliebene Drama, „Demetrius", führt Schillers Problemstellung bis zum äußersten, zur Frage der Identität des Menschen. Demetrius ist wie die Jungfrau von Orleans von einem hohen Sendungsbewußtsein getragen, aber die Natur (seine Mutter) spricht ihn nicht frei, erkennt seine Identität nicht an.

Wie Schiller seine Lyrik größtenteils unter eine leitende Idee stellte und eine solche in seinen Briefen an Goethe für dessen „Wilhelm Meister" einklagte, so sind seine Dramen Ideendramen, das bedeutet, Handlungsablauf und Charakterzeichnung sind einer einheitlichen Idee untergeordnet, die in ihrer Allgemeingültigkeit gelegentlich die Einzelzeichnung der Figuren überdecken kann.

12.19 Johann Christian Friedrich Hölderlin

Hölderlins Orientierung an der Antike und seine Bekanntschaft mit Schiller, dessen „Schüler" er nahezu für eine Weile war, verbinden ihn mit der Klassik. Sein Werk geht aber keinesfalls in dem Begriff des Klassischen auf. Die kompromißlose Unbedingtheit, mit der er die griechische Antike und ihre Götterwelt beleben will, trennt ihn von den Klassikern. Die bekannte alkäische Ode „An die Parzen" zeigt am besten die sakrale Bedeutung, die ein Gedicht im Leben dieses Dichters einnehmen kann. Eine asklepiadeische Ode sei als Beispiel für die Nähe des Dichters zum Göttlichen angeführt und für die strenge Form der Ode, die zum klassischen Formenrepertoire der Lyrik gehört, auf Klopstock (▷ 10.16–10.18) zurückgeht, vor allem aber von Hölderlin virtuos gehandhabt wurde:

Menschenbeifall.

Ist nicht heilig mein Herz,
        schöneren Lebens voll,
  Seit ich liebe?
        warum achtetet ihr mich mehr,
  Da ich stolzer und wilder,
    Wortereicher und leerer war?

Ach! der Menge gefällt,
        was auf dem Marktplaz taugt,
  Und es ehret der Knecht
        nur den Gewaltsamen;
  An das Göttliche glauben
    Die allein, die es selber sind.

Hölderlin bemühte sich um die Anerkennung der Klassiker, die ihn jedoch verkannten. Seinem Werk ist mit „klassischen" Maßstäben nicht gerecht zu werden. Da sein Werk aber noch weniger in der Romantik, der zweiten großen Strömung zu seinen Lebzeiten, aufgeht, sei er hier vorgestellt.

Johann Christian Friedrich Hölderlin, geboren am 20. März 1770 als Sohn eines Klosterhofmeisters in Lauffen am Neckar, besuchte das Maulbronner Seminar und das Tübinger

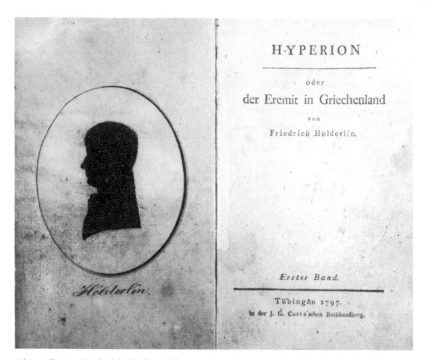

Johann Christian Friedrich Hölderlins Briefroman „Hyperion oder der Eremit in Griechenland". Vorsatzblatt mit getuschtem Schattenriß Hölderlins und Titelblatt der Erstausgabe des ersten Bandes (1797)

Stift, wo er zusammen mit Hegel und Schelling (▷ 13.7) studierte und einen Freundschaftsbund schloß. J.-J. Rousseau, Klopstock und Schiller, B. de Spinoza und F. Hemsterhuis (▷ 13.12), die Ideale der Französischen Revolution und das Griechentum wurden zu bestimmenden Jugendeindrücken. Da er sich nicht entschließen konnte, Pfarrer zu werden, nahm er eine Hauslehrerstelle an, zuerst 1793 im Hause von Charlotte von Kalb, der Freundin Schillers und Jean Pauls (▷ 13.17); 1794 ging er nach Jena, um Fichte zu hören, vor allem aber, um Schiller nahe zu sein. 1796 übernahm er eine Hauslehrerstelle bei dem Bankier J. F. Gontard in Frankfurt, wo ihn tiefe Freundschaft und leidenschaftliche Liebe mit dessen Frau Susette – der „Diotima" seiner Lieder – verband. 1798 kam es zu einem Zerwürfnis mit Gontard. Hölderlin lebte für jeweils kurze Zeit in Bad Homburg, Stuttgart, Nürtingen und in der Nähe von Sankt Gallen. Die ersten Zeichen einer geistigen Zerrüttung machten sich bei ihm be-

merkbar, als er 1802 von einer Hauslehrerstelle in Bordeaux zurückkehrte. Im Sommer 1807 wurde er aus einer Tübinger Heilanstalt als „unheilbar" entlassen; der literarisch gebildete Schreinermeister Ernst Zimmer und seine Frau nahmen ihn in ihrem Turm am Neckar, heute Hölderlinturm genannt, auf, in dem er die restlichen 40 Jahre seines Lebens verbrachte. Hölderlin starb in Tübingen am 7. Juni 1843.

Hölderlins Jugendhymnen, unter anderem „Ideale der Menschheit", „An die Freiheit", „An die Göttin der Harmonie", „An die Menschheit", sind den Idealen der Wahrheit, Freiheit, Schönheit und Freundschaft verschrieben. Seit sich im Herbst 1798 Hölderlin und Susette Gontard trennen mußten, schlägt er einen anderen Ton an: „... in den strengen Formen antiker Versmaße eine ergreifende Seelenmusik, in prägnanter Kürze eine unausschöpfbare Fülle" (W. Grabert/A. Mulot/H. Nürnberger: „Geschichte der deutschen Literatur"). Seine großen Themen sind die Feier der Natur durch den frommen Menschen („An den Äther", „Sonnenuntergang", „Des Morgens"), der Preis der Liebe des Dichters, dem in Diotima das Göttliche unmittelbar gegenwärtig ist (die „Diotima"-Gedichte), die Verehrung der himmlischen Mächte, die Hingabe an das Griechentum als das Ziel und Vorbild des menschlichen Strebens nach Ganzheit, Schönheit und Frömmigkeit (nach Grabert/Mulot/Nürnberger).

In der Zeit der Gemeinschaft mit Susette Gontard vollendet er seinen Briefroman „Hyperion oder der Eremit in Griechenland" (4. Fassung 1797–99). Die religiös-mythische Tragödie „Der Tod des Empedokles" (entstanden 1798–1800, gedruckt 1826) bleibt Fragment. Wegweisend, aber äußerst schwierig sind Hölderlins theoretische, das heißt geschichtstheologische und poetologische Schriften, zum Beispiel „Über die Verfahrungsweise des poetischen Geistes". In späten, zu freien Rhythmen übergehenden Hymnen versuchte er eine Versöhnung von Antike und Christentum („Wanderung", „Der Rhein", „Der Einzige", „Patmos", „Germanien"). In den letzten Schaffensjahren entstanden auch eigenwillig nachdichtende und faszinierende Übersetzungen des „Ödipus" und der „Antigone" des Sophokles sowie von Oden Pindars.

Hölderlin blieb im 19. Jahrhundert weitgehend unbekannt. Erst Norbert von Hellingrath aus dem Kreis um Stefan George (▷ 17.19) hat ihn Anfang des 20. Jahrhunderts „wiederentdeckt".

12.20 „Von Vergangenem und Geleistetem mag man gern im Alter sprechen" – Goethes autobiographische Schriften

Nach Schillers Tod (1805) schreibt Goethe an den Komponisten Carl Friedrich Zelter: „Seit der Zeit, daß ich Ihnen nicht geschrieben habe, sind mir wenig gute Tage geworden. Ich dachte mich selbst zu verlieren, und verliere nun einen Freund und in demselben die Hälfte meines Daseins. Eigentlich sollte ich eine neue Lebensweise anfangen; aber dazu

ist in meinen Jahren auch kein Weg mehr. Ich sehe also jetzt nur jeden Tag unmittelbar vor mich hin, und tue das Nächste, ohne an eine weitere Frage zu denken."

Das „Nächste", dazu gehören in den kommenden zehn Jahren seine autobiographischen Schriften, deren bekannteste und umfangreichste den Titel „Aus meinem Leben. Dichtung und Wahrheit" trägt und vier Teile umfaßt, die die Zeit bis zum Aufbruch nach Weimar beschreiben. Die ersten drei Teile erschienen 1811–14, der vierte Teil, der bis zum Aufbruch nach Weimar führt, erschien

Titelblatt der Erstausgabe von Goethes autobiographischer Schrift „Aus meinem Leben. Dichtung und Wahrheit" (1. Teil, 1811)

postum 1833. Man darf bei Goethes Autobiographie nicht an die berühmten Vorbilder, die Bekenntnisse des Augustinus oder J.-J. Rousseaus denken, denn Goethes Autobiographie ist keine Beichte oder Selbstanklage, sondern eine bewußt dichterische Darstellung und sinngebende Deutung der Fakten, denn „ein Factum unseres Lebens gilt nicht, insofern es wahr ist, sondern insofern es etwas zu bedeuten hat".

Nicht anders verfährt er mit den Fakten seiner Italienreise in seinem Reisebericht, den er erst jetzt als Auftakt einer „zweiten Abtheilung" von „Dichtung und Wahrheit" nach Briefen und Tagebuchnotizen aus der Zeit der Reise schreibt, die nun fast 30 Jahre zurückliegt. Erst als er 1829 eine Gesamtausgabe seiner Werke plant, gibt er der Schrift den Titel „Italienische Reise" (Teil 1 und 2 erschienen bereits 1816/17 als 1. beziehungsweise 2. Teil der 2. Abteilung von „Aus meinem Leben") und schreibt für diese Ausgabe den letzten uns vorliegenden Teil seiner Autobiographie wie auch der „Italienischen Reise".

12.21 An der Grenze zwischen Klassik und Spätwerk – „Pandora"

Das Fragment gebliebene Festspiel „Pandora" (1810; Teilabdruck 1808 unter dem Titel „Pandoras Wiederkunft" in: „Prometheus") ist mit seinem virtuos gehandhabten antiken Metrum und dem Bestreben der Vereinigung aller Gegensätze, der Versöhnung von Gott und Mensch, der klassischen Dichtungsphase Goethes verpflichtet und bündelt zugleich die zentrale Symbolik und Thematik von Goethes Spätwerk. Es handelt von Prometheus, dem alles Voraussinnenden, Tätigen, zweckhaft Handelnden, dem parteiischen „Techniker der Macht" (Emrich), und seinem Bruder Epimetheus, dem geistigen Menschen, dem melancholisch der Vergangenheit Nachsinnenden und von Utopien Träumenden, dem sich Pandora öffnet, nachdem die Kinder der Brüder, Phileros und Epimeleia, aus Liebesschmerz in Feuer und Wasser stürzen, aber, von diesen Elementen verwandelt, göttergleich aus ihnen hervorgehen.

12.22 „Die Wahlverwandtschaften" – ein Werk der Krise?

1809 erschien Goethes Roman „Die Wahlverwandtschaften". Zwei Jahre zuvor war das Thema noch als Novelleneinlage für „Wilhelm Meisters Wanderjahre" geplant.
Der Begriff der Wahlverwandtschaft bezeichnet die Eigenschaft bestimmter chemischer Elemente, ihre alte Bindung aufzugeben, wenn bestimmte neue Elemente hinzukommen, um sich vorübergehend mit diesen zu vereinigen. Unter diesem Gesichtspunkt sind die wichtigsten Romanfiguren angeordnet, das Ehepaar Eduard und Charlotte sowie ihre Freundin Ottilie und sein Freund, der Hauptmann, die eine Weile bei dem Ehepaar zu Gast sind. Goethe betrachtet die Beziehungen seiner Romanfiguren aus der Distanz eines Naturwissenschaftlers einem Experiment gegenüber. Das Naturgesetz der Leidenschaft ist dabei noch stärker als die Gebote der Sittlichkeit, was dem Autor von Seiten seiner Zeitgenossen Unverständnis und den Vorwurf der Immoralität eintrug. Die in Analogie zum naturwissenschaftlichen Gesetz der Wahlverwandtschaften sich verhaltenden Menschen bearbeiten und kultivieren auf ihrem Landgut die Natur mit ihren Bauten und Gartenanlagen. Diesen Zivilisationswahn kritisiert Goethe, indem er die Symbolik der Elemente Feuer und Wasser, die in „Pandora" (▷ 12.21) so wundertätig wirken, hier zerstörisch walten läßt. Das gemeinsame Kind des Ehepaares ertrinkt im künstlich angelegten Teich, das neue Haus verbrennt. Reiche, dichte, klare, faszinierende Symbolik zeichnet den Roman aus. Erst zu Beginn unseres Jahrhunderts wurde der Roman in seiner Bedeutung für die Weltliteratur erkannt, unter anderem durch Fontane, Hofmannsthal, A. Döblin, Heinrich und Thomas Mann, der ihn für den besten Roman aller Zeiten hielt.

12.23 „Die Mühe eines halben Lebens" – Goethes „Farbenlehre"

Goethe hat Zeit seines Lebens seine naturwissenschaftlichen Schriften höher geschätzt als seine Dichtungen. Das gilt in besonderem Maße für seine Schrift „Zur Farbenlehre", die umfangreichste naturwissenschaftliche Abhandlung, durch die allein er meinte, „Epoche in der Welt zu machen". Sie ist 1810 erschienen und behandelt Fragen, die ihn spätestens seit seiner Italienreise beschäftigten. Die heftige Ablehnung I. Newtons und seiner „Irrlehren" irritierte und befremdete. Aber nicht nur ist die Bedeutung, die er den einzelnen Farben zuordnet, oft große Hilfe für das Verständnis der Farbsymbolik in seinem dichterischen Werk, vielmehr wurde auch sein System der „physiologischen" Farben schon früh selbst von Gegnern der „Farbenlehre" als gültig erkannt, und der psychologische Einfluß, den er den Farben im Kapitel über die „sinnlich-sittliche Wirkung der Farbe" gibt, ist Allgemeingut geworden.

12.24 „West-östlicher Divan" – Abschied von der Klassik?

Mit den Gedichten des „West-östlichen Divan", die in den Jahren 1816–19 entstehen (erschienen 1819, erweitert 1827), überwindet Goethe die tiefe Krise, in die ihn der Verlust Schillers, die unübersehbaren Zeichen des eigenen Alterns und die beunruhigende politische Situation gestürzt hatten. Drei Ereignisse fördern und prägen den „Divan". Die Gedichte des persischen Dichters Hafis waren soeben in einer Übersetzung erschienen und begeisterten Goethe so sehr, daß er sich zu dichterischer Erwiderung gedrängt fühlte. Auf zwei Reisen an Rhein, Main und Neckar lernt er Marianne von Willemer kennen und lieben, und die „Suleika"-Gedichte entstehen. Die Freiheitskriege gegen Napoleon I. rühren ihn auf, da er mit seiner eigenen Bewunderung Napoleons in Konflikt gerät. Er ist persönlich betroffen durch plündernde Soldaten (1806), den Wunsch seines eigenen Sohnes, in den Krieg zu ziehen, und den Tod junger, ihm befreundeter Menschen, etwa Theodor Körners, des Sohnes von Schillers Freund Christian Gottfried Körner.
Hafis verstummte nicht als Dichter, obwohl zu seiner Zeit der mongolische Herrscher Timur-Leng sein Land mit Krieg überzog. So ist in der West und Ost verschmelzenden Gedichtsammlung in der Gestalt Timur-Lengs deutlich Napoleon gemeint. War die Beruhigung der Kriegshandlungen, die die beiden Reisen möglich machte, an sich schon erleichternd und beglückend („Liebliches"), so wird es nun um so mehr die Begegnung mit Marianne. Auch Hafis sang von „Lieben, Trinken, Singen", und auch darin kann nun Goethe mit ihm wetteifern, und mehr noch: ist Krieg sinnloses Gegeneinander einzelner und ganzer Nationen, so steht Liebe für das genaue Gegenteil und überwindet den Krieg. Im

Frontispiz und Titelblatt der Erstausgabe des „West-östlichen Divan" von Goethe (1819)

„Buch Suleika" stehen zum erstenmal Liebesgedichte in Dialogform, überdies noch mit Marianne als Autorin einzelner Gedichte („Ostwind", „Westwind"). So wird Liebe als Verbindung von Gegensätzen bis in die formale Gestaltung ernst genommen, inhaltlich geht es um die geistige, körperliche und seelische Annäherung und Verbindung beider, und symbolisch überhöht wird die individuelle Liebe, indem sie in dem großen Liebesgedicht „Wiederfinden" sich im Weltentstehungsprozeß spiegelt, denn Entstehung war Trennung von Licht und Finsternis, doch Gott erschuf die Morgenröte, die zentrales Symbol für die Aufhebung aller Trennung wird. Provokativ greift Goethe damit die zentrale Metapher der vaterländischen Lyrik auf, in der „Morgenrot" „Schlachtrot" ist, sich auf Tod reimt und Blut assoziiert.
Zu gleicher Zeit arbeitet Goethe an der „Italienischen Reise" (▷ 12.20) und bringt damit die Zeit seines klassischen Dichtungsideals rückblickend zur Anschauung. Er erkennt, was eigentlich durch das Romanprojekt der „Wanderjahre" (▷ 12.25) und das in Entwürfen schon vorhandene Drama „Faust II" (▷ 12.26) auf der Hand lag, daß die klassische Form ihn nun einengt: „Zugemeßne Rhythmen reizen freilich,/Das Talent erfreut sich wohl darin/Doch wie schnelle widern sie abscheulich,/Hohle Masken ohne Blut und Sinn./Selbst der Geist erscheint sich nicht erfreulich,/Wenn er nicht auf neue Form bedacht,/Jener toten Form ein Ende macht."

Goethe erarbeitet im „West-östlichen Divan" eine Dichtungslehre, die bewußt die Klassik überwindet: „Mag der Grieche seinen Thon/Zu Gestalten drücken .../Aber uns ist wonnereich/In den Euphrat greifen/Und im flüss'gen Element/Hin und wider schweifen." Im Gegensatz zur Klassik fordert er nicht mehr, Form und Gehalt „disparat" zu machen; sie sollen vielmehr einander entsprechen, „einander durchdringen".

Der Gehalt aber hat sich in Goethes Spätwerk erheblich ausgedehnt. Die Gedichtsammlung spannt den Bogen von West nach Ost, von Goethe zu Hafis, von der Erschaffung der Welt bis zum Paradies. Damit geht Goethe weit über seine klassische Dichtung und selbst ihr Vorbild, die griechische Antike, hinaus, begreift aber zugleich beides mit.

12.25 „Wilhelm Meisters Wanderjahre"

Von einem Plan, „Wilhelm Meisters Lehrjahre" (▷ 12.16) fortzusetzen, ist schon im Briefwechsel zwischen Goethe und Schiller 1796 die Rede. Seit Schillers Tod (1805) erfolgt die Ausarbeitung in einzelnen Schaffensphasen, und es entstehen mehrere Erzählungen und Novellen, die in die Romanhandlung eingefügt werden sollen. Die endgültige Fassung war erst im Herbst 1828 fertig und erschien 1829 unter dem Titel „Wilhelm Meisters Wanderjahre oder die Entsagenden".

Der Bezug auf den „Wilhelm Meister" hat Interpreten insofern irregeführt, als sie die im Bildungsroman aufgestellte Ordnung in den „Wanderjahren" vergebens weiterzuverfolgen suchten, ein Unternehmen, das Goethe selbst als ungeeignet ansah: „das Ganze systematisch konstruieren und analysieren zu wollen" nennt er eine „alberne" Idee, denn „das Buch gebe sich nur für ein Aggregat aus". Auch tilgt Goethe den Begriff „Roman" aus dem Titel und treibt andererseits innerhalb der „Wanderjahre" ein ironisches Spiel mit dem Begriff (Buch I, Kap. 10). Der rote Faden ist die Wanderschaft Wilhelms mit seinem Sohn Felix. Die Gemeinschaft der „Entsagenden" – so im Titel – gibt Wilhelm das Gebot des unablässigen Ortswechsels. Er läßt Felix zur Ausbildung in die „Pädagogischen

Provinz" und bildet sich selbst zum Wundarzt aus, nachdem er vom Wandergelübde befreit worden ist.

Die Struktur des Romans ist bestimmt durch die Stückhaftigkeit und Ungeschlossenheit, durch eingeschaltete Gedichte und Novellen und kann so auf die moderne Collagetechnik verweisen.

12.26 Das „Hauptgeschäft" – „Faust"

Ist die „Farbenlehre" (▷ 12.23) Resultat der „Mühe eines halben Lebens", und befanden sich die ersten „Wilhelm-Meister"-Skizzen (▷ 12.16) schon im Gepäck, als Goethe nach Weimar aufbrach, so begleitet ihn der Faust-Stoff sein Leben lang. Er begegnete ihm schon in den Kinderjahren in Frankfurt als Puppenspiel, das sich vermutlich an Marlowes „Doctor Faustus" anlehnte. Bald kam noch eine Ausgabe des Volksbuchs von 1587 (▷ 8.21), das den Faust-Stoff variiert, dazu. Sein erster dramatischer Entwurf des Stoffes stammt aus der Zeit vor Weimar (1772–75). Wir kennen diesen „Urfaust" dank einer Abschrift, die das Weimarer Hoffräulein Louise von Göchhausen anfertigte (erschienen 1887). In diesem „Urfaust" stehen die Gelehrtentragödie und die Gretchen-Tragödie noch unvermittelt nebeneinander. Von der Wette zwischen Gott und Teufel ist noch keine Rede. Diesen Entwurf nahm Goethe neben „Torquato Tasso" und „Iphigenie auf Tauris" mit auf die Reise nach Italien, wo die im Süden angesiedelten Dramen besser gediehen als der nordische „Faust". Nur die „Hexenküche" und die Szene „Wald und Höhle" entstanden auf der Reise. Der klärende Einfluß der Italienreise läßt sich erkennen in „Faust, ein Fragment" (1790), so lautete der Titel der ersten Veröffentlichung einer Goetheschen Faustbearbeitung. Aber erst zwischen 1797 und 1806, in den Jahren des regen Gedankenaustauschs mit Schiller, kommen das übergreifende Leitmotiv der Wette und der „Prolog im Himmel" dazu, entsteht die Idee des Ganzen, entsteht „Faust I" (erschienen 1808). Bruchstücke zu „Faust II", zum Beispiel der Anfangsmonolog des Helena-Aktes und Skizzen zu Fausts Tod, entstehen schon zu Schillers Lebzeiten, aber erst in der Zeit von 1825 bis 1831 greift Goethe den Stoff wieder auf, der ihm zum „Hauptgeschäft" seiner letzten Jahre wird und den er noch vor seinem letzten Geburtstag am 28. August 1831 als abgeschlossenes Drama versiegelt. Das Werk wurde 1832 nach Goethes Tod herausgegeben.

Im Vergleich zu „Faust I" ist „Faust II" selten auf den Spielplänen der Theater zu finden. „Faust II" sprengt die Dramenform, knüpft nicht an „Faust I" an und läßt viele Leser ratlos. „Das Experiment, das Goethe anstellt, indem er sich der Gestalt eines deutschen Volksbuchs aus dem 16. Jahrhundert bemächtigt, zeigt uns das Modell eines Menschen, des neuzeitlichen Menschen, der voraussetzungslos jenseits von Überlieferung, Kirche und Autorität, von sich aus und ganz auf sich selbst gestellt die Wahrheit der Dinge, die Wahrheit von Natur und Menschenleben in Erkenntnis und Liebe unmittelbar ergreifen will und ergreifen zu können glaubt. Die Gelehrtentragödie und die Gretchentragödie machen den Inhalt des ersten Teiles aus. ... In „Faust II" begegnen uns noch deutlicher (als in „Faust I") die Repräsentanten der modernen Welt: der spekulierende Finanzexperte am Hof der Mächtigen; der durch nichts mehr zurückgehaltene Forscher im Laboratorium, der über die Formeln und Bausteine des Lebens verfügt und einen künstlichen Menschen in der Retorte erzeugt; der autonome, nur sich verantwortliche Künstler; der fragwürdigen Handel treibende Herr der Meere und kriegführende imperialistische Politiker; und schließlich der rücksichtslos eine neue Gesellschaft formierende und aus dem Boden stampfende Kolonisator, der Zwangsarbeiter beschäftigt und alle aus dem Wege räumen läßt, die seinem kühnen Entwurf entgegenstehen. Diesen modernen Menschen hat Goethe in einen Rahmen hineingestellt, der an das mittelalterliche Mysterienspiel erinnert. Nicht um ihn zu verdammen, um ihn am Ende der Hölle zu überliefern, weil die moderne Welt vom Teufel wäre. Im Gegenteil: er wird der Gnade teilhaftig – in ihrer weiblichen Gestalt –; die Gottheit hat nicht die Hand von ihm abgezogen, indem sie ihn der Welt überließ; sie hat ihn in die Welt freigesetzt, und sie hat ja gesagt zu dem Experiment, in welchem sich der Mensch zum autonomen Herrn seiner selbst emanzipiert. Aber auch nicht, um ihn zu verherrlichen oder zu verklären" (H. J. Schrimpf). Das Werk besteht aus fünf Akten. Statt einer dramatischen Handlung wird die ganze Welt als Maskenzug

Goethes „Faust" in der Verfilmung von 1960 mit Gustaf Gründgens als Mephisto und Will Quadflieg als Faust

vor Augen geführt, zeitlich 3000 Jahre umfassend, Antike und Gegenwart verbindend, Klassik und Romantik. Soweit die drei ersten Akte, an deren Ende Helena erscheint. Von der Wette ist keine Rede mehr. Der 4. Akt ist eine Satire auf den Krieg und formuliert auch Fausts zentralen Wunsch, die Elemente zu bezwingen, ihr ewiges sinnloses Werden und Vergehen. Der 5. Akt zeigt Faust als modernen Menschen, stellt die zerstörerische Macht der Technik dar, als Faust durch seine zivilisatorische Tätigkeit das Ehepaar Philemon und Baucis vernichtet: „Menschenopfer mußten bluten,/Nachts erscholl des Jammers Qual;/Meerab flossen Feuergluten,/Morgens war es ein Kanal" (Vers 11127 ff.). Hier wird bereits die ganze Unheimlichkeit des technischen Zeitalters vorweggenommen. Am Ende hält der erblindete Faust die sein Grab ausschaufelnden Lemuren (in der römischen Mythologie böse Spuk- und Quälgeister) für seine eigenen Deicharbeiter und stirbt. Dieser Schluß, die letzte Unterhaltung Fausts mit Mephisto, ironisiert den ganzen Fortschrittsglauben, der zu einem Schaufeln des Grabes wird.

Kapitel 13
Romantik (1788–1835)

Einführung

Das Wort „Romantik" suggeriert etwas scheinbar längst Überwundenes, doch ist gerade die moderne Literatur ohne die Romantik nicht zu denken. Sie ist die an Ausstrahlung reichste Epoche der deutschen und europäischen Literatur überhaupt und daher bis heute unausgeschöpft.

Das Wort „romantisch" kam schon im 17. Jahrhundert als Ableitung von Roman und Romanze auf, bedeutete also soviel wie romanhaft beziehungsweise balladesk, legendenhaft, ritterlich, abenteuerlich. Es bezeichnete eine poetische Welt, wie sie etwa in den Volksbüchern von der schönen Magelone oder der Melusine (▷ 7.6) zu erkennen ist. Darin etablierte sich die Vorliebe für das Gefühlsgeladene, Nächtliche, Wunderbare, Schaurige und Phantastische. Entsprechend sind die bevorzugten Gattungen der Romantiker der Roman, der zur universalen Gattung erhoben wird, da in ihm alle Gattungen vereint werden sollten, die Novelle mit ihrem starken Einschlag phantastischer, märchenhafter und legendärer Motive sowie die in die Prosa eingelegte Lied-Lyrik, die den stimmungshaften Ton verstärkt.

Bei vielen Romantikern (Tieck, Brentano, E. T. A. Hoffmann und andere) kann man einen Rückgriff auf das 16. und 17. Jahrhundert erkennen. Manieristische Verfahren und Stilformen treten ebenso wieder auf wie zum Beispiel eine Vorliebe für die Allegorie und die Emblematik. Auch die einflußreiche naturmystische Philosophie Jakob Böhmes erlebt ihre Wiederauferstehung nach einer langen Zeit verborgenen Daseins in esoterischen Zirkeln. Tieck (▷ 13.2–13.5) entdeckte seine Schriften neu und teilte seinen Enthusiasmus für Böhme seinen Freunden Novalis (▷ 13.12–13.14) und Schelling mit.

Ausländische Literarhistoriker können mit der im Deutschen gebräuchlichen Unterscheidung Klassik–Romantik nichts anfangen. Goethe erscheint ihnen gleichfalls als romantischer Autor. Auch der deutsche Germanist H. A. Korff, der eher die innere Einheit der Epoche von 1745 bis 1832 im Auge hatte, als das, was differiert, zieht es vor, von „Goethezeit" („Geist der Goethezeit", 1923–57) zu sprechen. In der Tat ist Goethe (▷ Kapitel 12) für alle Romantiker aus den verschiedensten Gründen Brenn- und Kontrapunkt für ihr eigenes Schaffen, so wie umgekehrt Goethes Spätwerk ohne die Einflüsse, ohne die Auseinandersetzung mit den sogenannten Romantikern um den Begriff einer modernen Literatur kaum zu denken ist.

13.1 „Die Spur von dem Finger Gottes" – Wilhelm Heinrich Wackenroder

Wilhelm Heinrich Wackenroder, geboren am 13. Juli 1773 in Berlin, gilt manchen als der erste Romantiker. Er wuchs in Berlin als Sohn eines hohen Verwaltungsbeamten auf, der für seine umfassende Bildung sorgte: unter anderem Geigen- und Kompositionsunterricht bei C. F. Fasch und C. F. Zelter. Mit dem gleichaltrigen Ludwig Tieck (▷ 13.2) verband Wackenroder, der im Alter von 25 Jahren am 13. Februar 1798 an einem Nervenfieber in Berlin starb, seit der Schulzeit eine enge Freundschaft. Dokumentiert ist diese

Freundschaft unter anderem in Briefen von April 1792 bis März 1793, in deren Mittelpunkt die Diskussion über Literatur, Theater und Musik steht. Wackenroder und Tieck entdeckten beim Studium in Erlangen die spätbarocke katholische Welt Süddeutschlands mit ihrer malerischen und musikalischen Kultur und die alten fränkischen Städte Bamberg und Nürnberg mit der altdeutschen Kunst- und Lebenswelt eines Dürers wieder. Kunstliebe und psychologische Sensibilität, die ihr Lehrer K. Ph. Moritz (▷ 12.8) vermittelte, vereinen sich bei Wackenroder, der sich nur widerwillig der ihm vom Vater aufgezwungenen Rechtswissenschaft neben dem selbstgewählten Studium der altdeutschen Literatur und Kunstgeschichte widmete. In einer Sammlung von Aufsätzen, die unter dem wahrscheinlich nicht von Wackenroder stammenden Gesamttitel „Herzensergießungen eines kunstliebenden Klosterbruders" 1796 anonym, durch vier Beiträge von Tieck ergänzt, erschienen sind (Buchausgabe 1797), stellt Wackenroder seine Auffassung von Kunst zur Debatte. Dreh- und Angelpunkt dieser Sammlung, die vor allem literarische Porträts von Renaissancekünstlern (Raffael, Leonardo da Vinci, Michelangelo, Dürer und andere) enthält, ist der Versuch, das Phänomen eines einmaligen, authentischen, originalen Kunstwerks zu begreifen: „Es ist in der Welt der Künstler gar kein höherer, als die Anbetung würdiger Gegenstand als: – ein ursprünglich Original! – Mit emsigem Fleiße, treuer Nachahmung, klugem Urteil zu arbeiten – ist menschlich; aber das ganze Wesen der Kunst mit einem ganz neuen Auge zu durchblicken, es gleichsam mit einer ganz neuen Hand zu erfassen – ist göttlich". Wackenroder, der den „Kunstgeist" als „ewiges Geheimnis" begreift, umschreibt dieses Geheimnis unter anderem als das „Himmlische im Kunstenthusiasmus". Für den Autor, der sich insbesondere auch mit den seelischen Entstehungsbedingungen und der Wirkung der Kunst auf den Betrachter auseinandersetzt, ist die Achtung des Menschen, das genaue Wissen um den Menschen und seine Welt Bedingung für das, was er „göttliche Eingebung" oder auch „die Spur von dem Finger Gottes" nennt. So beschreibt er Leonardo da Vinci, der das „Studium der Geheimnisse des Pinsels" mit der „fleißigsten Beobachtung" verbunden habe,

Titelblatt der Erstausgabe von Wilhelm Heinrich Wackenroders „Herzensergießungen eines kunstliebenden Klosterbruders" (1797)

als einen Menschen des Wissens und der Wissenschaften. Die Überzeugung, das Wesen des „Kunstgenies" lasse sich trotz etlicher benennbarer Voraussetzungen und Fähigkeiten „in Worte nicht fassen", untermauert Wackenroder unter anderem mit Zitaten aus den Schriften des italienischen Baumeisters Bramante und des italienischen Malers und Kunstschriftstellers Giorgio Vasari, dessen Schriften ihm in der Göttinger Bibliothek zugänglich waren, und nach dessen Vorbild er wohl auch die Künstleraufsätze geschrieben hat. Mit einem Schwenk in die „gegenwärtigen Zeiten" (Wackenroder kannte die neueste Musik von Mozart und Haydn) setzt die Novelle „Das merkwürdige musikalische Leben des Tonkünstlers Joseph Berglinger" den Schlußpunkt der Sammlung. Mit der Geschichte des Tonkünstlers entwirft Wackenroder den Prototyp eines romantischen Charakters: den Charakter eines „wunderbaren Paroxismus". Berglinger, der nach Vollendung einer Passionsmusik, einem Meisterwerk, als noch junger Mensch an einer Nervenschwäche stirbt, scheitert am Widerspruch zwischen Kunst und der Prosa der Verhältnisse, am Konflikt zwischen „ätherischem Enthusiasmus" und dem „niedrigen Elend dieser Erde". Angesichts einer „in Gold und Seide stolzierenden Zuhörerschaft", bei der „der Sinn für Kunst aus der Mode" gekommen sei, berichtet der fiktive Erzähler der Novelle, ein Pater: „Er [Berglinger] geriet auf die Idee, ein Künstler müsse nur für sich allein ... und für einen oder ein paar Menschen, die ihn verstehen, Künstler sein. Und ich kann diese Idee nicht ganz unrecht nennen."

13.2 Der König der Romantik – Ludwig Tieck

Ludwig Tieck, den Hebbel (▷ 15.20) den König der Romantik nannte, war der am 31. Mai 1773 in Berlin geborene Sohn eines Seilermeisters. Sein Gymnasiallehrer Friedrich Eberhard Rambach gewann ihn als Mitarbeiter an Prosawerken in der Nachahmung englischer Schauerromantik. Als unersättlicher Leser machte er sich mit allen Stilen und Gattungen der Weltliteratur bekannt. Als produktiver Lohnschreiber in den literarischen Unternehmungen des Aufklärers F. Nicolai gerät er in eine Krise, die man als Widerspruch zwischen Verstand und Gefühl, Alltag und Poesie, Wirklichkeit und Ideenwelt, Gegenwart und Vergangenheit beschreiben kann. Sein Lebensekel und die Schwermut, aus der ihn die Freundschaft mit W. H. Wackenroder (▷ 13.1) rettete, bezeugt sich in dem Briefroman „Die Geschichte des Herrn William Lovell" (▷ 13.3), der Geschichte eines „Wüstlings", der zwischen Gefühlsüberschwang und Drang zu zersetzender Ichanalyse schwankend zugrundegeht. In den im Auftrag Nicolais verfaßten Werken, insbesondere in den „Volksmährchen" (1797), ist der Übergang zu spezifisch romantischen Motiven und Formen zu erkennen. Bearbeitungen und Nacherzählungen beziehungsweise Dramatisierungen deutscher Volksbücher („Die schöne Magelone", „Blaubart", „Der gestiefelte Kater" und andere), die die Märchen von Ch. Perrault in ironischer Weise umsetzen und das düstere selbsterfundene Märchen „Der blonde Eckbert" (▷ 13.4) zeigen, daß er sämtliche Stimmungslagen kennt und alle literarischen Mittel virtuos beherrscht. Die Freundschaft mit Wackenroder führt zur Konzeption des Künstlerromans „Franz Sternbalds Wanderungen" (1798), der dem „Wilhelm Meister" (▷ 12.16) Goethes verpflichtet ist. In den „Romantischen Dichtungen" (1799/1800) vereint er die Literaturkomödie „Prinz Zerbino", das Trauerspiel

Ludwig Tieck (Bleistiftzeichnung von Wilhelm Hensel, 1822; Berlin, Nationalgalerie)

„Leben und Tod der heiligen Genoveva" und „Der getreue Eckart und der Tannenhäuser", Dichtungen, die zum Teil in dem von Rahmengesprächen umfaßten Sammelwerk „Phantasus" (1812–16) wieder aufgelegt werden. Eine Nachdichtung der Melusinensage und das Lustspiel „Kaiser Oktavianus" (1804), gleichfalls nach einem Volksbuch gestaltet, folgten. Tieck starb im Alter von 80 Jahren am 28. April 1853 in Berlin.

13.3 Schauerromantik

Ludwig Tiecks erste Werke sind der sogenannten Schauerromantik verpflichtet. Begründer der Gattung ist der englische Schriftsteller H. Walpole, der mit seinem „gotischen" Roman „The castle of Otranto" (1764, deutsch „Schloß Otranto", 1768) das Mittelalter mit seinen schaurigschönen Elementen (Burgen, Klöster, Ruinen, Verliese, Gewölbe, unerklärliche Verbrechen, tyrannische Herrscher, engelhafte Frauen, unheimliche Sendboten und Gespenster) in Nacht-, Verfolgungs- und Beschwörungsszenen vorstellte. Die Motive des englischen Schauerromans verbanden sich mit Elementen des Geheimbundromans (Schiller, „Der Geisterseher",

1787), dessen Lektüre Tiecks Gemüt bis zum Wahnsinn erschüttern konnte, wie ein Brief an W. H. Wackenroder (▷ 13.1) erweist. Die orientalische Märchenwelt der phantastischen Erzählung W. Beckfords („Vathek", 1786, deutsch „Vathek, eine arabische Erzählung", 1788) erscheint wieder in Tiecks „Abdallah" (1795). Abdallahs Schicksal wird durch zwei einander feindliche Emissäre von Geheimbünden bestimmt. Aber sein Ich ist nicht nur von außen, sondern auch von innen bedroht, die Grenzen zwischen Tugend und Laster werden aufgehoben. Das Schaurige der Handlungsmotive wird bei Tieck um das Seelisch-Schaurige des in sich gespaltenen Helden erweitert, der die Qualen, aber auch den Stolz des gefallenen Engels in sich birgt. Eine Fortsetzung der Thematik findet sich in dem in Tiecks Gegenwart spielenden Roman „Die Geschichte des Herrn William Lovell" (1795/96): der Titelheld, ein labiler, empfindsamer und durch Selbstreflexion demoralisierter Adliger, wird Opfer des skrupellosen Hauptes eines Geheimbundes. Im englischen Roman wird das Wunderbare meist am Ende „erklärt". In der frühen Prosa Tiecks weicht dieser Zug allmählich einer komplexeren Darstellungsweise. Das Geheimnisvolle entzieht sich jeglicher rationaler Deutung. Besonders Tiecks Kunstmärchen („Der blonde Eckbert", „Der Runenberg", „Die Elfen" und andere) zeigen das Leben der unglücklichen Helden umschlossen von unerklärlichen und unbeherrschbaren Mächten. Stimmungen des Grauens, der Angst, der Melancholie und der Wehmut befallen den Menschen, machen ihn willenlos und treiben ihn dem Tod oder dem Wahnsinn entgegen.

13.4 Waldeinsamkeit

Ludwig Tiecks Naturmärchen „Der blonde Eckbert" (erschienen in: „Volksmährchen", 1797) gilt als erste romantische Dichtung, die das Motiv des Waldes in den Mittelpunkt stellt. Das Märchen bekommt seine Macht „vom wunderbaren Ton, der in uns anschlägt, wenn wir das Wort Mährchen hören" (Tieck). In dem Märchen singt ein wunderbarer Vogel, der jeden Tag ein Ei legt, in dem sich ein Edelstein befindet, ein Lied, dessen Text variiert. Ursprünglich lautet er: „Waldeinsamkeit, / Die mich erfreut, / So morgen wie heut / In ew'ger Zeit, / O wie mich freut / Waldeinsamkeit." Der Wald erscheint in mehrfacher Funktion. Zunächst ist er der Mutterschoß der Natur. Als Repräsentantin dieser Mütterlichkeit tritt eine alte Frau (die den Vogel und einen kleinen Hund besitzt) auf, die der Heldin des Märchens, dem Kind Bertha, eine neue Heimat gibt. Der Wald ist weiterhin Sinnbild der Fülle der ewig blühenden und reifenden Natur. Als Bertha erwachsen ist, stiehlt sie in Abwesenheit der alten Frau den Vogel, läßt den treuen Hund zurück und zieht in die unbekannte, Neugier erweckende Welt hinaus. Der Vogel verändert den Text seines Liedes: „Waldeinsamkeit, / Wie liegst du weit! / Oh, dich gereut / Einst mit der Zeit. / Ach, einz'ge Freud / Waldeinsamkeit." Das Motiv der Waldeinsamkeit zielt auch auf die „Einsamkeit" des bewußten Menschen in der Natur. Er ist von ihr ausgeschlossen. Sie ist erhaben und schön, ihm aber fremd. Wer das Einssein mit der Natur sucht, ist ein Vereinsamter. Der Ausbruch aus dem Paradies wird deswegen als zugleich unheilvoll und unausweichlich dargestellt. Die alte Frau verwandelt sich und zeigt die furchtbare Todesseite der Natur. Die bergende Waldeinsamkeit wird erst im Wahnsinn wieder erreicht: „Waldeinsamkeit / Mich wieder freut, / Mir geschieht kein Leid / Hier wohnt kein Neid / Von neuem mich freut / Waldeinsamkeit."

13.5 Der Künstlerroman

Goethes Roman „Wilhelm Meisters Lehrjahre" (▷ 12.16) wurde sofort nach dem Erscheinen seines 1. Teils 1795 von F. Schlegel, Novalis, L. Tieck und anderen begeistert aufgenommen. Tiecks eigener Roman, „Franz Sternbalds Wanderungen" (1798), spielt im 16. Jahrhundert. Franz ist ein Schüler Dürers und begibt sich auf eine Bildungsreise, die ihn zunächst in die Niederlande, sodann in das wahre Land der Kunst, Italien, führt. Von da sollte der Weg zurück nach Nürnberg führen, der Roman blieb aber, wie viele romantische Dichtungen, Fragment. Im Unterschied zu Wilhelm Meister gerät Sternbald in keine Krise, die das Verhältnis von Leben und

Titelblatt der Erstausgabe des ersten Teils von Ludwig Tiecks Künstlerroman „Franz Sternbalds Wanderungen" (1798)

Kunst berührt – obwohl er einmal beklagt, daß der Künstler nach Brot gehen muß und daß Nutzen und Zweckdenken in der bürgerlichen Welt mit dem Anspruch des Herzens und dem „Kunstenthusiasmus" zusammenstoßen. Kunstenthusiasmus verbindet sich in Tiecks Roman mit dem Motiv der Wanderung. Die Wanderung ist eine Suche nach der eigenen Identität, nach originaler Künstlerschaft. Die Kreisbewegung, die der Roman beschreibt (von Nürnberg nach Italien und zurück), entspricht der Denkfigur der „romantischen Triade", die in fast allen romantischen Erzählungen anzutreffen ist. Italien, dessen antik sinnenhafte Kunst dem nüchternen Realismus der Niederländer entgegengesetzt wird, erweist sich als ambivalent. Zwar ist alle Kunst auf Sinnlichkeit und Versinnlichung gegründet. Daher ist wahre Kunst nur in Italien zu finden. Zugleich aber wirkt die auch erotisch zu verstehende Sinnlichkeit verdächtig. Erst wieder in Deutschland kann eine Verbindung von Antike (Kunst – Sinnlichkeit) und Christentum (Religion – Geistigkeit) stattfinden, und Venus verwandelt sich in Maria.

13.6 Romantische Ironie

Noch ehe F. Schlegel (▷ 13.8–13.11) die romantische Ironie im Sinne einer „überwundenen Selbstpolemik" philosophisch-aphoristisch als das poetische Mittel der Romantik etablierte („Die Ironie enthält und erregt ein Gefühl von dem unauflöslichen Widerstreit des Unbedingten und Bedingten"), erschienen den Zeitgenossen L. Tiecks Märchendramen „Der gestiefelte Kater" (1797), „Die verkehrte Welt" (1800) und „Prinz Zerbino" (1799) als Realisation romantischer, spielerisch eingesetzter Ironie.

Indem Tieck das alte Motiv des Theaters auf dem Theater radikalisiert, nämlich die Vorstellung eines Stückes nebst seinem Publikum als Akteur auf die Bühne bringt („Der gestiefelte Kater"), indem er in „Die verkehrte Welt" das Motiv noch potenziert, da nun das Theater in dreifacher Schachtelung erscheint, werden die bekannten Mittel der Illusionsdurchbrechung (die Ansprache des Schauspielers ans Publikum, die Rede über die Rolle innerhalb der Rolle und anderes) zu einem einzigen Zweck koordiniert: Es entsteht ein Reflexionsspiel, in dem alle geläufigen Möglichkeiten der Wirklichkeitsorientierung zusammenbrechen. So sagen die Zuschauer in „Die verkehrte Welt": „Seht, Leute, wir sitzen hier als Zuschauer und sehn ein Stück; in jenem Stück sitzen wieder Zuschauer und sehn ein Stück, und in jenem dritten Stück wird jenen dritten Akteurs wieder ein Stück vorgespielt". Fazit: „Es ist um toll zu werden." Wird der Wahnsinn in Tiecks Naturmärchen (▷ 13.2) durch die Begegnung mit den Archetypen des kollektiven Unbewußten erzeugt, wie C. G. Jung sie nennt, so wird hier die Tollheit mit dem Vergnügen an der Zerstörung des an „Normalität" und „Nutzen" orientierten Bewußtseins absichtsvoll in Szene gesetzt. Am Ende muß auch der wirkliche Zuschauer dieses Schauspiels sich als jemand erkennen, der selbst auf einer Bühne spielt, in der ein von Gott, dem Schöpfer, selbst inszeniertes Drama, das Leben, vorgeführt wird.

So wird die Ironie bei den Romantikern zu einem poetischen Mittel, die Welt „sub specie aeterni" zu sehen. Die Reflexion, das Bewußtsein, das im „Blonden Eckbert" als Sündenfall angesehen wird, führt in der unendlich potenzierten Spiegelung zum Absoluten als der Ureinheit zurück. Die Ironie wird also ein Mittel, sich über seine eigenen Bedingungen und Beschränkungen zu erheben, sich dem Absoluten, dem „ursprünglichen" Sinn wieder anzunähern.

13.7 Jenaer Romantik

Um 1795 sammelte sich in der Universitätsstadt Jena eine Gruppe von Philosophen, Schriftstellern, Naturwissenschaftlern, Philologen und deren Frauen, die untereinander engen geistigen Kontakt pflegten und in Freundschaft und Liebe miteinander verbunden waren: J. G. Fichte und F. W. J. von Schelling, Ludwig Tieck (▷ 13.2–13.5), Novalis (▷ 13.12–13.14), der Theologe F. D. E. Schleiermacher, die Brüder Friedrich (▷ 13.8–13.11) und August Wilhelm (▷ 13.15) Schlegel mit ihren Frauen Dorothea und Caroline (▷ 13.25), die später Schelling heiratete, sowie der Physiker und Naturphilosoph Johann Wilhelm Ritter. Die von A. W. und F. Schlegel herausgegebene Zeitschrift „Athenaeum" (1798–1800) war das Organ der Frühromantiker, in dem die universalistischen und synthetisierenden Tendenzen entwickelt und debattiert wurden. Die mystische Bewußtseinsphilosophie Fichtes war Ausgangspunkt und Antithese. Das Subjekt ist für Fichte Schlüssel zur Welt. Die Welt ist eine Schöpfung des Geistes: Nicht-Ich. Jedes empirische Ich ist nur Erscheinung eines absoluten Ichs, das heißt Gottes, der die Welt aus sich heraus gesetzt hat. Während Fichte einem die Welt überwindenden Ich das Wort redet, erkennt Schelling in diesem Ich als Geist einen Ausfluß der Urmutter Natur. Diese Natur bringt in organischer Entwicklung von nur scheintoter Materie über Pflanzen und Tiere den Menschen hervor, der die höchste Stufe der materiellen Natur und die niedrigste der geistigen darstellt. Um das Problem, wie man den Naturpantheismus, den man der antiken Weltanschauung zuschrieb, und den weltüberwindenden Geistglauben, den man mit dem Christentum identifizierte, vereinen könnte, drehte sich die theosophische und naturphilosophische Spekulation der Früh- und Hochromantik.

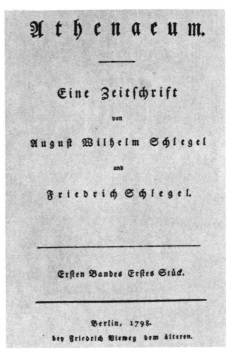

Titelblatt der ersten Ausgabe der von August Wilhelm und Friedrich Schlegel gegründeten programmatischen Zeitschrift der Frühromantik „Athenaeum" (1798)

13.8 Die Theorie der romantischen Dichtung – Friedrich Schlegel

Friedrich Schlegel war seit seiner Jugend ein unersättlicher Leser, der, wie sein älterer Bruder August Wilhelm (▷ 13.15), die gesamte abendländische Literatur- und Geistesgeschichte präsent hatte. Er wurde zu einem der wichtigsten Essayisten, Aphoristiker, Kritiker und Literaturphilosophen Deutschlands, dessen originellste Leistung in dem Versuch bestand, die Dimensionen von Darstellung (Dichtung) und Erkenntnis (Philosophie) aufeinander zu beziehen. Ihre Vereinigung geschieht im Fragment (Aphorismus) und Essay (vor allem die „Fragmente", veröffentlicht in der Zeitschrift „Athenaeum", 1800); Schlegels Beitrag als Anreger und Motor der geistigen Entwicklung seiner Generation ist unabschätzbar und wirkt bis heute nach. Als Erbe der gesamten philosophischen und ästhetischen Diskussion des 18. Jahrhunderts treibt Schlegel mit den dabei aufgebrochenen Widersprüchen (Absicht und Intuition, Ratio und Gefühl, Herz und Verstand) ein experimentierendes Spiel, wobei die Form der Aussage ebenso wichtig wird wie ihr Inhalt. Schlegel, geboren in Hannover am 10. März 1772, studierte in Göttingen und Leipzig Jura, klassische Philologie und Philosophie. 1792 schloß er Freundschaft mit Novalis. Danach ließ er sich als freier Schriftsteller in Dresden nieder. Nach einer kurzen Zeit in Jena siedelte er nach Berlin über, wo er mit L. Tieck (▷ 13.2–13.5), W. H. Wackenroder (▷ 13.1), F. D. E. Schleiermacher und Sophie Bernhardi, der Schwester Tiecks, verkehrte. Mit seinem Bruder gab er die Zeitschrift „Athenaeum" (▷ 13.7) heraus. 1799–1801 hielt er als Privatdozent Vorlesungen an der Universität Jena und war dort der Wortführer des frühromantischen Kreises. Die wichtigsten Zeugnisse dieser ersten Periode seines Denkens sind die Schrift „Über das Studium der griechischen Poesie" (1797), Charakteristiken und Kritiken über Lessing, G. Forster, F. H. Jacobi, Goethes „Wilhelm Meisters Lehrjahre" (1798) sowie politische Stellungnahmen und das „Gespräch über die Poesie" (1800). Er trat zur katholischen Kirche über und wurde nach Reisen, unter anderem nach Paris 1803–1805, wo er Sanskrit studierte, Hofkanzleisekretär unter Metternich in Wien. 1815–18 war er Legationsrat bei der österreichischen Botschaft am deutschen Bundestag in Frankfurt. In Dresden hielt er Vorlesungen über Philosophie und Ästhetik. Hier starb er am 12. Januar 1829.

13.9 Antike und Moderne

In den Jahren 1794–96 entwickelt F. Schlegel in Dresden eine Literaturtheorie und Geschichtsphilosophie, die sich vor allem mit der Bedeutung der antiken Kunst und Poesie für die Gegenwart auseinandersetzt. Der Aufsatz „Über das Studium der griechischen Poesie" (1797) entwirft auch eine Charakteristik der modernen Poesie, das heißt der abendländischen Dichtung seit der Renaissance, und

setzt diese von der Vollkommenheit und Objektivität der antiken Kunst ab: die moderne Dichtung zeige einen Mangel an Einheit und Kontinuität. Anarchie, Gesetzlosigkeit oder hilflose Nachahmung bestimmten ihren Gang, sie sei verworren und zerstückelt. Dies sei Ausdruck des sondernden, reflektierenden Verstand des Künstlers, der selbst vereinzelt sei, sich auf keine Tradition mehr stützen könne, monologisiere. Die natürliche Verbindung zwischen Dichter und Publikum, wie sie auch wegen der politischen Verhältnisse in der griechischen Polis existiert habe, wird vermißt. Demgegenüber erscheint die griechische Poesie als Verkörperung des unbedingten Ideals. Sie enthalte „Übereinstimmung und Vollendung", objektive Schönheit habe sich kontinuierlich entwickelt und befriedige, wo die moderne Poesie unbefriedigt lasse. Die antike Kunst habe sich natürlich gebildet, die moderne sei künstlichen Ursprungs.

13.10 Progressive Universalpoesie

Geist und Natur, Einheit und Fülle, Konzentration und Expansion, Gott und die Welt, Moderne und Antike, das sind Beispiele für Polaritäten, um die F. Schlegels aphoristisch-essayistisches Denken kreist. Fragment (Aphorismus) und Essay sind willkürlich-unwillkürliche Produkte des Versuchs, Darstellung und Erkenntnis universal zu synthetisieren. Sie werden damit zu Kunstwerken eigener Art, in denen das Interesse an der Erkenntnis vorwaltet, obwohl es inhaltlich in Frage gestellt wird. Diese Paradoxie von Inhalt und Form, Absicht und Instinkt, System und Systemlosigkeit, Bewußtem und Unbewußtem oder wie immer es Schlegel, der immer neue Begriffe erfand, nennen mochte, paßt sich dem unfeststellbaren Leben an, das Schlegel mit seinen Aussagen immer wieder doch feststellen will. Diese notwendige Paradoxie betrifft auch die Theorie der romantischen Poesie, die Schlegel im Aufsatz „Über das Studium der griechischen Poesie" (1797; ▷ 13.9) ansatzweise umschrieben hatte. Poesie bedeutet umfassende Universalität, sie soll die weitesten Gegensätze darstellen. Die romantische Poesie, das heißt die Poesie, die

Antike und Moderne in ihrem Gegensatz überwinden soll, nennt er, in Übereinstimmung mit Novalis (▷ 13.12–13.14), „progressive Universalpoesie". Sie kann sich dem Ideal der Vereinigung nur fortschreitend (progressiv), in Fragmenten annähern. In dieser Sehnsucht nach dem Ziel ist bereits die künftige Vollendung angedeutet. Romantische Poesie ist daher vorläufig im doppelten Sinne: sie ist provisorisch und zugleich utopisch vorwegnehmend; auf dem Weg und doch schon am Ziel.

13.11 „Lucinde" – die romantische Ehe

Der Roman „Lucinde" (1799) ist persönliches Bekenntnis der Liebe F. Schlegels zu Dorothea Veit, die sich seinetwegen zur Scheidung von einem ihr aufgezwungenen Mann entschloß, und zugleich ein Werk, in dem Schlegel versuchte, Poesie, Philosophie, Moral und Religion in einer romantischen Synthese zu vereinen. Diese stand unter dem Zeichen des Pantheismus B. de Spinozas, in dessen Namen ein harmonisches Verhältnis von Leib, Seele und Geist gepriesen wird. Eine wahre Ehe besteht nicht als Pflicht-, sondern als Glücksgemeinschaft, in der jeder nur dank des anderen zum ganzen Menschen werden kann. Beide Geschlechter sind gleichrangig. Männlichkeit und Weiblichkeit verschmelzen in jedem Partner. Jeder für sich ist nur Stückwerk. Erotik ist der leibliche Ausdruck einer die Totalität des Menschen in sich begreifenden Kommunikation. Lucinde wird für Julius, den Helden des Romans, der anfangs unter seiner Zerrissenheit leidet, zugleich zur Geliebten, Freundin und besten Gesprächspartnerin. Ihre freie Liebesgemeinschaft ohne kirchlichen und staatlichen Segen wird als echte Ehe verstanden, die als sittliches Verhältnis religiös erlebt wird. Eine solche Ehe bedeutet metaphysische Einheit, bedeutet Versöhnung von Ich und All außerhalb aller rechtlichen Konventionen. Das Buch rief einen Skandal hervor, nicht nur wegen des kaum verhüllten Selbstbekenntnisses, sondern weil es die Prüderie der Epoche provozierte durch das Anpreisen der Wollust als „des heiligsten Wunders der Natur". Schle-

Novalis (Stahlstich von Eduard Eichens aus dem Jahr 1845 nach einem Gemälde von Franz Gareis)

gels Freund, der Theologe F. D. E. Schleiermacher, mußte das Buch in „Vertraute Briefe über die Lucinde" (1800) verteidigen.
Die Theorie des Romans als Roman – in dieser Form sollte „Lucinde" die literarische Verwirklichung einer neuen Theorie des Romans werden, die ihn als „romantische", universale Synthese aller getrennten Gattungen begreift: „Das Leben soll kein uns gegebener, sondern ein von uns gemachter Roman sein" (F. Schlegel).

13.12 „Wir werden die Welt verstehn, wenn wir uns selbst verstehn" – Novalis

Georg Philipp Friedrich Freiherr von Hardenberg wurde am 2. Mai 1772 als Sohn einer verarmten pietistischen Adelsfamilie aus Thüringen in Oberwiederstedt geboren. Er gab sich 1798 den Schriftstellernamen Novalis (= der Neuland Bestellende). Durch Fehleinschätzung seines Dichtertums und Charakters wurde er in der Literaturgeschichte noch bis in die 70er Jahre des 20. Jahrhunderts einseitig zu einem weichen, kindlichen Träumer stilisiert. Dabei war er F. Schlegel (▷ 13.8–13.11) ähnlich, mit dem er in enger Freundschaft „symphilosophierte", ein Denker, der die Dichtung der Moderne gerade durch seine poetischen Theorien nachhaltig beeinflußt hat. Seinem schmalen dichterischen Werk, das das Romanfragment „Die Lehrlinge zu Sais" (entstanden 1798), „Geistliche Lieder" (entstanden 1799), „Hymnen an die Nacht" (entstanden 1800; alle postum herausgegeben 1802), den unvollendeten Roman „Heinrich von Ofterdingen" (herausgegeben 1802) umfaßt, steht ein sehr viel umfangreicheres universaltheoretisches Werk in Form von aphoristischen Fragmenten gegenüber, von dem aber nur ein Teil in die von ihm veröffentlichten Aphorismensammlungen einging („Blüthenstaub", 1798, in der Zeitschrift „Athenaeum" [▷ 13.7], und „Glauben und Liebe oder der König und die Königin", 1798). In Jena, Leipzig und Wittenberg studierte er 1790–94 Jura, Mathematik und Philosophie. Schiller machte ihm als Lehrer und Persönlichkeit den größten Eindruck, bei dem Philosophen K. L. Reinhold fand er Zugang zu J. G. Fichtes Philosophie. Nach Beendigung seines Jurastudiums verlobte er sich 1795 mit der dreizehnjährigen Sophie von Kühn, die zwei Jahre später starb. Die Beschäftigung mit Fichtes Philosophie füllt umfangreiche Aufzeichnungen, in denen er dessen Begriffe diskutiert und mit dem mystischen Utopismus der überlieferten pietistischen Religiosität verbindet, die mit Sophies Tod die Oberhand gewinnt. Sophie wird zum „Wunderbild" seines „besseren Selbst". Vor allem mit F. Schlegel in ständiger Diskussion, setzt er sich unter anderem mit der Mystik J. Böhmes auseinander und insbesondere mit der Wissenschaftslehre des niederländischen Philosophen F. Hemsterhuis, die, mehr noch als Fichte, sein kunsttheoretisches Programm der „absoluten" oder „progressiven" Universalpoesie (▷ 13.10) entscheidend beeinflußt hat. 1796 tritt er ein Amt bei der Salinenverwaltung in Weißenfels an, verkehrt eng mit den Frühromantikern Jenas, wird Freund L. Tiecks. In Freiberg bildet er sich durch sein Studium der Montanwissenschaft (1797–99) zum hochqualifizierten technologischen Experten aus, er verlobt sich wieder und macht

die Bekanntschaft F. W. J. von Schellings. 1799 als Salinenassessor beziehungsweise Berghauptmann in Weißenfels angestellt, stirbt er dort am 25. März 1801 im Alter von 29 Jahren an Lungenschwindsucht.

13.13 Das Romantisieren

„Die Welt muß romantisiert werden. So findet man den ursprünglichen Sinn wieder. Romantisieren ist nichts als eine qualitative Potenzierung. Das niedre Selbst wird mit einem besseren Selbst in dieser Operation identifiziert ... Indem ich dem Gemeinen einen hohen Sinn, dem Gewöhnlichen ein geheimnisvolles Ansehen, dem Bekannten die Würde des Unbekannten, dem Endlichen einen unendlichen Schein gebe, so romantisiere ich es. Umgekehrt ist die Operation für das Höhere, Unbekannte, Mystische, Unendliche – dies wird durch diese Verknüpfungen logarithmisiert – es bekommt einen geläufigen Ausdruck – ... Wechselerhöhung und Erniedrigung." Dies Fragment ist ein Beispiel für die Methode des Denkens von Novalis und für die Möglichkeit der Darstellung eines die Logik des Diskurses auflösenden Reflektierens, nämlich im Fragment.

Auch inhaltlich ist dieses Fragment bezeichnend. Novalis, dem in „philosophischer Freundschaft" mit F. Schlegel (▷ 13.8–13.11) die „produktive Einbildungskraft" zum Schlüsselbegriff wird, begreift das Romantisieren als transzendentale Operation des Bewußtseins, das die Dinge mit dem „Zauberstab der Analogie berührt". Auf der Suche nach dem „Entwurf der Welt" entwickelt er die Idee des „absoluten" Buches im Sinne eines „unendlichen Romans", der sich durch das Fragment oder das „Fragmente" realisiert, die auch als „Bruchstücke eines fortlaufenden Selbstgesprächs" bezeichnet werden. Novalis erinnert sich an eine Zeit (Goldenes Zeitalter, Urzeit) in der Sensorium und Intellekt noch eine Einheit bildeten im „Instinct". Er nennt es das „Genie des Paradieses". Diese Genialität, die eine ursprüngliche Einheit mit der Welt bedeutete, in der die Welt für den Menschen auch eine Sprache der tatsächlichen Kommunikation besaß, ist verlorengegangen. Der Mensch kann diese Welt zurückgewinnen, indem er die Welt romantisiert, das heißt, durch das Poetische transzendiert.

13.14 Die blaue Blume

Die blaue Blume ist ein zentrales Symbol in Novalis' Fragment gebliebenem Roman „Heinrich von Ofterdingen" (postum herausgegeben 1802), der mit größerem Recht als F. Schlegels abstraktere „Lucinde" (▷ 13.11) Erfüllung der frühromantischen Poesiekonzeption genannt werden kann, da er die Natursymbolik einer „neuen Mythologie" auch darstellerisch einführt. Die blaue Blume, nach deren Anblick sich Heinrich am Anfang des Romans sehnt, erscheint ihm als Traumbild. Die „Blütenblätter zeigten einen blauen ausgebreiteten Kragen, in welchem ein zartes Gesicht schwebte". Eine arabeske Verschlingung von Pflanze und Mensch, das heißt von Natur und Geist wird sichtbar. Es ist ein nur intuitiv faßbares Symbol der künftigen Erfüllung, die der Dichter durch den poetischen Akt der Allvermählung aller getrennten Seinssphären erst schafft.
Der Künstlerroman „Heinrich von Ofterdingen", mit dem Novalis Goethes „Wilhelm Meisters Lehrjahre" (▷ 12.16) übertreffen wollte, ist der utopischste Roman, den es geben kann. Er weist der Poesie die Aufgabe der Welterlösung zu, die in der blauen Blume bereits prophetisch geschaut wird. Diese Erlösung besteht in der Erkenntnis der Allverwandtschaft, der universalen Einheit aller Wesen, die vom Dichter schöpferisch erfunden werden muß: „Menschen, Tiere, Pflanzen, Gesteine und Gestirne ... müssen ... zusammen wie Eine Familie wie Ein Geschlecht handeln und sprechen." Dem geht jedoch ein Kampf zwischen der Vernunft, die streng scheidet und definiert, und der Phantasie, der Intuition, dem Traumbewußtsein, dem Märchen und dem Mythos voran, die in der Dämmerung der Nacht- und Mondsphäre wirken. Heinrich muß in die höchste Aufgabe der Dichtung erst eingeführt werden, er ist ein neuer „Wilhelm Meister". Meisters Lehrjahre unterscheiden sich von den Erfahrungen Heinrichs, denn Novalis empfand, da er den Dichter zum „Priester" erhob, Goethes Roman nach anfänglicher Begeisterung als

Handschriftliche Aufzeichnungen von Novalis zum zweiten Teil seines Romans „Heinrich von Ofterdingen"

„Satire gegen die Poesie und die Religion". Heinrich wird durch Mythen und Märchen deutlich gemacht, welch wunderbare Kraft die Dichter einst besaßen. Der altgriechische Lyriker Arion war imstande, die Natur, die „wild, unordentlich und feindselig war", insgesamt zu bändigen. Nach den Fortsetzungsfragmenten sollte Heinrich am Ende selbst ein zweiter Orpheus beziehungsweise Arion werden. Auf der Suche nach dem „ursprünglichen Sinn" leitet er die Wiederkehr des neuen Goldenen Zeitalters ein: der Roman wird zum Märchen.

13.15 Weltliteratur – August Wilhelm Schlegel

Der am 5. September 1767 in Hannover geborene ältere Bruder F. Schlegels (▷ 13.8–13.11) studierte in Göttingen bei dem Philologen Ch. G. Heyne und bei G. A. Bürger, dem Dichter und Professor für Ästhetik. Bürger regte seine ersten Dichtungen und kritischen Versuche an. Mit ihm zusammen begann er die bis heute wichtige Übersetzung der Werke Shakespeares, die zwischen 1797 und 1810 erschien und von Tieck (▷ 13.2–13.6), seiner Tochter Dorothea und W. H. Graf Baudissin fortgesetzt und beendet wurde (1825–33). Er schrieb unter anderem für Schillers Zeitschrift „Die Horen" (1795–97) Rezensionen, die vor allem dem Werk Goethes (▷ Kapitel 12) galten, und eigene kunsttheoretische Artikel. F. Schlegels Kritik am Schillerschen „Musenalmanach" (1796–1800) führte zu einer Entfremdung zwischen der „Romantischen Schule" um die Schlegels (▷ 13.7) und Schiller. August Wilhelm war zwei Jahre außerordentlicher Professor an der Universität Jena. 1801–04 hielt er in Berlin, der aufklärerischen Hochburg F. Nicolais, Vorlesungen über Literatur und Kunst, die die in oft paradoxer Form herausgestellten ästhetischen, poetischen, literaturtheoretischen und weltanschaulichen Ideen der Jenaer Romantik allgemeinverständlich, gesammelt und geordnet vorstellten. Von diesen Vorlesungen ging eine gewaltige Wirkung auch auf die englische, amerikanische, russische und die romanischen Literaturen aus. Von Goethe mit Madame de Staël bekanntgemacht, begleitete er sie als Hauslehrer und Gesellschafter zwischen 1803 bis zu ihrem Tode 1817 auf ihren Reisen durch Europa. Seine Anregungen gingen in ihr Buch „De l'Allemagne" (1810, deutsch „Deutschland", 1814) ein, das Frankreich ein wirksames und einprägsames Bild der deutschen Kultur der Goethezeit vermittelte. Wesentlich für die internationale Wirkungsgeschichte der romantischen Ästhetik waren auch seine Wiener Vorlesungen, unter anderem die „Über dramatische Kunst und Literatur" (1809–11). Ab 1818 war er als Professor für Kunst- und Literaturgeschichte in Bonn tätig. Dort begründete er auch die altindische Philologie und war Herausgeber der „Indischen Bibliothek" (1823–30). Neben der Shakespeareübersetzung hinterließ er glänzende Übersetzungen der Werke Dantes und Calderóns. Er starb am 12. Mai 1845 in Bonn.

13.16 Der Schlüssel zum Selbst – Bonaventuras „Nachtwachen"

1804/05 erschienen in dem „Journal von neuen deutschen Original Romanen" unter dem Pseudonym Bonaventura „Die Nachtwachen", die wahrscheinlich aus der Feder von Ernst August Klingemann stammen. Jean Paul (▷ 13.17; 13.18), der auf die weitgehend ignorierten „Nachtwachen" mit positiver Kritik reagierte, meinte F. W. J. von Schelling als Autor erkennen zu können; seitdem wurden sie auch abwechselnd C. Brentano, F. G. Wetzel, F. Schlegel, E. T. A. Hoffmann und anderen zugeschrieben. Der Held des Werkes, der von Jugend auf „eine Vorliebe für die Tollheit" gezeigt hat, stellt in einer Folge von 16 Nachtwachen Bilder aus dem Tollhaus des Lebens vor. Als Kreuzgang, so heißt der Held, der als Findelkind in einer Kirche aufgefunden wurde, wegen seiner satirischen Verse als Bänkelsänger ins Irrenhaus gesteckt wird, begegnet er einem Verrückten, der sich als Weltschöpfer ausgibt und der es bedauert, den Menschen geschaffen zu haben. Weil er versucht hat, sich als Narr fortzupflanzen, wird Kreuzgang jedoch das Irrenhaus gekündigt. Der Poet, der „aus dem Tollhaus einen verstärkten Haß gegen alle Vernünftigen mitgebracht" hat, avanciert zum Nachtwächter mit einem „festen Gehalt". Dies, nachdem er in einem kleinen deutschen Ort an der französischen Grenze eine „Tragikomödie" aufgeführt hat, „in der Hanswurst, als Freiheit und Gleichheit, lustig Menschenköpfe, statt der Schellen schüttelte". Die Truppe, die Holzpuppen des Marionettentheaters, wird „im Namen des Staates" verhaftet, dem Poeten wird mitgeteilt, „daß durch ein strenges Zensuredikt alle Satire im Staate ohne Ausnahme verboten sei, und man sie schon im voraus in den Köpfen confiscire", worauf sich der „Mitdirektor" des Marionettentheaters „auf der Bühne an einer Wolke erhängt". Das Lachen, die „satirische Maske", ist, so Bonaventura, das wirksamste Mittel gegen den Hohn der Welt: „Was beim Teufel – diese ganze Erde ... anders werth als sie auszulachen – ja sie hat allein darum noch einigen Werth weil das Lachen auf ihr zu Hause ist". Als Kreuzgang, den „in überspannten Augenblicken" der Gedanke überfällt, die Menschen könnten das „Chaos selbst verpfuscht" haben, indem sie mit dem „Ordnen zu voreilig gewesen" seien, auf die „fixe Idee" kommt, in der 6. Nachtwache „in der letzten Stunde des Säkulums", 1799, „mit dem jüngsten Tage vorzuspuken und statt der Zeit die Ewigkeit auszurufen", löst er eine Reaktion aus, die er, der Nachtwächter, folgendermaßen wiedergibt: „O man hätte sehen sollen was das für ein Getreibe und Gedränge wurde unter den armen Menschenkindern und wie der Adel ängstlich durch einanderlief, und sich doch noch zu rangieren suchte vor seinem Herrgott; eine Menge Justiz- und andere Wölfe wollten aus ihrer Haut fahren und bemüheten sich in voller Verzweiflung sich in Schaafe zu verwandeln ... Der stolzeste Mann im Staate stand zum erstenmale demüthig und fast kriechend mit der Krone in der Hand und komplimentirte mit einem zerlumpten Kerl um den Vorrang, weil ihm eine hereinbrechende allgemeine Gleichheit möglich schien". Der Roman endet in einer apokalyptischen Friedhofsszene. Kreuzgang, das Findelkind, trifft dort auch auf seine Mutter, eine „braune Zigeunermutter", die ihm den Vater, einen steinernen Alchimisten, vorstellt, und ihm berichtet, der Teufel habe bei seiner Geburt Pate gestanden. Kreuzgang kommentiert den Bericht der Mutter mit den Worten: „Der Schlüssel zu meinem Selbst war mir gereicht, und ich öffnete zum erstenmal mit Erstaunen und heimlichem Schauder die lang verschlossene Thür – da sah es aus wie in Blaubarts Kammer".

13.17 Er wartet noch – Jean Paul

Nach seinen eigenen Worten gehört Johann Paul Friedrich Richter nicht zur alten und auch nicht zur neuen Dichterwelt. Er erklärt: „Ich stehe und bleibe allein". Richter, der sich auf dem Titelblatt seines Romans „Die unsichtbare Loge" (1793) erstmals Jean Paul nannte – dies nach Rousseau, der zu seiner Zeit oft nur Jean-Jacques genannt wurde –, war vorübergehend ein Lieblingsschriftsteller seiner Zeit; gegen Ende seines Lebens schwand seine Popularität. Ludwig Börne hielt am 2. Dezember 1825 die Totenrede für

den am 14. November 1825 verstorbenen Jean Paul und erklärt mit Blick über das Jahrhundert hinaus: „... Er aber steht geduldig an der Pforte des zwanzigsten Jahrhunderts und wartet lächelnd, bis sein schleichend Volk ihm nachkomme ...". Jean Paul, am 21. März 1773 in dem kleinen Ort Wunsiedel im Fichtelgebirge geboren, wartet immer noch. – Der junge Johann Paul, dessen Vater Kantor, Organist und Schuldirektor, später dann schlechtbezahlter Pfarrer in Schwarzenbach war, häufte in der Einsamkeit des fern aller kulturellen Zentren gelegenen Ortes ein ungeheures Wissen auf. Die Welt lernte er aus Büchern kennen, die ihm in der umfangreichen Bibliothek des auch literarisch tätigen Pfarrers Erhard Friedrich Vogel zur Verfügung standen. Er liest alles, was er bekommen kann, und exzerpiert sich eine eigene kleine Bibliothek zusammen. Ab 1779 besucht er das Gymnasium in Hof, am 19. Mai 1781 immatrikuliert er sich als Student der Philosophie und Theologie in Leipzig. Noch im selben Jahr gibt er das Studium wieder auf. An Vogel, den väterlichen Freund, schreibt er im November 1781: „Das studieren, was man nicht liebt, das heißt, mit dem Ekel, mit der Langeweile und dem Übermaß kämpfen, um ein Gut zu erhalten, das man nicht begehrt." Der Student beschließt, freier Schriftsteller zu werden, „Bücher zu schreiben, um Bücher kaufen zu können". Bis zum durchschlagenden Erfolg seines Romans „Hesperus, oder 45 Hundsposttage. Eine Lebensbeschreibung" (1795) lebt der freie Schriftsteller, der zunächst dickleibige satirische Essays schreibt, erfolglos und in größter Armut. Unter dem Einfluß einer Todesvision am 15. November 1790 bekommt seine literarische Tätigkeit eine andere, romanhafte, fabulöse Stoßrichtung. Das „Leben des vergnügten Schulmeisterlein Maria Wuz in Auenthal" (1793 als Anhang zu „Die unsichtbare Loge" erschienen, jedoch früher geschrieben) leitet eine Erzählweise ein, die in der Tradition der Empfindsamkeit und des humoristischen englischen Romans stehend, als experimentell bezeichnet werden kann. Vorbild ist ihm vor allem L. Sterne, dessen Roman „The life and opinions of Tristram Shandy gentleman" (1760–67, deutsch „Das Leben und die Meynungen des Herrn Tristram Shandy", 1769) alle bis dahin geltenden Mittel des Erzählens

Jean Paul (in der Mitte stehend) bei einem ihm zu Ehren veranstalteten Picknick (unvollendete Tuschpinselzeichnung mit Bleistift ergänzt von Johann Paul Friedrich Richter; Marbach a. N., Schiller-National-museum)

auf den Kopf stellt. Er spielt mit ihnen und bezieht den Leser durch die ausdrückliche Reflexion über den Vorgang des Schreibens mit ein. Auch Jean Paul sucht die Nähe zum Leser. Der Autor geht als fiktiver Beobachter, Kommentator und Erzähler zusammen mit den anderen Figuren durch die Romane. Als solcher unterhält er sich, abgesehen von seinen (mehrfachen) „Vorreden", mit dem Leser und vor allem auch mit anderen fiktiven Autoren: mit Walt, dem Verfasser von Briefen in dem Romanfragment „Flegeljahre. Eine Biographie" (1804/05), mit Leibgeber, dem Verfasser von Extrablättern im „Siebenkäs" (▷ 13.18); Siebenkäs selbst wird nachträglich zum Verfasser der „Auswahl aus des Teufels Papieren". Labyrinthisches Sprachspiel, Reflexionen und Kommentare sowie Wiedergabe von gelesener Literatur führen oft an den Rand der Zerstörung der Handlungskontinuität, machen den Roman zur Gattung der offenen Form: zur Form des „Unendlichen" im „Endlichen". Mit der Bewußtseinshaltung des „Lachens" (▷ 13.18), die die Welt und ihre Figuren in Vergrößerungen und Verkleinerungen gespiegelt darstellt, zieht Jean Paul die (zeitgenössische) Verabsolutierung des denkenden Ichs in Zweifel. Zentral ist die Figur des Luftschiffers Giannozzo: im freien Flug zerschellt Giannozzo zwischen zwei Gewittern und stürzt in die Tiefe. Den Roman

„Titan" (1800–03), in den er neben der Giannozzo-Geschichte („Komischer Anhang zum Titan") mit „Clavis Fichtiana seu Leibgeberiana" noch einen weiteren Anhang integriert, erklärt Jean Paul in einem Brief vom 8. September 1803: „Titan sollte heißen Anti-Titan; jeder Himmelsstürmer findet seine Hölle; wie jeder Berg zuletzt seine Ebene aus seinem Tale macht". In unbedingter Liebe zum einzelnen Menschen verfaßte Jean Paul, der lacht und nicht verlacht, auch etliche politische Schriften (unter anderem „Dämmerungen für Deutschland", 1809; „Politische Fastenpredigten", 1817) sowie auch eine den Möglichkeiten freier Individualitäten gewidmete Erziehungslehre („Levana", 1807). Jean Paul starb am 14. November 1825 in Bayreuth.

13.18 Das Bewußtsein vom lächerlichen Nichts – der Humor

In seiner „Vorschule der Ästhetik" (1804) hat Jean Paul unter anderem eine Theorie des Humors entwickelt: Humor ist die romantische Form des Komischen. Das unbegreiflich Komische der menschlichen Existenz, die „plötzliche Auflösung der Erwartung von etwas Ernsten in ein lächerliches Nichts", hat einen „unerschöpflichen Stoff", der den Verstand in einen „ins Unendliche gehenden Kontrast" verwickelt. Vier Ebenen des Humors unterscheidend, erklärt der Theoretiker Jean Paul, unter welchen Gesichtspunkten er, der Romancier, seine Menschen „ins sinnliche Leben" setzt: „er [der Humor] hebt ... keine einzelne Narrheit heraus, sondern er erniedrigt das Große, aber – ungleich der Parodie – um ihm das Kleine, und erhöhet das Kleine, aber – ungleich der Ironie – um ihm das Große an die Seite zu setzen und so beide zu vernichten, weil vor der Unendlichkeit alles gleich ist und nichts ...".

Nicht die „bürgerliche" Torheit, sondern die „menschliche" und das heißt, so Jean Paul, das Allgemeine, bewege das Innere des Humoristen. Zwischen Erhebung über die Welt in der Freiheit des Lachens und dem Sichversenken in die Welt des Einzelnen „wechselt" Jean Paul in seinen „humoristischen Idyllen" vom „Schulmeisterlein Maria Wuz ..." (▷ 13.17) und dem „Leben des Quintus Fixlein, aus fünfzehn Zettelkästen gezogen; nebst einem Musstheil und einigen Jus de tablette" (1796). Wuz, dem sein Erfinder in einer Vorrede ein „noch etwas honigsaures Leben" bescheinigt, weiß beispielsweise die Vorfreude auf ein warmes Bett zu genießen. In Phantasiespielen macht er sich seine Welt lebbar (so schreibt er sich, weil ihm das Geld dazu fehlt, die Bücher zu kaufen, die im Meßkatalog angezeigt sind, diese nach dem Titel selber zusammen). Die Kontraste, die Spannungen, die Spaltungen seiner Charaktere entfaltet Jean Paul in vielen seiner Romane durch das Mittel, seine Figuren in Paaren auftreten zu lassen: Gustav und Ottomar („Die unsichtbare Loge"), Victor und Flamin („Hesperus"), Leibgeber und Siebenkäs („Siebenkäs"), Albano und Roquairol („Titan"), Vult und Walt („Flegeljahre"). Im „Siebenkäs", dessen vollständiger Titel „Blumen-, Frucht- und Dornenstücke oder Ehestand, Tod und Hochzeit des Armenadvokaten F. St. Siebenkäs im Reichsmarktflecken Kuhschnappel" (1796/97) lautet, wird in der grotesken Reihenfolge Ehestand-Tod-Hochzeit eine unglaubliche Geschichte des Doppelgängertums erzählt, wobei „Die Rede des toten Christus vom Weltgebäude herunter, daß kein Gott sei" zum Zentrum dieser unglaublichen Geschichte wird. In „Der Komet, oder Nikolaus Marggraf. Eine komische Geschichte" (1820–22) wird der dem „Ichtraum" verfallene Held des Geschehens zur Figur der komischen Idee überhaupt.

13.19 Heidelberger Romantik

War Jena Ort der Begegnung und des Gedankenaustauschs der sogenannten Frühromantik (▷ 13.7), so steht der Name der Universitätsstadt Heidelberg für die zweite Romantikergeneration (Hochromantik). 1805 und 1808/09 lebten dort Clemens Brentano mit seiner Frau Sophie, sein Freund und späterer Schwager Achim von Arnim (▷ 13.24), Joseph Görres. Friedrich Karl von Savigny, Georg Friedrich Creuzer, Jacob und Wilhelm Grimm (▷ 13.23) standen ihnen nahe. Wichtig für die nationale, aber (noch nicht) nationalistische Wendung, die die Romantik nun nahm, war, daß nach den drei Koalitionskriegen (1792–1805) Napoleon I. Preußen besiegt hatte (1806). Es war vor allem A. von Arnim, der sich aktiv patriotisch für den Kampf gegen Napoleon einsetzte. Die jüngeren Romantiker intensivierten Bestrebungen der Frühromantik, zum Beispiel W. H. Wackenroders und L. Tiecks, die die Dürer-Zeit und die poetische Welt der Sagen und Lieder des Mittelalters wiederentdeckt hatten (▷ 13.1). Aber erst die Hinwendung zur Dichtung des „einfachen Volks" macht den eigentümlichen Zug der Hochromantik aus. Die Frühromantik war eine Sache der Gebildeten, der Philosophen und Aphoristiker, die die epochale Problematik der Kultur auf der Höhe der ästhetischen, philosophischen, politischen und soziologischen Reflexion ihrer Zeit diskutierten. Dabei entstand die Fragestellung, wie die Trennung vom Volk aufgehoben werden konnte. Wie konnte das ungebildete Volk mit der kulturellen Oberschicht kommunizieren, wie konnte umgekehrt eine Wiedereingliederung des verfeinerten „künstlichen" Geistes mit dem „natürlichen" Ursprung im allumfassenden „Volksgeist" gelingen? Während die Frühromantik versuchte, eine neue Mythologie künstlich zu schaffen, entdeckten Görres und die Brüder Grimm in der Volksdichtung die natürliche Ureinheit des Mythischen in spezifisch nationaler Form wieder. Zeugnis dieser Tätigkeit sind die Liedersammlung Arnims und Brentanos, „Des Knaben Wunderhorn" (▷ 13.22), Görres' Abhandlung „Die teutschen Volksbücher" (1807) und die „Kinder- und Hausmärchen" der Brüder Grimm (▷ 13.23).

13.20 Der Tieck des Tiecks – Clemens Brentano

Dorothea Schlegel nannte ihn höhnisch den „Tieck des Tiecks", als er in Jena in den Kreisen der Frühromantiker (▷ 13.7) seine ersten Dichtungen veröffentlichte. Clemens Brentano, als Sohn eines reichen Frankfurter Kaufmanns italienischer Herkunft am 9. September 1778 in Ehrenbreitstein geboren, verbrachte seine Jugend am Rhein. Die rheinische Landschaft und die mit ihr verbundenen Volkssagen wurden ihm zum zentralen Erlebnis. Seine Abstammung und seine Stellung zwischen der kaufmännisch rechnenden Vaterwelt und einer poetischen, phantasiegeprägten Mutterwelt (seine Mutter Maximiliane, geborene von La Roche, war eine Zeitlang Freundin Goethes gewesen) ließen ihn die Spannung innerer Zerrissenheit erleben. Die Suche nach innerer Ruhe führte ihn nach unstetem Wanderleben in die katholische Kirche zurück. Mit „Gustav Wasa" (1800), einer Satire auf A. von Kotzebue, begab er sich auf das Feld der romantischen Komödie; sein „Godwi oder das steinerne Bild der Mutter. Ein verwilderter Roman von Maria" (1801), dessen Thema die Suche nach Liebe gegen alle Konventionen ist, ist dem Niveau Tieckscher Ironie (▷ 13.6) vergleichbar. „Zu rächen, zu retten die Liebe" ist nach Brentano die höhere Aufgabe des Dichters. Das Schönste an diesem Roman sind die in ihn integrierten Lieder, mit denen Brentano sein reiches lyrisches Werk beginnt. 1804 reicht er für einen von Goethe ausgeschriebenen Wettbewerb das romantische Lustspiel „Ponce de Leon" ein. Beim Studium in Göttingen lernt Brentano Achim von Arnim kennen (▷ 13.22). In der „Zeitung für Einsiedler" (1.–30. August 1808), die 1808 auch als Buch unter dem Titel „Tröst Einsamkeit" erschien, veröffentlichte Brentano seine berühmten

Clemens Brentano vor der Titelzeichnung zu seinem Märchen „Gockel, Hinkel, Gackeleia" (Radierung von Ludwig Emil Grimm, 1837; Düsseldorf, Goethe-Museum)

Philister-Satiren. Sein Fragment gebliebenes Hauptwerk „Romanzen vom Rosenkranz" (vollständig erst 1912 herausgegeben), sollte ein umfassendes Menschheitsgemälde nach Art Dantes geben. Sein Thema ist der Weg des Menschen zwischen Himmel und Hölle, Religion und Eros. 1809 lebte Brentano in Berlin. Sein sprühender Witz machte ihn in dem Salon Rahel Varnhagens (▷ 13.25) beliebt, seine konservative Gesinnung in der „Christlich-teutschen Tischgesellschaft" (▷ 13.24). Er arbeitete dort an seinen Märchen, den „Rheinmärchen" (▷ 13.21) und den „Italienischen Märchen", Bearbeitungen der Märchen des italienischen Dichters G. Basile (postum herausgegeben 1634–36). Auf dem Familiengut in Böhmen lernte er die slawische Mythologie kennen und schrieb das gleichfalls Fragment gebliebene Drama „Die Gründung Prags" (erschienen 1815). 1813 lebte er in Wien, wo er sich den Restaurationsideologen Adam Heinrich Müller und F. Schlegel näherte. Wieder in Berlin wurde er von der religiösen Dichterin Luise Hensel auf die Religion verwiesen. Er legte eine Generalbeichte ab (1817) und verdammte seine früheren Dichtungen als „geschminkte duftende Toilettensünden unchristlicher Jugend". Von da ab stand er im Dienste der katholischen Religion, widmete sich karitativer Tätigkeit. Am Bett der stigmatisierten Nonne Anna Katharina Emmerick notierte er ihre Visionen. Das Material ging in sein Buch „Das bittere Leiden unseres Herrn Jesu Christi" (1833) ein, ein Erbauungsbuch, das zu dem weitverbreitetsten seiner Werke wurde. Brentano starb am 28. Juli 1842 in Aschaffenburg.

13.21 Melusinenzauber – „Die Rheinmärchen"

Die Märchen C. Brentanos unterscheiden sich beträchtlich von der einfachen Form des Volksmärchens. Die Grundstruktur der vielfach geschachtelten Handlung wird durch die Melusinensage (▷ 7.6) bestimmt. Die Märchen sind Variationen des Sündenfallmotivs, wie sie in dieser durch Paracelsus den Romantikern überlieferten Sage bekannt wurde. Radlauf, der Held, ist der jüngste Sproß eines mit dem Schicksalsfluch der Starenkönigin Aglaster belegten Geschlechtes, andererseits Abkömmling der Melusine, einer Wasserfee, deren Abstammung über ihre Mütter, die die Elemente Feuer, Erde, Luft verkörpern, bis in die kosmische Sphäre des Mondes hineinreicht. Das Werk ist ähnlich wie Novalis' „Heinrich von Ofterdingen" (▷ 13.14) eine Erlösungsgeschichte. Der gegenwärtige Zustand der Welt wird als Produkt eines Falls angesehen, der durch einen vom Himmel Berufenen rückgängig gemacht werden muß. Der Erlöserheld ist Radlauf, ein Müller, dessen Mühle vom Rhein getrieben wird, er ist, wie sich später herausstellt, selbst Sohn einer Naturgöttin, der Lureley, die als die mütterliche Hegerin alles Lebendigen erscheint. In ihrem Schloß in den Tiefen des Rheins liegen die Mainzer Kinder, die Prinz Mauseohr mit der Rattenfängerpfeife ins Wasser gelockt hat, und die auf ihre Wiederauferstehung warten. Radlauf wird in den Schwarzwald gewiesen, wo er die Gründe des Unheils aufsuchen soll. Sie liegen in der Vergangenheit, es sind die Sünden der Vorväter, die mit Elementargeistern verheiratet waren, die ihnen Wohlstand und Glück bescherten, solange sie

das Verbot beachteten, ihnen nicht nachzuforschen. Doch Neugierde und Wissensdurst trieben sie dazu, das Tabu zu durchbrechen. Zur Strafe wurden sie in lebende Tote verwandelt, ihr männlich intellektueller Machtanspruch über die weibliche Natur führte zur Verdrängung und zum Vergessen des eigenen Ursprungs. Diesen gewinnt der treue Radlauf zurück.

13.22 „Des Knaben Wunderhorn"

Das romantische Motiv des freien Herumziehens in der Welt im Gegensatz zur bürgerlichen Seßhaftigkeit findet sich im Volkslied vorgeformt, das ein Lied der fahrenden Schüler und Gesellen, der Landsknechte und Gaukler war. Diese Freiheit wird, so klagt A. von Arnim in dem der Sammlung „Des Knaben Wunderhorn" beigefügten Aufsatz „Von Volksliedern", durch die Verödung des Lebens bedroht, die durch die staatlich reglementierte Mechanisierung aller Lebensverhältnisse hervorgerufen wird. Daher geht auch die Poesie im Volk selbst zugrunde. Die Sehnsucht nach der verlorenen Kindheit des Volkes führt also zur Rückkehr zu den Quellen. Die Idee zu der Sammlung entstand 1802, als C. Brentano Arnim mit seiner Rheinbegeisterung ansteckte, und als sie bei einer Rheinreise „von tausend neuen Anklängen der Poesie berauscht", Lieder, Romanzen, Sagen und Märchen sammelten. Der erste Band des Werkes, der 1806 erschien, wurde durch Goethes herzliche Rezension begrüßt. Das ermunterte die Herausgeber, sich gegen die Angriffe der rationalistischen Kritiker zur Wehr zu setzen und die Fortsetzung in die Hand zu nehmen. Arnim forderte das Publikum auf, an der Sammeltätigkeit mitzuwirken. Ihn lenkten patriotische Motive: das gesammelte gemeinsame Erbe der Vorzeit sollte „den deutschen Stämmen" ihre kulturelle Einheit vor Augen bringen. Der Erfolg war überwältigend. Von den Tausenden von eingesandten Liedern konnte nur ein Bruchteil erscheinen. Das Werk wurde in enger Zusammenarbeit mit den Brüdern Grimm (▷ 13.23) vollendet (Band 2 und 3 erschienen 1808). Doch waren sich die Grimms und die Dichter nicht einig über die Bearbeitung der Vorlagen. Wie bei

Titelkupfer des zweiten Teils der Liedersammlung „Des Knaben Wunderhorn", herausgegeben von Achim von Arnim und Clemens Brentano (1808)

den Märchen G. Basiles, die Brentano in seinen „Italienischen Märchen" phantasievoll umgestaltete, verfuhren die Freunde auch bei den Volksliedern. Die Grimms waren der Meinung, daß die „Naturpoesie" der Volkslieder sich „von selbst mache". Es sei ein dem Dichter selbst unbewußter Vorgang, während die neueren Dichter „Kunstpoesie" dichteten, das heißt bewußt gestalteten. Für die Grimms kam deswegen nur eine originalgetreue kritisch-wissenschaftliche Ausgabe des Volksgutes in Frage. Die Dichterfreunde meinten, es sei der gleiche Geist, der in der alten und der neuen Poesie wirke. Aus diesen Gründen nahmen sie auch eigene Lieder mit auf.

13.23 „Es war einmal ..." – Grimms Märchen

Die Brüder Jacob (* Hanau am Main 4. Januar 1785, † Berlin 20. September 1863) und Wilhelm Grimm (* Hanau am Main 24. Februar 1786, † Berlin 16. Dezember 1859) waren durch ihr Studium bei F. K. von Savigny, dem Begründer der historischen Rechtsschule, die das „organisch" gewachsene Recht gegen die aufklärerische Naturrechtslehre stellte, auf die Vergangenheit verwiesen worden, wo die noch ungetrübten Quellen des Rechts, der Poesie und der Nation zu finden seien. Ähnlich wie F. Schlegel (▷ 13.8–13.11) postuliert Jacob Grimm eine dem Leben selbst innewohnende Poesie, die ursprünglicher als die geschaffene Poesie des Menschen ist. Diese Poesie des Lebens sei am deutlichsten noch in den ältesten Mythen und Sagen zu erkennen. Der Mythos, meint er, sei selbst Offenbarung der Natur im Menschen. In ihm seien Leben und Geist noch vollkommen vereint. Der Mensch sei sich der höheren Einheit mit überpersönlichen Mächten bewußt. Dieses Stadium der Menschheitsentwicklung sei durch Begeisterung, Enthusiasmus (= In-Gott-sein) gekennzeichnet, es sei das ursprüngliche Element, dem die Sagen, Märchen und Epen der Urzeit entstammten. Angeregt durch C. Brentano (▷ 13.20) und A. von Arnim (▷ 13.25), sammelten die Brüder seit 1806 deutsche Märchen. Jacob glaubte in ihnen Reste des nationalen Mythos zu erkennen. Das Volksmärchen sei, so meint Jacob in einer Briefdiskussion mit Arnim, nicht Schöpfung eines einzelnen Dichters, sondern der kollektiven, unbewußten Volksseele (▷ 13.22). Man sammelte die noch kursierenden Volksmärchen nach mündlicher Überlieferung durch befreundete Familien und sogenannte Märchenfrauen in Hessen. Da jedoch von vielen Märchen verschiedene Versionen existierten, mußte Wilhelm Grimm selbst „künstlich zubereitend" vorgehen. Er formte die Märchen von Fassung zu Fassung um (1807–19, sie erschienen 1812–15 in 2 Bänden unter dem Titel „Kinder- und Hausmärchen", eine erweiterte Neuausgabe in 3 Bänden 1819–22). Er hob den Stil, dramatisierte durch Dialoge, poetisierte durch Verse, rhythmisierte die Sprache und fand dabei, obwohl es sich bei den Märchen um Kunstprodukte handelt, den typischen anheimelnden Ton.

13.24 Phantastik und Zeitkritik – Achim von Arnim

Achim von Arnim, eigentlich Ludwig Joachim von Arnim (* Berlin 26. Januar 1781, † Wiepersdorf bei Jüterborg 21. Januar 1831) gehörte einem alten brandenburgischen Adelsgeschlecht an. Er studierte Natur- und Rechtswissenschaften in Halle und Göttingen, wo er 1801 Clemens Brentano (▷ 13.20) kennenlernte. In Heidelberg arbeitete er zusammen mit diesem an der Herausgabe der Volksliedersammlung „Des Knaben Wunderhorn" (▷ 13.22). 1811 heiratete er Brentanos Schwester Bettina (▷ 13.26) und gründete 1811 mit A. H. Müller zusammen die „Christlich-teutsche Tischgesellschaft", die den Kampf gegen Napoleon I. mit Opposition gegen die Stein-Hardenbergschen Reformen verband. Arnims erster Roman „Hollin's Liebeleben" (1802) stellt eine Auseinandersetzung mit Goethes „Werther" (▷ 11.16) dar. In „Armuth, Reichthum, Schuld und Buße der Gräfin Dolores" (1810), einem Gegenwartsroman, entwickelte Arnim eine sakramentale Auffassung der Ehe, die gegen die freie Eheauffassung F. Schlegels in dessen Roman „Lucinde" (▷ 13.11) gerichtet ist. In den Novellen „Die Majoratsherren" (1819) und „Isabella von Aegypten" (1812) treten die phantastischen Elemente, die Arnim zusammen mit E. T. A. Hoffmann (▷ 13.32–13.34) vor allem der französischen Romantik sowie im 20. Jahrhundert den französischen Surrealisten empfahl, in grotesker Wendung hervor. Die unschuldig-kindliche Zigeunerfürstin Isabella vertritt die Ursprünglichkeit der Urzeit. Die von ihr geschaffenen Zauberwesen, die ihr helfen sollen, die Liebe Kaiser Karls V. zu gewinnen, machen sich jedoch selbständig und durchkreuzen ihr Glück. Karl bedient sich eines Golem, der sich an die Stelle von Isabella setzt. Er ist ihr lasterhaftes Gegenbild. Karl verliebt sich in das Nachbild. Doch sein eigentlicher Sündenfall besteht darin, daß er dem Schein des Geldes verfällt. Alle Gestalten außer Bella sind Diener des Geldes. Karl macht einen Alraun zum Finanzminister und verstößt Isabella, die in ihre mythische Urheimat Ägypten zurückkehrt. Ähnlich phantastische Motive, die zeitkritisch eingesetzt werden, sind auch in dem großen, Fragment gebliebenen Roman „Die Kronenwächter" (1817, der 2. Band wurde 1854 postum herausgegeben) zu finden, in dem Arnim mit dem Genre des historischen Romans Kritik am Geist der Restauration übt. Berthold, der Antiheld des Romans, wird in seinem von Ehrgeiz geleiteten Leben Werkzeug der „Kronenwächter", einem Geheimorden zur Restauration der alten Kaisermacht, die politisch nicht mehr an der Tagesordnung ist und deren Ideen nur dem Machtinteresse einiger rückständiger Geister entsprechen.

13.25 Frauen der Romantik

Die der Romantik eigene Kultur des unmittelbaren Dialogs im Freundeskreis fand ihren ganz besonderen Ausdruck in den von Frauen geführten literarischen Salons. Die französischen Salons des 18. Jahrhunders (zum Beispiel der Madame de Tencin oder der Mademoiselle de Lespinasse) wurden Vorbild für eine Reihe von Salons in Berlin und Wien um die Wende des Jahrhunderts. Der Salon war Ort gesellschaftlicher Begegnung ohne Unterschied des Standes und Ranges. Die Qualitäten, die galten, waren Geist, Witz, Ideenreichtum, Fähigkeit zur Konversation: es trafen sich Vertreter aus Hochadel, Diplomatie und Bürger ebenso wie Schauspielerinnen und Theaterleute. Der Salon der Jüdin Henriette J. Herz, Freundin F. D. E. Schleiermachers, wurde zu einem Sammelpunkt der Frühromantiker. Auch die Brüder A. und W. von Humboldt, J. G. Fichte und Schleiermacher, F. Gentz, der Bildhauer G. Schadow, Jean Paul (▷ 13.17; 13.18), Madame de Staël, Ludwig Börne und Prinz Louis Ferdinand von Preußen trafen sich dort. Rahel Levin, Tochter des jüdischen Kaufmanns Levin, seit 1814 mit dem Diplomaten und Schriftsteller K. A. Varnhagen von Ense verheiratet, sah in ihrem Kreis die Brüder Humboldt, Gentz, Schleiermacher, Dorothea Veit, F. Schlegel (▷ 13.8–13.11), L. Tieck (▷ 13.2–13.5), Jean Paul und Adam Müller. Um Caroline Michaelis, die nach einem bewegten Leben 1796 A. W. Schlegel heiratete, sammelte sich der Jenaer Kreis (▷ 13.7). Nach der Scheidung von Schlegel heiratete sie 1803 F. W. J. von Schelling. Dorothea Veit, Tochter des jüdischen Philosophen Moses Mendelssohn, ließ sich scheiden, um an der Seite F. Schlegels leben zu können (1804 Heirat). Auch sie bildete in Wien einen literarischen Kreis, der die Spätromantiker der Restaurationszeit anzog. Geist und Mentalität dieser emanzipierten Frauen wirkten auch auf die romantische Auffassung der Weiblichkeit (▷ 13.11). Dorothea und Caroline, die sich gegen die herrschenden Konventionen stellten, Liebesehen eingingen, waren beispielgebend für das freie Frauenideal. Die neue Frau war ein freier unabhängiger Mensch, der aktiv sein eigenes Leben, gerade auch durch die von gesellschaftlichen Konventionen befreite Liebe, gestaltete. Alle diese Frauen waren auch literarisch tätig. Karoline von Günderode, die sich im Alter von 26 Jahren das Leben nahm, war wohl mit ihrer Lyrik, aber auch mit einigen Dramen und Prosaphantasien, die stärkste schriftstellerische Begabung. Caroline Schlegel war beteiligt an den Aufsätzen ihres Mannes A. W. Schlegel, schrieb Rezensionen und arbeitete an der Shakespeareübersetzung (▷ 13.15) mit. Dorothea schrieb den Roman „Florentin" (1801) und war ebenfalls als Übersetzerin tätig (unter anderem „Corinna, oder Italien" [1807] von Madame de Staël). Vor allem der Brief wurde, als literarische Form dem Dialog, Aphorismus, Essay und der Autobiographie vergleichbar, zum eigentümlichen Ausdrucksmittel der Romantik, besonders auch der Frauen: Wie das Gespräch (der Dialog Platons galt als Vorbild) wurde er, verstanden als mittelbares Gespräch, zu einem Träger der Kultur, in dem der existentielle Bezug zum Partner bestimmend ist.

13.26 Bettina von Arnim

„Auch darüber kann ich mich trösten, wenn meine Gedanken nicht mit der Klugheit der Welt übereinstimmen; diese Klugheit verträgt sich nicht mit einer hüpfenden und springenden Natur, die in allem ich selber verstehen will ...", schreibt Bettina Brentano (* Frank-

furt am Main 4. April 1785, † Berlin 20. Januar 1859), die Schwester von Clemens Brentano (▷ 13.20). „Eigenmacht" nannte Bettina die Instanz, die sie befähigte, sich selbst zu leben. Dabei scheint sie F. Schlegels Maxime beherzigt zu haben, nach der „ein Mensch soviel Werth [hat], als Dasein, das heißt als Leben, Kraft und Gott in ihm ist." Das, was ihre Großmutter, die Schriftstellerin Sophie von La Roche, an ihr kritisierte, das Sprunghafte, die Unrast, das Veränderliche, akzeptiert sie als ihre innerste Natur. So wehrte sie sich gegen die Erziehungsversuche ihres Bruders, mit dem sie 1800–1803 Briefe wechselte, nachdem sie sich ihm nach seiner Rückkunft aus Jena eng angeschlossen hatte. Ihr Wesen entfaltet sich nur in der Begegnung mit lebendigen Menschen und im Brief. Auch für Clemens Brentano war Dichtung vor allem Ausdruck einer poetischen Existenz. Bettina kann das im Brief gewonnene Selbstgefühl, das sie von ihrer Kindheit her bestimmt, bis in ihr Alter erhalten, sie sieht sich deshalb immer als Kind, als Mignon, wie sie sich in ihrem Verhältnis zu Goethe, den sie lebenslang verehrt und dem sie mit ihrem Buch „Goethe's Briefwechsel mit einem Kinde" (1835) ein Denkmal setzt, selbst bezeichnet. Diese Briefe, die sie an Goethe richtete und später zum Teil redigiert und stilisiert herausgab, sind ein Dokument der Verehrung und schwärmerischer Liebe.

13.27 Dresdener und Berliner Romantik

In Dresden sammelte sich um die Zeitschrift „Phöbus" (einziger Jahrgang 1808) Heinrich von Kleist, Friedrich Gottlieb Wetzel, der Staatsrechtler A. H. Müller und der Naturphilosoph G. H. Schubert (▷ 13.28), die unter anderem mit dem Maler C. D. Friedrich befreundet waren. Wiederholt wurde Berlin Mittelpunkt romantischer Bewegungen. Es trafen sich dort, unter anderem im Salon der Rahel Varnhagen, Adelbert von Chamisso, Friedrich de la Motte Fouqué, Zacharias Werner, die mit David Ferdinand Koreff und Julius Eduard Hitzig im „Nordsternbund" verbunden waren, und, ab 1814 E. T. A. Hoffmann (▷ 13.32–13.34). Um 1810/11 fanden

Bettina von Arnim vor dem von ihr entworfenen Goethe-Denkmal (Stich aus dem Jahr 1838)

sich dort Kleist (▷ 13.29–13.31), Achim von Arnim und Clemens Brentano. Kleist gab die „Berliner Abendblätter" heraus und Arnim gründete zusammen mit Müller die „Christlich-teutsche Tischgesellschaft". Hoffmann hat die Zusammenkünfte mit seinen Freunden Chamisso, Hitzig, Koreff, Fouqué und anderen an den „Seraphinen-Abenden" in seinem Erzählzyklus „Die Serapions-Brüder" (1819–21) geschildert. Kleist, Hoffmann und Chamisso erfahren in jeweils besonderer Weise die Krise ihrer Epoche. Zeugnis für die Gestaltung der auch im individuellen Leben erfahrenen Widersprüche – Kleist und Hoffmann waren zeitweise Staatsbeamte und freiberufliche Schriftsteller – ist Chamissos Novelle „Peter Schlemihl's wundersame Geschichte" (1814), die von einem Mann erzählt, der seinen Schatten verkauft, der dann aber die Schattenlosigkeit, den Ausschluß aus der Mitmenschlichkeit, als ungleich größeres Unglück erfahren muß als die Armut (Abb. S. 274).

13.28 Magnetismus und Traumwelt – Gotthilf Heinrich Schubert

Der Pfarrerssohn Gotthilf Heinrich [von, seit 1853] Schubert (*Hohenstein [heute zu Hohenstein-Ernstthal] 26. April 1780, † Laufzorn [heute zu Grünwald] 1. Juli 1860), hatte, vor allem mit seiner naturphilosophischen Schrift „Ansichten von der Nachtseite der Naturwissenschaft" (1808) großen Einfluß auf die Dichtung H. von Kleists und E. T. A. Hoffmanns, mit denen er in Dresden freundschaftlich verbunden war (▷ 13.27). In Schuberts System erhalten psychische Phänomene wie Traum, zweites Gesicht, Somnambulismus, Hypnose (Magnetismus) eine metaphysische Bedeutung. Es sind unbewußte Erscheinungen, durch die der im Alltag, in der scheinbaren Rationalität und Normalität existierende Mensch direkt mit dem Höheren, Gott, dem Universum, in Verbindung steht. Sogenannte psychische Anomalien, Ekstase, Hellsehen und anderes werden von ihm als pathologisch gewordene Rudimente eines früheren vollkommenen Zustandes betrachtet, in dem der Mensch mit der Weltseele in unmittelbarer Verbindung stand. Wie Schelling glaubt Schubert, daß der Mensch der Urzeit, das heißt vor dem Sündenfall, ein vollkommenes Wissen besaß. Im somnambulen Zustand, der durch Magnetismus (Hypnose) herbeigeführt wird, sei der Magnetisierte im Zustand höherer Erkenntnis. Er schaue in die Vergangenheit und Zukunft, erkenne Verborgenes, spreche unbekannte Sprachen. In den Mythen der Völker erkennt Schubert, ähnlich wie Görres und die Brüder Grimm (▷ 13.23), Zeugnisse einer Welt, in der sich Gott dem Menschen offenbarte. In „Die Symbolik des Traums" (1822) nimmt Schubert Gedanken der modernen Tiefenpsychologie vorweg. Er erkennt die enge Verwandtschaft der Traumbilder, der Wahnvorstellungen und der mythischen Symbole. Die Traumsprache ist für ihn Bildersprache des Unbewußten, in der sich Gott dem Menschen in verschlüsselter Weise offenbart. Der Traum ist Stimme des Gewissens.

Kupferstich von George Cruikshank mit farbiger Einfassung von Peter Carl Geißler zu „Peter Schlemihl's wundersame Geschichte" von Adelbert von Chamisso (Ausgabe von 1835)

13.29 Heinrich von Kleist

Heinrich von Kleists Lebensweg ist von Zweifeln geprägt, die sich in seiner Grundüberzeugung von der „Gebrechlichkeit der Welt" verdichten. Als Offizierssohn am 18. Oktober (nach eigener Angabe 10. Oktober) 1777 in Frankfurt an der Oder geboren, beendete er sein Leben im Alter von 34 Jahren am 21. November 1811 am Kleinen Wannsee (heute zu Berlin). Alle seine Anstrengungen, zwischen sich und seiner Zeit Übereinstimmung herzustellen, scheiterten. Bereits mit 11 Jahren in die Kadettenanstalt aufgenommen, gibt er die Soldatenlaufbahn 1799 auf. In einem vom Vernunftoptimismus geprägten „Lebens-

plan" will er sich zur Universalität erziehen. Doch führt die Auseinandersetzung mit Kants philosophischem Werk zum Zusammenbruch seiner wissenschaftlichen Erkenntnissen verpflichteten Perspektiven. „Der Gedanke, daß wir hienieden, von der Wahrheit nichts wissen ... und daß folglich das Bestreben sich ein Eigentum zu erwerben, das uns auch in das Grab folgt, ganz vergeblich und fruchtlos ist, ... hat mich in dem Heiligtum meiner Seele erschüttert." Nach Lösung seiner Verlobung geht er nach Paris, dann in die Schweiz. Dort schreibt er „Amphitryon, ein Lustspiel nach Molière" (gedruckt 1807), dem als zweites Lustspiel „Der zerbrochene Krug" (gedruckt 1811) folgt. Im Frühjahr 1802 hatte er mit der Arbeit an den Trauerspielen „Die Familie Schroffenstein" (gedruckt 1803) und dem Fragment gebliebenen „Robert Guiskard, Herzog der Normänner" (erschienen 1808 in der Zeitschrift „Phöbus") begonnen. Er übernimmt ein Staatsamt in Königsberg, schreibt Novellen („Michael Kohlhaas" [▷ 13.31], „Das Erdbeben in Chili", gedruckt 1810), gibt die Beamtenlaufbahn auf und gründet zwei kurzlebige Zeitschriften, „Phöbus" (▷ 13.27) und die „Berliner Abendblätter" (Oktober 1810 bis März 1811), in denen er Fragmente seiner eigenen Dichtungen veröffentlicht, außerdem Essays und Anekdoten. Die Tendenz der Zeitschriften war geprägt durch den Aufruf zur Erneuerung Deutschlands im Kampf gegen Napoleon I. Auch sein Drama „Die Hermannsschlacht" (entstanden 1808/09, gedruckt 1821) war diesem Ziel gewidmet. Nach den Dramen „Penthesilea" (▷ 13.30) und „Das Käthchen von Heilbronn" (entstanden 1807/08, gedruckt 1810) sucht er in „Prinz Friedrich von Homburg" (entstanden 1809–11, gedruckt 1821) eine Lösung des von ihm schmerzlich erlittenen Zwiespalts zwischen Individuum und Staat, Pflicht und Wollen, Gesetz und persönlicher Freiheit.

13.30 „Küsse, Bisse, das reimt sich" – „Penthesilea"

Heinrich von Kleists siebzig Jahre nach ihrem Erscheinen (1808) aufgeführte Tragödie „Penthesilea" nimmt ein Bild des Griechentums vorweg, das erst durch J. J. Bachofen, Nietzsche (▷ 17.16) und Hofmannsthal (▷ 17.12) in der deutschen Geistesgeschichte die alte von J. J. Winckelmanns und Goethes Humanismus geprägte Auffassung (▷ Kapitel 12) ablöste. Die Tendenz zur dionysischen Raserei, des unbewußten Außer-sich-seins, wie es Schubert (▷ 13.28) beschrieben hatte, und wie es auch in der schlafwandlerischen Gefühlssicherheit, die die Liebe des Käthchens von Heilbronns zu Graf Wetter vom Strahl beherrscht, zum Ausdruck kommt, gerät in Widerspruch zu einem von bestimmten Traditionen beherrschten Bewußtsein. Tragische Zerrissenheit des Ichs ist die Folge. Penthesilea ist Königin der Amazonen, die in den Kampf um Troja eingreifen, aber keine der beiden kämpfenden Seiten unterstützen. Das Gesetz der Amazonen gebietet, daß die Jungfrauen sich im Kampf Männer unterwerfen, mit denen sie Nachkommenschaft zeugen wollen. Nach einem kollektiven Liebesfest werden die Männer wieder freigegeben. Das gleiche Gesetz verbietet, daß sich Jungfrauen einen bestimmten Mann aussuchen. Doch Penthesilea sucht im Kampf immer wieder Achilles, von dem sie sich ebenso angezogen fühlt, wie er sich von ihr. Als er sie besiegt hat und sie ihm ohnmächtig zu Füßen liegt, überredet die Amazone Prothoë Achilles, Penthesilea glauben zu machen, nicht er, sondern sie habe den Kampf gewonnen. Ähnlich wie in Kleists Novelle „Das Erdbeben von Chili" (1810, 1807 unter dem Titel „Jeronimo und Josephe" in: „Morgenblatt für gebildete Stände"), in der inmitten der Katastrophe vorübergehend ein Paradies des Friedens auftaucht, entsteht eine Liebesidylle, die aber durch die Amazonen wieder zerstört wird, die ihre Königin befreien. Achilles, von Liebe zu Penthesilea überwältigt, will sich ihr noch einmal stellen, den Kampf jedoch nur zum Schein führen, und ihr freiwillig unterliegen. Sie muß seine Herausforderung mißverstehen. Sie glaubt, er habe mit ihr nur ein Spiel getrieben und wolle sie erneut demütigen. Von rasender Haßliebe getrieben, tötet sie den wehrlosen Achilles und zerfleischt ihn mit den Zähnen. Die Absolutheit ihrer Liebe verwandelt sich in die Absolutheit des Hasses gegen denjenigen, der scheinbar ihre totale Hingabe verhöhnt hat. Nachdem sie erfahren hat, daß alles ein Irrtum war, erdolcht sie

sich, um im Tode mit ihm eins zu sein. Der tragische Widersinn des amazonischen Gesetzes, das eine radikale Antwort auf die Unterwerfung der Frau durch den Mann war, wird durch das Schicksal Penthesileas, das ebenso tragisch wie absurd erscheint, aufgehoben.

13.31 Der rechtschaffenste und entsetzlichste Mensch seiner Zeit – Michael Kohlhaas

Die unsentimentale Sachlichkeit von Kleists Prosastil kontrastiert mit den romantischen Motiven des Wunderbaren und Parapsychologischen, die Kleist durch Schubert (▷ 13.28) kennengelernt hat. Diese Phänomene sind oft dem „absoluten" Gefühl verbunden, auf das

Theaterzettel der Uraufführung des Lustspiels „Der zerbrochene Krug" Heinrich von Kleists am 2. März 1808

275

sich die Helden Kleists als (scheinbar) unerschütterliche Grundlage ihres Lebens verlassen. Kleist nennt es in seinem Aufsatz „Über das Marionettentheater" (1810) die „innere Schwerkraft". Nur das Tier und die Marionette besitzen sie sowie diejenigen Menschen, deren Bewußtsein durch ein Unendliches gegangen sei, die mit Gott identisch geworden sind. Kleist führt im Lustspiel „Amphitryon" (gedruckt 1807) die romantische Bewußtseinsspekulation virtuos durch, indem er Alkmene von Zeus auf ihre Gefühlssicherheit hin examinieren läßt. Alkmene ist sich ihres Gefühls der Gattenliebe und ihrer Unschuld vollkommen sicher, doch entscheidet sie sich falsch. Michael Kohlhaas, die Titelfigur der gleichnamigen Novelle (1810, 1808 Teilveröffentlichung in der Zeitschrift „Phöbus") ist sich seines Rechts vollkommen sicher: so wird er von einem der „rechtschaffensten" zum „entsetzlichsten" Menschen seiner Zeit. Dieser paradoxe Widerspruch im Wesen der Kleistschen Helden, die sich selbst ein Rätsel sind, spiegelt die Grundambivalenz des Menschen. Kohlhaas, dem Roßhändler, wird durch einen sächsischen Junker Unrecht zugefügt, indem er widerrechtlich zwei Rappen als Pfand für einen nichtvorgelegten Paß beschlagnahmt. Als Kohlhaas die Pferde zurückfordert, findet er sie heruntergekommen vor. Seine Klage vor Gericht wird aufgrund der Intrigen zweier Verwandter des Junkers abgewiesen. Als seine Frau Lisbeth beim vergeblichen Versuch, dem Kurfürsten eine Bittschrift zu überreichen, von einer Wache tödlich verletzt wird, überfällt Kohlhaas die Burg des Junkers und zündet sie an. Da seine Feinde ihm nicht ausgeliefert werden, sammelt er eine Kriegsschar und marodiert, bis Luther ihn dazu bewegt, sich gegen Amnestie zu stellen. Gefangengenommen wird er endlich von seinem eigentlichen Herrn, dem Kurfürsten von Brandenburg, und zum Tode verurteilt. Doch läßt dieser ihm, was seinen Fall betrifft, Genugtuung verschaffen. Kohlhaas ist so zum Erneuerer des Rechts geworden, indem er es aus den Händen eines korrupten Herrschers nahm, der durch Kohlhaasens Tod selber gerichtet wird.

13.32 Gespenster? – Ernst Theodor Amadeus Hoffmann

Ernst Theodor Wilhelm Hoffmann (geboren in Königsberg am 24. Januar 1776), das vielseitigste Genie der Spätromantik, der aus Verehrung für Mozart den dritten Vornamen mit „Amadeus" tauschte, war Jurist, Musiker, Komponist, Operndirektor, Musikschriftsteller, Dichter, Maler, Karikaturist. Zuerst im Staatsdienst, strafversetzt wegen der Obrigkeit mißfallender Karikaturen, verliert er sein Amt 1806 mit Napoleons I. Sieg über Preußen. Bis zu seinem Wiedereintritt ins Amt als Rat am Kammergericht in Berlin fristet er sein Leben als Musiker und Schriftsteller in Bamberg und Dresden, er komponiert unter anderem Singspiele („Scherz, List und Rache", 1801, Text von Goethe; „Die lustigen Musikanten", 1804, Text von C. Brentano) und eine Oper nach F. de la Motte Fouqués Märchen „Undine" (Uraufführung 1816), daneben auch Sinfonien, Kammerkonzerte, Messen. „Sonntag blühen bey mir Künste und Wissenschaften ... Die Wochentage bin ich Jurist und höchstens etwas Musiker. Sonntags am Tage wird gezeichnet und Abends bin ich ein sehr witziger Autor bis in die späte Nacht." Hoffmann blieb allen seinen Künsten treu. Seine eigentliche schriftstellerische Laufbahn, die bis zu seinem Tode nur noch 13 Jahre dauert, begann in Bamberg. Dort entstand 1809 seine erste Novelle „Ritter Gluck", die er in dem Sammelband „Fantasiestücke in Callot's Manier" (1814/15) zusammen mit den „Kreisleriana", „Don Juan", „Nachricht von den neuesten Schicksalen des Hundes Berganza" [nach Cervantes] sowie den Novellen „Der goldne Topf", „Die Abenteuer der Sylvesternacht" und anderen Stücken herausgab. Diese „Fantasiestücke ..." machten ihn bei den Zeitgenossen zum „Gespenster-Hoffmann". In Bamberg verliebte sich der verheiratete Hoffmann leidenschaftlich in seine Musikschülerin Julie Marc, die unter ihrem Namen in seinen Dichtungen häufig als Muse und Verführerin von Künstlern auftritt. Weitere seiner rund vier Dutzend Erzählungen erscheinen unter anderem in dem Sammelband „Nachtstücke" (1817; unter anderem „Der

Ernst Theodor Amadeus Hoffmann (Selbstbildnis)

Sandmann", „Das Majorat"). Ab 1815 bis zu seinem Tode am 25. Juni 1822 lebt Hoffmann in Berlin. In seiner Wohnung finden die „Seraphinen-Abende" (▷ 13.27) statt, in Berlin erscheinen neben „Klein Zaches genannt Zinnober" (1819) die Erzählungen des Rahmenzyklus „Die Serapions-Brüder" (1819–21, unter anderem „Das Fräulein von Scuderi", „Die Bergwerke von Falun") sowie seine beiden Romane „Die Elixiere des Teufels ..." (1815/16) und die „Lebensansichten des Katers Murr ..." (▷ 13.34).

13.33 Märchennovellen – „Der goldne Topf"

Hoffmanns Märchennovellen gelten als Meisterwerke der phantastischen, grotesken Literatur. Baudelaire nannte „Prinzessin Brambilla" (1821) einen „Katechismus hoher Ästhetik". Hoffmanns Einfluß auf die europäische Dichtung, insbesondere den französischen Symbolismus, ist unübersehbar. „Der goldne Topf" (1814; ▷ 13.32) verlegt das Phantastische in die Wirklichkeit seiner Zeit.

In Dresden stolpert Anselmus, ein weltfremder, in seiner Traumwelt lebender Student, über die Körbe einer Apfelhändlerin, die ihn mit dem seltsamen Fluch belegt: „Ins Kristall bald dein Fall". Anselmus' Fehltritt, eine „Fehlleistung" im Sinne Freuds (▷ 17.9), ist Ausdruck seines inneren Zwiespalts: einerseits neigt er dem Bürgerlichen zu, geht mit Veronika um, die nur darauf aus ist, geheiratet und Frau Hofrätin zu werden, andererseits kann man ihn als Künstler bezeichnen, denn sein innerer Sinn ist der Phantasie, dem Traum, der Vision aufgeschlossen. Seine Träume verdichten sich zu Gestalten der Wirklichkeit. Die Liebe zum Ideal der Poesie konkretisiert sich in Serpentina, Tochter eines Königs der Salamander, einem in die irdische Welt verbannten Feuergeist, der in Dresden als Archivarius Lindhorst lebt und der erst erlöst werden kann, wenn seine drei Töchter mit drei poetischen Gemütern, in denen die Harmonie zwischen Ich und Natur wiederhergestellt ist, verheiratet worden sind. Anselmus' Weg ist eine Initiationsreise in die Welt der Poesie, in „den heiligen Einklang aller Wesen". Doch dabei treten Hindernisse auf, die sich in dem mit Veronika verbündeten Apfelweib zur dämonischen Gegenwelt verdichten. Das Spießertum, das gesellschaftliches Ansehen und ökonomische Sicherheit der Freiheit und der Phantasie vorzieht, wird zum bösen Prinzip schlechthin. Es liefert sich mit der Welt des Feuergeistes in der Seele des Anselmus einen Kampf, aus dem die Phantasie als Sieger hervorgeht. Die Ironie, die Hoffmann, L. Tieck folgend (▷ 13.6), als Strukturmittel einsetzt, ist dialektischer Natur: vom nüchtern-praktischen Alltagssinn aus wird die phantastische Schwärmerei des Träumers verlacht, von der mythischen Welt aus wird die beschränkte, perspektivelose Sphäre des Rationalisten angegriffen. Eine Vereinigung beider Sphären scheint in „Der goldne Topf" so wenig möglich wie in der Wahnsinnsnovelle „Der Sandmann"; in „Prinzessin Brambilla" hingegen gelingt die Synthese von Alltag und Poesie.

13.34 Die Sprache des Weltgeistes – Kapellmeister Kreisler

E. T. A. Hoffmann konnte als Berufsmusiker die Problematik des Tonkünstlers Joseph Berglinger aus Wackenroders „Herzensergießungen eines kunstliebenden Klosterbruders" (▷ 13.1) nachempfinden (sein erster gedruckter Aufsatz hatte den Titel „Schreiben eines Klostergeistlichen an seinen Freund in der Hauptstadt"). Wackenroder vergleichbar, mußte er den Widerspruch seiner eigenen Einschätzung der Musik, die mit der damals neuesten Musik von Haydn, Mozart und Beethoven höchste Vollkommenheit erreichte, und der Einschätzung der Musik durch das Publikum, dem sie nur zum Zeitvertreib und zur Unterhaltung diente, erleiden. Musik begreift Hoffmann als „das Höchstentwickelte unter allen Formen der geistig-seelischen Entwicklung der Menschheit", die „über Zeiten und Räume hinaus die Sprache des Weltgeistes, der uns alle umfaßt und die Sehnsucht nach dem Edlen und der hohen Liebe weckt". In der Figur des Kapellmeisters Kreisler, die bereits Titelgestalt der „Kreisleriana" (▷ 13.32) ist, gestaltet Hoffmann seine eigenen „musikalischen Leiden". Kreisler ist auch der Mittelpunkt des fragmentarischen Romans „Lebens-Ansichten des Katers Murr nebst fragmentarischer Biographie des Kapellmeisters Johannes Kreisler ..." (1819–21). Er besteht aus zwei Teilen: der Lebensgeschichte des schriftstellernden Katers Murr, die eine Parodie auf den trivialisierten Bildungsroman darstellt, und den unzusammenhängenden Bruchstücken einer Biographie Kreislers, die Kater Murr (übrigens, wie er eigens betont, ein Nachkomme des „Gestiefelten Katers" von L. Tieck [▷ 13.6]) als Konzeptpapier verwendete, und die der Setzer versehentlich mitdruckte. Während das Katerleben geradlinig und vollständig wiedergegeben ist, erscheint die Biographie Kreislers zerstückelt. Schuld daran ist nicht nur der Vandalismus des Katers, der die Seiten herausgerissen hat. Kreislers Leben und Schicksal ist auf keinen Nenner zu bringen. In der undurchsichtig verschlungenen Handlung schwankt Kreisler zwischen dem Leben in der Welt und dem Leben im Kloster,

zwischen weltlicher und geistlicher Musik, zwischen Sarkasmus und Ironie, aber auch zwischen der Liebe zu der musikbegeisterten Julia und der erotisch anziehenden Prinzessin Hedwiga. Kreisler kann weder in der reinen Sphäre der Kunst noch in der Welt leben. Auch mit ironischem Sarkasmus gelingt es ihm nicht, das zu gewinnen, was der philiströse Kater im Übermaß hat: Selbstbewußtsein. Die phantastische Oper von J. Offenbach, „Hoffmanns Erzählungen" (1881) – die Handlung beruht vor allem auf den drei Novellen „Der Sandmann", „Die Abenteuer der Silvesternacht" und „Rat Krespel" –, zeigt seine Beliebtheit in Frankreich; unbestritten ist auch der Einfluß, den Hoffmann auf das Genre der phantastischen Erzählung in Frankreich (und vor allem auch in Rußland [N. W. Gogol, F. M. Dostojewski]) genommen hat.

13.35 Ausklang der Romantik – Joseph von Eichendorff

Der Lyriker, Romancier, Novellen- und Lustspieldichter Joseph von Eichendorff (*Schloß Lubowitz bei Ratibor 10. März 1788, † Neisse 26. November 1857), der auf dem Stammsitz Lubowitz inmitten der schlesischen Wälder aufwuchs, gilt mit seinem Werk als Prototyp des Romantischen. Sein Jurastudium führte ihn nach Halle und Heidelberg (▷ 13.19), wo er A. von Arnim und J. Görres kennenlernte, nach Berlin (▷ 13.27), wo er mit H. von Kleist (▷ 13.29) und C. Brentano (▷ 13.20) verkehrte, und nach Wien. Nach den Befreiungskriegen, an denen er als Leutnant der Landwehr teilnahm, war er bis 1844 Regierungsbeamter in Preußen. Von den Heidelbergern verehrte er vor allem Görres, dessen Natur- und Geschichtsphilosophie für ihn bestimmend wurde, und Otto Heinrich von Loeben, der ein Anhänger Novalis' war, ohne dessen Substanz zu besitzen, wie Eichendorff später erkannte.

Das Schloß seiner Väter Lubowitz, in dem Eichendorff eine ungetrübte Kindheit erlebte, die noch ganz von der adligen Welt des Ancien régime geprägt war, wurde ihm später zum Symbol des Heimatbegriffs. Diese Idylle gerät in seinem Werk in Kontrast zu der von

Federlithographie von Adolf Schroedter zu Joseph von Eichendorffs Novelle „Aus dem Leben eines Taugenichts"

revolutionären Erschütterungen bestimmten Gegenwart, die die alte organische Ordnung auflöste. Seine Dichtungen sind häufig Allegorien, deren kritischer Gehalt meist übersehen wurde, da man die Chiffrensprache nicht entschlüsseln konnte. Auch seine stimmungsvolle Lyrik ist von hieroglyphischen Schlüsselwörtern durchwoben, ohne daß ihr allegorischer Sinn aufdringlich in Erscheinung träte. „Ahnung und Gegenwart" (1815) ist ein Goethes „Wilhelm Meisters Lehrjahren" (▷ 12.16) verpflichteter Abenteuer- und Bildungsroman, in dessen Helden Friedrich man unschwer Eichendorffs Idealcharakter erkennen kann. Er ist ein christlicher Ritter, der den unheilvollen Tendenzen der Zeit standhaft widersteht. Die christliche Tendenz des Romans wird auch in der Novelle „Das Marmorbild" (1817) in einer symbolisch verdichteten Handlung deutlich. Eichendorffs weitere Dichtungen, die Novelle „Aus dem Leben eines Taugenichts" (1826), „Dichter und

ihre Gesellen" (1834), ein Roman, der Motive des Jugendromans wieder aufnimmt, und seine Lustspiele wie „Die Freier" (1833) zeigen Berührung mit der Literatur des Biedermeier (▷ 14.8).

13.36 Wanderlust und deutscher Wald

Seine (unter anderem von R. Schumann vertonte) Lyrik machte Eichendorff zum beliebtesten romantischen Volksdichter. Seine „wahren Volkslieder" sind von Eichendorff auf Sangbarkeit hin angelegt. Ihr Sänger ist wie im Volkslied (▷ 13.22) der Wanderer. In allen Prosadichtungen Eichendorffs greifen die Helden singend zur Gitarre. So singt der Taugenichts (▷ 13.35) „Wem Gott will rechte Gunst erweisen", die Gräfin Romana in „Ahnung und Gegenwart" (▷ 13.35) das Lied „Laue Luft kommt blau geflossen"; jede Person charakterisiert sich unter anderem durch Lieder. Die scheinbar stereotypen Bilder von Wald, Sternen, Gärten, Marmorbildern werden durch den jeweils spezifischen Stimmungsklang zur authentischen Darstellung. Eichendorff ließ sich durch die Sammlung „Des Knaben Wunderhorn" (▷ 13.22) anregen, er nahm alle Motive und Formen auf, die durch L. Tieck (▷ 13.2 – 13.5) und C. Brentano (▷ 13.20) eingeführt wurden, um sie in raffinierter Einfachheit und Dichte neu zu gestalten. Das Kennzeichen seiner Lyrik ist das Ineinander von unmittelbarer Stimmung und rätselhaften Kombinationen, von Zeichenhaftigkeit und Musikalität. Wie in den Romanen ist in der Lyrik eine Hieroglyphik versteckt, die durch den Vordergrund der Naturerscheinung auf eine andere Welt verweist: Es ist die christliche Weltordnung, die sich in der reinen Natur spiegelt. So singt Graf Friedrich, der christliche Ritter von „Ahnung und Gegenwart": „Oh Täler weit, oh Höhen, oh schöner grüner Wald / Du meiner Lust und Wehen andächtger Aufenthalt", ein Lied, in dem der Wald als Kathedrale erscheint und als solche auf ein Jenseits verweist.

Kapitel 14
Zwischen Restauration und Revolution – der deutsche Vormärz (1815–1849)

Einführung

Mit dem Zeitraum zwischen 1815 und 1849 hat sich die deutsche Literaturgeschichtsschreibung besonders schwergetan. Dafür war vordergründig die Gleichzeitigkeit von offensichtlich Unvereinbarem verantwortlich: Goethe und Heine, Eichendorff und Börne, Platen und Glaßbrenner waren in den 20er Jahren Zeitgenossen und sind dennoch nicht unter den Hut eines Epochenbegriffs zu bringen. Das eigentliche „Epochenproblem Vormärz" ist jedoch Folge eines geschichtlichen Verdrängungsprozesses: Die – wenn auch nur kurze – Phase eines republikanischen Aufschwunges oder gar revolutionärer Selbstbefreiung sollte keine Traditionslinie bilden, kein Beispiel bieten, und so springen die Geschichtsbücher von den Befreiungskriegen, der europäischen Erhebung gegen Napoleon I. (1813–15), zu Bismarck, und die Literaturgeschichten von der Romantik zum Realismus. Autoren der Zeit zwischen 1815 und 1849, die dennoch nicht in Vergessenheit zu verbannen waren, wurden um- oder abgewertet (der „Loreley-Heine" oder die „bloßen Zeitschriftsteller"). Erst seit den 1960er Jahren ändert sich in der Bundesrepublik Deutschland diese Haltung, nachdem in der DDR schon seit ihrer Gründung der verschütteten Tradition nachgeforscht worden war. Ein Benennungswirrwarr ist Ausdruck solchen Umgangs mit der Geschichte: „Biedermeierzeit", „Frührealismus", „Restaurationszeit", „Junges Deutschland – Biedermeier – Vormärz"; die zeitliche Eingrenzung ist entsprechend kontrovers. Auch nach dem Bewußtwerden der Verdrängungselemente im deutschen Geschichtsbewußtsein bleibt die „Ungleichzeitigkeit" literarischer Strömungen ein Problem. Sieht man vom Spätwerk Goethes und den Spätromantikern ab, so zeigt sich zwar ein heterogenes Spektrum von Autoren. Diese haben jedoch das Empfinden einer existentiellen Krise, eines Widerspruchs von Bewußtsein und Lebenswirklichkeit gemeinsam sowie die Einsicht, daß es ein romantisches Zurück in die Vergangenheit nicht gibt. Die Märzrevolution von 1848 ist der – allerdings schließlich gescheiterte – Versuch einer tatsächlichen Bewältigung der Krise. Von diesem historischen Augenblick her gewinnen die unterschiedlichen literarischen Bewegungen, Forderungen und Entwürfe ihre Perspektive sowie ihren Ort im literarischen Prozeß. „Vormärz" ist daher eine adäquate Epochenbezeichnung, indem sie auch ideologische Kontrahenten auf das entscheidende historische Datum bezieht.

14.1 Restauration und Legitimität

Der Begriff der „Restauration" wurde durch die Wiederherstellung der „legitimen" Bourbonenherrschaft in Frankreich 1815 unter Ludwig XVIII. zum politischen Begriff und bald zur generellen Epochenbezeichnung in ganz Westeuropa. Die Vorstellung einer Herrschaft „von Gottes Gnaden" begründete auch den Anspruch auf Legitimität der erneuten Etablierung von 38, dann 39 souveränen Staaten in Deutschland. Die ideologische Rechtfertigung für diesen Prozeß lieferte im deutschen Sprachraum das Werk des Berner Staatsrechtlers K. L. von Haller, „Restauration der Staatswissenschaft" (1816–34), in dem der Staat als eine ins Große ausgeweitete

Familie ausgegeben und damit die Stände- und Lehensverfassung des Patrimonialstaates gleichsam zur Naturnotwendigkeit erklärt wurde. Neben den Unterdrückungsmaßnahmen der Fürsten nach 1815 waren es nicht zuletzt die rückwärts gerichteten Vorstellungen in diesem Werk, die „Legitimität" und „Restauration" für die liberale Öffentlichkeit zu Schimpfwörtern werden ließen.

14.2 Freiheit und Einheit

Des Marquis Posas Forderung in Schillers „Don Carlos" (1787), „Sire, geben Sie Gedankenfreiheit", charakterisiert den Kern der Freiheitsbestrebungen in Deutschland seit der Aufklärung. In England, Amerika und im revolutionären Frankreich von 1789 hatten sich diese schon längst in konkreten bürgerlichen Freiheiten verwirklicht. In Deutschland wurde erst mit den Befreiungskriegen von 1813–15 der „Freiheit eine Gasse" geschlagen (Th. Körner, 1813). Dabei verband sich die Forderung nach dem Nationalstaat, nach dem „einen Deutschland", seit 1815 für lange Zeit unlösbar mit der nach Freiheit, und die Gewichtung beider wurde noch in A. H. Hoffmann von Fallerslebens „Lied der Deutschen" (1841) durch die Reihenfolge deutlich: „Einigkeit und Recht und Freiheit". Dabei blieb zugleich das Vorbild der westlichen Staaten wirksam. Wenn daher „Einheit" und „Freiheit" zu den zentralen Schlagworten der Vormärzperiode wurden, so führte das ungeklärte Verhältnis beider zueinander immer wieder zu Konflikten und ließen die fehlenden materiellen und sozialen Voraussetzungen (▷ 14.5) die Freiheitsdebatte immer wieder auf die ältere deutsche Tradition zurückfallen. Die Forderungen der Jungdeutschen (▷ 14.15) nach „Freiheit des Geistes, der Meinung, der Religion" fügen dem Schillerschen Postulat nur Worte hinzu. Wenn diese Traditionslinie – mit dem Ruf nach der „Emanzipation des Fleisches" oder „des Weibes" etwa – doch gelegentlich verlassen wurde, dann in Richtung auf Gebiete, die für eine gesellschaftliche Veränderung ungefährlich waren. Nur die Wochen der Märzrevolution von 1848 brachten eine grundlegende – aber nur kurzfristige – Änderung, die von der Reak-

Eigenhändige Niederschrift des „Liedes der Deutschen" von August Heinrich Hoffmann von Fallersleben (1841)

tion über mehr als ein Jahrhundert am Fortwirken gehindert wurde. Noch heute wird der Spott des Liedes „Die Gedanken sind frei" von 1842 verkannt und die Zeilen „Ich denke was ich will und was mich beglücket, doch alles in der Still und wie es sich schicket" als ernsthafter Preis der Freiheit zu Feierlichkeiten gesungen.

14.3 Freie Schriftsteller und Buchmarkt

Bis in die 30er Jahre des 19. Jahrhunderts ist die Figur des „freien" Schriftstellers eine rare und zumeist scheiternde Erscheinung. Vom Schreiben allein vermochte bis dahin niemand zu leben. Die dafür nötigen Voraussetzungen trafen nun zusammen: Sowohl technisch (Papiermaschine und Schnelldruckpresse) als auch rechtlich (Urheberschutz) und institutionell (Verlage, Bibliotheken und Zeitschriften) war die Grundlage für einen Buchmarkt entstanden, der die Schriftsteller auch zu ernähren vermochte. Von 1805 bis 1820 waren jährlich in Deutschland etwas mehr als 4 000 Buchtitel erschienen, von 1830 bis 1838 stieg die Zahl von 7 000 auf über 10 000. Die Anzahl der Zeitschriften verdoppelte sich in diesem Zeitraum, gleichzeitig verkürzten sich die Erscheinungsintervalle. Zu Beginn des Jahrhunderts gab es etwa 500 Buchhandlungen, bis 1844 stieg ihre Zahl auf 1 321. Das bezeugt die Tatsache eines gestei-

„Die zahme Presse".
Karikatur auf die
Pressezensur

gerten Lesebedürfnisses. Seine Ursachen lassen sich in fortschreitender Alphabetisierung, sozialer und geographischer Mobilität und Entstehen eines Forums der Öffentlichkeit erkennen. Die Zahl des tatsächlichen Schulbesuchs stieg zum Beispiel in Preußen zwischen 1816 und 1846 von 60% auf 82% der schulpflichtigen Kinder. Der Zuzug vieler Menschen vom Land in die Städte und die Aufstiegsmöglichkeiten für sozial Niedrigstehende im Militär, in der Verwaltung, im Bildungswesen steigerte den Bedarf an Information und Bildung. Der Markt war vorhanden und die Schriftsteller nutzten seine Möglichkeiten, um sich vom fürstlichen Mäzen oder der Abhängigkeit von einem „Brotberuf" zu lösen – um zugleich in neue Abhängigkeiten zu geraten: in die vom Profitinteresse des Verlegers und vom Publikumsgeschmack. Beides jedoch wirkte sich im Vormärz noch nicht entscheidend negativ aus.

14.4 Gedankenpolizei – Zensur und Überwachung

Das vielzitierte Wort Friedrichs des Großen aus dem Jahre 1740, „Gazetten müssen nicht geniret werden", gewährte Zensurfreiheit allein für den lokalen Teil der damals nur zweimal wöchentlich erscheinenden „Berlinischen Privilegirten Zeitung" (der späteren „Vossischen Zeitung"). Von dieser Episode aus der Zeit der Aufklärung abgesehen, unterlag jede Veröffentlichung seit dem Mittelalter

der kirchlichen, seit dem 16. Jahrhundert auch der allgemeinen weltlichen Zensur. Die Bundesakte hatte 1815 zwar „Verfügungen über die Freiheit der Presse" angekündigt, die Einlösung dieses Versprechens bestand jedoch in den Karlsbader Beschlüssen (▷ 14.10). Alle Druckschriften unter 20 Bogen (das sind nach dem Oktavformat 320 Buchseiten) unterlagen der Vorzensur. Das traf Zeitungen und Zeitschriften. Umfangreichere Texte konnten nach Erscheinen aber ebenfalls verboten und eingezogen werden. Trotzdem versuchten Autoren und Verleger durch Publikation von Sammelbänden (zum Beispiel Heines „Salon", 1834–40) oder platzraubende Typographie (großer Schriftgrad, breite Ränder) über die 20-Bogen-Grenze hinauszugelangen, um der Vorzensur zu entgehen. Überhaupt ist die Geschichte der Zensur im und seit dem Vormärz auch eine Geschichte eines mehr oder minder erfolgreichen „Partisanenkrieges" von Literatur und Presse. Irreführend „harmlose" Titel („Salon", „Reisebilder"), fiktive Verlagsorte, ständige Neugründungen von Zeitschriften, notfalls mit Hilfe von Strohmännern, Ausweichen in Länder mit liberaler Praxis waren die wichtigsten Verfahrensweisen. L. Börne (▷ 14.14) brachte den für ihn zuständigen Frankfurter Zensor so zur Verzweiflung, daß der sein Amt niederlegte. All das blieben jedoch kleine Siege, die die Übermacht der staatlichen Unterdrückung nicht erschütterten.

14.5 Revolution und Literatur

„Die neue Literatur ist ein Kind der Julisre-
volution", schrieb G. Herwegh (▷ 14.23) 1840
über die Literatur seit 1830. Zugleich ist dies
eine Bestätigung von Heines Urteil, wonach
die Deutschen ihre Revolutionen nur im geistigen Bereich vollzögen, während die Franzosen handelten. Die Ursache davon sind weniger etwaige Unterschiede im Nationalcha-
rakter, sondern das historische Dilemma
Deutschlands seit dem ausgehenden 18. Jahrhundert. Hinter der ökonomischen und sozialen Entwicklung Westeuropas zurückliegend,
wußte man deren geistige und literarische
Auswirkungen auch nur geistig-literarisch
aufzunehmen, ohne den sozialen Hintergrund begreifen zu können. So sind Revolutionsbegeisterung und Revolutionskritik in
der deutschen Literatur seit 1789 durchweg in
gleicher Weise die Folge von Mißverständnissen. Nur wenige (vor allem Exil-)Schriftstel-
ler konnten erkennen, daß mit der Julirevolution 1830 in Frankreich nicht „die Freiheit",
sondern die Bankiers an die Macht gekommen waren. Erst in den 40er Jahren war die
industrielle Revolution in Deutschland so
weit vorangekommen, daß die sozialen Voraussetzungen politischer und geistiger Entwicklungen erkannt und zum Gegenstand der
Literatur gemacht wurden.

14.6 Geistiges Selbstbewußtsein und bürgerliches Minderwertigkeitsgefühl

Die selbstbewußt erscheinende Rede vom
deutschen „Volk der Dichter und Denker"
wird schon durch den französischen (Madame de Staël, 1813) und englischen (E. G.
Bulwer-Lytton, 1837) Ursprung dieser Re-
densart beglaubigt. Die Leistungen der idealistischen Philosophie und der klassischen Literatur prägten das Bewußtsein der geistigen
Elite, und das allgemeine Bildungsniveau war
eine zusätzliche Bekräftigung. Um so unange-
messener mußte das Ausmaß politischer
Rückständigkeit und obrigkeitlicher Bevormundung erscheinen. Die Tatsache, daß andernorts schon so viel mehr erreicht worden

Bücherverbrennung beim Wartburgfest der Burschen-
schaftler am 18. Oktober 1817

war, erregte Bewunderung und Neid zugleich. Das gerade erst entstehende National-
gefühl verstärkte die Widersprüchlichkeit in
der Reaktion auf die Situation. Sogar Heine
(▷ 14.13) klagt bei aller Bewunderung für die
freiheitlichen Errungenschaften Englands:
„Schickt keinen Poeten nach London: Dieser
bare Ernst aller Dinge, diese kolossale Einförmigkeit ... erdrückt die Phantasie" („Englische Fragmente", enthalten in: „Reisebilder", 1826–31). Daß die Studenten beim
Wartburgfest neben den Symbolen feudaler
Unterdrückung (Korporalstock, Schnürleib)
ein Exemplar des Napoleonischen „Code ci-
vil", des ersten „Bürgerlichen Gesetzbuches",
verbrannten, illustriert den Widerspruch.

14.7 Briefe, zum Beispiel aus Paris – das Exil

Der Druck, der seit den Karlsbader Beschlüssen (▷ 14.10) vor allem auf liberalen Autoren
und Publizisten lastete, trieb viele von ihnen
ins Ausland. Die Julirevolution von 1830 in
Frankreich gab das Signal für eine andere, zunächst freiwillige Form des Exils. Die Pariser
Ereignisse verlockten zur unmittelbaren Beobachtung am Ort. „Briefe aus Paris" wurden
zum ersten wichtigen Beispiel politischer

283

Auslandskorrespondenz, und ihre Zahl bildete fast ein eigenes Genre. F. von Raumer machte den Anfang, entschieden bedeutender aber waren L. Börnes (▷ 14.14) „Briefe aus Paris" (1832–34) sowie Heines Artikel für die „Augsburger Allgemeine Zeitung" (1832), die ein Jahr später unter dem Titel „Französische Zustände" als Buch erschienen. Neben diesen bildete sich geradezu eine deutsche Autorenkolonie in Paris: A. Grün, H. Fürst von Pückler-Muskau, M. G. Saphir, F. von Dingelstedt waren dort, G. Büchner (▷ 14.19) 1831–33 wenigstens in Straßburg. Die meisten von ihnen kehrten bald wieder zurück. Für Börne und Heine machte der Bundestagsbeschluß gegen das Junge Deutschland (▷ 14.15) von 1835 den Parisaufenthalt zum Zwangsexil.

Für die „verspätete" deutsche Nation kam den Exilautoren eine entscheidende Rolle zu. Sie vermittelten ihre westeuropäischen Erfahrungen und trugen damit zur Bildung eines bürgerlichen Bewußtseins bei, das in Frankreich Folge eines sozialen Entwicklungsprozesses war, der in Deutschland noch kaum begonnen hatte. Die 40er Jahre markieren einen Generations-, Bedeutungs- und häufigen Ortswechsel im Exil, wobei die Schweiz, dann wieder Paris und später Brüssel und London zu den wichtigsten Zentren wurden. Von der Schweiz aus setzte G. Herwegh den Aufschwung der politischen Lyrik (▷ 14.23) in Gang; F. Freiligrath (▷ 14.26) kam 1845 von Brüssel aus in die Schweiz. Um diese Zeit war dort aber auch das Zentrum des „Handwerkskommunismus" um W. Weitling (▷ 14.30), nachdem er aus Paris ausgewiesen worden war. Nicht nur wirkte von hier aus Weitlings Hauptwerk „Garantien der Harmonie und Freiheit" (1842) nach Deutschland hinein; auch die Wanderpflicht der deutschen Handwerker sorgte für rasche und unmittelbare Kommunikation.

14.8 Vormärz und „Biedermeier"

Als „Gedichte des schwäbischen Schullehrers Gottlieb Biedermaier und seines Freundes Horatius Treuherz" verspotteten die Autoren L. Eichrodt und A. Kußmaul in den „Fliegenden Blättern" 1855–57 die dilettantischen Gedichte von S. F. Sauter und mit diesen zugleich die philisterhafte und von Innerlichkeit geprägte Haltung, die während der Restauration häufig anzutreffen war. Seit etwa 1900 wird der Spottname „Biedermeier", nun durchaus positiv verstanden, zur Epochenbezeichnung zunächst der Innenarchitektur und bildenden Kunst (Abb. S. 286) und wird seither häufig auch auf die Literatur übertragen, wenn der eher resignierte, „poetische", unpolitische oder restaurative Teil der Vormärzliteratur beschrieben werden soll. Schon die Aufzählung dieser Kriterien läßt in ihrer Unterschiedlichkeit deutlich werden, daß „Biedermeier" als Epochenbezeichnung untauglich und als Stilkategorie zumindest fragwürdig ist. Sinnvoll ist der Begriff allein dann, wenn man ihn zur Kennzeichnung derjenigen Autoren innerhalb der Vormärzepoche verwendet, die sich mit der liberalen und revolutionären Opposition nicht zu identifizieren vermochten, die sich jedoch auch von der „Kunstperiode" (▷ 14.13) abwandten. Auch diese Autoren lebten im Bewußtsein, einer Übergangszeit anzugehören, und K. L. Immermann (▷ 14.11) brachte dieses Bewußtsein mit dem Romantitel „Die Epigonen" (1836) auf den Begriff: „Mit Sturmesschnelligkeit eilt die Gegenwart einem trockenen Mechanismus zu; wir können ihren Lauf nicht hemmen, sind aber nicht zu schelten, wenn wir uns und den Unsrigen ein grünes Plätzchen abzäunen und diese Insel solange als möglich gegen den Sturz der vorüberrauschenden industriellen Wogen befestigen". Das „grüne Plätzchen" schufen sich viele Autoren in regionaler Bescheidung und durch Bevorzugung der literarischen Kleinform. Auf der anderen Seite bot die Orientierung an den strengen Regeln „klassischer" Formkunst den so dringend gesuchten Halt in einer sich verändernden Welt (▷ 14.21). Zu verbinden wußte beide Tendenzen der schwäbische Lyriker und Erzähler Eduard Mörike (*Ludwigsburg 8. Sept. 1804, †Stuttgart 4. Juni 1875): Gedichte in antiken Metren stellen ihn in die Nähe von A. von Platen und F. Rückert -▷ 14.21), Naturgedichte im Volksliedton („Er ist's", 1829; „Der Knabe und das Immlein", 1837) zeigen romantische Orientierung und machen verständlich, warum Heines Spott über die „Schwäbische Schule" (▷ 14.22) auch Mörike einschloß. Das Versepos „Idylle vom Bodensee" (1846) ist eines der regional sich beschränkenden Werke, und in seinem Künstlerroman „Maler Nolten" (1832) eifert er Goethes Beispiel nach. Gemeinsam ist diesen Werken – wie auch den späten Lyrik und Prosaarbeiten („Das Stuttgarter Hutzelmännlein", Märchen, 1853, und „Mozart auf der Reise nach Prag", Novelle, 1856) – ein hoher Kunstanspruch, der sich ähnlich Immermanns Zufluchtssuche motiviert: „Ist denn Kunst etwas anderes als ein Versuch, das zu ersetzen, was uns die Wirklichkeit versagt?" „Was aber schön ist, selig scheint es in ihm selbst", so bringt die Schlußzeile seines Gedichts „Auf eine Lampe" (1846) das autonome Kunstverständnis auf den Begriff.

Anders als für die liberale und radikale Opposition bedeutete das Scheitern der Märzrevolution von 1848 für die „biedermeierlichen" Autoren keine einschneidende Zäsur und damit auch keinen unmittelbaren Stilwandel; doch gibt es Entwicklungen – A. Stifter (▷ 15.11), J. Gotthelf (▷ 15.12) – aus der „Epigonen"-Haltung heraus.

14.9 Österreichisches Biedermeier – Franz Grillparzers Tragödien und das Wiener Volksstück

Die Lebens- und Arbeitsbedingungen der Schriftsteller waren im vormärzlichen Österreich – im unmittelbaren Zugriffsbereich Metternichs – besonders prekär. „Wie konnt' es anders kommen", schrieb der Dramatiker E. von Bauernfeld, „als daß wir damals jungen Leute uns in das Innere versenkten, uns vertieften in das Gemütsleben". Dies entsprach, wenn auch mit verstärktem Akzent, der Entwicklung in den anderen deutschen Staaten, und mit N. Lenau (▷ 14.22) und A. Stifter (▷ 15.11) hat das Österreich jener Zeit seinen Beitrag zu „biedermeierlicher" Lyrik und Erzählkunst geleistet. Ausgerechnet im Bereich des Dramas, das auf die Institution Theater angewiesen und dort obrigkeitlichen Unterdrückungsmaßnahmen besonders ausgesetzt ist, gelangen besondere und fortwirkende Leistungen.

Das kulturelle Leben Österreichs wurde seit dem 18. Jahrhundert von Musik und Theater beherrscht, wobei sich die noch fester als sonst in Deutschland verwurzelte ständische Gliederung im Nebeneinander von Hofburgtheater und Hofoper auf der einen, den Wiener Vorstadtbühnen (an der Wien, Josephstadt, Leopoldstadt) auf der anderen Seite spiegelte. Franz Grillparzer, geboren am 15. Januar 1791 in Wien, schrieb von seinem zweiten Stück („Sappho", 1819) an ausschließlich für das Hofburgtheater. Im Unterschied zu den „Hofdramatikern" anderer deutscher Staaten schuf er Beispiele einer „hohen" Tragödie, die dennoch nicht vor den Zeitproblemen in einen formalen Klassizismus flüchteten. Grillparzer orientierte sich am Humanitätsideal der deutschen Klassik und sah dessen Verwirklichung gerade vom bürgerlichen Nationalismus der Zeit bedroht („Der Weg der neueren Bildung geht / Von Humanität / Durch Nationalität / Zur Bestialität"). Dieses Moment der Gefährdung weitet sich in seinen Stücken zu einer grundlegenden Problematik des Menschen, der durch die Wirklichkeit zum Handeln gezwungen, durch sein Handeln aber notwendig schuldig wird. In seinen antikisierenden Dramen „Sappho", „Das goldene Vließ" (1822) und „Des Meeres und der Liebe Wellen" (Uraufführung 1831, gedruckt 1840) wie in seinem Geschichtsdrama „König Ottokar's Glück und Ende" (1825) gestaltet er diesen Grundkonflikt, wobei eine, freilich idealisierte, Perspektive sichtbar wird: Verzicht auf persönlichen Ehrgeiz und Orientierung am Gemeinwohl. In der Habsburger Dynastie sah Grillparzer eine reale Möglichkeit zu einem harmonischen Ausgleich der sozialen und nationalen Gegensätze im Vielvölkerstaat Österreich. Seine einzige Komödie, „Weh dem der lügt" (1840), enthält stark satirische Elemente in der Zeichnung edler Gestalten, was das Stück vor dem Publikum des Hofburgtheaters durchfallen ließ. Grillparzer veröffentlichte danach keine dramatischen Arbeiten mehr. Erst nach seinem Tod (am 21. Januar 1872 in Wien) wurden drei weitere Dramen bekannt („Die Jüdin von Toledo", abgeschlossen in den 50er Jahren, gedruckt 1873; „Libussa", vor 1848 vollendet, gedruckt 1872; „Ein Bruderzwist in Habsburg", 1848 vollendet, gedruckt 1872).

Der arme Poet. Gemälde von Carl Spitzweg, einem Vertreter des Biedermeier (1839; München, Neue Pinakothek)

Grillparzers Wirkung blieb auf das 19. Jahrhundert beschränkt. Dagegen gelang den Wiener Vorstadtbühnen mit dem Volksstück Wirksameres. Es konstituierte sich als eigenständige Gattung, dessen Geschichte mit Ö. von Horváth auch im 20. Jahrhundert einen Höhepunkt hat und dessen Wirkung auf das deutsche Theater Kontinuität aufweist, von E. E. Niebergall und A. Glaßbrenner über M. Fleißer und Brecht bis zu M. Sperr, F. X. Kroetz und P. Turrini. Auf altwienerische Traditionen ebenso zurückgreifend wie auf barocke und französische Muster aus dem 18. Jahrhundert, stehen die „großen drei" Possendichter A. Bäuerle, K. Meisl und J. A. Gleich am Anfang der Entwicklung. In Zauberspielen, Lokalstücken und Karikaturen legte es ein weitgehend festgelegtes Typenarsenal von Hans Wurst, Kasperl, Dummer Anton, Rochus Pumpernickel und anderen in erster Linie auf derb-komischen Witz und das Lachen des Publikums an. Der stets vorhandene aktuelle Zeitgehalt gab diesen Stücken zugleich eine zeit- und sozialkritische Potenz, die von den beiden Großen des Wiener Volksstückes, F. Raimund und J. N. Nestroy, verstärkt und genutzt wurde. Bei Raimund stand solch kritische Absicht noch nicht im Vordergrund. Sein Stück „Der Alpenkönig und der Menschenfeind" (1828) zielt auf Versöhnung der Gegensätze und Bescheidung des Helden Rappelkopf; die Begründung seiner Menschenfeindschaft in konkreter gesellschaftli-

cher Erfahrung läßt das Stück aber von selbst kritisch werden. Nestroy ging da bewußter vor. Seine knapp 80 Possen nehmen das traditionelle Muster als bloßen Anlaß für Satire und Kritik, die sich in erster Linie als Sprachsatire verwirklicht. Seine Possen sind Entlarvung der Phrase und damit der entleerten Konvention, deren Folge die Phrase ist. Mit „Der böse Geist Lumpazivagabundus ..." erzielte er 1835 seinen Durchbruch. Dieses Stück ist – wie auch „Der Talisman" (1843) und „Einen Jux will er sich machen" (1844) – gerade wegen seines sprachkritischen Gestus bis heute aktuell geblieben.

14.10 Karlsbad und die Folgen

Am 23. März 1819 erstach der Jenaer Theologiestudent K. L. Sand in Mannheim den Dramatiker A. von Kotzebue. Für Metternich gab der „treffliche Sand" den willkommenen Anlaß, gegen die liberale und nationale Bewegung insgesamt vorzugehen. Auf der Karlsbader Konferenz im August 1819 faßten zehn deutsche Staaten Beschlüsse, die am 20. September 1819 von der Bundesversammlung in Frankfurt am Main angenommen wurden. Ihren Kern bildeten das Verbot der Burschenschaften, die Einsetzung von Bevollmächtigten zur Überwachung der Universitäten, die Regelung der Zensur (▷ 14.4) und die Errichtung einer „Zentral-Untersuchungskommission", um die „revolutionären Umtriebe und demagogischen Verbindungen" zu beobachten und zu unterbinden. Die darauf einsetzenden „Demagogenverfolgungen" trafen nicht nur liberale Professoren und Burschenschaftsführer, sondern vor allem Schriftsteller und Journalisten. Sie wurden aus ihren Ämtern entlassen und zum Teil inhaftiert. Durch die französische Julirevolution 1830 unterbrochen, wurden die Verfolgungsmaßnahmen auf der Grundlage der weiterhin gültigen Karlsbader Beschlüsse bald fortgeführt und nach dem Hambacher Fest 1832 verschärft. Der Bundestagsbeschluß gegen das Junge Deutschland (▷ 14.15) erging auf dieser Grundlage.

Johann Nepomuk Nestroy (rechts) als Knieriem in seiner Posse „Der böse Geist Lumpazivagabundus ..." (Lithographie von 1834 nach einer Zeichnung von J. T. C. Hartmann)

14.11 Kritik und Idylle – Karl Leberecht Immermann

Karl Leberecht Immermanns relativ kurze Lebensspanne – geboren in Magdeburg am 24. April 1796, gestorben in Düsseldorf am 25. August 1840 – schließt dennoch die wichtigsten Konfliktmomente der Epoche ein, und sein Werk reflektiert sie alle. Nach romantisierenden Anfängen mit Dramen wie „Die Prinzen von Syrakus" (1821) oder „Cardenio und Celinde" (1826) trat er 1827 mit einem Zeitstück hervor, „Das Trauerspiel in Tirol" (1834 überarbeitet zu „Andreas Hofer"), das gleichermaßen den Beifall Heines und Goethes fand. An Goethes „Faust" (▷ 12.26) orientierte sich sein Bühnenstück „Merlin" (1832), und auf Goethe bezog sich 1836 auch sein erster Roman mit dem für sein eigenes Schaffen wie für das Zeitgefühl ebenso bezeichnenden Titel „Die Epigonen" (▷ 14.8).
Immermann stand den modernen Tendenzen mit tiefer Skepsis gegenüber, kritisierte zugleich aber, obwohl als Jurist preußischer Beamter, die preußisch-österreichische Reaktion. Sein wichtigstes Werk, der Roman „Münchhausen" (1838/39), versucht eine Lösung des Widerspruchs. Die Münchhausen-Handlung ist eine großartige Satire auf den Zustand der Zeit und die Verfallserscheinungen der Adelsgesellschaft. In der davon unabhängigen, aber als Kontrast darauf bezogenen

Erzählung „Der Oberhof" gestaltet er eine heile, aber archaische bäuerliche Sphäre, dem „grünen Plätzchen" entsprechend, das er in den „Epigonen" gefordert hatte.
Im Bereich des Dramas ist Immermann mehr noch als durch seine Stücke in seiner Rolle als Theaterleiter von Bedeutung. Von 1835 bis 1837 versuchte er als Leiter des Düsseldorfer Theatervereins, dort eine „deutsche Musterbühne" zu errichten und gewann Ch. D. Grabbe (▷ 14.12) für die Mitarbeit. Das Experiment scheiterte wie so viele Versuche eines deutschen Nationaltheaters seit dem 18. Jahrhundert.

14.12 Vom „Scherz" zur „tieferen Bedeutung" – Christian Dietrich Grabbe

„Scherz, Satire, Ironie und tiefere Bedeutung" (entstanden 1822, gedruckt 1827) war das zweite Stück des damals 21jährigen Grabbe (geboren in Detmold am 11. Dezember 1801). Nach der Schauertragödie „Herzog Theodor von Gothland" (entstanden 1819–22, gedruckt in: „Dramatische Dichtungen", 1827) war dies eine romantische Literatursatire nach dem Muster L. Tiecks (▷ 13.2). In seinen Versuchen eines deutschen Geschichtsdramas, „Kaiser Friedrich Barbarossa" (1829) und „Kaiser Heinrich der Sechste" (1830), ist er auf dem Weg zu einem Geschichtsverständnis, das die geschichtsbildende Rolle nicht mehr allein im „Helden" sieht, sondern in der „Idee der Geschichte". Dies kommt als neues dramatisches Konzept in „Napoleon oder Die hundert Tage" (1831) zum Durchbruch. Wesentliche Teile sind schon vor der Julirevolution 1830, die er „in Frankreich und Belgien fast bis auf das kleinste prophezeit hatte", fertiggestellt.

Noch vor der realen Erfahrung dieser Revolution gestaltet Grabbe den Helden als Objekt und Produkt gesellschaftlicher Zustände und das Volk als eigentlichen Handlungsträger: „... den Kaiser und uns hat die Revolution gemacht, diese [das Volk] machten die Revolution und den Kaiser". Auch in den beiden letzten Dramen („Hannibal", 1835, und „Die Hermannsschlacht", herausgegeben 1838) kehrt diese „moderne" Auffassung von Geschichte wieder. Familiäre und finanzielle Probleme haben psychische und physische Folgen für den Dichter. Am 12. September 1836 starb er in Detmold an den Folgen des Alkoholismus und einer Rückenmarkserkrankung.

Heinrich Heine (Radierung von Franz Kugler)

14.13 Das „Ende der Kunstperiode" – der junge Heine

„Meine alte Prophezeihung von dem Ende der Kunstperiode, die bei der Wiege Goethes anfing und bei seinem Sarge aufhören wird, scheint ihrer Erfüllung nah zu sein. Die jetzige Kunst muß zu Grunde gehen, weil ihr Prinzip noch im abgelebten, alten Regime ... wurzelt ... Indessen, die neue Zeit wird auch eine neue Kunst gebären, die mit ihr selbst in begeistertem Einklang stehen wird." 1828, noch ohne jede Aussicht auf eine „neue Zeit", hatte Heinrich Heine in einer Menzel-Rezension das Ende einer Periode erklärt, als deren Mittelpunkt er Goethe (▷ Kapitel 12) angesehen, zu deren wichtigen Vertretern er aber auch die Schlegels (▷ 13.8; 13.15) gezählt hatte. Zur erledigten „Kunstperiode" gehörten für Heine die Klassik wie die Romantik, und doch war er selbst entscheidend von beiden geprägt. Am 13. Dezember 1797 als Harry Heine und Sohn eines jüdischen Kleinkauf-

manns in Düsseldorf geboren, studierte er nach einer abgebrochenen Kaufmannslehre in Bonn, Göttingen und Berlin, wo er Literaturvorlesungen bei A. W. Schlegel hörte. Nach der Promotion zum Doktor der Rechte (1825) trat er zum Protestantismus über, dem „Entreebillett zu einer bürgerlichen Karriere", und versuchte, sich eine Existenz als freier Schriftsteller aufzubauen. Seit 1817 veröffentlichte er Gedichte und faßte sie 1827 mit neuen zusammen zum „Buch der Lieder", das ihm etwas später nationalen und internationalen Ruhm eintrug.

Das Werk zeigt Heines Entwicklung vom Romantiker zum Kritiker der Romantik, der gleichwohl von ihr fasziniert blieb. Dieser Widerspruch ist eine der Wurzeln der spezifischen Ironie Heines, die unentscheidbar Nähe und Distanz zugleich beinhaltet. Seit 1826 wirkte er mit seinen „Reisebildern" stilbildend für eine neue Prosaliteratur (▷ 14.17), mit der er sich selbst auch für längere Zeit von der Lyrik verabschiedete. „Die Harzreise", „Englische Fragmente", „Die Stadt Lucca" sind die wichtigsten Beispiele seiner drei Bände „Reisebilder" (1826–31), in denen eine sich steigernde Kritik an den Zuständen in Deutschland und eine zunehmende Gewandtheit des „schriftstellerischen Witzes" den Weg zur neuen Literatur markiert, die die „Kunstperiode" ablösen sollte. Mit seinen Berichten aus Paris („Französische Maler", 1831; „Französische Zustände", 1833) und seinen theoretischen Auseinandersetzungen mit der deutschen Philosophie und Literatur („Die romantische Schule", 1836, 1833 unter dem Titel „Zur Geschichte der neueren schönen Litteratur in Deutschland"; „Zur Geschichte der Religion und Philosophie in Deutschland", französisch 1834, deutsch 1835 in: „Der Salon") zeigt er sich als Begründer, Theoretiker und wichtigstes Exempel dieser Literatur, was seinen ironischen Ausspruch „Das Junge Deutschland, das bin ich" als durchaus zutreffend erscheinen läßt.

14.14 Der Zeitschriftsteller – Ludwig Börne

„Was die öffentliche Meinung ernst fordert, versagt ihr keiner; was ihr abgeschlagen worden, das hatte sie nur mit Gleichgültigkeit verlangt". Ludwig Börne (* Frankfurt am Main 6. Mai 1786, † Paris 12. Februar 1837) schrieb das 1818 in der Ankündigung seiner Zeitschrift „Die Wage". Hier brachte er sein dichterisches Selbstverständnis auf den Begriff „Zeitschriftsteller", der nach 1830 zum Programm der „jungen Literatur" werden sollte. Die Kunst ist für ihn „Tochter der Zeit", mehr noch: „... wir sind keine Geschichtsschreiber, sondern Geschichtstreiber". Dies schreibt er in seinen „Briefen aus Paris" (1832–34), also nach der Julirevolution 1830 in Frankreich; doch bereits in seinen Theaterkritiken der 20er Jahre sieht er Ästhetik als Mittel zum politischen Zweck. Hier wurzelt der Gegensatz zu Heine (▷ 14.13), der ab 1833 zu einer heftigen Kontroverse führt. Im 109. seiner „Briefe aus Paris" urteilte Börne: „Heine ist ein Künstler, ein Dichter ... Wem wie ihm, die Form das Höchste ist, dem muß sie auch das Einzige bleiben ... Darum überzeugt er auch nicht, wenn er auch die Wahrheit spricht; denn man weiß, daß er an der Wahrheit nur das Schöne liebt." Heine reagierte zunächst moderat, in seiner 1840, drei Jahre nach Börnes Tod, erschienenen Schrift „Über Ludwig Börne" (ursprünglich geplant als „Ludwig Börne. Eine Denkschrift") jedoch grundsätzlich und äußerst polemisch.
Börne schulte seinen Stil an dem von ihm verehrten Jean Paul (▷ 13.17). Mit seinen Prosasatiren („Monographie der deutschen Post-

schnecke", 1821), seinen Polemiken („Menzel der Franzosenfresser", 1835), vor allem aber seinen „Briefen aus Paris" wird er zum Begründer eines deutschen literarischen Journalismus: der erste „Zeitschriftsteller".

14.15 Das Junge Deutschland

Am 10. Dezember 1835 beschloß der Bundestag, „gegen die Verfasser, Verleger, Drucker und Verbreiter der Schriften aus der unter der Bezeichnung ‚das junge Deutschland' oder ‚die junge Literatur' bekannten literarischen Schule, zu welcher namentlich Heinrich Heine, Karl Gutzkow, Heinrich Laube, Ludolf Wienbarg und Theodor Mundt gehören", vorzugehen. Weil ihre „Bemühungen unverholen dahin gehen, in belletristischen, für alle Klassen von Lesern zugänglichen Schriften die christliche Religion auf die frechste Weise anzugreifen, die bestehenden sozialen Verhältnisse herabzuwürdigen und alle Zucht und Sittlichkeit zu zerstören", erging ein Verbot von Druck und Verbreitung sämtlicher Schriften der genannten Autoren. Der Bundestag argwöhnte Verschwörung, wo keine war. Die betroffenen Autoren bildeten keine Organisation, sie lassen sich auch nicht als „literarische Schule" zusammenfassen. Die für die Restauration anstößigen, gar gefährlichen Themen und Tendenzen der „jungen Literatur" nach der Julirevolution von 1830 sind in dem Beschluß jedoch zutreffend bezeichnet.
Auslöser des Beschlusses war die „Denunziation", eine polemische Rezension W. Menzels von Gutzkows Roman „Wally, die Zweiflerin" (1835), der in einem Anhang, „Geständnisse über Religion und Christentum", die Entmythologisierung des Christentums propagiert hatte und zugleich, durch eine eher pubertäre erotische Szene des Romans, die „Emanzipation des Fleisches". Gutzkow erhielt eine viermonatige Haftstrafe und totales Publikationsverbot, setzte nach der Entlassung aber seine Tätigkeit fort und veröffentlichte weitere Romane, ab 1839 auch recht erfolgreiche Dramen („Richard Savage", 1839; „Uriel Acosta", 1847; „Der Königslieutnant", 1852). Umfang und Vielfalt seiner Veröffentlichungen sind charakteristisch für die jungdeut-

schen Schriftsteller, und auch in seinen politischen und literarischen Positionen ist er repräsentativ: „Die moderne Geschichte baut sich nicht mehr aus den Massen auf, sondern aus Individualitäten" (1835). Aus solch liberalem Geschichtsverständnis folgt das Ideal einer weitestgehenden Selbstverwirklichung des einzelnen. Im Unterschied zu vielen anderen Jungdeutschen blieb Gutzkow dieser Gesinnung trotz der Verfolgung und über das Jahr 1848 hinaus treu, was sein monumentaler Roman „Die Ritter vom Geiste" (9 Bände, 1850/51) dokumentiert.

Heine sah sich „willkürlich ... mit vier anderen Namen zusammengekoppelt", und ebenso willkürlich fehlen andere in der Liste des Bundestagsbeschlusses. Auch seither ist umstritten, wer außer den „Chorführern", wie Heine die Proskribierten nannte, zum Jungen Deutschland zu zählen sei. Am häufigsten werden noch G. Kühne und E. A. Willkomm genannt.

Von ihnen allen ist Wienbarg am ehesten Theoretiker und Programmatiker. Seine Kieler Literaturvorlesungen von 1834 veröffentlichte er unter dem Titel „Ästhetische Feldzüge". Ihr wichtigster Ertrag ist die Einsicht, daß ästhetische Werte nicht ewig unverändert dastehen, sondern daß die „Ästhetik ... den Standpunkt der jedesmaligen Weltanschauung selber" einschließt. Daraus leitete Wienbarg allerdings das etwas zu optimistische Urteil ab, daß die Schriftsteller „im Buch des Lebens mit dem ehernen Griffel der Geschichte" schrieben. Das entspricht jedoch dem verbreiteten Gefühl der „jungen Literatur", zum Beispiel L. Börnes „Geschichtschreiber"-Forderung (▷ 14.14).

Auch für den jungen Laube bedeutet Schreiben „Taten der Gedanken". Neben den obligaten Redakteurstätigkeit und Theaterrezensionen sticht unter solchen „Taten" das erste Beispiel eines „Zeitromans", „Das junge Europa" (1833–37), hervor. Laube wurde von den staatlichen Unterdrückungsmaßnahmen empfindlich getroffen. Zweimal wurde er für mehrere Monate inhaftiert. 1842 unterschreibt er die Verpflichtung, „alles vermeiden zu wollen, was die Religion, die Staatsverfassung und das Sittengesetz beleidigt", ist damit aber nur ein Beispiel unter vielen für erzwungenes Renegatentum unter den Jungdeutschen. Nach 1849 tritt er vor allem als

Direktor des Wiener Burgtheaters hervor, das er bis 1879 leitet.

Laubes jungdeutsche Wirkungsorte Leipzig und Berlin teilen Kühne und Mundt mit ihm, deren literarische Anfänge auch ähnlich aussehen: journalistische Arbeit, Redakteurstätigkeit, Reiseberichte. Mundt erlangt dann jedoch bald Bedeutung als Romanautor („Moderne Lebenswirren", 1834; „Madonna", 1835). Sein Erstling spricht das Grundproblem der „jungen Literatur" selbst aus: „Ich bin ein Unruhiger und weiß doch nicht, was ich will und soll! So viel weiß ich nur, daß etwas Neues mit mir vorgehen muß." Der Änderungswille war groß, ein Ziel jedoch kaum definiert.

Willkomm gab mit seinem Roman „Die Europamüden" (1838) einem anderen Aspekt des jungdeutschen Lebensgefühl das Schlagwort. Trotz der Verschwommenheit des Programms kommt der „jungen Literatur" der 30er Jahre eine große Bedeutung für die Herausbildung eines liberalen Bewußtseins zu. Die Kritik, die sie hervorrief, ist auch für die literarische Entwicklung fruchtbar geworden (▷ 14.23); ihre Werke selbst haben weitgehend nur noch historischen Wert.

14.16 „Das freie Weib"

„Das freie Weib ist souverän; sie entscheide, sie spreche, denn sie darf reden! Und das Glück der freien Liebe ist süß" – das ist die pathetische Proklamation des Jungdeutschen Th. Mundt in seinem Roman „Madonna" (1835). K. Gutzkow forderte dasselbe zeitgleich in seinem Roman „Wally, die Zweiflerin" (1835), H. Laube schon etwas früher in „Das junge Europa" (1833–37). Die emanzipierte französische Dichterin George Sand, die schreibenden Romantikerinnen Bettina von Arnim (▷ 13.26) und Caroline von Schlegel (▷ 13.25) boten konkrete Muster eines „freien Weibes". Das liberale Credo von der Notwendigkeit der allseitigen Ausbildung des Individuums war die geistige Voraussetzung. Freilich dominierte dabei die männliche Sicht auf das Thema. Nicht von ungefähr wurde Charlotte Sophie Stieglitz zur Heroine der Jungdeutschen, hatte sie doch, selbst Schriftstellerin, sich das Leben genommen, um ihrem schriftstellerisch dilettierenden Gatten das erschütternde Erlebnis zur Erweckung seines Genius zu verschaffen. Unter dem Titel „Charlotte Stieglitz, ein Denkmal" schrieb Mundt 1835 ihre Biographie. Aber schon seiner „Madonna" gab er am Schluß des Romans den Rat, sich aus besserer Einsicht doch einem Mann zu unterwerfen und ihre Souveränität nicht zu praktizieren. Die gepriesene „freie Liebe" war ohnehin nur ein Desiderat von Männerphantasien. Nach Ch. S. Stieglitz' Tod wirkten sich die jungdeutschen Forderungen mit einiger zeitlicher Verzögerung aus. Erst seit den 40er Jahren treten Fanny Lewald, Luise Mühlbach und Ida Gräfin von Hahn-Hahn mit ihren Frauenromanen hervor.

14.17 Literatur der Bewegung – Reiseberichte

„Ja, wollt ihr ihm durchaus einen Büchernamen geben, so nennt es ein Buch der Bewegung! ... weil wirklich alle Schriften, die unter der Atmosphäre dieser Zeit geboren werden, wie Reisebücher, Wanderbücher, Bewegungsbücher aussehen". Aus dieser Nachbemerkung Th. Mundts zu seinem Roman „Madonna" (1835) geht hervor, daß man sich des besonderen Charakters der in den 30er Jahren florierenden Reiseliteratur bewußt war. Das Genre selbst war wahrhaftig nicht neu und seit den Marco-Polo-Übersetzungen des 15. Jahrhunderts in Deutschland immer präsent gewesen. Gerade 1829 war Goethes „Italienische Reise" (▷ 12.20) vollständig in drei Teilen veröffentlicht worden, ein Höhepunkt in der Selbstdarstellung des Bildungsreisenden. Drei Jahre zuvor jedoch hatte Heine (▷ 14.13) mit seiner „Harzreise" einen ganz anderen Typus des Reiseberichts begründet. Für ihn organisierte die Reise den Zusammenhang unterschiedlichster Gegenstände – Beobachtungen, Reflexionen, Assoziationen –, bewahrte Zusammenhalt in der Abwechslung. Der Reisebericht ermöglichte die Subjektivierung der beschriebenen Welt und machte diese dem Autor verfügbar, das heißt kritisierbar und veränderbar. Gleichzeitig bot die Gattungsbezeichnung einen gewissen Schutz vor der Zensur (▷ 14.4). Das Vorbild

Heines machte rasch Schule. Nahezu alle Jungdeutschen (▷ 14.15) schrieben Reiseberichte: K. Gutzkow („Reiseskizzen", 1834), H. Laube („Reisenovellen", 1834–37), L. Wienbarg („Holland in den Jahren 1831 und 1832", 1833), Th. Mundt („Spaziergänge und Weltfahrten", 1838/39). Dazu sind vor allem die beliebten Reisebücher von H. Fürst von Pückler-Muskau zu nennen („Tutti Frutti", 1834; „Semilasso in Afrika", 1836) und

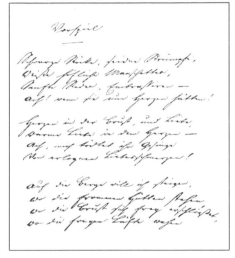

Beginn des Prologs zu den Liedern „Aus der Harzreise" in Heinrich Heines eigener Handschrift

A. Glaßbrenners „Bilder und Träume aus Wien" (1836). Für viele von ihnen formulierte Mundt den Zusammenhang dieses Genres mit einem allgemeinen Zeitgefühl: „Die Zeit befindet sich auf Reisen, sie hat große Wanderungen vor ... Noch gar nicht absehen lassen sich die Schritte ihrer befriedigungslosen Bewegung ... Und daher das Unvollendete dieser Bewegungsbücher, weil sie doch bloß von Zukunft trunken sind und keiner Gegenwart voll."

14.18 Religionskritik als Gesellschaftskritik

Der Verbotsbeschluß gegen das Junge Deutschland (▷ 14.15) nennt an der ersten Stelle des Sündenkatalogs „freche" Angriffe auf die christliche Religion. Dabei hatte man nicht nur K. Gutzkow im Visier. Religiöse und religionskritische Themen standen in auffälliger Weise im Vordergrund der „jungen Literatur" der 30er Jahre. Die jahrhundertelange Symbiose von Kirche und Staat bei der Bewahrung eines unmündigen Bürgers war natürlich im Gedächtnis einer auf Emanzipation dringenden Bewegung. Und daß die verachtete Romantik mit einigen ihrer führenden Vertreter zur Allmacht der katholischen Kirche zurückgedrängt hatte, gab den religionskritischen Bestrebungen noch zusätzliche Triebkraft. Man wollte die Konsequenz der Aufklärung auch im religiösen Bereich ziehen. D. F. Strauß, der mit seinem Buch „Das Leben Jesu, kritisch bearbeitet" (1835/36) das Christentum zu entmythologisieren trachtete, war Auslöser für entsprechende literarische Aktivitäten. „In Judäa, einem sehr barocken Lande, trat ein junger Mann namens Jesus auf, der durch eine bedenkliche Verwirrung seiner Ideen auf den Glauben kam, er sei schon seinen Vorfahren als Befreier der Nation ... verkündigt worden", so liest sich das in K. Gutzkows „Wally, die Zweiflerin" (▷ 14.15). Dennoch gingen die Jungdeutschen noch nicht so weit, die Religion als „welthistorische Heuchelei" (L. Feuerbach, 1841) oder Opium fürs Volk (K. Marx) völlig zu verdammen. „Unser Zeitalter ist politisch aber nicht gottlos", schrieb Gutzkow. Vielmehr suchte man im „neuen Christentum" von C. H. de Rouvroy, Graf von Saint-Simon („Nouveau christianisme", postum 1825, deutsch „Neues Christentum", 1911) oder in den „Worten eines Gläubigen" des F. R. de La Mennais („Paroles d'un croyant", 1833, deutsch 1834) Vorbilder für eine Verbindung von gesellschaftlichem Fortschritt und Gottesglauben. La Mennais rechnete aus dem Prinzip christlicher Nächstenliebe mit den Ungerechtigkeiten des bürgerlichen Staates im Frankreich nach der Julirevolution von 1830 ab. Das war auf das feudale Deutschland allemal übertragbar. Noch folgenreicher für den deutschen Vormärz war die ebenfalls auf dem christlichen Prinzip der Nächstenliebe aufbauende Soziallehre des Saint-Simonismus, die von dem Franzosen Saint-Simon begründet und von seinen Schülern S.-A. Bazard und B. P. Enfantin weiterentwickelt und tatsächlich auch praktiziert

wurde. Der Salon der R. Varnhagen (▷ 13.25) war ein Zentrum des deutschen Saint-Simonismus. Heine wurde hier mit ihm bekannt. Sein lebenslanger Kampf gegen einen asketischen „Spiritualismus" und für eine „sensualistische" – also Geist und Sinne verbindende – Religion und Kunst folgt Enfantins polemischer Sicht der Religionsgeschichte als Kampf des „Geistes gegen das Fleisch".

14.19 „Friede den Hütten, Krieg den Palästen" – Georg Büchner

Georg Büchner läßt sich in dieser ohnehin schon widersprüchlichen Epoche am wenigsten in einen Gruppenzusammenhang stellen. Seine Werke entstehen zwischen 1833 und 1836, der aktivsten Zeit des Jungen Deutschland (▷ 14.15), zu dessen „Chorführern" auch sein Förderer K. Gutzkow gehört, für dessen liberale Position er jedoch nur Verachtung aufbringt: „Es ist in meinen Augen bei weitem nicht so betrübend, daß dieser oder jener Liberale seine Gedanken nicht drucken lassen darf, als daß viele tausend Familien nicht imstande sind, ihre Kartoffeln zu schmelzen". Als 18jähriger nimmt Büchner, der am 17. Oktober 1813 in Goddelau bei Darmstadt geboren wurde, sein Studium in Straßburg auf und setzt es ab 1833 in Gießen fort. Die zwei Jahre in einem bereits von den Konsequenzen der bürgerlichen Revolution enttäuschten Frankreich sind prägend für ihn, ebenso seine Mitgliedschaft in der Straßburger Gesellschaft für Menschen- und Bürgerrechte, einer jakobinischen, also radikal-revolutionären Vereinigung. Es sind die gleichen Erfahrungen, die auch Heine machte. Doch Büchner ist eine Generation jünger, unbelastet von der idealistischen Freiheitsnostalgie der 20er Jahre. So kann er die politischen Verhältnisse als soziale erkennen und deren Bewegungsgesetze als materielle begreifen. Das kommt in der Flugschrift „Der hessische Landbote" zum Ausdruck, die er zusammen mit dem Butzbacher Rektor F. L. Weidig 1834 verfaßte. Unter dem Motto „Friede den Hütten, Krieg den Palästen" sollte die Schrift vor allem die Masse der Landbevölkerung zur Revolution bereit machen, indem ihr das

2493.　Ｓ ｔ ｅ ｃ ｋ ｂ ｒ ｉ ｅ ｆ.

Der hierunter signalisirte Georg Büchner, Student der Medizin aus Darmstadt, hat sich der gerichtlichen Untersuchung seiner indicirten Theilnahme an staatsverrätherischen Handlungen durch die Entfernung aus dem Vaterlande entzogen. Man ersucht deshalb die öffentlichen Behörden des In- und Auslandes, denselben im Betretungsfalle festnehmen und wohlverwahrt an die unterzeichnete Stelle abliefern zu lassen.

Darmstadt, den 13. Juni 1835.

Der von Großh. Hess. Hofgericht der Provinz Oberhessen bestellte Untersuchungs-Richter, Hofgerichtsrath

Georgi.

P e r s o n a l - B e s c h r e i b u n g.

Alter: 21 Jahre,
Größe: 6 Schuh, 9 Zoll neuen Heßischen Maaßes,
Haare: blond,
Stirne: sehr gewölbt,
Augenbrauen: blond,
Augen: grau,
Nase: stark,
Mund: klein,
Bart: blond,
Kinn: rund,
Angesicht: oval,
Gesichtsfarbe: frisch,
Statur: kräftig, schlank,
Besondere Kennzeichen: Kurzsichtigkeit.

Steckbrief Georg Büchners (1835)

Elend und seine Ursachen mit Argumenten, Zahlen und Fakten verdeutlicht wurden. Die Absicht ging nicht auf; die Gruppe um Weidig wurde großenteils festgenommen, und 1835 mußte auch Büchner flüchten. Möglichkeit und Mechanismen einer sozialen Revolution bleiben aber weiter im Vordergrund seiner Überlegungen, was sich an seinem ersten Drama „Dantons Tod" (1835) zeigt. In dieser Frühform eines dokumentarischen Dramas (▷ 21.24) verwirklicht Büchner seine Forderung, wonach ein Dramatiker „nichts als ein Geschichtsschreiber" zu sein habe, der aber „statt Beschreibungen Gestalten gibt." In den Gestalten Danton und Robespierre stellt er zwei gegensätzliche Formen revolutionären Verhaltens vor und gleichzeitig in Frage: den rigoristischen Idealismus, der über Leichen geht (Robespierre) ebenso wie den gierigen Epikureer. Der Not des Volkes werden beide nicht gerecht. Das Volk selbst bleibt, nach jeder Seite lenkbar, nur Objekt. In seinen im Straßburger Exil nach 1835 geschriebenen

Werken zieht Büchner die Konsequenz seiner materialistischen Erkenntnis, wonach es „die Umstände" sind, die den Charakter und das Handeln des Menschen determinieren. Eben diese Umstände und ihre Folgen betrachtet er in der Konkretion dreier unterschiedlicher Stände, in der Karikatur einer überlebten Adelswelt („Leonce und Lena", entstanden 1836, gedruckt 1842), in „einem unglücklichen Poeten namens Lenz", einer Erzählung über den Sturm-und-Drang-Dichter J. M. R. Lenz, und in der ersten literarischen Heldenrolle eines Plebejers, im Dramenfragment „Woyzeck" (entstanden 1836). Gerade in dieser Dramatisierung eines tatsächlichen Mordfalls aus dem Jahre 1821 läßt Büchner gesellschaftliche Moralvorstellungen und die Folgen von Armut und Elend aufeinanderprallen. „Es muß was schönes sein um die Tugend, Herr Hauptmann. Aber ich bin ein armer Kerl", bekennt Woyzeck. Die Perspektive für eine Lösung fehlt, war 1837, als Büchner kurz nach Antritt seiner Stelle als Privatdozent für vergleichende Anatomie am 19. Februar in Zürich starb, auch nicht zu erkennen. Seine Leistungen als Dramatiker standen im Vormärz nicht einmal zur Diskussion, denn nur der „Danton" erschien zu seinen Lebzeiten. „Woyzeck" ist erst 1879 zum erstenmal veröffentlicht, 1913 uraufgeführt worden.

14.20 Der transatlantische Unbekannte – Charles Sealsfield

1833 erschien in Zürich ohne Verfasserangabe der Roman „Der Legitime und die Republikaner", eine Indianergeschichte aus dem amerikanischen Unabhängigkeitskrieg. 1835–37 folgten sechs Bände „Lebensbilder aus beiden Hemisphären", 1841 erschien das „Cajütenbuch oder Nationale Charakteristiken". Seit 1844 zeichnete der Autor seine in Englisch und Deutsch erscheinenden Werke mit dem Namen Charles Sealsfield. Erst nach seinem Tod, am 26. Mai 1864 auf einem Gut bei Solothurn, enthüllte das Testament, daß es sich bei dem Autor um den am 3. März 1793 in Poppitz in Mähren geborenen Karl Anton Postl gehandelt hatte, der, einem

Mönchsorden entflohen, in die USA ausgewandert war und dort Bürgerrecht erworben hatte. Die „Western"-Thematik der Romane Sealsfields hat einen großen Einfluß auf den deutschen Abenteuerroman des 19. Jahrhunderts gehabt (F. Gerstäcker, K. May, S. Wörishöffer), aber auch auf das Amerikathema in der deutschen Literatur generell. Im Unterschied zur romantisierenden Tendenz J. F. Coopers („The last of the Mohicans, 1826, deutsch „Der Letzte der Mohikaner", 1826) beschreibt Sealsfield die Probleme beim Entstehen einer neuen Gesellschaft. In seinen romantheoretischen Überlegungen zeigt er sich als Anwalt des in Deutschland verkümmerten Gesellschaftsromans, der um die Ursachen dieser Verkümmerung wußte: „Der Roman kann nur auf ganz freiem Boden gedeihen, weil er die freie Anschauung, Darstellung der bürgerlichen und politischen Verhältnisse in all ihren Beziehungen und Wechselwirkungen bedingt."

setzung mit Heine kommt durchaus eine Position zur „Welt" zum Ausdruck, noch mehr in seinen „Polenliedern" (entstanden 1831/32, herausgegeben 1849) mit ihrer scharfen antireaktionären Note.

Der andere Formkünstler unter den Lyrikern der Zeit, Friedrich Rückert (* Schweinfurt 16. Mai 1788, † Neuses bei Coburg 31. Januar 1866), hatte solche zeitweisen Ausflüge in die politische Realität bereits mit seinen patriotischen „Geharnischten Sonetten" (in: „Deutsche Gedichte", 1814) zur Zeit der Befreiungskriege hinter sich gebracht. Seit 1822 trat er als Nachdichter orientalischer Gedichte (Ghasele, Makamen, eine Form arabischer Stegreifdichtung) und sprachgewandt auch mit Sonetten und anderen antiken Gedichtformen hervor. Daneben versuchte er sich erfolgreich auch im Volksliedton der Romantik, wobei Vertonungen durch F. Schubert, C. Loewe oder J. Brahms seinem Nachruhm aufgeholfen haben.

14.21 Poetische Formkunst als Fluchtraum – August von Platen und Friedrich Rückert

Als ichbezogene Gattung und durch strengeren Formzwang bot die Lyrik in zweifacher Hinsicht eine Schutzzone für Autoren, die die „Zerrissenheit" der Zeit empfanden, den Optimismus zu einer Veränderungsaktivität aber nicht aufbrachten. Für August Graf von Platen (* Ansbach 24. Oktober 1796, † Syrakus 5. Dezember 1835) waren auch beide Aspekte von Bedeutung. Die Unterwerfung unter die komplizierte orientalische Gedichtform des Ghasels (bestehend aus beliebig vielen Langversen, die in je zwei Halbverse zerfallen; Reimschema: aa ba ca da ea usw.) und die Übernahme der traditionellen Harmoniemotive dieser Gattung gaben Platen die Möglichkeit, seinem „Weltschmerz" stilisiert Sinn abzugewinnen. Antike Formen – Sonett, Ode, Hymne und anderes – gaben auf ihre Weise ästhetischen Schutz vor der Welt: „Nur meine poetische Existenz interessiert mich, Leben und Tod sind mir vollkommen gleichgültig". Damit tut er sich aber dann doch Unrecht. In seiner literarisch-persönlichen Auseinander-

14.22 Neue Lyrik im Zeitalter der Prosa

„Poesie ist weggezogen / Und weit in das Land hinaus; / Hinaus in das Land und weiter, / vielleicht gar über die See – / Vorüber, ihr Schweine, vorüber! / Dem Dichter ist gar so weh." So drastisch formulierte N. Lenau seinen Zorn in „Dichters Klagelied über die „Jungdeutschen'" (1838). Die Lyriker sahen sich von diesen, vor allem von Heine, pauschal als „Goldschnittaschenbuchpoeten" karikiert. Lenau selbst ist Zeugnis für die Ungerechtigkeit der Beurteilung, in etwas geringerem Maße auch die Poeten der „Schwäbischen Schule". Der „Sängerorden", der sich seit 1804 um die befreundeten Schwaben L. Uhland und J. Kerner gebildet hatte, wird von der Literaturgeschichte abwechselnd der Romantik und dem Biedermeier (▷ 14.8) zugerechnet. Unverkennbar ist der „Wunderhorn"-Ton (▷ 13.22) der meisten schwäbischen Lyriker, und die häufige Tendenz zur Idyllik, zur pietistischen Innerlichkeit ist biedermeierlich zu nennen. Gleichwohl und trotz Heines Spott in der Glosse „Der Schwabenspiegel" (1838) ist das keine Zeitfluchtlyrik. Besonders nach 1830 schreiben die Brüder P. A. und G. Pfizer, G. Schwab und Uhland selber zeitkritische Gedichte. Das gilt auch für Lenau, der nach seinem Weggang aus Österreich 1831 und vor seiner Auswanderung nach Amerika 1832 Anschluß an die „Schwäbische Schule" gewann. Von Amerika enttäuscht, verzweifelte er nach seiner Rückkehr an der Möglichkeit einer freiheitlichen Gesellschaft und sah in seinem Versepos „Faust" (entstanden 1833–35, erschienen 1836) den Menschen als „vereinzelten Einzelnen". Nach dem Studium von Hegels Geschichtsphilosophie wandelt sich seine Perspektive, und er wendet sich in den Versepen „Johannes Ziska" (1840) und seinem Hauptwerk „Die Albigenser" (1842) geschichtlichen Revolutionären zu, deren Wirken er nun als Etappe einer notwendigen Zukunftsentwicklung sieht. Während diese ausgreifenden Versdichtungen bereits auf Heines Dichtungen der 40er Jahre vorausweisen (▷ 14.25), bereiten die an J. P. de Béranger geschulten Lieder A. von Chamissos (er übersetzte 1838 dessen Chansons) den Aufschwung der politischen Lyrik nach 1840 vor (▷ 14.23). Chamisso gehörte zu den wenigen, die vor diesem Zeitpunkt soziale Themen aufgriffen („Lied von der alten Waschfrau", 1833) und in der Lage waren, die Bedeutung des industriellen Aufschwungs zu erfassen („Das Dampfroß", 1830; „Mahnung", 1838). Hauptsächlich jedoch pflegte er die Ballade und wurde damit zum Vorbild für den jungen Fontane (▷ 15.26).

14.23 „Es wird zur Propaganda das deutsche Dichterheer" – politische Lyrik ab 1840

Frankreichs Forderung nach der Rheingrenze gab 1840 den äußeren Anlaß für einen lyrischen Aufbruch aus dem Prosajahrzehnt des Jungen Deutschland (▷ 14.15). „Sie sollen ihn nicht haben,/den freien deutschen Rhein", reimte N. Becker und gab damit das Signal für eine Kette von Rheinliedern von E. M. Arndt, M. Schneckenburger („Die Wacht am Rhein", 1840/41), R. E. Prutz und anderen. „Adlergleich" (Prutz) folgten Lieder mit weiteren patriotischen Themen von H. F. Maß-

mann, A. H. Hoffmann von Fallersleben, M. F. Chemnitz („Schleswig-Holstein, meerumschlungen", 1844). Daneben jedoch wurde zugleich gereimte Kritik laut an patriotischer Übersteigerung. Prutz dünkte das Reden vom „freien" Rhein „wie Hohn" („Der Rhein", 1840), J. Scherr äußerte sich ähnlich und G. Herwegh faßte 1841 zusammen: „Singt alle Welt: der freie Rhein!/So sing doch ich: Ihr Herren, Nein!/Der Rhein, der Rhein könnt freier sein" („Protest"). Damit aber war das Gedicht im politisch-literarischen Streit wieder etabliert und trat gleichberechtigt neben die Prosa. Es wurde als gereimte Agitation, nicht als Lyrik aufgefaßt. „Sonettchen an Amanda,/so leiern wir nicht mehr./Es wird zur Propaganda/Das deutsche Dichterheer", resümierte F. von Sallet 1842.

Die überragende Gestalt dieser Periode war Herwegh. Vom Schweizer Exil aus bringt er die junge Bewegung 1841 mit den „Gedichten eines Lebendigen" (1841–43) auf ihren ersten Höhepunkt. Begonnen als Polemik gegen die „Briefe eines Verstorbenen" (1830–32) von Fürst Pückler-Muskau, macht er das gerade eben noch „junge Deutschland" insgesamt zum alten („Die Jungen und die Alten") und verkündet einen neuen Aufbruch: „Und durch Europa brechen wir/Der Freiheit eine Gasse." Nicht mehr allein schon im Reden oder Schreiben sieht er die Funktion des Autors. Er versucht zu handeln, naiv zunächst, wenn er Preußens König Friedrich Wilhelm IV. während einer Audienz zu Reformen bewegen will. Seine Ausweisung ist die Folge. 1849 baut er im Pariser Exil eine „Deutsche Demokratische Legion" auf und versucht, den Maiaufstand F. Heckers, der 1849 in Baden eine Republik errichten wollte, militärisch zu unterstützen. Nach dem Scheitern der Revolution bleibt ihm nur die Rückkehr zum Gedicht, das weiterhin politisch ist, zum Beispiel das „Bundeslied" für F. Lassalles „Allgemeinen deutschen Arbeiterverein" (▷ 15.18). Um diese Zeit hatten viele der neuen politischen Lyriker das Genre verlassen (Prutz und Scherr zum Beispiel) oder sogar politisch die Seite gewechselt (F. von Dingelstedt).

Die „Göttinger Sieben": der Historiker Friedrich Christoph Dahlmann (Mitte), der Rechtshistoriker Wilhelm Eduard Albrecht, der Theologe und Orientalist Heinrich von Ewald, der Historiker und Literaturhistoriker Georg Gottfried Gervinus, der Physiker Wilhelm Weber und die Germanisten Jacob und Wilhelm Grimm (unten)

14.24 Kritik als Revolution

H. Laube faßt 1833 die „Kritik und ihre blutrote Tochter, die Revolution" in einem Gedanken zusammen. Die Jungdeutschen insgesamt (▷ 14.15) hatten die „literarische Revolution durch die Kritik" eingeleitet, durch Literaturkritik versteht sich, aber ihrem „Geschichtreiber"-Verständnis entsprechend (L. Börne; ▷ 14.14) erhofften sie sich als Konsequenz ihrer literaturkritischen Bemühungen auch eine tatsächliche Revolution. Die „neuen Jungen" (▷ 14.22) zu Beginn der 40er Jahre gingen einen ähnlichen Weg, indem sie ihr eigenes Selbstverständnis in der kritischen Auseinandersetzung mit ihren Vorgängern zu formulieren versuchten, diesmal durch Literaturgeschichtsschreibung. Hegels Entwurf eines gesetzmäßigen Geschichtsprozesses hatte auch die Literaturgeschichte befruchtet,

wenn nicht überhaupt erst geschaffen. Den Anfang machte seit 1835 G. G. Gervinus, einer der Professoren der „Göttinger Sieben", die 1837 öffentlich gegen die Aufhebung der Verfassung des Königreichs Hannover durch König Ernst August II. protestierten. Gervinus wurde aus seinem Amt entlassen und des Landes verwiesen. Er veröffentlichte 1835–42 die „Geschichte der poetischen Nationalliteratur der Deutschen". J. Scherr und R. E. Prutz faßten ihre literaturhistorischen Arbeiten der 40er Jahre nach der 48er Revolution zusammen. Auf der linken Seite des politischen Spektrums beteiligten sich die „wahren Sozialisten" (▷ 14.27) an diesem kritischen Geschäft, aber auch F. Engels.

14.25 „Denk ich an Deutschland" – der späte Heine

Heine hatte für sich den generell in den 40er Jahren stattfindenden Differenzierungsprozeß schon 1839 abgeschlossen. Sein Buch „Über Ludwig Börne" (1840, ursprünglich geplant als „Ludwig Börne. Eine Denkschrift") rechnet grundsätzlich mit dem gesamten politischen und literarischen Programm des Liberalismus der 30er Jahre ab. Früher als andere hatte er die Notwendigkeit einer sozialen Revolution erkannt und entwickelte zugleich ein Rollenverständnis des politischen Schriftstellers, das auch die neuen Lyriker (▷ 14.22) hinter sich ließ. Zwar kehrte auch er zum Gedicht zurück – es erschienen Zeitgedichte im Rahmen der „Neuen Gedichte" (1844) und die großen Versdichtungen „Atta Troll. Ein Sommernachtstraum" (veröffentlicht 1843 in: „Zeitung für die elegante Welt", Buchausgabe 1847) und „Deutschland. Ein Wintermärchen" (1844) –, doch unterscheidet er sich wesentlich von G. Herwegh, F. von Dingelstedt, F. Freiligrath (▷ 14.26), die zum Ziel seines weiterhin bissigen Spotts wurden. Er sah sie eine „Radikalkur" beschreiben, „die am Ende doch nur äußerlich wirkt": „Gelänge es ihnen auch, die leidende Menschheit von ihren wildesten Qualen zu befreien, so geschähe es doch nur auf Kosten der letzten Spuren von Schönheit, die dem Patienten bis jetzt geblieben sind." Obwohl die Zeitgedichte voll scharfer Polemik gegen die Reaktion sind, wurde die gleichzeitige Kritik an den „Tendenzpoeten" in Deutschland als Verrat empfunden. Das verstärkte sich noch nach dem „Atta Troll". Der plumpe, täppische Bär ist Heines Allegorie der oppositionellen Literatur der 40er Jahre: „Atta Troll, Tendenzbär, sittlich/religiös; als Gatte brünstig ... Sehr schlecht tanzend, doch Gesinnung/tragend in der zottigen Hochbrust." In seiner zweiten Versdichtung, dem „Wintermärchen", versucht er in Vorrede und zahlreichen Textpassagen seine Position klarzumachen, die weiterhin Fortschritt und Freiheit verlangt, was für ihn – als Mittel und Ziel! – Kunst und Schönheit einschließen muß. Diese Forderung macht trotz einer persönlichen Freundschaft mit K. Marx sein Verhältnis zum entstehenden Kommunismus (▷ 14.30) problematisch. Nach der Verschlimmerung seines Rückenmarkleidens 1846, die ihn ab 1848 bis zu seinem Tod am 17. Februar 1856 in Paris in die „Matratzengruft" verdammt, löst er sich auch wieder von der neuen sozialen Bewegung. Die „dritte Säule" seines „lyrischen Schaffens", der Gedichtband „Romanzero" (1851), sprengt die traditionellen Gattungsgrenzen. Balladen zumeist, entwickeln diese Gedichte aus dem erzählten Stoff grundsätzliche, aber auch zeitkritische Exemplarik.

14.26 Edler Mohr und „Ça ira!" – Ferdinand Freiligrath

Als 1838 die erste Gedichtsammlung des am 17. Juni 1810 in Detmold geborenen Ferdinand Freiligrath erschien und ihn mit einem Schlag berühmt machte, waren es exotische und zeitferne Themen („Der Mohrenfürst", „Piratenromanze"), die ihm Verehrer eintrugen, allerdings auch Kritiker (zum Beispiel Heine im „Atta Troll"; ▷ 14.25). 1844 machte er jedoch einen radikalen Wandel durch und bekannte sich durch „Wort und Tat" – er verzichtete auf eine königliche Pension – „offen und entschieden zur Opposition". Sein Gedichtband „Ein Glaubensbekenntniß" (1844) spiegelt diesen Wandel, der ihn über Liberalismus, romantischen Nationalismus („Ein Patriot") zu sozialem Engagement führt

(„Aus dem schlesischen Gebirge"). Aber auch aus dieser Haltung des „Pauperismus" entwickelt er sich rasch weiter. Begegnungen mit K. Marx und W. Weitling (▷ 14.30) zeigen 1846 ihre Wirkung in der kleinen Gedichtsammlung „Ça ira!" („So wird es sein!"). Hier erweist er sich als Revolutionär, zeigt, „Wie man's macht!", so ein Gedichttitel, und hofft auf den vom Eise befreiten Strom der Revolution, der den „Eispalast der Despoten" hinwegspült. In „Von unten auf" stellt er schließlich im Bild des Staates als Schiff, auf dessen Deck König und Königin „vergnügten Auges wandelten", einen konkreten Bezug her zum sozialen Charakter der Revolution in den Worten des Heizers: „Wir sind die Kraft! Wir hämmern jung das alte morsche Ding, den Staat,/Die wir von Gottes Zorne sind bis jetzt das Proletariat!" Nach dem Erscheinen von „Ça ira!" muß er auch die Schweiz verlassen, geht nach London, um erst in den Revolutionstagen nach Deutschland zurückzukehren. Aus seinem erneuten Exil in London kommt er 1868 nach seiner Amnestie zurück, unterstützt durch ein von der „Gartenlaube" (▷ 15.5) veranlaßtes finanzielles „Nationalgeschenk", und feiert 1871 („Die Trompete von Gravelotte") den deutschen Sieg über Frankreich, versöhnt mit dem Bismarckschen Deutschland – ohne Widerruf jedoch seiner revolutionären Vergangenheit. Er starb am 18. März 1876 in Cannstatt.

14.27 Falsche und „wahre Sozialisten"

Der Weberaufstand in Schlesien von 1844 löste zum erstenmal in Deutschland eine breitere öffentliche Diskussion der sozialen Frage aus. W. Wolff hatte im Dezember 1844 im „Vorwärts" über „Schlesische Zustände" berichtet; der „Pauperismus" wurde zum Schlagwort für die Massenarmut, um so mehr in den folgenden Jahren, als Mißernten und Wirtschaftskrisen 1846 zu regelrechten Hungerrevolten führten. Das wohlhabende Bürgertum reagierte mit sozialfürsorgerischen Maßnahmen der Wohltätigkeitsvereine. Dagegen sahen schon Wolff und dann vor allem K. Marx allein in der Abschaffung des Privateigentums eine Lösung. Das führte beide in

Holzschnitt von Kubitz
zum Webereelend
aus den 1840er Jahren

der Folgezeit zum Kommunismus. Einen anderen Weg gingen unter anderem H. Püttmann, M. Heß, K. Th. F. Grün und E. Dronke. Der von ihnen proklamierte „wahre Sozialismus" sah unter Berufung auf L. Feuerbach in einer Bewußtseinsveränderung des Menschen, der Erziehung zu wechselseitiger Hilfe, den Weg zur Aufhebung· der Ausbeutung. K. J. Becks „Lieder vom armen Mann" (1846), A. von Meißners „Ziska" (1846), M. Hartmanns Gedichtsammlung „Kelch und Schwert" (1845) dokumentieren den Einfluß des „wahren Sozialismus" in Österreich. Dronkes Gedichte und Reportagen und Püttmanns „Soziale Gedichte" sind Beispiele für die literarischen Konsequenzen der Bewegung in Deutschland.

14.28 Die linke Seite Hegels

Für Hegel war der preußische Staat der End- und Höhepunkt des geschichtlichen Entwicklungsprozesses. Konservativer, „rechter" ging es nicht mehr. Dennoch wurde Hegels Philosophie zum Ausgangspunkt aller „linken" Bewegungen seit dem Vormärz. Es war sein Schüler B. Bauer, der Hegel in einen „exoterischen" und einen esoterischen Philosophen trennte und im Blick auf die religionskritischen Aspekte des „esoterischen" Hegel dessen revolutionäre Komponente offenlegte. A. Ruges „Hallische Jahrbücher für deutsche Wissenschaft und Kunst" wurden das publizistische Forum für die Junghegelianer zur Darstellung ihrer Hegelinterpretation und -kritik, zu denen am Anfang auch K. Marx gehörte,

ehe er sich 1842 zusammen mit Ruge von ihnen trennte, um Hegel endgültig, wie er behauptete, „vom Kopf auf die Füße" zu stellen.

14.29 Versuche mit dem „sozialen Roman"

Die jungdeutschen Zeitromane (▷ 14.15) hatten die engen Grenzen des auf das Individuum fixierten Bildungsromans überschritten, aber dennoch keinen Anschluß an die europäische Tradition des Gesellschaftsromans gefunden (▷ 15.9). Die mit dem Fortschritt der Industrialisierung schroffer hervortretenden sozialen Gegensätze und westeuropäische Vorbilder regten in den 40er Jahren zu neuen Romanversuchen aus unterschiedlicher Perspektive an.

Den Anfang machte E. A. Willkomm, der seinen jungdeutschen Liberalismus noch nicht hinter sich ließ, aber mit „Eisen, Gold und Geist" 1843 zum ersten Mal in Deutschland die Arbeit in der Fabrik zum Romanthema machte. Die Maschine wird hier noch als Ursache der Verelendung gesehen. Über diese romantische „Maschinenstürmerhaltung" kommt er in seinem Roman „Weiße Sklaven" (1845) hinaus, der im Textilarbeitermilieu Schlesiens lokalisiert ist. Willkomm übernimmt hier die Mitleidshaltung der Wohlfahrtsbewegung und meint, im „guten" Fabrikanten, der seinen Gewinn teilt, eine Problemlösung zu finden. In dem Roman wirkt sich die Position des „wahren Sozialismus" (▷ 14.27) ebenso aus wie in L. Otto-Peters'

„Schloß und Fabrik" (1846) oder R. E. Prutz' „Das Engelchen" (1851). Da die nur unzureichend durchschaute gesellschaftliche Entwicklung keine Romanhandlung abgab, mußten Intrigen und Greuelgeschichten nach dem Vorbild E. Sues in all diesen Romanen die Fabel tragen.

G. Weerth, Freund von K. Marx und F. Engels und Feuilletonredakteur der „Neuen Rheinischen Zeitung" (▷ 14.30), veröffentlichte darin 1848/49 seinen satirischen Roman auf das preußische Junkertum „Leben und Taten des berühmten Ritters Schnapphahnski", ein Versuch, seine erfolgreichen satirischen Feuilletons zur Großform auszuweiten. Eine dreimonatige Gefängnisstrafe war die Folge. Zu seiner Zeit nicht bekannt wurde seine Arbeit an einem sozialen Roman, der als „Romanfragment" aus dem Nachlaß veröffentlicht wurde und offenbar einen Arbeiter zum aktiven, dank Erfahrungen durch einen längeren Aufenthalt im industrialisierten England auch bewußten und schließlich erfolgreichen Helden gestalten sollte.

14.30 „Ein Gespenst geht um in Europa" – Kommunismus und Literatur

„Eine unsägliche Betrübnis ergreift mich, wenn ich an den Untergang denke, womit meine Gedichte und die ganze alte Weltordnung von dem Kommunismus bedroht ist Und dennoch ... übt derselbe auf mein Gemüt einen Zauber", so beschrieb Heine (▷ 14.25) 1855 rückblickend sein zwiespältiges Verhältnis zum Kommunismus. Die „Angst des Künstlers" stand gegen die Einsicht, „daß alle Menschen das Recht haben, zu essen". Und so konnte F. Engels nach der Veröffentlichung von Heines Gedicht „Die schlesischen Weber" berichten: „Heinrich Heine, der hervorragendste unter allen lebenden Dichtern", hat sich „uns angeschlossen".

Erst 1847 erklärte sich der von W. Weitling gegründete „Bund der Gerechten" in London zum „Bund der Kommunisten", in dessen Auftrag K. Marx und Engels das „Kommunistische Manifest" („Ein Gespenst geht um in Europa ...") verfaßten. Als Bezeichnung einer sozialistischen Bewegung existierte das Wort „Kommunismus" seit Ende der 20er Jahre. Die Frühzeit der kommunistischen Bewegung kennzeichnet eine große Zahl theoretischer Abhandlungen und politischer Polemiken, und die „Angst des Künstlers" schien sich zu bestätigen. Nach Heines Abwendung und der ebenfalls nur kurzzeitigen kommunistischen Episode F. Freiligraths (▷ 14.26) blieb allein G. Weerth als Beispiel der Verbindung von frühem Kommunismus und Literatur. Engels nannte ihn den „ersten und bedeutendsten Dichter des Proletariats". Weerth war kein Exempel für die von Heine so befürchtete „spartanische, schwarze Suppe", sondern erwies sich als Sensualist wie Heine. Sinnenlust und Lebensfreude kennzeichnen seine Gedichte, und auch im scharfen politischen Disput zeigt er weniger fanatischen Eifer als ironischen Witz: „Kein schöner Ding ist auf der Welt,/als seine Feinde zu beißen". Knapp zwölf Monate gestaltete er in diesem Sinne das Feuilleton der „Neuen Rheinischen Zeitung", dem Sprachrohr der Kommunisten nach der Märzrevolution von 1848. „Ich bezweifle, ob je eine andere Zeitung ein so lustiges und schneidiges Feuilleton hatte", schrieb Engels später zutreffend. In diesem Blatt erschienen auch die spitzesten der „Humoristischen Skizzen aus dem deutschen Handelsleben", einer Satirenreihe, die Weerth schon 1845 in der „Kölnischen Zeitung" veröffentlicht hatte. Der Sieg der Reaktion zerschlug dieses Forum, und Freiligrath setzte dem Blatt mit dem „Abschiedswort der Neuen Rheinischen Zeitung" ein Denkmal: „Wenn das Volk sein letztes ‚schuldig' spricht,/dann stehen wir wieder zusammen".

14.31 Christliche Restauration

Obwohl die generelle Tendenz der Vormärzepoche durch die Religionskritik von Jungdeutschen (▷ 14.15) und Theoretikern der 40er Jahre eindeutig in Richtung geistiger Säkularisation wies, gab es dennoch eine Gegenbewegung. Sie zeigte sich besonders 1845 im Zusammenhang mit dem Auftreten der Dombauvereine, die die Vollendung des Kölner Doms als nationales wie christliches Symbol betrieben, sowie der Ausstellung des

Sieg der Reaktion in
Europa 1849 (Karikatur
von Ferdinand Schroeder
in den „Düsseldorfer
Monatsheften")

„Heiligen Rocks", des Leibrocks Christi, in Trier auf katholischer Seite und im Auftreten der ostpreußischen von J. H. Schönherr gegründeten „Mucker", einer pietistischen Sekte, auf protestantischer. Literarisch wurden diese Bewegungen nur als Objekte des Spotts zum Thema (L. Seeger, „Der Kölner Dom"; A. Glaßbrenner, „Herrn Buffey's Wallfahrt nach dem heiligen Rocke", 1845). Auf der anderen Seite bot christliche Heilsgewißheit auch einzelnen Autoren dieser Zeit Halt gegenüber der „Zerrissenheit" der Welt. A. von Droste-Hülshoff und J. Gotthelf gehören vor allem dazu, die katholische Westfälin und der protestantische Schweizer. Die Droste verband unerschütterlichen Glauben mit einer fast schon wissenschaftlichen psychologischen Realistik. Ihr Versepos „Des Arztes Vermächtnis" (entstanden 1834) wie auch ihre Kriminalnovelle „Die Judenbuche" (entstanden 1837–41, gedruckt 1842) belegen dies ebenso, wie die Naturgedichte Detailgenauigkeit mit Sinnbildcharakter verbinden. Während die Droste in der Dichtung vor allem ein Mittel zur Selbsterkenntnis und Selbstbestimmung sah, war für den Berner Pfarrer Albert Bitzius, der sich nach dem Ich-Erzähler seines ersten Romans „Der Bauern-Spiegel oder Lebensgeschichte des Jeremias Gotthelf" (1837) nannte, das Schreiben die Fortsetzung seiner pädagogischen und seel-

sorgerischen Tätigkeit mit anderen Mitteln. G. Keller (▷ 15.13) bescheinigte ihm um 1850, daß er „alles verachtet, was man Technik, Kritik, Literaturgeschichte, Ästhetik nennt". Tatsächlich griff Gotthelf auf die barocke Rhetorik (▷ 9.7) und Allegorik (▷ 9.11) zurück, die seinen didaktischen Zielen angemessen waren und zudem mit seinem ebenfalls fast „barocken" Erzähltalent korrespondierten. Sein Romanerstling schildert die Entwicklung eines Bauernsohnes zum christlichen Volkserzieher. Wenn auch die Hoffnung des Schriftstellers auf Breitenwirkung in den folgenden Jahren abnimmt, meint er doch, durch die Bekehrung des einzelnen letztlich den „Zeitgeist" besiegen zu können. Erst als dieser in der Schweiz im Unterschied zu Deutschland 1848 obsiegt und das Land durch eine liberale Verfassung zu einem Bundesstaat wird, wandelt sich Gotthelf (▷ 15.12).

14.32 „Rrrrevolution – Rrrreaktion" 1848–1850

Der Sturz des Metternichschen Regimes am 13. März 1848 und die Erfolge der Berliner Märzrevolution fegten fürs erste auch alle Werkzeuge zur Knebelung der Öffentlichkeit hinweg. Diese Freiheit wußte das gesamte Spektrum der bisherigen Opposition zu nutzen. Die meisten Exilierten kehrten zurück. Viele Schriftsteller gehörten den neu gebildeten Landtagen und dem der Frankfurter Nationalversammlung vorausgehenden Frankfurter Vorparlament an. Die politischen Lyriker schrieben Begeisterungsgedichte oder arbeiteten die Ereignisse der Märztage auf: H. Rolletts „Republikanisches Liederbuch" (1848) ist zu nennen und T. Ullrich mit seinem Werk „Den Todten des 18. März. Requiem" (1848) über die Berliner Barrikadenkämpfer. A. Glaßbrenner ließ „Das neue Europa im Berliner Guckkasten" (1848, Heft 29 der Reihe „Berlin, wie es ist und – trinkt") Vision werden. Dazu kamen die weitergehenden Forderungen nach Gründung einer Republik: G. Herwegh, F. Freiligrath, zunächst auch R. von Gottschall äußerten sich in diese Richtung. Spätestens hier beendeten die Liberalen – ein „zu viel und zu weit" befürchtend – ihre Revolutionsbegeisterung. Die Konservativen hielten nach Überwindung des ersten Schreckens ohnehin immer stärker dagegen: „Darum ist es heiligste Pflicht, jetzt sich zu fassen und treuer denn je an Gesetz und Ordnung zu halten – jeder Schritt weiter führt so oder so ins Verderben" (E. Geibel). „Wer rettet" und „Ihr habt es ja nicht anders haben wollen", klagte Eichendorff (▷ 13.35). Die sich lange hinziehenden Debatten im Paulskirchenparlament ließen besorgte Stimmen laut werden. Herwegh meinte: „Das Reden nimmt kein End". F. Heckers Versuch, mit militärischen Mitteln eine badische Republik zu errichten, war Anlaß für literarische wie auch publizistische Unterstützung durch K. H. Schnauffer („Ins Feld, ins Feld mit Hecker"). Die Bedrohung des revolutionären Wien durch Radetzkys Truppen gab der politischen Lyrik ein weiteres Thema (A. von Meißner, „An Wien"; Freiligrath, „Wien"). Radetzkys Sieg in Wien und die Besetzung Berlins durch Wrangel Anfang November 1849 spiegeln sich in Totenklagen auf die verlorene Freiheit, aber auch in Ansätzen zur Selbstkritik. „Wir haben eben jetzt eine Verfassung, weil wir Des nicht jefaßt haben, wat wir hätten fassen sollen", so resümiert ein Berliner Kunde in Glaßbrenners „1849 im Berliner Guckkasten" (1850, Heft 30 der Reihe „Berlin, wie es ist und – trinkt") und das Knarren der Bildmechanik des Guckkastens, das der Autor in den früheren Texten dieser Reihe als szenische Interpunktion eingesetzt hatte, wird zum politischen Menetekel: „Aber was ist schuld? Allens des Unheil verdanken wir de ... GUCKKÄSTNER: Rrrr...eaction, ein anderes Bild".

Kapitel 15
Realismus und Gründerzeit
(1850–1890)

Einführung

„Das deutsche Volk hat auf seinen spekulativen Rausch einen tüchtigen Katzenjammer bekommen, und es dürfte wohl eine zeitlang währen, bis sich ... die Lust zum Philosophieren uns wieder anwandelt. Ich kann diese Änderung der Volksstimmung nicht tadeln; sie war geboten durch das Auftauchen der realen Interessen der Politik." Diese Vorbemerkung zu einer historischen Dissertation aus dem Jahr 1848 läßt recht gut die Konsequenzen erkennen, die die gescheiterte Revolution für das allgemeine Bewußtsein hatte: Sie wurde erlebt als Stimmungsumschwung – jedoch keineswegs hin zur Resignation. Das kleine Häuflein von Radikaldemokraten und Republikanern war ins Exil getrieben worden; die Nationalliberalen atmeten auf: Gleich weit sahen sie sich entfernt vom „spekulativen Rausch" des Vormärz wie von den restaurativen Tendenzen bei Biedermeier (▷ 14.8) und Romantik. So wie man im politischen Bereich zu der „vernünftigen" Erkenntnis gelangt war, „daß, wenn man die Freiheit gründen will, man zuerst für eine Macht sorgen muß, die sie hält und schirmt" (F. Th. von Vischer), so glaubte man auch im geistigen Bereich das eigentliche Problem des Vormärz durchschaut zu haben: „Es rächt sich, wenn man den Kreis der Freiheit über den Kreis der Bildung hinaus erweitern, wenn man der Bestialität Raum schaffen will, sich auszutoben" (F. Hebbel). So überließ das Bürgertum dem Feudaladel getrost die politische Macht, reklamierte und sicherte für sich den ökonomischen und geistigen Führungsanspruch. Das Zusammenwirken von feudalistischer Macht und kapitalistischer Wirtschaft führte zu Beginn der 50er Jahre zu einer ersten wirtschaftlichen Blüte, und Bismarcks Weg zum deutschen Nationalstaat über 1866 (Entstehung des Norddeutschen Bundes) und 1871 (Gründung des Deutschen Reichs) brachte die Erfüllung einer der beiden zentralen Forderungen seit dem Beginn des Jahrhunderts, wenn auch die Losung „Durch Freiheit zur Einheit" eine zeitliche Umkehrung erfahren zu haben schien (Vischer). Die „Realpolitik", ein Begriff, den A. L. von Rochau 1853 prägte, schien sich auszuzahlen, und allenthalben suchte man, sich „der Wirklichkeit" mit ähnlich praktischer Vernunft zu widmen. „Das ist auch eine realistische Richtung, aber eine gesunde, vernünftige, naturgemäße, ist die Versöhnung des Idealismus mit dem Realismus, des Fortschritts der Bildung und Bewegung mit dem Recht des Gegebenen und natürlich Bestehenden", war 1854 in der Zeitschrift „Die Grenzboten" (▷ 15.1) zu lesen. Zu dem „natürlich Bestehenden" gehörte freilich nicht der vierte Stand – weder in der Bismarckschen Staatskonstruktion noch in der politischen Theorie der Herrschenden noch auch in der Literatur; bestenfalls wurde er als Objekt sozialer Maßnahmen gesehen. Erst zum Ende des Jahrhunderts, mit dem Aufbrechen sozialer Spannungen und einer erstarkenden Sozialdemokratie, nahm der Staat – mit den Sozialistengesetzen – Kenntnis; in der Literatur markierte der Naturalismus den Wandel des Bewußtseins.

15.1 Realismus als Programm

Eine Reihe von Zeitschriften bot nach 1848 für ein gutes Jahrzehnt das Forum einer intensiven Debatte um ein realistisches Programm für die Literatur: die „Blätter für literarische Unterhaltung" (1828–98) unter H. Marggraff und später R. von Gottschall, das „Deutsche Museum" (1851–67) unter R. E. Prutz sowie „Die Grenzboten" (1842–1922) unter Julian Schmidt und G. Freytag (▷ 15.7). Dabei standen die „Grenzboten" so im Vordergrund, daß der Programmrealismus der 50er Jahre auch als „Grenzbotenrealismus" firmierte.

Daneben haben F. Th. von Vischers Literaturkritiken und seine „Ästhetik oder Wissenschaft des Schönen" (1846–57) wesentlich zur theoretischen Orientierung beigetragen. Er erklärte das „Wirkliche in seiner festen Ordnung, in klarem, gesetzmäßigem Verlaufe" zum wichtigsten Gegenstand der Literatur, und Schmidt grenzte sich entsprechend von Vormärz und Klassik ab: „Wir stehen mit einem ganz neuen sittlichen Prinzip jenem Jahrhundert gegenüber. Das Leben gilt uns mehr als die Kunst, die Sache mehr als die Person, die sittliche Kraft mehr als die schöne Erscheinung, das bestimmte Vaterland hat das zerflossene Bild der allgemeinen Humanität verdrängt."

Das realistische Programm gab sich pragmatisch, noch in der Theorie eher theoriefeindlich: „...nun gilt es ... uns die praktische Freiheit zu erwerben ... Bis dahin mag das Denken ruhen und das Wollen seine Stelle vertreten" (A. Springer). Es gibt daher auch keine durchformulierte Theorie des Realismus, sondern punktuelle Äußerungen zu Autoren oder Gattungen, die aber alle in der programmatischen Beschreibung des „Wirklichen" als dem Ziel und Maßstab der Literatur konvergieren. So antwortet zum Beispiel Fontane (▷ 15.26) auf die Frage „Was soll ein Roman?": „Er soll uns, unter Vermeidung alles Übertriebenen und Häßlichen, eine Geschichte erzählen, an die wir glauben ... er soll uns eine Welt der Fiktion auf Augenblicke als eine Welt der Wirklichkeit erscheinen" lassen. Die literarische Bemühung der Schriftsteller um „die Wirklichkeit" schloß also, und das galt generell, das „Häßliche" aus, und das bedeutete konkret eine Reduktion der Wirk-

lichkeit um den Bereich des Elends, der Armut, der sozialen Konflikte, den vierten Stand.

15.2 Die heile Welt der Scholle – Dorfgeschichte und Dorfroman

Von der idealisierten Schäferdichtung des Barock (▷ 9.35) abgesehen, waren in der deutschen Literatur seit dem Mittelalter Bauer und ländliches Milieu überwiegend Gegenstand des Spotts und der Satire. Das änderte sich, seit B. Auerbach 1843 die erste Sammlung seiner „Schwarzwälder Dorfgeschichten" (1843–54) herausgebracht hatte. In diesen Erzählungen war das realistische Programm (▷ 15.1) der 50er Jahre in vielen Elementen vorweggenommen: Authentizität in den Details, die sich jedoch zu dem idealisierenden Gesamtbild einer gesunden Gegenwelt zu städtischer Verderbnis zusammenfügten. So wandelte sich die im Vormärz überwiegende Kritik an der Dorfgeschichte nach 1848 zur verbreiteten Zustimmung: Die

Abschied zwischen Dani und Amrei. Illustration zu Berthold Auerbachs Roman „Barfüßele" von Benjamin Vautier (1869)

„Grenzboten" (▷ 15.1) zum Beispiel sprachen 1852 von einer „glücklichen Reaction gegen die Phrasenhaftigkeit des herrschenden Liberalismus". Auerbach setzte seine Dorfgeschichten bis 1876 fort („Nach 30 Jahren. Neue Dorfgeschichten") und weitete die Dorferzählung nach dem Vorbild J. Gotthelfs (▷ 14.31) zum Dorfroman aus („Barfüßele", 1856). Die Wirkung seiner Technik milieugenauer Darstellung war international, ist noch bei H. de Balzac oder L. N. Tolstoi nachweisbar. Für die deutsche Literatur ist die verklärende Konsequenz seines Weltbildes wirksamer gewesen, was in den engeren Grenzen des Genres fast zwangsläufig zur späteren Trivialisierung und Verkitschung (P. Rosegger, L. Ganghofer, K. May, J. Spyri) führte.

15.3 Im Zentrum des Realismus – Roman und Romantheorie

Schon am Beginn einer bürgerlichen deutschen Literatur während der Aufklärung (▷ Kapitel 10) steht die Einschätzung des Romans als „moderner bürgerlicher Epopöe" (J. C. Wezel, 1780). Der Roman sollte in einer bürgerlichen Welt das Heldenepos ablösen. Von Hegel in seiner „Ästhetik" (entstanden zwischen 1817 und 1828/29, herausgegeben 1835–38) wiederholt, wurde dieser theoretische Anspruch nach 1848 zum praktischen Programm. Dabei wurde vom Jungen Deutschland (▷ 14.15) die Präferenz für die „lebensnahe" Prosa als gesichertes Erbe übernommen. Dessen Romane jedoch kamen als Orientierungsmuster nach 1848 ebensowenig in Betracht wie die der Romantik. Die intensive romantheoretische Diskussion in den 50er Jahren und dann wieder in den 80ern ist ebenso ein Indiz für das verbreitete Problembewußtsein, wie die bemerkenswert vielfältige Ausdifferenzierung der Gattung in den verschiedenen Formen von Gesellschafts- und Bildungsroman (▷ 15.9), historischem Roman (▷ 15.10) und anderen, die allerdings auch sehr bald zu Trivialisierungen führten. Auch das wurde früh erkannt und theoretisch reflektiert: R. von Gottschall kritisierte, daß „die literarische Industrie mit der Tendenz den Ernst, wie bei der Durchführung das Talent" vermissen lasse. Abhilfe zu schaffen, fiel

allerdings auch solch kritischer Einsicht schwer, weil das mögliche Vorbild des französischen oder englischen Romans angesichts der besonderen deutschen Entwicklung nicht als solches erkannt wurde: Selbst Fontane, der Ch. Dickens und W. M. Thackeray als „vorbildlich" bezeichnete, erkannte Meisterschaft bei ihnen nur im Blick auf die „treue Abschilderung des Lebens", vermißte aber „die ideelle Durchdringung oder die vollendete Form". Durch „Verklärung" hat er selbst später die geforderte „ideelle Durchdringung" zu erreichen versucht; doch kam dieses Mittel ebenso „von außen" wie die „vollendete Form", die er an G. Freytag (▷ 15.7) lobte: „... er hat dem Drama und seinen strengen Anforderungen und Gesetzen auch die Vorschriften für die Behandlung des Romans entnommen. Das dünkt uns ein Fortschritt." Es war ein Irrtum, wie der vergleichende Blick auf den realistischen Roman Westeuropas, aber auch Rußlands zeigt.

15.4 „Falke" und „Wendepunkt" – die Novelle

„Von dem einfachen Bericht eines merkwürdigen Ereignisses oder einer sinnreich erfundenen abenteuerlichen Geschichte hat sich die Novelle nach und nach zu der Form entwickelt, in welcher gerade die tiefsten und wichtigsten sittlichen Fragen zur Sprache kommen". P. Heyse zog so 1871 die Bilanz der Entwicklung der Gattung, die er zugleich mit der zusammen mit H. Kurz herausgegebenen Sammlung „Deutscher Novellenschatz" (1871–76) dokumentierte. Seit Wielands ersten Überlegungen zur Novelle („Simplizität des Plans", „kleiner Umfang der Fabel", 1722) hatte sich die Vorstellung von dieser Gattung in der Tat stark gewandelt und differenziert, woran vor allem die romantische Novellentheorie entscheidend beteiligt war. Von A. W. Schlegel (▷ 13.15) stammt die Forderung nach „entscheidenden Wendepunkten" und damit die Analogie zum Drama; L. Tieck (▷ 13.2) öffnete die Novelle für die Entwicklung von „Gesinnung, Beruf und Meinung" der handelnden Personen, eine Voraussetzung für die sogenannte „Charakternovelle". Die 2. Hälfte des 19. Jahrhunderts wurde nun zur Blütezeit der Gattung, gleichermaßen befördert durch den Reiz der erweiterten Möglichkeiten, einer teilweisen Scheu vor der epischen Großform des Romans und – ganz profanen Marktüberlegungen. Die üppig ins Kraut schießenden Familienzeitschriften mußten ihre Hefte füllen, und so „mehrten" sich „täglich ... diese Novellenschreie" (Th. Storm), um das Bedürfnis eines Lesepublikums zu befriedigen, das die Novelle bald zum „Deutschen Hausthier" machte (Th. Mundt). Das führte natürlich bald zu den negativen Folgen „literarischer Fabrikware" (W. Raabe). G. Keller (▷ 15.13) sah die „Novelliererei zu einer allgemeinen Nivelliererei" verkommen – Urteile, die aus dem gesteigerten ästhetischen Anspruch der großen Novellisten dieser Zeit ihre Schärfe gewannen: Für Storm (▷ 15.15) eignet sich die Novelle „zur Aufnahme auch des bedeutendsten Inhalts, und es wird nur auf den Dichter ankommen, auch in dieser Form das Höchste der Poesie zu leisten". „Schwester des Dramas und die strengste Form der Prosadichtung" nennt er sie und stellt sich damit an die Seite Heyses. Mit Blick auf die „Formstrenge" hatte dieser die sogenannte „Falkentheorie" entwickelt: „etwas Eigenartiges, Spezifisches", das sich „schon in der bloßen Anlage verrät". Eine starke Silhouette" sollte die Novelle kennzeichnen. Die Falkennovelle aus G. Boccaccios „Decamerone" (entstanden 1348–53) gab den Leitbegriff ab für diese oft mißverstandene „Theorie". Die „strenge Form" vermochte sie ohnehin nicht zu erzwingen. F. Hebbel (▷ 15.20) realisierte sie für sein Novellenschaffen, indem er auf die Novelle als „neue unerhörte Begebenheit" zurückging und für die Zeit einzigartige, die Kurzgeschichte des 20. Jahrhunderts (▷ 21.9) vorausahnende Novellen schrieb („Die Kuh", 1849). Andere Autoren entzogen sich den Auseinandersetzungen um einen normierten Gattungsbegriff, indem sie trotz des „Marktwertes" der Novelle auf die Gattungsbezeichnung verzichteten. Stifter (▷ 15.11) zum Beispiel nannte seine sechs Novellenbände „Studien" (1844–50).

15.5 „Daheim" in der „Gartenlaube" – das Familienblatt

Die Tageszeitungen, „Intelligenzblätter" und programmatischen Wochenzeitungen des „Nachmärz" hatten bei aller geistesgeschichtlichen Bedeutung nur ein schmales Publikum. Nach 1860 lag die Durchschnittsauflage bei nur 2760 Exemplaren pro Heft. Zur gleichen Zeit kam die „Gartenlaube" auf 100000 Exemplare (Abb. S. 306). 1853 gegründet, war sie das erste und erfolgreichste Beispiel eines neuen publizistischen Genres, des Familienblatts. Die Erfolgsrezepte früherer unterhaltend-belehrender Periodika wie moralischer Wochenschriften (▷ 10.5) oder Volkskalender nutzend und verbindend, suchte – und fand – es einen breiten Leserkreis durch die Universalität seines Inhalts: Erzählungen und Romane in Fortsetzungen, Berichte aus Technik, Wissenschaft und Zeitgeschehen, Klatsch und Kunst. Publizität als grundsätzliche Zugänglichkeit für jedermann war das Prinzip der Redaktion, eine „volkstümliche", allgemeinverständliche Sprache bei der Behandlung sämtlicher Themen ein Mittel dafür; das andere: die Illustration, für die die „Gartenlaube" bekannte Künstler wie A. L. Richter, W. von Kaulbach und A. Oberländer gewann. Den Erfolg der „Gartenlaube", der sich mit einer Höchstauflage von 382000 je wöchentliche Ausgabe und etwa 5 Millionen Lesern 1875 besonders eindrucksvoll darstellte, verdankt sie darüber hinaus populären Erzählern wie Eugenie Marlitt, die allerdings auch für den späteren negativen Ruf der Zeitschrift als eines Forums für seichte Unterhaltung verantwortlich war. Darüber ist in Vergessenheit geraten, daß auch B. Auerbach (▷ 15.2), F. Spielhagen, L. Ganghofer und W. Raabe (▷ 15.25) in der „Gartenlaube" publizierten. Das erfolgreiche Muster fand rasch Nachahmer: „Daheim" (1865–1942/43), zu deren Autoren auch Raabe und Fontane (▷ 15.26) sowie P. Heyse gehörten, „Über Land und Meer" (1858/59–1922/23) und andere Familienblätter.

Titelblatt einer Ausgabe der „Gartenlaube" von 1872

15.6 Literatur und Leihbibliothek

„Für belletristische Werke, Reisebeschreibungen, so wie für periodische Zeitschriften sind sie die Hauptabnehmer, oft die alleinigen Käufer. Wer ein Buch dieser Art verlegt, ... muß vor Allem diesen Institutionen zu gefallen suchen". So schilderte G. Freytag (▷ 15.7) 1852 die Situation auf dem literarischen Buchmarkt. Tatsächlich entsprach die durchschnittliche Romanauflage (800–1000 pro Titel) in etwa der Zahl der größeren Leihbibliotheken, und von den „Bestsellern" pflegten die renommierteren dieser Institutionen eine immense Zahl von Exemplaren zu erwerben. Etwa 90% des Literatur lesenden Publikums bezog seine Lektüre über Leihbibliotheken, soweit es sie nicht bereits im Familienblatt (▷ 15.5) fand. Dabei traten schichten- oder klassenspezifische Unterschiede nahezu völlig in den Hintergrund: Sowohl die Entleiher aus vornehmen „Litteratur-Instituten" als auch die Kunden von

Volksbibliotheken und den nach Aufhebung der Sozialistengesetze im Jahr 1890 entstandenen Arbeiterbibliotheken zeigten die gleiche Vorliebe für deutsche (etwa 60%) und französische (knapp 20%) Romane, und die Rangfolge der meistgelesenen Autoren ist nahezu identisch: Freytag, F. Dahn, J. V. von Scheffel, F. Spielhagen, E. Marlitt, P. Heyse.

15.7 Die Apotheose des Bürgers – Gustav Freytag

„Die Urzeit sah die einzelnen frei und in der Hauptsache gleich, dann kam die halbe Barbarei der privilegierten Freien und leibeigenen Arbeiter, erst seit unsere Städte groß wuchsen, sind zivilisierte Staaten in der Welt, erst seit der Zeit ist das Geheimnis offenbar geworden, daß die freie Arbeit allein das Leben der Völker groß und sicher und dauerhaft macht". Der Kaufmann Schröter entwirft dieses Geschichtsbild und Fortschrittsverständnis in Gustav Freytags Roman „Soll und Haben" (1855). An Hegel, fast schon an K. Marx gemahnt dieser Satz, doch sein Kontext macht den Abstand deutlich: Angesichts eines polnischen Aufstandes ist er gesprochen; den Polen fehle „der Bürgerstand", und „das heißt, sie haben keine Kultur". Solch bürgerzentrierte Position verstand sich dennoch nicht als Klasseninteresse. „Zivilisation und Fortschritt" sollten, vom Bürgertum ausgehend, alle Schichten erfassen und zu einem Volk von Bürgern machen. Im Roman geben die Kaufmannslehre des Adligen von Fink und die Bürgertugenden der „Auflader", der Arbeiter des Handlungshauses, das Muster solcher Vereinheitlichung ab, wobei deutliche antisemitische und nationalistisch-chauvinistische Elemente das bürgerlich-völkische Wir-Gefühl verstärken. Das durchaus überzeugend harmonische Resultat wird erreicht durch Verzicht auf Kritik an der Adelsherrschaft und durch Ignorierung der in den 50er Jahren virulenten sozialen Spannungen. Programmatisch unter das Motto J. Schmidts (▷ 15.1) gestellt, wonach der Roman „das deutsche Volk da suchen" solle, „wo es in seiner Tüchtigkeit zu finden ist, nämlich bei seiner Arbeit", weicht der Roman doch vor den Gegebenheiten industrieller Arbeit zurück in den Anachronismus einer „Kolonialwarenhandlung". Solcherart von den Problemen der Realität geschützt, fügte sich der Stoff willig dem vom Drama entlehnten Aufbauprinzip von Einleitung – Verwicklung – Steigerung – Umschlag – Lösung. Dabei stand der Verfasser selbst keineswegs außerhalb der Konflikte und Probleme seiner Zeit. Als Freytag (* Kreuzburg O. S. 13. Juli 1816, † Wiesbaden 30. April 1895) 1874 aus seiner Heimat Schlesien fortging, hatte er die Weberaufstände und erschrocken auch „das Proletariat so drohend und unbändig auf den Straßen" erlebt. Trotzdem sind seine literarischen Arbeiten vor „Soll und Haben", so neben anderen Dramen das Lustspiel „Die Journalisten" (1854), ohne sichtbare Spuren dieser Erfahrungen, versöhnlich-nachsichtig selbst noch in den gestalteten Konflikten. Seinem erfolgreichen Roman läßt er 1864 einen zweiten, „Die verlorene Handschrift", folgen – nun gar mit kritischem Akzent gegenüber den Zuständen in den kleinen deutschen Feudalstaaten. Historische Romane (▷ 15.8) prägen sein Spätwerk.

15.8 „Kunst" durch „Wissenschaft" – der Professorenroman

Historische Stoffe gewannen nach 1850 in der deutschen Romanliteratur zunehmend an Beliebtheit (▷ 15.10). G. M. Ebers, Professor für Ägyptologie in Leipzig, wurde durch die Absicht, seine Forschungsergebnisse „einer möglichst großen Anzahl von Gebildeten" in der „am meisten ansprechenden Form" zugänglich zu machen", zum Begründer einer besonderen Spezies historischer Romane: Mit dem 1864 erschienenen Roman „Eine ägyptische Königstochter" setzte er ein Beispiel, dem W. Walloth („Das Schatzhaus des Königs", 1883), E. Eckstein („Die Claudier", 1882) und W. H. von Riehl in seinen historischen Novellen nacheiferten. Gemeinsam ist diesen Romanen die Tendenz, in der – scheinbaren – historischen „Analogie" die zeitgeschichtliche Situation zu legitimieren. Dies wird besonders deutlich in den nach 1871 geschriebenen Professorenromanen, als der Sieg über Frankreich und die Reichsgrün

Titelblatt einer Ausgabe des Lustspiels „Die Journalisten" von Gustav Freytag (1862; Vignette von Ludwig Richter)

dung Anlaß zu nationaler Selbstbeweihräucherung boten. F. Dahns beliebter vierbändiger Roman „Ein Kampf um Rom" (1876) und G. Freytags (▷ 15.7) nicht minder erfolgreicher Romanzyklus in sechs Bänden, „Die Ahnen" („Ingo und Ingraban", 1873; „Das Nest der Zaunkönige", 1874; „Die Brüder vom deutschen Hause", 1875; „Markus König", 1876; „Die Geschwister", 1879; „Aus einer kleinen Stadt", 1881), kommen mit ihrer Wendung zur germanischen Geschichte solchen nationalistischen Emotionen entgegen.

15.9 Gesellschaftsroman versus Bildungsroman

In der westeuropäischen Literatur ist das 19. Jahrhundert das Zeitalter des Gesellschaftsromans. H. de Balzac, É. Zola, W. M. Thackeray und Ch. Dickens genügen als herausragende Beispiele. Die deutsche Sonderentwicklung ist durch die Vorliebe für den Bildungsroman (▷ 12.16) bestimmt. Dabei steht doch sogar am Beginn der Epoche ein bemerkenswerter Versuch, Zeit und Gesellschaft romanhaft in einem weiteren Spektrum zu gestalten: K. Gutzkows (▷ 14.15) monumentales Werk „Die Ritter vom Geiste" (1850/51). Dieser „Roman des Nebeneinander" gibt anhand der Schicksale einer kaum überschaubaren Zahl von Personen einen

Zeitquerschnitt, der etwa ein Jahr umfaßt. Nach Gutzkow steht dann vor allem F. Spielhagen für diese europäische Traditionslinie des Romans, die, in dem Jahrzehnt nach 1860 beliebt, nach 1871 jedoch rasch vergessen wurde. Sein Roman „In Reih' und Glied" (1867) entwickelt aus dem Stoff, einer Episode aus dem preußischen Verfassungskonflikt von 1860, als Bismarck Fühlung suchte zur Arbeiterbewegung F. Lassalles, ein kollektivistisches Programm, das seine „Armee" aus „guten Menschen aller Länder" in „Reih' und Glied" marschieren und die politische Freiheit erkämpfen läßt. Für ein derart sozialistisches Konzept war im Deutschen Reich nach 1871 kein Platz, und für eine Veränderung der individualistischen Erzähltradition taugte der Roman wenig, weil er am Konzept des individuellen Helden festhielt. Mit größerem erzähltheoretischen Aufwand, im Grunde aber doch nur mit einem formalen „Kniff", glaubte Spielhagen in den 70er Jahren, diesem Dilemma entkommen zu können. Er sah nun den Ich-Roman als einzige Möglichkeit moderner Romankunst und glaubte so, die Forderung nach „höchster Objektivität" gerade durch diese subjektivste Erzählhaltung erreichen zu können, die ihm geboten erschien angesichts einer „aus den Fugen geratenen Welt". Bereits in der romantheoretischen Debatte (▷ 15.3) der Zeit wurde auf objektive Schwierigkeiten für deutsche Gesellschaftsromane hingewiesen, auf das Fehlen von politischen und sozialen Zentren wie Paris, London – aber auch Petersburg – zum Beispiel, die sich den Schriftstellern als Exempel und Brennpunkt anboten. Erst den deutschen Expressionisten stand diese Möglichkeit offen; von der „Verspätung der Nation" ist während des 19. Jahrhunderts nur wenig aufgeholt worden.

Davor schien der „Bildungsroman" das aussichtsreichere Genre, bot er sich doch – etwa aus der Sicht W. Diltheys, der den Begriff 1870 in die Literaturwissenschaft einführte – als eine Gattung dar, die „mit Behagen" erfüllt, weil sie „nicht die ganze Welt sammt ihren Mißbildungen ... schildert; der spröde Stoff des Lebens ist ausgeschlossen". G. Freytags Roman „Soll und Haben" (▷ 15.7) liest sich wie das Exempel solcher Definition, und dem Exempel folgten unter dem Beifall eines großen Publikums Romane von K. von Holtei

(„Christian Lammfell", 1853) und M. L. von François („Stufenjahre eines Glücklichen", 1877), an denen sich wiederum eine unübersehbare Menge trivialer Unterhaltungsromane orientierte – eine Traditionslinie, die bis heute ungebrochen ist. Schon bei Freytags „Soll und Haben" jedoch ist deutlich, daß die scheinbar problemlose Berufung auf das Vorbild des Goetheschen „Wilhelm Meister" (▷ 12.16) nur mit Hilfe von Verdrängungen und Anachronismen gelingt. Die Welt und der Blick auf sie werden nicht nur dem Gesellschaftsroman, sondern auch dem Bildungsroman durchaus zum Problem, und das ist, von den trivialen Vertretern der Gattung abgesehen, allenthalben zu spüren: G. Kellers „Grüner Heinrich" (▷ 15.13) ist mit seinen zwei Fassungen auch ein Dokument des Kampfes mit diesem Problem. Stifter läßt Heinrich Drendorf, die Hauptfigur seines Romans „Der Nachsommer" (1857), seine Aufgabe nicht „in der Welt", sondern buchstäblich im Museum, im „Rosenhaus" des Freiherrn von Risach, finden (▷ 15.11). W. Raabe (▷ 15.25), in dessen Roman „Der Hungerpastor" (1864) der Einfluß Freytags am deutlichsten zutage tritt, kann den „Hunger" des Hans Jakob Unwirrsch nach Wissen, Liebe und Welterfahrung schließlich nur unzureichend im Idyll der „Hungerpfarre" im weltabgeschiedenen Grunzenow stillen. Dennoch haben Leserbewußtsein und Literaturinstitutionen die Bildungsromane des Realismus im „Kanon" bewahrt und die Gesellschaftsromane in Vergessenheit geraten lassen.

15.10 Geschichte – Historismus – Historien

Die Jungdeutschen (▷ 14.15) sahen sich als „Geschichtreiber" (L. Börne); nach 1850 bot die Geschichte dagegen einen der möglichen Fluchträume gegenüber der zeitgeschichtlichen Wirklichkeit. Der „Historismus" des 19. Jahrhunderts führte zu einer Vernachlässigung des Prozeßcharakters von Geschichte und zur Konzentration auf Epochen als abgeschlossene Einheiten, die „unmittelbar zu Gott" (L. von Ranke) waren, die also ihren Wert in sich hatten. Die Begründung der „Geistesgeschichte" durch

Walladmor.

Frei nach dem Englischen
des
Walter Scott.

Von

W . . . s.

Erster Band.

Berlin,
bei Friedrich August Herbig.
1824

Titelblatt des ersten Bandes der Erstausgabe von Willibald Alexis' Roman „Walladmor" (1824), herausgegeben unter dem Namen Walter Scott

W. Dilthey ist die logische Konsequenz dieser Geschichtsanschauung; verstehen, „wie es gewesen ist", wurde zum Ziel wie zur wichtigsten Tätigkeit aller historischen Wissenschaften, die damit in der „Hermeneutik", der Verstehenswissenschaft, zusammentreffen. In der Literatur ist die Beliebtheit historischer Stoffe ein Indiz dafür. Dabei kam hier zweifacher Anstoß durch englische Vorbilder: E. G. Bulwer-Lyttons „The last days of Pompeii" (1834, deutsch „Die letzten Tage von Pompeji", 1834) wurde Vorbild für „antiquarische Romane", die in Deutschland mit J. V. von Scheffels Roman „Ekkehard" (1855) zunächst noch die „innige Freundschaft" von Poesie und „Geschichtsschreibung" einigermaßen überzeugend zu verwirklichen vermochten, dann jedoch bald im Professorenroman (▷ 15.8) verflachten. Dem anderen, ertragreicheren Strang historischen Erzählens hat W. Scott mit seinem „Waverley" (1814, deutsch 1821) und etwa 30 weiteren Romanen den Weg gewiesen. Schon während der Romantik zeigten sich deutsche Autoren von ihm beeinflußt (W. Hauff, „Lichtenstein", 1826). Im Mittelpunkt der deutschen Scott-Rezeption steht jedoch W. Alexis, der seine ersten Romane „Walladmor" (1824) und „Schloß Avalon" (1827) sogar unter dem Namen Scott herausgab. Seine „märkischen Romane" (unter anderem „Der Roland von Berlin", 1840; „Der falsche Woldemar", 1842, und – der beliebteste – „Die Hosen des Herrn von Bredow", 1846–48) suchten nach Scotts Vorbild in der regionalen Geschichte nach Mustern für die Gegenwart der Region. Mit seinen nach 1850 geschriebenen „vaterländischen Romanen" gelangt er durch die kritische Haltung gegenüber den Zuständen in Preußen über diese Position hinaus. In „Ruhe ist die erste Bürgerpflicht" (1852) erscheinen die Mißstände im Preußen „vor Jena" (der Niederlage gegen Napoleon von 1806) nicht nur als Verschlüsselung von Zeitkritik. Vielmehr wird in der Darstellung einer Kriminalaffäre zugleich der Zustand von Gesellschaft und Staat analysiert und damit der Ursprung der Entwicklung kenntlich gemacht, die zu den Verhältnissen im Preußen nach 1850 führten. Mit zwei weiteren Romanen wollte Alexis diese Entwicklung abschreiten, „Isegrimm" erschien noch 1854, doch den geplanten 3. Band, „Großbeeren", gab er resigniert auf: „Wozu das alles, wenn ... ‚Soll und Haben' die Deutschen entzückt – befriedigt?" (▷ 15.7).

15.11 Das „sanfte Gesetz" – Adalbert Stifter

„Wir wollen das sanfte Gesetz zu erblicken suchen, wodurch das menschliche Geschlecht geleitet wird", schrieb Adalbert Stifter 1852 in der Vorrede zu seiner Novellensammlung „Bunte Steine" (1853). Das „Gesetz der Gerechtigkeit" ordnete sich für ihn in ein kosmisches Gesamtbild des „Großen" und „Kleinen" ein, worin das „Große" nicht das Großartige war, sondern dessen Gegenteil – in Naturereignissen wie im Menschlichen: „Ein ganzes Leben voll Gerechtigkeit, Einfachheit, Bezwingung seiner selbst, Verstandesgemäßheit, Wirksamkeit in seinem Kreise, Bewunderung des Schönen ... halte ich für groß." Dieses Gesetz sah er bestimmend „in der niedersten Hütte wie in dem höchsten Palast", abhängig nur vom Willen und Verhalten des einzelnen, den Stifter selbst mit seinen Werken zu solch sittlichem Verhalten zu befähigen trachtete. Am 23. Oktober 1805 in Oberplan in Böhmen geboren, nach dem Studium als Hauslehrer existierend, war er bis 1848 durch die Bekanntschaft mit Lenau (▷ 14.22) durchaus liberalen Ideen zugeneigt. Die Revolution jedoch erlebte er als „Hunnenzug" und als Beweis, daß das Volk „unmündig sei, daß es der Verantwortlichkeit ungehemmtester Selbstregierung nicht gewachsen sei". Seine ohnehin schon deutliche Vorliebe für die – liebliche – Landschaft als Modell menschlichen Lebens, für leidenschaftsarme Handlung, sichtbar in den frühen Novellen, wurde nur noch stärker ausgeprägt, als er sie für die Sammlung „Studien" (1844–50) umarbeitete. Die Sammlung „Bunte Steine" macht das Naturbild zu Metapher und Exempel zugleich: Die kristalle Schönheit des Gesteins steht für die angestrebte Harmonie des Lebens – „Bergkristall", „Turmalin", „Granit" sind Titel dieser Novellen. Besticht diese wohlgeordnete Welt auch durch ihre Naturschilderungen, so rief sie doch auch schon zeitgenössische Kritik hervor: F. Hebbel (▷ 15.20) hatte Stifter einen „Maler der Käfer und Butterblumen" genannt und damit erst

Titelblatt des ersten Bandes der Erstausgabe von Adalbert Stifters Bildungsroman „Der Nachsommer" (1857)

seine Überlegungen zum „sanften Gesetz" provoziert. Dessen Normen bestimmen auch die beiden großen Romane, die Stifters Hauptwerk darstellen. Der Bildungsroman (▷ 15.9) „Der Nachsommer" erscheint 1857 und beschreibt in der Ichform Kindheit und Jugend des Wiener Kaufmannssohnes Hein-

rich Drendorf. Dieser lernt unter Anleitung seines Mentors Risach Natur, Kunst, Religion „in ihrer Wesenheit" kennen – nicht jedoch in der Wirklichkeit. Denn Drendorfs Bildungsprozeß vollzieht sich im idyllischen „Rosenhaus" Risachs, in dem Kunstgegenstände und andere Sammlungen wie in einem Museum aufbewahrt werden. Das kennzeichnet den Ort ausdrücklich als Kunstwelt, deren Anachronismus der Titel ebenso offen preisgibt. Dieser Anachronismus war gleichwohl als Herausforderung auf die Gegenwart gezielt, als Modell, an dem diese sich messen und bessern sollte. Das gilt verstärkt für die historische „Erzählung" „Witiko" (1865–67). Der Stoff aus der böhmischen Geschichte des 12. Jahrhunderts ist als Utopie gestaltet, in der der Held den Erziehungsprozeß Drendorfs bereits hinter sich gebracht hat und dem „sanften Gesetz" in der Gestaltung von Staat und Gesellschaft zur Geltung zu verhelfen vermag. Der Optimismus, der daraus spricht, steht in extremem Gegensatz zu Stifters eigenen Lebensumständen, die von ständiger materieller Bedrängnis und langdauernder Krankheit bestimmt waren, und denen er am 28. Januar 1868 in Linz durch Selbstmord ein Ende machte.

15.12 „Wider den Zeitgeist" – der späte Jeremias Gotthelf

Für die meisten Leser war und ist die in der Schweiz nach 1848 geschriebene Literatur selbstverständlich integraler Teil des deutschen Realismus. Dieses Verständnis ignoriert einen entscheidenden Sachverhalt, der die Situation in der Schweiz von der in den anderen deutschsprachigen Staaten unterschied: In der Schweiz hatte 1848, wenn auch ohne Revolution, der bürgerliche Liberalismus auf Dauer den Sieg errungen. Die hierauf gründenden Unterschiede der materiellen und geistigen schriftstellerischen Arbeitsbedingungen im Vergleich zu Deutschland und Österreich sind zu bedenken – vor allem bei oberflächlichen Ähnlichkeiten in Thematik und Tendenz. So können die späten Erzählungen und Romane Jeremias Gotthelfs (▷ auch 14.31) als Teil der stadt- und fortschrittskritischen Dorfliteratur (▷ 15.2) gelesen und damit ebenso mißverstanden werden, wie wenn man seine patriarchalischen Ordnungsvorstellungen zu Stifter (▷ 15.11) und seine antiliberale Tendenz zur Haltung der Programmrealisten (▷ 15.1) in Beziehung setzt. Gotthelf (* Murten 4. Oktober 1797, † Lützelflüh [Kanton Bern] 22. Oktober 1854) war, anders als G. Freytag (▷ 15.7), nicht genötigt, in der Wirtschaftsstruktur ein Gegengewicht zur politischen Machtstruktur zu sehen, und seine Liberalismuskritik war Herrschaftskritik. Vor diesem Hintergrund sind neben den späten Erzählungen (zum Beispiel „Doktor Dorbach, der Wühler, und die Bürglenherren in der heiligen Weihnachtsnacht Anno 1847", 1849; „Barthli der Korber", 1852, in: „Illustrierter Volkskalender") vor allem seine letzten Romane zu lesen. „Die Käserei in der Vehfreude" (1850) beschreibt die Einführung eines modernen wirtschaftlichen Verfahrens – einen Genossenschaftsbetrieb – in einem Emmentaler Dorf. Verknüpft mit der Liebesgeschichte des reichen Bauernsohns mit der armen Waisen, gibt dieser Vorgang Anlaß, Einzelschicksal und gesellschaftlichen Prozeß in sinnlich-praller Handlung zu vereinen. Satirisch werden Verfassungsgebungen und Wahlen, der neue Typus des Berufspolitikers sowie die Selbstsucht der frisch gebackenen Unternehmer aufgespießt. Und dennoch ist dies keine Absage an das Neue: Die Käserei kann trotz aller Schwierigkeiten segensreich werden – vorausgesetzt, christlicher Geist, Pflichtbewußtsein, Ehrlichkeit und Gemeinsinn behalten die Oberhand über Eigennutz und Besitzgier. Für deren Anwachsen macht Gotthelf die liberalen Träger seines Staates verantwortlich, die „Halbherren", wie er sie verächtlich nennt. In ihnen sieht er den verderblichen „Zeitgeist" verkörpert, der „sich in alle Lebensverhältnisse aller Stände drängt, das Heiligtum der Familie verwüstet, alle christlichen Elemente zersetzt". So wettert er im Vorwort des Romans „Zeitgeist und Berner Geist" (1852), der seine Vorstellung christlicher Freiheit im Schwarzweißkontrast, ohne lächelnde Vermittlung wie in der „Käserei", der wirtschaftsliberalen „Freisinnigkeit" gegenüberstellt.

15.13 „Vernunft und Poesie" – Gottfried Keller

Im Unterschied zu J. Gotthelf war es Gottfried Kellers (* Zürich 19. Juli 1819, † ebenda 15. Juli 1890) Engagement für vormärzliche Ideen, der „Ruf der lebendigen Zeit", der seine Lebensrichtung entschied. Dies ermöglichte ihm, das Erbe der Aufklärung (▷ Kapitel 10) mit lange Zeit unbeschränktem Geschichtsoptimismus fortzuentwickeln, der sich aber nach seinen Berliner Erfahrungen von 1850 bis 1855 ausschließlich auf die Schweiz bezog. Der Held seines Romans „Der grüne Heinrich" formuliert die Einsicht, „daß Schlichtheit und Ehrlichkeit mitten in Glanz und Gestalten herrschen müssen, um etwas Poetisches oder, was gleichbedeutend ist, etwas Lebendiges und Vernünftiges hervorzubringen." 1843 begann Keller mit Entwürfen zu diesem Roman, doch erst, als ihm ein Stipendium des Kantons Zürich für ein Studium in Deutschland den Lebensunterhalt sicherte, konnte er ihn bis 1854 fertigstellen. Die vier Bände erschienen 1854/55. Die Begegnung mit dem Philosophen L. Feuerbach in Heidelberg hatte inzwischen jedoch sein Weltbild entscheidend verändert, was auch die ursprüngliche Romankonzept traf: Aus dem „elegisch-lyrischen Künstlerroman" sollte nun ein Entwicklungs- und Bildungsroman werden, der im individuellen Entwicklungsprozeß die Entwicklung der Gesellschaft zu selbst- und vernunftbestimmten Existenzformen darstellte. Der Wandel der Konzeption hatte Probleme zur Folge, die im kompositorischen Ungleichgewicht der ersten Fassung ebenso deutlich sind wie in der Handlungsführung. Heinrichs Lebensweg wird bestimmt durch seine Unfähigkeit, Wirklichkeit und Phantasie zu unterscheiden. Dies motiviert als „Schuld" auch seinen Tod. Das aus der ersten Konzeption übernommene tragische Ende verhinderte das aus Kellers neuer Sicht entscheidende Bildungsziel, die Integration des Helden in die Gesellschaft. In der 2. Fassung, erschienen 1879/80, ändert er daher vor allem den Schluß und läßt Heinrich in praktischer Tätigkeit als Beamten einer Landgemeinde und in familiärem Glück weiterleben. Der Roman stellt durch seine zwei Fassungen nicht nur zeitlich eine Klammer um das – von einem späten Roman („Martin Salander", 1886) abgesehen – durch seine großartige Novellistik bestimmte Lebenswerk dar. Der Ausschnittcharakter der Novelle kam der „Schlichtheits"-Forderung seiner Poetik entgegen. Keller beschränkte sich jedoch nicht auf den Ausschnitt, sondern stellte durch Zyklusbildung doch auch den größeren Zusammenhang wieder her. 1856 erschien als erster dieser Zyklen der Band „Die Leute von Seldwyla". Der liberale Traum, wonach bei Tüchtigkeit und Fleiß ein jeder sich zu Wohlhabenheit aufschwingen könne, wird in diesen Novellen ironisch in Frage gestellt. Dennoch bestimmt das liberal-optimistische Weltbild die grundlegende Tendenz dieses Zyklus. 1873/74 erscheint ein 2. Band, dessen fünf Novellen die kritischen Momente des ersten aufnehmen und verstärken. Keller gestaltet hier noch einmal für seine Frühzeit kennzeichnende Themen, vor allem das Verhältnis von Schein und Realität („Kleider machen Leute"), was auch für den letzten Novellenband noch einmal prägend wird: In dem Zyklus „Das Sinngedicht" (1882), der kunstvoll eine mehrteilige Rahmenerzählung mit sechs Novellen verknüpft, wird „in der Freiheit der unmittelbaren Poesie", also ohne Zeitbezug und „schweizerische Lokalsachen", ein parabelhaftes Exempel gestaltet, in dem wechselseitige Erziehung zu Sittlichkeit und Freiheit, Wirklichkeitssinn und Phantasie, Poesie und Vernunft zur harmonischen Verbindung von Reinhard und Luci, den Zentralfiguren der Rahmenhandlung, führt.

Der

grüne Heinrich.

Roman

von

Gottfried Keller

In vier Bänden

Erster Band

Braunschweig
Druck und Verlag von Friedrich Vieweg und Sohn
1854

Titelblatt des ersten Bandes der Erstausgabe von Gottfried Kellers Künstlerroman „Der grüne Heinrich" (1854)

15.14 Der „Schilderer weltgeschichtlicher Mächte" – Conrad Ferdinand Meyer

„... ich bin kein ausgeklügelt Buch, / Ich bin ein Mensch mit seinem Widerspruch ..." steht als Motto über der Verserzählung „Huttens letzte Tage", die Conrad Ferdinand Meyer (* Zürich 11. Oktober 1825, † Kilchberg [ZH] 28. November 1898; Abb. S. 314) 1871 als erstes umfänglicheres Werk als immerhin schon 46jähriger veröffentlichte. Vorausgegangen waren 1864 und 1867 Balladen („Zwanzig Balladen von einem Schweizer" und „Balladen"), eine Form, die er weiterhin pflegt („Die sterbende Meduse", 1878; „Die Füße im Feuer", 1882). Er selbst sah seinen literarischen Rang jedoch so: „Meyer ist in der deutschen Literatur der Vertreter der historischen Novelle und Schilderer weltgeschichtlicher Mächte". Diese „Werbeanzeige" dokumentiert das Streben des Autors nach literarischem Erfolg, das zielgerichtet den vorherrschenden historischen Geschmack (▷ 15.10) ins Kalkül zieht. Im Widerspruch dazu steht das einsiedlerische Leben des Zürcher Patriziersohnes, der nach abgebrochenen Studien und Malversuchen und einem freiwilligen Aufenthalt in einer Heilanstalt wegen „Lebensuntüchtigkeit" seit 1877 in Kilchberg bei Zürich auf einem Gut lebte, das er „für niemanden betretbar als für die Seinigen" erklärte. Widersprüchlichkeit wie diese ist unter vielerlei Aspekten kennzeichnend für sein Werk. In einem durchaus aristokratischen Bewußtsein, das nur „Könige, Feldherren und Helden brauchen" kann und „niedrige Stoffe" verschmäht, wendet er sich den „Haupt- und Staatsaktionen" der Geschichte zu und den machiavellistischen Herrscherfiguren – beurteilt, ja verurteilt sie jedoch unter dem Maßstab zeitgenössischer bürgerlicher Ethik. In der breit angelegten historischen Erzählung „Georg Jenatsch" (1876, ab 1882 unter dem Titel „Jürg Jenatsch") tritt solche Widersprüchlichkeit deutlich zutage. Jenatsch, der Befreier Graubündens im 17. Jahrhundert, wird vom Dichter gestaltet als Verkörperung von Volkswillen und geschichtlicher Triebkraft zugleich, der „Wunder tun muß", auch wenn er nicht wollte", der Taten begehen muß, die eines „Niccolò Machiavelli würdig" wären. Obwohl er so quasi als „gesetzloser Kraftmensch", sogar als Werkzeug Gottes legitimiert erscheint, bleibt er für den Autor problematisch, sieht Meyer ihn im „Conflict von Recht und Macht, Politik und Sittlichkeit", einem Konflikt, in dem er sich der historischen Figur gegenüber auf die Seite von Recht und Sittlichkeit stellt. Gegenüber der in Jenatsch verschlüsselt gestalteten Gegenwartsfigur Bismarck jedoch ist solche Entschiedenheit nicht auszumachen: Faktum und Datum der Reichsgründung 1871 (▷ 15.17) haben bei ihm nach eigenem Bekunden einen Eindruck hinterlassen, der positiv bleibt, auch wenn er in den späteren Novellen, vor allem in der „Versuchung des Pescara" (1887), den Primat des Ethischen immer nachdrücklicher betont. Daß auf der Grundlage solcher Widersprüche geschlossene Erzähltexte möglich sind, ist der vieldiskutierten Formkunst Meyers zu verdanken, die sich in den späten Novellen voll entfaltet. Die Möglichkeiten der Rahmennovelle entdeckt am Ende dieses „Jahrhunderts der Novelle" (▷ 15.4) so recht erst er. Vielfältiger noch als in G. Kellers Novellenzyklus „Das Sinngedicht" (▷ 15.13) sind Rahmen- und Binnenerzählung verknüpft, ermöglicht dies über die distanzbildende Funktion des Rahmens hinaus die erzählerische Vermittlung widersprüchlicher Elemente. Vollkommenstes Beispiel für die meisterhafte Beherrschung dieser Technik ist die Novelle „Die Hochzeit des Mönchs" (1884).

15.15 Harmonie und Meisterschaft – Theodor Storm

Einen Modedichter der bürgerlichen Ästhetik nannte ihn F. Mehring und warf ihm vor, „in holder Harmonie mit den Teekesseln von Husum zu summen". Den Widerpart dazu stellt Th. Mann: „Er ist ein Meister, er bleibt".
Theodor Storm, am 14. September 1817 in Husum geboren, stellte den Beruf als Jurist vor die Schriftstellerei, die Freizeitbeschäftigung blieb. Gedichte machten 1843 mit dem „Liederbuch dreier Freunde" (zusammen mit Th. und T. Mommsen) den Anfang – von der vormärzlichen Lyrik (▷ 14.23) unberührt, mit bewunderndem Blick jedoch auf Eichendorff

(▷ 13.35) und E. Mörike (▷ 14.8) fand er bald seinen eigenen Ton. Seinen Stoff suchte Storm in der Verbindung von Mensch und Natur. Die dabei erreichte Harmonie – beispielhaft in „Die Stadt" („Am grauen Strand am grauen Meer", 1851) – ist nicht künstlich erzeugt oder wiederhergestellt wie bei Stifter (▷ 15.11), sondern entspricht der heimatlichen Situation, auf die Storm zeitlebens fixiert bleibt, was seine Grenzen ebenso bedingt wie seine Größe: „Kein Klang der aufgeregten Zeit/drang noch in diese Einsamkeit" („Abseits", 1847).
Die Harmonie seiner Novellen, die ihn noch mehr als die Gedichte berühmt machen, ist für lange Jahre nicht Zeichen von Zeitflucht, wohl aber Produkt der bewußten „Beschränkung und Isolierung" in der „kleine Welt" der Heimat. Diese Beschränkung ermöglichte es Storm, die Entwicklung der Gattung Novelle (▷ 15.4) auf ihren Höhepunkt zu bringen, indem er die Konzentration auf „einen im Mittelpunkt stehenden Konflikt, von welchem aus sich das Ganze organisiert", auch aus der behandelten Wirklichkeit heraus plausibel machte. Das gilt schon für die romantisierenden frühen Novellen, von denen „Immensee" (1850, in: „Volksbuch für Schleswig, Holstein und Lauenburg") die typischste – und erfolgreichste (30 Auflagen zu Lebzeiten Storms) – ist, und steigert sich durch genauere psychologische Motivierungen in den Novellen der 60er Jahre („Im Schloß", 1862; „Auf der Universität", 1863). Hier und in den Chroniknovellen seit 1870 (zum Beispiel „Aquis submersus", 1877) wird aber auch ein Widerschein sozialer Zeitproblematik sichtbar: gedämpft in der historischen Verfremdung, gebrochen oder distanziert durch kunstvolle Verschachtelung von Rahmen- und Binnenerzählungen, dennoch unübersehbar. Das verstärkt sich nach 1880, als die „Verpreußung" seiner Heimat Storm die Probleme der Gründerzeit in die Nähe bringt. In „Hans und Heinz Kirch" (1882) verzichtet er dann auch auf jeglichen Rahmen und läßt die entmenschlichenden Folgen bürgerlichen Aufstiegsstrebens unvermittelt sichtbar werden. Auch hierin ist die letzte seiner über 50 Novellen, „Der Schimmelreiter" (erschienen 1888, wenige Monate vor seinem Tod), ein krönender Höhepunkt, obwohl scheinbar historischer Stoff, zweifacher Er-

Conrad Ferdinand Meyer (Radierung von Karl Stauffer-Bern, 1887; Zürich, Zentralbibliothek)

zählrahmen und Elemente der Schauer- und Geistererzählung mehrfach Distanz erzeugen zur Zeitproblematik. Dennoch, Hauke Haien verkörpert den gründerzeitlichen Macht-, ja „Übermenschen" in seiner Zwiespältigkeit. Den abergläubischen, engstirnigen Bauern und Landarbeitern seines Dorfes ist er überlegen. Sein nach moderner wissenschaftlicher Erkenntnis entworfener neuer Deichtyp könnte allen nützen. Was ihn zu solchem Fortschritt befähigt – Rücksichtslosigkeit, Machtanspruch –, begründet sein Scheitern und die Verurteilung durch den Autor, der die Natur, die Sturmflut, das Urteil über solch inhumane Hybris fällen und vollstrecken läßt.

15.16 Regeneration im Platt – Fritz Reuter und andere

Mit der Verserzählung „De Fahrt na de Isenbahn" (1849) der Sophie Dethleffs beginnt die neuere plattdeutsche Dichtung. Dem Bei-

spiel aus Heide folgten der Dithmarscher Landsmann Klaus Groth mit der Sammlung „Quickborn. Volksleben in plattdeutschen Gedichten dithmarscher Mundart nebst einem Glossar" (1852, 2. Teil 1871) und der Mecklenburger Fritz Reuter mit der Sammlung plattdeutscher Gedichte „Läuschen un Rimels" (= Anekdoten und Reime, 1853, neue Folge 1859). Für Groth erschließt das Niederdeutsche die Region als literarischen Raum. Reuter bietet die gesellschaftliche Festlegung des Dialekts einen Schutzraum, in dem – und aus dem heraus – Sozialkritik auch im „Nachmärz" möglich ist. Der Unterschied wird auch in beider Biographie deutlich: Groth (* Heide 24. April 1819, † Kiel 1. Juni 1899), der Sohn eines wohlhabenden Müllers, war Lehrer in Heide und Kiel, nach einem späten Studium Ehrendoktor in Bonn, 1858 Privatdozent für deutsche Sprache und Literatur – eine zwar durch längere Krankheit unterbrochene, aber sonst stetige Karriere. Reuter (* Stavenhagen 7. November 1810, † Eisenach 12. Juli 1874) wurde 1833 als Jurastudent in Berlin wegen angeblicher Majestätsbeleidigung und hochverräterischer Tätigkeiten verhaftet, 1836 zum Tod verurteilt und ein Jahr später zu 30jähriger Festungshaft begnadigt. 1840, körperlich gebrochen, vom Vater enterbt, wurde er durch Amnestie aus der Haft entlassen und arbeitete als „Strom", das heißt landwirtschaftlicher Volontär, auf verschiedenen Gütern seiner Heimat. In den Romanen „Ut mine Festungstid" (1862) und „Ut mine Stromtid" (1863/64), beide erschienen in der Sammlung „Olle Kamellen" (1860–68), hat er diese Erfahrungen verarbeitet: humorvoll, zugleich aber mit eindeutiger Kritik. Das behäbig wirkende Platt akzentuiert den Humor, und Reuter selbst unterstreicht mit derber Situationskomik, daß er sich tatsächlich „mit der Torheit der Welt einen Scherz erlauben" will. Der im Vormärz so Gebrannte wollte sich nicht offen dem Feuer aussetzen, und die Verkleidung war so perfekt, daß die Zeitgenossen den kritischen Gehalt seiner Werke weitgehend übersahen. Seinem Erfolg kam dies zugute: Noch Anfang des 20. Jahrhunderts war „Ut mine Stromtid" das deutsche Buch mit der höchsten Auflage.

15.17 Reichsgründung – Kulturkampf – Sozialistengesetz

Die „kleindeutsche Lösung", die Bildung eines Deutschen Reiches unter Ausschluß Österreichs, entsprach zwar nicht den nationalen Träumen des Vormärz. Trotzdem waren es vor anderen ehemalige Jungdeutsche (▷ 14.15) und 48er, die Beifall spendeten: F. Freiligraths (▷ 14.26) „Die Trompete von Gravelotte" ist nur ein Beispiel dafür. Konzessionen, die Bismarck zum Beispiel mit der Verankerung des gleichen und geheimen Wahlrechts in der Reichsverfassung von 1871 machte, erleichterten solche Zustimmung. Der konservative „Hurrah-Patriotismus" eines F. Dahn (▷ 15.8), E. Geibel (▷ 15.22) oder E. von Wildenbruch bedurfte solcher Konzessionen nicht. Die Reichsgründung schuf die machtpolitischen Voraussetzungen, um den wirtschaftlichen Rückstand Westeuropa gegenüber nunmehr aufzuholen. Dies geschah jedoch auf der Grundlage einer weiterhin anachronistischen gesellschaftlichen Verfassung. Das uneinige, durch Bismarcks Geschick in den Verfassungskonflikten der 60er Jahre weiter zersplitterte Bürgertum stand ohnmächtig dem feudalen Machtapparat aus Krone, Adel, Heer und Bürokratie gegenüber und sah sich vom zahlenmäßig erstarkten vierten Stand, dem Proletariat, zusätzlich bedroht. Die Euphorie des Sieges jedoch und die durch französische Reparationen finanzierte Hochkonjunktur der Gründerjahre fegte Gedanken an solche Probleme beiseite. Die wirtschaftliche Überhitzung führte 1873 mit zahlreichen Konkursen zur Krise, die bis in die 90er Jahre anhielt und auch das Bewußtsein vieler Intellektueller prägte. Eine pessimistische Grundstimmung, die in den 60er Jahren angesichts der Enttäuschung liberaler Erwartungen entstanden war und dem von der Philosophie L. Feuerbachs bestimmten Fortschrittsoptimismus eine verspätete Rezeption A. Schopenhauers entgegengesetzt hatte, lebte nun verstärkt wieder auf. Dabei führte der Pessimismus zu durchaus unterschiedlichen Fluchtreaktionen. Bismarck sorgte in den Krisenjahren durch die Präsentation immer neuer „Reichsfeinde" dafür, daß das kritische Potential des Krisenbe-

„Onkel Bräsig in dat Kaeuhlfatt". Illustration von Ludwig Pietsch zu Fritz Reuters Roman „Ut mine Stromtid"

wußtseins nicht das „Vaterland", sprich das Reich, bedrohte. Und so entfachte er 1872 gegen die „vaterlandslosen Römlinge" des politischen Katholizismus den sogenannten Kulturkampf und nach dessen Beendigung 1878 den Kampf gegen die „vaterlandslosen Gesellen" der Sozialdemokratie mit dem Sozialistengesetz. Daneben blieben großdeutsche, linksliberale und nationale Minderheiten (Polen, Dänen) propagandistisch stets nutzbare „Bedrohungsfaktoren". Besonders der Kulturkampf bot der gründerzeitlichen Literatur Stoff und Themen: Die 1845 von O. von Corvin-Wiersbitzki veröffentlichten „Historischen Denkmale des christlichen Fanatismus" erschienen neu unter dem Titel „Pfaffenspiegel" und wurden Vorbild und Anregung für Werke von A. F. Graf von Schack, F. Th. von Vischer, W. Jordan, Wildenbruch, Dahn und anderen. Aber auch bedeutenden Autoren wie P. Heyse (▷ 15.4), Th. Storm (▷ 15.15), C. F. Meyer (▷ 15.14) und L. Anzengruber (▷ 15.21) übernahmen kulturkämpferische Themen und Motive. Als die Kampagne gegen die katholische Kirche und ihren parlamentarischen Arm, das Zentrum, scheiterte, gewann Bismarck das Zentrum sogleich, um die nach dem Vereinigungskongreß (▷ 15.18) erstarkte Sozialdemokratie zu neutralisieren: Das Verbot aller sozialdemo-

Reichs=Gesetzblatt.

№ 34.

Inhalt: Gesetz gegen die gemeingefährlichen Bestrebungen der Sozialdemokratie. S. 351.

(Nr. 1271.) **Gesetz gegen die gemeingefährlichen Bestrebungen der Sozialdemokratie. Vom 21. Oktober 1878.**

Wir Wilhelm, von Gottes Gnaden Deutscher Kaiser, König von Preußen ꝛc.

verordnen im Namen des Reichs, nach erfolgter Zustimmung des Bundesraths und des Reichstags, was folgt:

§. 1.

Vereine, welche durch sozialdemokratische, sozialistische oder kommunistische Bestrebungen den Umsturz der bestehenden Staats- oder Gesellschaftsordnung bezwecken, sind zu verbieten.

Dasselbe gilt von Vereinen, in welchen sozialdemokratische, sozialistische oder kommunistische auf den Umsturz der bestehenden Staats- oder Gesellschaftsordnung gerichtete Bestrebungen in einer dem öffentlichen Frieden, insbesondere die Eintracht der Bevölkerungsklassen gefährdenden Weise zu Tage treten.

Den Vereinen stehen gleich Verbindungen jeder Art.

§. 2.

Auf eingetragene Genossenschaften findet im Falle des §. 1 Abs. 2 der §. 35 des Gesetzes vom 4. Juli 1868, betreffend die privatrechtliche Stellung der Erwerbs- und Wirthschaftsgenossenschaften, (Bundes-Gesetzbl. S. 415 ff.) Anwendung.

Auf eingeschriebene Hülfskassen findet im gleichen Falle der §. 29 des Gesetzes über die eingeschriebenen Hülfskassen vom 7. April 1876 (Reichs-Gesetzbl. S. 125 ff.) Anwendung.

§. 3.

Selbständige Kassenvereine (nicht eingeschriebene), welche nach ihren Statuten die gegenseitige Unterstützung ihrer Mitglieder bezwecken, sind im Falle des Reichs-Gesetzbl. 1878.

Ausgegeben zu Berlin den 22. Oktober 1878.

Das 1878 vom Reichstag beschlossene „Gesetz gegen die gemeingefährlichen Bestrebungen der Sozialdemokratie"

kratischen Vereinigungen, Zeitungen, Zeitschriften zwischen 1878 und 1890 sollte dabei nicht so sehr die Wirkungsmöglichkeit der Sozialdemokratie beschneiden als diese vielmehr als ständiges Drohpotential zu Verfügung halten. Die Reihe bedrohlicher Sozialdemokraten vom „herabgekommenen Tischler" in Storms Novelle „Hans und Heinz Kirch" (1883) bis zum Feilenhauer Torgelow in Fontanes (▷ 15.26) Roman „Der Stechlin" (1899) und die Furcht, „Wasser auf die Mühlen der Sozialdemokratie" zu lenken, zeigt, wie gut das Kalkül aufging.

15.18 An den Rand gedrängt – sozialistische Literatur

Die junge kommunistische Bewegung (▷ 14.30) wurde vom Scheitern der Märzrevolution von 1848 noch härter getroffen als die bürgerliche Opposition. Ein Kommunistenprozeß in Köln (1852) ließ die wenigen nicht

ins Exil geflüchteten Mitglieder des „Bundes der Kommunisten" resignieren: „Wenn die Weltgeschichte den Leuten die Hälse bricht, da ist die Feder überflüssig", schrieb G. Weerth (▷ 14.29; 14.30) zu Beginn der 50er Jahre. K. Marx und F. Engels entwickelten in dieser Zeit das Konzept des „wissenschaftlichen Sozialismus" fort, ohne Resonanz jedoch in Deutschland, wo ihre Arbeiten nicht veröffentlicht wurden. Zur gleichen Zeit schuf die nun endlich in Gang kommende Industrialisierung mit dem Entstehen einer Industriearbeiterschaft die materielle Grundlage für eine sozialistische Bewegung, die sich 1863 mit der Gründung des „Allgemeinen Deutschen Arbeitervereins" (ADAV) durch F. Lassalle neu organisierte. G. Herwegh (▷ 14.23) schrieb das „Bundeslied" für den ADAV („Mann der Arbeit, aufgewacht!/Und erkenne deine Macht!/Alle Räder stehen still,/wenn dein starker Arm es will"), W. Hasenclever und J. Audorf versuchten, Traditionen des politischen Gedichts und des Volksliedes zu einer sozialistischen Lyrik weiterzuentwickeln. Das vom Liberalismus übernommene starke Bildungsinteresse motivierte von Beginn der neuen Arbeiterbewegung an literarische Aktivitäten, und Lassalle selbst legte mit seinem schon 1858 geschriebenen Drama „Franz von Sickingen" (1859) ein Stück vor, daß die „Tragödie der formalen revolutionären Idee par excelence" darzustellen beanspruchte. Es löste die „Sickingen-Debatte" mit Marx und Engels aus, die erste literaturtheoretische Auseinandersetzung innerhalb der sozialistischen Bewegung. Die „Sickingen-Debatte" wurde 1922 veröffentlicht, Lassalles Stück 1872 im Frankfurter Ortsverein des ADAV aufgeführt. Beide Daten illustrieren die Bedingungen, unter denen sich die Entwicklung einer sozialistischen Literatur vollzog. Auch als nach dem Vereinigungsparteitag in Gotha (1875) – Sozialdemokratische Arbeiterpartei und ADAV schlossen sich zur Sozialistischen Arbeiterpartei Deutschlands zusammen – und nach dem Erfolg der neu gebildeten Partei bei den Reichstagswahlen der Sozialismus zur Massenbewegung geworden war, dominierte im literarischen Bereich weiterhin die Literatur der „Herrschenden". Vom Sozialistengesetz (▷ 15.17) in die Illegalität gedrängt – verboten wurden unter anderem J. B. von Schweitzers 1863 veröffentlichter Roman „Lucinde oder Capital und Arbeit", sämtliche Erzählungen und Romane A. Otto-Walsters und der Gedichtband „Es werde Licht" (1872) von L. Jacoby –, zog man sich auf die Parteiöffentlichkeit zurück und nahm sich mit der Beschränkung auf Parteiliteratur zusätzlich noch selbst Wirkungsmöglichkeiten für die Zeit nach der Aufhebung des Sozialistengesetzes.

15.19 Österreichische Erzähler

Die generelle wirtschaftliche und soziale „Verspätung" Deutschlands nahm in Österreich nach 1850 zu, während das Deutsche Reich zumindest wirtschaftlich aufzuholen vermochte. Die internen Ungleichgewichte des Vielvölkerstaates schufen ohnehin eine besondere Situation, und beides schlug sich in der Literatur ganz wesentlich nieder. Stifters (▷ 15.11) Rückzug in eine museal konservative Welt ist dafür durchaus kennzeichnend. Verstand dieser jedoch seine Romanwelten als kritisches Korrektiv zur Wirklichkeit, so dominierten bei vielen seiner Landsleute die Fluchttendenzen. Noch 1883 veröffentlicht Marie von Ebner-Eschenbach „Dorf- und Schloßgeschichten", 1886 folgt ein zweiter Band „Neue Dorf- und Schloßgeschichten". „Kleiner Mensch, bleibe in deinem kleinen Kreise und suche still und verborgen zu wirken auf die Gesundheit des Ganzen" – das erinnert an das sanfte Gesetz (▷ 15.11), geht aber doch dahinter zurück, da die Humanisierung der Welt ausschließlich über die sittliche Bildung des einzelnen gelingen soll. In der Gestalt des Außenseiters („Das Gemeindekind", 1887) versucht sie, die Möglichkeiten dieses Konzepts auch unter schwierigen Bedingungen plausibel zu machen. Eine ähnliche Funktion hat der Außenseiter für die ebenfalls im bäuerlichen Milieu angesiedelten Erzählwerke L. Anzengrubers (▷ 15.21): In dem Roman „Der Schandfleck" (1877) ist unzerstörbare, aber weitgehend auch unerklärbare Humanität das Gegengewicht zu den Konflikten und Problemen der Wirklichkeit, die Anzengruber mit einer nur geringen Tendenz zur Verklärung darzustellen weiß. Der Schriftsteller hat seinem Konzept nach „die dunklen Punkte [des Lebens],

wo sie ihm aufstoßen, nicht zu umgehen". Das bringt ihn in die Nähe des Naturalismus (▷ Kapitel 16), doch ist seine Absicht diesem entgegengesetzt: „Ich habe mir zuerst den idealen Bauern konstruiert ... und dann realistisch variiert ..., und dann gebe ich ihm so viel von der gewöhnlichen lokalen Umgebung, als sich mit den künstlerischen Intentionen verträgt". Für den Steirer P. Rosegger ist das kleinbäuerliche Milieu Lebenserfahrung, was seinen Romanen – „Die Schriften des Waldschulmeisters" (1875) und „Jacob der Letzte" (1888) – und den autobiographisch gefärbten Geschichten „Als ich noch der Waldbauernbub war" (1902) Authentizität verleiht. Mit den Erzählungen L. von Sacher-Masochs und L. Komperts werden Stoffe literaturfähig, mit denen später J. Roth (▷ 19.18) und Musil (▷ 19.17) die inneren Widersprüche der Donaumonarchie gestalten sollten. Mit dem „Masochismus" seiner späten Erzählprosa identifiziert, sind Sacher-Masochs „Galizische Geschichten" (1877 bis 1881) oder „Judengeschichten" (1878) ebenso in Vergessenheit geraten wie – aus anderen Gründen – die Ghettogeschichten Komperts („Aus dem Ghetto", 1848; „Neue Geschichten aus dem Ghetto", 1860). Seine Idealisierungen des Ghettolebens stehen hinter den realistischeren Darstellungen seines Nachfolgers im Genre weit zurück: K. E. Franzos veröffentlichte 1876 eine Sammlung von Feuilletons und Erzählungen unter dem Titel „Aus Halb-Asien. Culturbilder aus Galizien, der Bukowina, Südrußland und Rumänien", ein kulturgeschichtliches Dokument und Zeugnis aufklärerischer Absicht, was auch für die Novellensammlung „Die Juden von Barnow" (1877) und die beiden Romane „Ein Kampf ums Recht" (1882) und „Der Pojaz" (1905) gilt. Letzterer vor allem, der in der Geschichte des gescheiterten Emanzipationsversuchs eines jüdischen Schauspielers die Situation der Juden in Mitteleuropa vor der Jahrhundertwende modellhaft erfaßt, bezeugt den Wirklichkeitssinn des Autors und sein liberales Engagement, das sich auch in der von ihm besorgten ersten Ausgabe der Werke G. Büchners (▷ 14.19) erweist. In der Bewahrung solch vormärzlicher Erbschaft geht ihm ein anderer Österreicher voran: F. Kürnberger polemisiert zwar schon im Titel seines Romans „Der Amerika-Müde" (1855) gegen ein

Schlagwort des Vormärz – E. A. Willkomms „Die Europamüden" (▷ 14.15) war nur ein Beispiel dafür –, und die Handlung ist eine einzige Anklage gegen „den Krieg der Reichen gegen die Armen"; Ausgangspunkt der Kritik ist jedoch eine durch die Ideale von 1789 („Freiheit, Gleichheit, Brüderlichkeit") bestimmte Haltung. Daß diese aber die Grundlage auch des kritisierten amerikanischen „way of life" bildet, ist Ursache des Widerspruchs, den dieser Roman ebensowenig zu lösen vermag wie spätere Novellen (zum Beispiel „Die Opfer der Börse", 1860). Ins Grundsätzliche gehoben zeigt sich solche Widersprüchlichkeit bei all den österreichischen Autoren, die vor der undeutlichen Empfindung des Niederganges einer Welt nicht ins Idyll zu flüchten, sondern diesen literarisch zu gestalten und verstehbar zu machen suchen. Selbst noch F. von Saar, häufig als österreichischer Fontane apostrophiert, der mit jeder seiner Novellen „ein Stück österreichischer Zeitgeschichte" darstellen wollte, fördert mit seiner Verschmelzung von geschichtlichen Fakten und Individualpsychologie nur eine Stimmung allgemeiner Melancholie als Moment geschichtlicher Entwicklung zutage („Novellen aus Österreich", 1877; „Schloß Kostenitz", 1893).

15.20 „Versöhnung" als Prinzip – Friedrich Hebbel

„Alles ist jetzt wieder in den Händen der Regierungen: mögen sie ihren gerechten und heiligen Kampf gegen den ungezügelten Pöbel, nicht gegen die Bildung fortsetzen, die ihnen so treu beistand, diesen darniederzuhalten", frohlockt 1849 Friedrich Hebbel (* Wesselburen 18. März 1813, † Wien 13. Dezember 1863). Natürlich drückt sich so auch die Mentalität des Aufsteigers aus, der es als Sohn eines Wesselburener Tagelöhners und Autodidakt gerade zu einer geachteten Position in Wien gebracht hatte. Vor allem jedoch spiegelt sich in dieser Aussage sein Begriff einer Weltordnung, die untrennbar mit dem Prinzip „Versöhnung" verbunden war. Daß er dabei in wiederholten theoretischen Äußerungen die Verbindung von Geschichte und Wirklichkeit mit der Kunst forderte – „Das Drama

stellt den Lebensprozeß an sich dar" („Mein Wort über das Drama", 1843) – und diese Verbindung von Beginn an zu gestalten suchte, macht ihn auch mit seinen frühen Stücken zum Realisten. Zwar betonen die vor 1848 geschriebenen Dramen – „Judith" (1841), „Genoveva" (1843) und „Maria Magdalene" (1844) – das Moment des gegen die Ordnung aufbegehrenden einzelnen. In letzterem, das das bürgerliche Trauerspiel Lessings (▷ 10.14) und Schillers (▷ 11.11) weiterentwickelt, folgt er der Absicht, „die vorhandenen Institutionen des menschlichen Geschlechts ... nicht umzustürzen, sondern tiefer zu begründen". Diese Tendenz wird offenkundig in den Stücken nach der Revolution. In dem Trauerspiel „Agnes Bernauer" (1855) nutzt er den bekannten historischen Stoff aus dem 14. Jahrhundert, den Mord an einer Baderstochter, die den Sohn des Herzogs von Bayern heiratete, aus Gründen der Staatsräson, zu einem kompromißlosen Plädoyer für eben diese Staatsräson, der „das Individuum, wie herrlich und groß, wie edel und schön es immer sei, sich ... unter allen Umständen beugen" müsse. Auch das nach einer Herodotschen Fabel gestaltete Trauerspiel „Gyges und sein Ring" (1856) ergreift für die Werte der Tradition Partei im Konflikt mit der Neuerungsabsicht eines großen Individuums: „O rühre nimmer an den Schlaf der Welt". Die Figurenzeichnung und -motivierung sowie die Sprachkunst hebt beide Stücke aus dem Zeitkontext hervor. Doch obwohl auch Zeitgenossen das sahen – F. Grillparzer (▷ 14.9) über „Gyges und sein Ring": „Wie ist das filtriert!, wie ist das filtriert!" –, hatten diese Trauerspiele nur eine geringe Publikumsresonanz. Erst als Hebbel mit seiner Trilogie „Die Nibelungen" („Der Gehörnte Siegfried", „Siegfrieds Tod", „Kriemhilds Rache", 1862) dem „gewaltigsten aller Gesänge von deutscher Kraft und Treue", dem nationalen Zeitgeist Konzessionen zu machen schien, stellte sich Erfolg ein: Er erhielt dafür 1863 den neugestifteten Schillerpreis. Auch hierin ging es ihm jedoch weniger um einen nationalen Mythos gemäß seiner grundsätzlichen These, daß der „wahre historische Charakter des Dramas niemals im Stoff liegt und daß ein reines Phantasiegebilde ..., wenn nur der Geist des Lebens in ihm weht ..., sehr historisch sein kann". Der historische

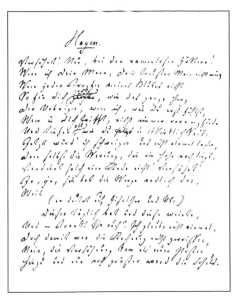

Ausschnitt aus den „Nibelungen" in Friedrich Hebbels eigener Handschrift

oder mythische Konflikt ist als psychologischer gestaltet. Dabei wurzelt solcher Konflikt in Hebbels meisten Dramen, Jahrzehnte vor Freud (▷ 17.9) und doch in fast Freudscher Manier, in der Sexualität: Von seiner „Judith" an, die anders als im biblischen Vorwurf Holofernes nicht in einem religiös-patriotischen Akt tötet, sondern aus Rache, weil er sie wie „ein Ding" behandelte, über Mariamne, Titelgestalt der Tragödie „Herodes und Mariamne" (1850), die ebenfalls mehr „als nur ein Ding und weiter nichts" für ihren Gatten zu sein fordert, bis zur Rache Brunhilds und Kriemhilds aus den „Nibelungen" zieht sich das Thema der sexuell gedemütigten und aufbegehrenden Frau durch Hebbels Werk.

15.21 Wiener Bühnenkunst und deutsche Provinz

Die herausgehobene Rolle Wiens für das Theater im 19. Jahrhundert gründet sich nicht allein auf F. Grillparzer (▷ 14.9) und F. Hebbel (▷ 15.20). Die wichtigen Voraussetzungen dafür – Nebeneinander von Burgtheater und Vorstadtbühnen, der Kulturbedarf einer kaiserlichen Residenz – waren über die Revolutionszäsur hinaus erhalten geblieben, verbesserten sich eher noch, weil der Verlust realer Macht durch den Glanz der Künste kompensiert werden mußte. Die Traditionslinien aus dem Vormärz, Hofschauspiel und Wiener Volksstück (▷ 14.9), setzten sich in der 2. Hälfte des Jahrhunderts fort, wofür an der Burg die Intendanz von H. Laube (1849–67) und F. von Dingelstedt (1870–81) von großer, ihrer beider Vergangenheit als jungdeutsche Literaturrevolutionäre (▷ 14.15) von geringer Bedeutung war. Laubes Grillparzer-Inszenierungen und Dingelstedts Hebbel-Förderung markieren Glanzpunkte der Burg. Für die Fortsetzung der Volkstheatertradition bürgte bis zu seinem Tod (1862) J. N. Nestroy selbst, obwohl die Theaterordnung von 1850 mit verschärften Zensurbestimmungen das kritische Potential des Volksstücks einschränkte und das Aufleben der Wiener Operette (nach J. Offenbachs Vorbild zum Beispiel F. von Suppé) begünstigte. Dennoch schrieben F. Kaiser (ungefähr 150 Stücke zwischen 1831 und 1875), K. Morre, C. Haffner und zahlreiche weitere Autoren Possen, Zauberspiele und ähnliches, die die Volksstücktradition bewahrten und zugleich veränderten in Richtung auf das bloße Unterhaltungsstück, wie es in dem noch heute gespielten Schwank der Brüder F. und E. Schönthan „Der Raub der Sabinerinnen" (1885) kulminierte. Aus dieser Entwicklung hebt sich das Volksstück L. Anzengrubers (▷ 15.19) heraus. Sein erstes Stück, „Der Pfarrer von Kirchfeld" (1871), verdankt seinen Erfolg (nicht nur in Österreich, sondern auch in Deutschland und gar in den USA) der Aktualität im Streit um das Dogma der päpstlichen Unfehlbarkeit. „Der Kreuzelschreiber" (1872) und „Das vierte Gebot" (1878) knüpfen in Thema und antiklerikaler Tendenz an das erste an, erweitern die Kritik aber auch auf soziale Mißstände. Mit solchen Stücken geriet Anzengruber seit der Mitte der 70er Jahre allerdings in Schwierigkeiten: Die Wirtschaftskrise von 1873 hatte zur Übernahme der Vorstadttheater durch Aktiengesellschaften geführt. Erhöhte Eintrittspreise verdrängten das Publikum des kritischen Volksstücks. „Wozu ... schreibt man dann eigentlich Volksstücke? Die Direktionen verlangen Kassastücke ... wozu also der

Liebe Müh", schrieb Anzengruber an P. Rosegger ($\triangleright$ 15.19) und markierte damit den Niedergang des Wiener Volksstücks für die nächsten fünf Jahrzehnte.

Auf diesem Niveau hielt sich das gesamte Theater in Deutschland zu diesem Zeitpunkt schon seit etwa 40 Jahren, von wenigen Ausnahmen abgesehen. Berlin ist seit den 50er Jahren in Machtzuwachs und Theatermalaise das genaue Spiegelbild Wiens. Die Hinkeldeysche Polizeiverordnung 1851 machte dem kritischen Volkstheater nachhaltig den Garaus; das Hoftheater arbeitete am klassischen Kanon und bevorzugte zeitgenössische Trivialität: Ch. Birch-Pfeiffer („Die Grille", 1857), A. E. Brachvogel („Narciß", 1857) und E. von Wildenbruch („Die Karolinger", 1882). Die Provinzialität dieses Spielplans potenzierten die zahlreichen vor allem in den 60er Jahren entstehenden Provinztheater. Die gründerzeitliche Pracht dieser Neubauten, der Primat der Ausstattung und die bühnentechnische Perfektion der Illusionserzeugung förderte die gesellschaftliche Funktion des Theaters und begünstigte die Oper. Auch die ästhetische Debatte konzentriert sich auf diese Kunstform und fand im Gesamtkunstwerkkonzept Richard Wagners ihren unbestreitbaren Höhepunkt. Literaturgeschichtlich wirksam wurde jedoch nicht das ästhetische Konzept, sondern der Festspielcharakter der Bayreuther Aufführungen mit ihrer Tendenz zu Exklusivität und Sektierertum und – gar nicht hoch genug einzuschätzen – das ideologiebildende Moment des Wagnerschen Germanenkultes.

15.22 Der Blick zurück – Konservatismus in der Lyrik

Die progressive politische Lyrik ($\triangleright$ 14.23) des Vormärz war nach 1850 weitgehend verstummt, beschränkte sich auf den abgeschlossenen Randbereich des sozialistischen Parteiliedes ($\triangleright$ 15.18). Heines Spätwerk ($\triangleright$ 14.25) bildete keine Tradition, und den Rückgriff auf romantische Vorbilder verbot die Ablehnung universalpoetischer ($\triangleright$ 13.10) Utopien. Die realistische Theoriedebatte ($\triangleright$ 15.1) bot mit ihrer Konzentration auf den Roman auch

kaum einen Ansatzpunkt für ein neues Konzept der Lyrik. Allein regionale Bescheidung ließ zum Beispiel Th. Storm ($\triangleright$ 15.15) oder den norddeutschen Dialektpoeten F. Reuter ($\triangleright$ 15.16) einen eigenständigen lyrischen Ton finden. Wenn Hofmannsthal ($\triangleright$ 17.12) rückblickend vom „Stigma des neunzehnten Jahrhunderts" spricht, in dem „die Welt des gebildeten, alles an sich raffenden Bürgers ... ihre Schrecknisse" entfaltet, dann steht für ihn zwar C. F. Meyer ($\triangleright$ 15.14) im Mittelpunkt, das Urteil hat jedoch weitere Gültigkeit.

Beispielhaft für ein Epigonentum, das in der Tat „alles an sich [zu] raffen" suchte, was an lyrischen Formen und poetischen Inhalten zur Verfügung stand, ist der Münchner Dichterkreis, in dem sich P. Heyse ($\triangleright$ 15.4), F. M. von Bodenstedt, J. V. von Scheffel, H. von Lingg, F. Dahn ($\triangleright$ 15.8) und andere um E. Geibel versammelten. Geibels Erfolg als Lyriker ist beispiellos: Sein erster Band „Gedichte" von 1840 erreicht noch zu seinen Lebzeiten (bis 1884) 100 Auflagen. Geibel beherrschte das Repertoire inzwischen kanonisierter Dichtungsformen von der klassischen Antike (Sonette, Elegien) über die seit Goethe und A. von Platen ($\triangleright$ 14.21) beliebte orientalische Dichtung (Ghasel) bis zum Volksliedton der Romantik und zum nationalen Kampfgedicht der Befreiungskriege. Gerade das vaterländische Pathos seiner Gedichte „Zwölf Sonette für Schleswig-Holstein" (1846) und „Heroldsrufe" (1871) verhalfen ihm nicht nur zum Titel eines „Reichsherolds", sondern begründen einen Großteil seiner Beliebtheit: „Deutschlands Beruf" (1861) war mit seinen Schlußzeilen ein weithin aufgenommenes Identifikationsangebot: „Und es mag am deutschen Wesen/Einmal noch die Welt genesen". Das andere Moment seines Erfolgs war die handwerkliche Beherrschung der Formen und die Bereitstellung eines für alle Zwecke passenden Arsenals von „poetischen" Bildern. Wie perfekt sich Geibel des Kostüms zurückliegender Epochen zu bedienen wußte, zeigt der „Wunderhorn"-Ton ($\triangleright$ 13.22) einiger Volkslieder wie „Der Mai ist gekommen" oder „Wer recht in Freuden wandern will", deren anhaltende Beliebtheit sich vom Namen des Verfassers längst getrennt hat.

Das gilt in ähnlichem Maße für Scheffels Gedichtsammlung „Gaudeamus!" (1868)

Bodenstedts Gedichte „Die Lieder des Mirza Schaffy" (1851) kamen im persischen Kostüm daher und teilten die Beliebtheit des historischen Professorenromans (▷ 15.8), dessen Ansehen – und Kostüm – F. Dahns Gedichte und Balladen durch ihren Autor erhalten. Die Themen – unter anderem „Jung Sigurd", „Gotenzug" – waren ohnehin die gleichen. Die Ballade kam als eher episches Genre den Vorlieben vieler Autoren dieser Epoche entgegen und erlangte auch über den Münchner Dichterkreis hinaus Bedeutung. Wie sehr man die der Prosa nahestehende Gattung als Ort der dichterischen Überwindung oder Veredelung des „Prosaischen" begriff, dafür ist Fontanes (▷ 15.26) Balladendichtung ein Beispiel. Selbst noch Zeitungsmeldungen konnten den Stoff abgeben, so beispielsweise für Fontanes „Die Brück' am Tay" (1880); doch sie wurden ins Mythische gehoben, das Aktuelle wurde zum Sinnbild verklärt. Allerdings gelingt es Fontane, mit der psychologischen Charakterzeichnung vor allem seiner späten Balladenfiguren die auf bloße Spannungserzeugung und nationalistische Mythenbildung beschränkten Balladen minderer Poeten hinter sich zu lassen. Nur C. F. Meyer (▷ 15.14) kann es ihm mit einigen wenigen Balladen („Die sterbende Meduse", 1878; „Die Füße im Feuer", 1882) gleichtun. Aus ähnlichen Motiven, die die Ballade förderten, erfreute sich nach 1850 auch das Versepos steigender Beliebtheit. Hier konnte man zudem bruchlos an biedermeierliche (▷ 14.8) Vorbilder anknüpfen. Aus seiner humoristischen Traditionslinie sticht Scheffels Verserzählung „Der Trompeter von Säckingen" (1854) hervor, in der die Liebesbeziehung zwischen einem Bürger und einer Adligen zu einem Happy-End führt. Die Beliebtheit dieser Verserzählung hielt über die Jahrhundertwende hinaus an (1922: 322. Auflage). Auf der anderen Seite steht eine ganze Gruppe pathetischer, „heroischer" Epen (zum Beispiel W. Jordans Stabreimepos „Nibelunge", 1867–74), die dem Historismus (▷ 15.10) gereimte Sprache verliehen.

15.23 Humor auf deutsch – Wilhelm Busch

Versepen sind auch der überwiegende Teil des Werkes von Wilhelm Busch (* Wiedensahl bei Stadthagen 15. April 1832, † Mechtshausen [heute zu Seesen] 9. Januar 1908); sie erhalten jedoch durch die Verbindung mit der Bildergeschichte einen ganz neuartigen und bis in die Gegenwart der Comics fortwirkenden Charakter. Die Verbindung von Zeichnung und Kommentar hat in der satirischen Karikatur lange Tradition; der Schweizer R. Toepffer stellte in den 30er Jahren des 19. Jahrhunderts Wort und Zeichnung zu Bilderzählungen zusammen, wobei die Bilder die knappen Untertitel dominierten. Gerade umgekehrt war es beim Bilderbuch, beispielsweise in H. Hoffmanns „Der Struwwelpeter" (1845), in dem das Bild zur Illustration des Textes diente. Buschs erste und berühmteste Bildverserzählung „Max und Moritz", die er als 33jähriger 1865 im „Münchner Bilderbogen" (1859–71) veröffentlichte, baut auf solchen Vorbildern auf, übertrifft sie jedoch durch die Qualität der Zeichnungen des gelernten Malers und durch eine Reimkunst, die geradezu sprichwortbildend war. Die drakonische Pädagogik von „Max und Moritz" – Todesstrafe für sieben Bubenstreiche – entspricht der des „Struwwelpeter" und den Erziehungsidealen des 19. Jahrhunderts. Die „Abschiebung" des Autors in den Bereich der Kinderliteratur lag daher nahe; der Autor hat dies durch Charakterisierungen wie „Puppenspiel" oder „Spieluhren" unterstützt. Erst in jüngerer Zeit geht man daran, den durchaus zeit- und gesellschaftskritischen Aspekt der vielen Bildergeschichten Buschs – vor allem in „Die fromme Helene" (1872), in der Knopp-Trilogie (1875–77), in „Maler Klecksel" (1884) – aufzudecken. Dabei ist jedoch nicht zu übersehen, daß auch der kritische Humor Buschs „der Humor der Schadenfreude, des Hämischen ..., die Spekulation auf das widerwärtige Lachen des Spießers" (H. Böll) ist. „Man ist ein Mensch und erfrischt und erbaut sich gern an den kleinen Verdrießlichkeiten und Dummheiten anderer Leute", schrieb Busch in „Von mir über mich" (1899), und das Thema menschlich-allzumenschlicher Unzulänglichkeit kennzeichnet viele der Bil-

Max und Moritz, gar nicht träge,
Sägen heimlich mit der Säge.,
Ritzeratze! voller Tücke,
In die Brücke eine Lücke ...

Bild 29 aus dem Originalmanuskript der Bildverserzählung „Max und Moritz" von Wilhelm Busch

dergeschichten von „Hans Huckebein, der Unglücksrabe" (1870) bis zu „Der Geburtstag oder Die Partikularisten" (1873). Daß der Leser grundsätzlich den anderen als Objekt der Komik erkennen konnte, begründete nicht zuletzt den Erfolg Buschs. Verstärkt wurde der in seiner Zeit noch durch die chauvinistischen Elemente in den Beiträgen zum Deutsch-Französischen Krieg (zum Beispiel „Monsieur Jacques à Paris", 1871) und zum Bismarckschen Kulturkampf ($\triangleright$ 15.17): „Pater Filucius" (1872).

15.24 Kitsch und Kolportage

Die polemische Trennung von „hoher Kunst" und Trivialität ist eine deutsche Spezialität seit dem ausgehenden 18. Jahrhundert. Die Beschränkung bürgerlichen Selbstbewußtseins auf „das Geistige" führte zur pathetischen Aufladung des „Kunst"-Begriffs und

gebar zwangsläufig um etwa 1870 in München das Kampfwort zur Ausgrenzung: Kitsch. Ist die sprachliche Herkunft des Wortes „Kitsch" umstritten, so leitet sich der häufig konkurrierend verwendete Begriff „Kolportage" von der seit den 70er Jahren des 19. Jahrhunderts für Massenliteratur spezifischen Vertriebsform her: Hausierer verkauften in billigen Fortsetzungsausgaben Unterhaltungsliteratur für ein breites Publikum. Aus der Verbindung von Kitsch und Kolportage resultiert die für Deutschland typische und folgenreiche Geringschätzung des Unterhaltungsmoments für die Kunst. E. Bloch hat durch eine Neudefinition der Kolportageliteratur die Unterscheidung möglich gemacht zwischen seichten, bedürfnisabstumpfenden, talmiverzierten Kitscherzeugnissen und den zum Teil „hinreißenden Märchen" der Kolportageliteratur. Blochs Ehrenrettung der Kolportage galt vor allem K. May, dessen zahlreiche Abenteuerromane in der Figur des „Edelmenschen" Kara Ben Nemsi oder Old

Shatterhand die traumatischen Jugenderlebnisse des Autors überkompensieren. Wie sehr diese tagträumerische Durchbrechung der Beschränkungen alltäglichen Lebens den Nerv breiter Leserschichten traf und trifft, zeigt die Tatsache, daß May mit einer Gesamtauflage von etwa 80 Millionen Bänden mit Abstand der meistgelesene deutsche Autor ist. Die bevorzugten Schauplätze seiner Romane, Nordamerika (unter anderem „Winnetou", 1893–1910; „Old Surehand", 1894–96) und der Vordere Orient („Durch die Wüste", 1892, mit fünf Folgeromanen), kamen den Erwartungen eines Lesepublikums entgegen, dessen Interesse durch die Werke Ch. Sealsfields (▷ 14.20) und F. Gerstäckers (zum Beispiel „Die Regulatoren in Arkansas", 1846; „Kreuz und Quer", 1869) geweckt worden war. Die geographischen, sozialen und historischen Details von Mays Romanen sind, anders als bei Sealsfield und Gerstäcker, Lesefrüchte, denn erst 1899/1900 bereiste er den Orient, 1908 Amerika. Der Wunschtraumcharakter der Abenteuer bestimmt Mays Werke mehr als die Exotik der Schauplätze. Auch darin war er stilbildend; Nachahmer wie Sophie Wörishöffer („Auf dem Kriegspfad", 1881) gerieten dabei aber noch weiter ins Klischee. Auch die Mayschen Mittel der Spannungserzeugung – Anschleichen, Gefangenenbefreiung, erneute Gefangenschaft, Wiederbefreiung – sind klischeehaft, und dennoch gilt Blochs Satz: „Träumt also Kolportage immer, so träumt sie doch letzthin Revolution, Glanz dahinter" im Unterschied zur „kleinbürgerlichen Wachliteratur" des Kitsches, der sich vor allem im „Frauenroman" einer Eugenie Marlitt („Goldelse", 1867, bis 1887 zahlreiche Werke ähnlichen Typs), Nataly von Eschstruth oder Wilhelmine Heimburg realisierte und von der Erfolgsautorin Hedwig Courths-Mahler ins 20. Jahrhundert hineingetragen wurde. Das feststehende Liebes-Happy-End schafft als scheinreales Glück Ersatzbefriedigung und nimmt dem Widerspruch gegen die Realität die Energie.

15.25 Der Außenseiter – Wilhelm Raabe

Wie sehr die Exotik des abenteuerlichen Kolportageromans (▷ 15.24) Projektion heimatlicher Sehnsüchte war, wird in der Einsicht von Leonhard Hagebucher deutlich, „daß er seine mannigfaltigsten, buntesten, gefahrvollsten, geheimnisvollsten Abenteuer nicht in Ägypten, Nubien, Abessinien und im Königreich Dar-Fur erlebte, sondern da, wo aus alter Gewohnheit der mythische Name Deutschland auf der Landkarte geschrieben steht." Diese Passage aus Raabes Roman „Abu Telfan oder Die Heimkehr vom Mondgebirge" (1867, in: „Über Land und Meer") kennzeichnet zugleich Schreibhaltung und Weltsicht des Autors: den kritischen Blick auf die Zustände seiner Zeit, bei humorvoller Milderung der Kritik. Die eher resignierte Perspektive verdeutlicht der Schluß des Romans, der den

Titelholzstich zu Wilhelm Raabes Roman „ Die Chronik der Sperlingsgasse", erschienen unter dem Pseudonym Jacob Corvinus (Ausgabe von 1857)

323

Helden auf dem Weg ins Philisterdasein entläßt. Schon sein erster und beim Publikum erfolgreichster Roman, „Die Chronik der Sperlingsgasse" (1857), zeigt den damals 26jährigen Raabe (* Eschershausen 8. September 1831, † Braunschweig 15. November 1910) skeptisch gegenüber der von den Zeitgenossen so vehement beschworenen Realität (▷ 15.1). Sie ist enthalten, detailgenau und in der Geschichte dreier Generationen auch umfassend; sie ist jedoch beschränkt auf den Mikrokosmos einer Berliner Gasse und erscheint vor allem als Filtrat der Ansicht eines sich erinnernden Chronisten, dessen zunehmend altersweiser Humor auch noch die schroffsten Gegensätze besänftigt zu milder Resignation. An solche Haltung schließen die Bildungsromane (▷ 15.9) des jungen Raabe an: „Die Leute aus dem Walde" (1863) und „Drei Federn" (1865) mit ihrem Happy-End erfolgreicher Bildungsgänge. Schon mit dem ersten Roman der sogenannten „Stuttgarter Trilogie", „Der Hungerpastor" (1864), läßt sich solcher Erfolg nur noch im abgeschirmten und doch gefährdeten Idyll realisieren. In den beiden letzten Romanen der Trilogie, „Abu Telfan" und „Der Schüdderump" (1870), ersetzt Raabe denn auch das Schema der an die Biographie einer Person gebundenen Handlung durch Konfigurationen; ein Schritt hin zum Gesellschaftsroman (▷ 15.9), doch die Rückzugsinseln, die dabei in der Katzenmühle oder im Siechenhaus zu Krodebeck gestaltet werden, und die Tendenz zu metaphysischer Überhöhung – etwa in der Symbolfunktion des „Schüdderump" (niederdeutsch für Pestkarren) – läßt Raabe trotz des Einflusses englischer Romanciers (Ch. Dickens, L. Sterne) die europäische Romantradition verfehlen. Waren die liebenswertseltsamen Käuze, die Heimkehrer und Sonderlinge in Raabes Frühwerk vorwiegend erzähltechnisch motiviert, so wird der Außenseiter im Spätwerk darüber hinaus zur einzig möglichen Existenzform: „Was blieb da einem einsamen Poeten in seiner Angst und seinem Ekel ... übrig, als ... die Schellenkappe über die Ohren zu ziehen und die Pritsche zu nehmen" (1890). Heinrich Schaumann, Romanfigur in „Stopfkuchen" (1891), sitzt in seiner „roten Schanze" abgeschlossen über den Philistern der Kleinstadt und kann sich nur noch mit dem Erzähler, dem „Heimkeh-

rer vom afrikanischen Mondgebirge", verständigen. Velten Andres in „Die Akten des Vogelsangs" (1896) sieht nur noch in „der Tonne des seligen Diogenes" eine Lebensperspektive, und auch die philisterhaft geordnete Beamtenexistenz des Erzählers Karl Krumhardt sieht sich am Schluß konfrontiert mit der Bedrohung des Vorstadtidylls durch expandierende Industriebetriebe.

15.26 Gesellschaftskritik und Gesprächskultur – Theodor Fontane

Er war Zeuge des Jahrhunderts – geboren in Neuruppin am 30. Dezember 1819, gestorben in Berlin am 20. September 1898 –, und er war Chronist und wesentlicher Mitgestalter der realistischen Epoche. Nach distanzierendem Abschied von der eigenen vormärzlichen Jugend hat er vor allem als Rezensent die romantheoretische Debatte (▷ 15.3) nach 1848 bereichert. Seit den 50er Jahren begründeten Balladen (▷ 15.22) seinen schriftstellerischen Ruhm, während seine journalistische Tätigkeit als Auslands- und Kriegskorrespondent (1870/71) seinen Lebensunterhalt sicherte. Er ist 60, als er an seinen Verleger schreibt: „Ich fange erst an. Nichts liegt hinter mir, alles vor mir". 17 Romane und Erzählungen wird er bis zu seinem Tod vollenden und nicht nur nach H. Manns Urteil der erste in Deutschland sein, der den Roman als „das gültige und bleibende Dokument der Gesellschaft eines Zeitalters" etabliert hat. Und er ist auch der erste, der erkennt, daß in den jungen Naturalisten A. Holz und J. Schlaf (▷ 16.16) sich 1890 eine neue Epoche ankündigte: „Hier scheiden sich die Wege, hier trennt sich Alt und Neu". Der „moderne Roman" jedoch „wurde für Deutschland [von ihm] erfunden" (H. Mann). Mit der Unterscheidung von „Einheitsroman" und „Vielheitsroman" stellt er den Gesellschaftsroman dem Entwicklungsroman gleichberechtigt an die Seite, auch wenn er einen „Vielheitsroman" nur mit seinem Erstling „Vor dem Sturm" (1878) verwirklicht. Das Vorbild K. Gutzkows (▷ 15.9) und W. Alexis' (▷ 15.10) verbindet er zu einem breit angelegten historischen Roman des „Nebeneinander" (Gutzkow). Wenn in den folgenden Romanen, meist schon durch den Titel angekündigt, Einzelpersonen im Zentrum stehen, kennzeichnet das jedoch nicht den Weg zurück zum Entwicklungs-, sondern nach vorn zu einer neuen Form des Gesellschaftsromans, in dem sich in der Individualität des „Helden" das Typische entfaltet und das „Nebeneinander" sich in der Polyperspektivität gesprächsweise vorgeführter Ansichten verwirklicht. Im zweiten historischen Erzählwerk, „Schach von Wuthenow" (1883), führt ihn die rasch erworbene Meisterschaft in dieser Erzählform auf einen „einsame[n] Gipfel der deutschen historischen Erzählkunst" (G. Lukácz). Im Unterschied zu Alexis' Roman „Ruhe ist die erste Bürgerpflicht" (1852), dem Fontanes Erzählung für den historischen Hintergrund des Stoffes verpflichtet ist, wird hier statt eines detaillierten Panoramas von Preußen „vor Jena" in der Person Schachs ein Psychogramm und – im Spektrum gesprächsweise entfalteter Meinungen – ein Soziogramm vom Wesen dieses gesellschaftlich-geschichtlichen Komplexes gegeben. Bereits davor, mit „L'Adultera" (1882), hat er sich vom historischen Stoff ab- und der Gegenwart zugewandt. Dieses Werk ist durch Schauplatz (Berlin), Thema (Ehe) und die weibliche Hauptgestalt charakteristisch für das weitere Œuvre. Die Ehe als zugleich individuellste und allgemeinste der im 19. Jahrhundert in die Krise geratenen gesellschaftlichen Institutionen eignet sich für ihn besonders, um anhand des „Knackses", der für ihn nach eigenen Worten seine Heldinnen so interessant werden läßt, soziale Schäden und Verkrustungen sichtbar werden zu lassen. Eine ganze Reihe von „Berliner Gesellschaftsromanen" mit den Höhepunkten „Irrungen, Wirrungen" (1888), „Frau Jenny Treibel ..." (1892) und „Effi Briest" (1895), verfolgen deutlich dieses Ziel, wobei Fontane angesichts fehlender Alternativen trotz immer schärferer Kritik dennoch an der geltenden Ordnung festhält. „... unser Ehrenkultus ist ein Götzendienst, aber wir müssen uns ihm

unterwerfen, solange der Götze gilt", läßt Fontane Innstetten, den Ehemann Effis, sagen. Wohl gelangte er zu der politischen Einsicht: „Die neue, bessere Welt fängt erst beim vierten Stand an". Für sein literarisches Schaffen blieb das ohne Konsequenz. Das „Hohle, Phrasenhafte, Lügnerische des Bourgeoisstandpunktes" anzuprangern, unternimmt er in „Frau Jenny Treibel"; der vierte Stand kommt nicht oder nur am Rand vor. Erst im postum erschienenen Roman „Mathilde Möhring" (in: „Aus dem Nachlaß", 1908) deutet sich in der Lebens- und Schicksalsbewältigung durch Arbeit, zu der die Titelfigur am Schluß ansetzt, eine entsprechende Perspektive an. Fontanes Meisterwerk „Der Stechlin" (1899) zeichnet dagegen noch am Bild des „Adels, wie er bei uns sein sollte", in Gestalt des alten Dubslav von Stechlin, der zugleich ein Selbstporträt Fontanes ist: ein „Causeur", ein Plauderer, mit unüberwindlicher Abneigung gegen einseitige Festlegung. Es ist jedoch nicht er, der dem Roman den Titel gab. Es ist „der Stechlin", der märkische See, der in der mythischen Erscheinung von Strudel und rotem Hahn als Reaktion auf Weltereignisse wie Erdbeben und Vulkanausbrüche die Verbindung von idyllisch kleiner Provinz und der Welt „da draußen" versinnlicht und damit zugleich Fontanes Kompositionsprinzip, das Zeitgeist in der Alltäglichkeit sichtbar zu machen versteht. Die Handlung ist nicht wesentlich. Fontane faßt sie zusammen: „Zum Schluß stirbt ein Alter und zwei Junge heiraten sich; – das ist so ziemlich alles, was auf 500 Seiten geschieht ... Alles Plauderei, Dialog, in dem sich die Charaktere geben, mit und in ihnen die Geschichte. Natürlich halte ich dies nicht nur für die richtige, sondern sogar die gebotene Art einen Zeitroman zu schreiben ..." Nach dem „Stechlin" war der Anschluß des deutschen Romans an den europäischen wieder möglich. Th. Mann (▷ 17.22) vollzog ihn 13 Jahre später in dem Bewußtsein: „Theodor Fontane ist unser Vater".

Kapitel 16
Naturalismus (1880–1895)

Einführung

Der Naturalismus war eine europäische Bewegung, die in Deutschland erst relativ spät den Durchbruch schaffte. Die Begeisterung über den siegreichen Feldzug gegen Frankreich von 1870/71 und über die endlich errungene Einheit der Nation, die von den französischen Reparationsmilliarden angetriebene Konjunktur und in ihrem Gefolge das Bedürfnis nach Prunk und Pracht, der bürgerliche Klassikkult und die Verehrung des Heldischen in der Geschichte verzögerten die Entwicklung einer realistischen gegenwarts- und gesellschaftsschildernden Literatur, wie sie die Engländer, Franzosen, Skandinavier und Russen längst besaßen.
Um 1880 begann sich in Kreisen junger Intellektueller der Widerstand gegen das literarische Establishment, repräsentiert durch F. Dahn, E. Geibel, P. Heyse, E. von Wildenbruch, R. Voß, J. Wolff, zu regen, dem man vorwarf, die Zeichen der Zeit nicht zu erkennen, die durch die sprunghafte Industrialisierung Deutschlands mit ihren wachsenden sozialen Problemen und durch die Entdeckungen der modernen Natur- und Sozialwissenschaften gesetzt worden waren. Anknüpfend an Traditionen der Aufklärung, des Sturm und Drang, des Jungen Deutschland (▷ 14.15) und der Revolution von 1848, opponierten diese „Jüngstdeutschen", wie sie sich selbst nannten, gegen Gründerzeitmentalität und kulturelle Stagnation, gegen Akademismus und Schöngeisterei, gegen Philistertum und die Verlogenheit der öffentlichen Moral. Hauptsächlich in München und Berlin traten die revolutionären Literaten wortmächtig auf. Fast alle waren sie um 1860 geboren, hatten Kindheit und Jugend überwiegend in der Pro-

vinz verbracht und erlebten dann in den Großstädten, in die sie kamen, um dort zu studieren, die wachsende Kluft zwischen Arm und Reich als Schattenseite des wirtschaftlichen Aufschwungs. Dieser Erfahrung entsprang das Interesse für die soziale Frage, das die Jüngstdeutschen zu Verbündeten der in der Sozialdemokratie organisierten Arbeiterbewegung machte, der in ihren Augen einzigen politischen Alternative zur „alten Parteien- und Cliquenwirtschaft" (M. G. Conrad).
Setzt man das vereinzelte Auftreten von Vorläufern und Vorkämpfern mit dem Beginn einer Epoche gleich, könnte man – mit Blick auf M. Kretzers Berliner Romane (▷ 16.9) oder auf den frühen Einsatz der Brüder H. und J. Hart für eine „moderne" realistische Literatur in den von ihnen herausgegebenen „Deutschen Monatsblättern" (1878/79) – schon um 1880 von einem deutschen Naturalismus sprechen. Geht man aber davon aus, daß die Proklamation veränderter ästhetischer Konzepte und programmatisch formulierter Zielsetzungen erst für größere Gruppen Verbindlichkeit gewinnen muß, um einen Einschnitt innerhalb der Literaturgeschichte deutlich zu markieren, sind es die Jahre 1882–84, in denen sich der Vormarsch einer neuen Schriftstellergeneration ankündigte. M. G. Conrad (▷ 16.5), ein leidenschaftlicher Parteigänger É. Zolas, kehrte 1882 aus Paris nach Deutschland zurück und führte von München aus seinen schon in Frankreich begonnenen Kampf für eine wirklichkeitsnahe Dichtung fort. Ende 1884 waren auch seine Pläne zur Gründung einer Zeitschrift ausgereift, die unter dem Titel „Die Gesellschaft"

im Januar 1885 auf den Markt kam und zunächst das unangefochtene Sprachrohr der literarischen Opposition wurde (▷ 16.4). Von 1882 bis 1884 traten in Berlin die Hart-Brüder mit ihren „Kritischen Waffengängen" an die Öffentlichkeit (▷ 16.4) und fanden rasch eine Schar von Gleichgesinnten, die ihre Kampagne gegen triviale literarische „Hausmannskost" und „seichte Feuilletondramatik" unterstützten.

Nach der Aufbruchsphase des „jüngsten Deutschland" begann 1889 der Hochnaturalismus. In diesem Jahr erschienen als Dokument des konsequenten Naturalismus (▷ 16.19) die von A. Holz und J. Schlaf (▷ 16.16) gemeinschaftlich verfaßten Prosaskizzen „Papa Hamlet" (▷ 16.17); ebenfalls 1889 wurde in der Reichshauptstadt der Verein Freie Bühne (▷ 16.14) ins Leben gerufen, und im selben Jahr sorgte die Premiere von G. Hauptmanns Drama „Vor Sonnenaufgang" (▷ 16.23) am Berliner Lessingtheater nicht nur für einen Skandal allerersten Ranges, sondern bescherte dem Naturalismus auch seinen endgültigen Sieg.

Daß der Literarhistoriker H. Bahr (▷ 17.1) in mehreren Aufsätzen, die er 1891 unter dem Titel „Die Überwindung des Naturalismus" publizierte, schon früh den Abgesang auf die jüngstdeutsche Literaturströmung anstimmte, verriet zwar ein feines Gespür für gegenläufige Tendenzen, bedeutete aber noch nicht das faktische Ende der Bewegung. Mit Hauptmanns Stück „Die Weber" (▷ 16.24) und seinem „Biberpelz" kamen 1893 das künstlerisch gewichtigste soziale Drama und die erfolgreichste Komödie des Naturalismus auf die Bühne. Und als die Zeichen des Zerfalls nicht mehr zu übersehen waren, erschien 1895 „Der Büttnerbauer" von W. von Polenz, eine der überragenden Romanleistungen der jüngstdeutschen Literatur. So läßt sich wie für die Anfänge des Naturalismus in Deutschland auch für sein Ende kaum eine feste Jahreszahl nennen, sondern nur ein allmähliches Versickern der Bewegung zwischen 1893 und 1895 konstatieren.

16.1 Die Natur des Naturalismus

Die Pointe des Gedichts „An die Autoritätsklauber" von A. Holz aus der Gedichtsammlung „Das Buch der Zeit. Lieder eines Modernen" (1886), „der alte Vater Homer" sei der erste „Naturalist" gewesen, ist trotz ihres ironischen Untertons ein Indiz dafür, daß sich die Jüngstdeutschen als Verfechter eines zeitübergreifenden Kunstprinzips verstanden. Für die daraus resultierenden Probleme, die neue literarische Bewegung eindeutig zu definieren, ist bezeichnend, daß der Publizist und Kritiker L. Berg in seinem 1892 erschienenen Buch „Der Naturalismus" eher resigniert die vielfältigen Assoziationen aufzählt, die sich mit dem Epochenbegriff verbinden: Naturwahrheit, Naturerkenntnis, Naturgefühl, Rückkehr zur Natur, Kampf gegen Unnatur und anderes mehr.

Angesichts dieses weiten Bedeutungsfeldes und der Tatsache, daß der Terminus „Naturalismus" im Verlauf der Geschichte häufig und dazu in unterschiedlichen Disziplinen – Philosophie, Malerei, Literatur – gebraucht worden ist, läßt sich mit einiger Sicherheit nur sagen, daß er dabei in Opposition zu Idealismus, Symbolismus, Abstraktion, Formalismus, Manierismus, Phantastik, Romantizismus seine Rolle gespielt hat und dann im Sinne eines Durchbruchs zu neuen Wirklichkeiten und Glaubenssätzen. Gerät man also generell schon in Schwierigkeiten, den Begriff genau einzugrenzen und positiv zu füllen, werden die Komplikationen auch nicht geringer, wenn es darum geht, die literarische Strömung um 1890 in ihren divergierenden Ausformungen als einheitliche Erscheinung zu beschreiben.

Als historische Epoche kann man den Naturalismus wiederum von den Tendenzen her charakterisieren, die sich in ihm scharf gegen das Epigonale, Pseudoklassische, Zeitabgewandte richten. Die Autoren drängen energisch auf die Einbeziehung der Realität in die Literatur und auf die kritische Auseinandersetzung mit den aktuellen moralischen, gesellschaftlichen, politischen und ökonomischen Fragen. Aus ihrem Reformeifer erklärt sich eine spezifische Thematik: die Hinwendung zu den unteren sozialen Schichten und Randgruppen, deren Schicksale in unbedingt wahrheitsgetreuen, vorurteilsfreien Schilderungen abgebildet werden sollen. Diesem Zweck dienen neuartige Schreibtechniken, wie sie die „konsequenten Naturalisten" Holz und J. Schlaf (▷ 16.16) entwickelten. So läßt sich der Naturalismus – wie bei Berg – zum einen als Reaktion, als Gegenschlag bestimmen, zum andern als „etwas an die Gegenwart Gebundenes" und darüber hinaus als mit dem Fortschritt verknüpft, insofern die Jüngstdeutschen auch ein Aktivismus auszeichnete, für den die Dichtung ein Instrument sozialer Umstrukturierungen war. In diesem revolutionären Elan unterschieden sich die Naturalisten von dem Realismus der Vätergeneration – Fontane (▷ 15.26), G. Keller (▷ 15.13), Th. Storm (▷ 15.15), O. Ludwig –, die in ihren Werken die Normen der bürgerlichen Gesellschaft weitgehend bestätigten, gegen die sich die Jungen stürmisch auflehnten.

16.2 Verwissenschaftlichung der Literatur

Weltanschauung und Kunstprogrammatik der Naturalisten standen stark unter dem Einfluß von Ch. R. Darwins Abstammungslehre und H. Taines Milieutheorie. In den beiden berühmten Abhandlungen „On the origin of species by means of natural selection, or ..." (1859, deutsch „Die Entstehung der Arten durch natürliche Zuchtwahl ...", 1867) und „The descent of man, and selection in relation to sex" (1871, deutsch „Die Abstammung des Menschen und die geschlechtliche Zuchtwahl", 1871) war es Darwin um den Nachweis gegangen, daß die Evolution der Lebewesen durch strenge Auslese in einem ewigen Kampf ums Dasein und durch Anpassung an sich fortwährend verändernde Umweltbedingungen erfolgte. Daß der englische Gelehrte von dieser „natürlichen Zuchtwahl" auch den Menschen nicht ausnahm, entzog allen metaphysischen Spekulationen über dessen Ursprung und Entwicklung den Boden. Darwins Erkenntnisse übertrug Taine auf das Gebiet der Literatur. In der Einleitung seiner 1863/64 publizierten „Histoire de la littérature anglaise" (deutsch „Geschichte der englischen Literatur", 1877–80) benannte er mit Rasse, Milieu und Zeitpunkt die ethnologi-

schen, soziologischen und historischen Elemente, deren Einwirkungen seiner Meinung nach jedes geistige Produkt unterliege. Mit dieser deterministischen Ausprägung der von Darwin eingeleiteten „Gedankenwende" wurden die oppositionellen Literaten vor allem durch É. Zolas zwischen 1871 und 1893 entstandenen Romanzyklus „Les Rougon-Macquart" (deutsch „Die Rougon-Macquart", 1892–99) und seine Schrift von 1880 „Le roman expérimental" (deutsch „Der Experimentalroman", 1904) bekannt.

Die Überzeugungskraft empirisch erhobener Fakten, wie sie Darwins und Taines positivistischer Vorgehensweise innewohnte, führte auch unter den Naturalisten zu der Forderung, Literatur und Wissenschaft einander anzunähern. Genaue Beobachtung und Kontrollierbarkeit der Ergebnisse als Basis aller gültigen Aussagen über natürliche und soziale Phänomene sollten die Vorbedingung für die Einlösung des Wahrheits- und Realismuspostulats sein, das die Jüngstdeutschen auf ihre Fahnen geschrieben hatten. Denn nur dann, warnte W. Bölsche in seiner frühnaturalistischen Programmschrift „Die naturwissenschaftlichen Grundlagen der Poesie" (1887), wenn die Literatur sich auf die von den modernen Wissenschaften bereitgestellten Erkenntnisse stütze, könne sie auch in Zukunft ihre angestammte Rolle als „Erzieherin des Menschengeschlechtes" wahren.

16.3 München und Berlin

Die beschauliche Residenz an der Isar und die weltläufig-moderne Metropole des Bismarckreichs waren die beiden Zentren des Naturalismus in Deutschland. Hier sammelten die Wortführer der Kunstrevolution ihre Anhänger um sich, literarische Zirkel wurden gebildet und Zeitschriften gegründet, um sich beim Publikum Gehör zu verschaffen. In München, das trotz der politischen Machtverschiebung nach der Reichsgründung und des damit verbundenen Aufstiegs Berlins seinen Ruf als Stadt der Künste hatte wahren können, war es M. G. Conrad (▷ 16.5), der kraft seiner Persönlichkeit und Fähigkeit, junge Talente aufzuspüren und zu fördern, als Vorkämpfer und Fahnenträger auftrat. Zu seinen ersten Mitstreitern gehörte K. Bleibtreu, der mit der 1886 publizierten „Revolution der Litteratur" (▷ 16.6) neben W. Bölsches „Die naturwissenschaftlichen Grundlagen der Poesie" (1887) eines der einflußreichsten Kampfmanifeste der Jüngstdeutschen verfaßte.

Das Berlin der 80er Jahre war eine pulsierende, wuchernde Industriestadt mit über eineinhalb Millionen Einwohnern, „erregend und fortreißend", von unwiderstehlichem Reiz für die jungen Intellektuellen, Künstler und Schriftsteller. Der „Wogenschlag des öffentlichen Lebens" (H. Hart) ging hier höher als anderswo, und nirgends sonst brach der Gegensatz zwischen dem Blendwerk der Gründerzeit und dem düsteren Elend der Mietskasernen unvermittelter auf. Es gab eine starke Arbeiterbewegung und eine sozialdemokratische Parteiorganisation, die sich auch unter dem Druck der Sozialistengesetze als überaus lebenskräftig erwiesen hatte und mit ihren Aktivitäten auf die Jüngstdeutschen wie ein Fanal der politischen Umwälzung wirkte. Als erste kamen die Brüder H. und J. Hart aus Münster in die Reichshauptstadt, und bald folgten ihnen mit H. Bahr, K. Henckell, H. Conradi, J. Schlaf, O. E. Hartleben, M. Halbe, G. Hauptmann, K. Alberti, Bölsche und B. Wille die Persönlichkeiten nach, die dem Naturalismus Rang und Namen gaben. Trotz weitreichender Übereinstimmung in den weltanschaulichen und ästhetischen Positionen fehlte es nicht an Reibereien und Konkurrenzdenken zwischen den nord- und süddeutschen Literaten, zumal die Münchener für sich beanspruchten, die Wiege des Naturalismus in Deutschland zu sein, und ihre Führungsrolle bis in die späten 80er Jahre auch behaupteten. Erst mit der Gründung der Freien Bühne (▷ 16.14), der Uraufführung von Hauptmanns „Vor Sonnenaufgang" (▷ 16.23) und der Veröffentlichung der Gemeinschaftsarbeiten von A. Holz und Schlaf (▷ 16.16) verlagerte sich das Schwergewicht der jüngstdeutschen Bewegung sichtbar nach Berlin. Die derben Angriffe aus Kreisen der Münchener Naturalisten zeigten deutlich, wie sehr man dort um den Verlust der Vorherrschaft zu bangen begann. In der „Gesellschaft" (▷ 16.4) kritisierte Conrad die „Auslandsverhimmelung" der Freien Bühne und befand über den „Realismus" von Hauptmann und Holz, er könne für die literarische

Opposition nur den Wert eines „Kuriosums" haben und niemals „künstlerischer Leitstern für den Kopf, künstlerisches Labsal für das Herz der nicht verberlinerten Deutschen" werden.

16.4 „Kritische Waffengänge" – Zeit- und Kampfschriften

Als literarische Opposition hatten die naturalistischen Schriftsteller kaum eine Chance, ihre Überzeugungen und künstlerischen Prinzipien in den etablierten Presseorganen zu verbreiten. Insofern bot sich in der Neugründung von Zeitschriften ein Weg, die „Sturmfahne" der neuen Bewegung zu entrollen und die Freiheit der Rede zu erstreiten. Die beiden aus Westfalen stammenden Brüder H. und J. Hart hatten 1881 endgültig ihren Wohnsitz in Berlin genommen. Hier erschienen zwischen 1882 und 1884 in unregelmäßigen Abständen die sechs Hefte ihres erfolgreichen Literaturorgans „Kritische Waffengänge". Schon im Titel kündigte sich das

Titelkopf des ersten Heftes der Zeitschrift „Freie Bühne für modernes Leben" vom 29. Januar 1890

kämpferische Programm der Harts an. Sie zogen in ihrer Zeitschrift gegen die „conventionell erstarrte" Sprache zu Feld, gegen das „Überwuchern des eklektischen Dilettantismus", gegen die „Flutwoge novellistischer Fabrikarbeit" und die „maßlose Verflachung des Theaters". Gefordert wurde eine volksnahe, realistische und „von modernem Geiste" erfüllte Dichtung. Obwohl alle Beiträge in der Zeitschrift aus der Feder der Hart-Brüder stammten, wurden die „Kritischen

Waffengänge" bald zu einem ersten wichtigen Kristallisationspunkt der oppositionellen Berliner Literaten.

Als „ein Organ des ganzen, freien, humanen Gedankens, des unbeirrten Wahrheitssinnes, der resolut realistischen Weltauffassung" und als Kampfschrift gegen den „Verlegenheits-Idealismus des Philistertums, der Moralitätsnotlüge der alten Parteien- und Cliquenwirtschaft auf allen Gebieten des modernen Lebens", gegen die „pedantischen Bildungsschwätzer" und „polizeifrommen Gesinnungsheuchler" verstand sich „Die Gesellschaft", die von M. G. Conrad (▷ 16.5) in München herausgegeben wurde und ab Januar 1885 zuerst wöchentlich, später dann monatlich erschien. In den Aufbruchjahren der naturalistischen Bewegung war „Die Gesellschaft", auf deren Seiten sich die Autoren nicht nur über Literatur, Musik und Kunst, sondern auch über Politik, Sozialwesen und Wirtschaft ausließen, die führende Zeitschrift der jungen Schriftstellergeneration. Ihre zentrale Rolle büßte die noch bis 1902 erscheinende „Gesellschaft" allerdings ein, als in Berlin der Theaterverein Freie Bühne (▷ 16.14) im Januar 1890 mit einem eigenen Publikationsorgan an die Öffentlichkeit trat. Der Verleger dieser Zeitschrift, der „Freien Bühne für modernes Leben", deren Leitwort „Wahrheit" hieß und die sich der „Kunst der Heutigen" verschrieben hatte, war der junge Samuel Fischer, redigiert wurde sie von O. Brahm, danach von W. Bölsche und J. Hart. Anfangs noch ganz auf der Linie eines Naturalismus von Ibsenscher Prägung, stellte sich die Zeitschrift geschickt auf die geistigen Umbrüche der Zeit ein und öffnete sich im Verlauf der Jahre auch nichtnaturalistischen Strömungen. So konnte das Organ als „Die neue Rundschau" – die Namensänderung erfolgte 1904 – bis heute seinen Rang als eine der bedeutendsten Kulturzeitschriften behaupten.

16.5 Michael Georg Conrad

Er war eine der wichtigsten Figuren im Kampf um die Anerkennung É. Zolas in Deutschland. Im fränkischen Gnodstadt bei Ochsenfurt am 5. April 1846 geboren, hielt sich Conrad nach einer Ausbildung zum Päd-

Titelblatt einer Ausgabe der von Michael Georg Conrad herausgegebenen Zeitschrift „Die Gesellschaft" von 1887

agogen einige Jahre in der Schweiz und in Italien auf. Er übersiedelte 1878 nach Frankreich und wurde in Paris mit Zola bekannt, der für ihn zu den größten Moralisten und Reformern gehörte, die Frankreich je hervorgebracht hatte. Als Conrad von 1879 bis 1881 das Pariser Feuilleton der „Frankfurter Zeitung" übernahm, begann sein unermüdlicher Einsatz für die durch den „Großmeister des Naturalismus" repräsentierte französische Literatur. 1882 kehrte er nach Deutschland zurück und ließ sich – aus „Trotz gegen das reichspreußische Berlin" – in München nieder. Ein Jahr später – auf dem Darmstädter Dichtertag – kritisierte Conrad öffentlich die deutsche Literatur als „prüde und pedantisch, als akademisch und ledern" und nahm von diesem Urteil nur die Romane G. Freytags und Fontanes aus, dazu die „genial krausen Historien" W. Raabes und die Novellen G. Kellers und C. F. Meyers. Seinen Schriftstellerkollegen empfahl er nachdrücklich die

Lektüre der modernen französischen, skandinavischen und russischen Literatur. Als Wegbereiter junger Autoren und als Herausgeber der „Gesellschaft" (▷16.4) wurde Conrad bald der anerkannte Führer der Münchener Naturalistenkreise.

Schon in Paris hatte er sich mit der Idee getragen, ein deutsches Gegenstück zu Zolas Romanzyklus „Les Rougon-Macquart" (1871 bis 1893, deutsch „Die Rougon-Macquart", 1892–99) zu schaffen. Unter dem Gesamttitel „Was die Isar rauscht" war ein auf zehn Bände berechneter Romanzyklus geplant, für den das München Ludwigs II. den Hintergrund liefern sollte. Ausgeführt wurden davon lediglich „Was die Isar rauscht" (1888), „Die klugen Jungfrauen" (1889) und „Die Beichte des Narren" (1893). Inhaltlich lagen diese drei Romane durchaus auf der Linie des naturalistischen Programms, brachten stilistisch und formal jedoch kaum Fortschritte gegenüber den von Conrad so heftig befehdeten traditionellen Erzählweisen.

Als ein Rückblick auf die Zeit der Kämpfe erschien 1902 „Von Emile Zola bis Gerhart Hauptmann". In diesen „Erinnerungen zur Geschichte der Moderne" fehlt es nicht an Seitenhieben auf die Epigonen der jüngstdeutschen Literatur, zugleich sind sie ein Dokument des ungebrochenen Vertrauens in diese Bewegung: „Aber um den echten, großen, flammenden Naturalismus brauchen uns nicht zu sorgen, der wird von keiner Gegenströmung erstickt." Am 20. Dezember 1927 starb Conrad in München.

16.6 „Revolution der Litteratur"

Unter diesem Titel erschien 1886 in Leipzig eine Schrift, die in rascher Folge drei Auflagen erlebte und von den Naturalisten als Kampfmanifest begeistert aufgenommen wurde. Ihr Verfasser, Karl Bleibtreu, war zu der Zeit einer der einflußreichsten Literaturkritiker in Deutschland. Seit ihrer Gründung 1885 arbeitete er an M. G. Conrads „Gesellschaft" (▷16.4) mit, leitete sie von 1888 bis 1890 gemeinsam mit ihm und war außerdem von 1886 bis 1888 der Herausgeber des kaum weniger renommierten „Magazins für die Litteratur des In- und Auslandes". In seiner Ab-

handlung beklagte Bleibtreu, daß in der Gegenwartsliteratur weithin kaum eine Spur des modernen Lebens zu entdecken sei. Er warf den Schriftstellern vor, sich in den meisten Fällen so zu verhalten, als wären die sozialen Probleme für sie gar nicht vorhanden, und formulierte apodiktisch: „Es ist daher die erste und wichtigste Aufgabe der Poesie, sich der grossen Zeitfragen zu bemächtigen." Für eine solche wahrhaft neue Literatur bot Bleibtreu einerseits H. Ibsen, F. M. Dostojewski und É. Zola als Vorbilder auf, andererseits die „Stürmer und Dränger" J. M. R. Lenz und F. M. Klinger, die „dämonische Urwüchsig-

Titelblatt der zweiten Auflage von Karl Bleibtreus Schrift „Revolution der Litteratur" (1886)

keit" der Dramen von H. von Kleist und Ch. D. Grabbe, den kraftvollen realistischen Instinkt des Jungen Deutschland.

Obwohl im Ton bisweilen schroff oder gönnerhaft-belehrend und von Fehleinschätzungen nicht frei – M. Kretzer, der Schöpfer des Berliner Romans (▷16.9), galt Bleibtreu als

„der ebenbürtige Jünger Zolas", die Gedichtsammlung „Das Buch der Zeit. Lieder eines Modernen" (▷ 16.10) von A. Holz beurteilte er als „Theaterdonner" und nannte ihren Verfasser einen „socialen Lyrifax" –, erfüllte die „Revolution der Litteratur" die unschätzbare Funktion, eine breitere Öffentlichkeit mit den Anschauungen der frühnaturalistischen Dichtergeneration bekannt zu machen und ihre Namen überhaupt erst einmal ins Spiel zu bringen. Bleibtreu verlor später als Literaturkritiker an Reputation, was vor allem damit zusammenhing, daß er nicht bereit war, der Richtung zu folgen, die von den konsequenten Naturalisten Holz und J. Schlaf (▷ 16.16) eingeschlagen wurde. Was Bleibtreu daran hinderte, war seine Vorstellung von einer Kunst, die auch „die rein idealen Regungen im Menschen" zum Gegenstand haben und nicht darauf beschränkt bleiben sollte, „gemeine Situationen und Conflicte zu pflegen" und nicht mehr als nur „die naturalistische Wahrheit der trockenen und ausdruckslosen Photographie" zu bieten.

16.7 Der Experimentalroman

Die 1880 publizierte Abhandlung „Le roman expérimental" (deutsch „Der Experimentalroman", 1904) von É. Zola (Abb. S. 334) hat fast ein Jahrzehnt die Diskussionen über den Naturalismus beherrscht. Der provokative Charakter dieser Studie, mit der Zola auch das eigene gewaltige Unternehmen, an der Genealogie der Familie Rougon-Macquart die Geschichte des 2. Kaiserreichs in Frankreich aufzurollen, noch einmal rechtfertigte, lag in der Aufforderung an die Schriftsteller, Erkenntnisse und Erkenntnismethoden der modernen Naturwissenschaften in ihren Arbeitsbereich einzubeziehen. Überzeugt davon, daß es für alle menschlichen Erscheinungen einen absoluten Determinismus gebe, glaubte Zola, der Entdeckung allgemeiner Gesetzmäßigkeiten durch Übertragung experimenteller Verfahrensweisen auf die Literatur näher zu kommen. Zu diesem Zweck verlangte er von den Romanautoren, in die Rolle von Wissenschaftlern zu schlüpfen, wie diese Hypothesen über den Kausalzusammenhang zwischen den Tatsachen der Natur zu bilden

und durch Experimente zu verifizieren und zu kontrollieren: „Am Ende hat man die Erkenntnis, die wissenschaftliche Erkenntnis des Menschen in seiner individuellen und sozialen Betätigung." Nichts anderes als das auf genaue Beobachtung basierende Protokoll solcher Versuchsreihen, behauptete Zola, sei demnach der Experimentalroman, in dem der Dichter das Experiment vor den Augen des Publikums gleichsam nur wiederhole. Gegen den Verdacht, die Funktion des Schriftstellers damit auf die eines „Photographen" der Wirklichkeit zu reduzieren, wandte Zola ein, daß man, um den Mechanismus der Tatsachen erkennen zu können, das Ausgangsmaterial wie im wissenschaftlichen Experiment jeweils modifizieren und verschiedenen Einwirkungen aussetzen müsse, und „hier liegt, was wir an Erfindung, an Genie im Werk zu leisten haben".

Bei der vorgefaßten Idee über den Determinismus der Erscheinungen ging Zola davon aus, daß menschliches Handeln und Verhalten den Einflüssen von Vererbung und Milieu unterliege. Er hielt dabei aber an der Auffassung von einer wechselseitigen Einwirkung der Gesellschaft auf das Individuum und des Individuums auf die Gesellschaft fest, stellte also durchaus in Rechnung, daß die sozialen Bedingungen, die sich die Menschen selbst geschaffen hatten, von ihnen auch verändert werden konnten. Ebensowenig wie auf die von Zola angenommene milieubedingte Abhängigkeit des Menschen traf auf seine Annahme eines absoluten Determinismus der Vorwurf zu, er rede auf diese Weise dem Fatalismus das Wort. Dieser setze, so definierte ihn jedenfalls Zola, „das notwendige Eintreten einer Erscheinung unabhängig von ihren Bedingungen voraus, während der Determinismus die notwendige Bedingung einer Erscheinung ist, deren Eintreten nicht gezwungen ist". Mit dieser Zuversicht in die Möglichkeiten des Eingreifens in die realen Verhältnisse hatte Zola auch „die sittliche Aufgabe" des experimentierenden Romanschriftstellers genau umschrieben. Er sah dessen Auftrag nämlich vor allem darin, die Gesetze, die das individuelle und gesellschaftliche Leben regeln, zu erkennen, damit man sie „unter dem Gesichtspunkt des Nutzens für den Menschen ... eines Tages beherrschen und lenken kann".

16.8 „Für und gegen Zola"

In einem seiner 1885 für die Zeitschrift „Die Gesellschaft" (▷ 16.4) geschriebenen „Berliner Briefe" bekannte K. Bleibtreu (▷ 16.6), daß er „dem Zola-Kult bisher nur lau und mit Verklausulierungen angehört" habe. Nun aber – nach der Lektüre von „Germinal" (1885, deutsch 1885) – bezeichnete er diesen Roman É. Zolas als „die künstlerische Bibel des dichterischen Naturalismus" und stellte den Schriftsteller in die Reihe der größten Dichter aller Zeiten.

Soviel uneingeschränkte Bewunderung schlug dem französischen Autor, dessen Ruhm sich seit 1880 mit dem Erscheinen der ersten Übersetzungen auch in Deutschland langsam zu mehren begann, nicht überall entgegen. Von seinen Gegnern, die das Banner klassischer Bildungsideale hochhielten, wurde der Moralist, Reformer und Wahrheitsfreund, als den ihn M. G. Conrad (▷ 16.5) Anfang der 80er Jahre in einem couragierten Alleingang den Deutschen nahezubringen versucht hatte, des „schriftstellerischen Kloakentums" bezichtigt, das zur Verrohung des Geschmacks und der Sitten beitrage. Maßgebende Kritiker rieben sich an den Schilderungen des Abstoßenden, Häßlichen und Brutalen in Zolas Werken, warfen ihm eine gemeine Gesinnung und eine wollüstige Freude am Laster, Grausamen und Obszönen vor. Moderater fielen die Urteile dort aus, wo man den Weg in Richtung auf einen neuen Realismus zwar mitzugehen bereit war, aber die Konsequenz, mit der Zola dies tat, für eine Fehlentwicklung hielt. So erkannte Fontane „in dem Heranziehen des exakten Berichtes einen ungeheuren Literaturfortschritt", warnte jedoch gleichzeitig vor Verletzungen des „ästhetischen Fühlens" und verwarf den Determinismus als „Grundfehler der Zolaschen Produktion: Man glaubt nicht daran."

Von Zustimmung oder Ablehnung war in Deutschland nicht nur der Romanautor, sondern auch der Literaturtheoretiker Zola betroffen. Sein Programm einer Annäherung von Poesie und Wissenschaft mußte zwangsläufig zur Konfrontation mit den Traditionalisten führen, die gegen Zolas „Materialismus" ihre idealistischen Auffassungen von der Kunst als einem Refugium des Schönen,

Wahren und Guten verteidigten. Aber selbst unter den Naturalisten wurden Zolas Thesen durchaus kontrovers diskutiert. Conrad zum Beispiel, ohnehin ein verläßlicher Gefolgsmann Zolas, und auch W. Bölsche, der sich schon durch den Titel seiner frühnaturalistischen Programmschrift „Die naturwissenschaftlichen Grundlagen der Poesie" (1887) auf der Höhe der Zeit zeigte, bekannten sich zum experimentellen Roman (▷ 16.7), reduzierten dabei allerdings Zolas Konzept einer Verwissenschaftlichung der Kunst auf die Anpassung der Literatur an die Ergebnisse moderner Natur- und Sozialforschung. Ins Grundsätzliche gingen dagegen die Auseinandersetzungen mit dem Szientifismus Zolas bei den Hart-Brüdern („Für und gegen Zola", 1882) und bei A. Holz („Zola als Theoretiker", 1890). Es wurde damit argumentiert, daß die in den Naturwissenschaften gebräuchlichen Methoden und Arbeitsweisen nicht auf die Kunst übertragbar seien: „Die Wissenschaft erforscht, seciert, ergründet die Natur, aber die Poesie ... schafft eine zweite Natur" (H. und J. Hart), und ein Experiment, das sich nicht in der Realität, sondern „bloß im Hirne des Experimentators abspielt, ist eben einfach kein Experiment" (Holz). Aus der so begründeten Notwendigkeit einer strikten Trennung der Bereiche von Kunst und Wissenschaft zog Holz den weiteren Schluß, daß es eine Revolution der Literatur nur durch eine Revolutionierung ihres Produktionsmittels – der Sprache – geben könne. Das Ergebnis dieser Überlegungen war Holz' eigene Theorie des konsequenten Naturalismus (▷ 16.19).

16.9 Der Berliner Roman

Härter als anderswo prallten in Berlin, der Industriemetropole des Kaiserreichs, die sozialen Gegensätze aufeinander; hier fand sich das „Milieu", in dem eine zeit- und gesellschaftskritische Prosa gedeihen konnte. In den 80er Jahren entwickelte sich der „Berliner Roman" als Spiegelbild des kontrastreichen weltstädtischen Lebens zu einem vorherrschenden Genre der jüngstdeutschen Literatur. Bahnbrechend wirkte Max Kretzer, ein ehemaliger Fabrikarbeiter, Malergehilfe

Émile Zola (Ölgemälde von Édouard Manet aus dem Jahr 1868; Paris, Musée d'Orsay)

und Autodidakt, den K. Bleibtreu in seiner „Revolution der Litteratur" (▷ 16.6) als „ebenbürtigen Jünger Zolas" feierte. Kretzers ersten Roman über die Folgen der skrupellosen Jagd nach dem Geld, „Bürger ihrer Zeit. Berliner Sittenbilder", druckte 1879 die Berliner „Bürger-Zeitung" ab. Die Leser reagierten, wie es den nach „Modellen" schreibenden Autor nicht überraschen konnte: „Der Eine fragte an, ob denn das und das wirklich passirt sei, da die Straße genannt sei, in der er wohne. Der Zweite vermochte es überhaupt nicht zu begreifen, wie man alles ‚so deutlich' machen könne; und der Dritte schließlich verbat sich allen Ernstes, den Roman fortzusetzen ... Er sei nicht gewöhnt, derartige ‚Gemeinheiten' tagtäglich zu lesen." Als der Roman zwei Jahre später unter dem veränderten Titel „Sonderbare Schwärmer" erschien, waren auf Wunsch des Verlegers – aber entgegen der Intention des Verfassers, die Schauplätze beim richtigen Namen zu nennen – alle direkten Berlin-Bezüge mit „Rücksicht auf das liebe Philistertum" und aus „Furcht vor der Konfiskation" ausgemerzt worden.

Unter Hinweis auf die französische Romanliteratur konnte Kretzer durchsetzen, daß bei seinen nächsten Romanen aus den „Tiefen des Berliner Lebens" – „Die Betrogenen" (1882) und „Die Verkommenen" (1883) – an dieser Praxis nicht festgehalten wurde. Mit beiden Werken begründete er endgültig seinen Ruf als naturalistischer Großstadtdichter und erster „Armeleutemaler". Kretzers mutiger Griff in die Schichten des Proletariats machte ihn in den Augen der Jüngstdeutschen – bei aller Anerkennung für die Leistungen Fontanes (▷ 15.26), P. Lindaus und F. Spielhagens auf dem Gebiet der Berlin-Darstellung – zum eigentlichen Zukunftsträger, der den bürgerlich-realistischen Roman auf dem Weg zum „socialen" Roman ein gutes Stück voranbrachte. 1888 veröffentlichte der „Zola der Reichshauptstadt" sein bekanntestes und immer wieder aufgelegtes Werk, „Meister Timpe", in dem er am Schicksal eines Drechslerbetriebs den Sieg der modernen Fabrik über das traditionelle Kleingewerbe schilderte. Auch dieser Roman verdankte seine Publikumsresonanz der bewährten Mischung aus sozialkritischen und spannenden Effekten, wie sie schon H. de Balzac in Frankreich und Ch. Dickens in England erfolgreich erprobt hatten.

16.10 Gegen „Reimpolterer" und „Versifexe" – naturalistische Lyrik

Mit ihren „Kritischen Waffengängen" (▷ 16.4) hatten sich die Brüder H. und J. Hart an die Spitze der jungen naturalistischen Bewegung in Berlin gesetzt. In ihrem Freundeskreis wurde auch die Lyrikanthologie „Moderne Dichter-Charaktere" konzipiert, die unter der Herausgeberschaft von W. Arent und mit Einleitungen von H. Conradi und K. Henckell 1885 erschien. Beteiligt waren 21 Autoren, deren gemeinsames Credo Conradi zum Ausdruck brachte. Die Schwächen der Sammlung einräumend, verteidigte er gleichwohl den Anspruch von „uns jüngeren Stürmern und Drängern", mit den Gedichten „gegen Unnatur und Charakterlosigkeit; gegen Ungerechtigkeit und Feigheit, die auf allen Gassen und Märkten gepflegt wird; gegen

Heuchelei und Obscurantismus; gegen Dilettantismus in Kunst und Leben; gegen den brutalen Egoismus und erbärmlichen Particularismus" Front gemacht zu haben. Ebenso selbstbewußt las Henckell in seinem Geleitwort den „Phrasendreschern", „Reimpolterern", „blasirten Schwätzern" und „Versifexen" die Leviten und behauptete kühn, daß „auf den Dichtern des Kreises, den dieses Buch vereint, ... die Poesie der Zukunft" beruhe. Trotz solch volltönender Worte erfüllte der „Fanfarenruf dieser Jüngsten" (M. Halbe) nicht alle Erwartungen an die lyrische „Moderne". Dafür lag der Anteil an konventionellen Metren und Strophenformen zu hoch, und auch bei der Motivwahl schnitten die eigentlich naturalistischen Themen – Großstadt, soziale Frage und anderes – schlecht ab. So war es weniger die künstlerische Qualität der „Modernen Dichter-Charaktere", die sie zu einem „in hohem Grade bedeutsamen Zeitdokument" (G. Hauptmann) machte, sondern ihre Signalwirkung als eine Art Manifest der literarischen Opposition, die sich hier zum erstenmal der Öffentlichkeit als geschlossene Gruppe präsentierte. Einer, dessen Beiträge in den „Modernen Dichter-Charakteren" mit den stärksten Eindruck hinterlassen hatten, war der junge A. Holz. Von ihm erschien 1886 der „klassische" Lyrikband des deutschen Naturalismus „Das Buch der Zeit. Lieder eines Modernen". Obwohl der Widerhall beim breiten Publikum zu Holz' Enttäuschung ausblieb, begeisterten sich nicht allein die Jüngstdeutschen an seinen Kampfversen gegen die herrschende Literatur, an seinen politischen Bekenntnisgedichten und Großstadtgesängen; auch die Kritik lobte Holz als „Lyriker von hinreißendem Feuer", als größten, „den Deutschland seit einem Menschenalter gesehen hat" (F. Mehring), und stellte ihn in eine Reihe mit Heine (▷ 14.13; 14.25), G. Herwegh (▷ 14.23) und F. Freiligrath (▷ 14.26). Von der Lyrik im Stil der „Lieder eines Modernen" hat Holz sich später distanziert und auf diese Phase als auf einen historisch gewordenen „Kampf" zurückgeblickt. Statt dessen versuchte er wie für Prosa und Drama in seinen Gemeinschaftsarbeiten mit J. Schlaf (▷ 16.16) auch für das Gedichteschreiben ein Konzept zu entwickeln, das auf die restlose Erfassung der Dinge und sinnlichen Wahr-

nehmungen im Medium der Sprache ausgerichtet war und für das er in der 1899 publizierten Streitschrift „Revolution der Lyrik" die theoretische Begründung gab.

Umschlag der Erstausgabe von Arno Holz' Streitschrift „Revolution der Lyrik" von 1899 mit einer Zeichnung von Wilhelm Jordan (?)

16.11 Durch!

Mit zehn Thesen, die 1886 in dem von K. Bleibtreu (▷ 16.6) redigierten „Magazin für die Litteratur des In- und Auslandes" anonym publiziert wurden, trat in Berlin zum erstenmal eine freie literarische Vereinigung an die Öffentlichkeit, die sich den programmatischen Namen „Durch!" gegeben hatte – im Sinne des Anliegens ihrer Mitglieder, sich „durchzusetzen, und zwar als Bahnbrecher naturalistischer Dichtung" (B. Wille). Wahrscheinlich waren die Thesen von dem Literarhistoriker E. Wolff verfaßt worden, denn sie erschienen wenig später – am 1. Januar 1887 – unter seinem Namen noch einmal in der „Allgemeinen Deutschen Universitätszeitung". Wolff war neben dem Journalisten und Kritiker L. Berg und dem an Bildungsreformen interessierten Berliner Arzt C. Küster eines der Gründungsmitglieder dieses wichtigsten literarischen Vereins des Naturalismus in der 2. Hälfte der 80er Jahre. Wolff rief in seinen Thesen zum Kampf auf „gegen die überlebte Epigonenklassizität, gegen das sich spreizende Raffinement und gegen blaustrumpfartigen Dilettantismus". Von der modernen Dichtung forderte er, sie solle „den Menschen mit Fleisch und Blut und mit seinen Leidenschaften in unerbittlicher Wahrheit zeigen". Das soziale Engagement der oppositionellen Literaten klang auch bei Wolff wieder an, wenn er schrieb, es gehöre „zu den Aufgaben des Dichters der Gegenwart, alle bedeutungsvollen und nach Deutung ringenden Gewalten des gegenwärtigen Lebens in ihren Licht- und Schattenseiten poetisch zu gestalten und der Zukunft prophetisch und bahnbrechend vorzukämpfen", allerdings ohne daß sich die Dichtung „tendenziös dem Dienste von Parteien und Tagesströmungen hingiebt".

Als Treffpunkt nicht nur für junge Schriftsteller, sondern auch für Literaturkritiker, Naturwissenschaftler und Sozialpolitiker wurde der Verein zu einem Forum, auf dem die Teilnehmer an den im Mai 1886 beginnenden wöchentlichen Sitzungen über Fragen der modernen Dichtung debattierten und sich um die Klärung ästhetischer Grundbegriffe (Idealismus, Realismus, Tendenz, poetische Gerechtigkeit und anderes) bemühten. Die Brüder H. und J. Hart gehörten zu diesem Kreis, ebenso P. Ernst, J. Schlaf, A. Holz, W. Bölsche, J. H. Mackay und B. Wille, der 1890 zur Gründung der Freien Volksbühne (▷ 16.15) aufrief und damit ganz nach den Vorstellungen des Vereins Pionierarbeit für die Etablierung des Naturalismus leistete. Im Mai 1887 stieß auch G. Hauptmann (▷ 16.22) zu der Gruppe, die bis Ende der 80er Jahre bestand, deren Aktivitäten aber an Bedeutung verloren, als sich in Friedrichshagen ein neues Zentrum gleichgesinnter Schriftsteller und Künstler zu bilden begann.

16.12 „Socialaristokraten" – die Friedrichshagener Dichterkolonie

Bei einem ihrer Besuche in Erkner bei Berlin, wo G. Hauptmann (▷ 16.22) seit 1885 lebte, hatten W. Bölsche und B. Wille das im Südosten Berlins idyllisch an den Ufern des Müggelsees gelegene Friedrichshagen entdeckt. Stadtmüde und begierig „nach einem unverfälschten Riß Himmelsblau ohne Telegraphendrähte und Schlotruß" (Bölsche) ließen sich beide im Sommer 1888 dort nieder. Ihnen folgten 1890 die Brüder H. und J. Hart, deren Freunde, die Sozialdemokraten B. und

P. Kampffmeyer, die wie Wille zur linksoppositionellen Gruppe der „Jungen" (▷ 16.25) gehörten, in Friedrichshagen ein Haus besaßen. Auch W. Hegeler, dessen Roman „Mutter Bertha" (1893) die Naturalismusdebatte (▷ 16.26) auf dem Gothaer Parteitag der SPD mitverursachte, wurde am Müggelsee ansässig. Andere – wie G. Landauer, der Maler Fidus, A. Strindberg und der junge K. Hamsun – schlugen hier für kürzere oder längere Zeit ihr Quartier auf oder zählten – wie R. Dehmel (▷ 17.18), M. Halbe, O. E. Hartleben, K. Henckell, G. und C. Hauptmann, A. Holz, J. Schlaf, J. H. Mackay, D. von Liliencron, W. von Polenz – zu den häufigen Besuchern. Friedrichshagen wurde bald „ein Hauptmittelpunkt des literarischen Treibens" (H. Hart) und war „kaum noch eine Ortsbezeichnung: Friedrichshagen war ein Zustand, eine Geistesverfassung. Im Sinne dieser geistigen Zuständigkeit gab es ja eine ganze Anzahl solcher ‚Friedrichshagener', die in Berlin oder in dessen anderen Vororten wohnten ... und alle um den Friedrichshagener Kern kreisten" (Halbe). Sie trafen sich inmitten der märkischen Kiefernheide, um über Probleme der Ästhetik und der Politik zu streiten; aber auch Gartenstadt- und Siedlungsfragen, Konsumgenossenschaft und Bodenreform bewegten die Gemüter der Literatur- und Sozialrevolutionäre des jüngsten Deutschland nicht minder.

Ihnen allen gemeinsam war eine Grundstimmung, deren individualistisch-anarchistischer Zug die Entfremdung zwischen der literarischen Opposition und der SPD nach den innerparteilichen Auseinandersetzungen mit den „Jungen" und nach den Äußerungen W. Liebknechts über den Naturalismus widerspiegelte (▷ 16.25). Anschaulich beschreibt Wille sie in seiner Autobiographie „Aus Traum und Kampf. Mein sechzigjähriges Leben" (1920): „Natureinsamkeit bei brausender Weltstadt, literarisches Zigeunertum und sozialistische wie anarchistische Ideen, keckes Streben nach vorurteilsloser, eigenfreier Lebensweise, Kameradschaft zwischen Kopfarbeitern und begabten Handarbeitern, aber auch geistvollen Vertretern des Reichtums; schöpferische Liebe zur Kunst verband sich mit Soziologie, Naturwissenschaft, Philosophie und Religion." Trotz dieser einigenden Motive war die Vorstellung

„von einer geschlossenen naturalistischen Dichterschule", die am Müggelsee ihre Zelte aufgeschlagen haben sollte, nur eine „putzige Legende" (Bölsche). Zu sehr prägte ein dauerndes Kommen und Gehen den Friedrichshagener Dichterkreis, der in wechselnder Zusammensetzung bis weit nach 1900 bestand. Holz hat ihm 1896 mit dem Stück „Socialaristokraten" ein ironisch-kritisches Denkmal gesetzt.

16.13 Ibsen-Begeisterung

Mitte April 1886 fand in Augsburg vor geladenem Publikum die deutsche Erstaufführung von H. Ibsens „Gespenster" (1881 als „Gengangere", deutsch 1884) statt. Im Januar 1887 kam das Drama dann in einer wegen der geltenden Zensurbestimmungen ebenfalls geschlossenen Matineevorstellung im Berliner Residenz-Theater auf die Bühne. Ibsen, der anwesend war und sich nach jedem Akt den enthusiasmierten Zuschauern zeigen mußte, feierte mit dieser Inszenierung einen überwältigenden Triumph, der die endgültige Durchsetzung des norwegischen Dichters auf dem deutschen Theater bedeutete. Revolutionär im Inhalt und revolutionär in der Form sei das Stück, befanden die Kritiker. Hervorgehoben wurde Ibsens „unbedingte Wahrheit" in der Darstellung der Personen und seine meisterhafte Beherrschung der analytischen Dramentechnik – der allmählichen Enthüllung vergangener Ereignisse –, die das Schema der antiken Tragödie einem „modernen Zweck" verfügbar mache: der „Verschärfung und Vertiefung der Charakteristik" (O. Brahm). Die Rezeption Ibsens hatte in den späten 60er Jahren begonnen, als deutsche Übersetzungen seiner Dramen erschienen. Zu einem ersten großen Erfolg gestaltete sich 1878 die Aufführung von „Stützen der Gesellschaft" (1877 als „Samfundets støtter") in Berlin. Nach einigen Inszenierungen des Dramas „Nora oder Ein Puppenheim" (1879 als „Et dukkehjem") im Jahr 1880 verschwanden Ibsens Stücke dann für längere Zeit aus dem Repertoire. Nicht ihn, sondern É. Zola (▷ 16.8) hoben die Naturalisten anfangs als ihre Leitfigur auf den Schild. Erst mit der Vorstellung von Ibsens „Gespenstern" in Ber-

lin schwand Zolas Einfluß auf die jüngstdeutsche Literaturbewegung wieder. Die oppositionellen Schriftsteller in ihrer nun einsetzenden Begeisterung für Ibsen schätzten an ihm den „Todfeind der Lüge" (J. Hillebrand), den Revolutionär, der zum Sturm auf die Institutionen und moralischen Engstirnigkeiten der bürgerlichen Gesellschaft blies. Aber schon Anfang der 90er Jahre wurden Stimmen laut, die gegen die „blinde" Ibsen-Verehrung Front machten. Stücke wie „Baumeister Solness" (1892 als „Bygmester Solness", deutsch 1893) und „Klein Eyolf" (1894 als „Lille Eyolf", deutsch 1899) galten als Ausgeburten krankhafter Phantasie, als mystisch, hysterisch, abnorm. Ibsens Auffassung vom Recht des Individuums, nach seinen eigenen Gesetzen zu leben, stand auf einmal gleichbedeutend für Anarchismus, Zügellosigkeit und Selbstsucht des triebhaften Menschen. Der „Ibsenismus" wurde auf diese Weise ein Schmähwort, wie es vordem der „Zolaismus" gewesen war.

Henrik Ibsen in einer Karikatur der „Galerie berühmter Zeitgenossen" von Olav Gulbransson (1905)

Karikatur von Ernst Retemeyer auf die Aufführungen naturalistischer Stücke durch die Freie Bühne im „Kladderadatsch" (1890)

16.14 Die Freie Bühne

Nach dem Vorbild des Pariser Théâtre-Libre, einer 1887 von A. Antoine mit Unterstützung A. Daudets und É. Zolas gegründeten Privatbühne, die 1888 auch in Berlin gastiert hatte, konstituierte sich dort am 15. April 1889 der Verein Freie Bühne. Zu seinen Gründern zählten unter anderem O. Brahm, dem die Leitung der Organisation aufgetragen wurde, die Brüder H. und J. Hart, P. Schlenther, M. Harden und Th. Wolff. Über die Zielsetzung des Vereins informierte ein Aufruf das Publikum: „Uns vereinigt der Zweck, unabhängig von dem Betrieb der bestehenden Theater und ohne mit diesen in einen Wettkampf einzutreten, eine Bühne zu begründen, welche frei ist von Rücksichten auf Theaterzensur und Gelderwerb. Es sollen während des Theaterjahres, beginnend vom Herbst 1889, in einem der ersten Berliner Schauspielhäuser etwa zehn Aufführungen moderner Dramen von hervorragendem Interesse stattfinden, welche den ständigen Bühnen ihrem Wesen nach schwerer zugänglich sind."
Wie in Frankreich unterlagen auch im preußischen Berlin öffentliche Theaterveranstaltungen der Zensur. Die Form eines privaten Vereins bot seinen Mitgliedern die Möglichkeit, für geschlossene Vorstellungen die Inszenierung von Dramen progressiver Autoren unter Umgehung der behördlichen Genehmigung

zu organisieren und damit der Vorherrschaft französischer Salonkomödien, Possen und Sittenstücke vom Schlage V. Sardous, A. Dumas' des Jüngeren, E. Scribes und A. L'Arronges auf den Bühnen der Metropole entgegenzuarbeiten. Am 29. September 1889, inzwischen hatte der Verein bereits 900 Mitglieder geworben, eröffnete er sein Programm mit H. Ibsens „Gespenstern"; am 20. Oktober kam es dann im Lessingtheater anläßlich der Premiere von G. Hauptmanns Bühnenerstling „Vor Sonnenaufgang" (▷ 16.23) zu einem der größten Skandale in der deutschen Theatergeschichte. Die Tätigkeit des Vereins beschränkte sich im wesentlichen auf die beiden Spielzeiten zwischen 1889 und 1891, darüber hinaus gab er aber den Anstoß für eine Reihe von Unternehmungen ähnlicher Art.

16.15 Die Freie Volksbühne

Die Idee zur Gründung eines eigenständigen Arbeitertheatervereins nach dem Modell der Freien Bühne (▷ 16.14) stammte von den Mitgliedern des sozialdemokratischen Debattierklubs „Alte Tante". Dieser Name war zur Tarnung wegen des damals noch nicht aufgehobenen Sozialistengesetzes, das sozialdemokratische und sozialistische Vereine und ihre Publikationsorgane verbot, gewählt worden. Am 23. März 1890 veröffentlichte B. Wille im „Berliner Volksblatt" den „Aufruf zur Gründung einer Freien Volksbühne", in dem es hieß, daß das Theater seine Funktion als „Quelle hohen Kunstgenusses, sittlicher Erhebung und kräftiger Anregung zum Nachdenken über die großen Zeitfragen" unter kapitalistischen Bedingungen nur unzureichend erfülle und daß überdies „der Geschmack der Masse in allen Gesellschaftsklassen vorwiegend durch gewisse wirtschaftliche Zustände korrumpiert" werde. Nach dieser Erklärung umriß Wille die politische und künstlerische Aufgabenstellung des Vereins. Er sprach davon, daß Dichter wie L. N. Tolstoi, F. M. Dostojewski, É. Zola, H. Ibsen, A. L. Kielland und mehrere deutsche „Realisten" in der arbeitenden Bevölkerung Berlins längst eine gewisse Resonanz gefunden hätten und daß es nun darauf ankomme, unter Ausschaltung der polizeilichen Zensur auch jene Theaterstücke aufzuführen, „in denen ein revolutionärer Geist lebt".

Zu den engeren Mitarbeitern an Willes Projekt gehörten unter anderem W. Bölsche, J. Hart, J. Türk und O. Brahm, außerdem die Redakteure der sozialdemokratischen Parteizeitungen „Berliner Volksblatt" und „Berliner Volkstribüne", C. Baake und C. Schmidt; später gesellten sich H. Hart, R. Dehmel, F. Mauthner und M. Halbe dazu. Am 8. August 1890 fand die konstituierende Versammlung des Vereins statt, auf der Wille zum Vorsitzenden gewählt wurde. In seinem ersten Jahr zählte der Verein fast 4000 Mitglieder; aufgeführt wurden Stücke von Ibsen, G. Hauptmann und H. Sudermann, aber auch von Schiller und L. Anzengruber.

An persönlichen und politischen Querelen entzündete sich innerhalb der Organisation ein Machtkampf, der im Herbst 1892 zu ihrer Spaltung führte. Wille, einer der Wortführer der linksoppositionellen Gruppe der „Jungen" in der SPD (▷ 16.25), versuchte Türk, der sich der Parteispitze gegenüber loyal verhielt, aus den Leitungsgremien der Freien Volksbühne zu verdrängen. Nach Abstimmungsniederlagen seiner Fraktion auf einer Generalversammlung des Vereins am 12. Oktober 1892 gründete Wille die Neue Freie Volksbühne. Sein Nachfolger bei der Freien Volksbühne wurde F. Mehring, der im Gegensatz zu den „volkspädagogischen" Neigun-

gen seines Vorgängers danach trachtete, die Organisation zu einem wirkungsvollen Instrument im politischen Emanzipationskampf der Arbeiterklasse zu machen.

Das ständige Unterlaufen der Zensurbestimmungen in den privaten Theatervereinen hatte die Polizeibehörden nicht ruhen lassen. Ihre besondere Aufmerksamkeit galt deren Einwirkung auf öffentliche Angelegenheiten und der Verbreitung von Parteiparolen. Am 18. April 1895 wurde der Freien Bühne, der Freien Volksbühne und der Neuen Freien Volksbühne bedeutet, sie würden fortan als politische Vereinigungen betrachtet und hätten sich demzufolge der Zensurpflicht zu beugen. Von da ab waren Vorstellungen der Theatervereine ohne vorherige polizeiliche Erlaubnis nicht mehr gestattet.

16.16 Arno Holz und Johannes Schlaf

Nach den Selbstaussagen der beiden Schriftstellerfreunde, die sich seit 1885 kannten und gemeinsam an Sitzungen des Vereins Durch! (▷ 16.11) teilgenommen hatten, läßt sich vermuten, daß der Beginn ihrer Zusammenarbeit in den Winter 1887/88 fiel. Um diese Zeit hatten die Versuche von Holz, einen Roman zu schreiben, ihn zu der Überzeugung gebracht, daß die ausgetretenen Pfade traditionellen Erzählens nicht länger gangbar waren: „Bei jedem Satz, den ich niederschrieb, gähnten um mich Abgründe, jede Wendung, die ich aus mir riß, schien mir ein Ungeheuer, jedes Wort hatte die Niedertracht, in hundert Bedeutungen zu schillern, jede Silbe gab mir Probleme auf." Für die neue Form, die Holz vorschwebte, suchte er nach Stoffen und hoffte dabei auf die Unterstützung von Schlaf. Er lud den Freund deshalb ein, zu ihm nach Niederschönhausen bei Berlin in das Sommerhaus zu ziehen, das dessen Besitzer Holz für den Winter zur Verfügung gestellt hatte.

Als Ergebnis der literarischen Kooperation erschien im Januar 1889 „Papa Hamlet" (▷ 16.17), eine Sammlung von drei kurzen Erzählungen – „Papa Hamlet", „Der erste Schultag" und „Ein Tod" –, wobei „Der erste Schultag" aus Holz' Romanversuch „Goldene Zeiten" stammte und „in unser ‚Gemeinsames' nur als Verlegenheitsfüllsel" (Holz) hineingeraten war. Der schmale Band, der „im Handwerklichen, im Technischen, im Formalen des dramatischen Dialogs, revolutionierend" (M. Halbe) wirkte, fand rasch seine Nachahmer: „Über Nacht wandelten sich Poeten, die bisher in Vers und Idealismus ihr Heil gesucht hatten, in konsequente Naturalisten um" (H. Hart). Ihren zweiten Erfolg verbuchten Holz und Schlaf mit dem 1890 veröffentlichten Drama „Die Familie Selicke" (▷ 16.18). So wie „Papa Hamlet" sorgte auch dieses Stück für gewaltiges Aufsehen. Noch vor seiner Uraufführung im April desselben Jahres brandeten „Enthusiasmus und Wut" (Holz) um die beiden Autoren.

Alle von Holz und Schlaf in Gemeinschaftsarbeit verfaßten Texte erschienen 1892 unter dem Titel „Neue Gleise". Ungefähr um diese Zeit zerbrach ihre „literarische Ehe", als Schlaf sich von einem zur Zwangsvorstellung verfestigten Abhängigkeitsgefühl befreien wollte. Danach verstrickten beide sich in eine langjährige öffentliche Fehde darüber, wer in ihrer Produktionsgemeinschaft der Anregende und wer der Empfangende gewesen sei, eine Frage, die sich wohl nicht mehr wird entscheiden lassen.

16.17 „Papa Hamlet"

Als die Prosaskizzen „Papa Hamlet" im Januar 1889 veröffentlicht wurden, war die Resonanz überwältigend. A. Holz und J. Schlaf (▷ 16.16) hatten die Sammlung unter dem norwegischen Pseudonym Bjarne P. Holmsen herausgegeben und mit einer Einleitung des fingierten Übersetzers Dr. Bruno Franzius versehen, den sie nicht nur Biographisches über den jugendlichen Autor Holmsen berichten ließen, sondern den sie auch – in selbstbewußter Einschätzung der Originalität ihres Werks – zum Lobredner der konsequenten Darstellungsweise machten. Was die Schriftstellerfreunde zu dieser Tarnung ihrer Identität, die sie fast sieben Monate aufrechterhalten konnten, bewogen hatte, verrieten sie im Vorwort zur ersten Auflage der „Familie Selicke" (▷ 16.18), nämlich „die alte, bereits so oft gehörte Klage, daß heute nur die

Ausländer bei uns Anerkennung fänden, und daß man namentlich, um ungestraft gewisse Wagnisse zu unternehmen, zum Mindesten schon ein Franzose, ein Russe oder ein Norweger sein müsse". Wie sehr sich Holz und Schlaf mit „Papa Hamlet" in die vorderste Linie des Streits „zwischen Idealismus und Realismus, zwischen Konvention und Naturwollen" (Holz) begeben hatten, zeigten die Reaktionen, die von schärfster Ablehnung bis zu begeisterter Zustimmung reichten. Während die einen in der Titelerzählung über das Schicksal eines heruntergekommenen Darstellers des Shakespeareschen Hamlet eine Entweihung der Kunst sahen und sich von den wüsten Bildern des Elends und der Verrohung verletzt fühlten, lobten die anderen Meisterschaft und Prägnanz der Gestaltung. Weitgehend einig waren sich die Kritiker allerdings in ihrem Urteil über die Virtuosität, mit der es Holz und Schlaf gelungen sei, die Wirklichkeit anschaulich zu reproduzieren.

Vor der Publikation von „Papa Hamlet" hatte unter den Naturalisten eine gewisse Ratlosigkeit darüber geherrscht, in welcher Form die bevorzugten Themen dargeboten werden sollten. Bislang war die Provokation im wesentlichen von den Stoffen ausgegangen, ohne daß sich das Spektrum der literarischen Techniken sonderlich erweitert hätte. Erst der mit „Papa Hamlet" erzielte Durchbruch zum konsequenten Naturalismus (▷ 16.19) gab der jüngstdeutschen Bewegung neue Schwungkraft und rückte Holz und Schlaf von einem Tag auf den anderen in den Mittelpunkt des literarischen Lebens.

16.18 „Die Familie Selicke"

Die schon in „Papa Hamlet" (▷ 16.17) offenkundige Tendenz, dem Dialog Aufgaben der Figurencharakterisierung, Milieuspezifizierung und Stimmungsvermittlung zu übertragen und rein erzählerische Textpassagen geringer zu gewichten, mußte A. Holz und J. Schlaf (▷ 16.16) fast zwangsläufig dazu führen, im Drama eine noch genauere Anpassung an die Wirklichkeit zu erstreben. Die konsequente Beschränkung auf einen kleinen Realitätsausschnitt ist auch in diesem Stück die Voraussetzung der „photographischen

— BJARNE P. HOLMSEN.

PAPA HAMLET. —

LEIPZIG.
CARL REISSNER.
1889.

Titelblatt der Erstausgabe des „Papa Hamlet" von Arno Holz und Johannes Schlaf, erschienen unter dem Pseudonym Bjarne P. Holmsen (1889)

Treue". Der Schauplatz bleibt auf das ärmlich eingerichtete Wohnzimmer der Familie Selicke begrenzt, die Zeitspanne des Geschehens ist mit einem Weihnachtsabend, der folgenden Nacht und dem Morgen danach knapp bemessen. Viel ereignet sich nicht in dem dreiaktigen Drama: Eine Frau wartet mit ihren Kindern auf den Mann, die Tochter lehnt den Heiratsantrag eines Logiergastes ab, eines der Kinder kränkelt und stirbt. An die Stelle einer zügig voranschreitenden Handlung tritt die Situationsschilderung, die Milieustudie. Die nach außen gerichtete Aktion wird weniger wichtig genommen als der im Medium des Dialogs sich offenbarende innere Vorgang.

Als am 7. April 1890 „Die Familie Selicke" im Rahmen einer Matineevorstellung der Freien Bühne (▷ 16.14) Premiere hatte, war es der alte Fontane (▷ 15.26), der in der Preisgabe konventioneller Dramenformen das technisch Revolutionäre des Stücks auf Anhieb erkannte. Einen Tag später schrieb er in sei-

ner Vorstellungsbesprechung: „Hier scheiden sich die Wege, hier trennt sich alt und neu. Die beiden am härtesten angefochtenen Stücke, die die Freie Bühne bisher brachte: Gerhart Hauptmanns ‚Vor Sonnenaufgang‘ und Leo Tolstois ‚Die Macht der Finsternis‘, sind auf ihre Kunstart, Richtung und Technik hin angesehn, keine neuen Stücke, die Stücke beziehungsweise ihre Verfasser haben nur den Mut gehabt, in diesem und jenem über die bis dahin traditionell innegehaltene Grenzlinie hinauszugehen, sie haben eine Fehde mit Anstands- und Zulässigkeitsanschauungen aufgenommen und haben auf dem Gebiete dieser kunstbezüglichen, im Publikum gang und gäben Anschauungen zu reformieren getrachtet, aber nicht auf dem Gebiete der Kunst selbst." Fontanes gleichzeitige Warnung, daß „solche realistischen Jammerstücke ... nicht das geistige tägliche Brot der Nation werden" sollten, lag dabei auf einer Linie mit der vorsichtigen Beurteilung des Dramas durch die literarische Avantgarde. Sie schätzte das Stück – bei aller Anerkennung für die Entwicklung von „Papa Hamlet" zu „Die Familie Selicke" – doch mehr als lehrreiches Experiment und Durchgangsstadium ein. Konservative Kritiker reagierten wieder einmal mit heftigem Protest: „Tierlautkomödie", „zu schlecht fürs Affentheater", und andere empörten sich über die Zumutung, einem Trunkenbold zuschauen zu müssen, „der eine halbe Stunde auf der Bühne hin- und hertorkelt, lallt und rülpst, um sich schlägt und stinkt" (K. Frenzel).

16.19 Konsequenter Naturalismus

Im zweiten Band seiner „Geschichte der deutschen Literatur" (1901/02) reklamiert A. Bartels die Urheberschaft des Begriffs „konsequenter Naturalismus" für sich, den er zur Beschreibung der von A. Holz und J. Schlaf (▷ 16.16) theoretisch entwickelten und praktisch erprobten Stilrichtung eingeführt habe. Im Gegensatz zum „Zolaschen Reporter-Naturalismus", der an die Objekte herangehe, würden die beiden Autoren die Dinge an sich herankommen lassen und so zu einem „intimen Naturalismus" gelangen, „der Sinnen- und dadurch auch Stimmungseindrücke gleichsam phonographisch wiedergeben will". Die wichtigste praktische Folge war nach Bartels Einschätzung „eine völlige Revolution der dramatischen Rede". Begabt mit einem geschärften Sinn für den Dialog, hatten Holz und Schlaf sich darum bemüht, jede ihrer Personen mit der ihr durch Charakter und soziales Umfeld eigentümlichen Sprache auszustatten. Der Rückgriff auf Dialekt, Jargon und Alltagssprache gehörte ebenso dazu wie die penible Aufzeichnung spezifischer Rede- und Artikulationshemmungen: das Stammeln, Stocken, Verstummen und Neuanfangen als Ausdruck innerer Spannungen und Konflikte der Akteure.

Im Verständnis von Bartels und bei der auch sonst üblichen Verwendung des Terminus wird der „konsequente Naturalismus" als eine Darstellungstechnik aufgefaßt, mit deren Hilfe Segmente der empirischen Wirklichkeit lückenlos und exakt reproduziert werden. Die Neigung des Erzählers, nichts auszusparen und alles Erzählte gleichgewichtig zu behandeln, führt dabei in der Tendenz zu einer additiven Reihung von Zustandsschilderungen. Als Folge der angestrebten Gegenwärtigkeit der Geschehnisse überwiegt das szenische Erzählen, bei dem die epischen Passagen – wie im Drama die Regieanweisungen – oft nur noch den Charakter von Überleitungen zu den dialogischen und monologischen Teilen eines Prosatextes haben. Der Preis der Detailgenauigkeit und Realitätsillusion ist die Verengung des Blickwinkels des Erzählers und die Begrenzung des Erzählten auf einen mehr oder minder kleinen Wirklichkeitsausschnitt.

Holz selbst hat sich gegen den Versuch, den Ertrag seiner 1891/92 in der Schrift „Die Kunst, ihr Wesen und ihre Gesetze" publik gemachten ästhetischen Überlegungen auf das Niveau einer handhabbaren Methode zurückzuschneiden, immer wieder vehement zur Wehr gesetzt: „Wie ich über das törichte Schlagwort ‚Konsequenter Naturalismus', das ich stets, und zwar bereits von allem Anfang an auf das Energischste bekämpft und zurückgewiesen habe, denke, weiß man; oder wissen doch wenigstens diejenigen, die meine Schriften kennen. Es handelt sich bei der Form, die hier in Frage steht – und das werde ich nie müde werden, zu wiederholen –, nicht um eine ‚Kunstart', die man ‚üben', falls

einem das jedoch nicht ‚paßt', auch ‚lassen' darf, sondern um die einzige Entwicklungsmöglichkeit, die in die Zukunft führt."

16.20 Sekundenstil

Um damit die neue Erzähltechnik der „konsequenten Naturalisten" A. Holz und J. Schlaf (▷ 16.16) zu charakterisieren, prägte A. von Hanstein in seinem Buch „Das jüngste Deutschland" (1900) den Begriff „Sekundenstil". Exemplarisch realisiert fand er ihn in den Prosaskizzen „Papa Hamlet" (▷ 16.17), in denen die Verfasser Zeit und Raum „Sekunde für Sekunde" geschildert hatten. Noch die kleinsten Bewegungen und geringsten Veränderungen am Ort des Geschehens, jede Geste und jeder Laut werden bei dieser Schreibweise in einer Art Protokollsprache minutiös registriert. Die unbedingte Verpflichtung auf authentische, unvoreingenommene Wiedergabe der Ereignisse schließt Kommentar und Wertung seitens des Erzählers aus. Hanstein selbst stand dem Sekundenstil durchaus kritisch gegenüber: „Solch peinliche Kleinmalerei läßt allerdings einen kleinsten Ausschnitt aus Leben und Wirklichkeit mit absoluter Treue wiedererstehen, aber sie hängt gleichzeitig der Dichterphantasie Bleigewichte an die Füße." Er hielt Holz und Schlaf vor, sie hätten É. Zola „überzolat". Seiner Meinung nach leistete die durch die Nahsicht auf Raum und Zeit bedingte Gleichrangigkeit aller Phänomene einer Banalisierung des Dargestellten Vorschub, weil der Erzähler sich so der Möglichkeit begebe, souverän über den Stoff zu verfügen und ihn seinen Intentionen gemäß umzuformen.

Auch G. Hauptmann (▷ 16.22), der sein Stück „Vor Sonnenaufgang" (▷ 16.23) dem fingierten Verfasser von „Papa Hamlet" – Bjarne P. Holmsen – gewidmet hatte, rügte den Objektivitätsdrang von Holz und Schlaf als mangelnde Distanz zu ihrem Gegenstand, war aber voll uneingeschränkter Bewunderung für die Dialogtechnik, der er als Dramenautor selbst viel verdankte. Weder seine noch Hansteins Einwände trafen den Kern der Sache. Erst durch den Verzicht auf einen subjektiven Erzähler, durch strikte Begrenzung des Handlungsraums und die Annäherung der Zeit des

Geschehens an die Zeit des Erzählens hatten Holz und Schlaf sich die Voraussetzungen für die unerhörte Nuancierung und Dichte ihrer Schilderungen geschaffen. Gerade die suggestive Verarbeitung von Eindrücken und Empfindungen machte den Reiz der Texte aus, dem sie ihre öffentliche Wirkung verdankten.

16.21 Kunst = Natur – x

Ungefähr in die Entstehungszeit von „Papa Hamlet" (▷ 16.17) und „Die Familie Selicke" (▷ 16.18) fielen auch A. Holz' theoretische Studien, deren Ergebnis das berühmte Kunstgesetz war, das er in die knappe Formel „Kunst = Natur – x" faßte und das in Worten ausgedrückt so lautete: „Die Kunst hat die Tendenz, wieder die Natur zu sein. Sie wird sie nach Maßgabe ihrer jeweiligen Reproduktionsbedingungen und deren Handhabung." Daß die „Erkenntnis eines Gesetzes ... um so leichter" sei, „je einfacher die Erscheinung ist, in der es sich äußert", daß zwischen den „höheren und niederen Formen" der Kunsttätigkeit eine „Wesenseinheit" herrsche, hatte Holz darauf gebracht, die Kritzeleien eines kleinen Jungen auf einer Schiefertafel, die einen Soldaten vorstellen sollten, zum Ausgangspunkt folgender Überlegungen zu machen: Die „Schmierage" (ein Werk der „Kunst") hatte ihr Ziel, einen Soldaten (ein Stück „Natur") abzubilden, nur annäherungsweise (in der „Tendenz") erreicht; zwischen Absicht und Resultat klaffte also eine Lücke (die Unbekannte „x"), für die Holz dann die „Reproduktionsbedingungen" verantwortlich machte. Darunter verstand er nicht nur das Material (Tafel, Griffel) und die unterschiedliche Fertigkeit, damit umzugehen, sondern auch die Persönlichkeit des Künstlers und die Abhängigkeit der Kunst vom jeweiligen Gesamtzustand der Gesellschaft. Der Streit mit den Kritikern seines Kunstgesetzes, die es auf die Forderung nach täuschender Imitation der Natur durch Vervollkommnung der Reproduktionstechniken reduzieren wollten, zwang Holz zu einigen Präzisierungen. So machte er deutlich, daß nach seinem Verständnis mit „Natur" immer nur „ein betreffendes Vorstellungsbild" – die Erfahrungswirklichkeit – des einzelnen

Gerhart Hauptmann (Ausschnitt aus einem Gemälde von Leonid Ossipowitsch Pasternak, 1930; Marbach am Neckar, Schiller-Nationalmuseum)

Künstlers gemeint sein könne, daß demnach so viele Natur- wie Kunstauffassungen existieren müßten. Weiter gab Holz noch einmal zu bedenken, wie sehr die Entstehung eines Kunstwerks „von einer geradezu unübersehbaren Reihe von Motiven bestimmt" werde – von der geographischen Lage eines Landes, seiner politischen, ökonomischen und sozialen Struktur, der geistigen und moralischen Verfassung einer Gesellschaft. Mit der Akzentuierung dieser individuellen und milieubedingten Faktoren, auf denen sein Kunstbegriff basierte, unterstrich er nachdrücklich die historische Relativität ästhetischer Normen.

16.22 Gerhart Hauptmann

Als im Oktober 1889 „Vor Sonnenaufgang" (▷ 16.23) über die Bretter des Berliner Lessingtheaters ging, begann Gerhart Hauptmanns eigentliche literarische Karriere. Ein Jahr zuvor war von ihm in der „Gesellschaft" (▷ 16.4) die Novelle „Bahnwärter Thiel" erschienen, eine straff geformte, überzeugend motivierte, psychische Prozesse „naturalistisch" genau nachzeichnende Geschichte über den seelischen Verfall und die Mordtat eines Streckenwärters, die großen Widerhall gefunden hatte. Der junge Autor, am 15. November 1862 im schlesischen Bad Salzbrunn geboren, war vielseitig talentiert. Nach Versuchen als Bildhauer und Zeichner gab er schließlich doch der Schriftstellerei den Vorzug. 1885 schlug Hauptmann nach kurzem Aufenthalt in Berlin sein Domizil aus Gesundheitsgründen in Erkner, einem Vorort der Reichshauptstadt, auf. Von hier aus knüpfte er Kontakte zu den Literaten Jüngstdeutschlands. Er wurde mit W. Bölsche, B. Wille, den Brüdern H. und J. Hart, A. Holz und J. Schlaf bekannt und Mitglied im Verein Durch! (▷ 16.11).

Wenige Monate nach der Premiere von „Vor Sonnenaufgang" erschien 1890 ein zweites Drama Hauptmanns, „Das Friedensfest", die Darstellung einer unter dem Einfluß von Erbanlagen und Umweltbedingungen ausbrechenden Familientragödie. Im Januar 1891 wurde „Einsame Menschen" uraufgeführt, ein Stück über den Zusammenprall christlicher Moralbegriffe mit der Weltanschauung der positivistischen Natur- und Sozialwissenschaften. Noch im Frühling desselben Jahres liefen die Vorarbeiten für das Drama „Die Weber" (▷ 16.24) an, das Hauptmanns Weltgeltung begründete. Eine andere Seite des Dichters lernte das Publikum in seinen ersten Komödien kennen – dem Künstlerdrama „College Crampton" (1892) und dem Gaunerstück „Der Biberpelz" (1893). Mehr noch als diese Lustspiele deutete die Verschmelzung realistischer und märchenhaft-mythischer Elemente in der Traumdichtung „Hanneles Himmelfahrt" (1896, 1893 unter dem Titel „Hannele Matterns Himmelfahrt") darauf hin, daß unter den Jüngstdeutschen ein Schriftsteller aufgestanden war, dem der sozial engagierte Naturalismus zu enge Grenzen steckte. Die Beschäftigung mit nordischer Vorzeit, Orient, Antike, Buddhismus, christlicher Mystik, Mittelalter, Reformation und heimatlichen Sagenstoffen führte Hauptmann auf immer neue Wege, auch wenn er dann und wann zu Sujets und Problemkonstellationen seiner naturalistischen Anfänge zurückkehrte, so in seinen späteren Dramen „Fuhrmann Henschel" (1899), „Rose Bernd"

Verein Freie Bühne.

Sonntag, den 20. October 1889.

Vor Sonnenaufgang.

Soziales Drama in fünf Aufzügen von Gerhart Hauptmann.

Krause, Bauergutsbesitzer	Hans Pagay.
Frau Krause, seine zweite Frau	Louise von Pöllnitz.
Helene, Krause's Tochter erster Ehe	Elsa Lehmann.
Hoffmann, Ingenieur, verheiratet mit Krause's anderer Tochter erster Ehe	Gustav Nadelburg.
Wilhelm Kahl, Neffe der Frau Krause	Carl Stallmann.
Frau Spiller, Gesellschafterin bei Frau Krause	Ida Stägemann.
Alfred Loth	Theodor Brandt.
Dr. Schimmelpfennig	Franz Guthery.
Beibst, Arbeitsmann auf Krause's Gut	Paul Pauly.
Gutke,	Sophie Berg.
Liese,	Mägde auf Krause's Gut	Clara Hayn.
Marie,	Antonie Ziegler.
Baer, genannt Hopslabaer	Ferdinand Meyer.
Eduard, Hoffmann's Diener	Edmund Schmajow.
Miele, Hausmädchen bei Frau Krause	Helene Schüle.
Die Kutscherfrau	Marie Gundra.
Golisch, genannt Gosch, Kuhjunge	Georg Basell.

Ort der Handlung: ein Dorf in Schlesien.

Regie: Hans Meery.

Nach dem ersten Akt findet eine Pause statt.

Theaterzettel zur Uraufführung des Dramas „Vor Sonnenaufgang" von Gerhart Hauptmann am 20. Oktober 1889

(1903), „Die Ratten" (1911) und „Vor Sonnenuntergang" (1932).

Hauptmann stieg zum gefeiertsten Dichter im deutschen Sprachraum auf. Dreimal erhielt er den Grillparzer-Preis, nach 1896 und 1899 noch einmal 1905, dem Jahr seiner Auszeichnung mit dem Ehrendoktortitel der Universität Oxford. 1912 wurde dem Fünfzigjährigen der Nobelpreis für Literatur verliehen, zu seinem 60. Geburtstag redete Reichspräsident F. Ebert. Als Hauptmann 70 Jahre alt wurde, nahm er den Goethepreis entgegen. Während des Dritten Reiches lebte er, in seiner Haltung den nationalsozialistischen Machthabern gegenüber schwankend, zurückgezogen in Agnetendorf im Riesengebirge, wo er 1900 seinen Wohnsitz genommen hatte, und auf der Ostseeinsel Hiddensee. Seine Autobiographie „Das Abenteuer meiner Jugend" erschien 1937, und zwischen 1940 und 1944 entstand die Atriden-Tetralogie: „Iphigenie in Delphi", „Iphigenie in Aulis", „Agamemnons Tod" und „Elektra". Als die Sowjets

1945 Schlesien besetzten, stellten sie Hauptmann unter ihren Schutz. Nach seinem Tod am 6. Juni 1946 ließen sie den Leichnam, wie der Dichter es verfügt hatte, nach Hiddensee überführen.

16.23 „Vor Sonnenaufgang"

Das Manuskript seines im Sommer 1889 fertiggestellten Dramas hatte G. Hauptmann zunächst beim Verlag der „Gesellschaft" (▷ 16.4) in Leipzig zur Prüfung eingereicht. Dort war es von K. Bleibtreu (▷ 16.6), dem damaligen Mitherausgeber dieser Zeitschrift, nur oberflächlich durchgesehen und als für den Druck ungeeignet befunden worden. Daraufhin vertraute Hauptmann das Stück O. Brahm an, dem Berliner Theaterkritiker und Leiter der Freien Bühne (▷ 16.14), der sich sofort entschloß, es aufzuführen. Anläßlich der Premiere am 20. Oktober 1889 im Lessingtheater lieferten sich Anhänger und Gegner eine erbitterte Schlacht, die den Autor über Nacht berühmt machte.
Hauptmann hatte für sein Schauspiel die Gattungsbezeichnung „soziales Drama" gewählt und damit schon angedeutet, daß hier Themen behandelt werden sollten, die den Naturalisten auf den Nägeln brannten: die Verelendung der Arbeiter, Probleme der Sexualität, die verheerenden Auswirkungen des Alkoholismus und seine durch Vererbung bedingten Folgeschäden. Anschauungsmaterial dafür bietet in Hauptmanns Drama eine durch Kohlefunde auf ihrem Land reichgewordene schlesische Bauernfamilie, der das Geld zum Verhängnis wird. „Suff! Völlerei, Inzucht, und infolge davon – Degenerationen auf der ganzen Linie", resümiert der Arzt Dr. Schimmelpfennig im Beisein von Loth, dem Tugendhelden des Stücks, Abstinenzler und Gesundheitsapostel. Er hatte sich in eine der Töchter verliebt, sucht aber das Weite, als er über den „Sumpf" aufgeklärt wird, und treibt das Mädchen durch seine Flucht in den Selbstmord.
Die Erstausgabe des Dramas, die ebenfalls 1889 noch vor der Uraufführung erschien, widmete Hauptmann „Bjarne P. Holmsen, dem consequentesten Realisten, Verfasser von ‚Papa Hamlet'" (▷ 16.17), und gab so zu

erkennen, daß er sich A. Holz und J. Schlaf (▷ 16.16) in besonderer Weise zu Dank verpflichtet fühlte und der von ihnen eingeschlagenen Richtung zu folgen bereit war. Wie sehr sich dadurch die ohnehin bestehenden Spannungen zwischen den Münchener und Berliner Naturalisten (▷ 16.3) verschärften, offenbarte mit unmißverständlicher Deutlichkeit die Kritik an dem Drama, die K. Alberti in der „Gesellschaft" veröffentlichte. „Die Handlung ist einfach der barste Blödsinn, den je dilettantische Dreistigkeit der Öffentlichkeit zu bieten wagte ... Der Kot wurde in Kübeln auf die Bühne getragen, das Theater zur Mistgrube gemacht." Obwohl „Vor Sonnenaufgang" zunächst kein dauernder Bühnenerfolg wurde, hatte für den Naturalismus mit der Premiere dieses Stücks seine Feuerprobe bestanden und Berlin den Weg zur führenden Theaterstadt Deutschlands geebnet.

16.24 „Die Weber"

G. Hauptmanns Drama über den Weberaufstand von 1844 hatte am 25. September 1894 im Deutschen Theater in Berlin vor einem mit Literaten und Politikern glänzend besetzten Parkett endlich seine öffentliche Premiere. Ihr waren schon eine Reihe von Inszenierungen – unter anderem die von der Freien Bühne (▷ 16.14) organisierte Uraufführung am 26. Februar 1893 – vorausgegangen, die aber aus Zensurgründen alle nur im privaten Rahmen hatten stattfinden können. Ende 1891 war die Dialektfassung des Stücks, „De Waber", von Hauptmann abgeschlossen worden. Sie erschien 1892, noch im selben Jahr wurde auch die dem Hochdeutschen angenäherte Übertragung, „Die Weber", publiziert. Beide Fassungen mußten dem Berliner Polizeipräsidium vorgelegt werden, das über die Zulässigkeit öffentlicher Vorstellungen zu befinden hatte und nach Prüfung des Dramas seine Zustimmung versagte. Die Bedenken der Behörde richteten sich vor allem gegen die „geradezu zum Klassenhaß aufreizende Schilderung des Fabrikanten", die Deklamation des Weberliedes, die Plünderung bei dem Fabrikbesitzer Dreißiger und die Darstellung des Aufstands selbst. Dies alles ließe befürchten, „daß die kraftvollen Schilderungen des

Dramas ... einen Anziehungspunkt für den zu Demonstrationen geneigten Teil der Bevölkerung Berlins bieten würden". Hauptmann klagte gegen das Verbot und erreichte nach mehreren Eingaben, daß es schließlich vom Preußischen Oberverwaltungsgericht aufgehoben wurde (▷ 16.27). Nach der tumultuösen Aufführung im Deutschen Theater ließ Wilhelm II. die kaiserliche Loge wegen der „demoralisierenden Tendenz" des Stücks kündigen.

Hauptmanns Drama handelt von den Unruhen, die im Juni 1844 im schlesischen Langenbielau und den umliegenden Ortschaften unter den notleidenden Webern ausgebrochen waren, und folgt streng dem Ablauf der historischen Ereignisse. Da es dem Autor offensichtlich aber auch darauf ankam, angesichts der Aktualität der sozialen Probleme die Vergangenheit zum Spiegel der Gegenwart zu machen, trug sein Stück ein eigentümliches „Doppelgesicht", das Fontane, der selbst zu den Premierengästen gehörte, einfühlsam nachgezeichnet hat: „Was Gerhart Hauptmann für seinen Stoff begeisterte, das war zunächst wohl das Revolutionäre darin; aber nicht ein Politiker schrieb das Stück, sondern ein echter Dichter, den einzig das Elementare ... reizte." Der Autor habe sich „in die Notwendigkeit versetzt" gesehen, „das, was ursprünglich ein Revolutionsstück sein sollte, schließlich als Anti-Revolutionsstück ausklingen zu lassen ... Todessühne, Zugrundegehen eines Schuldigen, das ist ein Tragödienschluß, Radau mit Spiegelzertrümmerung nicht." So konnten die Meinungen darüber geteilt sein, ob Hauptmann ein Tendenzdrama „aus dem Born eines echten Sozialismus" (F. Mehring) vorgelegt oder ob er die Leidensgeschichte der Leinenarbeiter – alles Politische und Sozialistische dabei abstreifend – zu einem Monument „über den nackten Interessen schwebender Menschlichkeit" (J. Hart) umgeformt hatte.

16.25 Sozialdemokratie und Naturalismus

„Weniger um der politischen Überzeugung willen", schreibt H. Hart in seinen „Literarischen Erinnerungen" (1907), „als innerlich empört und entrüstet, im Menschlichen verletzt über unnütze Härten und Barbareien ... unter der Herrschaft des Sozialistengesetzes", seien er und seine Gesinnungsfreunde an die Seite des Proletariats gerückt. Um so mehr mußten sich diese Literaten getroffen fühlen, als W. Liebknecht, neben A. Bebel und P. Singer eine der politischen und geistigen Leitfiguren der deutschen Sozialdemokratie, in zwei Briefen, die am 17. Februar und 25. März 1891 in der „Neuen Zeit" erschienen, einen scharfen Trennungsstrich zwischen seiner Partei und der naturalistischen Bewegung zog. Das „jüngste Deutschland", befand Liebknecht, habe „mit dem Sozialismus und der Sozialdemokratie nichts zu thun". Die Härte dieses Verdikts erklärte sich zum guten Teil daher, daß innerhalb der Partei ein Streit über strukturelle und politisch-taktische Fragen ausgebrochen war, der schon vor der Aufhebung des Sozialistengesetzes am 30. September 1890 begonnen hatte und sich mit der Rückkehr der SPD in die Legalität nur noch einmal zuspitzte. Ausgelöst hatte ihn die linksoppositionelle Gruppe der sogenannten „Jungen", zu denen unter anderem Vertreter des Friedrichshagener Dichterkreises (▷ 16.12) und einige Gründungsmitglieder der Freien Volksbühne (▷ 16.15) gehörten. Die „Jungen", deren Aufbegehren F. Engels als „Literaten- und Studentenrevolte" abkanzelte, kritisierten die „Autoritätenherrschaft" und waren nicht bereit, die Entwicklung der SPD von einer Kampf- zu einer parlamentarischen Reformpartei mitzutragen. Die Führer der SPD mußten daher befürchten, daß die Partei erneut mit staatlichen Sanktionen zu rechnen haben würde, sollte es ihren Gegnern gelingen, sie der Sympathie mit jenen jungrevolutionären Literaten zu verdächtigen, die von der konservativen Presse als Anarchisten und Aufrührer verleumdet wurden.

Als Reaktion auf das „Parteitreiben" und den „trostlosen Doktrinarismus" begannen die Jüngstdeutschen in verstärktem Maße Positionen zu beziehen, bei denen sich die Enttäuschung über die Haltung der SPD in Forderungen nach strikter Scheidung von Kunst und Politik niederschlug: „Die Moderne", war M. G. Conrads (▷ 16.5) Antwort an Liebknecht, „geht in keiner Partei auf, sie steht über den Parteien, wie die Kunst über der Politik steht." Auf der anderen Seite sorgte

Plakat von Emil Orlik zu
einer Aufführung der
„Weber" von Gerhart
Hauptmann in Prag
(1897)

F. Mehring durch eine differenzierte Einschätzung des Naturalismus dafür, daß die Gräben zwischen der literarischen Opposition und der SPD nicht noch weiter aufgerissen wurden. Er bescheinigte den Jüngstdeutschen ihr aufrichtiges Streben nach Wahrheit und ihre antikapitalistische Zielrichtung, auch wenn sie es in ihren Werken noch nicht zur klaren Einsicht in das Neue und Zukunftweisende der immer mächtiger werdenden Arbeiterbewegung gebracht hätten. Politisch wurde die Angelegenheit 1891 auf dem Erfurter Parteitag mit dem Ausschluß der Linksoppositionellen entschieden. Damit war die Debatte über das Verhältnis von Sozialdemokratie und Naturalismus nicht zu Ende, sondern fand im Vorfeld des Gothaer Parteitags (▷ 16.26) ihre Fortsetzung.

16.26 Naturalismusdebatte

Als die sozialdemokratischen Delegierten auf ihrem Parteitag in Gotha (11.–16. Oktober 1896) über den Naturalismus diskutierten, war diese umfassende Auseinandersetzung mit der modernen Kunst und Literatur in einem solchen Rahmen ein beispielloses Ereignis in der Geschichte der Partei. Den Anstoß gab ein Meinungsstreit, der schon vor dem Parteitag entbrannt war. Am 1. März 1896 hatte E. Steiger den Redakteursposten bei der „Neuen Welt" übernommen, die als Beilage zu sozialdemokratischen Parteizeitungen in ganz Deutschland erschien. Steiger wollte dem in Schwierigkeiten steckenden Unterhaltungsblatt dadurch aufhelfen, daß er es behutsam ins Fahrwasser des Naturalismus steuerte. Einige programmatische Artikel Steigers und der Nachdruck der Romane „Der neue Gott" (1891) von H. Land und „Mutter Bertha" (1893) von W. Hegeler riefen alsbald die Gegner der Jüngstdeutschen auf den Plan, die im „Hamburger Echo" ein Organ für ihre Kritik an Steigers Naturalismusapologie fanden. Mit dieser Pressedebatte beschäftigte sich der Parteitag am 12. und 13. Oktober, nachdem in Anträgen von Hamburger Delegierten gefordert worden war, die „Neue Welt" nicht zu einem „Tummelplatz für literarische Experimente" zu machen. Die Angriffe auf die „neue" Richtung, „die im Schmutz watet, das sexuell Gemeinste, das psychiatrisch Kränkste schildert" und damit „allen Anstandsbegriffen" hohnspreche, wehrte Steiger mit dem Argument ab, daß es gerade der „Wahrheitsmut" auch in der Darstellung des Elends und des Häßlichen sei, der die moderne Literatur auszeichne. Er verwahrte sich dagegen, daß Kunst allein den Zweck haben solle, „entweder zu belehren oder in dem gewöhnlichen Sinne zu erheben", und bekannte sich statt dessen nachdrücklich „zur Erziehung des arbeitenden Volkes zur Kunst" seiner Zeit.

Die Umsturz-Vorlage.

Gerhart Hauptmann, Henrik Ibsen, Ernst von Wildenbruch und Hermann Sudermann werden wegen ordnungswidriger Tendenzen in ihren Werken von Polizisten abgeführt (Karikatur von Ludwig Stutz im „Kladderadatsch", 1894)

Die Diskussion endete im Kompromiß. Zu einer einheitlichen, parteioffiziellen Stellungnahme zum Naturalismus kam es nicht. Gleichwohl bleibt festzuhalten, daß die Debatte für die Fundierung einer materialistischen Ästhetik eine Vorläuferrolle gespielt hat. Weniger in den aus moralischer Entrüstung gespeisten Vorbehalten gegen den Naturalismus als vielmehr in den von ihm enttäuschten Hoffnungen auf Kampf- und Lebenshilfe zeichneten sich die Konturen einer Haltung ab, die sich anschickte, Kunst und Literatur stärker nach ihrer Funktion innerhalb der proletarischen Emanzipationsbewegung einzuschätzen.

16.27 Naturalismus und Zensur

Eine am 10. Juli 1851 auf Initiative des damaligen Berliner Polizeipräsidenten K. L. F. von Hinckeldey erlassene Verfügung, nach der öffentliche Theateraufführungen behördlicher Genehmigung bedurften, besaß auch im Kaiserreich noch Rechtsverbindlichkeit. Damit hatten die staatlichen Instanzen ein Instrument in der Hand, das ihnen erlaubte, gegen Stücke progressiver Autoren einzuschreiten, sofern sie hinreichend im Verdacht standen, sittenwidrigen oder umstürzlerischen Tendenzen Vorschub zu leisten. Eine Möglichkeit, diese Präventivzensur zu umgehen, bot

die Gründung privater Theatervereine. Die Freie Bühne (▷ 16.14) und die Freie Volksbühne (▷ 16.15) wurden zu diesem Zweck ins Leben gerufen. Sie waren es, die H. Sudermann, G. Hauptmann, A. Holz und J. Schlaf zu ihren ersten Theatererfolgen verhalfen. Die beiden Verfahren, die aufgrund des Hinckeldeyschen Erlasses gegen Hauptmanns „Die Weber" (▷ 16.24) und im sogenannten „Leipziger Realistenprozeß" gegen Romane von H. Conradi, W. Walloth und K. Alberti angestrengt wurden, gehören zu den spektakulärsten in der Geschichte der deutschen Literatur.

Mit Verfügungen vom 3. März 1892 und 4. Januar 1893, die sich sowohl gegen die Dialektfassung der „Weber" als auch gegen ihre geringfügig veränderte hochdeutsche Übertragung richteten, hatten die Berliner Behörden öffentliche Vorstellungen des Dramas wegen tendenziöser Schilderungen der Ausbeutung und Ausnutzung des Arbeiters durch den Fabrikanten untersagt. Den Einwand von Hauptmanns Anwalt, der gegen diese Anordnung Widerspruch einlegte, das Stück behandle Vorgänge aus den 40er Jahren, beantwortete der Vertreter des Polizeipräsidenten dahingehend, daß dieselbe Staats- und Gesellschaftsordnung, die der Autor als Ursache für den Ausbruch des Weberaufstands dingfest gemacht habe, auch in der Gegenwart noch fortbestehe. Daher sei es wahrscheinlich, daß die mit der Sozialdemokratie sympathisierenden Theaterbesucher in dem Stück jene Zustände geschildert fänden, von denen Hauptmann den Eindruck erwecke, sie könnten nur mit Gewalt verändert werden. Trotz dieses Aktualisierungspotentials wurden am 2. Oktober 1893 „Die Weber" zur Aufführung im Deutschen Theater freigegeben. Das mit dieser Angelegenheit befaßte Oberste Verwaltungsgericht begründete seine Entscheidung für die Aufführung des Stücks damit, daß sich der erwartete aufwieglerische Effekt nicht einstellen würde, weil das Haus wegen seiner teuren Eintrittspreise vorwiegend nur Mitglieder derjenigen Gesellschaftskreise besuchten, die nicht zu Gewalttätigkeiten oder anderweitiger Störung der öffentlichen Ordnung neigten.

Anders als Theatervorstellungen unterlagen Druckerzeugnisse im Deutschen Reich keiner generellen Vorzensur. Eingriffsmöglichkeiten der Behörden regelte das Reichspreßgesetz vom 7. Mai 1874, das polizeiliche Verbotsverfügungen für den Fall der Verletzung religiöser Gefühle, der Majestätsbeleidigung und des Verstoßes gegen die öffentliche Moral vorsah. Um solche von der Justiz unterstellten Delikte ging es im „Leipziger Realistenprozeß". Bei W. Friedrich, dem wagemutigen Verleger naturalistischer Literatur, waren 1889 drei Romane erschienen – Conradis „Adam Mensch", Walloths „Der Dämon des Neides" und Albertis „Die Alten und die Jungen" –, die den Autoren und ihrem Förderer eine Anklage wegen Gotteslästerung und Verbreitung unzüchtiger Schriften eintrug. Die Verhandlung gegen Alberti, Walloth und Friedrich – Conradi war im März gestorben – begann am 23. Juni 1890 vor dem Landgericht Leipzig. Dabei stellte es sich rasch heraus, daß es dem Staatsanwalt nicht allein darauf ankam, anstößige Wendungen und Szenen in den Romanen zu indizieren, sondern daß sein Angriff der „realistisch-naturalistischen" Richtung insgesamt galt und ihr gegenüber Auffassungen verteidigt werden sollten, die von der Kunst Verklärung des Alltags, Erbauung, Vermittlung von Idealen und Förderung des Guten, Wahren, Schönen erwarteten. Der Prozeß endete mit Geldstrafen für Alberti und Walloth, Friedrich wurde freigesprochen, weil ihm eine strafbare Handlung nicht nachzuweisen war. Die Restexemplare der Romane wurden eingezogen, die Druckplatten vernichtet.

Kapitel 17
Fin de siècle

Einführung

Hatte der Naturalismus noch sein Zentrum im Wilhelminischen Deutschland, so wird in den 90er Jahren des 19. Jahrhunderts Wien zur Metropole der literarischen Moderne. Im Zentrum der Doppelmonarchie Österreich-Ungarn waren die akuten Probleme des Vielvölkerstaates nur zu deutlich zu spüren. Die multinationalen Kräfte drohten die Einheit des Reiches durch ihre Autonomiebestrebungen zu sprengen. Zugleich verschärften sich die Gegensätze zwischen den sozialen Schichten. Das liberale Bürgertum hatte sich den staatserhaltenden Kräften zugesellt – nicht zuletzt aus Furcht vor der erstarkenden Arbeiterbewegung. Es huldigte dem Pomp um die kaiserliche Vaterfigur Franz Josephs I. und gab sich zufrieden mit jener Politik des „Weiterwurstelns", die die Regierung den immer brisanter werdenden nationalen und sozialen Konflikten entgegenzusetzen hatte. Äußerlicher Glanz und innere Labilität der Donaumonarchie, der „Probestation Weltuntergang" (K. Kraus), schufen eine Atmosphäre, die sich in der Wiener Moderne (▷ 17.10) als künstlerisch höchst produktiv erweisen sollte.

Das Deutsche Reich, zur stärksten europäischen Militärmacht und führenden Industrienation avanciert, schien stabiler. Im Wettlauf der Großmächte suchte es seinen „Platz an der Sonne" (Reichskanzler B. H. M. von Bülow) durch den Erwerb überseeischer Besitzungen zu behaupten. Den um 1900 immer aggressiver werdenden nationalen Tönen und den markigen Sprüchen Kaiser Wilhelms II. standen jedoch weiterhin gewaltige soziale Probleme gegenüber, die aus der rapiden Umwälzung des Agrarstaates in eine hochindu-

strialisierte Gesellschaft resultierten. Begleitet wurde dieser Prozeß von heftigen Konjunkturschwankungen und wirtschaftlichen Krisen. In weiten Teilen der Bevölkerung löste er eine fortwährende Beunruhigung und Unsicherheit aus und ließ die Wirklichkeit insgesamt als undurchschaubares Gewebe unwägbarer Kräfte erfahren. Trotz der Konsolidierung des Reiches, der neugewonnenen wirtschaftlichen und militärischen Stärke herrschte auch in Deutschland eine latent krisenhafte Zeitstimmung am Ausgang des Jahrhunderts.

So unterschiedlich die Richtungen und Strömungen sind, die zur Jahrhundertwende die Literatur bestimmen, ein Grundzug ist mehr oder weniger allen Literaten des Fin de siècle gemeinsam. In Abkehr vom Naturalismus und der „häßlichen" Wirklichkeit mit ihren sozialen und politischen Problemen ziehen sie sich in ihren ästhetischen Innenraum zurück, um dort der „Kunst" zu leben und der Befindlichkeit des dichterischen Ichs nachzuspüren. „Heute scheinen zwei Dinge modern zu sein", schreibt der junge Hofmannsthal, „die Analyse des Lebens und die Flucht aus dem Leben."

17.1 Die Überwindung des Naturalismus

„Die Herrschaft des Naturalismus ist vorüber, seine Rolle ist ausgespielt, sein Zauber ist gebrochen." H. Bahr, „der Majordomus des Neuen", so R. Calasso über ihn, und Mentor der Wiener Moderne (▷ 17.10), verkündete 1891 in seiner berühmt gewordenen Aufsatzsammlung „Die Überwindung des Naturalismus" das Ende der Literaturbewegung der 80er Jahre. Doch zumindest in Wien war nur sehr wenig zu „überwinden". Anders als im Deutschen Reich hatte es in Österreich keine nennenswerte naturalistische Bewegung gegeben. In Deutschland vollzog sich der Übergang zu den neuen Strömungen der Moderne eher fließend, und es erschienen weiterhin in den 90er Jahren naturalistische Werke. Dennoch hatte Bahr als erster die Zeichen der Zeit richtig erkannt. Die gegen- und nichtnaturalistischen Tendenzen beginnen in den 90er Jahren die naturalistische Literatur zu überlagern und zurückzudrängen. Der Naturalismus wird zu einer Richtung im Ensemble der „Modernismen" an der Wende des Jahrhunderts. Gemeinsam war den nichtnaturalistischen Schriftstellern, daß sie die Kunstvorstellungen des Naturalismus, der lediglich die „niedere" Wirklichkeit in aller Treue abbildete, als ungenügend empfanden. Sie suchten eine Wirklichkeit unter der Oberfläche des Alltäglichen, eine von den Grenzen naturalistischer Kunstauffassung befreite „höhere" Kunst. Als Maßstab galt nicht länger das Gesetz jener objektiven Wahrheit, um das sich die Naturalisten bemüht hatten. Verbindlich wurde nunmehr die „Wahrheit, wie sie jeder empfindet" (Bahr). Die „neue" Kunst sollte subjektiv sein, aus dem „inneren Geist", aus der „Seele" kommen. Abkehr von der Darstellung der Realität, den „états de choses", und Hinwendung zu den „états d'âmes", den „Seelenzuständen", hieß die von den französischen Symbolisten (▷ 17.3) übernommene Losung.

17.2 Décadence und Fin de siècle

„Décadence", 1891 von H. Bahr als ein Leitbegriff für die deutschsprachige Moderne propagiert, verweist auf eine Tradition französischer Literatur, die in den 90er Jahren auch in Deutschland und Österreich Einfluß erlangte. Ursprünglich als Bezeichnung kultureller „Verfallserscheinungen" abwertend benutzt, wurde der Begriff 1857 von Ch. Baudelaire als Ehrentitel für eine avantgardistische Literatur verwandt, die sich durch Sprachartistik, Künstlichkeit und Naturferne auszeichnet. Zugleich wurde „Décadence" zum Sammelbegriff jener Dichter und Künstler, die sich von der Gesellschaft zurückzogen, um in den Kreisen der Boheme (▷ 17.15) oder in aristokratischer Selbststilisierung als Dandy (▷ 17.5), befreit von den als normierend empfundenen bürgerlichen Werten und Umgangsformen, der Kunst und einem künstlerischen Lebensstil huldigen zu können. In den 80er Jahren entwickelte der französische Romancier und Kulturkritiker P. Bourget in seinen „Essais de psychologie contemporaine" (1883–86, deutsch „Psychologische Abhandlungen über zeitgenössische Schriftsteller", 1903) eine Theorie der Décadence. 1884 erschien J.-K. Huysmans' Roman „À rebours" (deutsch „Gegen den Strich", 1897), dessen Held Jean Des Esseintes zur Leitfigur dekadenter Lebenshaltung wurde. Wenn sich auch in Deutschland und Österreich keine einheitliche Dekadenzbewegung entwickelte und das Selbstverständnis, als Décadent der bürgerlichen Gesellschaft den Rücken zu kehren, nur vereinzelt von deutschsprachigen Literaten geteilt wurde, so hat die Rezeption insbesondere von Bourget und Huysmans die deutschsprachige Moderne doch entscheidend beeinflußt. K. Martens entwarf in seinem „Roman aus der Décadence" (1898), der in den Kreisen der Leipziger Boheme spielt, einen Helden nach dem Muster von Huysmans' Des Esseintes, während H. und Th. Mann entscheidende Impulse für ihr erzählerisches Werk den Abhandlungen Bourgets entnahmen. Darüber hinaus sind bestimmte Tendenzen in der deutschsprachigen Literatur wie Ästhetizismus (▷ 17.4) und Symbolismus (▷ 17.3) ohne den Einfluß der französischen Décadence nicht zu denken. Der Aufruf zur Décadence traf in Österreich, aber auch in Deutschland mit einer Endzeitstimmung zusammen, die mit der aus Frankreich importierten Formel des „Fin de siècle" einen prägnanten Ausdruck erhielt. Das Gefühl, am Ende des Jahrhunderts zu stehen, dem Zusammenbruch einer vergehenden Epoche beizuwohnen, war zumal in Österreich angesichts der Labilität der Doppelmonarchie (▷ 17, Einführung) ein Symptom real begründeter Ängste, erweckte aber zugleich eine gewisse „Lust am Untergang". Im „Rom der Verfallszeit" erkennt nicht nur

Die Symbolisten Paul Verlaine (links) und Jean Moréas auf einem Ausstellungsplakat von F. A. Cazals (1894)

Hofmannsthal die „tiefen Spuren der Schönheit". Mit Vorliebe werden die Endphasen der Kulturen dargestellt, wobei die verfallende Lagunenstadt Venedig zu einer Art mythischen Hauptstadt des Fin de siècle avanciert. Themen des Vergänglichen, Kranken und Sterbenden finden sich bei fast allen Autoren dieser Zeit. Neben der analytischen Schilderung von Verfallserscheinungen gibt es Melancholie und Resignation, aber auch das Bewußtsein, im Untergang das Erlesene und Besondere empfinden zu können.

17.3 Symbolismus

Auch der Symbolismus, eng mit dem Schlagwort von der Décadence (▷ 17.2) verbunden, gehört zu den zentralen Merkworten der Epoche des Fin de siècle. Als der Begriff 1886

durch einen Artikel von J. Moréas („Manifeste symboliste", erschienen im „Figaro Littéraire") geprägt wurde, gab es bereits jene Lyrik, die fortan „symbolistisch" genannt wurde. St. Mallarmé, P. Verlaine und A. Rimbaud, die Hauptvertreter dieses Symbolismus, verwandten in ihren Gedichten nicht etwa verstärkt literarische Symbole. Ihnen ging es vielmehr um eine andersartige literarische Technik, die auch dem Symbol einen neuen Stellenwert zuwies. Sie wollten einen Gegenstand, wie es Mallarmé formulierte, nicht mehr „benennen", sondern ihn „suggerieren", um „einen Seelenzustand zu zeigen". Die Dunkelheit („obscurité") symbolistischer Dichtung, ihre durchaus beabsichtigte Unbestimmtheit und Unzugänglichkeit, ist unmittelbar Resultat dieser Technik. Mit den Mitteln der Synästhesie, der Verschmelzung unterschiedlicher Sinneseindrücke im lyrischen Bild, und dem Verfahren, genau abgestimmte Assoziationen zu verketten, wurde eine Lyrik geschaffen, die sich von der sprachlichen Logik des Alltags emanzipierte und die Musikalität des Verses und der Sprache zum Hauptprinzip erhob. In der freien Fügung von Metaphern, Bildern und Assoziationen verschlüsselten die Symbolisten Thema und Aussage ihrer Gedichte so weit, daß der Sinn nicht mehr unmittelbar zu erschließen war. Die Lyrik sollte eine „Poésie pure" sein, eine reine, zweckfreie und von der gewöhnlichen Wirklichkeit abgelöste Dichtung, in der sich das Prinzip des „L'art pour l'art", der Kunst um der Kunst willen, verwirklichte. St. George (▷ 17.19), der diese Kunstauffassung des „L'art pour l'art" schon bald in Deutschland proklamierte, ist neben dem jungen Rilke (▷ 17.20) und dem frühen Hofmannsthal (▷ 17.12) der Hauptvertreter symbolistischer Tendenzen in der deutschen Lyrik.

17.4 Melancholie und Ästhetizismus

Melancholische Abwendung von der gesellschaftlichen Realität und Hinwendung zu einer ästhetischen Verfeinerung von Kunst und Leben: Melancholie und Ästhetizismus sind zentrale Schlagworte, mit denen sich die Reaktion der Fin-de-siècle-Literaten auf die zunehmend undurchschaubarer werdende gesellschaftliche Entwicklung (▷ 17, Einführung) fassen läßt. Fast alle bedeutenderen Schriftsteller dieser Epoche entstammten dem Bildungs- und Großbürgertum. Als „Reichsgründersöhne" zumeist ohne große materielle Sorgen, aber in kritischer Distanz zur Welt ihrer Väter, lehnten sie den hohlen Prunk des liberalen Bürgertums ab, das seine Rolle als zukunftsweisende politische Kraft aufgegeben hatte und sich auf dem Erreichten ausruhte. Sie waren eine Generation der Spätgeborenen, denen die Väter und Großväter, wie es Hofmannsthal formulierte, „nur zwei Dinge hinterlassen" hatten: „hübsche Möbel und überfeine Nerven". So blieb ihnen, die die Gegenwart voll intellektueller Skepsis betrachteten und gleichzeitig ein gesellschaftliches Engagement im Sinne der Naturalisten ablehnten, nur die Melancholie. In ihrer Tatenlosigkeit abgetrennt von den gesellschaftlichen Entwicklungsprozessen, veredelten sie wie Rilke das Gefühl der Isolierung zu einem Kult der Einsamkeit oder verachteten wie George die Gesellschaft, um sich von ihr in einen esoterischen Kreis der Dichter und Denker zurückzuziehen. Als Gegenwelt blieb ihnen ihr Ästhetizismus, die Hingabe an eine von der gewöhnlichen Wirklichkeit gänzlich unabhängige dichterische Welt. Die Flucht in das Reich der Schönheit war jedoch nicht unproblematisch. In Hofmannsthals Frühwerk (▷ 17.12) spiegeln sich gleichermaßen die Faszination, die von der kostbaren, ästhetisch vollendeten Form ausgeht, wie die Erkenntnis von der „Sackgasse des Ästhetizismus".

17.5 Dilettantismus und Dandytum

„Diese Wesen haben nichts anderes zu verrichten, als die Idee des Schönen in ihrer Person zu pflegen, ihren Leidenschaften Genüge zu tun, zu empfinden und zu denken." Die Rede ist vom Typ des Dandy, von Ch. Baudelaire beschrieben („Le Dandy", in: „Le peintre de la vie moderne", in: „Le Figaro" vom 26. und 28. November sowie 3. Dezember 1863) und unter dem Einfluß der französischen Décadence (▷ 17.2) sowie O. Wildes Roman „The picture of Dorian Gray" (1891,

deutsch „Dorian Gray", 1901, 1907 unter dem Titel „Das Bildnis des Dorian Gray") zu einer Kultfigur auch des deutschsprachigen Fin de siècle geworden. Dandyismus ist eine Lebenshaltung, die sich ursprünglich an dem extravaganten Lebensstil eines Teils des englischen Adels orientierte und im Fin de siècle als hohe Schule der vollständigen Übereinstimmung von Kunst und Leben galt. In seiner aristokratischen Blasiertheit, die den Dandy über die „Niederungen" des Bürgertums erhebt, ist er weit davon entfernt, Kunstprodukte herstellen zu wollen. Vielmehr hat er seinen künstlerischen Geschmack so kultiviert, daß sein Leben zur eigentlichen künstlerischen Schöpfung wird. St. George (▷ 17.19), der sich selbst eine Zeitlang als Dandy stilisierte, hat in den „Algabal"-Gedichten (1892) dem römischen Soldatenkaiser Heliogabalus ein Denkmal gesetzt, der – zugleich Priester und Gott seiner Schönheitsreligion – als Dandy par excellence erscheint. Doch wer konnte so leben wie ein Algabal? Viele Fin-de-siècle-Literaten litten vielmehr an dem Grunderlebnis, daß zwischen Kunst und Leben ein unaufhebbarer Widerspruch besteht. Eine Vielzahl der literarischen Figuren, die in der Zeit um 1900 geschaffen wurden, sind Ausdruck dieses Grunderlebnisses. Sie versuchen, sich auf beides einzulassen, auf die Kunst wie auf das Leben, bewahren dabei eine Haltung sich selbst beobachtender Unentschiedenheit, die jeden Willensimpuls zu hemmen vermag, und scheitern schließlich kläglich – im Leben wie in der Kunst. Sie sind im Sprachgebrauch der Epoche Dilettanten. „Dilettantismus" war im Fin de siècle ein Modewort geistiger Verständigung, das sowohl durch Nietzsches Auseinandersetzung mit dem „Fall Wagner" („Der Fall Wagner. Ein Musikanten-Problem", 1888) geprägt wurde (R. Wagner als Typus des „genialen Dilettanten") wie durch P. Bourget, der in seiner Psychologie der Décadence (▷ 17.2) eine Charakteristik des Dilettanten entwirft, die ihn als willensschwachen Genießer zeichnet. Letztlich ist es auch dieses Moment der verfeinerten Selbstreflektion bis zur Willenlosigkeit, das den Dilettanten zum Prototyp des Fin-de-siècle-Helden macht.

17.6 Das unrettbare Ich

„,Das Ich ist unrettbar.' Es ist nur ein Name. Es ist nur eine Illusion." 1904 wird diese schockartige Erkenntnis von H. Bahr formuliert. Er verdankt sie der Lektüre eines Buches, das schon wesentlich früher, 1886, erschienen war, aber erst um die Jahrhundertwende zu breiter Geltung gelangte: E. Machs „Beiträge zur Analyse der Empfindungen". Ähnlich wie R. Avenarius in seiner „Kritik der reinen Erfahrung" (1888–90) betont auch Mach die unmittelbare Einheit von „Ich und Welt". Es gibt kein Subjekt mehr, das einer Welt der Objekte selbstgewiß gegenüberstünde, denn: „Nicht das Ich ist das Primäre, sondern die Elemente (Empfindungen) ... Die Elemente bilden das Ich." Das Ich ist eine Fiktion, eine denkökonomische Einheit, die lediglich aus einem veränderlichen „Komplex von Erinnerungen, Stimmungen, Gefühlen" besteht. Mit Machs Diktum vom „unrettbaren Ich" war ausgedrückt, was viele Zeitgenossen empfanden: die Halt- und Positionslosigkeit gegenüber der unverständlich gewordenen gesellschaftlichen Realität (▷ 17, Einführung) und das Gefühl der Bodenlosigkeit, das viele der modernen Künstler und Literaten bei ihrer verfeinerten Innenschau beschlich. Zugleich lieferte Mach mit dem „unrettbaren Ich" auch das Stichwort für eine längst fällige Ästhetik der Tendenzen, die sich in der Literatur der 90er Jahre herausgebildet hatten. Das erkennende und urteilende Ich war in der Literatur der Moderne bereits verdrängt durch das selbstungewisse, auf äußere Reize und Stimmungen reagierende Ich, das die Welt als Folge wechselnder Impressionen erfuhr. So erschien Bahr die Theorie Machs auch folgerichtig als eine „Philosophie des Impressionismus" (▷ 17.7).

17.7 Impressionismus – die Stimmung und ihre Stilprinzipien

Impressionismus gehört wie Nervenkunst (▷ 17.8), Symbolismus (▷ 17.3), Décadence (▷ 17.2) oder Dilettantismus (▷ 17.5) zu den Begriffen, die den Zeitgenossen vor allem eines verbürgten: Modernität. Schon bald ist „Impressionismus" als Epochenbezeichnung für die Zeit der 90er Jahre in die Literaturgeschichten eingegangen. Gemeint ist ein Phänomen, das mit dem Impressionismus in der französischen Malerei nur bedingt etwas zu tun hat. Als 1874 die Kunstkritiker den Titel des Gemäldes von C. Monet „Impression, soleil levant" (1872) zum Anlaß nahmen, die neue Malerei mit dem Schlagwort „Impressionismus" zu belegen, bezeichneten sie damit eine Kunstrichtung, der es auf eine möglichst sachliche Wiedergabe des optischen Eindrucks ankam. H. Bahr, der 1903 den Begriff „Impressionismus" für die Anschauungen der literarischen Moderne reklamierte, betonte dagegen gerade die subjektive Empfinden. Nicht, „wie die Welt ‚wirklich' ist", sei für die impressionistische Kunst entscheidend, sondern der „Eindruck", der „Moment", die „Illusion", die Auflösung in ein „tanzendes Flirren und Flimmern". Nicht Sachlichkeit, sondern Entgrenzung der Empfindungsfähigkeit stand auf dem Programm der literarischen Moderne.

Anders als die impressionistischen Maler, die sich auf das verlassen konnten, was sich in kurzen Momenten auf ihrer Netzhaut abbildete, waren die impressionistischen Literaten auf Augenblicke besonderer sinnlicher Intensität angewiesen, um sich als Medium eines Bündels wechselnder Eindrücke erleben zu können. Zur zentralen Kategorie der impressionistischen Literatur wird daher die Stimmung. Schnitzler (▷ 17.13) hat eine ganze Reihe repräsentativer impressionistischer Helden geschaffen, die – abhängig von ihren jeweiligen Empfindungen und Stimmungen – nur ihren momentanen Eindrücken folgen. Dem „Stimmungskult" entspricht die Vorliebe für literarische Kurzformen wie Einakter, Prosaskizze und Gedicht. Selbst in den literarischen Großformen setzt sich das Prinzip der Reihung von wechselnden Stimmungsmomenten durch. So wird der geschlossene Dramenaufbau in eine Folge von Einaktern und Episoden aufgelöst. Verwandte Tendenzen prägen auch die Prosa. Das traditionelle Handlungsgefüge wird vielfach aufgelöst und durch eine Folge innerer Vorgänge, Eindrücke und Reflexionen ersetzt. Auch der innere Monolog, der – wie in Schnitzlers Erzählung „Lieutenant Gustl" (1901) – die Welt in einer Kette von Assoziationen, Bewußtseinssplittern und Gedankenfragmenten radikal aus der Perspektive des dargestellten Ichs schildert, zählt daher zu den Errungenschaften impressionistischer Literatur. An die Stelle der großen Zusammenhänge tritt die Hingabe an die kleinen und kleinsten Reize. Ähnlich wie sich die vom Impressionismus beeinflußten Maler der Epoche – M. Liebermann, L. Corinth oder M. Slevogt – bei aller Skizzenhaftigkeit und Flüchtigkeit der Darstellung um feine, weiche Abschattierungen und Farbnuancen bemühen, bevorzugen auch die impressionistischen Literaten die Zwischentöne und das bloß Angedeutete. Diese Kunst der Nuance zeigt sich besonders deutlich in der Lyrik, zum Beispiel bei R. Schaukal, D. von Liliencron oder R. Dehmel (▷ 17.18). Auch im lyrischen Drama, das vor allem von Hofmannsthal und dem jungen Rilke gepflegt wird, äußert sich diese Tendenz zu nuancierten Stimmungsreizen. Es sind „Stücke ohne Handlung, dramatisierte Stimmungen", wie Hofmannsthal (▷ 17.12) seine frühen Werke charakterisierte. Ihren Höhepunkt finden die impressionistischen Stileigenheiten in den literarischen Skizzen P. Altenbergs (▷ 17.11).

Impression, soleil levant (Gemälde von Claude Monet, 1872; Paris, Musée Marmottan)

17.8 Nerven und Neurosen

Wenn „die Moderne Mensch sagt, so meint sie Nerven". Als H. Bahr die Überwindung des Naturalismus (▷ 17.1) proklamierte, prägte er Leitbegriffe der Epoche. Die neue Kunst sollte Nervenkunst sein, „nervöse Romantik", „Mystik der Nerven", Entbindung des „Nervösen". Ähnlich wie der Begriff der „Décadence" (▷ 17.2) erfuhr auch der des „Nervösen" eine völlige Umwertung. Aus der Bezeichnung eines Krankheitssymptoms wurde eine positiv besetzte Losung. Erst der Neurotiker galt als wahrhaft befähigt, die wechselnden Eindrücke und Stimmungsreize über seine bloßliegenden Nerven aufnehmen zu können. 1887 war C. Lombrosos Untersuchung „Genie und Irrsinn" (italienisch 1864) in deutscher Übersetzung erschienen. Der Autor vertrat hier die bald weit verbreitete Ansicht, die krankhafte Reizbarkeit der Nerven bilde eine wesentliche Voraussetzung für geniales künstlerisches Schaffen. So kultivierten Schriftsteller wie P. Altenberg oder St. Przybyszewski ihre Neurosen, um sich als geniale Außenseiter vom Mittelmaß des gesunden Bürgers abzuheben. Die Neurasthenie wurde zur Modeneurose. Das Phänomen des „Nervösen" ist ebenso wie das Thema der Krankheit, das die Literatur der Jahrhundertwende durchzieht, nicht allein als Ausdruck einer spezifischen Fin-de-siècle-Stimmung (▷ 17.2) zu erklären. Es zeichnet sich hier zugleich der Versuch ab, die Grenzen „normaler" Wahrnehmung und Empfindung zu überschreiten, um in die noch unerforschten Bereiche des Unbewußten vorzustoßen.

17.9 Die sezierte Seele – Sigmund Freud

Die Künstler und Literaten des Fin de siècle befreundeten sich gerade mit der Vorstellung, das Ich sei „unrettbar" (▷ 17.6), als eine weitere Erkenntnis aus dem Bereich der Wissenschaften die Gemüter zu erhitzen begann. Sigmund Freud (* Příbor 6. Mai 1856, † London 23. September 1939), dessen „Traumdeutung" 1900 erschienen war, bewies seinen Zeitgenossen, daß das Ich nicht einmal „Herr im eigenen Hause" war. Freud hatte sich mit der Traumdeutung tiefer gewagt bei der Introspektion der eigenen Seele als die meisten Fin-de-siècle-Literaten und dabei eine Theorie über die Wirkungsweise des Unbewußten zutage gefördert, die das Kulturverständnis der Epoche gründlich in Frage stellte. Er lieferte den Nachweis, daß der rational in sittlicher Selbstbeherrschung über sich verfügende Mensch eine Illusion ist. Die Triebimpulse, die Freud namhaft machte – nämlich die sexuellen –, waren vornehmlich der Stein des Anstoßes. Doch soviel Ablehnung Freud auch zunächst in Fachkreisen erfuhr, die Künstler und Literaten der Wiener Moderne (▷ 17.10) verfolgten die neuen Theorien mit Aufmerksamkeit. Die Gegenstände, die Freud ansprach, das Ich und der Traum, das Unbewußte, die Sexualität, waren in vielfachen Variationen Themen der zeitgenössischen Literatur und bildenden Kunst. Die Psychoanalyse gehört zu den folgenreichsten Entdeckungen der Jahrhundertwende in Wien – folgenreich auch für die weitere Entwicklung der Kunst und Literatur im 20. Jahrhundert. Schnitzler (▷ 17.13), H. Bahr und Hofmannsthal gehörten zu den ersten, die von Freuds Lehre beeinflußt waren, und auch in Deutschland – bei Th. Mann oder Rilke – ist die Wirkung Freuds zu spüren. Insbesondere Schnitzler gilt – einem Diktum Freuds folgend – als „Doppelgänger" des Wiener Seelenanalytikers auf literarischem Gebiet.

17.10 Wiener Moderne und Junges Wien

Die Wiener Moderne umfaßt nicht nur Literaten wie Schnitzler und Hofmannsthal, sondern auch den scharfsinnigen Essayisten, Sprach- und Zeitkritiker K. Kraus, A. Loos, den Vorkämpfer moderner Sachlichkeit in der Architektur, oder den Maler G. Klimt, der bei seiner Suche nach einer neuen bildnerischen Sprache eine „Reise nach Innen" vollzog, die jene Themen hervorbrachte, die auch die Literaten beschäftigten: Leben, Traum, Tod und Erotik. „Wiener Moderne" meint eine Kulturbewegung, die auf den spezifischen Voraussetzungen im Wien der Jahrhundertwende (▷ 17, Einführung) basierte und die die Musik A. Schönbergs ebenso hervorgebracht hat wie Th. Herzls Zionismus oder die Psychoanalyse S. Freuds (▷ 17.9). Den Zeitgenossen wurde die Literatur der Wiener Moderne unter dem Schlagwort „Junges Wien" bekannt. Die Schriftsteller, die unter diesem Begriff firmierten – ob sie wollten

oder nicht –, hatten sich nie als Gruppe konstituiert. Dennoch sind die Anfänge des Jungen Wien relativ genau zu datieren: mit der Gründung der Zeitschrift „Moderne Dichtung" 1890 (später: „Moderne Rundschau"), dem Forum für die ersten dichterischen und literaturkritischen Arbeiten der Jungwiener. Sie hatten zwar kein gemeinsames ästhetisches Programm, aber sie hatten einen gemeinsamen Treffpunkt, das Café Griensteidl (Abb. S. 358). Hier trafen sich Schnitzler, der junge Hofmannsthal, R. Beer-Hofmann, L. von Andrian-Werburg, F. Dörmann, K. Kraus, F. Salten, P. Altenberg. Und vor allem war auch H. Bahr zugegen, der Wortführer und Mentor der Literatenclique. Das Kaffeehaus war das geistige Zentrum der Wiener Moderne, Umschlagplatz künstlerischer Ideen und zugleich eine geschmackbildende Einrichtung. Die Umgangsformen im Café, das geistreiche, unverbindliche Gespräch derer, die dort zufällig und unregelmäßig zusammenkamen, hat sicher nicht unwesentlich Inhalt und Stil der Wiener Literatur beeinflußt. Die Bevorzugung von literarischen Kurzformen, die Verwendung pointierter Dialoge in einem leichten Konversationston, der Kult feiner Nuancen, all dies – Merkmale impressionistischer Schreibpraxis (▷ 17.7) – ist eng mit den Kommunikationsformen in den literarischen Cafés der Jahrhundertwende verbunden.

17.11 Kaffeehausliteratur – Peter Altenberg

Peter Altenberg (eigentlich Richard Engländer, * Wien 9. März 1859, † ebenda 8. Januar 1919), der als Adresse „Café Central, Wien I" anzugeben pflegte, ist sicher nicht einer der bedeutendsten Schriftsteller der Wiener Moderne (▷ 17.10), aber als klassischer Bohemien und stadtbekannter Kaffeehausdichter repräsentiert er wie kein zweiter Lebensgefühl und Stiltendenzen im Wien der Jahrhundertwende. 1896 erschien Altenbergs erster Prosaband „Wie ich es sehe", eine Sammlung von literarischen Skizzen, Photographien vergleichbare Momentaufnahmen von Stimmungen und Eindrücken ohne erkennbare Handlungsstruktur. „Denn sind meine kleinen Sachen Dichtungen?!" fragt der Autor in seinem Folgeband „Was der Tag mir zuträgt" (1900). „Keineswegs. Es sind Extracte! Extracte des Lebens. Das Leben der Seele und des zufälligen Tages, in 2–3 Seiten eingedampft, vom Überflüssigen befreit wie das Rind im Liebig-Tigel!" Sich auf das Wesentliche zu konzentrieren, hieß für Altenberg vor allem „weglassen". Ketten von Gedankenstrichen stehen für das Ungesagte, das zwischen den Zeilen Stehende. Dieser „Telegrammstil der Seele" erzeugt eine verdichtete Atmosphäre, in der visuelle und akustische Eindrücke mit den oft nur unvollständig wiedergegebenen Äußerungen von Personen zu einer Einheit verschmelzen. Die Auflagen seiner Bücher, unter anderem auch „Prodromos" (1906) und „Bilderbögen des kleinen Lebens" (1909), waren beträchtlich.

17.12 Poesie und Leben – Hugo von Hofmannsthal

„Es führt von der Poesie kein direkter Weg ins Leben, aus dem Leben keiner in die Poesie." Die Aussage des 22jährigen Hugo von Hofmannsthal (* Wien 1. Februar 1874, † Rodaun 15. Juli 1929) könnte das Motto für das Frühwerk dieses Schriftstellers bilden, der – in den Traditionen großbürgerlicher Bildungskultur aufgewachsen – bereits mit 17 Jahren Dichtungen von Rang schrieb, in denen sich eine ganze Generation wiedererkennen konnte. Von dem Erstling „Gestern" (1891) über lyrische Dramen wie „Der Tod des Tizian" (1892, in: „Blätter für die Kunst", Buchausgabe 1901), „Der Thor und der Tod" (1894, in: „Moderner Musenalmanach auf das Jahr 1894", Buchausgabe 1900) bis zu Novellen wie dem „Märchen der 672. Nacht" (1895, in: „Die Zeit") oder der „Reitergeschichte" (1899, in: „Neue Freie Presse") durchzieht ein Grundthema das frühe Schaffen: die Auseinandersetzung mit dem Ästhetizismus (▷ 17.4). Das „schöne", allein der Kunst und Ästhetik gewidmete Dasein erscheint als Lebensflucht. So müssen Hofmannsthals Ästheten im Angesicht des Todes erkennen, kein „eigenes" Leben gelebt zu haben („Der Thor und der Tod"), oder sie verenden prosaisch – in ihrer Welt des erlese-

nen Genusses eingeholt von dem schmutzigen, triebhaften Leben („Das Märchen der 672. Nacht"). Gleichzeitig sind Hofmannsthals Frühwerke in ihrer hochgradigen Verdichtung, in ihrer Bedeutungsvielfalt, und zuweilen extremen Stilisierung Meisterwerke des zeittypischen Schönheitskultes. Wie die lyrischen Dramen und die Novellen, so leben auch Hofmannsthals Gedichte von der „Magie der Worte" im Sinne des Symbolismus (▷ 17.3). Sie kreisen um das Erlebnis der

Beginn von Hugo von Hofmannsthals lyrischem Drama „Der Thor und der Tod" mit einer Zeichnung von Angelo Jank im Heft 6 der Zeitschrift „Jugend" von 1899

Fremdheit und Rätselhaftigkeit des Daseins und beschwören die Einheit von Ich und Welt in der Sphäre des Traums. Gerade die magische Beherrschung des Wortes, die die Zeitgenossen an den Werken Hofmannsthals bewunderten, wurde dem Dichter um 1900 zunehmend zweifelhaft. In dem fiktiven Brief des Lord Chandos („Ein Brief des Philipp Lord Chandos an Francis Bacon", 1902, in: „Der Tag") legt Hofmannsthal Rechenschaft über eine Schaffenskrise ab, die sich in einer tiefgreifenden Sprachskepsis äußert. Das „unerklärliche Unbehagen", die „Dinge" mit

Im Café Griensteidl, dem Treffpunkt der Jungwiener (Aquarell von Reinhold Völkel, 1896; Wien, Historisches Museum)

„abstrakten Worten" zu benennen, führt zur endgültigen Abwendung von einer Dichtungsauffassung, die dem Eigenleben der Poesie huldigt. In der Folgezeit suchte Hofmannsthal, aus der Isolierung des esoterischen Dichters auszubrechen und „Anschluß an die große Form" zu finden. In Zusammenarbeit mit dem Regisseur M. Reinhardt und von 1906 an mit dem Komponisten R. Strauss entstanden die Tragödien, Lustspiele, Opernlibretti und Konversationskomödien, mit denen Hofmannsthal ein breites Theaterpublikum erreichte. Werke wie „Elektra" (1904), eine Neufassung der antiken Tragödie, 1909 von Strauss vertont, die von Hofmannsthal getexteten Opern „Der Rosenkavalier" (1910), „Die Frau ohne Schatten" (Libretto 1916, Erzählung 1919) oder „Arabella oder Der Fiakerball" (Libretto herausgegeben 1933, als Erzählung 1910 unter dem Titel „Lucidor"), das dem religiösen Mysterienspiel nachempfundene Stück „Jedermann" (1911), die in Wiederaufnahme barocker Theaterformen entstandenen Stücke (unter anderem „Das Salzburger große Welttheater", 1922) oder die Lustspiele „Der Schwierige" (1921) und „Der Unbestechliche" (Uraufführung 1923, gedruckt 1956) gehören zum Teil noch heute zum Spielplan vieler Bühnen.

17.13 Der Arzt als Schriftsteller – Arthur Schnitzler

Zehn Jahre lang verfolgte Arthur Schnitzler (* Wien 15. Mai 1862, † ebenda 21. Oktober 1931) die Laufbahn eines Arztes, bevor er sich endgültig entschloß, ausschließlich als Schriftsteller zu arbeiten. Dem Interesse für die psychologische Durchdringung des Seelenlebens, das er als Fachmann für klinische Hypnosetechniken und Suggestion gezeigt hatte, blieb er auch als Schriftsteller treu. Schon sein frühes erzählerisches Werk durchleuchtet das Innenleben der Protagonisten, das sich bei dem todkranken Alfred in der Novelle „Sterben" (1894, in: „Neue deutsche Rundschau", Buchausgabe 1895) allmählich pathologisch zu verändern beginnt, oder spiegelt – wie in der „Kleinen Komödie" (1895, in: „Neue deutsche Rundschau", Buchausgabe 1932) – die Seelenregungen der erschlafften Genußmenschen der Wiener Lebewelt. Einen Höhepunkt erlebt diese Technik, aus der Innensicht der Figuren zugleich ein Psychogramm der Gesellschaft zu entwickeln, in der Erzählung „Lieutenant Gustl" (1901). Auch in seinem weiteren, umfangreichen Prosawerk (unter anderem „Frau Bertha Garlan", 1901; „Doktor Gräsler, Badearzt", 1917; „Casanovas Heimfahrt", 1918; „Fräulein Else", 1926; „Traumnovelle", 1926; „Therese", 1928) bleibt Schnitzler in der psychologischen Durchleuchtung von Einzelschicksalen ein genauer Beobachter der Gesellschaft und ihrer Moralvorstellungen. Der Roman „Der Weg ins Freie" (1908) entwirft ein Panorama der großbürgerlichen Gesellschaft Wiens zur Zeit der Jahrhundertwende. Der absterbenden liberalen Kultur und den allgegenwärtigen antisemitischen Tendenzen steht eine enttäuschte und identitätsschwache jüngere Generation gegenüber, die mit Resignation und Zynismus auf die gesellschaftliche Wirklichkeit reagiert oder wie der Held des Romans, Georg von Wergenthin, zwischen Traumhaftigkeit und Zwecklosigkeit des Daseins schwankt. Die Agonie der Epoche spiegelt sich auch in Schnitzlers dramatischem Werk. Schnitzler ist nicht nur der Sittenschilderer des Wiener Fin de siècle, der mit seinem Erfolgsstück „Liebelei" (1896) das „süße Mädel" kreierte und mit dem skandalumwitterten „Reigen" (geschrieben 1896/97, Buchausgabe 1903) die bestehenden Sexualtabus brach. In all seinen Schauspielen, Grotesken und Komödien betrachtet Schnitzler skeptisch seine Zeit, analysiert die durch die Spielregeln der Konvention diktierten zwischenmenschlichen Beziehungen („Der einsame Weg", 1904; „Zwischenspiel", 1906; „Das weite Land", 1911) und konstatiert den Verfall der österreichischen Gesellschaft im Zeichen von Antisemitismus, politischen Intrigen und Positionslosigkeit („Professor Bernhardi", 1912; „Fink und Fliederbusch", 1917). Schnitzler zeigte keine Perspektiven, aber als Analytiker der großbürgerlichen Wiener Gesellschaft formulierte er die Probleme.

17.14 Von Tod und Erkenntnis – Richard Beer-Hofmann und Leopold von Andrian-Werburg

Richard Beer-Hofmann (* Wien 11. Juli 1866, † New York 26. September 1945) und Leopold Freiherr von Andrian-Werburg (* Wien 9. Mai 1875, † Freiburg [Schweiz] 19. November 1951) gehörten zum engeren Kreis des Jungen Wien (▷ 17.10). Ihr Ruhm gründete im wesentlichen auf jeweils nur einem schmalen Prosaband. 1900 erschien nach siebenjähriger Arbeit Beer-Hofmanns Erzählung „Der

Tod Georgs". Andrian-Werburg hatte seine Novelle „Der Garten der Erkenntnis" bereits 1895 veröffentlicht. Beide Werke enthalten kaum noch Handlung im landläufigen Sinn. Andrian-Werburgs „Garten der Erkenntnis" ist eine völlig nach innen gewandte, lyrische Aufzeichnung vom Leben und frühen Tod eines Fürstensohnes. Das autobiographisch geprägte Buch, das von der vergeblichen „Sehnsucht nach Erkenntnis", von Traum, Angst,

Einband der Erstausgabe der Novelle „Sterben" von Arthur Schnitzler mit einer Zeichnung von Otto Eckmann (1895)

Krankheit und Tod durchzogen ist, gibt keine Erlebnisse wieder, sondern schildert lediglich deren Reflex in den Gedanken und Stimmungen des Protagonisten.

In noch ausgeprägterer Form ist Beer-Hofmanns Erzählung ein Beispiel für die zeittypische poetische Prosa. Sorgfältig komponiert, werden Visionen, Träume und Tagträume ineinandergeschachtelt, so daß die Grenzen zwischen Wirklichkeit und Traumwelt verfließen. Verkettet wird die Fülle der Bilder durch eine Vielzahl immer wieder leicht variierter Leitmotive, die im Einklang mit einer „erlesenen" sprachlichen Stilisierung den Eindruck jener ornamentalen Verschlingungen erzeugen, die für die Kunst des Jugendstils (▷ 17.23) kennzeichnend sind. Andrian-Werburgs „Narcissusbuch" (Hofmannsthal) und Beer-Hofmanns „seltsame lyrisch-symphonische Dichtung vom Leben und vom Tode" (A. Gold) repräsentieren in reinster Form eine Eigenheit des Fin de siècle: den Rückzug des ästhetischen Ichs in die Schönheit des Innenraums, wo es sich selbst befragt, empfindet und träumt.

17.15 Anarchie und Kabarett – Boheme in Berlin und München

Die literarische Boheme der Jahrhundertwende pflegte ihren betont unbürgerlichen Lebensstil vornehmlich in den beiden kulturellen Zentren des Deutschen Reiches, in Berlin und München. Hauptquartier der Berliner Boheme war in den 90er Jahren das „Schwarze Ferkel". Hier trafen sich um St. Przybyszewski (▷ 17.17), A. Strindberg und R. Dehmel (▷ 17.18) all jene zu ausgedehnten Gelagen, die sich den neuen Idolen, Nietzsche (▷ 17.16) und M. Stirner, verschrieben hatten. Stirners „Der Einzige und sein Eigentum" (1845) wurde zum Kultbuch. Sein Anarchoindividualismus, der sich in Berufung auf den „Egoismus" des einzelnen allen nicht durch das Ich gewählten Gemeinschaften (Familie, Gesellschaft, Staat) destruktiv widersetzt, bestärkte die Bohemiens in ihrer Verachtung der „Masse" und ihrem Abscheu vor den bürgerlichen „Spießern". Zu den auffallendsten Gestalten der Berliner Boheme gehörte neben dem vagabundierenden P. Hille, der seine Einfälle, Aphorismen und Prosaskizzen wahllos auf Zetteln und Papierschnitzeln notierte, ein Autor wie P. Scheerbart, dessen phantastische Geschichten bereits in den 90er Jahren in den Kreisen der Boheme kursierten.

Die Münchener Boheme traf sich in den Schwabinger Künstlerkneipen und Ateliers. Die prominenteste der verschiedenen Gruppen, Zirkel und Kreise war die Runde der „Kosmiker" um A. Schuler, L. Klages und K. Wolfskehl, die in der Rückkehr zu heidnischen Ursprüngen das Heil für die verderbte abendländische Welt erblickten. Zu den Stammgästen der einschlägigen Künstlerlokale gehörten auch F. Wedekind (▷ 17.21), E. Mühsam, F. Blei oder F. zu Reventlow, die mit ihrem Erinnerungsroman „Herrn Dames Aufzeichnungen oder Begebenheiten aus einem merkwürdigen Stadtteil" (1913) einen Einblick in das bewegte Treiben der Schwabinger Boheme gibt. Als O. J. Bierbaum 1897 seinen „Stilpe" veröffentlichte, „diese betrunkene, unheilige Bibel der Boheme", wie er seinen Erfolgsroman später selbst qualifizierte, kündigte sich eine Bewegung an, mit der sich

der anarchische, antibürgerliche Individualismus der Boheme ein Publikum verschaffte. Bierbaums Romanheld verkündete das „Tingeltangel", den „Übermenschen auf dem Brettl". 1901 war es soweit: E. von Wolzogen, Verfasser humoristischer Unterhaltungsromane, eröffnete in Berlin das 1899 gegründete erste deutsche Kabarett, das „Überbrettl". Nur drei Monate später zogen in München die „Elf Scharfrichter" nach (Abb. S. 362). Der „Scharfrichter" Wedekind profilierte sich hier als Interpret eigener Chansons zur Begleitung auf der Laute („Lautenlieder. Dreiundfünfzig Lieder mit eigenen und fremden Melodien", herausgegeben 1920). Zum wohl populärsten Kabarett avancierte der „Simplicissimus" (gegründet 1903), unter anderem mit M. Dauthendey, Blei, Mühsam und J. Ringelnatz.

17.16 Nietzsche-Verehrung und Renaissancekult

„Man machte Schulden, verführte Mädchen und besoff sich, alles zum Ruhme Zarathustras" (L. Berg, 1897). Der Übermensch, proklamiert in Nietzsches „Also sprach Zarathustra. Ein Buch für Alle und Keinen" (1883–85), der alle Verlogenheit und allen Selbstbetrug hinter sich läßt, war in Mode gekommen. Während in Wien nur wenig von den Auswirkungen der Philosophie Nietzsches zu spüren war, überrollte eine wahre Nietzsche-Welle die bürgerlichen Intellektuellen in Deutschland schon seit Beginn der 90er Jahre. Im Zeichen von Nietzsches Individualismus wandten sich die Naturalisten von den zuvor verfochtenen sozialistischen Ideen ab und pflegten einen aristokratischen Persönlichkeitskult, der sich zunehmend mit einer rauschhaften Feier des „Lebens" verband. Der von Nietzsche übernommene ästhetische Kult des Dionysischen (der rauschhaften Verzückung) gipfelte um die Jahrhundertwende in einer sich nahezu epidemisch verbreitenden Begeisterung für die Renaissance als einer Epoche ungehemmter Sinnenkultur. Der „Renaissancemensch" galt nun als reinste Verkörperung des Übermenschen, der sich frei von moralischen Schranken in „ruchloser Schönheit" auslebt. Ergriffen von dem Lebenstaumel waren Schriftsteller wie St. Przybyszewski (▷ 17.17) oder R. Dehmel (▷ 17.18). H. Mann (▷ 17.22) lieferte mit seinem orgiastischen Opus über das Leben der Herzogin von Assy („Die Göttinnen oder Die drei Romane der Herzogin von Assy", 1902) seinen – wenn auch schon kritisch getönten – Beitrag zum „ästhetizistischen Renaissance-Nietzscheanismus" (Th. Mann). So vielschichtig das Werk Nietzsches war, das die Literaten nicht zuletzt durch den suggestiven, mit Aphorismen durchsetzten Sprachstil begeisterte, so unterschiedlich war auch die Resonanz. Th. und H. Mann waren vor allem durch die Negationen Nietzsches beeinflußt, seine unversöhnliche Kritik an der bürgerlichen Gesellschaft und ihren Wertvorstellungen. St. George (▷ 17.19), der sich kritisch zu Nietzsches Theorie des Verfalls und seiner Überwindung durch den Übermenschen geäußert hat, war gleichwohl von dessen kulturkritischen Argumenten überzeugt und huldigte einem Führer- und Elitekult, wie er in

ALSO SPRACH
ZARATHUSTRA
EIN BUCH FÜR ALLE UND KEINEN

FRIEDRICH
NIETZSCHE

ERSCHIENEN 1908
IM INSEL·VERLAG
LEIPZIG

Von Henry van de Velde entworfene Titelseite einer Luxusausgabe von Friedrich Nietzsches „Also sprach Zarathustra. Ein Buch für Alle und Keinen" (1908)

reinster Form durch Nietzsches „Zarathustra" vorgeprägt war. Die überragende Wirkung Nietzsches auf viele Künstler und Literaten der Jahrhunderwende erklärt sich sicher nicht zuletzt daraus, daß sich in seinen Schriften eine radikale Opposition gegen die herrschende Kultur verband mit einem emphatischen Glauben an die Kunst als „sinngebende, ja als die einzige lebensfördernde gei-

stige Tätigkeit" – eine Mischung, die Lebensgefühl und gesellschaftliche Haltung der Finde-siècle-Künstler treffen mußte.

17.17 Satanismus und Okkultismus – Stanisław Przybyszewski

Stanisław Przybyszewski (*Łojewo bei Kruszwica 7. Mai 1868, †Jaronty 23. November 1927), ein gebürtiger Pole, der in den 90er Jahren in Berlin lebte und arbeitete, ist zwar nicht eine der größten, sicherlich aber eine der merkwürdigsten und exzentrischsten Gestalten des deutschsprachigen Fin de siècle. In seinen erzählungartigen Texten („Totenmesse", 1893; „Homo sapiens", 1895/96; „Satans Kinder", 1897, und „Androgyne", 1906) verbinden sich Motive und Themen der französischen Décadence (▷ 17.2) in einer Weise, die in der übrigen deutschsprachigen Literatur ohne Beispiel ist. Angeregt durch die Lektüre von J.-K. Huysmans' Roman „Làbas" (1891, deutsch „Da unten", 1903, 1921 unter dem Titel „Tief unten"), durchziehen Przybyszewskis Schriften okkulte und satanistische Szenen, in denen ein „wahnsinniger Sabbat von Blut und Sperma" („Androgyne") in visionären Bildern beschworen wird. Die Feier des Satanismus mischt sich in seinem Werk mit dekadenter Fleischeslust, religiöser Mystik, anarchistischem Gedankengut und dem Mythos androgyner Liebe als letzte und einzige Rettung vor dem Prinzip des „Satans Weib", dem Phantasma der dämonischmännerverschlingenden Frau. Seine Texte nannte der Autor „explosive Rhapsodien", und als solche haben sie auch keine Handlung im herkömmlichen Sinn. Tagträume wechseln mit psychedelischen Visionen und Fragmenten fiktiver Wirklichkeit in einer Sprache, die mit ihren überhitzten Wortkaskaden gleichsam „überzukochen" scheint. In der Nähe von „Neurosen und Psychosen" in „das fremde Land des Unterbewußten" vorzustoßen, war das erklärte Ziel dieses „Rauschkünstlers".

Plakat von Thomas Theodor Heine für das Kabarett „Die elf Scharfrichter" (1901)

Malers Fidus mit ihren sonnenumfluteten Leibern oder die anmutig-schönen Körper in lichterfüllter Landschaft auf den Bildern L. von Hofmanns wirken zuweilen wie Illustrationen zu Dehmels Gedichten. Seine heute reichlich pathetisch wirkende Lyrik traf die Zeitstimmung. Sie galt den Zeitgenossen als authentischer Ausdruck eines leidenschaftlich gelebten Daseins.

17.18 Kunst um des Lebens willen – Richard Dehmel

Richard Dehmel (* Wendisch-Hermsdorf 18. November 1863, † Blankenese 8. Februar 1920) galt im literarischen Leben des Fin de siècle unbestritten als der größte zeitgenössische Lyriker Deutschlands. Zunächst noch dem Naturalismus verbunden („Erlösungen", 1891, erweitert 1898), wandte er sich in den folgenden, zwischen Nietzsche-Verehrung (▷ 17.16) und impressionistischem Lebensgefühl (▷ 17.7) angesiedelten Gedichtbänden („Aber die Liebe", 1893; „Weib und Welt", 1896) einer rauschhaften Verklärung des „Lebens" zu. In der Kunst und durch die Kunst intensiver zu leben, hieß für Dehmel vor allem, die Erotik als jene Allmacht zu beschwören, die zu den Quellgründen des Daseins weist. Seine „Kunst um des Lebens willen" zeigte den Weg aus animalischer Triebhaftigkeit zu den lichten Höhen einer geläuterten Seele, die sich dem andersgeschlechtlichen Ich in mystisch zerfließender All-Liebe zuwendet. Dehmels formstrengste Dichtung „Zwei Menschen" (1903), ein „Roman in Romanzen", verweist in ihrer dekorativen Stilisierung und der Feier paradiesischer Verbundenheit von Mann und Weib auf Bilder des Jugendstils (▷ 17.23). Die Zeichnungen des

17.19 Kunst für die Kunst – Stefan George

1892 verkündete Stefan George (* Büdesheim 12. Juli 1868, † Minusio bei Locarno 4. Dezember 1933) in der Vorrede zur ersten Ausgabe der „Blätter für die Kunst" sein ästhetisches Programm: „GEISTIGE KUNST aufgrund der neuen fühlweise und mache – eine kunst für die kunst". George war 1889 in den Kreis um St. Mallarmé eingeführt worden und bekam so Kontakt zu den Vorstellungen des französischen Symbolismus (▷ 17.3), der für seine künstlerischen Absichten richtungweisend wurde. Die neue Kunst sollte – frei von allen Bezügen zu der alltäglichen, rationalen Wirklichkeit – eine eigene, poetische Wirklichkeit schaffen, die letztlich nur wenigen Auserwählten zugänglich sein konnte. So elitär, wie dieser Kunstanspruch war, so exklusiv gaben sich auch die „Blätter für die Kunst". Sie waren ein Zirkular für Gleichgesinnte und keine Zeitschrift für die „Öffentlichkeit". Hier erschien die neue Kunst, repräsentiert von Hofmannsthal (▷ 17.12), L. von Andrian-Werburg (▷ 17.14), M. Dauthendey sowie jener Dichterrunde um George, K. Wolfskehl, A. Schuler und P. Gérardy, aus der sich bald der legendäre Kreis um den „Meister" formierte. Zunächst noch eine Gruppe von Gleichrangigen, wandelte sich der Charakter des Kreises zunehmend in eine esoterische Jüngergemeinschaft um den „Künder" und „Seher" George, der mit der Herrschergebärde eines Propheten den Weg zur kulturellen Erneuerung Deutschlands wies. Die durch ihn in seinem Kreis gebildete Elite war dazu ausersehen, eine „geistige Bewegung" in Gang zu setzen, deren Gehalt sich „nach und nach auch einer größeren Volksschicht" erschließen sollte. Der Anspruch, eine reine Kunstwelt zu schaffen, verwirklichte sich am deutlichsten in Georges eigenem Werk. Die feierliche und kostbare Bildhaftigkeit der „Hymnen" (1890) und die Stilisierung eines artifiziellen Reiches der Schönheit und Pracht in den „Algabal"-Gedichten (1892) verdeutlichen, was George unter der „neuen fühlweise und mache" verstand: einen aus technischer Vollkommenheit und formaler Meisterschaft gewonnen Ästhetizismus (▷ 17.4). 1897 erschien „Das Jahr der Seele" (erweiterte Neuauflage 1899), das von vielen als das bedeutendste Gedichtwerk Georges angesehen wird. Der strenge und feierliche Ton, der sonst Georges Verse bestimmt, ist hier zurückgenommen zugunsten einer lebendigeren Lyrik, die Natur- und Seelenstimmungen aufeinander bezieht. Aber schon der nächste Band, „Der Teppich des Lebens und die Lieder von Traum und Tod" (1900), der in ornamentaler Verknüpfung Elemente aus früheren Werken aufgreift, entspricht wieder dem Gestus des Verkündens. Auch in den letzten drei Gedichtbänden („Der siebente Ring", 1907; „Der Stern des Bundes", 1914;

Titelblatt der Erstausgabe von Stefan Georges Gedichtzyklus „Das Jahr der Seele" in der Gestaltung von Melchior Lechter (1897)

„Das neue Reich", 1928) erweist sich George als Prophet, der nun mit seinen „Zeitgedichten" und weissagenden Sprüchen eine kulturpolitische Sendung zu erfüllen trachtet. Georges ästhetische Utopie eines geistigen neuen Reiches, die sich schon im „Siebenten Ring" ankündigte, basierte auf der Ablehnung der gesellschaftlichen Realität im Wilhelminischen Deutschland. Daß er mit seinem „Neuen Reich" nicht das „Dritte Reich" meinte, daran kann auch angesichts seiner schroff ablehnenden Haltung gegenüber den ihn hofierenden Nationalsozialisten kein Zweifel bestehen.

17.20 Von der Welt der „Dinge" – Rainer Maria Rilke

Rainer Maria Rilke (* Prag 4. Dezember 1875, † Val-Mont bei Montreux 29. Dezember 1926), der Dichter der „Dinge" und des „Weltinnenraums", war kein „Frühvollendeter" wie der junge Hofmannsthal (▷ 17.12). Noch der Band „Mir zur Feier" (1899, 1909 unter dem Titel „Die frühen Gedichte"), in dem bereits Motive seines späteren Werkes anklingen, schwelgt weitgehend in schmachtender Liebeslyrik. Im gleichen Jahr schrieb Rilke „Die Weise von Liebe und Tod des Cornets Christoph Rilke", eine in gereimte und rhythmische Sequenzen ausbrechende Prosa, die nach ihrem Erscheinen 1906 noch ganze Generationen von Jugendlichen mit tiefer Rührung erfüllen sollte. Der Siegeszug des empfindsamen jungen Fähnrichs fiel in eine Zeit, als sich Rilke längst bemühte, das fühlende Ich an den Gegenständen der Empfindung zu objektivieren und eine höhere Sachlichkeit zu gewinnen. Im „Stunden-Buch" (1905), dem ersten großen Gedichtzyklus Rilkes, begibt sich der Dichter in Gestalt eines jungen Mönches auf die Suche nach „Gott", eine Chiffre für die durchaus diesseitige Einheit des Seins, die Rilke schon im „Buch der Bilder" (1902, erweitert 1906) in den „Dingen" auffindet. Alle Dinge der Erscheinungswelt gelten Rilke gleichermaßen als Formwerdungen des Lebens, das nicht mehr als ein rauschhaftes Sichausleben verstanden wird, sondern als emphatisch begrüßtes Dasein

Handschriftlicher Auszug aus dem „Stunden-Buch" („Von der Pilgerschaft") von Rainer Maria Rilke

aller noch so unscheinbaren Äußerungen des Lebens. Den Höhepunkt erlebt diese Apotheose der Dinge in den „Neuen Gedichten" (1907) und in „Der neuen Gedichte anderer Teil" (1908), in denen alle schwärmerische Ergriffenheit einer genauen Umsetzung von Daseinsformen in Sprache gewichen ist. Das „genaue Sehen" kennzeichnet auch „Die Aufzeichnungen des Malte Laurids Brigge" (1910), Rilkes umfangreichstes Prosawerk. In der detailgenauen Beobachtung der äußeren Welt, auch ihrer abstoßenden und „häßlichen" Seiten, offenbart sich für Malte eine radikale, angsterzeugende Fremdheit der Welt, die den Helden an die Grenze seiner Existenz führt. Im Spätwerk löst sich Rilke von der Gebundenheit an die Welt der „Dinge". Seine „Duineser Elegien" (1923) sind ein hymnischer Weltgesang, eine Art prophetische Rede, in der das Sein als allumfassender „Weltinnenraum" gedeutet wird. Aus der immer gegenwärtigen Sehnsucht nach einem sinnerfüllten Dasein erwächst in den zehn Elegien eine leidenschaftliche Bejahung der irdischen Existenz („Hiersein ist herrlich", 7. Elegie). Die „Sonette an Orpheus" (1923) bilden das gelösere und ruhigere Gegenstück zu den „Elegien". Bis zuletzt blieb Rilke Gedanken und Haltungen treu, die ihren Ursprung in der Jahrhundertwende haben: dem ungebrochenen Lebenspathos und der Rolle als einsam schaffender, von der Gesellschaft abgewandter Dichter.

17.21 Moral und Lebensgenuß – Frank Wedekind

„Das wahre Tier, das wilde schöne Tier, / Das meine Damen! – sehn Sie nur bei mir", so Wedekind im Prolog zum „Erdgeist" (1895).

Was dagegen die anderen, nämlich die Naturalisten, anzubieten hatten, wurde hier auch benannt: wohlgesittete „Haustiere". Frank Wedekind (* Hannover 24. Juli 1864, † München 9. März 1918), der kongeniale Antipode G. Hauptmanns (▷ 16.22), nimmt innerhalb der nichtnaturalistischen Strömungen der 90er Jahre eine Sonderstellung ein. Von Anfang an entwickelte er seine Dramatik gegen den Naturalismus, blieb aber von den gängigen Modernismen der Zeit relativ unbeeindruckt. Sein Weg führte nicht nach „innen", sondern in eine kritisch beobachtende Distanz zur Gesellschaft. Die Konflikte blieben nicht aus. Kein Dramatiker dieser Zeit hatte so wie Wedekind mit der Zensur zu kämpfen. Der Anlaß für die polizeilichen Bevormundungen fand sich eben in dem „wilden schönen Tier". Sein mehrfach variiertes Thema ist die Unvereinbarkeit von naturhaft-ungebundener Individualität mit den moralischen Ansprüchen einer durchrationalisierten Gesellschaft. Lebensgenuß und Moral schließen sich aus. Dies ist auch die Quintessenz von „Frühlings Erwachen" (1891), einer Tragödie der Kinder, deren unschuldig-natürliche Lebenserwartungen an einer denaturierten Erwachsenenwelt und ihrer unaufrichtigen Moral scheitern. In der Doppeltragödie „Lulu" (1. Teil „Der Erdgeist", 1895, 2. Teil „Die Büchse der Pandora", 1904, zusammengefaßt unter dem Titel „Lulu", 1913) greift Wedekind wieder die Frage nach der Möglichkeit einer naturhaften Existenz in der Gesellschaft auf. Das „Naturwesen" Lulu, das den Männern zum „unabwendbaren Verhängnis" wird, bleibt letztlich ein unschuldiges Opfer dieser Männerwelt, Objekt ihrer Projektionen und gesellschaftlich geprägten Rollenerwartungen. Auch das Schauspiel „Marquis von Keith" (1901) handelt von den Grenzen, die die Gesellschaft dem „wirklichen Leben" setzt. Inhaltlich wandte sich Wedekinds dramatisches Werk (unter anderem „Hidalla", 1906, auch unter dem Titel „Karl Hetmann, der Zwergriese", und „Oaha", 1908, 1916 unter dem Titel „Till Eulenspiegel") gegen die Mitleidsethik des Naturalismus im Zeichen des „schönen und freien", seinen Triebkräften gehorchenden Individuums. Formal setzte Wedekind dem streng mimetischen Prinzip naturalistischer Dramaturgie eine antiillusionistische, mit Elementen der Groteske, Parodie und Kolportage durchsetzte Bühnenpraxis entgegen, die das Drama des Expressionismus wesentlich beeinflussen sollte.

17.22 Kunst und Gesellschaft – das Frühwerk von Heinrich und Thomas Mann

Bei allen Gegensätzen zwischen dem erzählerischen Werk Heinrich Manns (* Lübeck 27. März 1871, † Santa Monica bei Los Angeles 12. März 1950) und dem seines Bruders Thomas (* Lübeck 6. Juni 1875, † Zürich 12. August 1955) werden doch bei beiden Autoren auch bezeichnende Gemeinsamkeiten deutlich. Beide behandeln auf ihre Art den Konflikt des Individuums mit der Gesellschaft, beide werden vor allem von Nietzsche (▷ 17.16) beeinflußt und reagieren in jeweils sehr charakteristischer Weise auf die Fin-de-siècle-Stimmung. H. Mann hat dabei sicher die „typicheren" Beiträge zu den aktuellen Stiltendenzen der Jahrhundertwende geliefert. Seine frühen Romane („In einer Familie", 1894; „Im Schlaraffenland", 1900; „Die Göttinnen oder Die drei Romane der Herzogin von Assy", 1902; „Die Jagd nach Liebe", 1903) sind ein wahres Kompendium aller gängigen Fin-de-siècle-Motive. Da finden sich die willensschwachen Dilettanten (▷ 17.5) und neurasthenischen Ästheten (▷ 17.8) ebenso wie die dionysisch sich auslebenden Renaissancemenschen (▷ 17.16), die dekadenten Erotomanen oder die nihilistisch angehauchten Bohemiens. Doch schon mit der Novelle „Pippo Spano" (1903, in: „Flöten und Dolche", 1905), in der der Dichter Malvoto vor seinem Ideal des „starken Lebens" versagt, beginnt H. Mann sich von den zuvor

Lulu (Tilly Wedekind) diktiert Dr. Schön (Frank Wedekind) den Abschiedsbrief an seine Braut. Szene aus Wedekinds Tragödie „Lulu"

im Zeichen Nietzsches verfochtenen Ideen zu lösen. Die Verherrlichung der Renaissance und die apolitische Antibürgerlichkeit, die seine frühen Romane kennzeichneten, weichen zunehmend sozialkritischeren Zügen und demokratisch geprägten Überzeugungen. Mit „Professor Unrat oder Das Ende eines Tyrannen" (1905), dem gelungensten Roman dieser Übergangsphase, gibt H. Mann in der Geschichte vom Wandel eines tyrannischen Gymnasialprofessors in sein anarchistisches Alter ego zugleich eine treffende Satire auf Strukturen des Wilhelminischen Deutschlands.

Während H. Manns Weg zum politischen Engagement führte, blieb sein Bruder – wie er es im Rückblick formulierte – einer „machtgeschützten Innerlichkeit" treu. Nichtstoweniger formulierte er in seinen Novellen einen Konflikt mit der Gesellschaft: den des von der Gesellschaft ausgeschlossenen künstlerischen Individuums. Von seinen frühen Erzählungen bis zu den Novellen „Tonio Kröger" (in: „Tristan", 1903) und „Der Tod in Venedig" (1912) findet sich das Leitthema des spannungsreichen Verhältnisses von bürgerlichem Leben und Kunst, das als die Mannsche „Künstlerproblematik" zum Schlagwort wurde. In der Erkenntnis von der Isolation des Geistigen, des Künstlers in der Gesellschaft traf sich die Nietzsche-Lektüre mit dem eigenen Empfinden. Durch Nietzsche, aber auch durch P. Bourget (▷ 17.2) war jene Psychologie des Verfalls bestimmt, die Th. Mann in seinem ersten großen Roman, „Buddenbrooks. Verfall einer Familie" (1901), entfaltete.

Wie sehr sich die weltanschaulichen und künstlerischen Gegensätze zwischen den Brüdern im Laufe der Jahre vertieft hatten, wurde während des Ersten Weltkrieges deutlich. Während H. Mann in seinem Essay „Zola" (1915 erschienen in R. Schickeles Zeitschrift „Die weißen Blätter") eindeutig Stellung gegen die Machtgelüste des Deutschen Reiches bezog und sich für eine engagierte Kunst aussprach, antwortete sein Bruder in den „Betrachtungen eines Unpolitischen" (1918) mit einem Credo für ein konservatives Deutschland und die aristokratische, politikferne Rolle des Künstlers.

17.23 Jugendstil und Stilpluralismus der Jahrhundertwende

Von allen Stilrichtungen der Jahrhundertwende ist der Jugendstil die wohl bis heute populärste Erscheinung. Der Begriff verweist auf die seit 1896 in München erscheinende Zeitschrift „Jugend", ein Produkt der Sezessionsbewegungen, in denen sich bildende Künstler seit den 90er Jahren zusammenschlossen, um der erstarrten akademischen Malerei und der beliebig aus den Stilen vergangener Jahrhunderte zitierenden Architektur und Gebrauchskunst ein eigenes künstlerisches Programm entgegenzusetzen. Der Aufbruch zu einem neuen Stil begann 1892 mit der Gründung der Münchner Sezession, gefolgt 1897 von der Wiener und 1898 von der Berliner Sezession. Das vereinigende Kennwort war die „Jugend", Inbegriff des Neuen, Unverbrauchten, Lebenden. Für den „Stil" hieß dies vor allem „vegetabiles Leben". In ornamentalen Verschlingungen ranken sich Blätter und Knospen. Das Leben erscheint wie ein Gewebe, in dem sich die Fäden in einem rhythmischen Taumel zu immer neuen Figuren zusammenschließen. Das „schöne Leben" des Jugendstils überwand die Verfallserscheinungen des Fin de siècle und setzte ihnen einen Stil entgegen, der – betont kostbar und erlesen gehalten – schon bald zu jener ästhetischen Repräsentation taugte, gegen die die sezessionistischen Künstler angetreten waren. Es gibt keinen Schriftsteller, dessen Werk sich nun völlig dem Jugendstil zurechnen ließe. Andererseits ist kaum ein Autor dieser Zeit von der aktuellen Modeerscheinung unberührt geblieben. Am deutlichsten zeigen sich die Jugendstiltendenzen wohl bei R. Dehmel (▷ 17.18) und R. Beer-Hofmann (▷ 17.14). Aber auch die Lyrik von Rilke (▷ 17.20) und Hofmannsthal (▷ 17.12) steht dem Jugendstil nahe. Und ein Dichter wie St. George (▷ 17.19), der kunstvoll stilisierte lyrische Ornamente entwarf, ließ seine Gedichtbände von M. Lechter, einem der führenden Jugendstilgraphiker, ausstatten. Der Jugendstil gehört in das Ensemble all der Richtungen und Tendenzen der Jahrhundertwende, die auf die politisch-sozialen Verhältnisse mit dem Ruf nach kultureller Erneuerung reagierten. Dazu gehören die lebensreformerischen Bewegungen (von den Vegetarierbünden und der Abstinenzbewegung über Reformkleidung und -ernährung, Eurhythmie und Freikörperkultur bis zur Wandervogel- und der späteren Jugendbewegung) ebenso wie die „Neuromantik" mit ihrer prunkenden Märchen- und Sagenwelt, aber auch die konservative Ästhetik der „Neuklassik" oder die unverhüllt reaktionären Bestrebungen der „Heimatkunst", die der „verderbten" Gegenwart das Hohelied der heimatlichen „Scholle" entgegensetzte. Der Stilpluralismus der Jahrhundertwende sollte erst wieder mit dem Expressionismus durch eine dominierende Kunst- und Literaturbewegung abgelöst werden.

Kapitel 18
Die Literaturrevolution des
Expressionismus (1910–1925)

Einführung

Historisch lassen sich die Ursprünge des Expressionismus auf die politischen und kulturellen Wirkungen des 19. Jahrhunderts zurückführen. Dabei handelt es sich um ein
überregionales Phänomen, das besonders
von den inneren Erfahrungen verschiedener
Dichter, Maler und Philosophen getragen
wurde. Zumindest für den Bereich der Kunst
ist Frankreich als Ursprungsland zu nennen.
1911 stellte sich eine Gruppe französischer
Maler im Salon der Berliner Sezession zum
ersten Mal unter der Bezeichnung „Expressionisten" vor. Neben einigen wenigen Vorbildern aus der deutschen Kunst- und Literaturszene sind hauptsächlich ausländische
Künstler zu erwähnen, die als Wegbereiter
des Expressionismus gelten. Beriefen sich die
bildenden Künstler auf V. van Gogh und
E. Munch als „erste Expressionisten", so sind
fraglos als erklärte Vorbilder der expressionistischen Literatur die Dichter Ch. Baudelaire,
A. Rimbaud, W. Whitman, F. M. Dostojewski
und A. Strindberg (▷ 18.8) zu nennen. –
H. Hesse versuchte, die expressionistische Literatur in seinem Aufsatz „Expressionismus
in der Dichtung" (1918) folgendermaßen
zu erfassen: „Expressionismus [ist] das Er-
klingen des Kosmischen, die Erinnerung an
Urheimat, das zeitlose Weltgefühl, das lyrische Reden des einzelnen mit der Welt, das
Sichselbstbekennen und Sichselbsterleben in
beliebigem Gleichnis." Tatsächlich charakterisiert die Beliebigkeit die Bewegung am ehesten. Formal ist sie kaum näher zu bestimmen, inhaltlich nur in Hinsicht auf wortge-
waltige Metaphern und Symbolismen. In diesem Sinne könnte man die Bewegung global
als den verzweifelten Aufschrei des von inne-

rer Zerrissenheit gepeinigten, indifferenten
bürgerlichen Subjekts in einer allmählich
aus den Fugen geratenden Zeit wachsender
Katastrophen und Verunsicherung begreifen.
Technischer Fortschritt, Kriegsbegeisterung,
Gewalt und Resignation, konservative und
sozialrevolutionäre Utopien erzeugen Verwirrung und eine ebenso verworrene ästhetische
Auseinandersetzung mit diesem Gefühl. Die
Regression auf das Selbst oder den mytholo-
gischen Ursprung, die archaische Urheimat
(▷ 18.21), die Hoffnung auf einen ursächli-
chen, sinnstiftenden Weltzusammenhang, die
Selbstbespiegelung, bedroht von Selbst- und
Sinnverlust, das Herumirren und aberwitzige
Suchen nach Identität bestimmen die Produktivität der expressionistischen Bewegung,
die sich zu Beginn des 20. Jahrhunderts ohne
eigentlichen Zusammenhang konstituiert. Vergeblich erscheinen die Bemühungen, die
Manifeste und Bekenntnisse der unterschiedlichsten Gruppen und Vereine, diesen Zusammenhang zu stiften. Am Ende, in den 20er
Jahren, bestimmt die Resignation den faden
Abgesang. Eine andere, scheinbar kraftstrot-
zende, brutal selbstbewußte und in ihrer Wirkung alle Katastrophenvisionen überbietende
Bewegung, der Nationalsozialismus, schiebt
sich in den Vordergrund, vernichtend für
viele expressionistische Künstler, von denen
einige sogar noch in ihr den letzten Sinn zu erkennen glaubten. Daß die Popkultur in den
60er Jahren und der sogenannte Neoexpres-
sionismus in der Kunst der späten 70er Jahre
in vielen Zügen Ähnlichkeiten mit dem Expressionismus aufweisen, mag eher als zeitgeschichtliches Zeichen, kaum jedoch als Perspektive bewertet werden.

18.1 Expressionismus – Ausdruckskunst

Das ursprüngliche Verständnis des Begriffes „Expressionismus" ergibt sich aus der Abgrenzung von dem des Impressionismus (▷ 17.7). Das Gegenteil von einer Kunst, die sich auf Eindrücke, die Darstellung äußerer Reize bezieht, ist mit diesem Begriff zu erfassen. Nicht um die bloße Darstellung der Außeneindrücke, sondern insbesondere um die Darstellung ihrer über den Ausdruck vermittelten inneren Wirkung ist der Expressionist bemüht. Eine klare Verwendung des Begriffes allerdings – zumal sein ursprünglicher Gebrauch im Französischen sich erheblich von dem für die deutsche Entwicklung typischen unterscheidet – ist nicht zu erkennen. Daß sich im Expressionismus gerade persönliches Seelenleben artikulieren soll, wurde von H. Matisse energisch bestritten (1908). Zu der Unmöglichkeit einer klaren Bestimmung dessen, was der Begriff meint, hat sich G. Benn (▷ 18.26) rückblickend ironisch geäußert. Auf die Frage „Was ist Expressionismus?" antwortete er: „... ein Konglomerat, eine Seeschlange, das Ungeheuer von Loch Ness, eine Art Ku-Klux-Klan". Dennoch erschienen in den wenigen Jahren „expressionistischer Ära" unzählige Manifeste und programmatische Schriften, die sich um eine möglichst umfassende Artikulation und Vermittlung expressionistischer Anschauungen bemühten, zum Beispiel die Theorien in K. Hillers „Die Weisheit der Langenweile" (1913), in F. Pfemferts Zeitschrift „Die Aktion" (▷ 18.15), in H. Waldens „Der Sturm" (▷ 18.28) oder auch in der von Hiller herausgegebenen Lyrikanthologie „Der Kondor" (1912). Ganz allgemein gesehen bestimmen diese Theorien den Expressionismus als vorwiegend emotionale Reaktion auf philosophische, politische, religiöse und kulturelle Fragen seiner Zeit. Der wohl älteste Hinweis auf die Verwendung des Begriffes findet sich in der Novelle „The Bohemian. A tragedy of modern life" von Ch. de Kay (1878): Ein Außenseiterzirkel von Künstlern und Literaten nennt sich „The expressionists".

18.2 Expressionistische Stilformen

Einheitliche expressionistische Stilformen lassen sich kaum ermitteln. Ein ungewöhnliches Chaos von Stilelementen, die ungeordnete Vermengung von Jugendstil (▷ 17.23), Symbolismus (▷ 17.3) und Allegorismus, die eklektische Anwendung von Elementen historischer Stile wie Spätgotik, Rokoko, Romantik, Sturm und Drang, aber auch der Rückgriff auf exotische, arkadisch-mythologische Elemente und unterschiedlichste Manierismen ist bezeichnend. Das Typische des Expressionismus ist aus diesem Grunde vielleicht gerade die atypische Verbindung bekannter Stilformen, die selbst das Wiedererkennen von bestimmten Stilelementen problematisch macht. So erscheinen zum Beispiel Barockes oder Romantisches höchst selten in geschlossener und erst recht nicht in vollendeter Form, sondern häufig von zahlreichen Stilproben durchdrungen und mit unspezifischen Elementen versetzt. Kunst- und Literaturwissenschaft stehen vor einem kategorialen Problem und sprechen von einem „Stilchaos" oder „Stilpluralismus". In der expressionistischen Lyrik zum Beispiel sind nahezu sämtliche Aspekte moderner Lyrik, die Deformation, das Groteske, Alogische, die Absurdität und autarke Symbolik, vorzufinden. Die Beurteilung der expressionistischen Prosa orientiert sich weitgehend an Konzeptionen wie Vitalismus, Aktionismus (▷ 18.16), Wortkunst und Dadaismus (▷ 18.31; 18.32) und die des expressionistischen Theaters an hybriden und wenig zukunftsweisenden Zwischenformen, wie zum Beispiel zeremonielles, magisch-rituelles, exzessiv-panisches Theater, die sich letztlich generell bestenfalls nach abstrakt-formalen, lyrisch-dramatischen, satirischen oder politischen Kriterien einteilen lassen.

18.3 Dichtende Maler – malende Dichter

Kennzeichnend für viele expressionistische Künstler ist das Phänomen der Doppel- oder Mehrfachbegabung, das zu vielschichtigen und letztlich interdisziplinären Bewertungen der expressionistischen Dichtung, Malerei oder auch Baukunst führen muß. Diese Interdependenz von Wort- und Bildkunst läßt den Expressionismus weniger als eine kunst- oder literaturspezifisch einheitliche Form erscheinen, sondern beschreibt ihn vielmehr als Konzeptform einer vielseitig orientierten Kunst, die sich um Vermittlung ihrer unterschiedlichen Bereiche, in vielen Fällen aber auch um die Auflösung der klaren Konturen ihrer Disziplinen bemüht. Die Künstlergemeinschaften „Brücke", „Blauer Reiter" und die Zeitschriften „Die weißen Blätter" (▷ 18.15), „Der Sturm" (▷ 18.28), „Das neue Pathos" (1913–14), „Das Kunstblatt" (1917 bis 1933), „Die Aktion" (▷ 18.15) waren Zentren der wechselseitigen Abhängigkeitsbeziehung von bildender Kunst und Dichtung, für die sinnbildlich zum Beispiel die Freundschaft von F. Marc und E. Lasker-Schüler (▷ 18.27), als beispielhaft aber auch die literarisch-bildnerischen Doppelbegabungen von W. Kandinsky, P. Klee, A. Kubin, O. Kokoschka (▷ 18.4) und E. Barlach (▷ 18.9) stehen könnten. Ein der Interdependenz nahestehender Eklektizismus, eine nicht immer originelle Anknüpfung an die unterschiedlichsten Stile, Systeme und Theorien, hat der expressionistischen Bewegung oftmals Kritik eingebracht. Döblin (▷ 19.19) bezeichnet den Expressionismus als eine „Gärung ohne Richtung" und E. Bloch, der die besondere geschichtliche Situation der Expressionisten berücksichtigt, nennt sie – allerdings eher im positiven Sinne – „Pioniere des Zerfalls", wobei er sowohl die von ihnen propagierte Vermengung der unterschiedlichen künstlerischen Bereiche als auch die Forderung nach einer vielschichtigen Auseinandersetzung mit einer zerrütteten Zeit, mit Krieg, Revolution und sozialem Elend, erkennt. – Natürlich sind die Versuche, zwischen bildender Kunst und Dichtung zu pendeln, mit Wort- und Bildelementen zu jonglieren, gleichfalls nicht unabhängig von dem Einfluß des neuen Mediums Kino (▷ 18.30) zu begreifen. Viele expressionistische Literaten sahen im Kino die Möglichkeit, die Ausdruckskraft der sprachlichen Bilder durch bewegte zu vergrößern. Dabei entsprach der halluzinatorische Aspekt des Kinoerlebnisses, die Leinwandrealität, der phänomenologische Wirklichkeitsverlust (▷ 18.20), dem Drang nach Abstraktion und Ekstase (▷ 18.21). Das neue Medium schien, entgegen der Meinung einiger Kritiker, zu denen auch C. Einstein (▷ 18.19) gehörte, besonders geeignet, die literarisch-bildnerische Synthese herzustellen.

18.4 Provokation und Vision – Oskar Kokoschka

Wie A. Kubin, E. Barlach (▷ 18.9), H. Arp (▷ 18.32) und anderen bildenden Künstlern des Expressionismus muß dem Österreicher Oskar Kokoschka (* Pöchlarn 1. März 1886, † Villeneuve 22. Februar 1980) ein wesentlicher Einfluß auf die moderne Literaturgeschichte zugesprochen werden. Konzeptionell an die frühromantische Idee einer Universalkunst und an die Fortbildung dieser Idee im 19. Jahrhundert gebunden, formuliert er in seinem Werk eindringlich die Probleme des literarischen Zeitgeistes: Individuation, Wahnsinn und Erlösung. Provokatorisch beschwört er die völlige Selbstinszenierung, die nicht nur das eigene Dasein, sondern das Dasein überhaupt zur Kunst werden läßt. Der Standort dieser Herausforderung bleibt allerdings jener der innerlichen Zurückgezogenheit, der Vision, der einsamen ekstatischen Auseinandersetzung mit einem durch die gesellschaftliche Realsituation verunsicherten Selbst. Als Visionär zeigt sich Kokoschka bereits in seiner ersten, noch surrealistischen Dichtung „Die träumenden Knaben" (1908). Einer Traumlogik folgend, dem Gesetz der Assoziationen, führt er die Auseinandersetzung zwischen Geist und Chaos, zwischen Vernunftordnung und einem ungeordneten Urzustand, vor, die in seinen späteren expressionistischen Dramen in das zentrale Thema des Geschlechtergegensatzes umgewandelt wird. Tragisch-pathetisch wirken sich Kokoschkas Versuche aus, diesen Gegensatz zu lösen. Wird in seiner „Komödie für Automaten" „Sphinx und Strohmann" (entstanden 1907, gedruckt in: „Dramen und Bilder", 1913), die er später zu dem größeren Drama „Hiob" (1917) verarbeitet, das Leben noch parodistisch als Lüge und Täuschung begriffen, so wird diese Einsicht in „Mörder, Hoffnung der Frauen" (entstanden 1907, gedruckt in: „Dramen und Bilder", 1913) zu einer ge-

Plakat von Oskar Kokoschka zu seinem Drama „Mörder, Hoffnung der Frauen" (1909)

walttätigen Vision. Der Mann wird zum Mörder der Frau, das Opfer zum Selbstzweck. Höhepunkt und Ende seiner expressionistischen Dichtkunst ist Kokoschkas Drama „Orpheus und Eurydike" (1915 begonnen, gedruckt in: „Vier Dramen", 1919), das angeblich in verschlüsselter Form sein kurzes Verhältnis zu der Witwe des Komponisten G. Mahler, Alma Mahler, thematisiert. Den Irrsinn seiner Zeit erfuhr Kokoschka am eigenen Leibe, als 1937 alle seine Werke im öffentlichen Besitz als „entartet" beschlagnahmt wurden.

18.5 Der Schatten Nietzsches

„Mein Schatten ruft mich? Was liegt an meinem Schatten! Mag er mir nachlaufen! ich – laufe ihm davon." So heißt es in Nietzsches „Also sprach Zarathustra. Ein Buch für Alle und Keinen" (1883–85). Auf merkwürdige Weise war es der gleiche Ruf, dem viele Expressionisten zu entfliehen versuchten und der sie ganz im Sinne dieses Bildes vom Schatten in ein weltverlorenes, schattenloses Dasein hetzte. Das Bild vom verlorenen Schatten steht für den Verlust der Identität, des Sinnzusammenhangs von Mensch und Welt. Nietzsches Verweis auf den „Hinfall kosmologischer Werte" kündigt die Zersetzung oberster Zweck- und Wertbegriffe an, die sich besonders in der expressionistischen Prosa, zum Beispiel bei G. Benn (▷ 18.26), G. Heym (▷ 18.24), C. Einstein (▷ 18.19), J. von Hoddis und auch F. Kafka (▷ 18.22) widerspiegelt. Die Nihilismuserfahrungen dieser Autoren gehen unmittelbar auf die Radikalität der Auseinandersetzung Nietzsches mit der Aufklärung zurück. Das Erbe der Philosophen Descartes, Kant und Hegel ist für Nietzsche die Situation transzendentaler Obdachlosigkeit. Die Aufklärung hat den Menschen ihren religiösen Glauben genommen, sie in eine metaphysische Leere, ein Nichts, geführt. Nur Rausch, Mystik und Kunst bieten sich zu erneuter Sinnstiftung, zur Erlösung und Befreiung aus dem Nichts an; leere Transzendenz der Aufklärung soll aufs neue mythologisch aufbereitet werden. Der verunsicherte Mensch verleiht sich in Auseinandersetzung mit dem Schatten eigener Nichtigkeit neue Identität. Er überwindet seine individuellen Ohnmachtsgefühle durch das eigene Ich erhebende Allmachtsphantasien (▷ 18.6). Neben Nietzsche ist M. Stirner (▷ 17.15) als wichtiger Wegbereiter der expressionistischen Theorie zu nennen. Der Junghegelianer kann mit seinem Werk „Der Einzige und sein Eigentum" (1845), in dem er sich zu einem radikalen Egoismus bekennt, als eigentlicher Vordenker Nietzsches verstanden werden.

18.6 Von Zarathustra zu Christus – Reinhard Johannes Sorge

Skeptizismus, wo immer er von Nietzsche zum Ausdruck gebracht wird, hat der als expressionistischer Metaphysiker eingeschätzte Lyriker und Dramatiker Reinhard Johannes Sorge, geboren in Rixdorf (heute zu Berlin) am 29. Januar 1892, nicht zur Kenntnis genommen. Was ihn vielmehr zum selbsterwählten Verkünder künftigen Heils gemacht hat, ist die in Nietzsches „Also sprach Zarathustra ...“ (▷ 18.5) beschworene Allmachtsphantasie des sich selbst Überwindenden. Ganz im Sinne Zarathustras, aber auch geprägt von dem ästhetischen Transzendentalismus der Romantiker oder von den Motiven des Sturm und Drang, tritt Sorge als Prophet der eigenen religiösen Intuition auf. Dies wird bereits in seiner ersten geschlossenen Dichtung „Der Jüngling“ (1925) deutlich, die er in eine symbolische Seelenlandschaft, eine Zarathustra-Landschaft, verlegte. Wie Odysseus in der gleichnamigen dramatischen Phantasie ist der Jüngling „Lichtmensch“, ein auf dem Wege der Erleuchtung Wandelnder. Besonders deutlich werden Nietzsches Einflüsse in dem Einakter „Antichrist“, in den Szenen „Guntwar. Ein Werden“ und „Zarathustra“ (enthalten in: „Der Jüngling. Die frühen Dichtungen“, 1925). Sorges Hauptwerk ist das Drama „Der Bettler“ (1912), das er nach schweren Depressionen und dem verzweifelten Versuch, ein Prometheus-Drama zu verfassen, schrieb. Im Mittelpunkt steht die autobiographisch angelegte Figur des Dichters, eine durch überhöhtes Sendungsbewußtsein gekennzeichnete Gestalt: Der Dichter ist der Retter der Menschheit, ein kosmischer Messias. – So wie der wahre Schüler nach der Auffassung Zarathustras den Meister überwindet, so geriet Sorge über den nihilistischen Geist Nietzsches hinaus. Nach einem Erleuchtungserlebnis fühlte er sich zum christlichen Glauben bekehrt und rechnete in seinem „Gericht über Zarathustra“ (1921) endgültig mit Nietzsche ab. Er beschloß die Konversion zum Katholizismus und bereitete sich, obwohl seit kurzem verheiratet, auf den Priesterdienst vor. Im Mai 1915 wurde Sorge einberufen. Er fiel am 20. Juli 1916 bei Ablaincourt in Flandern.

18.7 Die Wandlung zum „neuen Menschen“

Die Romantiker Novalis (▷ 13.13), F. Schlegel (▷ 13.10) und Schelling entwickelten in ihren Entwürfen zu einer „neuen Mythologie“ das Bild von dem in einem mythologi-

schen Prozeß reifenden neuen Menschen. Nietzsches propagierte Überwindung des Menschen zum Übermenschen (▷ 17.16), die ihr Vorbild in der Zerstückelung und erneuten Geburt des griechischen Gottes Dionysos hat, kann als Fortbildung dieses romantischen Konzeptes verstanden werden. Seine Ausführungen bestimmten im Grunde tendenziell die gesamten vulgär-materialisti-

Bühnenbildskizze von Ernst Stern zum 1. Akt des Dramas „Der Bettler“ von Reinhard Johannes Sorge

schen, spiritistischen und monistischen Auffassungen des ausgehenden 19. Jahrhunderts und fügten sich letztlich problemlos in die faschistische Ideologie ein, wo das Konzept seinen utopischen Geist endgültig an den Führer- und Nationalkult verlor. Die expressionistische Bewegung ihrerseits versuchte gerade an diesem utopischen Geist festzuhalten, der für sie noch Ausdruck der Hoffnung auf eine übernationale, sozialistische Gemeinschaft war. So forderte zum Beispiel der revolutionäre Schriftsteller und spätere Volksbeauftragte der Münchner Räterepublik G. Landauer (▷ 18.17) in seiner Schrift „Aufruf zum Sozialismus“ (1911) die Wandlung der Völker aus dem „Geist der Gemeinde“. „Mensch, werde wesentlich“, heißt es in einem Gedicht von E. Stadler, „Hervor, o Mensch, aus tobendem Nichts!" bei W. Hasenclever ($\triangleright$ 18.13) oder „Mensch Mensch Mensch stehe auf stehe auf!!!" bei J. R. Becher. Die ideologische Verunsicherung des einzelnen, seine Sinn- und Strukturkrisen, die durch Selbst- und Realitätszweifel hervorgerufenen Spaltungsprozesse des Bewußtseins, Ich-Dissoziationen, hatten Anfang dieses Jahrhunderts diese und ähnliche Aufrufe zu Ich-Erhebung oder -Erneuerung nötig gemacht. Auch das expressionistische „Verkündigungsdrama" gehört in diesen Kontext. In ihm wimmelt es geradezu von religiösen Vorstellungen, Erweckungs- und Bekehrungsgedanken. Leidensekstasen ($\triangleright$ 18.21), Mystizismus und Revolutionswilligkeit verbinden sich zu einer oftmals pathetischen oder ekstatischen Aufwärtsmentalität. Das bei vielen Expressionisten häufig verwendete „O-Mensch-Pathos" ist charakteristischer Ausdruck dieser Regung. Im Verkündigungsdrama bei G. Kaiser ($\triangleright$ 18.11) greift die Idee einer möglichen Wandlung zum neuen Menschen in den Mythos menschlicher Gottwerdung über. Das Ich wird zum religiösen Heilsbringer gesteigert, gewissermaßen „messianisiert". Mystische Sehnsucht und der Glaube an eine aus dem Subjekt herausbrechende revolutionäre Menschenverbrüderung kennzeichnen diese Auffassung. Nicht im einzelnen allein, sondern in allen Menschen soll sich die innere Wandlung zum neuen Menschen vollziehen.

18.8 Das Stationendrama – August Strindberg

Eine ähnliche Rolle wie E. Munch für die expressionistische Malerei spielte der Schwede August Strindberg (* Stockholm 22. Januar 1849, † ebenda 14. Mai 1912) für die expressionistische Literatur. Wie Munch hat Strindberg mit der Form experimentiert und den Expressionismus entscheidend beeinflußt. Seine Trilogie „Till Damaskus" (1898–1904, deutsch „Nach Damaskus", 1912) wird als Keimzelle des expressionistischen Dramas begriffen. Strindberg hat in diesem Drama eine Stationentechnik eingesetzt, die es ihm ermöglicht, die Seele des Akteurs ins Zentrum der Handlung zu rücken. Über 17 Stationen vollzieht sich die Handlung – nicht kontinu-

ierlich, sondern kontrapunktisch von Szene zu Szene. Aus der gebrochenen, fragmentarisch zusammengesetzten Perspektive des einzelnen offenbart sich gewissermaßen das „Mysterium der Welt". Die Welt existiert so, wie der einzelne sie sieht und begreift; seine Reflexionen, seine Religiosität bestimmen das Geschehen. Andere Charaktere haben kaum Eigenleben. Die Stationentechnik erleichtert Strindberg das assoziative Aneinanderreihen von Gedanken, die sich scheinbar konzeptlos, einer Traumlogik folgend, zusammenfügen. Es gibt keine klar bestimmbaren literarischen Formen, keine tatsächlichen Dialoge. Monologisch und rein subjektiv wird die Handlung bestimmt, die sich in Verbindung mit der jeweiligen Station symbolisch zu schließen scheint. Viele expressionistische Dramatiker haben diese Technik übernommen und mit ihr die ihnen gemäße Form gefunden. Der schwedische Sonderling, der sogenannte „Märtyrer-Dichter", erlitt nicht nur in seinen Werken die Erschütterungen der bürgerlichen Existenz. Sein ganzes Leben war von jener Schwäche, Empfindsamkeit, Bitterkeit und Zerrissenheit bestimmt, für die ein großer Teil der expressionistischen Literaten die Sensibilität zu schärfen trachtete.

18.9 Ernst Barlach

Der Künstler und Schriftsteller Ernst Barlach, geboren in Wedel (Holstein) am 2. Januar 1870, ist eine der interessantesten Randerscheinungen des literarischen Expressionismus. Er begann 1906 seine literarische Karriere nach einer Rußlandreise. Die für die Bestimmung seines künftigen Schaffens einschneidende Bedeutung der Erlebnisse dieser Reise zeichnete er in seinem „Russischen Tagebuch" (entstanden 1906) auf. Ein Jahr später begann er mit der Niederschrift seines Dramas „Blutgeschrei", das 1912 unter dem Titel „Der tote Tag" verlegt wurde. Motiv für dieses Drama war angeblich ein gerichtlicher Streit; Barlach kämpfte in jenen Jahren um die Vormundschaft für seinen Sohn. In einer für die expressionistische Literatur recht ungewöhnlichen Mischung aus profanen und sakralen Sprachelementen stellt er die Problematik des Menschensohnes dar, der nicht begreifen will, daß er in seinem innersten Wesen

Einbandzeichnung von Ernst Barlach zu seinem Drama „Der arme Vetter" (1918)

göttlicher Herkunft ist. Dieselbe Problematik wird auch in seinem 1918 veröffentlichten Werk „Der arme Vetter" angesprochen. Hans Iver, die Hauptgestalt des Dramas, verzweifelt an seiner Existenz und wählt durch inszenierten Selbstmord den Weg des Märtyrers in der Hoffnung auf religiöse Erlösung. In der autobiographischen Erzählung „Seespeck" (herausgegeben 1948) zeichnet Barlach die im weltlichen Vater-Sohn-Konflikt (▷ 18.12) wiederkehrende religiöse Problematik als eigenen, inneren Konflikt nach. Die vor 1914 entstandene Erzählung gilt als eigentlicher Höhepunkt seiner literarischen Produktivität. Ihr folgten Charakterstudien, Selbstporträts und ein drittes Drama, „Die echten Sedemunds" (1920). Im Zentrum dieses Dramas steht wie im „Seespeck" der Versuch des einzelnen, in einer ihm feindlich gegenüberstehenden Umwelt zurechtzukommen. Grude, der Held, will zeigen, daß jeder Mensch eine Doppelexistenz führt, Doppelgänger eines transzendenten Selbst ist und daß Selbstverwirklichung stets auf einer metaphysischen Vereinigung mit diesem Selbst beruht. Die Schwierigkeiten der realen Umsetzung dieser Identitätserlangung führen im „Findling"

(1922) zu einer Auflösung der egoistischen Selbstbespiegelung und zur Herausarbeitung einer wesentlich gewordenen Ich-Du Beziehung. Selbstverwirklichung, in „Der blaue Boll" (1926) ein letztes Mal dramatisch umgesetzt, ist in den Werken „Die Sündflut" (1924), „Die gute Zeit" (1929) und dem Romanfragment „Der gestohlene Mond" (herausgegeben 1948) ein Problem der „Intersubjektivität", der Einfühlung in den anderen, der Beziehung der Menschen untereinander wie auch ihrer Beziehung zu Gott geworden. 1937 erhielt Barlach, der auch auf der von den Nationalsozialisten aus Propagandagründen veranstalteten Ausstellung „Entartete Kunst" vertreten war, Ausstellungsverbot. Er starb am 24. Oktober 1938 in Rostock.

18.10 Franz Werfel

K. Pinthus (▷ 18.23), der zusammen mit W. Hasenclever (▷ 18.13) und Franz Werfel für den die expressionistische Literatur fördernden Kurt-Wolff-Verlag arbeitete, schreibt in seinen „Erinnerungen an Franz Werfel" (entstanden 1945): „... [es] war Kindlichkeit in seinem Wesen; ... Musik in allen seinen Werken: Weltanschauung, Gesinnung, Forderung, geformt mit einer fast unfaßbaren Musik des Worts, mit der das Unsagbare gesagt, in unsagbar sagbarer Form gesagt wird." Der am 10. September 1890 in Prag geborene Schriftsteller war ein nahezu besessener Musikliebhaber. Er liebte besonders die Musik G. Verdis, dem er 1924 sogar einen Roman („Verdi") widmete. Die treibende Kraft seiner Dichtung ist, wie er selbst es nennt, die „elektrisierende Melodie", die in ihrer Wirkung allerhöchstens noch von den in vielen Werken durchschimmernden Mysterientheologie (katholische Lehre mit besonderer Betonung der Heilsvermittlung im Mysterium der Sakramente Taufe und Abendmahl) übertroffen wird. Auffallend ist Werfels häufige Verwendung religiöser Motive (der Kampf zwischen Gut und Böse, das Verhältnis von Schuld und Sühne) und von Initiationsmomenten (Trennung, Wiedervereinigung, Tod, Geburt und Wiedergeburt). Ähnlich wie R. J. Sorge (▷ 18.6) thematisiert und problematisiert er den Generationskonflikt, die Vater-

Sohn-Beziehung (▷ 18.12), deren Tragik er sogar in einigen Texten mit einem ausgeprägten Marianismus (Marienkult) zu überwinden sucht. – Obwohl Werfel einer der ersten Protagonisten der expressionistischen Bewegung war, hatte er ein auffallend gespaltenes Verhältnis zu ihr. Den dramatischen Expressionismus nennt er später in einem Interview eine „haltlose Verbeugung vor der Sketsch- und Kinotechnik" seiner Zeit. In seinem Essay „Die christliche Sendung" (entstanden 1917) setzt er sich von dem Aktivismus K. Hillers (▷ 18.16) ab und erteilt überhaupt, indem er ein christlich-anarchistisches Bekenntnis ablegt, der politisch-aktivistischen Dichtung eine Absage. Expressionistische Stilelemente enthalten – von seiner Lyrik abgesehen – unter anderem die Dramen „Der Besuch aus dem Elysium" (1912), „Die Troerinnen" (1915), „Bocksgesang" (1921) und „Die Mittagsgöttin" (1923), die Phantasie „Spielhof" (1920), die Novelle „Nicht der Mörder, der Ermordete ist schuldig" (1920) und das Trauerspiel „Schweiger" (1922). Sein Verdi-Roman leitete 1924 Werfels nachexpressionistische Phase ein; die endgültige Abkehr vom Expressionismus vollzog er 1929 mit seinem Roman „Barbara oder Die Frömmigkeit". Entscheidenden Einfluß auf diese Wende soll seine Frau Alma Mahler, die Witwe des Komponisten G. Mahler, gehabt haben. Sein größter Erfolg war sein Roman über die Vergewaltigung eines freien Volkes „Die vierzig Tage des Musa Dagh" (1933), den er zur Zeit der Machtergreifung Hitlers schrieb. Der Roman über die Verfolgung der Armenier durch den jungtürkischen Staat wurde in Amerika von den Immigranten auch als ein Buch über die Judenverfolgung durch den Hitlerstaat gelesen. Werfel floh 1938 über Frankreich, Spanien und Portugal nach New York. Von dort aus siedelte er 1941 nach Kalifornien über. Er starb am 26. August 1945 in Beverly Hills.

18.11 Der „Denkspieler" – Georg Kaiser

Nicht zum bloßen Schau-Spiel, sondern zum Denk-Spiel will Georg Kaiser das Drama entwickeln, nicht bloße Schau-Lust, sondern

Denk-Lust, die Lust am Gedankenabenteuer, will er fördern. Der am 25. November 1878 in Magdeburg geborene Dramatiker war bis 1933 neben G. Hauptmann (▷ 16.22) der bekannteste Bühnenautor Deutschlands. Seine Karriere begann 1911, gewissermaßen im Geburtsjahr des literarischen Expressionismus, mit der Veröffentlichung der „Jüdischen Witwe". Kaiser bezieht sich in dieser Komödie auf das apokryphe Buch Judith des Alten Testaments. Berühmt wurde er 1917 durch die Uraufführung seines Stückes „Die Bürger von Calais" (Buchausgabe 1914). Kaisers Idee der Erneuerung des Menschen (▷ 18.7) findet in diesem Stück ihren ersten Ausdruck: Der siebzigjährige Eustache de Saint-Pierre wird im letzten Akt als „neuer Mensch" vorgestellt. Eustache begeht Selbstmord. Die unnütze Tat wird Beispiel für die Tat an sich, die zum existentiellen Neubeginn führt; Eustaches sinnloses Selbstopfer verweist auf den Übergang zu einer neuen Identität. Kaisers Trilogie „Die Koralle" (1917), „Gas" (1918) und „Gas. Zweiter Teil" (1920) beschreibt die Tragik dieser neuen Identität. Im Kampf zwischen Kapitalismus und Sozialismus reiben sich die Massen auf. Der Untergang der Menschheit scheint unvermeidlich. Der einzelne versinnbildlicht diese Tatsache mit seinem Opferbewußtsein. Auch die Komödien „Von Morgens bis Mitternachts" (1916), „Kanzlist Krehler" (1922) und „Nebeneinander" (1923) verweisen auf diese Problematik. Der wandlungsfähige einzelne scheitert an einer unwandelbaren Welt. – 1938 begab sich Kaiser, dessen Stücke 1933 von den Nazis verboten wurden, ins Schweizer Exil. Er starb am 4. Juni 1945 in Ascona.

18.12 Vatermord

1913 veröffentlichte S. Freud (▷ 17.9) sein Werk „Totem und Tabu". In diesem Beitrag zur Sozialanthropologie betrachtet Freud das Verhältnis des Sohnes zum Vater im Zusammenhang mit dem Totemopfer. Freud erkennt im ursprungsmythischen Vatermord das Motiv für die Entwicklung von Religion überhaupt. Den mythologisch überlieferten Urvatermord, den eine zusammengerottete Schar von Brüdern innerhalb der Urhorde mit dem

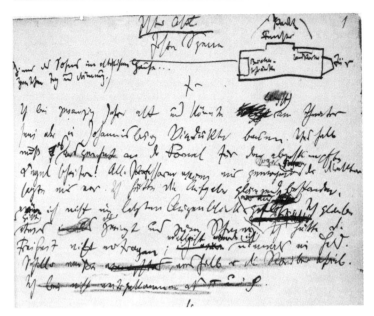

Erste Manuskriptseite
des Dramas „Der Sohn"
in Walter Hasenclevers
eigener Handschrift

Wunsch begeht, dem Vater gleich zu werden, läßt nach der Tat die Vatersehnsucht, die bereits zur Tat geführt hat, ins Unermeßliche wachsen. Der gemordete Vater wird zum Gott erhoben, zum patriarchalischen Vatergott. Das nach der Tat aufkommende Schuldbewußtsein der Söhne führe, so Freud, zu den verschiedenen Opferzeremonien innerhalb der Religionen. Das Selbstopfer Christi erscheint als ausgeprägteste Variante von Erbsünde und Erlösung. In der expressionistischen Literatur sind Vater-Sohn-Konflikte, Wahnsinn und Selbstmord prägnante Motive. Sie treten als Momente persönlicher Reifwerdung beziehungsweise Selbstüberhöhung und Selbstverwirklichung eines neuen Menschenideals ($\triangleright$ 18.7) auf. Die Aufarbeitung von Generations- und Vater-Sohn-Konflikten findet sich in den Werken von R. J. Sorge ($\triangleright$ 18.6), E. Barlach ($\triangleright$ 18.9) und F. Werfel ($\triangleright$ 18.10), vor allem jedoch in W. Hasenclevers Drama „Der Sohn" ($\triangleright$ 18.13), A. Bronnens Drama „Vatermord" (1920), Kafkas ($\triangleright$ 18.22) „Das Urteil" (1913), H. Johsts „Der junge Mensch" (1916) und G. Benns „Ithaka" (1919). Sie ist Bestandteil expressionistischer Kultur-, Moral- und Religionskritik, Ausdruck des intuitiven Erfassens kommender Katastrophen und der Sehnsucht nach neuen, sinnstiftenden

und erlösenden Prinzipien. – Wissenschaftlich und literarisch hat sich auch der Freud-Schüler V. Tausk mit dem Vaterproblem befaßt. Nach Tausk ruht die Sozietät auf dem Vaterkomplex; der Sohn habe dem Vater gegenüber eine ambivalente Einstellung, die sich in homoerotischen Gefühlen und der Liebe zur Mutter äußere. Das homoerotische Verhältnis zum Vater gewähre dem Sohn Identifizierungsmöglichkeiten, die ihm die Überwindung des Vaters und damit Erschließung der Sozietät ermöglichten. In Tausks Drama „Halbdunkel" (entstanden 1905, enthalten in: „Gesammelte psychoanalytische und literarische Schriften", 1983) wird Karl Glaph Opfer des schlechten Lebenswandels seines Sohnes und eines tätlichen Angriffs seines Schwiegersohnes. – Auf grelle Weise schildert der Anarchist, Utopist und spätere Faschist Bronnen den Vatermord in seinem gleichnamigen Einakter: Walter, der vom tyrannischen, alkoholsüchtigen Vater geschlagene und gedemütigte Sohn, wird nach einer langen Phase der Erniedrigungen aufsässig und fällt über den Vater her. Mit Stuhlbeinen, Wasserschüsseln und Bügeleisen gehen sie aufeinander los, die Mutter zwischen ihnen, nackt und geil, abwechselnd Vater und Sohn an ihre Brüste zerrend, den Sohn zum Mord aufstachelnd, bis dieser in einem als befreiend geschilderten Endkampf den „vor Wut und Haß gelähmten Alten durchsticht".

18.13 Walter Hasenclever

Walter Hasenclever, geboren am 8. Juli 1890 in Aachen, arbeitete wie F. Werfel (▷ 18.10) zusammen mit K. Pinthus im Kurt-Wolff-Verlag. Dort erschienen 1913 seine Gedichtsammlung „Der Jüngling" und 1914 sein Drama in fünf Akten „Der Sohn" (Abb. S. 375). Es wurde 1916 in Prag uraufgeführt. Hasenclever schreibt in dem Programm zur Erstaufführung: „Dieses Drama ist die Menschwerdung. Der Umweg des Geschöpfes, sein Urbild zu erreichen: Vorspiel des Bürgers zum Staat." 1917 erhielt Hasenclever für seine im selben Jahr erschienene Antikriegstragödie „Antigone" den Kleist-Preis. Sie wurde noch 1917 in Leipzig uraufgeführt. Thema des Stückes ist die „Rebellion des Herzens" für ein befreites Menschentum. Auch im Schauspiel „Die Menschen" (1918) appelliert Hasenclever gegen die „Logik des Jahrhunderts" an die „Logik des Herzens": Der Zuschauer müsse versuchen, sich in das Stück zu verwandeln, schreibt er zu diesem Schauspiel, müsse am eigenen Leib die magische Kette von Blut und Wahnsinn, Liebe, Haß, Gewalt und Hunger, Herrschaft, Geld und Verlogenheit empfinden, im Anblick dieser Leiden den Fluch der Geburt, die Verzweiflung des Todes erahnen; er verliere die Logik des Jahrhunderts; er sehe ins Herz der Menschen! 1916 veröffentlichte Hasenclever die dramatische Dichtung „Der Retter". Sein Film „Die Pest" entstand 1920. Besonders erfolgreich waren seine Komödien, die er nach 1926 schrieb: „Ein besserer Herr" (1926), „Ehen werden im Himmel geschlossen" (1928), „Napoleon greift ein" (1929). 1933 wurde Hasenclever ausgebürgert. Er nahm sich am 21. Juni 1940 im Internierungslager Les Milles bei Aix-en-Provence bei Annäherung der deutschen Truppen das Leben.

18.14 „Aus dem bürgerlichen Heldenleben" – Carl Sternheim

In einer Selbstdarstellung schreibt der am 1. April 1878 in Leipzig geborene Carl Sternheim: „In einem Dutzend Komödien stabilisierte ich von 1908 bis 1920 einiger Bürger irdisches Heldenleben, Bekenntnis zu ihrer und aller Welt Ursprünglichkeit ...", und er nennt sie Helden, weil sie, indem sie sich nach und nach gegen gesellschaftliche Zwänge und Widerstände wenden, es fertigbringen, allmählich ihre persönliche Freiheit zu entfalten. „Er ist kein moderner Dichter", sagt F. Blei, der mit ihm zusammen die Zeitschrift „Hyperion" (1908/09) herausgab, aber er sei ein Überwinder, einer, der die Einsamkeit und selbst den von dieser Einsamkeit sich befreienden A. Strindberg (▷ 18.8) überwunden habe; nicht das Bürgerlich-Moderne definiere ihn, sondern er definiere es. Ein Expressionist sei Sternheim, stellte E. Stadler nüchtern fest; ein von Skandalen und Verboten verfolgter Expressionist. Besonders sein Zyklus „Aus dem bürgerlichen Heldenleben", den er mit dem Lustspiel „Die Hose" (1911) einleitete, stand im Mittelpunkt der heftigsten Kritik. Er hatte versucht, dem verlogenen, philisterhaften Bürgertum den Spiegel vorzuhalten. Die Helden der Stücke Sternheims sind die gelassenen einzelnen, siegesbewußt und „stolz auf die eigene Person", der romantische Himmelsstürmer und Liebende Don Juan d'Austria in „Don Juan" (1909), der sein Spießertum genießende Theobald Maske in „Die Hose" oder der sich zum Helden entwickelnde Polizist Busekow aus der gleichnamigen Novelle (1914). – Mit einem Augenzwinkern ließ Sternheim seine Himmelsstürmer auf der Bühne an Seilen oder auf Leitern emporklettern, so in den Komödien „Die Kassette" (1912), „Bürger Schippel" (1914) und „Der entfesselte Zeitgenosse" (1920): Ekstase (▷ 18.21) als Parodie. Die tatsächliche Erhöhung des einzelnen sollte auf dem Boden der Tatsachen geschehen, im Ringen mit den Verstrickungen der irdischen Existenz. Wie in der Philosophie M. Stirners (▷ 18.5), auf die sich Sternheim bezog, muß der Einzige (in Anlehnung an Stirners „Der Einzige und sein Eigentum", 1845) sich selbst, seine „eigene

Nuance" behaupten, sich selbst entfalten und befreien. Sternheim war Mitarbeiter der Zeitschrift „Die Aktion" von F. Pfemfert (▷ 18.15; ▷ 18.16), dessen politische Ansichten er teilte. Ideologischen Einfluß hatte ebenso seine Freundschaft mit G. Benn (▷ 18.26), den er während des Krieges in Brüssel kennenlernte. Wichtig für Sternheims Stücke war seine Freundschaft mit F. Wedekind (▷ 17.21) und Hofmannsthal (▷ 17.12). In der Nachkriegszeit lebte der Schriftsteller in Deutschland und der Schweiz. Nach einer schweren Nervenkrankheit und der Scheidung von seiner zweiten Frau (1927) heiratete Sternheim 1930 Pamela Wedekind und zog endgültig nach Brüssel, wo er am 3. November 1942 starb.

18.15 Organe des Friedens

Von den expressionistischen Zeitschriften, die vor 1914 erschienen, überstanden, konfrontiert mit einer sich mehr und mehr verschärfenden Zensur, „Der Sturm" (▷ 18.28), „Die Aktion" (1911–32) und „Das Forum" (1914/15–1928/29) den Kriegsausbruch. In derselben Zeit ließ R. Schickele „Die weißen Blätter" (1914–21) erscheinen. War H. Waldens „Sturm" relativ unpolitisch und mehr an Ästhetik als an Ideologie orientiert, so nahm F. Pfemferts (▷ 18.16) literarisch-politische „Aktion" entschieden den Kampf gegen Militär, Krieg und Imperialismus auf. Unter dem Titel „Ich schneide die Zeit aus" reihte Pfemfert ausgewählte Pressezitate aneinander, die, auf diese Weise collagiert, einen konzentrierten Eindruck von den Greueln des Krieges hinterließen. Das Zitieren war eine der Möglichkeiten, die Zensur zu hintergehen. – Das kriegskritische Engagement der „Weißen Blätter" setzte ein, als Schickele die Zeitschrift im Schweizer Exil herausgab (seit 1916). Sie enthielten weniger politische Zeitkritik als literarische Kritik mit politischem Hintergrund. Schickele spricht wie W. Hasenclever (▷ 18.13), der auch in den „Weißen Blättern" veröffentlichte, von einer Revolution des Herzens: Nicht die rohe, qualitätslose Masse, sondern der innerlich erneuerte, politisch wirksame und feinsinnige einzelne soll die revolutionäre Verantwortung tragen.

NACH ZEHN KAMPFJAHREN FÜR

Die Aktion

VON GENOSSEN / FREUNDEN / MITARBEITERN

Felixmüller   *Widmungsblatt für Franz Pfemfert*

INHALT DIESES HEFTES: Beiträge von Felixmüller, Richter-Berlin, Max Dortu, Max Herrmann-Neisse, Victor Fraenkl, Johan Myns, Georg Davidsohn, Paul Robien, Albert Ehrenstein, Oskar Kanehl, Wilhelm Stolzenburg, Wilhelm Klemm, Ernst Blaß, Hilde Stieler, Erich Mühsam, Otto Rühle, Grete Rühle, Carl Sternheim, Heinrich Stadelmann-Dresden, Tobias Sternberg-Witte, Ludwig Nevak — Josef Kalmer und Georg Tappert.

Titelblatt der Zeitschrift „Die Aktion" zu ihrem 10jährigen Bestehen 1921

18.16 Geist und Tat – der Aktionismus

Die politischen Ereignisse im Jahre 1918, Kriegsende, sozialer und wirtschaftlicher Zusammenbruch, Novemberrevolution, blieben nicht ohne Wirkung auf die Geschichte des Expressionismus. F. Pfemfert, der Herausgeber der Zeitschrift „Die Aktion" (▷ 18.15), rückte Kunst und Dichtung stärker je in den Dienst der Politik. Er nahm Abschied von den meisten Dichtern aus dem eigenen Kreis, betätigte sich im Spartakusbund, begeisterte sich für die russische Revolution und veröffentlichte vorwiegend parteipolitische Schriften. Von seinen bekanntesten Autoren, darunter G. Benn (▷ 18.26), E. Lasker-Schüler (▷ 18.27), E. Toller (▷ 18.18) und F. Werfel (▷ 18.10), hielten zu diesem Zeitpunkt besonders K. Otten und C. Sternheim (▷ 18.14) zu ihm. Letzterer äußerte sich in einem Aufsatz, den er im November 1918 veröffentlichte, zur

377

deutschen Revolution: sie sei die einzige „geistige Tat", die die Deutschen auf Zukunft hoffen lassen könne. Für die politische Äußerung des expressionistischen Aktionismus wurde die Verbindung und wechselseitige Durchdringung von Geist und Tat oberstes Prinzip. Erst ein von der revolutionären Tat durchdrungener Geist, den Sternheim mit der Novemberrevolution in Deutschland lebendig werden sieht, kann sich nach Auffassung der Aktionisten über den für Katastrophen und gesellschaftlichen Zusammenbruch verantwortlich erklärten bourgeoisen Geist erheben. „Tätiger Geist" (1917/18) hieß das zweite der fünf von K. Hiller herausgegebenen Jahrbücher „Das Ziel" (1916–24), in denen unter anderem auch H. Mann (▷ 19.13) für die Synthese von Geist und Tat eintrat. – Zum weiteren Kreis des Aktionismus sind besonders die nach Kriegsende unter anderem in den Jahrbüchern von A. Wolfenstein „Die Erhebung" (1919–20) veröffentlichenden Autoren E. Bloch, M. Brod, G. Landauer, K. Pinthus und L. Rubiner zu zählen.

18.17 Die Münchner Räterepublik

Die politische Reichweite eines von vielen Expressionisten zunehmend unterstützten Aktionismus (▷ 18.16) verdeutlichen besonders die Münchner Ereignisse im Jahr 1919. Vornehmlich Schriftsteller avancieren zu bedeutenden Repräsentanten eines neuen Regierungsgedankens. Die Räterepublik wurde in München am 7. April 1919, fünf Monate nach Bildung der ersten provisorischen Regierung der Republik, von Sozialdemokraten, Unabhängigen Sozialdemokraten und Anarchisten ausgerufen. Sie wurde von einem provisorischen revolutionären Zentralrat und einem provisorischen Rat der Volksbeauftragten geleitet. Ihre politischen Ziele waren unter anderem: der Ausbau des Rätesystems, die sofortige Bildung einer Roten Armee, die Aufnahme politischer Beziehungen zum revolutionären Ungarn und Rußland, Sozialisierung des Zeitungswesens und Herstellung der revolutionären Internationale. Die Regierungsphase währte sechs Tage. Am 13. April wurden die provisorischen Räte von „mehrheitssozialistischen" Konterrevolutionären ge-

stürzt. Einsatzkräfte der KPD verhinderten den Sieg der Putschisten. Unter Leitung der Kommunistischen Partei wurde erneut ein Rätesystem errichtet (zweite Räterepublik). Es wurde am 2. Mai durch die Reichswehr beendet. – Zu den wichtigsten geistigen Führern der ersten Räterepublik gehörten der Unabhängige Sozialdemokrat E. Toller (▷ 18.18) und die Anarchisten E. Mühsam und G. Landauer. Landauer, ein Freund des jüdischen Religionsphilosophen M. Buber, verfaßte neben literaturwissenschaftlichen und philosophischen Schriften, in denen er die eher mystisch angenommene Synthese von Geist und Tat (▷ 18.16) und Mensch und Welt herausstellt, wie Mühsam auch politische Essays und Dichtungen. Er wurde noch während der Kämpfe um München von Freikorpsmitgliedern ermordet. Mühsam wurde am 12. Juli 1919 wegen Hochverrats zu 15 Jahren Haft verurteilt, von denen er sechs Jahre verbüßte. Im Ansbacher Festungsgefängnis verfaßte er 1920 einen Rechenschaftsbericht über die Revolutionsereignisse in München. Mühsam wurde 1934 (am 10. oder 11. Juli) im Konzentrationslager Oranienburg umgebracht. Landauers und Mühsams engster Mitarbeiter war der Schriftsteller Ret Marut (alias B. Traven), der 1917–21 die individualanarchistische Zeitschrift „Der Ziegelbrenner" herausgab.

18.18 Ernst Toller

Der am 1. Dezember 1893 in Samotschin (heute Szamocin) geborene Ernst Toller war eine der führenden Persönlichkeiten der Münchner Räterepublik (▷ 18.17). 1918 schloß er sich der USPD (Unabhängige Sozialdemokratische Partei Deutschlands) an und war nach der Ermordung des bayerischen Ministerpräsidenten K. Eisner (USPD) im Februar 1919 Vorsitzender der bayerischen Arbeiter-, Bauern- und Soldatenräte und im April Oberkommandierender der bayerischen Roten Armee in der Schlacht bei Dachau. In den Wirren der Nachkriegszeit vollendete er sein erstes Drama „Die Wandlung. Das Ringen eines Menschen", das noch im Erscheinungsjahr 1919 uraufgeführt wurde. Befreiender Existenzkampf, die Wandlung des Menschen (▷ 18.7) und Revo-

Steckbrief Ernst Tollers vom 15. Mai 1919

lutionswille werden in diesem Stationen-drama (▷ 18.8) emphatisch beschworen. Eine gegen Krieg, Elend und Haß gerichtete gei-stige Tat (▷ 18.16) vereint die Völker in den Visionen seines Protagonisten. – Nach dem Sturz der Räterepublik wurde Toller zu fünf Jahren Haft verurteilt. Er verfaßte während der Inhaftierung seine wichtigsten Dramen, „Masse Mensch" (1921), „Der entfesselte Wotan" (1923), „Hinkemann" (1924), und die Gedichtbände „Das Schwalbenbuch" (1924) und „Vormorgen" (1924). Pazifistische Mo-tive, Menschenliebe und Hoffnung führen in Tollers expressionistischen Revolutionsdra-men zu einem nahezu religiösen Bekenntnis an die brüderliche Menschheitsidee. Zivilisa-tions- und Ideologiekritik zeigen ihn – beson-ders in seinen Gedichten – als politischen Ro-mantiker, der menschliche Einsamkeit, Be-freiungsphantasien, das unendliche Ringen der Existenz zwischen Erlösung und Verfall, die Emotionalität des Scheiterns und Siegens, literarisch intensiviert hat. 1933 mußte Toller Deutschland verlassen. Er emigrierte nach Amerika, wo er sich, zunehmend depressiver werdend, am 22. Mai 1939 im Hotel „May-flower" in New York erhängte.

18.19 „Erkenntnistheoretische Prosa" – Carl Einstein

Erkenntnistheorie ist, oberflächlich definiert, die Lehre von den Möglichkeiten, Prozessen und Gesetzmäßigkeiten der Erkenntnis. In diesem Sinne bezeichnet „erkenntnistheoreti-sche Prosa" eine Erzählform, die weniger um das faktische Darstellen der Wirklichkeit als mehr um die Art und Weise der Wirklich-keitserfahrung bemüht ist. Eben darum ist es dem Schriftsteller, Theoretiker und Kunstkri-tiker Carl Einstein (* Neuwied 26. April 1885, † bei Pau 5. Juli 1940) zu tun. Fehlendes Er-kenntnisvermögen begreift er als Gefahr des Zeitgeistes; es könnte zur Funktionalisierung und Mechanisierung des Menschen führen. „Zerstörung des Gegenstandes, Entdingli-chung zugunsten einer Utopie", lautet daher die Devise seiner Konzeptionen, in deren Zentrum die gedankliche Vermittlung von Ar-chaik und Moderne wie die erkenntnistheore-tische Überwindung der angeblich normalen Sachlichkeit stehen. Das für normal Erach-tete, scheinbar Harmonische, nicht in seinen Widersprüchen Begriffene, ist für Einstein die Ursache bürgerlicher Individuation und Dissoziation. Seine umfangreichste dichteri-sche Veröffentlichung entstand 1906–09 un-ter dem Titel „Bebuquin oder Die Dilettanten des Wunders" (Buchausgabe 1912). Der gro-teske Roman wurde in der Zeitschrift „Die Aktion" (▷ 18.15) in Fortsetzungen veröffent-licht. Das Verhältnis von menschlicher Vitali-tät und Intellektualität, die ständige Ver-wechslung von Realität und Irrealität läßt den Helden mit seinem ausgeprägten Dop-pelempfinden die Störungen moderner Sub-jektivität erleiden. Der Stoff wurde in den Kreisen der „Aktion" und der „Weißen Blät-ter" (▷ 18.15), aber auch von den Dadaisten (▷ 18.31; 18.32) begeistert aufgenommen. Man schätzte das Verrätselte und Groteske. Es war Teil der kritischen Überzeichnung des expressionistischen Subjektivismus wie auch der Kritik an einer als Wirklichkeit ausgewie-senen Pseudorealität. 1919 nahm Einstein ak-tiv am Spartakusaufstand in Berlin teil. Seine wichtigsten Werke neben „Bebuquin" sind der Roman „Der unentwegte Platoniker" (1918) und „Die schlimme Botschaft. Zwan-zig Szenen" (1921).

18.20 Phänomenologie und Expressionismus

Parallel zur Entstehungsgeschichte des literarischen Expressionismus vollzog sich die Entwicklung der Phänomenologie, einer philosophischen Erscheinungslehre, deren Erkenntnistheorie (▷ 18.19) zunehmend an subjektiven Wahrnehmungsformen orientiert war. E. Husserl, der als Begründer der phänomenologischen Bewegung gilt, erläutert ihre Grundkonzeption in seinen „Ideen zu einer reinen Phänomenologie und phänomenologischen Philosophie" (1913). Die Reduktionsmethode, die Husserl anwendet, um seine Lehre von den Phänomenen, den Erscheinungen und Erscheinungsformen menschlicher Erkenntnis, zu entfalten, ist in der Philosophiegeschichte einzigartig. Nicht das Erkenntnisobjekt an sich, sondern die Art und Weise, wie es vom erkennenden Subjekt innerlich aufgefaßt wird, wählt er sich zum Gegenstand. Wie in der expressionistischen Literatur wird das innere Erleben der objektiven Welt in den Vordergrund gerückt. Der in der expressionistischen Literatur angesichts einer bedrohlichen Realität (existentielle Not: Krieg, Hunger, Elend) kultivierte Wirklichkeitsverlust findet in der Phänomenologie seine wissenschaftliche Rechtfertigung. Expressionistischer Ästhetizismus fordert wie die phänomenologische Reduktion eine überwirkliche Form der Dingerfahrung, die „Entwirklichung" und „Entdinglichung" methodisch voraussetzt.

18.21 Ekstase

Ekstase, Trance, Krankheit, Rausch und Tod kennzeichnen im Kulturleben der Naturvölker Übergangszustände, die besonders während der Reifezeremonien (Initiationen) mediale Funktion haben und zwischen Mensch und Gottheit, Diesseits und Jenseits, Kindheit und Reife vermitteln. Personen, die Gewalt über diese Zustände haben, Schamanen, Magier und Priester, nehmen in diesen frühen Kulturformen eine zentrale soziale Stellung ein. Ihre Kunst ist gewissermaßen die der Überwindung der für die irdische Existenz maßgeblichen Schranken. Die Bedeutung des

Archaischen für den Expressionismus, die Sehnsucht nach der „Urheimat", erklärt die Vorliebe für derartige Kultzusammenhänge, die in der expressionistischen Literatur zu einer Anhäufung von Ekstase-, Wahnsinns- und Selbstmordmotiven führt. Religiöse wie politisch-radikale Erlösungsstrategien entsprechen der psychischen und sozialen Disposition vieler Expressionisten. Die mit Ekstase- und Erlösungssehnsucht bekämpfte, gleichzeitig auch kultivierte Resignationshaltung scheint die ebenso therapeutische wie selbstzersetzende literarische Produktivität der Schriftsteller zu beflügeln. Das Schreiben selbst, der innere Dialog des Schreibenden, das magische Aneinanderreihen von Worten und Formeln, ist Vehikel der Ekstasestrategie. Das griechische Wort „ek-stasis" meint das Heraustreten (-stehen) aus dem Leib, eine Transzendierung. Ekstasevollzug verspricht Läuterung und Wandlung. Das Individuum erreicht eine höhere geistige und existentielle Stufe, vollzieht einen Statuswechsel. Im religiös-politischen Kontext vieler Expressionisten ist Ekstase ein Medium des Umsturzes und der persönlichen wie allgemeinen Erneuerung oder Wandlung (▷ 18.7). Die in expressionistischen Kreisen verbreitete Einnahme von Alkohol und anderen Drogen kann in diesem Zusammenhang als Form ekstatischer Erlebnissteigerung und spezieller Realitätsbewältigung erachtet werden.

18.22 Franz Kafka und der Expressionismus

Zwar fällt Franz Kafkas (* Prag 3. Juli 1883, † Kierling bei Wien 3. Juni 1924; Abb. S. 382) wichtigste Schaffensperiode zeitlich mit dem Expressionismus zusammen, und seine Prosa scheint durch wesentliche Charaktereigenschaften mit der expressionistischen Literatur verbunden; die Zuordnung Kafkas zum Expressionismus ist jedoch literaturgeschichtlich nicht haltbar (▷ 19.15). Kafka selbst hat sich bei verschiedenen Gelegenheiten vom Expressionismus distanziert – „Lärm und Wortgewimmel" verwirrten den Außenseiter, der zurückgezogen als Angestellter einer Versicherungsanstalt in Prag lebte. Viele der Motive, durch die Kafka in die Nähe der expressionistischen Literatur gerückt wird, sind denn auch eher auf zeitgeschichtliche Phänomene zurückzuführen. Das Motiv der Verwandlung zum Beispiel, das in der gleichnamigen Erzählung (entstanden 1912, gedruckt 1915) bei Kafka seine groteske Ausgestaltung erfährt – Gregor Samsa fand sich eines Morgens in seinem Bett zu einem abstoßenden Käfer verwandelt –, steht nur unter ironischen Aspekten in Beziehung zur individuellen Wandlung oder Menschheitserneuerung (▷ 18.7). Die Mythen, mit denen sich Kafka auseinandersetzt, sind nicht Partikel einer neuen Mythologie, sondern dienen der Berichtigung des Mythos. Der Verwandelte erfährt keine bessere Welt. In seiner außergewöhnlichen Situation muß Gregor am eigenen Leibe spüren, daß die sozialen Bedingungen die Ursachen sind, die ihn in diesen widerwärtigen Zustand gebracht haben. Auch das Motiv des Vaterkonfliktes (▷ 18.12), durch das Kafka oftmals in Beziehung zur expressionistischen Literatur gebracht wird, ist bei ihm weniger Gegenstand als mehr Anlaß der literarischen Tätigkeit. – Kafkas Rätsel, die Unverständlichkeit seiner Dichtungen, bewegen die Suche nach der Identität des ästhetischen Subjekts. Die Lösung führt durch ein episches Labyrinth. „Du kannst Dich zurückhalten von dem Leiden der Welt, das ist Dir freigestellt und entspricht Deiner Natur, aber vielleicht ist gerade dieses Zurückhalten das einzige Leid, das Du vermeiden könntest", schreibt Kafka. Leben ist Leiden und Leidensbewältigung – ganz im Sinne der expressionistischen Anstrengung damit auch Lebensbewältigung. So ist „Der Prozeß" (entstanden 1914, gedruckt 1925) das Musterbeispiel für den Labyrinthroman, ein endloses unentwirrbares Verfahren, eine Anklage, in die das ahnungslose, leidvolle Leben des einzelnen ausweglos verwickelt wird. Nur das aufgeschobene Urteil, das Josef K. im „Prozeß" erwartet, bedeutet Hoffnung. Am Ende wird Josef K. von den Abgesandten des geheimnisvollen Gerichts umgebracht. Erst der Tod verschafft ihm Zugang zu seiner Wandlung, zum Erlebnis der Epiphanie, des Erscheinens des Göttlichen. Wie viele Werke von R. J. Sorge (▷ 18.6) oder auch Trakl (▷ 18.25) ist Kafkas „Prozeß" auf das göttliche Erlösungswerk ausgerichtet. Ähnlich wie bei diesen und anderen Dichtern des Expressionismus vollzieht der „Prozeß" die Grunderfahrung des verzweifelten menschlichen Umherirrens, die sich nur in religiöse oder pseudoreligiöse Sinnhaftigkeit aufzulösen scheint.

18.23 „Menschheitsdämmerung" – expressionistische Lyrik

Die Lyriksammlung „Menschheitsdämmerung", eine „Symphonie jüngster Dichtung", erschien 1920 im Rowohlt Verlag in Berlin. Das Buch „soll nicht Skelette von Dichtern zeigen, sondern die schäumende, chaotische, berstende Totalität unserer Zeit ...", schreibt der Herausgeber K. Pinthus in seinem Vorwort. Diese Formulierung faßt am ehesten die divergierenden Strömungen expressionistischer Lyrik zusammen. Kein einheitlicher Stil, keine klar erkennbare Form, keine konkrete Zielsetzung sind für diese Dichtkunst prägnant. Ihre Grundgestaltung folgt der eher irrationalen, intuitiven sprachlichen Inspiration. Die von Ansprüchen befreite Sprache selbst soll sich äußern, in der Spontaneität des Ausdrucks ihre urwüchsige Form wiedergewinnen. Die Rationalität der Gedanken weicht der Logizität des Gefühls. „Sehnsucht, Glück und Qual" nennt Pinthus als Triebfedern; den expressionistischen Dichter bezeichnet er als „sehnsüchtig Verdammten", dem nichts bleibt „als die Hoffnung auf den Menschen und der Glaube an die Utopie". Merkmal dieser durch Ängste und Hoffnungen verlautbarten Endzeitstimmung ist die Aufhebung der Kontinuität. Die Konstruktion des expressionistischen Gedichtes ist brüchig; sprachliche Elemente sind oftmals wahllos aneinandergereiht. Das lyrische Ganze, von religiösen und politischen Motiven durchsetzt, ist Zerrbild der gebrochenen Totalität der expressionistischen Ära, ein deformierter, zersplitterter, vom Detail beherrschter Komplex.

Franz Kafka (Aquarell mit Sepia von Michael Mathias Prechtl, 3. Fassung, 1977; Privatbesitz)

18.24 „Umbra vitae" – Georg Heym

Unter den in der Lyriksammlung „Menschheitsdämmerung" (▷ 18.23) veröffentlichten Dichtern ist neben Trakl (▷ 18.25) und E. Stadler Georg Heym als der wohl bedeutendste frühexpressionistische Lyriker zu nennen. Heym wurde am 30. Oktober 1887 in Hirschberg im Riesengebirge geboren. Seine erste Gedichtsammlung „Der ewige Tag" erschien 1911. Der Dichter Stadler schrieb zu dieser Veröffentlichung: „Heym ist ein Priester der Schrecken. Ein Visionär des Grauenerregenden und Grotesken ... Die strenge Sachlichkeit, die unerschütterlich Bild an Bild reiht, ohne jemals abzuirren, ins Unbestimmbare auszuschweifen; die starre Regelmäßigkeit seiner Rhythmik, die ein gärendes, brausendes Chaos in eine knappe und gleichsam unbewegte Form sperrt, geben ... die seltsamste Wirkung: ein Totentanz in den verbindlichen Formen höfischen Zeremoniells." Eindrucksvoll bestätigt sich diese Wirkung in dem Band nachgelassener Gedichte „Umbra vitae", der Schatten des Lebens. Übermächtige Wahnbilder und Visionen erzeugt das überreizte, von Einsamkeit und Halluzinationen gepeinigte Gemüt des Dichters. Mit ungeheurer Schreibwut kämpft Heym gegen die Fülle der Eindrücke an. Allein in den letzten beiden Jahren seines Lebens entstehen über 400 Gedichte. Die Sammlung „Umbra vitae" wurde 1912 unmittelbar nach Heyms Tod herausgegeben. Heym ertrank am 16. Januar 1912 in Berlin beim Eislauf auf der Havel.

18.25 Georg Trakl

Der am 3. Februar 1887 in Salzburg geborene Georg Trakl starb bereits im Alter von 27 Jahren, am 3. November 1914, in Krakau an einer Überdosis Drogen. Er hatte Verbindungen zum Kreis um den „Brenner", einer 1910 gegründeten österreichischen Zeitschrift für Kunst und Kultur, zu dem L. von Ficker, K. Kraus und der Architekt A. Loos gehörten. In seinem letzten Lebensjahr stand Trakl in Kontakt mit E. Lasker-Schüler (▷ 18.27). Neben seinen dramatischen Versuchen „Totentag" (1906) und „Fata Morgana" (1906) und einigen Prosaskizzen verfaßte Trakl hauptsächlich Gedichte. Seine frühe Lyrik war stark an den Franzosen A. Rimbaud und Ch. Baudelaire orientiert. Die späteren Werke prägten entscheidend die expressionistische Lyrik (▷ 18.23) und die moderne Lyrik im allgemeinen. Düstere, prophetische Bilder, magische, kryptische Formeln, apokalyptische Visionen, eine parataktisch aufgelöste Symbolik kennzeichnen Trakls lyrisches Spätwerk. Scharfe Gesellschaftskritik und Bürgerfeindlichkeit drücken sich in seinen Arbeiten aus. Doch Trakl war kein Revolutionär, eher ein die radikale Innerlichkeit beschwörender Exzentriker, der sich durch Rauschgifte und eine anarchische Pseudochristlichkeit aus bürgerlicher Enge und beruflicher Not zu befreien suchte. Die Lehre der Philosophen Nietzsche (▷ 18.5) und S. Kierkegaard, aber auch des Dichters Hölderlin (▷ 12.19) und des Mystikers Meister Eckhart (▷ 6.16) bestimmten die Gedankenstruktur, auf die sich seine Texte zurückführen lassen. Lasker-Schüler verglich ihn gar mit Luther. Tatsächlich spiegeln seine Werke den verzweifelten Kampf gegen die dämonischen Mächte wider – ein Kampf, der, nach Trakl, zum Untergang führt. Leben ist Leiden, eine einzige Passionsgeschichte, ausweglos, ohne Möglichkeit der Erlösung. Dies ist die unheilvolle Quintessenz seines Werks, mit der er sich erheblich von den Menschheitserneuerern und -überwindern absetzte.

18.26 Gottfried Benn – Arzt und Dichter

Gilt Gottfried Benn (* Mansfeld [Westprignitz] 2. Mai 1886, † Berlin 7. Juli 1956) im geistigen Leben als ideologischer Vorkämpfer der Zerrissenheit, menschlicher Doppelexistenz, der gebrochenen Identität, so war auch sein praktisches Leben selbst gespalten. Als Arzt und Dichter pendelte er zwischen Dermatologie und Literatur, schwankte er im Spannungszusammenhang von Geistes- und Naturwissenschaften. Benn war der Sohn eines Landpfarrers. Er studierte Theologie und Philologie in Marburg, später Medizin in Berlin. Während des Ersten und auch während des Zweiten Weltkrieges war er Militärarzt. Seine expressionistischen Gedichtsammlungen „Morgue" und „Fleisch" veröffentlichte er in den Jahren 1912 und 1917. Zur lyrischen Kunst äußerte sich Benn in dem Vortrag „Probleme der Lyrik" (1951): „... [es] ist der Versuch der Kunst, innerhalb des allgemeinen Verfalls der Inhalte sich selbst als Inhalt zu erleben und aus diesem Erlebnis einen neuen Stil zu bilden, es ist der Versuch, gegen den allgemeinen Nihilismus der Werte eine neue Transzendenz zu setzen: die Transzendenz der schöpferischen Lust". Mit diesem Zitat ist viel über Benns Anspruch gesagt. Der Versuch des Dichters, sich selbst zum Gegenstand seiner Kunst zu machen, sich selbst als Inhalt zu erleben, mündet in einem lustbetonten transzendenten Ereignis. In der expressionistischen Phase Benns war dieser Gedanke der Transzendenz allerdings noch nicht gereift. Das ästhetische Subjekt dieser Phase findet sich allein konfrontiert mit seinem

„durchbrochenen", „fluchterfahrenen" und „trauergeweihten" lyrischen Ich. Der Zustand der „Wirklichkeitszertrümmerung", menschlicher Verfallenheit erhält besonders in dem erkenntnistheoretischen Drama „Der Vermessungsdirigent" (1919) seinen Ausdruck. Die Selbstzerstörung des einzelnen erscheint als die Tragödie des modernen Intellekts. Typisch für die Thematik des dichtenden Mediziners ist der zwischen 1914 und 1916 geschriebene Novellenband „Gehirne" (erschienen 1916). Der Mediziner Dr. Rönne versucht auf dem Weg der anatomischen Untersuchung von über zweitausend Gehirnen das Geheimnis des menschlichen Bewußtseins zu lösen. Sein Scheitern führt zur Ichauflösung, zum Zerfall des individuellen Bewußtseins, zur völligen Apathie, die er als befreiend erlebt. Zynisch stellt Rönnes nihilistischer Charakter den im Dienste der Nächstenliebe und Humanität stehenden ärztlichen Beruf unter Aspekte der Realitäts- und Menschenverachtung. In der Novelle „Diesterweg" (1918) führt der Zwiespalt zwischen Arzt- und Dichterberuf ebenfalls zu einem selbstzerstörerischen Akt des durchlebten

Titelblatt einer bibliophilen Ausgabe der Gedichtsammlung „Umbra vitae" von Georg Heym mit einem Holzschnitt von Ernst Ludwig Kirchner (1924)

Zweifels an Gott und den Menschen. Benns Essay „Das moderne Ich" (1920) stellt sich mit einer Absage an die Vernunft und Begriffswelt in den Dienst der Gegenaufklärung. Seine späteren Essays setzen sich vorbehaltlos für Hitler und den Nationalsozialismus ein: „Der neue Staat und die Intellektuellen" (1933), „Kunst und Macht" (1934).

K. Mann, der Benn verehrte, warf ihm 1933 in einem Schreiben „Verrat am Geist" vor. Benn soll nach der Niederschlagung der Röhm-Revolte seinen Irrtum eingesehen haben. 1938 erhielt er von den Nationalsozialisten Schreibverbot, 1945–48 Publikationsverbot. Über seine Zusammenarbeit mit den Nationalsozialisten legte er in seinem 1941 geschriebenen Aufsatz „Kunst und Drittes Reich" Rechenschaft ab. Eine neue Schaffensperiode begann (▷ 21.13).

18.27 Else Lasker-Schüler

Paul Zech bezeichnet sie als eine „somnambulistische Mondtänzerin", Kafka als eine „sich überspannende Großstädterin", und für K. Kraus ist sie „der wahre Expressionist aller in der Natur vorhandenen Formen". Kraus, der Herausgeber der satirisch-kritischen Zeitschrift „Die Fackel" (1899–1936), gehörte neben G. Benn (▷ 18.26), F. Werfel (▷ 18.10), G. Trakl (▷ 18.25) und F. Marc zu ihren bedeutenden Freunden. Sie begründete mit H. Walden, ihrem zweiten Ehemann, die Zeitschrift „Der Sturm" (▷ 18.28) und veröffentlichte in den wichtigsten expressionistischen Anthologien. Else Lasker-Schüler wurde am 11. Februar 1869 in Elberfeld (heute zu Wuppertal) geboren. Ihre literarische Karriere begann mit den Veröffentlichungen ihrer Gedichtsammlungen „Styx" (1902) und „Der siebente Tag" (1905). Deutlich treten in den Gedichten dieser Sammlungen die jüdische Religiosität und eine bereits expressionistisch anmutende Experimentierlust in den Vordergrund. Das Gedicht „Mein Volk" gilt als das erste expressionistische Gedicht in Deutschland. Das Gedicht „Weltflucht" dichtete sie – ganz im dadaistischen Sinne (▷ 18.31) – in einer mystischen Kunstsprache. „Min salihihi wali kinahu – Rahi hatima fi is bahi lahu fassun --" heißt es dort, und sie übersetzte: „Ich will in das Grenzenlose zu mir zurück, schon blüht die Herbstzeitlose." Angestrebte Selbstverbundenheit, das Gefühl der Weltverlorenheit und der mit diesen Zeilen erklärte Rückzug in die Innerlichkeit charakterisieren auffällig die expressionistische Perspektive. 1911 erschienen ihre „Briefe nach Norwegen" im „Sturm". 1919 wurde ihr Schauspiel „Die

Wupper" (1909) uraufgeführt. Ihre Kaisergeschichte „Der Malik" veröffentlichte die Schriftstellerin 1919. 1920 erschienen die Gedichtbände „Hebräische Balladen" (erweiterte Neuauflage der ersten Auflage von 1913) und „Die Kuppel", 1921 ihre Erzählung „Der Wunderrabbiner von Barcelona". Ihre Klage gegen die Verleger „Ich räume auf!" publizierte Else Lasker-Schüler 1925 im Selbstverlag. Sie emigrierte 1933 in die Schweiz. Von dort aus unternahm sie in den folgenden Jahren drei Palästinareisen. Während der letzten Reise verhinderte der Ausbruch des Krieges die Rückkehr in die Schweiz. In Jerusalem schrieb sie ihr letztes Werk, die Tragödie „Ichundich" (herausgegeben 1980). Dort starb sie am 22. Juni 1945.

18.28 Der Sturmkreis

1910 gründete der zu diesem Zeitpunkt mit Else Lasker-Schüler (▷ 18.27) verheiratete Musikwissenschaftler Herwarth Walden (eigentlich Georg Levin) die Zeitschrift für Dichtung, Malerei und Musik „Der Sturm". Zum Sturmkreis gehörten die Künstler O. Kokoschka (▷ 18.4), P. Klee, F. Marc, L. Feininger sowie die „Sturm-Dichter" der beiden Richtungen um E. Lasker-Schüler einerseits (P. Baum, A. Knoblauch, S. von Leer) und A. Stramm andererseits (F. R. Behrens, W. Runge, L. Schreyer, K. Heynicke, O. Nebel, K. Schwitters, K. Liebmann, K. Heinar). Der „Sturm" verstand sich als das führende Organ der Expressionisten. Im Sturm-Verlag wurden Künstlermappen und die „Sturm-Dichtungen" herausgegeben. Es wurden Vortragsabende organisiert und 1917 eine Kunstbuchhandlung eröffnet. Zusammen mit Schreyer gründete Walden die „Sturm-Bühne" (1917–21) in Berlin. 1932 erschien die letzte Nummer des „Sturm". Walden verließ Deutschland und ging nach Moskau, wo er als Sprachlehrer tätig war.

18.29 „Die gläserne Kette" – expressionistische Architektur

Im Dezember 1919 regte der Architekt B. Taut zu einem Briefwechsel an, der als der wohl bedeutendste architekturtheoretische Austausch dieses Jahrhunderts angesehen werden kann. Die Grundidee, der diese Korrespondenz folgte, hatte Taut in den ersten Tagen der Novemberrevolution in dem von ihm gegründeten Arbeitsrat für Kunst entwickelt. Unter der Führung einer neuen Architektur wollte er die Erneuerung der Kunst forcieren. „Die gläserne Kette", so nannte er die Korrespondenz, arbeitete im Sinne der Geheimbünde anonym; die Teilnehmer gaben sich Pseudonyme und äußerten ihre architektonischen Ideen in schwer zugänglichen, sprachlich eigensinnigen Texten. In seinem Aufsatz „Architektur neuer Gemeinschaft" (1920) erklärte Taut die Ziele der „Gläsernen Kette". Konzeptionelle Vorstellungen wie „Kristallisierung der Sehnsucht", Religionsbildung und Menschheitserneuerung (▷ 18.7) zeigen die „Gläserne Kette" als typisch expressionistische Architekturgemeinschaft. Tauts Auffassung war stark an die Philosophie Nietzsches (▷ 18.5) angelehnt. Er versuchte Nietzsches Nihilismus mit architektonischer Transparenz künstlerisch auszugestalten. Das wichtigste Baumaterial war das Glas, die bevorzugte Struktur die des Kristalls. Der Schriftsteller P. Scheerbart, den Taut 1912 durch die Gruppe um den „Sturm" (▷ 18.28) kennenlernte, hatte die Idee der Glasarchitektur hervorgebracht. – Monismus, Anthroposophie, Nihilismus und Dadaismus (▷ 18.31; 18.32) bestimmen im wesentlichen den ideologischen Zusammenhang der „Gläsernen Kette". In bezug auf die Bedeutung von Form und Inhalt herrschten Meinungsverschiedenheiten. Für die Teilnehmer H. Scharoun, H. Finsterlin, P. Goesch und Taut entsteht Form durch einen formgebenden, inhaltlichen Akt; für W. A. Hablik und die Brüder H. und W. Luckhardt hat Form keine Ursache, existiert nichts ohne Form. Einig war sich die Gruppe in dem Bewußtsein, daß der Phantasie mehr Wirklichkeit zukomme als der Realität. Aus diesem Grunde waren es zunächst keine in die Realität umsetzbaren Konzepte, mit denen sich der Kreis beschäftigte, sondern hauptsächlich visionäre, phantastische Entwürfe. Die Gruppe wollte mit praktischer Architektur nichts zu tun haben. Der Briefwechsel der „Gläsernen Kette" endete im Dezember 1920. Die einjährige Arbeit der Gruppe hatte zu keinen programmatischen Ergebnissen geführt, aber eine Fülle von Skizzenmaterial hervorgebracht.

18.30 Caligarismus – der expressionistische Film

Am 26. Februar 1920 wurde in Berlin der Film „Das Cabinet des Dr. Caligari", der erste expressionistische Film überhaupt, erfolgreich uraufgeführt. Der Film wurde im Lixi-Atelier in Weißensee bei Berlin gedreht. Die Regie führte R. Wiene. Das Drehbuch schrieben Carl Mayer und H. Janowitz. Caligari ist der größenwahnsinnige Direktor einer Nervenheilanstalt, ein Mörder, dessen Verbrechen von einem jungen Studenten aufgeklärt werden. Durch die Rahmenhandlung des Films erweisen sich die Erkenntnisse des Studenten jedoch selbst als fixe Ideen eines Paranoikers. Der Schauspieler W. Krauss spielte den Caligari. Die künstlerischen Ideen entwickelten W. Reimann, der der Gruppe um den „Sturm" (▷ 18.28) angehörte, und W. Röhrig. Dekoration und Kostüme wurden im expres-

Szene aus dem Film „Das Cabinet des Dr. Caligari" unter der Regie von Robert Wiene (1920)

sionistischen Stil gefertigt. Nichts schien natürlich. Der Film revolutionierte das zu seiner Zeit bekannte Kino. Man sprach von einem „Caligarismus". Kaum eine Szene ist naturalistisch angelegt. Die Schauspieler agieren zwischen bemalten Pappkulissen anstatt Bauten. Die Szenerie ist visionär, alptraumhaft. Subjektive Wahrnehmung, nicht objektiv Wahrgenommenes soll die Dekoration bestimmen, die noch vor dem exaltierten, ekstatischen Spiel der Schauspieler die Verzweiflung und Tragik des Geschehens zu vermitteln scheint. Das Neue an diesem Film war folglich, daß man es mit einem Kulissenfilm zu tun hatte, der ein anderes filmisches Verstehen erzwang. – Neben „Das Cabinet des Dr. Caligari" gilt die Verfilmung von G. Kaisers Drama „Von Morgens bis Mitternachts" (▷ 18.11) als die reinste Verwirklichung expressionistischer Filmkunst. Die Regie führte K. H. Martin. Unter den weiteren expressionistischen Theaterstücken, die verfilmt wurden, sind Dramen von W. Hasenclever (▷ 18.13)

Hugo Ball beim Vortrag seiner Lautgedichte im Cabaret Voltaire (1916)

und C. Sternheim (▷ 18.14). Kinodramen von Hasenclever, E. Lasker-Schüler (▷ 18.27), K. Pinthus und anderen wurden bereits 1914 in dem im Kurt-Wolff-Verlag erschienenen „Kinobuch" veröffentlicht, einem bemerkenswerten Beispiel für das Interesse der Expressionisten am Film. – Hervorzuhebende Beispiele für expressionistische Filmkunst sind „Nosferatu – eine Symphonie des Grauens" (1922), „Wachsfigurenkabinett" (1924), „Der müde Tod" (1921), „Die Straße" (1923), „Dr. Mabuse" (1922), „Hintertreppe" (1921), „Scherben" (1921), „Sylvester" (1923), „Der letzte Mann" (1924). Das Drehbuch der drei letztgenannten Filme schrieb ebenfalls Mayer, der Drehbuchautor des „Caligari".

18.31 Dada

Das von H. Walden theoretisch mitbegründete Ziel der expressionistischen Wortkünstler des Sturmkreises (▷ 18.28) stellt in auffälliger Weise die Beziehung zwischen Expressionismus und Dadaismus her: Wortkunst, der ästhetisch-formale Umgang mit Wörtern und Syntax, soll der Spontaneität des Geistes gerecht werden; ohne Rücksicht auf die Erfahrungswelt sollen durch das unmittelbar zum Ausdruck gebrachte Gefühl neue Sinn- und Erfahrungszusammenhänge geschaffen werden. Das Wort ist Material dieser Kunstgattung, die rhythmisch betonte Folge von Wörtern und Silben ihr Formprinzip. Mit der Bezeichnung „Dada" wird diese Vorliebe für das Wortmaterial und seine Rhythmisierung überdeutlich. Relevant scheint nicht die Unmittelbarkeit der Bedeutung, sondern die Unmittelbarkeit des Ausdrucks. „Dada heißt im Rumänischen Ja, Ja, im Französischen Hotto- und Steckenpferd", schreibt H. Ball (▷ 18.32), der als geistiger Vater der Bewegung verstanden wird, in sein Tagebuch und berichtet an anderer Stelle von der mystischen Anrufung durch einen christlichen Schriftsteller des 5./6. Jahrhunderts, Dionysios Areopagites, „D. A. – D. A.", die ihn angeblich auf die Bezeichnung gebracht hat. Dada bezieht sich auf die Gegenwart des Mystischen im Augenblick und ist im Grunde Formel für die Spontaneität des Ausdrucks par excellence. Als Ball im Februar 1916 in Zürich das Cabaret

Voltaire, die Zentrale jener neuen Bewegung der Wortkunst, errichtete, war es dieses Etikett, das er für die Arbeit im Cabaret Voltaire verwendete. Beeinflußt durch die Entwicklung zur abstrakten Malerei, verschiedene futuristische und surrealistische Manifeste, die Kunst des Objet trouvé (künstlerische Verwendung eines zufällig gefundenen Gegenstandes), die Relativitätstheorie, die Phänomenologie (▷ 18.20), die Philosophie Nietzsches (▷ 18.5), den Pazifismus (▷ 18.15) und politischen Radikalismus, entwickelte sich in Zürich für wenige Jahre eine Form der Zusammenarbeit, die die Ideen des Dadaismus in großen Teilen Europas verbreitete. Mitarbeiter waren neben Ball unter anderem T. Tzara, H. Arp (▷ 18.32) und M. Janco. Parallel zum Züricher Dadaismus traten in Berlin, Hannover und Köln dadaistische Gruppen auf. Der Künstler und Literat K. Schwitters (▷ 18.32) setzte die von Sturmkreis (▷ 18.28) und Cabaret Voltaire initiierte Bewegung fort. Seine Collagetechnik, die bewußte Störung des gewöhnlichen künstlerischen Prozesses in seinen Arbeiten, die Dekonstruktion der vertrauten Zusammenhänge durch fremdartige Kombination von Wort-, Bild- und Materialelementen ist für die Disposition der Kunst des zwanzigsten Jahrhunderts, besonders aber für die Entwicklung der konkreten Poesie (▷ 21.19) von großer Bedeutung.

18.32 Hugo Ball, Hans Arp und Kurt Schwitters

Zu den wichtigsten Dichtern des Dadaismus gehören Hugo Ball, Hans Arp und Kurt Schwitters. Ball verfaßte nach einer nicht abgeschlossenen Dissertation zum Thema „Nietzsche und die Erneuerung Deutschlands" sein erstes Drama „Die Nase des Michelangelo" (1911) und seinen Roman „Flametti oder vom Dandyismus der Armen" (1918). Vitalismus, die Annahme einer besonderen immateriellen Lebenskraft (im Sinne

der Philosophie H. Bergsons), und dionysisch-intuitive Lebenspraxis im Sinne Nietzsches (▷ 17.16) prägen den philosophischen Kontext dieser Werke. Die Gedichte, die Ball in den Jahren 1913/14 schrieb, werden dem Berliner Frühexpressionismus zugeordnet. Ball, der sich bereits 1917 vom Dadaismus abwandte, war zusammen mit Arp Mitbegründer des dadaistischen Cabaret Voltaire in Zürich (▷ 18.31). Arp war der Verfasser der Gedichtsammlungen „der vogel selbdritt" (1920), „die wolkenpumpe" (1920), „Der Pyramidenrock" (1924) und „weisst du schwarzt du" (1930). Er hatte Beziehungen zur Künstlergemeinschaft „Blauer Reiter" und zum Sturmkreis (▷ 18.28) und war befreundet mit dem Maler und Schriftsteller Schwitters. Schwitters proklamierte 1919 sein „Merz-Programm". Er entwarf dadaistische Collagen, sogenannte Merzbilder, und gab die Zeitschrift „Merz" (1923–32) heraus. Mit Aktionen gegen die zeitgenössische Kunst wollte er zur Kunst gelangen und ein „Merzgesamtkunstwerk" errichten. Gleichberechtigung aller Materialien, Verschmelzung aller Elemente, umfassende künstlerische Einheit und Identität waren seine Ziele. Literatur, Malerei und Bühnenkunst versuchte er zu verbinden. „Ich habe Gedichte aus Worten und Sätzen so zusammengeklebt, daß die Anordnung rhythmisch eine Zeichnung ergibt", schrieb er in einem 1921 veröffentlichten Aufsatz. Seine „Anna Blume"-Dichtungen (unter anderem „Anna Blume", 1919; „Die Blume Anna", 1923) und all die, die unter der Bezeichnung „Merz" erschienen, kennzeichnen in ihrer Zufallskombinatorik, als Ensemble von Versatzstücken, diese Arbeitsweise. Abstrakte Dichtung, der formale Eigenwert des Buchstabens und Lautes, der von bestimmbaren Assoziationen befreite Text markieren seine Werke „Das gesetzte Bildgedicht" (1922) und die „Ursonate" (1932). Die Überwindung der sprachlichen Grenzen, die Austauschbarkeit von Sinn und Un- oder Widersinn in diesen Werken entsprechen seinem Gedanken einer radikal-politischen, formal-ästhetischen Befreiungskunst.

Kapitel 19
Literatur der Weimarer Republik (1918–1933)

Einführung

Die überragende Bedeutung der Politik für die Literatur in der Zeit von 1918 bis 1933 wird bereits in der Epochenbezeichnung deutlich. Der Epoche zwischen deutscher Revolution und nationalsozialistischer Machtergreifung dient kein Stilbegriff oder kunstgeschichtlicher Ordnungsbegriff als Grundlage, sondern es sind außerliterarische Daten. Akzeptabel ist diese Periodisierung aufgrund der weitreichenden Signalwirkung der Revolution von 1918 und der augenblicklich einsetzenden Geistesverheerungen nach 1933, wobei die unterbrochene Kontinuität der literarischen Kultur der Weimarer Republik ungleich schwerer wog als der Revolutionseinschnitt. In Bezug darauf wird auch die Verbindung mit der österreichischen und schweizerischen Literatur gesehen, deren Vertreter, obwohl oft unverwechselbar durch ihre Herkunft geprägt, sich als Teil der gesamten deutschsprachigen Literatur sahen.

Die Unsicherheit über den exakten Beginn und das exakte Ende der Republik beleuchtet ihre vielgestaltige literarische Kultur, die nicht mehr von einer Bewegung oder einem Stilwillen regiert wurde, sondern alle künstlerischen Bewegungen seit der Jahrhundertwende in wechselnder Abstufung repräsentierte. Eine vollständig eigene Leistung ist der Periode, von wenigen Ausnahmen abgesehen, nicht gelungen. Das meiste speiste sich aus früheren Entwicklungen, einiges kam erst jetzt zur Blüte. Objektive Trennungen, von Spätexpressionismus und Neuer Sachlichkeit etwa, sind bei näherer Betrachtung nicht aufrechtzuerhalten.

Einen kurzen Moment lang jedoch schienen Deutschlands Künstler und Intellektuelle einig zu sein: die Revolutionseuphorie Ende 1918 speiste Hoffnungen von rechts und links gleichermaßen. Geistige Erneuerung, soziale Gerechtigkeit, nationale Einheit und Souveränität sowie gesellschaftliche Neuordnung wurden dem neuen Staat aufgegeben. Die angesichts sozialdemokratischer Bündnispolitik schnell ausgebrochenen Unruhen, die rechtsradikalen Mordanschläge auf Rosa Luxemburg und Karl Liebknecht (1919) und die Niederschlagung der Münchner Räterepublik (1919) zeigten schnell die Unvereinbarkeit der Perspektiven – auch der künstlerischen. Trotz der unübersehbaren Gegensätze der literarischen Bewegungen entstanden vor allem auf dem Gebiet des Romans Leistungen, an die die Autoren nach 1945 nur schwer anknüpfen konnten und die unter der Bezeichnung der „klassischen Moderne" ihre positive Definition gefunden haben.

19.1 Kunst und Politik in Essay und Reportage

Mit Ausbruch der Revolution begann eine intensive Diskussion unter Künstlern und Intellektuellen, die in den folgenden Krisenjahren bis 1923 schnell an Schärfe gewann und bis 1933 (in anderer Form auch noch darüber hinaus) anhielt. Das Forum für diese publizistische Auseinandersetzung bildete die eindrucksvolle, wenngleich chaotische Zeitschriftenliteratur der Republik, deren breites Spektrum von linksorientierten Blättern wie „Die Aktion" (▷ 18.15), „Die Linkskurve" (▷ 19.8) oder „Die Weltbühne" (▷ 19.2) über linksrepublikanische („Die literarische Welt", 1925–34; „Das Tagebuch", 1920–33; „Der Querschnitt", 1921–36) bis zu den vielfältigsten konservativen, christlichen und reaktionären Publikationen reichte („Deutsche Rundschau", 1874–1942, 1946–64; „Süddeutsche Monatshefte", 1904–35/36; „Hochland", 1903/04–1940/41, 1946/47–1971; „Die Tat", 1909/10–1938/39; „Deutscher Volkssturm", 1917–38). Doch es waren nicht nur Zeitschriften wie die literarische „Neue Rundschau" (seit 1904), sondern auch Zeitungen, die Essays und Reportagen druckten, genannt sei nur die „Frankfurter Zeitung", S. Kracauers Hausblatt.

C. von Ossietzky, K. Tucholsky und A. Döblin (▷ 19.19) verteidigten die Weimarer Republik, indem sie ihre Entwicklungsmöglichkeiten und Fehlentwicklungen polemisch analysierten. Die scharfe Kritik am Weiterleben wilhelminischer Ordnungsvorstellungen in der deutschen Bürokratie gehörten ebenso dazu wie E. E. Kischs zunehmend kritischer werdende Sozialreportagen und J. Roths (▷ 19.18) Feuilletons und Reiseberichte. Beispielhaft für die Bedeutung des Essays als Mittel der Verbindung von Politik und Kunst ist die Auseinandersetzung zwischen Thomas Mann und seinem Bruder Heinrich (▷ 17.22). Die Kontroverse um den Gegensatz von unpolitischer Innerlichkeit und engagierter politischer Teilnahme gewann dann mit G. Hauptmanns und Th. Manns (▷ 19.12) Bekenntnis zur Republik (1922) erneuten Auftrieb, obwohl gerade ihre rechten Kritiker ihr politisches Mandat verstärkt ausübten. Mit Kriegsende etablierte sich dann eine Gattung selbstreflektierender und gesellschaftskritischer Essayistik, die sich philosophisch-ästhetisch mit der zeitgenössischen Gegenständlichkeit auseinandersetzte und von mystischen Aussagen bis zur soziologischen Analyse reicht. E. Bloch erreichte in seinem Werk „Vom Geist der Utopie" (1918) die Verbindung von pazifistisch-sozialistischer Gesellschaftskritik, philosophischem Sehertum und Selbsterfahrungsbericht, der sich in seiner eigenwilligen Sprache als Detailbeobachtung am Alltäglichen formuliert. Auch S. Kracauer konzentrierte sich in seinen brillanten und präzis-polemischen Zustandsberichten aus dem Leben der Angestellten (1929) auf Alltäglichkeiten. Die Weimarer Lebenswelt

von Kino, Vergnügungslokal und Sportmentalität erschien bei ihm als Ornament der Masse, deren Oberflächlichkeit und sinnentleerte Schablonenhaftigkeit kritisch analysiert werden. In den Essays W. Benjamins trat zu kulturkritischen Anmerkungen die betrachtende Reflexion der eigenen Biographie vor dem Hintergrund gesellschaftlicher Symbole: seine Arbeiten beschrieben in wechselnden Spiegelungen die Philosophie und Psychologie des Weimarer Zeitalters.

E. Jünger formulierte seine kulturkritischen und aphoristischen Essays in „Das abenteuerliche Herz. Aufzeichnungen bei Tag und Nacht" (1929) aus gänzlich anderen Erfahrungen als überzeugter Frontkämpfer. Seine ästhetisierenden Gedankenfiguren bewegen sich oft um sich selbst, ohne die politische Wirklichkeit als Denkanstoß zu thematisieren. G. Benn schließlich beschrieb den Wirklichkeits- und Ichzerfall; Zivilisationsekel und politische Polemik trafen sich bei ihm in prägnant und suggestiv formulierten Thesen zur Funktion der Kunst und des Künstlers. Ähnlich wie R. Borchardt und R. A. Schröder betonte Hofmannsthal (▷ 17.12) die bewahrende Rolle der Tradition in der Auseinandersetzung mit den destabilisierenden Wirkungen der politischen und künstlerischen Brüche. In „Das Schrifttum als geistiger Raum der Nation" (1927) entwickelte er das Programm der nationalen Literaturkulturen als Grundlage europäischer Verständigung.

19.2 Von der „Schaubühne" zur „Weltbühne"

Bereits 1905 gründete S. Jacobsohn die Theaterzeitschrift „Die Schaubühne", die ab 1918 als „Die Weltbühne" bedeutenden Einfluß in der publizistischen Landschaft der Republik ausübte. Bis zu K. Tucholskys fester Mitarbeit 1913 profilierte sich die „Schaubühne" als ein führendes Organ der Theaterkritik, das sich zunächst gegen die Naturalisten und G. Hauptmann wendete, den „Wagnerismus" bekämpfte und das neue Drama „großen Stils" forderte, wobei F. Hebbel – und später H. Ibsen – als Vorbilder galten. Mit der Einsicht in die Vergeblichkeit der ästhetischen Illusion des „großen Stils" und dem Auftreten der expressionistischen Dramatik öffnete sich die „Schaubühne" mehr und mehr gesellschaftskritischen Fragen. Hatten in den ersten zehn Jahren die Beiträge der führenden Theaterkritiker die Arbeiten von O. Brahm und M. Reinhardt debattiert und das Berliner Theaterleben in Theorie und Praxis analysiert, traten mit dem Beginn des Ersten Weltkriegs naturgemäß politischere Themen in den Vordergrund. Jacobsohns ursprüngliches Ziel eines neuen Nationaltheaters war der Erkenntnis der Wirkungslosigkeit des Theaters gewichen, und die Orientierungslosigkeit der „Schaubühne" äußerte sich in vorübergehendem Hurra-Patriotismus. Doch schon bald fand die Wendung zu einem aktivistisch-sozialistischen Pazifismus statt, der den inneren Ausgleich in der Politik suchte und weitgehend undogmatisch war. In der Auseinandersetzung von Geist und Politik erschien ein moralisch-vernünftiger Individualismus als Grundlage einer neuen kulturellen Bestimmtheit. Die Bejahung der deutschen Kriegsschuld und die Unterstützung der neuen Republik gingen einher mit einer gesellschaftspolitischen Position, die in der Nähe der Unabhängigen Sozialdemokratischen Partei Deutschlands (USPD) lag, wobei die Vielfalt der Positionen der verschiedenen Mitarbeiter nicht übersehen werden darf. Mit der festen Mitarbeit C. von Ossietzkys 1926, der ein Jahr später auch die Leitung der Zeitschrift übernahm und bis zu ihrem Verbot 1933 an ihrer Spitze stand, konsolidierte sich das Erscheinungsbild der „Weltbühne", die sich unter Beibehaltung der kulturellen Themen immer stärker als politische Publikation profilierte. Hauptpunkte des Engagements betrafen die Reform des Sexualstrafrechts, Antimilitarismus, Justizkritik, Pazifismus, die Diskussion um einen humanitären Sozialismus und die Stellung des Judentums in der deutschen Gesellschaft. Mit der Machtergreifung der Nationalsozialisten mußte die „Weltbühne" ihr Erscheinen einstellen – spätere Wiederbelebungsversuche blieben relativ erfolglos.

19.3 Amerikanismus und Neue Sachlichkeit

Das kritische Bestreben nicht nur der rechten Kulturkritiker richtete sich gegen den sich in der Technik, in Architektur, Kunst, Film und Musik immer deutlicher artikulierenden Einfluß Amerikas. Schlagwort dieser Bewegung war „Modernität": der ungehemmte Fortschritt, das „Tempo dieser Zeit". Ausgehend von arbeitsteiligen Fließbandproduktionen entwickelte sich eine Ästhetik der technischen Form, die sich an der Funktionalität des Gegenstandes orientierte. Das „neue Bauen" der Bauhaus-Architekten stand ebenso dafür wie die ausgerichteten und normierten Bewegungsreihen austauschbarer Tiller-Girls, deren Tanzdarbietungen maschinenmäßig organisiert waren. Der Amerikanismus war der kulturelle Ausdruck der Massengesellschaft und ihrer Bedürfnisse. Die künstlerische Verwertung der technischen Errungenschaften der Zeit (Autos, Maschinen, Flugzeuge und anderes) war durch die futuristische, konstruktivistische und dadaistische Avantgarde vorbereitet, etablierte sich als „Neue Sachlichkeit" jedoch erst in der zweiten Phase der Republik ab 1923. Die Sachlichkeit der Kunst (in den Bildern von Ch. Schad, A. Räderscheidt, H. Davringhausen, O. Dix und G. Grosz) bekämpfte das diffuse Gefühl, zelebrierte die kühle Distanz und die reportmäßige Wahrheit der Lebenstatsachen. Neue Techniken des Films, des Radios und der Photographie erschienen gleichzeitig als Darstellungsinhalt und -form wie etwa in F. von Unruhs „Phaea" (1930). Brecht (▷ 19.5) erprobte die Mittel des Films und des

Titelblatt der letzten Nummer der „Weltbühne" vom Februar 1933

Radios („Die Dreigroschenoper", entstanden 1928); illusionszerstörende Techniken des epischen Theaters (Brecht) wurden entwickelt, und der Regisseur E. Piscator ($\triangleright$ 19.6) setzte Photo und Film in seinen montagehaften Inszenierungen ein (E. Tollers „Hoppla, wir leben!", 1927). Obgleich die Kunst der Neuen Sachlichkeit gegenüber den traditionellen Formen nur ein Randphänomen war, verband sie sich mit den Erscheinungen der modernen Massenkultur. Mit dem Entstehen der Freizeitkultur entwickelte sich der Sport als künstlerisches und gesellschaftliches Phänomen (Brecht, Ö. von Horváth, Marieluise Fleißer), und dessen Aktivisten, die Jugend, wurden zur sozialen Gruppe. Das Freizeitverhalten der Jugendlichen und ihr Geschmack bestimmten in immer stärkerem Maße die Lebenswelt der Weimarer Republik: Jazz- und Schlagermusik, Tanzsäle, Tourismus, Radio- und Filmvergnügen waren die Zeichen eines neuen Bewußtseins der Modernität amerikanischer Herkunft.

Doch sehr schnell wurde das Problematische der Verbindung von avantgardistischem Formwillen und neuer, sachlich-kritischer Philosophie einerseits und der massenhaften Uniformität und seelenloser Oberflächlichkeit andererseits deutlich. S. Kracauer, Brecht und andere wandten sich vehement gegen die Modernisierungshysterie.

19.4 Roman der Neuen Sachlichkeit

Obgleich die Neue Sachlichkeit weniger eine Epoche als einen Stil bezeichnet, lassen sich einige Romane der zweiten Hälfte der 20er Jahre als Beispiele dieser Tendenz gruppieren. Der aus der Kunstkritik entlehnte Begriff bezeichnet zumeist die möglichst authentische Darstellung zeitgenössischer Realität, die sich als oft unvermitteltes Nebeneinander von stilisierten Einzelheiten präsentiert. Die Fragmente des alltäglichen Lebens, die Gegenstände ebenso wie die Menschen, erscheinen passiv, unbewegt, wie unter Glas in ein starres Stilleben gepreßt. Kühle Distanz, Ablehnung des gefühlsmäßigen Pathos, Isolation und Kommunikationslosigkeit drücken sich in den scharfen Abgrenzungen der Figu-

ren aus, die jede für sich einheitlich wirkt, doch auch zerbrechlich.

Erich Kästners Roman „Fabian" (1931) kann als ein Modell dieser Haltung gelten. Die kurzen, faktenreichen Sätze vermitteln das Pathos des Unberührtseins und der Souveränität gegenüber der als schlecht beschriebenen Wirklichkeit. Der Held erfährt die Außenwelt als passives Medium universaler Skepsis, doch die Attitüde der kühlen Wirklichkeitsbewältigung ohne ideologischen Anspruch fällt oft in einen Raum unterdrückten Sentimentalismus zurück: zu deutlich wird die Tarnfarbe der Gefühllosigkeit als Schutz vor dem eigenen Leiden. Auch in Irmgard Keuns Roman „Das kunstseidene Mädchen" (1932) steht eine gewollt-sachliche Heldin im Mittelpunkt, deren nüchterne Abgebrühtheit sich schnell als Pose entlarvt. Hans Falladas Romane „Bauern, Bonzen und Bomben" (1931), „Kleiner Mann – was nun?" (1932), „Wer einmal aus dem Blechnapf frißt" (1934) und „Wolf unter Wölfen" (1937) variieren die neusachliche Verfahrensweise ins Breit-Epische. Hier finden sich präzise Milieuschilderung und „unheimlich echte" (K. Tucholsky) Analyse neben romantisierter Idylle und krasser Gesellschaftskritik. In Falladas erfolgreichen Romanen ist die Neue Sachlichkeit eher Thema als Mittel der Darstellung, während Marieluise Fleißers Roman „Mehlreisende Frieda Geier" (1931, umgearbeitet 1972 unter dem Titel „Eine Zierde für den Verein") und Ödön von Horváths Romane „Der ewige Spießer" (1930) und „Jugend ohne Gott" (1938) die neusachliche Vorgehensweise ihrer bissigen Gesellschaftsanalyse dienstbar machen. Erich Maria Remarques Romane, die auf seinen Weltkriegsroman folgten, porträtieren ebenso wie Falladas Werke das schwierige Leben in der Weimarer Republik; in „Der Weg zurück" (1931) und „Drei Kameraden" (1938) präsentiert sich die kurze, sachliche, oft auch schnodderige Art, mit dem Nachkriegselend fertig zu werden. Auch im frühen Werk J. Roths ($\triangleright$ 19.18) finden sich neusachliche Züge, die sich mit politischen und religiös-gesellschaftskritischen Zügen mischen. Von seinen frühen Romanen „Das Spinnennetz" (1923 in der Wiener „Arbeiter-Zeitung", Buchausgabe 1967), „Hotel Savoy" (1924), „Die Rebellion" (1924) bis zu „Zipper und sein Vater" (1928) und „Rechts und links" (1929) reichen die neusachlichen Einflüsse, die sich vielleicht am schönsten in den Schlußsätzen seines besten Romans dieser Zeit, „Die Flucht ohne Ende" (1927), ausdrücken: „... da stand mein Freund Tunda, 32 Jahre alt, gesund und frisch, ein junger, starker Mann von allerhand Talenten, auf dem Platz vor der Madeleine, inmitten der Hauptstadt der Welt und wußte nicht, was er machen sollte. Er hatte keinen Beruf, keine Liebe, keine Lust, keine Hoffnung, keinen Ehrgeiz und nicht einmal Egoismus. So überflüssig wie er war niemand in der Welt."

Hans Fallada
Kleiner Mann
was nun?

Titelblatt des Romans „Kleiner Mann – was nun?" von Hans Fallada mit einer Einbandzeichnung von George Grosz (1932)

19.5 Massen und Medien

Die Einsicht in den ambivalenten Charakter der neuen Techniken und Medien war schmerzhaft, denn es waren zu große Hoffnungen in sie gesetzt worden. Der Film galt als Beispiel demokratischer Kunst: die Zerstörung der „Aura" traditioneller Kunstwerke durch die unendliche Reproduzierbarkeit (W. Benjamin) galt ebenso als Ausdruck fortschrittlichen Charakters wie die massenhafte Rezeption der Radiosendungen. Autoren suchten den Kontakt mit den neuen Massenmedien, weil sie hofften, in der Quantität auch neue Qualität zu finden. Brechts (▷ 19.7) Hörspiele (zum Beispiel „Der Ozeanflug", entstanden 1928/29) waren Resultat einer entwickelten „Radiotheorie" (1927–32), ebenso wie er das Medium Film intensiv dis-

kutierte und benutzte. Doch schon am Beginn der 30er Jahre war es deutlich, daß die Hoffnungen getrogen hatten. Radio und Film ebenso wie die illustrierten Zeitschriften (etwa die „Berliner Illustrirte Zeitung") waren nahezu ausschließlich zum Sprachrohr des mächtigen Hugenbergkonzerns geworden (1916 Übernahme des Scherl-Verlags, 1927 Erwerb der „Universum Film AG" [UFA]), der in massenhaft produzierten Filmen, Zeitungen und Büchern weltanschauliche Reklame für seine nationalkonservative Politik machte.

Demgegenüber war die Internationale Arbeiterhilfe (IAH) W. Münzenbergs mit der „Arbeiter-Illustrierte-Zeitung" (AIZ; 1927 bis 1929) und der Prometheus-Film-GmbH ein Massenmedium, das sich mit A. Hugenbergs Medienkonzern nicht messen konnte. Die AIZ beschäftigte Arbeiterkorrespondenten, die mit neusachlich geschärftem Bewußtsein Photographie- und Reportagetechnik einsetzten.

Nach der ersten Blüte des deutschen Films (R. Wiene, „Das Cabinet des Dr. Caligari", 1920; F. Lang, „Dr. Mabuse", 1922, „Die Nibelungen", 1923/24, „Metropolis", 1926, „M", 1931; F. W. Murnau, „Nosferatu – eine Symphonie des Grauens", 1922; G. W. Pabst, „Die freudlose Gasse", 1925, „Die Büchse der Pandora", 1928; J. von Sternberg, „Der blaue Engel", 1930) dominierten die konfektionierten UFA-Produktionen; die besten Regisseure mußten 1933 emigrieren. Der Rundfunkbetrieb, 1923 aufgenommen, wurde 1933 gleichgeschaltet; bereits von Anfang an war das Medium auf unpolitische Unterhaltung verpflichtet worden, in Hitlers Deutschland wurde es dann zum bedeutendsten Propagandainstrument.

19.6 Theater für die Republik

Mit dem Kriegsende und der Aufhebung der Theaterzensur wurden die Hoftheater als Ergebnis der Revolution verstaatlicht, und eine Anzahl expressionistischer Stücke wurde erstmals gespielt. Die Theaterlandschaft der Weimarer Republik bestand allerdings zu einem großen Teil aus den Bühnen Berlins und seinen Regisseuren: M. Reinhardt, L. Jessner und E. Piscator. Reinhardts spektakulären, oft symbolisch-überhöhten Inszenierungen standen Jessners klare, inhaltsorientierte Arbeiten entgegen, die unter Beiseitelassen alles rein Dekorativen die dramatische Idee in dramaturgische Form gossen. Piscator forderte demgegenüber die Einsatzfähigkeit des Theaters für die proletarische Bewegung, in deren Sinn er proletarisches Theater als Politik betrieb. Zur Mobilisierung und Einbeziehung der Massen benutzte er die Techniken des Films, der Photomontage und der Revue. Mit der „Revue Roter Rummel" (1924) wurde er zum Vorbild zahlreicher Agitpropgruppen, die bis 1933 in ganz Deutschland wirkten. Neben den genannten Regisseuren muß noch auf die Arbeiten von E. Engel, J. Fehling und B. Viertel hingewiesen werden; sie präsentierten in ihren künstlerischen Produktionen oft neue und unbequeme Autoren, die im kommerziellen Theater unaufgeführt geblieben wären. Engel inszenierte unter anderem eine Reihe von Brecht-Stücken („Im Dickicht der Städte", „Die Dreigroschenoper" und andere), die sich als kritische Alternative zu Piscator verstehen ließen. Brecht (▷ 19.7) bemängelte die aus seiner Sicht kurzsichtige künstlerische Form Piscators, die mit avantgardistischen Mitteln die politische Wirksamkeit nur in der Gegenwart erreiche. Dagegen setzte er seine Überzeugung vom Erkenntnischarakter des Theaters und die Theorie der Lehrstücke.

Mit der Konsolidierung der Republik und dem Abebben der expressionistischen Inszenierungen gewannen die Komödien auf den Bühnen mehr Raum, wobei vornehmlich ältere Autoren, die zu den herausragendsten Expressionisten zählten, sich dem Genre widmeten. C. Sternheim (▷ 18.14) hatte bereits erfolgreich Komödien vor dem Krieg veröffentlicht. Großen Erfolg hatte er mit seiner Komödienreihe „Aus dem bürgerlichen Heldenleben" („Die Hose", 1911; „Die Kassette", 1912; „Bürger Schippel", 1913; „Der Snob", 1914). Wie in „Der entfesselte Zeitgenosse" (1920) und in „Der Nebbich" (1922) traf in der Komödie „Das Fossil" (1925) seine Kritik den berechnenden Kleinbürger und die Hohlheit der Weimarer Verhältnisse. Während Sternheims erbarmungslose Satire in der Verachtung seiner Zeit gründete, legte W. Hasenclever gefällige, an der französischen Boulevardkomödie geschulte Stücke vor. In „Ein

besserer Herr" (1926) und in „Ehen werden im Himmel geschlossen" (1928) fand das desillusionierte Publikum gut gemachte Unterhaltung. Y. Golls „Methusalem oder Der ewige Bürger" (1922) dagegen war eine groteske Verhöhnung des Bürgertums. G. Kaisers (▷ 18.11) Komödien „Nebeneinander" (1923) und „Kolportage" (1924) zeichneten ein realistischeres Bild der Gesellschaft, indem sie die Technik des Simultanstückes mit einer umfassenden Kritik an Humanitätsutopien, Neuer Sachlichkeit und der Technisierung der Gesellschaft verbanden.

Simultanstücke wurden zusammen mit dem Bühnenbild der aufgerissenen Häuserfassade, eine Art Verräumlichung des Stationendramas (▷ 18.8), fast zum Markenzeichen der Periode. F. Bruckner benutzte sie in „Die Verbrecher" (1929), der auch bühnentechnisch simultanen Präsentation mehrerer sozialbedingter Rechtsbrüche und ihrer juristischen Verfolgung. „Elisabeth von England" (1930) ist das historische Psychodrama der britischen Königin, und in „Krankheit der Jugend" (1929) zeigte sich die prekäre Situation dieser neuen Gesellschaftsgruppe. In ganz ähnliche Richtung zielte P. M. Lampels Zeitstück „Revolte im Erziehungshaus" (1929), das die katastrophalen Mißstände in Fürsorgeheimen dramatisierte und wegen der durchschlagenden Resonanz zu politischen Konsequenzen zwang. A. Paquets dramatischer Roman „Fahnen" (1923), 1924 von Piscator erfolgreich aufgeführt, war ebenso wie das Schauspiel „Sturmflut" (1926) ein klassisches Beispiel für das „Zeitstück" der Republik. A. Bronnen näherte sich in seinen historisch-epischen Versuchen „Anarchie in Sillian" (1924) und „Ostpolenzug" (1926) Brechtschen Verfahrensweisen, während E. Toller (▷ 18.18) die fortschreitende Desillusionierung der sozialistischen Revolutionäre und Kriegsheimkehrer aus dem schwindenden Geist des Expressionismus beschrieb. In seinen Dramen „Masse Mensch" (1921) und „Hinkemann" (1924) sowie in der Komödie „Der entfesselte Wotan" (1923) kollidierten Utopie und Weimarer Realität ohne Versöhnungsmöglichkeit. „Hoppla, wir leben!" (1927), von Piscator effektvoll und kontrovers inszeniert, war schließlich die Schlußabrechnung mit den schlechten Kompromissen der Weimarer Republik und der Verlogenheit ihrer Zeitgenossen. C. Zuckmayers Erfolgskomödien „Der fröhliche Weinberg" (1926) und „Der Hauptmann von Köpenick" (1930) setzten die komödienhaften Tendenzen im Genre des Volksstücks (▷ 14.9) fort. In ihren Ingolstädter Stücken („Fegefeuer", Uraufführung 1926, Neufassung 1971 unter dem Titel „Fegefeuer in Ingolstadt"; „Pioniere in Ingolstadt", Uraufführung 1929) beschrieb Marieluise Fleißer die sprachliche und gesellschaftliche Unterdrückung und Aggression ihrer ländlichen Heimatstadt. Ö. von Horváth führte das Volksstück zur höchsten Entfaltung, indem er die sprachliche und dramatische „Demaskierung des Bewußtseins" betrieb. In seinen Stücken verbindet sich die Selbstentlarvung der sentimentalen Phrase mit der brutalen Gutmütigkeit der Kleinbürger, und kaum anderswo wurde der Abgrund des Bösen und Banalen so deutlich wie in den „Geschichten aus dem Wienerwald" (1931), in „Kasimir und Karoline" (1932) und in „Glaube, Liebe, Hoffnung" (1932). In „Sladek oder Die schwarze Armee" (1928) und in „Italienische Nacht" (1931) entfaltete Horváth die Psychologie des Faschismus und analysierte scharf die Möglichkeiten seiner Entstehung.

19.7 Theater von links – Bertolt Brecht und Friedrich Wolf

Neben Volksstück und Zeitstück suchte der frühe Brecht (* Augsburg 10. Februar 1898, † Berlin 14. August 1956) seine eigene Theaterform, die er nach expressionistischen Anfängen („Baal", entstanden 1918/19; „Trommeln in der Nacht", entstanden 1919, und „Im Dickicht der Städte", entstanden 1921–24) im Lehrstück der späten zwanziger Jahre entwickelte. Um 1929 arbeitete er an einer Dramenform, die den Schauspielern durch nichteinfühlende Darstellung eine kritische Erkenntnis möglich machte. Die in den „Lehrstücken" („Badener Lehrstück vom Einverständnis", entstanden 1929; „Der Jasager und der Neinsager", entstanden 1929; „Der Ozeanflug", entstanden 1928/29; „Die Ausnahme und die Regel", entstanden 1929; „Die Maßnahme", entstanden 1929/30) präsentierte Thematik zielte bereits auf Fragen

politischen und gesellschaftlichen Verhaltens vor dem Hintergrund seiner marxistischen Überzeugungen. Doch hatte Brecht seine größten Erfolge und seinen deutlichsten Einfluß mit Stücken, die noch stärker den traditionellen Theatertechniken verpflichtet waren, wobei vor allem „Die Dreigroschenoper" (entstanden 1928) zu nennen ist, die er ebenso wie „Aufstieg und Fall der Stadt Mahagonny" (Uraufführung 1929) mit dem Komponisten K. Weill erarbeitete. Neben Elementen seiner frühanarchistischen Phase fand sich hier ausgeprägte Sozialkritik und Lehrstückhaftes. In „Mann ist Mann" (entstanden 1924–26) demontierte Brecht die Vorstellung des Individuums, indem er mit neusachlichem Unterton die generelle Verfügbarkeit des Menschen darstellte. „Die heilige Johanna der Schlachthöfe" (entstanden 1929–31) parodiert die bürgerliche Mitleidsmoral und zeigt die Gewaltmechanismen der kapitalistischen Wirtschaftsform, die verändert werden soll.

Auch Friedrich Wolf (* Neuwied 23. Dezember 1888, † Lehnitz [Kreis Oranienburg] 5. Oktober 1953) versuchte, das proletarische Publikum anzusprechen und im Sinne marxistischer Politik zu mobilisieren. Anders als Brecht benutzte er dazu die realistisch-naturalistische Darstellung gesellschaftlicher Probleme, etwa des § 218 („Cyankali. § 218", 1929), und der direkten Formulierung von politischen Forderungen. Wolf war noch weitgehend auf die Institution Theater angewiesen, was für die Agitproprevuen („Die Mausefalle", Uraufführung 1931) G. von Wangenheims nicht galt.

19.8 Literaturdebatten

Auf dem Gebiet der Prosa bekämpften die Autoren der „Roten-Eine-Mark-Romane" den Einfluß der Massenliteratur durch die realistische Darstellung der Arbeitswelt. Die reportagehaften Züge dieser Romane standen in Verbindung mit den Arbeiterkorrespondenten, die in der Parteipresse berichteten. Allerdings gelang es der KPD zu keiner Zeit, die literarische Intelligenz für die kommunistische Politik zu instrumentalisieren oder durch das Medium der Literatur die Massen zu mobilisieren. Die Debatten um die Berechtigung traditioneller bürgerlicher Literatur gegen dadaistische und linksradikale Angriffe („Kunstlump"-Debatte, 1920) zeigte dies ebenso wie die Kritik an der Konzeption der proletarischen Kultur und dem Bund proletarisch-revolutionärer Schriftsteller (BPRS; 1928–32). In der „Linkskurve", von 1929 bis 1932 Organ des BPRS, entspann sich 1931 und 1932 eine scharfe Diskussion über die proletarische Literatur, wie sie von Autoren wie dem Arbeiterkorrespondenten W. Bredel oder E. Ottwalt vertreten wurde. G. Lukács kritisierte in seinen Aufsätzen „Tendenz oder Parteilichkeit?" (in: „Die Linkskurve", 1932) und „Reportage oder Gestaltung?" (in: „Die Linkskurve", 1932) den unlebendigen Schematismus der „Roten-Eine-Mark-Romane", die mangelhafte Psychologie, die sprachliche Niveaulosigkeit und ihren durchgehenden Reportagecharakter. Die KPD blieb konservativen Literaturvorstellungen verhaftet und konnte die literaturtheoretischen Ansätze, die aus dem radikalen Dadaismus und der Proletkultbewegung kamen, nur unvollständig integrieren. Auch der BPRS blieb weitgehend einflußlos, da er durch aggressive Kritik die linksbürgerlichen Autoren an der Solidarisierung hinderte.

Theaterplakat zu dem für das Arbeitertheater programmatischen Stück „Cyankali. § 218" von Friedrich Wolf (Uraufführung des Lessingtheaters Berlin, 1929)

19.9 „Linke Melancholie" – die Lyrik Erich Kästners und Kurt Tucholskys

Mit dem Ausdruck „linke Melancholie" bezeichnete W. Benjamin die Gebrauchslyrik von Kurt Tucholsky, Erich Kästner und auch von Walter Mehring, die zwischen dem Traditionalismus der Neuklassizisten wie R. Borchardt und R. A. Schröder und der spätexpressionistischen Ausdruckslyrik stand. Pointiert wandten sich Kästner und Tucholsky gegen apolitische Lyrikidyllen, indem sie – dem neusachlichen Zeitgeist verpflichtet – Sein und Schein satirisch-bissig gegeneinanderhielten, wobei sie selbst noch dem gestimmten Gefühlston der Innerlichkeit verhaftet blieben. In den Gedichtbänden „Herz auf Taille" (1928) und „Gesang zwischen den Stühlen" (1932) greift Kästner Militarismus

und reaktionäre Politik an, gibt aber gleichermaßen wehmütig-desillusionistische Skizzen menschlicher Probleme, die ebenso wie Teile von Tucholskys Lyrik nicht frei von kitschiger Sentimentalität sind. „Gegen Abend mußte sie dann reisen. Und sie winkten. Doch sie winkten nur. Denn die Herzen lagen auf den Gleisen, über die der Zug ins Allgäu fuhr" („Repetition des Gefühls", 1929). Dessen Gedichte sind strikter an die politischen Tagesereignisse und gesellschaftlichen Probleme gebunden, artikulieren aber auch schärfer und apodiktischer. Der Instrumentalcharakter von Kästners und Tucholskys Lyrik manifestiert sich in der Nähe zum politischen Kabarett (▷ 17.15) und der satirischen Revue wie auch dem Kampfgedicht, das von E. Weinert vertreten wurde, doch es dominierten Ernüchterung und Skepsis angesichts der gesellschaftlichen Entwicklungen.

Titelradierung von Christoph Meckel zu Bertolt Brechts Gedichtsammlung „Hauspostille" (Buchgemeinschaftsausgabe der Büchergilde Gutenberg, 1966)

19.10 Brechts Lyrik

Typisches Beispiel für die wechselnden Fragestellungen in der Lyrik der Weimarer Republik ist Brecht (▷ 19.7), dessen frühe anarchisch-expressive Gedichte später neusachliche Elemente aufnahmen, während sie zur gleichen Zeit die Naturidyllik konservativer Autoren verfremdeten. Die Kritik W. Benjamins an der „linken Melancholie" (▷ 19.9), die die Gesellschaftskritik in die Form des konsumierbaren Amüsements verwandle, trifft auf Brechts paradoxes Verfahren in der „Hauspostille" (1927) nicht zu. Dort finden sich Beispiele verschiedener Stilhaltungen, die sich demonstrativ als Gebrauchslyrik verstehen und ihr Gemeinsames in der Form der religiösen Kirchenpostille und den Gattungen von Chronik, Song, Ballade finden. Brecht zielte in seinem lyrischen Engagement nicht auf

politische Tagesereignisse, sondern eher auf exemplarische Begebenheiten, die er seiner Kritik unterwirft („Legende vom toten Soldaten", 1918).

19.11 Individuum und Natur – Gottfried Benn und die Naturlyriker

Wie viele andere Autoren dieser Zeit hat auch Gottfried Benn (▷ 18.26) als Expressionist begonnen und wandte sich mit Beginn der 20er Jahre anderen Ausdrucksformen zu. In den Sammlungen „Schutt" (1924) und „Betäubung" (1925) entfaltet sich das Thema der leidvollen Ich-Isolierung, der Sehnsucht nach dem Verströmen, der Entpersönlichung und der Identitätserfahrung im mythischen Augenblick. Noch mannigfaltig mit Reminiszenzen an seine aggressive Zivilisationskritik angereichert, besticht Benns Sprache durch die – manchmal zu – kühnen Kombinationen aus Mythologemen, Fachsprachlichem, Lyrisch-Expressivem und Alltagsslang. Benns Gedichtmontagen bewegen sich zwischen höchster lyrischer Verdichtung und manieristischer Häufung von Reizvokabeln oder krudester Prosa, deren Konstruktionsprinzip auf dem sinn- und ordnungsstiftenden Prinzip der sprachlichen Formung basiert. Bisweilen stehen die Absage an die Rationalität und der räsonierende Ton einzelner Gedichte in befremdlichem Kontrast zueinander, und die elitäre Wortkombinatorik überschreitet manchmal die Grenze zum Komischen.

Palmbusch, Klatschmohn, Coquelicot,
Asphodelen, Gangesloten,
Strauchsymbole, Affenpfoten
aus dem großen Nitschewo
(„Innerlich", 1921).

Seit 1930 entwickelte sich eine Form der Naturlyrik als Antwort und Kritik an den revolutionären Ausdrucksformen, und die traditionellen lyrischen Gattungen (Sonett, Ode, Ballade) bezeugten den Willen, an die Vergangenheit anzuknüpfen. Das Naturthema gewann dabei vor allem im Werk O. Loerkes und W. Lehmanns Profil. Loerkes naturmystische Beschwörungsformeln repräsentieren die Suche nach dem einheitsstiftenden Ordnungsprinzip, und seine „Magie der Einbildungskraft" konstruiert in seinen sieben Gedichtbänden die ahistorische Naturhaftigkeit auch noch des Großstadtdaseins. Der Kreislauf der Natur umgibt das Ganze der Menschenexistenz auch bei Lehmann, der seinem Lehrer Loerke in den Grundaussagen seiner Lyrik folgte. Bei aller Verschiedenheit einigt Benn und die Naturlyriker die Sehnsucht nach der Erlösung in einer kosmischen Ordnung, eine Haltung, die auf vielfältige Traditionslinien verweist.

19.12 Literarische Repräsentanz – Gerhart Hauptmann und Thomas Mann

Auf die gesamte Epoche der Weimarer Republik gesehen, sind es auch eher traditionelle Autoren, die sie repräsentieren; zwei Namen dominierten schon für die Zeitgenossen das literarische Geschehen: Gerhart Hauptmann (▷ 16.22) und Thomas Mann (▷ 17.22; 21.10). Hauptmann hatte sich zunächst als Naturalist einen Namen gemacht, und mit seinem Bekenntnis zur Republik (1918) setzte sich seine Wirkung fort. Die Bedeutung seiner Arbeit wurde durch die nationalen Feiern zu seinem 60. und 70. Geburtstag unterstrichen, die einen einmaligen Einfluß dokumentierten. Nicht durch sein Werk, sondern durch die mannigfaltigen Äußerungen zu allen Gelegenheiten, durch die stilisierte, öffentliche Schriftstellerexistenz gewann Hauptmann seine Bedeutung für die Republik. Sein Eintritt in die Sektion für Dichtkunst der Preußischen Akademie der Künste (1928) und seine erfolgreiche zweite Amerikareise (1932) belegten seine Popularität ebenso wie unzählige Ehrendoktorate und Ehrenbürgerschaften.
Die öffentliche Existenz Thomas Manns war demgegenüber weniger spektakulär; die „Betrachtungen eines Unpolitischen" (1918) hatten gegen Kriegsende seine konservative Position eindrücklich belegt, und bis zur Mitte der 20er Jahre blieb seine Wirkung, verglichen mit der seines Bruders Heinrich, beschränkt. Erst mit dem Roman „Der Zauberberg" (1924) und dem spektakulären Bekenntnis zur Republik (1922) gewann Thomas Mann an Wirkungsbreite, die sich auch in sei-

ner Mitgliedschaft in der Preußischen Akademie der Künste äußerte. Anders als Hauptmann wirkte er stark durch sein Werk und wurde für viele Autoren der Zeit zum – negativen – Beispiel des „Großschriftstellers", dem persönliche und nationale Repräsentanz mehr und mehr zur Einheit wurden. Trotz vieler kritischer Bemerkungen förderte Thomas Mann jedoch andere Autoren und half vor allem während seines amerikanischen Exils (1939–52) zahlreichen Verfolgten, eine Hilfe, die von seinem internationalen Ruf als Repräsentant deutscher Kultur abhing. Der „Zauberberg", an dem Mann seit 1912 gearbeitet hatte, resümierte seine künstlerische Position vor der großen Romantetralogie „Joseph und seine Brüder" („Die Geschichten Jaakobs", 1933; „Der junge Joseph", 1934; „Joseph in Ägypten", 1936; „Joseph, der Ernährer", 1943) und dem Spätwerk. In vielerlei Hinsicht ist „Der Zauberberg" ein „Zeitroman" und als solcher mit anderen zeitgenössischen Romanen vergleichbar. Die Geschichte Hans Castorps, der seinen als Besuch geplanten Sanatoriumsaufenthalt schließlich auf sieben Jahre ausdehnt, um dann in den Ersten Weltkrieg zu ziehen, ist ein reiches Beziehungsnetz von Leitmotiven, Reflexionen, Symbolen, Allegorien und Thesen. Hier findet sich nicht nur eine kritische Zustandsbeschreibung der spätbürgerlichen Vorkriegswelt mit all ihren intellektuellen Facetten, sondern auch eine darin aufgehobene und dadurch sichtbar gemachte Beschäftigung mit der reinen „Zeit" als Medium. Der Roman wird in seiner Struktur und in seinen direkten Kommentaren zum Ausdruck der Beschäftigung mit der Zeit, indem erzählte Zeit und Erzählzeit sich relativ zueinander bewegen und durch Reflexionen zum Thema beleuchtet werden. Mehr und mehr kristallisiert sich die Aufhebung der Zeit als Charakteristikum der Sanatoriumswelt heraus, und die „ausdehnungslose Gegenwart" wird durch die mannigfaltige Verbindung zu den Themenbereichen von Krankheit und Tod betont. Die „Steigerung" des Helden durch Krankheit nimmt daher Bezug auf die Bildungsgeschichte Castorps, der sich zwischen den Prinzipien der humanistischen Aufklärung und dem ästhetisierenden Verfallsdenken der Gegenspieler Naphta und Settembrini entscheiden muß und doch eine ganz

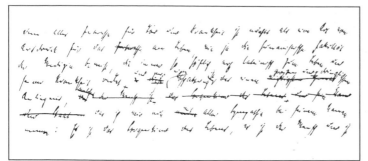

Ausschnitt aus dem
Manuskript des Romans
„Der Zauberberg" in
Thomas Manns eigener
Handschrift

eigene Lösung findet. Zahlreiche Themen sind in dem Roman miteinander verknüpft: das Erotikthema, Lebensphilosophie, Psychoanalyse, Bildung. Die Fülle der Beziehungen von Themen, symmetrischer Spannungen (Tag/Nacht, Wachen/Träumen), Erzählstrukturen und disparaten Textelementen hat den Roman zu einem der meistinterpretierten Beispiele der Weltliteratur gemacht.

19.13 Kritik und Innerlichkeit – Heinrich Mann und Hermann Hesse

Setzte Thomas Manns Wirkung erst mit der 2. Hälfte der 20er Jahre ein, so war sein Bruder Heinrich bereits auf dem Höhepunkt seiner literarischen und politischen Wirkung: nach bedeutenden Erfolgen mit Romanen der „Dekadenz" und sozialen Zeitromanen („Professor Unrat oder Das Ende eines Tyrannen", 1905) hatte er die „Kaiserreichtrilogie", die mit dem „Untertan" (erste vollständige Ausgabe 1918) begann und mit dem Roman „Die Armen" (1917) fortgesetzt wurde, 1925 mit „Der Kopf" abgeschlossen. Die „Romane der Republik" reichen künstlerisch nicht mehr an das frühere Werk heran, allein „Die große Sache" (1930) ragt aus den vom Kriminalroman inspirierten Versuchen der Zeit heraus. Bedeutender war H. Manns essayistische und publizistische politische Aktivität, mit der er unablässig seine Unterstützung der Republik und Kritik an den Mißständen im Sinne einer sozialistischen Umgestaltung artikulierte. Es läßt sich jedoch nicht übersehen, daß H. Manns Gesellschaftskritik,

ebenso wie die C. Sternheims (▷ 19.6; 18.14), in der Weimarer Republik die Fortsetzung des Wilhelminismus suchte und angriff. Stiller und verhaltener wirkte Hermann Hesse (* Calw 2. Juli 1877, † Montagnola [Tessin] 9. August 1962]), dessen Lebenskrise mit dem Kriegsende zusammenfiel und sich im Roman „Demian" (1919) ausdrückte. Mit Ausnahme des Romans „Das Glasperlenspiel" (▷ 21.10), dessen Vorschein in den Erzählungen „Die Morgenlandfahrt" (1932) deutlich ist, entstehen alle wichtigen Werke des reifen Hesse zwischen 1918 und 1933: die Dichtung „Siddharta" (1922), der Roman „Der Steppenwolf" (1927) und die Erzählung „Narziß und Goldmund" (1930). Hesses romantische, nach innen gerichtete Perspektive thematisiert die Suche nach dem Selbst und nach der Harmonie von Geist und Leben; seine Bücher sind allesamt Seelenbiographien für das Bürgertum, das seine Romane und Erzählungen breit rezipierte. Auch er ist den Traditionen der Vorkriegsgesellschaft stärker verhaftet als dem Leben der Republik – nur im „Steppenwolf" wird eine Auseinandersetzung mit der Gegenwart sichtbar, die allerdings von der Reise nach innen überdeckt wird.

19.14 Robert Walser

Robert Walser (* Biel 15. April 1878, † Herisau 25. Dezember 1956) gehört an den Anfang der Reihe bedeutender moderner Romanciers und Erzähler, und obwohl sein Werk zu großen Teilen vor der Weimarer Republik entstand, ist er dennoch ihr Zeitgenosse, indem er sich in seinem scheinbar naiven Erzählwerk als ein Meister hintersinniger Ironie erweist. Seine Themen und Figuren, oft kleine Angestellte, Diener und Hilfspersonal, deren Lebenswelt er aus eigener Anschauung genau kannte, sind auf den ersten Blick naiv-offene Protagonisten, die ihre Gefühle, Ängste und Hoffnungen direkt äußern, und diese ungefilterten Bekenntnisse erwecken den Anschein des Unprofessionellen und Unverbildeten. Erst im Laufe der weiteren Lektüre erweist sich die ironische Technik des Autors, die die dilettantische Offenheit der Textaussagen bis zum unvermittelten Widerspruch relativiert und in Frage stellt. Dabei geraten nicht nur Walsers Helden in den Sog der Ironie, sondern auch die Rezeption des Lesers, der häufig unbemerkt ins Zentrum der desillusionistischen Technik des Autors gerät. Bis 1925 erschienen etwa ein halbes Dutzend Prosasammlungen seiner kleineren Erzählungen und Arbeiten, die er oft in renommierten Zeitschriften, wie der „Insel" (1899–1902), veröffentlichen konnte. Nur vier Romane, drei davon zu Walsers Lebzeiten gedruckt, sind überliefert, einiges ist verlorengegangen. In seinem ersten Roman „Geschwister Tanner" (1907) wird das Porträt des unkonventionellen Helden Simon Tanner als Entzug aus der Erwerbswelt mit ihrem entfremdeten Automatismus geschildert, während der zweite Roman „Der Gehülfe" (1908) dem nicht immer sanften Diener als Kritiker der Verhältnisse einen schwachen Herrn entgegensetzt, um damit ein Grundthema Walsers zu etablieren: das Verhältnis von Herr und Knecht. Noch im „Gehülfen" verläßt Joseph Marti seinen Arbeitgeber, aber in Walsers letztem Roman „Jakob von Gunten" (1909) entwickelt sich ein kompliziertes, von erotischen Spannungen nicht immer freies Verhältnis von Herr und Knecht, das schließlich in einer Traumsequenz auf ihre Verbindung in der Zukunft deutet. Walsers Idyllen entwickeln oft bösartige Tendenzen, hinter denen die nur notdürftig verschleierte Aggression des hilflosen Individualismus steht. Der scheinbar naive Volkston in den Erzählungen konnte dem Autor nicht zu großer Berühmtheit verhelfen. Erst in den 70er Jahren wurde er als ein „Klassiker der Moderne" wiederentdeckt.

Einband von K. E. Mende für die Erstausgabe des Romans „Demian" von Hermann Hesse, erschienen unter dem Namen Emil Sinclair (1919)

19.15 Prager Frühling – Franz Kafka

Allein Franz Kafkas Werk scheint von der Periodisierung und der politischen Geschichte der Weimarer Republik völlig unberührt. Sein strenger künstlerischer Standpunkt, eine Ethik des Schreibens, läßt zumindest offensichtliche Zeitbezüge nicht zu (▷ 18.22). Doch gehört Kafkas größter Roman „Das Schloß" (veröffentlicht 1926) als Einzelwerk in die Epoche der Weimarer Republik. Die verwirrende und groteske Geschichte der vergeblichen Bemühungen K.'s, des Helden, sich dem Schloß zu nähern, wurde sogleich als Allegorie interpretiert, und seit Erscheinen des Romans konkurrieren eine Reihe von zum Teil sich ausschließenden Interpretationsversuchen miteinander. K. versucht durch allerlei Mittel, dem Schloß und den Schloßbürokraten nahe zu kommen, doch alle seine Versuche scheitern. Es gelingt ihm nur zeitweise, als Dorfbewohner und Schloßangestellter anerkannt zu werden. Die besondere Art der Darstellung läßt keine fixierbaren inhaltlichen Aussagen über den Roman zu, so daß das Schloß als göttliche Gnade, als Ausdruck des Unerkennbaren, als letztes Ziel menschlichen Sehnens, aber auch als leere metaphysische Fiktion des Helden und Ausdruck der Bürokratie verstanden wurde. Aus Kafkas Leben und der Gesellschaft seiner Zeit lassen sich Themen und Vorstellungen als Textelemente benennen (Vater-Sohn-Konflikt, Kindheitserinnerungen), aber der Gehalt des Romans ist damit nicht erschöpft. Ebensowenig wie das Netz der Abhängigkeits- und Machtverhältnisse den Text als Kapitalismuskritik bestimmt, ergibt die Kombination verschiedener Interpretationsperspektiven ein Ganzes. Trotzdem hat der Roman wie kaum ein anderer durch grotesk-reale Schilderungen und die Darstellung von Einsamkeit, Kommunikationsproblemen, Ängsten sowie durch einprägsame Symbole und eine dem Thema angemessene Erzählweise weltweit große Resonanz gefunden. Vielen gilt eine, auf rätselvolle Weise unheimliche, angsteinflößende, groteske Situation, in der der Held ungreifbaren Mächten ausgeliefert ist, als „kafkaesk".

19.16 Roman der Krise – Hermann Broch

Der Österreicher Hermann Broch (* Wien 1. November 1886, † New Haven 30. Mai 1951) begann erst Ende der 20er Jahre, zum Teil unter dem Einfluß von J. Joyces „Ulysses" (1922, deutsch 1927), die Arbeit an der „Schlafwandler"-Trilogie („Pasenow oder Die Romantik", 1931; „Esch oder Die Anarchie", 1931; „Huguenau oder Die Sachlichkeit", 1932) nach langer Beschäftigung mit naturwissenschaftlich-technischen und philosophischen Fragen. Die lose miteinander verbundenen Teilromane beschreiben den „Zerfall der Werte" vom Ende des 19. Jahrhunderts bis 1918. Mit fortschreitendem Erzählverlauf ändern sich der Ton und die Erzähltechnik, die im komplexen dritten Teil mit eingelegten Abhandlungen und Parallelgeschichten ihren Höhepunkt erreicht. Der Zerfall der Werte schreitet von der wilhelminischen Fassade der traditionellen Ehe und der romantischen Selbsttäuschung des Helden zum fehlgeschlagenen Bemühen, eine erfüllte Lebensordnung zu erreichen. Die Schlafwandelnden, das heißt die Helden, finden sich in einer chaotischen Gesellschaft, deren Normen keine innere, religiöse oder metaphysische Begründung mehr haben. Im dritten Teil verbinden sich mystische Elemente, religiöse Motive und die Katastrophe des Ersten Weltkrieges zu einem Bild universaler Zersplitterung der Lebensperspektiven, die der Roman nur mit Anstrengung zusammenbinden kann. Broch gibt eine genaue Beschreibung der Psychologie der Epoche, die im „Charakteraufbau" der Figuren geregelt ist und die sich in der Fülle der Motive und Themen ausdrückt. Die anspruchsvolle Erzählhaltung verbindet romanhaftes Geschehen und geschichtsphilosophische Reflexionen miteinander, die auf zukünftige Krisen und Katastrophen verweisen und den totalen Verlust der Werte als dämonischen Grund für die Selbstvergessenheit und Negativität der Menschen benennen.

19.17 Krise des Romans – Robert Musil

War Brochs (▷ 19.16) Ironie zweckgebunden und seine Darstellung thesenhaft, so ist das Hauptwerk seines Landsmannes Robert Musil (* Klagenfurt 6. November 1880, † Genf 15. April 1942) durch und durch ironisch und selbstreflexiv. Bereits 1906 legte er in „Die Verwirrungen des Zöglings Törleß" eine intensive psychologische Studie vor, die die jugendlichen Grausamkeiten in einer Kadettenanstalt schildert. Die lebenslange Arbeit an seinem Hauptwerk ließ Musil nur Zeit für einige Novellen und Erzählungen („Vereinigungen", 1911; „Drei Frauen", 1924), zwei Schauspiele („Die Schwärmer", 1921; „Vinzenz und die Freundin bedeutender Männer", 1924) und kleinere kritische Arbeiten. Sein Hauptwerk ist der fragmentarische Roman „Der Mann ohne Eigenschaften", von dem Buch 1 und Buch 2, Teil 1 1930 und 1933 erschienen, Buch 2, Teil 2 1943 herausgegeben wurde; die endgültige Edition ist bisher noch ein Problem der Forschung. Beschrieben wird der Rückzug des Helden Ulrich in die reflektierende Passivität des „Möglichkeitssinns", der in einem essayistischen Verfahren den Wirklichkeitszerfall in einem komplexen Gewebe von Perspektiven aufheben will. Auch in Musils Roman finden sich Überlegungen zu philosophischen Zeitproblemen, die sich um Fragen des Verhältnisses von Rationalität und Gefühl, Wissenschaft und Kunst drehen. Die Ironie des Erzählers entwertet die klaren Identitäten der Lebenswirklichkeit und setzt dagegen die Möglichkeitsform. Die Handlung, die sich anfangs um die Vorbereitungen zum siebzigjährigen Regierungsjubiläum Kaiser Franz Josephs I. bewegt, dient den be-

Handschriftlicher Entwurf Robert Musils zum 47. Kapitel des letzten Teils seines Romans „Der Mann ohne Eigenschaften"

teiligten Personen als Szene, um Ulrichs Psychologie zu spiegeln. Die Wahnvorstellungen des Mörders Moosbrugger werden Ulrichs eigenen Entrückungszuständen vergleichbar, die den Raum aufzulösen scheinen. Im weiteren Verlauf versucht Ulrich, den „anderen Zustand" seiner Entwicklung im inzestuösen Verhältnis mit seiner Schwester zu verwirklichen, doch der Versuch, die Gegensätze zu vermitteln, scheitert.

19.18 Chronik der Ereignisse – Joseph Roth

Mit „Das Spinnennetz" (erschienen 1923 in der Wiener „Arbeiter-Zeitung", Buchausgabe 1967) begann Joseph Roth (* Brody bei Lemberg 2. September 1894, † Paris 27. Mai 1939) eine Reihe von Zeitromanen im neusachlichen Stil, die die Welt der Nachkriegszeit und der österreichischen Juden thematisierten (▷ 19.4). Seine genauen Zustandsbeschreibungen, vor allem der jüdischen Welt, sind trotz der Betonung des „Beobachteten" im-

mer subjektiv getönt und zehren von biographischen Erfahrungen und Reiseeindrücken, die er als Journalist machte. 1930 rechnete Roth mit der Neuen Sachlichkeit ab („Schluß mit der Neuen Sachlichkeit"), nachdem bereits 1927 seine Sympathien für die Russische Revolution in Kritik umgeschlagen waren. In seinem Roman „Hiob" (1930) gestaltete er die Leiden einer ostjüdischen Familie und die schließliche göttliche Gnade, und in „Radetzkymarsch" (1932), seinem überzeugendsten Roman, entwarf er die Familiengeschichte der Trottas von 1859 bis zum Kriegsende 1918. Hier wird am Beispiel dreier Generationen der Niedergang Österreichs mit Sentimentalität und leiser Ironie geschildert. Immer deutlicher wird auch Roths rückwärtsgewandter politischer Sinn, der sich nach der Machtergreifung Hitlers völlig ausprägte und als konservative Kritik sich monarchistischen Ideen und dem Katholizismus näherte. Sein Thema war und blieb in den wichtigsten Werken der Untergang der Donaumonarchie (auch in dem Roman „Die Kapuzinergruft", 1938), gesehen aus der Perspektive des ostjüdischen Beobachters.

Schutzumschlag von Georg Salter für die Erstausgabe des Romans „Berlin Alexanderplatz" von Alfred Döblin (1929)

19.19 Schauplatz Berlin

Läßt sich J. Roth (▷ 19.18) als Chronist der österreichischen Monarchie verstehen, so hat Alfred Döblin (* Stettin 10. August 1878, † Emmendingen 26. Juni 1957) mit seinem Großstadtroman „Berlin Alexanderplatz" (1929) die deutsche Hauptstadt zum Thema gemacht. Dieser Roman blieb Döblins einziger großer Erfolg. Seine früheren Werke (die Romane „Die drei Sprünge des Wang-lun", 1915; „Wallenstein", 1920; „Berge, Meere und Giganten", 1924) sind in vielerlei Hinsicht schwieriger und anspruchsvoller als der noch fast konventionell erzählte Berlin-Roman um Franz Biberkopf, dessen Bemühen um ein ehrliches Leben nach seiner Entlas-

sung aus dem Zuchthaus fehlschlägt. Er verstrickt sich immer tiefer und wird von seinem „Freund", der seine Braut ermordet, betrogen. Schließlich, völlig am Ende, bekehrt sich Biberkopf und ändert sein Leben. Der Roman gilt als ein Beispiel moderner Erzähltechnik, die auf den Einfluß von J. Joyce und J. Dos Passos zurückgeht: Häufige Monologe, Montage von Fremdzitaten, Assoziationen, Symbolen, Bildern sowie Verfahrensweisen, die an Futurismus, Dadaismus und Expressionismus erinnern, bilden die Grundlage. Die Geschichte des kleinen Mannes Biberkopf hält die mit biblischen Verweisen ausgestattete Handlung kompositionell zusammen.

19.20 „Perrudja" – Hans Henny Jahnn

Im gleichen Jahr wie „Berlin Alexanderplatz" (1929) erschien Hans Henny Jahnns (* Stellingen [heute zu Hamburg] 17. Dezember 1894, † Hamburg 29. November 1959) erster Roman „Perrudja", der ebenso wie Döblins Meisterwerk deutlich den Einfluß von J. Joyce zeigt, den beide Autoren herunterzuspielen versuchten. Jahnn verzichtete weitgehend auf eine durcherzählte Geschichte, bei ihm steht die sich steigernde Bewußtseinserfahrung seines Helden im Vordergrund. Der Roman stellt hohe Anforderungen an den Leser, der sich in die mythologische Welt des Autors hineindenken muß, um die Stufen der sich entwickelnden Liebesverhältnisse im Zusammenhang verstehen zu können. Unbewußte Naturvorgänge, Visionen und eingeschobene Textsegmente beleuchten die Geschichte eines negativen Helden, der schließlich als „der reichste Mann der Erde" durch einen Globalkrieg die Wende zum neuen Menschen erringen will. Der Nichtheld Perrudja ist Beispiel für die Auflösung der traditionellen Individualität in der Mythologie und der Symbolwelt des Romans.

19.21 Kriegsromane im Frieden

Bereits 1920 erschien E. Jüngers Kriegsbuch „In Stahlgewittern. Aus dem Tagebuch eines Stoßtruppführers", das den Krieg als elementare, reinigende Naturgewalt beschrieb. Der

Soldat wird als archetypischer Krieger verstanden, der seinen natürlichen Impulsen im Krieg folgen kann und sich dort eine eigene Welt schafft. Blutdurst, Kameradschaft und Führerprinzip bestimmen seine Welt, die er, einem individualanarchistischen Trieb folgend, gegen die zivile Welt der Friedensordnung stellt. Obwohl Jünger den Krieg idealisiert, sieht er seine Schrecken, die jedoch zur Funktion dieses Gewaltausbruchs gehören. Die große Anzahl nationalistischer Kriegsromane widmet sich dagegen eher der Verherrlichung der Nation und der Fronterfahrung, die ihr zentrales Motiv in der Kameradschaft findet (zum Beispiel F. Schauweckers „Aufbruch der Nation", 1930, und W. Beumelburgs „Gruppe Bosemüller", 1930). Unter den Antikriegsromanen finden sich mehrere Beispiele für auch ästhetisch bedeutendere Texte: Der berühmteste Roman ist sicherlich E. M. Remarques „Im Westen nichts Neues" (Vorabdruck 1928 in der „Vossischen Zeitung", Buchausgabe 1929), der mit kühler Wehmut den Kriegsalltag und das Sterben schildert. E. Glaeser („Jahrgang 1902", 1928) und L. Renn („Krieg", 1928) schildern die Inhumanität des Krieges. Erst in den 30er Jahren wurden die romanhaften Schilderungen A. Zweigs veröffentlicht („Der Streit um den Sergeanten Grischa", 1927; „Junge Frau von 1914", 1931; „Erziehung vor Verdun", 1935).

Verlagsprospekt zur Ankündigung der 14. Auflage des Kriegsbuchs „In Stahlgewittern ..." von Ernst Jünger

Zweig löst sich in seinen Romanen von der Berichterstattertendenz der Frontliteratur, indem er einen größeren erzählerischen Bogen spannt, der den „großen Krieg des weißen Mannes" als Szene für menschliche Konflikte und Schicksale benutzt. Die Kritik am Krieg konzentriert sich daher auch nicht auf die Grausamkeit der Kampfhandlungen, sondern zielt auf die letztlich politisch motivierte Brutalität der menschlichen Auseinandersetzungen, die als todbringende Schikanen dargestellt werden. Zwischen Kriegsroman und politischem Roman stehen die Bücher Th. Plieviers („Des Kaisers Kulis", 1929; „Der Kaiser ging, die Generäle blieben", 1932), die den deutschen Matrosenaufstand behandeln.

403

Kapitel 20
Literatur im Dritten Reich
(1933–1945) und Exilliteratur

Einführung

Mit den 20er Jahren des 20. Jahrhunderts beginnen verstärkt, soziopolitische Ereignisse und Prozesse literaturgeschichtliche Epochen zu kennzeichnen. Inmitten der stilistischen Vielfalt stellen sie nun Ordnungsfaktoren dar und künden zugleich vom wachsenden Druck des Politischen auf die Entwicklung der Künste. Die nationalsozialistische Machtübernahme 1933 schafft eine völlig neue Dimension staatlicher Verfügungsgewalt, indem sie kulturelle Traditionslinien, gewachsene Organisationsstrukturen, Institutionen und Verbände vernichtet, Schriftsteller und ihre Werke verbietet, vertreibt und ermordet. Niemals zuvor und danach haben Unterdrückung und Terror in den kulturellen Zusammenhang einer Nationalliteratur so tiefe Wunden geschlagen wie die zwölf Jahre nationalsozialistischer Herrschaft. Fortan existierten zwei deutsche Literaturen, auch wenn die erzwungene Zweiteilung in „Literatur des Dritten Reichs" und „Exilliteratur" weiterbestehende ästhetisch-formale Berührungspunkte künstlich zuschüttet. Risse im literarischen Gefüge und konträre, ja unversöhnliche Positionsbestimmungen unter den Bannern von Avantgarde und Antimoderne gibt es schon lange vor 1933, so daß der Nationalsozialismus keine eigenständige Literatur hervorbringt, sondern bloß längst virulente Strömungen wie Heimatkunstbewegung, konservative Balladendichtung, völkisch-nationale Massenliteratur oder Kriegsromane (▷ 19.21) aufgreift und kulturpropagandistisch nutzt. Aber trotz Bücherverbrennung (▷ 20.1), umfassender Verbotsmaßnahmen und systematischer Förderung eines deutschtümelnden, antisemitischen „Dichtertums" können im nationalsozialistischen Deutschland Autoren „überwintern", die sich den herrschenden Trends verweigern und damit ein letztes Bindeglied zur exilierten deutschsprachigen Literatur verkörpern. Die in viele europäische, später mit dem Ausbruch des Zweiten Weltkriegs 1939 vor allem in amerikanische und lateinamerikanische Länder zerstreuten Emigranten vermögen einige wenige Zentren zu bilden, an denen sich Schrecken und Gefahren des Exils etwas mildern lassen. Herausgerissen aus allen sprachlichen, institutionellen, verlegerischen Bindungen in der Heimat, konfrontiert mit der nicht immer gastfreundlichen Fremde, kommt bei den meisten zur zwischenmenschlichen und kulturellen Entwurzelung die materielle Not. Es bleibt der gemeinsame moralische Anspruch, das „beste Deutschland" (H. Mann) des Humanismus, der Demokratie und Gewissensfreiheit zu repräsentieren. Ansonsten entspricht der geographischen Aufsplitterung das höchst heterogene weltanschauliche und ästhetisch-stilistische Erscheinungsbild der Exilliteratur, wobei ein gemeinsamer Trend zu konventionellen oder gar klassischen literarischen Formen nicht zu übersehen ist. Bruch oder Kontinuität heißt deshalb in der Forschung eine der entscheidenden Fragen, wenn es um eine Gesamtwürdigung der deutschen Literatur zwischen 1930 und 1950 geht. Denn erst dieser erweiterte Zeitraum vermag den Blick für Verbindendes, Wechselbeziehungen zwischen Exil- und nichtnationalsozialistischer und Nachkriegsliteratur über ideologische Gräben hinweg zu schärfen, aber auch Aufschluß über unwiederbringlich Verlorenes zu geben: den Traum von der jüdisch-deutschen

Kultursymbiose und die ungehinderte Erprobung des „Projekts der Moderne" (J. Habermas).

20.1 „Ich übergebe der Flamme..." – Bücherverbrennungen 1933

Die Bücherverbrennungen vom Mai 1933 in deutschen Universitäts- und Großstädten wurden neben dem Reichstagsbrand zum Fanal nationalsozialistischer Machtübernahme und zugleich zum Signalzeichen zukünftiger Kulturbarbarei. Sie waren das Ergebnis einer minutiös geplanten, bis ins Detail durchorganisierten Aktion, seit März eingeleitet von der Deutschen Studentenschaft, unterstützt von Eifrigen wie völkisch eifernden Bibliothekaren, Germanistikprofessoren und dem seit 1927 aufgebauten Kampfbund für Deutsche Kultur A. Rosenbergs, der sich für „germanisch-deutsche" Kultur einsetzte und den „Kulturbolschewismus" bekämpfte. Den Berliner Opernplatz hatte man für den 10. Mai zur zentralen Stätte des wohlinszenierten theatralischen Exzesses bestimmt. Erst einen Tag vor dem Autodafé, am 9. Mai also, sagte der gerade im März berufene Propagandaminister J. Goebbels seinen Auftritt als Redner zu. Zu historischen Vorbildern erkor man Luther sowie das Burschenschaftsfest auf der Wartburg 1817 (Bannbullen- beziehungsweise Schriftrollenverbrennung). Auf der Grundlage eilig zusammengestellter „Schwarzer Listen" plünderten die akademischen Häscher mit Billigung der Polizei Universitäts- und Leihbibliotheken. Die spezifisch nationalsozialistische Traditionsaneignung dokumentierte sich sowohl in den „12 Thesen" des offiziellen Plakats „Wider den undeutschen Geist!" (Abb. S. 406) als auch im archaischen Ritual der Aktion selbst mit Schandpfählen, Ruferstimmen, Feuersprüchen, Ochsenkarren und viel Mummenschanz – propagandistisch wirksam unterstützt durch die Massenmedien: Konferenzreportage im Rundfunk und Tonwochenschau fürs Kino. Goebbels' programmatische „Festrede", die original übertragen wurde, enthielt alle rassistischen, gegenaufklärerischen und antimodernen Bestandteile nationalsozialistischen Kulturverständnisses. Feu-

Bücherverbrennung 1933 (Holzschnitt von Heinz Kiwitz zu N. Marceaus Buch „Cinq Ans de Dictature Hitlerienne", 1938)

ersprüche, durch die die Hauptfeinde des Regimes (unter anderem K. Marx, S. Freud, A. Kerr, E. M. Remarque, K. Tucholsky, E. Kästner, H. Mann, Heine, C. von Ossietzky) ausgerufen wurden, strukturierten schließlich den Ablauf der Verbrennungsspektakels. Große Betroffenheit, Abscheu und vor der nationalsozialistischen Bewegung warnende Stimmen beherrschten die ausländischen Reaktionen.

20.2 „Hirne hinter Stacheldraht" – Verfolgung und Vertreibung der literarischen Intelligenz

„Sie sind Kadaver auf Urlaub", rief J. Goebbels zynisch den von den neuen Machthabern aus Deutschland vertriebenen Autoren auf ihre „Babylonische Wanderung" (Döblin) hinterher. Mit großem organisatorischen Aufwand hatten selbsternannte Kulturhäscher, Polizei und SA nach der Ernennung Hitlers zum Reichskanzler am 30. Januar 1933 die

Wider den undeutschen Geist!

1. Sprache und Schrifttum wurzeln im Volke. Das deutsche Volk trägt die Verantwortung dafür, daß seine Sprache und sein Schrifttum reiner und unverfälschter Ausdruck seines Volkstums sind.

2. Es klafft heute ein Widerspruch zwischen Schrifttum und deutschem Volkstum. Dieser Zustand ist eine Schmach.

3. Reinheit von Sprache und Schrifttum liegt an Dir! Dein Volk hat Dir die Sprache zur treuen Bewahrung übergeben.

4. Unser gefährlichster Widersacher ist der Jude, und der, der ihm hörig ist.

5. Der Jude kann nur jüdisch denken. Schreibt er deutsch, dann lügt er. Der Deutsche, der deutsch schreibt, aber undeutsch denkt, ist ein Verräter! Der Student, der undeutsch spricht und schreibt, ist außerdem gedankenlos und wird seiner Aufgabe untreu.

6. Wir wollen die Lüge ausmerzen, wir wollen den Verrat brandmarken, wir wollen für den Studenten nicht Stätten der Gedankenlosigkeit, sondern der Zucht und der politischen Erziehung.

7. Wir wollen den Juden als Fremdling achten, und wir wollen das Volkstum ernst nehmen.
   Wir fordern deshalb von der Zensur:
   Jüdische Werke erscheinen in hebräischer Sprache. Erscheinen sie in Deutsch, sind sie als Uebersetzung zu kennzeichnen.
   Schärfstes Einschreiten gegen den Mißbrauch der deutschen Schrift. Deutsche Schrift steht nur Deutschen zur Verfügung.
   Der undeutsche Geist wird aus öffentlichen Büchereien ausgemerzt.

8. Wir fordern vom deutschen Studenten Wille und Fähigkeit zur selbständigen Erkenntnis und Entscheidung.

9. Wir fordern vom deutschen Studenten den Willen und die Fähigkeit zur Reinerhaltung der deutschen Sprache.

10. Wir fordern vom deutschen Studenten den Willen und die Fähigkeit zur Ueberwindung des jüdischen Intellektualismus und der damit verbundenen liberalen Verfallserscheinungen im deutschen Geistesleben.

11. Wir fordern die Auslese von Studenten und Professoren nach der Sicherheit des Denkens im deutschen Geiste.

12. Wir fordern die deutsche Hochschule als Hort des deutschen Volkstums und als Kampfstätte aus der Kraft des deutschen Geistes.

Die Deutsche Studentenschaft.

Plakat der Deutschen Studentenschaft „Wider den undeutschen Geist!" vom 13. April 1933

„Auswechslung der Literaturen" (P. Fechter) betrieben. Von der Auflösung letzter demokratischer kultureller Veranstaltungen (zum Beispiel des Kongresses „Das Freie Wort" im Februar in Berlin) über die Neubesetzung kultureller Institutionen (wie zum Beispiel in der Sektion für Dichtkunst der Preußischen Akademie der Künste – es schieden aus: H. Mann, A. Döblin, L. Frank, G. Kaiser, Th. Mann, A. Mombert, R. Schickele, J. Wassermann, F. Werfel und andere), systematischer Faschisierung von Schriftstellerorganisationen bis zum physischen Terror gegen einzelne (wie zeitweiligen Verhaftungen und Internierungen, zum Beispiel A. Seghers', G. Benns oder W. Bredels) reichten die Repressionsmaßnahmen. Parallel dazu vollzog sich nach dem Reichstagsbrand am 28. Februar und den Reichstagswahlen vom 5. März die Gleich- und damit Ausschaltung der kommunistischen, sozialdemokratischen und bürgerlichen Presse, so daß spätestens mit den Bücherverbrennungen (▷ 20.1) vom Mai und den ersten massenhaften Indizierungen im

Sommer die letzten Hoffnungen auf Tolerierung Andersdenkender aufgegeben werden mußten und der kulturelle Exodus linksliberaler, demokratischer und jüdisch-deutscher Schriftsteller seinen Höhepunkt erlebte. Für einige dem Regime besonders verhaßte linke Autoren und Publizisten war es schon zu spät: E. Mühsam (▷ 18.17), K. Neukrantz, C. von Ossietzky (▷ 19.2) und andere wurden in die sofort eingerichteten Konzentrationslager gebracht und dort ermordet, oder sie starben an den Folgen von Folter und Haft. Zahlen vermögen nur wenig über Verluste auszusagen. Tatsache bleibt: weder vorher noch danach wurde eine gewachsene Nationalkultur durch politische Gewalt so einschneidend auseinandergerissen, erschüttert und unterdrückt. Weit über 2 000 emigrierte Schriftsteller bedeuteten den erzwungenen Auszug fast aller Literaten von Geltung und Rang. Endgültig nicht meßbar bleiben die durch die Exilsituation bedingten Einbußen an künstlerischer Produktivität – ganz zu schweigen von den nicht wenigen, die an ihrer hoffnungslosen Lage zerbrachen.

20.3 Das organisierte Chaos – zur Indizierungs- und Zensurpraxis im Dritten Reich

Die „Schrifttumspolitik" gründete auf gleichermaßen wirksamen wie einfachen Vorgaben und Leerformeln. Erstens: Verzicht auf kodifiziertes Recht, das hieß konkret, auf ein verbindliches Zensurgesetz. Die „Legalisierung von Setzungen (Verfügungen, Verordnungen) außerlegalen Ursprungs" bedeutete, daß man über den Verordnungsweg unter Zuhilfenahme einer Institution wie der Reichskulturkammer, der neuen, von J. Goebbels initiierten Standesorganisation für Künstler, Buch- und Berufsverbote regelte und Ordnungsstrafen verhängte. Der private Besitz von inkriminierten Büchern blieb davon unberührt. Zweitens: keine veröffentlichten, allgemein einsehbaren Verbotslisten. Der 1936 erscheinende erste Reichsindex, die „Liste 1 des schädlichen und unerwünschten Schrifttums", sowie die ab 1939 regelmäßig folgenden Jahreslisten waren „streng vertraulich" und nur für den Dienstgebrauch bestimmt.

Buchhändler, Bibliothekare und Verleger hatten keinen Einblick. Drittens: Polizeiterror, Repression und Verantwortungszuweisung an den einzelnen, das hieß die „Schere im Kopf" bei objektiver Entmündigung.

Trotzdem dauerte es verhältnismäßig lange, bis die neuen Machthaber den organisatorisch hoch entwickelten und thematisch äußerst breit gefächerten Buchmarkt unter ihre Kontrolle brachten. In das teilweise unentwirrbare Knäuel aus Kompetenzüberschneidungen, Machtgerangel (Rivalitätskampf zwischen A. Rosenberg, dem Beauftragten zur „Überwachung der gesamten geistigen und weltanschaulichen Schulung und Erziehung der NSDAP" und Goebbels, dem Präsidenten der Reichskulturkammer, um die reale Machtausübung), Desorganisation und Willkür im Bereich der Buchüberwachung und -lenkung waren anfangs noch die Staatsanwälte, die Länderminister und der Reichsinnenminister H. Göring einbezogen, dessen Verbote allein Rechtsgeltung besaßen. Das Zusammenspiel von drei Institutionen leitete schließlich den Gleichschaltungsprozeß ein. Die Göring unterstellte Geheime Staatspolizei (Gestapo) koordinierte die polizeilichen Unterdrückungsmaßnahmen. Die im September 1933 gegründete Reichskulturkammer, die als ständische Organisation sieben Einzelkammern vorsah (Reichsschrifttums-, Reichspresse-, Reichsrundfunk-, Reichstheater-, Reichsmusik-, Reichsfilmkammer, Reichskammer für bildende Künste), diente als kulturpolitisches Ermächtigungsinstrument. Goebbels als Reichsminister für Volksaufklärung und Propaganda fungierte als Präsident, sein Ministerium war also die übergeordnete Kontrollinstanz für die Reichsschrifttumskammer. Wer der Reichskulturkammer nicht angehörte oder aus ihr ausgeschlossen wurde, durfte seinen Beruf nicht mehr ausüben. Als Zwangsorganisation reglementierte sie den gesamten Kulturbereich einschließlich seiner ökonomischen Basis wie Verlage und Verbände. Die großen „Säuberungen" von Leihbüchereien, Buchhandlungen und Bibliotheken zwischen 1934 und 1937 gründeten auf der sicherheitsdienstlichen Machtübernahme in der Deutschen Bücherei Leipzig. Hier liefen spätestens 1936 alle Fäden zusammen, wenn es um systematische Indizierungen oder um außenpolitische Aktivitäten wie etwa die

Infiltration der Exilverlage ging. Mit der „Anordnung über schädliches und unerwünschtes Schrifttum" vom 25. April 1935 hatte Goebbels der Reichsschrifttumskammer die Aufgabe zur Erstellung einer „Liste solcher Bücher und Schriften, die das nationalsozialistische Kulturwollen gefährden", übertragen. Nach dem unbefriedigenden Ergebnis in Gestalt der Liste 1 (3 601 Einzeltitel-, 524 Gesamtverbote) verfügte er die enge Zusammenarbeit mit den Experten in Leipzig. Das Ergebnis lag 1939 mit der Liste 2 vor: mit 4 175 Einzeltitel- und 565 Gesamtverboten der umfangreichsten aller Indizes. Die bis 1943 fortgeführten Jahreslisten enthielten nur ungleich geringere Nachträge. Entscheidend wirkte sich noch das seit April 1940 gültige Verbot für „Werke voll- oder halbjüdischer Verfasser" aus.

20.4 Buch und Schwert – nationalsozialistische Literatur- und Verlagspolitik

Parallel zu den umfangreichen Indizierungsmaßnahmen begann ein ausgeklügeltes System (halb-)staatlicher Literaturförderung zu greifen, um sowohl den ökonomischen Schaden von Vertreibungen und Verboten in Grenzen zu halten als auch um die Gefolgschaft der verbliebenen Literatur- und Buchproduzenten zu sichern. Als Hüterin der „reinen" Lehre traten die „Parteiamtliche Prüfungskommission zum Schutze des Nationalsozialistischen Schrifttums", die für die monatlich erscheinende NS-Bibliographie verantwortlich zeichnete, sowie A. Rosenbergs Amt Schrifttumspflege auf, das mit großem personellen Aufwand (bis zu 900 ehrenamtliche „Lektoren"), aber nur halboffiziellem Status die „Förderung aller Schriften, die eine Bereicherung unserer arteigenen Ideenwelt bedeuten", betrieb. Dies dokumentierte sich in Empfehlungen per „Lektoren-Brief" oder Anzeige in der Zeitschrift „Bücherkunde" (1937–44), dem Organ des Amtes für Schrifttumspflege. Umsatzsteigernder wirkten sich die propagandistisch aufwendig gefeierte alljährliche „Woche des deutschen Buches" aus, gezielte Werbeaktionen („Die sechs Bücher des Monats") oder deutsch-

tümelnde Schriftstellerehrungen wie „Die silberne Dichterrose der Wartburg" (Preisträger waren zum Beispiel H. Johst und H. F. Blunck).
Sehr schnell vollzog der traditionsreiche Börsenverein der Deutschen Buchhändler den Gleichschritt. Sein täglich erscheinendes Organ, „Das Börsenblatt für den Deutschen Buchhandel", veröffentlichte im Mai 1933 das „Sofortprogramm des deutschen Buchhandels" als Solidaritätsadresse an die Nationalsozialisten. Weniger reibungslos funktionierte die „Gleichschaltung" des Verlagswesens, wobei sich allerdings nur wenige renommierte Verlage, zum Beispiel der Albert Langen–Georg Müller Verlag schon in der Weimarer Republik ideologische „Meriten" in der nationalen Sache erworben hatten. Vermochte man die dem linken politischen Spektrum verbundenen Verlage verhältnismäßig schnell zu liquidieren, so gelang dies bei den großen schöngeistigen Verlagen wie Rowohlt, Ullstein oder Deutsche Verlags-Anstalt (DVA) nur etappenweise mit Hilfe pseudolegaler Winkelzüge, die von offenen Drohungen begleitet wurden. „Entziehung" oder bei jüdischen Verlegern „Kapitalarisierung" nannte sich ein Vorgang, „die bisherigen Unternehmer auszubooten und die Produktion nach und nach in ein anderes Fahrwasser zu lenken, ohne die Veränderung nach außen sofort sichtbar werden zu lassen" (Leitheft Verlagswesen, 1937). So geschah es im Falle des S. Fischer Verlags und vor allem des Verlags Ullstein, der 1937 als Deutscher Verlag in nationalsozialistische Regie zwangsüberführt wurde.

20.5 Aufstand der Landschaft – Traditionslinien der völkisch-nationalen Literatur

Um die Jahrhundertwende gewannen literarisch-künstlerische Strömungen im Wilhelminischen Deutschland an Bedeutung, deren gemeinsame Grundlage aus einem chauvinistisch getönten Traditionalismus und einem neuen Provinzialismus bestand. Die verklärende Rückbesinnung auf das vermeintlich „einfache Leben" ging mit einer moralisch

Veranstaltung zur „Woche des deutschen Buches" am 28. September 1935

gefärbten Verherrlichung alles „Natürlichen" und Archaischen einher. Diese Art kleinbürgerlicher Bewältigungsversuche innerhalb einer sich mehr und mehr abzeichnenden modernen Industriegesellschaft zeigten deutlich reaktionäre Züge, die sich nicht allein auf Volksromantik, Germanenkult oder Antisemitismus beschränken ließen. Vielmehr trug das einigende Band einer entschieden pessimistischen Zivilisationskritik zu einer „tümelnden" Geisteshaltung bei, die ideologisch und politisch nicht folgenlos bleiben sollte. Vertreter dieser Richtung waren unter anderem P. A. de Lagarde, H. St. Chamberlain, H. Böhlau, H. Stehr, G. Frenssen, W. von Polenz, E. Strauß und J. von Lauff. Mit der radikalen Gegnerschaft zu den Erscheinungsformen der Großstadtkultur schaffte sich die neue Bewegung ihr äußeres Feindbild. Gepaart mit einem aggressiven Nationalismus kämpften nun „romantische Gemütstiefe", „deutscher Humanismus" – die „Gralsritter" der Wälder und Fluren also – gegen städtische „Hirnkulturmenschen", „Asphaltwüsten" und „Zementgebirge". Die Sehnsucht nach der sogenannten

heilen Welt mit ihren festen Werten und ihrer unverrückbaren, aber überschaubaren Ordnung förderte eine Volkstumsideologie, die in der Heimatkunstbewegung durchaus Massencharakter annahm. Zu nennen sind Schriftsteller wie W. Schäfer, F. Lienhard, L. von Strauß und Torney und Zeitschriften wie „Der Türmer" (1898–1943), „Der Kunstwart" (1926–31, begründet 1887 und bis 1937 unter verschiedenen Titeln erschienen), „Die Rheinlande" (1900–22, herausgegeben von Schäfer).

Literatur- und kulturgeschichtlich rückte der Kampf gegen die Moderne in den Mittelpunkt. Naturalismus und etwa ab 1910 die europäische Avantgarde waren die bevorzugten Angriffsziele. Dabei verflochten sich die Trivialmuster der Agrarromantik oder des jugendbewegten Antimodernismus mit aktuellen Kunstrichtungen wie Jugendstil (▷ 17.23) und Ästhetizismus (▷ 17.4), so daß eindeutige Festlegungen nicht immer leicht fallen. Spätestens im Vorfeld des Ersten Weltkriegs steigerte sich dieser konservative Protest zu schärferen weltanschaulichen Entwürfen. Sozialdarwinistisches Gedankengut, eine offene Neigung zum Militaristischen (unter anderem H. Löns, A. Bartels, W. Flex) verdrängten die spätbiedermeierliche Geisteshaltung.

Die Propheten des Nationalismus und des Krieges (▷ 20.6) bildeten zusammen mit den Kritikern großstädtischer „Asphaltliteratur" und den Verfechtern „kraftvollen Bauerntums" den Fundus nationalsozialistischer „Dichtung", aus dem man sich nach 1933 bediente. Zugleich repräsentierten Autoren wie Schäfer, B. von Münchhausen, H. Grimm, Bartels, E. G. Kolbenheyer oder E. E. Dwinger die auflagenstarke „Literatur unter der Oberfläche", die zwischen Kaiserreich und nationalsozialistischer Machtübernahme für Kontinuität sorgte.

20.6 „Im Stahlgewitter" – Literatur des soldatischen Nationalismus und Kriegsromane

Die nationalistisch gesinnten Kriegsromane fügten sich bereits in den 20er Jahren inhaltlich wie formal in mustergültiger Form ins nationalsozialistische Weltbild: Kampf, das „Recht des Stärkeren", „Wille zur Macht", Mut, Opferbereitschaft, Führertum, unbedingter Gehorsam, martialische Selbstdarstellung, soldatisches Kameradschaftsideal wurden darin vorgeführt. Was E. Jünger als einer der Hauptvertreter der Literatur des „soldatischen Nationalismus" noch mit artifizieller Raffinesse und avancierten poetischen Techniken zum aristokratischen Bild des Krieges in dem Tagebuch „In Stahlgewittern. Aus dem Tagebuch eines Stoßtruppführers" (1920) verklärte, verflachte bei rechtsradikalen Erfolgsautoren wie W. Beumelburg („Douaumont", 1923), F. Schauwecker („Im Todesrachen", 1919, ab 1920 unter dem Titel „Das Frontbuch. Die deutsche Seele im Weltkrieg") und E. E. Dwinger („Die Armee hinter Stacheldraht", 1929) zu kriegsverherrlichender Schwarzweißmalerei mit rigiden Feindbildern, ungehemmtem Mordrausch und heroischen Sterbeszenen. Männliche Rituale und religiös getönter Opfermythos im Dienst der gerechten nationalen Sache waren verknüpft mit antidemokratischen politischen Vorstellungen, so daß dieses Erfolgsmuster nur wenig neu akzentuiert nach 1933 weitergeführt werden konnte. Die Betonung lag jetzt auf dem Führerprinzip, das man in hymnischer Rhetorik und monumentaler Figurenzeichnung pathetisch feierte und das nur einem Ziel diente: die Bereitschaft für den Krieg zu stärken.

20.7 „Des deutschen Dichters Sendung" – nationalsozialistische Literaturtheorie

Ähnlich wie die nationalsozialistische Weltanschauung, so stellt auch die Literaturtheorie keinen zusammenhängenden Systementwurf, sondern nur ein Konglomerat unterschiedlichster ideologisch-ästhetischer Versatzstücke dar. Sprache und Begrifflichkeit drücken in ihren „tümelnden" Wendungen bereits die antimoderne Stoßrichtung aus. „Schrifttum" statt Literatur, „Dichter" statt Schriftsteller heißt es jetzt. Weihevoll der nationalen Mission ergeben, erfüllt der nationalsozialistische Autor sein „priesterliches

Amt", wird zum „Propheten" der neuen „deutschen Lebensform". Tief „verwurzelt" in „deutschem Boden", weiß er um seine „göttliche Begnadung" und seine Dienerschaft dem Führer gegenüber. Von bewußter Entrückung ins Transzendente, Nationalmythologische und Heldenhafte sind die vielen programmatischen Äußerungen durchdrungen: „Gestaltung der Wesens-Werte", „Steigerung des Volkstums", „Offenbarung der Art" oder „Mysterium einer übersinnlichen Weltanschauung" umschreiben den pseudoreligiösen Tiefsinn und die wichtigsten positiven Kennzeichnungen der Literaturtheorie des Nationalsozialismus. Irrationalismus vermischt mit martialischem Klassizismus – wie in den Menschenbildern beziehungsweise Plastiken eines A. Breker beispielsweise – grundieren das Literaturverständnis und weisen in ihrer dunklen, mystischen Tönung und ihrem Totalitätsanspruch auf den „seelenzerfasernden" Gegner, die Avantgarde, hin.

In der Negativabgrenzung bedeutete das „Kampf gegen den kulturellen Niedergang" und „den jüdisch überspitzten Intellektualismus". Literarische Produktion verkam so zum Rechtfertigungs- und Bestätigungsinstrument nationalsozialistischer Politik, zu deren poetischer Überhöhung sie in Dienst genommen wurde.

20.8 Pathosformeln der „Bewegung" – Lyrik im Nationalsozialismus

In Formenkanon und Themenspektrum versuchte die nationalsozialistische Lyrik nach 1933 an klassische Traditionen anzuknüpfen. Zugleich vereinnahmte man die seit der Jahrhundertwende populären antimodernistischen Strömungen, die vor allem in der Balladendichtung eines B. von Münchhausen zum Ausdruck kamen. Motivisch und metaphorisch wurde solch epigonales Verfahren durch nationalistisch-militantes Gedankengut aufgeladen: Blut-und-Boden-Ideologie, Rassismus, Kampf- und Kriegsverherrlichung bestimmten sprachlich-stilistisch die Oden, Hymnen und Epigramme nationalsozialistischer Prägung. Neben bereits arrivierten Autoren debütierte die „junge Mannschaft" um

H. Böhme, G. Schumann und H. Anacker sowie eine Flut faschistischer Barden, die das Gemeinschafts- und Kampflied zur vorherrschenden lyrischen Gattung beförderten und mit der Parole „Volk ans Gewehr" für dauernde Kriegsbereitschaft agitierten. Die von E. Lauer 1939 herausgegebene Sammlung „Das völkische Lied. Lieder des neuen Volkes aus dem ersten Jahrfünft des Dritten Reiches" ist ein Beispiel dafür. Gerade in diesem Genre war die „Vergaunerung" (E. Bloch) des kommunistischen und sozialdemokratischen Erbes aus der Arbeiterbewegung besonders verbreitet. Daneben überführte der Nationalsozialismus einen prominenten Teil der konservativen „Arbeiterdichter" (K. Bröger, H. Lersch, M. Barthel) in seinen ideologischen Herrschaftsbereich – nunmehr als „Soldaten der braunen Armee" (Lersch).
Eine Sonderstellung nahm die an Hölderlin geschulte artistische Lyrik des Österreichers J. Weinheber ein, die zusammen mit den Sonetten des George-Adepten Schumann so etwas wie gesteigertes Formbewußtsein verriet. Ansonsten bewegten sich auch die vermeintlich apolitischen Liebes- oder Naturgedichte in den weltanschaulich vorgezeichneten Reim- und Inhaltsschemata nationalsozialistischer Literatur.

20.9 „Deutschherren" und „Ordensmannen" – historische Romane im Nationalsozialismus

„Heroische Gesinnung" (C. Langenbeck) entäußerte sich bevorzugt im historischen Roman, der im Dritten Reich intensiv gefördert wurde. Im Stil der „Urvätersage" (1925–28) von H. F. Blunck führte man den Germanenkult ebenso wie den Ordensrittermythos oder die Barbarossa- und Stauferverklärung des 19. Jahrhunderts fort, um mit dem zurechtgebogenen geschichtlichen Zertifikat die nationalsozialistische Herrschaftspraxis und Politik zu beglaubigen und sie dem Ewigkeitsprinzip zu überantworten. Beispielhaft hierfür sind die Romane von Blunck, „König Geiserich" (1936), „Wolter von Plettenberg" (1938), M. Jelusich, „Der Traum vom Reich" (1941). Wie in den anderen Prosagenres auch

verbindet sich Geschichtsklitterung mit Rassenideologie, Führerkult und „tümelnder" Militanz. Formal, inhaltlich und ästhetisch weist der faschistische Geschichtsroman von Blunck bis W. Beumelburg die vertrauten Merkmale auf: konventionelle, ganz auf die überragende Einzelfigur zugeschnittene Erzählhaltung, Wechsel von martialischem Pathos und lyrisch-hymnischer Entrückung, Naturmetaphorik bei Ausklammerung gesellschaftlicher Zusammenhänge.

20.10 „Deutschland hat zu wenig Land ..." – Mythen der Kolonial- und Blut-und-Boden-Literatur

Wie die Flut kriegsverherrlichender Romane (▷ 20.6), so gehörte auch der Mythos vom „deutschen Lebensraum" zum unheilvollen Erbe des verlorenen Ersten Weltkriegs, der die politische Atmosphäre der Weimarer Republik vergiftete. H. Grimms Erfolgsroman „Volk ohne Raum" (1926) hielt koloniale Ex-

Umschlagzeichnung von Hans Anton Aschenborn zu Band 2 der Auflage 50000 des Romans „Volk ohne Raum" von Hans Grimm (1930)

pansionsgelüste wach und fügte sich nahtlos in die nationalsozialistische Parteipropaganda, die dieses seit der Jahrhundertwende populäre Genre (unter anderen G. Frenssens „Peter Moors Fahrt nach Südwest", 1906) bediente. A. Kaempffer, E. L. Cramer oder M. Kahle verbanden ihre völkisch-imperialen Visionen mit rassistischen Vorstellungen von der Überlegenheit des „weißen Mannes". Äußeren Eroberungssehnsüchten entsprach das die Bauernliteratur bestimmende Konzept der „inneren Kolonisation", in der sich Blut-und-Boden-Ideologie mit dem verklärenden Bild der „Volksgemeinschaft" vermischten. Auch hier wurden massenwirksame Stereotypen und Inhaltsmuster der letzten Jahrzehnte wie etwa „Segen der Erde", „nordischer Wille" (K. H. Waggerl), bäuerlich-soldatischer Durchsetzungswillen und Schollenromantik übernommen und den neuen politischen Zielen angepaßt. Besonders die „auslandsdeutschen Bauernromane", beispielsweise J. Pontens sechsbändiger Romanzyklus „Volk auf dem Wege" (1930–42), in dem das „Schicksal" Auslandsdeutscher an der Wolga geschildert wird, und der „Grenzlandroman" (zum Beispiel K. von Möllers „Grenzen wandern", 1937; W. Pleyers „Die Brüder Tommahans", 1937) bereiteten literarisch die Hitlerschen Annexionsfeldzüge in Osteuropa vor und rechtfertigten sie mit Pathos, metaphorischer Überhöhung und „lebensgesetzlicher Notwendigkeit".

20.11 Vom „Neuen Drama" – Thingspiele, Tragödien und Theaterpolitik

Die meisten Versuche, eine eigenständige nationalsozialistische Literatur zu begründen, endeten kläglich. Zu den wenigen Ausnahmen gehörten die Bemühungen um eine genuine nationalsozialistische Dramen- und Theaterform, das Thingspiel. Mit dem Begriff „Thing", der die Gerichtsversammlung unter freiem Himmel in germanischer Zeit bezeichnet, wollte man an den Ursprung des deutschen Volkes, das Germanentum, erinnern. Auch hier wurden zuerst einmal die unterschiedlichsten Traditionslinien und -bezüge vom antiken Theater über die mittelalterlichen Mysterienspiele bis zum Agitprop- und Massentheater der Weimarer Republik (▷ 19.6) vereinnahmt, um ein archaisierendes, religiös getöntes spektakuläres Ereignis zu schaffen. In monumentalen Sprechchören, weihevollen Aufzügen, inszenierten Märschen und germanisierenden Freiluftstaatsschauspielen (Heldengeschichten, Erobe-

rungsfeldzüge und ähnliches, die auf die aktuelle politische Situation anspielten) suchte man nach Versinnbildlichung nationalsozialistischer Weltanschauung. Ins Kultische entrückt, feierte sich die faschistische Volksgemeinschaft. Den konventionellen Theaterraum mit seiner Guckkastenbühne ersetzten Rasenrund und Waldorchestra nach griechischem Vorbild, um unter freiem Himmel völkischen Geist „von deutscher Art" (K. Heynicke) zu beschwören. Künstlerisch anspruchsvollere Ausprägungen orientierten sich in ihren szenisch-dramaturgischen Mustern an den Strukturen einer Gerichtsverhandlung oder eines Tribunals mit Rede und Gegenrede, die in der Richterfigur ihre letzte Instanz findet, wie zum Beispiel in E. W. Möllers Stück „Das Frankenburger Würfelspiel" (1936).

Ansonsten beherrschten die völkisch-nationalistische Weltanschauungsdramatik eines H. Johst (unter anderem „Schlageter", 1933) oder epigonaler Klassizismus die zeitgenössische Produktion, zumal sich das Thingspiel nach 1937 keiner besonderen Wertschätzung mehr erfreute. Die vor allem von J. Goebbels bestimmte nationalsozialistische Theaterpolitik zielte jetzt – ähnlich wie beim Film – auf großes repräsentatives Startheater, das sich statt an die berühmten Tragödienentwürfe lieber an die originalen Klassiker hielt und in den Inszenierungen von G. Gründgens, J. Fehling und H. Hilpert in Berlin große Erfolge verzeichnete.

20.12 „Gewollte Einordnung" – Zeitschriften und Essayistik im Dritten Reich

Literaturkritik und Essayistik fügten sich in den literaturtheoretisch-ästhetisch und politisch-propagandistisch abgesteckten Rahmen, wobei seit 1936 die „Kritik" offiziell durch „Betrachtung" ersetzt worden war. Das „von entschiedenem Kampfwillen, in fester Gesinnungsbindung geschlossen geführte nationalsozialistische Schrifttum" konnte zum einen intellektuelle Analyse entbehren, zum anderen mißtraute es der „letztlich doch skeptische[n] Haltung" des Essays (E. Dovifat). Dies Diktum schränkte die möglichen

Handlungs- und Freiräume in den verbliebenen oder wenigen neugegründeten Zeitschriften von vornherein ein. Selbst konservativen, nichtnationalsozialistischen Essayisten wie R. A. Schröder fiel es schwer, für in Maßen Unangepaßtes publizistische Plattformen zu finden. Einzig die von R. Pechel von 1919 bis 1942 geleitete und auf versteckten Oppositionskurs gelenkte „Neue Rundschau" versammelte einen mit den Techniken der Camouflage, dem getarnten Sprechen durch Allegorie, Parabel und Legende, vertrauten Leserkreis um sich. Bestenfalls janusköpfig präsentierte sich die noch niveauvollste nationalsozialistische „Zeitschrift für Dichtung, Kunst und deutsches Leben", „Das innere Reich" (1934–44). Dieses Organ hatte sich der „Entfaltung der Besten" verschrieben, was sich in Gestalt der prominentesten Parteigänger von H. F. Blunck bis H. Steguweit einlösen ließ. Widerstand regte sich aber auch hier nicht. Die wenigen verstreuten kritischen Anspielungen dürfen nicht darüber hinwegtäuschen, daß „Das innere Reich" genauso wie die von W. Vesper 1923–43 herausgegebene Zeitschrift „Die Neue Literatur" (vorher unter dem Titel „Die Schöne Literatur") treu dem nationalsozialistischen Staat diente. Das „innere Reich" der „Dichtung" und das „äußere Reich" politischer Machtentfaltung verband, jenseits temporärer Spannungen, das gleiche „tiefe Erfülltsein von einer göttlichen Sendung" (K. A. von Müller, 1937).

20.13 Führer, Partei und Volk – Massenliteratur im Nationalsozialismus

Den „Kampf um Deutschland" mobilisierten eine Flut von nationalsozialistischen Agitations- und Erbauungsschriften in Massenauflagen, die neben aktuellen politischen Ereignissen und gesetzlichen Maßnahmen Führer, Volk und Vaterland in Wort und Bild feierten. Vor allem ihre Heftchen- oder Broschürenform sicherte weiteste Verbreitung. Die eindeutige propagandistische Ausrichtung offenbarte sich in Sprache, Inhalt und Stil: antisemitische Hetze, pseudowissenschaftliche Instruktionen zu „Sippenforschung und Rassenhygiene", Wehrertüchtigung durch in Ton

und Bildgestalt militante „Kleine Kriegshefte". Besonders intensiv widmeten sich einzelne historische und aktuelle Leseheftreihen Schule und Jugend, denen sie „Deutschlands Werden" und des Führers Weisheiten in allen Variationen sowie für jede Altersstufe kurz und bündig darboten. Konstant blieben stets Feindbilder, historische Verdrehungen, Rassismus – also die wichtigsten ideologischen Versatzstücke und Stereotypen; sie wurden nur jeweils auf Adressatenkreis und Funktionszusammenhang neu zugeschnitten.

In Wirkung und Auflagenhöhe erreichten nur zwei nationalsozialistische „Klassiker" aus der Weimarer Republik einen vergleichbaren Massenstatus: Hitlers „Mein Kampf" (1925/26; Abb. S. 414) und A. Rosenbergs „Der Mythus des 20. Jahrhunderts" (1930), die millionenfach unters Volk gebracht wurden.

20.14 „In den Katakomben" – kulturelle Selbstbehauptung der Juden im Dritten Reich

Deutsche Juden hatten auf allen Gebieten entscheidend zur kulturellen Blüte in Kaiserreich und Weimarer Republik beigetragen. Dies fortan zu leugnen und gleichsam ungeschehen zu machen, gehörte nach 1933 zu den wichtigsten Zielen nationalsozialistischer Literatur- und Kulturpolitik. Unter dem Begriff „Ausschaltung" vollzog sich die systematische Vertreibung, Vernichtung und Enteignung von Kulturschaffenden und ihren Leistungen. Zugleich ging es um die Ghettoisierung der deutschen Juden gerade in kultureller Hinsicht, konnte hier doch am deutlichsten von einer jüdisch-deutschen Symbiose gesprochen werden. Was untrennbar miteinander in Literatur, Theater, Musik oder bildender Kunst verschmolzen war, sollte nun geleugnet und isoliert werden. So bedeutete die Gründung des Jüdischen Kulturbundes am 11. Mai 1933 einerseits eine Zufluchtsmöglichkeit für die in Deutschland gebliebenen Juden, andererseits dokumentierte sie die staatliche Ausgrenzungspolitik. Bis zum Verbot im September 1941 kündeten die vielfältigen Aktivitäten des Kulturbundes aber auch

Ablaß von „Hitler: Mein Kampf" 2 870 000 Stück

Diese Auflage ergibt eine Höhe von über 86 000 m

34

Werbung für die hohen Absatzzahlen von Adolf Hitlers „Mein Kampf" in der Broschüre „Der deutsche Buchhandel in Zahlen" (1937)

vom Selbstbehauptungs- und Überlebenswillen der deutschen Juden in der Heimat – sie demonstrierten „Aufbau im Untergang" (E. Simon), indem sie auch, so weit es ging, ihre deutsche kulturelle Identität zu wahren suchten. Dies galt ebenso für die jüdischen Buchhandlungen, Verlage und die durch sie vertretenen Autoren. Von der Enteignung der großen Publikumsverlage, „Arisierung" im nationalsozialistischen Jargon genannt, ausgeschlossen blieben nur die kleineren Häuser, die sich schon traditionsgemäß ganz spezifisch jüdischen Themen gewidmet hatten. So gab es 1937 27 jüdische Verlage und 61 Buchvertriebe, die sich nur an die jüdische deutsche Leserschaft wenden durften. Der Schocken-Verlag, 1931 in Berlin gegründet, war der bedeutendste dieser Verlage. Hier erschienen unter anderem die Schriften F. Rosenzweigs, M. Bubers und L. Baecks. Das breite Spektrum in den Bereichen Philosophie und Literatur

spiegelten vor allem Reihen wie die „Bücherei des Schocken-Verlags", in der Gedichte K. Wolfskehls oder Briefe M. Liebermanns herauskamen. Zu den Pioniertaten zählte die Edition der „Gesammelten Schriften" von Kafka durch M. Brod und H. Politzer 1935–37. Damit erfüllte sich zumindest zeitweilig Bubers Forderung: „Wir müssen lernen, in den Katakomben zu leben. Für uns Schriftsteller kommt es darauf an, so klug zu schreiben, daß die derzeit Mächtigen nicht gleich unsern Widerstand sehen und uns beim Wickel nehmen können."

20.15 „Nur die in der Hölle gewesen sind ..." – zur Problematik der inneren Emigration

Der von F. Thieß 1933 geprägte Begriff der „inneren Emigration" beanspruchte zweierlei: die Existenz einer nichtnationalsozialistischen Literatur in Deutschland zwischen 1933 und 1945 sowie die moralische Überlegenheit der „Daheimgebliebenen", die den „Rückzug ins Schweigen" angetreten hatten, gegenüber den ins Exil geflohenen Autoren. Nirgends wurden die Kluft und die Risse in der deutschen Kultur nach 1945 deutlicher als in den erbitterten Kontroversen, die sich an die Auseinandersetzung zwischen Thieß und Th. Mann um Inhalt und Berechtigung dieses Begriffs knüpften (▷21.4). „Nur die in der Hölle gewesen sind, könnten vielleicht gerühmt werden" (E. Wiechert). Dabei erweist sich jenseits dieses schnell ideologisierten Begriffs bei genauerem Hinsehen die Lage weit weniger eindeutig. Gerade die Trennlinien zwischen „nichtnationalsozialistisch", „innerer Emigration" und „antifaschistisch" verschwimmen bisweilen, wie das mutige Beispiel der in Deutschland verbliebenen und sich demonstrativ gegenüber der nationalsozialistischen Kulturpolitik distanzierenden Ricarda Huch veranschaulicht. Den Weg nach innen als Form des Sichverschließens, der bewußten Abkapselung von den politischen Zeitläufen, traten Autoren sehr unterschiedlicher weltanschaulicher Herkunft und ästhetischer Ausrichtung an. Das moralisch entlastende Zertifikat der „inneren Emigration" nahmen sowohl die aristokratisch-elitäre Selbstentrückung eines E. Jünger („Auf den Marmorklippen", Roman, 1939), der ins Künstlerisch-Formale eingeschriebene „Protest" G. Benns („Statische Gedichte", 1948) als auch die historisch verschlüsselte Prosa W. Bergengruens oder G. von Le Forts in Anspruch. Daneben gab es den konfessionell getönten Rückzug in selbstgewählte Innerlichkeit, der von J. Kleppers allmählicher Resignation hin zum Freitod bis zu E. Wiecherts mutiger Widersetzung (1938 Protest gegen die Festnahme M. Niemöllers), die ihn kurzzeitig ins KZ brachte, reichte. „Wir sind gewohnt, zwischen den Zeilen zu lesen" (J. Petersen). Auf diese Grundannahme verließen sich konservative Kulturkritik, historische Einkleidungen und esoterische Verschlüsselung gleichermaßen. Das Vertrauen in Feinhörigkeit und sensible Dechiffrierungskunst des Lesers rechtfertigte die eigene schriftstellerische Methode und begrenzte zugleich den politischen Wagemut. Hinter gewollt versteckter oder auch nur hineininterpretierter Mehrdeutigkeit vermochten viele wenigstens einen Hauch von Widerstand zu retten, ohne gleich den „lautlosen Aufstand" (G. Weisenborn) in Form von Flugblattaktionen oder stiller Verweigerung proben zu müssen.

20.16 „Das gespaltene Bewußtsein" – zur nichtnationalsozialistischen Literatur

Die neuere literaturwissenschaftliche Forschung stellt die „Überbetonung der Zäsuren von 1933 und 1945" (H. D. Schäfer) in Frage und rückt dafür stilistische, ästhetische und auch weltanschauliche Gemeinsamkeiten zwischen der im Exil entstandenen und einer nichtnationalsozialistischen Literatur in Deutschland ins Blickfeld. Voraussetzung und zeitlichen Ausgangspunkt bilden dafür Tendenzen, die sich bereits vor 1933, genauer Ende der 20er Jahre, als Reaktion auf Expressionismus (▷ Kapitel 18) und Neue Sachlichkeit (▷ 19.3) herauskristallisiert hatten (▷ 20.5). Unbestritten scheinen zumindest gewisse Gleichzeitigkeiten in der Vorliebe für historische Stoffe, konventionelle Erzähltech-

niken und Lyrikformen. Genauso fraglos ist auch die Existenz einer facettenreichen nichtnationalsozialistischen Literatur, die ihre Wurzeln in den kulturkonservativen Gegenströmungen um 1930 hatte und die zugleich zur Keimzelle der Nachkriegsliteratur wurde. Namen wie G. Eich, J. Bobrowski, P. Huchel, W. Koeppen, die alle zwischen 1930 und 1945 in Deutschland reüssierten, bezeugen dies nachhaltig, besonders die jungen Autoren der „Kolonne"-Gruppe, die im Zeichen meditativer Naturbetrachtung gegen den kalten Verismus der Neuen Sachlichkeit opponierten. Aus ihrer Mitte kamen neben Eich und Huchel H. Lange, E. Langgässer, M. Raschke, die während des Dritten Reichs publizierten. Ihr Protest manifestierte sich nicht in Kampfansagen oder gar im Widerstand gegen den nationalsozialistischen Staat, sondern einzig als poetologische Verweigerung, als Literatur einer politikfreien Sphäre. Von der nationalsozialistischen Literatur unterschieden sich W. Weyrauch, (▷ 21.3), E. Kreuder, E. G. Winkler, E. Barth und die anderen durch leise Töne, hermetische Bilderwelten (Verschlüsselung durch Metaphern und Chiffren), Innerlichkeit, pathoslose klassizistische Strenge. Im Ungesagten, bloß Angedeuteten, wie etwa in O. Loerkes Naturlyrik, verhüllte sich leise Kritik am Nationalsozialismus, und der private Lebensbereich stellte die politikfreie Sphäre dar, auf die man sich zurückzog. M. L. Kaschnitz' im Rückblick umrissene Haltung wirkt dafür repräsentativ: „Lieber überleben, lieber noch da sein, weiter arbeiten, wenn erst der Spuk vorüber war."

20.17 „Schwierigkeiten beim Schreiben der Wahrheit" – antifaschistische Literatur im Dritten Reich

Als „Tote auf Urlaub" durften sich die vor allem kommunistischen und sozialdemokratischen Schriftsteller fühlen, die sich für den literarischen Widerstand in Deutschland entschieden hatten. Diese „Stimmen aus Deutschland" versorgten die Exilpublizistik mit Tatsachenmaterial wie Berichten, Skizzen, Reportagen und anderen Formen der kleinen Prosa. Zum wichtigsten Autor rückte dabei J. Petersen auf, dessen Berlin-Chronik „Unsere Straße" (1936) stark autobiographische und ungeschminkt dokumentarische Züge aufweist und deshalb nur in einem Exilverlag erscheinen konnte. Aber „sprachlicher Hinterhalt und künstlerische Maskierung" (E. Fischer) bedeutete auch Illegalität und persönliche Gefährdung, die selbst mit noch so verfeinerten Techniken „verdeckter Schreibweisen" (D. Sternberger), etwa der Allegorisierung oder Analogisierung, nicht immer zu umgehen war. Die Zerschlagung der seit 1933 im Untergrund aktiven Berliner Ortsgruppe des verbotenen Bundes Proletarisch-Revolutionärer Schriftsteller (BPRS) bezeugte dies. Neben dieser operativen Literatur von der „Schafottfront" (G. Weisenborn), zu der auch Tarnschriften und Flugblätter gehörten, gab es eine große Zahl authentischer Leidensberichte oder Erzählungen aus den Konzentrationslagern, die weitestgehend ins Ausland geschmuggelt wurden und in Exilverlagen herauskamen (B. Apitz, W. Bredel, W. Langhoff). In diesem Zusammenhang gehörten auch Werke gezielter Camouflage (▷20.12) wie etwa A. Kuckhoffs Roman „Der Deutsche von Bayencourt" (1937, zuerst als Drama, Uraufführung 1918), der anstandslos die Zensurinstanzen passierte, sowie die im Zuchthaus entstandene und erst im Nachkriegsdeutschland edierte Widerstandsliteratur wie W. Krauss' „PLN. Die Passionen der halkyonischen Seele" (1946).

20.18 „... die Last des Lebens und der Zeit" – Etappen des Exils

Politische Ereignisse, Annektionen und Kriege diktieren Phasen und Stationen des Exils. „Öfter als die Schuhe die Länder wechselnd" – diese Zeile aus Brechts Gedicht „Über die Bezeichnung Emigranten" umschreibt die Fluchtbewegungen mit stetig wachsendem geographischen Radius. Es gab kaum ein Land der Erde, das nicht deutsche Flüchtlinge aufgenommen hatte. Anfangs jedoch, in der Zeit zwischen 1933 und 1938, richtete sich der Blick der Geflüchteten noch aus der relativen Nähe der Nachbarländer

auf Deutschland. Man wartete und hoffte, bis der Anschluß Österreichs im März 1938 sowie das Münchner Abkommen im September des gleichen Jahres den nationalsozialistischen Expansionsdrang demonstrierte und damit den Grad der Gefährdung erhöhte. Das zweite Kapitel der Emigration schrieben der Krieg und die Besetzung wichtiger Zufluchtsländer wie Frankreich durch deutsche Truppen. Gleichzeitig war durch den Sieg General Francos im Spanischen Bürgerkrieg 1939 Spanien als wichtiger Transitweg auf der nun unumgänglichen Emigration in überseeische Länder versperrt. Internierung, Auslieferung oder Verschleppung kennzeichneten das menschliche Elend dieser zweiten Phase des Exils, bevor mit der Ankunft in außereuropäischen Ländern (verstärkt ab 1941) der letzte Abschnitt beginnt. Erneut wiederholen sich die existentiellen, physischen wie psychischen Nöte der ersten Exiljahre, verschärft jetzt noch durch die Trennung vom europäischen Kulturraum.

20.19 Exil in Frankreich

Seit dem 19. Jahrhundert gehörte Frankreich zu den bevorzugten Exilländern für verfolgte deutsche Literaten und Intellektuelle (▷14.7). Paris und Südfrankreich avancierten somit nach 1933 sehr schnell zum Treff- und Sammelpunkt der Emigranten. Im westlichen Nachbarland fanden anfangs die meisten deutschen Flüchtlinge ein erstes Asyl, obwohl man nicht ohne Visum die Grenze passieren konnte und der Aufenthalt an die Ausstellung einer meist nur befristeten Aufenthaltsgenehmigung gebunden war, die wiederum der willkürlichen Entscheidung der örtlichen Polizeibehörde oblag. Das Bild vom „unholden Frankreich" (L. Feuchtwanger) hat aber nicht so sehr der die Nerven der Emigranten strapazierende „Amtsschimmel" geprägt, sondern die fast vollständige Internierung der in Frankreich lebenden deutschsprachigen Hitlergegner als „feindliche Ausländer" nach Ausbruch des Zweiten Weltkriegs. Die Lage verschärfte sich für die Emigranten nach der Okkupation Frankreichs durch die deutsche Wehrmacht und dem Waffenstillstand vom Juni 1940 existenzbedrohend: Kollaboration von Mitgliedern des Vichy-Regimes mit dem deutschen Sieger oder auch schlichte Fahrlässigkeit kamen zur geläufigen Auslieferungspraxis an die Nationalsozialisten hinzu. Daß vor allem Politiker und Journalisten dieser Vorgehensweise nicht zum Opfer fielen, war zumeist amerikanischen Initiativen für einzelne Schriftsteller zu verdanken oder nur Glück. Paris und die südfranzösische Mittelmeerküste (unter anderem Sanary-sur-Mer) bildeten zwischen 1933 und 1939 aber den Ausgangspunkt der wichtigsten kulturpolitischen Initiativen (Neugründung des Schutzverbandes Deutscher Schriftsteller [SDS] in Paris 1933 und der Deutschen Freiheitsbibliothek, 1934). Paris war der Brennpunkt aktueller politischer Debatten (Volksfrontstrategie [▷ 19.30] auf den Internationalen Schriftstellerkongressen zur Verteidigung der Kultur 1935 und 1937) und zugleich die Plattform zu grenzüberschreitender Selbstdarstellung auf der Pariser Weltausstellung 1937 und der Deutschen Kulturwoche 1938. Mit L. Schwarzschilds „Neuem Tage-Buch" (1933–39) und besonders dem 1933–36 unter der Leitung von G. Bernhard herausgegebenen „Pariser Tageblatt" (1936–40 unter dem Titel „Pariser Tageszeitung", Redaktion C. Misch) verfügte man über relevante Organe der Exilpublizistik. Das Fischerdorf Sanary-sur-Mer galt für einige Jahre als „Hauptstadt der deutschen Literatur", lebten und trafen sich dort doch unter anderem Feuchtwanger, Brecht, A. Kerr, E. Toller, F. Werfel, L. Marcuse, A. Zweig, F. Wolf und Th. Mann, dessen Bruder Heinrich – mit Döblin die Symbol- und Integrationsfigur des französischen Exils – von Nizza aus für die „menschliche Verwandlung des Zeitalters" kämpfte. Von Frankreich aus wurden auch die Aktivitäten für die republikanische Sache im Spanischen Bürgerkrieg ab 1936 organisiert. Der Sieg der Faschisten unter Franco und das Einrücken der deutschen Truppen 1940 in Frankreich ließen das gewählte Exil zur „Falle" werden, der nur über das Schlupfloch Marseille per Transit zu entkommen war. Schriftsteller wie C. Einstein, E. Weiß, W. Benjamin und W. Hasenclever suchten in ihrer Verzweiflung den Tod.

Titelblatt der in Frankreich herausgegebenen Zeitschrift „Das neue Tage-Buch" vom März 1939

20.20 Exil in Österreich und in der Tschechoslowakei

Nur auf den ersten Blick erschienen die dem deutschsprachigen Kulturraum zugehörigen oder nahestehenden Nachbarstaaten Österreich und die Tschechoslowakei als die geeignetsten Zufluchtstätten. Die innenpolitische Situation Österreichs, geprägt durch ein autoritäres Regierungssystem unter Leitung des christlich-sozialen Bundeskanzlers E. Dollfuß, bot kaum Gewähr für sicheren Aufenthalt, und dennoch kehrten erst einmal viele österreichische Autoren nach der nationalsozialistischen Machtübernahme aus den deutschen Metropolen Berlin und München in die Heimat zurück. Ihnen folgten deutsche Kollegen wie B. Frank, U. Becher, O. M. Graf oder C. Zuckmayer, die bei Freunden Unterschlupf suchten. Trotz der sich immer enger gestaltenden österreichisch-deutschen Beziehungen und dem damit drohenden „Anschluß" nach dem faschistischen Putsch im Februar 1934 in Österreich, der zur gewaltsamen Ausschaltung der österreichischen Sozialdemokratie führte, ging noch 1936 G. Bermann Fischer mit einem Teil des S. Fischer Verlags von Berlin nach Wien. Obwohl die meisten im Bewußtsein lebten, Österreich einzig als Transit in andere Asylländer nutzen zu können, bedeutete der „Anschluß" im März 1938 nun die zweite oder auch gemeinsame Flucht der deutschsprachigen Emigranten. Für einige – wie zum Beispiel für E. Friedell, der Selbstmord beging, oder J. Soyfer,

417

der im KZ Buchenwald starb – war es allerdings schon zu spät.

Anders dagegen stellte sich die Lage in der demokratischen Tschechoslowakei dar, die, solange sie ihre staatliche Souveränität zu wahren vermochte, zum bedeutendsten Exilzentrum zwischen 1933 und 1936 aufrückte. Mit der Flucht nach Prag verbanden viele nur einen „Ortswechsel" (W. Herzfelde), wo man lange bestehende Traditionen neu belebte und vom Gefühl der Fremde sprachlich und kulturell verschont blieb. Kundgebungen, Vortragsreihen, Theaterabende und Diskussionszirkel unterstrichen dies ebenso wie die publizistisch-verlegerischen Aktivitäten der „Neuen Deutschen Blätter" (1933–35), des „Gegen-Angriff" (1933–36), der „Neuen Weltbühne" (1933–39) oder des Malik-Verlags. Den „Stützpunkt" Prag (F. C. Weiskopf) nutzten Autoren wie E. Ottwalt, K. Hiller, A. Wolfenstein als „Verwandte" (H. Mann), bevor das Münchner Abkommen 1938 und die Annexion im März 1939 auch die Prager deutsche Literatur (unter anderem E. E. Kisch, L. Fürnberg, Weiskopf) zusammen mit den verfolgten deutschen Kollegen in ein anderes Exil trieb.

20.21 Exil in Skandinavien

Die politische und ökonomische Stabilität Dänemarks, Norwegens und Schwedens und gleichzeitig die äußerst liberale Flüchtlingspolitik schien diese Königreiche mit gewachsenen Demokratien als geeignete Zufluchtsstätten auszuweisen, die allerdings nur von politischen Exilanten (Sozialdemokraten, Kommunisten) in größerem Umfang gewählt wurden. Die Okkupation Dänemarks und Norwegens 1940 durch die Wehrmacht konzentrierte den eher dünnen Flüchtlingsstrom ganz auf Schweden, da auch Finnland durch seine geostrategische Nähe zur Sowjetunion sowie innenpolitische Turbulenzen keine Rolle spielte. Einzig Brecht durchlief von Dänemark über Schweden auf seinem Weg in die USA Finnland als Zwischenstation. Skandinavien blieb das Exil der Versprengten mit H. H. Jahnn auf Bornholm, K. Tucholsky bis zu seinem Freitod 1935 in der Nähe von Göteborg, dem jungen P. Weiss und seit 1940

N. Sachs in Stockholm und schließlich Brecht zwischen Svendborg und Helsinki. Außergewöhnlich vielseitig stellte sich dagegen die Theaterszene dar mit den Spieltruppen C. Treptes und H. Greids, verschiedenen deutschsprachigen Aufführungen und vor allem der Freien Bühne Stockholm ab 1943. Ähnlich wie in Großbritannien und den USA gründete man 1944 als Sammelbecken deutscher Literaten im Exil einen Freien Deutschen Kulturbund. Einflußreicher aber noch gestalteten sich die publizistischen Aktivitäten, die in einer kontinuierlichen antifaschistischen Aufklärungsarbeit nach innen und außen durch Broschüren und Dokumentationen ihren Ausdruck fanden, und die verlegerischen Impulse. G. Bermann Fischer hatte nach dem „Anschluß" Österreichs 1938 seinen Verlag nach Stockholm gerettet, von wo er nun zwischen 1938 und 1940 seine berühmten Autoren wie Th. Mann, F. Werfel, C. Zuckmayer, St. Zweig und Hofmannsthal in Einzelwerken, gesammelten Werken oder als „Stockholmer Gesamtausgabe" (Th. Mann) publizierte. Neben dem vertrauten literarischen Kanon des Verlags präsentierte er auch Exilautoren von M. Gumpert bis A. Kolb. Gleiches galt für M. Tau, ehemals Lektor bei B. Cassirer in Berlin, der 1944 mit Hilfe eines schwedischen Konzerns seinen Neuen Verlag gründete, in dem er bis 1947 unter anderem Werke von A. Zweig, A. Granach, J. R. Becher und H. Mann herausbrachte.

20.22 Exil in der Schweiz

Die neutrale Schweiz zählte in der ersten Phase des Exils zu den wichtigsten Durchgangsstationen oder Zufluchtsstätten. Obwohl der selbstgeschaffene Mythos von der Schweiz als „Rettungsboot" nicht zuletzt durch eigene Untersuchungen zur Flüchtlingspolitik zerstört worden ist, kamen doch allein während des Zweiten Weltkriegs annähernd 300 000 Verfolgte in das Land. Die leidenschaftlich geführten Debatten über Asylpolitik und Asylrecht spielten sich vor dem Hintergrund tiefgreifender ökonomischer Probleme im Zuge der Weltwirtschaftskrise Mitte der 30er Jahre ab und erklären zum Teil die restriktive Aufnahmepraxis.

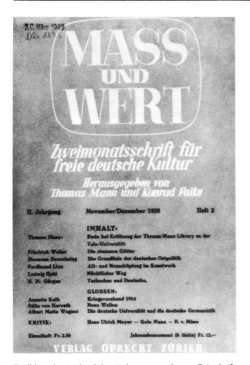

Titelblatt der in der Schweiz herausgegebenen Zeitschrift „Maß und Wert" vom November/Dezember 1938

Die deutschen Exilanten, unter anderem G. Kaiser und K. Kläber, sammelten sich bevorzugt um Zürich, wo sie nicht selten Gastfreundschaft und aktive Solidarität in Schweizer Bürgerhäusern erfuhren. Das Zürcher Schauspielhaus, der Verlag von E. Oprecht und das Café Odeon bildeten dort Zentren, während das Tessiner Bergdorf Fontana Martina für revolutionäre Künstler eine erste Anlaufadresse darstellte. Eine Besonderheit als „Davidschleuder der Emigration" (W. Mittenzwei) repräsentierte E. Manns 1933 in München gegründetes und im selben Jahr nach Zürich verlagertes Kabarett „Die Pfeffermühle", das bis 1937 mit politischer Satire sein Schweizer Publikum begeisterte. Große Resonanz fanden auch W. Langhoffs im Schweizer Spiegel Verlag in Zürich erschienener „unpolitischer Tatsachenbericht" über 13 Monate Konzentrationslager „Die Moorsoldaten" (1935) und die von Th. Mann und K. Falke 1937–40 bei Oprecht herausgegebene Zeitschrift „Maß und Wert", das wich-

tigste publizistische Forum der bürgerlich-konservativen Emigration. Über den Tag hinaus suchte Th. Mann nach „Durchdringung des Stoffes mit Menschlichem, Vermenschlichung des Lebens in vergeistigender Gestaltung": Ein überzeitliches humanistisches Konzept sollte sich gegenüber den tagespolitischen Niederungen behaupten. Neben der Familie Mann nahmen H. Hesse und E. Ludwig einen Sonderstatus ein, die lange vor 1933 bereits als Schweizer Bürger im Tessin lebten. Wie in anderen Ländern brachte der Ausbruch des Zweiten Weltkriegs für die hier im Exil Lebenden eine erhebliche Verschärfung der Situation mit sich. Überwachung und Internierung der Emigranten signalisierten den außenpolitischen Anpassungsdruck, den der übermächtige Nachbar ausübte. Bis Kriegsende herrschte eine autoritäre Demokratie, die wichtige Verfassungsrechte eingeschränkt oder aufgehoben hatte.

20.23 Exil in der Sowjetunion

Mit keinem anderen Land sind die Voraussetzungen und Bedingungen des Exils in der Sowjetunion zu vergleichen. Mitgliedschaft in der KPD oder zumindest tiefempfundene, dokumentierte Sympathie stellte die unerläßliche Prämisse für die Aufnahme dar. Das innere Sicherheitsbedürfnis sowie die angestrengte wirtschaftliche Lage des Landes setzten weitere Grenzen, so daß man in keiner Phase von einer Massenemigration in die Sowjetunion sprechen kann. KPD-Mitglieder wie J. R. Becher oder W. Bredel, E. Weinert oder H. Zinner fanden vergleichsweise ideale Arbeitsbedingungen in den Staatsverlagen und -medien vor. Ihre Werke erschienen in hohen Auflagen, sie selbst erzielten beachtliche Honorare, für Unterkunft und Verpflegung wurde zentral gesorgt, und sie waren fest in den Parteiapparat eingebunden. Aus dieser Perspektive verwandelte sich das Asyl „zur neue[n] Menschheitswiege" (F. Wolf). In diesem Bewußtsein organisierten die Schriftsteller von hier in Wort und Schrift den internationalen antifaschistischen Widerstand, die Aktivitäten im Spanischen Bürgerkrieg, und planten im Auftrag der allmächtigen Partei den Aufbau des „neuen Deutschland". Über

DIE
SAMMLUNG

LITERARISCHE MONATSSCHRIFT
UNTER DEM PATRONAT VON *ANDRÉ GIDE*
ALDOUS HUXLEY · HEINRICH MANN
HERAUSGEGEBEN VON *KLAUS MANN*

I. JAHRGANG   1. HEFT   SEPTEMBER 1933

INHALT:

HEINRICH MANN Sittliche Erziehung durch deutsche Erhebung
JAKOB WASSERMANN Meine Landschaft, innere und äussere
ALFRED DÖBLIN Jüdische Massensiedlungen und Volksminoritäten
ALFRED KERR Der Zustand im deutschen Theater
JOSEPH ROTH Tarabas
HERMANN KESTEN Die Tote von Ostende
WOLFGANG HELLMERT Drei Gedichte
GLOSSEN

QUERIDO VERLAG · AMSTERDAM

Titelblatt der in den Niederlanden herausgegebenen Zeitschrift „Die Sammlung" vom September 1933

allem schwebte wie ein Damoklesschwert aber die Willkür des stalinistischen Systems, das auch Prominente wie G. Lukács und H. Huppert zeitweilig ins Gefängnis brachte und das weniger Angepaßten wie H. Walden, E. Ottwalt oder H. Günther das Leben kostete. Die dauernde Bedrohung durch den stalinistischen Terror förderte den ideologischen Gleichschritt und das politische Kalkül in bezug auf offizielle Richtungswechsel, wie nach dem deutsch-sowjetischen Nichtangriffspakt zwischen Hitler und Stalin von 1939, der zu tragisch-grotesken weltanschaulichen „Verrenkungen" unter den deutschen Emigranten führte. Manche, so E. Piscator und A. Granach, waren schon vorher von Auslandsreisen nicht mehr in die Sowjetunion zurückgekehrt.

Mit erheblichen finanziellen Zuwendungen subventionierte die Sowjetunion die beiden einflußreichen Zeitschriften „Internationale Literatur. Deutsche Blätter" (1933–45) und,

in dieser Zeitschrift aufgehend, „Das Wort" (1936–39). Ähnliche Unterstützung erfuhren die Mitglieder von Agitpropgruppen, die sich in Moskau um G. von Wangenheim scharten und als Deutsches Theater Kolonne Links im Moskauer Klub Ausländischer Arbeiter auftraten. Das von Piscator initiierte Theaterprojekt im deutschsprachigen Engels, der Hauptstadt der Wolgadeutschen Republik bis 1941, wurde von B. Reich und M. Valentin zwischen 1934 und 1937 mit Erfolg betrieben.

Der Überfall deutscher Truppen auf die Sowjetunion 1941 bedeutete auch für die deutschen Emigranten die Evakuierung in Gebiete Sibiriens.

20.24 Exil in Großbritannien

Großbritannien zählte bis 1938 nicht zu den bevorzugten Asylländern. Sowohl die Insellage als auch die großen ökonomischen Probleme mögen dabei, trotz verhältnismäßig liberaler Einwanderungspolitik, eine Rolle gespielt haben. Erst das Novemberpogrom von 1938 in Deutschland führte zu einer verstärkten Auswanderungswelle nach Großbritannien. Zwei kulturpolitische Ereignisse setzten nach außen wirkende Akzente in der ansonsten zahlenmäßig eher kleinen britischen Emigrantenszene: die Gründung des PEN-Klub deutscher Autoren 1934 sowie die Konstituierung eines Freien Deutschen Kulturbundes 1938 mit A. Kerr, O. Kokoschka, B. Viertel und St. Zweig an der Spitze, den neben M. Hermann-Neiße und R. Neumann prominentesten deutschsprachigen Autoren. Der Kulturbund organisierte Ausstellungen, Konzerte, Kabarett, Leseabende und gab 1941–45 die Zeitschrift „Freie Deutsche Kultur" sowie literarische und politische Broschüren heraus. Gleichzeitig unterhielt man Kontakte zu englischen Künstlern.

Der Zweite Weltkrieg brachte einschneidende Veränderungen in der britischen Einwanderungspolitik mit sich. Besserte sich anfangs noch die Lage vieler Exilierter, weil die britische Rundfunkgesellschaft BBC (British Broadcasting Corporation), die Nachrichtenagentur Reuters Ltd. und die Telegraphenagenturen für Aufklärungs- und Propagandazwecke deutschsprachige Mitarbeiter brauchten, so führte ab Mai 1940 die wachsende Furcht vor einer deutschen Invasion zu einem radikalen Stimmungsumschwung und nachfolgend zu gesetzlichen Maßnahmen gegenüber den als „feindliche Ausländer" klassifizierten Emigranten. Je nach Einstufung in „A"-, „B"- oder „C"-Grad drohten Internierung und sogar Deportation nach Neuseeland oder Kanada. Die Mehrzahl der deutschsprachigen Schriftsteller erhielt allerdings den „C"-Grad und galt damit als der britischen Sache gegenüber freundlich gesinnt, was vielen besonders gegen Kriegsende Arbeit bei der BBC sicherte: „Die Kellerkantine im Buschhaus [Bush House] der BBC wurde eine Art Literatencafé" (G. Tergit).

20.25 Exil in Palästina

Die Flucht oder Auswanderung nach Palästina führte in ein Exilland ganz besonderer Art. Noch unter britischer Mandatsverwaltung stehend, warfen die großen inneren sozialen, ökonomischen und politischen Spannungen zwischen Juden und Arabern sowie die vor allem zionistisch geprägte Zuwanderung vieler Juden für deutsche Exilanten zusätzliche Probleme auf. Zu den in Palästina im Exil lebenden Schriftstellern gehörten unter anderem A. Zweig (1948 nach Ost-Berlin zurückgekehrt), M. Brod, L. Fürnberg und E. Lasker-Schüler. Viele publizistische und verlegerische Bemühungen scheiterten an politisch-religiösen Spannungen zwischen Juden und Deutschen, die sich in antideutschen Ressentiments entluden und zur sprachlich-kulturellen Isolation der Exilanten führten. Die Symbiose von europäischem und jüdischem Humanismus, wie sie von Brod in seinen Werken erfolgreich propagiert wurde, blieb die Ausnahme.

20.26 Exil in den Niederlanden

Obwohl die Niederlande oft nur als Durchgangsstation für Schriftsteller wie I. Keun, J. Roth oder M. Hermann-Neiße dienten, wurde hier das bedeutendste Kapitel der Verlagsgeschichte der deutschen Exilliteratur geschrieben. E. Querido und Allert de Lange

hatten nach den Bücherverbrennungen (▷ 20.1) ihren Häusern deutschsprachige Exilverlage angeschlossen und damit die Grundlagen für den Fortbestand der verfemten und die Weiterentwicklung einer nichtnationalsozialistischen antifaschistischen Literatur außerhalb Deutschlands geschaffen. Besonders der ehemalige Lektor des Gustav Kiepenheuer Verlags, F. Landshoff, sorgte im Querido Verlag für ein Programm mit illustren Namen wie L. Feuchtwanger, A. Zweig, H. Mann, E. Toller, E. M. Remarque, A. Döblin; entschieden bemühte sich Landshoff um die „verbrannten Autoren", deren Werke bei den Bücherverbrennungen vernichtet wurden, und ebenso appellativ war der Titel der von K. Mann unter dem Patronat von A. Gide 1933–35 herausgegebenen Zeitschrift „Die Sammlung" gewählt. Es war das ehrgeizigste und bedeutendste Zeitschriftenprojekt zu Beginn des Exils, literarisches Signalzeichen des „anderen" Deutschlands. Bei Allert de Lange zeichnete H. Kesten für das verlegerische Profil verantwortlich, für das Namen wie J. Roth, E. E. Kisch, M. Brod, A. Neumann und G. Kaus standen.

Die deutsche Okkupation von 1940 beendete nicht nur die liberale und humane Asylpraxis, sie kostete Querido, G. Hermann, O. Wallburg und K. Gerron neben vielen anderen das Leben in den Gaskammern deutscher Konzentrationslager.

20.27 Exil in den USA

Erst nach 1938 und mit Beginn des Zweiten Weltkriegs wurden die USA zum wichtigsten Exilland, in das mehr als 100 000 deutsche Flüchtlinge regulär einreisten, darunter etwa 7 500 Wissenschaftler, Publizisten und Künstler. Gleichsam als Vorhut hatte sich hier bereits Mitte der 30er Jahre das Frankfurter Institut für Sozialforschung mit Th. W. Adorno, M. Horkheimer, H. Marcuse und L. Löwenthal angesiedelt. Anfängliche Großzügigkeit in der Einwanderungspolitik wandelte sich nach 1940 zu einer restriktiven Quotenregelung (357 000 Personen pro Nation). Zahlreiche private Hilfsorganisationen sorgten für materielle Unterstützung in einer ansonsten am weiteren Schicksal der Geretteten wenig interessierten Gesellschaft. Als Zentren bildeten sich die Ostküste mit New York sowie Kalifornien mit San Francisco und Los Angeles heraus. Stärker noch als finanzielle Probleme bedrückte die deutschen Exilanten die völlig anders strukturierte Kulturszene, die rein privatwirtschaftlich organisiert und den Marktgesetzen unterworfen war, sowie der daraus resultierende Zwang zur Akkulturation oder auch nur zur Anpassung an den amerikanischen Lebensstil. Zwischen freundlicher Gleichgültigkeit und gesteigertem Antikommunismus pendelte das politisch-gesellschaftliche Barometer der 40er Jahre. Bis auf den „Aufbau", von M. George ab 1939 herausgegeben und zur auflagenstärksten Zeitschrift des Exils überhaupt geführt, erreichte man bei keinem Periodikum oder Verlag eine größere Resonanz, ebensowenig gelang einem Schriftsteller der Durchbruch als Drehbuchautor in Hollywoods Filmindustrie. Überregionale Gedenkveranstaltungen wie die zum 10. Jahrestag der Bücherverbrennung blieben singuläre Ereignisse. Einzig Autoren, die schon vor 1933 zu den Erfolgreichen gehörten (Th. Mann, V. Baum, E. M. Remarque, vor allem L. Feuchtwanger), konnten ihre materiellen Vorteile ungebrochen genießen. „Sei es aufgrund ihrer bürgerlichen Beschränktheit, ihrer politischen Ziele oder einfach der Unfähigkeit der Autoren, sich in das amerikanische Kulturleben einzufügen – die Verbreitung der Exilliteratur in den USA stand in keinem Verhältnis zur Bedeutung der hier ansässigen Autoren" (A. Stephan). Ob Brecht, Döblin, C. Zuckmayer, F. Werfel oder H. Mann – sie alle schlugen kaum Wurzeln. Dem steht aber der hohe Prozentsatz an Emigranten gegenüber, die nach 1945 nicht mehr in die Heimat zurückkehrten, das Land der „unbegrenzten Möglichkeiten" nach schwierigem Eingewöhnungsprozeß nicht mit einer ungewissen Zukunft im zerstörten Deutschland vertauschen wollten.

20.28 Exil in Mexiko und Südamerika

Obwohl während des Zweiten Weltkriegs in fast allen Ländern Lateinamerikas deutschsprachige Emigranten lebten, rückten bald Mexiko, Argentinien, Chile und Uruguay zu Zentren der politisch Verfolgten auf. Francos Sieg 1939 im Spanischen Bürgerkrieg sowie das unaufhaltsame Vorrücken der Hitlerschen Wehrmacht hatten den europäischen Lebensraum soweit reduziert, daß verstärkt in Übersee Zuflucht gesucht werden mußte. In dieser dritten Phase des Exils kam nach den USA Mexiko eine besondere Rolle zu, fanden hier doch vor allem die versprengten sozialistischen und kommunistischen Spanienkämpfer unbürokratische und großzügige Aufnahme. Die bereits 1937 mit Hilfe der mexikanischen Kommunisten eingerichtete Liga pro cultura alemana bot eine erste Plattform, von der aus 1941 die Gründung einer eigenen Organisation mit verschiedenen Untergruppen (unter anderem der Heinrich-Heine-Club) erfolgte: das Freie Deutschland. A. Seghers, L. Renn, B. Uhse und E. E. Kisch waren die literarischen Häupter dieser der KPD nahestehenden Vereinigung, die auch die gleichnamige einflußreiche politisch-literarische Zeitschrift herausgab. Mexiko sollte zu einem Mittelpunkt der Exilliteratur ausgebaut werden, und zu diesem Konzept gehörte der deutschsprachige Buchverlag El libro libre (Das freie Buch), in dem beispielsweise Werke von Seghers, Kisch, L. Feuchtwanger und H. Mann erschienen, sowie klare kulturpolitische Strategien für die Zeit nach Hitler veröffentlicht wurden.

Weniger straff geordnet und ideologisch homogen stellte sich die Situation in der großen deutschsprachigen Kolonie Argentiniens dar. Neben der von A. Siemsen zwischen 1937 und 1949 herausgegebenen Zeitschrift „Das Andere Deutschland" ragten die vielfältigen Musik- und Sprechtheateraktivitäten heraus – allen voran P. W. Jacobs Freie Deutsche Bühne in Buenos Aires (1940–49).

In Uruguay erhielten B. Olden und F. Heller am Sender Montevideo die Möglichkeit, deutschsprachige Hörspiele und ein literarisches Programm regelmäßig zu senden.

Zwei der wichtigsten publizistischen Organe des südamerikanischen Exils wurden in Chile herausgebracht: die „Freie Deutsche Zeitung" und die von P. Zech mitbegründete literarische Zeitschrift „Deutsche Blätter" (1943–46), zu der sogar in Deutschland gebliebene Autoren wie E. Wiechert und St. Andres Beiträge lieferten.

Identification Card für
Alfred Döblin als Motion
Picture Employee,
ausgestellt am
6. Dezember 1942

St. Zweig, seit 1940 in Brasilien, suchte 1942 den Freitod und verhinderte damit, daß sich Brasilien, wohin unter anderem auch F. Arnau emigriert war, zu einem weiteren Exilzentrum entwickelte.

20.29 „… das beste Deutschland" – politisch-kulturelles Selbstverständnis der Emigration

Die einzig bindende Gemeinsamkeit der in die Emigration getriebenen Schriftsteller bestand im „Weg wovon", das heißt in der Flucht vor den existenzbedrohenden Maßnahmen des Nationalsozialismus, und damit in der Repräsentanz des „anderen Deutschland". Der Wille zur literarischen Selbstbehauptung speiste sich aus der moralisch fundierten Überzeugung dieser Schriftsteller, allein durch ihre Existenz der übrigen Welt jenes bessere, humanistische Deutschland zu verbürgen und so Hitler-Deutschland ganz persönlich Widerstand entgegenzusetzen. Genährt wurde solch eine Haltung von der Illusion, die nationalsozialistische Machtübernahme sei nur ein Intermezzo und der baldige Zusammenbruch des Regimes unausweichlich. Mit dem Schwinden dieser Hoffnungen begann auch die kritische Selbstreflexion der in weltanschaulicher Ausrichtung und lite-

rarischen Traditionsbindungen so heterogenen Exilanten. Der „Zwang zur Politik" (Th. Mann) bestimmte nun die Diskussionen um ästhetische Strategien und künstlerisches Selbstverständnis. Volksfrontüberlegungen (▷ 20.30), kämpferischer Antifaschismus – mithin (kultur-)politische Überlegungen also – begannen zu literarischen Wertkriterien aufzurücken, immer ausgerichtet auf den einigenden nationalen Bezug. Besonders der Mitarbeiterstab um die Moskauer Exilzeitschrift „Das Wort" (1936–39) propagierte dieses klar umrissene, operative Konzept einer entschieden politischen Literatur, während eher konservative Liberale sich um die von Th. Mann und K. Falke herausgegebene Zeitschrift „Maß und Wert" (1937–40) scharten. Die dort programmatisch vertretene Absage an „Sozial-Intellektuelle" schloß antinazistisches Engagement nicht aus, allein „Künstler wollen wir sein und Anti-Barbaren, das Maß verehren, den Wert verteidigen, das Freie und Kühne lieben und das Spießige, den Gesinnungsschund verachten …", so Th. Mann. In der Verteidigung von „Maß und Wert" des eigenen Künstlerlebens nach innen und außen sah man seine Aufgabe – und nicht in der agitatorischen Nutzung seines künstlerischen Mediums. Jenseits aller tiefgreifenden politischen und ästhetischen Kontroversen, die man ja zum Teil bereits in der Weimarer Republik ausgetragen hatte, verstand die große Mehrheit der Exilautoren ihre literarische Produktion denn doch als einen Beitrag gegen die nationalsozialistische Kulturbarbarei.

20.30 „... nur einig im Negativen" – kulturpolitische Strategien im Exil

K. Hillers Aufruf „Emigranten, vereinigt euch!" fand kein Echo, weil er nicht der Realität des Exils entsprach. Politische Sektiererei oder auch Desinteresse an zeitgeschichtlichen Fragen, persönliche Animositäten, alte Rechnungen oder nur unterschiedliche Traditionsbezüge und Schreibtechniken – all dies wurde mitgenommen, fügte der geographischen Zerstreuung die intellektuelle Zersplitterung hinzu. Grüppchenbildung, Vereinsmeierei in unzähligen Komitees und Clubs standen einige wenige Organisationen, Aktionen sowie Kongresse mit Breitenwirkung gegenüber. Signalzeichen gingen von der Gründung der Deutschen Freiheitsbibliothek in Paris 1934, ein Jahr nach den Bücherverbrennungen, oder dem Freien Deutschen Kulturbund in England (▷ 20.24) ab 1938 aus, Wegmarken setzten die Exilvereinigungen des PEN und des Schutzverbandes Deutscher Schriftsteller (SDS; ▷ 20.19), die in London beziehungsweise Paris residierten. Besonders der SDS vereinigte das breiteste weltanschauliche Spektrum deutschsprachiger Exilschriftsteller. Er organisierte über seine Landesgruppen in den Exilzentren „Montagsgespräche", politische Diskussionsveranstaltungen, den II. Internationalen Kongreß zur Verteidigung der Kultur 1937 in Paris und Valencia sowie Buchausstellungen und die Deutsche Kulturwoche 1938 in Paris. Die Absage an den Nationalsozialismus als kleinsten und zugleich einzigen gemeinsamen Nenner zeigte sich auch auf dem großen Internationalen Kongreß zur Verteidigung der Kultur im Juni 1935 in Paris, der wohl machtvollsten Solidaritätsadresse an die vertriebenen und verfolgten Künstlerkollegen, sowie später in London (1936 organisiert vom PEN-Klub deutscher Autoren unter E. Toller) und New York (1937). Hier kündigte sich aber an, was unter der Losung „Für die deutsche Volks-

front" zwischen 1935 und 1938 zum großen Traum vom einigenden antifaschistischen Bündnis avancieren sollte. „Die Volksfront will keine neue Partei sein. Sie soll ein Bund aller derer werden, die entschlossen sind, ihre Kraft für Freiheit und Wohlstand des deutschen Volkes einzusetzen. Alle in ihr vereinten Parteien und Gruppen bleiben ihren besonderen weiterreichenden Zielen treu." Die Unterzeichner, unter anderem J. R. Becher, E. Bloch, L. Feuchtwanger, O. M. Graf, E. E. Kisch, A. Zweig, H. und K. Mann, trafen sich zur Verwirklichung dieses Programms im Pariser Hotel „Lutetia" (deshalb „Lutetia-Kreis") unter dem Vorsitz von H. Mann mit Vertretern der Exil-SPD (unter anderem R. Breitscheid) und der Exil-KPD (unter anderem H. Wehner, W. Münzenberg) sowie weiteren Schriftstellerkollegen. Anfängliche Hoffnungen und Erfolge dieses Bündnisses verflüchtigten sich bald; die stalinistischen Schauprozesse, Uneinigkeit innerhalb der Sozialdemokratie und das Vormachtstreben der Kommunisten belasteten schwer. Pamphlete und Aufrufe dokumentierten noch Einheit, als alltägliche Streitereien und ideologischer Zwist die große Idee längst zerrieben hatte. In der mexikanischen Bewegung Freies Deutschland (ab 1941) und im Moskauer Nationalkomitee Freies Deutschland (ab 1943) lebte der Volksfrontgedanke zwar weiter, jetzt aber eindeutig von kommunistischen Schriftstellern getragen. So verfügten auch nur sie über ein präzise ausgearbeitetes kulturpolitisches Konzept für die „Stunde Null".

20.31 Erfahrung Exil und literarische Form

L. Feuchtwangers Feststellung, daß die Exilerfahrung nicht allein stofflich, sondern auch formal, das heißt aus dem „innersten Wesen", die literarische Produktion geprägt habe, bleibt bis heute umstritten. Dies zielt ins Zentrum der Literaturgeschichtsschreibung, denn wenn das Leben in der Fremde nur einen zufälligen Nebenumstand des dichterischen Schaffens bedeutete, stellt sich die Frage nach dem Periodisierungsbegriff, dem Problem einer besonderen Literaturepoche 1933–45, von Neuem. In den Mittelpunkt rückt dabei das Problem der „Sprache, die meine Wohnung war" (P. Weiss). Die neben der existentiellen Bedrohung stets gegenwärtige (mutter-)sprachliche Gefährdung schuf äußere Rahmenbedingungen, die den kommunikativen Faktor (Verständlichmachen, möglichst breite Wirkung) viel stärker in die poetologischen Überlegungen einband als unter „normalen" Verhältnissen in der Heimat. So zeigten sich formale Konsequenzen zum Beispiel bei Vertretern der Moderne wie Döblin (▷ 19.19), deren Erzählstil konventioneller wurde. Avantgardistische Techniken finden sich kaum noch in der Exilliteratur. Man bevorzugte vermehrt kleine Formen, um in Zeitungen und Zeitschriften veröffentlichen zu können, und schrieb wieder mit Blick auf die Romantradition des 19. Jahrhunderts. Auch Lyrik und Drama fanden zu „bewährten", „einfachen", auch bewußt „kunstlosen" sprachlich-stilistischen Formen oder klassizistischen Mustern zurück. Gleichzeitig aber behaupteten sich die großen Einzelfälle, deren Werkentwicklung scheinbar unberührt von den Ereignissen den lange vorgezeichneten Weg nahm, da über Jahre und Jahrzehnte an Entwürfen gearbeitet und die ästhetische Grundierung sowie die ursprüngliche Konzeption mitgenommen wurden. Zu Schriftstellern, die mit großen Entstehungszeiträumen planten und damit von vornherein einen Außenseiterstatus beanspruchten, zählen unter anderem Th. Mann (▷ 19.12; 21.10), H. Broch (▷ 19.16) und R. Musil (▷ 19.17). Musil suchte inhaltlich wie formal nach Abgrenzung von Tagesaktualität und schriftstellerischer Gebrauchsform, um „irgendwie auch äußerlich in die Literatur zurückzukehren". Bei aller inhaltlich erkennbaren Zeitbezogenheit steht das Bemühen dieser Schriftsteller um die unverwechselbare eigene künstlerische Handschrift im Vordergrund, die ihre Werke zu singulären Ereignissen macht – jenseits genau fixierter literaturgeschichtlicher Einordnungen.

20.32 „Es geht um den Realismus" – ästhetisch-ideologische Standortbestimmungen

Die zwischen 1937 und 1938 in der Moskauer Exilzeitschrift „Das Wort" (1936–39) geführte Expressionismusdebatte gehörte zu den folgenreichsten literarisch-weltanschaulichen Auseinandersetzungen der Emigration. Nur vordergründig stand sie im Zeichen einer kulturgeschichtlichen Würdigung des Expressionismus, aus dem viele der beteiligten Literaten und Künstler hervorgegangen waren. Die Zentralfigur der Diskussion, G. Lukács, hatte bereits 1934 mit seinem Aufsatz „Größe und Verfall des Expressionismus", veröffentlicht in der „Internationalen Literatur", die kulturpolitische Generallinie abgesteckt, indem er hinsichtlich der subjektivistisch-abstrakten Stiltendenzen eine direkte Entwicklung vom Expressionismus zum Faschismus feststellte. Der Fall des Expressionisten G. Benn (▷ 18.26), der sich anfangs für den Nationalsozialismus einsetzte, diente dann 1937 A. Kurella als äußerer Anknüpfungspunkt. Hinzu kam, daß mit der breit angelegten offensiv geführten Volksfrontstrategie (▷ 20.30) der Kommunisten ab Mitte der 30er Jahre das „bürgerliche Erbe" zum zentralen Diskussionsgegenstand aufrückte. So ging es in der Expressionismusdebatte um zweierlei, erstens um eine konsensfähige marxistische Realismuskonzeption, zweitens um das „große Bündnis" (J. R. Becher) zwischen bürgerlichen, sozialdemokratischen und kommunistischen Künstlern im Kampf gegen den Faschismus. Die Kontroverse um den Expressionismus offenbarte die unterschiedlichen, ja bisweilen unvereinbaren ästhetisch-formalen Positionen der Emigranten untereinander. Denn auf dem Prüfstand der Geschichte befand sich auch die Moderne des frühen 20. Jahrhunderts, der sich H. Walden (▷ 18.28), H. Vogeler und vor allem E. Bloch, als Hauptgegner Lukács', verbunden fühlten und die sie schließlich mitbegründet hatten. Bloch verwahrte sich gegen einen normativen, an der Erzählkunst des 19. Jahrhunderts orientierten Realismusbegriff, wie ihn Lukács als Voraussetzung eines dogmatisch verkürzten „sozialistischen Realismus" einklagte.

Das repressive, antiavantgardistische Kulturklima des Stalinismus verlieh den Kontroversen zusätzliche Bedeutung, zeichneten sich hier doch schon die Konturen der Kulturpolitik der 40er und 50er Jahre im östlichen Teil des Nachkriegsdeutschland ab (▷ 21.7; Kapitel 22). Die Verteidiger des Expressionismus und eines weit gefaßten Realismus, zu denen Ende der 30er Jahre in einer Art Nachhutgefecht noch A. Seghers und Brecht („Über den formalistischen Charakter der Realismusdebatte") stießen, forderten eine dialektische Verknüpfung von neuen Inhalten mit avancierten literarischen Techniken wie Montage oder Verfremdung. Allerdings wurden die Brechtschen Beiträge niemals veröffentlicht und erst im Rahmen der Werkausgabe ab Mitte der 60er Jahre publiziert. Blochs Bemerkung „Das Erbe des Expressionismus ist noch nicht zu Ende, denn es wurde noch gar nicht damit angefangen" zielte nicht allein auf eine Ehrenrettung dieser Stilrichtung, sondern schloß die Avantgarde vom Expressionismus bis zum Surrealismus in den Kanon dessen ein, was es für die Zukunft literarisch-künstlerisch zu beerben galt. Schlagworte der Nachkriegszeit wie „Formalismus", „bürgerliche Dekadenz", „Modernismus", die zum Teil gegen Brecht und Bloch vorgebracht wurden, zeigen, wer sich mit welchen Folgewirkungen letzten Endes durchgesetzt hat. Kurellas „Schlußwort" von 1938 gab bereits die Richtung vor: „Aber eben wegen dieser Vieldeutigkeit und inneren Unbestimmtheit ... hat er [der Expressionismus] uns kein wesentliches Erbgut hinterlassen."

20.33 „Wer wird uns verlegen?" – Publikationsmöglichkeiten im Exil

Schriftstellerische Identität und Selbstverständigung beweisen sich in der Veröffentlichung. Zu allen existentiellen Nöten, Unwägbarkeiten und Bedrohungen in der Fremde gesellte sich sofort die bange Frage nach den literarischen Artikulationsmöglichkeiten, nach notwendigen Foren der Selbstdarstellung in künstlerisch-moralischer Hinsicht. Die wichtigsten Verlagsgründungen konzentrierten sich dementsprechend auf die frühen

Zentren der Emigration: Prag, Zürich, Amsterdam, Paris. Neben den ökonomischen Risiken, die eine deutschsprachige Literaturproduktion im Ausland von vornherein bedeutete, trug das sich verschärfende politische Klima zu erschwerten Bedingungen bei. In Amsterdam (Querido, Allert de Lange) und in Zürich (Gebrüder Oprecht) vertraten einheimische Verleger die Interessen der deutschsprachigen Schriftsteller, ansonsten organisierten geflohene Exilanten ihre Verlage selbst wieder (zum Beispiel W. Herzfelde den Malik-Verlag in Prag, G. Bermann Fischer den S. Fischer Verlag in Wien, Stockholm und New York). Geringe Auflagen, Vertriebsschwierigkeiten, ungewohnte Wirtschaftsgesetze oder die Kreditbeschaffung führten oft zum schnellen Scheitern der Versuche, Verlage für deutschsprachige Literatur im Exil zu etablieren. Im Rückblick sorgten vier Verlage – Fischer, Oprecht, Querido und Allert de Lange – für eine kontinuierliche Verbreitung der Exilliteratur (bis 1945/46 zusammen etwa 500 Bände in ungefähr 1,8 Millionen Exemplaren). Einen Sonderfall repräsentieren die großen sowjetischen Staatsverlage für ausländische Literatur, die hohe Auflagen in Originalsprache wie Übersetzung herausbrachten (etwa 2 Millionen Exemplare), sowie die von kommunistischen Parteien und der Kommunistischen Internationale (W. Münzenbergs Édition du Carrefour in Paris mit dem „Braunbuch über Reichstagsbrand und Hitler-Terror" als Bestseller) finanzierten Verlage. Fast hoffnungslos wurde die Lage für viele Autoren nach Kriegsausbruch, da fast alle europäischen Unternehmungen zusammenbrachen und in Übersee sich kein Ersatz fand. Der nur kommerziell ausgerichtete amerikanische literarische Markt bot kaum Chancen. Die einzig nennenswerte Eigeninitiative, der von Herzfelde und elf anderen Schriftstellern gegründete Aurora Verlag in New York, publizierte insgesamt nur zwölf Titel, so daß der 1942 ins Leben gerufene mexikanische Verlag El libro libre zur wichtigsten literarischen Plattform in der dritten Phase des Exils aufrückte. Ähnlich schwierig gestaltete sich die Situation für die Zeitschriften und Zeitungen. Die Zahl von 436 Periodika, einschließlich Rundbriefen und Pressediensten, zwischen 1933 und 1945 unterstreicht das breite weltanschau lich-ästhetische Spektrum sowie die prinzipielle Vielfalt der Exilpublizistik. Nachrichtenübermittlung, kultureller Sammelpunkt, literarische Bühne und nicht zuletzt Diskussionsorgan – auf diese wesentlichen kommunikativen und literarisch-fördernden Aufgaben verständigten sich die meisten Kulturzeitschriften im engeren Sinne. Vielen kurzlebigen Blättern standen einige Kennmarken setzende Zeitschriften gegenüber wie L. Schwarzschilds unabhängiges „Neues Tage-Buch" (1933–39), Th. Manns und K. Falkes „Maß und Wert" (1937–40) oder auch von 1933 bis 1935 K. Manns „Die Sammlung". Besonders große Wirkung erzielten die in der Sowjetunion erscheinenden Periodika „Internationale Literatur. Deutsche Blätter" (1933–45) und, in dieser Zeitschrift aufgehend, „Das Wort" (1936–39), das nachhaltig das neue Volksfrontkonzept (▷ 20.30) propagierte. Leben konnte kaum ein Schriftsteller von den Tantiemen und Honoraren seiner Arbeit. Mit dem großen Geld lockten nur die Medien, so auch die „Traumfabrik" Hollywood, die für Drehbuchautoren existenzsichernde Einkommen bot. Brecht, L. Frank und andere versuchten sich daran. Für die meisten ging diese Hoffnung allerdings nicht in Erfüllung.

Umschlag der 1942 in Mexiko erschienenen Erstausgabe des Romans „Das siebte Kreuz" von Anna Seghers mit einem Holzschnitt von Leopoldo Méndez

20.34 „Heimatsuchen" – Deutschlandbilder der Emigration

In allen Phasen des Exils richtete sich der Blick der Emigranten auch nach vorn. Neben dem Bewußtsein, das „andere", „bessere" Deutschland zu repräsentieren, entwickelten sich (Denk-)Bilder, Projektionen von der alten Heimat, die Vergangenheit, Gegenwart und Zukunft einschlossen und darüber hinaus einen wichtigen Bestandteil der lebensnotwendigen Identitätswahrung darstellten. Ideale und Pläne konzentrierten sich sowohl auf eine mögliche gesellschaftliche Neuordnung nach Hitler, besonders bei den sozialdemokratischen und kommunistischen politischen Emigranten, als auch auf ideenpolitisch ausgerichtete Aufbauprogramme für ein „Viertes Reich" (G. Bernhard). Die zum Teil bittere Erfahrungsrealität des Exils in Verbindung mit den Horrornachrichten aus dem Dritten Reich weckten Sehnsüchte, befeuerten Utopien und Visionen für die „Stunde Null", in der „man tabula rasa beginnen muß, abseits von den fortexistierenden, auf weitere Fortexistenz bedachten Gruppen" (L. Schwarzschild). Von der „hohen Warte" (J. R. Becher) wurden in Vers und Prosa Erinnerungen wachgehalten, ein untergegangenes, humanistisches Deutschland zum Teil poetisch überhöht, fast hymnisch beschworen, auf dessen ideeller Substanz man dereinst den Wiederaufbau betreiben könnte.

20.35 Im „Wartesaal" – Zeitroman und Epochendarstellung

Alle Autoren, die sich nicht historischen Stoffen zuwandten, schrieben mit zunehmender Dauer des Exils gegen die Angst an, „allmählich den Kontakt zur deutschen Realität zu verlieren" (K. Mann). Beflügelte anfangs noch die eigene Erlebnisgrundlage die zumeist aufklärerisch-appellative Prosaliteratur zur nationalsozialistischen Machtübernahme und verlieh den Geschichten über Terror, Konzentrationslager und Flucht ein hohes Maß an Authentizität, so mußten später Sekundärquellen die eigene Anschauung ersetzen.

Aber vor der Besichtigung des faschistischen Zeitalters und der schmerzvollen, autobiographisch getönten Reflexion des Emigrantenschicksals standen Ursachenforschung und Anklage. Hinter dem verallgemeinernden Begriff des Zeit- und Gegenwartsromans verbarg sich ein facettenreiches Bild epischer Entwürfe, die Kleinformen (Novelle, Erzählung, Reportage, Anekdote, Prosaskizze) ebenso wie die verschiedenen Romanformen einschlossen. Berührungspunkte zum Geschichtsroman boten die historischen Erkundungen ins Kaiserreich und in die Weimarer Republik. Traditionelle Genres wie der Familienroman erfreuten sich großer Beliebtheit, zum Beispiel bei A. Döblin, L. Feuchtwanger oder A. Scharrer, ließ sich doch mit dem genealogischen Schema besonders wirkungsvoll die Vorgeschichte des Nationalsozialismus als Verfallsgeschichte rekonstruieren. Zur wichtigsten historischen Station auf diesem Weg wurde natürlich die Weimarer Republik und die Auseinandersetzung mit den sie tragenden politischen Parteien, vor allem mit der Sozialdemokratie. Den gesellschaftlichen und politischen Kontext versuchten die emigrierten Erzähler sowohl plakativ-agitatorisch als auch differenziert-einfühlsam in Detailstudien ebenso wie in breit angelegten Zeitpanoramen (so in J. Roths Roman „Die Kapuzinergruft", 1938), auszuleuchten.

Die Ende der 30er Jahre geschriebenen Romane und Erzählungen offenbaren Ernüchterung und wachsende Skepsis in der Einschätzung der innenpolitischen Lage und der daraus resultierenden Gestaltung der Perspektive. Individuelle Schicksale mit exemplarischem Charakter rückten zunehmend in den Mittelpunkt (zum Beispiel K. Manns „Mephisto. Roman einer Karriere", 1936). Zugleich schärfte die „lange Zeit des Wartens" (Feuchtwanger) die Sicht von draußen und steigerte die Sensibilität für die Vorgänge in der fernen Heimat. Romane wie A. Seghers' „Das siebte Kreuz" (1942) oder A. Zweigs „Das Beil von Wandsbek" (Buchausgabe 1947) bieten, beklemmend eindrücklich,

glaubwürdige Gesellschaftsbilder vom alltäglichen Faschismus, die nun allein subtilem Einfühlungsvermögen entspringen. Spuren von Trauer, Resignation, Abschied durchsetzen mit Beginn und Dauer des Zweiten Weltkriegs jetzt aber weniger die vielfältigen Erlebnisberichte als die auf Repräsentanz zielenden Epochenselbstbildnisse wie St. Zweigs „Erinnerungen eines Europäers", „Die Welt von gestern" (1942). Bilanziert wurde auch mit dem Blick nach vorn, etwa bei H. Mann, W. Hasenclever oder Th. Plievier („Stalingrad", 1945).

20.36 Historische Gleichnisse – zum Geschichtsroman des Exils

Historie und Legende bildeten den bevorzugten stofflichen Fundus der Exilprosa. Die Flut historischer Romane begleitete eine intensive literaturtheoretische und -kritische Auseinandersetzung mit diesem Genre. Kaum einer der schon in der Weimarer Republik erfolgreichen Autoren verzichtete auf solch ein geschichtliches „Gleichnis, um sich selber, sein eigenes Lebensgefühl, seine eigene Zeit, sein Weltbild möglichst treu wiederzugeben" (L. Feuchtwanger). Die heftig geführten Kontroversen um die „Geschichte als Dichterin" (St. Zweig) zog sich durch alle weltanschaulichen Lager und markierte zugleich eines der bedeutendsten Kapitel der Exilliteraturkritik. Immer wieder berührte die Frage nach „Sinn und Unsinn des historischen Romans" (Feuchtwanger) zentrale Positionen des schriftstellerischen Selbstverständnisses sowie Überlegungen zu literarisch-ästhetischen Strategien im Angesicht des Nationalsozialismus. Was F. C. Weiskopf an Erzählwerken wie B. Franks „Cervantes" (1934), K. Manns „Symphonie pathétique" (1935) oder J. Roths „Die hundert Tage" (1936) kritisierte, nämlich „Ausweichen oder Flucht vor den Problemen der Gegenwart", gereichte den Befürwortern zum notwendigen Distanzierungsverfahren, um dem geschichtlichen Material aktuelle Aussagen, Parallelen zur Gegenwart entlocken zu können. Gleichzeitig setzte man dem „vergaunerten" Geschichtsbild des Nationalsozialismus einen demokratisch-humanistischen Entwurf entgegen. Historische Wahrheit, die Dialektik von Historizität und Aktualität, ersatzweise Weltaneignung über historische Stoffe – aus diesen unterschiedlichen, zum Teil durch die eigene Exilsituation erzwungenen Beweggründen speisten sich die Präferenzen für den Geschichtsraum im zweifachen Sinne. Man wollte aus der Geschichte lernen und betrachtete sie als Lehrerin des Lebens. Unter diesen Vorzeichen vereinnahmte schließlich das maßgeblich von G. Lukács vertretene kulturpolitische Volksfrontkonzept (▷ 20.30) ab Ende der 30er Jahre den historischen Roman als „Waffe im Kampf um die deutsche Freiheit". Im historischen „Spiegelbild" blitzten nun Vorgeschichte und Gegenwart des deutschen Volkes auf, um bereits Zukünftiges – nach Hitler – vorzubereiten.

Hinter der Fülle historischer Romane und Erzählungen verbargen sich sehr different gattungsmäßige, geschichtsphilosophische und ästhetische Versuche der Annäherung sowie der stofflichen Verarbeitung. Neben biographischer Erfolgsbelletristik im Stile E. Ludwigs standen kleinere novellistische Formen und vor allem die großen panoramatischen Romane. Dabei vermischten sich bisweilen historische Quellen, Legenden und Mythologie in der literarischen Fiktion (zum Beispiel in Feuchtwangers „Der falsche Nero", 1936, und in seiner „Josephus"-Trilogie: „Der jüdische Krieg", 1932; „Die Söhne", 1934; „Der Tag wird kommen", englisch 1942, deutsch 1945), oder das historisch-dokumentarische Material erfuhr von vornherein gleichsam als Bruch- und Versatzstücke eine freie, überhöhende Behandlung (so in Döblins „Amazonas"-Trilogie „Das Land ohne Tod", 1937–1948, 1963 unter dem Titel „Amazonas" erschienen). Stets aber suchten die Autoren, ob in der römischen Antike, dem Spanien der Inquisition (so H. Kestens historische Romanparabeln „Ferdinand und Isabella", 1936, 1953 unter dem Titel „Sieg der Dämonen", und „König Philipp der Zweite", 1938, 1950 unter dem Titel „Ich, der König") oder im Frankreich des 16. Jahrhunderts das Parabelhafte, Analogische zur eigenen Zeit: satirisch gebrochen, lyrisch-ekstatisch gesteigert oder auch nur nüchtern-chronikalisch.

Zum Schlüsselwerk dieses Genres avancierten die beiden Romane H. Manns um Heinrich IV.: „Die Jugend des Königs Henri Quatre" (1935) und „Die Vollendung des Königs Henri Quatre" (1938). Um ein „wahres Gleichnis" ging es ihm, wo die Vergangenheit im Licht moderner, zeitgenössischer Erfahrung erscheint. Multiperspektivisch zerlegt zeichnet H. Mann das Bild vom humanen Volkskönig als Gegenprinzip zum nationalsozialistischen Führerkult.

Vor solcherart Aktualisierungen, die ins „Journalistische streifen", hütete sich sein Bruder Thomas, obwohl er mit dem Goethe-Roman „Lotte in Weimar" (1939) einen eigenen Beitrag zum Geschichtsroman lieferte. Seine auf Abstand bedachte Haltung zum historisierenden Erzählen kam deshalb auch eher in der Romantetralogie „Joseph und seine Brüder" („Die Geschichten Jaakobs", 1933; „Der junge Joseph", 1934; „Joseph in Ägypten", 1936; „Joseph, der Ernährer", 1943) zum Ausdruck, die Mythologisches, biblische Überlieferung in den Mittelpunkt rückt. Ironisch-parodistisch spielt Th. Mann mit Formen wissenschaftlicher Gelehrsamkeit, ohne der geschichtsphilosophischen Durchdringung des mythisch märchenhaften Stoffes zu entraten, soll doch der Mythos den Nationalsozialisten entrissen und „bis in den letzten Winkel der Sprache hinein humanisiert" werden.

So dokumentierte der historische Roman eine formal-stilistische und inhaltliche Bandbreite wie keine andere literarische Gattung des Exils. Anfängliche Skepsis mündete geradezu in einen Modetrend, am Ende der Emigrationsjahre beschränkte man sich wieder auf „Wohlwollen, doch nicht ohne Skepsis" (Feuchtwanger).

20.37 Exildramatik und -theater

Am nachhaltigsten waren wohl die Dramatiker von den Schwierigkeiten der Exilsituation betroffen. Von wenigen Ausnahmen abgesehen, bestanden kaum Aufführungsmöglichkeiten in den Asylländern. Brechts Erkenntnis, „es ist unmöglich, ohne die Bühne ein Stück fertigzumachen", hatte zur Konsequenz, für die „Schublade" produzieren zu müssen. Wenn dennoch die Exildramatik quantitativ zu beträchtlichem Umfang gelangte (etwa 700 Dramen), so verdeutlicht es mehr den ungebrochenen Selbstbehauptungswillen und die stete Hoffnung, doch noch eine Bühne zu finden, als daß es die objektive Wirkung widerspiegelt. Nachdem seit 1938 auch nicht mehr die Bühnen der Tschechoslowakei und Österreichs offen standen, geriet die Dramatik endgültig zum „Sorgenkind" (F. C. Weiskopf) unter den literarischen Gattungen. Solange fanden die Zeitstücke F. Wolfs, F. Bruckners oder E. Tollers noch einen gewissen Resonanzboden. Einzelerfolge, wie sie etwa F. Werfel mit „Jacobowsky und der Oberst" (1944) am Broadway widerfuhren, blieben die Ausnahme von der Regel. Ähnlich wie in der Prosa versuchte man in allegorischen Dramen, Parabelstücken und kritischen Komödien mit konventionellen dramaturgischen Mitteln die Auseinandersetzung mit der Zeit. Während Dramatiker wie zum Beispiel Ö. von Horváth, F. Werfel, G. Kaiser oder W. Hasenclever an avancierte Dramentechniken der Weimarer Republik nicht mehr anknüpften, entwickelte Brecht seine Theorie des epischen Dramas und Theaters (▷ 19.7) konsequent weiter, obwohl auch er zu formalen Konzessionen bereit schien („Die Gewehre der Frau Carrar", 1937), um den Produktionsbedingungen kleinerer Theatertruppen im Exil entgegenkommen zu können.

Abgesehen von kurzlebigen Spielgruppen- und Klubtheatergründungen vor allem in Skandinavien und den USA war P. W. Jacobs Freie Deutsche Bühne (1940–49) in Buenos Aires das wichtigste professionell und kontinuierlich arbeitende Theater der Emigranten. Einflußreich gestaltete sich auch E. Piscators Schauspielerausbildung an seinem Dramatic Workshop, der der New School for Social Research in New York angegliedert wurde.

Zur alles überragenden Spielstätte und zum Sammelpunkt exilierter deutschsprachiger Bühnenkünstler rückte aber nach 1938 das privat geführte Zürcher Schauspielhaus auf. Hier wirkten Schauspieler wie Th. Giehse, K. Paryla, W. Langhoff und L. Steckel, die Regisseure G. Hartung und L. Lindtberg sowie

der Bühnenbildner T. Otto. Brechts große Dramen wurden in Zürich uraufgeführt. Auf dem konsequent antifaschistischen Spielplan standen Dramen von Kaiser, E. Lasker-Schüler, C. Zuckmayer und Bruckner. Nach dem Ende des Zweiten Weltkrieges gingen wesentliche Impulse für das deutsche Nachkriegstheater von den zurückkehrenden Mitgliedern dieses Ensembles aus.

20.38 Lyrik des Exils

Ähnlich wie in der Prosadichtung, so prägte auch die lyrische Produktion des Exils ein „rückwärts gewandtes Formensystem" (H. D. Schäfer), dessen stilkonservative Tendenzen, besonders der Neoklassizismus (zum Beispiel J. R. Becher), selbst bei Autoren sichtbar wurden, deren literarischer Aufbruch sich im Zeichen der Moderne (Symbolismus, Expressionismus) vollzogen hatte. Dem stand ein breites inhaltlich-thematisches Spektrum gegenüber, das von der Zeitsatire bis zur subjektivistischen Verschlüsselung reichte. Immer wieder wechselten die Autoren von politischer Anklage zur persönlichen Klage. Satirische Entlarvung (A. Kerr), agitatorische Aufklärung (E. Weinert, L. Fürnberg), nüchterne Bestandsaufnahme (Brecht) fanden in subjektiven Reflexionen, die die Einsamkeit, Ängste, Verlorenheit und Verzweiflung lyrisch gestalteten (M. Hermann-Neiße, F. Werfel, A. Wolfenstein), ihre Entsprechung. Der von Brecht konstatierten „schlechte[n] Zeit für Lyrik" begegnete er selbst mit bewußt einfachen, schmuck- und reimlosen Formen, die in ihrem unregelmäßigen Rhythmus die rauhe Oberfläche, Brüche der Zeit nicht leugnen und in ihrer trotzigen Beharrlichkeit Hoffnung und Überlebenswillen bezeugen. Die „verwehten Wege überall" (F. Torberg) bildeten als Ausgangspunkt ein Grundmotiv, das sich bis zum appellativen Widerstandsgedicht und Kampflied steigern, aber auch in die hermetische Lyrik des späten Y. Goll oder der N. Sachs münden konnte.

Kapitel 21
Nachkriegszeit, Gegenwart

Einführung

Die Befreiung vom Faschismus durch die totale militärische Niederlage – der Konsequenz des „totalen Krieges" – bedeutete einen wahrhaft epochalen Einschnitt in alle Lebensbereiche der Deutschen. Die in unterschiedliche politische und gesellschaftliche Einflußsphären gedrängten Trümmer des zerschlagenen Deutschen Reiches waren allerdings auf verschiedene Weise betroffen und zu reagieren genötigt: Aus dem gemeinsamen Katastrophenerlebnis erstanden Österreich als anerkanntes „erstes Opfer" des Nationalsozialismus, die DDR als selbsterklärte fünfte Siegermacht (▷ Kapitel 22) und die Bundesrepublik Deutschland als Rechtsnachfolgerin und Schulderbin des Hitlerreiches. „Wirtschaftswunder", „kalter Krieg" und „Verteidigungsbeitrag" innerhalb der westlichen Allianz ließen hier trotz „Wiedergutmachung" und alljährlicher „Woche der Brüderlichkeit" die Erbschaft des Dritten Reiches sehr bald und für mehr als ein Jahrzehnt in den Hintergrund des öffentlichen Bewußtseins treten; ein Prozeß, der von Politikern nach Kräften unterstützt wurde (Adenauer 1952 vor dem Bundestag: „Wir sollten jetzt mit der Naziriecherei einmal Schluß machen"). Trotz dieser sehr unterschiedlichen Voraussetzungen und Entwicklungen, deren Spektrum durch die neutrale Zeugenschaft der Schweiz noch entschieden verbreitetert wird, kommt es nicht zur Atomisierung der deutschen Literatur. Die staatliche Zersplitterung war kein historisches Novum. Auch die 39 Staaten des Vormärz (▷ Kapitel 14) bildeten weder 39 Nationen, noch 39 Nationalliteraturen. Nicht einmal die langjährige Konfrontation von DDR und Bundesrepublik setzte ein neues Faktum; schließlich kennt die Geschichte (Preußen – Sachsen, Preußen – Österreich) Beispiele „heißer" Kriege zwischen deutschen Staaten. Allerdings schufen die im 20. Jahrhundert entdeckten und von der DDR fortentwickelten Möglichkeiten gezielter „Kulturpolitik" eine lange Zeit derart abgeschottete literarische Landschaft, daß es weder sinnvoll noch angemessen ist, diese ohne weiteres in eine fortlaufende „deutsche Literaturgeschichte" zu integrieren – zumal dies auch staatspolitische Empfindlichkeit der DDR trifft. Daraus jedoch ein System abzuleiten, das (wie es vielfach geschieht) von „Literatur der Bundesrepublik Deutschland, der Schweiz und Österreichs" spricht, ist irreführend angesichts eines für diese Staaten bestehenden einheitlichen Literaturmarktes. Wann seine zunehmende Verbindung mit der „Literaturgesellschaft" der DDR – nicht nur durch die über 100 von dort in die Bundesrepublik übergesiedelten Autoren, sondern auch durch Lokkerung der Abgrenzungsmaßnahmen – die Rückkehr zum Begriff e i n e r deutschen Literatur erlaubt, ist aus dem fehlenden Abstand der Zeitgenossenschaft nicht zu übersehen. Dies erschwert auch grundsätzlich die Erkenntnis epochendefinierender Tendenzen und Einschnitte in die Entwicklung seit 1945. Nicht abzusehen ist, welche der heute angebotenen „Ismen" im Nachhinein als charakteristische oder bleibende erkannt werden wird; ist doch selbst für die vergangenen 40 Jahre umstritten, wann – oder gar ob – die „Nachkriegszeit" geendet hat, welche und wieviele geschichtliche oder gar künstlerische und literarische „Epochen" ihr gefolgt sind. Immerhin sind Zäsuren erkennbar und am

Wandel literarischer Formen und Inhalte abzulesen. Auf die kurze Zeit einer politisierten, auf das Erlebnis von Krieg und Faschismus reagierenden Literatur bis etwa 1950 folgte im Westen die Periode einer auf Verrätselung, Formexperiment konzentrierten, das „Moderne" im Absurden suchenden und damit weitgehend apolitischen und antirealistischen Literatur, die mit der abstrakten Kunst der Zeit korrespondierte. Der Dokumentarismus eines R. Hochhuth oder G. Wallraff (▷ 21.24) kündigte nach 1963 eine neue Phase an, deren politischer Charakter und gesellschaftsverändernder Anspruch durch die Studentenbewegung von 1968 und 1969 verstärkt wurde. Eine Periode „neuer Innerlichkeit" löste diese Phase Ende der 70er Jahre ab. Seither bereitet die Gleichzeitigkeit von neoabsurdem Theater, „postmodernistischen" Strömungen oder „neuer Heftigkeit" Orientierungsschwierigkeiten. Doch auch die ersten 20 Jahre sind durch Gleichzeitigkeit von Verschiedenartigem gekennzeichnet: neben der zeitflüchtigen bestand die kritische Literatur weiter (▷ 21.16). Die zusammenfassende Bestandsaufnahme der Literatur nach 1945 ist die notwendige Konsequenz dieses ganz normalen Erkenntnisdilemmas. Daß der gesamte Zeitraum vom Lebenswerk wichtiger Autoren wie Koeppen, Böll, Lenz, Grass, Frisch geprägt wird, ist eine zusätzliche Legitimation für das – vorläufige – Epochenverständnis.

21.1 Der Mythos vom „Nullpunkt"

Ein Italiener machte den Begriff populär: der Regisseur R. Rossellini nannte seinen Film der Bestandsaufnahme „Deutschland im Jahre Null" (1947) – gebräuchlich war er da längst. „Nullpunkt" war das positiv gedachte Pendant zu „Zusammenbruch". Beide Begriffe signalisieren Verdrängung: „Zusammenbruch" wollte Täterschaft ignorieren, „Nullpunkt" versteckte Geschichte hinter dem Trugbild einer behaupteten Tabula rasa. Dabei war das Pathos des Neubeginns zum Teil durchaus ehrlich; dennoch ließ sich die Kontinuität der Geschichte nicht durchtrennen, weder durch Verdrängung noch durch administrative „Umerziehung", noch auch

durch Beschwörung einer Nullpunktsituation. Das so häufig beschriebene „Aufblühen der Kultur" in den Trümmern nährte sich im wesentlichen vom Blick zurück.

Das generelle Problem einer verfehlten „Entnazifizierung" (▷ 21.2) betraf auch die Literatur; doch schwerer noch wog, daß auch die völlig Unbelasteten auf der Suche nach dem Neuen sich überwiegend auf das Alte verwiesen glaubten: „Man erfindet nichts Neues, – man findet das Vorhandene" (R. Hagelstange).

21.2 Zwischen Schuld und „Persilschein"

„Daß wir leben ist unsere Schuld ..., unsere in dieser Würdelosigkeit einzig noch bleibende Würde ist die Wahrhaftigkeit." Mit diesem Satz im Geleitwort zur ersten Nummer der Zeitschrift „Die Wandlung" (Oktober 1945) brachte K. Jaspers den spätestens mit Kriegsende ausbrechenden Disput um Verantwortung und Schuld auf eine honorige Formel. Darin stand ihm H. Arendts Begriff der „Kollektivschuld" in einer späteren Nummer der Zeitschrift nicht nach. Aus dem philosophischen Niveau der „Wandlung" heraus ins politisch-praktische Vokabular übertragen, stellte sich die Kollektivschuldthese einer breiteren Auseinandersetzung mit den Greueln der Vergangenheit eher in den Weg. Die Vorstellung vom Nationalsozialismus als einer Art kollektiver deutscher Erkrankung, die im Prozeß allgemeiner „reeducation" (= Umerziehung) zu therapieren sei, prägte die Politik vor allem der Amerikaner. Die „Entnazifizierungs"-Prozedur mit Fragebogen, Spruchkammern und einer „Infektionsgrad"-Tabelle („Hauptschuldige", „Schuldige", „Minderbelastete", „Mitläufer", „Unbelastete") ist Ausdruck dieser Sicht. Sie erfüllte ihren Zweck kaum, erzeugte im Gegenteil ein Klima von Denunziantentum und Verlogenheit. Beziehungen verhalfen zu „Persilscheinen", und trotz der Nürnberger Kriegsverbrecherprozesse gegen „Hauptschuldige" verbreitete sich der Eindruck, man „hänge die Kleinen und ließe die Großen laufen". Der überdimensionierte Charakter eines kollektiven Schuldvorwurfs wirkte einerseits lähmend auf Erneuerungsversuche aus eigener Kraft – es waren daher gerade Verfechter solcher Erneuerung und „Unbelastete" wie die Autoren der Zeitschrift „Der Ruf" und der Gruppe 47 (▷ 21.8), die sich gegen die Kollektivschuldthese wandten –, andererseits bot diese These gegen ihre Absicht gerade durch ihre Maßlosigkeit Entlastung von der individuellen Schuld. Beides zusammen bestärkte Zeitfluchttendenzen im Bewußtsein und förderte die Beliebtheit apologetischer Versuche aus den Reihen der inneren Emigration (▷ 21.5): „Doch wir sühnen nicht in Zeiten, / nicht auf diesem blinden Stern. / Es geschieht in Ewigkeiten / und vorm Angesicht des Herrn." Mit diesen Zeilen W. Bergengruens war gegenüber dem geradezu metaphysischen Charakter der Kollektivschuld die naheliegende endzeitliche Ausflucht geboten.

21.3 „Kahlschlag" oder – die neue Sprache

Der Lyriker und Erzähler W. Weyrauch prägte den Begriff 1949 im Nachwort der Anthologie „Tausend Gramm", einer Sammlung „neuer deutscher Geschichten". „Die Kahlschläger", heißt es da, „fangen in Sprache, Substanz und Konzeption von vorn an, sie wissen, ... daß dem neuen Anfang der Prosa in unserem Land allein die Methode und die Intention des Pioniers angemessen sind. Die Methode der Bestandsaufnahme. Die Intention der Wahrheit. Beides um den Preis der Poesie". Der Begriff entspricht den Absichten und Programmen eines wichtigen Teils der deutschen Schriftsteller zwischen 1945 und 1949. Er ist Ausdruck des „Nullpunkt"-Erlebnisses (▷ 21.1) in inhaltlicher wie sprachlicher Hinsicht. Dabei schließt er die Polemik gegen „Kalligraphie", die „Schönschreiberei", die man den Autoren der inneren Emigration (▷ 21.5) vorwarf, ebenso mit ein wie die Bemühungen um eine Regeneration der deutschen Sprache nach der NS-Zeit, die den ersten deutschen Schriftstellerkongreß (▷ 21.7) von 1947 prägten und sich in Publikationen wie „Aus dem Wörterbuch des Unmenschen" (von D. Sternberger, G. Storz und W. E. Süskind, 1945–48 in: „Die Wandlung", Buchausgabe 1957) und „L(ingua) T(ertii)

Schutzumschlag der von Wolfgang Weyrauch herausgegebenen Anthologie „Tausend Gramm" (1949)

I(mperii)" (von V. Klemperer, 1947, Neuausgabe 1966 unter dem Titel „Die unbewältigte Sprache") niederschlug. In der literarischen Praxis wurden die Programme des „Kahlschlags" jedoch kaum verwirklicht. Die Kontinuität der Sprache und die literarische Tradition waren ebensowenig mit einem „Schlag" abzubrechen, wie der geschichtliche Zusammenhang durch das Setzen eines „Nullpunktes" zu zerreißen war.

21.4 Fortdauerndes Exil und innere Emigration

Der überwiegende Teil des „anderen", des besseren Deutschland war von den Nationalsozialisten ins Exil (▷ 20.18–20.38) gejagt worden. Die moralische und literarische Autorität der Exilschriftsteller wäre für einen

Neubeginn notwendig gewesen – erwünscht war sie in den Westzonen offenbar weniger. Die Politiker schwiegen – und wußten warum: noch 1961 kostete eine auf den Emigranten W. Brandt zielende schmutzige Wahlkampagne diesem den Wahlsieg. Schriftsteller äußerten sich, doch der Ruf zur Rückkehr war abschreckend formuliert: W. von Molo (13. Mai 1945) und F. Thieß (18. August 1945) schrieben „Offene Briefe", in denen sie Th. Mann zur Rückkehr nach Deutschland aufforderten und zugleich zu begründen versuchten, warum sie nicht den Weg ins Exil gewählt hatten. Thieß ging noch weiter, indem er dem Exil eine innere Emigration gegenüberstellte, deren Vertretern ein „innerer Raum, dessen Eroberung Hitler trotz aller Bemühungen nicht gelungen ist", zur eigentlichen Welt geworden sei. E. Kästner und E. Wiechert, K. Edschmid und W. Bergengruen, aber auch Hans Grimm (▷ 20.10) nannte er als Beispiele, um darauf die gültige Anschauung vom besseren Deutschland in der Emigration umzukehren: „Ich glaube, es war schwerer, sich hier seine Persönlichkeit zu bewahren, als von drüben Botschaften an das deutsche Volk zu senden, welche die Tauben im Volke ohnedies nicht vernahmen, während wir Wissenden uns ihnen stets um einige Längen voraus fühlten." Nach Th. Manns öffentlicher Antwort, die auf die Schwierigkeit der Verständigung verwies „zwischen einem, der den Hexensabbat von außen erlebte, und euch, die ihr mitgetanzt ... habt", vergiftete eine heftige Kontroverse die Atmosphäre zwischen Exilanten und „inneren Emigranten" auf mehrere Jahre hinaus. In der Einsicht, „daß der Emigrant in Deutschland wenig gilt", kam Th. Mann erst 1949 besuchsweise nach Deutschland; andere – H. Hesse, O. M. Graf – blieben fern, und von den wenigen in das westliche Deutschland zurückgekehrten, gingen einige resigniert und enttäuscht wieder fort.

21.5 „Die Unauffindbaren" – Varianten der Zeitflucht

„Die Dichtkunst ist kein platter Spiegel der Gegenwart, sondern der Zauberspiegel der Zeit, welche nicht ist", diesen Satz Jean Pauls

(▷ 13.17; 13.18) setzte E. Kreuder 1948 als Motto über seinen Roman „Die Unauffindbaren". Titel wie Motto signalisieren Realitätsverweigerung in eine Richtung, die schon Kreuders erster Nachkriegsroman, „Die Gesellschaft vom Dachboden" (1946), eingeschlagen hatte: den Weg nach innen. Die Phantasie bietet den Bewegungsraum, den die zerstörte Wirklichkeit verweigert. Innerlichkeit heißt auch das Programm Elisabeth Langgässers, deren monumentaler Roman „Das unauslöschliche Siegel" (1946) trotz Zeit- und Realitätsbezug seinen eigentlichen Schauplatz in der menschlichen Seele findet. Wirklichkeit wie Innerlichkeit dieses Romans haben ihren archimedischen Punkt in der katholischen Metaphysik der Autorin; zugleich gewinnt daraus der Versuch, Sinn zu stiften in einer chaotisch gewordenen Welt, seine Plausibilität. Aus protestantischer Sicht gelang E. Wiechert ähnliches. Auf einer anderen Grundlage steht H. Kasacks früher Bestseller „Die Stadt hinter dem Strom" (1947), der die „Magie schöpferischen Geistes" aus fernöstlicher Philosophie gewinnt: Krieg, Faschismus und Zerstörung rücken so ein in die „metaphysische Ordnung" eines historischen Kreislaufs, in dem die Welt ihren Sinn im Gleichgewicht, der einzelne den seinen im Nirwana findet. Der Totenstadt, die Kasack in seinem Roman gestaltet, entspricht „Nekyia. Bericht eines Überlebenden" (1947) von H. E. Nossack. In surrealistischer Verschlüsselung erscheint Welt hier als Alptraum, in dem jedoch in der Beschwörung antiker Mythen (Odysseus, die Atriden) eine Handlungsperspektive erwächst. Bei all diesen Romanen legitimiert sich der „Weg nach innen" als Suche nach einem hinter der Erscheinungswelt verborgenen höheren Sein. Andere suchten dagegen die intakt scheinende Welt der Phantasie, deren literaturgeschichtliche Beglaubigung vor Legitimationsfragen aus der Wirklichkeit abschirmte und das auch dann, wenn Elemente der Wirklichkeit nicht vollständig ausgeblendet wurden. Realität erscheint dann gleichnishaft (W. Bergengruen, „Das Feuerzeichen", 1949; St. Andres, „Das Tier aus der Tiefe", 1949) oder in pseudoklassischer Manier zu Ewigkeitswerten sublimiert (F. Thieß, „Caruso in Sorrent", 1946). Hier setzte sich innere Emigration (▷ 21.4) in sehr charakteristischer Weise nach 1945 fort und

geriet beim Versuch der Selbstrechtfertigung in fatale Nähe zu einer – wenn auch nicht beabsichtigten – Rechtfertigung des Faschismus.

21.6 Warten auf das „junge deutsche Zeitstück"

Unmittelbar nach Kriegsende entfaltete sich eine erstaunliche theatralische Betriebsamkeit. Nach drei Jahren Spielverbot drängten Darsteller auf die kaum reparierten oder improvisierten Bühnen, und mangels Konsumgütern war die Nachfrage nach kulturellem Angebot groß. Die Erwartung eines neuen Theaters, „das sich vor uns, vor der Wirklichkeit bewähren" würde (Zeitschrift „Der Ruf"), erfüllte sich jedoch nicht. Es dominierten Unterhaltung und Zerstreuung vor Klassikeraufführungen. Eine Handvoll deutscher Zeitstücke gewann nur regionale Resonanz: das Widerstandsstück „Die Illegalen" von G. Weisenborn (1946), ein psychologisierendes Kriegsdrama, „Peter Kiewe", von H. Goertz (1946), F. Dengers Schwarzmarktbanden-Spiel „Wir heißen euch hoffen" (1947) und H. Schmitthenners Stück über einen individuellen Sieg der Menschlichkeit im Krieg („Ein jeder von uns", 1947) in Berlin und einige wenige, rasch vergessene Versuche in der Provinz. Kritiker und

Kulturbehörden riefen immer dringlicher nach dem „jungen deutschen Dichter". Entsprechend enthusiastisch wurde daher die Rundfunkpremiere von W. Borcherts Heimkehrstück „Draußen vor der Tür" am 13. Februar 1947 (Bühnenfassung am 21. November 1947 in Hamburg) gefeiert: Borcherts „Aufschrei" war Identifikationsangebot für die Kriegsgeneration und Anklage gegen die bereits wieder Etablierten. Das Stück wurde zum ersten Nachkriegserfolg des deutschen Theaters (weit über 200 Inszenierungen seither allein in der BR Deutschland), und doch vermochte es nicht zum Anstoß für einen Aufschwung der Zeitdramatik zu werden.

21.7 Der vorläufige Weg zu zwei Literaturen

Die ersten zwei Nachkriegsjahre kannten noch keinen Zweifel an der nationalen Einheit. Die Autoren des „Kahlschlags" (▷ 21.3) bemühten sich um die gemeinsame Sprache; der in der sowjetischen Besatzungszone gegründete Kulturbund zur demokratischen Erneuerung Deutschlands propagierte in seiner Zeitschrift „Aufbau" 1945 die „Zusammenarbeit mit allen demokratisch eingestellten weltanschaulichen, religiösen und kirchlichen Bewegungen". Gemeinsam baten J. R. Becher und E. Kästner um die Wiederzulassung eines

Hermann Peter Piwitt liest auf der Tagung der Gruppe 47 in Sigtuna (Schweden) 1964

Deutschen P.E.N. (Neugründung 1949 als Deutsches P.E.N.-Zentrum) und im Oktober 1947 beschwor der erste gesamtdeutsche Schriftstellerkongreß in Berlin in zwei von drei Manifesten die „unveräußerliche Einheit" und das „Bewußtsein des einen lebenden Deutschlands". Die Beschwörungsgeste dokumentiert das Bewußtsein drohender Spaltung, die sich nur sieben Monate später auf einem zweiten Schriftstellerkongreß in Frankfurt am Main durch die Abwesenheit von Autoren aus der sowjetischen Besatzungszone manifestierte. Noch bestehende Oasen der Gemeinsamkeit, wie etwa die Theaterszene Groß-Berlins, die Zeitschrift „Ost und West", überlebten die weltpolitischen Auswirkungen von Blockade Berlins (1948/49), Koreakrieg (1950–1953) nicht, denen als letzte gesamtdeutsche Literaturinstitution der deutsche PEN-Club 1951 zum Opfer fiel (Spaltung in ein Deutsches P.E.N.-Zentrum der Bundesrepublik, seit 1972 P.E.N.-Zentrum Bundesrepublik Deutschland, und ein Deutsches P.E.N.-Zentrum Ost und West, seit 1967 P.E.N.-Zentrum Deutsche Demokratische Republik). Das Wiedervereinigungsgebot des bundesdeutschen Grundgesetzes und die Einheitsappelle der DDR bis in die 50er Jahre erstrebten Einheit durch Eingliederung des jeweils anderen Teils; davon abweichende Positionen wurden in der DDR von vornherein unterdrückt. In der Bundesrepublik sorgten ein aus dem Nachwirken der nationalsozialistischen Propaganda ebenso wie aus der alltäglichen Erfahrungen mit dem Stalinismus der DDR gespeister Antikommunismus für ein baldiges Verstummen eines Teils der Opposition. Das KPD-Verbot von 1956 tat ein übriges. Der

„eiserne Vorhang", 1961 steinern Wirklichkeit geworden in der Berliner Mauer, zerriß nach den Institutionen auch den Dialog der Personen für Jahrzehnte. Erst mit der weltweiten Friedensbewegung entstand seit Beginn der 80er Jahre ein Rahmen, in dem auch das Gespräch der deutschen Schriftsteller als „Friedenskongreß", im Dezember 1981 auf Initiative St. Hermlins veranstaltet, einen beiderseits akzeptierten Platz fand.

21.8 Vom Altern der „jungen Generation" – die Gruppe 47

„Deine Söhne, Europa" nannte H. W. Richter 1947 eine Anthologie mit Gedichten deutscher Kriegsgefangener. Die „ersten Zeichen einer neuen literarischen Entwicklung" sah er „aus den stacheldrahtumfriedeten Dörfern und Städten dieses Krieges" kommen. Diese Sicht erkannte eigenes Erleben als Generationserfahrung und reflektiert zugleich die Entstehungsgeschichte derjenigen literarischen Strömungen, die zwischen Zeitflucht (▷ 21.5) und sozialistischem Realismus (▷ 22.6) einen dritten Weg zu bahnen suchte. „Keimzelle" (Richter) war 1946 die Zeitschrift „Der Ruf – Unabhängige Blätter der jungen Generation" und ihre Herausgeber A. Andersch und H. W. Richter. „Ihre Kritik an der Kollektivschuldthese, der Umerziehungs- und Entnazifizierungspolitik der amerikanischen Militärregierung einerseits und an den sozialistischen Praktiken des dogmatischen Marxismus der russischen Militärregierung andererseits, setzte sie zwischen alle

Stühle", so charakterisierte Richter die Redaktion. Diese Haltung führte zwangsläufig zu Konflikten, die im März 1947 nach Verlagsquerelen im Lizenzentzug für Richter und Andersch gipfelten. Die Redaktionskonferenz des „Skorpion", einer geplanten Nachfolgezeitschrift, vom September 1947 am bayerischen Bannwaldsee wurde zur Geburtsstunde der Gruppe 47. Richter hatte mit seiner Einladung darum gebeten, unveröffentlichte Manuskripte mitzubringen, deren Lesung er beschreibt: „So hockten wir im Kreis herum auf dem Fußboden ... hören zu ... Neben mir auf dem Stuhl nimmt der jeweils Vorlesende Platz ... Nach der ersten Lesung – es ist Wolfdietrich Schnurre – sage ich: ‚Ja, bitte zur Kritik. Was habt ihr zu sagen?' Und nun beginnt etwas, was keiner in dieser Form erwartet hatte: Der Ton der kritischen Äußerungen ist rauh ... Niemand nimmt ein Blatt vor den Mund ... Mir fällt die Entscheidung über die Reihenfolge zu, niemand nimmt daran Anstoß. Und auch etwas anderes ... ergibt sich als etwas ganz Selbstverständliches. Der Autor, der gerade gelesen hat und der Kritik zuhört, darf sich nicht verteidigen." Der Bericht beschreibt das Ritual, das von Beginn an bis zum Ende der Gruppe (letzte Tagung im alten Stil 1967, endgültige Auflösung im September 1977) die fehlende Organisation ersetzte: kein Verein, ohne Satzung oder auch nur Mitgliederverzeichnis, verkörpert die Gruppe 47 auch im Erscheinungsbild den Anspruch einer „neuen literarischen Entwicklung", einer „Jungen Generation". H. W. Richter und W. Kolbenhoff waren 1947 38 Jahre alt, A. Andersch 33, G. Eich, der 1950 erster Preisträger der Gruppe wurde, war (Jahrgang 1907) noch älter. Als „jung" begriffen sich alle, die einen Neuanfang anstrebten; „jung" hieß noch unbekannt, und so wurden tatsächlich Jüngere leicht zu „Alten". Für das Erlebnis der „geistigen Kluft zwischen zwei Generationen" ist jedoch kennzeichnend, daß für die „Jungen" jede „Anknüpfungsmöglichkeit nach hinten, jeder Versuch, dort wieder zu beginnen, wo 1933 eine ältere Generation ihre kontinuierliche Entwicklungslaufbahn verließ, um vor einem irrationalen Abenteuer zu kapitulieren" (Richter im „Ruf", 1946), unmöglich schien. Die „abendländische Ruinenlandschaft" ist zunächst Orientierungsrahmen dieses Neuanfangs;

„Trümmerliteratur" das vorherrschende Sujet. W. Kolbenhoff gibt mit den beiden Romanen „Von unserem Fleisch und Blut" (1947) und „Heimkehr in die Fremde" (1949) die herausragenden Exemplare für den „Trümmerroman", während in der Prosa der Gruppe 47 (▷ 21.9) im Vordergrund stand: Für „Die schwarzen Schafe" wurde H. Böll (▷ 21.23) 1951 Preisträger der Gruppe, 1952 I. Aichinger mit der „Spiegelgeschichte". Ihr Text dokumentiert eine allenthalben auch so erlebte „Wende". W. Jens berichtet darüber: „Der Neorealismus ist tot, und kein Genius wird die Nachkriegsprogramme noch einmal zum Leben erwecken. 1952 schlug das Pendel, sehr weit und für lange, zur anderen Seite aus. Damals, sieben Jahre nach dem Ende des Krieges, begann die junge deutsche Literatur der Moderne."

„Moderne", das hieß Form- und Sprachexperiment, Verrätselung und Absurdität, „Rückzug der Literatur auf sich selbst", so ein Schlagwort der Zeit, das auf das ästhetische Konzept des Frankfurter Philosophen und Soziologen Th. W. Adorno, auf die Theorie des „autonomen Kunstwerks" zurückging. Autonomie in seinem Verständnis heißt jedoch, gerade in der Konzentration auf die künstlerische Form Widerstand und Kritik zu üben an den gesellschaftlichen Konventionen. Entsprechend blieb die Gruppe 47 auch nach der Abwendung von der „Trümmerliteratur" politisch und kritisch, und sie verlor auch nicht an Wirksamkeit. Das Wort des CDU-Politikers J. H. Dufhues von der „geheimen Reichsschrifttumkammer" (1963) belegt gerade in seiner Gehässigkeit die Bedeutung der Gruppe. Entscheidender war, daß aus ihren Reihen die meisten der Schriftsteller hervorgingen, die für die bundesdeutsche Literatur bestimmend waren: H. Böll, G. Grass, I. Aichinger, I. Bachmann, G. Eich, W. Hildesheimer, M. Walser, H. M. Enzensberger, P. Rühmkorf, E. Fried, U. Johnson, P. Weiss, P. Handke und andere. Der literarische Ruhm einzelner dieser Autoren war gerade Mitte der 60er Jahre auf einem Höhepunkt, und dennoch wurde immer deutlicher, daß der auf Konsens und Konvention gegründete Zusammenhalt nicht mehr gegeben war. Fraktionierungen brachen auf, der beginnende Studentenprotest dokumentierte andere Formen unmittelbaren gesellschaftlichen Engagements und der literarische Markt war über den „Medienverbund Gruppe 47" hinweggeschritten. Die für 1968 organisierte Tagung in Prag konnte wegen der militärischen Zerschlagung des „Prager Frühlings" nicht stattfinden – das bot den äußeren Anlaß für das Ende der Gruppe.

21.9 Das Jahrzehnt der Kurzgeschichte

Die erste Lesung der Gruppe 47 (▷ 21.8) eröffnete W. Schnurre mit der Kurzgeschichte „Das Begräbnis". W. Weyrauchs Anthologie „Tausend Gramm" (▷ 21.3) versammelte ausschließlich Kurzgeschichten; eine Reihe von Zeitschriften („Das Karussell", 1946–48, „Horizont", 1945–48) und weitere Anthologien („Der Anfang", 1947; „Die Pflugschar", 1947; „Erzähler der Zeit", 1949) konzentrierten sich auf diese Gattung – „vor allem ringen die Zeitungen die Hände nach Kurzgeschichten" (E. Langgässer, 1948). Eine Gattung stand plötzlich im Mittelpunkt, die in der deutschen Literatur so wenig Tradition besaß, daß bis etwa 1947 sich eine feste Gattungsbezeichnung noch nicht einmal eingebürgert hatte. Die Rezeption der amerikanischen Short story, vor allem W. Faulkners und E. Hemingways, entsprang natürlich zum einen der Neugier auf eine im Dritten Reich unterdrückte Literatur, zum anderen drückt sich darin das Dilemma aus, in dem sich vor allem die „jungen Autoren" (▷ 21.8) sahen: „Man hat das noch nicht begriffen, was es bedeutete, im Jahre 1945 auch nur eine halbe Seite deutscher Prosa zu schreiben", stellte Böll 1963 fest („Frankfurter Vorlesungen"). Zeitflucht (▷ 21.5) und sozialistischer Realismus (▷ 22.6) boten kein Vorbild, aber auch „zur Sprache der Emigrationsliteratur gab es sehr wenig Anknüpfung" (Böll 1976). Die Kurzgeschichte bot den Ausweg in mehrfacher Hinsicht. Die bewußt einfache Stillage und unprätentiöse Sprache kam dem „Kahlschlag"-Anspruch (▷ 21.3) entgegen; der Verzicht auf abgerundete Handlungsbögen und sinnstiftende Konstruktionen entsprach dem desillusionierten Bewußtsein der Nachkriegsautoren; Alltäglichkeit der Sujets bot der Wirk-

lichkeitsbindung Stoff, wobei der Anspruch, Wirklichkeit nicht nur abzubilden, sondern zu durchdringen, dem spezifischen Realismus entsprach. Weyrauch prägte die Stichwörter „Wirklichkeitsfixierung", „Bestandsaufnahme", kein „Photographieren", vielmehr ein „Röntgen mit chirurgischer Genauigkeit". Auch Böll sprach vom „Röntgenblick des Schriftstellers" (1956). Schnurres Charakteristik, die Kurzgeschichte „ist, grob gesprochen, ein Stück herausgerissenes Leben" (1961), faßt einen wesentlichen Teil des damaligen Gattungsverständnisses zusammen; E. Schnabels Definition von 1946 vervollständigt es: sie „ist ein bezeichnender Querschnitt durch den Lebensstrom, … bei welchem es weniger auf die Breite als auf die Tiefe ankommt". W. Borcherts Kurzgeschichte „Das Brot" (postum 1949) hat Böll als „Musterspiel der Gattung" beschrieben, weil sie „… erzählt, indem sie darstellt". Mit Schnurre, Böll, Borchert und Schnabel sind die herausragenden Exempel der kurzen Blütezeit deutscher Kurzgeschichten genannt; A. Andersch, L. Rinser, E. Langgässer, M. L. Kaschnitz trugen zu ihr bei und zahlreiche inzwischen vergessene Autoren. Dabei war der mit „Kahlschlag" und „Trümmerliteratur" bezeichnete Aspekt dieser Blütezeit zwar durchaus dominierend, aber nicht einzig. Das zeigt sich schon am schmalen, aber einflußreichen Œuvre W. Borcherts. Neben den nüchtern-kahlschlägerischen Geschichten wie „Das Brot", „Die Küchenuhr" und anderen stehen neoexpressionistische Sprachkunstwerke wie „Die lange lange Straße lang" oder „Mein bleicher Bruder", aber auch Versuche mit der Montagetechnik („An diesem Dienstag") oder der humoristischen Kurzgeschichte („Schischyphusch"). Ähnliche Vielfalt läßt sich auch bei anderen Autoren nachweisen. Vor allem in den 50er Jahren erweiterte sich das inhaltliche und formale Repertoire um surrealistische (I. Aichinger, „Spiegelgeschichte", 1952) und satirische (M. Walser, „Ein Flugzeug über dem Haus", 1955) sowie groteske Momente (W. Hildesheimer, „Lieblose Legenden", 1952). Doch war anscheinend gerade diese Vielfalt Ausdruck oder gar Ursache für eine Krise der Gattung. Auch in den 60er Jahren wurden noch Kurzgeschichten geschrieben, so von S. Lenz, G. Wohmann und anderen, doch trat die Gattung in ihrer Bedeutung zugunsten anderer Formen in der Prosa sehr zurück. Das Schulbuch ist seither – Kürze, Interpretationsspielraum und Sprachform bieten sich zur didaktischen Nutzung an – im wesentlichen zum Überlebensspielraum der Kurzgeschichte geworden.

21.10 Lähmende Meisterschaft – Thomas Mann und Hermann Hesse

Von der zögerlichen westdeutschen Rezeption der Exilliteratur (▷ 21.4) gibt es mit Hesses Roman „Das Glasperlenspiel" und Th. Manns „Doktor Faustus" zwei entscheidende Ausnahmen. Ihr Eindruck auf Leser und Autoren war überwältigend; sie wirkten zudem maßstabbildend für die Bewertung der gesamten Romanliteratur der Nachkriegsjahre. Beide Texte, in bestem Sinne Alterswerke, führen in Form und Tendenz die bürgerlich-humanistische europäische Erzähltradition des 19. Jahrhunderts fort und auf einen Höhepunkt, die die Kunst dieser Autoren von Beginn an geprägt hatte (▷ 17.22; 19.12; 19.13). Hesse unternahm 1943 den „Versuch einer Lebensbeschreibung des Magister Ludi Josef Knecht samt Knechts hinterlassenen Schriften" (so der Untertitel) in eine utopische Welt des Jahres 2200. Th. Mann ließ „Das Leben des deutschen Tonsetzers Adrian Leverkühn erzählt von einem Freunde" zwar aus der Gegenwart des Schreibens (Beginn der Arbeit 1943, erschienen 1947) berichten, stellte jedoch durch die kunstvolle Verknüpfung der fiktiven Biographie mit dem Leben des Philosophen Nietzsche und dem spätmittelalterlichen Volksbuch „Doktor Faustus" (▷ 8.21) eine poetische Distanz quasi „nach hinten" her. So kann denn auch Th. Mann 1949 in „Die Entstehung des Doktor Faustus" eine deutliche Verwandtschaft beider Werke konstatieren. Verwandt sind in der Tat der kritische Blick auf die deutsche Geschichte des 20. Jahrhunderts, der Versuch, deren geistesgeschichtlichen Zusammenhang zu ermitteln und das Verfahren, die deutsche Tradition des Entwicklungsromans sowie das symbolische Potential der Musik als Mittel der Poetisierung zu nutzen. Während Hesse (sein Manuskript war 1942 beendet) ein Zeitalter im Blick hat, in dem Individualismus zur Vereinzelung und Machtgier zum Verfall der Moral geführt haben, Kunst zum bloßen Feuilleton degeneriert ist, läßt Th. Mann den Niedergang deutschen Wesens mit der Paralyse und dem Tod seines Protagonisten bis zur Katastrophe des Zweiten Weltkriegs zum Thema werden. Das „feuilletonistische Zeitalter" konfrontiert Hesse mit einem utopischen Gegenmodell, eben dem „Glasperlenspiel" – Ritual, Symbol, Synthese aller Wissenschaften und Künste, strenge geistig-musische Übung in einer „Kastalien" genannten pädagogischen Provinz. Der schließliche Tod des Helden stellt die Gültigkeit der Utopie zwar wieder in Frage; das kulturkritische Geschichtsbild, das der Roman vermittelt, rückt die deutsche Geschichte des 20. Jahrhunderts jedoch in einen quasi naturgesetzlichen Kontext – ein Moment der Entlastung, das die Wertschätzung des Romans nach 1945 motivierte. Th. Manns Roman bot solch einfache Entlastung nicht. Die musikalische Desillusion des Helden, die er als Indiz für den Zustand der Künste nimmt, korrespondiert mit Hesses Kulturkritik. Der „Teufelspakt" Leverkühns, der ihm Schöpferkraft verleiht, wird von Th. Mann aber unverkennbar mit der Entstehung des Faschismus in Deutschland verbunden. Geistesverfall wird zur Ursache des Faschismus, und noch im positiven Moment deutschen Geistes sind seine Spuren sichtbar, weil aus der Sicht des Romans der Verfall angelegt ist in der Entstehung dieses Geistes und deshalb auch in seinen grandiosen Höhepunkten sichtbar ist. Gerade der „Doktor Faustus" mit seiner virtuosen Verknüpfung zahlreicher Wirklichkeitsebenen und seinem mit Goethescher Fülle wetteiferndem Symbolcharakter ist von deutschen Prosaautoren jahrelang nicht zu erreichen, noch weniger zu übertreffen gewesen. Nähe oder wenigstens vermeintliche Ähnlichkeiten zu ihm oder zu Hesses „Glasperlenspiel" bestimmte jedoch lange Zeit den Grad der Wertschätzung anderer Autoren. Künstlerische Welterklärung, symbolische oder „magische" Gestaltung von Zeitproblemen und Mythisierung von Geschichte und damit poetische Orientierung nach „rückwärts" wurden bevorzugt: H. Kasack, H. E. Nossack, E. Langgässer wurden den realistischen Varianten

Erste Manuskriptseite der Erstfassung des Romans „Das Glasperlenspiel" von Hermann Hesse

der Romankunst vorgezogen. Wenn die „jungen Autoren" des „Kahlschlags" (▷ 21.3) überwiegend die Romanform mieden, zählt die augenscheinliche Unüberbietbarkeit dieser beiden Meisterwerke und ihre geschmacksbildende Wirkung zu den Schwierigkeiten (▷ 21.9), die zum Beispiel Böll aus der Sicht der Prosaautoren der Nachkriegsjahre formulierte.

21.11 Zwischen Satire und Saturiertheit – das Kabarett

Der Mythos von der großen Zeit engagierten Theaters zwischen Kapitulation (1945) und Währungsreform (1948) gründet auf der Vitalität des Nachkriegskabaretts. „Wenn sich alle Pläne dieser Wochen verwirklichten, gäbe es bald mehr Kabaretts als unzerstörte Häuser", spottete E. Kästner im August 1945. Das Kabarett brauchte weder Fundus noch Apparat, und so wurde der überwiegende Teil der „Pläne dieser Wochen" realisiert, wurde in den großen Städten Kabarett gemacht, in Kellern, Lagerräumen, Turnhallen und Kneipen. Das Kabarett konnte an die Traditionen der Weimarer Republik anknüpfen. Kästners in den 20er Jahren entwickeltes Konzept der „Gebrauchslyrik" (▷ 19.9), seine kritisch-melancholischen Gedichte gegen Militarismus, Ausbeutung, Ungerechtigkeit, aber auch „menschlich-allzumenschliche" Schwächen waren lebendig geblieben, und seine neuen Chansons („Marschlied 1945"; „Deutsches Ringelspiel", 1947) beherrschten den kabarettistischen Neuanfang. Das galt vor allem für München, wo Kästner 1945 das Kabarett

„Die Schaubude" und 1949 „Die kleine Freiheit" gründete und leitete. In Berlin setzte das „Kabarett der Komiker" sein Programmuster der Vorkriegszeit fort, gestützt auf Texte von Kästner, K. Tucholsky und J. Ringelnatz, und auch die vielen kabarettistischen Neugründungen nutzten diese Grundlage. Während freilich in der Weimarer Republik das Kabarett vornehmlich eine literarisch und politisch interessierte Elite ansprach, erreichte man nun ein breites Publikum, da nach 1948 die Programme der dann noch überlebenden Kabaretts großenteils im Rundfunk, später im Fernsehen gesendet wurden. Waren die Programme von 1949 bis 1952 überwiegend geprägt vom „kalten Krieg" der Ost-West-Auseinandersetzung, so gab doch auch sehr bald die innenpolitische Situation wichtige Reibungspunkte für die Satire her. „Nun danket alle Gott, daß wir den bösen Osten haben, ... Das lenkt so wunderschön ab von unseren Knuten und unserem Schafott", hieß es im Song „Profit der Angst" (1953) der Berliner „Stachelschweine" (gegründet 1949). Und auch das Düsseldorfer „Kom(m)ödchen" (seit 1947), die Münchner „Kleine Freiheit" und die „Münchner Lach- und Schießgesellschaft" (seit 1955) bezogen Biß und Engagement aus Restauration und Verkrustungserscheinungen der Adenauerzeit. Entsprechend mußte der Wechsel zur großen Koalition (1966) und gar der „Machtwechsel" zu einer SPD-geführten Bundesregierung (1969) zu Problemen der etablierten Kabaretts führen: das „Feindbild" stimmte nicht mehr. Es verstärkte sich die Tendenz weg von der aktuellen Politsatire hin zu unverbindlichen „allgemeinmenschlichen" Themen, was den Publikumserfolg jedoch nur steigerte und die Programme mehr und mehr zur vergnüglichen Abendunterhaltung im blühenden Städtetourismus herunterkommen ließ. Versuche von Neuansätzen im Zusammenhang der Studentenbewegung von 1968, die sich in Neugründungen („Reichskabarett", Berlin 1969) und entsprechenden Programmen junger Kabaretts („Das Bügelbrett", Berlin, seit 1965; „Floh de Cologne", Köln, seit 1966) zeigten, führten nur zu einem kurzlebigen Aufschwung. Daran änderte auch die „Wende in Bonn" 1982 nichts: die Institution Kabarett, die „bewährten" Ensembles existieren, haben

ökonomische Erfolge durch „kulinarische" Programme. Man kann das jedoch auch so sehen: „Je demokratischer das allgemeine Bewußtsein wird, um so schwerer hat es das Kabarett als ‚Ersatzopposition'" (K. Budzinski).

21.12 Von der Rundfunkbühne zum Fernsehspiel

Die Anordnung der Besatzungsbehörden von 1945 zur Ablieferung sämtlicher Rundfunkempfänger setzte die äußerliche Zäsur. Anders als auf den Bühnen gab es keinen nahtlosen Übergang vom Instrument des Reichspropagandaministeriums zum neuen Rundfunk. Schon vor der öffentlich-rechtlichen Organisation der Sendeanstalten in der gerade gegründeten Bundesrepublik von 1949 wurde dieses Prinzip vorweggenommen in dem unter britischer Leitung stehenden Nordwestdeutschen Rundfunk (NWDR). Hier konnten seine Vorteile, nur durch wenige Besatzungseingriffe tangiert, wirksam werden ohne die verhängnisvollen Folgen der seit 1950 nicht abreißenden Versuche der politischen Parteien, sich der Medien zu bemächtigen. Der NWDR hatte eine bedeutende und aktive Hörspielabteilung, die zum einen Lücken in der Theaterlandschaft und Probleme der Buchproduktion ausglich durch zahllose Hörspielversionen von Dramen, Romanen und Erzählungen. Zum anderen ließ das liberale Regiment der Briten das Experiment mit eigenen Formen der Hörspieldramaturgie zu, für die man auf Konzepte der 20er und 30er Jahre zurückgriff. Brechts Arbeiten zur Radiotheorie, sein Programm eines „Kommunikationsapparates" statt eines bloßen „Distributionsapparates" wurde von E. Schnabel und A. Eggebrecht aufgenommen und umgesetzt: Eggebrechts Feature-Hörspiele „Was wäre wenn" (9. März) und „Wenn wir wollen" (30. April) sowie Schnabels „Der 29. Januar" (16. Mai) und „Die Ameisen" (24. November) machten 1947 den Anfang. Während Eggebrechts Erstling die Utopie eines Weltstaates schildert, verwendete Schnabel dokumentarische Methoden: „Wir hatten gefragt: Was erlebten Sie am 29. Januar 1947? Was uns 35 000 Deutsche von diesem einen Tag berichteten, was ein Dutzend Behörden verhandelten ... summierten wir. – Hier ist die Summe." Auch Eggebrechts Hörspiel erlebte eine breite Hörerreaktion, die er zu einer Fortsetzung nutzte. Die Utopie schien möglich, „wenn wir wollen", und die Dokumentation der Hörerpost konnte das belegen. Auch ein Hörspielwettbewerb des NWDR bezog die Hörer ein; 1 500 Texte wurden eingesandt. 1950 wurden beim NWDR – und nicht nur dort – die Abteilungen Hörspiel und Feature getrennt. Für das Hörspiel trat der Wortkunstcharakter vor den Zeitgehalt. Daß in beiden Abteilungen wesentliche Autoren der Gruppe 47 (▷ 21.8) mitarbeiteten, ändert nichts an der Trennung, deren ästhetische Konsequenz sichtbar wird, als G. Eichs „Träume" 1951 zur „Geburtsstunde des Hörspiels" emporstilisiert werden. Natürlich korrespondierte das zeitlich und inhaltlich mit dem auch in der Gruppe 47 erlebten Wechsel vom Neorealismus zur Moderne. Dabei beabsichtigte Eich selbst keine Abkehr vom Politischen. Die Alptraumszenen seines Hörspiels sollten die existenzielle Bedrohung der Welt bewußtmachen: „Alles, was geschieht, geht dich an." Doch wurde vom Publikum eher der scheinbare Surrealismus einer „inneren Wirklichkeit" und die Tendenz zum Allgemein-Existenziellen rezipiert. Auch die zur gleichen Zeit veröffentlichten Hörspiele anderer Autoren, wie I. Bachmann („Ein Geschäft mit Träumen", 1952; „Zikaden", 1955) I. Aichinger („Der Gefesselte", 1953) haben durch Bevorzugung von Modell und Parabel, und „schwierigem" Ausdruck einen wichtigen Anteil an der Entwicklung „moderner" Kunstformen, wenn auch parallel dazu mit den Hörspielarbeiten H. Bölls (▷ 21.23) – zum Beispiel „Ein Tag wie sonst" (1953), „Zum Tee bei Dr. Borsig" (1955), „Bilanz" (1957) –, D. Wellershoffs („Die Sekretärin", 1956) und W. Weyrauchs („Die Kindsmörderin", 1955) eine realistische Linie erhalten blieb. Mit der Ausbreitung des Fernsehens verminderte sich die Breitenwirkung des Hörspiels. Im Wettbewerb um Einschaltquoten war die Faszination des Bildes nicht zu übertreffen. In den „anspruchsvollen" Sparten der 3. Programme dominierte seit den 60er Jahren das Experiment. Durch W. Hildesheimer kam das absurde Theater (▷ 21.17) auch auf die Rundfunkbühne, durch E. Jandl Elemente der konkreten Poesie (▷ 21.19). Die

„Selbstbezüglichkeit der Sprache", eine aus dem Strukturalismus stammende Literaturauffassung, begünstigte Sprachelemente, denen die neuen technischen Möglichkeiten – Stereo, Montage, Mischtechnik – des Rundfunks entgegenkamen. W. Wondratscheks Hörspiel „Paul oder die Zerstörung eines Hörbeispiels" (1970) ist exemplarisch für die Verwendung solcher Techniken und ihrer inhaltlichen Implikationen. Das „neue Hörspiel", von dem man ab etwa 1970 sprach, verstand sich als „autonomes Hörereignis, komponiert aus allem, was hörbar ist, was hörbar gemacht werden kann" (G. Rühm, 1984). Zu solchem Hörereignis gehörte auch der sog. „O-Ton", die Aufnahme außerhalb des Studios am Original-(„O")-Schauplatz. Wenn auch ein winziger Sektor in den 3. Fernsehprogrammen („Das kleine Fernsehspiel") gewisse Parallelen zum „neuen Hörspiel" aufweist, konzentriert sich das Fernsehen auf den Bereich der Massenunterhaltung. Das Überwiegen von Shows, Kinofilmen und importierten Serien scheint diesen Sektor aus dem Bereich literarischen Interesses hinauszuverweisen. Doch beruhten immerhin von 2 675 Fernsehspielen der Jahre 1960 bis 1971 1 503 (= 51 %) auf Literaturvorlagen. Im Unterschied zum Hörspiel ist das Fernsehspiel aber – wenn überhaupt – erst noch am Anfang der Entwicklung zu einer eigenen medienspezifischen „Sprache", die es jenseits seiner wichtigen Rolle als Vermittler von Literatur zu einem produktiven Faktor im literarischen Prozeß werden ließe.

21.13 Nach Auschwitz Gedichte schreiben?

1949 schrieb der Musikwissenschaftler und Soziologe Th. W. Adorno den danach vielzitierten und oft mißverstandenen Satz: „Nach Auschwitz ein Gedicht zu schreiben, ist barbarisch". Dieses Verdikt zielte auf die Lyrik „nach Auschwitz", die Adorno bis zu diesem Zeitpunkt im Blick hatte und die sich als „zeitflüchtige" (▷ 21.5) Poesie der Innerlichkeit, als „naturmagischer" Rückzug, - aber auch als „realistische" Schuld- und Bekenntnisdichtung gleichermaßen einer traditionellen lyrischen Formensprache bediente und so – vor allem in der Flucht vor der „Barbarei" – dieser keinen Widerstand zu bieten vermochte. Von den zwei Richtungen, auf die das zutrifft, wird eine durch die in der Nachkriegslyrik übermächtige Person G. Benns repräsentiert. Die andere, die „naturmagische Schule", oder das „neue deutsche Naturgedicht", war schon vor dem Dritten Reich im Umkreis der literarischen Zeitschrift „Die Kolonne" (Dresden 1929–32) entstanden. O. Loerke war Vorbild für die Jüngeren (Oda Schaefer, H. Lange, E. Langgässer, P. Huchel, M. L. Kaschnitz). Theoretiker wie „Stimmführer" der Naturlyrik nach 1945 wurde W. Lehmann. Wie Loerke versuchte er, im Naturphänomen einen Zusammenhang herzustellen zu einem „Weltaugenblick gleichsam, in dem Erdgeschichte, Naturgeschichte und Erd- und Naturgegenwart zusammenfallen" – so K. Krolow, der zu den jüngsten Autoren der naturmagischen Schule gehört. Als „magisch" wurde die dichterische Herstellung dieses Zusammenhangs angesehen. Eine der Konsequenzen formulierte Lehmann selber: „An die Stelle der Geschichte tritt der Mythos als der erzählerische Ausdruck unserer Erde." Die christliche oder generell religiöse Grundlage der meisten Naturlyriker ist daher nur folgerichtig. Muß man dies Rückzug nennen, so ist der von G. Benn noch radikaler. Das geht bis zum absoluten Regressionswunsch „oh wenn wir unsere Ururahnen wären". Doch ist dies bei ihm mit einem ins höchste gesteigerter Anspruch an die Kunst verbunden: „Ein Wort, ein Satz – : aus Chiffren steigen/erkanntes Leben, jäher Sinn,/die Sonne steht, die Sphären schweigen/und alles ballt sich zu ihm hin" („Ein Wort", 1948). Das dichterische Wort ist Erkenntnismöglichkeit, ist geradezu weltschöpfend. Dichterisch aber ist nur das geformte Wort – „Lyrik ist Form". Allein im Gedicht, der „artistischen" Form, ist für Benn ein Augenblick sinnvoller Welt erlebbar. Trotz seines problematischen Verhältnisses zum Nationalsozialismus übte kein anderer Lyriker eine solche Faszination auf die jungen Dichter der 50er Jahre aus. „Er verband", so erinnert sich P. Rühmkorf 1972 an diesen Einfluß, „einen ungeheuren Riecher für Finalstimmungen mit einem stupenden Zug zum Antibourgeoisen, ästhetisch Imperialen." „Statische Gedichte" (1948), „Trunkene Flut" (1949), „Destillationen"

(1953) hießen die Gedichtbände, die solche Wirkung entfalteten. In seinem Vortrag „Probleme der Lyrik" hat Benn versucht, die theoretischen Grundlagen dieser Dichtung zu formulieren, die er ausdrücklich in den Kontext der „modernen Lyrik" stellt, wie sie in Frankreich mit St. Mallarmé, Ch. Baudelaire oder P. Valéry entstand, und als bewußtes „artistisches" Kunstprodukt das traditionelle Verständnis des Gedichts als „Erlebnislyrik" ablöste. Das begründet Tendenzen zur Verrätselung – nicht jedoch zur absoluten Trennung von Kunst und Wirklichkeit. Die Gedichte der Klagenfurterin I. Bachmann („Die gestundete Zeit", 1953; „Anrufung der großen Bären", 1956), die Lyrik G. Eichs in den 50er Jahren und die Gedichte P. Celans entsprechen diesem Begriff der „Moderne". I. Bachmanns Beobachtung, wonach „die Wirklichkeit ... ständig einer neuen Definition" harre, „weil die Wissenschaft sie gänzlich verformelt" habe, belegt das Bemühen um eine neue, adäquatere Sprache für die Realität gerade in den scheinbar „dunklen" Chiffren des Gedichts. Eich sah seine Gedichte als „Zeichenschrift" oder „Hieroglyphe"; Celan endlich suchte, dem „Schönen" mißtrauend, nach einer „graueren" Sprache, deren „‚Musikalität' an einem Ort angesiedelt [ist], wo sie nichts mit jenem ‚Wohlklang' gemeinhat, der noch mit und neben dem Furchtbarsten mehr oder minder unbekümmert einhertönte" (1958). Das 1945 entstandene Gedicht „Todesfuge" ist Beispiel solch andersartiger Musikalität, die gerade das „Furchtbarste", nämlich Auschwitz, sprachlich zu fassen suchte. Das Bauprinzip der Fuge, ein weiter Einzugsbereich literarischer Traditionen und Anspielungen sowie ungewöhnliche Metaphern („Schwarze Milch der Frühe wir trinken sie abends") stellt hier Distanz zum „Erlebnis", wenn auch mit eher traditionellen Mitteln. Die Erfahrung mit „Deutungen" gerade dieses Gedichts hat Celan skeptisch gemacht gegenüber den Ausdrucksmöglichkeiten poetischer Sprache überhaupt: „Das Gedicht zeigt, das ist unverkennbar, eine starke Neigung zum Verstummen" (1960). Und dennoch versuchte er, sein Dichten „unausgesetzt aus seinem Schon-nichtmehr in sein Immer-noch-zurück" zu holen. Die Bände „Von Schwelle zu Schwelle" (1955), „Sprachgitter" (1959), „Die Niemandsrose" (1963), „Fadensonnen" (1968) und andere dokumentieren diese Bemühung, auch wenn sein Freitod 1970 für ihr schließliches Scheitern spricht. Mit seinem Schaffen hat er wie kein anderer das Diktum Adornos widerlegt und dessen Widerruf (1966) erschrieben: „Das ... Leiden hat soviel Recht auf Ausdruck wie der Gemarterte zu brüllen; darum mag falsch gewesen sein, nach Auschwitz ließe kein Gedicht mehr sich schreiben."

21.14 Philosophie und „Zwiebelkeller" – der Existentialismus

Am Rande der 2. Tagung der Gruppe 47 (▷ 21.8) hielt A. Andersch im November 1947 einen Vortrag über „Deutsche Literatur in der Entscheidung". Für ihn bot sich angesichts des „literarischen Eskapismus" der inneren Emigration (▷ 21.4) und einem „Realismus mit propagandistischem Vorzeichen" nur „die Entscheidung zur Freiheit", wie sie „in einer ähnlichen Situation, vor der Lage des durch Hitler geschlagenen Frankreich" von J.-P. Sartre formuliert worden sei. Programmatisch endet der Vortrag mit dem Zitat des Vorworts, das Sartre der deutschen Ausgabe („Die Fliegen", 1949) seines Dramas „Les mouches" (1943) mitgegeben hatte: „...es stand uns frei, daraus eine Zukunft der Besiegten zu machen oder ... eine Zukunft der freien Menschen, die sich gegen die Behauptung wehren, daß eine Niederlage das Ende alles dessen bedeutet, was das menschliche Leben lebenswert macht. Heute haben die Deutschen das gleiche Problem vor sich." Sartres Stück setzte die Essenz seines philosophischen Hauptwerks „L'être et le néant" (1943, deutsch „Das Sein und das Nichts", 1952 Teilübersetzung, 1962 vollständig) anhand des antiken Atriden-Stoffes in dramatische Handlung um. Diktatorische Unterdrükkung und Schuldkomplexe des Volkes werden durch den „existentiellen Akt" eines einzelnen, Orest, beseitigt („meine Freiheit, das ist die Tat"); sie bestimmt die Existenz des einzelnen, ist zugleich aber sozialer Akt; denn „um euretwillen habe ich getötet". Sartres Polemik gegen Schuld und Reue, sein Plädoyer

für den „Blick nach vorn" kam deutschen Verdrängungstendenzen natürlich besonders entgegen, trotz der Akzentuierung des Verantwortungsaspektes zum Beispiel durch Andersch. Da jedoch die Rezeption des Existentialismus nicht über die theoretischen Programmschriften von Sartre oder A. Camus, sondern über literarische Werke erfolgte, prägte häufig weniger das weltanschauliche Modell als vielmehr das versinnlichte literarische Bild ein breiteres Bewußtsein: Existentialismus wurde zur Mode, zur Lebensweise. Kleidung, Haartracht, Musikvorlieben usw. wurden „existentialistisch" und der „Existentialistenkeller" zum sprichwörtlichen Ort der Bewegung. In dem satirischen Kapitel „Im Zwiebelkeller" hat G. Grass (▷ 21.22) dieser Bewegung in seiner „Blechtrommel" ein analytisches Denkmal gesetzt.

21.15 Literatur und „kalter Krieg"

Der zweite Schriftstellerkongreß in Frankfurt (1948) dokumentierte die deutsche Spaltung (▷ 21.7) und ließ mit dem Plädoyer für eine Literatur „die auf Dauer angelegt ist" (R. A. Schröder) sogleich auch die literarische Konsequenz dieser Spaltung sichtbar werden: „Littérature pure" war gefragt; den Nachkriegsjahren wurde ein „Zuviel an engagé" vorgehalten. Überwog hier noch die Tendenz zum Zurückweichen vor Konflikten, so rief der im Juni 1950 in Berlin (West) veranstaltete „Kongreß für kulturelle Freiheit" zur „Antwort" gegen „Theorie und Praxis des totalitären Staates". Zwischen beiden Kongressen lag die Blockade Berlins, die Gründung zweier deutscher Staaten, der Beginn des Koreakrieges (25. Juni 1950, einen Tag vor Kongreßbeginn); dennoch verweigerten sich die namhaften Autoren der im wesentlichen von A. Koestler und M. Lasky geförderten Kampfhaltung. Die meisten von ihnen wählten den Ausweg des Nonkonformismus. In dieser Lücke des Engagements richtete sich eine qualitativ sehr unterschiedliche Literatur ein, die im Stoff des Zweiten Weltkrieges und in der Tendenz zur Konfrontation von russischer „Primitivität" und westlicher (= deutscher) Ritterlichkeit ihren gemeinsamen Nenner hatte. Das reichte von den Kritikererfolgen G. Gaisers („Die sterbende Jagd", Roman, 1953) oder C. Hohoffs („Woina, Woina", Kriegstagebuch, 1951) zu den trivialen Bestsellern J. M. Bauers („So weit die Füße tragen", 1955) oder H. G. Konsaliks („Der Arzt von Stalingrad", Roman, 1956). Der verlorene Krieg wurde hier gleichsam ideologisch doch noch gewonnen in der Überlegenheit des kaum kaschierten „Herren"- über den „bolschewistischen Untermenschen". Daß ehemalige nationalsozialistischer Autoren hier unschwer anzuschließen vermochten, ist konsequent; daß dies ohne Widerspruch von politischer Seite geschehen konnte, gehört zu den traurigsten Kapiteln der bundesdeutschen Geschichte: E. E. Dwinger veröffentlichte „Wenn die Dämme brechen" (1950) und weitere Romane; W. Beumelburg „Jahre ohne Gnade" (1952) und anderes. Hans Grimm berief 1951 das Lippoldsberger Dichtertreffen ein. Es blieb ein eher obskurer Zirkel, aber doch ein Indiz, wie der „kalte Krieg" die Maßstäbe in Richtung Restauration verschoben hatte.

21.16 Vom „Fall Koeppen" zu den „Pinschern" und „Schmeißfliegen" – kritische Literatur

„... ich will in keiner Mannschaft spielen, auch nicht im Hemisphärenfußball, ich will für mich bleiben." Ein solcherart formuliertes schriftstellerisches Selbstverständnis paßt zum verbreiteten nonkonformistischen Programm, steht auch, 1950 geschrieben, in zeitlichem Zusammenhang damit, und dennoch hat Wolfgang Koeppen (* Greifswald 23. Juni 1906) eine zunächst singuläre Rolle innerhalb der deutschen Literatur. Mit dem Roman „Tauben im Gras" (1951) und den in kurzem Abstand folgenden Romanen „Das Treibhaus" (1953) und „Tod in Rom" (1954) nahm zum erstenmal ein Romanautor die Situation der Bundesrepublik kritisch in den Blick. Wenn schon diese Tatsache inmitten des Wirtschaftswunder-Optimismus irritierte, so bot Koeppens Verwendung der Mittel moderner Prosa dem Publikum noch zusätzliche Probleme. Nun war Leserzurückhaltung gerade gegenüber „modernen" Autoren nicht ungewöhnlich - bei I. Aichinger (▷ 21.8) und G. Eich (▷ 21.13) war das nicht anders –, zum „Fall" wurde Koeppen erst, als seit Ende der 50er Jahre im Chor des „neuen deutschen", das heißt kritischen Romans der Name Koeppens fehlte und die Reaktion von Publikum und Kritik als Ursache für seinen Abschied vom Roman erkannt wurde. „Abtritt-Pornographie", „Ruinen-Existentialismus" hatte man Koeppen vorgeworfen, wobei sich die Schärfe der Polemik offenbar daraus motivierte, daß der unbestreitbare literarische Anspruch der Koeppenschen Romane es verbot, den ungeliebten Gehalt formal-ästhetisch zu diskriminieren, wie das mit den kritischen Unterhaltungsromanen H. H. Kirsts („08/15", 1954/55) oder J. M. Simmels („Das geheime Brot", 1950) geschah. Ähnliche Probleme hatte die restaurative Selbstzufriedenheit mit dem Romanjahrgang 1959/60. Dort ragen aus zwei Dutzend Neuerscheinungen hervor: H. Bölls (▷ 21.23) „Billard um halb zehn", „Die Blechtrommel" von G. Grass (▷ 21.22) und M. Walsers „Halbzeit", dazu auch noch der Erstling des noch in der DDR lebenden U. Johnson (▷ 21.11) „Mutmaßungen über Jakob". Diese Werke verbindet mit Koeppens Trilogie, daß sie in der Tradition der „klassischen Moderne des Romans" (J. Joyce, F. Kafka, W. Faulkner, R. Musil und andere) jeweils den Erzählvorgang selbst und seine Probleme zum Thema machen, daß aber auch in dieser desillusionierenden und „schwierigen" Form die Problematik des erzählten Gegenstandes – Nachkriegswirklichkeit – deutlich wird. „Es kann wieder erzählt werden", freute sich ein Teil der Kritik; Politiker, Kirchen, „gesellschaftliche Gruppen" freuten sich weniger: „Staatsmännern ... schwebt immer etwas vor, das dem sozialistischen Realismus in seiner administrativen Form gleicht, eine Literatur, die Leistungen anerkennt, statistische Zuversicht stiftet", schrieb Böll 1963, und aus der enttäuschten Erwartung erklären sich Reaktionen wie der berüchtigte „Pinscher"-Vorwurf des Bundeskanzlers L. Erhard (1965) auf einer Wahlkampfveranstaltung gegen R. Hochhuth und ähnliche Entgleisungen. Dabei waren die kritischen Romane noch stark durch fehlende Selbstgewißheit der Autoren gekennzeichnet. Die Suche nach der eigenen Identität stand noch vor der

445

Schutzumschlag des Romans „Das Treibhaus" von Wolfgang Koeppen (1953)

Kritik an den Zeitumständen. Die Romane M. Frischs („Homo Faber", 1957; „Mein Name sei Gantenbein", 1964) verstärkten diese Fragestellung noch, ehe eine neue Politisierung der Literatur in der Mitte der 60er Jahre über den Roman (etwa S. Lenz, „Deutschstunde", 1968) hinaus alle Gattungen erfaßte und das unmittelbare, eingreifende kritische Moment in dokumentarischer Literatur (▷ 21.24), politischer Essayistik und direkter politischer Aktivität (zum Beispiel die SPD-Wählerinitiative, 1965, der Kongreß „Notstand der Demokratie", 1966) zu noch vehementerer Konfrontation zwischen „Geist und Macht" führte. Den – vorerst letzten – Höhepunkt erreichte diese über das Terrorismus-Phänomen in den 70er Jahren, als Bölls Appell für „Gnade" (am 10. Januar 1972 im „Spiegel") zum Vorwurf des „Terroristenvaters" reichte und der CSU-Politiker F. J. Strauß Kritiker pauschal als „Ratten und Schmeißfliegen" abqualifizierte.

21.17 Verrückte Welt – das absurde Theater

Mit G. R. Sellners Inszenierung von E. Ionescos Stück „Opfer der Pflicht" am 5. Mai 1957 (erschienen 1954 unter dem Titel „Victimes du devoir") trat auch auf den deutschen Bühnen eine Dramenform in den Vordergrund, die vor allem in Frankreich (E. Ionesco, S. Beckett, J. Tardieu) aber auch in Polen (S. Mrożek) auf eine längere Tradition zurückschaute: das absurde Theater. Formelemente des Surrealismus radikalisierten sich hier durch eine vom Existentialismus (▷ 21.14) vorbereitete radikal antimetaphysische Weltanschauung, die jeden übergreifenden Sinn leugnete. Daraus folgte, entgegen dem Existentialismus, nicht das Erlebnis der Freiheit, sondern der Fesselung des Menschen in sinnlose, aber durch alltägliche Gewohnheit verfestigte Handlungsabläufe. Überzeugend wurden die dramatischen Umsetzungen solcher Weltsicht, wenn sie (wie vor allem bei Beckett) das Erlebnis der Sinnlosigkeit selbst zum Thema machten, wie etwa das „Warten auf Godot" (Beckett, „En attendant Godot", 1952, deutsch 1953) zur Parabel der – vergeblichen – Sinnsuche des Menschen wurde. Sinndefizit der Handlung, grotesk-komische und schreckliche Elemente, Bruch der Sprachlogik usw. erfassen so Wirklichkeit im Bild. Theoretisch haben auch die deutschen Teilnehmer an dieser Bewegung solche Funktion des Absurden zu erkennen vermocht. W. Hildesheimers 1960 gehaltene Erlanger Rede „Über das absurde Theater" (gedruckt 1966) steht dafür. Seine eigenen Stücke jedoch („Pastorale oder die Zeit für Kakao", 1958; „Die Uhren", 1958, und andere) vermochten den theoretischen Anspruch nicht einzuholen und gerieten eher zum grotesken Sketch. Daneben ist vor allem G. Grass (▷ 21.22) in den 50er Jahren mit absurden Stücken hervorgetreten („Noch zehn Minuten bis Buffalo", entstanden 1954, gedruckt 1970 in: „Theaterspiele"; „Onkel, Onkel", Uraufführung 1956, gedruckt [Neufassung] 1965; „Die bösen Köche", Uraufführung 1957, gedruckt 1961 in: „Modernes deutsches Theater"). Getragen wurde die Welle des Absurden auch auf dem deutschen Theater von den Stücken Ionescos und Becketts.

12. Ebenso wenig wie die Logiker können die Dramatiker das Paradoxe vermeiden.

13 Ebensowenig wie die Logiker können die Physiker das Paradoxe vermeiden.

14. Ein Drama über die Physiker muss paradox sein.

15. Es kann nicht den Inhalt der Physik zum Ziele haben, sondern nur ihre Auswirkung.

Ausschnitt aus den „21 Punkten zu den ,Physikern'", in denen Friedrich Dürrenmatt sein Stück erläutert

21.18 Max Frisch und Friedrich Dürrenmatt – Dramatik zwischen Brecht und Ionesco

Mit dem Satz „Wenn ich Diktator wäre, würde ich Ionesco spielen lassen", distanzierte sich Max Frisch, geboren am 15. Mai 1911 in Zürich, von der affirmativen Verwendbarkeit des absurden Theaters (▷ 21.17). Auf der anderen Seite sah er den Nachweis erbracht, daß „das Theater nichts beiträgt zur Veränderung der Gesellschaft" (1964) und attestierte Brecht (▷ 21.9), auf den er sich dabei bezog, „die durchschlagende Wirkungslosigkeit eines Klassikers". Die gleiche Distanz zu den beiden entgegengesetzt das Drama der späten 50er und 60er Jahre beherrschenden Tendenzen suchte Frischs Landsmann Friedrich Dürrenmatt, geboren am 5. Januar 1921 in Konolfingen bei Bern. In den „Thesen" zu seinem Stück „Die Physiker" (1962) trennt er ausdrücklich das Absurde (als „sinnwidrig") vom Grotesken als „eine der großen Möglichkeiten, genau zu sein". Ebenso ausdrücklich stellt aber auch er sich gegen Brechts These von der Veränderbarkeit der Welt. Wie sehr die dramatische Unabhängigkeit als innovativ empfunden wurde, zeigt die Tatsache, daß etwa von 258 deutschsprachigen Neuinszenierungen der Spielzeit 1962/63 nahezu die Hälfte (128) Stücken der beiden Schweizer galt. Vom gemeinsamen Ausgangspunkt entwickelten beide doch sehr unterschiedliche Konzepte. Frisch wollte im „Kunst-Raum" des Theaters „eine spielbare, eine durchschau-

bare, eine Welt, die Varianten zuläßt" durchspielen, jedoch „keine Lehre" erteilen, wie es im Untertitel von „Herr Biedermann und die Brandstifter" (Hörspiel 1956, Drama 1958) heißt. Seine Stücke sind „Modelle", „Parabeln der Wirklichkeit", stellen ein verallgemeinertes System menschlichen Verhaltens dar. Auch wenn Frisch die gesellschaftsverändernde Wirkung von Theater dementiert, zielt er doch auf Wirkung. Die Zuschauer „sollen erschrecken, sie sollen, wenn sie das Stück [„Andorra"] gesehen haben, nachts wachliegen. Die Mitschuldigen sind überall." In seinen späteren Stücken reduziert sich auch dieser Optimismus, und er beschränkt sich mit seiner „Dramaturgie der Permutation" völlig auf den „Kunstraum". In dem Stück „Biografie, ein Spiel" (1967, Neufassung 1985) kann die Hauptfigur ihr Leben in einer Reihe von Theaterproben gleichsam durchspielen und verändern, wobei ihre Unfähigkeit zu entscheidender Veränderung nicht näher bestimmbare Schicksalhaftigkeit erkennen läßt. Gerade diese ist bei Dürrenmatt definiert durch den Zufall, der in seinen Stücken, wie auch in seinen Prosaarbeiten, und dort vor allem in den ungewöhnlichen Kriminalromanen („Der Richter und sein Henker", 1952; „Das Versprechen", 1958) zur „schlimmstmöglichen Wendung" führt. Da die Tragödie Verantwortung und Schuldfähigkeit voraussetzt, hält er die Tragödie für überholt: „In der Wurstelei unseres Jahrhunderts ... gibt es keine Schuldigen und auch keine Verantwortlichen mehr ... Uns kommt nur noch die Komödie bei" (1955). Von seinen zahlreichen Stücken lösen vor allem „Der Besuch der alten Dame" (1956) und „Die

447

Physiker" (1962) diese programmatische These ein. Ist dabei in dem grotesken Gedankenexperiment des „Besuchs" – der Frage, wie reagieren die Menschen auf das Angebot Geld gegen Mord – nach des Autors „Anmerkungen" noch „die Kunst ... der Moralisten" am Werk, also trotz der Kritik an Brecht noch ein sozialer Veränderungswille, so ist dieser gänzlich geschwunden in dem Stück über die Ausweglosigkeit der modernen Naturwissenschaft. Als Gegenstück zu Brechts „Leben des Galilei" (1. Fassung Uraufführung 1943, gedruckt 1955, 3. Fassung gedruckt 1957) konzipiert, stellt es im Irrenhaus das Modell einer wahnsinnig gewordenen Welt aus. Gerade der Versuch planmäßigen Auswegs aus der Katastrophe führt unmittelbar in sie hinein; die Geschichte hat „ihre schlimmstmögliche Wendung genommen". Mit solchem Ende beginnt jedoch auch für Dürrenmatt ein wirkungsästhetischer Prozeß, den der Autor so beschreibt: „Die Dramatik kann den Zuschauer überlisten, sich der Wirklichkeit auszusetzen, aber nicht zwingen, ihr standzuhalten oder sie gar zu bewältigen." Diese 21. These zu den „Physikern" bringt die Distanz Dürrenmatts zu Brecht wie zum absurden Theater auf den prägnantesten Begriff.

21.19 Poesie gegen Konkretionen – konkrete Poesie

Der „Textproduzent" und wichtigste Theoretiker einer Lyrik, die „modernes" Poesieverständnis zu ihrer letzten Konsequenz fortsetzte, der Schweizer Eugen Gomringer (* Cachuela Esperanza [Bolivien] 20. Januar 1925), prägte den Begriff 1955 in Anlehnung an den seit den 30er Jahren bekannten Terminus der „konkreten Kunst". Diese Kunst versuchte, Kunstwerke durch gezielte Gestaltung des gegebenen Materials und der diesem innewohnenden Gesetze zu schaffen, ohne Rücksicht auf einen außerhalb des Materials liegenden Sinn. Auf das „Material" Sprache übertragen heißt dies, Konzentration auf Funktionen und Regeln der Sprache, die neben dem Inhalt des jeweils Gesprochenen existieren, beziehungsweise davon losgelöst werden. Momente wie „Typographie und lautliche Arti-

kulation" treten in den Vordergrund. „Das Sprachganze der Oberflächenstruktur verschiebt sich ins Graphische oder ins Musikalische" (H. Heißenbüttel, 1970). Auf solcher Theoriegrundlage, die in einer die entsprechende Lyrik an Umfang weit übertreffenden Theoriediskussion mehr als 15 Jahre erweitert und differenziert wurde, entstanden verschiedene „Schulen" konkreter Poesie. Gomringer selbst erfand „konstellationen" (seit 1960 mehrfach erweitert, 1969 Sammelband „worte sind schatten") wie „Wind":

```
        W   W
          d   i
        n   n   n
      i   d   i   d
      W           W
```

oder:

schweigen schweigen schweigen
schweigen schweigen schweigen
schweigen   schweigen
schweigen schweigen schweigen
schweigen schweigen schweigen.

R. Döhl oder K. B. Schäuffelen schrieben „visuelle Gedichte", denen „akustische Gedichte" (zum Beispiel E. Jandls „Schützengrabengedicht", 1966) entsprachen. Gerade in den späteren Beispielen wird deutlich, daß auch die Lyrik außersprachlichen Sinn zu erzeugen sucht, freilich auf ungewöhnliche, wenn auch nicht völlig neue Weise.

„Apfel mit Wurm" von Reinhard Döhl (1965), ein Beispiel konkreter Poesie

Die Verbindungen zur Dada-Bewegung (▷ 18.31), aber auch weiter zurück zu den Figurengedichten des Barock (▷ 9.10) ist deutlich. Als eine erklärtermaßen experimentelle Richtung hatte die konkrete Poesie zunächst einen eng begrenzten Interessentenkreis. E. Jandl spricht gar von „Boykott"; mit der Zunahme der „Textproduzenten" schuf man sich zugleich ein doch beachtliches Publikum. Die Wiener Gruppe (F. Achleitner, H. C. Artmann, G. Rühm, K. Bayer und O. Wiener, 1952–64), F. Mon, H. Heißenbüttel, D. Rot, C. Bremer, die Stuttgarter Gruppe um Max Bense und andere hatten teil an diesem Prozeß, aus dem der Wiener Ernst Jandl, geboren am 1. August 1925, hervorsticht, weil er die zeitweise Hermetik einer sehr theoriebelasteten, geradezu linguistischen Poesie hinter sich gelassen hat und aus Sprachmaterial und außersprachlicher Intention spontan erfahrbare Erkenntnisprozesse initiiert:

lichtung
manche meinen
lechts und rinks
kann man nicht
velwechsern.
werch ein illtum!

21.20 Der „Bargfelder Bote" – Arno Schmidt

Kein Autor der Nachkriegszeit hat sich dem Literaturmarkt, den verschiedenen „Gruppen" und „Strömungen" so verweigert wie Arno Schmidt (* Hamburg 18. Januar 1914, † Celle 3. Juni 1979). Sind seine frühen erzählerischen Werke („Leviathan oder Die beste der Welten", 1949; „Brand's Haide", 1951) der Nachkriegswirklichkeit und damit einer Generationserfahrung verpflichtet, so zeigt sich doch schon hier eine Tendenz zur Ichbezogenheit bis hin zum Solipsismus. Das realistische Zeitdetail steht gleichrangig neben dem historischen, vor allem literaturgeschichtlichen Versatzstück, das zum Mittel der Distanz vor der Gegenwart und zum Schritt auf dem Weg zu einem literarischen Programm wird, das „den Individualwillen gegen den ungeheuren Gesamtwillen des Leviathan" zu stellen gewillt ist. Das ist bis etwa 1960 Sozialkritik, die zwar zunehmend in Ge-

Einbandzeichnung von Karl Staudinger zu Arno Schmidts „Leviathan oder Die beste der Welten" (1949)

stalt entlegener und schwer zu entziffernder Lesefrüchte daherkommt, jedoch inhaltlich argumentiert. Danach („Kaf auch Mare Crisium", Roman, 1960; „Kühe in Halbtrauer", Erzählungen, 1964) interessiert Schmidt zunehmend die „Abbildung von Gehirnvorgängen" durch Sprache. Schon in dem Roman „Aus dem Leben eines Fauns" (1953) hatte er polemisch gegen ideologische Parteinahmen und gesellschaftsverändernde Programme seine Ultima ratio gestellt: es bleiben nur „Kunstwerke; Naturschönheit; Reine Wissenschaften". In dem monumentalen, kiloschweren Werk „Zettels Traum" (1970) ist sie realisiert: eine Mischung aus Essay und Roman, ein Spiel mit Formen (Buchstaben, Wörter, Sätze), Anspielungen, Assoziationen, ein Versuch zugleich, auch Unbewußtes sichtbar werden zu lassen. Tatsächlich sichtbar wird dies nur nach intensiver Entschlüsselungsarbeit. Schmidt ist deshalb – trotz bewußter und forcierter Sonderlingsrolle und skurril abgeschirmtem Leben in Bargfeld (Lüneburger Heide) – zum Mittelpunkt eines geradezu fanatischen kleinen Leserzirkels geworden, der als „Entschlüsselungskartell" fungiert und sich – auch nach Schmidts Tod – um die Zeitschrift „Bargfelder Bote" gruppiert.

21.21 Wiederentdeckung eines Kontinents – Literatur der Arbeitswelt

Erst 1960 stellte W. Jens verwundert fest: „Die Welt, in der wir leben, ist noch nicht literarisch fixiert. Die Arbeitswelt zumal scheint noch nicht in den Blick gerückt zu sein." Im gleichen Jahr erschien eine Anthologie mit Bergmannsgedichten („Wir tragen ein Licht durch die Nacht", herausgegeben von F. Hüser). Der eigentliche Anfang einer „Literatur der Arbeitswelt" fällt in das folgende Jahr. Die Autoren, die sich Karfreitag 1961, gerufen von dem Leiter des „Archivs für Arbeiterdichtung und soziale Literatur", F. Hüser, in Dortmund trafen und sich nach dem Vorbild der Gruppe 47 (▷ 21.8), jedoch in deutlicher Gegenposition zu ihr, zur Gruppe 61 zusammenschlossen, stellten sich als Aufgabe die „literarisch-künstlerische Auseinandersetzung mit der industriellen Arbeitswelt der Gegenwart und ihrer sozialen Probleme". Die Arbeiten der Mitglieder sollten „individuelle Sprache und Gestaltungskraft ausweisen oder entwicklungsfähige Ansätze zu eigener Form erkennen lassen." Von den zahlreichen Mitgliedern (zum Beispiel B. Gluchowski, J. Reding, H. Kosters, P. P. Zahl, A. Mechtel) erlangte neben G. Wallraff (▷ 21.24) vor allem Max von der Grün besondere Bedeutung. Sein Roman „Irrlicht und Feuer" (1963) verhalf dem Sujet zum Durchbruch auf dem literarischen Markt, trotz der Widerstände aus der Bergbauindustrie und der Gewerkschaft. Trotz der unbestreitbaren Wirkung dieses Romans und weiterer Werke („Zwei Briefe an Pospischiel", 1968; „Stellenweise Glatteis", 1973) sah sich von der Grün und die Gruppe 61 insgesamt zunehmend auch Kritik aus der Arbeiterschaft und der linken Intelligenz ausgesetzt, weil die Arbeiter als Schreibende im Versuch der Abgrenzung vom Bitterfelder Weg (▷ 22.12) in der DDR vernachlässigt worden seien. Dies führte schließlich 1970 zur Abspaltung des Werkkreises Literatur der Arbeitswelt (auch: Werkkreis 70), der über das „Einschlafen" der Gruppe 61 (1972) hinaus zu immer größerer Bedeutung für die Entwicklung einer Arbeiterliteratur gelangte.

21.22 „Blechtrommler" und Wahltrommler – Günter Grass

„Zugegeben: ich bin Insasse einer Heil- und Pflegeanstalt ...", als dieser Satz 1958 auf der Tagung der Gruppe 47 (▷ 21.8) vom Autor vorgelesen wird, „weiß" H. W. Richter, „dies ist der Anfang eines großen Erfolges" in der Gruppe. Der Roman, „Die Blechtrommel" (1959), wurde darüber hinaus zum herausragenden Welterfolg der deutschen Literatur nach 1945. Sein Autor Günter Grass, geboren am 16. Oktober 1927 in Danzig, war zuvor vor allem mit Gedichten und Beiträgen zum absurden Theater (▷ 21.17) hervorgetreten sowie als Bildhauer und Zeichner. Der Erfolg des Romans äußerte sich vor allem als – auch internationale – Begeisterung über die Wiederermöglichung des Erzählens, das der modernen Literatur („Krise des Romans") verlorengegangen schien. Dagegen war sich der Ich-Erzähler der „Blechtrommel", der gewollt zwergwüchsige Oskar Matzerath, seiner erzählerischen Verfügungsgewalt über die Welt noch – oder wieder – völlig sicher und setzte sie, fabulierfreudig, in barocker Lust am Wort ein. Die offenkundige Verwandtschaft mit dem Schelmenroman des 17. Jahrhunderts (▷ 9.32; 9.33) ist denn auch stets von der Kritik hervorgehoben worden, und Grass hat 1979 in der als Hommage an H. W. Richter und die Gruppe 47 (▷ 20.8) geschriebenen Erzählung „Das Treffen in Telgte" sich selbst in der Figur des Gelnhausen (= Grimmelshausen) porträtiert. Der Blechtrommler sieht die Welt aus der distanzschaffenden Froschperspektive des barocken Picaro. Die „Heil- und Pflegeanstalt" ist allerdings nicht der friedvolle Alterssitz des geläuterten Simplizissimus. Doch gerade aus solch zweifacher und negativer Distanz verschafft Grass seinem Antihelden erzählerische Sicherheit. Er ist nicht unmittelbar involviert, sondern greift magisch ein: er kann sein Wachstum stoppen und fortsetzen, Glas „zersingen", mit seiner Blechtrommel Menschenmassen bewegen; Eingriffe, die zwar nur den Mikrokosmos seiner unmittelbaren Danziger Umwelt berühren. Der aber steht stellvertretend für die Welt dieses Jahrhunderts, dessen erste sechs Jahrzehnte der Roman umspannt. Zeitlich fortgesetzt, mit gleicher Topographie, doch ohne Oskar, erweitert die „Danziger Trilogie", bestehend aus „Die Blechtrommel", „Katz und Maus" (Novelle, 1961) und „Hundejahre" (Roman, 1963), den sprachmagischen Zugriff auf die jüngere deutsche Geschichte. Die allgemeine Politisierung der Literatur in den 60er Jahren (▷ 21.24) läßt auch Grass zum Stoff unmittelbarer Gegenwart greifen: das Stück „Davor" und der Roman „Örtlich betäubt" setzen sich 1969 mit dem Stimmungshintergrund der Studentenbewegung (▷ 21.27) auseinander. Im gleichen Jahr setzt er sich in der sozialdemokratischen Wählerinitiative, deren eigentlicher Motor er auch ist, im Wahlkampf ein. „Aus dem Tagebuch einer Schnecke" nennt er 1972 den Bericht darüber. Große Koalition in Bonn und der Wandel der SPD in der Regierung lassen sein öffentliches parteipolitisches Engagement zurücktreten. Das kommt der literarischen Arbeit zugute: „Der Butt" (1977) ist deren erste Frucht; ein monumentaler Roman in Umfang und historischer Spannweite (von der Urzeit bis zur Gegenwart) und einer sprachlichen Opulenz, die der „Blechtrommel" nicht nachsteht. Handlungsrahmen bietet eine Umdeutung des Märchens „Vom Fischer un syner Fru", die zum Anlaß einer Kulturgeschichte der Frau wird: Menschheitsgeschichte als Küchengeschichte, beziehungsweise als Geschichte von neun Köchinnen; wobei Geschichte im Unterschied zur „Blechtrommel" nicht mehr als eher resignierter Abstieg in die nicht mehr veränderbare Gegenwart erscheint, sondern den Besserungsappell des politischer gewordenen Autors stets durchscheinen läßt. Zehn Jahre später scheint der dafür notwendige Optimismus verschwunden. Die Endzeitvision „Die Rättin" (Roman, 1986) gestaltet Weltuntergang aus den Versatzstücken des früheren Werks: Oskar Matzerath tritt wieder auf, der Butt, die „Emanzen" aus jenem Roman. Ein Atomkrieg bedeutet Weltende, das eine sprechende Rättin kommentiert. Als eine Art Warnfabel gedacht und zeitlich korrespondierend mit den Aktivitäten des Autors in der Friedensbewegung, stieß dieses Werk überwiegend auf Ablehnung. Das Selbstzitat geriet unter Manierverdacht und die Ratten-Kassandra erreichte nicht die Wirkungskraft wie die Aktualisierung der mythischen Kassandra 1983 durch Ch. Wolf (▷ 22.29).

21.23 „Der gute Mensch aus Köln" – Heinrich Böll

Am Abend von Heinrich Bölls Tod (* Köln 21. Dezember 1917, † Kreuzau [Gemeinde Langenbroich] 16. Juli 1985) lobte im Deutschen Fernsehen der Generalsekretär der CDU in einem Nekrolog Böll für seinen Einsatz zugunsten von Dissidenten im Osten und tadelte zugleich, daß er nichts Positives über die Bundesrepublik geschrieben habe. Zu seiner Zeit als Präsident des internationalen PEN-Clubs (1971–74) pflegten in der Sowjetunion die in großen Auflagen veröffentlichten Werke Bölls immer dann von den Ladentischen zu verschwinden, wenn er sich gerade öffentlich für J. M. Daniel und A. D. Sinjawski oder andere Dissidenten eingesetzt hatte. Daß Bölls Proteste gegen Mißstände in Ost und West, wie er (1967) schrieb, „aus einem Geist stammten" und die öffentliche und internationale Glaubwürdigkeit Bölls begründeten, war für Parteipolitiker nicht nachvollziehbar.

In Etiketten wie „Gewissen der Nation", „Humanist", „Moralist", „der gute Mensch

Günter Grass und David Bennent, der Darsteller des Oskar Matzerath, während der Verfilmung von Grass' „Blechtrommel" unter der Regie von Volker Schlöndorff (1978)

aus Köln" spiegelt sich dies, lobend gemeint, von Böll jedoch als ärgerlich empfunden, weil über solcher Wertschätzung des Menschen und „Staatsbürgers" häufig genug der Autor in den Hintergrund gedrängt wurde. Er sah entgegen der verbreiteten Vorstellung, die das „Engagement immer in der falschen Ecke" suchte, die Inhalte seiner Literatur als „geschenkt" an: „Der Einstieg ist gar nicht immer das sogenannte Engagement, sondern die Sprache, und mit der Sprache wird das Material Staat, Gesellschaft geprüft" (1976). Sprachkritik wird da zur Gesellschaftskritik, und dieses Verhältnis von Sprache und Wirklichkeit kennzeichnet Bölls gesamtes Œuvre, von der ersten Kurzgeschichte von 1947 („Aus der Vorzeit") bis zu dem 1985 postum erschienenen Roman „Frauen vor Flußlandschaft". Scheinbar naiv-realistisch ist das, was man in seinen Texten „eine natürliche Sprache nennt, ... das Ergebnis sehr komplizierter künstlerischer Vorgänge" (1964). Und obwohl das spätestens seit seinem ersten Roman mit umfassenderer Thematik, „Billard um halb zehn" (1959), sichtbar ist, dominiert im öffentlichen Bewußtsein der „Realist" Böll. In virtuoser Artistik verknüpft „Billard um halb zehn" ein vielgestaltiges Personal und einen Zeitraum von 50 Jahren deutscher Geschichte, verdichtet dies in der Chronologie eines Tages und bezieht alles auf eine „durchgehende ... mythologisch-theologische Problematik", die dem Roman exemplarischen Charakter verleiht. Auch in der für sein Weltbild programmatischen Erzählung „Entfernung von der Truppe" (1964) zeigt sich der Sprachspielcharakter seiner Literatur in den ironisch-spielerischen Lektüreanweisungen, die zum Text gehören und zum Element der Form machen, was auch als Essenz des Inhalts ergibt: „Daß Menschwerdung dann beginnt, wenn einer sich von der jeweiligen Truppe entfernt." Ein anarchistisches Programm, wobei „anarchisch" im Wortsinn „herrschaftsfrei" heißt, nicht etwa chaotisch. Denn so wohlgeordnet seine Texte, so sehr auf Ordnung bedacht sind auch Bölls „Helden": Außenseiter, Verächter von „abstrakten Ordnungsprinzipien" sind Hans Schnier („Ansichten eines Clowns", Roman, 1963) oder die Gruhls („Ende einer Dienstfahrt", Erzählung, 1966), „Abfall der Gesellschaft" ist Leni („Gruppenbild mit Dame",

Roman, 1971) und wird Katharina Blum („Die verlorene Ehre der Katharina Blum", Erzählung, 1974; Abb. S. 454), doch sie alle suchen nach einer durchaus geordneten Lebensgemeinschaft, verwirklichen diese auch immer wieder in kurzzeitigen utopischen Idyllen, die Böll häufig Kitschvorwürfe der Literaturkritik eingetragen haben. Die breite und weltweit intensive Rezeption seiner Werke hat das nicht behindert: eine Weltauflage von 34 Millionen (1987) steht ebenso dafür wie die Reihe literarischer Auszeichnungen, die Böll – vom Preis der Gruppe 47 (1951) über den Georg-Büchner-Preis (1967) bis zum Nobelpreis für Literatur (1972) – erhalten hat.

21.24 Dokumentarische Literatur

Nicht gegen Bölls Kunstanspruch und Formbewußtsein (▷ 21.23) stellt sich zu Beginn der 60er Jahre eine Autentizität reklamierende Schreibart, sondern gegen die Zeitflucht-Tendenzen (▷ 21.5) von „abstraktem Roman", absurdem Theater (▷ 21.17) und konkreter Poesie (▷ 21.19). A. Kluge machte mit „Lebensläufe" (1962, erweitert 1974 und 1986) den Anfang in der Prosa, den er mit dem Roman „Schlachtbeschreibung" (1964) fortsetzte und zugleich durch seine filmischen Arbeiten auf ein anderes Medium ausweitete. Ihren entscheidenden Impuls erhielt die Dokumentarliteratur durch das Theater. Verantwortlich dafür ist Rolf Hochhuth (geboren am 1. April 1931 in Eschwege) mit seinem Stück über Papst Pius XII. „Der Stellvertreter" (1963). Ein „christliches Trauerspiel", das Geschichte mit Fiktion mischt, dessen Buchfassung jedoch durch einen Dokumentenanhang „Historische[r] Streiflichter" den Wahrheitsbeweis einer historischen These zu erbringen sucht, wonach der Papst durch entschiedeneres Handeln den Judenmord hätte hindern oder vermindern können. Die Resonanz des Stückes – es gab Demonstrationen vor und in den Theatern, erbitterten Streit bis zu Rangeleien – erklärt sich nicht allein aus der theologischen und historischen Brisanz des Stoffes; sie ist darüber hinaus Indiz dafür, daß dieses Beispiel politisierter Literatur als ein genereller Paradigmawechsel begriffen

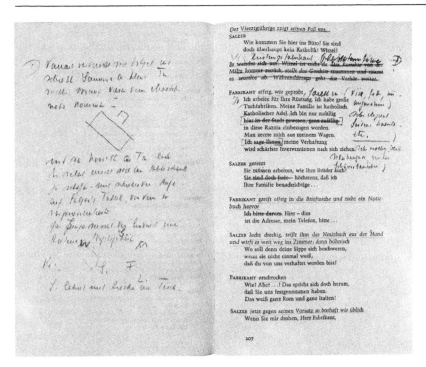

Regiebuch des Dokumentarstücks „Der Stellvertreter" von Rolf Hochhuth mit Notizen des Regisseurs
Erwin Piscator

wurde. Hier wurde literarisch Anklage erhoben, und während Hochhuth in den folgenden Jahren weitere „Fälle" theatralisch aufarbeitet – „Soldaten" (1967), „Juristen" (begonnen 1972, erschienen 1979) –, macht das von Hochhuth ausgelöste Dokumentartheater die Bühne tatsächlich zum Tribunal: H. Kipphardt stellt in dem „szenischen Bericht" „In der Sache J. Robert Oppenheimer" (1964) die Verhandlung eines amerikanischen Untersuchungsausschusses gegen den „Vater" der amerikanischen H-Bombe nach. R. Schneider („Prozeß in Nürnberg", 1968) und H. M. Enzensberger („Das Verhör von Habana", 1970) bringen Prozesse auf die Bühne. Unter diesen Stücken kommt den Arbeiten von Peter Weiss (* Nowawes [heute Potsdam-Babelsberg] 8. November 1916, † Stockholm 10. Mai 1982) besondere Bedeutung zu, dem mit „Die Ermittlung" (1965), einem Stück über den Auschwitz-Prozeß, nicht nur das überzeugendste Beispiel dieses Genres gelang, der sich zudem auch theoretisch mit der grundlegenden Problematik einer Literatur zwischen Objektivitätsanspruch und Kunstcharakter auseinandersetzte („Notizen zum dokumentarischen Theater", 1968, in: „Theater heute"). Den Widerspruch zwischen (objektiver) „Wirklichkeit" und (künstlerischer) „Wahrheit", den schon Kipphardt in einer Kontroverse mit dem wirklichen Oppenheimer nicht zu lösen vermochte, hebt Weiss in der leninistischen Kategorie der „Parteilichkeit" auf: „Das dokumentarische Theater ist parteilich" (10. These) und soll zugleich doch ausschließlich „Fakten zur Beurteilung vor[legen]" (9. These). Das kommt zur Deckung durch den zehnten der „10 Arbeitspunkte eines Autors in der geteilten Welt" (1965, in: „konkret"): „Die Richtlinien des Sozialismus enthalten für mich die gültige Wahrheit". Weiss' Entwicklung von Faschismuskritik über Kolonialismuskritik („Gesang vom Lusitanischen Popanz", Drama, 1967) zu einer neomarxistischen Position („Diskurs über die Vorgeschichte und den Verlauf des ...

Befreiungskrieges in Viet Nam ...", Drama, 1968) ist exemplarisch für den entsprechenden Prozeß der bundesdeutschen Intellektuellen zur gleichen Zeit, der sich in der Studentenbewegung (▷ 21.27) manifestierte. Daß solche Politisierung jedoch auch weiterreichte, zeigt die Bedeutung dokumentarischen Schreibens innerhalb des Werkkreises Literatur der Arbeitswelt (▷ 21.21): E. Runges „Bottroper Protokolle" (1968), die Industriereportagen G. Wallraffs („Wir brauchen dich", 1966, 1970 unter dem Titel „Industriereportagen"; „13 unerwünschte Reportagen", 1969; „Ganz unten", 1985), sowie die Gedichte („Wir Unternehmer", 1966) und Montagen („Unsere Siemens-Welt", 1972, erweitert 1976) von F. C. Delius erschlossen ein weiteres Spektrum dokumentarischer Gattungen für eine operative und politisch wirksame Literatur.

Heinrich Böll:
Die verlorene Ehre
der Katharina Blum

dtv

Umschlag der Taschenbuchausgabe der Erzählung „Die verlorene Ehre der Katharina Blum" von Heinrich Böll (1976)

21.25 Der Weg zum (und fort vom) „neuen Realismus" – die Kölner Schule

Zwischen der parteilich eingreifenden Dokumentarliteratur (▷ 21.24) und der „manieristische[n] und groteske[n] Literatur, deren Prototyp die Romane von Günter Grass sind" suchte Dieter Wellershoff (* Neuß 3. November 1925) Mitte der 60er Jahre eine Prosa, die „immanent durch genaues Hinsehen" kritisiert. Als Lektor des Kölner Verlages Kiepenheuer & Witsch war er in der Lage, unter diesem Programm Autoren zu fördern und mit Anthologien wie „Ein Tag in der Stadt" (1962), „Wochenende" (1967) eine Kölner Schule zu etablieren, zu der neben ihm G. Seuren („Das Gatter", Roman, 1964), G. Herburger („Die Messe", Roman, 1969), N. Born („Der zweite Tag", Roman, 1965), R. Rasp („Ein ungeratener Sohn", Roman, 1967), R. D. Brinkmann („Die Umarmung", Erzählungen, 1965) und andere gehörten. Seine eigenen Romane („Ein schöner Tag", 1966; „Schattengrenze", 1969; „Einladung an alle", 1972) illustrieren die in literaturtheoretischen Essays (zum Beispiel „Literatur und Veränderung", 1969) entwickelte Position einer „möglichst realitätsnah[en]" Schreibweise „mit Aufmerksamkeit für ... den Widerstand der Realität gegen das vorschnelle Sinnbedürfnis". Das Konzept, Literatur als „Spielfeld für ein fiktives Handeln" zu verstehen, genügte aber den ohnehin nicht durch ein festes Gruppenbewußtsein verbundenen „Kölnern" bald nicht mehr: Brinkmann gelangte über den Roman „Keiner weiß mehr" (1968), in dem sich Realität in immer weniger zusammenhängende Wahrnehmungspartikel auflöst, zur multimedialen Collageform („Rom, Blicke", 1979 postum veröffentlicht). Seuren („Das Kannibalenfest", Roman, 1968; „Der Abdecker", Roman, 1970) und Rasp gewinnen gerade die grotesk-satirische Perspektive wieder, gegen die Wellershoff sein Programm entwickelt hatte. Darin berühren sich ihre Arbeiten mit denen G. Elsners („Das Berührungsverbot", Roman, 1970; „Abseits", Roman, 1982) und ihrer Tendenz zum „schwarzen Realismus" (R. Schnell).

21.26 Marieluise Fleißers „Söhne" – das „neue Volksstück"

Mitte der 60er Jahre wurden die Volksstücke Ö. von Horváths (▷ 19.6) und vor allem der noch lebenden M. Fleißer (▷ 19.6) wiederentdeckt: R. W. Fassbinder inszenierte 1968 „Pioniere in Ingolstadt", F. X. Kroetz regte 1972 die Herausgabe ihrer „Gesammelten Werke" an, und M. Sperr berief sich mehrfach auf ihr Vorbild. Die Fleißer nannte die drei in einem Aufsatz „Alle meine Söhne" (1972). Solch literarische Verwandtschaft begründet sich nicht nur aus der kritischen Traditionslinie des Volksstückes seit J. N. Nestroy (▷ 14.9), sie ergibt sich in weit engerem Sinne aus Zielvorstellung und dramatischen Mitteln. Die Außenseiterfiguren von „Fegefeuer" (Uraufführung 1926) und „Pioniere in Ingolstadt" (Uraufführung 1929) als Opfer des „Rudelverhaltens" kleinbürgerlich-provinzieller Enge tauchen, in bäuerliches Milieu transportiert, in Fassbinders „Katzelmacher" (Uraufführung 1968, gedruckt 1970), in der „Bayrischen Trilogie" Sperrs (vor allem „Jagdszenen aus Niederbayern", 1966) oder in „Wildwechsel" (1973) und „Stallerhof" (1972) von Kroetz auf. Weniger resigniert als Horváth, hatte es M. Fleißer auf den gesellschaftsverändernden Effekt ihrer Stücke abgesehen; gerade dies entsprach auch der Absicht des „neuen Volksstücks": „Ich ... will nicht zeigen, was gut oder schlecht ist an unserer Zeit, beziehungsweise ... an unserer Gesellschaft, sondern was zu verändern ist, was man verändern muß und kann" (Sperr). Sperr zwang ein Unfall 1972 zu einer längeren Unterbrechung seiner Arbeit, die seit 1976 von Überarbeitungen früherer Stücke bestimmt wird. Kroetz hat auch geradezu atemloser Produktion bis in die 80er Jahre und einem politischen Ausflug in die DKP sich als Fernsehschauspieler, Gutsbesitzer und Springer-Journalist etabliert, während Fassbinder schon von M. Fleißer als ihr „Sorgenkind" apostrophiert wurde: Er fand nach seinem Debüt rasch den „Lift und stieg über alle Köpfe hinauf" (Fleißer). In überbordender Kreativität schrieb er Stücke, Drehbücher, leitete Theater, machte Filme und Fernsehserien. Gerade im neuen Medium boten sich

Szenenfoto aus der Uraufführung des Theaterstücks „Stallerhof" von Franz Xaver Kroetz 1972 im Malersaal des Deutschen Schauspielhauses in Hamburg mit Eva Mattes als Beppi und Bruno Dallansky als Sepp

freilich die Möglichkeiten für die zentrale Absicht des Volksstücks: Bewußtsein beim „Volk", also bei einem Massenpublikum, zu verändern. Jüngste Beispiele in diesem Genre, wie H. Achternbusch, setzen daher von vornherein auf den Film.

Die „drei Söhne" M. Fleißers waren ihrerseits schulbildend, vor allem in Süddeutschland und Österreich, wo die Dialekttradition zum Regionalbewußtsein gehörte. Der Grazer W. Bauer verwendete für sein Stück „Party for six" (1969) die Bezeichnung „Volksstück", parodiert das Genre jedoch, was die Verwirklichung seiner Absicht eher verhindert. Der Klagenfurter P. Turrini versteigt sich in seinen ländlichen Stücken „Rozznjogd" (= Rattenjagd, Uraufführung 1971, gedruckt 1973) und „Sauschlachten" (1972, gedruckt 1973) zu geradezu fäkalischem Realismus, nie jedoch zur Analyse der Ursachen der dargestellten Scheußlichkeiten. Offenbar soll der Schock von sich aus aufklärend wirken: „Das Volk braucht das Volkstheater, und ich brau-

455

che die kleine Freude, es am geliebten Fraß ersticken zu lassen." Verrät dieser Hohn noch Engagement, so wird ein anderer Österreicher dramatischer Protagonist einer massiven Gegenbewegung: „Die Worte [seiner Stücke] zeigen nicht auf die Welt als etwas außerhalb Liegendes, sondern auf die Welt in den Worten selber" so formulierte der Kärntner P. Handke 1966 im Nachwort seines ersten „Sprechstücks" „Publikumsbeschimpfung". Dies und sein provokatives Auftreten vor der Gruppe 47 (▷ 21.8) in Princeton (1966) etablierten ihn im Literaturbetrieb als Kritiker und Revolutionär – freilich allein des Wortes; seine Wirkung auf „die Welt" streitet er ab. Auch da, wo er dem Volksstück topographisch nahekommt („Über die Dörfer", 1981) richtet sich sein neuerdings zu erkennendes Pathos auf eine eigenbrötlerische Gegenwelt, deren Hermetik den verändernden Schluß auf die soziale Realität verhindert.

21.27 Studentenbewegung und Literatur

Der „lange Marsch durch die Institutionen", den sich der Teil der rebellierenden Studenten von 1968 verordnete, der nach einem dritten Weg zwischen Terrorismus und Anpassung suchte, gestaltete sich in vielen Fällen als Weg in die Literatur – ein gewisser Widerspruch: hatte doch die Studentenbewegung 1968 („Buch macht dumm") unter anderem auch das Ende der Literatur proklamiert. Und noch ein weiterer Widerspruch: sozialistisch, kollektivistisch und materialistisch waren die Programme der Bewegung; individualistisch, selbstbezogen und deshalb zumeist autobiographisch sind ihre literarischen Zeugnisse ungeachtet großer Unterschiede in der Lebensentwicklung der Autoren. U. Timm („Heißer Sommer", Roman, 1974), G. Fuchs („Beringer und die lange Wut", Roman, 1973) beschreiben den Weg von antiautoritärer Revolte zu neuer Bindung und – offenbar – Glück in der Orthodoxie der DKP, über die K. Struck in „Klassenliebe" (Roman, 1973) hinausgelangt zu Selbstverwirklichung in einer „weiblichen Autonomie". „Bommi" Baumann („Wie alles anfing", 1975) reflektiert die Entwicklung zum Terrorismus und die Lösung von ihm. Andere, vor allem die Lyriker wie J. Theobaldy („Sperrsitz", 1973), L. Fels („Ernüchterung", 1975) stellen das „Ich des Schreibers" (Theobaldy) ins Zentrum. Aus einer großen Zahl von Publikationen ragen zwei heraus, die auch die größte Leserresonanz fanden: Die Erzählung „Lenz" (1973) von P. Schneider und B. Vespers „Roman-Essay" „Die Reise" (geschrieben 1969–71, veröffentlicht postum 1977). Schneider stellte seine selbstkritische Erzählung in den literarischen, politischen und psychischen Kontext der gleichnamigen Novelle G. Büchners (▷ 14.19). Sein Lenz findet jedoch zu sich selbst und einer Lebensperspektive, indem er sich von den abstrakten Parolen studentischer „Parteien" löst und in alltäglicher politischer Kleinarbeit Sinn erkennt. „Dableiben" ist das programmatische Schlußwort. „Die Reise" machten die Umstände der Publikation – sechs Jahre nach dem Selbstmord des Autors – zur „literarischen Sensation", zum „Nachlaß einer ganzen Generation" und „Kultbuch der Linken". Vesper unternahm hier eine „Reise" in dreifachem Sinne: die Fahrt von Dubrovnik nach Tübingen, die Reise in die eigene Vergangenheit, die sich auf die Kindheitserinnerungen des Sohnes von Will Vesper, dem nationalsozialistischen Schriftsteller, beziehen sowie auf die Erlebnisse der Studentenbewegung, und schließlich den LSD-Trip. Das Buch ist einerseits Dokument des Hasses (ursprünglich geplanter Titel: „Der Haß"); Mitmenschen außerhalb der eigenen Bewegung gelten als „vegetables" (Gemüse), zum anderen ringt es jedoch einer grenzenlosen Verzweiflung literarische Perspektive in einem Text ab, der ästhetische Konventionen sprengt, ohne auf gleichem Niveau neue bilden zu können; denn Leben – vor allem Sterben des Autors – und Text sind nicht voneinander zu trennen. Die „Reise nach innen" hat freilich Schule gemacht für die „neue Subjektivität" oder „neue Innerlichkeit" seit Mitte der 70er Jahre.

21.28 Dialekt als „Waffe" – Provinz als Heimat

Regionalbewußtsein ist europaweit ein politisches Phänomen, das sich in Autonomiebestrebungen und Sprachkonflikten schon seit Jahrzehnten äußert. Literarisch wird dies im Gefolge der Studentenbewegung (▷ 21.27) virulent als Protest gegen die (Hoch-)Sprache und ihre Zentralisierungswirkung und als Protest mit der (Regional-)Sprache gegen Mißstände in der jeweils engeren Heimat. Für den Elsässer A. Weckmann ist Dialekt „Waffe" („Dialekt als Waffe", 1978) gegen politische Repression; Protestgedichte der „Wiener Liedermacher" (zum Beispiel K. Wecker) oder des Whylers W. Mossmann artikulierten und formierten ein regionales Protestbewußtsein gegen lokale Bedrohungen. Aus dem Bereich des „neuen Volksstücks" (▷ 21.26) bekam die Dialektdichtung zusätzliche Impulse; ebenso aus den Sprachspielen der konkreten Poesie (▷ 21.19). Dabei waren sämtliche Regionen mit ausgeprägtem Dialektbewußtsein vertreten: der Schweizer K. Marti, die Franken G. C. Krischker und F. Kusz, der Frankfurter K. Sigel, der Österreicher H. C. Artmann, die Bayern J. Berlinger, H. Bokel und andere, oder der niederdeutsche Lyriker, Dramatiker und Prosaist O. Andrae („Dat Leed von de Diekers", Drama, 1982).

21.29 „Die Wirklichkeit der Fiktion" – Romane der 80er Jahre

P. Weiss nennt sein monumentales Romanwerk, „Die Ästhetik des Widerstands", dessen 3. Band 1981 erscheint (Bd. 1: 1975; Bd. 2: 1978), eine „Wunschautobiographie" – nicht im Sinne einer „korrigierten Lebensgeschichte", sondern verstanden als Synthese und Vergegenwärtigung der unterschiedlichen Bestimmungsfaktoren der eigenen – und damit unserer – Geschichte im Medium der Fiktion: Geschichtsschreibung für die Jahre 1937–47, kritische Reflexion vor allem der problematischen Geschichte der kommunistischen Bewegung sowie kunstgeschichtlicher und -theoretischer Exkurs fließen zusammen, gewinnen aus der Frage „Wo, zu welchen Zeiten haben sich Menschen gegen anscheinend unübersteigbare Widerstände hinweggesetzt?" die Antwort immer wieder in exemplarischen Kunstwerken (Pergamonaltar, Dantes „Divina Commedia", Kafkas Romanfragment „Das Schloß", Th. Géricaults Gemälde „Das Floß der Medusa" und anderes) und machen das Kunstwerk dieses Romans ebenso zum Exempel für die Möglichkeit ästhetischen Widerstandes. Fiktiv ist auch das Tagebuch, das U. Johnson unter dem Titel „Jahrestage" 1983 mit dem vierten Band abschloß (Bd. 1: 1970; Bd. 2: 1971; Bd. 3: 1973). Tagebuch-Notate der aus früheren Werken Johnsons (▷ 22.11) bekannten fiktiven Figur Gesine Cresspahl umschließen die Zeit vom 21. August 1967 bis 20. August 1968, nehmen aber aus der Perspektive der Hauptfigur die gesamte Epoche seit etwa 1922 in den Blick. Dabei konvergieren der Prozeß erinnerter und gelebter Geschichte im letzten Band und machen den Prozeßcharakter der Geschichte durch das Mittel der Fiktion sichtbar. Beide Romane stehen jeweils am Ende eines umfangreichen Lebenswerkes. Das gilt auch für Bölls (▷ 21.23) letzten Roman „Frauen vor Flußlandschaft" (1985). Und auch hier wird ein höherer Grad von Wirklichkeit durch Fiktion erreicht, der Einsicht entsprechend, die Böll schon 1972 mit seiner Nobelpreisrede („Die Wirklichkeit der Phantasie") formuliert hatte: es ist die Fiktion von Gesprächen unter völligem Verzicht auf die Kunstmittel des Erzählens. Auch nach dem Tod dieser drei Schriftsteller bestimmen neben jüngeren Autorinnen (▷ 21.30) ältere Autoren das jüngste Romanschaffen: G. Grass (▷ 21.22), M. Walser, dessen Entwicklung von sozialistischer Parteinahme („Die Gallistl'sche Krankheit", 1972) seit seiner vielbeachteten Novelle „Ein fliehendes Pferd" (1978) zur Innenschau fiktiver Figuren fortgeschritten ist, zu einem Realismus, der die „große Kunst des Erzählens von ganz Kleinem" zu einer „eindringliche[n] Geschichtsschreibung des Alltags" (1978) macht („Das Schwanenhaus", 1980; „Brandung", 1985). W. Hildesheimers „Marbot" (1981), Biographie einer fiktiven Gestalt, gehört in diesen Kontext, und auch P. Handkes neuere Prosa („Kindergeschichte", 1981; „Nachmittag eines Schriftstellers", 1987) betreibt, freilich mit entgegengesetztem Akzent, Fiktionalisierung von Wirklichkeit.

21.30 Weibliches Schreiben

Schriftstellerinnen haben einen wesentlichen Anteil an der Entwicklung der Literatur und der Literaturinstitutionen seit 1945, von der Ehrenvorsitzenden des Schriftstellerkongresses (▷ 21.7), R. Huch, bis zur 1988 zurückgetretenen Vorsitzenden des Verbandes deutscher Schriftsteller (VS), der Lyrikerin und Essayistin A. Jonas. Die maskuline Bezeichnung dieses immerhin erst 1969 gegründeten Verbandes reflektiert ein Bewußtsein, das „Frauenliteratur" seit E. Marlitt und H. Courths-Mahler (▷ 15.24) negativ besetzt sieht und Autorinnen als Teil einer geschlechtlich nicht zu differenzierenden, insgeheim oder uneingestanden aber doch als männlich definierten Kunst begreift. Seit der „Frauenbewegung" und ihrer ersten öffentlichen Kampagne von 1971 (gegen den § 218) arbeiten auch Schriftstellerinnen an der Veränderung solchen Bewußtseins, wenn auch mit Zielvorstellungen, die sich – von Gleichberechtigung bis Matriarchat – nicht ohne weiteres auf einen Nenner bringen lassen. 1975 erschien mit „Häutungen. Autobiographische Aufzeichnungen, Gedichte, Träume, Analysen" von V. Stefan der erste literarische Beitrag einer feministischen Literatur. Der Titel faßt die „Häutungs"- und Ablösungsprozesse weiblichen Bewußtseins von bislang männlich bestimmten Lebens-, Beziehungs- und Sozialformen zusammen, die der Text beschreibt, ohne jedoch auch zu eigenen Sprach-, also Literaturformen gelangen zu können. Auf der Suche danach sind dann auch viele der nachfolgenden Arbeiten aus dem Umkreis der Frauenbewegung – M. Schröder („Ich stehe meine Frau", Roman, 1975), B. Schwaiger („Wie kommt das Salz ins Meer", Roman, 1977), A. Mechtel („Wir sind arm, wir sind reich", Roman, 1977); scheinbar auch K. Struck, deren Romane „Die Mutter" (1975) und „Lieben" (1977) auf dem Weg in einen mythischen Mütterlichkeitskult doch eine ganz andere, sehr umstrittene Richtung einschlagen.

Schritte zu ästhetischer Konsequenz aus der autobiographisch-sozialkritischen Beschäftigung mit feministischen Themen gelangen erst Ch. Reinig („Entmannung", Roman, 1976), B. Frischmuth („Kai und die Liebe zu den Modellen", Roman, 1979), vor allem aber der Österreicherin E. Jelinek („Die Klavierspielerin", Roman, 1983; auch Dramen und Hörspiele). Ihr wichtigstes Mittel, ironischgroteske Brechung des Realen, macht weibliche Wirklichkeit nachdrücklicher erfahrbar. Freilich korrespondiert dies mit der männlichen Schreibweise der 80er Jahre (▷ 21.29). Die feministische Debatte hatte für die Verlage auch einen gewichtigen ökonomischen Aspekt, und so entstanden allenthalben Reihen wie „Die Frau in der Literatur" (Ullstein), „neue frau" (Rowohlt) und andere. Von den vielen Autorinnen, die hierdurch wieder oder neu „entdeckt" wurden, sind für eine weibliche Ästhetik die erweiterte Publizität von I. Drewitz und vor allem I. Bachmann (▷ 21.13) von Bedeutung. In deren Roman „Malina" (1971) und dem Romanfragment „Der Fall Franza" (postum 1979) wurden die Verletzungen der Frau durch männliche Unterdrückung bereits thematisiert und – so wenigstens das Urteil von Ch. Wolf – im Sinne einer „weiblichen Ästhetik" gestaltet. I. Drewitz wichtigster Roman „Gestern war heute. Hundert Jahre Gegenwart" (1978) erweitert die Perspektive weiblicher Ich-Fixierung um die historische Perspektive, indem Geschichte aus der Sicht von Frauen aus vier Generationen geschildert wird.

21.31 Monolog und Monotonie – Drama der 80er Jahre

Die Spielpläne der Bühnen werden seit einem Jahrzehnt beherrscht von den Stücken dreier Autoren: Botho Strauß, Thomas Bernhard und Heiner Müller (▷ 22.27). Sie verbindet eine tief pessimistische Weltsicht, die Hoffnung auf Veränderbarkeit der Wirklichkeit aufgegeben hat, was sich unmittelbar auf die Form dramatischer Sprachverwendung auswirkt. Dialog als Kommunikation, als wechselseitiger Austausch und Beeinflussung ist unmöglich. Bilder, Pantomimen, Rituale treten bei Heiner Müller (* Eppendorf [Landkreis Flöha] 9. Januar 1929) zunehmend an die Stelle des Dialogs („Hamletmaschine", 1978; „Quartett", 1981; „Verkommenes Ufer Medeamaterial Landschaft mit Argonauten", 1983), aggressive Sprache findet kein Gegenüber: „Meine Rollen sind Speichel und Spucknapf Messer und Wunde Zahn und Gurgel Hals und Strick". Müller erkennt selbst seine monologische Situation, „Wortschleim absondernd in meiner schalldichten Sprechblase über der Schlacht" („Hamletmaschine"). Trotz entschieden anderer Voraussetzungen beschwört auch Thomas Bernhard (* Kloser bei Heerlen [Niederlande] 10. Februar 1931) immer wieder die These, „daß wir erbärmlich sind, durch Einbildungskraft einer philosophisch-ökonomisch-mechanischen Monotonie verfallen". Ungleich wortreicher als Müllers Stücke, sind die seinen, auch wenn mehrere Personen auftreten, dennoch konsequent monologisch. Die Rollen – Misanthrop („Der Weltverbesserer", 1979), Wahnsinniger („Immanuel Kant", 1978) und immer wieder alter Schauspieler – sind nur geringfügige Variationen des stets gleichen Typs, großenteils dem Schauspieler B. Minetti, mit „Ritter, Dene, Voss" (1985) auch anderen Schauspielern auf den Leib geschrieben; großartige Rollen, die stets doch nur für Einsamkeit, Verzweiflung und Zorn über eine sinnentleerte Welt stehen. Nur scheinbar spitzt sich solch Zorn in Satire zu, die im kritischen Impuls ja Veränderbarkeit beinhalten würde. Eine Reihe der zahllosen, fast in Jahresabstand produzierten Stücke demaskiert Typen konkreter Wirklichkeit („Über allen Gipfeln ist Ruh", 1982; „Der Theatermacher", 1984) oder gar tatsächliche oder vermeintliche historische Figuren („Vor dem Ruhestand", 1979; „Heldenplatz", 1988). Doch auch in diesen Stücken, die mit ihrer offensichtlichen Haßliebe zu Österreich dort jedesmal Skandale auslösten, nehmen historisches oder zeitgeschichtliches Material nur in den Dienst, um den monomanischen Lebensekel des Autors zu illustrieren. Trotz politischer Versatzstücke steht Bernhard dem absurden Theater (▷ 21.17) der 50er Jahre näher als dem politischen der 60er (▷ 21.24). Auch darin gleicht ihm Botho Strauß (* Naumburg/ Saale 2. Dezember 1944), der jüngste der drei neueren Erfolgsdramatiker. Seit seinem Durchbruch mit „Groß und klein" (1978) re-

Szenenfoto aus der Uraufführung des Stücks „Groß und klein" von Botho Strauß 1978 an der Schaubühne am Halleschen Ufer in Berlin

produziert er sein schon davor („Die Hypochonder", 1972; „Trilogie des Wiedersehens", 1976) gefundenes Thema der erfolglosen Suche nach Beziehung. Dies führt er vor, das heißt ein Arrangement sozialer Wirklichkeit entfaltet sich auf der Bühne. Doch der Dialog – witzig, Klischees, Phrasen erbarmungslos bloßstellend („Kalldewey, Farce", 1981) – bleibt Choreographie; Kommunikation findet nicht statt. Lotte, die Zentralfigur in „Groß und klein", durchläuft ein Dutzend Stationen der Kontaktsuche – doch stets bleibt sie, wie ein Szenentitel überschrieben ist, „Falsch verbunden". Solche Entfremdung hebt auch „Die Fremdenführerin" (1986) nicht auf. „Die Hauptdarstellerin", schreibt ein Rezensent über die Berliner Aufführung des Stückes „Die Zeit und das Zimmer" (1989), agiere so, „als komme sie aus einem anderen Stück von Botho Strauß und sei schon unterwegs in das nächste". Das Stück sei ebenfalls „auf der Durchgangsstation, es kommt von den alten Stücken her, ist zu den neuen, noch unsichtbaren, unterwegs." Nach Bernhards Tod am 12. Februar 1989 ruht Hoffnung auf eine Überwindung der „Spätzeit-Dramatik" (R. Schnell) auf Strauß – oder auf noch unbekannten „Jungen".

Kapitel 22
DDR-Literatur

Einführung

Die Literaturgeschichtsschreibung der DDR ordnet die Entwicklung der DDR-Literatur einem großen politischen Zusammenhang unter. Als entscheidender Fixpunkt gilt die Oktoberrevolution 1917. In größtmögliche Nähe zu dieser siegreichen sozialistischen Revolution setzt die DDR mit der Gründung der KPD 1918/19 ihren politischen Ursprung. Novemberrevolution 1918 und Parteigründung gelten gleichsam als der Zeugungsakt, die Staatsgründung 1949 als die Geburt der DDR (Heiner Müller, „Germania Tod in Berlin", Drama, 1977).

Von den Flugblättern des Bauernkriegs über die Humanismusforderung der Weimarer Klassik bis zur engagierten Literatur der Revolution von 1848, von den bürgerlichen Realisten bis zur Antikriegsliteratur des Ersten Weltkriegs habe sich eine (oft verschüttete) Emanzipationskultur entfaltet, die im Sozialismus ihre Erfüllung finde. Die Exilliteratur (▷ 20.18–20.38) wird als unmittelbarer Vorläufer der DDR-Literatur verstanden. Viele Exilschriftsteller fanden in der Sowjetischen Besatzungszone (SBZ), seit der Staatsgründung 1949 dann in der DDR eine neue Existenz. Die erste Gesamtausgabe der Werke Thomas Manns (▷ 17.24; 19.12; 21.10) zum Beispiel erschien nicht in der Bundesrepublik, sondern 1955 in der DDR. Die Exilliteratur vor allem, so das Selbstverständnis, repräsentiere das bessere, „das andere Deutschland". Die DDR-Literatur selbst sei Ausdruck der noch andauernden Entwicklung zur „sozialistischen deutschen Nation". Entsprechend diesem Geschichtsmodell empfinden es zahlreiche Schriftsteller in den 50er und 60er Jahren als ihre Aufgabe, Geschichte und Gegenwart der DDR antifaschistisch oder sozialistisch zu begründen. Das Modell erlaubt es aber auch, sich immer wieder auf Traditionslinien der bürgerlich-politischen Emanzipation zu beziehen, und in den 70er Jahren kritisiert die Literatur die Gesellschaftsordnung vorsichtig als eine Art Feudalabsolutismus.

Auch Autoren, die in schärferem Widerspruch zur offiziellen Kulturpolitik stehen, suchen Bestätigung im Rückgriff auf Traditionen; wenn auch vor allem auf solche, die als bürgerlich dekadent gelten und unterdrückt werden (Manierismus, Frühromantik, Expressionismus, Surrealismus, Dadaismus). In den 80er Jahren setzt sich diese Tendenz einer ästhetischen Emanzipation in Anlehnung an Traditionen der Moderne immer stärker durch. Auch inhaltlich zeichnet sich ein entscheidender Wandel ab. Die Frage nach dem Streit der Systeme verliert an Gewicht zugunsten einer übergreifenden Zivilisationskritik. Kritisiert wird die Industriegesellschaft mit ihren lebens- und gattungsbedrohenden Modernisierungsschüben. Daß die DDR-Literatur in der Bundesrepublik stark rezipiert wird, beruht auch auf diesen kulturellen und gesellschaftskritischen Gemeinsamkeiten.

Die Zivilisationskritik in der DDR-Literatur höhlt den Fortschrittsglauben aus, und die intensiver werdende Stalinismuskritik führt zu einer Neubewertung der sozialistischen Geschichte insgesamt. Zukunft und Vergangenheit sind im realen Sozialismus keine zuverlässigen Größen mehr, und die Partei verliert das Monopol, zu definieren, wie Geschichte verstanden werden muß. Dies wird sich auf die offizielle Literaturgeschichtsschreibung auswirken und ihr Bemühen irritieren, die DDR-Literatur weiterhin als Ausdruck einer sozialistischen Entwicklung zu beschreiben.

22.1 Die Erfahrung „Drittes Reich"

Anders als in den westlichen Besatzungszonen, wo ein „Kahlschlag" (▷ 21.3) die Literatur neu fundieren soll, beginnt sie in der Sowjetischen Besatzungszone mit Berichten aus deutschen Konzentrationslagern. Solche Bücher erscheinen auch im Westen. Aber in der Sowjetischen Besatzungszone gewinnt diese Literatur unter der Initiative von Aufbau-Verlag und Kulturbund (beide 1945 gegründet) programmatischen Charakter im Rahmen der „antifaschistisch demokratischen Neuordnung". Wichtige Titel sind: E. Wiechert, „Der Totenwald. Ein Bericht" (1947; 1945 bereits in München erschienen); N. Rost, „Goethe in Dachau" (1946); V. Klemperer, „L(ingua) T(ertii) I(mperii)" (1947, Neuausgabe 1966 unter dem Titel „Die unbewältigte Sprache"). Diese Augenzeugenberichte erheben weniger literarischen Anspruch, sie akzentuieren das authentische Erlebnis. Wiechert lebt in Bayern, aber sein Buch erscheint im Aufbau-Verlag (Berlin [Ost]). Es zeigt Buchenwald 1938 als ein Vernichtungslager. Gefangene, die im Steinbruch arbeiten, werden durch Hunger, durch extrem harte Arbeit und durch Mißhandlungen systematisch zu Tode gebracht. N. Rost, Niederländer, Übersetzer, Kommunist im Widerstand, führte nach seiner Verhaftung unter Todesgefahr Tagebuch in Dachau, wo durch kalkulierte Unterernährung und medizinische Nichtversorgung täglich Hunderte an Typhus starben. Rost konfrontiert diese Gegenwart mit der humanistischen Tradition: „Wie würde sich Goethe wohl benommen haben, wenn er hier bei uns in Dachau säße", oder „Schiller, Büchner, Kleist"? Rost liest, was er im Lager an Weltliteratur bekommen kann, und prüft, welche Texte helfen, in der Extremsituation einen Rest an Würde aufrechtzuerhalten. Klemperer berichtet über das Leben als Jude im Dresden der Nazizeit. Seine philologischen Beobachtungen der „LTI"

(= Lingua Tertii Imperii), der Sprache des Dritten Reichs, beginnen mit dem Stichwort „Heroismus". Gegen die Nazihelden in Uniform (der SA-Heroe der Saalschlachten, dann der Sportheld in seiner Vermummung als Rennfahrer, später der Panzerfahrer) erinnert Klemperer an ein Heldentum, dem „aller Glanz des Dekorativen" fehlt, an den Alltag „arischer Ehefrauen", die dem Druck, sich von ihren jüdischen Männern zu trennen, standhielten.
G. R. Lys' Roman „Kilometerstein 12,6" (1948) ist nach Wiechert der erste Versuch, das Thema mit literarischen Mitteln zu fassen. Später folgen Jurek Becker („Jakob der Lügner", Roman, 1969) und F. Wander („Der siebente Brunnen", Erzählung, 1971). Populär wird B. Apitz' Buchenwald-Roman „Nackt unter Wölfen" (1958).

22.2 Stalingrad als Symbol der Befreiung

Die kriegsentscheidende Niederlage der deutschen Armee beschreibt (als erster) Th. Plievier in seinem Roman „Stalingrad" (1945). Nach gründlichen Recherchen (Dokumente, Interviews mit deutschen Kriegsgefangenen) entsteht der Roman noch in der UdSSR, wo Plievier von 1934 bis 1945 im Exil lebte. Obwohl ein Parteiauftrag, wird die führende Rolle der Partei nicht profiliert und der Name Stalin, sieht man von dem Ortsnamen ab, fehlt nahezu ganz. Plievier erzählt aus der Sicht zweier Landser eines deutschen Strafbataillons, das vorne Minen räumt oder Gefallene in Massengräbern verscharrt. Der dritte Held, Oberst eines Panzerregiments („... Sorge um ausgeschliffene Motorenzylinder ... gelegentliches Schwindelgefühl hinsichtlich der Maßlosigkeit des Kriegsunternehmens") setzt sich bis zum letzten für seine Truppe ein. In diesen Identifikationsfiguren kritisiert Plievier die deutsche Fixierung auf Gehorsam und Pflichterfüllung. Auf ihrem Marsch in die Gefangenschaft akzeptieren die Helden die Katastrophe als Befreiung von der Zwangsidee, Deutschland an der Wolga zu verteidigen.
Stalingrad als Symbol der schmerzhaften Befreiung vom Faschismus spielt in der Litera-

tur der DDR eine hervorragende Rolle (J. R. Becher, „Winterschlacht", Drama, 1945; F. Fühmann, „Die Fahrt nach Stalingrad", Dichtung, 1953). Bei Heiner Müller (▷ 21.31; 22.27) signalisiert Stalingrad die Abgrenzung gegen die Bundesrepublik („Germania Tod in Berlin", Drama, 1977; provokativer Titel der Stalingrad-Szene: „Hommage à Stalin").

Umschlag des Romans „Stalingrad" von Theodor Plievier

22.3 1949 – das Kind

Kommunistische Intellektuelle deuteten den Faschismus als das letzte Aufbäumen der kapitalistischen Gesellschaftsordnung. Angesichts des Zweiten Weltkriegs betonen sie stärker die deutsche Sonderentwicklung. Noch im Exil in Mexiko publiziert A. Abusch „Der Irrweg einer Nation" (1945). Es wird das erste Geschichtslehrbuch in der Sowjetischen Besatzungszone. Von der Niederschlagung der Bauernkriege bis zum Faschismus sieht Abusch eine Kontinuität reaktionärer Gewalt.

Als Komplement erscheint A. Seghers' Roman „Die Toten bleiben jung" (1949), der die Korrektur dieser Gewaltgeschichte herausstellt, beginnend mit der Novemberrevolution 1918 (ähnlich W. Bredel mit der Romantrilogie „Verwandte und Bekannte" [Bd. 1: „Die Väter", Moskau 1943; Bd. 2: „Die Söhne", 1949; Bd. 3: „Die Enkel", 1953]). Seghers' Roman endet mit der Begegnung zweier Mütter. Frauen zweier Generationen, klassenbewußt verbunden (beide haben im revolutionären Kampf ihren Mann verloren), bewahren das revolutionäre Erbe: „Sie lagen ruhig atmend, Gesicht gegen Gesicht, die letzten Stunden der Nacht; und zwischen ihnen das Kind, das das Licht der Welt noch nicht erblickt hatte" (Schlußsatz des Romans). Die Symbolik enthüllt die Botschaft: „1918" und „1945" wenden einander das Gesicht zu; beruhigt, weil der Auftrag von 1918 in den jüngsten Opfern seine Erfüllung findet. Welches Kind nach den letzten Stunden der faschistischen Nacht geboren wird, verstand sich im DDR-Gründungsjahr von selbst. Der Roman beschwört über den faschistischen Bruch hinweg sozialistische Kontinuität und schreibt der Republik eine eigene Revolutionsidentität zu, gegen den Vorwurf, die DDR sei ein Besatzerkind.

22.4 1949 – Goethe und Stalin

Lenin und die kommunistischen Parteien waren der Auffassung, sozialistische Kunst könne nur über die Rezeption der besten Traditionen der Weltkultur entstehen. Besonders hier gelte der Erfahrungssatz: das Neue wächst im Schoß der Alten. So wurde in der DDR das „kulturelle Erbe" hochgehalten und in den ersten Jahren eine relativ offene Kulturpolitik praktiziert. Ausgegrenzt blieb die Moderne (▷ 22.7) und natürlich Literatur von „Renegaten" (A. Koestler, A. Gide, J.-P. Sartre nach seinem Stück „Les mains sales", 1948, deutsch „Die schmutzigen Hände", 1949). Die russischen Kulturoffiziere förderten aber zum Beispiel durch ihre Zuteilung von Papierkontingenten die systemübergreifende, einem allgemeinen Humanismus verpflichtete Zeitschrift „Ost und West", die A. Kantorowicz 1947–49 herausgab. Intensiv feierte man die Gedenkjahre der

Großen: Goethejahr 1949 (Th. Mann sprach in Weimar), Bachjahr 1950, Beethovenjahr 1952 und 1955 das Schillerjahr.

Doch Stalin wurde 1949 erst siebzig. Während auf der Bühne Menschlichkeit gefordert („Iphigenie") und der Begriff des Individuums gefeiert wird, verurteilt die russische Justiz (bis 1955 in der DDR aktiv) Menschen zu Zwangsarbeit. Das übliche Strafmaß (25 Jahre) traf zum Beispiel 1948 W. Kempowski („Im Block. Ein Haftbericht", Reinbek 1968) und 1949 J. Scholmer („Die Toten kehren zurück", Köln 1954, 1963 unter dem Titel „Arzt in Workuta") und vorher mehrere tausend Sozialdemokraten, die gegen die Zwangsvereinigung von SPD und KPD zur SED (1946) opponiert hatten. In der Sowjetunion gehörte Foltern (Schläge, Hunger, Kälte) seit Jahrzehnten zur normalen Vernehmungspraxis, seit 1945 in der SBZ/DDR. Unter diesen Umständen hatte die Forderung, Toleranz und Meinungsfreiheit auch zu verwirklichen (Lessings „Nathan der Weise" war eines der meistgespielten Stücke), wenig Chancen. Den Klassikern wurde eine antifaschistische Funktion zugeordnet. Doch bezogen auf die Gegenwart durfte man sie nur abstrakt nehmen, nicht beim Wort. Hervorragende Ausgaben der DDR-Verlage machten die Werke der Klassiker öffentlich; ihr öffentlicher Gebrauch blieb domestiziert.

22.5 Der Aktivist als literarische Figur

W. Ulbricht beklagt 1948 vor Schriftstellern, die neue Literatur wende sich nur der Vergangenheit zu, nicht der Gegenwart. E. Claudius folgt dem Appell und schreibt, orientiert an dem aktuellen Beispiel des Aktivisten Hans Garbe, den Produktionsroman „Menschen an unserer Seite" (1951). Es geht um eine zentrale Frage. Soll die Produktivität gesteigert werden – und man muß sie steigern, es gibt weder Butter, Schuhe noch Wohnungen, Berlin liegt in Trümmern –, dann müssen die Arbeiter ihre Leistung steigern. Die Entwicklung neuer Arbeitsmethoden durch einzelne Arbeiter, die den Produktionsablauf verbessern, durch „Aktivisten", führt aber zu einer Normerhöhung, die zunächst als Drücken des

Titelblatt des ersten Heftes der Zeitschrift „Ost und West" vom Juli 1947

Lohns wahrgenommen wird, bis das neue Arbeitsverfahren von allen beherrscht wird und sich der neue Akkordsatz eingependelt hat. Der Widerspruch innerhalb der Arbeiterklasse wird noch verschärft, da der Aktivist gegenüber der Durchschnittsnorm einen Vorsprung hat und mehr verdient. Er erscheint vielen als ein Arbeiterverräter, weil er freiwillig besorgt, was sonst das Kapital durchsetzen muß: die Steigerung der Produktivität. Daß es tatsächlich ein gemeinsames Interesse an der Steigerung der Produktivität gibt, wird von vielen als idealistisch abgetan. Claudius trifft einen Nerv. An der Normerhöhung entzündet sich 1953 der Arbeiteraufstand des 17. Juni. Brecht (▷ 22.9) greift das Thema auf („Garbe/Büsching"-Projekt), 1957 auch Heiner Müller („Der Lohndrücker", Uraufführung 1958, gedruckt 1960).

Doch der Widerspruch zwischen dem Interesse aller an besseren, billigen Produkten und dem Interesse der Arbeiter, gut zu verdienen, wird administrativ gelöst. 1948 werden die Betriebsräte aufgehoben, seit 1950 haben die Gewerkschaften nicht mehr die Möglichkeit, Tarifverträge abzuschließen und in der neuen DDR-Verfassung von 1968 wird das Streikrecht abgeschafft.

22.6 Sozialistischer Realismus

Im Unterschied zum bürgerlichen Realismus
(▷ Kapitel 15) des 19./20. Jahrhunderts, des-
sen Held vereinsamt, behauptet der sozialistische Realismus die Möglichkeit einer
menschlicheren Gesellschaft und verweist als
übergeordneten Gesichtspunkt auf den
Kampf der unterdrückten Klassen. Auch im
sozialistischen Realismus gehen Helden unter, aber in dem Bewußtsein, für eine „bessere
Zukunft" zu sterben. Als Teil einer großen
Einheit (Klasse, Volk) empfinden sie sich als
Subjekt der Geschichte oder spielen diese
Rolle im Sicht des Autors. Literatur dieser
Art war kraftvoll, solange die Widersprüche
realistisch und differenziert gestaltet wurden.
Maxim Gorkis Roman „Die Mutter" (1907,
deutsch 1907) war das Vorbild. Gorki prägte
auch den Begriff „sozialistischer Realismus"
(1934). Staatlich verordnet, wird der sozialistische Realismus irreal. Welche besonderen
Widersprüche das „Wesen" einer Klassen-
kampflage widerspiegeln, welche „typisch"
und damit darstellungswürdig sind, bestimmt
jetzt die politische Linie. Greift ein Autor
„nichttypische" Widersprüche auf, wird
ihm „Objektivismus" vorgeworfen. Auf diese
Weise verflacht der sozialistische Realismus
zur Tendenzliteratur und der Held wird zum
„positiven Helden", in sich widerspruchsfrei
wie im Märchen.
In den 60er Jahren wird der sozialistische
Realismus als Waffe gegen die kulturelle Moderne (▷ 22.7) benutzt, der man Formalismus,
Dekadenz und Kosmopolitismus vorwirft.
Doch die DDR-Literatur der 70er und 80er
Jahre rezipiert mehr und mehr die Moderne
und setzt sich über den sozialistischen Realismus, dessen Normen im Gebrauch der Partei-
interessen verschlissen sind, hinweg. Das
Anwachsen der Zivilisationskritik verstärkt
diesen Trend, so daß heute die Theorie des
Realismus, der wichtigsten ästhetischen Kategorie im Sozialismus, im Widerspruch zur
Kulturproduktion steht. In den Kulturwissen-
schaften der DDR wird deshalb an einem
neuen Realismusbegriff gearbeitet.

22.7 Die Abwehr der Moderne

Kafka (▷ 18.22) wird in der Sowjetischen Besatzungszone zum ersten Mal 1947 gedruckt,
aber lediglich das Kapitel „Der Heizer" aus
dem Roman „Amerika". In den 50er Jahren
gilt Kafka als Autor der Dekadenz. Erst nachdem „Das Schloß" und „Der Prozeß" in der
UdSSR erschienen waren (1964), ein Jahr
nach der internationalen Kafka-Konferenz
(1963) in Liblice (ČSSR), bringt der Aufbau-
Verlag 1964 in begrenzter Auflage einen Sammelband heraus (Erzählungen, „Der Prozeß"
und „Das Schloß"). 1968, nach dem Einmarsch russischer Truppen in Prag, sieht
K. Gysi, damals Kulturminister der DDR, die
frühere Skepsis in der DDR gegen die Kafka-
Konferenz bestätigt („Die Konferenz ...
wurde verhängnisvoll für die Entwicklung in
der ČSSR") und wirft deren Teilnehmern vor,
sie wollten „das höchste Symbol der Arbeiterklasse, Goethes ‚Faust', aus dem Gedächtnis
der sozialistischen Menschen verdrängen, um
es durch den traurigen Helden Kafkas, den in
einen Käfer verwandelten Gregor Samsa, zu
ersetzen." R. Musil (▷ 19.17) und J. Joyce erscheinen in der DDR erst Ende der 70er
Jahre.
Die Abwehr der Moderne hatte in der Geschichte der deutschen Arbeiterbewegung
Tradition. Die Revolutionsführer in der Sowjetunion räumten der modernen Kunst
(Malerei, Theater, Film) zunächst einen gewissen Spielraum ein. Nach Stalins Machtübernahme zieht die KPdSU die Trennlinie
zur kulturellen Avantgarde scharf. Russische
Künstler werden zu Lagerhaft verurteilt, er-
schossen oder in den Selbstmord getrieben
(W. W. Majakowski). Ein ähnliches Schicksal
trifft später deutsche Schriftsteller, die vor
den Nazis in die UdSSR flüchten konnten
(▷ 20.23). Der moderne Intellektuelle paßt
nicht in die Wirklichkeit des Sozialismus –
bis weit in die 70er, 80er Jahre. Es werden enorme Anstrengungen unternommen,
„Modernisierung" zu erreichen („Steigerung
der Produktivkräfte" heißt die Formel), aber
die kulturelle Moderne mit ihrer Skepsistradi-
tion und ihren Formexperimenten gilt als dekadent. Das moderne Subjekt, das sich als
„entfremdet" empfindet, soll eine neue Heimat in der Revolution finden, im Kollektiv,
im sozialistischen Aufbau, „in der Ge-

Bertolt Brecht (2. von links) bei Proben zur deutschen Erstaufführung von „Mutter Courage und ihre Kinder" am Deutschen Theater in Berlin 1949 (mit Erich Engel, links, Paul Dessau und Helene Weigel)

schichte". Die Avantgarde mit ihrem Autonomieanspruch wird von der Partei bekämpft als Konkurrenz in der Frage, wer kulturell zur Führung legitimiert sei. Hermetische Lyrik und abstrakte Malerei zum Beispiel versuchen, alles Inhaltliche in Form zu verwandeln. Das Engagement soll ungreifbar werden, damit es nicht mißbraucht wird. Die Künstler versuchen so, sich ein Rückzugsgebiet subjektiver Autonomie zu wahren. Solche Formexperimente werden Anfang der 50er Jahre, seit die SED „den Sozialismus aufbauen" will (1952), schon im Ansatz verboten und als sogenannter „Formalismus" verfolgt.

22.8 Faust bleibt Held des Fortschritts

Seit der Erfahrung des Faschismus kritisieren Intellektuelle die Ideologie des „Faustischen", wie sie sich im 19. Jahrhundert mit dem Entstehen des deutschen Nationalismus ausgebildet hatte. Gerade auch die Nationalsozialisten hatten sich auf den „faustischen

Menschen" berufen (von völkischer Fremdbestimmung seit 1933 befreit, sei der faustische Deutsche berufen, die Völker aus ihrer bürgerlichen Dekadenz herauszuführen zu einem verjüngten Europa). Um die kulturelle Rechtfertigung der NS-Barbarei im Kern zu treffen, kritisiert Th. Mann (▷ 21.10) deutsche Geschichte im Material des Faust-Stoffs („Doktor Faustus", Roman, 1947). In der DDR deutet H. Eisler 1952 in einem Opernlibretto („Johann Faust") den Teufelspakt als den Verrat deutscher Intellektueller, die den Emanzipationskampf der Volksmassen im Stich lassen. Faust, der Gewährsmann des Fortschritts, ein Opportunist, der mit den Herrschenden kollaboriert? Das Libretto wird trotz Einspruch Brechts von den Kulturbehörden kritisiert und die Oper nie komponiert. Faust bleibt Vorbild. Denn als Inbegriff des Fortschritts soll Faust den Sozialismus mit der Tradition des deutschen Humanismus (Goethe) versöhnen.

465

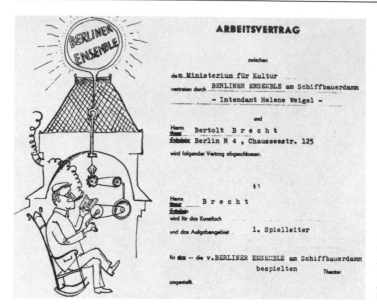

ARBEITSVERTRAG

zwischen

dem Ministerium für Kultur

vertreten durch BERLINER ENSEMBLE am Schiffbauerdamm

— Intendant Helene Weigel —

und

Herrn Bertolt B r e c h t

Berlin N 4 , Chausseestr. 125

wird folgender Vertrag abgeschlossen:

§ 1

Herrn B r e c h t

wird für das Kunstfach

und das Aufgabengebiet 1. Spielleiter

für — die v. BERLINER ENSEMBLE am Schiffbauerdamm
bespielten Theater

angestellt.

Brechts Arbeitsvertrag als 1. Spielleiter des Berliner Ensembles des Theaters am Schiffbauerdamm mit einer Zeichnung von Herbert Sandberg

22.9 Brecht – Berlin wird Theaterweltstadt

Versehen mit einem österreichischen Paß, einem schwedischen Konto und einem Vertrag, der ihm erlaubt, im Osten (Aufbau-Verlag) und gleichzeitig im Westen (Suhrkamp Verlag) zu publizieren, gründet Brecht (▷ 19.7; 19.10) 1948 das Berliner Ensemble und verteidigt diese Bastion frei experimentierender Theaterarbeit erfolgreich. Als er 1952 im „Urfaust" Auerbachs Keller nicht wie üblich als Operette, sondern als den „Klamauk" deutscher Untertanenmentalität inszeniert, läuft die offizielle Kritik Sturm.
Der Großstädter und Weltbürger Brecht haßt das Provinzielle. Skeptisch gegen den nazistischen Bodensatz auch in der DDR, schafft er in Konkurrenz zur Stanislawski-Tradition und zu W. Langhoff (1946–63 Leiter des Deutschen Theaters in Berlin [Ost]) ein Theater, das die Kritik in den Mittelpunkt stellt („Theaterarbeit. 6 Aufführungen des Berliner Ensembles", herausgegeben vom Berliner Ensemble und H. Weigel, 1952). Brecht inszeniert Klassiker (J. M. R. Lenz' „Hofmeister", Sophokles' „Antigone") und eigene Stücke (zum Beispiel „Mutter Courage und ihre Kin-

der", entstanden 1939, gedruckt 1949; Abb. S. 465; „Der kaukasische Kreidekreis", entstanden 1944/45, gedruckt 1949).
Gegen Antiformalismuskampagnen (▷ 22.7) und inquisitorische Vorgaben des sozialistischen Realismus (und gegen den Muff der 50er Jahre im Westen) etabliert Brecht in der DDR eine Widerspruchskultur, die ästhetisch an die Experimente der Weimarer Zeit anknüpft und auf gesellschaftliche Umwälzung zielt. Brechts Theater strahlt nach New York aus und bis in die Dritte Welt. In Paris, beim Theaterwettbewerb der Nationen, erringt das Berliner Ensemble größte Erfolge. Generationen von Dramatikern, Regisseuren und Lyrikern sind durch Brecht und das epische Theater beeinflußt (E. Strittmatter, M. Frisch, P. Weiss, H. Bunge, Heiner Müller, P. Hacks, H. Lange, G. Strehler, E. Monk, B. Besson, K. Mickel, V. Braun, W. Biermann).
Nach dem 17. Juni 1953 schreibt der Stoiker Brecht „Buckower Elegien", horazisch kurz und bildstark. Sein Sarkasmus über den Mangel an Demokratie („Wäre es da/Nicht doch einfacher, die Regierung/Löste das Volk auf und/Wählte ein anderes?") geht als d e r Text zum 17. Juni in die westdeutschen Lesebücher ein, obwohl gerade Brecht, kritisch zwar, aber

loyal gegenüber der DDR, den Einsatz der russischen Panzer zur Niederschlagung des Aufstandes begrüßte.

22.10 1956 – Reformer werden „Renegaten"

Nach Stalins Verdammung des „selbständigen Wegs zum Sozialismus" (Tito, 1948) verläßt 1949 zum erstenmal ein hoher kommunistischer Funktionär die DDR, Wolfgang Leonhard („Die Revolution entläßt ihre Kinder", Köln 1955). Mit Stalins Tod im März 1953 setzt jedoch eine erste Phase der Entstalinisierung ein. Der 17. Juni hemmt diese Entwicklung in der DDR, er beschleunigt sie in Ungarn. I. Ehrenburgs Roman „Tauwetter" (1954–56, deutsch 1957) gibt dieser Phase den Namen. Höhepunkt der Entstalinisierung ist der XX. Parteitag der KPdSU im Februar 1956. Im „Sonntag", der Zeitschrift des Kulturbunds, schreibt der Philosoph W. Harich gegen „Hemmnisse des schöpferischen Marxismus". E. Bloch und die Literaturwissenschaftler Hans Mayer und A. Kantorowicz plädieren für Denk- und Schreibfreiheit. Auch im Leipziger Literaturinstitut, in dem seit 1955 junge Schriftsteller ausgebildet werden, herrscht Aufbruchsstimmung: E. Loest („Durch die Erde ein Riß. Ein Lebenslauf", Hamburg 1981) und R. Giordano („Die Partei hat immer recht", Köln 1961) treiben dort die Reformdiskussion voran.

Doch im Herbst 1956, nach ersten Erfolgen in Polen und dem Scheitern der Reformansätze in Ungarn durch russische Panzer, werden Intellektuelle um Harich und Loest verhaftet. Harich wird zu zehn Jahren Zuchthaus verurteilt, W. Janka, der Leiter des Aufbau-Verlags, zu fünf Jahren, Loest wegen „konterrevolutionärer Gruppenbildung" zu siebeneinhalb (bei striktem Schreibverbot). Bloch verliert die Lehrbefugnis. Während der Kampagnen gegen Bloch muß sein Schüler G. Zwerenz, um einer Verhaftung zu entgehen, flüchten („Aufs Rad geflochten. Roman vom Aufstieg der neuen Klasse", Köln 1959). Kantorowicz verläßt die DDR 1957, Bloch 1961, Mayer 1961, Loest 1981.

22.11 Der Kollaborateur – Uwe Johnsons „Mutmaßungen über Jakob"

Weil er nach bestandenem Hochschulabschluß (Diplom) für die „Beschäftigung in staatlichen Institutionen nicht geeignet" sei, studiert Uwe Johnson (* Cammin i. Pom. 20. Juli 1934, † Sheerness-on-Sea 23. Februar 1984 [am 12. März tot aufgefunden]) das Eisenbahnwesen in Sachsen und Mecklenburg und schreibt den Roman „Mutmaßungen über Jakob". Als der Roman im Westen erscheint (Frankfurt am Main 1959), verläßt Johnson die DDR („Ich bin dorthin gezogen, wo mein Buch gedruckt wurde"). Denn der Roman thematisiert nicht nur Republikflucht und die Arbeit der Staatssicherheit, sondern den drei Jahre zurückliegenden Ungarnaufstand. Johnson spielt durch, wie der einzelne funktioniert und zum Vollzug historischer Katastrophen beiträgt. Sein Held organisiert den Verkehrsablauf eines Großstadtbahnhofs und muß im Oktober 1956 die Strecken für den nächtlichen Transport russischer Panzer nach Ungarn freihalten. Es entsteht ein Verkehrschaos, weil ein Kollege im Norden die Militärtransporte boykottiert: „Der hat eine Meinung über die Russen, hält sie auf, ja glaubt er denn daß wir uns nichts denken dabei! ich weiß auch wohin sie fahren, hält sie auf. Als ob zehn Minuten was nützen. Mach ihm klar, daß seine verdammte Ehrenhaftigkeit uns hier an den Rand bringt". Johnson diskutiert das Maß an Kollaboration, das durch Strafandrohung erzwungen und auch ertragen wird. Sein Text ist auch verstehbar als Anspielung auf die Pflichterfüllung deutscher Reichsbahner während der Judentransporte 1942–44.

1959 gilt Johnsons Erzählweise wegen der modernen Stilmittel als schwierig. Die Collage von Bericht, Dialog, innerem Monolog und Anspielung läßt die literarische Fiktion nur als Mutmaßung erscheinen. Gleichwohl ist sein Buch erfolgreich, auch weil es ohne Klischees die deutsche Teilung thematisiert. Johnsons Roman „Das dritte Buch über Achim" (Frankfurt am Main 1961), die Geschichte eines Radsportlers, radikalisiert die These, ein Leben sei nicht eindeutig beschreibbar. Johnson wird ein Autor der Bundesrepublik, aber sein Thema bleibt die DDR, auch wenn seine Romanhelden in New York leben. Der große vierbändige Familienroman „Jahrestage" (1970–83) beschreibt das politisch bedeutende Jahr der Prager Reform vom August 1967 bis zu deren Scheitern im August 1968.

22.12 „Bitterfelder Weg"

Die Enttäuschung über den politischen Rückschlag nach dem ungarischen Volksaufstand im Oktober/November 1956 kompensieren jüngere Schriftsteller, indem sie in die Betriebe gehen und dort den Sozialismus suchen. Deshalb ist der „Bitterfelder Weg", die auf der 1. Bitterfelder Konferenz am 24. April 1959 beschlossene Initiative der Partei, Autoren in die Produktion zu schicken, relativ erfolgreich, und es entsteht eine Literatur der Arbeitswelt. F. Fühmann zum Beispiel arbeitet mehrere Monate auf einer Werft und schreibt die Reportage „Kabelkran und Blauer Peter" (1961). Doch in einem offenen „Brief an den Minister für Kultur" (1964) distanziert sich Fühmann später von dieser Aufgabe. Die spezifische Individualität eines Werktätigen sei als Außenstehender nicht zu erfassen: „Was zum Beispiel empfindet ein Mensch, der weiß, daß er sein Leben lang so ziemlich dieselbe Arbeit für so ziemlich dasselbe Geld verrichten wird, als beglückend und was als bedrückend an eben dieser Arbeit?" Jüngere Autoren deuten die Widersprüche in den Betrieben als produktive Wachstumskrisen des Sozialismus: V. Braun, „Der Schlamm" (1959, in: „Das ungezwungene Leben Kasts. Drei Berichte", 1972); K.-H. Jakobs, „Beschreibung eines Sommers" (Roman, 1962); Ch. Wolf, „Der geteilte Himmel" (Roman, 1963); E. Neutsch, „Spur der Steine" (Roman, 1964). B. Reimanns Erzählung „Ankunft im Alltag" (1961) gibt der Gruppe den Namen: „Ankunftsliteratur". Man glaubt, nicht mehr nur auf „Das Prinzip Hoffnung" (E. Bloch, 1954–59) angewiesen zu sein, sondern den Sozialismus mit Händen greifen zu können – im Fortschritt der materiellen Produktion und in der Annäherung von Arbeiterklasse und Intelligenz im Ar-

beitsprozeß. Die Partei denkt ähnlich. Seit 1959/60 wird die neue industrielle Revolution (Automatisation, Elektronik, Kybernetik) als Motor des Sozialismus gewertet, als „Wissenschaftlich technische Revolution" (WTR). Sie werde den Kapitalismus in die Krise treiben und die Grundlagen für den Kommunismus schaffen. Der Sputnik, der erste künstliche Satellit (1957), gilt in „Der geteilte Himmel" als Beweis für die Zukunft des Sozialismus. Zwanzig Jahre später illustriert M. Marons Roman „Flugasche" (Frankfurt am Main 1981) am Beispiel der Stadt Bitterfeld den Preis entfesselter Industrialisierung: Umweltzerstörung und sinkende Lebenserwartung. Der Roman erscheint nur im Westen.

22.13 Komödien über „Die Revolution auf dem Land"

Revolutionär sind die Veränderungen auf dem Land: das preußische Junkertum verliert die materielle Grundlage seiner Existenz. Die Beseitigung der Ruinen des Berliner Stadtschlosses (1950/51), Residenz der Hohenzollern seit dem 16. Jahrhundert, ist Symbol dieser historischen Niederlage. Die Konflikte bei der Landaufteilung zugunsten von Kleinbauern (1945/46) und der Kollektivierung (1952–60) erscheinen als prinzipiell lösbar und werden deshalb Stoff für Komödien. Komische Figur ist der Typus des „Selbsthelfers", der kraftvoll-anarchisch der Entwicklung vorauseilt. Die Komödie vermittelt zwischen Individuum und Kollektiv, zwischen Utopie und dem aktuell Möglichen. Lachend korrigiert sie den Helden und gibt ihm zugleich recht. 1953/54 wird im Berliner Ensemble Erwin Strittmatters „Katzgraben. Szenen aus dem Bauernleben" (gedruckt 1954, erweitert 1958) aufgeführt, das erste DDR-Drama, das „den modernen Klassenkampf auf dem Dorf auf die deutsche Bühne bringt" (Brecht). 1961 schreibt Heiner Müller (▷ 22.27) „Die Umsiedlerin oder Das Leben auf dem Lande" (Uraufführung Berlin [Ost] 1961, sofort abgesetzt; als Neufassung unter dem Titel „Die Bauern" 1975 in Berlin [West] erschienen), P. Hacks (▷ 22.21) die Komödie „Moritz Tassow" (erschienen 1965), H. Baierl

Bühnenbildskizze von
Franz Havemann für
Helmut Baierls Komödie
„Frau Flinz" in einer
Inszenierung des
Nationaltheaters
Weimar 1961

„Frau Flinz" (eine Korrektur an Brechts „Mutter Courage") und 1962/63 läßt H. Lange in „Marski" (erschienen 1965) einen Großbauern revolutionäre Vernunft annehmen. 1957 erscheint der erste Schelmenroman („Der Wundertäter", bis 1980 3 Teile) und 1963 „Ole Bienkopp", der Bauernroman der DDR, beide von Strittmatter. Daß der Autor Bürokratie und Dogmatismus kritisiert und sein Held am Ende stirbt, löst heftige Diskussionen aus. Der Druck auf Siedler und Bauern, in die Genossenschaften einzutreten, war 1959/60 verschärft worden – eine Hauptursache für die hohe Zahl von Republikflüchtlingen (1960 fast 200000). Ein Jahr später wird die Mauer gebaut.

22.14 Peter Huchel und Johannes Bobrowski

Nach der Gefangenschaft (1945 war er zur Roten Armee übergelaufen) arbeitet Peter Huchel am Berliner Rundfunk (Ost) und übernimmt dann die Leitung der Zeitschrift „Sinn und Form", die seit 1949 von der Deutschen Akademie der Künste herausgegeben wird. Huchel (* Berlin 3. April 1903, † Staufen im Breisgau 30. April 1981) macht die Zeitschrift zum „geheimen Journal der Nation" (W. Jens). Sie arbeitet an kultureller Konti-

nuität, indem sie deutsche Kulturtraditionen, vor allem aber auch Weltliteratur ausstellt. 1960/61 erscheint sie der SED als Gegenprogramm zum „Bitterfelder Weg" (▷ 22.12). Nach Brechts und J. R. Bechers Tod (1956 beziehungsweise 1958) ohne starke Rückendeckung, verliert Huchel 1962 die Schriftleitung. Sein letztes „Sinn und Form"-Heft (5/6, 1962) plädiert noch einmal für Offenheit und versammelt Texte von Brecht („Über die Widerstandskraft der Vernunft"), J.-P. Sartre, L. Aragon, H. Mayer, W. Krauss, E. Fischer („Entfremdung, Dekadenz, Realismus") sowie Lyrik von J. A. Jewtuschenko, G. Eich, P. Celan, I. Aichinger und Huchel („Winterpsalm"). Von 1963 bis 1971 lebt Huchel unter einer Art Aufsicht (Reiseverbote, Besuch von westlichen Freunden selten erlaubt). 1971 darf er in den Westen übersiedeln.
„Natur" bleibt in Huchels Dichtungen wesentliches Bildmaterial. Sie wird aber nicht dämonisiert, ist auch nicht Rückzug, sondern Entsprechung gesellschaftlicher Befindlichkeit: „Grünfüßig/hängt das Teichhuhn/am Pfahl./Wer wird es rupfen?" („Ankunft").
Wie Huchel artikuliert auch Johannes Bobrowski (* Tilsit 9. April 1917, † Berlin 2. Sept. 1965) historische Erfahrung im Naturbild: „Leute, es möcht der Holunder/sterben/an eurer Vergeßlichkeit" („Holunderblüte"). Nicht Brechts Lehrgedicht ist Vorbild, eher der hermetische Zauberspruch. Bobrowski ist

469

durch die Moderne beeinflußt (P. Celan), ohne aber deren Sprachzertrümmerung zu folgen. Die sanfte Sprachgewalt seiner Texte übt auch in der Bundesrepublik eine starke Wirkung aus. Seine Lyrik erschließt die Landschaft „Sarmatiens" („Sarmatische Zeit", 1961), den Raum zwischen Weichsel und Wolga, das Ziel deutscher Eroberung seit Jahrhunderten („Pruzzische Elegie"). Dort spielt auch sein Roman „Levins Mühle" (1964). In der gezielt herbeigeführten Überflutung einer Mühle in jüdischem Besitz wird deutsche Herrschaft über Juden, Polen und Zigeuner symbolisiert; aber dies als Dorfalltag von 1874, ohne Nazi-Monster. So erhellt Bobrowski deutsche Geschichte aus ihren Ursprüngen.

22.15 Lyrik 1962–1972 – Selbstvergewisserung des Subjekts

Gegen die organisierte Öffentlichkeit wird die Lyrik zum Reservat von Authentizität. Die jungen Autoren (G. Kunert, A. Endler, R. Kunze, R. Kirsch, W. Kirsten, H. Czechowski, K. Mickel, S. Kirsch, W. Biermann, E. Erb, V. Braun, B. Jentzsch), zwischen 1929 und 1940 geboren, setzen aber nicht einfach die Privatexistenz gegen das „Kollektiv". In den Konflikten mit der Gesellschaftsordnung pochen sie auf Subjektivität im Namen der Gesellschaft. Sie sind loyal gegenüber dem Staat, behaupten aber das Recht auf Individualität, auf Verwundbarkeit. Sie setzen auf die Zukunft, negieren aber den verordneten Optimismus. Sie kritisieren den Sozialismus als Repression und verteidigen ihn gegen die kapitalistische Welt. Unter dieser Anstrengung stilisiert sich das lyrische Ich gern kraftgenialisch als Riese („So fass ich die Bäume.../Und reiße die Mulde empor, schräg in die Wolkenwand/Zerr ich den See, .../ich saufe, ich sauf – wohin mit den Abwässern!/See, schartige Schüssel" [K. Mickel, „Der See", 1963]) oder versichert sich seiner Unangreifbarkeit in äußerster Regression („Stadt, fisch, reglos/stehst du in der tiefe/Zugefroren/der himmel über uns/– – –/überwintern, das/maul am grund" [R. Kunze, „Dezember", 1966]).

Solche Gedichte stoßen auf Ablehnung. Doch von den Lesungen in der Akademie der Künste 1962 (von St. Hermlin initiiert) bis zu A. Endlers Angriff gegen borniere Literaturkritik (1971 in „Sinn und Form") setzt sich die neue Lyrik allmählich durch; auch gegen die Kritik der Literaturwissenschaftler, die die Aufwertung von Romantik und Surrealismus skeptisch konstatieren. Der kulturpolitisch liberale VIII. Parteitag der SED (1971) begünstigt diese Tendenz. Er ist für viele Intellektuelle der Anlaß, die Entwicklung in der DDR mit neuer Hoffnung zu besetzen.

Schutzumschlag der DDR-Ausgabe von Christa Wolfs „Nachdenken über Christa T." (1968)

22.16 Der VI. Schriftstellerkongreß 1969 – Christa Wolf, Sarah Kirsch

„Der Kern der Gesundheit ist Anpassung". Gegen diesen Satz, es ist die Lebensparole einer ihrer Romanfiguren, schreibt Christa Wolf (* Landsberg [Warthe] 18. März 1929) in ihrem Roman „Nachdenken über Christa T." (1968). Die Heldin verweigert äußere, vor allem aber innere Anpassung, erkrankt an Leukämie und stirbt. Ch. Wolf rechtfertigt den Anspruch auf Abweichung, auf Individualität, indem sie das „Unheil des Vorbeilebens" beschwört. Anders aber als die Erzählung „Kassandra" (1983) vertraut „Nachdenken über Christa T." noch dem Fortschritt: „Deutlich fühlt sie [die sterbende Christa T.], wie die Zeit für sie arbeitet". Nur müsse die moralische Existenz intakt bleiben; eine Anpassergesellschaft werde zur Ellbogengesellschaft („Eine Kälte in allen Sachen. Die kommt von weit her").

Sarah Kirschs (* Limlingerode [Harz] 16. April 1935) surreales Anti-Pathos 1968 (der Bombenkrieg in Vietnam erreicht gerade einen Höhepunkt) macht Zeit bewußt: „Nachmittags fällt mir ein es gibt Krieg/nachmittags vergesse ich jedweden Krieg/nachmittags mahle ich Kaffee/nachmittags setze ich den zermahlnen Kaffee/rückwärts zusammen schöne/schwarze Bohnen".

Wolfs „Nachdenken über Christa T." und Kirschs „Schwarze Bohnen" werden auf dem VI. Schriftstellerkongreß kritisiert. Ihre Innerlichkeitsproblematik kollaboriere zwar noch nicht mit dem Antikommunismus R. Kunzes („Sensible Wege", Reinbek 1969), sei aber individualistisch belastet. Nur die Ich-Verlorenheit werde gestaltet, nicht deren Überwindung. Das Verhältnis zum „Hier und Heute" sei gebrochen. Nach dem 21. August 1968 (Truppen der Warschauer Paktstaaten besetzen die ČSSR) sei aber Eindeutigkeit und offene Parteilichkeit gefordert. Auch die Konterrevolution in Prag habe mit kultureller Abweichung begonnen. „Es ist nicht so, wie manche meinten, als der antifaschistische Schutzwall errichtet wurde, daß nun eine Periode des Liberalismus möglich sei. Wir sind diesen Weg nicht gegangen" (K. Gysi, Minister für Kultur).

22.17 Utopie in Kreta – Erich Arendt

Während Hunderttausende in den Westen flüchten, die Mauer gebaut wird und junge Leute im „Bitterfelder Weg" den Sozialismus suchen, fährt Erich Arendt (* Neuruppin 15. April 1903, † Berlin [Ost] 25. September 1984) im Auftrag des Verlags der Kunst (VEB) in Dresden und des F. A. Brockhaus Verlags (VEB) in Leipzig ans Mittelmeer und photographiert. Es entstehen die Photoreportagen „Inseln des Mittelmeers. Von Sizilien bis Mallorca" (1959), „Griechische Insel-

welt" (1962), „Säule, Kubus, Gesicht" (1966) und „Griechische Tempel" (1970). Sie artikulieren die deutsche Sehnsucht nach dem Süden – doppelt wichtig nach dem Mauerbau (1964 erschien die 2. Auflage der „Inseln des Mittelmeers"). Arendt entdeckt in der minoischen Kultur Kretas Utopisches und spielt es gegen den stalinistisch geprägten Sozialismus aus: „Dort auch war eine selbstherrliche regierende Bürokratie orientalischen Stils ausgeschlossen, ein von oben herab lebensbestimmendes Priestertum ... Es entartete kein Glaube zu einem Dogma ... Alles war auf Selbstverwaltung durch jeden Bürger gestellt" („Griechische Inselwelt"). Durch kriegerische Expansion habe sich diese ideale Gesellschaft zerstört.

Arendts Gedichte in dem Band „Ägäis" (1967) sind Elegien: Klage über den „Wolfshunger Geschichte", Beschwörung der verlorenen Utopie. Große Persönlichkeiten wie Homer werden als Erlöserfiguren aufgeboten; durch Kulturschöpfung humanisieren sie die Geschichte: „Einer nur, nacht-/geschlagen sein Aug,/hob/die Träne die wog/wie Menschenmut und/Verbrechen, Tod-/und Tod. Da erst/begann/das Singen: Spätfels/Geduld!" („Stunde Homer"). In den Gedichten der 70er Jahre radikalisieren sich die Bilder; im Blick auf den technisch möglichen Gattungstod greifen sie weit zurück bis in geologische Zeiträume: „Sekundenschlag und/das Jahrtausend/vergessen/ ... Zuvor aber,/flutentkommen/die Schnecke./Gekrochen, sie ließen, wind-/zermahlener Kalk längst,/ihr Haus:/Wändemillion, im Massiv/keine Schleimspur Leben./Erratisches/ausgeweidetes Schweigen" („ABER-UND-abermundig", in: „Memento und Bild", 1976). Die Vision des sterbenden Faust bei Goethe („Es kann die Spur von meinen Erdetagen, nicht in Äonen untergehn" [„Faust", 2. Teil]) ist in dieser Bildwelt Arendts negiert. P. Celan (▷ 20.13) verpflichtet, verweigern die Gedichte jeden Abbildrealismus. Arendt sieht als Photograph, hebt aber im Wort das Bild ins Symbolische. Bild und symbolische Bedeutung sind oft nur über Anspielungen vermittelt, so daß die Gedichte hermetisch, verschlossen erscheinen. Gerade aber als solche wirken sie und unterlaufen die Zensur.

22.18 Das politische Lied – Wolf Biermann

„Das Kollektiv liegt schief", reimt Wolf Biermann (*Hamburg 15. November 1936) 1962. Orientiert an F. Villon, Heine und Brecht, macht Biermann das Subjekt stark durch „rücksichtslose Schimpferei", durch eine Kultur der Verhöhnung: „Im ‚Neuen Deutschland' finde ich/tagtäglich eure Fressen/Und trotzdem seid ihr morgen schon/ Verdorben und vergessen/Heut sitzt ihr noch im fetten Speck/Als dicke deutsche Maden/ Ich konservier euch als Insekt/im Bernstein der Balladen".

Nur einmal sind Gedichte Biermanns (der 1953 von Hamburg in die DDR übersiedelt) in der DDR veröffentlicht worden, in der Anthologie „Sonnenpferde und Astronauten" (1964). Und bis zu seiner Zwangsausbürgerung 1976 ist ihm jeder Auftritt verboten. Aber das politische Lied ist als Gegenöffentlichkeit stark und im Zeitalter seiner technischen Reproduzierbarkeit schwer kontrollierbar. Das 11. Plenum des ZK der SED im Dezember 1965 nimmt die Öffnung der Kulturpolitik (nach dem Mauerbau) zurück. Man fürchtet, die literarischen Diskussionen könnten in politische umschlagen; vor allem, seit die voranschreitende Liberalisierung in der

Wolf Biermann 4 neue Lieder

Drei Kugeln
auf Rudi Dutschke

Ermutigung

Es senkt
das deutsche Dunkel

Noch

Q

Wagenbachs Quartplatte 3

Plattenhülle für Songs von Wolf Biermann (1969)

ČSSR auf die Nachbarn ausstrahlt. Scharf kritisiert werden Biermann (wegen Pornographie, „Westpublikation" und „Skeptizismus") und R. Havemann, der theoretische Wortführer eines undogmatischen Kommunismus.

Biermanns Spott („Bei jedem Kübel Dreck spür ich/Die Liebe des ZK/Zum ganzen 11. Plenum sag/Ich zwölfmal: Ja! Hurra!") zeigt, daß er den Widerspruch zur SED auch als Familienkrach nimmt. Im Ton ganz andere Gedichte lassen dagegen ahnen, daß seine Skepsis gegenüber dem realen Sozialismus tiefer greift, wie zum Beispiel „Das Barlach-Lied" oder das „Hölderlin-Lied": „Früherer Feuer Asche liegt uns auf den Lippen/kälter, immer kältre Kälten sinken in uns".

22.19 Der Schelm

„Alle, die wir draußen kennen, sind eigentlich hier. Und draußen laufen nur ihre Stellvertreter herum", sagt Arlecq (= Harlekin) zu seinem Freund. Nach einer Sauftour sind die beiden in einer psychiatrischen Anstalt gelandet und spielen verrückt, bis sie von ihren Frauen „befreit" werden. In diesem Bild pointiert Fritz Rudolf Fries („Der Weg nach Oobliadooh", Frankfurt am Main 1966) die Ausweglosigkeit nichtangepaßter Existenz. Seine Helden lieben Jazz, Kognak, Literatur und Frauen, weniger die Ehe und den kleinkarierten DDR-Alltag. Die Publikation des Romans im Westen hat zur Folge, daß Fries seine Assistentenstelle an der Akademie der Wissenschaften in Berlin (Ost) verliert. In späteren Texten läßt Fries seine beiden Helden immer wieder aufleben, zum Beispiel in der grotesken Flugzeugentführungsstory „Alexanders neue Welten" (1982), einem literarisch beziehungsreichen Roman, der das Don-Juan-Motiv variiert und auf Cervantes anspielt. 1985 gibt Fries den „Lazarillo von Tormes", den ersten spanischen Schelmenroman (▷ 9.32), in deutscher Übersetzung neu heraus (in Berlin [West]).

In Christa und Gerhard Wolfs Filmerzählung „Till Eulenspiegel" (1973) sucht der Schelm die Nähe des Hofes. Gegen die dogmatische Kirche (= Partei) und die Hofschranzen

(= Bürokratie), die nur am Machterhalt interessiert sind, diskutiert die Erzählung das Bündnis zwischen dem Kaiser (= gesellschaftliches Gesamtinteresse) und dem Schelm (= Intelligenz).

In der Erzählung „Die neuen Leiden des jungen W." (1973; auch als Film-Szenario und Theaterstück) plädiert Ulrich Plenzdorf für Toleranz im Verhältnis von Individuum und Kollektiv, um die Kreativität nichtangepaßter junger Menschen freizusetzen. Sein Held, ein siebzehnjähriger Outsider, der Eltern und Brigade verläßt, löst eine der wichtigsten Literaturdiskussionen der 70er Jahre aus.

In Hexenfiguren, die die kulturelle Gleichberechtigung der Frau einklagen, spielt Irmtraud Morgner das Phantastische als Quelle der Utopie gegen die Defizite im realsozialistischen Alltag aus („Leben und Abenteuer der Trobadora Beatriz nach Zeugnissen ihrer Spielfrau Laura", 1974; „Amanda. Ein Hexenroman", 1983).

Adolf Endler publiziert seit 1981 in Bruchstücken „Die Exzesse Bubi Blazezaks im Fokus des Kalten Kriegs", satirische Phantasien über die literarische und politische Existenz in der DDR (bisher nur im Westen).

Thomas Brasch aber stellt die Figur des Narren in Frage. Brasch hatte 1968 gegen den russischen Einmarsch in Prag mit Flugblättern protestiert und war zu einer Gefängnisstrafe von über zwei Jahren verurteilt worden (1969 wurde er auf Bewährung entlassen). Sein Held Eulenspiegel verdingt sich beim Herzog Georg von Sachsen, dem Bauernschlächter von Mühlhausen. Er wird gegen den Narren des Landgrafen von Hessen in den Wettbewerb geschickt: der Unterlegene soll seine Anstellung verlieren. Im Zynismus der Bilder dieses Kampfes der beiden Narren, die um ihre Stellung am Hof konkurrieren, verarbeitet Brasch – kritisch gegen Eulenspiegel („in den Dreck mit der Fratze") – nach seiner Übersiedlung in den Westen (1976) die Existenz als Intellektueller in der DDR („Kargo. 32. Versuch, auf einem untergehenden Schiff aus der eigenen Haut zu kommen", Frankfurt am Main 1977).

22.20 Bilanz nach 25 Jahren

Während andere Autoren Anfang der 60er Jahre sich ganz auf die Gegenwart fixieren, erfüllt von der Erfahrung im sozialistischen Alltag, wählt Hermann Kant gleich mit seinem ersten Roman „Die Aula" (1965) den souveränen Standpunkt dessen, der Bilanz zieht. In der Gewißheit, daß die 1949 gegründeten Arbeiter- und Bauernfakultäten ihre Aufgabe, Bildungsprivilegien abzubauen und jungen Leuten den Zugang zu den Universitäten zu erleichtern, bestens erfüllt haben und geschlossen werden können, resümiert der Erzähler in selbstkritisch munterem Ton die Vergangenheit. Gegen Phrasen setzt Kant die Ironie des Understatement. Seine Artistik lockert die Literaturszene in der DDR. Doch mit seiner „Meisterschaft im Dosieren" (M. Jäger) vermeidet Kant jedes literarische und politische Risiko. Deutlicher noch wird das in seinem zweiten Roman, „Das Impressum" (1972). Der Chefredakteur einer Illustrierten soll Minister werden und nimmt dieses Angebot zum Anlaß für Selbstprüfung und Bilanz.

Auch Karl-Heinz Jakobs beschwört in seinem Roman „Eine Pyramide für mich" (1971) den Mythos des Anfangs. Bei Staudammbau 1949/50 betreibt eine FDJ-Brigade anarchisch konstruktiv Selbstverwirklichung und nähert sich der Utopie einer klassenlosen Gemeinschaft. In der zweiten Handlungsebene desillusioniert Jakobs dieses Bild im Verweis auf die soziale Ausdifferenzierung zwanzig Jahre später. Nur einzelne sind aufgestiegen, zu Planern und Leitern. Auch Brigitte Reimann setzt in ihrem Romanfragment „Franziska Linkerhand" (postum 1974) den Akzent auf die Relativierung sozialistischer Zukunftserwartungen. In seiner Satire „Die Interviewer" (Roman, 1973) reißt K.-H. Jakobs die Differenz zwischen den Klassen scharf auf. Während sich Arbeiterinnen mit schlechten Arbeitsbedingungen herumschlagen, tritt der Intellektuelle als Rationalisierungstechniker auf, mit Stoppuhr und Statistik. Dessen Sohn allerdings, ein Aussteiger – diese Figur taucht jetzt immer häufiger in der DDR-Literatur auf –, tritt den „Weg nach unten" an, anstatt sich wie Faust immer strebend zu bemühen. Volker Braun radikalisiert die Desillusionierung. Textilarbeiterinnen (Anspie-

DEUTSCHES
NATIONALTHEATER
WEIMAR

Die
Aula

Programmheft zur Aufführung von Hermann Kants „Aula"
mit einer Graphik von Rolf Kuhrt (1969)

lung auf Heines Gedicht „Die schlesischen Weber") halten Gericht über die Willkür von Funktionären. Braun läßt die Arbeiterklasse sich selbst bestimmen – realistischerweise als Traum. Doch er nennt seine Erzählung hoffnungsvoll „Unvollendete Geschichte" (1975).

22.21 „Sozialistische Klassik" – Peter Hacks

Peter Hacks (* Breslau 21. März 1928) betont nicht die Tiefe der Widersprüche, sondern die Möglichkeit ihrer Überwindung. Schon im gegenwärtigen Zustand des Sozialismus sei der Mensch Herr der Geschichte. Jedenfalls in einem so hinlänglichen Maße, daß der Dramatiker auch dem Stoff als Herr gegenübertreten und ihn gänzlich in Form verwandeln könne („Versuch über das Libretto", 1975). Form heißt bei Hacks „nach einem

Jahrhundert bürgerlicher Destruktion der Mittel" die Wiedergewinnung von Vers, Fabel, Charakter und Schönheit. Mit diesem Kunstverständnis, das sich als „postrevolutionär" von Brecht (▷ 22.9) absetzt, begründet Hacks das Konzept einer „sozialistischen Klassik". Nicht die Klage soll dominieren, sondern die Versicherung, das Ganze sei sinnvoll und das Subjekt geschichtsmächtig. Hacks schreibt deshalb Komödien. In die widersprüchliche Gegenwart rage „harmonische Zukunft" hinein und die Kunst könne den Sinn in den Widersprüchen als Einheit fassen wie in den klassischen Epochen (griechische Polis, englischer Absolutismus).
Im Unterschied zu Shakespeare spart aber Hacks konkrete Widersprüche aus. Sein letztes Zeitstück, „Die Sorgen und die Macht" (das den Betriebsegoismus problematisiert), schreibt Hacks 1959. Sein Erfolgsstück „Der Frieden" (1963), eine Aristophanes-Bearbeitung, kritisiert dagegen den Krieg ganz allgemein, ohne zum Beispiel die für den Sozialismus wichtige Frage des „gerechten Kriegs" aufzugreifen, obwohl sich nach 1945 zahlreiche Völker vom Kolonialismus in Befreiungskriegen emanzipieren.
Hacks interessiert sich für existenzielle und anthropologische Aspekte der Emanzipation, für den Menschen als Gattung, weniger als Klasse („Adam und Eva", Komödie, 1972). Er unterstellt sozialistische Verhältnisse als gegeben und fühlt sich nicht wie V. Braun verpflichtet, den Sozialismus im konkreten Alltag nachzuweisen. Seine Stücke sind daher auch in der Bundesrepublik erfolgreich. Ende der 60er Jahre spricht man von einer „Hacks-Welle".

22.22 Identifikation mit „Verlierern" – Kleist, Günderode, Hölderlin, Trakl

Dem Kranken werde „kryptofaschistisch" das Lebensrecht abgesprochen und H. von Kleists Werk als „Vermischung von Gesundheit und Krankhaftigkeit" bezeichnet. Mit diesem Vorwurf geißelt Günter Kunert in seinem „Pamphlet für K." (1975) den Kleist-Artikel im „Lexikon deutschsprachiger

Schriftsteller" (DDR). Kunerts Angriff ist polemischer Höhepunkt der Aufwertung der Frühromantik, gegen die traditionell sozialistische Kritik, die Romantik sei reaktionär. Vorreiter der Entwicklung eines neuen Romantikbilds sind Schriftsteller. Die Literaturwissenschaftler folgen mit einiger Verzögerung.

In seiner Biographie „Der arme Hölderlin" (1976) skizziert Gerhard Wolf die Spannung zwischen der Revolutionserwartung und der napoleonischen Restauration. Junge Intellektuelle verzweifeln an dieser Enttäuschung und verweigern die bürgerliche Anpassung (Hölderlin in Württemberg), die sie den Klassikern als Botmäßigkeit gegenüber den Fürsten vorwerfen. Der Schelm schützt sich in der Maske des Verrrücktseins, der Romantiker erkrankt wirklich an der Gesellschaft. Gesellschaftlich an den Rand gedrängt, sucht er Zuspruch im Kreis von Freunden, wirkt aber von dieser Randposition aus, wie Ch. Wolf erstaunt entdeckt, „literarisch zentral".

G. Wolfs Hölderlinbiographie ist als Anspielung auf die Lage des Intellektuellen im realen Sozialismus lesbar, als Klage über die Rückentwicklung der Revolution zur Despotie. Ähnlich auch Ch. Wolfs (▷ 22.29) imaginierte Begegnung der Außenseiter Karoline von Günderode und Heinrich von Kleist in „Kein Ort. Nirgends" (Erzählung, 1979) oder Kunerts Kleist-Hörspiel „Ein anderer K." (1977). Auch Stephan Hermlins Hölderlin-Hörspiel „Scardanelli" (1970) stiftet den DDR-Bezug, erlaubt dabei aber die Einfühlung auch in die Täter, nicht nur in die Opfer: „Diese Minister standen an der Spitze ihrer Zeit ... sie haben Ekel und Verzweiflung gekannt ... es graute ihnen vor diesen Naturen, die so empfindlich und unbeugsam waren wie der hier".

Eine der letzten Arbeiten Franz Fühmanns, der 1984 starb, gilt Georg Trakl („Vor Feuerschlünden", Rostock 1982, unter dem Titel „Der Sturz des Engels. Erfahrungen mit Dichtung", Hamburg 1982). In Trakls (▷ 17.25) Gestalt überdenkt Fühmann den Spannungsbogen zwischen Dichtung und Politik, Ästhetik und Ethik. Fühmann begreift sein Eintreten für Trakl als eine „Pflicht der Nachwelt, ideell wiedergutzumachen, was seine Gesellschaft an Trakl gesündigt". In Trakl sieht Fühmann auch den Bruder in der

Gefährdung durch die Sucht. Fühmann findet die Kraft, „mit dem weißen Magier zu brechen, dem süßen Rauschgift zerbrannter Saaten". Auch hier reicht die Identifizierung weit: „In einem Traum, den ich in der Entziehungsanstalt träumte, in der psychiatrischen Klinik zu Rostock, zechte ich mit meinem Vater, und Georg Trakl sah uns zu, mit schiefgeneigter Gestalt, eine Pudelmütze auf dem Schädel, und in seiner Hand eine Kinderklapper."

Szenenfoto aus der Uraufführung der Komödie „Der Frieden" von Peter Hacks 1962 am Deutschen Theater in Berlin (Ost) mit Fred Düren als Trygaios

22.23 Protokolle der Gewalt – Jürgen Fuchs

Jürgen Fuchs (* Reichenberg/Vogtl. 19. Dezember 1950) wendet sich gegen die literarische Flucht ins Allgemeine. Er meint damit „Schreie, Fleisch, Frauen, Leben, Tod, Schwänze, Dreck, Mord, Gedärme, Schüsse, Revolution ... Sprechworte für Schauspiel und Operetten, auf großer Bühne, wirksam und etwas verlogen" („Das Ende einer Feigheit", Reinbek 1988). Stattdessen beschreibt er den DDR-Alltag, Mikro-Prozesse der Bedrohung, der Unterwerfung, auch der Selbstzurichtung, die „eigene Kollaboration". In den Handlungsorten seiner „Gedächtnisprotokolle" (1977), Hörsaal der Psychiatrie, Kaserne, FDJ- und Parteisitzungen, auch Gefängnis, kennt sich Fuchs aus. Er hat in Jena Psychologie studiert, absolvierte die Militärausbildung, wurde wegen öffentlicher Lesung seiner Texte aus der SED und der FDJ ausgeschlossen und von der Universität relegiert. Seine Texte wollen Öffentlichkeit herstellen, der Gesellschaft einen Spiegel vorhalten. Fuchs hofft auf den Liberalisierungsprozeß nach dem VIII. Parteitag (1971) und klagt in einem „Offenen Brief" an Honecker (1975) dessen Zusicherung ein, daß es für den Schriftsteller, der „auf dem festen Boden des Marxismus steht, keine Tabus geben kann. Das meine ich auch". Er beruft sich auf die DDR-Verfassung (Meinungsfreiheit, § 27), auf die Entspannungspolitik und die KSZE-Menschenrechts-Konferenz in Helsinki (1975). Nach der Ausbürgerung Biermanns 1976 (▷ 22.18) wird Fuchs in Untersuchungshaft genommen und 1977 in den Westen abgeschoben.

22.24 Zensur

Die Erstauflage von Erich Loests Roman „Es geht seinen Gang oder Mühen in unserer Ebene" (Stuttgart 1978) war sofort vergriffen. Wenig später wird dem Mitteldeutschen Verlag verboten, die bereits zugesagte Zweitauflage zu drucken. Ein kleinerer Verlag erhält den Auftrag, mit einer einmaligen Auflage von 10 000 Exemplaren (die Vorbestellungen des Buchhandels liegen inzwischen bei 96 000) den Roman zu beerdigen. Dieser Vorgang ist ein Fall von Nachzensur, nachdem das Manuskript die Hürden der Vorzensur in einem mehrjährigen Diskussions- und Korrekturprozeß zwischen Autor, Lektor, Verlagsleiter und Ministerium überwunden hatte. In seinem Bericht „Der vierte Zensor" (Köln 1984) dokumentiert Loest dieses „Entstehen und Sterben eines Romans in der DDR". Es beginnt mit der Selbstzensur des Autors, der zweite Zensor ist der Verlag, also der Lektor, der das Buch betreut, und der für die Publikation verantwortliche Verlagsleiter; den dritten Zensor stellt das Ministerium. Der vierte Zensor, die oberste Parteileitung (das Politbüro),

agiert „aus dem absoluten Dunkel" (Loest). Ähnlich aber auch schon der dritte Zensor, die „Hauptverwaltung Verlage und Buchhandel im Ministerium für Kultur". Ihr müssen die Verlage jährlich die geplanten Buchveröffentlichungen als Manuskripte einreichen. In der DDR darf keine Publikation ohne staatliche „Druckgenehmigung" erscheinen (gesetzliche Grundlage seit 1959). Die parteilichen und staatlichen Instanzen können Verbote aussprechen, ohne dem Autor Rechenschaft ablegen zu müssen. Deshalb fordert eine 1987 in der Akademie der Künste gebildete Gruppe von Theaterfachleuten (H. Baierl, P. Hacks, H. Müller und andere) ironisch den „Erlaß einer Zensurprozeßordnung" und die „Bestallung eines verantwortlichen Zensors mit Begründungspflicht". Optimiert wird die Zensur durch die Möglichkeit, auch die Literaturkritik zu lenken und Westpublikationen zu unterbinden („Büro für Urheberrechte"). Theatertexte scheitern darüber hinaus oft an den lokalen Parteiführungen. Schwierigkeiten zu publizieren hat auch, wer nicht Mitglied im Schriftstellerverband ist. Wie schwer es für junge Leute ist, die noch keinen Namen haben, zu veröffentlichen oder auch nur eigene Texte vorzutragen, beschreibt nach seiner Haftentlassung der Liedersänger Karl Winkler in „Made in GDR" (Berlin [West] 1983). Jugendszenen aus Ost-Berlin. Wegen „staatsfeindlicher Hetze" und „öffentlicher Herabwürdigung staatlicher Organe" war Winkler verurteilt und nach dreizehnmonatiger Haft in den Westen abgeschoben worden.
Auf dem X. Schriftstellerkongreß der DDR (1988) verlangt Ch. Hein (▷ 22.25), die Zensur abzuschaffen als „überlebt, nutzlos, paradox, menschen- und volksfeindlich, ungesetzlich" (sie verstoße gegen die Verfassung der DDR) und als „strafbar" (sie setze das Ansehen der DDR herab).

22.25 Fürstenaufklärung – Stefan Heym, Günter de Bruyn, Christoph Hein

Zahlreiche DDR-Autoren setzen auf die Belehrbarkeit der Verantwortlichen und kritisieren die Gesellschaftspraxis, ohne sich als grundsätzliche Opposition zu verstehen. Im Aufdecken von Unrecht und Willkür gehen diese Schriftsteller aber oft weit, so daß sie ständig von der Zensur (▷22.24) bedroht sind. Ihr Schreibgestus trägt aufklärerische Züge. Angesprochen wird ein relativ großes Publikum. Sprache und Bilder sind auf Mitteilung angelegt und wenig verrätselt, auch wenn die aktuellen Problemlagen historisch kostümiert sind.

Stefan Heym (*Chemnitz [heute Karl-Marx-Stadt] 10. April 1913), seit 1933 als jüdischer Emigrant in Prag, ab 1935 in den USA, reemigriert 1952 in die DDR aus Protest gegen den amerikanischen Antikommunismus und gegen den Koreakrieg. In seiner wöchentlichen Kolumne in der „Berliner Zeitung" (bis Oktober 1956) nutzt Heym den Spielraum der Kritik maximal, seine Romane scheitern dann oft an der Zensur („Fünf Tage im Juni", München 1974; „Collin", München 1979; „Schwarzenberg", München 1984). Literarisch ist Heym am besten (und am witzigsten), wenn er den Widerspruch zwischen „Geist und Macht" in historisch-jüdischen Stoff kleidet: „Der König-David-Bericht" (München 1972, Berlin [Ost] 1973) und „Ahasver" (München 1981).

Das Konfliktfeld „Der Intellektuelle am Hof" thematisieren auch Martin Stade („Der König und sein Narr", Roman, 1975) und Joachim Walther („Bewerbung bei Hofe", Roman, 1982). Stades historischer Held ist der Hofrath Professor Jacob Gundling unter dem Preußenkönig Friedrich Wilhelm I., Walther wählt als Protagonisten den spätbarocken Dichter Johann Christian Günther. Hans Joachim Schädlich gestaltet in einer Erzählung („Versuchte Nähe", Reinbek 1977) das Ende des Humanisten Nikodemus Frischlin auf der Festung Hohenurach.

In dem Sturm-und-Drang-Modell „Prinz heiratet unter seinem Stand" („Neue Herrlichkeit", Roman, 1984) stellt Günter de Bruyn (*Berlin 1. November 1926) dar, wie die herrschende Schicht in der DDR sich nach innen abgrenzt und wie in der Industriegesellschaft sozial Schwache im Alter mittels Einschluß und Chemie kasernisiert werden. In den Texten „Preisverleihung" (Roman, 1972) und „Märkische Forschungen. Erzählung für Freunde der Literaturgeschichte" (1978) ironisiert de Bruyn den Literatur- und Wissen-

schaftsbetrieb in der DDR. De Bruyn bedient sich der traditionellen Formen des Komischen (Humor, Satire, Ironie) und schreibt eine Biographie über Jean Paul (1975).

In den Dramen „Cromwell" (1981) und „Die wahre Geschichte des Ah Q" (1984) diskutiert Christoph Hein (*Heinzendorf 8. April 1944) die Diskrepanz zwischen der revolutionären Absicht und ihrer Verwirklichung, die Frage des erschrockenen Revolutionärs „Was ist aus der Revolution geworden?" Durchschlagenden Erfolg hat seine Novelle „Der fremde Freund" (1982; im Westen 1983 unter dem Titel „Drachenblut" erschienen). Durch Politik und Geschichte (Stalinismus, 17. Juni 1953) traumatisiert, erwirbt die Heldin eine Abwehrhaltung gegen jede Veränderung und wünscht die Konservierung der Zeit. Zugleich leidet sie an ihrer Hornhaut (in Drachenblut gebadet): ihre Panzerung ist auch Gefängnis. Hein trifft ein modernes Lebensgefühl. Seine Novelle findet auch im Westen ein starkes Leserinteresse.

22.26 Geschichte „von unten" — Einar Schleefs „Gertrud"

In dem zweibändigen Roman „Gertrud" (Frankfurt am Main 1980–84) registriert Einar Schleef (*Sangerhausen 17. Januar 1944) deutsche Geschichte aus dem Blickwinkel seiner Mutter. Er fingiert den inneren Monolog einer Siebzigjährigen. Alles ist Innenwelt, Erinnerung, Gefühl, Wertung und insofern subjektiv, doch wirkt der literarisch dichte Text wie eine objektive Bestandsaufnahme deutscher Seelenlandschaft, naturalistisch genau beobachtet. In Sangerhausen (Ostharz) in kleinen Verhältnissen aufgewachsen, bringt sich Gertrud mit Nähen durch, erlangt überregionale Reputation durch ihr Lauftalent (sie wird 1926 deutsche Jugendmeisterin im 100-Meter-Lauf), heiratet einen Architekten, der im Zweiten Weltkrieg Bunker baut, arbeitet nach dessen Tod als Hilfsarbeiterin und wird schließlich Rentnerin, während ihre zwei Söhne in den Westen gehen. Lebenswille, Todesbewußtsein und Skepsis gegen die großen Begriffe dominieren: „Meine Kindheit fiel ins Kaiserreich, der Sportplatz in die Weimaraner, die Ehe auf

Hitler unds Alter in die DDR. Wohin mein Kopp. Viermal Deutsches Reich, das 5. ist 2 Meter lang. Das 1000jährige Gottes erleb ich nimmer".
Wie die groß angelegten Familienromane U. Johnsons („Jahrestage" 1970–83; ▷ 21.29) und Ch. Wolfs („Kindheitsmuster", 1976) ist „Gertrud" ein Gegenmodell zu A. Seghers' Roman „Die Toten bleiben jung" (1949). Seghers wollte zeigen, daß 1945 revolutionäre Kontinuität gesiegt und damit die deutsche Gewaltgeschichte korrigiert habe. Schleef setzt diesem offiziellen Fortschrittsbild Familienerfahrung entgegen. Daß die Herrschenden die Bevölkerung durch Gewaltschläge und autoritäre Gesellschaftsstrukturen klein halten, dauere an vom Bauernkrieg bis in die Gegenwart. Dabei zielt Schleefs Interesse weniger auf eine politische Alternative als auf die Frage, wie in den Anpassungszwängen („Was macht die Gegend aus uns") ein Rest an Stolz gewahrt wird und inwieweit die Entwürdigung auch der eigenen Korrumpierbarkeit und Selbstzurichtung geschuldet ist.

22.27 Revolutionäre in der Maske von Barbaren – Heiner Müller

Raubtier werden, sich vom Hund zum Wolf verwandeln. In diesem Shakespearebild (Shylock) pointiert Heiner Müller (▷ 21.31) die Wandlung seiner Figuren vom Erniedrigten zum Revolutionär. Rebarbarisierung und Monumentalisierung sind die Strukturen, in denen der Sieg über die Feinde (Kolonisatoren, Faschisten) als möglich imaginiert wird. Das Humanisierungsprogramm der Aufklärung dagegen sei am europäischen Machthaber gescheitert und domestiziere jetzt den Unterdrückten der Dritten Welt, mache ihn zum Haustier. Modell ist Medea, die Barbarin aus dem Osten („Verkommenes Ufer Medeamaterial Landschaft mit Argonauten", Berlin [West] 1983, Berlin [Ost] 1988). In Korinth von Jason verlassen, tritt Medea aus der Hundewelt der Unterwerfung, wird zur Wölfin und zerreißt ihre Kinder und die neue Braut Jasons. Das ist allegorisch deutbar als die Aufkündigung von Kollaboration, wobei der Haß der Aufständischen gerade auch die ei-

genen Leute trifft, die Profiteure der Kollaboration (Jason, die Kinder). Solche Texte sind beziehbar zum Beispiel auf Pol Pots Terror gegen die Städter in Kambodscha.
Der Satz „Das Theater in die Nord-Süd-Achse drehn" („Blut ist im Schuh", in: „Rotwelsch", Berlin [West] 1982) formuliert diese Hinwendung zum revolutionären Subjekt „Dritte Welt". Weg vom stagnierenden Europa, in dem es Hamlet ekelt, seinen „Auftrag" zu erfüllen und das stalinistisch aus den Fugen gebrochene Revolutionserbe wiedereinzurichten („Hamletmaschine", Berlin [West] 1978). Erst die weibliche Doppelfigur Ophelia/Elektra entfaltet in diesem Stück Aufbruchsenergie: „Es lebe der Haß, die Verachtung, der Aufstand, der Tod".
Der Neger, zum Beispiel der ehemalige Sklave Sasportas („Der Auftrag", 1981), der für Konterrevolutionäre den Foltertod vorsieht, oder der rachsüchtige Aaron in der Shakespeare-Bearbeitung „Anatomie Titus Fall of Rome..." (Bochum 1985) ist die männliche Variante des Barbarischen. Der europäische Intellektuelle, so die Botschaft, habe nicht nur die revolutionäre Initiative, sondern auch die Kompetenz verloren, überhaupt über revolutionäre Bewegungen zu urteilen.
Im Blick auf die deutsche Kulturgeschichte wirken Müllers Masken weniger fremd. Seit dem Sturm und Drang, bei Ch. D. Grabbe (▷ 14.12), Nietzsche, F. Hebbel (▷ 15.20), R. Wagner und im Expressionismus haben starke Weiber und Naturburschen, haben Riesen an Vitalität und an „Willen zur Macht" Konjunktur. Vor allem dann, wenn politische Ohnmacht des Subjekts oder gar Utopieverlust drohen. Tötend/sterbend versichern sich die Selbsthelfer ihrer Kraft – im Gestus der Überbietung.
Müller beerbt Traditionen der Moderne, die in der Destruktion produktive Elemente wahrnehmen, wie zum Beispiel A. Artauds „Theater der Grausamkeit". Im Schrecken sieht Müller die erste Erscheinung „des Neuen". Tod sei nicht Ende, sondern Verwandlung. Damit bedient Müller die zentrale Denkfigur der Lebensphilosophie (Nietzsche). In Visionen vom Töten und Sterben beschwört er die Geburt des „neuen Menschen" und den Mythos vom „neuen Reich" (in Traditionen von Th. Münzer, W. Benjamin, E. Bloch).

Szenenfoto aus einer
Aufführung des
Theaterstücks „Der
Auftrag" von Heiner
Müller 1983 am
Schauspielhaus Bochum

22.28 Schreiben gegen Unmündigkeit – Volker Braun

Volker Braun (* Dresden 7. März 1939), als Schriftsteller aus dem „Bitterfelder Weg" (▷ 22.12) hervorgegangen, versteht seine literarische Kritik als Ausdruck einer produktiven Loyalität zur DDR. Sein Grundmodell, „der anarchische Einzelgänger scheitert, stimuliert aber das Kollektiv", ist DDR-traditionell. Doch Braun entfaltet die Widersprüche bis an die Grenzen der Zensur. Das Stück „Kipper Paul Bauch" (1966) wird mehrfach überarbeitet, 1972 erscheint es unter dem Titel „Die Kipper"; das antistalinistische Stück „Lenins Tod" (entstanden 1970) wird erst 1988 gedruckt und gespielt; die „Unvollendete Geschichte" (1975) erscheint nur in „Sinn und Form" (▷ 22.14) und der satirisch-absurde „Hinze-Kunze-Roman" (1985) wartet vier Jahre auf den Druck. Doch nur die Büchner-Preis-Rede („Büchners Briefe", 1977) führt zum „prinzipiellen Streit". Braun schreibt, bezogen auf G. Büchners (▷ 14.19)

Bekenntnis zur Gewalt: „Zwar der Charakter dieser Gegengewalt mag sich modeln, er mag feiner werden: oder in sozialistischen Staaten gar freundlicher, aber mitnichten nachgiebiger. Es wird nicht der Hanf sein und die Laterne, nicht einmal der Streik und die Demonstration. Wo das Oben und Unten sich nicht mehr in der archaischen Gestalt von Klassen gegenübersteht, aber doch die verschiedene Stellung der Individuen in der Pyramide der Verfügungsgewalt anzeigt, geht der Kampf nicht mehr um den Platz an der Spitze, sondern um die Zertrümmerung der Pyramide." Angesichts der gesellschaftlichen Stagnation in der DDR betont Braun den subjektiven Faktor und kritisiert fremd- und selbstverschuldete Unmündigkeit („Simplex Deutsch. Szenen über die Unmündigkeit", 1980), neuromantisches Ausflippen („Rimbaud. Ein Psalm der Aktualität", 1985) und plädiert für „Training des aufrechten Gangs" (Lyrik, 1979).
Der Brecht-Schüler Braun wird durch Heiner Müllers (▷ 22.27) „Theater des Schreckens" beeinflußt (wie St. Schütz). In dem Schauspiel „Tinka" (1975) scheitert der Held an der

Kompromißlosigkeit der Geliebten, er erschlägt sie; die Heldin in „Schmitten" (Frankfurt am Main 1981) kastriert ihren Liebhaber. In dem Programm zur Aufführung eines seiner neueren Stücke, „Siegfried, Frauenprotokolle, deutscher Furor" (gedruckt 1987), grenzt sich Braun dann gegen die Ästhetik des Schreckens ab. Nach der Raketenstationierung auf deutschem Boden müsse man das Erschrecken nicht mehr lehren, „die Schockmethode wird stumpf". Vielmehr müsse durch Literatur die Fähigkeit trainiert werden, Konflikte auszuhalten.

Braun greift zu alten Stoffen wie dem „Nibelungenlied", „weil sie den Untergang in sich haben". Es ist die „bewußte Selbstvernichtung", die am Horizont der burgundischen Helden steht. Braun versteht sein Stück als ein Warnen vor alten Mustern von Abläufen, die ins Nichts führen. „Das ist, als würden wir die Gesellschaft, in der wir leben, als die möglicherweise letzte ... betrachten und sie deshalb ... messen an anderer, längst vergangener Geschichte, Troia oder Burgund, die eine Geschichte des Verschwindens war."

22.29 Neues Paradigma „Zivilisationskritik" – Christa Wolfs „Kassandra"

Sie sagt den Untergang Trojas voraus, doch die Mächtigen halten das Risiko für zumutbar. Christa Wolfs Erzählung „Kassandra" (1983) ist die Reaktion auf die Ohnmacht der Proteste gegen den Rüstungsschub Anfang der 80er Jahre. Aber diese Reaktion ist tiefgreifend. Sie führt zu einem Paradigmenwechsel. Indem Kassandra die Loyalität zu ihrem Staat löst, wechselt sie nicht zum Feind, sondern kritisiert von einem neuen Standpunkt aus beide Lager. Christa Wolf verleiht einer Zeittendenz literarisch Ausdruck. „Sozialismus oder Kapitalismus", das Großraster des 20. Jahrhunderts, wird relativiert und Zivilisationskritik zur entscheidenden Weltkoordinate. Der einzelne, „die Person", sei bedroht wie die Gattung. Die Megamaschine Industriegesellschaft etabliere den Überwachungsstaat (Zusammenarbeit von Priamus und Eumelos) und nach der Erfahrung des Reaktorunglücks von Tschernobyl

(„Störfall. Nachrichten eines Tages", 1987) drohe der Gattungstod nicht nur im Kriegsfall.

In den „Voraussetzungen einer Erzählung: Kassandra" (1983) wird erwogen, sich den destruktiven Strukturen der Institutionen zu entziehen. Den „Primat der Person" geltend zu machen in „stillen Akten geistiger und physischer Lossagung, in Gesten der Nichtübereinstimmung" (Wolf zitiert hier den amerikanischen Soziologen und Schriftsteller Lewis Mumford). Die Erzählung kritisiert den „Hang zur Übereinstimmung mit den Herrschenden" und führt den Prozeß der Entloyalisierung konsequent zu Ende. Diese Kühnheit mag mit ein Grund sein, warum die Autorin sich für diese Arbeit panzert und das Kostüm einer antiken Heroine wählt.

Daß Kassandra in Troja Königstochter, Priesterin und Kind der Familie ist, eröffnet auch die Möglichkeit, Bezüge zur Biographie der Autorin als privilegierte Kommunistin (1964 Kandidatin für das Zentralkomitee der Partei), als Schriftstellerin und als Antifaschistin zu sehen. In der DDR gab es ein Zusammengehörigkeitsgefühl, das lange hielt. Parteiführer und Intellektuelle wußten sich einem antifaschistischen Grundverständnis verbunden (E. Honecker und R. Havemann).

Aber die Erzählung erschöpft sich nicht in der Auseinandersetzung mit dem realsozialistischen Industriestaat DDR. Der antike Stoff eröffnet auch den Jahrtausendblick auf die Entwicklung der Menschheit und auf die Gattungsfrage. Mit J. J. Bachofen, R. [Ranke-] Graves und anderen meint Ch. Wolf, alle frühen Gottheiten seien weiblich. Der Übergang zur patriarchalen Gesellschaft habe den Typus des Kriegers („Achill das Vieh") und das instrumentelle Denken begünstigt – die Ursache für die „Vorkriegs"-Situation heute. Doch es gibt in der Erzählung zu den Militärhelden auch männliche Gegenfiguren: tolerante, desillusionierte Intellektuelle (Panthoos, Anchises, Äneas). Daß Wolf die Motive Krieg/Mann und Frieden/Frau koppelt, sich aber von radikal feministischen Positionen (in der Figur Penthesileas) distanziert, läßt „Kassandra" in Ost und West zum Erfolg werden.

22.30 Desillusion und Spiel – Literatur der späten achtziger Jahre

„Auf Schritt und Tritt: der Tritt in den Schritt". „Preußen" nennt Richard Pietraß diesen Vers. Seine Hommage auf den Dadaisten Hans Arp, das Gedicht „Arpade" (1986), beginnt „Quarrt ein Bart: was ist das arpen". Sascha Anderson spricht in „totenreklame" (1983) von der „surrealisierten bewegungsform dieser gesellschaft", setzt Manierismus gegen das Klassik-Erbe und schreibt „Konzetti" (Denk-Bilder) über die Vergänglichkeit: „im entlaubten geäst eines windflüchters die verwitterte reihenschaltung der letzten geburtstagsfeier christi" („die ostsee") oder auch Surreales: „sie schneiden ihn auf/liebste tritt ein/sieht die wohnung ist leer./riecht nichts, denn die fäulnis hat noch nicht begonnen/zu hören ist auch nichts/inzwischen tritt aus dem knie wieder ein rekonstrukteur" („brunnen, randvoll", Berlin[West] 1988: Gedichte und Prosastücke nach Andersons Gefängnisaufenthalt Ende der 70er Jahre.) Stefan Döring beobachtet „idealisierte wilde" (Lyrikjahrbuch, Luchterhand 1985), „wie sie durch strassen hotten trotten/wo diese gute hoffnung gekappt ist". Karl Mickel resümiert lakonisch tausend Jahre Geschichte: „Am Anfang das Duell, die Selbstjustiz/Von Herr zu Herr, wer nun der bessere Mann sei./Der Bauernaufstand mitten inne: Wir/Krumme Hunde, die ficken unsre Weiber./Zum Schluß die Polizei, der Staat hat Recht/Der rechte Staat, der Rechtsstaat, hei! ist da" („Soziologie", 1985). Und Lutz Rathenow dichtet „Hymnen": „Die Emanynation Grüß Gott Sieg/Heil Rot Front. Ich liebe Hunde/die ihren Herren zerbeißen/SiegFront GrüßHeil RotGott" („Berührung ist nur eine Randerscheinung", Köln 1985, von S. Anderson und E. Erb herausgegeben). Bert Papenfuß-Gorek liefert für alle die Parole: „masstaebe/sind litteratortur/wegtsublaettern" („Berührung ..."). Jeder Poet hantiert mit seinem eigenen Regelkanon, oft formstreng alle Register der Rhetorik ziehend. Der Spott über die Repression ist weniger verbissen kontrastiv, eher das Sprachspiel einer Spaßguerilla. Er soll auch die Positionen einer „folgenlosen Kritik" treffen (F.-H. Melle über Volker Braun: „Der Junge quält sich"). Die Enttäuschung ist kein Erlebnis mehr, sondern Voraussetzung.

Die DDR-Literatur wird immer experimentierfreudiger. Sie praktiziert alle Formen des Komischen, schwarzen Humor, erbarmungslose Satire und Groteske; sie trainiert die Formsprache der Moderne und spielt die Tonlagen der Enttäuschung durch vom angewiderten Rückzug bis zum Zynismus. Sie desillusioniert den großen Gestus des revolutionären Subjekts, den Anspruch, „Sozialismus" zu verwirklichen. Gleichwohl hält sie an einem Maßstab fest, von dem sie 1945 nach Krieg und Faschismus ausgegangen ist: sie bezieht sich auf Geschichte. Sprachspiel und Subjektanspruch verselbständigen sich auch in der jüngeren Schriftstellergeneration nicht so weit, daß das Bezugsfeld historischer Erfahrung negiert ist. Heute bezieht sich historische Erfahrung vor allem auf die Auseinandersetzung mit den Zivilisationskatastrophen in Gegenwart und Zukunft.

Das andere Thema ist die Abrechnung mit dem Stalinismus. So erzählt zum Beispiel der DDR-Autor Walter Janka über seine Gefängniszeit in Bautzen: „Das Leben in einer ungeheizten Zelle ist schwer zu beschreiben ..." („Schwierigkeiten mit der Wahrheit", Reinbek 1989). Janka leitete den Aufbau-Verlag, beteiligt sich 1956 an Diskussionen über den Stalinismus und wird 1957 zu fünf Jahren Zuchthaus verurteilt. Die öffentliche Diskussion im Herbst 1989 erzwingt die Zusage, Jankas Buch im Aufbau-Verlag zu drucken. Ch. Heins Satire „Die Ritter der Tafelrunde", 1989 im Juli/August-Heft von „Sinn und Form" publiziert und im Herbst von zahlreichen Theatern in der DDR gespielt, artikuliert die politische Krise des Sozialismus radikal. König Artus (= Marx?, Lenin?, Honecker?): „Wir haben den Gral nicht gefunden." Nicht den sozialistischen Gral, aber Zivilcourage und Selbstbestimmung hat die DDR gefunden, allen voran ihre Literatur.

Bibliographie

Vorbemerkung

Um die Literatur einem größeren Leserkreis zugänglich zu machen, haben wir auf fremdsprachige Titel verzichtet. Folgende Abkürzungen wurden verwendet: Abt. = Abteilung; Bd., Bde., Bden. = Band, Bände, Bänden; bearb. v. = bearbeitet von; dt. Übers. = deutsche Übersetzung; Diss. = Dissertation; ff. = folgende; hg. v. = herausgegeben von; Nachdr. = Nachdruck; Neuaufl. = Neuauflage; Neuausg. = Neuausgabe; Neudr. = Neudruck; S. = Seite; s. = siehe; s. o. = siehe oben; Tsd. = Tausend; Tl., Tle., Tlen. = Teil, Teile, Teilen; u. a. = und andere.

Kapitel 1: Beginn und Entwicklung der Schriftlichkeit bis zum Jahre 1000

Ausgaben:
Althochdeutsche Literatur. Hg. v. H. D. SCHLOSSER. Frankfurt 1970.
Die althochdeutschen Glossen. Hg. v. E. VON STEINMEYER u. E. SIEVERS. 5 Bde. Zürich u. a. ²1968.
Althochdeutsches Lesebuch. Hg. v. W. BRAUNE. Bearb. v. E. A. EBBINGHAUS. Tübingen ¹⁶1979.
Abrogans, in: STEINMEYER/SIEVERS (s. o.), Bd. 1, S. 1–270.
Der althochdeutsche Isidor. Hg. v. H. EGGERS. Tübingen 1964. – Auszüge in: SCHLOSSER (s. o.), S. 58–79.
Die Althochdeutsche Benediktinerregel des Codex Sang. 916. Hg. v. U. DAAB. Tübingen 1959. – Auszüge in: SCHLOSSER (s. o.), S. 36 f., 294–299.
Die Edda. Übers. v. F. GENZMER. Köln ⁵1984. – Edda. Hg. v. A. HÄNY. Zürich 1987.
Finnsburglied, in: Beowulf u. das Finnsburg-Bruchstück. Übers. v. F. GENZMER. Stuttgart 1964. – In: Beowulf. Hg. v. M. LEHNERT. Leipzig 1986.
Georgslied, in: BRAUNE/EBBINGHAUS (s. o.), Nr. 35; in: SCHLOSSER (s. o.), S. 242–247.
Heliand und die Bruchstücke der Genesis. Übers. v. F. GENZMER. Neuausg. Stuttgart 1973.
Hildebrandslied, in: BRAUNE/EBBINGHAUS (s. o.), Nr. 38; in: SCHLOSSER (s. o.), S. 264–267.
Ludwigslied, in: BRAUNE/EBBINGHAUS (s. o.), Nr. 30,1; in: SCHLOSSER (s. o.), S. 274–277.
Murbacher Hymnen, in: Drei Reichenauer Denkmäler der altalemannischen Frühzeit. Hg. v. U. DAAB. Tübingen 1963. – In: SCHLOSSER (s. o.), S. 228–235.
Muspilli, – in: BRAUNE/EBBINGHAUS (s. o.), Nr. 30; in: SCHLOSSER (s. o.), S. 200–250.

Notkers des Deutschen Werke. Hg. v. E. H. SEHRT u. T. STARCK. 4 Bde. Halle 1932–35. Nachdr. 1966. – Die Werke Notkers des Deutschen. Hg. v. J. C. KING u. P. W. TAX. Neuausg. Tübingen 1966–67.
Otfrids Evangelienbuch. Hg. v. O. ERDMANN. Halle 1882. Nachdr. Hildesheim 1979. – Otfrid von Weissenburg: Evangelienbuch. Auswahl. Text u. Übers. v. G. VOLLMANN-PROFE. Stuttgart 1987.
Petruslied, in: BRAUNE/EBBINGHAUS (s. o.), Nr. 33; in: SCHLOSSER (s. o.), S. 246 f.
Straßburger Eide, in: BRAUNE/EBBINGHAUS (s. o.), Nr. 21, 1; in: SCHLOSSER (s. o.), S. 290–293.
Tatian. Hg. v. E. SIEVERS. Paderborn ²1892. Nachdr. 1966. – Auszüge in: SCHLOSSER (s. o.), zwischen S. 82 und 183.
Waltharius. Übers. v. K. LANGOSCH. Darmstadt ³1967.
Wessobrunner Gebet, in: BRAUNE/EBBINGHAUS (s. o.), Nr. 29; in: SCHLOSSER (s. o.), S. 28 f.

Gesamtdarstellungen:
Althochdeutsch. Hg. v. R. BERGMANN u. a. 2 Bde. Heidelberg 1987.
BERTAU, K.: Deutsche Literatur im europäischen Mittelalter. Bd. 1. München 1972.
BOOR, H. DE u. NEWALD, R.: Geschichte der deutschen Literatur von den Anfängen bis zur Gegenwart. Bd. 1. München ⁹1979.
Deutsche Literatur. Eine Sozialgeschichte. Hg. v. H. A. GLASER. Bd. 1. Reinbek 1988.
Die deutsche Literatur des Mittelalters. Verfasserlexikon. Begründet v. W. STAMMLER. Hg. v. K. RUH u. a. Berlin ²1978 ff.
EGGERS, H.: Deutsche Sprachgeschichte. Bd. 1. Neuausg. Reinbek 1986.
Epische Stoffe des Mittelalters. Hg. v. V. MERTENS u. U. MÜLLER. Stuttgart 1984.
Geschichte der deutschen Literatur. Hg. v. H.-G. THALHEIM u. a. Bd. 1: E. ERB: Von den Anfängen bis 1160. Berlin (Ost) ³1976.
Geschichte der deutschen Literatur von den Anfängen bis zum Beginn der Neuzeit. Hg. v. J. HEINZLE. Bd. 1: W. HAUBRICHS: Von den Anfängen zum hohen Mittelalter. Frankfurt am Main 1988.
Lexikon des Mittelalters. Hg. v. L. LUTZ. Bd. 1 ff. München 1980 ff.
Neues Handbuch der Literaturwissenschaft. Hg. v. K. VON SEE. Bd. 6: Europäisches Frühmittelalter. Wiesbaden 1985.
Neues Handbuch der Literaturwissenschaft. Hg. v. K. VON SEE. Bd. 7: H. KRAUSS u. a.: Europäisches Hochmittelalter. Wiesbaden 1981.
SCHLOSSER, H. D.: Die literarischen Anfänge der deutschen Sprache. Berlin 1977.

WEHRLI, M.: Geschichte der deutschen Literatur vom frühen Mittelalter bis zum Ende des 16. Jahrhunderts. Stuttgart 1980.
WEHRLI, M.: Literatur im deutschen Mittelalter. Eine poetologische Einführung. Stuttgart 1984.
WOLF, A.: Deutsche Kultur im Hochmittelalter: 1150–1250. Essen 1986.
Einzeldarstellungen:
Das Hildebrandlied. Faksimile der Kasseler Handschrift. Einführung v. H. BROSZINSKI. Kassel ²1985.
KARTSCHOKE, D.: Altdeutsche Bibeldichtung. Stuttgart 1975.
Otfrid von Weißenburg. Hg. v. W. KLEIBER. Darmstadt 1978.
SCHULZE, H. K.: Vom Reich der Franken zum Reich der Deutschen. Berlin 1987.
SEE, K. VON: Germanische Heldensage. Wiesbaden ²1981.
SEE, K. VON: Germanische Verskunst. Neuausg. Stuttgart 1972.

Kapitel 2: Neubeginn mit deutscher Schriftlichkeit (1050–1200)

Ausgaben:
Denkmäler deutscher Poesie u. Prosa aus dem 8.–12. Jahrhundert. Hg. v. K. MÜLLENHOFF u. W. SCHERER. 2 Bde. Berlin ³1892. Nachdr. 1964.
Deutsche Gedichte des 12. Jahrhunderts. Hg. v. C. VON KRAUS. Halle 1894.
Kleinere deutsche Gedichte des 11. u. 12. Jahrhunderts. Nach der Auswahl v. A. WAAG neu hg. v. W. SCHRÖDER. 2 Bde. Tübingen 1972.
Die religiösen Dichtungen des 11. u. 12. Jahrhunderts. Hg. v. F. MAURER. 3 Bde. Tübingen 1964–70.
WILHELM, F.: Denkmäler deutscher Prosa des 11. u. 12. Jahrhunderts. Neuausg. München 1960.
Altdeutsche Exodus, in: Deutsche Gedichte des 12. Jahrhunderts u. der nächstverwandten Zeit. Hg. v. H. F. MASSMANN. Quedlinburg 1837. Nachdr. Hildesheim 1969.
Altdeutsche Genesis. Hg. v. V. DOLLMAYR. Halle 1932.
Ältere Judith, in: WAAG/SCHRÖDER (s. o.), Bd. 1, S. 60–67; in: MAURER (s. o.), Bd. 1, S. 402–407.
Arnsteiner Mariengebet, in: WAAG/SCHRÖDER (s. o.), Bd. 2, S. 173–183; in: MAURER (s. o.), Bd. 1, S. 438–452.
Ezzolied, in: WAAG/SCHRÖDER (s. o.), Bd. 1, S. 10–26; in: MAURER (s. o.), Bd. 1, S. 284–303.
Frau Ava. Hg. v. F. MAURER. Tübingen 1966. – In: MAURER (s. o.), Bd. 2, S. 382–513.
Die Hochzeit, in: WAAG/SCHRÖDER (s. o.), Bd. 2, S. 136–170; in: MAURER (s. o.), Bd. 2, S. 182–223.
Innsbrucker Arzneibuch, in: WILHELM (s. o.), Nr. 11.
Innsbrucker (Prüler) Kräuterbuch, in: WILHELM (s. o.), Nr. 12.
Die jüngere Judith aus der Vorauer Handschrift. Hg. v. H. MONECKE. Tübingen 1964.
Klosterneuburger Predigtentwürfe: J. M. WAGNER, in: Zeitschrift für deutsches Altertum u. deutsche Literatur 15 (1872), S. 439–442, u. 16 (1873), S. 466.
Mariensequenz (aus Muri), in: WAAG/SCHRÖDER (s. o.), Bd. 2, S. 246–249; in: MAURER (s. o.), Bd. 2, S. 456–461; (aus Seckau beziehungsweise Sankt Lambrecht), in: WAAG/SCHRÖDER (s. o.), Bd. 2, S. 241–242; in: MAURER (s. o.), Bd. 1, S. 464–466.
Melker Marienlied, in: WAAG/SCHRÖDER (s. o.), Bd. 2, S. 235–238; in: MAURER (s. o.), Bd. 1, S. 360–363.
Physiologus: Der altdeutsche Physiologus. Hg. v. F. MAURER. Tübingen 1967. – In: MAURER (s. o.), Bd. 1, S. 174–245.
Prüler Steinbuch, in: WILHELM (s. o.), Nr. 10.
Sankt Trudperter Hohes Lied. Hg. v. H. MENHARD. Halle 1934.
Vom Rechte, in: WAAG/SCHRÖDER (s. o.), Bd. 2, S. 115–131; in: MAURER (s. o.), Bd. 2, S. 158–177.
Wessobrunner Predigten, in: MÜLLENHOFF/SCHERER (s. o.), Nr. 86.
Wiener Bruchstücke: J. HAUPT, in: Zeitschrift für deutsches Altertum u. deutsche Literatur, 23 (1879), S. 345–353.
Williram von Ebersberg: Expositio Willerammi Eberspergensis Abbatis in Canticis canticorum. Die Leidener Handschrift. Neu hg. v. W. SANDERS. München 1971.
Gesamtdarstellungen:
BUMKE, J.: Mäzene im Mittelalter. München 1979.
FUHRMANN, H.: Einladung ins Mittelalter. München 1987.
Geschichte der deutschen Literatur von den Anfängen bis zum Beginn der Neuzeit. Hg. v. J. HEINZLE. Bd. 1, Tl. 2: G. VOLLMANN-PROFE: Wiederbeginn volkssprachlicher Schriftlichkeit im hohen Mittelalter. Königstein im Taunus 1986.
HAUG, W.: Literaturtheorie im deutschen Mittelalter von den Anfängen bis zum Ende des 13. Jahrhunderts. Darmstadt 1985.
KUHN, H.: Frühmittelhochdeutsche Literatur. In: Reallexikon der deutschen Literaturgeschichte. Begründet v. P. MERKER. Hg. v. W. KOHLSCHMIDT. Bd. 1. Berlin ²1958. S. 494–521.
MASSER, A.: Bibel- u. Legendenepik des deutschen Mittelalters. Berlin 1976.
SOETEMANN, C.: Deutsche geistliche Dichtung des 11. u. 12. Jahrhunderts. Stuttgart ²1971.
SPRANDEL, R.: Gesellschaft u. Literatur im Mittelalter. Paderborn 1982.
Einzeldarstellungen:
HENKEL, N.: Studien zum Physiologus im Mittelalter. Tübingen 1976.
OHLY, F.: Hohelied-Studien. Wiesbaden 1958.
PAPP, E.: Die altdeutsche Exodus. Untersuchungen u. kritischer Text. München 1968.
SCHÄFER, G. M.: Untersuchungen zur deutschsprachigen Marienlyrik des 12. und 13. Jahrhunderts. Göppingen 1971.

Kapitel 3: Vor- und frühhöfische Literatur (1050–1170)

Ausgaben:
Alexanderlied s. Basler Alexander, s. Pfaffe Lamprecht, s. Straßburger Alexander.
Das Annolied. Mittelhochdeutsch u. neuhochdeutsch. Hg. u. übers. v. E. NELLMANN. Stuttgart 1975.
Basler Alexander: WERNER, R. M.: Die Basler Bearbeitung von Lambrechts Alexander untersucht. Wien 1881.
La Chanson de Roland. Übers. v. H.-W. KLEIN. München 1963.
Graf Rudolf. Hg. v. P. F. GANZ. Berlin 1964.
Herzog Ernst. Hg. u. übers. v. B. SOWINSKI. Neuausg. Stuttgart 1979. – In: Spielmannsepen. Hg. v. H. u.

I. PÖRNBACHER. Bd. 1: König Rother, Herzog Ernst. Darmstadt 1984.
Die Kaiserchronik eines Regensburger Geistlichen. Hg. v. E. SCHRÖDER. Hannover ²1895. Nachdr. 1964. – Die Kaiserchronik. Ausgewählte Erzählungen. Hg. v. W. BULST. 2 Bde. Heidelberg ¹⁻²1946–70.
Karlmeinet, in: Fastnachtsspiele aus dem 15. Jahrhundert. Hg. v. A. VON KELLER. Stuttgart 1858. Nachdr. Hildesheim 1966.
König Rother. Übers. v. G. KRAMER. Berlin (Ost) 1961. – König Rother. Hg. v. TH. FRINGS u. a. Halle ³1968. – Rother. Hg. v. J. DE VRIES. Heidelberg ²1974. – In: Spielmannsepen. Hg. v. H. u. I. PÖRNBACHER. Bd. 1. Darmstadt 1984.
Orendel. Hg. v. H. STEINGER. Halle 1935. – In: Spielmannsepen. Hg. v. W. J. SCHRÖDER. Bd. 2. Darmstadt 1976.
Oswald: Der Münchner Oswald. Hg. v. M. CURSCHMANN. Tübingen 1974. – In: Spielmannsepen. Hg. v. W. J. SCHRÖDER. Bd. 2. Darmstadt 1976. – Der Wiener Oswald. Hg. v. G. BAESECKE. Heidelberg 1912.
Pfaffe Konrad: Das Rolandslied des Pfaffen Konrad. Mittelhochdeutsch u. neuhochdeutsch. Übers. v. D. KARTSCHOKE. Frankfurt am Main 1970.
Pfaffe Lamprecht: Das Alexanderlied des Pfaffen Lambrecht. Hg. v. I. RUTTMANN. Darmstadt 1974. – In: MAURER (s. Kapitel 2), Bd. 2, S. 536–566.
Rolandslied s. Chanson de Roland, s. Pfaffe Konrad.
Ruodlieb. Hg. v. F. P. KNAPP. Stuttgart 1977.
Salman u. Morolf: Salomon u. Markolf. Hg. v. W. HARTMANN. Halle 1934. – Salman u. Morolf. Hg. v. A. KARNEIN. Tübingen 1979.
Der sogenannte Heinrich von Melk. Hg. v. R. KIENAST. Neuausg. Heidelberg 1946. – In: MAURER (s. Kapitel 2), Bd. 3, S. 258–359.
Straßburger Alexander. In: Lamprechts Alexander. Hg. v. K. KINZEL. Halle 1884.
Der Stricker: Karl der Große. Hg. v. K. BARTSCH. Quedlinburg 1857. Nachdr. Berlin 1965.

Gesamtdarstellungen:
(s. Kapitel 1 und 2)
BUMKE, J.: Höfische Kultur. 2 Bde. München 1986.
BUNTZ, H.: Die deutsche Alexanderdichtung des Mittelalters. Stuttgart 1973.
CURSCHMANN, M.: Spielmannsepik. Wege u. Ergebnisse der Forschung von 1907–1965. Stuttgart 1968.
Geschichtsdenken u. Geschichtsbild im Mittelalter. Hg. v. W. LAMMERS. Darmstadt 1961. Nachdr. 1984.
LEGOFF, J.: Die Intellektuellen im Mittelalter. Dt. Übers. Stuttgart ²1987.
RUH, K.: Höfische Epik des deutschen Mittelalters. Bd. 1. Berlin ²1977.
RUPP, H.: Deutsche religiöse Dichtungen des 11. u. 12. Jahrhunderts. Bern u. a. ²1971.
SCHOLZ, M. G.: Hören u. Lesen. Studien zur primären Rezeption der Literatur im 12. u. 13. Jahrhundert. Wiesbaden 1980.
SCHREIER-HORNUNG, A.: Spielleute, Fahrende, Außenseiter. Künstler der mittelalterlichen Welt. Göppingen 1981.
Spielmannsepik. Hg. v. W. J. SCHRÖDER. Darmstadt 1977.

Einzeldarstellungen:
CURSCHMANN, M.: Der Münchener Oswald u. die deutsche spielmännische Epik. München 1964.
FREYTAG, H.: Die Theorie der allegorischen Schriftdeutung u. die Allegorie in deutschen Texten besonders des 11. u. 12. Jahrhunderts. Bern u. a. 1982.

HAVERKAMP, A.: Typik u. Politik im Annolied. Stuttgart 1979.
KARTSCHOKE, D.: Die Datierung des deutschen Rolandsliedes. Stuttgart 1965.
MEVES, U.: Studien zu König Rother, Herzog Ernst u. Grauer Rock (Orendel). Frankfurt am Main u. a. 1976.
NEUSER, P.-E.: Zum sogenannten „Heinrich von Melk". Köln u. a. 1973.
OTT-MEIMBERG, M.: Kreuzzugsepos oder Staatsroman? Strukturen adliger Heilsversicherung im deutschen Rolandslied. Zürich u. a. 1980.

Kapitel 4: Die hochhöfische Zeit (1170–1230)

Ausgaben:
Des Minnesangs Frühling. Bearb. v. H. MOSER u. H. TERVOOREN. Bd. 1. Stuttgart ³⁸1988.
SCHWEIKLE, G.: Die mittelhochdeutsche Minnelyrik. Bd. 1. Darmstadt 1977.
Albrecht von Halberstadt: BARTSCH, K.: Albrecht von Halberstadt u. Ovid im Mittelalter. Quedlinburg 1861. Nachdr. Amsterdam 1965.
Burggraf von Regensburg/Rietenburg, in: Des Minnesangs Frühling (s. o.), Nr. IV, V; in: Die mittelhochdeutsche Minnelyrik (s. o.), S. 124 f., 160–165.
Carmina burana. Übers. v. C. FISCHER u. H. KUHN. Neuausg. München 1979.
Chrétien de Troyes: Lancelot. Übers. v. H. JAUSS-MEYER. München 1974.
Dietmar von Aist, in: Des Minnesangs Frühling (s. o.), Nr. VIII; in: Die mittelhochdeutsche Minnelyrik (s. o.), S. 136–159.
Die Edda. Übers. v. F. GENZMER. Köln ⁵1984.
Eilhart von Oberg: Tristrant. Hg. u. ins Französische übers. v. D. BUSCHINGER. Göppingen 1976. – Tristant u. Isalde. Übers. v. D. BUSCHINGER u. W. SPIEWOK. Göppingen 1986.
Friedrich von Hausen: Lieder. Hg. u. übers. v. G. SCHWEIKLE. Stuttgart 1984. – In: Die mittelhochdeutsche Minnelyrik (s. o.), S. 222–259.
Gottfried von Straßburg: Tristan. Mittelhochdeutsch u. neuhochdeutsch v. R. KROHN. 3 Bde. Stuttgart ²⁻³1981–85.
Hartmann von Aue: Der arme Heinrich. Hg. u. übers. v. H. DE BOOR. Frankfurt am Main 53.–60. Tsd. 1970. – Erec. Hg. u. übers. v. TH. CRAMER. Frankfurt am Main 46.–50. Tsd. 1984. – Gregorius, der gute Sünder. Mittelhochdeutsch u. übers. v. B. KIPPENBERG. Neuausg. Stuttgart 1983. – Iwein. Mittelhochdeutsch u. übers. v. TH. CRAMER. Berlin ³1981. – Lieder. In: Des Minnesangs Frühling (s. o.), Nr. XXII. – Lieder. Mittelhochdeutsch u. übers. v. E. VON REUSNER. Stuttgart 1985.
Heinrich der Glîchezaere: Reinhart Fuchs. Mittelhochdeutsch u. übers. v. K.-H. GÖTTERT. Stuttgart 1976.
Heinrich von Morungen: Lieder. Mittelhochdeutsch u. übers. v. H. TERVOOREN. Neuausg. Stuttgart 1978. – In: Des Minnesangs Frühling (s. o.), Nr. XIX.
Heinrich von Veldeke: Eneasroman. Hg. u. übers. v. D. KARTSCHOKE. Stuttgart 1986. – Die epischen Werke. Hg. v. TH. FRINGS u. G. SCHIEB. Bd. 1. Halle 1964. – Lieder. In: Des Minnesangs Frühling (s. o.), Nr. XI; in: Die mittelhochdeutsche Minnelyrik (s. o.), S. 166–205.
Kudrun. Übers. v. K. SIMROCK. Stuttgart 1958. – Kudrun.

Hg. v. K. BARTSCH. Bearb. v. K. STACKMANN. Neuausg. Wiesbaden 1980.

Der von Kürenberg, in: Des Minnesangs Frühling (s. o.), Nr. II; in: Die mittelhochdeutsche Minnelyrik (s. o.), S. 118–123.

Meinloh von Sevelingen, in: Des Minnesangs Frühling (s. o.), Nr. III; in: Die mittelhochdeutsche Minnelyrik (s. o.), S. 126–135.

Neidhart: Die Lieder. Übers. v. S. BEYSCHLAG. Darmstadt 1975. – Die Lieder. Hg. v. E. WIESSNER u. a. Tübingen ⁴1984.

Das Nibelungenlied. Mittelhochdeutsch u. übers. v. H. BRACKERT. 2 Bde. Frankfurt am Main 1970–71.

Reinmar (der Alte): Lieder. Mittelhochdeutsch u. übers. v. G. SCHWEIKLE. Stuttgart 1986.

Rudolf von Fenis, in: Des Minnesangs Frühling (s. o.), Nr. XIII; in: Die mittelhochdeutsche Minnelyrik (s. o.), S. 450–467.

Ulrich von Zatzikhoven: Lanzelet. Hg. v. K. A. HAHN. Frankfurt am Main 1845. Nachdr. Berlin 1965.

Walther von der Vogelweide: Gedichte. Mittelhochdeutsch u. übers. v. P. WAPNEWSKI. Frankfurt am Main 127.–129. Tsd. 1986. – Die Lieder. Mittelhochdeutsch u. übers. v. F. MAURER. Tübingen 1972.

Der Wartburgkrieg. Hg. v. T. ROMPELMANN. Amsterdam 1939.

Wolfram von Eschenbach: Lieder. In: Des Minnesangs Frühling (s. o.), Nr. XXIV. – WAPNEWSKI, P.: Die Lyrik Wolframs von Eschenbach. Edition, Kommentar, Interpretation. München 1972. – Parzifal. Mittelhochdeutsch u. übers. v. W. SPIEWOK. 2 Bde. Stuttgart 1981. – Willehalm. Mittelhochdeutsch u. übers. v. D. KARTSCHOKE. Berlin 1968.

Gesamtdarstellungen:

(s. Kapitel 1–3)

BOOR, H. DE u. NEWALD, R.: Geschichte der deutschen Literatur von den Anfängen bis zur Gegenwart. Bd. 2: H. DE BOOR: Die höfische Literatur. Vorbereitung, Blüte, Ausklang. München ¹⁰1979.

ENNEN, E.: Frauen im Mittelalter. Neuausg. Berlin u. a. ⁹1987.

Europäisches Hochmittelalter. Hg. v. H. KRAUSS. Wiesbaden 1981.

HAYMES, E.: Das mündliche Epos. Eine Einführung in die „Oral-poetry"-Forschung. Göppingen 1977.

HOFFMANN, W.: Mittelhochdeutsche Heldendichtung. Berlin 1974.

Die Renaissance der Wissenschaften im 12. Jahrhundert. Hg. v. P. WEIMAR. Zürich 1981.

Das Rittertum im Mittelalter. Hg. v. A. BORST. Darmstadt 1976.

RUH, K.: Höfische Epik des deutschen Mittelalters. 2 Bde. Berlin ¹⁻²1977–80.

Einzeldarstellungen:

BROGSITTER, K. O.: Artusepik. Stuttgart 1965.

BUMKE, J.: Wolfram von Eschenbach. Stuttgart ⁵1981.

CORMEAU, CH. u. STÖRMER, W.: Hartmann von Aue. München 1985.

Der deutsche Minnesang. Hg. v. H. FROMM. 2 Bde. Darmstadt ¹⁻⁵1972–85.

EHRISMANN, O.: Nibelungenlied. München 1987.

GRIMMINGER, R.: Poetik des frühen Minnesangs. München 1969.

HAHN, G.: Walther von der Vogelweide. München u. a. 1986.

HEINZLE, J.: Das Nibelungenlied. München u. a. 1987.

HUBER, CH.: Gottfried von Straßburg, „Tristan und Isolde". Eine Einführung. München u. a. 1986.

KASTEN, I.: Frauendienst bei Trobadors u. Minnesängern im 12. Jahrhundert. Heidelberg 1986.

LIEBERTZ-GRÜN, U.: Zur Soziologie des „amour courtois". Heidelberg 1977.

RÄKEL, H.-H. S.: Der deutsche Minnesang. München 1986.

SCHIEB, G.: Henric van Veldeken. Stuttgart 1965.

WAPNEWSKI, P.: Waz ist minne. München ²1979.

WOLF, A.: Variation u. Integration. Beobachtungen zu hochmittelalterlichen Tageliedern. Darmstadt 1979.

Kapitel 5: Späthöfische und andere Literatur im 13. Jahrhundert

Ausgaben:

Deutsches Heldenbuch. Hg. v. A. AMELUNG u. O. JÄNICKE. 5 Bde. Neuausg. Berlin 1968–75.

KRAUS, C. VON: Deutsche Liederdichter des 13. Jahrhunderts. 2 Bde. Tübingen ²1978.

Albrecht von Scharfenberg: Der Jüngere Titurel. Hg. v. K. A. HAHN. Quedlinburg 1842. – Albrechts von Scharfenberg Jüngerer Titurel. Hg. v. W. WOLF. Bd. 1 u. Bd. 2, Tl. 1 u. 2. Berlin (Ost) 1955–68.

Alpharts Tod: ZIMMER, U.: Studien zu „Alpharts Tod" nebst einem verbesserten Abdruck der Handschrift. Göppingen 1972.

Arzeníbuoch Ipocratis, in: WILHELM, F.: Denkmäler deutscher Prosa des 11. u. 12. Jahrhunderts. Neuausg. München 1960.

Bartholomäus: HAAGE, B. D.: Das Arzneibuch des Erhart Hesel. Göppingen 1973.

Benediktbeurer Passionsspiel, in: Carmina burana. Übers. v. C. FISCHER u. H. KUHN. Neuausg. München 1979.

Berthold von Regensburg: Predigten. Bearb. v. F. PFEIFFER u. J. STROBL. 2 Bde. Wien 1862–80. Nachdr. Berlin 1965. – Vier Predigten. Übers. u. hg. v. W. RÖCKE. Stuttgart 1983.

Biterolf und Dietleib. Hg. v. A. SCHNYDER. Bern u. a. 1980.

Bruder Wernher: Hg. v. F. V. SPECHTLER. 2 Tle. Göppingen 1982–84.

Brun von Schönbeck: FISCHER, A.: Das Hohe Lied des Brun von Schonebeck. Nach Sprache u. Composition untersucht u. in Proben mitgeteilt. Breslau 1886. Nachdr. Hildesheim 1977.

Burkhard von Hohenfels, in: C. VON KRAUS (s. o.), Nr. 6.

David von Augsburg: Die sieben Staffeln des Gebets. Hg. v. K. RUH. München 1965.

Dietrichs Flucht/Rabenschlacht, in: Deutsches Heldenbuch (s. o.), Bd. 2.

Ebernand von Erfurt: Heinrich und Kunegunde. Hg. v. R. BECHSTEIN. Quedlinburg 1860. Nachdr. Amsterdam 1968.

Das Eckenlied. Mittelhochdeutsch u. neuhochdeutsche Übers. v. F. B. BRÉVART. Stuttgart 1986.

Eike von Repgow: Sachsenspiegel. Hg. v. K. A. ECKHARDT. Hannover ²1966. – Sachsenspiegel. Landrecht. Hg. v. C. FREIHERR VON SCHWERIN. Neuausg. Stuttgart 1974.

Freidank: Fridankes Bescheidenheit. Hg. v. H. E. BEZZENBERGER. Halle 1872. Nachdr. Aalen 1962.

Gottfried von Neifen, in: C. VON KRAUS (s. o.), Nr. 15.

Heinrich von dem Türlin: Diu Crône. Hg. v. G. H. F. SCHOLL. Stuttgart 1852. Nachdr. Amsterdam 1966.

Heinrich von Freiberg: Tristan. Hg. v. D. BUSCHINGER. Göppingen 1982.
Herbort von Fritzlar: Liet von Troye. Hg. v. G. K. FROMMANN. Quedlinburg 1837. Neudr. Amsterdam 1966.
Hildegard von Hürnheim: Secretum secretorum, übers. v. HILTGART VON HÜRNHEIM. Hg. v. R. MÖLLER. Berlin (Ost) 1963.
Jansen Enikel: Werke. Hg. v. P. STRAUCH. 2 Bde. Hannover 1891–1910. Nachdr. München 1980 in 1 Bd.
Konrad von Fußesbrunnen: Die Kindheit Jesu. Hg. v. H. FROMM u. K. GRUBMÜLLER. Berlin u. a. 1973.
Konrad von Stoffeln: Gauriel von Muntabel. Hg. v. F. KHULL. Graz 1885. Neudr. Osnabrück 1969.
Konrad von Würzburg: Engelhard. Hg. v. I. REIFFENSTEIN. Tübingen ³1982. – Die goldene Schmiede. Hg. v. E. SCHRÖDER. Würzburg ²1969. – Heinrich von Kempten. Der Welt Lohn. Das Herzmaere. Mittelhochdeutsch u. neuhochdeutsch v. H. RÖLLEKE. Neuausg. Stuttgart 1981. – Kleinere Dichtungen. Hg. v. E. SCHRÖDER. 3 Bde. Berlin ¹⁻²1924–26. – Die Legenden. Hg. v. P. GEREKE. 3 Bde. Halle u. a. ¹⁻²1925–74. – Partonopier und Meliur. Hg. v. K. BARTSCH. Wien 1871. Nachdr. Berlin 1970. – Der Trojanische Krieg. Hg. v. A. VON KELLER. Stuttgart 1858. Nachdr. Amsterdam 1965.
Konradin, in: C. VON KRAUS (s. o.), Nr. 32.
Konrad, Priester, in: A. E. SCHÖNBACH: Altdeutsche Predigten. Bd. 3. Graz 1891. Nachdr. Darmstadt 1964.
Lamprecht von Regensburg: Sanct Francisken Leben u. Tochter Syon. Hg. v. K. WEINHOLD. Paderborn 1880.
Lancelot. Hg. v. R. KLUGE. 3 Bde. Berlin (Ost) 1948–74.
Lohengrin. Edition u. Untersuchungen. Hg. v. TH. CRAMER. München 1971.
Lucidarius. Hg. v. F. HEIDLAUF. Berlin 1915. Neudr. Dublin u. a. 1970.
Der Marner. Hg. v. PH. STRAUCH. Straßburg 1876. Neudr. Berlin 1965.
Mechthild von Magdeburg: Offenbarungen der Schwester Mechthild von Magdeburg oder das fliessende Licht der Gottheit. Hg. v. G. MOREL. Regensburg 1869. Nachdr. Darmstadt 1963. – Das fliessende Licht der Gottheit. Einl. v. MARGOT SCHMIDT. Einsiedeln u. a. 1955.
Oberaltaicher Predigten, in: SCHÖNBACH, A. E.: Altdeutsche Predigten. Bd. 2. Graz 1888. Nachdr. Darmstadt 1964.
Ornit, in: Deutsches Heldenbuch (s. o.), Bd. 3.
Das Osterspiel von Muri. Nach der Ausg. v. F. RANKE übers. v. M. WEHRLI. Basel 1967.
Der Pleier: Garel vom blühenden Tal. Hg. v. W. HERLES. Wien 1981. – Meleranz. Hg. v. K. BARTSCH. Stuttgart 1861. Nachdr. Hildesheim u. a. 1974. – Tandareis u. Flordibel. Hg. v. F. KHULL. Graz 1885.
Reinmar von Zweter: Die Gedichte. Hg. v. G. ROETHE. Leipzig 1887. Nachdr. Amsterdam 1967.
Das rheinische Marienlob. Hg. v. A. BACH. Leipzig 1934.
Rosengarten: Die Gedichte vom Rosengarten zu Worms. Hg. v. G. HOLZ. Halle 1893. Nachdr. Hildesheim 1982.
Rudolf von Ems: Alexander. Hg. v. V. JUNK. 2 Bde. Leipzig 1928–29. Nachdr. Darmstadt 1970 in 1 Bd. – Barlaam u. Josaphat. Hg. v. F. PFEIFFER. Leipzig 1843. Nachdr. Berlin 1965. – Der guote Gêrhart. Hg. v. J. A. ASHER. Tübingen ²1971. – Weltchronik. Hg. v. G. EHRISMANN. Neudr. Zürich u. a. ²1967. – Willehalm von Orlens. Hg. v. V. JUNK. Neuausg. Zürich u. a. 1967.

Sächsische Weltchronik. Hg. v. L. WEILAND. Hannover 1879. Nachdr. München 1980.
Schwarzwälder Prediger, in: Deutsche Predigten des 13. Jahrhunderts. Hg. v. F. K. GRIESHABER. 2 Bde. Stuttgart 1844–46. Nachdr. Hildesheim 1978 in 1 Bd.
Sigenot, in: Deutsches Heldenbuch (s. o.), Bd. 5.
Der Stricker: Daniel vom Blühenden Tal. Hg. v. M. RESLER. Tübingen 1983. – Die Kleindichtungen. Hg. v. W. W. MOELLEKEN. 5 Bde. Göppingen 1973–78. – Tierbispel. Hg. v. U. SCHWAB. Tübingen ²1968. – Verserzählungen. Bd. 1: Hg. v. H. FISCHER. Tübingen ³1973. Bd. 2: Hg. v. H. FISCHER. Tübingen ³1984.
Tannhäuser: SIEBERT, J.: Der Dichter Tannhäuser. Halle 1934. Nachdr. Hildesheim 1980.
Thomasin von Zerklaere: Der wälsche Gast. Hg. v. H. RÜCKERT. Quedlinburg 1852. Nachdr. Berlin 1965.
Ulrich von dem Türlin: Arabel. In: Texte u. Untersuchungen zur „Willehalm"-Rezeption. Hg. v. W. SCHRÖDER. Bd. 1. Berlin 1981.
Ulrich von Eschenbach: Alexander. Hg. v. W. TOISCHER. Tübingen u. a. 1888. Nachdr. Hildesheim 1974.
Ulrich von Lichtenstein: Frauendienst. Hg. v. U. PETERS. Göppingen 1974. – Lieder. In: C. VON KRAUS (s. o.), Nr. 58.
Ulrich von Türheim: Rennewart. Hg. v. A. HÜBNER. Berlin ²1964. – Tristan. Hg. v. TH. KERTH. Tübingen 1979.
Ulrich von Winterstetten, in: C. VON KRAUS (s. o.), Nr. 59.
Virginal, in: Deutsches Heldenbuch (s. o.), Bd. 5.
Wernher der Gartenaere: Helmbrecht. Mittelhochdeutsch u. neuhochdeutsch. Hg. v. F. TSCHIRCH. Neuausg. Stuttgart 1979.
Wigamur. Hg. v. D. BUSCHINGER. Göppingen 1987.
Winsbecke: Winsbeckische Gedichte. Nebst Tirol und Fridebrant. Bearb. v. I. REIFFENSTEIN. Tübingen ³1962.
Wolfdietrich, in: Deutsches Heldenbuch (s. o.), Bd. 3 u. 4.

Gesamtdarstellungen:

(s. Kapitel 1–4)
BOOR, H. DE u. NEWALD, R.: Geschichte der deutschen Literatur. Bd. 3, Tl. 1: H. DE BOOR: Die deutsche Literatur im späten Mittelalter. München 1962. Tl. 2: Reimpaargedichte, Drama, Prosa. Hg. v. I. GLIER. München 1987.
Geschichte der deutschen Literatur von den Anfängen bis zum Beginn der Neuzeit. Bd. 2, Tl. 2: J. HEINZLE: Vom hohen zum späten Mittelalter. Wandlungen u. Neuansätze im 13. Jahrhundert. Königstein im Taunus 1984.
GRUNDMANN, H.: Religiöse Bewegungen im Mittelalter. Darmstadt ²1961.
KUHN, H.: Entwürfe zu einer Literatursystematik des Spätmittelalters. Tübingen 1980.
Neues Handbuch der Literaturwissenschaft. Hg. v. K. VON SEE. Bd. 8: W. ERZGRÄBER: Europäisches Spätmittelalter. Wiesbaden 1978.
SCHNELL, R.: Zum Verhältnis von hoch- u. spätmittelalterlicher Literatur. Berlin 1978.
SOWINSKI, D.: Lehrhafte Dichtung des Mittelalters. Stuttgart 1971.

Einzeldarstellungen:

BRACKERT, H.: Rudolf von Ems. Heidelberg 1968.
CORMEAU, CH.: „Wigalois" und „Diu Crône". Zürich u. a. 1977.
Frauenmystik im Mittelalter. Hg. v. P. DINZELBACHER u. D. R. BAUER. Ostfildern 1985.
HAUG, W.: „Das Land, von welchem niemand wiederkehrt". Mythos, Fiktion u. Wahrheit in Chrétiens

„Chevalier de la Charrete", im „Lanzelet" Ulrichs von Zatzighoven und im „Lancelot"-Prosaroman. Tübingen 1978.

HEINZLE, J.: Mittelhochdeutsche Dietrichepik. Zürich u. a. 1978.

HOFFMANN, W.: Mittelhochdeutsche Heldendichtung. Berlin 1974.

KERN, P.: Die Artusromane des Pleier. Berlin 1981.

KÖPF, G.: Märendichtung. Stuttgart 1978.

KUHN, H.: Minnesangs Wende. Tübingen ²1967.

LIEBERTZ-GRÜN, U.: Das andere Mittelalter. Studien zu Ottokar von Steiermark, Jans Enikel, Seifried Helbling. München 1984.

Mittelhochdeutsche Spruchdichtung. Hg. v. H. MOSER. Darmstadt 1972.

MÜLLER, ULRICH: Untersuchungen zur politischen Lyrik des deutschen Mittelalters. Göppingen 1974.

RAGOTZKY, H.: Gattungserneuerung und Laienunterweisung in Texten des Strickers. Tübingen 1981.

RÖCKE, W.: Feudale Anarchie u. Landesherrschaft. Bern u. a. 1978.

SCHIRMER, K.-H.: Stil- u. Motivuntersuchungen zur mittelhochdeutschen Versnovelle. Tübingen 1969.

WACHINGER, B.: Sängerkrieg. Untersuchungen zur Spruchdichtung des 13. Jahrhunderts. München 1973.

Kapitel 6: Alte und neue Formen im 14. Jahrhundert

Ausgaben:

Albrant: EIS, G.: Meister Albrants Rossarzneibuch. Konstanz 1960.

Corpus der altdeutschen Originalurkunden bis zum Jahr 1300. Hg. v. F. WILHELM. Lahr 1932 ff.

Eckhart, Meister: Die deutschen und lateinischen Werke. Hg. v. J. QUINT. Stuttgart 1958 ff. – Deutsche Predigten u. Traktate. Hg. u. übers. v. J. QUINT. München ⁶1985.

Fleck, Konrad: (Gottfried von Straßburgs) Tristan u. Isolde u. (Konrad Flecks) Flore u. Blancheflur. Hg. v. W. GOLTHER. Bd. 2. Leipzig 1888. S. 235.

Frankfurter Dirigierrolle, in: Das Drama des Mittelalters. Hg. v. R. FRONING. Bd. 1. Stuttgart 1891. Nachdr. Darmstadt 1964. S. 340–373.

Friedrich von Schwaben. Hg. v. M. H. JELLINEK. Berlin 1904.

Geißlerlieder: Die Lieder u. Melodien der Geissler des Jahres 1349. Hg. v. P. RUNGE. Leipzig 1900. Nachdr. Hildesheim u. a. 1969.

Gottfried von Franken: EIS, G.: Gottfrieds Pelzbuch. München 1944. Nachdr. Hildesheim 1966.

Hadamar von Laber: Jagd u. drei andere Minnegedichte seiner Zeit u. Weise. Hg. v. J. A. SCHMELLER, Stuttgart 1850. Nachdr. Amsterdam 1968.

Hadlaub, Johannes: Johannes Hadlaub, die Gedichte des Zürcher Minnesängers. Hg. v. M. SCHIENDORFER. Zürich u. a. 1986.

Hagen, Godefrit: Reimchronik der Stadt Cöln aus dem 13. Jahrhundert. Hg. v. E. VON GROOTE. Köln 1834.

Heinrich der Teichner: Die Gedichte. Hg. v. H. NIEWÖHNER. 3 Bde. Berlin (Ost) 1953–56.

Heinrich von Meißen, genannt Frauenlob: Leichs, Sangsprüche, Lieder. Hg. v. K. BERTAU u. K. STACKMANN. 2 Bde. Göttingen 1981.

Heinrich von Mügeln: Die kleineren Dichtungen. Hg. v.

K. STACKMANN. Berlin (Ost) 1959. – Der Meide Kranz. Hg. v. W. JAHR. Borna u. a. 1908.

Heinrich von Neustadt: Apollonius v. Tyrland ... Hg. v. S. SINGER. Berlin 1906.

Hugo von Trimberg: Der Renner. Hg. v. G. EHRISMANN. Stuttgart 1908–11. 4 Bde. Neudr. Berlin 1970.

Johann von Konstanz: Minnelehre. Hg. v. F. E. SWEET. Paris 1934.

Johann von Würzburg: Wilhelm von Oesterreich. Hg. v. E. REGEL. Berlin 1906.

Konrad von Ammenhausen: Das Schachzabelbuch Kunrats von Ammenhausen ... Hg. v. F. VETTER. Frauenfeld 1892.

Konrad von Megenberg: Das Buch der Natur. Hg. v. F. PFEIFFER. Stuttgart 1861. Nachdr. Hildesheim 1962. – Die deutsche Sphaera. Hg. v. F. B. BRÉVART. Tübingen 1980.

Minneburg. Hg. v. H. PYRITZ. Berlin (Ost) 1950.

Mönch von Salzburg: Die geistlichen Lieder des Mönchs [Hermann] von Salzburg. Hg. v. F. V. SPECHTLER. Berlin u. a. 1972. – Ich bin du u. du bist ich. Hg. v. F. V. SPECHTLER, übers. v. M. KORTH. München 1980.

Ortolf von Baierland: Das Arzneibuch. Hg. v. J. FOLLAN. Stuttgart 1963.

Oswald von Wolkenstein: Die Lieder. Hg. v. K. K. KLEIN. Tübingen ²1975. – Lieder. Mittelhochdeutsch u. neuhochdeutsch. Hg. v. B. WACHINGER. Stuttgart 1967. – Die Lieder. Mittelhochdeutsch-neuhochdeutsch. Übers. v. K. J. SCHÖNMETZLER. München 1979. – I. PELNAR: Die mehrstimmigen Lieder Oswalds von Wolkenstein. Tutzing 1981.

Ottokar von Steiermark: Österreichische Reimchronik. Hg. v. J. SEEMÜLLER. 2 Bde. Hannover 1890–93. Nachdr. München 1980 in 1 Bd.

Das Passional. Hg. v. K. KÖPKE. Quedlinburg 1852. Nachdr. Amsterdam 1966.

Reinfried von Braunschweig. Hg. v. K. BARTSCH. Tübingen 1871.

Seuse, Heinrich: Deutsche Schriften. Hg. v. K. BIHLMEYER. Stuttgart 1907. Nachdr. Frankfurt am Main 1961. – Deutsche systematische Schriften. Hg. v. G. HOFMANN. Düsseldorf 1966.

Tauler, Johannes: Die Predigten. Hg. v. F. VETTER. Zürich u. a. 1968. – Predigten. Hg. v. G. HOFMANN. 2 Bde. Einsiedeln 1979.

Twinger von Königshofen, Jakob: Chronik des Jakob Twinger von Königshofen. Hg. v. C. VON HEGEL. In: Die Chroniken der deutschen Städte vom 14. bis ins 16. Jahrhundert. Bd. 8 u. Bd. 9. Leipzig 1870–71.

Das Väterbuch. Hg. v. K. REISSENBERGER. Berlin 1914.

Gesamtdarstellungen:

(s. Kapitel 1–4, vor allem Kapitel 5)

Literatur u. Laienbildung im Spätmittelalter u. in der Reformationszeit. Hg. v. L. GRENZMANN u. K. STACKMANN. Stuttgart 1984.

Über Bürger, Stadt u. städtische Literatur im Spätmittelalter. Hg. v. J. FLECKENSTEIN u. K. STACKMANN. Göttingen 1980.

Zur deutschen Literatur u. Sprache des 14. Jahrhunderts. Dubliner Colloquium 1981. Hg. v. W. HAUG u. a. Heidelberg 1983.

Einzeldarstellungen:

ASSION, P.: Altdeutsche Fachliteratur. Berlin 1973.

BERGMANN, R.: Katalog der deutschsprachigen geistlichen Spiele u. Marienklagen des Mittelalters. München 1986.

BLANK, W.: Die deutsche Minneallegorie. Stuttgart 1970.

DINZELBACHER, P.: Vision u. Visionsliteratur im Mittelalter. Stuttgart 1981.
Das „Einig Ein". Studien zur Theorie u. Sprache der deutschen Mystik. Hg. v. A. M. HAAS u. H. STIRNIMANN. Freiburg (Schweiz) 1980.
EIS, G.: Mittelalterliche Fachliteratur. Stuttgart ²1967.
EIS, G.: Studien zur altdeutschen Fachprosa. Heidelberg 1951.
GLIER, I.: Artes amandi. München 1971.
HAAS, A. M.: Geistliches Mittelalter. Freiburg (Schweiz) 1984.
HAAS, A. M.: Sermo mysticus. Freiburg (Schweiz) 1979.
KINDERMANN, H.: Theatergeschichte Europas. Bd. 1. Salzburg 1957.
MASSER, A.: Bibel- u. Legendenepik des deutschen Mittelalters. Berlin 1976.
MICHAEL, W. F.: Das deutsche Drama des Mittelalters. Berlin 1971.
PETERS, U.: Literatur in der Stadt. Tübingen 1983.
RINGLER, S.: Viten- u. Offenbarungsliteratur in Frauenklöstern des Mittelalters. Zürich u. a. 1980.
RUH, K.: Meister Eckhart. München 1985.
SCHIPPERGES, H.: Die Assimilation der arabischen Medizin durch das lateinische Mittelalter. Wiesbaden 1964.
SCHMID, RAINER H.: Raum, Zeit u. Publikum des geistlichen Spiels. München 1975.
WREDE, G.: Unio mystica. Probleme der Erfahrung bei Johannes Tauler. Uppsala 1974.

Kapitel 7: Literatur im ausgehenden Mittelalter (15. Jahrhundert)

Ausgaben:
Albrecht von Eyb: Deutsche Schriften. Hg. v. M. HERRMANN. 2 Bde. Berlin 1890. Nachdr. Hildesheim 1984. – Ehebüchlein. Ob einem manne sey zunemen ein eelichs weyb oder nicht. Nürnberg 1472. Hg. v. H. WEINACHT. Darmstadt 1982.
Arigo: Decamerone. Übers. v. H. Steinhöwel [früher Steinhöwel zugeschrieben]. Hg. v. A. VON KELLER. Stuttgart 1860.
Bebel, Heinrich: Facetien. Hg. v. G. BEBERMEYER. 3 Bde. Leipzig 1931. Nachdr. Hildesheim 1967.
Beheim, Michel: Gedichte. Hg. v. H. GILLE u. I. SPRIEWALD. 3 Bde. Berlin (Ost) 1968–72.
Bote, Hermann: Ulenspiegel. Hg. v. W. KROGMANN. Neumünster 1952.
Brant, Sebastian: Narrenschiff. Hg. v. F. ZARNCKE. Leipzig 1854. Nachdr. Darmstadt 1961.
Celtis, Konrad: Quattuor libri amorum ... Hg. v. F. PINDTER. Leipzig 1934.
Eleonore von Österreich: Pontus und Sidonia (A). Hg. v. H. KINDERMANN. Leipzig 1928.
Elisabeth von Nassau-Saarbrücken: Der Huge Scheppel. Hg. v. H. URTEL. Hamburg 1905. – In: Der Roman von der Königin Sibille. In drei Prosafassungen des 14. und 15. Jahrhunderts. Hg. v. H. TIEMANN. Hamburg 1977. S. 117–186.
Epistolae obscurorum virorum. Hg. v. A. BÖMER. 2 Bde. Heidelberg 1924. Nachdr. Aalen 1978. – Briefe der Dunkelmänner. Übers. v. W. BINDER, revidiert v. P. AMELUNG. München 1964.
Erasmus von Rotterdam: Opera omnia. Hg. v. J. H. WASZINK u. a. Amsterdam 1969 ff. – Das Lob der Narrheit. Zürich 1987.

Fastnachtspiele: Fastnachtspiele aus dem 15. Jahrhundert. Hg. v. A. VON KELLER. 4 Bde. Stuttgart 1853–58. Nachdr. Darmstadt 1965–66. – Das Fastnachtspiel von Henselyn oder von der Rechtfertigkeit. Hg. v. C. WALTHER. In: Jahrbuch des Vereins für Niederdeutsche Sprachforschung 3 (1877), S. 9–36. – Fastnachtspiele des 15. und 16. Jahrhunderts. Hg. v. D. WUTTKE. Stuttgart Neuausg. 1984.
Folz, Hans: Die Meisterlieder. Hg. v. A. L. MAYER. Neuausg. Zürich 1970. – Auswahl. Bearb. v. I. SPRIEWALD. Berlin (Ost) 1960.
Fortunatus. Hg. v. H.-G. ROLOFF. Stuttgart 1981.
Geiler von Kaysersberg, Johannes: Die ältesten Schriften. Hg. v. L. DACHAUX. Freiburg i. Br. 1882. Nachdr. Amsterdam 1965.
Geistliche Spiele: Das Drama des Mittelalters. Hg. v. F. FRONING. 3 Bde. Stuttgart 1891–93. Nachdr. Darmstadt 1974. – Das Drama des Mittelalters. Hg. v. E. HARTL. 3 Bde. Leipzig 1937–42. Nachdr. Darmstadt 1964–69. – Sterzinger Spiele. Nach der Ausgabe O. ZINGERLES. Hg. v. W. M. BAUER. 2 Bde. Neuausg. Wien 1982. – Das Luzerner Osterspiel. Hg. v. H. WYSS. 3 Bde. Bern 1967. – Redentiner Osterspiel. Hg. v. B. SCHOTTMANN. Stuttgart 1975. – Das rheinische Osterspiel der Berliner Handschrift Ms. germ. fol. 1219. Hg. v. H. RUEFF. Berlin 1925. – Altdeutsche Passionsspiele aus Tirol. Hg. v. J. E. WACKERNELL. Graz 1897. Nachdr. Walluf bei Wiesbaden 1972. – Augsburger Passionsspiel. Das Oberammergauer Passionsspiel in seiner ältesten Gestalt. Hg. v. A. HARTMANN. Leipzig 1880, S. 3–95. – Das Benediktbeurer Passionsspiel. Das St. Galler Passionsspiel. Hg. v. E. HARTL. Halle 1952. Nachdr. 1967. – Das Donaueschinger Passionsspiel. Hg. v. A. H. TOUBER. Stuttgart 1985. – Heidelberger Passionsspiel. Hg. v. G. MILCHSACK. Tübingen 1880. – Das Mittelrheinische Passionsspiel der St. Galler Hs. 919. Hg. v. R. SCHÜTZEICHEL. Tübingen 1978. – Villinger Passion. Hg. v. A. KNORR. Göppingen 1976. – Egerer Fronleichnamsspiel. Hg. v. G. MILCHSACK. Tübingen 1881. – Künzelsauer Fronleichnamsspiel. Hg. v. P. K. LIEBENOW. Berlin 1969.
Grosz, Erhard: Die Grisardis. Hg. v. P. STRAUCH. Halle 1931.
Herzog Ernst. Hg. v. K. BARTSCH. Wien 1869. Nachdr. Hildesheim 1969. – Das Lied vom Herzog Ernst. Hg. v. K. C. KING. Berlin 1959.
Johann von Neumarkt: Schriften. Hg. v. J. KLAPPER u. a. 4 Bde. Berlin 1930–39.
Johannes von Tepl (Johannes von Saaz): Der Ackermann aus Böhmen. Hg. v. G. JUNGBLUTH. Heidelberg 1969–83. 2 Bde.
Kirchenlied: Das deutsche Kirchenlied von der ältesten Zeit bis zu Anfang des 17. Jahrhunderts. Hg. v. PH. WACKERNAGEL. 5 Bde. Leipzig 1864–77. Nachdr. Hildesheim 1964.
Lateinische Gedichte deutscher Humanisten. Übers. v. H. C. SCHNUR. Stuttgart 1967.
Liederbücher: Augsburger Liederbuch. Hg. v. J. BOLTE. In: Alemania 18 (1890), S. 97–237. – Das Glogauer Liederbuch. Hg. v. H. RINGMANN u. J. KLAPPER. Neuausg. Kassel 1954–81. 4 Bde. – Königsteiner Liederbuch. Hg. v. P. SAPPLER. München 1970. – Liederbuch der Clara Hätzlerin. Hg. v. C. HALTAUS. Quedlinburg 1840. Nachdr. Berlin 1966. – Das Locheimer Liederbuch. Hg. v. F. W. ARNOLD. Bearbeitet v. H. BELLERMANN. Leipzig 1926. Nachdr. Schaan 1981. – Locheimer Liederbuch u. Fundamentum organisandi des Conrad Paumann. Hg. v. K. AMELN. Berlin 1925.

Das Lied vom Hürnen Seyfrid. Hg. v. K. C. KING. Manchester 1958.

Maximilian I.: Teuerdank. Hg. v. H. UNGER. München 1968. – Weisskunig. Hg. v. H. TH. MUSPER. 2 Bde. Stuttgart 1956.

Meisterlieder der Kolmarer Handschrift. Hg. v. K. BARTSCH. Stuttgart 1862.

Meistersang. Meisterlieder u. Singschulzeugnisse. Hg. v. B. NAGEL. Stuttgart 1965.

Muskatblüt, H.: Lieder. Hg. v. E. VON GROOTE. Köln 1852.

Piccolomini, Enea Silvio (Papst Pius II.): Ausgewählte Texte aus seinen Schriften (lateinisch u. deutsch). Hg. v. B. WIDMER. Basel 1960. – Briefe, Dichtungen. Übers. v. M. MELL u. a. München 1966.

Pontus u. Sidonia (B). Hg. v. K. SCHNEIDER. Berlin 1961.

Reuchlin, Johannes: Henno. Lateinische u. deutsche Komödie. Hg. v. H. C. SCHNUR. Stuttgart 1970.

Schedel, Hartmann: Weltchronik. Nürnberg 1493. Hg. v. R. PÖRTNER. Dortmund 1978.

Steinhöwel, Heinrich: Äsop. Hg. v. H. ÖSTERLEY. Tübingen 1873. – Griseldis. Appolonius von Tyrus. Hg. v. C. SCHRÖDER. Leipzig 1872. – Von den synnrychen erlüchten wyben. Hg. v. K. DRESCHNER. Tübingen 1895.

Der tanzende Tod. Mittelalterliche Totentänze. Hg., übers. u. kommentiert v. G. KAISER. Frankfurt am Main 1983.

Thüring von Ringoltingen: Melusine. Hg. v. H.-G. ROLOFF. Stuttgart 1969.

Tristrant u. Isalde. Prosaroman. Hg. v. A. BRANDSTETTER. Tübingen 1966.

Volkslieder: Alte hoch- u. niederdeutsche Volkslieder. Hg. v. L. UHLAND. 3 Bde. Tübingen u. Stuttgart 1844–69. Nachdr. Hildesheim 1968. – Die historischen Volkslieder der Deutschen vom 13. bis 16. Jahrhundert. Hg. v. R. VON LILIENCRON. 3 Bde. Leipzig 1865–69. Nachdr. Hildesheim 1966. – Volks- u. Gesellschaftslieder des XV. u. XVI. Jahrhunderts. Hg. v. A. KOPP. Bd. 1. Berlin 1905. Nachdr. Zürich 1970.

Wigalois. Nachdr. der Ausg. Straßburg 1519. Hg. v. H. MELZER. Hildesheim u. a. 1973.

Wittenwiler, Heinrich: Der Ring. Nach der Ausg. v. H. WIESSNER. Hg. v. H. BIRKHAN. Wien 1983.

Wyle, Niklas von: Translationen. Esslingen 1478. Hg. v. A. VON KELLER. Stuttgart 1861. Nachdr. Hildesheim 1967.

Gesamtdarstellungen:

BERNSTEIN, E.: Die Literatur des deutschen Frühhumanismus. Stuttgart 1978.

BOOR, H. DE u. NEWALD, R.: Geschichte der deutschen Literatur von den Anfängen bis zur Gegenwart. Bd. 4: H. RUPPRICH: Die deutsche Literatur vom späten Mittelalter bis zum Barock. 2 Tle. München 1970–73.

BURGER, H. O.: Renaissance, Humanismus, Reformation. Deutsche Literatur im europäischen Kontext. Bad Homburg u. a. 1969.

Literatur u. Laienbildung im Spätmittelalter u. in der Reformationszeit. Hg. v. L. GRENZMANN u. K. STACKMANN. Stuttgart 1984.

Neues Handbuch der Literaturwissenschaft. Hg. v. K. VON SEE. Bd. 8: W. ERZGRÄBER: Europäisches Spätmittelalter. Wiesbaden 1978.

WEHRLI, M.: Geschichte der deutschen Literatur vom frühen Mittelalter bis zum Ende des 16. Jahrhunderts. Stuttgart ²1984.

Einzeldarstellungen:

Der Ackermann aus Böhmen des Johannes von Tepl und seine Zeit. Hg. v. E. SCHWARZ. Darmstadt 1968.

ARENDT, D.: Eulenspiegel – ein Narrenspiegel der Gesellschaft. Stuttgart 1978.

BACHORSKI, H.-J.: Geld und soziale Identität im „Fortunatus". Göppingen 1983.

BERGMANN, R.: Studien zur Entstehung u. Geschichte der deutschen Passionsspiele des 13. und 14. Jahrhunderts. München 1972.

BERTELSMEIER-KIERST, CH.: „Griseldis" in Deutschland. Studien zu Steinhöwel und Arigo. Heidelberg 1988.

BRANDSTETTER, A.: Prosaauflösung. Studien zur Rezeption der höfischen Epik im frühneuhochdeutschen Prosaroman. Frankfurt am Main 1971.

BRETT-EVANS, D.: Von Hrotsvit bis Folz u. Gengenbach. Eine Geschichte des mittelalterlichen deutschen Dramas. 2 Tle. Berlin 1975.

BUCK, A.: Humanistische Lebensformen. Die Rolle der italienischen Humanisten in der zeitgenössischen Gesellschaft. Basel 1981.

CATHOLY, E.: Fastnachtspiel. Stuttgart 1966.

ECKER, G.: Einblattdrucke von den Anfängen bis 1555. 2 Bde. Göppingen 1981.

Eulenspiegel-Interpretation. Der Schalk im Spiegel der Forschung 1807–1977. Hg. v. W. WUNDERLICH. München 1979.

GELDNER, F.: Die deutschen Inkunabeldrucker. Ein Handbuch der deutschen Buchdrucker des XV. Jahrhunderts nach Druckarten. 2 Bde. Stuttgart 1968–70.

HÄNSCH, I.: Heinrich Steinhöwels Übersetzungskommentar in „De claris mulieribus" u. „Äsop". Göppingen 1981.

HESS, U.: Heinrich Steinhöwels „Griseldis". München 1975.

HONEGGER, P.: Ulenspiegel. Ein Beitrag zur Druckgeschichte u. zur Verfasserfrage. Neumünster 1973.

KIEPE-WILLMS, E.: Die Spruchdichtungen Muskatbluts. München 1976.

KÖNNEKER, B.: Wesen u. Wandlung der Narrenidee im Zeitalter des Humanismus. Brant, Murner, Erasmus. Wiesbaden 1966.

KREUTZER, H. J.: Der Mythos vom Volksbuch. Studien zur Wirkungsgeschichte des frühen deutschen Romans seit der Romantik. Stuttgart 1977.

LENK, W.: Das Nürnberger Fastnachtspiel des 15. Jahrhunderts. Berlin (Ost) 1966.

LIEPE, W.: Elisabeth von Nassau-Saarbrücken. Entstehung u. Anfänge des Prosaromans in Deutschland. Halle 1920.

MICHAEL, W. F.: Das deutsche Drama des Mittelalters. Berlin u. New York 1971.

PETZSCH, C.: Das Lochamer-Liederbuch. München 1967.

RÖCKE, W.: Ulenspiegel. Spätmittelalterliche Literatur im Übergang zur Neuzeit. Düsseldorf 1978.

ROLOFF, H.-G.: Stilstudien zur Prosa des 15. Jahrhunderts. Die Melusine des Thüring von Ringoltingen. Köln u. a. 1970.

SCHRAMM, A.: Der Bilderschmuck der Frühdrucke. Fortgeführt von der Kommission der Wiegendrucke. 23 Bde. Leipzig 1920–43.

STEINBACH, R.: Die deutschen Oster- und Passionsspiele des Mittelalters. Köln u. a. 1970.

STUPPERICH, R.: Erasmus von Rotterdam u. seine Welt. Berlin u. New York 1977.

THOMAS, N.: Handlungsstruktur u. dominante Motivik im deutschen Prosaroman des 15. u. frühen 16. Jahrhunderts. Nürnberg 1971.

Till Eulenspiegel in Geschichte u. Gegenwart. Hg. v. TH. CRAMER. Bern 1978.

WEINMAYER, B.: Prosasprachliche Schriftkultur im 15. Jahrhundert. München 1976.

Kapitel 8: Literatur im Zeitalter der Reformation (16. Jahrhundert)

Ausgaben:

Ayrer, Jakob: Dramen. Hg. v. A. VON KELLER. 5 Bde. Stuttgart 1865. Nachdr. Hildesheim 1973.
Birck, Sixt: Sämtliche Dramen. Hg. v. M. BRAUNECK u. a. 3 Bde. Berlin 1969–80.
Brunner, Tobias: Jacob und seine zwölf Söhne. Hg. v. R. STUMPFL. Halle 1928. – Tobias. Hg. v. W. F. MICHAEL u. D. REEVES. Bern u. a. 1978.
Dedekind, Friedrich: Grobianus. Hg. v. A. BÖMER. Berlin 1903.
Das Drama der Reformationszeit. Hg. v. R. FRONING. Stuttgart 1894. Nachdr. Tübingen 1974.
Drei Schauspiele vom sterbenden Menschen. Hg. v. J. BOLTE. Leipzig 1927.
Eberlin von Günzburg, Johann: Sämtliche Schriften. Hg. v. L. ENDERS. 3 Bde. Halle 1896–1902.
Fastnachtspiele des 15. u. 16. Jahrhunderts. Hg. v. D. WUTTKE. Neuausg. Stuttgart 1984.
Fischart, Johann: Flöh Hatz, Weiber Tratz. Hg. v. A. HAAS. Stuttgart 1967. – Geschichtklitterung. Hg. v. U. NYSSEN. 2 Bde. Neuausg. Darmstadt 1977.
Flugschriften: Flugschriften aus der Reformationszeit. 22 Bde. Halle 1877–1957. – Flugschriften aus den ersten Jahren der Reformation. Hg. v. O. CLEMEN. 4 Bde. Halle 1907–11. Nachdr. Nieuwkoop 1967. – Deutsche Flugschriften zur Reformation (1520–1525). Hg. v. K. SIMON. Stuttgart 1980.
Frey, Jakob: Gartengesellschaft. Hg. v. J. BOLTE. Tübingen 1896.
Gart, Thiebold: Joseph. Hg. v. E. MARTIN u. ERICH SCHMIDT. Straßburg 1880.
Gengenbach, Pamphilus. Hg. v. K. GOEDECKE. Hannover 1856. Nachdr. Amsterdam 1966.
Gesangbücher: Das Achtliederbuch. Nürnberg 1523/24. Hg. v. K. AMELN. Kassel 1957. – Geystliche Lieder. Das Babstsche Gesangbuch 1545. Vorwort v. K. AMELN. Kassel 1966. – Das Klugsche Gesangbuch. Wittenberg 1535. Nachdr. v. K. AMELN. Kassel ²1983. – Geistliche Lieder vnd Psalmen ... Gesammelt von J. LEISENTRIT. Bautzen 1657. Nachwort v. W. LIPPHARDT. Kassel 1966. – Vehe, Michael: Ein new Gesangbüchlin geistlicher Lieder. Leipzig 1537. Hg. v. W. LIPPHARDT. Mainz 1970. – WALTER, JOHANN: Das geistliche Gesangbüchlein. Worms 1525. Hg. v. W. BLANKENBURG. Kassel 1979. – WEISSE, MICHAEL: Gesangbuch der Böhmischen Brüder 1531. Hg. v. K. ANSELM. Kassel 1957.
Die Geschichte des Pfarrers vom Kalenberg. Hg. v. V. DOLLMAYR. Halle 1906.
Greff, Joachim: Tragoedia des Buchs Judith. Hg. v. R. W. WALKER. Diss. Ohio State University, Columbus (Ohio) 1978.
Hans Clawerts werkliche Historien. Hg. v. TH. RAEHSE. Halle 1882.
Historia von D. Johann Fausten. Text des Druckes von 1587. Hg. v. ST. FÜSSEL u. H. J. KREUTZER. Stuttgart 1988.
Hutten, Ulrich von: Opera. Hg. v. E. BÖCKING. 5 Bde. u. 2 Supplement-Bde. Leipzig 1859–70. Nachdr. Aalen 1963.
Karsthans. Hg. v. A. E. BERGER. Leipzig 1931.

Das Lalebuch. Nach dem Druck von 1597 mit den Abweichungen des Schiltbürgerbuchs von 1598. Hg. v. ST. ERTZ. Neuausg. Stuttgart 1982.
Liederbücher: Das Ambraser Liederbuch vom Jahre 1582. Hg. v. J. BERGMANN. Stuttgart 1845. Nachdr. Hildesheim 1971. – Liederbuch aus dem 16. Jahrhundert. Hg. v. K. GOEDEKE u. J. TITTMANN. Leipzig 1867. Nachdr. Nendeln 1974. – Georg Forsters Frische Teutsche Liedlein. Hg. v. M. E. MARRIAGE. Halle 1903.
Lindener, Michael: Rastbüchlein u. Katzipori. Hg. v. F. LICHTENSTEIN. Tübingen 1883.
Der linke Flügel der Reformation. Glaubenszeugnisse der Täufer, Spiritualisten, Schwärmer u. Antitrinitarier. Hg. v. H. FAST. Bremen 1962.
Luther, Martin: Geistliche Lieder u. Kirchengesänge. Vollständige Neuedition. Hg. v. M. JENNY. Neuausg. Köln 1985. – Werke. Kritische Gesamtausgabe (Weimarer Ausgabe). 98 Bde. in 4 Abteilungen. Weimar 1883–1985. – BENZING, J.: Lutherbibliographie. Verzeichnis der gedruckten Schriften Martin Luthers bis zu dessen Tod. Baden-Baden 1966.
Manuel, Niklaus: Der Ablaßkrämer. Hg. v. P. ZINSLI. Bern 1960. – Werke. Hg. v. J. BAECHTOLD. Frauenfeld 1878.
Meistersang. Meisterlieder u. Singschulzeugnisse. Hg. v. B. NAGEL. Stuttgart 1965.
Mentelbibel. In: Die erste deutsche Bibel. Hg. v. W. KURRELMEYER. 10 Bde. Leipzig 1904–15.
Müntzer, Thomas: Schriften u. Briefe. Kritische Gesamtausgabe. Hg. v. G. FRANZ u. a. Gütersloh 1968 ff.
Murner, Thomas: Deutsche Schriften. Hg. v. FRANZ SCHULTZ u. a. 9 Bde. Straßburg u. a. 1918–31.
Pauli, Johann: Schimpf u. Ernst. Hg. v. H. ÖSTERLEY. Stuttgart 1866. Nachdr. Amsterdam 1967.
Probst, Peter: Die dramatischen Werke. Hg. v. E. KREISLER. Halle 1907.
Rebhun, Paul: Dramen. Hg. v. H. PALM. Stuttgart 1859. Nachdr. Darmstadt 1969. – Ein geistlich Spiel von der gotfürchtigen u. keuschen Frauen Susanna. Hg. v. H.-G. ROLOFF. Neuausg. Stuttgart 1980.
Rollenhagen, Georg: Froschmeuseler. Hg. v. K. GOEDEKE. 2 Tle. Leipzig 1876. Nachdr. Nendeln 1974.
Ruof, Jakob: Werke. Hg. v. M. PHILLIPS. Diss. University of Texas, Austin (Texas) 1974.
Sachs, Hans: Die Prosadialoge. Hg. v. I. SPRIEWALD. Leipzig 1970. – Sämtliche Fabeln und Schwänke. Hg. v. E. GOETZE u. C. DRESCHER. 6 Bde. Halle ¹⁻²1893–1953. – Sämtliche Fastnachtspiele. Hg. v. E. GOETZE. 7 Bde. Halle 1881–87. Bd. 7 Nachdr. 1966. – Werke. Hg. v. A. VON KELLER u. E. GOETZE. 26 Bde. Tübingen 1870–1908. Nachdr. Hildesheim 1964. Registerband bearb. v. R. A. CROCKETT (1982). – Die Wittenbergisch Nachtigall. Hg. v. G. H. SEUFERT. Stuttgart 1974.
Schmeltzl, Wolfgang: Komödie des verlorenen Sohnes. Hg. v. A. RÖSSLER. Halle 1955.
Schumann, Valentin: Nachtbüchlein. Hg. v. J. BOLTE. Tübingen 1893. Nachdr. Hildesheim 1976.
Schweizerische Schauspiele des 16. Jahrhunderts. Hg. v. J. BAECHTOLD. 3 Bde. Zürich 1890–93.
Sterzinger Spiele (s. Kapitel 7, Geistliche Spiele).
Stricker, Johann: De düdesche Schlömer. Hg. v. A. E. BERGER. Leipzig 1936.
Teufelsbücher. In Auswahl. Hg. v. R. STAMBAUGH. 5 Bde. Berlin 1970–80.
Des Teufels Netz. Hg. v. K. A. BARACK. Stuttgart 1863. Nachdr. Amsterdam 1968.
Volkslieder: Deutsches Leben im Volkslied um 1530. Hg. v. R. VON LILIENCRON. Berlin u. Stuttgart 1884.

Nachdr. Tübingen 1974. – Historische Volkslieder u. Zeitgedichte vom 16. bis 19. Jahrhundert. Hg. v. A. HARTMANN. 3 Bde. München 1907–13. Nachdr. Hildesheim 1972. – Deutsche Volkslieder mit ihren Melodien. Hg. vom deutschen Volksliedarchiv. Bd. 1: Die Königskinder, Balladen Nr. 20, 21. Berlin 1935. Vom Sterben des reichen Mannes. Hg. v. H. WIEMKEN. Bremen 1965.

WALDIS, Burkhard: Der verlorene Sohn. Hg. v. A. E. BERGER. Leipzig 1935.

WICKRAM, Jörg: Das Rollwagenbüchlein. Nachw. v. E. ENDRES. Neuausg. Stuttgart 1984. – Sämtliche Werke. Hg. v. H.-G. ROLOFF. 12 Bde. Berlin 1967–73.

Gesamtdarstellungen:

BURGER, H. O. (s. Kapitel 7).

CLEMEN, O.: Die lutherische Reformation u. der Buchdruck. Leipzig 1939.

GAEDE, F.: Renaissance u. Reformation. In: Geschichte der deutschen Literatur. Hg. v. E. BAHR. Bd. 1. Tübingen 1978. S. 245–310.

Grundpositionen der deutschen Literatur im 16. Jahrhundert. Bearb. v. I. SPRIEWALD u. a. Berlin (Ost) ²1976.

KÖNNEKER, B.: Die deutsche Literatur der Reformationszeit. Kommentar zu einer Epoche. München 1975.

Literatur u. Laienbildung im Spätmittelalter u. in der Reformationszeit (s. Kapitel 7).

Neues Handbuch der Literaturwissenschaft. Hg. v. K. VON SEE. Bd. 9 u. 10: A. BUCK: Renaissance u. Barock. Wiesbaden 1972.

RUPPRICH, H. (s. Kapitel 7).

WALZ, H.: Deutsche Literatur der Reformationszeit. Eine Einführung. Darmstadt 1988.

WEHRLI, M. (s. Kapitel 7).

Einzeldarstellungen:

ALTHAUS, P.: Luthers Haltung im Bauernkrieg. Darmstadt ⁴1971.

ALTHAUS, P.: Die Theologie Martin Luthers. Gütersloh ⁵1980.

BALZER, B.: Bürgerliche Reformationspropaganda. Die Flugschriften des Hans Sachs in den Jahren 1523–1525. Stuttgart 1973.

BEST, T. W.: Macropedius. New York 1972.

BEZZENBERGER, G. E. TH.: Burkard Waldis. Mönch, Zinngießer, Pfarrer u. Dichter. Kassel 1984.

Bibel u. deutsche Kultur. Bearb. v. H. VOLLMER u. a. 11 Bde. Potsdam 1931–41.

BLOCH, E.: Thomas Münzer als Theologe der Revolution. Frankfurt am Main 24. Tsd. 1984.

BORNKAMM, H.: Luther als Schriftsteller. Heidelberg 1965.

BRACKERT, H.: Bauernkrieg u. Literatur. Frankfurt am Main 1975.

BRETT-EVANS, D. (s. Kapitel 7).

BRETTSCHNEIDER, W.: Die Parabel vom verlorenen Sohn. Berlin 1978.

EHLERS, A.: Des Teufels Netz. Stuttgart u. a. 1973.

Flugschriften als Massenmedium der Reformationszeit. Hg. v. H.-J. KÖHLER. Stuttgart 1981.

GRÄTER, C.: Ulrich von Hutten. Ein Lebensbild. Stuttgart 1988.

HAHN, G.: Evangelium als literarische Anweisung. Zu Luthers Stellung in der Geschichte des deutschen kirchlichen Liedes. München 1981.

HAHN, S.: Luthers Übersetzungsweise im Septembertestament von 1522. Hamburg 1973.

Hans Sachs, Studien zur frühbürgerlichen Literatur im 16. Jahrhundert. Hg. v. TH. CRAMER u. E. KARTSCHOKE. Bern u. a. 1978.

Hans Sachs u. Nürnberg. Bedingungen und Probleme reichsstädtischer Literatur. Hg. v. H. BRUNNER u. a. Nürnberg 1976.

JACOBI, R.: Jörg Wickrams Romane. Diss. Bonn 1970.

KÖNNEKER, B.: Hans Sachs. Stuttgart 1971.

Leben u. Werk Martin Luthers von 1526 bis 1547. Hg. v. H. JUNGHANS. 2 Bde. Göttingen 1983.

MICHAEL, W. F.: Das deutsche Drama der Reformationszeit. Bern 1984.

MÜHLEMANN, CH.: Fischarts „Geschichtklitterung" als manieristisches Kunstwerk. Frankfurt am Main 1972.

MÜLLER, MARIA E.: Der Poet der Moralität. Untersuchungen zu Hans Sachs. Bern u. a. 1985.

NEMBACH, U.: Predigt des Evangeliums. Luther als Prediger, Pädagoge und Rhetoriker. Neukirchen u. Vlyn 1972.

RICHTER, R.: Georg Rollenhagens Froschmeuseler, ein rhetorisches Meisterstück. Bern 1975.

SCHUTTE, J.: „Schympff red". Frühformen bürgerlicher Agitation in Thomas Murners „Großem Lutherischem Narren". Stuttgart 1973.

SEITZ, D.: Johann Fischarts „Geschichtklitterung". Untersuchungen zur Prosastruktur und zum grobianischen Motivkomplex. Frankfurt am Main 1974.

SOMMERHALDER, H.: Johann Fischarts Werk. Eine Einführung. Berlin 1960.

VEIT, P.: Das Kirchenlied in der Reformation Martin Luthers. Stuttgart 1986.

VOLZ, H.: Martin Luthers deutsche Bibel. Entstehung und Geschichte der Lutherbibel. Hamburg 1978.

WALTHER, W.: Die deutsche Bibelübersetzung des Mittelalters. 3 Tle. Braunschweig 1889–92. Nachdr. Nieuwkoop 1966.

Willibald Pirckheimer. 1470–1970. Dokumente, Studien, Perspektiven. Hg. vom Willibald-Pirckheimer-Kuratorium. Nürnberg 1970.

WOLF, H.: Martin Luther. Eine Einführung in germanistische Luther-Studien. Stuttgart 1980.

Kapitel 9: Barock (17. Jahrhundert)

Gesamtdarstellungen:

Deutsche Literatur. Eine Sozialgeschichte. Hg. v. H. A. GLASER. Bd. 3. Zwischen Gegenreformation und Frühaufklärung: Späthumanismus, Barock. Reinbek 1985.

EMRICH, W.: Deutsche Literatur der Barockzeit. Königstein im Taunus 1981.

FLEMMING, W.: Deutsche Kultur im Zeitalter des Barocks, Konstanz ²1960.

NAUMANN, H. u. MÜLLER, GÜNTHER: Höfische Kultur. Halle 1929.

OESTREICH, G.: Geist und Gestalt des frühmodernen Staates. Ausgewählte Aufsätze. Berlin 1969.

VIERHAUS, R.: Deutschland im Zeitalter des Absolutismus (1648–1763). Göttingen 1978.

WIEDEMANN, C.: Barockdichtung in Deutschland. In: Neues Handbuch der Literaturwissenschaft. Hg. v. K. VON SEE. Bd. 10: Renaissance u. Barock. Hg. v. A. BUCK. Frankfurt am Main 1972. S. 177–201.

Einzeldarstellungen:

ALEWYN, R. u. SÄLZLE, K.: Das große Welttheater. Die Epoche der höfischen Feste in Dokument u. Deutung. Hamburg 1959.

ALEXANDER, R. J.: Das deutsche Barockdrama. Stuttgart 1984.

BARNER, W.: Barockrhetorik. Untersuchungen zu ihren geschichtlichen Grundlagen. Tübingen 1970.
Deutsche Dichter des 17. Jahrhunderts. Hg. v. H. STEINHAGEN u. B. VON WIESE. Berlin 1984.
DYCK, J.: Ticht-Kunst. Deutsche Barockpoetik u. rhetorische Tradition. Bad Homburg 1966.
Emblemata. Handbuch zur Sinnbildkunst des 16. und 17. Jahrhunderts. Hg. v. A. HENKEL u. A. SCHÖNE. Stuttgart 1967.
FISCHER, L.: Gebundene Rede. Dichtung u. Rhetorik in der literarischen Theorie des Barock in Deutschland. Tübingen 1968.
MEID, V.: Barocklyrik. Stuttgart 1986.
MEID, V.: Der deutsche Barockroman. Stuttgart 1974.
OTTO, K. F.: Die Sprachgesellschaften des 17. Jahrhunderts. Stuttgart 1972.
RÖTZER, H. G.: Der Roman des Barock: 1600-1700. Kommentar zu einer Epoche. München 1972.
SCHINGS, H.-J.: Consolatio Tragoediae. Zur Theorie des barocken Trauerspiels. In: Deutsche Dramentheorien. Hg. v. R. GRIMM. Bd. 1. Frankfurt am Main 1971.
SCHÖNE, A.: Emblematik u. Drama im Zeitalter des Barock. München 1964.
WINDFUHR, M.: Die barocke Bildlichkeit u. ihre Kritiker. Stuttgart 1966.

Kapitel 10: Aufklärung (1680–1789)

Gesamtdarstellungen:
Aufklärung. Erläuterungen zur deutschen Literatur. Hg. v. K. BÖTTCHER. Berlin (Ost) 1977.
BALET, L. u. GERHARD, E.: Die Verbürgerlichung der deutschen Kunst, Literatur u. Musik im 18. Jahrhundert. Frankfurt am Main u. a. 1973.
Deutsche Aufklärung bis zur Französischen Revolution: 1680-1789. Hg. v. R. GRIMMINGER. München u. a. 1980.
Deutsche Literatur. Eine Sozialgeschichte. Hg. v. H. A. GLASER. Bd. 4: Zwischen Absolutismus u. Aufklärung: Rationalismus, Empfindsamkeit, Sturm u. Drang, 1740–1786. Hg. v. A.-R. WUTHENOW. Reinbek 1980.
Grundkurs 18. Jahrhundert. Hg. v. G. MATTENKLOTT u. K. R. SCHERPE. 2 Tle. Kronberg im Taunus. 1974.
OELMÜLLER, W.: Die unbefriedigte Aufklärung. Beiträge zu einer Theorie der Moderne von Lessing, Kant u. Hegel. Frankfurt am Main 1969.
Was ist Aufklärung? Thesen u. Definitionen. Hg. v. E. BAHR. Stuttgart 1974.
Einzeldarstellungen:
Aufklärung u. literarische Öffentlichkeit. Hg. v. CH. BÜRGER, P. BÜRGER u. J. SCHULTE-SASSE. Frankfurt am Main 1980.
IMHOF, U.: Das gesellige Jahrhundert. Gesellschaft u. Gesellschaften im Zeitalter der Aufklärung. München 1982.
MARTENS, W.: Die Botschaft der Tugend. Die Aufklärung im Spiegel der deutschen Moralischen Wochenschriften. Stuttgart 1968.
MOG, P.: Ratio u. Gefühlskultur. Studien zu Psychogenese u. Literatur im 18. Jahrhundert. Tübingen 1976.
SAUDER, G.: Empfindsamkeit. Auf mehrere Bde. berechnet.
STEPHAN, I.: Literarischer Jakobinismus in Deutschland (1789-1806). Stuttgart 1976.
SZONDI, P.: Die Theorie des bürgerlichen Trauerspiels im 18. Jahrhundert. Frankfurt am Main ⁴1979.

ZEMAN, H.: Die deutsche anakreontische Dichtung. Ein Versuch zur Erfassung ihrer ästhetischen u. literarhistorischen Erscheinungsformen im 18. Jahrhundert. Stuttgart 1972.

Kapitel 11: Sturm und Drang (1770–1785)

Gesamtdarstellungen:
HUYSSEN, A.: Drama des Sturm u. Drang. Kommentar zu einer Epoche. München 1980.
KAISER, G.: Aufklärung, Empfindsamkeit, Sturm und Drang. München ²1976.
KAISER, G.: Von der Aufklärung bis zum Sturm u. Drang, 1730-1785. Gütersloh 1966.
KORFF, H. A.: Geist der Goethezeit. Versuch einer ideellen Entwicklung der klassisch-romantischen Literaturgeschichte. Tl. 1: Sturm u. Drang. Darmstadt ¹⁰1977.
KRAUSS, W.: Zur Periodisierung Aufklärung, Sturm u. Drang, Weimarer Klassik. In: KRAUSS: Studien zur deutschen u. französischen Aufklärung. Berlin (Ost) 1963. S. 376-399.
MARTINI, F.: Die Poetik des Dramas im Sturm u. Drang. In: Deutsche Dramentheorien. Beiträge zu einer historischen Poetik des Dramas in Deutschland. Hg. v. R. GRIMM. Bd. 1. Wiesbaden ³1980, S. 123-156.
MELCHINGER, S.: Dramaturgie des Sturms u. Drangs. Gotha 1929.
SAUDER, G.: Die deutsche Literatur des Sturm u. Drang. In: Neues Handbuch der Literaturwissenschaft. Hg. v. K. VON SEE. Bd. 12. Wiesbaden 1984, S. 327-378.
SCHNEIDER, F. J.: Die deutsche Dichtung der Geniezeit. Stuttgart 1952.
Sturm u. Drang. Ein literaturwissenschaftliches Studienbuch. Hg. v. W. HINCK. Kronberg im Taunus 1978.
Einzeldarstellungen:
BOUBIA, F.: Theater der Politik, Politik des Theaters. Louis-Sébastien Mercier u. die Dramaturgie des Sturm u. Drang. Frankfurt am Main u. a. 1978.
GERTH, K.: Studien zu Gerstenbergs Poetik. Ein Beitrag zur Umschichtung der ästhetischen u. poetischen Grundbegriffe im 18. Jahrhundert. Göttingen 1960.
Der Göttinger Hain. Hg. v. A. KELLETAT. Stuttgart 1967.
KAIM-KLOCK, L.: Gottfried August Bürger. Zum Problem der Volkstümlichkeit in der Lyrik. Berlin (Ost) 1963.
SCHERPE, K. R.: Werther u. Wertherwirkung. Bad Homburg v. d. Höhe 1970.
STOLPE, H.: Die Auffassung des jungen Herder vom Mittelalter. Weimar 1955.
WINTER, H.-G.: J. M. R. Lenz. Stuttgart 1987.

Kapitel 12: Weimarer Klassik (1775–1832)

Gesamtdarstellungen:
BARTH, I.-M.: Literarisches Weimar. Stuttgart 1971.
Begriffsbestimmung der Klassik u. des Klassischen. Hg. v. H. O. BURGER. Darmstadt 1972.
Epochenschwelle u. Epochenbewußtsein. Hg. v. R. HERZOG u. R. KOSELLECK. München 1987.
Die Klassik-Legende. Hg. v. R. GRIMM u. J. HERMAND. Frankfurt am Main 1971.

KORFF, H. A.: Geist der Goethezeit. 5 Bde. Darmstadt ⁶⁻¹⁰1977.
LANGE, V.: Das klassische Zeitalter der deutschen Literatur. Dt. Übers. München 1983.
MÜLLER-SEIDEL, W.: Die Geschichtlichkeit der deutschen Klassik. Stuttgart 1983.
Einzeldarstellungen:
Aufsätze zu Goethes Faust I. Hg. v. W. KELLER. Darmstadt 1974.
BAUR, E.: Johann Gottfried Herder. Leben u. Werk. Stuttgart 1960.
BENJAMIN, W.: Goethes Wahlverwandtschaften. In: W. B., Gesammelte Schriften. Bd. 1, Tl. 1. Frankfurt am Main 1978.
BERGLAR, P.: Wilhelm von Humboldt in Selbstzeugnissen u. Bilddokumenten. Reinbek 19.–21. Tsd. 1979.
BOERNER, P.: Johann Wolfgang von Goethe. Mit Selbstzeugnissen u. Bilddokumenten. Reinbek 184.–191. Tsd. 1987.
BURSCHELL, F.: Friedrich Schiller in Selbstzeugnissen u. Bilddokumenten. Reinbek 114.–120. Tsd. 1976.
CONRADY, K. O.: Goethe. Leben u. Werk. 2 Bde. Königstein im Taunus ¹⁻²1984–85.
EMRICH, W.: Die Symbolik von Faust II. Königstein im Taunus ⁵1981.
Goethe in Italien. Hg. v. J. GÖRES. Mainz 1986.
Goethes Erzählwerk. Hg. v. P. M. LÜTZELER u. J. E. MCLEOD. Stuttgart 1985.
Goethes Roman „Die Wahlverwandtschaften". Hg. v. E. RÖSCH. Darmstadt 1975.
HENKEL, A.: Entsagung. Eine Studie zu Goethes Altersroman. Tübingen ²1964.
JOST, D.: Deutsche Klassik, Goethes „Römische Elegien". Pullach 1974.
KAEHLER, S. A.: Wilhelm von Humboldt u. der Staat. Göttingen ²1963.
KANTZENBACH, F. W.: Johann Gottfried Herder in Selbstzeugnissen u. Bilddokumenten. Reinbek 16.–18. Tsd. 1979.
KOOPMANN, H.: Friedrich Schiller. 2 Bde. Stuttgart ²1977.
LEMMEL, M.: Poetologie in Goethes West-östlichem Divan. Heidelberg 1987.
RYAN, L.: Hölderlins Hyperion. Stuttgart 1965.
Schiller. Zur Theorie u. Praxis der Dramen. Hg. v. K. L. BERGHAHN u. R. GRIMM. Darmstadt 1972.
Schillers Dramen. Neue Interpretationen. Hg. v. W. HINDERER. Stuttgart 1979.
SCHÖNE, A.: Goethes Farbentheologie. München 1987.
SCHRIMPF, H. J.: Johann Wolfgang Goethe: Faust. In: Deutsche Dramen. Hg. v. H. MÜLLER-MICHAELIS. Bd. 1. Königstein ²1985.
SCHRIMPF, H. J.: Karl Philipp Moritz. Stuttgart 1980.
STADLER, P. B.: Wilhelm von Humboldts Bild der Antike. Zürich u. Stuttgart 1959.
STAIGER, E.: Goethe. 3 Bde. Zürich u. München ⁴⁻⁵1970–79.
Unser Commercium. Goethes u. Schillers Literaturpoetik. Hg. v. W. BARNER u. a. Stuttgart 1984.
Urgeschichte des deutschen Bildungsromans. Hg. v. R. SELBMANN. Darmstadt 1988.
WACKWITZ, ST.: Friedrich Hölderlin. Stuttgart 1985.

Kapitel 13: Romantik (1788–1835)

Gesamtdarstellungen:
ARENDT, D.: Der poetische Nihilismus in der Romantik. 2 Bde. Tübingen 1972.
BENZ, R.: Die deutsche Romantik. Stuttgart ⁵1956.
Deutsche Dichter der Romantik. Hg. v. B. VON WIESE. Berlin 1971.
FRANK, M.: Der kommende Gott. Vorlesungen über die Neue Mythologie. Frankfurt am Main 1982.
HUCH, R.: Die Romantik. Tübingen ⁵1979.
KOHLSCHMIDT, W.: Von der Romantik bis zum späten Goethe. In: Geschichte der deutschen Literatur. Bd. 3. Stuttgart ²1979.
KLUCKHOHN, P.: Das Ideengut der deutschen Romantik. Tübingen ⁵1966.
KORFF, H. A.: Geist der Goethezeit. Tl. 3 u. 4. Leipzig ⁷1966. Nachdr. Darmstadt 1988.
STROHSCHNEIDER-KOHRS, I.: Die romantische Ironie in Theorie u. Gestaltung. Tübingen ²1977.
THALMANN, M.: Die Romantik des Trivialen. München 1970.
Einzeldarstellungen:
BÄUMER, K.: Bettine, Psyche, Mignon. Bettina von Arnim u. Goethe. Stuttgart 1986.
BEHLER, E.: Friedrich Schlegel in Selbstzeugnissen u. Bilddokumenten. Hamburg 1966.
BLÖCKER, G.: Heinrich von Kleist oder Das absolute Ich. Neuausg. Frankfurt 1977.
BORCHERDT, H. H.: Der Roman der Goethezeit. Urach 1949.
BRENTANO, B. V.: A. W. Schlegel. Geschichte eines romantischen Geistes. Neuausg. Frankfurt am Main 1986.
DREWITZ, I.: Berliner Salons. Berlin 1965.
GERSTNER, H.: Brüder Grimm in Selbstzeugnissen u. Bilddokumenten. Reinbek 1973.
GÖRES, J.: Das Verhältnis von Historie u. Poesie in der Erzählkunst L. A. von Arnims. Diss. Heidelberg 1957.
HABEL, R.: Joseph Görres. Wiesbaden 1960.
HOFFMANN, WERNER: Clemens Brentano. Leben u. Werk. Bern u. München 1966.
KNITTERMEYER, H.: Schelling u. die Romantische Schule. München 1928.
KOMMERELL, M.: Jean Paul. Frankfurt am Main ⁵1977.
KUNZ, J.: Die deutsche Novelle zwischen Klassik u. Romantik. Berlin ²1971.
MÄHL, H.-J.: Die Idee des Goldenen Zeitalters im Werk des Novalis. Heidelberg 1965.
MERKEL, F. R.: Der Naturphilosoph G. H. Schubert u. die deutsche Romantik. München 1913.
RIBBAT, E.: Ludwig Tieck. Kronberg im Taunus 1978.
SCHUMACHER, H.: Narziß an der Quelle. Das romantische Kunstmärchen. Wiesbaden 1977.
SCHWARZ, P. P.: Aurora. Zur romantischen Zeitstruktur bei Eichendorff. Bad Homburg v. d. Höhe 1970.
THALMANN, M.: Ludwig Tieck. Der romantische Weltmann aus Berlin. München 1955.

Kapitel 14: Zwischen Restauration und Revolution – der deutsche Vormärz (1815–1849)

Gesamtdarstellungen:
Demokratisch-revolutionäre Literatur in Deutschland. Vormärz. Hg. v. G. MATTENKLOTT u. K. SCHERPE. Kronberg im Taunus 1974.
Deutsche Literatur. Eine Sozialgeschichte. Hg. v. H. A. GLASER. Bd. 6: Vormärz: Biedermeier, junges Deutschland, Demokraten. Hamburg 1980.
Geschichte der deutschen Literatur vom 18. Jahrhundert bis zur Gegenwart. Hg. v. V. ŽMEGAČ. Bd. 1, Tl. 2. Königstein im Taunus ²1984.
ROSENBERG, R.: Literaturverhältnisse im deutschen Vormärz. München 1975.
SENGLE, F.: Biedermeierzeit. Deutsche Literatur im Spannungsfeld zwischen Restauration und Revolution 1815–1848. 3 Bde. Stuttgart 1971–80.
STEIN, P.: Epochenproblem „Vormärz" (1815–1848). Stuttgart 1974.

Einzeldarstellungen:
DENKLER, H.: Restauration u. Revolution. Tendenzen im deutschen Drama zwischen Wiener Kongreß u. Märzrevolution. München 1973.
HOTZ, K.: Georg Weerth. Ungleichzeitigkeit u. Gleichzeitigkeit im literarischen Vormärz. Stuttgart 1976.
Das junge Deutschland. Kolloquium zum 150. Jahrestag des Verbots vom 10. Dez. 1835. Hg. v. J. A. KRUSE u. B. KORTLÄNDER. Hamburg 1987.
KNAPP, G. P.: Georg Büchner. Eine kritische Einführung in die Forschung. Frankfurt am Main 1975.
KOOPMANN, H.: Das Junge Deutschland. Stuttgart 1970.
Literarische Geheimberichte. Protokolle der Metternichagenten. Hg. v. H. ADLER. 2 Bde. Köln 1977–81.
MAYER, HANS: Georg Büchner u. seine Zeit. Frankfurt am Main ³1977.
STEINECKE, H.: Literaturkritik des Jungen Deutschland. Berlin 1982.
TROMMLER, F.: Sozialistische Literatur in Deutschland. Ein historischer Überblick. Stuttgart 1976.
WINDFUHR, M.: Heinrich Heine. Revolution u. Reflexion. Stuttgart ²1976.
ZIEGLER, E.: Literarische Zensur in Deutschland 1819–1848. München u. Wien 1983.
Zur Literatur der Restaurationsepoche. 1815–1848. Forschungsreferate u. Aufsätze. Hg. v. J. HERMAND u. M. WINDFUHR. Stuttgart 1970.

Kapitel 15: Realismus und Gründerzeit (1850–1890)

Gesamtdarstellungen:
AUST, H.: Literatur des Realismus. Stuttgart ²1981.
Begriffsbestimmung des literarischen Realismus. Hg. v. R. BRINKMANN. Darmstadt ³1987.
Deutsche Literatur. Eine Sozialgeschichte. Hg. v. H. A. GLASER. Bd. 7: Vom Nachmärz zur Gründerzeit: Realismus 1848–1880. Reinbek 1982.
Geschichte der deutschen Literatur vom 18. Jh. bis zur Gegenwart. Hg. v. V. ŽMEGAČ. Bd. 2. Königstein im Taunus 1980.
LUKÁCS, G.: Deutsche Realisten des 19. Jahrhunderts. Berlin (Ost) ⁵1956.

MARTINI, F.: Deutsche Literatur im bürgerlichen Realismus: 1848–1898. Stuttgart ⁴1981.
Realismus u. Gründerzeit. Manifeste u. Dokumente zur dt. Literatur 1848–1880. Hg. v. M. BUCHER u. a. 2 Bde. Stuttgart 1975–76.
Theorie des bürgerlichen Realismus. Hg. v. G. PLUMPE. Stuttgart 1985.
WIDHAMMER, H.: Die Literaturtheorie des deutschen Realismus (1848–1860). Stuttgart 1977.

Einzeldarstellungen:
DEMETZ, P.: Formen des Realismus. Theodor Fontane. Kritische Untersuchungen. Neuausg. Frankfurt am Main u. a. 1973.
FEHR, K.: Jeremias Gotthelf (Albert Bitzius). Stuttgart ²1985.
Handbuch zur deutschen Arbeiterliteratur. Hg. v. H. L. ARNOLD. 2 Bde. München 1977.
HEIN, J.: Dorfgeschichte. Stuttgart 1976.
HINCK, W.: Die deutsche Ballade von Bürger bis Brecht. Göttingen ²1972.
LÖWENTHAL, L.: Erzählkunst u. Gesellschaft. Die Gesellschaftsproblematik in der deutschen Literatur des 19. Jahrhunderts. Neuwied 1971.
Lyrik der Gründerzeit. Hg. v. G. MAHAL. Tübingen 1973.
MÜLLER-SEIDEL, W.: Theodor Fontane. Soziale Romankunst in Deutschland. Stuttgart ²1980.
MUSCHG, A.: Gottfried Keller. München 1977.
POLHEIM, K. K.: Novellentheorie u. Novellenforschung. Ein Forschungsbericht. 1945–1964. Stuttgart 1965.
SCHANZE, H.: Drama im bürgerlichen Realismus (1850–1890). Theorie u. Praxis. Frankfurt am Main 1973.
STEINBRINK, B.: Abenteuerliteratur des 19. Jahrhunderts in Deutschland. Tübingen 1983.
UEDING, G.: Glanzvolles Elend. Versuch über Kitsch und Kolportage. Frankfurt am Main 1973.
Wege zur Ballade. Hg. v. R. HIRSCHENAUER u. A. WEBER. München 1968.
Wilhelm Raabe. Studien zu seinem Leben u. Werk. Hg. v. L. A. LENSING u. H.-W. PETER. Braunschweig 1981.

Kapitel 16: Naturalismus (1880–1895)

Gesamtdarstellungen:
COWEN, R. C.: Der Naturalismus. Kommentar zu einer Epoche. München ³1981.
HAMANN, R. u. HERMAND, J.: Naturalismus. München ³1976.
Literatur u. Theater im Wilhelminischen Zeitalter. Hg. v. H.-P. BAYERDÖRFER u. a. Tübingen 1978.
MAHAL, G.: Naturalismus. München ²1982.
MARKWARDT, B.: Geschichte der deutschen Poetik. Bd. 5. Berlin 1967. S. 1–133.
MÖBIUS, H.: Der Naturalismus. Epochendarstellung u. Werkanalyse. Heidelberg 1982.
MÜNCHOW, U.: Deutscher Naturalismus. Berlin (Ost) 1968.
Naturalismus. Hg. v. W. SCHMÄHLING. Neuausg. Stuttgart 1982.
Naturalismus. Bürgerliche Dichtung u. soziales Engagement. Hg. v. H. SCHEUER. Stuttgart u. a. 1974.
Naturalismus, Ästhetizismus. Hg. v. C. BÜRGER. Frankfurt am Main 1979.

Bibliographie

Naturalismus. Manifeste u. Dokumente zur deutschen Literatur 1880–1900. Hg. v. M. BRAUNECK u. a. Stuttgart 1987.
Positionen der literarischen Intelligenz zwischen bürgerlicher Reaktion u. Imperialismus. Hg. v. G. MATTENKLOTT u. K. R. SCHERPE. Kronberg im Taunus 1973.
SOERGEL, A.: Dichtung u. Dichter der Zeit. Neuausg. Düsseldorf 1964.
Einzeldarstellungen:
BRAUNECK, M.: Literatur u. Öffentlichkeit im ausgehenden 19. Jahrhundert. Studien zur Rezeption des naturalistischen Theaters in Deutschland. Stuttgart 1974.
GÜNTHER, K.: Literarische Gruppenbildungen im Berliner Naturalismus. Bonn 1972.
HOEFERT, S.: Das Drama des Naturalismus. Stuttgart ³1979.
Naturalismus-Debatte 1891–1896. Dokumente zur Literaturtheorie u. Literaturkritik der revolutionären deutschen Sozialdemokratie. Hg. u. eingeleitet v. N. ROTHE. Berlin (Ost) 1986.
NESTRIEPKE, S.: Geschichte der Volksbühne Berlin. Tl. 1: 1890–1913. Berlin 1930.
SCHERER, H.: Bürgerlich-oppositionelle Literaten u. sozialdemokratische Arbeiterbewegung nach 1890. Die ‚Friedrichshagener' und ihr Einfluß auf die sozialdemokratische Kulturpolitik. Stuttgart 1974.
SCHULZ, G.: Zur Theorie des Dramas im deutschen Naturalismus. In: Deutsche Dramentheorien. Hg. v. R. GRIMM. Bd. 2. Frankfurt am Main 1971, S. 394–428.
SCHUTTE, J.: Lyrik des dt. Naturalismus (1885–1893). Stuttgart 1976.

Heinrich Mann. Werk u. Wirkung. Hg. v. R. WOLFF. Bonn 1984.
JANZ, R.-P. u. LAERMANN, K.: Arthur Schnitzler. Zur Diagnose des Wiener Bürgertums im Fin de siècle. Stuttgart 1977.
KRAFT, W.: Stefan George. München 1980.
KREUZER, H.: Die Boheme. Beiträge zu ihrer Beschreibung. Stuttgart 1968.
KURZKE, H.: Thomas Mann. Epoche – Werk – Wirkung. München 1985.
PERLMANN, M. C.: Der Traum in der literarischen Moderne. Untersuchungen zum Werk Arthur Schnitzlers. München 1987.
Rilke heute. Beziehungen u. Wirkungen. Hg. v. I. H. SOLBRIG u. a. 2 Bde. Frankfurt am Main 1975/76.
SCHLEY, G.: Die Freie Bühne in Berlin. Der Vorläufer der Volksbühnenbewegung. Ein Beitrag zur Theatergeschichte in Deutschland. Berlin 1967.
SCHONAUER, F.: Stefan George. In Selbstzeugnissen u. Bilddokumenten. Reinbek 32.–34. Tsd. 1979.
SCHRÖTER, K.: Heinrich Mann in Selbstzeugnissen u. Bilddokumenten. Reinbek 56.–59. Tsd. 1983.
SCHRÖTER, K.: Thomas Mann in Selbstzeugnissen u. Bilddokumenten. Reinbek 157.–163. Tsd. 1983.
SCHUMACHER, H.: Leopold Andrian. Werk u. Weltbild eines österreichischen Dichters. Wien 1967.
SEEHAUS, G.: Frank Wedekind in Selbstzeugnissen u. Bilddokumenten. Reinbek 17.–19. Tsd. 1981.
WINKLER, M.: Stefan George. Stuttgart 1970.

Kapitel 17: Fin de siècle

Gesamtdarstellungen:
Fin de siècle. Zur Literatur u. Kunst der Jahrhundertwende. Hg. v. R. BAUER. Frankfurt am Main 1977.
FISCHER, J. M.: Fin de siècle. Kommentar zu einer Epoche. München 1978.
Geschichte der deutschen Literatur vom 18. Jahrhundert bis zur Gegenwart. Hg. v. V. ŽMEGAČ. Bd. 2. Königstein im Taunus 1980.
HAMANN, R. u. HERMAND, J.: Epochen deutscher Kultur von 1870 bis zur Gegenwart. Bd. 3: Impressionismus. Bd. 4: Stilkunst um 1900. Neuausg. Frankfurt am Main 1977.
Jahrhundertende – Jahrhundertwende. Hg. v. H. KREUZER u. a. 2 Bde. Wiesbaden 1976.
SCHORSKE, C. E.: Wien. Geist u. Gesellschaft im Fin-de-siècle. Dt. Übers. Frankfurt am Main 1982.
Die Wiener Moderne. Literatur, Kunst u. Musik zwischen 1890 u. 1910. Hg. v. G. WUNBERG u. a. Stuttgart 1981.
Einzeldarstellungen:
ALEWYN, R.: Über Hugo von Hofmannsthal. Göttingen ²1967.
BRIESE-NEUMANN, G.: Ästhet – Dilettant – Narciss. Untersuchungen zur Reflexion der Fin-de-siècle-Phänomene im Frühwerk Hofmannsthals. Frankfurt am Main 1985.
DURZAK, M.: Zwischen Symbolismus u. Expressionismus: Stefan George. Stuttgart 1974.
FRITZ, H.: Literarischer Jugendstil u. Expressionismus. Zur Kunsttheorie, Dichtung u. Wirkung Richard Dehmels. Stuttgart 1969.

Kapitel 18: Die Literaturrevolution des Expressionismus (1910–1925)

Gesamtdarstellungen:
BENN, G.: Probleme der Lyrik. Wiesbaden ¹⁰1969.
BLOCH, E.: Diskussion über Expressionismus. In: Marxismus und Literatur. Eine Dokumentation in 3 Bden. Hg. v. F. J. RADDATZ. Bd. 2. Reinbek 15.–17. Tsd. 1974.
BRINKMANN, R.: Expressionismus. Internationale Forschung zu einem internationalen Phänomen. Sonderband der „Deutschen Vierteljahresschrift für Literaturwissenschaft u. Geistesgeschichte". Stuttgart 1960.
Expressionismus. Literatur u. Kunst, 1910–1923. Bearb. v. P. RAABE. Eine Ausstellung des Deutschen Literaturarchivs im Schiller-Nationalmuseum, Marbach am Neckar, 8. Mai bis 31. Oktober 1960. München 1961.
Expressionismus als Literatur. Gesammelte Studien. Hg. v. W. ROTHE. Bern u. München 1969.
FELLMANN, F.: Phänomenologie u. Expressionismus. Freiburg i. Br. u. München 1982.
KRAFT, H.: Kunst u. Wirklichkeit im Expressionismus. Mit einer Dokumentation zu Carl Einstein. Bebenhausen 1972.
KREILER, K.: Die Schriftstellerrepublik. Zum Verhältnis von Literatur u. Politik in der Münchener Räterepublik. Ein systematisches Kapitel politischer Literaturgeschichte. Berlin 1978.
LUKÁCS, G.: „Größe u. Verfall" des Expressionismus. In: Marxismus und Literatur. Eine Dokumentation in 3 Bden. Hg. v. F. J. RADDATZ, Bd. 2. Reinbek 15.–17. Tsd. 1974.
MUSCHG, W.: Von Trakl zu Brecht. Dichter des Expressionismus. München 1961.

Spiegel im dunklen Wort. Analysen zur Prosa des frühen 20. Jahrhunderts. Hg. v. W. FREUND u. H. SCHUMACHER. Frankfurt am Main u. Bern 1983–86.
Theorie der modernen Lyrik. Dokumente zur Poetik. Hg. v. W. HÖLLERER. Reinbek 21.–25. Tsd. 1969.
TOEPLITZ, J.: Der deutsche Expressionismus. In: TOEPLITZ: Geschichte des Films. Bd. 1: 1895–1928. München ³1979.
VIETTA, S. u. KEMPER, H.-G.: Expressionismus. München ²1983.
Weimarer Republik. Manifeste u. Dokumente zur deutschen Literatur 1918–1933. Hg. v. A. KAES. Stuttgart 1983.

Einzeldarstellungen:
ALTENHOFER, R. A. J.: Ernst Tollers politische Dramatik. Ann Arbor (Mich.) 1985.
Die Briefe der Gläsernen Kette. Hg. v. I. B. WHYTE u. a. Berlin 1986.
BUSSMANN, R.: Einzelner u. Masse. Zum dramatischen Werk Georg Kaisers. Kronberg im Taunus 1978.
Caligari u. Caligarismus. Hg. von der Deutschen Kinemathek Berlin. Berlin 1970.
FALKENSTEIN, H.: Ernst Barlach. Berlin 1978.
Gottfried Benn. Hg. v. B. HILLEBRAND. Darmstadt 1979.
Ich schneide die Zeit aus. Expressionismus und Politik in Franz Pfemferts „Aktion" 1911–1918. Hg. v. P. RAABE. München 1964.
JUNGK, P. S.: Franz Werfel. Eine Lebensgeschichte. Frankfurt am Main ²1988.
Kafka-Handbuch in 2 Bden. Hg. v. H. BINDER. Stuttgart 1979.
KLÜSENER, E.: Else Lasker-Schüler in Selbstzeugnissen u. Bilddokumenten. Reinbek 14.–16. Tsd. 1983.
KOLINSKY, E.: Engagierter Expressionismus. Politik u. Literatur zwischen Weltkrieg u. Weimarer Republik. Eine Analyse expressionistischer Zeitschriften. Stuttgart 1970.
KORTE, H.: Georg Heym. Stuttgart 1982.
KREUZER, H.: Die Bohème. Stuttgart. Neuausg. 1971.
KRULL, W.: Prosa des Expressionismus. Stuttgart 1984.
PHILIPP, E.: Dadaismus. Einführung in den literarischen Dadaismus u. die Wortkunst des „Sturm"-Kreises. München 1980.
PINTHUS, K.: Der Zeitgenosse. Literarische Portraits u. Kritiken. Ausgewählt zu seinem 85. Geburtstag. Marbach am Neckar 1971.
RÖTZER, H. G.: Reinhard Johannes Sorge. Theorie u. Dichtung. Diss. Erlangen 1961.
SCHUMACHER, H.: Reinhard Johannes Sorge; Oskar Kokoschka. In: Expressionismus als Literatur. Gesammelte Studien. Hg. v. W. ROTHE. Bern u. München 1969.
VIVIANI, A.: Das Drama des Expressionismus. Kommentar zu einer Epoche. München ²1981.
WILDER, A.: Die Komödien Walter Hasenclevers. Frankfurt am Main 1983.
Zu Carl Sternheim. Hg. v. M. DURZAK. Stuttgart 1982.

Kapitel 19: Literatur der Weimarer Republik (1918–1933)

Gesamtdarstellungen:
Deutsche Dichter der Moderne. Ihr Leben u. Werk. Hg. v. B. VON WIESE. Berlin ³1975.
Die deutsche Literatur in der Weimarer Republik. Hg. v. W. ROTHE. Stuttgart 1974.

Deutsche Literaturgeschichte von den Anfängen bis zur Gegenwart. Bearb. v. W. BEUTIN u. a. Stuttgart ²1984. S. 319–354.
GAY, P.: Die Republik der Außenseiter. Geist u. Kultur in der Weimarer Zeit um 1918–1933. Dt. Übers. Frankfurt am Main. Neuausg. 1987.
Geschichte der deutschen Literatur vom 18. Jahrhundert bis zur Gegenwart. Hg. v. V. ŽMEGAČ. Bd. 3, Tl. 1: 1918–1945. Königstein im Taunus 1984.
JUST, K. G.: Von der Gründerzeit bis zur Gegenwart. Geschichte der deutschen Literatur seit 1871. München 1973. S. 375–488.
LAQUEUR, W.: Weimar: Die Kultur der Republik. Dt. Übers. Frankfurt am Main 1976.
LETHEN, H.: Neue Sachlichkeit 1924–1932. Studien zur Literatur des „Weißen Sozialismus". Stuttgart ²1975.
Das literarische Leben in der Weimarer Republik. Hg. v. K. BULLIVANT. Königstein im Taunus 1978.
Die sogenannten Zwanziger Jahre. First Wisconsin Workshop. Hg. v. R. GRIMM u. J. HERMAND. Bad Homburg v. d. Höhe 1970.
Weimarer Republik. Hg. vom Kunstamt Kreuzberg (Berlin). Berlin ³1977.
Weimarer Republik. Manifeste u. Dokumente zur deutschen Literatur 1918–1933. Hg. v. A. KAES. Stuttgart 1983.
Weimarer Republik – Drittes Reich: Avantgardismus, Parteilichkeit, Exil. 1918–1945. In: Deutsche Literatur. Eine Sozialgeschichte. Hg. v. H. A. GLASER u. a. Bd. 9. Reinbek 1983.
WILLETT, J.: Explosion der Mitte. Kunst u. Politik 1917–1933. Dt. Übers. München 1981.
WILLETT, J.: Die Weimarer Jahre. Eine Kultur mit gewaltsamem Ende. Dt. Übers. Stuttgart 1986.

Einzeldarstellungen:
BACKHAUS, D.: Essay u. Essayismus. Stuttgart 1969.
DENKLER, H.: Sache u. Stil. Die Theorie der „Neuen Sachlichkeit" u. ihre Auswirkungen auf Kunst u. Dichtung. In: Wirkendes Wort 18 (1968), S. 167.
GRIMM, R.: Neuer Humor? Die Komödienproduktion zwischen 1918 u. 1932. In: Studi Germanici 38 (1976), S. 41.
PRÜMM, K.: Die Literatur des Soldatischen Nationalismus der 20er Jahre (1918–1933). Gruppenideologie u. Epochenproblematik. 2 Bde. Kronberg im Taunus 1974.

Kapitel 20: Literatur im Dritten Reich (1933–1945) und Exilliteratur

Gesamtdarstellungen:
Antifaschistische Literatur. Hg. v. L. WINCKLER. 3 Bde. Kronberg im Taunus 1977–79.
Deutsche Exilliteratur 1933–1945. Hg. v. M. DURZAK. Stuttgart 1973.
Die deutsche Literatur im Dritten Reich. Themen, Traditionen, Wirkungen. Hg. v. H. DENKLER u. K. PRÜMM. Stuttgart 1976.
Deutschsprachige Exilliteratur. Studien zu ihrer Bestimmung im Kontext der Epoche 1930–1960. Hg. v. W. KOEPKE u. M. WINKLER. Bonn 1984.
Exil u. Innere Emigration. Hg. v. R. GRIMM u. a. 2 Bde. Frankfurt am Main 1972–73.
KANTOROWICZ, A.: Politik u. Literatur im Exil. Deutschsprachige Schriftsteller im Kampf gegen den Nationalsozialismus. Hamburg 1978.

Bibliographie

KETELSEN, U.-K.: Völkisch-nationale u. nationalsozialistische Literatur in Deutschland 1890–1945. Stuttgart 1976.

Kunst u. Literatur im antifaschistischen Exil 1933–1945. Gesamtleitung: W. MITTENZWEI. 7 Bde. Leipzig 1978–81.

Leid der Worte. Panoramen des literarischen Nationalsozialismus. Hg. v. J. THUNECKE. Bonn 1987.

Literatur u. Dichtung im Dritten Reich. Bearb. v. J. WULF. Frankfurt am Main u. a. 1983.

SCHÄFER, H. D.: Das gespaltene Bewußtsein. Über deutsche Kultur u. Lebenswirklichkeit 1933–1945. München 1981.

WALTER, H. A.: Deutsche Exilliteratur 1933–1950. Bde. 2–4 (mehr noch nicht erschienen). Stuttgart 1978–88.

Einzeldarstellungen:

BRENNER, H.: Die Kunstpolitik des Nationalsozialismus. Reinbek 1963.

DAHM, V.: Das jüdische Buch im Dritten Reich. 2 Bde. Frankfurt am Main 1979–82.

„Das war ein Vorspiel nur ...“ Bücherverbrennung Deutschland 1933. Voraussetzungen u. Folgen. Hg. v. H. HAARMANN u. a. Berlin u. Wien 1983.

GEISSLER, R.: Dekadenz u. Heroismus. Zeitroman u. völkisch-nationalsozialistische Literaturkritik. Stuttgart 1964.

Kulturelle Wechselbeziehungen im Exil – Exile across cultures. Hg. v. H. F. PFANNER. Bonn 1986.

SCHNELL, R.: Literarische Innere Emigration 1933–1945. Stuttgart 1976.

WAECHTER, H.-CH.: Theater im Exil. Sozialgeschichte des deutschen Exiltheaters 1933–1945. München 1973.

BUDZINSKI, K.: Pfeffer ins Getriebe. So ist u. wurde das Kabarett. München 1982.

Der deutsche Roman im 20. Jahrhundert. Hg. v. M. BRAUNECK. 2 Bde. Bamberg 1978.

Der erste gesamtdeutsche Schriftstellerkongreß nach dem Zweiten Weltkrieg. Hg. v. W. WENDE-HOHENBERGER. Frankfurt am Main 1988.

Die Gruppe 47. Bericht, Kritik, Polemik. Ein Handbuch. Hg. v. R. LETTAU. Neuwied 1967.

MARX, L. A.: Die deutsche Kurzgeschichte. Stuttgart 1985.

MÜLLER, GERD: Das Volksstück von Raimund bis Kroetz. München 1979.

Nachkriegsliteratur in Westdeutschland. Hg. v. J. HERMAND u. a. 2 Bde. Berlin 1982–84.

SERKE, J.: Frauen schreiben. Ein neues Kapitel deutschsprachiger Literatur. Hamburg 1979.

SIEGEL, CH.: Die Reportage. Stuttgart 1978.

THOMAS, R. H. u. BULLIVANT, K.: Westdeutsche Literatur der sechziger Jahre. Köln 1975.

Vaterland, Muttersprache. Deutsche Schriftsteller und ihr Staat seit 1945. Hg. v. K. WAGENBACH u. a. Berlin 1979.

WEHDEKING, V. C.: Der Nullpunkt. Über die Konstituierung der deutschen Nachkriegsliteratur (1945–1948) in den amerikanischen Kriegsgefangenenlagern. Stuttgart 1971.

WINKELS, H.: Einschnitte. Zur Literatur der 80er Jahre. Köln 1988.

WÜRFFEL, ST. B.: Das deutsche Hörspiel. Stuttgart 1978.

ZÜRCHER, G.: „Trümmerlyrik“. Politische Lyrik 1945–1950. Kronberg im Taunus 1977.

Kapitel 21: Nachkriegszeit, Gegenwart

Gesamtdarstellungen:

DEMETZ, P.: Die süße Anarchie. Deutsche Literatur seit 1945. Eine kritische Einführung. Dt. Übers. Frankfurt am Main 1970.

Die deutschsprachige Literatur in der Bundesrepublik Deutschland. Bearb. v. B. BALZER u. a. München 1988.

JENS, W.: Deutsche Literatur der Gegenwart. Themen, Stile, Tendenzen. Neuausg. München 1964.

Kritisches Lexikon zur deutschsprachigen Gegenwartsliteratur (KLG). Hg. v. H. L. ARNOLD. München 1978 ff. (Loseblattsammlung).

Lexikon der deutschsprachigen Gegenwartsliteratur. Begr. v. H. KUNISCH. Neu hg. v. H. WIESNER. München 1982.

Die Literatur der Bundesrepublik Deutschland. Hg. v. D. LATTMANN. 2 Bde. Frankfurt am Main. Neuausg. 1980.

ROTHMANN, K.: Deutschsprachige Schriftsteller seit 1945 in Einzeldarstellungen. Stuttgart 1985.

SCHNELL, R.: Die Literatur der Bundesrepublik. Stuttgart 1986.

Sozialgeschichte der deutschen Literatur von 1918 bis zur Gegenwart. Bearb. v. J. BERG u. a. Frankfurt am Main 1981.

Einzeldarstellungen:

ALBERTS, J.: Arbeiteröffentlichkeit u. Literatur. Zur Theorie des Werkkreises Literatur der Arbeitswelt. Hamburg 1977.

BRAUNECK, M.: Theater im 20. Jahrhundert. Reinbek 1982.

BUDZINSKI, K.: Pfeffer ins Getriebe. So ist u. wurde das Kabarett. München 1982.

Kapitel 22: DDR-Literatur

Gesamtdarstellungen:

BLUMENSATH, C. u. H.: Einführung in die DDR-Literatur. Stuttgart 1983.

DDR-Handbuch. Hg. v. H. ZIMMERMANN. 2 Bde. Köln ³1985.

EMMERICH, W.: Kleine Literaturgeschichte der DDR. Darmstadt ³1985.

FRANKE, K.: Die Literatur der Deutschen Demokratischen Republik. 2 Bde. Neuausg. Frankfurt am Main 1980.

Geschichte der Literatur der DDR. Hg. v. H. HAASE u. a. In: Geschichte der deutschen Literatur von den Anfängen bis zur Gegenwart. Bd. 11. Berlin (Ost) ²1977.

Kulturpolitisches Wörterbuch Bundesrepublik Deutschland/Deutsche Demokratische Republik im Vergleich. Hg. v. W. R. LANGENBUCHER u. a. Stuttgart 1983.

Die Literatur der DDR. Hg. v. HANS-JÜRGEN SCHMITT. In: Hansers Sozialgeschichte der deutschen Literatur vom 16. Jahrhundert bis zur Gegenwart. Hg. v. R. GRIMMINGER. Bd. 11. München 1983.

MOHR, H.: Entwicklungslinien der Literatur im geteilten Deutschland. In: Jahrbuch zur Literatur in der DDR. Bd. 1. Bonn 1980, S. 1–58.

SANDER, H. D.: Geschichte der Schönen Literatur in der DDR. Ein Grundriß. Freiburg i. Br. 1972.

STARITZ, D.: Geschichte der DDR 1949–1985. Frankfurt am Main 1985.

TROMMLER, F.: Sozialistische Literatur in Deutschland. Ein historischer Überblick. Stuttgart 1976.

Einzeldarstellungen:

DDR-Literatur '87 im Gespräch. Hg. v. S. Rönisch. Berlin (Ost) 1988.

Dramatik der DDR. Hg. v. U. Profitlich. Frankfurt am Main 1987.

Frühe DDR-Literatur. Hg. v. K. R. Scherpe u. L. Winckler. Hamburg 1988.

Hanke, I.: Alltag u. Politik. Zur politischen Kultur einer unpolitischen Gesellschaft. Eine Untersuchung zur erzählenden Gegenwartsliteratur der DDR in den 70er Jahren. Opladen ¹975.

Jäger, M.: Kultur und Politik in der DDR. Köln 1982.

Kähler, H.: Der kalte Krieg der Kritiker. Zur antikommunistischen Kritik an der DDR-Literatur. Berlin (Ost) 1974.

Literatur und Literaturtheorie in der DDR. Hg. v. P. U. Hohendahl u. P. Herminghouse. Frankfurt am Main 1976.

Register

501

Bildquellennachweis

Archiv für Kunst und Geschichte, Berlin (West); Artothek, Planegg; Bayerische Staatsbibliothek, München; Berner Kunstmuseum, Bern; K. G. Beyer, Weimar; Bibliographisches Institut & F. A. Brockhaus, Mannheim; Bildarchiv Preußischer Kulturbesitz, Berlin (West); R. Clausen (†), Hamburg; U. Edelmann, Frankfurt am Main; R. von Forster, Frankfurt am Main; Archiv des Freiburger Münsterbauvereins, Fotograph K. H. Freikowski, Freiburg im Breisgau; Freies Deutsches Hochstift, Frankfurter Goethemuseum, Frankfurt am Main; Fürstlich Fürstenbergische Hofbibliothek, Donaueschingen; G. Goerlipp, Donaueschingen; Gutenberg-Museum der Stadt Mainz; Herzog August Bibliothek, Wolfenbüttel; Hessische Landes- und Hochschulbibliothek, Darmstadt; Historia-Photo, Hamburg; Kärntner Landesarchiv, Klagenfurt; Landeshauptarchiv, Koblenz; Literarisches Colloquium Renate von Mangoldt, Berlin (West); Österreichische Nationalbibliothek, Wien; M. M. Prechtl, Nürnberg; Schiller-Nationalmuseum, Marbach am Neckar; Stiftsbibliothek, Einsiedeln; Stiftsbibliothek, Sankt Gallen; Süddeutscher Verlag-Bilderdienst, München; A. Tüllmann, Frankfurt am Main; Universitätsbibliothek, Bonn; Universitätsbibliothek, Heidelberg; Universitäts-Bibliothek, Innsbruck; Westfälisches Landesmuseum für Kunst- und Kulturgeschichte, Münster; Württembergische Landesbibliothek, Stuttgart; Zentralbibliothek, Zürich.